청소년 심리 및 상담

청소년 심리 및 상담

Adolescent Psychology and Counseling

장성화 · 이주연 · 지명원 · 장혁란 공저

dm 동문사

머리말

많은 사람들이 급변하는 기술로 도시화, 산업화 등의 물질의 풍요로움 속에서 행복을 찾기 위해 상담의 수요가 늘어나고 있다. 이는 자신의 삶에 대한 기대와 다르게 살아가는 어려움이 성인들에게만 나타나는 것이 아니라, 풍족한 세상을 살아가는 우리 주변의 청소년들에게도 동일하게 나타나는 어려움이다. 청소년기에 자아정체감이 올바르게 형성되지 못하면 가치관의 혼돈으로 심리적, 정서적, 사회적 고통이 동반되어 미래를 준비하는 중요한 시기에 심한 정서적 어려움과 좌절을 경험하게 된다. 이를 어떻게 보내는 것은 인생에 매우 중요한 시간이므로 그 어느 때보다 소중하다. 좋은 대학을 가기 위해 이른 아침부터 저녁시간까지 학업에 매여 있고, 또래들 간의 지나친 경쟁 속에서 하루를 보내고 있다. 이뿐만 아니라 심한 스트레스로 비행과 탈선, 학교폭력, 왕따, 스마트폰 중독, 심지어 자신의 소중한 생명까지 버리는 자해 및 자살행위까지 서슴지 않고 있어서 심각한 사회 문제로 대두되고 있다. 이러한 청소년 상담 및 심리에 대한 심각성을 인식하여 전문적인 상담을 통해 청소년들에게 도움을 주기 위해서 공부하는 수요자가 급속도로 늘어나고 있다. 따라서 이 책은 청소년기에 도움을 주고자 하는 대학생, 대학원생, 전문상담교사, 일반상담, 교양으로 심리학 과목을 듣는 학생들에게 조금이나마 도움이 되고자 집필하게 되었다.

이 책은 총 14장으로 구성되어 있다.

제1장 청소년상담의 기초는 청소년상담의 개념, 청소년상담의 목표, 청소년상담의 통합적 측면, 청소년상담의 기본원리, 청소년상담의 특징, 청소년상담의 문제와 활동영역, 청소년상담의 기법, 청소년상담의 기능, 청소년상담의 유형, 청소년상담사의 자질과 역할, 청소년상담사의 이해, 청소년상담기관의 현황으로 구성하였다. 제2장 청소년기의 신체와 생물학적 발달은 사춘기 신체 및 생물학적 발달의 특징, 사춘기의 신체발달, 신체 및 성적 변화에 따른 심리적 영

향, 신체 변화에 기인된 심리적 변화로 구성되었고, 제3장 청소년기의 인지와 도덕적 발달은 청소년기의 인지발달, 청소년기의 도덕발달로 이루어져 있다.

제4장 청소년기의 자아정체감 발달과 정서발달은 자아정체감 발달, 정서적 발달로 구성되었고, 제5장 청소년기의 심리적 부적응은 심리적 부적응의 정의와 진단기준, 청소년기의 주요 심리적 부적응(불안장애, 우울장애, 반항 및 품행장애, 조현병(정신분열증), 정서장애의 심리상담으로 구성하였다.

제6장 청소년기의 사회환경(1)은 가정과 학교로 청소년기의 가정환경, 청소년과 학교환경으로 구성되었고, 제7장은 청소년기의 사회환경(2)는 또래와 문화로 청소년기의 또래집단(또래집단의 이해, 또래집단의 기능, 또래집단과 우정, 청소년기의 이성관계), 청소년과 문화(청소년문화의 개념, 대중매체와 청소년, 청소년과 사이버 문화)로 되어 있다.

한편, 제8장 청소년기의 상담이론(1)은 정신분석(인간관, 상담목표, 상담과정, 상담기법), 인간중심(인간관, 상담특징, 상담목표, 상담과정, 상담기법), 행동주의(인간관, 상담목표, 상담과정, 상담기법)로 구성되었고, 제9장 청소년기의 상담이론(2)는 합리적 · 정서적 · 행동적(인간관, 상담목표, 상담과정, 상담기법), 교류분석(인간관, 상담목표, 상담과정, 상담기법), 현실주의(인간관, 상담목표, 상담과정, 상담기법)로 구성하였다. 제10장 청소년기의 개별상담은 청소년 개별상담의 개념 및 성격, 청소년상담자, 청소년상담자의 자질, 청소년상담자의 자세로 구성하였고, 제11장 청소년기의 진로상담은 진로상담이란, 진로발달이론, 진로상담의 방법과 과정, 진로상담의 조건으로 작성되었다.

제12장 청소년기의 집단상담은 집단상담의 개념, 집단상담과 개인상담의 비교, 집단지도/집단상담/집단치료의 비교, 집단상담의 목표, 집단상담의 형태, 집단상담의 장점과 단점, 집단상담의 계획, 집단상담의 과정, 집단상담의 기술로 작성하였다. 제13장 청소년기의 사이버상담은 사이버상담, 사이버상담의 유형, 사이버상담의 특성, 사이버상담의 장점, 사이버상담의 구성, 사이버상담의 단계 및 기법, 사이버상담의 한계 및 유의점 등으로 구성하였다. 끝으로 제14장 청소년기의 상담 실제는 상담의 초기단계, 상담의 중기단계, 상담의 종결, 청소

년상담사의 자격, 청소년상담의 실제 사례로 작성하였고, 부록에 청소년 기본법, 청소년상담사의 윤리강령, 참고문헌으로 구성하였다.

본서를 집필한 저자는 한국상담학회, 한국상담심리교육복지학회, 한국상담심리학회, 청소년상담사 자격증 취득을 위해 공부하는 학생들에게 쉽게 설명하기 위해 노력하였고, 수업시간에 꼭 알아야 할 내용과 핵심적인 부분을 빠뜨리지 않고 구성하였다. 무엇보다 집필하는 동안에 청소년들의 다양한 문제와 상담 및 심리에 대해 되짚어 보고 생각해 볼 수 있는 소중한 시간이었다고 고백한다. 부족한 부분과 완성도를 높이기 위해서 추후에 보완해 나가도록 끊임없이 노력하겠다. 끝으로 이 책이 나오기까지 힘을 써주고 도움을 주신 이지현 사모님, 김용민 교수, 그리고 인내심을 갖고 기다려 주신 동문사 관계자분들에게 깊은 감사를 드립니다.

2025년 2월

쌍수리 공군사관학교 연구실에서
장성화 올림.

차례

Chapter 09 청소년기의 상담이론 2 – 합리적 · 정서적 · 행동적, 교류분석, 현실주의

Chapter 10 청소년기의 개별상담

Chapter 11 청소년기의 진로상담

Chapter 12 청소년기의 집단상담

제1장

청소년상담의 기초

청소년(adolescence)이라는 용어는 라틴어로 성장한다(to grow up), 성숙에 이르다(to come to maturity)는 의미로 사용되며, 신체적, 심리적, 사회적 성장을 거듭하는 전환기를 우리는 청소년시기라고 본다. 대한민국 청소년기본법 제3조(정의)에 따르면(대통령령 제30375호, 2020. 1. 29, 일부개정, https://www.law.go.kr), 9세에서 24세까지를 청소년으로 규정하고 있는 반면, 청소년을 보호하는 목적으로 하는 청소년보호법은 19세 미만(19세가 되는 연도의 1월 1일을 맞이한 사람은 제외)을 청소년으로 제시하고 있다. 아동기부터 청소년기 그리고 성인기까지 도달하는 과정 중 사춘기(puberty) 등의 여러 가지 발달적인 특성이 과도기적 존재로, 신체적, 정서적, 지적, 사회적인 면에서 미성숙적인 상태에서 성숙의 상태로 나아가는 것을 의미한다.

대한민국 청소년기본법 제3조에 따르면, 9세에서 24세까지를 청소년으로 규정하고 있는 반면, 청소년을 보호하는 목적으로 하는 청소년보호법은 19세 미만을 청소년으로 제시하고 있다.

최근에 학교폭력과 자살, 학업중단, 청소년도박, 약물남용, 스마트폰(인터넷) 중독, 학교부적응, 가출 등 청소년들의 문제는 더욱 심각해지고 다양한 양상으로 변하고 있다. 특히 저연령화 되고 있어서 중요한 사회문제로 대두되고 있으며, 성적 위주의 학교교육과 가정 해체의 위기 속에서 청소년들의 정신건강은 크게 위협받고 있는 현실이다. 이와 같은 청소년기의 문제행동은 그 시기에만 국한되는 것이 아니라 성인기의 사회 적응과 성격에도 부정적 영향을 준다. 이에 청소년들의 건전한 성장과 성숙된 발달을 도모하기 위해서 조기에 예방 및 해결을 위한 상담 개입이 이루어져야 한다. 그러므로 청소년상담은 상담자의 역할이나 상담의 진행 과정 면에서 다른 여러 장면에서의 상담과 그 성격을 달리 한다. 이러한 차이점은 청소년이 갖는 특수한 심리, 사회적 위치에 기인한 것이다. 따라서 청소년상담을 하는 상담자는 상담에 관한 일반적 이론을 청소년 지도에 적용시킬 수 있도록 재편성할 수 있는 창조성과 청소년의 고민을 무비판적으로 받아들여 나의 것으로 할 수 있는 포용성과 예민한 감수성을 필요로 한다.

국내의 상담이라는 용어는 1951년 연세대학교 신과대학 이환신 교수가

처음 사용하였다. 6 · 25 전쟁으로 부산까지 피난했던 연세대학교의 임시 교사에서 문의학이란 과목으로 강의를 진행하였다. 즉, 국민의 상처 입은 마음을 돌보고 회복하는 차원에서 상담이라는 의미로 태어났다. 이후 청소년상담은 학교 생활지도 차원에서 먼저 시작되었다. 서울시 교육위원회에서는 1958년 학교카운슬러 연수과정을 신설하여 교사를 대상으로 상담교육을 실시했으며, 1960년대에 접어들어 서울대학교 학생지도연구소를 비롯하여 전국 대학에 부속 상담기관이 설립되었다. 또한 1963년 한국카운슬러협회가 결성되었고, 1970년부터 외국에서 상담교육과 훈련을 받은 상담자들이 귀국하면서 상담 이론과 실습이 체계적으로 보급되었다. 1987년대에 들어오면서 청소년만을 대상으로 근로청소년, 비행청소년, 학교부적응 등 점차 대상 범위가 청소년육성법부터 확대되었고 1991년 6월 27일 청소년의 건전 육성을 위해 1992년부터 2001년까지 10년간 시행될 청소년기본계획과 그 관련된 법으로 1991년 12월 31일 청소년기본법을 제정하여 1993년 1월 1일부터 시행되면서 청소년상담은 정부의 주요 정책에 반영되었다.

청소년기본법에 의거한 청소년상담사, 한국청소년상담복지개발원은 전국 600여 개의 청소년상담복지센터, 학교밖청소년지원센터, 청소년복지시설을 총괄하는 중추기관으로 청소년들의 건강한 성장과 행복한 꿈의 실현을 위해 다양한 상담복지사업을 수행하는 여성가족부 산하 공공기관이다.

청소년기본법에 의거한 청소년상담사, 한국청소년상담복지개발원은 전국 600여 개의 청소년상담복지센터(전국 240개소), 학교밖청소년지원센터(청소년지원센터 꿈드림, 전국 222개소), 청소년복지시설(청소년쉼터(전국 136개소), 청소년자립지원관(전국 13개소), 청소년회복지원시설(전국 18개소))을 총괄하는 중추기관으로 청소년들의 건강한 성장과 행복한 꿈의 실현을 위해 다양한 상담복지사업을 수행하는 여성가족부 산하 공공기관이다. 그리고 11개 시 · 군 · 구 단위의 청소년상담실 설치 및 운영에 관한 법적 근거를 마련하고 있어 청소년상담의 대중화를 도모할 수 있는 정책적 시발점이 되었다. 현재 청소년문제를 예방하고 문제해결을 위한 청소년상담활동은 한국청소년상담복지개발원, 시 · 도 청소년상담복지센터, 시 · 군 · 구 청소년상담복지센터, 경찰청, 법무부, 청소년 업무지원부서 등을 통해 국가적 차원의 청소년상담이 진행되고 있다. 또한 2005년 교육청 산하 Wee센터와 초 · 중 · 고등학교에 Wee클래스라 불리는 상담실이 설치되고, 교육적 차원의 청소년상담활동과 청소년수련관, 청소년쉼터 등 청소년 관련 복지시설, 사설 아동청소년상담센터, 아동청소년관련병원, 사회복지관 등의 사회적 차원에서 청소년상담이 이루어져야 한다(주요업무, 청소년복지지원법 제22조 참고).

1. 청소년상담의 개념

1) 상담의 개념

‘상담(counseling)’이라는 용어는 우리 주변에서 쉽게 접할 수 있는 단어로, 청소년상담, 심리상담, 진로상담, 학업상담, 교육상담 등의 다양한 곳에서 상담을 하고 있다. 이에 상담은 무엇인가? 상담(counseling)의 어원은 라틴어의 ‘consulere’에서 유래되었으며 ‘고려하다’(to consider), ‘반성하다’(to reflect), ‘조언을 구하다’(to ask counsel) 등과 같은 용어로 사용되고 있다. 상담(相談)의 의미를 한자에서 찾아보면, 나무 목(木)과 눈 목(目)으로 이루어진 ‘서로 상(相)’은 두 그루의 나무가 눈을 맞대고 마주한다는 뜻으로 쓰이는 낱말로, 말씀 언(言)과 태울 염(炎)이란 두 글자로 조합된 ‘이야기 담(談)’은 서로 말을 주고받는다는 과정을 의미한다. 따라서 상담은 상담자가 도움을 필요로 하는 사람에게 전문적인 지식과 자질을 가지고 내담자 자신의 환경에 대한 이해를 증진시켜서 비합리적 사고를 합리적 사고로 바꾸거나 합리적 의사결정을 내리도록 돕는 조력하는 활동을 의미한다(장성화 외, 2022).

상담의 어원은 라틴어의 ‘consulere’에서 유래되었으며 ‘고려하다’, ‘반성하다’, ‘조언을 구하다’ 등과 같은 용어로 사용되고 있다.

Shertzer와 Stone(1980)은 ‘상담은 자기와 환경에 대한 의미 있는 이해를 촉진시키고, 장래 활동의 목표나 가치관을 확립해서 명료화하도록 하는 상호작용의 과정’이라고 하여 자신과 환경에 대한 의미 있는 학습을 제시

하고 있다. Rogers(1952)는 '내담자가 상담자와의 안전한 관계에서 과거에 부정하였던 경험을 통합하여 새로운 자기로 변화하는 과정'이라고 정의하였고, 박성수(1998)는 '상담이란 내담자와 상담자 간에 수용적이고 구조화된 관계를 형성하고 이 관계 속에서 내담자가 자기 자신과 환경에 대해 의미 있는 이해를 증진하도록 하여, 내담자 스스로가 효율적으로 의사결정을 하고 여러 심리적인 특성을 긍정적인 방향으로 변화시키도록 원조하여 결과적으로 내담자의 성장과 발전을 촉진하는 심리적인 조력 과정'이라고 정의하였다. 이장호(1999)는 '상담의 도움을 필요로 하는 사람(來談者)과 전문적 훈련을 받은 사람(相談者) 사이의 대면관계에서 생활과제의 해결과 사고(행동 및 감정) 측면의 인간성장을 위해 노력하는 학습과정'이라고 정의하였다. 그리고 장성화 등(2011)은 '상담은 전문적 훈련을 받은 상담자와 도움을 필요로 하는 내담자 간의 상호작용을 통해서 내담자가 자신의 문제를 스스로 인식하고 해결해 갈 수도 있도록 조력하는 것'으로 정의하였다. 이와 같이 상담에 대한 정의는 인간에 대한 관점에 따라 학자마다 견해의 차이가 있으나, 상담의 개념을 정리하면 다음과 같다.

장성화 등은 '상담은 전문적 훈련을 받은 상담자와 도움을 필요로 하는 내담자 간의 상호작용을 통해서 내담자가 자신의 문제를 스스로 인식하고 해결해 갈 수도 있도록 조력하는 것'으로 정의하였다.

첫째, 상담은 전문적인 교육과 훈련을 받은 상담자에 의해 제공되는 전문적 활동이다.

둘째, 상담은 상담자와 내담자 간에 동등한 입장에서 상담에 임하고, 서로 합의에 의해 상담목표를 설정한다.

셋째, 상담은 내담자가 의사결정과 문제해결기술을 습득하도록 조력한다.

넷째, 상담은 내담자가 새로운 행동을 학습하거나 새로운 태도를 형성하도록 돕는다.

다섯째, 상담은 내담자의 문제예방, 발달, 성장과 문제해결을 조력한다.

여섯째, 상담은 내담자의 삶의 질을 향상시킨다.

2) 청소년상담

청소년상담이란 청소년기에 해당하는 사람을 대상으로 그들의 개인적 성장 및 발달을 촉진하기 위하여 나아가서는 삶의 지혜로 안내하기 위하여 실시하는 조력활동이라고 볼 수 있다. 이러한 활동은 개인만을 대상으로 하지 않고 개인과 관련되는 사람이나 관련 기관 및 지역사회를 대상으로 하는 활동까지 포함하는 그리고 개인으로 만나는 것뿐만 아니라 집단으로 만나는 활동, 교육 및 설문, 매체의 활용까지도 포함한다(김진숙 외, 1998; 김충기 외, 2002). 따라서 청소년상담은 청소년들의 심리적 문제를 해결하기 위하여 청소년들을 대상으로 하는 모든 상담활동을 포함하고, 청소년 및 청소년 관계자와 청소년 관련 기관을 대상으로 직접 봉사, 자문활동, 그리고 매체를 통해 청소년의 바람직한 발달 및 성장을 돕는 활동을 의미한다(박재황 · 남상인 · 김창대 · 김택호, 1993). 먼저, 발달적인 측면에서 청소년기는 사춘기(puberty)부터 성인기 이전까지를 의미하는데, 현재 발달적인 관점에서의 청소년기는 과거에 비해 점점 더 길어지고 있다. 반면 제도적인 측면에서는 청소년에 대한 연령기준이 법률마다 차이가 있다. 청소년기본법에서는 9세에서 24세까지를 청소년으로 규정하고 있으며, 사회적인 통념에서는 중고등학교에 재학 중인 13세에서 18세까지의 연령층을 청소년으로 인식하는 것이 일반적이다. 청소년 관련 법에서의 청소년의 호칭과 연령은 표 1-1과 같다.

청소년기본법에서는 9세에서 24세까지를 청소년으로 규정하고 있으며, 사회적인 통념에서는 중고등학교에 재학 중인 13세에서 18세까지의 연령층을 청소년으로 인식하는 것이 일반적이다.

표 1-1 청소년 관련 법에서 청소년의 호칭과 연령

법률	호칭	연령 구분
아동복지법	아동	18세 미만의 자
청소년기본법	청소년	9세 이상 24세 이하의 자
청소년보호법	청소년	19세 미만의 자
청소년 성보호에 관한 법률	청소년	19세 미만의 자
청소년활동지원법	청소년	9세 이상 24세 이하의 자
청소년복지지원법	청소년	9세 이상 24세 이하의 자

법률	호칭	연령 구분
소년원법	소년	20세 미만의 자
소년법	소년	20세 미만의 자
보호관찰 등에 관한 법률	소년	-
민법	미성년자 혼인적령	20세 미만의 자 남자: 만18세, 여자: 만16세
형법	형사, 미성년자	14세 되지 아니한 자
근로기준법	연소자	15세 미만의 자
한부모가족지원법	아동	18세 미만의 자
국민기초생활보장법	아동	18세 미만의 자

청소년문제에 대한 접근은 교육학, 상담학, 심리학, 사회사업학, 정신의학 등 여러 전문 분야에서 광범위하게 연구되어 왔으며, 청소년의 발달단계, 환경, 상담 의뢰 사유 등은 성인상담과는 차별화된 접근을 요구하므로 청소년상담자는 청소년의 발달단계와 청소년의 환경 및 청소년의 문화 등 청소년에 대한 폭넓은 지식과 상담에 대한 차별화된 관점을 유지할 필요가 있다.

이성진(1996)은 청소년상담을 성장기에 있는 청소년이 사회에 잘 적응하고 자신의 잠재 가능성을 최대한 실현할 수 있도록 도와주기 위한 전문적 활동으로 정의하고, 넓은 의미에서 청소년상담을 교육활동의 하나로 보고 있다. 박재황 등(1993)은 청소년상담은 청소년 및 청소년 관련인(부모, 교사, 청소년지도자)과 청소년 관련 기관(가정, 학교, 청소년고용업체, 청소년수용기관, 청소년봉사기관)을 대상으로 직접봉사(개인 및 집단상담, 교육 및 훈련), 자문활동 그리고 매체를 통하여 청소년의 바람직한 발달 및 성장을 추구하는 활동이라며 예방·발달적이지만 보다 포괄적인 의미에서 청소년상담을 정의하였다.

청소년상담은 청소년을 둘러싼 포괄적인 이해당사자들과의 상담관계가 매우 중요하다. 이는 청소년의 건강한 성장과 발달을 도모하는 데 있어 발생한 문제에 대한 대처와 치료적 개입만큼은 발달단계부터 잘 성취하도록 다양한 프로그램이 필요하다. 따라서 방법적인 면에서도 일대일 개인면접뿐만 아니라 소규모 또는 대규모 집단으로 교육 및 훈련을 시키거나, 매체를 이용할 수도 있다. 이와 같이 청소년상담은 상담현장에서 매우 중요한 과제로 단순히 심리적 갈등과 태도상의 문제보다는 포괄적인 개입방법으로 규정하여야 한다. 특히 청소년들의 '의도적인 변화노력'에 초점을 맞추고 있다는 면에서 청소년상담은 사회적 상황 속에 존재하는 내담자의 심리와 태도 그리고 행동의 변화를 추구해야 한다. 그리고 그들을 둘러싸고 있는 환경을 조정하는 데 기여할 수 있다면 조언과 상담, 나아가 심리치료의 방법도 부분적으로 활용하는 범위 내에서 이루어져야 한다.

그리고 청소년들이 경험하는 문제는 주로 성 발달 과정에서의 혼란, 정체감 형성 과정에서의 혼란, 교우관계에서의 대인관계 기술 부족 등 발달과정상에 겪게 되는 과도기적 문제라고 할 수 있다. 청소년상담에서는 문제 발생 후 그 문제를 치료하는 것보다는 그 발생을 예견하여 적절하게 사전 조치를 취하는 예방적 접근이 보다 효과적이라 할 수 있다. 이러한 측면을 고려하여 청소년상담에서는 청소년 발달단계에서의 발달과업을 잘 수행하여 문제가 일어나지 않도록 하는 예방적 접근을 많이 활용한다.

예컨대, 학습방법을 가르쳐 학업 스트레스에 적절히 대처할 수 있도록 한다든지, 대인관계 기술훈련을 통해 교우 및 교사와의 인간관계에서 발생하는 스트레스를 적극적으로 극복할 수 있도록 돕는다.

따라서 청소년상담은 청소년내담자가 문제를 인식하고 문제해결을 위한 방안을 찾아갈 수 있도록 내담자의 성장을 촉진하는 상담자의 전문적인 활동으로 기존의 청소년 연령대에만 국한하지 않고 도움이 필요한 아동 또는 청소년을 위한 적극적인 예방과 개입활동, 보호·복지 관점에 입각한 취약·위기 청소년, 보호아동에 대한 현장 중심의 상담활동이 이루어져야 한다.

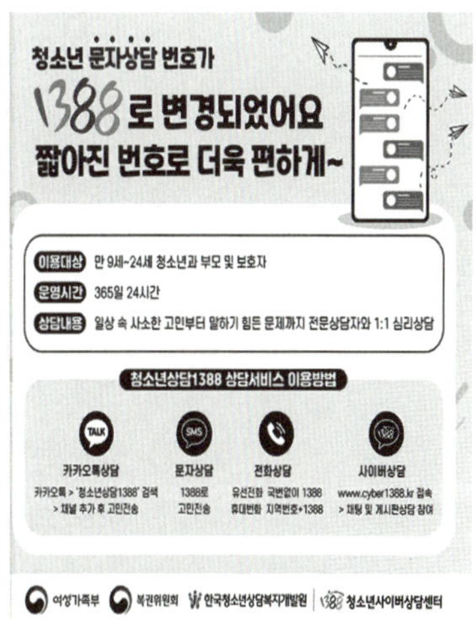

https://blog.bokjiro.go.kr/1176

2. 청소년상담의 목표

상담의 목표는 인간의 성장을 가져오는 것과 같이 추상적인 것에서부터 행동의 변화를 가져오는 것에 이르기까지 다양하다.

일반적인 상담의 목표는 상담의 방향을 제시할 뿐만 아니라 상담의 효과를 평가하는 기초가 된다. 상담의 목표는 인간의 성장을 가져오는 것과 같이 추상적인 것에서부터 행동의 변화를 가져오는 것에 이르기까지 다양하다. 이처럼 청소년상담은 청소년내담자들이 심리적인 문제를 해결해 나갈 수 있도록 도와주는 상담자의 전문적인 활동이다. 청소년기의 발달적 특성상 청소년들의 생활지도는 청소년상담에서 많이 다루어지고, 청소년들의 이상심리 또한 그 범주와 심각성 정도가 다양하여 의료현장보다는 상담현장에서 더 효과적으로 진행되는 경우도 많다. 상담과정에서 청소년내담자가 성장을 통해 문제를 정확하게 지각하고 해결방안을 찾아가므로 상담자의 역할은 문제해결 방안을 제시하는 것이 아니라 내담자가 '성장'하도록 도와주는 것이다. 그러므로 청소년상담의 목표는 내담자의 문제해결과 내담자의 성장이며 문제해결과 같은 치료적인 측면에서만 지향하는 것이 아니라 문제예방을 위한 교육적이고 통합적인 측면에서도 추구된다.

1) 청소년상담의 치료적 측면

청소년상담의 목표는 청소년들이 의뢰한 주호소 문제를 해결하는 것으로 청소년들은 학교폭력, 학습부진이나 학교생활 부적응 등으로 인해 심리적인 어려움을 겪을 수 있고 가정불화나 가족문제로 인해 어려움을 겪을 수도 있으며 불안이나 우울과 같은 이상심리를 가질 수도 있다. 청소년들의 주호소 문제를 해결하는 치료적인 관점에서는 상담과정에서 심리검사와 다양한 매체를 통한 심리치료나 약물치료 등이 병행되기도 한다. 또한 사례에 따라 교육기관, 의료기관, 사회복지지관, 사법기관 등 관련 분야와의 긴밀한 협조도 요구될 수 있다.

상담목표를 세울 때에는 반드시 상담자와 내담자가 협의해서 설정해야 한다.

상담목표를 세울 때에는 반드시 상담자와 내담자가 협의해서 설정해야 한다. 상담과정이 상담자의 전문적인 기술과 계획에 따라서 진행되는 것은 분명하지만, 동일한 문제라 하더라도 내담자의 문제해결에 대한 동기와 의지 및 요구수준은 사례마다 다르기 때문이다. 치료적 측면에서 다루어지는 청소년들의 주호소 문제는 학교폭력, 학업부진, 진로문제, 대인관계 및 친구관계, 성문제, 인터넷 중독 등이다.

2) 청소년상담의 예방적 측면

청소년상담은 심리적인 문제를 지닌 청소년들이 문제를 해결하도록 도와주는 치료적인 활동이며 현재 주호소 문제가 없는 청소년들이 앞으로도 문제없이 잘 성장, 발달하도록 사전에 도와주는 예방적 활동이다. 청소년 개인의 문제를 사전에 예방하는 것은 청소년 개인의 삶을 보다 안정되고 행복하게 만들어 줄 뿐만 아니라, 사회에서 발생하는 청소년문제를 감소시켜 주며 청소년기의 바람직한 발달과정을 통해 성인기의 발달상태를 건강하게 유지시킬 수 있어서 청소년들의 심리적 건강은 현재 사회뿐만 아니라 미래사회에도 큰 영향을 미치므로 예방적 측면의 청소년상담은 매우 중요하다.

일반적으로 청소년상담에서 요구되는 예방적 활동은 다음과 같다(백지숙 외, 2011).

- 생활지도: 가정생활과 사회생활에 필요한 좋은 습관과 태도를 길러주고 안내하는 활동으로서 주로 교육현장에서 이루어진다.
- 정신건강 증진: 자아존중감이나 자기효능감 등을 증진시키는 활동을 통해 자신감, 안정감, 만족감을 높여주고 청소년들의 내적 성장을 도모한다. 학교, 상담센터, 사회교육기관, 사회복지기관 등 다양한 현장에서 다루어진다.
- 수련활동: 다양한 발달 영역에서의 체험활동을 통해 전인적 인성을 함양하고 자기개방의 기회를 갖는다. 주로 수련현장에서 많이 이루어진다.
- 상담이론 구축 및 프로그램 개발: 청소년들의 발달특성, 이상심리, 사

회문제, 치료 및 예방 효과 등과 관련된 자료를 수집하고 연구하여 상담이론을 재구성하고 효과적인 상담프로그램을 개발한다. 주로 교육현장, 상담현장, 연구소 등에서 다루어진다.

- 정책참여: 정부와 지방단체에 청소년들의 문제를 예방하고 건강한 발달을 도모할 수 있는 정책을 제안하거나 기존 정책에 대한 의견을 개진한다. 주로 상담현장, 교육현장, 시민단체를 통해 이루어진다.

3) 청소년상담의 통합적 측면

Pietrofesa 등(1980)은 여러 가지 상담의 목표를 통합적인 측면에서 살펴보면 다음과 같은 세 가지 목표를 제시하고 있다.

첫째, 내담자의 자기노출(self-disclosure)은 상담자와 함께 자신을 탐색하는 것이다. 둘째, 내담자의 자기이해는 자신의 문제의 원인이 되는 비효과적인 행동이나 자기 파괴적인 태도에 대해서 명확하게 파악하고 있어야 한다. 셋째, 내담자의 행동 변화는 상담의 결과로 내담자의 변화된 행동이다. 이 목표는 행동 지향적이고 문제해결, 의사결정, 태도 변화 등을 포함한다. 이상의 목표는 상담자보다 내담자에게 관련된 목표라고 할 수 있다.

이영덕과 정원식(1978)은 학생들의 불만 내지는 불쾌감을 해소하고 적극적인 감정을 증진시키는 것과 부적응의 여러 증상을 해소해 주는 것을 상담의 목표로 들고 있다.

George와 Cristiani(1995)가 제시한 상담의 목표는 다음과 같다.

① 행동변화의 촉진 - 사고 감정, 행동의 변화, 인간관계의 개선

② 적응기술의 증진 - 청소년기의 변화, 내담자의 잠재력 계발, 자아정체감 확립

③ 의사결정기술의 함양 - 긍정적 자아개념 형성, 건전한 가치관 정립

④ 인간관계의 형성과 유지능력 향상

⑤ 내담자의 잠재력 개발 촉진

이상에서 볼 때, 청소년상담의 목표는 다음과 같이 정리할 수 있다.

- 문제해결 및 해결능력 부여
- 관계의 개선
- 환경변화와 조정
- 잠재적 역량 인식 및 개발
- 성숙으로의 성장으로 구분한다.

3. 청소년상담의 특징

청소년내담자의 경우 다음과 같은 특징을 가지고 있기 때문에 이러한 점을 충분히 이해한 후 상담이 이루어져야 한다.

① 상담동기의 부족: 자기 스스로 상담실의 문을 두드리기보다는 의뢰된 내담자가 많다. 따라서 이들은 상담동기가 매우 부족한 상태로 상담실을 방문한다.

② 상담자에 대한 오해: 내담자들은 상담자를 학교 지도부 선생님의 표상을 가지고 있는 경우가 많다.

③ 지구력의 부족: 청소년은 집중력의 한계를 가지고 있으며 큰 재미없이, 큰 변화 없이 상담시간에 꾸준하게 자발적으로 참여하는 것이 힘든 일이다.

④ 인지적 능력의 부족: Piaget의 이론에 의하면 청소년은 구체적 조작기에서 형식적 조작기에 걸쳐 있는 시기이다. 구체적 조작기는 경험해 보지 않은 것에 대해서는 합리적 사고를 할 수 없고 추론, 추리, 예상 등을 하기가 어렵다.

⑤ 동시다발적 관심: 청소년들은 한 가지에 관심을 지속적으로 가지지 못한다.

⑥ 감각적 흥미와 재미의 추구: 청소년들은 감각적이고 빠른 흐름을 추구한다.

⑦ 환경의 영향을 잘 받는다.

⑧ 언어 표현력의 부족이다.

⑨ 왕성한 변화를 이루는 발달 시기: 신장이나 몸집이 영아기 외에 가장 급격한 발달을 이루는 시기가 청소년기이다.

4. 청소년상담의 필요성

우리 모두는 삶의 복잡성, 장래에 대한 불확실성, 가치관의 혼란, 부정과 비리가 판치는 세상, 의사결정과 선택의 곤란과 실직의 문제, 결혼 또는 이혼 및 가정의 문제, 한층 복잡하고도 심각해진 입시위주 교육의 문제 등에 노출되고 있다. 이러한 문제로부터 인간관계에 따른 소외감과 고독의 문제, 세대 간의 갈등과 격차, 성문제, 빈부의 격차로 인한 상대적 박탈감, 출세주의에 따른 일류병 등 옛사람들이 전혀 상상도 경험도 하지 못한 여러 가지 문제 등으로 고통을 겪고 있다. 즉, 심적 불안과 긴장, 크나큰 정신적 고통을 호소하고 있다. 따라서 수많은 현대인들은 그들이 일상생활에서 직면하는 어려운 문제들을 스스로나 부모, 교사, 동료, 친척들과 같은 비전문가의 상식적 도움으로 도저히 감당할 수 없어 이러한 문제를 원만하게 해결하고 선택하며 적응하려면 무엇보다도 상담전문가의 도움을 필요로 한다는 사실을 깨닫게 된다.

특히 급격한 사회 변화 속에서 많은 갈등과 혼란을 겪고 있으며, 물질만능사상, 이기주의 팽배와 오직 자신의 출세만을 지향하는 대학입시 위주의 갈등 속에서 사회 부적응, 정신장애, 가출, 자살에 이르기까지 심각한 청소년문제를 일으키고 있다. 청소년은 바라는 목표에 도달하지 못하고 실패할 때 욕구불만이나 욕구좌절 또는 갈등상태에 빠져 불안이나 심리적인 긴장상태를 경험하고 고민에 직면하며 때로는 비관, 나아가서는 자살

급격한 사회 변화 속에서 많은 갈등과 혼란을 겪고 있으며, 물질만능사상, 이기주의 팽배와 오직 자신의 출세만을 지향하는 대학입시 위주의 갈등 속에서 사회 부적응, 정신장애, 가출, 자살에 이르기까지 심각한 청소년문제를 일으키고 있다.

에까지 이르게 되는 경우를 요즘 흔히 볼 수 있다. 따라서 사회적 정의와 복지의 실현이라는 차원에서 청소년들에 대한 특별한 관심과 이해가 필요하다.

이러한 심적 긴장이나 불안, 부적응, 비관 등을 해소하기 위해서는 합리적으로 생산적인 방법을 동원하여 당면한 문제를 극복하도록 상담전문가의 도움을 필요로 하게 된다. 따라서 청소년들의 특징적인 과제들을 해결하기 위하여 청소년기의 문제를 일으키는 많은 요인들에 따라 청소년에게 합당한 상담활동이 필요한 것이다. 이러한 의미에서 청소년들에게 사이버 상담은 필수 불가결한 것이라 할 수 있다(김진숙 외, 1998; 김충기 외, 2002).

5. 청소년상담의 기본원리

상담(counseling)을 현장에 적용하기 위하여 지침으로 삼아야 하는 원리들에 대하여 Demos와 Grant(1973)는 다음과 같이 제시하고 있다.

- 개별화(Individualization)의 원리: 각 개인이 다르다는 것을 이해하도록 한다.
- 학습과정(Learning process)의 원리: 적응하는 태도 및 방법 등이 다르다는 것을 인정하는 것이다.
- 인간 자유의 신장(Human freedom): 자아개념에 의해 선택과 적응의 자유를 인정한다는 원리이다.
- 조력활동(Helping)의 원리: 상담의 기본은 원조하는 것이다.
- 영향력 발휘(Influencing behavior)의 원리: 내담자의 향후 행동에 영향을 주는 것으로 상담자는 촉매자로서 이해증진과 기술 취득까지 돕고 선택은 본인이 하도록 한다.
- 자기이해(Self-understanding) 및 자기분석이 필요하다.
- 환경이해(Environmental understanding)의 원리: 미래상황과 직업의 세계, 사회 및 세계적 상황을 이해한다.

- 적응(Adjusting)의 원리: 다양한 공간 및 환경에서 적응할 수 있도록 도와주는 것이다.
- 선택(Making choices)의 원리: 생애계획, 직업, 진학, 취미, 배우자, 해결방안의 선택능력 및 상담자는 여러 대안을 제시하되 최종 선택은 본인이 결정토록 한다.
- 성숙(Maturing)의 원리: 정신적, 정서적, 사회적, 도덕적으로 성숙한 인격으로 다듬어지게 한다.
- 방법선택(Methodology)의 원리: 상담의 이론과 방법의 적용은 해당 상담과제의 종류와 상담자의 인성 및 가치관에 따라 선택한다.
- 문제해결(Problem-solving)의 원리: 구체적인 당면과제 해결뿐만 아니라 그 개인의 문제해결 능력을 단련 숙달시키는 것이 더 필요하다.
- 가치관(Value-system)의 원리: 상담자가 자기 가치관을 이해하고 검토하도록 돕고, 가치관 의사결정 시 우선 서열이 되므로 중요한 기준이 된다.
- 목표설정(Goals)의 원리: 개인의 목표가 처리될 수 있도록 도와주는 것이다.
- 평가반성(Evaluating)의 원리: 문제를 해결해 가는 기술 습득과 훈련은 일정기간별로 평가를 통한 수정보완과 재교육이 필요하다(김형태, 1997).

이러한 상담의 원리는 상담자가 상담현장에서 전문가에게 부여되는 역할 및 전문직의 실천상황에 적용되므로 매우 중요하다(나길님, 2000).

6. 청소년상담의 문제와 활동영역

1) 청소년상담의 문제영역

우리나라 청소년들이 가장 많이 상담을 하는 문제는 대인관계, 정신건강 그리고 학업과 진로에 관한 것으로 입시와 진학에 대한 부담이 큰 청소년들은 진로에 대한 고민이나 학교생활 부적응 또는 학습부진 등에 대한 걱정거리가 많다.

우리나라 청소년들이 가장 많이 상담을 하는 문제는 대인관계, 정신건강 그리고 학업과 진로에 관한 것으로 입시와 진학에 대한 부담이 큰 청소년들은 진로에 대한 고민이나 학교생활 부적응 또는 학습부진 등에 대한 걱정거리가 많다. 대부분의 청소년문제는 대인관계, 학업문제, 정신건강, 일탈비행 등의 여러 가지 어려움이 있다. 특히 대인관계와 학업문제는 친구관계, 학습능력 부족, 학업동기 부족, 정신건강, 학교생활 부적응, 성적 저하, 집중력 부족, 시험불안, 학업에 대한 무관심 등이 포함되며 진로문제에서는 진로정보 탐색에 대한 어려움을 가장 많이 호소하고 있으며 진학결정, 취업, 적성문제, 학과선택 문제 등의 어려움이 따른다.

전국 청소년상담복지센터(여성가족부, 2022)를 이용한 자들의 문제유형별 상담실적을 살펴볼 때, '대인관계' 24.0%(1,488,241건)로 가장 많이 나타났으며, 다음으로는 '정신건강' 21.4%(1,327,213건), '학업 · 진로문제' 11.8%(731,787건), '컴퓨터 · 인터넷 사용' 10.6%(659,913건), '일탈 · 비행' 9.6%(594,046건), '가족' 8.3%(518,360건) 순으로 나타났다. 또한 2021년과 마찬가지로 '대인관계(전년도 21.9%)', '정신건강(전년도 22.2%)', '학업 · 진로 문제(전년도 12.1%)'에서 청소년들이 지속적으로 어려움을 호소한 것으로 나타났다. 대인관계 문제를 호소하는 청소년의 경우, 또래와 관계에서 겪는 어려움이 가장 크게 나타났다. '친구관계 고민'이 83.3%로 가장 많았고, '따돌림 및 왕따' 5.0%, '이성교제' 2.0%, '어른과의 관계' 1.3%, '교사와의 관계' 1.1% 순이었다. 정신건강 문제의 세부유형 빈도를 살펴보면, '우울 · 위축 문제'가 34.8%로 가장 많았고, '자살관련 문제'가 13.2%, '강박 · 불안 문제'가 18.1%, '자해 문제' 8.1%, '충동(분노)조절 문제' 6.2% 등 순으로 나타났다. 청소년이 겪는 학업 및 진로의 세부유형 빈도를 살펴보면, '진로정보 탐색' 34.8%, '학업흥미 · 학업동기 부족' 16.2%, '학교생활 부적응' 15.6%, '시험불안 · 학업스트레스' 9.3%, '학습능력 부족' 6.3%, '진로의식 부족' 4.1% 순이었다. 그 밖에 일탈 및 비행 문제의 세부유형 빈도를 살펴보면, '학교폭력' 41.0%, '금품갈취 · 절도 · 도벽' 18.9%, '비행친구와 어울림' 6.0%, '학교 외의 폭력' 5.9%, '음주 · 흡연 · 약물오남용' 5.9%, '가출'

전국 청소년상담복지센터를 이용한 자들의 문제유형별 상담실적을 살펴볼 때, '대인관계' 24.0%로 가장 많이 나타났으며, 다음으로는 '정신건강' 21.4%, '학업·진로문제' 11.8% , '컴퓨터·인터넷 사용' 10.6%, '일탈·비행' 9.6% , '가족' 8.3% 순으로 나타났다.

5.7%, '늦은 귀가 · 잦은 외박' 1.7% 순으로 나타났다.

표 1-2에 제시된 내용처럼, 청소년기는 가족과의 상호작용보다는 또래와의 상호작용이 증가하고 대인관계는 더욱 복잡해지며 친구와의 갈등, 집단따돌림 등의 대인관계 문제가 나타난다. 또한 청소년은 자아정체감 형성 과정에서 자신의 성격이나 행동습관, 신체적 외모에 대해 과도한 관심을 가지며 성격 등의 문제를 가진다. 또한 비행상담에서는 학교폭력에 대한 문제가 가장 많고, 가출, 음주 · 흡연 · 약물 오남용, 도벽 순으로 문제가 많은 것으로 나타나고 있다. 특히 학교폭력의 경우는 그 양상이 날로 심각해지고 있어, 상담과 생활지도에서 즉각적인 개입이 요구되는 부분이기도 하다.

비행상담에서는 학교폭력에 대한 문제가 가장 많고, 가출, 음주·흡연·약물 오남용, 도벽 순으로 문제가 많은 것으로 나타나고 있다.

표 1-2 2022년 시·도 및 시·군·구 청소년상담복지센터 문제유형별 상담실적

(단위: 건)

구분		가족	일탈 및 비행	학업/진로	성	성격	대인관계	정신건강	생활습관/외모	컴퓨터/정보인터넷 사용	정보제공	법률정보	활동	기타	합계
개인상담		87,067	76,260	97,161	12,537	70,142	160,896	199,104	7,951	65,927	3,105	222	1,924	151	782,447
집단상담		48,480	193,875	147,757	18,032	45,975	561,052	234,341	2,701	163,719	14,618	2,697	41,054	0	1,474,301
전화상담		39,730	30,586	40,525	8,946	22,598	64,346	82,063	4,913	17,660	154,147	904	4,772	22,213	493,393
심리검사	개별	11,700	9,403	17,524	1,704	12,013	20,466	28,219	876	21,293	385	30	123	115	123,750
	집단	2,452	1,010	33,643	313	21,760	15,455	11,396	0	3,609	351	0	3,999	0	93,988
사이버상담	메일	2,891	574	6,594	826	1,472	10,121	6,909	1,225	211	1,579	60	153	59	32,674
	채팅	6,896	1,237	6,563	877	2,930	10,784	24,845	1,153	514	1,956	214	226	3,923	62,118
사업 수행 프로그램		1,892	6,990	8,821	844	2,079	16,875	5,286	491	20,569	784	5	951	0	65,587
지원서비스 (개별)		317,034	274,068	372,992	44,364	208,933	627,985	734,704	31,169	366,322	88,579	937	16,306	434	3,083,827
기타 상담		218	144	207	27	96	261	346	17	89	359	3	72	6	1,845
총합계		518,360	594,046	731,787	88,470	387,988	1,488,241	1,327,213	50,496	659,913	265,863	5,072	69,580	26,901	6,213,930

주: 집단지원서비스의 경우, 문제유형별 상담실적을 따로 산출하지 않음.

자료: 청소년안전망 통계시스템(2022).

2) 청소년상담의 활동영역

청소년상담의 활동영역은 청소년 이해활동, 상담활동, 정보제공 활동, 정치활동, 추(후)수지도 활동을 포함한다(박성수 · 박재황 · 황순길 · 오익수, 1993; 박영진 · 장성화, 2021).

첫째, 청소년 이해활동은 청소년에 관한 자료를 수집하여 이를 기록 · 조직 · 해석하는 활동을 의미한다.

둘째, 상담활동은 전문적인 상담활동을 통해 청소년 개개인이 가지고 있는 문제를 해결하도록 도와주고 자신의 잠재력을 최대한 발휘할 수 있도록 도와준다.

셋째, 정보제공 활동은 청소년이 자신과 자신을 둘러싼 환경을 이해하는 데 필요한 여러 가지 사실과 자료를 제공해 주는 활동이다.

넷째, 정치활동은 청소년이 자신의 보다 나은 적응과 성장 또는 문제해결을 위해 다음 단계에서 무엇을 어떻게 할 것인가를 선택하고 결정하도록 돕고 그 결정에 따라 잘 적응하도록 도와주는 활동이다.

다섯째, 추(후)수지도 활동은 이미 상담에 참여하였던 청소년들의 계속적인 성장 · 발달을 도우려는 활동이다.

추수지도 활동은 이미 상담에 참여하였던 청소년들의 계속적인 성장·발달을 도우려는 활동이다.

7. 청소년상담의 기법

청소년상담의 기법은 절충주의적, 비지시적, 지시적 상담을 기본적으로 많이 사용한다.

1) 절충주의적 상담

절충주의적 상담(Eclectic counseling) 기법은 1945년 Horne의 주장에 의해서 고안되었다. Horne의 절충주의(Eclecticism)는 내담자의 역사, 현재의 상황, 미래의 가능성을 존중하면서 개인의 범세계적 평가(global evaluation)를 중시하고 있다. 이 이론의 강조점은 문제해결을 행동성장에서 개인의 지적 자원(Intellectual resources)을 최대한 활용하는 데 초점을 두고 있다(구종회, 1995; Shertzer & Stone, 1968).

절충적인 상담은 정신역동, 행동수정, 인본주의적 접근, 환경론적 접근 등 여러 가지 상담이론들이 그 나름대로 장점과 단점을 가지고 있다. 이는 복잡한 인간의 행동을 이해하는 데 전부 도움이 되므로 더 체계적이고 통합적으로 사용하고 카운슬링의 실제에 이용해야 된다는 이론을 의미한다.

Brammer(1969)는 절충적 접근이 필요한 것은 ① 상담자는 특정한 하나의 이론에만 의지하지 않고 내담자나 자신의 행동을 좀 더 객관적으로 관찰해야 하며, ② 상담자는 여러 가지 학설을 참조할 필요가 있고 절충적인 견해를 사용함으로써 내담자의 문제 종류에 따라서 자신과 내담자의 상호작용이 어떻게 다른가를 이해하는 데 도움이 된다는 것이다. Horne도 절충적인 것을 천거하면서 각각의 상담방법이 어떤 문제에 어떻게 효과적이고 어떻게 적용할 것이냐에 대해서 도움이 된다는 것이다(홍강의, 1993).

2) 비지시적 상담

비지시적 상담(Non-directive counseling) 이론은 내담자 중심적인 상담(client-centered counseling)으로서 1961년 Rogers에 의하여 고안되었다. 비지시적 상담 또는 Rogers 상담(Rogerian counseling), 내담자 중심의 치료(Client centered therapy)라고도 부른다. 이 이론은 인본주의 심리학의 철학에서 출발되었으며 내담자의 존엄성과 자기결정권을 존중하고 내담자 스스로 자기의 문제를 인식하고 해결하는 데 초점을 맞추고 있다. 특히 Rogers는 자아 개념(The self concept)을 중시하면서 인간의 자아성취와 성장(self-actualizing and growth)을 상담의 목표로 삼고 있다(한국심성교육개발원, 1996).

이 이론은 인본주의 심리학의 철학에서 출발되었으며 내담자의 존엄성과 자기결정권을 존중하고 내담자 스스로 자기의 문제를 인식하고 해결하는 데 초점을 맞추고 있다.

① 인간관: 인간이 사회적이고 미래지향적인 존재이며, 자기실현의 의지와 아울러 선한 마음을 갖고 태어난다고 본다. 인간은 본래 부적

응 상태를 극복하고 정신적 건강상태를 되찾을 수 있는 능력을 갖고 있다고 믿기 때문에 인간중심 상담의 상담자는 진행에 대한 책임을 내담자에게 맡긴다.

② 이론적 특징: 인간적 성숙과 자기실현을 추구하려는 동기는 모든 인간에게 내재되어 있다. 따라서 인간중심의 상담은 심리적인 부적응을 겪고 있는 사람들뿐만 아니라 정상인에게도 가능성과 잠재력을 실현시킨다는 차원에서 적용될 수 있다. 내담자를 인간적으로 존중하며, 내담자에 대해서 느끼는 감정과 생각을 솔직히 나타내고, 내담자의 감정을 공감하고 반영해 준다.

③ 방법: 수용, 반영, 명료화, 공감적 반응이 있다.

3) 지시적 상담

지시적(이성적) 상담(The directive counseling)은 1949년 Williamson에 의해 제안된 상담기법이다. Williamson의 정의에 의하면 "카운슬링은 두 사람이 대면하는 장면이다"라고 표현하였다.

① 주요개념: 합리적 노력에 의해 자기실현이 가능하다. 악의 가능성도 동시에 갖고 있다. 어느 정도의 외부 지원이 있으며, 스스로 선의 실현이 가능하다. 부적응 행동은 진로 등 선택을 잘못할 때 나타난다.

② 철학이론: 인간은 선과 악의 잠재력을 공유하고 있으며, 교육을 통해 변화된다. 인간은 선의 실현 과정에서 타인의 조력이 필요하다. 행위 결정자는 자신이다. 선의 본질은 자기실현이다. 개인은 고유한 자기 세계를 갖고 있다.

③ 목적: 내담자가 합리적인 문제해결과 선택을 하게 하고 자기이해, 자기지도, 자기성장을 촉진시킨다.

④ 방법: 라포형성, 자기이해의 개발, 조언이나 실행 계획의 수립, 계획의 실천, 타 전문가에게 의뢰, 적극적, 지시적 그리고 교수적 방법을 쓰며, 심리검사를 적극적으로 활용할 필요성이 있다.

⑤ 상담관계: 교사와 학생 관계로서 상담은 분석 - 종합 - 진단 - 예후 - 상담 - 추수지도로 이루어진다. 상담자는 내담자의 자기이해를 능동적으로 전문적으로 지시하고 해석하고 조언해 주는 주도적 입장을 취한다(한국심성교육개발원, 1996).

한 사람은 훈련을 받고 상담기능을 터득하고 있으며 상대방으로부터 신뢰받고 있기 때문에 내담자가 적응상의 문제에 직면하여 이를 지각하고 해결하는 데 도움을 준다. 따라서 문제해결을 위한 상담자와 내담자의 모든 능력을 포함한다. 결국 상담이란 상담의 지도와 권고에 의하여 내담자의 인성의 성장과 통합을 돕는 전문적인 과정이다(Williamson & Forley, 1949).

8. 청소년상담의 기능

청소년상담의 기능을 살펴보기 위하여 먼저 청소년의 사회부적응의 요인을 이해할 필요가 있다. 청소년의 사회부적응 요인들을 청소년문제의 발생과 관련시켜 살펴보면, 다음과 같다.

첫째, 학업관련 요인이다.

학업은 청소년문제의 일차적 요인이다. 학교에서의 학업은 성적과 밀접한 관계가 있으며, 학업과 관련된 문제는 주로 학습부진과 무단결석으로 나타날 수 있다. 학습부진은 아동이 정상적으로 요구되는 학습정도를 따라가지 못하는 상태로서 흔히 결석 · 무단결석 · 조퇴 등의 불성실한 면학태도가 수반된다. 학습부진은 단순히 수업능력으로만 표출되는 것이 아니라 다양한 학교생활 부적응 및 생활태도로 나타난다. 한편, 무단결석은 비행 · 타살 · 과음 후 행동장애 등과 같은 반사회적 공격적 행동장애와 밀접한 연관이 있는 것으로 나타났다.

둘째, 약물과 관련된 요인이다.

최근 한국사회는 술 · 담배 · 기타의 약물 등으로부터 청소년을 보호하는 기능이 매우 약화되었다. 따라서 청소년들은 이러한 유혹에 직접적으로 노출되어 있으며, 마음만 있으면 쉽게 접근할 수 있다. 이와 같은 약물에 대한 쉬운 접근성, 즉 약물의 남용이 청소년문제를 일으키는 요인이 될 수 있다. 오늘날 청소년은 다양한 약물을 복용하고 있으며, 많은 수의 청소년이 복용경험이 있는 것으로 나타나고 있다. 청소년들이 쉽게 접근할 수 있는 약물은 술과 진통제, 담배 등이며 최근의 조사에 의하면 청소년 흡연과 음주가 중요한 사회문제로 나타나고 있다.

셋째, 사회적 요인과 청소년 폭력과 관련된 요인이다.

최근 들어 난폭해져 가는 청소년 폭력문제는 이미 그 상태가 위험 수위를 넘은 상태이다. 10대 청소년폭력배들이 학교 안팎에서 무리를 지어 닥치는 대로 금품을 빼앗고 폭력을 휘두르는 현상이 자주 목격된다. 한편에서 요즘 유행처럼 번져가고 있는 학교 내 집단따돌림 등은 하나의 사회적 흐름에서 나타나는 요인으로 볼 수 있다. 한 조사에 의하면, 전국 초·중·고 재학생 중 42만 명이 학교폭력을 당한 경험이 있으며, 금품피해액은 17여 억 원에 달하였다. 타인에게 피해를 주는 학생범죄의 유형이 전체 학생범죄의 63.3%에 이르렀다. 이와 같은 사회적 요인에 의한 청소년의 폭력과 부적응은 또 다른 사회적 문제를 발생시키는 요인이 될 수 있다.

넷째, 성적 호기심 또는 성 문제와 관련된 요인이다.

성과 관련된 청소년의 어려움은 청소년기에 이성에 대해 강렬한 호기심을 가지며 동경하게 되고 성충동을 가지며 성적 갈등으로 고민하게 되는 것은 당연하고 자연스러운 현상이다. 청소년들은 신체적으로는 성숙된 반면 정신적으로는 성숙의 단계에 있기 때문에 성에 관한 지식의 수준이 매우 낮다. 따라서 많은 청소년이 성에 관한 고민을 가지고 있다. 실재 청소년상담실의 상담내용에서 성 지식과 자위행위에 대한 문의가 대부분이고 나머지는 성 심리와 성 욕구, 이성관계, 직접적 성관계, 학업·진로, 성병, 성도착, 근친상간 등의 순이었다.

청소년상담실의 상담내용에서 성 지식과 자위행위에 대한 문의가 대부분이고 나머지는 성 심리와 성 욕구, 이성관계, 직접적 성관계, 학업·진로, 성병, 성도착, 근친상간 등의 순이었다.

청소년의 성과 관련된 부적응에 관한 연구들을 보면 첫째, 청소년의 성폭행과 관련하여 강간범의 경우 30년간의 추이가 점차 저연령화 되는 추세이다. 성폭력의 유형은 강간뿐만 아니라 가벼운 추행, 성기노출, 성희롱, 음란전화, 심한 추행, 강간미수, 강간, 어린이 성추행, 인신매매 등 다양하다. 둘째, 10대 임신으로 인한 미혼모와 관련된 연구는 청소년들이 성에 무지하여 미혼모가 되는 경우가 많다. 셋째, 성 경험 및 이성에 대한 관심으로 인한 고민에 관한 연구는 청소년들의 불건전한 이성교제와 성관계가 증가하면서 성에 대한 고민이 늘고 있다.

다섯째, 사회적 무관심과 관련한 요인이다. 위에서 본 바와 같이 청소년기는 매우 극단적이고 감정적이다. 따라서 가정과 사회구성원들의 각별한 관심을 필요로 한다. 그러나 가정에서 부모들의 지속적인 불화, 무관심, 지나친 간섭 등으로 불안정한 정서와 구체적인 문제해결 능력을 학습하지 못한 청소년들은 학교생활을 하는 동안 학교생활이나 사회생활 또는 성적 등에 부적응을 경험하면서 좌절감과 분노감 같은 것을 증폭시키게 된다.

이러한 각종 위기 상황에서 이루어지는 청소년상담은 일반적으로 정보제공 기능, 위로와 지지제공 기능, 타 기관에의 상담의뢰 기능 그리고 위기중재 기능 등의 역할을 한다.

1) 정보제공 기능

상담을 이용하는 사람들은 상담을 통해 그들이 필요로 하는 구체적인 정보를 얻고자 한다. 정보란 사람들이 객관적으로 활용할 수 있는 자료를 말하는데, 건강과 관련하여, 법과 관련하여, 학업에 관련하여 그리고 사회생활과 관련하여 실로 많은 정보를 필요로 한다. 청소년상담의 경우 상담내용을 듣고 다루어야 할 가장 적절한 문제가 무엇이며 이를 어떻게 처리할지 충분히 검토하는 것은 필수적이다. 특히 단순정보를 요구하는 것처럼 보이더라도 실제로는 청소년에게 복합적인 욕구가 함께 있는 경우가 많다. 제공되는 정보는 객관적인 정보뿐만 아니라 전문적인 지식을 요구하는 것도 상당히 많다. 따라서 상담자는 청소년들이 성장과정에서 겪을 수 있는 다양한 문제들에 대한 심리적, 교육적, 사회적 지식을 지니고 있

상담자는 청소년들이 성장과정에서 겪을 수 있는 다양한 문제들에 대한 심리적, 교육적, 사회적 지식을 지니고 있을 필요가 있으며, 상담자의 전문성이 요구되는 부분도 이러한 배경 때문이다.

을 필요가 있으며, 상담자의 전문성이 요구되는 부분도 이러한 배경 때문이다.

2) 위로와 지지제공의 기능

사람들은 살다 보면 고통스럽고 좌절하고 지치고 상처를 입을 때가 있다. 그런 때에 누군가에게 자신의 고통을 털어놓고 그로부터 위로와 지지를 받을 수 있다면 그 고통과 좌절은 훨씬 감당하기 수월해질 것이다. 즉, 많은 사람들은 자신이 당면하고 있는 어려움 해결을 위해서라기보다는 그저 자신의 처지에서 누군가로부터 위로받고 지지받고 힘을 얻기 위해 상담을 이용하기도 한다.

이들에게는 현재 직면하고 있는 어려움을 잘 분석하고 보다 합리적인 해결대안을 찾아주려고 애쓰는 냉철한 상담자보다는 그의 심정을 이해하고 그 아픔을 함께 해주는 위로자로서의 상담자를 더욱 필요로 한다. 이들에게는 적절해 보이는 조언보다도 따뜻한 공감의 말이 더욱 필요한 것이다.

3) 의뢰 기능

청소년상담은 일차적으로 다양한 문제를 겪는 청소년들에게 대처하는 것이 필요하지만 보다 지속적으로 전문적인 상담을 필요로 하는 이들에게 적절한 도움을 제공할 수 있는 기관으로 의뢰하는 것 역시 중요한 역할 중에 하나이다. 청소년들이 경험하고 있는 문제는 전화상담을 통해 적절한 도움을 받을 수 있는 경우도 있지만 그렇지 않고 면접상담을 받아야 하는 경우도 있다. 또한 상담자가 적절한 도움을 제공할 수 없는 경우도 있을 수 있다. 이러한 경우에 적절한 도움을 받을 수 있는 기관에 도움을 받을 수 있도록 청소년들을 그 기관으로 의뢰해 주어야 한다. 그러나 의뢰는 일차적으로 충분한 상담이 이루어진 후에 하여야 한다.

4) 위기중재의 기능

상담의 전통적인 기능은 위기를 극복할 수 있도록 돕는 것이었다. 위기란 압도될 만한 환경의 극심한 변화, 개인적인 문제로 인하여 감당하기 어려운 감정에 휩싸이는 경우에 발생한다. 또한 위기는 인간의 발달과정 그 자체에 포함되어 있기도 하다. 위기를 경험하면 행동이 부적절해지기도 쉽지만 특히 정서적으로 대혼란이 일어나기도 한다. 더 이상 희망이 없다고 느껴질 수 있고 막다른 골목에서 더 이상의 회피방법도 없이 벼랑 끝에 몰린 기분을 경험하기도 한다. 마치 위기상황을 이겨낼 수 있는 그 어떤 대안도 세상에는 존재하지 않을 것 같은 착각을 경험하기도 한다.

따라서 위기에 처한 사람은 심리적으로, 신체적으로 저항력이 감퇴되고 약해진다. 의욕이 줄고 심지어 죽고 싶은 생각도 줄게 된다. 그러다 보니 실제로 자살을 기도하는 사람도 있다. 위기에 처한 모든 사람에게는 신속하고 지속적인 지원이 필요하다. 이에 상담자는 위기에 처해 있는 이들이 필요한 경우 손쉽게 도움을 받을 수 있는 대책을 마련하고 있어야 한다. 위기관리는 즉시적 해결을 위주로 하는 위기중재와 재활적 의미가 있는 위기상담으로 구성되어야 한다. 위기중재 또는 위기관리는 파생된 문제를 빠르게 다루는 것으로 가끔은 완전히 해결되지 못하고 희생되는 경우가 있다. 이러한 이유에서 위기관련 상담은 24시간 운영될 필요가 있는 것이다(전재일 외, 1997).

위기관리는 즉시적 해결을 위주로 하는 위기중재와 재활적 의미가 있는 위기상담으로 구성되어야 한다.

9. 청소년상담의 유형

청소년상담은 방법적인 면에서도 일대일 개인면접뿐만 아니라 소규모 혹은 대규모 집단으로 교육과 훈련을 하거나 전화나 인터넷매체를 이용하는 등 다양한 방법을 활용한다. 청소년들은 일반적으로 상담실에 와서 상담하는 것을 좋아하지 않으므로 학교, 공원, 학원가, 유흥가 등 청소년들이 있는 현장 중심의 '찾아가는 상담'을 활성화하고 지향해야 한다. 청소년상담에는 개인상담, 집단상담, 사이버상담, 스마트폰 상담, 가족상담 등의 여러 가지 형태들이 있다. 이러한 청소년상담의 구분은 어떤 하나의 기준에 의한 분류가 아니고 상호 중복되는 부분도 있을 수 있다.

개인상담의 경우에는 내담자인 청소년이 호소하는 문제를 스스로 해결하여 사고, 감정, 행동의 변화를 이루도록 하는 것을 기본 목표로 하고 청소년기의 발달과업 수행과 문제행동 예방에 관련된 목표가 강조되는 특징을 가지고 있다. 그리고 청소년상담은 상담방식에 따라 대면상담과 매체상담 등의 형태가 있고, 상담형태에 따라 개인상담, 집단상담, 가족상담 등의 여러 형태들이 있으며 상담기간에 따라 단기상담과 장기상담으로 구분된다. 그러므로 청소년의 다양한 상담 유형 중에서 집단상담, 스마트폰 상담, 사이버상담 등에 대해서 간략히 살펴보고자 한다.

> 개인상담의 경우에는 내담자인 청소년이 호소하는 문제를 스스로 해결하여 사고, 감정, 행동의 변화를 이루도록 하는 것을 기본 목표로 하고 청소년기의 발달과업 수행과 문제행동 예방에 관련된 목표가 강조되는 특징을 가지고 있다.

1) 청소년 집단상담

집단상담은 한 사람의 상담자가 동시에 여러 명의 내담자를 대상으로 내담자 개개인의 문제해결과 성장을 촉진하는 접근방법이다. 집단상담에서는 집단구성원들 간의 역동적인 상호작용을 치료적으로 활용하며, 다른 구성원들로부터 도움을 받을 뿐만 아니라 도움을 제공하기도 한다. 집단상담은 타인에 대한 이해와 공감 그리고 다른 사람들에 대한 배려와 존중감이 필요한 경우, 사회적 기술의 습득이 필요한 경우 등의 어려움을 가진 청소년들에게 도움 되는 상담 유형이라 할 수 있다.

집단상담을 통해 청소년들에게 내담자가 긍정적으로 변화하고, 유용한 정보를 제공하며, 사회적 기술을 발달시킬 수 있도록 한다. 또한 다른 내담자에 대한 긍정적 행동 관찰과 모방행동을 할 수 있으며, 인간관계 증진, 집단활동에 대한 응집력 증진 등을 달성할 수 있다.

> 집단상담을 통해 청소년들에게 내담자가 긍정적으로 변화하고, 유용한 정보를 제공하며, 사회적 기술을 발달시킬 수 있도록 한다.

청소년을 대상으로 하는 집단상담으로는 구조화된 집단상담 프로그램과 비구조화된 집단상담 프로그램들이 활발하게 활용되고 있다. 구조화된 집단상담 프로그램은 학습습관 향상 집단, 진로탐색 집단, 스트레스 대처 집단, 분조조절 집단, 비행청소년 집단 등의 형태가 그 예라 할 수 있다. 비구조화된 집단상담 프로그램은 또래상담자 집단, 자기성장 집단, 감수성 훈련 집단 등이 있다.

2) 스마트폰 상담

설문조사 자료 출처: 사람인

현대에는 개인 스마트폰을 가지고 있는 비율이 높아지고 있으며, 특히 청소년들의 경우에 스마트폰을 이용하는 비율이 높은 편이라 할 수 있다.

개인 전화를 통한 스마트폰 상담의 경우 신분 노출이 없는 익명성, 전화만 있으면 언제 어느 시간이든 상담이 가능한 편의성, 신속성 등의 특징을 가지고 있다. 스마트폰 상담의 경우 언어적으로 표현하는 것이기 때문에 문자로 표현하는 PC상담보다 내담자의 감정을 전달하기에는 수월한 특징이 있다고 할 수 있다.

스마트폰 상담은 내담자의 호소 문제를 경험하고 공감하여 내담자와의 라포를 형성할 수 있다. 상담관계를 형성하고 내담자의 문제를 파악한 후 상담의 목표를 정하고 내담자가 원하는 문제해결을 위해 실천방법들을 모색해 볼 수 있는 과정으로 이루어진다. 즉, 스마트폰 상담은 오프라인 상담처럼 내담자에 대한 직접적인 상담은 아니지만 PC상담에 비해 내담자와의 관계 형성이 수월하며, 이를 바탕으로 문제해결 방법을 모색하고, 실천할 수 있도록 하는 과정까지 이끌어 나갈 수 있는 장점을 가지고 있다.

3) 사이버상담

상담은 상담자와 내담자가 어떻게 만나느냐에 따라 대면상담과 매체상담으로 구분할 수 있다. 대면상담이란 전통적으로 실시해 오던 형태의 상담으로 상담자와 내담자가 직접 만나서 심리적 문제를 다루어 나가는 상담을 말한다. 매체상담이란 상담자가 전화, 이메일이나 온라인, 서신, 팩스 등의 매체를 이용하여 내담자를 상담하는 과정으로 전화상담과 사이버상담이 대표적이며 최근 들어 인터넷의 발달로 사이버상담이 활성화되고 있다. 한국청소년상담복지개발원과 전국 시·도와 시·군·구 단위의 청소년상담복지센터에서 청소년문제를 전화로 상담하는 '헬프콜! 청소년전화1388'을 운영하고 있으며 채팅상담, 이메일상담, 게시판상담, 데이터베이스를 활용한 상담이 이루어지고 있다.

매체상담이란 상담자가 전화, 이메일이나 온라인, 서신, 팩스 등의 매체를 이용하여 내담자를 상담하는 과정으로 전화상담과 사이버상담이 대표적이며 최근 들어 인터넷의 발달로 사이버상담이 활성화되고 있다.

그림 1-1 청소년사이버상담센터

출처: 한국청소년상담복지개발원(www.kyci.or.kr)의 사이버상담실 (https://www.cyber1388.kr:447/new_/counsel2_/secbbs/default_old2.asp?id=BOARD_SEC).

최근 들어 많이 사용되는 사이버상담의 장점은 자신이 원하는 시간에 상담을 신청할 수 있다. 그리고 멀리 떨어진 지역에서도 자유롭게 상담을 신청할 수 있으며 상담자 역시 상담내용을 인터넷을 사용할 수 있는 장소에서 언제든지 답변할 수 있는 시·공간적 자유로움과 두려움이나 걱정 없이 자신을 드러낼 수 있는 익명성이다. 직접 만나는 대면상담과 달리 문자로만 의사소통을 하기 때문에 외모, 목소리, 행동, 몸짓, 자세 등 비언어적 단서를 통한 내담자 정보들을 얻기 힘들다는 점과 말로 표현하는 것에 비해 내담자가 원하는 내용을 분명하고 정확하게 표현해 내지 못하는 경우가 많고 일(단)회성으로 끝나는 경향성이 단점이다.

4) 상담 형태에 따른 분류

내담자가 한 명인가 혹은 여러 명인가에 따라 개별상담과 집단상담으로 구분할 수 있다.

개별상담은 내담자와 상담자가 1:1로 상담하는 방법으로, 개인상담 또는 1:1상담이라고도 부른다. 대부분의 청소년상담은 주로 개별상담의 형태로 이루어져 왔으나 최근 들어 집단이 지닌 치료적 힘의 효율성을 인식하게 되면서 집단상담의 필요성이 점차적으로 확대되어 다양한 주제로 청소년 집단상담이 이루어지고 있다. 청소년은 집단상담을 통해 정서적 유대감과 소속감을 경험할 수 있으며 자신의 문제를 새로운 각도에서 볼 수 있고 자신과 타인을 새롭게 받아들이는 대인관계 양식과 사회기술 양식을 학습하고 경험해 보게 된다.

5) 상담기간에 따른 분류

단기상담은 짧게는 5회기 안에 끝낼 수도 있으나 15회 또는 25회 이상을 포함시키는 경우도 있기 때문에 단적으로 결론짓기는 어려우며, 상담회기로는 4개월 미만이고 15회기 이내인 정도를 단기상담이라고 보아도 무리가 없을 것 같다(강문희 외, 2008). 장기상담은 1년 이상 지속하는 경우가 많은데, 장기상담의 경우 비용이나 상담기간이 내담자 및 부모에게 큰 부담으로 작용할 수 있으므로 최근에는 장기상담보다는 특정 문제중심으로 단기상담을 한다. 최근 들어 상담의 초점을 문제중심보다 해결중심에 무게를 두는 해결중심적 단기상담이 학교현장에서 많이 이루어지고 있으며 학생의 단점보다 강점을 강조하기 때문에 학생이 자신의 문제를 스스로 해결할 수 있도록 도와준다.

10. 청소년상담사의 자질과 역할

청소년상담사의 자질은 인성적 자질과 전문가적 자질로 구분된다. 인성적 자질이란 상담자로서 갖추어야 할 사람됨의 특징을 의미하며, 전문가적 자질이란 상담활동을 수행하는 데 요구되는 전문적 지식과 기술을 갖추었는지의 여부를 의미한다. 모든 상담은 상담자의 자질과 능력에 따라 크게 좌우되므로 청소년상담사의 역할을 수행하기 위해 인성적 자질과 전문적 자질을 갖추어야 한다.

인성적 자질이란 상담자로서 갖추어야 할 사람됨의 특징을 의미하며, 전문가적 자질이란 상담활동을 수행하는 데 요구되는 전문적 지식과 기술을 갖추었는지의 여부를 의미한다.

1) 청소년상담사의 인성적 자질

(1) 심리적 안정과 성숙

상담자의 심리적 안정과 성숙은 상담 효과에 영향을 미치는 결정적 요인이라고 볼 수 있다. 상담자가 주변에 친구가 없어 내담자를 통해 친구관계를 느끼거나 자신의 삶에서 두려움과 무력감을 느끼는 경우 상담을 통해 내담자를 통제하고자 하고 미해결된 분노를 지니고 있는 경우 내담자의 반항적인 행동을 통해 자신의 생각과 감정을 간접적으로 표출한다.

따라서 내담자의 주호소 문제를 다루는 상담자는 안정된 상태에 있어야 한다. 상담자 자신의 미해결 과제가 많거나 심리적으로 불안정한 상태에 있으면 상담자의 역할을 제대로 할 수 없으며 상담자 자신의 미해결 과제와 동일한 문제를 지닌 내담자를 만나면 역전이(counter transference) 현상이 쉽게 일어난다. 그러므로 상담자의 심리적 안정과 성숙은 상담자가 우선적으로 해결해야 할 매우 중요한 문제이다.

상담자 자신의 미해결 과제가 많거나 심리적으로 불안정한 상태에 있으면 상담자의 역할을 제대로 할 수 없으며 상담자 자신의 미해결 과제와 동일한 문제를 지닌 내담자를 만나면 역전이 현상이 쉽게 일어난다.

(2) 인간에 대한 깊은 이해

인간발달에 대한 이해를 통해 상담자는 내담자를 이해하고 수용할 수 있다. 발달단계에 따라 어떤 현상이 일어나고 어떤 발달적인 변화가 나타나는지 발달과정에 대한 정확한 이해가 있어야 내담자의 주호소 문제가 평균적인 발달상태에서 어느 정도 벗어났는지 가늠할 수 있으며 내담자의 문제해결 능력도 파악할 수 있다.

(3) 공감적 이해

내담자의 입장에서 그 문제를 인식하고 공감할 수 있는 깊은 이해력이 필요하다. 상담자는 내담자의 발달상의 문제가 없어도 심각한 주호소 문제가 나타날 수 있고 내담자가 내적 갈등을 일으키며 문제해결을 호소하는 경우도 있으므로 상담자가 객관적인 관점에서 문제를 인식하고 이상이 없다고 내담자에게 주지시키기보다 내담자의 입장에서 문제를 인식하고 공감해 줄 수 있는 공감적 이해능력이 필요하며 내담자는 상담자가 자신의 이야기를 경청하고 주호소 문제를 공감해 줄 때 존중받고 있다고 느낀다.

(4) 일치성

상담자가 내담자의 문제를 이해하고 공감하는 것은 진실 된 마음을 가지고 상담자가 진심으로 내담자에게 공감해 주는 것이다. 상담자가 마음 속으로는 공감하지 않으면서 겉으로만 공감하는 반응을 보이면 내담자는 상담자의 속마음을 금방 느끼고 상담자를 신뢰하지 않게 된다. 따라서 진실성이 결여된 상담자의 공감적 이해는 내담자에게 그대로 전달되어 상담에 대한 신뢰를 떨어뜨리고 상담을 중단하게 만든다.

(5) 윤리

한국상담학회, 한국상담심리교육복지학회, 한국상담심리학회 그리고 한국청소년상담복지개발원을 중심으로 상담윤리 강령이 만들어지고 상담자들에게 윤리적인 측면이 강조되고 있다. 예를 들어, 국방부 병영생활전문 상담관 제22조에 제시된 상담내용의 비밀보장은 상담관은 상담내용의 비밀을 보장함을 원칙으로 한다. 다만, 다음의 경우 내담자의 소속부대장이

한국상담학회, 한국상담심리교육복지학회, 한국상담심리학회 그리고 한국청소년상담복지개발원을 중심으로 상담윤리 강령이 만들어지고 상담자들에게 윤리적인 측면이 강조되고 있다(국방부 병영생활 전문 상담관 제22조).

상담결과를 요구하거나, 상담관이 필요한 조치를 소속부대장에게 요청(피해자 보호 등)할 경우에는 보고할 수 있다. 첫째, 내담자 또는 타인의 생명, 신체나 사회의 안전을 위협하는 경우, 둘째, 내담자가 감염성이 있는 치명적인 질병이 있어 2차 피해가 예상될 경우, 셋째, 상담 중 자해, 자살시도, 탈영, 상습구타, 성추행 등 복무부적응에 의한 사고 및 기본권 침해 사례를 인지한 경우, 넷째, 통계작성 및 학술연구 등의 목적을 위하여 필요한 경우로서 특정 개인을 알아볼 수 없는 형태로 개인정보를 제공하는 경우이다.

또한 상담과정에서 알게 된 사실에 대해 비밀을 유지해야 하며, 상담자가 지켜야 할 또 다른 윤리는 내담자와 이중관계에 놓여서는 안 된다. 이중관계에 있는 경우 상담자는 내담자의 문제를 자신이나 자신과 관련된 사람과 분리하여 다루기 힘들고, 사례에 따라 역전이 현상이 일어나기 쉽다. 따라서 가족이나 친척 혹은 친구나 애인, 친한 사람의 가족 등과 내담자 관계를 형성해서는 안 된다. 그리고 상담자는 내담자와 사적인 관계를 형성해서도 안 되며 특히 이성관계로 발전하는 것을 조심해야 한다. 만일 상담자와 내담자 간에 사적인 관계가 형성되었다면 두 사람은 상담자와 내담자 관계를 종료해야 한다. 청소년상담사 윤리강령 중 사전 동의 및 비밀보장에 대한 내용은 표 1-3과 같다.

이중관계에 있는 경우 상담자는 내담자의 문제를 자신이나 자신과 관련된 사람과 분리하여 다루기 힘들고, 사례에 따라 역전이 현상이 일어나기 쉽다.

표 1-3 청소년상담사 윤리강령 중 사전 동의 및 비밀보장

내담자의 복지 – 사전 동의	• 청소년상담사는 상담을 시작할 때 내담자가 충분한 설명을 듣고 선택할 수 있도록 적절한 정보를 제공해야 하고, 상담자와 내담자 모두의 권리와 책임에 대해 알려줄 의무가 있다. • 청소년상담사는 내담자에게 상담 과정의 녹음과 녹화 여부, 사례지도 및 교육에 활용할 가능성에 대해 설명하고, 내담자에게 동의 또는 거부할 권리가 있음을 알려야 한다. • 청소년상담사는 내담자가 만 14세 미만의 청소년인 경우, 보호자 또는 법정대리인의 상담 활동에 대한 사전 동의를 구해야 한다. • 청소년상담사는 내담자에게 상담의 목표와 한계, 상담료 지불 방법 등을 명확히 알려야 한다.

비밀보장 – 사생활과 비밀보장의 의무	• 청소년상담사는 내담자와 부모(보호자)의 사생활과 비밀보장에 대한 권리를 최대한 존중해야 한다. • 청소년상담사는 상담기관에 소속된 모든 구성원과 관계자·슈퍼바이저·주변인들에게도 내담자의 사생활과 비밀이 보호되도록 주지시켜야 한다. • 청소년상담사는 내담자 상담 시 사전에 상담에 대한 내담자의 동의를 받고 상담 과정에 부모나 보호자가 참여할 수 있으며, 비밀보장의 한계에 따라 정보를 제공할 수 있음을 알린다. • 청소년상담사는 내담자 상담 시, 상담 의뢰자(교사, 경찰 등)에게 내담자 및 보호자(만 14세 미만 내담 청소년의 경우)의 동의하에 정보를 제공할 수 있다. • 청소년상담사는 비밀보장의 의미와 한계에 대하여 내담자의 발달단계에 적합한 용어로 알기 쉽게 설명해 주어야 한다. • 청소년상담사는 강의, 저술, 동료자문, 대중매체 인터뷰, 사적 대화 등의 상황에서 내담자의 신원확인이 가능한 정보나 비밀 정보를 공개하지 않는다.
비밀보장 – 기록 및 보관	• 청소년상담사는 내담자에게 전문적인 서비스를 제공하기 위해 상담 내용을 기록하고 보관한다. • 기록의 보관은 공공기관이나 교육기관 등은 각 기관에서 정한 기록 보관 연한을 따르고, 이에 해당하지 아니한 경우에는 3년 이내 보관을 원칙으로 한다. • 청소년상담사는 기록 및 녹음에 관해 내담자의 사전 동의를 구한다. • 청소년상담사는 면접기록, 심리검사자료, 편지, 녹음 및 동영상 파일, 기타 기록 등 상담과 관련된 기록을 보관하고 처리하는 데 있어서 비밀을 준수해야 한다. • 청소년상담사는 원칙적으로 내담자 및 보호자(만 14세 미만 내담 청소년의 경우)의 동의 없이 상담의 기록을 제3자나 기관에 공개하지 않는다. • 청소년상담사는 내담자와 보호자가 상담 기록의 삭제를 요청할 경우 법적, 윤리적 문제가 없는 한 삭제하여야 한다. 상담 기록을 삭제하지 못할 경우 타당한 이유를 내담자와 보호자에게 설명해 주어야 한다. • 청소년상담사는 퇴직, 이직 등의 이유로 상담을 중단하게 될 경우 기록과 자료를 적절한 절차에 따라 기관이나 전문가에게 양도한다. • 전자기기 및 매체를 활용하여 상담관련 정보를 기록·관리하는 경우, 기록의 유출 또는 분실 가능성에 대해 경각심과 주의 의무를 가져야 하며 내담자의 정보보호를 위해 적극적인 노력을 해야 한다. • 내담자의 기록이 전산 시스템으로 관리되는 경우, 접근 권한을 명확히 설정하여 내담자의 신상이 공개되지 않도록 조치를 취한다.

비밀보장 – 상담 외 목적을 위한 내담자 정보의 사용	• 청소년상담사는 자신의 사례에 대해 보다 나은 전문적 상담을 위해 내담자 및 보호자(만 14세 미만 내담 청소년의 경우)의 동의를 구한 후 내담자에 대해 사실적이고 객관적인 정보만을 사용하여 동료나 슈퍼바이저에게 자문을 받을 수 있다. • 청소년상담사는 교육이나 연구 또는 출판을 목적으로 상담 관련 자료를 사용할 때에는 내담자 및 보호자(만 14세 미만 내담 청소년의 경우)의 동의를 구해야 하며, 신상 정보 삭제와 같은 적절한 조치를 취하여 내담자에게 피해를 주지 않도록 한다.
비밀보장 – 비밀보장의 한계	• 청소년상담사는 상담 시 비밀보장의 1차적 의무를 내담자의 보호에 두지만 비밀보장의 한계가 있는 경우 청소년의 부모(보호자) 및 관계기관에 공개할 수 있다. • 비밀보장의 한계가 있는 경우는 다음과 같다. – 청소년상담사는 내담자의 생명이나 사회의 안전을 위협하는 경우 비밀을 공개하여 그러한 위험의 목표가 되는 사람을 보호하기 위한 합당한 조치 등 안전을 확보한다. – 청소년상담사는 법적으로 정보의 공개가 요구되는 경우 내담자에게 그 사실을 알리고 최소한의 정보만을 제공한다. – 청소년상담사는 내담자에게 감염성이 있는 치명적인 질병이 있을 경우 관련 기관에 신고하고, 그 질병에 노출되어 있는 제3자에게 정보를 공개할 수 있다. • 청소년상담사는 아동학대, 청소년 성범죄, 성매매, 학교폭력, 노동관계 법령 위반 등 관련 법령에 의해 신고의무자로 규정된 경우 해당 기관에 관련 사실을 신고해야 한다.

출처: 청소년상담사 홈페이지(https://www.youthcounselor.or.kr:446/new/sub01_6.html).

Guy(1987)는 인간에 대한 호기심과 탐구심, 경청능력, 언어적 대화를 즐기는 대화능력, 상대방의 입장이 되어 공감하고 이해하는 공감과 이해심, 분노에서 기쁨에 이르기까지 다양한 감정을 인식할 수 있는 정서적 통찰력, 내면세계를 보고 느낄 수 있는 내성, 자신의 개인적 욕구보다 다른 사람의 욕구를 우선적으로 다룰 수 있는 자기부정의 능력, 정서적 친밀 상태를 유지할 수 있는 친밀감에 대한 인내, 어느 정도 거리를 유지하는 가운데 힘을 느낄 수 있는 힘의 능력, 유머감각을 상담자에게 요구되는 인간적 자질로 보았다.

Cormier와 Cormier(1985)가 제시한 상담자의 자질은 다음과 같다.

첫째, 상담자는 다양한 상담 이론에 대한 지식을 갖추고 학습능력과 빠른 이해력을 갖추어야 한다.

둘째, 상담은 정서적으로나 신체적으로 많은 에너지가 요구되는 활동이므로 상담자는 적극적인 자세로 상담 회기에 임하고 활동성을 유지해야 한다.

셋째, 유능한 상담자는 특정한 반응 양식에 사로잡히지 않고 자신의 스타일을 내담자의 요구에 적응시킬 수 있는 융통성이 있어야 한다.

넷째, 상담자는 내담자가 스스로 결정할 수 있도록 지지하여 내담자에게 희망과 힘을 북돋워 준다.

다섯째, 상담자는 내담자의 독립심을 키워 주며 내담자의 이익을 추구하고 온정적이야 한다.

여섯째, 상담자는 자신의 태도, 가치관, 감정을 인식하고 어떤 요인이 이러한 자신의 내적 특성에 영향을 미치는지를 잘 이해하고 있어야 한다.

일곱째, 상담자는 다양한 문화적 배경을 지닌 내담자를 만나므로 문화적 경험에 대한 인식이 필요하다.

2) 청소년상담사의 전문적 자질

청소년상담사의 전문적인 자질은 무엇보다 상담활동을 수행하는 데 요구되는 전문적 지식과 기술을 갖추었는지의 여부를 의미하는 것으로 상담이론에 대한 지식, 상담실습 경험과 훈련, 심리검사 교육, 슈퍼바이저의 지도, 학회활동 등을 통해 습득된다.

장성화 교수(공군사관학교)에 의하면, 청소년상담사의 전문적인 자질을 다음과 같이 정의하고 있다. 무엇보다 상담활동을 수행하는 데 요구되는 전문적 지식과 기술을 갖추었는지의 여부를 의미하는 것으로 상담이론에 대한 지식, 상담실습 경험과 훈련, 심리검사 교육, 슈퍼바이저의 지도, 학회활동(한국상담심리교육복지학회, 한국상담학회, 한국상담심리학회) 등을 통해 습득된다.

(1) 상담이론에 대한 이해

청소년상담사들은 청소년들의 주호소 문제를 해결하기 위한 전문적인 상담이론과 상담기법을 알아야 하며 다양한 상담이론들과 상담기법들이 서로 어떻게 다르고 어떤 효과가 있는지 정확히 알아야 한다.

(2) 상담기법의 활용

청소년상담사는 사례문제에 따라 적절한 상담이론을 적용하고 상담기법을 사용할 수 있어야 한다. 이러한 능력을 갖추려면 청소년상담 실제에 대한 지속적인 연습과 훈련이 필요하며 슈퍼바이저로부터 슈퍼비전을 받아야 한다.

(3) 청소년의 발달적 특성에 대한 이해

청소년상담사는 청소년기의 발달적 특성을 이해하여 청소년기 동안 발달적으로 어떤 변화가 일어나고, 어떤 문제에 부딪히며, 문제해결 능력은 어느 정도인지 파악할 수 있어야 한다. 성인들에게는 병리적 행동이라고 진단되는 것이 청소년에게는 정상범주에 속하는 것일 수도 있으므로 청소년내담자의 문제가 일탈행동인지, 단순한 발달 위기상의 행동인지를 판단하기 위해서는 청소년기의 발달 특성 및 정상 행동 범위에 대한 이해가 선행되어야 한다.

(4) 청소년 심리검사자로서의 전문성

청소년상담사는 청소년내담자의 문제를 진단, 평가, 분류하고 심리평가를 통해 측정하고 해석할 수 있어야 한다. 이를 위해서는 관련되는 심리검사에 대한 지식과 이를 실시할 수 있는 검사자로서의 전문성을 갖춰야 한다. 심리검사 결과를 활용할 때에는 유연성을 가지고 내담자의 심리상태에 대한 객관적인 정보를 얻거나 내담자가 자기 문제를 탐색하는 데 도움이 되는 방향에서 사용해야 한다.

(5) 청소년상담 프로그램 개발 및 운영

청소년상담사는 청소년내담자의 문제에 맞는 상담프로그램을 개발하고 운영할 수 있어야 한다. 청소년들의 문제는 매우 다양하고 늘 새로운 양상으로 전개되기 때문에 상담자는 이러한 변화에 민첩하게 대응할 수 있어야 한다. 집단상담 프로그램의 경우 청소년의 문제해결과 성장에 도움을 주는 집단을 구성하고 이끄는 기술과 집단규모에 적합한 효과적인 개입전략들을 적용하여 집단상담 프로그램을 운영하여야 한다.

(6) 청소년상담 연구능력

청소년상담사는 청소년상담에 대한 연구능력도 갖추어야 한다. 상담 실제를 기록하고 효과를 분석하여 상담이론이나 기법을 재구성하는 데 기여하고 청소년의 실태와 청소년문제 해결을 위한 다양한 방안을 고안하고 과학적으로 검증하여 다른 상담자들이 활용할 수 있도록 한다.

(7) 청소년상담의 행정능력

상담현장에서 상담자들이 겪는 어려운 일 중의 하나가 상담행정이나 상담정책에 대처하는 일이다. 청소년상담의 경우, 내담자의 문제가 주로 학업과 진로, 학교폭력, 가출, 성문제 등 사회문제와 직접 관련된 경우가 많기 때문에 상담자는 이에 대한 국가나 사회의 정책과 행정전달체계를 정확히 알고 상담에 임해야 한다. 또한 청소년상담사는 청소년들의 문제를 보다 효율적으로 해결하기 위해 기존의 행정전달체계나 정책을 개선하는 일에도 적극 참여해야 한다.

11. 청소년상담사의 이해

청소년상담은 각 지역의 청소년상담복지센터와 학교 및 사회복지기관, 민간상담기관에서 이루어지고 있다. 청소년상담사의 자격기준은 청소년기본법 제22조 제1항에 제시되어 있다. 이 자격을 취득한 상담사들은 학교에서 전문상담교사로 청소년상담을 담당하고, 민간상담기관에서는 상담

관련 학회에서 인증한 자격을 취득한 사람들이 청소년상담을 하고 있다. 현재 청소년상담전문가로서 자질을 검정하기 위해 '청소년상담사' 국가자격검정시험이 실시되고 있으며 정기적인 실무연수교육을 통해 전문상담자로서의 능력을 향상시키고 있다.

1) 청소년상담사의 정의

청소년상담사란 청소년기본법 제22조 제1항에 제시된 바와 같이 청소년상담과 관련된 분야의 국내 유일의 국가자격증으로, 청소년상담사 자격시험에 합격하고 청소년상담사 연수기간에서 실시하는 100시간의 연수를 이수한 자에게 여성가족부 장관이 부여하는 국가자격증을 의미한다(http://www.youthcounselor.or.kr).

2) 청소년상담사 국가자격제도의 목적

청소년상담사 국가자격제도의 목적은 그림 1-2와 같다.

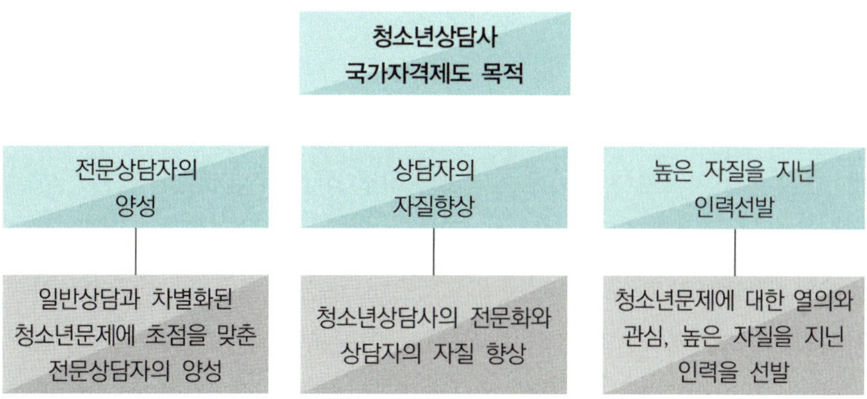

그림 1-2 청소년상담사 국가자격제도의 목적

출처: 한국청소년상담사 홈페이지(https://www.youthcounselor.or.kr:446/new/).

3) 청소년상담사의 필요성

청소년상담사의 필요성은 다음과 같다(http://www.youthcounselor.or.kr).

청소년문제 대처를 위한 전문적 상담인력의 필요로 학교폭력, 가출, 학업중단, 왕따, 집단 괴롭힘, 약물남용, 청소년 성매매 등 다양화되고, 심각해지는 청소년문제에 대해 현실적으로 대처하기 위한 전문상담 인력의 필요성이 점차 요구되는 실정이다.

첫째, 청소년문제 대처를 위한 전문적 상담인력의 필요로 학교폭력, 가출, 학업중단, 왕따, 집단 괴롭힘, 약물남용, 청소년 성매매 등 다양화되고, 심각해지는 청소년문제에 대해 현실적으로 대처하기 위한 전문상담 인력의 필요성이 점차 요구되는 실정이다.

둘째, 효과적인 청소년상담활동의 체계 확립 및 전문인력 확보를 위한 제도가 필요하다.

기존의 청소년상담실, 사회 상담기관 등의 전문적인 청소년상담사 양성을 위한 교육과정이 없는 실정으로, 분산되어 있는 청소년상담활동의 구심점을 마련하여 보다 효과적인 청소년상담활동을 전개할 수 있는 제도적 장치가 필요하다.

셋째, 청소년 선도 효과 및 질 높은 상담서비스 제공의 필요로 청소년상담 관련 분야의 종사자들의 전문성을 확보함으로써 청소년 선도 효과를 극대화하며, 청소년에게 질 높은 상담서비스를 제공하기 위함이다.

4) 청소년상담사의 자격

청소년기본법에 근거한 청소년상담사 국가자격증으로 1-3급으로 나누며, 등급별 자격검정 응시자격을 구체화하고 있으며 **표 1-4**와 같다. 각 급별 자격요건 중 1개 이상의 요건이 되면 해당 급 또는 하위급에 응시가 가능하다. 상담관련 학과는 청소년학 · 청소년지도학 · 교육학 · 심리학 · 사회사업학 · 사회복지학 · 정신의학 · 아동학 · 아동복지학이며 여성가족부령이 정하는 그 밖의 '상담관련분야'는 상담의 이론과 실제(상담원리 · 상담기법), 면접원리, 발달이론, 집단상담, 심리측정 및 평가, 이상심리, 성격심리, 사회복지실천(기술)론, 상담교육, 진로상담, 가족상담, 학업상담, 비행상담, 성상담, 청소년상담 또는 이와 내용이 동일하거나 유사한 과목 중 4과목 이상을 교과과목으로 채택하고 있는 학문분야(청소년기본법 시행규칙 제7조)이다.

표 1-4 청소년상담사 자격요건

구분	자격요건
1급	1. 대학원에서 청소년(지도)학·교육학·심리학·사회사업(복지)학·정신의학·아동(복지)학·상담학 분야 또는 그 밖에 여성가족부령으로 정하는 상담 관련 분야(이하 "상담관련분야"라 한다)의 박사학위를 취득한 사람 2. 대학원에서 상담관련분야의 석사학위를 취득한 후 상담 실무경력이 4년 이상인 사람 3. 2급 청소년상담사로서 상담 실무경력이 3년 이상인 사람 4. 제1호 및 제2호에 규정된 사람과 같은 수준 이상의 자격이 있다고 여성가족부령으로 정하는 사람
2급	1. 대학원에서 상담관련분야의 석사학위를 취득한 사람 2. 대학 또는 다른 법령에 따라 이와 동등한 학력을 인정받는 기관에서 상담관련분야 학사학위를 취득한 후 상담 실무경력이 3년 이상인 사람 3. 3급 청소년상담사로서 상담 실무경력이 2년 이상인 사람 4. 제1호부터 제3호까지에 규정된 사람과 같은 수준 이상의 자격이 있다고 여성가족부령으로 정하는 사람
3급	1. 대학 및 「평생교육법」에 따른 학력이 인정되는 평생교육시설의 상담 관련 분야의 학사학위를 취득한 사람 2. 전문대학 또는 다른 법령에 따라 이와 동등한 학력을 인정받는 기관에서 상담관련분야 전문학사를 취득한 사람으로서 상담 실무경력이 2년 이상인 사람 3. 대학 또는 다른 법령에 따라 이와 동등한 학력을 인정받는 기관에서 학사학위를 취득한 후 상담 실무경력이 2년 이상인 사람 4. 전문대학 또는 다른 법령에 따라 이와 동등한 학력을 인정받는 기관에서 전문학사학위를 취득한 후 상담 실무경력이 4년 이상인 사람 5. 고등학교를 졸업하고 상담 실무경력이 5년 이상인 사람 6. 제1호부터 제4호까지에 규정된 사람과 같은 수준 이상의 자격이 있다고 여성가족부령으로 정하는 사람

※ 비고

1. 상담 실무경력의 인정 범위와 내용은 여성가족부장관이 별도로 정하여 고시한다.
2. 고등학교, 대학, 전문대학 및 대학원이란 각각 「초·중등교육법」 제2조제3호에 따른 고등학교, 「고등교육법」 제2조제1호·제4호에 따른 대학·전문대학, 「고등교육법」 제29조에 따른 대학원을 말함
3. 응시자격을 갖추었는지 여부는 자격검정 공고에서 정하는 서류제출 마감일을 기준으로 판단한다.

출처: 한국청소년상담사 홈페이지.

5) 청소년상담사 등급별 자격검정 과목

청소년상담사 자격검정은 서류심사, 필기시험과 면접시험으로 구성되어 있으며, 서류심사로 응시자격의 요건에 맞는지 확인하는 과정을 거치고, 필기시험은 매 과목 100점 만점의 40점 이상, 전체 평균 60점 이상 되어야 합격한다. 필기시험 합격자에 한해 면접시험을 볼 수 있으며, 필기와 면접 시험에 합격한 자는 급별로 모두 100시간의 연수를 마친 후 자격증을 취득할 수 있다. 청소년상담사 등급별 자격검정 과목과 청소년상담사 자격연수 과목은 **표 1-5**와 같다.

표 1-5 청소년상담사 등급별 자격검정 과목 및 자격연수 과목

등급	검정과목		검정방법		자격연수
	구분	과목	필기	면접	과목
1급 5과목	필수 3과목	• 상담자 교육 및 사례지도 • 청소년 관련 법과 행정 • 상담연구방법론의 실제	필기 시험 (과목당 25문항)	면접	1. 청소년 상담·수퍼비전 2. 청소년상담프로그램 개발 3. 청소년 위기개입 II 4. 청소년 문제세미나 5. 청소년 관련법과 정책
	선택 2과목	• 비행상담, 성상담, 약물상담, 위기상담 중 2과목			
2급 6과목	필수 4과목	• 청소년상담의 이론과 실제 • 상담연구방법론의 기초 • 심리측정 평가의 활동 • 이상심리	필기 시험 (과목당 25문항)	면접	1. 청소년상담과정과 기법 2. 지역사회상담 3. 부모상담 4. 청소년 위기개입 I 5. 청소년진로·학업상담
	선택 2과목	• 진로상담, 집단상담, 가족상담, 학업상담 중 2과목			
3급 6과목	필수 5과목	• 발달심리 • 집단상담의 기초 • 심리측정 및 평가 • 상담이론 • 학습이론	필기 시험 (과목당 25문항)	면접	1. 청소년개인상담 2. 청소년집단상담 3. 청소년매체상담 4. 청소년 상담 현장론 5. 청소년 발달 문제
	선택 1과목	• 청소년이해론, 청소년수련활동론 중 1과목			

※ 비고: "청소년 관련 법"이란 「청소년기본법」, 「청소년복지지원법」, 「청소년보호법」, 「아동·청소년의 성보호에 관한 법률」, 「청소년활동진흥법」, 「학교폭력예방 및 대책에 관한 법률」, 「소년법」을 말하며, 그 밖의 법령을 포함하는 경우 여성가족부장관이 고시

※ 시험과목 중 법령 관련 출제 기준일은 자격검정 공고(산업인력공단 게시)에서 정하는 시험 시행일 기준임

※ 연수 시간(1급, 2급, 3급): 100시간 이상(연수과제 및 이러닝연수 45시간 + 집합연수 56시간)

※ 연수 내용: 연수과제, 이러닝연수 및 집합연수(이론과 실습 등)로 구성

출처: 청소년기본법 시행령 제23조 제2항 별표4. 한국청소년상담복지개발원 홈페이지.

6) 청소년상담사의 활동분야

청소년상담사의 활동분야는 그림 1-3과 같다.

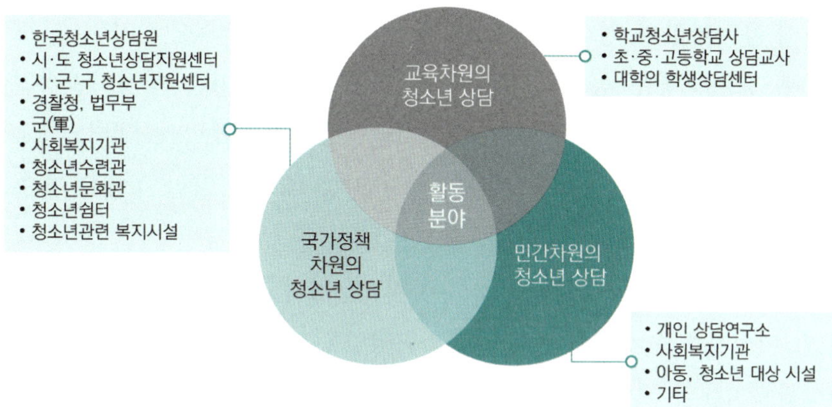

그림 1-3 청소년상담사의 활동분야

출처: 한국청소년상담사 홈페이지.

7) 청소년상담사 급별 역할

급	주요역할	세부내용
1급	청소년상담을 주도하는 전문가 (지도 인력)	• 청소년상담 정책 개발 및 행정업무 총괄 • 상담기관 설립 및 운영 • 청소년들의 제 문제에 대한 개입 • 2급 및 3급 청소년상담사 교육 및 훈련
2급	청소년 정신을 육성하는 청소년상담사 (기간 인력)	• 청소년상담의 전반적 업무 수행 • 청소년의 각 문제영역에 대한 전문적 개입 • 심리검사 해석 및 활용 • 청소년상담과 관련된 독자적 연구 설계 및 수행 • 3급 청소년상담사 교육 및 훈련
3급	유능한 청소년상담사 (실행 인력)	• 기본적인 청소년상담 업무 수행 • 집단상담의 공동지도자 업무 수행 • 매체상담 및 심리검사 등의 실시와 채점 • 청소년상담 관련 의뢰체계를 활용 • 청소년상담실 관련 제반 행정적 실무를 담당

출처: 한국청소년상담사 홈페이지.

12. 청소년 상담기관의 현황

1) 청소년 상담기관

현재 우리나라의 청소년 상담기관은 여성가족부, 교육인적자원부, 보건복지부, 고용노동부 등 각 정부부처별 고유 기능에 따른 행정기관지원상담실, 한국청소년상담복지개발원, 청소년상담복지센터, Wee센터, 학교상담실, 민간 사회단체 및 종교기관의 상담실 등 매우 다양한 형태로 운영되고 있다.

먼저, 정부 및 지방자치단체에서 설치 · 운영하고 있는 상담기관을 살펴보면, 여성가족부 산하에는 한국청소년상담복지개발원, 16개 시 · 도 청소년상담복지센터, 231개 시 · 군 · 구 청소년상담복지센터, 청소년활동진흥센터, 청소년수련시설, 청소년쉼터, 학교밖청소년지원센터 등이 있다. 교육인적자원부에서는 학교상담을 지원하기 위한 상담기관으로 서울시 교육청 산하 WEE센터, 한국직업능력개발원 진로상담센터, 한국교육개발원 상담실, 한국교육학술정보원 에듀넷 교육종합상담실, 독학정보상담실 등이 운영되고 있다. 보건복지부 산하에는 아동상담소, 여성복지상담소, 간이상담소, (종합)사회복지관, 장애인복지관, 지역사회정신보건센터 등이 설치되어 있다. 노동부 산하에는 중앙고용정보관리소 직업지도과, 고용안정센터, 인력은행, 직업전문학교 생활지도과가 있으며, 법무부 산하에는 소년분류심사원, 소년원, 한국갱생보호공단, 보호관찰소가 설치 · 운영되고 있다. 정부 행정기관에서 운영하는 상담실 이외에도 사회단체 상담실, 종교단체 산하 상담실, 기업체 상담실 등이 있다. 사회단체 상담실은 YMCA, YWCA, 흥사단, 한국마약퇴치운동본부 내 마약류 및 약물남용 예방상담실, 성폭력피해 상담소, 생명의 전화, 여성의 전화, 한국가정법률상담소, 대한가족협회 청소년상담실 등이 있다. 그리고 종교기관에서 운영하는 상담실에는 기독교윤리실천운동협의회 산하 기독가족상담소, 한국

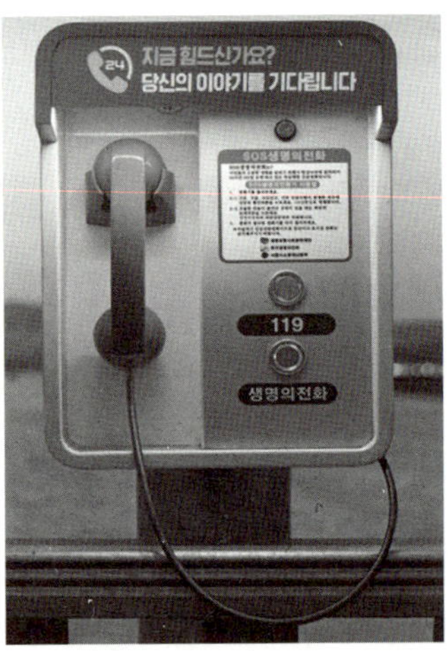

SOS생명의 전화
(http://www.sosline.or.kr/)

생명의 전화, 천주교의 나눔의 전화, 불교의 자비의 전화 등이 있다. 이외에도 전국적으로 많은 사설 상담기관이 운영되고 있다.

2) 청소년상담복지센터의 운영현황

시 · 도 청소년상담복지센터는 청소년복지 지원법 제29조, 청소년기본법 제18조와 시행령 제33조에 의거하여 설치 · 운영되고 있다. 시 · 도의 청소년상담 및 긴급구조 등의 역할을 맡고 있으며, 시 · 군 · 구 청소년상담복지센터와 연계하여 지방청소년상담, 학부모의 청소년문제에 대한 정보제공과 자문, 상담을 처리하고 있다. 청소년상담복지센터에서 제공하는 서비스를 살펴보면, 청소년 밀집지역으로 찾아가는 상담, 지역 내 전문인력을 자원봉사자로 적극 발굴하여 활용하는 청소년상담 전문직 자원봉사 체제 구축, 사이버상담실 운영, 부모교육, 청소년 또래상담, 청소년 품성개발 프로그램 등 지역 내 청소년들에게 직 · 간접적 상담 서비스를 제공하고 있다. 청소년상담복지센터 설치 현황은 표 1-6과 같다.

시·도 청소년상담복지센터 청소년복지 지원법 제29조, 청소년기본법 제18조와 시행령 제33조에 의거하여 설치·운영되고 있다.

표 1-6 청소년상담복지센터 설치 현황

2023. 9. 현재.

서울특별시	서울특별시청소년상담복지센터, 강남구, 강동구, 강북구, 강서구, 관악구, 광진구, 구로구, 금천구, 노원구, 도봉구, 동대문구, 동작구, 마포구, 서대문구, 서초구, 성동구, 성북구, 성북구 석관분소, 송파구, 양천구, 영등포구, 용산구, 은평구, 종로구, 중랑구	총 26개소
부산광역시	부산광역시청소년상담복지센터, 금정구, 기장군, 남구, 동구, 동래구, 북구, 사상구, 사하구, 서구, 수영구, 영도구, 중구, 진구, 해운대구, 연제구	총 16개소
대구광역시	대구광역시청소년상담복지센터, 군위군, 남구, 달서구, 달성군, 동구, 북구, 서구, 수성구, 중구	총 10개소
인천광역시	인천광역시청소년상담복지센터, 강화군, 계양구, 남동구, 동구, 미추홀구, 부평구, 서구, 연수구, 중구, 중구 동인천분소	총 11개소
광주광역시	광주광역시청소년상담복지센터, 광산구, 남구, 동구 북구, 서구	총 6개소
대전광역시	대전광역시청소년상담복지센터, 서구, 유성구	총 3개소

울산광역시	울산광역시청소년상담복지센터, 남구, 동구, 북구, 울주군, 울주군 중부	총 6개소
경기도	경기도청소년상담복지센터, 가평군, 고양시, 과천시, 광명시, 광주시, 구리시, 군포시, 김포시, 남양주시, 동두천시, 부천시, 성남시, 수원시, 시흥시, 시흥시 정왕분소, 안산시, 안성시, 안양시, 양주시, 양평군, 여주시, 연천군, 오산시, 용인시, 의왕시, 의정부, 이천시, 파주시, 평택시, 포천시, 하남시, 화성시	총 33개소
강원도	강원도청소년상담복지센터, 강릉시, 동해시, 삼척시, 속초시, 영월군, 원주시, 정선군, 철원군, 춘천시, 태백시, 평창군, 홍천군, 횡성군	총 14개소
충청북도	충청북도청소년상담복지센터, 괴산군, 단양군, 보은군, 서청주, 영동군, 옥천군, 음성군, 제천시, 증평군, 진천군, 청주시, 충주시	총 13개소
충청남도	충청남도청소년상담복지센터, 계룡시, 금산군, 공주시, 논산시, 당진시, 보령시, 부여군, 서산시, 서천군, 아산시, 예산군, 천안시, 청양군, 태안군, 홍성군	총 16개소
전라북도	전라북도청소년상담지복지센터, 고창군, 군산시, 김제시, 남원시, 무주군, 부안군, 순창군, 완주군, 익산시, 임실군, 장수군, 전주시, 정읍시, 진안군	총 15개소
전라남도	전라남도청소년상담복지센터, 강진군, 고흥군, 곡성군, 광양시, 구례군, 나주시, 담양군, 목포시, 무안군, 보성군, 순천시, 신안군, 여수시, 영광군, 영암군, 완도군, 장성군, 장흥군, 진도군, 함평군, 해남군, 화순군	총 23개소
경상북도	경상북도청소년상담복지센터, 경산시, 경주시, 고령군, 구미시, 문경시, 봉화군, 상주시, 성주군, 안동시, 영덕군, 영양군, 영주시, 영천시, 예천군, 울진군, 의성군, 청도군, 청송군, 칠곡군, 포항시	총 22개소
경상남도	경상남도청소년상담복지센터, 거제시, 거창군, 고성군, 김해시, 남해군, 밀양시, 사천시, 산청군, 양산시, 의령군, 진주시, 창녕군, 창원시진해, 창원시창원, 통영시, 하동군, 함안군가야, 함양군함양, 합천군	총 22개소
제주도	제주특별자치도청소년상담복지센터, 서귀포시, 제주시	총 3개소
세종 특별자치시	세종특별자치시청소년상담복지센터	총 1개소

출처: 한국청소년상담복지개발원 홈페이지.

연습문제

01 청소년상담의 목표 중 치료적 측면, 예방적 측면, 통합적 측면에 대하여 서술하시오.

02 청소년상담의 문제 영역에 대하여 서술하시오.

03 청소년상담의 기법 중 절충주의적 상담, 비지시적 상담, 지시적 상담에 대하여 논하시오.

04 청소년상담의 기능 중 위기중재의 기능을 활용하여 청소년상담의 필요성을 서술하시오.

05 청소년상담사의 인성적 자질에 대하여 구체적으로 서술하시오.

06 청소년상담사의 전문적 자질에 대하여 구체적으로 서술하시오.

제2장

청소년기의 신체, 생물학적 발달

1. 사춘기 신체 · 생물학적 발달의 특징

신체적 발달은 생물학적 영역이라고 말하며 일반적으로 부모로부터 물려받은 유전인자, 뇌의 발달, 신장과 체중의 증가, 운동기능, 사춘기에 나타나는 호르몬의 변화가 해당된다(정옥분, 2005). 그리고 생물학적 변화로 한 개인이 생식능력을 갖게 되는 시기를 '사춘기(puberty)'라고 하는데, 사춘기(puberty)의 뜻은 '성장하다'라는 라틴어 'pubertas'에서 파생된 단어이다(이혜원, 2008; 장성화 외, 2012). 동시에 신체적 특성이나 기능상 남녀 간 차이가 뚜렷해지는 2차 성징이 나타나면서 성에 눈뜨기 시작한다. 그리고 남아는 남자답게, 여아는 여자답게 성숙하기 시작하고, 이성에 대한 호기심과 관심이 커진다(한국청소년정책연구원, 2007). 이와 같이 사춘기는 아동이 성적 발달을 보이는 인생의 단계를 말하지만 보다 넓은 의미에서의 사춘기는 한 개인이 아동기에서 성인기로 넘어가는 기간 동안 발생하는 모든 신체적 변화를 의미하기도 한다.

생물학적 변화로 한 개인이 생식능력을 갖게 되는 시기를 '사춘기'라고 하는데, 사춘기의 뜻은 '성장하다'라는 라틴어 'pubertas'에서 파생된 단어이다.

사춘기에 발생하는 중요한 신체, 생리적 변화를 정리하면 다음과 같다(한상철 · 임영식, 2000). 첫째, 신장과 체중의 급격한 증가, 둘째, 남성의 고환과 여성의 난소와 같은 생식선 또는 성선의 발달, 셋째, 생식기와 가슴의 변화, 음모와 수염의 출현과 같은 2차 성징의 발달, 넷째, 지방질과 근육 같은 신체 구성요소의 변화, 다섯째, 신체의 순환계통과 호흡기의 변화로 인한 운동능력의 증가이다.

사춘기의 신체, 생리적 변화는 단순히 외형상의 변화만을 의미하는 것은 아니다. 이는 이 시기 청소년기의 모든 발달을 선도하며, 청소년의 정서와 성격, 인지능력, 사회관계 등 모든 측면에 중요한 영향을 미친다. 사춘기의 신체, 생리적 발달의 몇 가지 중심적인 특징을 요약해 보면 다음과 같다(한상철, 1998).

첫째, 청소년기 전기, 즉 사춘기를 맞이하면서 성장폭발(growth spurt) 현상이 일어난다. 일반적으로 11~13세 사이의 청소년들은 신장을 비롯하여 체중, 근육, 머리, 얼굴, 생식기관 등의 급성장을 경험한다. 대체로 여자가 남자보다 2년 정도 성장폭발이 먼저 일어나지만, 급성장 이후의 최종 성장치는 남자가 여자보다 더 크다. 성장폭발 시작에서부터 끝나는 시점까지의 성장치는 남녀 모두 약 5~13cm이다. 이러한 성장폭발 현상은 유전이나 영양상태, 계절, 기후, 인종 등에 따라 어느 정도 영향을 받기도 하지만 모든 인류에게 보편적으로 일어나는 현상이라고 할 수 있다.

신체·생리적 발달의 가속화 현상이라고 한다. 남녀 청소년 모두 과거 50년이나 10년 전에 비해 더 빨리 성장하고 더 어린 나이에 성인의 체격에 도달한다.

둘째, 성장폭발이 일어나는 시기가 시대에 따라 점차 빨라지고 있다. 이를 신체 · 생리적 발달의 가속화 현상이라고 한다. 남녀 청소년 모두 과거 50년이나 10년 전에 비해 더 빨리 성장하고 더 어린 나이에 성인의 체격에 도달한다. 신체 · 생리적 발달이 가속화되고 있는 원인은 여러 가지가 있겠지만 영양, 건강, 기후조건 등의 물리적 조건이 과거보다 혁신적으로 개선되고 있다는 점과 이질집단 간의 결혼이 증가되고 있다는 점, 그리고 남녀 간의 데이트가 증가되고 성경험 시기가 저연령화 되는 등의 사회 심리적 현상 때문이라고 볼 수 있다.

셋째, 사춘기의 신체적 발달은 다른 어떤 시기보다 불균형 현상이 심하다. 즉, 청소년 전기의 아이들은 신체의 각 부분이 무럭무럭 자라지만, 특히 다리와 팔의 길이가 동체에 비해 매우 큰 경우가 많다. 그래서 다리와 팔이 서로 어울리지 않게 크게 성장함으로써 신체적 불균형을 크게 경험할 수 있다. 이것은 그들에게 자신의 정상성을 의심하는 등의 심각한 고민거리를 제공한다.

넷째, 청소년기의 신체, 생물학적 발달은 다른 어떤 시기보다도 개인차가 심하다. 청소년들은 신체적 급성장 시기와 초경 시작 시기의 개인차와 더불어 신체나 생리적 발달의 순서에 있어서도 개인차가 있다. 보통의 아이들은 11, 12세를 전후하여 성장폭발이 일어나지만 어떤 아이들은 14, 15세가 되어도 변화가 나타나지 않는 경우가 있는가 하면, 보편적으로 신장의 발달과 함께 남자의 경우 고환과 음낭이 발달하고 음모가 발생하고 겨드랑이털과 턱수염이 나게 되지만 그 순서가 뒤죽박죽인 아이도 있다.

여자의 경우도 역시 음모가 발생하고 가슴이 커지고 겨드랑이털이 나고 초경이 시작되는 순으로 진행되지만 초경이 먼저 시작되거나 가슴이 먼저 발달하기도 한다. 이러한 심한 개인차는 청소년들의 심리적 변화에 큰 영향을 미치게 된다.

2. 사춘기의 신체발달

1) 신장과 체중의 발달

사춘기 동안 일어나는 가장 극적인 신체발달은 신장과 체중의 증가다. 그중 신장의 성장급등은 사춘기의 가장 두드러진 신체발달 현상이다. 대개 성장급등 현상은 약 2.5~3년 정도 지속된다. 일반적으로 여성의 성장은 남성보다 2년 정도 더 일찍 시작되므로 대부분의 여성은 10~11세에 성장급등 현상이 나타나는 반면, 남성들은 12~13세 이후에 시작되는 편이다.

성장급등기의 신장 성장비율은 그 이전 시기에 비해 두 배 정도나 된다. 아동기 동안 남녀의 신장은 매년 평균 10cm, 여성은 매년 8cm 정도 성장한다. 최근 통계자료에 의하면 여성들은 약 9~12세 사이에, 남성들은 약 11~13세 사이에 상대적으로 성장률이 더 높다.

사춘기의 시작과 함께 청소년기 동안에는 신장뿐만 아니라 체중 또한 급격히 증가한다. 체중에서도 성장급등기를 맞이하게 되는데, 여성들은 10~11세경, 그리고 남성들은 약 2년 정도 늦은 12~13세경 절정에 이른다. 청소년기 동안 신장과 함께 체중의 증가는 뼈, 근육, 지방, 신체기관의 크기 및 양의 증가를 의미한다. 청소년기 동안 남성들은 여성보다 근육조직의 빠른 성장을 보이는 반면, 여성들은 빠른 체지방의 증가를 보인다. 이에 따라 청소년 후기 무렵 남성의 근육 대 지방의 비율은 3:1인 반면 여성은 5:4로 현격한 차이를 보인다(Steinberg, 1999). 근육의 양은 자연히 남녀 간의 신체적인 힘과 운동능력의 차이를 초래한다. 그러므로 아동기와 청소년기 동안의 남녀 간 차이를 연구한 결과 5세와 16세 시기를 비교하면

> 청소년기 동안 남성들은 여성보다 근육조직의 빠른 성장을 보이는 반면, 여성들은 빠른 체지방의 증가를 보인다. 이에 따라 청소년 후기 무렵 남성의 근육 대 지방의 비율은 3:1인 반면 여성은 5:4로 현격한 차이를 보인다.

남성이 행사할 수 있는 신체적인 힘은 14배, 여성의 경우는 10배 정도 증가한다는 보고가 있다(Cheek, 1968; Malina & Bouchard, 1991).

그리고 일반적으로 성장의 최고점에 일찍 도달하는 청소년은 늦게 도달하는 청소년보다 최종 성장치가 더 높다. 또한 급성장의 시작 연령과 그 과정은 사춘기의 생리적 변화와도 관계가 있는데, 급성장이 일찍 시작되는 여성은 늦게 시작되는 여성보다 더 일찍 초경을 경험하는 경향이 있다. 남성의 경우도 급성장 기간은 음모나 겨드랑이털, 음경의 발달 같은 2차 성징의 출현과 관계가 있다(최명구 · 김누리, 2009).

청소년기의 성장급등 현상은 키와 몸무게 이외의 다른 부위에서도 현저하게 나타난다. 이마는 더 넓어지고 높아지며 두개골은 어른다운 모습을 하게 된다. 아래턱과 코가 길어지고 입은 커지며 입술은 도톰해진다. 남성의 근육조직과 여성의 지방조직 비율의 증가는 남성들에게는 모가 난 외모를, 그리고 여성들에게는 둥근 외모를 갖게 한다. 성선의 활동으로 남성들은 어깨가 넓어지고 여성들은 골반 부위가 넓어짐으로써 전형적인 남성과 여성의 외모를 갖게 되지만 비동시적 성장의 결과로 팔과 다리에 비해 일시적으로 손과 발에 더 큰 불균형 상태가 초래되기도 한다(이용교, 2004).

청소년의 상징은 여드름이라는 말이 있을 정도로 피부 피지선의 증가된 활동으로 인해 여드름을 돋게 하고 겨드랑이, 유방, 생식기 및 항문 주위의 한산의 확대는 땀을 많이 분비시킨다. 땀은 피부 박테리아의 작용에 의해 암내를 유발한다(최명구 · 김누리, 2009).

청소년기 동안 신체 외부의 변화와 함께 신체 내부에서도 현저한 변화가 일어난다. 청소년들의 성장하는 신체를 유지하기 위해 소화기관, 심장 및 폐의 크기가 증가한다. 이에 따라 소화와 호흡, 그리고 순환의 기능이 높아지며, 신진대사가 원활해진다. 남성들은 여성들보다 심장과 허파가 더 크고 혈액의 양이 더 많으며, 혈압도 더 높은 편이다(이옥형, 2006).

또한 청소년기의 신체발달에 따라 운동능력도 현저히 발달한다. 운동능력의 발달은 근육 및 신경계의 발달과 밀접하게 연결되어 있으며, 인간의 구체적인 생활과 활동의 기초가 된다. 그러므로 청소년들의 운동능력 발달은 사회적 적응에 중요한 역할을 하게 된다.

신체발달의 차이에서 오는 운동능력의 차이는 근육뿐만 아니라 신경계 발달과도 밀접한 관련이 있으며, 행동발달과 성격발달에 영향을 준다. 운동능력이 잘 발달된 청소년은 자신감을 가지고 활동할 수 있으므로 자연히 성취감도 생기고, 사회적으로 높은 평가를 받게 된다. 특히 청소년 초기의 운동능력 발달은 자신감을 갖게 하고, 능력도 인정받고, 정서적 안정감과 명랑한 정서를 갖게 하므로 청소년들의 건전한 성격발달을 가능하게 한다.

신체발달의 차이에서 오는 운동능력의 차이는 근육뿐만 아니라 신경계 발달과도 밀접한 관련이 있으며, 행동발달과 성격발달에 영향을 준다.

운동능력의 발달 경향과 특성은 남녀 성차가 뚜렷하여 전반적으로 남성이 여성보다 우월하며 이 경향은 청소년 초기보다 청소년 후기로 갈수록 더욱 분명하다. 이러한 남녀 간 차이의 원인으로는 2차 성징에 수반하는 신체상의 차이, 골격, 근육, 체격의 조직학적 차이, 내장의 여러 기관의 기능상 차이, 성적, 사회적 존재로서 자기에 대한 지각 혹은 남녀의 사회적 역할의 차이 등을 들 수 있다(정영숙 · 신민섭 · 이승연, 2009). 즉, 종합적으로 볼 때 청소년기 남성의 신체는 힘과 에너지를 빠르게 발산하도록 발달하며, 산소를 활용하여 큰 근육들에 에너지를 공급한다. 그러나 여성의 신체는 장시간 동안 움직일 수 있는 구조를 지녔으며, 내분비학적으로는 심장발작, 동맥경화, 뇌졸중의 위험이 남성보다 더 적은 편이다.

2) 성적 변화

청소년기에 신체적 성장급등과 함께 성적인 성숙이 나타난다. 이러한 사춘기적 변화는 사춘기 시작과 함께 약 4년 동안 일어나며, 일반적으로 여자가 남자보다 약 2년 정도 먼저 경험하게 된다(한국청소년정책연구원, 2007).

사춘기의 성적 발달은 여자 혹은 남자로서 생식기능을 갖추게 되는 것이 그 핵심이다. 성적 성숙이 일어나는 시기는 유전에 기반한 개인차에 따라 수년 정도의 차이를 보이지만, 청소년기 동안 나타나는 각 신체 부위 및 성기관의 발달은 일정한 순서를 보이는 것이 일반적이다. 청소년기의 성적 변화를 남성과 여성으로 구분하여 살펴보면 다음과 같다.

(1) 남성의 성적 성숙

남성의 성적 성숙을 나타내는 최초의 외적 징표는 고환과 음낭의 성장이다. 고환의 발육이 먼저 시작되고 음모가 자라나며 몽정을 경험하고 음성의 변화와 더불어 체모가 나타난다(한국청소년개발원, 2005).

고환에서 분비된 테스토스테론은 남성 특유의 성적 발달을 지시하여 음경과 음낭을 확대하고 어깨뼈를 발육시킨다. 또한 목소리의 저음화와 성적 충동의 발달을 가져온다. 테스토스테론을 포함하는 남성 호르몬인 안드로겐은 신체 각 부위의 체모를 발달시키는 동시에 근육을 재배치함으로써 넓은 어깨, 좁은 엉덩이를 만드는 등 남성 고유의 체격을 형성한다(최명구 · 김누리, 2009).

> 테스토스테론을 포함하는 남성 호르몬인 안드로겐은 신체 각 부위의 체모를 발달시키는 동시에 근육을 재배치함으로써 넓은 어깨, 좁은 엉덩이를 만드는 등 남성 고유의 체격을 형성한다.

변성은 대개 사춘기 후기에 나타나고 음성이 안정되기까지는 2년쯤 걸린다. 변성은 갑자기 그리고 극적으로 나타나지만 어떤 아이들의 경우 자신도 알아차리지 못할 정도로 서서히 진행된다. 이 과정에서 후두는 매우 커지고 성대는 2배 정도 늘어나며, 그 결과로 음은 1옥타브 정도 낮아지고 거칠어진다. 저음부터 갑자기 고음으로 바뀌는 현상도 나타나는데, 이러한 모든 변화는 청소년들을 당황하게 할 수 있다.

청소년 성교육 만화 추천

https://www.yes24.com/Product/Viewer/Preview/93881543

사춘기 남성들도 유방의 변화를 경험한다. 유두 주위의 검은 부분이 상당히 넓어지고 유두도 커진다. 이런 변화는 약 1년 이내에 사라지지만 어떤 경우 청소년기 중반까지 지속되기도 하고, 통증을 경험하기도 한다. 이 시기 청소년들의 가슴발달은 자신의 '남성다움'에 대한 심각한 위협이며 신체 변화에 따른 불안을 가중시키는 원인이 되고 있다(한상철, 2009).

(2) 여성의 성적 성숙

향생식선호르몬의 자극에 따라 성선에서 성호르몬이 분비되면서 9세에서 10세를 전후하여 무색의 솜털 같은 음모가 나타나기 시작한다. 이러한 음모의 발달이 여성에게 성적 성숙을 나타내는 최초의 외적 징표라고 볼 수 있지만(Faiman & Winter, 1974), 17% 정도의 여성은 가슴이 먼저 크기 시작한다. 가슴의 융기는 솜털 같은 무색의 겨드랑이털이 나오는 것과 동시에 여성 호르몬인 에스트로겐이 증가되는 시기와 관련이 있다.

난소의 여포에서 한 달 주기로 분비되는 에스트로겐은 자궁과 나팔관 등의 1차성징이 정상적 크기와 기능을 유지할 수 있도록 하며, 임신이 가능하도록 자궁의 내벽이 준비하는 역할을 한다. 동시에 유방의 발육, 허벅다리와 엉덩이의 지방질 배치, 음모의 생성, 성적 충동의 발달과 같은 2차성징의 발달에 기여한다.

난소의 여포에서 한 달 주기로 분비되는 에스트로겐은 자궁과 나팔관 등의 1차성징이 정상적 크기와 기능을 유지할 수 있도록 하며, 임신이 가능하도록 자궁의 내벽이 준비하는 역할을 한다.

유방의 발달은 사춘기로 이행하는 여성의 2차성징을 대표하는 것이라고 볼 수 있다. 이는 대개 초경보다 1년 정도 먼저 발달되기 시작하며, 유방의 발달 이후에 자궁과 질이 가속적으로 발달하고 음순과 음핵이 커진다. 그리고 음모가 상당한 수준으로 발달하고 질의 분비가 시작된다. 12세경이면 젖꼭지가 색조를 띠고 가슴이 성인의 모양과 비슷해진다. 그리고 12세 반경이면 초경이 시작되는데 이때 대부분의 여성은 음모, 가슴, 겨드랑이털이 거의 마지막 단계에 이를 정도로 완숙하게 된다.

3) 신체 및 성적 변화에 따른 심리적 영향

개인차와 성차를 보이는 성장 시기의 차이는 개인의 정서와 사회성 발달에 영향을 미친다. 먼저 조숙과 만숙이 청소년기의 신체상과 자아상에 미치는 영향을 살펴보면 다음과 같다. 남자 청소년의 조숙은 만숙에 비해 자아존중감과 사회성 발달에 유리하게 작용하는 반면 조숙한 여자들은 만숙아에 비해 불리하거나 영향력이 없다고도 한다(김애순, 2005; 이혜원, 2008). 조숙한 남아는 또래집단의 여아들과 신체적으로 큰 차이가 없으므로 여아들과 더 빨리 쉽게 친해질 수 있다. 신체발달이 빠른 남아는 운동과 같은 신체활동이 필요한 분야에서 유리하며, 사회가 기대하고 인정하는 방향으로 자기가 변하고 있다는 확신을 갖게 된다. 반대로 늦게 성숙하는 남아는 더 오랫동안 아동취급을 받고 그 기대에 맞게 더 오랫동안 어린아이같이 행동하게 될 수도 있으며, 자신이 정말 성적으로 성숙할 수 있을까 하는 걱정을 하게 되기도 한다(최명구 · 김누리, 2009).

월등히 조숙한 여자아이는 동성의 또래 사이에서 인기가 없으며, 우울증세가 높거나 섭식문제를 보이기 쉽고, 일탈 또래를 사귀기 쉽다는 연구가 있는가 하면, 오히려 자신감이 높다는 연구결과도 있다(이혜원, 2008; Coleman & Hendry, 1999). 남아와 비교해 이러한 차이가 있는 이유는 조숙이나 만숙의 의미가 남성과 다르게 받아들여지는 요인과 관계된다. 첫째는 나이이다. 어떤 연구에서는 초등학교 6학년 때 일찍 초경을 경험한 여아가 그렇지 않은 여아보다 친구들 간에 신망이 더 적으나 중학교에 들어서면 사춘기를 지닌 여아들이 더 인기가 있다고 한다. 6학년 때는 대부분이 사춘기 이전이므로 자기와 같은 사람이 인기가 있지만 중학교 1, 2학년이 되면 대부분이 사춘기를 경험하게 되므로 자신보다 앞선 사람이 인기가 있다.

사회적 기대가 남성에게는 더 명확하고 여성에게 덜 모호한 경향이 있다. 남성이 조숙하다는 것은 힘세고 용기 있다는 것을 의미하고 성적으로 적극적인 행동을 할 수 있다는 의미가 되나 여성에게 있어 그 기대는 그렇게 명확하지 않다.

또한 사회적 기대가 남성에게는 더 명확하고 여성에게 덜 모호한 경향이 있다. 남성이 조숙하다는 것은 힘세고 용기 있다는 것을 의미하고 성적으로 적극적인 행동을 할 수 있다는 의미가 되나 여성에게 있어 그 기대는 그렇게 명확하지 않다. 오히려 조숙한 여아의 경우 부모와 주변 사람들은 너무 일찍 이성교제를 하지 않도록 주의시킬 필요가 있으며 만숙 여아들의 경우 조급해하지 않고 정신적인 성숙을 위해 노력하도록 도와주어야 한다(최명구 · 김누리, 2009).

이러한 성숙의 시기는 개인차가 크며 조숙과 만숙의 영향은 청소년기에 큰 의미를 갖지만, 대부분 그 영향은 일시적인 것이다. 이는 한 개인의 전체적 발달이 신체적 성장뿐 아니라 인지적, 사회적, 환경적 요인 등에 의해 많은 영향을 받기 때문이다(Paikoff & Brooks-Gunn, 1990). 조숙과 만숙의 심리적 영향을 설명하는 가설들을 제시해 보면 다음과 같다(정옥분, 2005).

첫째, 사춘기는 또래집단 내에서의 청소년의 위치변화를 가져옴으로써 심리적 영향을 미친다. 일반적으로 여아가 남아보다 2~3년 더 일찍 성숙하므로 일찍 성숙하는 여아가 같은 연령의 남녀집단에서 가장 이례적인 집단에 속하게 된다. 결과적으로 일찍 성숙하는 여아들은 가장 큰 불이익을 당하게 되고, 그다음으로 이례적인 집단은 늦게 성숙하는 남아들이다(Petersen & Crockett, 1985).

둘째, 일찍 성숙하는 청소년은 아동기의 발달과업을 완성하는 데 시간이 충분하지 않다는 것이다. 조숙아들은 아동기 과업을 완전히 해결하지 않은 채 청소년기의 새로운 경험, 기대, 감정에 직면해야 하기 때문에 특히 청소년 초기에 어려움을 겪게 된다(Peskin & Livson, 1972).

셋째, 조숙과 만숙의 영향은 우리 사회에서 남성으로 또는 여성으로서 누리는 지위와 관련이 있다는 것이다(Block, 1978). 예를 들어, 우리 사회의 경우 남성은 여성보다 상대적으로 유리한 입장에 있다. 따라서 조숙하는 남성은 일찍 성인 남성의 유리한 지위를 획득함으로써 혜택을 받을 수 있지만, 조숙 여성의 경우 그와 반대가 된다는 것이다.

넷째, 청소년기에는 자신의 신체적 변화가 정상인지 걱정하고 나의 모습이 어떻게 변화할 것인지에 대해 불안과 열등감을 느끼기 쉽다(이명자 · 문병상, 2000). 따라서 이 시기에 청소년들이 해야 할 주요 발달과업 중 하나는 급격히 일어나는 신체적 변화에 적응하여 긍정적인 신체 자아상을 확립하는 것인데 이 과정에서 만일 부정적인 신체 자아상을 갖는 경우 청소년들은 자아존중감, 또래관계 등에서 전반적인 어려움을 경험하게 된다. 즉, 자신의 신체나 외모가 사회문화적인 기대수준과 일치하지 않으면 청소년들은 점차 자신감을 잃게 되고 이것을 확대하여 전체의 자아개념이나 자아존중감을 부정적으로 갖게 된다(박경애 · 김혜원 · 주영아, 2010).

우리나라의 한 연구에서도 남녀 청소년들은 모두 자신의 신체에 대해 불만족할수록 우울정도가 높았으나(박지현 · 최태산, 2008; 현명선 · 남경아 · 공성숙, 2001) 이러한 관계는 성별에 따라 차이가 있어, 남자 청소년들은 생식기가 발달할수록 신체적 만족도가 높아지는 반면, 여자 청소년들은 생식기나 음모가 발달할수록 신체적 만족도가 낮아지고 우울경향 또한 높아졌다(현명선 · 남경아 · 공성숙, 2001).

첫째, 급격하게 늘어나는 성욕구로 인해 청소년들은 이에 대처하는 데 어려움을 호소하기도 한다. 실제로 많은 조사에서 청소년들은 이에 대처하는 데 어려움을 호소하기도 한다. 실제로 많은 조사에서 청소년들은 신체적 발달과 더불어 가장 고민스러운 문제 중 하나가 증가하는 성충동이라고 밝히고 있다(김혜원 · 이해경, 2003; 이명화, 1998). 이렇게 사춘기를 통해 급증하는 성욕구를 경험하는 청소년들은 성적 욕구의 증가로 인해 이전과 다른 독특한 행동양식을 보이게 된다. 예를 들어, 첫째, 성에 관한 것이라면 무엇이든지 보고 듣고 알고 싶어 하거나 둘째, 친구들끼리 성에 관한 화제에 열중하거나 셋째, 성에 관한 그림, 사진, 선정적 영화 등에 강한 호기심을 느끼거나 넷째, 자위행위를 하거나 다섯째, 이성에 대한 접근이나 접촉욕구, 성교욕구를 느끼게 된다(김혜원 · 이해경, 2003).

둘째, 나아가 처음으로 경험하는 성욕구의 변화에 따라 시행착오적인 부적응 행동을 보일 가능성도 높아진다. 성호르몬의 분비는 성적 욕구의 발달을 동반하며 성적 욕구는 죄의식과 충동조절의 문제를 초래한다. 청소년들이 성에 관심을 가지거나 성적 욕구를 갖는 것은 성호르몬의 분비가 왕성해지는 청소년기에 지극히 자연스러운 현상이지만 상당수의 청소년들은 성적 욕구를 갖고 있는 것에 대해 심리적인 불안감이나 수치심, 죄책감 등 부정적인 정서를 가지고 있다.

> 청소년들이 성에 관심을 가지거나 성적 욕구를 갖는 것은 성호르몬의 분비가 왕성해지는 청소년기에 지극히 자연스러운 현상이지만 상당수의 청소년들은 성적 욕구를 갖고 있는 것에 대해 심리적인 불안감이나 수치심, 죄책감 등 부정적인 정서를 가지고 있다.

특히 성적 충동을 제대로 조절하지 못하면 임신, 근친상간, 이상 성행위, 성폭행 등의 시행착오적인 부적응 행동문제를 일으킬 수 있다(박경애 · 김혜원 · 주영아, 2010; 홍봉선 · 남미애, 2007). 이현(2009)의 단편집인 『영두의 우연한 현실』 속의 '빨간 신호등'은 매우 섬뜩하다는 것이다. 여기에 나타난 청소년 성폭행 문제를 가해자의 시선으로 다룬 영두의 우연한 현실 작품은 잘못된 성 의식이 어떤 비극을 낳는지를 보여주고 있다. 특히 가해자와 피해자의 관점이 어떻게 다를 수 있는가?에 대한 평범한 일화를 통해 충격적인 내용을 보여준다.

4) 신체 변화에 기인된 심리적 변화

특히 청소년기의 성적발달은 정신생활에 큰 영향력을 미치게 되는데 사춘기의 급속한 신체 변화가 심리적 변화를 초래하는 원인을 살펴보면 다음과 같다(Hurlock, 1981).

첫째, 사람은 누구나 자신에 대한 신체적 개념을 가지고 있는데 청소년기에 들어오면서 너무 빠르고 갑작스러운 변화로 자아개념이 고쳐지지 않으면 안 된다. 그러나 청소년들은 이 같은 갑작스러운 변화에 적응할 만한 준비가 되어 있지 않을 뿐 아니라 그 변화가 뜻하는 바를 모르고 있기 때문에 당황하게 된다.

둘째, 많은 청소년은 신체 변화가 일어나기 전에 그에 대한 예비지식을 가지고 있지 못한 경우가 많다. 이처럼 준비 없이 신체 변화를 맞을 때 청소년들은 당황하게 되고 또 자신들의 이런 신체 변화가 정상적으로 이루어지고 있는 것인지에 대해 염려하게 된다. 특히 사춘기의 신체 및 성적 발달에는 개인차가 심하게 나타나는데, 조숙하는 사람과 만숙하는 사람들이 각기 다른 고민을 갖기도 한다.

사춘기의 신체 및 성적 발달에는 개인차가 심하게 나타나는데, 조숙하는 사람과 만숙하는 사람들이 각기 다른 고민을 갖기도 한다.

셋째, 어린이들은 모두가 장차 크면 어떻게 될 것이라는 이상을 가지고 있다. 그러나 자신이 그린 이상형이 실제로 실현되는 사람은 극히 드물다. 자신이 바라는 이상대로 신체 변화가 이루어지지 않았을 때 그 청소년은 불행하다는 느낌을 갖게 된다.

넷째, 신체는 청소년들에게 그 나이에 맞는 행동을 기대한다. 그런데 사회에서 바라는 각 연령층에 대한 표준과 청소년들의 성숙 사이에 거리가 있을 때 청소년들은 갈등을 느끼게 되고 어떤 경우에는 혼란을 경험하게 된다.

다섯째, 청소년들은 사회적으로 인정을 받는 데 있어서 자신의 외모가 중요한 역할을 하고 있다고 생각한다. 일반적으로 인정을 받으려고 초조하게 애쓰는 사람일수록 자신의 용모에 대해 걱정한다.

청소년기의 신체 변화에 따른 심리적 의의는 다음과 같다.

첫째, 자아의식이 형성되고 성인의식을 갖게 된다. 둘째, 자신의 능력을 과신하여 무리한 일을 많이 하고 실패하면 열등감을 갖게 된다. 셋째, 신체발달의 개인차로 인해 열등감을 가질 경우 사회적 적응에 곤란을 겪게 된다. 넷째, 신체발달의 부조화 요인으로 정서적 불안을 느낄 수도 있다. 다섯째, 성적 욕구로 인해 문제 내지 부적응을 일으킬 수 있다.

따라서 사전에 충분한 예비교육을 통해 기대 속에서 사춘기의 여러 변화를 맞도록 도와주어야 할 것이다.

연습문제

01 사춘기의 신체 및 생물학적 발달의 특징에 대하여 서술하시오.

02 사춘기의 신체발달 특성에 있어 남녀 간 차이가 생기는 것에 대하여 설명하시오.

03 사춘기의 신체 및 성적 변화에 따른 심리적 영향에 대하여 서술하시오.

04 사춘기의 신체 변화에 기인된 심리적 변화에 대하여 서술하시오.

제3장

청소년기의 인지, 도덕적 발달

1. 청소년기의 인지발달

청소년기는 눈앞의 현실 세계를 뛰어넘어 자신이 경험해 보지 못한 이상이나 가능성의 세계, 추상적인 것에 대한 사고가 발달하게 되고 조합적 사고가 발달하여 어떤 문제에 직면하였을 때 여러 가지 요인들을 고려하여 논리적이고 체계적인 문제해결을 시도하게 된다(홍봉선 · 남미애, 2007).

이러한 형식적 사고의 발달은 다양한 추론 영역에서 발휘될 뿐만 아니라 자기의식의 증대를 가져온다. 그리고 이 시기에는 자신과 타인의 생각을 객관화해 논리적으로 평가하는 능력이 발달한다. 이는 타인을 이상화해 '어른은 반드시 이런 모습으로 존재해야 한다'와 같이 당위적이고 이상적인 생각을 하게 되어 기성세대에 대한 반항과 분노로 나타날 수 있다. 형식적 조작사고 발달로 문제 상황에 대한 다양한 해결방안을 체계적으로 모색하고 최선의 해결책을 찾을 수 있게 된다. 그리고 시간을 현재 경험 세계에 국한하지 않고 과거와 미래의 연속선상에서 인식함으로써 과거의 자신을 돌아보고 현재의 자신을 점검하며 미래의 자기모습을 계획할 수 있는 능력이 생긴다. 청소년이 자아정체성을 찾기 위해 고민하는 것은 이러한 형식적 조작 사고의 결과이다(이혜원 · 이봉주 · 김혜래 · 오승환 · 정익중, 2008).

형식적 사고의 발달은 다양한 추론 영역에서 발휘될 뿐만 아니라 자기의식의 증대를 가져온다.

여기서는 먼저 청소년기의 인지발달단계의 특성을 Piaget의 인지발달단계이론을 통해 살펴보고자 한다.

1) Piaget의 인지발달단계

개인의 일생 동안의 인지발달을 설명한 가장 대표적인 학자인 Piaget는 인지의 양적인 접근에서와 달리 정신능력에 대한 개인차에 별로 관심을 두지 않았다. 대신 그는 개인이 일생 동안 인지적으로 몇 단계에 걸쳐 중요한 질적 변화를 경험한다고 보고 이를 4단계로 정리하였다(박경애 · 김혜원 · 주영아, 2010; 전남련 외, 2011; 최옥채 외, 2011; 한국청소년개발원, 2006).

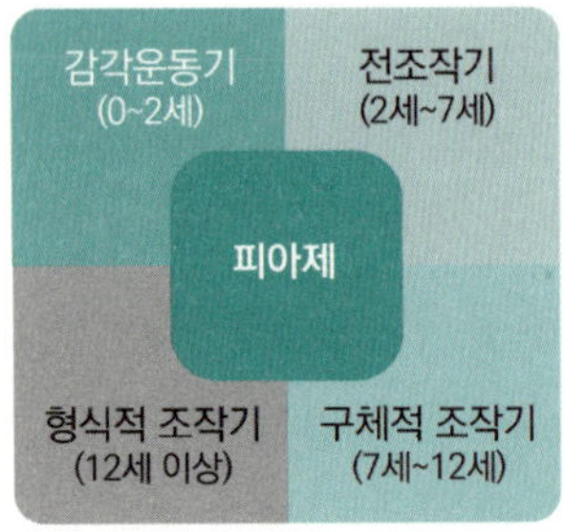

(1) 감각운동기

감각운동기는 출생부터 약 2세까지의 기간으로 이 기간 동안 영아는 환경에 대한 추론이나 사고능력보다는 주로 감각 및 반사 능력을 통해 세상을 지각한다. 이 시기에 영아는 출생 시부터 갖고 있는 몇 가지의 감각능력과 반사행동을 통해 자신의 행동과 그 결과 간의 관계를 연결하면서 세상을 배워나간다. 이러한 감각운동들은 점차 정교해지고 좀 더 큰 단위로 상호 결합되면서 보다 효율적인 인지구조를 형성하게 된다.

(2) 전조작기

2세부터 7세까지의 기간을 말하며 감각운동적인 기능들이 내면화되는 시기를 말한다. 조작(operation)이란 사람, 물체들 간에 관계를 이해하고 적용할 수 있는 내면화된 논리적 패턴을 말한다. 조작의 가장 중요한 특징은 가역성으로 이미 행해진 일을 거꾸로 돌려 원래의 형태나 상태를 유추해 내는 것이다. 그러나 전조작기라는 명칭이 말해주듯 이 시기는 아직 조작이라는 인지기능이나 가역성의 특징이 나타나지 않는다. 따라서 이 시기 아동들은 보존개념의 원리를 이해하지 못하여 배열방식이 달라져도 주어진 양은 같다는 것을 이해하기 어렵다.

조작의 가장 중요한 특징은 가역성으로 이미 행해진 일을 거꾸로 돌려 원래의 형태나 상태를 유추해 내는 것이다.

(3) 구체적 조작기

학령기 아동에게 나타나는 인지적 특성을 구체적 조작이라 한다. 이 시기의 아동들은 이전에 비해 자신의 경험과 환경의 자극을 더 체계적으로 생각하고 계획성 있게 문제를 해결해 나간다. 그리고 직관적인 판단과 자아중심성에서 벗어나 타인의 입장을 고려하고 추론할 수 있게 되며, 논리적인 조작을 통해 어떤 행동에 대한 내적 표상을 할 수 있게 된다.

그러나 구체적 조작기의 아동들이 갖고 있는 이러한 능력은 현재 다루고 있는 구체적인 상황에 국한되어 추상적이거나 미래에 대해 인지적으로 조작하거나 추론하기가 어렵다.

(4) 형식적 조작기

12세가 되면서 아동은 구체적 조작기의 아동과 달리 직접적으로 경험하지 않아도 추상적으로 사고하고 추론을 통해 가설을 세워 검증할 수 있는 형식적 조작기에 이른다. 추상적이고 형식적(formal)인 부분으로의 지적능력이 가능한 이 시기는 몇 가지의 독특한 인지적 특징을 지니게 된다.

2) 형식적 조작기의 인지적 특성

장성화 교수(공군사관학교)는 Piaget의 청소년기에 해당되는 나이 때 형식적 조작이 나타난다고 주장한다. 조작이란 정보의 전환을 이해하는 정신능력으로 추리의 출발점으로 되돌아갈 수 있는 가역적 사고를 의미하며, 이는 지능을 구성하는 가장 핵심적인 요소 중의 하나로 해석된다. 그러므로 형식적 조작기의 인지적 특성은 메타인지, 추상적 사고, 가능성에 대한 사고, 가설연역적 사고 등으로 나누어 살펴볼 수 있다(박경애 · 김혜원 · 주영아, 2010; 한국청소년개발원, 2006; 허혜경 · 김혜수, 2010).

(1) 메타인지의 발달

청소년 초기에 나타나는 또 다른 인지능력의 특징으로 사고과정에 대한 사고(think about thinking 또는 metacognition)를 들 수 있다. 사고과정에 대한 사고란 자신의 인지적 과정이나 사고에 대해 생각하는 것을 의미한다. 예

> 메타인지를 발달시킴으로써 청소년들은 아동에 비해 자신의 사고를 보다 잘 통제하며 자신의 인지적 과정을 타인에게 쉽게 설명할 수 있다.

를 들어, 어떤 문제를 해결하기 위해 의식적으로 전략을 사용한다든지, 또는 책을 읽을 때 다음 문단을 읽기 전에 조금 전에 읽은 문단의 내용으로 스스로 생각하는 인지적 활동 등을 말한다. 메타인지를 발달시킴으로써 청소년들은 아동에 비해 자신의 사고를 보다 잘 통제하며 자신의 인지적 과정을 타인에게 쉽게 설명할 수 있다. 또한 사고과정에 대한 사고를 통해 청소년들은 아동들보다 자신의 정서에 대해 더 많이 생각하고, 타인이 자신을 어떻게 생각할까에 대해 생각하며, 지적인 사고를 함으로써 청소년들의 심리적 성장, 특히 자아정체감의 형성에 중요한 역할을 한다(허혜경 · 김혜수, 2010).

(2) 추상적 사고에 대한 사고

형식적 조작 사고를 갖는 청소년들은 구체적 조작기에 비해 실제적이고 구체적인 사항에 얽매이기보다는 가상적인 상황이나 추상적인 사실들에 관심을 갖고, 이에 대해 논리적 추론을 할 수 있다. 이러한 추상적 사고능력의 향상은 사회적이고 이념적인 문제에 대해 진보된 추론을 할 수 있게 한다. 따라서 이때부터 청소년들은 대인관계, 정치, 철학, 종교, 사랑 등의 추상적인 영역에 자신의 사고의 폭을 넓혀가게 된다.

(3) 가능성에 대한 사고

> 가능성에 대해 체계적으로 추론할 수 있는 능력은 과학적이고 논리적인 사고과정에 반드시 필요하므로 이를 통해 고차원적 사고를 할 수 있게 된다.

구체적 조작기와 달리 형식적 조작기의 청소년들은 직접 경험한 상황에 국한시키지 않고 가능성의 세계나 자신이 원하는 이상의 세계로 사고를 확장시키게 된다. 이러한 특징 때문에 청소년들은 아동과 달리 자신이 현재 갖고 있는 특징이나 처해 있는 상황뿐 아니라 미래에 자신에게 벌어질 일들이나 타인들이 자신에게 반응할지도 모르는 상황들을 상상함으로써 복잡한 인지과정을 경험하게 된다. 이와 함께 자신이 원하는 미래의 상황들에 대해 많은 상상을 하게 된다. 가능성에 대해 체계적으로 추론할 수 있는 능력은 과학적이고 논리적인 사고과정에 반드시 필요하므로 이를 통해 고차원적 사고를 할 수 있게 된다.

(4) 가설(연역적)사고에 대한 사고

가설적 사고(hypothetical thinking)란 'if-then 사고'를 말하는데, 직접 관찰 가능한 것 외에 지금 현재는 존재하지 않지만 가능한 무엇('if')을 통해 미래에 대한 계획을 세우고, 행동의 결과를 예상하고, 현상에 대한 대안적 설명('then')을 제공하는 사고를 말한다. 이러한 사고의 영향으로 어떤 문제가 발생했을 때 가능한 모든 문제점과 해결책을 미리 생각하고 이것들을 하나씩 체계적으로 검증하려고 노력한다. 즉, 일어날 수 있는 조건들 간의 가설을 설정하고, 이들의 검증을 통해 연역적으로 문제를 풀어나가는 사고과정을 보이는 것이다.

3) 형식적 조작기 인지능력의 영향

형식적 조작기의 인지적 특성으로 인해 청소년들은 인지뿐 아니라 정서, 태도, 행동상의 다양한 영역에서 변화를 경험하게 된다. 형식적 조작 논리의 발달과 연합된 긍정적 및 부정적 영향을 제시해 보면 다음과 같다(Keating, 1980).

(1) 긍정적 영향

첫째, 추상개념의 사용과 함께 실제적이고 구체적인 것과 추상적이고 가능한 것을 구별할 수 있다. 청소년들은 관찰 가능한 세계와 가능성의 세계 모두에 대해 흥미를 갖는다.

둘째, 청소년기의 가설적 추리는 과학적 추론을 가능하게 한다. 즉, 가설을 설정하고 검증과정을 통하여 그것의 진위여부를 확인한다. 만약 설정된 가설이 지지될 수 없는 것이라면, 청소년들은 자신이 설정한 가설을 기각하고 새로운 가설을 모색하는 전형적인 과학적 추리를 수행할 수 있다.

셋째, 청소년들은 사고과정이 어떻게 구성되고 어떻게 기능하는가를 이해하기 시작한다. 즉, 자신의 인지과정을 이해하고 어떤 요인들이 사고과정에 영향을 주며 어떤 상황에서 의식적 노력을 해야 하는가를 아는 상위인지(metacognition) 능력을 획득한다. 그 결과 청소년들은 자기성찰(self-examination)이나 내성(introspection)에 몰두한다.

자기성찰이나 내성은 나는 누구인가라는 질문에 대한 해답을 가능하게 하며 정체감 획득을 돕는다. 또한 형식적 조작능력이 세련되어 감에 따라 정치, 종교, 도덕, 이념문제 등으로 청소년기의 사고가 확장되므로 정체감 획득이 용이해진다.

넷째, 자기성찰이나 내성은 나는 누구인가라는 질문에 대한 해답을 가능하게 하며 정체감 획득을 돕는다. 또한 형식적 조작능력이 세련되어 감에 따라 정치, 종교, 도덕, 이념문제 등으로 청소년기의 사고가 확장되므로 정체감 획득이 용이해진다.

(2) 부정적 영향

첫째, 청소년들은 계획을 세우고 인과관계에 대한 탐색을 통하여 미래에 대해 생각할 수 있다. 그러나 현재, 과거, 미래에 대한 시간조망의 확대는 청소년들에게 미래에 대한 기대와 함께 불안을 가중시킨다. 청소년들은 자신의 미래에 대해 근심하거나 공상하느라 많은 시간을 허비한다. 때로는 다양한 대안의 모색이 더욱더 혼란에 빠뜨리고 불안하게 만들기도 한다.

둘째, 이상주의를 추구하는 청소년들은 세상의 결점과 논리적 모순을 발견하고 부모나 사회에 반항한다. 그들은 자주 현실적 문제를 구별 짓지 못하는 자아중심성을 부추긴다. 아동들의 자아중심성은 타인들이 자신과 상이한 조망을 갖는다는 것을 알지 못하기 때문에 일어나는 반면, 청소년들의 자아중심성은 자신의 사고나 상위인지에 대해 사고할 수 있는 보다 발달된 인지능력 때문에 야기된다.

4) 청소년기의 사회인지발달

사회인지란 자신과 타인의 역할이나 관계를 비롯하여 생각, 감정, 의도 등을 관찰하고 추론하고 개념화하는 개인의 능력을 말한다.

사회인지(social cognition)란 자신과 타인의 역할이나 관계를 비롯하여 생각, 감정, 의도 등을 관찰하고 추론하고 개념화하는 개인의 능력을 말한다.

일반적으로 인지능력은 정보를 기억하고, 조직하고, 효과적으로 산출해 내는 능력, 즉 학습에 필요한 능력의 많고 적음을 의미하는 경우가 많다. 이와 달리 사회인지 능력은 현실 속에서의 문제해결, 특히 대인관계 속에서의 정보처리와 문제해결 등에 필수적이기 때문에, 일반적으로 학습지능(Academic Intelligence)이라 부를 수 있는 지능과 달리 실용적 지능(Practical Intelligence)을 필요로 한다. 사회적 인지 영역 중 자아중심성을 특징으로 나타내는 개념들에 대해 살펴보면 다음과 같다.

(1) 상상의 청중(imaginary audience)

청소년은 아동에 비해 보다 체계적이고 성숙한 수준의 사고를 할 수 있게 되는 반면 청소년기의 급격한 신체적, 정서적 변화로 인해 자신의 외모와 행동에 지나치게 몰두하게 됨으로써 청소년기 특유의 자아중심성을 나타내게 된다(이혜원 외, 2008).

Elkind(1978)는 청소년기에 자신의 외모나 행동에 대한 자기의식이 증가하여, 다른 사람도 자기만큼 자신에게 관심이 있다고 생각하고 자신의 독특성에 몰두하여 자신과 타인의 관심사를 구분하지 못하는 경향을 나타낸다고 보았다. 이러한 청소년기 자아중심성은 '가상청중' 혹은 '상상의 관중'과 '개인적 우화'의 형태로 나타난다(허묘연, 2007).

'가상청중' 혹은 '상상적 청중'이란 청소년기에 나타나는 과장된 자의식을 반영하는 개념으로 자신이 타인의 집중적인 관심과 주의의 대상이 되고 있다고 생각하는 것을 말한다.

'가상청중' 혹은 '상상적 청중'이란 청소년기에 나타나는 과장된 자의식을 반영하는 개념으로 자신이 타인의 집중적인 관심과 주의의 대상이 되고 있다고 생각하는 것을 말한다.

상상적 청중 현상은 청소년들의 죽음에 대한 상상에서도 나타난다. 청소년들은 때때로 만약 자신이 죽는다면 다른 사람들이 어떤 반응을 보일 것인가를 상상해 본다. 그러고는 그가 유능하고 훌륭한 사람이라는 것을 뒤늦게 알게 된 사람들이 그의 죽음을 애석해하는 장면을 떠올리며 흐뭇해하기도 한다. 또한 상상적 청중 현상은 청소년기 동조행동에도 영향을 준다. 왜냐하면 청소년들은 또래들과 같은 외모와 행동 또는 말투를 하고 싶어 하고, 또 자신이 그렇게 하지 않으

면 상상적 청중들이 비웃을 것 같은 생각에 사로잡히기 때문이다(정영숙 · 신민섭 · 이승연, 2009).

청소년기에 보이는 상상적 청중 의식의 정도는 상상적 청중 척도(Imaginary Audience Scale)를 활용함으로써 진단할 수 있다(Elkind & Bower, 1979; Mullis & Markstrom, 1986). 상상적 청중 척도로 진단한 결과에 의하면, 중학교 2학년 정도에서 가장 높은 상상적 청중의식이 나타나며 그 이후부터는 서서히 감소하는 것으로 나타났다. 그러나 많은 청소년의 경우, 상상적 청중 현상에 기여한 과도한 자의식이 성인기에도 지속되기도 한다.

(2) 개인적 우화

개인적 우화란 청소년이 자신을 특별한 존재로 여기는 경향을 의미한다.

개인적 우화란 청소년이 자신을 특별한 존재로 여기는 경향을 의미한다. 즉, 아무도 자신의 경험이나 감정을 진실로 이해하지 못하고 있다고 생각하거나 자신은 특별한 사람이기 때문에 위험으로부터 안전하다고 생각하는 경우이다(김진숙 외, 1998; 홍봉선 · 남미애, 2007). 예를 들어, 청소년들이 성관계를 할 때 자신에게는 임신과 같은 문제가 닥치지 않을 것이라고 임신의 위험에서 자신을 제외시키는 행위 등이 여기에 해당된다.

청소년기의 개인적 우화는 스스로에게 자신감과 위안을 부여하는 측면도 있다. 그러나 심해지면 자신의 존재의 영속성과 불멸성을 믿게 됨으로써 과격한 행동에 빠져들 위험이 있다. 청소년기에는 흔히 음주운전, 폭주, 마약, 문란한 성행동 등 파괴적 행동을 범하는 것은 자신이 특별한 존재이므로 그러한 행동이 가져다줄 부정적 결과는 타인에게 해당되는 것이지 자신의 몫이 아니라는 개인적 우화에서 기인할 수 있다.

청소년기 우화는 청소년기 세대의 긍정적인 독특성과도 연결된다. 청소년들은 자신의 세대는 기성세대가 하지 못한 많은 가능성을 가지고 있다고 믿으며 이를 행동으로 옮긴다. 청소년기에는 빈곤퇴치, 환경운동, 시민운동 등에 적극적으로 참여하는 것은 이러한 이유에서다. 개인적 우화는 청소년들의 지나친 자기 과신에서 비롯된다(Elkind, 1975).

(3) 이상주의적 경향

청소년기의 자아중심성은 현실을 개혁하려는 이상주의적 경향으로도 나타난다. 현실과 가능성을 변별할 수 있는 능력이 증가함으로써 청소년들은 자신과 다른 사람, 사회 그리고 이상적인 상황에 대해 사고하기 시작하며, 이에 따라 자연스럽게 실제 상황이 이상적인 상황보다 못하다는 것을 발견하게 되어 사물, 기성세대, 정치, 사회 등에 비판적인 시각을 가지게 된다. 청소년기 이상주의는 자신의 관념에 대한 집착과 이를 달성하기 위한 추구 및 자신의 관념과 일치하지 않는 것들에 대한 비판으로 나타나곤 한다.

청소년들은 기성세대가 확립한 가치관이나 사회제도의 모순을 지적하면서 개혁을 주장한다. 그들은 사람들의 다양한 견해를 존중함 없이 자신의 의견을 관철시키려고 한다. 자신의 생각을 검증해 볼 기회를 갖지 못한 청소년들은 자기중심적으로 편협한 이상주의적 경향을 띤다. 흔히 청소년들은 이상주의에 집착하여 기존의 사회를 개혁하고자 하는 성향을 갖는데, 이 또한 형식적 조작 사고의 발달에 기인한다(Piaget, 1980). Elkind(1978)는 청소년기의 이상주의적 사고의 특징을 법관적 사고 또는 판단자적 사고라 하였다.

청소년은 형식적 추론능력을 획득하게 되면서 아동기의 자아중심성에서 벗어날 수 있지만 이와 동시에 역설적으로 새로운 형태의 자기중심적인 모습을 보이기도 한다. 가상청중, 개인적 우화와 같은 청소년의 자아중심성은 청소년기 전기에 많이 보이고, 후기로 갈수록 차츰 감소하면서 사회중심적인 사고가 증가한다. 청소년은 성장하면서 사회, 문화, 정치적인 영역으로 관심이 확대되고, 좀 더 높은 도덕적 가치체계를 발달시키며, 이를 통해 자아정체성을 공고히 하게 된다. 이 시기에 증대되는 사회, 정치적인 영역에 대한 관심이 이 시기의 일반적인 특성인지, 자신의 진로 적성인지 혼란스러워하는 경우도 있어 자아정체성 확립과 진로문제에 대한 적절한 지도나 개입이 요구된다(이혜원 외, 2008).

2. 청소년기의 도덕발달

인간이 사회적인 존재로서 인간다운 삶을 영위하기 위해서는 도덕이 반드시 필요하다. 청소년들은 형식적 사고가 발달하면서 도덕적 사고나 도덕적 추론, 도덕적 판단능력이 현저하게 발달한다. 도덕성(morality)은 어원상으로 보면 라틴어의 'moralis'에서 유래한 말로, 풍습 혹은 무리의 표준에 따르는 행동형을 의미한다. Gove(1993)에 의하면 도덕성은 행동상 옳고 그름의 규준에 따라 개개인이 지각하는 인간의 본질이라 정의된다. 도덕성은 가치관을 구성하는 주요요소로서 인간 상호 간의 행복과 이익을 위해 인간 행동의 결과를 판단하는 기준이라고 정의된다(김애순 · 윤진, 1997; Parsons & Shils, 1962). 한마디로 도덕성은 옳고 그름에 대한 인간의 지각이다. 도덕성은 사회적 행동이나 대인관계의 행동에 대해 정당한가 여부를 판단하기 때문에 일반화될 수 있고 보편타당성을 지닌다.

도덕성은 옳고 그름에 대한 인간의 지각이다.

도덕성의 개념은 일반적으로 세 가지로 분류할 수 있다. 첫째는 도덕적 판단, 둘째는 도덕적 행동, 셋째는 도덕적 성격이다. 먼저 도덕적 판단은 행동의 옳고 그름의 평가와 무엇을 행해야 하는가를 결정하는 것이며 도덕적 행동은 실제로 어떻게 행동하느냐의 문제, 즉 도덕적 또는 비도덕적인 행동을 말한다. 도덕적 성격은 그 문제의 인식을 포함하여 어떤 사고나 행동에 대한 정서적인 반응인 양심을 의미한다. 그러므로 도덕적으로 성숙한 사람이란 도덕과 관련된 정서를 느낄 수 있는 도덕적 감정이 있으며, 옳고 그름을 판단할 수 있는 도덕적 추론능력을 갖고 있고, 이를 바탕으로 자신을 절제하여 도덕적 행동을 하는 사람이라 할 수 있다.

인지발달이론에서 보면 도덕성은 어떤 상황에서 행동의 적합성과 그 이유에 대한 추론능력이며, 인지능력이 발달하면 할수록 도덕성도 질적으로 발달한다고 본다.

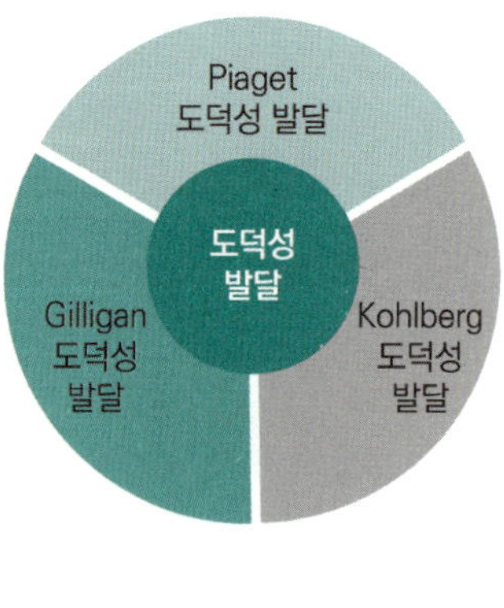

흔히 도덕적 판단은 인지발달과 관계가 있으며, 도덕적 행동은 모방과 강화를 통해 발달하고, 도덕적 성격은 양심, 초자아의 형성과 관련이 깊다고 생각한다. 인지발달이론에서 보면 도덕성은 어떤 상황에서 행동의 적합성과 그 이유에 대한 추론능력이며, 인지능력이 발달하면 할수록 도덕성도 질적으로 발달한다고 본다. 여기서는 대표적인 도덕성 발달이론인 Piaget, Kohlberg, Gilligan의 이론을 중심으로 살펴보고자 한다.

1) Piaget의 도덕성 발달이론

Piaget는 규칙이나 정의, 의도성에 대한 이해, 벌에 대한 태도 등의 질문을 근거로 하여 아동의 도덕성 발달단계를 타율적 도덕성과 자율적 도덕성의 단계로 구분하였다(정옥분, 2005; 최옥채 외, 2011).

타율적 도덕성 단계의 아동(4~7세)은 규칙은 신이나 부모와 같은 권위적 존재에 의해서 만들어진 것으로 믿으며, 그 규칙은 신성하고 변경할 수 없는 것으로 이를 위반하면 벌을 받아야 한다고 생각한다. 또한 행위의 의도성에 대한 이해에서도, 어떤 행동의 옳고 그름을 행위자의 의도와는 상관없이 단지 행동의 결과만을 가지고 판단한다. 예를 들면, 어머니가 설거지하는 것을 도와드리다가 실수로 컵을 열 개 깨뜨리는 것이 어머니 몰래 과자를 꺼내 먹다가 컵을 한 개 깨뜨리는 것보다 더 나쁘다고 생각한다.

7~10세까지는 일종의 과도기적인 단계로서 타율적 도덕성과 자율적 도덕성이 함께 나타나는 시기다. 그리고 10세경이 되면 대부분 자율적 도덕성 단계에 도달하게 된다. 이 단계의 아동은 점차 규칙은 사람이 만든 것이고, 그 규칙을 변경할 수 있다고 생각하며, 도덕적 판단에서 상황적 요인을 고려하는 융통성을 보인다. 옳고 그름에 대한 판단도 행위의 결과가 아닌 의도성에 의해 판단하게 된다. 또한 이 단계의 아동은 규칙을 위반하더라도 항상 벌이 따르지 않는다는 것을 스스로 경험에 의해 알게 되었기 때문에 더 이상 내재적 정의를 믿지 않는다.

7~10세까지는 일종의 과도기적인 단계로서 타율적 도덕성과 자율적 도덕성이 함께 나타나는 시기다. 그리고 10세경이 되면 대부분 자율적 도덕성 단계에 도달하게 된다.

Piaget에 따르면 타율적 도덕성 단계에서 자율적 도덕성 단계로 발달하기 위해서는 인지적 성숙과 사회적 경험이 중요한 역할을 한다고 한다. 인지적 요소로는 자아중심성의 감소와 역할수용 능력의 발달을 들 수 있는데, 도덕적 문제를 여러 가지 각도에서 조망할 수 있도록 해주기 때문이다. 그는 또래와의 대등한 위치에서의 상호작용을 통한 융통성 있고 자율적인 도덕성 발달을 중요시한다.

2) Kohlberg의 도덕성 발달이론

Kohlberg는 Piaget의 도덕발달이론을 발전시켜 도덕발달 수준을 전인습적 수준, 인습적 수준, 후인습적 수준으로 나누고 각 수준에 2단계씩 총 6단계를 거쳐 발달한다고 보았다. 전인습적 수준에서의 아동은 규칙이 내면화되어 있지 않으므로 벌을 피하기 위해 혹은 보상을 받기 위해 외부에서 주어진 규칙을 따른다. 인습적 수준에서는 다른 사람의 승인을 얻기 위해 또는 사회적 질서를 유지하기 위해 규칙과 사회적 규범을 따르려고 한다. 이때는 외적인 벌과 보상 대신에 사회적 칭찬과 비난에 대한 회피가 도덕적 행위의 동기가 된다. 후인습적 수준은 옳고 그름을 정의의 원리에 의해 판단한다. 즉, 도덕적으로 옳은 것과 법적으로 타당한 것이 항상 같은 것은 아니라는 사실을 알게 되면서 법과 무관한 자율적이고, 독립적인 사고를 한다. 따라서 사람들의 욕구와 복지가 중요하게 생각되면서 진정한 도덕성에 도달한다. 하인츠의 사례를 중심으로 각 단계를 살펴보면 다음과 같다(박영진 · 장성화, 2012, 2021; 서봉연 · 이순형, 1983; 한덕웅, 2001).

하인츠(Heinz)의 사례

유럽의 한 마을에 사는 하인츠는 아내가 암에 걸려 거의 죽어 가고 있는 것을 보고 어쩔 줄 몰라 한다. 의사가 그녀를 살릴 수 있는 특효약을 하인츠에게 말해 주었는데, 그것은 그 마을에 사는 약제사가 최근 발명한 라듐 계통의 약이었다. 하인츠가 그 약제사를 찾아갔더니 그는 그 약의 제조 원가의 10배가 되는 2,000달러를 요구했다. 하인츠는 이리저리 돈을 빌리러 다녔으나 겨우 1,000달러밖에 구할 수 없었다. 하인츠는 약제사에게 약값을 할인해 주거나 나중에 갚게 해달라고 간청했다. 그러나 하인츠는 거절당했고, 절망 끝에 부인을 위해 약제사의 가게에 몰래 들어가 약을 훔쳐왔다(Kohlberg, 1969, 박영진, 장성화, 최신 교육학의 이해, 동문사, 2022, 재인용).

(1) 전인습적 수준: 1단계 – 복종과 처벌 지향(처벌회피 단계)

의심할 여지없이 복종해야 하는 고정불변의 규칙이 있다고 생각한다. 이러한 규칙은 강한 권위자가 내려준 것이므로 규칙을 어겼을 경우 벌을 받고, 벌을 받는 것은 나쁜 것이라고 판단한다. 따라서 훔치는 일은 벌을 받기 때문에 하인츠의 행동이 나쁘다고 판단한다. 즉, 이 시기의 아동은 행동이 어떤 결과를 수반하느냐에 따라 달라지는데 결과상 벌을 받는 것은 나쁘다고 판단한다.

훔치는 일은 벌을 받기 때문에 하인츠의 행동이 나쁘다고 판단한다.

(2) 전인습적 수준: 2단계 – 상대적 쾌락주의

이 단계에서는 도덕적 행위가 자신과 타인을 만족시켜 주는 수단이지 더 이상 고정적이거나 절대적인 것이라고는 생각하지 않는다. 즉, 모든 문제가 한 가지 이상의 측면을 가지고 있다고 생각한다. 1단계가 처벌을 회피하고자 하는 단계라면, 2단계는 보상을 추구하는 단계이다. 즉, 각자의 입장에서 보상받는 것을 선택한다. 따라서 그 유명한 하인츠의 사례에서 하인츠는 아내를 구하기 위한 것이었으므로 훔치는 것이 정당하다고 생각할 수 있으나 약제사의 입장에서는 도둑질은 나쁘다고 생각할 수 있다고 본다. 즉, 어느 쪽의 입장에서 생각하느냐에 따라 결과가 달라질 수 있다는 것이다.

각자의 입장에서 보상받는 것을 선택한다. 따라서 그 유명한 하인츠의 사례에서 하인츠는 아내를 구하기 위한 것이었으므로 훔치는 것이 정당하다고 생각할 수 있으나 약제사의 입장에서는 도둑질은 나쁘다고 생각할 수 있다고 본다.

(3) 인습적 수준: 3단계 – 착한 소년/소녀 지향

인습적 수준에서는 사회적 승인과 사회질서를 염두에 둔 판단을 하는데 3단계에서는 행위자가 '착한가'에 따라 판단한다. 즉, 동기와 감정이 정의로운가에 비추어 생각하며 결국 타인으로부터 얼마나 인정받을 수 있는가에 따라 판단한다. 따라서 하인츠는 '아내를 사랑했다', '생명을 구하려고 애썼다', 그래서 착한 것이고, 반대로 약제사는 '탐욕스럽다', '자신의 이익 때문에 생명에 무관심하다'라고 생각하면서 몹시 분노하며 약제사를 감옥에 보내야 한다고 응답한다. 이 시기의 올바른 행동이란 착하고 이해성 있는 모든 이들이 인정하는 선의의 행동으로 이루어져야 한다고 생각한다.

올바른 행동이란 착하고 이해성 있는 모든 이들이 인정하는 선의의 행동으로 이루어져야 한다고 생각한다.

(4) 인습적 수준: 4단계 – 사회질서와 권위의 유지

일반적인 사회질서에 대해 보다 광범위하게 사고하며, 사회질서가 유지되기 위해서는 법에 복종해야 한다는 것을 강조한다. 따라서 하인츠에게 동정적이지만 그럴 만한 이유가 있을 때마다 모두가 법을 어기면 사회가 어떻게 되겠느냐고 반문하면서 하인츠가 불가피한 상황에서 약을 훔쳤다면 그에 따른 처벌도 함께 받아야 한다고 생각한다. 왜냐하면 법이 존중되어야 사회가 적절히 기능할 수 있다고 생각하기 때문이다. 이 단계의 답은 1단계의 답과 유사하지만 1단계에서는 그 이유가 단순히 "훔치는 것은 나쁘다"였다면 4단계에서는 사회를 위한 법의 기능을 개념화하고 있다는 점에서 다르다.

1단계의 답과 유사하지만 1단계에서는 그 이유가 단순히 "훔치는 것은 나쁘다"였다면 4단계에서는 사회를 위한 법의 기능을 개념화하고 있다는 점에서 다르다.

(5) 후인습적 수준: 5단계 – 민주적으로 용인된 법

법이란 사람들이 화목하게 살기 위해 공동체가 동의한 장치이므로 사람들에게 필요한 바를 충족시키지 못하면 상호동의나 민주적인 절차를 통해 변경시킬 수 있다고 본다. 즉, 개인의 가치가 법보다 상위에 있음을 알며 법이 개인을 무시하면 사람들을 설득시켜 법을 개정해야 한다고 생각하지만 여전히 법에 깊은 합리성을 부여하고 있으므로 진퇴양난이 된다. 따라서 하인츠 아내의 살 권리가 중요하다는 것을 알지만 그렇다고 도둑질한 것을 옳다고 할 수 없어 옳고 그름을 분명히 이야기할 수 없다고 한다.

(6) 후인습적 수준: 6단계 – 보편적 원리

가장 높은 도덕단계로 옳고 그름을 개인의 양심에 비추어 판단하여야 한다는 것이다. 이 양심의 원리는 구체적 규칙이 아니고 법을 초월하는 '인간의 존엄성'이나 '정당성'과 같은 보편적 정의의 원리이다. 즉, 사회질서의 중요성을 인식하고 있으나 질서정연한 사회라고 하여 모두 행복한 것이 아니므로 사회질서보다 중요한 원리를 실현시켜야 한다고 깨닫는다. 따라서 하인츠가 도둑질을 할 법적 권리는 없지만 보다 상위의 도덕적 권

사회질서의 중요성을 인식하고 있으나 질서정연한 사회라고 하여 모두 행복한 것이 아니므로 사회질서보다 중요한 원리를 실현시켜야 한다고 깨닫는다.

리를 갖고 있다고 응답한다. 그러나 보편적 원리인 6단계에 도달하는 사람은 많지 않으며 간디, 소크라테스 같은 위대한 철학자, 종교적 지도자 등만이 여기에 도달했다고 보았다.

Kohlberg의 이론은 도덕발달단계의 대표적 이론으로 나이와 도덕적 추리의 상관관계를 입증하는 중요한 가치가 있음에도 불구하고 몇 가지 점에서 비판을 받고 있다(서봉연 · 이순형, 1983; 최경숙, 2000; 최옥채 외, 2011; 한덕웅, 2001).

첫째, Kohlberg의 이론이 개인의 가치와 권리를 높이 평가하는 서구 사회의 문화적 편향성을 보인다고 비판하면서 실제 사회적 조화와 집단적 가치를 우선시하는 문화에서는 후인습적 수준을 발견할 수 없고 그들은 대부분 인습적 수준에 있지만 그것이 결코 낮은 개념의 도덕이라고 할 수 없다는 것이다.

둘째, Gilligan은 Kohlberg가 남성만을 대상으로 하였다는 점을 비판하면서 실제 여성은 남성과 다른 도덕적 관점을 가지고 있다고 주장했다. 즉, 남성은 법을 통한 정의에 초점을 두는 정의의 도덕성을 갖는 반면 여성은 책임이나 배려에 더 많은 초점을 두는 타인 배려의 도덕성을 가진다고 했다.

남성은 법을 통한 정의에 초점을 두는 정의의 도덕성을 갖는 반면 여성은 책임이나 배려에 더 많은 초점을 두는 타인 배려의 도덕성을 가진다고 했다.

셋째, 높은 단계의 도덕적 추리를 하는 사람이 낮은 단계의 도덕적 추리를 하는 사람보다 더 높은 도덕적 행동을 한다고 주장했으나 도덕적 사고와 행동 간 관계에 대한 연구가 부족하여 도덕적 추리단계가 어느 정도 도덕적 행동을 예측할 수 있는지 알기 어렵다. 도덕적 행동은 일반적으로 도덕적 추리 이외에 개인의 다른 특성과 많은 상황적 요인들에 의해 영향을 받기 때문이다.

3) Gilligan의 도덕성 발달이론

Gilligan은 기본적으로 도덕성의 개념을 파악하는 데에서부터 Kohlberg와 차이를 보였다. 예를 들면, Kohlberg는 도덕성의 개념을 갈등상황의 해결을 위한 원리라고 보았으며, 도덕적 인간은 공정성의 의미를 지닌 정의의 원리로 추론하고 행동하는 사람이라 규정했다. 그러나 Gilligan은 도덕성의 개념에는 정의(justice)와 배려(care)의 의미가 모두 포함된다고 보았다. 그녀는 Kohlberg가 이 중 정의만을 고려하였고, 여성의 도덕적 판단의 특징인 배려를 과소평가함으로써 도덕성 연구에 있어서 성적 편견(sex bias)의 오류에 빠지게 되었다고 주장했다 (박병기 · 추병완, 1996).

도덕적 갈등 상황 시 남성들은 개인적인 권리나 사회적 정의의 윤리로 문제를 해결하고자 추론하는 반면, 여성들은 배려나 동정 또는 책임감의 윤리에 입각하여 도덕적 판단을 내리는 경향이 짙다. 즉, 남녀가 각기 다른 도덕적 명령을 지니고 있기 때문에 도덕적 문제를 이해하거나 해결하는 도덕적 사고 역시 다를 수밖에 없다. 특히 여성은 인간중심적인 도덕성을 지니고 있으며 타인들과의 관계를 중심으로 도덕적 추론을 내린다. Gilligan에 의하면 여성의 관계중심적인 도덕적 사고가 남성에 비해 열등함을 의미하는 것이 아니라, 여성은 남성과 도덕적으로 서로 다른 특성을 지니고 있음을 의미한다. 다시 말해 여성의 도덕성은 남성의 도덕성에 비해 '열등'한 것이 아니라 단지 '차이(difference)'가 있을 뿐이라는 주장이다.

Gilligan은 남성과 여성의 대조적인 도덕적 특성을 극적인 성경의 예를 들어 설명하고 있다. Kohlberg의 경우 도덕발달단계가 남성적 측면인 정의의 도덕성을 대표하며 그 예로 아브라함을 든다. 하나님께서 믿음의 표시로 아브라함에게 100세가 넘어서 얻은 아들 이삭의 생명을 제물로 바치라고 명령했을 때 기꺼이 순종하는 모습을 들어 '정의'의 도덕성을 설명했다(창세기 21:5~22:12). 반면 Gilligan은 여성의 인간중심적이고 책임감 있는 도덕성의 예(열왕기 상 3:16~28)로 성경에서 솔로몬왕이 진짜 어머니와 가짜 어머니를 가려내는 재판을 예로 들었다(Papalia, Olds, & Feldman, 1989). 이러한 도덕적 예를 들어 Gilligan은 남녀가 도덕적인 특성이 상이함에도 불구하고 Kohlberg의 이론은 여성이 도덕적 추론을 할 때 사용하는 남성과는 다른 목소리(different voice)에 민감하지 못했다고 비판한다.

Gilligan은 Kohlberg가 사용한 가상의 도덕적 딜레마는 각 개인이 처해 있는 실제적인 상황요인을 과소평가한 연구방법이라고 비판하였다. 그녀는 낙태를 고민하는 29명의 임산부를 연구대상자로 하여 그들이 실제로 처한 도덕적 딜레마를 사용하여 면접을 실시했다. Gilligan의 연구대상자들은 자신의 낙태 여부를 놓고 책임감과 이기주의의 딜레마에 빠졌으며 타인을 돌보고 해치는 것을 피하는 데 관심을 집중하였다. 이러한 연구결과로 Gilligan은 여성들의 도덕적 추론 발달단계를 개인적 생존 지향, 자기희생으로서의 선 지향, 비폭력의 도덕성 지향의 세 수준으로 분류하고, 한 수준에서 다른 수준으로 이행하는 사이에 각각 과도기를 두었다.

그러나 Gilligan의 연구방법은 여성이 도덕적 추론을 함에 있어 남성과 다른 목소리를 사용한다는 가설을 검증하는 데 있어서는 한계점으로 작용할 뿐 아니라 그녀의 이론에 대한 비판으로 작용하였다. Gilligan은 Kohlberg의 도덕성 발달이론이 남성대상자만으로 수행된 연구에 근거하고 있다고 비판하였으나, 본인 역시 Kohlberg와 다를 바 없이 여성대상자만으로 연구를 수행하여 도덕성 발달이론을 발전시키는 오류를 범했다.

도덕적 추론에 관한 Kohlberg와 Gilligan의 이론을 비교하는 한 종단적 연구(Walker, 1989) 등의 결과를 보면 정의 지향적 추론과 배려 지향적 추론의 사용에 있어 성별의 유의가 차이가 없음을 알 수 있다.

도덕적 추론에 관한 Kohlberg와 Gilligan의 이론을 비교하는 한 종단적 연구 등의 결과를 보면 정의 지향적 추론과 배려 지향적 추론의 사용에 있어 성별의 유의가 차이가 없음을 알 수 있다.

연습문제

01 피아제의 형식적 조작기의 인지적 특성에 대하여 서술하시오.

02 피아제의 형식적 조작기의 인지능력의 영향을 긍정적 측면과 부정적 측면에 대하여 서술하시오.

03 청소년의 사회인지발달 세 가지에 대하여 설명하시오.

04 청소년기의 도덕적 발달 특성에 대해 피아제, 콜버그, 길리건의 이론을 중심으로 논하시오.

제4장

청소년기의 자아정체감 발달과 정서발달

1. 자아정체감 발달

1) 자아정체감의 의미

청소년기는 성인이 되려는 강렬한 독립 욕구로 인하여 부모와의 갈등이 발생하기 쉬우나 한편으로 경제적, 현실적 측면에서 의존적인 경향이 지속되고 있으므로 양가적 갈등에 빠지기 쉽다. 청소년들은 자신의 변화에 임하여 자신이 과연 누구이며 어떤 인간이 될 것인가에 회의감을 갖고 불안해하게 된다. 또한 이 시기는 궁극적으로 자신의 진로를 결정해야 하는 시기인 만큼 자아정체감의 확립은 필수적인 과정이다(김경신 외, 2007).

청소년기는 성인이 되려는 강렬한 독립 욕구로 인하여 부모와의 갈등이 발생하기 쉬우나 한편으로 경제적, 현실적 측면에서 의존적인 경향이 지속되고 있으므로 양가적 갈등에 빠지기 쉽다.

자아정체감이란 "개인의 자아(ego)가 그의 인격체계, 즉 원초아(id)와 자아(ego) 그리고 초자아(super ego)의 세 체계를 통합하는 방식에 있어서 동질성과 연속성이 유지되고 있다. 즉, 이러한 사실을 자각하는 동시에, 자신의 자아의 통합방식이 개인적인 존재적 의미의 동질성과 연속성을 견지해 나가는 데 유효하다는 것을 자각하는 것"이라고 하였다. '자아정체감'이 강한 사람은 비록 다른 사람과 같은 동기, 흥미, 가치 등을 공유하고 있더라도 자기 자신을 어디까지나 다른 사람과 분리된 '독특한 개인'으로 자각하며, 자기 일관성 내지는 정체감을 이루고자 노력하였다. 이때 자기통합성이란 타인으로부터의 분리와 자기통일성을 함께 의미한다(노혁, 2007; 서봉연, 1992). Erikson은 구체적으로 자아정체감의 의미를 다음과 같이 네 가지로 제시하고 있다(한국청소년개발원, 2004; 한상철 · 이형득, 1995; 한상철, 1998).

첫째, 자아정체감은 "~로서의 나" 간의 통합감을 의미한다. 한 개인은 다양한 지위와 역할을 부여받고 있는데, 정체감은 바로 이러한 다양한 지위에 따른 역할 간의 통합감을 의미한다. 이는 곧 지위와 역할에 따라 흔들리는 인간이 아니라, 나에 대한 자신감과 주체의식에 기초하여 자신의 지위와 역할을 수행해 나가는 인간 본연의 모습이라 할 수 있다. 따라서 자아정체감은 참만남의 인간관계를 가능케 하는 진정한 자아상태라 할 수 있다.

둘째, 자아정체감은 과거의 나와 현재의 나, 그리고 미래의 나 간의 연속감 또는 일관성을 의미한다. 즉, 인간이 과거와 현재, 미래를 살아가면서 일관된 '나'를 유지해 가는 것을 말한다. 이는 자신의 행동에서 항상 신뢰감을 느낄 수 있는 자아의 시간적 연속감을 말하는 것으로, 자신과 타인에게 믿음을 주고, 정신적 안정감을 주며, 삶의 가치를 명료하게 할 수 있는 요인이라고 할 수 있다.

셋째, 자아정체감은 주체적 자아(I)와 객체적 자아(Me) 간의 조화감을 의미한다. 즉, 정체감은 내가 나 자신을 볼 때의 나(주체적 자아)와 내가 다른 사람의 눈에 비치고 있는 것을 내가 지각할 때의 나(객체적 자아)의 완전한 조화로서 자신의 존재감을 인식함과 동시에 타인과의 원만한 관계를 발전시킬 수 있는 상태를 말한다. 한마디로 '나와 너의 관계'를 확립하는 것이다.

넷째, 자아정체감은 "나는 나다"라는 실존의식을 의미한다. '나'라는 존재는 생물학적으로는 부모의 자신이나 실존적 의미로는 '누구로부터의 존재가 아닌 오직 나'인 것이다. 실존 철학자들이 인간을 '피투되어진 존재'라고 말하는 것은 누구와의 인연으로 연결된 존재가 아니라, 옥상에서 돌멩이 하나가 던져져 있듯 이 세상에 '나'라는 존재가 던져져 있음을 의미한다. 이러한 존재는 누구로부터의 간섭도 배제할 수 있는 절대적 자유를 지님과 동시에 오직 나 혼자라는 근원적인 소외감과 불안감을 수반하고 있다. 소외와 불안으로부터 극복하려는 의지에는 자기선택과 자기책임을 수반한다. 선택에 따라 소외와 불안을 극복하는 것은 험난한 과정이기에 자유인으로서의 자아와 또 다른 자유인으로서의 타아 간의 진정한 만남을 필요로 한다. 이러한 만남관계에서 자신의 행동에 대한 완전한 책임이 없다면 자유인으로서의 가치는 자기 자신이나 타인에 의해 무시당할 것이다. 그러므로 절대적 자유와 자기선택, 참만남 그리고 완전한 책임을 수반하는 실존적 자아의 상태를 자아정체감이라고 할 수 있다. 이러한 네 가지

정의방식은 상호 밀접한 관련성이 있다.

Erikson은 자아정체감의 기초는 인생 초기에 이미 형성되며 전 생애에 걸쳐 계속해서 형성되는 과업이나 청소년기가 정체감을 형성하는 결정적 시기(critical period)라고 주장했다.

Erikson은 자아정체감의 기초는 인생 초기에 이미 형성되며 전 생애에 걸쳐 계속해서 형성되는 과업이나 청소년기가 정체감을 형성하는 결정적 시기라고 주장했다.

그렇다면 청소년기에 자아정체감이 중요한 문제로 부각되는 이유는 무엇인가? 이는 청소년들이 직면한 내, 외적인 상황에서 몇 가지 원인을 찾을 수 있다(허혜경 · 김혜수, 2010).

첫째, 청소년기는 신체적, 심리적, 성적인 면에서 급격한 변화가 일어나는 시기이기 때문이다. 신체 및 성적인 성숙으로 원초아, 자아, 초자아의 불균형으로 초래함으로써 원초아의 활동이 강해지고, 이러한 내적인 욕구를 현실에 맞게 중재하는 자아의 통합능력이 요구되므로 자아정체감 형성에 관심이 높아진다.

둘째, 청소년의 발달된 인지능력이 자아정체감을 확립하는 데 결정적인 역할을 하게 된다. 형식적 조작능력을 획득하게 됨에 따라 과거, 현재, 미래에 이르기까지 그 원인으로부터 결과를 논리적으로 검토할 수 있게 된다. 이로써 자신의 존재에 대해 숙고하고, 자신의 능력, 가치관, 진로를 검토하며, 방황과 자기탐색의 시간을 가지게 되는데, 이러한 과정은 고통스럽기도 하지만 자아정체감 확립을 위한 필수적인 과정이다.

셋째, 청소년은 아동도 어른도 아닌 주변인(marginal man)의 애매한 입장에 놓여 있다. 환경적으로 청소년들이 받는 자극은 상충적이어서 성인다운 역할 수행을 요구받지만, 막상 독립하여 자신의 삶을 살기에는 많은 한계에 봉착하므로 자아의 모호성을 탈피하고자 노력하게 된다.

넷째, 청소년기는 진학과 취업, 이성교제와 결혼준비, 군입대 시기 결정 등 인생의 중요한 결정을 내려야 하는 시기다. 그들은 부모나 타인에게 도움을 받더라도 궁극적으로는 자신의 삶이기 때문에 스스로가 책임져야 한다는 것을 자각하게 된다. 따라서 가능한 한 자신에 대해 다각도로 탐색하고 검토하면서 스스로를 이해하고 정의하고자 하며, 이 과정을 통해 내린 결정이 자아정체감의 핵심을 이루게 된다.

다섯째, 자아정체감의 형성은 자신과 타인의 행동과 가치를 내면화하는 동일시(identification) 메커니즘에 근원을 둔다. 청소년기의 자아정체감 형성을 위해서는 과거 개인의 내적 참조 체계를 선택하고, 현재 새롭게 내면화한 동일시 내용 및 미래 계획과 포부를 역동적으로 통합하고 재조직화하는 것이 필수적이다. 만약 이 시기 청소년들이 과거의 참조 체계를 바탕으로 현재의 동일시 내용을 통합하는 데 실패한다면 자아정체성 혼란이 야기될 것이다.

이와 같이 자아정체감은 전 생애에 걸쳐 진행되는 과정이나, 청소년기에 더욱 중요한 문제로 부각된다. 청소년들은 자신에 대해 정의하고, 자신의 진로와 가능성에 대해 고민하고 탐색하는 시간을 가지게 되는데 이러한 과정이 자아정체감을 확립하는 데 큰 도움이 된다.

2) Erikson의 자아정체감 대 역할혼돈

자아정체감이 확립되기 전에 자기탐색을 하고 인생의 중요한 선택을 위해 다양한 역할을 경험하는 역할 실험 기간이나 여러 시도를 해보는 이 시기를 Erikson은 심리적 유예기라 명명했다.

Erikson은 청소년기를 자아정체감 대 역할혼돈(Erikson의 9단계 중 5단계, 박영진 · 장성화, 2023)으로 규정하고, 청소년들이 정체감 확립을 위해 심리사회적 위기에 직면하고 있다고 보았다. 자아정체감이 확립되기 전에 자기탐색을 하고 인생의 중요한 선택을 위해 다양한 역할을 경험하는 역할 실험 기간이나 여러 시도를 해보는 이 시기를 Erikson은 심리적 유예기(psychological moratorium)라 명명했다.

이 심리적 유예기는 자아정체감을 확립하는 데 촉매역할을 하나, 이 기간 동안 지나친 역할 실험에 관여하게 되면 역할혼돈의 위기를 경험하게 된다는 것이다(한상철, 2004; 허혜경 · 김혜수, 2010). 그의 '모라토리엄', 즉 '심리적 유예기'는 발달이론의 중요한 치적으로 평가되는데 재미있게도 그는 역사적인 인물의 정신분석을 통해 모라토리엄의 보편성을 입증하려 했다. 『청년 루터』는 Erikson의 재미있는 상상력이 돋보이는 책이다. 그는 엄격한 예수회의 성가대였던 마틴 루터가 성가를 부르다가 "나는 내가 아니다"라고 외치며 뛰어나간 사건을 단서로 청년 루터의 심리를 정신분석학적으로 재치 있게 분석해 냈다.

이 사건을 신교 신학자들은 '신의 계시', 구교 신학자들은 '악령의 장난'으로 봤지만 위대한 정신분석학자 Erikson은 이것을 '자아정체성의 혼돈'으로 설명했다. '신의 계시'를 일종의 신경증으로 해석해 버리는 Erikson이 신교의 입장에서는 심히 불쾌하겠지만, Erikson은 청소년기에 누구나 겪는 자아정체성의 혼돈기, 즉 모라토리엄의 보편성을 청년 루터의 심리분석으로부터 끌어냈다(김현철 외, 2009).

청소년기에 발달할 수 있는 덕목은 자아정체감에서 비롯된 '충실성(fidelity)'인데 이는 대인관계에서의 기본적인 성실, 의무, 정직, 순수성을 유지하는 능력을 의미한다. 청소년기의 주요 발달과업으로서의 자아정체감 획득은 문명사회 중산층 청소년들에게만 해당되는 발달과업일 수 있다는 비판에도 불구하고 그의 연구는 Marcia 등의 자아정체감 후속 연구에 초석을 제공했다(김제한, 1998).

청소년기에 발달할 수 있는 덕목은 자아정체감에서 비롯된 '충실성'인데 이는 대인관계에서의 기본적인 성실, 의무, 정직, 순수성을 유지하는 능력을 의미한다.

3) Marcia의 자아정체감 이론

Marcia(1966)는 Erikson의 자아정체감의 초기 이론을 확장해 "정체감과 역할혼란" 간의 균형은 하나의 정체성에 헌신함으로써 이루어진다고 하였다. Marcia는 정체성을 직업적 역할, 신념과 가치, 성적 지향의 세 영역에서 측정하고, 위기(자기탐색)와 헌신에 따라 네 가지 정체성 지위로 구분했다(**표 4-1** 참조).

표 4-1 Marcia의 자아정체성 지위

정체성 지위	위기 (탐색)	헌신	정의	특성
정체감 성취 (identity achievement)	ㅇ	ㅇ	개인이 다른 여러 정체성을 탐색(위기경험)해 한 정체성에 헌신할 때	내적 자신감과 통합감, 성실성, 사회의 가치체계, 윤리, 관습을 수용하고 지키려 함

정체성 지위	위기(탐색)	헌신	정의	특성
유예(moratorium)	o	x	다른 여러 정체성의 탐색에 관여하지만 헌신하지 않는 상태	불안수준은 높으나 정체성 달성의 계기가 됨
유실(foreclosure)	x	o	정체성 탐색에 대한 시도 없이 헌신할 때	권위주의적 가치를 중요시하며 자율수준은 낮음
정체성 산만(identity diffusion)	x	x	정체감 위기도 느끼지 못하고 헌신도 없는 상태	무력감, 소외감, 부정적 자아개념

출처: 이혜원 외(2008). p. 30에서 재인용.

정체감 성취 지위에 도달한 사람은 다른 지위에 있는 사람에 비해 심리적으로 건강하며, 도덕적 판단능력, 진로계발 능력, 사회적 기술이 다른 정체성 지위에 있는 사람들보다 높다. 그는 의사결정을 한 상태에서 전념하고 있는, 즉 관여경험이 있는 '정체감 성취'와 '정체감 유실'의 두 지위를 자아정체감을 획득한 상태로 보았다. 그러나 중요한 것은 자아정체감은 인생에 걸쳐 진행되는 과정이므로 청소년기에 정체감 유실로 위기 없이 자아정체감을 획득했다가도, 성인기에 유예상태에 빠져 위기를 경험하다가 다시 정체감을 성공적으로 성취하는 경우도 있다는 것이다(Stephen, Fraser, & Marcia, 1992).

Marcia의 네 가지 정체성 지위는 발달의 연속성을 지니고 있는 것은 아니며, 어떤 한 지위가 다른 지위의 선행 조건이 되는 것도 아니다. 단, 유예는 그것의 특징인 탐색이 정체성 문제의 해결보다 선행하기 때문에 정체성 성취로 발전할 가능성이 있다. 한편 Marcia 이후의 연구자들은 실제적인 성인의 정체성 형성이 청소년 후기까지 일어나지 않는다는 것을 확인했다(이혜원 외, 2008; Coleman & Hendry, 1999).

Marcia의 자아정체감의 네 가지 지위를 구체적으로 살펴보면 다음과 같다.

(1) 정체감 성취(Identity Achievement)

자아정체감 성취는 위기와 관여를 모두 경험한 경우로, 청소년 자신이 직접 위기를 성공적으로 극복하여 정치적 및 개인적 이념체계, 직업 등에 대해 스스로 의사결정을 내려 자신의 역할을 수행하고 있는 단계다. 자아정체감을 성취한 사람은 자아정체감 유실이나 확산상태에 놓인 사람에 비해 인성 발달의 모든 분야에서 성숙한 면모를 보였으며, 자기주도적이고 확신감이 강한 경향을 보였다. 그리고 당면한 문제를 해결할 때에는 관련 정보를 수집하고 이후 사태까지도 주도면밀하게 고려한 후에 결정을 내리는 경향이 있다(Berzonsky, 1997; Berzonsky & Kuk, 2000; Marcia, 1980).

자아정체감 성취는 위기와 관여를 모두 경험한 경우로, 청소년 자신이 직접 위기를 성공적으로 극복하여 정치적 및 개인적 이념체계, 직업 등에 대해 스스로 의사결정을 내려 자신의 역할을 수행하고 있는 단계다.

이에 해당되는 행동유형은 사춘기의 특징이라고 여길 만한 경험을 했다, 어떤 직업을 가져야 할 것인지 잘 알고 있다, 삶의 목표가 무엇인지 분명히 알 수 있다, 인간관계를 어떻게 해야 하는지 알고 있다, 사춘기 고민과 방황으로 부모형제와 갈등을 빚은 적이 있었지만 지금은 말끔히 해소되었다, 내가 선택한 일에 대해서는 후회하지 않을 자신이 있다, 타인이 나에게 무엇을 기대하는지 잘 알고 있다, 대부분의 사람들이 나의 있는 그대로를 받아들여 주고 인정해 준다 등의 기술문을 들 수 있다(최명구 · 김누리, 2009).

(2) 정체감 유예(Identity Moratorium)

자아정체감 유예는 현재 위기를 경험하면서 여러 대안 중에서 선택적으로 참여하며 탐색하는 시간이다. 관여 측면에서 비교해 보면 유예기에 있는 청소년들은 여러 가지 역할 실험을 하고 있는 상태이므로 어떤 영역에 참여하더라도 아직 의사결정에 도달한 상태가 아니므로 정체감 성취상태의 청소년들보다 참여의 안정성과 만족도가 떨어진다.

자아정체감 유예는 현재 위기를 경험하면서 여러 대안 중에서 선택적으로 참여하며 탐색하는 시간이다.

유예기는 문화적 영향을 많이 받는 것으로 나타났다. 현대사회에서는 고등교육으로 청소년기가 연장되고 있다. 특히 대학생들의 경우 취업하고 있는 청소년들에 비해 연장된 청소년기를 보내게 되지만, 적극적으로 직업적 탐색과 진로를 두고 심각한 정체감 위기를 경험하며 연장된 유예기를 보낸다고 한다(Adams, Gullotta, & Markstrom-Adams, 1994; Munro & Adams, 1977).

이에 해당되는 행동유형은 사춘기를 호되게 겪었거나 겪고 있다. 요즘 같으면 정말 왜 사나 싶을 정도로 고민이 많다. 지금의 나의 모습에 만족하지 못한다. 꿈은 있지만 지금 내가 무엇을 해야 할지 잘 모른다, 지금의 내가 아닌 다른 사람이 되고 싶다, 내가 보잘것없는 존재인 것처럼 느껴질 때가 있다 등의 기술문을 들 수 있다(최명구 · 김누리, 2009).

(3) 정체감 유실(Identity Foreclosure)

자아정체감 유실은 자신의 가치관이나 진로에 대해 의문을 제기하거나 가능한 대안을 탐색하는 등의 위기를 경험하지는 않았지만, 부모와 같은 의미 있는 타인의 기대나 가치를 수용하여 진로, 직업 또는 이념에 헌신한 상태다.

자아정체감 유실은 자신의 가치관이나 진로에 대해 의문을 제기하거나 가능한 대안을 탐색하는 등의 위기를 경험하지는 않았지만, 부모와 같은 의미 있는 타인의 기대나 가치를 수용하여 진로, 직업 또는 이념에 헌신한 상태다. 그러므로 유실상태는 위기를 경험하지 않았으나, 의사결정은 내린 상태이므로 '자아정체감 조기완료'라 표현된다.

유실기를 거쳐 자아정체감을 형성한 청소년들은 현재 선택이 본인의 신념과 일치하여 순탄하게 성인기를 보내면 비교적 자아정체감에 대한 갈등이나 불안감이 적은 편이다(Kimmel & Weiner, 1995). 그러나 정체감 유실 수준의 청소년들은 지나치게 높은 동조성을 보이고 경직된 경향이 있다. 특히 이들은 권위에 쉽게 의존하기 때문에 자신이 의존했던 사람들에게 거부당하는 것을 두려워하고 의견 차이가 나는 것을 두려워한다. 자신의 결정에 의존했던 의미 있는 타인의 부재 등 외적인 상황에 변화가 생기게 되면, 정체감 성취 수준의 청소년들보다 쉽게 자신이 지녔던 정체감을 포기하고 정체감 유예나 확산상태에 빠질 확률이 높다. 유실단계에 있는 청소년들은 흔히 자신의 부모와 강한 애착관계를 가지고 있는 것으로 나타났다(Grotevant & Cooper, 1985).

이에 해당되는 행동유형은 내가 사춘기라는 것을 별로 느끼지 않는다, 내가 장래에 무엇을 할지 잘 알고 있다, 젊은이들이 방황하고 고민하는 것을 이해하기 힘들다, 전공을 선택하고 대학을 선택할 때 별로 어려움이 없다, 부모님과 선생님의 말씀을 잘 듣는 편이다, 별다른 어려움 없이 유복한 가정에서 성장한 편이다, 어머니가 선택해 준 옷과 신발, 머리스타일을 좋아한다, 집을 떠나서 혼자 생활한다는 생각을 별로 해보지 않았다 등이 있다(최명구 · 김누리, 2009).

(4) 정체감 확산(Identity Diffusion)

자아정체감 확산은 정체감 위기 상태를 경험하지 않았을 뿐 아니라 직업이나 자신의 신념에 대한 의사결정도 하지 않거나, 아예 관심도 필요성도 못 느끼는 경우를 말한다. 의사결정을 내리지 못한 면에 있어서는 정체감 유예와 비슷하나, 유예는 위기 상태를 경험하고 이를 해결하고자 하나 정체감 확산은 위기를 경험하지 않았다는 점에서 뚜렷한 차이점이 있다.

자아정체감 확산은 정체감 위기 상태를 경험하지 않았을 뿐 아니라 직업이나 자신의 신념에 대한 의사결정도 하지 않거나, 아예 관심도 필요성도 못 느끼는 경우를 말한다.

정체감 확산 수준의 청소년들은 상대적으로 자아존중감과 자기주도성, 자기통제력 면에서 뒤떨어지는 경향이 있으며 삶에 대해 관심이 없고 사회에 냉담한 편이라고 한다(허혜경 · 김혜수, 2010).

이에 해당되는 행동유형은 나는 누구인가에 대해 별로 관심이 없다, 미래 직업에 대해 별로 생각해 본 적이 없다, 요즘 들어 부모님이나 선생님의 말씀을 잘 듣지 않는다, 내 역할에 대해 별로 확신이 없다, 하고 싶은 일이 너무 없어서 쉽게 마음을 정하지 못하고 있다, 지금의 내가 아닌 다른 존재가 되고 싶다 등이다.

4) 자아정체감의 중요성

청소년기의 자아정체감의 발달은 청소년기의 신체적인 변화와 정서, 심리적 발달 간의 괴리에서 오는 역할 규정과 자기정체성의 문제에 대한 진지한 고민으로부터 시작된다. 또한 자신의 존재적 문제와 함께 어떻게 살아가야 할 것인가라는 자신의 능력과 결부된 가치와 인생관을 청소년기라는 혼란한 상황 속에서도 형성해 가야 하는 숙명에 놓여 있다(노혁, 2007).

독일 작가 카롤린 필립스의 『황허에 떨어진 꽃잎』은 입양아 출신의 중국계 독일인 소녀가 과거를 추적하며 정체성을 확립해 나가는 과정을 그린

https://www.yes24.com/Product/Goods/2844061

소설이다. 얼굴은 중국인이지만 중국어나 중국문화에는 문외한인 소녀가 있다. 어려서 친부모의 품을 떠나 독일인 양부모의 집에서 독일어와 독일 문화를 습득하고 자란 까닭이다. 세월이 흘러 고등학생이 된 그 소녀는 오래전부터 어렴풋하게만 품어 왔던 한 가지 의문을 캐고 들어간다. 바로 자신의 친부모에 대한, 그리고 어떻게 해서 자신이 지금의 부모에게 입양되었는지에 대한 의문을 말이다(한겨레21, 2009. 11. 2. 제783호, 한미화, '청소년이여 날자 날아보자꾸나'). 또한 진 루엔 양의 그래픽 노블『진과 대니』는 중국계 미국 이민자 2세가 겪는 성장과 정체성 찾기에 수반된 아픔을 그리고 있다. 주인공 왕진은 사춘기 청소년으로 백인 위주의 미국 사회에 적응하면서 수많은 갈등을 경험한다. 때로는 또래 백인들에게 주눅 든 모습으로, 때로는 같은 동양계 친구를 은근히 무시하면서 백인을 부러워하다 마침내 스스로 백인의 삶을 살기로 결심한다. 하지만 소심한 성격의 왕진은 대니라는 이름의 백인이 된 후에도 자신감 있게 행동하지 못하고 자신을 못마땅해한다. 한참 뒤에야 왕진은 자신의 모습을 제대로 살피게 되고 사랑하게 되면서 비로소 자신의 진짜 모습을 찾아 나간다(진 루엔 양, 2008).

2. 정서적 발달

1) 청소년기의 정서 변화

Hall은 청소년기를 질풍노도의 시기라고 일컬으면서 질풍노도와 같은 청소년들의 방황과 갈등, 저항은 급격한 신체적, 생리적 성장 때문에 생기는 것이며, 매우 자연스럽고 보편적인 현상이라고 말했다(위키피디아; 이혜원 외, 2008). 의존성이 아동기의 대표적 특성이고, 독립이 성인기의 대표적 특성이라고 본다면, 질풍노도를 청소년기의 신체적, 성적 성숙으로 발생하는 전환기적 특성이라고 해석할 수 있다.

청소년기의 기분이 두드러진 변화(mood swings)로 알려진 방황과 갈등, 혼란과 같은 정서적 특징의 원인에 대해 학자들은 다양한 의견을 보인다. Hall은 청소년기의 정서를 신체적, 생리적 성장에서 기인한 것이라고 했고, Freud는 자아와 원초아 사이의 불균형이 청소년기의 정서적 불안정의 원인이라고 했다. 이 밖에도 청소년기의 정서적 특징의 원인을 내면의 의존과 독립 욕구 사이의 갈등 때문이라고 설명하기도 한다(김애순, 2005; 이혜원 · 이봉주 · 김혜래 · 오승환 · 정익중, 2008).

그중에 근본적인 원인으로 내분비선의 변화를 들 수 있다. 호르몬 분비는 신체 성장과 생식기능에 결정적인 영향을 미칠 뿐만 아니라 인간의 정서와 감정을 통제하고 스트레스를 조절하는 데에 중요한 역할을 한다. 사춘기가 되면 성장호르몬과 성호르몬의 양이 급격한 증가를 보이는데 성별에 따라 성호르몬의 분비 비율이 깨지면서 남아에겐 남성 호르몬(안드로겐)이, 여아에겐 여성 호르몬(에스트로겐)이 극적인 증가 현상을 보인다. 이러한 호르몬 분비의 변화는 전형적인 청소년기 정서를 이끄는 가장 기본적인 요소가 된다.

> 사춘기가 되면 성장호르몬과 성호르몬의 양이 급격한 증가를 보이는데 성별에 따라 성호르몬의 분비 비율이 깨지면서 남아에겐 남성 호르몬이, 여아에겐 여성 호르몬이 극적인 증가 현상을 보인다.

청소년기는 아동기에서 경험하지 못했던 다양한 사건들을 경험하는 시기이다. 따라서 청소년들의 정서 경험의 범위는 확대되고 감정의 깊이도 깊어지는 특징을 나타낸다. 청소년기에 경험하는 대표적인 긍정적 정서에는 행복과 사랑의 감정이 있다. 청소년들은 자연의 아름다움, 우정의 순수함과 진지함, 그리고 사랑이 가져다주는 생생한 행복감을 경험한다. 청소년기에 경험되는 대표적인 부정적 정서에는 우울, 공포와 불안, 외로움, 죄책감, 분노 등이 있다(이용교, 2004).

https://blog.naver.com/top-secretedu/223259247584

청소년기의 정서적 변화를 단계별로 살펴보면 다음과 같다(한상철 · 임영식, 2000).

먼저, 청소년기 초기 또는 사춘기의 정서적 특징으로서 이 시기는 지적인 바탕 위에 성적 충동을 강하게 경험하게 되므로 그들의 정서는 성적인 색채를 띠게 된다. 급격한 신체적, 성적 성숙과 더불어 성에 대한 의식과 이성에 대한 관심이 높아지지만, 수치심을 강하게 보이고 이성에 반발하며 주위 사람들에게 허세적인 반항을 하는 등의 이중적 정서를 표출한다. 그리고 그들의 정서는 일관성이 없고 불안정하며, 정서의 기복이 아동기에 비해 비교적 넓고 격렬하다.

이러한 정서적 특징은 청소년기 초기의 지적 발달과 자아의식의 변화에 큰 영향을 미친다. 즉, 청소년들은 지식을 구하려는 정열은 높으나 아동기적인 것이 남아 있어 아직도 논리적으로 문제를 해결하지 못하는 미숙함에 빠져 있는 것이다. 공상은 끝이 없으며, 공상적 이상과 동경에 몰입한다. 주위 사람에 대해서는 일반적으로 부정적인 태도를 나타내며, 자신의 공상 속에서만 만족을 추구하려고 한다. 그리고 자아의식이 높아지면서 고독을 원하고 또한 고독에 빠지기를 즐긴다. 민감한 정서로 인하여 외계를 지각함에 있어서도 매우 세부적인 것까지 의식하게 되며, 결국 스스로 어떻게 할 수 없는 불안과 초조에 사로잡히기도 한다. 대부분의 청소년은 이러한 정서적 문제를 자발적으로 해결하지만, 일부는 부적응 행동을 일으킨다.

둘째, 청소년기 중기(중학교 후반부터 고등학교까지)의 정서는 초기보다 더욱 강렬해지지만 직접적인 표출을 억제하는 경향이 높다. 즉, 성적인 것이나 기타의 정서에 있어서 의식적인 억압작용이 활발하게 나타난다. 그러나 이러한 억압으로 인하여 자기혐오와 열등감을 가지게 되며, 이것은 내면적인 침울이나 정서의 불안정성을 고조시키는 요인이 되기도 한다.

한편 자아의식이 더욱 높아지면서 독선적이고 우월을 과시하고 현실을 부정하고 혐오하는 경향이 짙게 나타난다. 이들의 이상주의적 사고는 기성세대와 기존의 사회구조를 부정적이고 회의적으로 인식함과 동시에 자신의 인생을 낭만적이고 화려하게 계획함으로써 이상과 현실의 부조화를 강화시켜 주고 있다. 또한 높은 이상을 가지며, 이성에 대해서도 낭만적이고 감상적인 생각을 갖는다. 그리고 사회의 도덕과 법률에 대해서도 의혹을 품고 자기 나름대로 독특한 비판과 논리를 전개하면서 급진적인 사고를 한다. 청소년들의 이러한 사고와 사회에 대한 태도는 정서발달과 밀접한 관련성을 갖는 것이다.

셋째, 청소년기 후기에 접어들면서는 사회적으로 안정성을 나타낸다.

이상을 추구하지만 현실에 대한 적응을 위해 노력하며, 자신을 합리적으로 통제한다. 다시 말해, 이 시기의 청소년들은 주관과 객관의 결합, 자기와 사회와의 타협, 현실과 이상의 조화를 발전시키면서 완성된 자아의식을 갖게 된다.

청소년기 정서의 특징은 다음과 같다.

첫째, 청소년들은 순수하고 쉽게 동요된다. 둘째, 정서를 자극하는 대상이 아동기에는 사건 중심이었으나 청소년기가 되면 대인관계 중심으로 바뀐다. 셋째, 정서표현이 내면적이고 지속적으로 이루어진다. 넷째, 청소년들의 정서는 정조(sentiment)의 상태에 이를 수 있다. 정조는 고도로 분화되고 승화된 정서표현으로 청소년기가 되면 자신의 감정을 직접적으로 표현하기보다 글이나 노래 혹은 그림 등 세련되고 지적인 형태로 표현하는 경우가 많다. 다섯째, 청소년기가 되면 신경질이 많아지고 조급해지며 잘 흥분하게 된다. 여섯째, 청소년들은 부끄러움이 많다(방은령, 2001).

청소년기는 급격한 신체발달과 더불어 사회적으로 요구되는 과다한 과업으로 인해 정서적으로 불안정한 상태이다.

청소년기는 급격한 신체발달과 더불어 사회적으로 요구되는 과다한 과업으로 인해 정서적으로 불안정한 상태이다. 청소년기에 보이는 정서적 특성과 이러한 특성이 청소년 심리와 행동에 미치는 영향들은 다음과 같다(홍봉선 · 남미애, 2007).

- 감정의 기복이 심하고, 사소한 일에 예민하게 반응해 화를 잘 내며, 심리적으로 불안정해 보인다.
- 지나치게 남을 의식해 수줍음이 많고, 종종 이를 감추기 위해 과장된 행동을 보이기도 한다.
- 어떤 일에 쉽게 열성을 보이고 호기심이 많으며, 모방성이 강해 우상을 만들어 맹목적으로 추종하는 경향이 있다.

2) 청소년기 정서장애

자신의 욕구불만의 산물이라고 할 수 있는 정서를 직접적으로든 간접적으로든 합리적으로 표출하지 못하였을 때, 개인은 스트레스를 비롯한 갖가지 심리적 부적응을 경험하게 된다. 욕구불만에 대한 인내성은 발달의 바람직한 현상이라고 볼 수도 있으나, 강한 자기억제가 지속될 경우에 자기방어를 위한 여러 가지 기제가 작용하여 이상행동을 유발할 수도 있다(한상철, 2009).

청소년기에 흔히 경험하는 정서장애로는 불안과 공포, 강박개념, 우울 등이 있으며, 심각할 경우 정신분열로 발전되기도 한다.

청소년기에 흔히 경험하는 정서장애로는 불안과 공포, 강박개념, 우울 등이 있으며, 심각할 경우 정신분열로 발전되기도 한다. 이는 청소년기의 정서적 불안정이 원인이 되기도 하지만, 개인의 왜곡된 성격과 환경적 요인이 복합적으로 작용하여 발생한다고 볼 수 있다(한국청소년개발원, 2006).

연습문제

01 청소년기의 자아정체감이 주요 문제로 부각되는 이유를 논하시오.

02 청소년기 자아정체감 이론을 에릭슨과 마르샤의 관점에서 논하시오.

03 청소년기의 정서적 변화를 단계별로 설명하시오.

04 청소년기의 자아정체감의 중요성에 대하여 서술하시오.

제5장

청소년기의 심리적 부적응

1. 심리적 부적응의 정의와 진단기준

심리적 부적응이란 한 개인이 갖고 있는 사고, 정서, 행동양식이 왜곡되거나 부적절해서 그 사람의 사회적 적응에서 문제가 발생하는 상태를 말하지만 한 개인의 사고나 행동양식의 정상성 또는 적응성의 여부를 판단하는 것은 쉽지 않다(한국청소년개발원, 2006). 특히 개성을 중시하고 타인과 구분되는 자신만의 특성을 추구하는 데 큰 매력을 느끼는 현대인들의 일반인과 다른 독특한 몇 개의 행동방식을 쉽게 비정상으로 간주하는 것은 무리이다.

심리적 부적응이란 한 개인이 갖고 있는 사고, 정서, 행동양식이 왜곡되거나 부적절해서 그 사람의 사회적 적응에서 문제가 발생하는 상태를 말하지만 한 개인의 사고나 행동양식의 정상성 또는 적응성의 여부를 판단하는 것은 쉽지 않다.

청소년기는 일생 중 가장 과도기적인 발달특성을 보이는 시기이기 때문에 청소년들의 행동양식이 심리적 장애로 인한 것인지 혹은 발달과정상 나타나는 불안정한 특성인지를 구분하는 것은 어려우며 청소년의 심리적 장애를 다루는 데 있어서는 심리적 장애에 대한 일반적 지식과 청소년기의 발달적 특성에 대한 충분한 고려를 바탕으로 한 주의 깊은 접근이 필요하다. 그렇지만 청소년들의 심리적 발달에 대한 이해가 그렇게 간단한 것만은 아니다. 같은 연령대의 청소년이라 할지라도 생활하는 문화권에 따라 심리적 발달의 정도는 달라지며, 동일한 문화권에서 생활하는 동년배의 청소년이라 할지라도 각 개인의 가족, 친구, 학교 등 주변의 환경적 요인에 따라 다양한 차이가 나타날 수 있다. 따라서 청소년에 대한 또는 청소년의 심리적 부적응에 대한 정확한 이해를 위해서는 청소년기에 나타나는 신체적, 인지적, 사회적 변화와 청소년이 처한 환경 또는 맥락 그리고 청소년의 심리 사회적 발달에 대한 이해가 기반이 되어야 할 것이다(Hill, 1983).

다음은 심리적 부적응의 진단기준에 대하여 살펴보고자 한다.

한 개인의 심리적 부적응의 여부와 정도를 판단하는 데는 하나의 기준이 사용될 수 없고 여러 가지의 사항이 고려되어야 하는데, 보통 다음과 같은 분류기준을 사용하는 것이 일반적이다(한국청소년개발원, 2006).

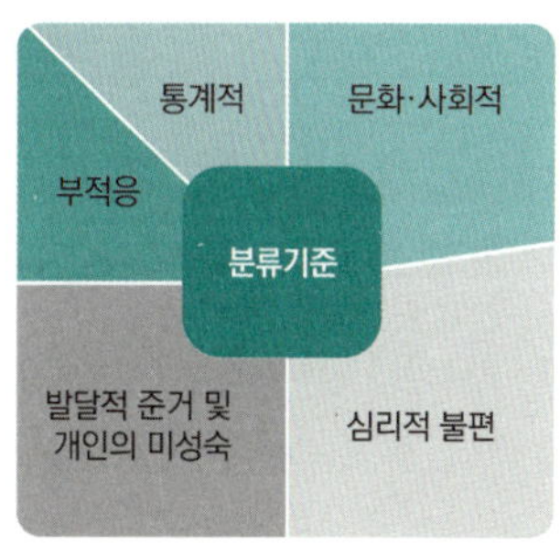

첫째, 통계적 기준이다. 통계적 기준은 가장 흔하게 사용하는 기준으로, 일정한 집단의 평균이나 표준으로부터 어느 정도 벗어났는가에 따라 구분한다.

둘째, 문화, 사회적 기준이다. 문화, 사회적 기준에서는 한 개인이 각 사회나 문화가 가치 있다고 생각하는 독특한 행동양식이나 기준에 어느 정도 부합되는가에 따라 심리적 부적응 여부와 정도를 평가한다.

셋째, 진단기준은 심리적 불편이다. 이 기준에서는 한 개인이 주관적으로 얼마나 큰 심리적 불편을 느끼는가를 진단 근거로 삼는다. 겉으로 보기에는 특별히 비정상적이거나 부적응적인 행동이 나타나지 않는다 하더라도 한 개인이 자신의 생활방식이나 행동양식에서 심각할 정도로 불편을 느낀다면 이는 심리적 부적응의 범주에 포함될 수 있다.

넷째, 진단기준은 발달적 준거 또는 개인적 미성숙함이다. 이 기준에서는 연령에 따른 개인의 사고, 정서, 행동이 성장해 가는 전형적인 속도와 순서를 고려하여 무엇이 잘못되었는지 혹은 정상적으로 발달하고 있는지를 판단한다.

다섯째, 진단기준은 부적응이다. 개인이 얼마나 적응적이냐 혹은 효율적인 행동을 하느냐를 기준으로 삼는 이 입장에서는 한 개인이 자신이 속한 사회 속에서 맡은 역할과 책임을 다하고 대인관계를 원만히 수행하는 등 생활인으로서 효율적인 기능을 하지 못할 경우 이를 부적응 행동으로 본다.

2. 청소년기의 주요 심리적 부적응

청소년기에 있어서 정서가 급변하는 것은 내분비선이나 신체적 구조의 변화 그리고 사회적 요인의 변화 등에 기인한다고 할 수 있다.

청소년기에 있어서 정서가 급변하는 것은 내분비선이나 신체적 구조의 변화 그리고 사회적 요인의 변화 등에 기인한다고 할 수 있다. 즉, 내분비선의 발달과 함께 호르몬의 급격한 증가는 그들에게 아주 민감하고 감상적이면서도 통제 불능 상태의 성적 감정을 불러일으킨다. 그리고 이차 성

징의 출현과 신체적 급성장은 그들의 신체적 자아에 대하여 불안감과 긴장감, 나아가 정서적 불안정을 심화시키며, 그리고 사회적 가치의 변화와 자아의식의 발달은 기성세대와 기존사회에 대한 반발심과 욕구불만을 증가시키는 등의 정서적 변화를 불러일으킨다(한상철 외, 2004).

이 장에서는 DSM-5(Diagnostic and Statistical Manual of Mental Disorders, APA)에 따라 청소년기에 나타나기 쉬운 대표적인 심리적 부적응들을 살펴보고자 한다.

1) 불안장애(Anxiety Disorder)

(1) 불안장애 정의 및 특징

청소년기의 불안장애를 정의 내리기 전에 발달과정상의 공포, 두려움과 불안장애를 구별할 수 있어야 한다. 불안은 개인이 친숙하지 않은 환경에 적응하고자 할 때 나타나는 가장 기본적인 반응양식으로 두려움, 긴장감과 같은 정서적 반응과 빠른 심장박동, 발한, 혈압상승 등과 같은 신체적 반응을 동반한다. 불안은 일반사람이 흔하게 경험하는 반응이고 개인으로 하여금 위험한 자극을 피하게 하거나 문제를 해결하게 하는 등의 긍정적인 기능을 갖기도 한다. 또한 인지적 성숙과 경험의 양 등에 따라 불안을 느끼는 대상이 점차 달라지기 때문에 한 개인의 불안장애를 다룰 때는 발달시기에 대한 고려가 필요하다.

불안은 개인이 친숙하지 않은 환경에 적응하고자 할 때 나타나는 가장 기본적인 반응양식으로 두려움, 긴장감과 같은 정서적 반응과 빠른 심장박동, 발한, 혈압상승 등과 같은 신체적 반응을 동반한다.

출생부터 청소년기까지 개인이 경험하는 정상적인 공포나 두려움의 발달과정을 정리해 보면 다음과 같다. 먼저 출생 시는 갑작스러운 소리나 빠르게 움직이는 물체와 같이 기대치 않은 사건이 공포나 두려움의 대상이다. 6개월경에는 낯선 사람이나 상황, 익숙한 어른이나 형제와의 분리로 두려움을 느끼게 된다. 2세경에는 개와 같은 동물이나 혼자 있는 것, 특히 어두운 곳에 혼자 있는 것에 두려움을 느낀다. 5세경에는 귀신이나 괴물과 같은 상상의 존재 또는 거친 동물들에 공포를 느낀다. 7세경에는 사랑하는 사람의 죽음, 사고, 자연재해, 전쟁, 학교나 집에서의 벌 등에 두려움을 느끼게 되고, 청소년기에는 또래의 부정적 평가나 사회적 거부, 학교나 그 외 상황에서의 당황스러움이나 실패경험이 두려움의 대상이다(한국청소년개발원, 2006; Dumas & Nilsen, 2005).

(2) 불안장애 진단기준

발달과정상 정상적인 대상에 대해 일시적으로 불안을 느끼는 것이 아니라 불안의 자극이 사라진 경우에도 극심한 불안이 계속되거나, 일반적으로 불안이 유발되지 않을 상황에서도 불안이 고조되거나 혹은 불안으로 인해 일상생활에 심한 지장을 받는 경우에는 심리적 부적응으로 분류된다. 불안장애는 걱정, 혼란스러운 생각 등의 부적응적인 양상이 내면으로 나타나기 때문에 내재화 장애라고도 하는데, 이는 부적응적인 행동이 겉으로 나타나는 외현화 장애와 구별되는 말이다.

> 불안장애는 걱정, 혼란스러운 생각 등의 부적응적인 양상이 내면으로 나타나기 때문에 내재화 장애라고도 하는데, 이는 부적응적인 행동이 겉으로 나타나는 외현화 장애와 구별되는 말이다.

아동 및 청소년 시기에 나타나는 대표적인 불안장애는 몇 가지의 하위유형으로 나눌 수 있다. 애착 되어 있는 대상으로부터의 분리에 극심한 스트레스를 느끼거나 분리되어야 하는 상황을 피하는 특징을 보이는 분리불안장애, 갑작스럽고 반복적인 극심한 불안 발작을 경험하는 것을 일컫는 공황장애로 나타난다. 그리고 즉각적으로 피하기 어려운 장소나 상황에 처하는 것에 대해 두려움을 보이는 광장공포증, 분리나 낯선 사람 외의 특정 대상이나 상황에 대해 두려움을 느끼거나 회피하는 특정공포증, 반복적으로 떠오르는 비합리적인 생각 또는 충동을 느끼고 반복적이고 비합리적인 행동을 계속하는 특징을 보인다.

또 강박-충동장애, 여러 가지 대상이나 상황 혹은 활동에 대해 빈번하고 극심한 불안 또는 걱정을 나타내는 일반화된 불안장애, 강간, 강도, 지진, 교통사고 등 커다란 사건의 경험 후 그 사건을 지속적으로 재경험하고 사건과 관련된 자극들을 피하고, 증가된 각성상태가 지속되는 특징을 보이는 외상 후 스트레스 장애 등이 그것이다. DSM-5에서는 각 하위유형에 따라 다른 진단기준을 제시하고 있다.

(3) 불안장애 현황

불안장애의 하위유형 중 일반화된 불안장애는 청소년들의 불안장애 가운데 가장 흔한 장애로 추정된다(정명숙 외, 2000; Wicks-Nelson & Israel, 2003). 불안장애는 2~10% 정도의 어린이와 청소년들에게 영향을 미치지만 불안장애로 진단되는 정도는 연령과 진단을 위한 평가방법 등에 따라 차이를 보인다. 치료를 위해 병원을 찾는 범불안장애의 개인들 가운데 반수 이상은 소아기 또는 청소년 때 발병하였음을 보고하지만 20세 이후의 발병도 드물지는 않다(한국청소년개발원, 2006). 그러나 환자의 1/3 정도만이 정신과 의사를 찾으며 대부분 신체증상 치료를 위해 일반의, 심장내과 또는 흉부외과를 찾는 것으로 추정된다(민성길, 1999).

불안장애는 남아들보다 여아들에게 2배 정도 더 자주 발생하는 것으로 보고되고 있다. 이런 성차는 아동 초기부터 나타나 청소년기에도 비슷한 양상을 보이지만, 불안장애의 모든 하위영역에서 여아들의 비율이 높게 나타나는 것은 아니다. 또한 연구결과에 따르면 아동 및 청소년기 불안장애의 발병률은 사회적 지위나 인종에 따라 거의 차이가 없으며 차이가 있다 하더라도 구체적인 장애에 국한되어 나타나고 있다(Dumas & Nilsen, 2005).

(4) 불안장애 관련요인

불안과 관련된 요인을 생물학적 관점, 정신분석학적 관점, 행동주의적 관점에서 살펴보면 다음과 같다. 첫째, 생물학적 관점에서 살펴보면, 일부 연구들에서 불안장애의 가계적 영향력 및 유전성을 보여주었다. 불안장애 자녀를 둔 가정의 부모들 역시 불안장애를 가지고 있는 경우가 많은 것으로 나타났다(한국청소년개발원, 2006; Last, Hersen, Kazdin, Orvaschel, & Perrin, 1991). 또한 쌍생아들을 대상으로 한 연구에서는 이란성 쌍생아에 비해 일란성 쌍생아들이 불안장애에 대한 더 높은 일치율을 나타냈다(Kendler et al., 1992). 이러한 일치율은 남아보다 여아에게서 더 높았다(Eaves, Heath, & Martin, 1997).

불안장애를 가진 집단은 정상인과 비교하여 불안자극에 대한 생물학적 취약성이 큰 것으로 보이는데, 즉 불안한 사람들은 정상적인 집단에 비해 스트레스에 더 큰 생리적 각성을 보이고 스트레스에 쉽게 대처하지 못하고 스트레스에 신속하게 습관화되지 못하는 것으로 보고되었다(정명숙 외, 2000; Thomas, Chess, Birch, Herzig, & Korn, 1963). 또한 불안장애의 한 유형인 강박장애의 경우, 강박적 증상과 다른 신경학적 장애 간에 관련이 있는 것으로 나타났다. 즉, 두뇌장애는 뇌피질 아래쪽에 있는 기저핵에 공통적인 문제가 있는 것으로 나타났다(Swedo, Rapoport, Cheslow, Leonard, Ayoub, Hosier, & Wald, 1989).

불안한 사람들은 정상적인 집단에 비해 스트레스에 더 큰 생리적 각성을 보이고 스트레스에 쉽게 대처하지 못하고 스트레스에 신속하게 습관화되지 못하는 것으로 보고되었다.

둘째, 정신분석학적 관점에서는 불안이 개인의 심리 내적인 사건과 무의식적 욕구 때문에 기인한다고 본다. 이에 따르면 사회적으로 용납될 수 없는 원초아의 충동이나 욕구에 대해 자아가 통제하거나 억압하지 못하면 불안을 경험하는 것이다. 또한 개인이 느끼는 공포 상황이나 대상은 상징적인 중요성을 지니는데, 이러한 상황이나 대상은 개인이 두려워하는 다른 어떤 것이거나 혹은 자각하지 못하는 것에 대한 대치물일 가능성이 크다. 즉, 아동기로부터 넘어온 해결되지 못한 무의식적 심리적 갈등이 잔존함으로써 불안과 공포로 느끼는 것이다.

셋째, 행동주의적 관점에서는 불안이란 한 개인이 부정적인 조건이나 결과와 함께 경험했던 과거의 어떤 자극에 대해 갖게 되는 조건화된 반응이라고 본다. 즉, 불안이란 과거의 경험 중 학습되거나 획득되는 것이기 때문에 조건형성, 강화, 소거와 같은 학습원리를 토대로 이해될 수 있다고 본다. 개에 물려 고생했던 경험이 있는 사람은 동물에 대해 불안을 느끼게 되는 것이다. 따라서 행동주의적 관점에서는 불안이 생긴 과정을 역으로 이용해서 불안을 없애야 함을 강조하여 노출치료, 모델링 등의 치료방법을 사용한다.

행동주의적 관점에서는 불안이 생긴 과정을 역으로 이용해서 불안을 없애야 함을 강조하여 노출치료, 모델링 등의 치료방법을 사용한다.

2) 우울장애(Depressive Disorder)

(1) 우울장애 정의 및 특징

우울증은 청소년기에 특히 두드러지게 나타나는 대표적인 정신건강 문제이다. 많은 사람들이 일상생활에서 우울한 기분을 경험하지만, 그들 중 우울증의 진단을 받는 사람은 일부에 지나지 않는다. DSM-5에서는 우울증을 기분장애의 하위유형으로 분류하고 아동과 청소년의 기분장애를 진단하는 데 사용하는 별도의 범주는 두지 않는다(정명숙 외, 2000).

(2) 우울장애 진단기준

우울증은 다시 주요 우울증, 기분부전장애, 양극성 장애, 순환성 장애의 하위유형으로 구분한다(장성화 · 성경주, 2020). 주요 우울증은 DSM-5에서 우울증을 정의하는 기본적인 범주이다. 이 장애를 가진 사람은 하나 또는 그 이상의 주요 우울증 에피소드가 나타나고 그 증상은 아동, 청소년, 성인에게 모두 동일하다. 다만 아동과 청소년의 경우 우울한 기분 대신 과민성 증상이 나타날 수 있다(정명숙 외, 2000). DSM-5에 제시된 주요 우울증 에피소드 중 세 가지 이상이 2주 이상 지속되면 주요 우울증으로 구분한다.

Q. 우울장애란?

본 조사에서는 주요우울장애와 기분부전장애를 포함하는 진단군을 우울장애라고 구분함

- 주요우울장애: 2주 이상 거의 매일 우울한 기분을 느끼거나 흥미를 잃고, 일상기능의 저하를 보이는 장애
- 기분부전장애: 적어도 2년 동안 대부분의 날 우울한 기분을 느끼고, 식욕부진, 과다수면, 피로 등의 증상을 보이는 장애

여자가 1.7배 더 높음

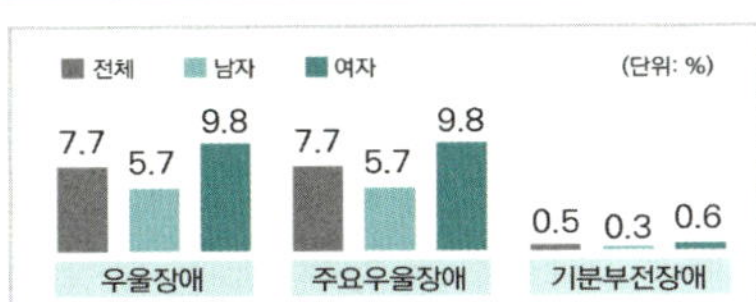

[평생유병률 – 성별]

주) 평생유병률: 평생 동안 해당 정신장애를 경험한 비율.
출처: 보건복지부 국립정신건강센터(2022). 2021년 정신건강실태조사 보고서.

기분부전장애는 주요 우울증 에피소드의 여러 증상이 덜 심각하지만 더 오래, 더 만성적으로 지속되는 경우를 말한다. 우울한 기분과 표 5-1에 제시된 증상 중 두 가지 이상이 1년 이상 함께 나타나면 기분부전장애로 구분한다.

표 5-1 우울장애의 진단기준

구분	증상	진단기준
주요 우울증	① 우울한 또는 과민한 기분 ② 흥미나 즐거움의 상실 ③ 체중이나 식욕의 변화 ④ 수면장애 ⑤ 운동성 흥분 또는 지체 ⑥ 피로감 또는 활력상실 ⑦ 무가치한 느낌 또는 죄책감 ⑧ 생각하거나 정신을 집중하거나 결정을 내리기 어려움 ⑨ 죽음에 대한 생각 또는 자살생각/행동	세 가지 이상의 증상이 2주 이상 지속됨
기분부전장애	① 식욕부진 또는 과식 ② 수면장애 ③ 활력부족 또는 피로감 ④ 절망감 ⑤ 자아존중감 또는 의사결정의 어려움	우울한 기분과 함께 두 가지 이상의 증상이 1년 이상 지속됨
조증 에피소드	① 계속해서 의기양양하거나 과대망상을 하거나 과민한 기분 ② 자아존중감의 확장 ③ 수면의 필요성 감소 ④ 평상시보다 말이 많아짐 ⑤ 사고가 질주하는 느낌 ⑥ 산만함 ⑦ 목표지향적 행동의 증가 또는 정신운동성 흥분 ⑧ 즐거움을 주는 활동이 지나쳐서 부정적인 결과를 가져옴	①번 증상과 함께 다른 증상이 3개 이상 나타남

이 외에 양극성 장애나 순환성 장애는 우울증상뿐 아니라 조증이 함께 나타나는 경우를 말한다. 조증 에피소드의 기분에 부합되기 위해서는 표 5-1의 증상 중 조증(증상 1)의 세 가지 이상이 함께 나타나야 한다. 우울증

에 비해 아동과 청소년들에게 나타나는 양극성이나 순환성 장애에 대해서는 별로 알려진 바가 없다(Nottelmann & Jensen, 1995a).

(3) 우울장애 현황

우울장애의 발병은 빠르면 아동기부터 시작되지만 14세경까지는 그리 높지 않다가 청소년 후기나 성인 초기부터 증가하는 것으로 알려져 있다(Petterson, Saringiahi, & Kennedy, 1991). 청소년 초기 동안에는 우울증이 여러 가지 면에서 아동기과 비슷하게 표출되지만 시간이 지나면서 사회적, 인지적 측면의 발달로 인해 청소년 후기의 우울증은 성인 우울증 증상에 더 가깝게 표출된다. 또한 청소년기 후반에는 우울증의 유병률이 크게 증가하여 성인수준에 이르게 된다(정명숙 외, 2000).

청소년 초기 동안에는 우울증이 여러 가지 면에서 아동기과 비슷하게 표출되지만 시간이 지나면서 사회적, 인지적 측면의 발달로 인해 청소년 후기의 우울증은 성인 우울증 증상에 더 가깝게 표출된다.

미국에서 우울장애 발병률을 보면 소아의 경우 약 4%, 청소년은 약 8%가 우울증으로 고통받고 있는 것으로 추정되고 있다(한국청소년개발원, 2006; Kashani et al., 1987). 우리나라 청소년에 대한 전국적 역학조사에 따르면 15~24세 청소년기 집단에서의 경증 이상 우울증 발생률은 21%이고 이 중 중증 이상의 우울증세는 14%인 것으로 나타났다(한국청소년개발원, 2006). 그러나 최근 중고등학생들의 정신건강상태 조사자료에 의하면 청소년들의 우울증세가 심각한 수준에 이르는 것으로 나타났다.

연구마다 다소의 차이는 있으나 남학생의 18~35%, 여학생의 20~48%가 우울증상을 보이고 있으며 그 절반 정도는 치료가 필요한 만큼 심각한 수위에 있는 것으로 보고되었다(조성진 외, 2001). 그 이후의 남녀 고등학생을 대상으로 한 논문(김영란, 2004)에서는 더욱 높은 비율이 나타났는데, 조사대상의 69.7%가 우울증세를 갖고 있으며, 증상별로는 경증이 30.8%인 반면 전문가와 상담을 하거나 치료를 받아야 하는 중증 이상도 38.9%에 달하는 것으로 나타났다. 우울증은 다른 심리적 장애에 비해 성별에 따른 차이가 비교적 뚜렷한 장애로 알려져 있다. DSM-5에서는 평생 유병률이 여자가 남자보다 두 배 정도 높다고 보고한다. 이러한 양상은 청소년기에도 예외가 아니어서 대략 14~15세부터 성차가 시작되어 지속되는 경향을 보인다(임영식 외, 2003).

(4) 우울장애 관련요인

청소년들의 우울증과 관련된 요인들을 살펴보면 다음과 같다.

첫째, 생물학적 요인은 우울증에 대한 생물학적 영향력을 강조하는 입장으로 유전적 요소와 생화학적 영향에 초점을 맞춘다. 예를 들어, 가까운 친척이 주요 우울증을 가진 경우 개인의 위험성도 커진다. 또한 일란성 쌍생아 사이에 주요 우울장애가 나타난 비율은 친척 간의 관계보다 훨씬 높다(김은정 외, 2000).

청소년기 우울증에 대한 생화학적 요인에 대한 연구에서는 특히 노르에피네프린, 세로토닌, 아세틸콜린과 같은 신경전달물질의 역할을 강조한다. 예를 들어, Dahl(1991)은 우울한 아동과 청소년은 부신피질에서 생성되는 스테로이드 호르몬의 일종인 코르티솔(cortisol)의 분비가 정상적인 청소년에 비해 적다고 보고한다(한국청소년개발원, 2006).

둘째, 분리와 상실이다. 청소년기의 우울증에는 다양한 사회적, 심리적 요인들이 영향을 미칠 수 있는데, 이 중 가까운 주위사람과의 분리와 상실은 중요한 요소가 될 수 있다. 상실은 부모의 사망이나 이혼과 같이 실제적인 것일 수도 있고 이루려는 목표의 상실과 같은 상징적인 것일 수도 있다. 실제로 우울증을 포함한 다양한 심리적 문제를 보이는 아동이나 청소년들은 어린 시절 부모를 상실하거나 부모로부터 분리된 경우가 많은 것으로 보고되고 있다(Seligman, 1974). 분리와 상실의 경험이 청소년들에게 우울증을 유발하는 것에 대해 정신분석적 입장에서는 대상상실의 경험으로부터 청소년들의 자아존중감이 상실되고 이러한 절망감이 내부로 돌려지는 것이 우울이라고 본다. 이에 반해 행동주의적 입장에서는 분리와 상실이 긍정적 강화의 단절과 연결된다고 본다. 즉, 사랑하는 사람의 상실이나 그로부터의 분리는 청소년들에게 긍정적 강화의 원천이 감소되는 결과를 가져오기 때문에 우울증으로 연결되는 것이다.

실제로 우울증을 포함한 다양한 심리적 문제를 보이는 아동이나 청소년들은 어린 시절 부모를 상실하거나 부모로부터 분리된 경우가 많은 것으로 보고되고 있다.

셋째, 우울증에 대한 비합리적 사고의 영향력을 강조하는 입장이다. 인지적 혹은 인지-행동적 관점에서는 성인과 마찬가지로 청소년기의 우울증은 그들이 갖고 있는 비합리적 사고와 관련되어 있다고 본다. 즉, 우울한 청소년들이 갖고 있는 부정적인 대인관계 기술, 인지적 왜곡, 자기에 대한 관점, 통제에 대한 신념, 자기조절 등이 우울증의 원인이 된다고 본다. 실제로 우울한 아동이나 청소년들은 자신의 사회적 기술에 문제가 있고 남들이 자신을 별로 좋아하지 않는다고 지각하는 경우가 많다(Schwarz, Gladstone, & Kaslow, 1998). '학습된 무기력감'이라는 개념을 통해 우울증을 학습된 좌절감으로 설명한 Seligman(1986)은 자신이 환경에 대한 통제권을 전혀 갖고 있지 않다는 것을 지각하고 이를 반복적으로 학습함으로써 우울증과 유사한 무기력감을 경험하게 된다고 주장한다(한국청소년개발원, 2006). 우울증에 대한 비합리적 사고의 또 다른 측면은 귀인양식을 통해 설명될 수 있다. 우울한 사람들은 부정적 사건(예: 시험의 실패)의 경우 책임을 자신에게 돌리고(내부귀인), 사건의 원인을 시간에 따라 변하지 않는 안정적인 것으로 보고(안정귀인), 여러 상황으로 일반화될 수 있다고 본다(일반화귀인). 반면 긍정적인 사건(예: 시험의 성공)에 대해서는 책임을 외부로 돌리고(외부귀인), 원인이 시간에 따라 변하는 불안정한 것으로 보고(불안정한 귀인), 이런 결과가 특정한 상황에만 나타나는 것으로 본다(특수귀인).

우울한 청소년들이 갖고 있는 부정적인 대인관계 기술, 인지적 왜곡, 자기에 대한 관점, 통제에 대한 신념, 자기조절 등이 우울증의 원인이 된다고 본다.

넷째, 우울에 대한 스트레스, 사회적 압력의 영향력이다. 다양한 사회적 스트레스와 압력 또한 청소년들의 우울증 원인으로 지적될 수 있다. 청소년기 우울은 많은 경우 사회심리적 요인, 즉 가족 및 교우관계, 학교생활 만족도, 불안정한 학업성적 등이 선행요인으로 작용하는 것으로 보인다. 전영주 등(2000)은 청소년의 우울 및 자살생각에 대한 경로분석 연구에서 남자 청소년은 학교적응, 부적응 양육경험, 생활사건 누적이, 여자 청소년은 생활사건 누적, 학교적응, 부모-자녀 의사소통이 유의미하게 우울을 예측한다고 보고하였다.

특히 최근 우리 사회의 청소년들은 과도한 입시경쟁으로 인해 학업성적에 집착하게 되고 이를 통해 많은 좌절과 실패감을 경험하게 된다. 이를 뒷받침하는 연구로 학업성적과 청소년의 우울 간에는 정적인 관계가 나타

최근 우리 사회의 청소년들은 과도한 입시경쟁으로 인해 학업성적에 집착하게 되고 이를 통해 많은 좌절과 실패감을 경험하게 된다.

나, 학업성적에 대한 불만족이 클수록 우울증상의 위험이 높은 것으로 나타났다(조성진 외, 2001). 또한 청소년들은 친구들과의 활동이나 시간 소비가 증가하며, 주변 친구들의 생각이나 행동이 자신의 사고와 의사결정에 중요한 역할을 하게 되므로 친구에게 따돌림이나 무시를 당하거나, 자기를 이해해 주는 친구가 없을 때 매우 슬픈 감정이나 우울감에 빠지기 쉽다.

다섯째, 가족, 특히 부모의 우울이 청소년 우울에 미치는 영향력이다. 우울한 부모와 생활하는 자녀는 건강한 부모와 같이 지내는 자녀에 비해 인지적인 문제와 학교 문제, 친구 문제뿐만 아니라 높은 비율의 우울장애를 보이는 것으로 나타나고 있다. 이를 사회 학습적인 과정으로 설명하면 부모의 우울로 인하여 부모자녀 관계가 정상적인 기능을 수행하지 못하여 자녀에게 정서적으로 무관심하게 대하고 가족구성원 간의 심각한 갈등이 있고 응집력이 낮고 서로에 대한 의사표현이 제대로 이루어지지 않는 가족구성원 간 청소년들은 부모가 보여주는 인색하고 비애정적인 보상과 처벌모형을 자신의 모형으로 받아들여 우울을 경험할 가능성이 높다고 할 수 있다.

한편 생물학적인 성숙으로 인해 변화된 자기 신체에 대한 이미지와 주변 타인의 자신에 대한 평가에 민감한 청소년기에는 자기신체에 대해 불만족을 느끼는 청소년일수록 그렇지 않은 청소년에 비해 더 우울하며 자존심이 낮은 청소년일수록 우울을 경험할 가능성이 높다.

3) 반항장애, 품행장애

반항장애와 품행장애는 아동기와 청소년기, 혹은 유아기부터 나타나는 행동장애를 말하며 이 장애를 가진 아동과 청소년들은 상당한 정도로 주변 사람들을 괴롭히고, 못살게 굴고, 공격하고 희생시킨다.

(1) 반항장애, 품행장애 정의 및 특징

반항장애와 품행장애는 아동기와 청소년기, 혹은 유아기부터 나타나는 행동장애를 말하며 이 장애를 가진 아동과 청소년들은 상당한 정도로 주변사람들을 괴롭히고, 못살게 굴고, 공격하고 희생시킨다. 일반적으로 발달과정상 많은 청소년은 논쟁하고, 불복종하고, 화내고, 싸우고, 거짓말하고, 언어적 · 신체적으로 공격하는 행동을 한다. 비록 이러한 행동이 사회적 제재를 받고 대부분의 상황에서 수용될 수 없지만 그 자체가 심각한 심리적 장애로 구분되지는 않는다. 이와 달리 반항장애와 품행장애는 극심한 정도의 파괴적 행동을 하는 경우를 말하고 반복적인 절도, 공격, 강간 등과 같이 대부분의 청소년에게서는 극히 드물게 나타나는 반사회적 행동을 반복하는 경우를 말한다. 반항장애와 품행장애 간에는 상당한 공통점이 있지만, 품행장애는 반항장애에 비해 더욱 자주 심각한 발달적, 법적 결과를 가져온다.

(2) 반항장애, 품행장애의 진단기준

먼저 반항장애를 살펴보면 다음과 같다. **표 5-2**에는 DSM-5에서 제시하는 반항장애의 진단기준이 요약되어 있다. 반항장애로 진단하기 위해서는 제시된 행동 중 최소한 4개 이상의 부정적이고 적대적인 행동을 6개월 이상 하는 경우여야 한다.

표 5-2 적대적 반항장애의 진단기준

분노/짜증 내는 기분	1. 자주 버럭 화를 낸다. 2. 자주 어른과 논쟁한다. 3. 자주 적극적으로 어른의 요구나 규칙을 무시하거나 거절한다.
논쟁적/반항적 행동	4. 자주 고의적으로 타인을 귀찮게 한다. 5. 자주 자신의 실수나 잘못된 행동을 남의 탓으로 한다. 6. 자주 타인에 의해 기분이 상하거나 쉽게 신경질을 낸다. 7. 자주 화내고 원망한다.
악의적인 복수심	8. 자주 악의에 차거나 앙심을 품고 있다.

다음 품행장애를 살펴보면 표 5-3에는 DSM-5에 제시된 품행장애 증후의 목록이 요약되어 있다. 품행장애는 지난 12개월 동안 이런 행동이 3개 이상 나타나고 지난 6개월 동안 최소한 한 가지가 나타난 경우를 말한다.

표 5-3 품행장애의 진단기준

★ 사람과 동물에 대한 공격성
1. 자주 다른 사람을 괴롭히거나 위협하거나 협박한다.
2. 자주 육체적인 싸움을 도발한다.
3. 다른 사람에게 심각한 신체적 손상을 일으킬 수 있는 무기를 사용한다(곤봉, 벽돌, 깨진 병, 칼 또는 총 등).
4. 사람에게 신체적으로 잔혹하게 대한다.
5. 동물에게 신체적으로 잔혹하게 대한다.
6. 피해자와 대면한 상태에서 도둑질을 한다(노상강도, 날치기, 강탈, 무장강도 등).
7. 다른 사람에게 성적 행위를 강요한다.

★ 재산의 파괴
1. 심각한 손상을 입히려는 의도로 일부러 불을 지른다.
2. 다른 사람의 재산을 일부러 파괴한다(방화는 제외).
3. 다른 사람들의 집, 건물, 차를 파괴한다.

★ 사기 또는 도둑질
1. 물건이나 호감을 얻기 위해 또는 의무를 회피하기 위해 거짓말을 자주 한다.
2. 피해자와 대면하지 않은 상황에서 귀중품을 훔친다(파괴와 침입이 없는 도둑질, 문서위조 등).

★ 심각한 규칙 위반
1. 13세 이전에 부모의 금지에도 불구하고 밤늦게까지 집에 들어가지 않는다.
2. 친부모 또는 양부모와 같이 사는 동안 적어도 두 번 가출한다(또는 오랫동안 돌아오지 않는 한 번의 가출).
3. 13세 이전에 무단결석을 시작한다.

(3) 반항장애, 품행장애, 비행의 비교

먼저 반항장애와 품행장애를 비교해 보면 다음과 같다.

일반적으로 반항장애는 품행장애에 비해 2~3년 정도 먼저 시작되는데, 두 질병 모두 일찍 발병되는 경우(예를 들어, 아동기 초기)에는 안정성을 띠면서 예상되는 진행과정을 거쳐 치료적 접근을 어렵게 한다. 반항장애와 품행장애는 반항, 공격성 등과 같은 유사한 행동특성을 지니지만, 품행장애에서 보이는 잔혹한 행동이나 범죄행동 등이 반항장애에는 잘 나타나지 않는다. 몇몇 연구에서는 반항장애가 품행장애와 분리되는 질병이라는 실증적 증거들을 제시하기도 하지만(한국청소년개발원, 2006; Loeber, Green, Lahey, Frick, & McBurnett, 2000), 이와 달리 일부에서는 두 질병은 실제로 분리되기보다는 반항장애가 품행장애의 초기적 발현이라는 주장을 제기하기도 한다.

반항장애, 품행장애와 비행을 비교하면 비행은 일반적으로 청소년기 동안 시작되고 끝나는 일련의 반사회적 행동에 붙여지는 “법적” 개념이다. 청소년이 불법적 행동을 해서 체포되거나 구속될 때 이들은 공적으로 비행아가 된다. 결국 비행 여부는 특정사회나 제도가 규정짓는 현행법이 무엇이며, 경찰이나 다른 관련자들이 그 법을 어느 정도 철저히 준수하느냐에 따라 달라진다. 또한, 비행은 불법행동만을 지칭하는 것이지, 거짓말이나 커닝과 같은 사회적으로 부적절한 행동을 지칭하지는 않는다. 결국 이 용어는 일회의 사소한 규칙을 어긴 사람(파티에서 술 마시기)으로부터 장기적인 체포경험이 있고 심각하고 폭력적인 범죄를 저지른 사람에게까지 모두 적용된다. 반면 반항장애와 품행장애는 법적 상태와 상관없이 아동이나 청소년들의 파괴적이고 반사회적 행동을 지칭하기 위한 “임상적” 개념이다. 반항장애나 품행장애로 진단되는 아동이나 청소년들은 비행청소년에 비해 자신과 타인에게 더욱 해로운 결과를 주는 만연된 파괴적 행동을 하고 이러한 행동은 더욱 심각한 반복성과 지속성을 지닌다(한국청소년개발원, 2006; Dumas & Nilsen, 2005). 이런 이유로 품행장애로 진단될 수 있는 대부분의 청소년은 기존의 청소년법적 체계에서 비행자로 분류될 수 있지만, 비행을 범하는 모든 청소년이 행동장애로 진단되지는 않는다.

반항장애나 품행장애로 진단되는 아동이나 청소년들은 비행청소년에 비해 자신과 타인에게 더욱 해로운 결과를 주는 만연된 파괴적 행동을 하고 이러한 행동은 더욱 심각한 반복성과 지속성을 지닌다.

(4) 반항장애, 품행장애 현황

반항장애의 발병률은 각기 다른 연구들마다 상당히 다르게 보고된다. 5개의 역학적 연구에 대한 검토에서 Rey(1993)는 평균발병률이 평균적으로 6%라고 밝혔다. 반항장애의 평균 발병연령은 7세경이라고 보고되는데(Lahey, Loeber, Frick, & Grimm, 1992), 몇몇 연구들에서는 질병이 연령의 증가에 따라 증가한다고 밝히고 있으며(Pelham, Gangy, Greenslade, & Milich, 1992) 또 다른 연구들에서는 감소한다고 주장한다(한국청소년개발원, 2006). 일반적으로 반항장애는 여자아이들보다 남자아이들에게서 더 일찍 나타나 12세경까지 소년들의 발병률이 높다가 청소년기에 이르면 성별 간의 차이가 거의 없어지거나 오히려 여자 청소년들에게서 더 자주 나타나기도 한다(Rey & Plapp, 1990).

Zocolilio가 여러 나라의 품행장애를 조사한 결과, 이 장애의 발병비율은 아동기 때는 남자에게서 2~8%, 여자에게서 0~2% 정도이고, 청소년기 때는 남자에게서 3~10%, 여자에게서 1~7% 정도라고 한다. 반항장애와 마찬가지로 아동기 때는 남자아이들이 여자아이들에 비해 품행장애의 비율이 더 많은데, 이러한 차이는 청소년기가 되면서 줄어드는 것으로 나타난다(한국청소년개발원, 2006).

(5) 반항장애, 품행장애 관련요인

반항장애나 품행장애의 관련요인들은 생물학적, 가정 관점의 다른 심리적 부적응 간의 관계로 구분된다.

첫째, 생물학적 요인을 살펴보면 다음과 같다. 쌍생아 연구에서는 반항장애나 품행장애에 대한 유전적 요인의 관련성을 제기한다(Rutter, Macdonald, Le Couteur, Harrington, Bolton, & Bailey, 1990). 그러나 이러한 관련성은 아동기나 청소년기 초기에는 비교적 뚜렷하게 나타나지만, 청소년기 후기나 성인기에는 관련성이 떨어지는 것으로 보고된다(한국청소년개발원, 2006).

반항장애와 품행장애의 생물학적 요인을 강조하면서 Quay(1993)는 인간의 세 가지 신경생물학적 시스템(행동활성체계, 행동억제체계, 일반각성체계) 중 장애를 가진 개인들은 활성체계와 억제체계에 문제가 있다고 지적한다. 즉, 심각한 품행장애 청소년들은 행동활성체계가 과도하게 기능하고 행동억제체계가 미흡하게 기능함으로써 끊임없이 강한 자극을 추구하고 극심한 자극에 대해서도 욕구충족을 하기 어려운 것이다. 이와 함께 이들은 몇 가지 신경화학 전달물질(예: 낮은 세로토닌 활성화 등)이나 호르몬 분비에서도 일반 청소년들과 다른 것으로 보고되고 있다(한국청소년개발원, 2006; Dumas & Nilsen, 2005).

반항장애와 품행장애의 생물학적 요인을 강조하면서 Quay는 인간의 세 가지 신경생물학적 시스템 중 장애를 가진 개인들은 활성체계와 억제체계에 문제가 있다고 지적한다.

둘째, 반항장애 · 품행장애의 가정 관련 요인을 살펴보면 다음과 같다.

반항장애나 품행장애의 초기 시작은 가정에서 발현되기 때문에 연구자들은 이에 대한 가정요인을 밝히는 데 많은 노력을 기울여 왔다. 가장 자주 초점이 맞춰진 것은 어머니-자녀 관계이지만, 이와 함께 아버지-자녀 관계와 형제자매 관계의 중요성 또한 최근 강조되고 있다.

반항장애와 품행장애 아동 및 청소년들의 가정에서 공통적으로 밝혀지는 특징은 다음과 같이 요약될 수 있다(한국청소년개발원, 2006; Dumas & Nilsen, 2005).

- 부모로서의 책임감이 부족하고, 자녀 출생 후 첫 1개월 동안 부모와 불안정하고 비구조화된 애착을 형성함
- 가족구성원들이 서로에게 강도 높은 비난을 하는 반면 좋은 활동이나 애정표현을 적게 함
- 부모가 훈육할 때 가혹하고 비일관적이며 자녀의 행동에 따라서보다는 자신의 감정에 따라 함
- 자녀가 적절한 사회적, 정서적 기술을 익힐 수 있는 기회를 제한하거나 권장하지 않음

셋째, 다른 심리적 부적응과의 관계에서 요인을 찾는 것이다. 반항장애와 품행장애는 몇 개의 심리적 부적응과 동시에 발병하는 경우가 많은데, 이 중 대표적인 것은 과잉행동장애(ADHD) 증상과의 동시발병이다(Hinshaw, Lathey, & Hart, 1993). 예를 들어, 캐나다에서 광범위하게 이루어진 역학조사에 의하면, 반항장애나 품행장애로 진단된 아동의 55~60%와 청소년의 30~37%가량이 과잉행동장애의 진단도 함께 받았다고 한다(한국청소년개발원, 2006; Dumas & Nilsen, 2005). 반항장애와 과잉행동장애로 함께 진단된 아동은 반항장애로만 진단된 아동에 비해 평균 3년 반 정도 빠른 시기에 품행장애로 발전했고(Loeber, Green, Keenan, & Lathy, 1995), 청소년기나 성인기 때 반사회적이고 폭력적인 행동에 개입하는 비율이 훨씬 높았다(Moffitt, 1993).

반항장애와 품행장애는 또한 우울증과도 자주 연결되어 나타난다. 이는 여자 아동 · 청소년에게 뿐만 아니라 남자 아동 · 청소년에게서도 마찬가지이다. 이런 이유로 품행장애는 청소년들의 자살에 대한 중요한 위험요소로 지적된다. 자살을 시도한 청소년 67명과 다른 이유로 사망한 통제집단을 비교한 연구에서(Brent et al., 1993) 통제집단에 비해 자살을 시도한 집단에는 품행장애 청소년이 6배 이상 많은 것으로 나타났다(한국청소년개발원, 2006 재인용). 또한 품행장애와 불안장애와의 관련성도 비교적 높게 나타나 품행장애를 가진 아동이나 청소년들은 일반집단에 비해 정서나 불안장애가 3~4배 이상 더 많은 것으로 나타났다(한국청소년개발원, 2006; Zoccolillo, 1992). Lahey와 McBurnett(1992)의 연구에서도 품행장애와 불안장애를 함께 가진 남아들은 아동기 때는 두드러지지 않다가 청소년기가 되면서 품행장애만을 가진 또래에 비해 공격성이 더 높아지는 것으로 나타났다(한국청소년개발원, 2006; Dumas & Nilsen, 2005).

품행장애와 불안장애와의 관련성도 비교적 높게 나타나 품행장애를 가진 아동이나 청소년들은 일반집단에 비해 정서나 불안장애가 3~4배 이상 더 많은 것으로 나타났다.

넷째, 약물, 알코올의 사용 및 남용과의 관련성을 생각해 볼 수 있다. 반항장애나 품행장애와 같은 파괴적 행동장애는 법적, 불법적 약물에 대한 조기 사용 혹은 남용이나 다양한 약물중독과 연결된다. Wills, Vaccaro, McNamara와 Hirky(1996)는 약 1,200명의 청소년들을 대상으로 7학년에서

9학년까지 종단적 연구를 실시하였는데, 이들이 상당한 정도로 약물과 알코올을 남용한다는 것을 밝혔다. 이 연구결과는 파괴적 문제행동과 약물남용은 종종 함께 나타나거나 서로를 상승시키고, 심각한 행동 문제를 가진 청소년들일수록 약물남용을 하는 경우가 더 많다는 것을 보여준다.

4) 조현병(정신분열증)

(1) 조현병(정신분열증) 정의 및 특징

조현병(정신분열증)은 인간에게 영향을 미치는 가장 심각하고 복잡한 심리적 장애 중 하나이다. 조현병(정신분열증)은 한 개인의 인지적, 정서적, 행동적인 심리과정의 전 영역에 심각한 결함을 야기한다. 조현병(정신분열증)은 정상적인 적응과 대인관계를 상당한 정도로 방해하고, 조현병(정신분열증)으로 진단받은 아동이나 청소년들은 정상적인 성취도 수준에서도 뒤처지는 경우가 많다(정명숙 외, 2000).

조현병(정신분열증)은 정상적인 적응과 대인관계를 상당한 정도로 방해하고, 조현병(정신분열증)으로 진단받은 아동이나 청소년들은 정상적인 성취도 수준에서도 뒤처지는 경우가 많다.

조현병(정신분열증)의 증상은 크게 두 가지로 나눌 수 있는데, 이는 양성증상과 음성증상이다. **표 5-4**에서 양성증상은 정상적인 기능이 왜곡되거나 과도하게 나타나는 것인 반면, 음성증상은 정상적인 기능이 상실되거나 감소하는 것을 말한다(김은정 외, 2000).

표 5-4 조현병(정신분열증)의 증상

양성증상	음성증상
• 망상 • 환각 • 와해된 언어(말) • 와해된 행동과 기괴한 행동	• 밋밋한 행동(정서적 둔마) • 말의 궁핍 • 방향성과 동기의 상실 • 에너지의 상실 • 즐거운 느낌의 상실

(2) 조현병(정신분열증) 진단기준

DSM-5에서 제시하는 조현병(정신분열증)의 진단기준은 **표 5-5**와 같다.

표 5-5 조현병(정신분열증)의 진단기준

A. 특징적 증상: 다음 증상 가운데 2개(또는 그 이상)가 있어야 하며, 1개월 중 상당 기간 동안 존재해야 한다.
(1) 망상
(2) 환각
(3) 와해된 언어(문법에 어긋난 말이나 단어를 사용하거나, 논리적이지 않은 말을 하는 등 언어 사용에 문제)
(4) 전반적으로 비정상적인 행동
(5) 음성 증상(정상적인 감정반응이나 행동이 감소하거나 결핍된 상태)

B. 사회적, 직업적 기능부전: 발병 이후 상당 기간 동안 직업이나 대인관계, 또는 자기관리와 같은 하나 또는 그 이상의 주요 생활 영역의 기능 수준이 발병 이전과 비교하여 현저히 감소되어 있는 경우(또는 소아기나 청소년기에 발병될 경우에는 대인관계, 학업, 또는 직업 분야에서 적절한 성취를 이루지 못하는 경우)

C. 기간: 장애의 징후가 적어도 6개월 이상 지속되어야 한다. 6개월의 기간은 진단기준 A를 충족시키는 증상(활성기 증상)이 존재하는, 적어도 1개월 기간을 포함하고 있어야 하며 이 기간은 전구기와 잔류기를 포함할 수 있다. 전구기나 잔류기에는 음성증상만 있거나 진단기준 A에 있는 증상 가운데 2개 이상의 증상이 악화된 형태로 나타난다. (예: 괴상한 믿음, 이상한 지각적 경험)

D. 분열정동장애와 기분장애의 배제: 분열정동장애와 정신증적 양상이 있는 기분장애는 다음과 같은 이유로 배제될 수 있다.
(1) 주요 우울증, 조증, 또는 혼재성 삽화가 활성기 증상과 동시에 나타나지 않는다.
(2) 만약 활성기 증상이 있는 기간 중에 기분 삽화가 발생한다면, 활성기와 잔류기에 비해 전체 삽화의 기간이 상대적으로 짧다.

E. 물질 및 일반적인 의학적 상태의 배제: 장애가 물질(예: 남용 약물이나 투약 약물)이나 일반적인 의학적 상태의 직접적인 생리적 효과로 인한 것이 아니다.

F. 광범위성 발달장애와의 관계: 만약 자폐성 장애나 다른 광범위성 발달장애의 과거력이 있을 때는 현저한 망상이나 환각이 적어도 한 달 이상 지속될 경우에만(성공적으로 치료되면 더 짧을 수 있음) 추가로 조현병(정신분열증)의 진단을 붙인다.

(3) 조현병(정신분열증) 현황

조현병(정신분열증)의 평생 유병률은 전 세계적으로 0.2%에서 1.3%에 이르고 우리나라의 평생 유병률은 0.4%로 비교적 낮은 것으로 보고된다(정현희, 1997). 조현병(정신분열증)은 더 일찍 발병하기도 하지만 대부분의 경우 청소년기 말이나 성인기 초에 시작되어 연령별로 볼 때 18~24세에 가장 발병률이 높다. 특히 "아동기 발병 조현병(정신분열증)"은 아동기나 청소년기에 발병하는 조현병(정신분열증)을 일컫고, 20대나 30대에 발병하는 성인기의 조현병(정신분열증)과 구분하여 다룬다(한국청소년개발원, 2006; Dumas & Nilsen, 2005). 성별에 따라서는 일반적으로 남자가 더 높은 발병률을 보인다(원호택, 1997; 정현희, 1997).

청소년기에 시작되는 조현병(정신분열증)의 발병 경로는 그다지 분명하지 않다. 조현병(정신분열증) 진단을 받는 많은 청소년은 주의력이나 운동-지각, 기타 신경발달상의 문제를 나타낸 적이 있거나, 지나친 걱정, 수줍음, 기분의 변화, 공격성 등을 나타낸 전력이 있는 경우가 많다(정명숙 · 손영숙 · 양혜영 · 정현희, 2003). 그러나 잠복기를 거쳐 발병하기보다는 갑자기 발생하는 경우가 더 일반적이다(King & Noshpitz, 1991).

(4) 조현병(정신분열증) 관련요인

조현병(정신분열증)에 영향을 미치는 요인들을 살펴보면 다음과 같다.

첫째, 유전적 요인을 들 수 있는데, 오랫동안 조현병(정신분열증)은 가계 내에서 유전된다고 알려져 왔다. 조현병(정신분열증)의 유전적 요인에 관한 기존의 연구결과들을 요약해 보면 다음과 같다(Gottesman, 1991).

- 일란성 쌍생아들의 조현병(정신분열증) 발병 일치율은 45~50%로, 이란성 쌍생아들의 발병 일치율인 15~20%에 비해 2.5배에서 3배 정도 높다.
- 조현병(정신분열증)의 직계인 경우는 그런 관계를 갖지 않은 사람에 비해 조현병(정신분열증)이 될 위험률이 훨씬 크다. 나아가 조현병(정신분열증)과 직계관계가 있는 사람(예: 조현병(정신분열증) 부모의 자녀)은 2차, 3차적 친척(손자, 손녀나 사촌)에 비해 조현병(정신분열증)이 될 확률이나 좀 더 어린 시기에 발병할 확률이 높다(한국청소년개발원, 2006).
- 일반인이 조현병(정신분열증)에 걸릴 가능성은 1%지만, 부모 및 형제

중 한 사람이 조현병(정신분열증) 환자일 경우는 발병률이 5~10%로 높아진다. 부모 모두가 조현병(정신분열증) 환자일 경우는 자녀가 조현병(정신분열증)에 걸릴 발병률은 40%로 매우 높아진다.

- 이 질병의 발병가능성은 질병을 앓은 친척의 수가 늘어남에 따라 증가한다.

이와 함께 입양아에 관한 연구들은 조현병(정신분열증)의 유전적 중요성을 분명히 보여주고 있다. 조현병(정신분열증) 엄마에게서 태어나 신생아 때 다른 곳으로 입양된 아이는 조현병(정신분열증) 엄마에게서 태어나 거기서 성장한 아이와 유사한 정도의 위험성을 갖고 있음이 밝혀진바 있다. 또한, 아동기 때 입양되어 청소년기나 성인 때 조현병(정신분열증)을 나타낸 개인들은 입양된 가족이 아닌 원래 가족 내에 많은 조현병(정신분열증) 친척을 갖고 있는 것으로 나타났다(Kety, 1988).

둘째, 신경생리학적 요인들을 들 수 있다. 많은 연구는 조현병(정신분열증) 환자들이 다른 심리학적 장애나 일반인들과 달리 가지고 있는 신경생리학적, 신경심리학적 요소들에 초점을 맞춘다(Jacobsen & Rapoport, 1998). 이러한 신경전달물질 중 도파민은 조현병(정신분열증)과 관련되어 있는 가장 대표적인 물질로 밝혀져 있다. 즉, 조현병(정신분열증)은 뇌에서의 도파민의 과다 활성화 작용에 따른 것으로 보고 이를 통제하기 위해 신경충동 전달에 도파민 활성화를 감소시키는 것이다.

조현병(정신분열증)은 뇌에서의 도파민의 과다 활성화 작용에 따른 것으로 보고 이를 통제하기 위해 신경충동 전달에 도파민 활성화를 감소시키는 것이다.

특히 발달후기에 발생하는 조현병(정신분열증)에 대해서는 신경학적 이상과 관련되어 있다는 주장이 강하게 제기되고 있다. 가장 빈번하게 발견되는 이상은 조현병(정신분열증) 환자들에게서 발견되는 뇌실의 비대나 뇌 회질의 감소, 전두엽과 측두-변연 영역의 이상, 또는 뇌 뉴런의 비정상적인 형태 등이다(정명숙 외, 2003).

셋째, 가정, 사회, 문화적 요소들의 영향력이다. 가족 특성은 오랫동안 조현병의 원인으로 지적되어 왔다. 연구자들은 청소년과 다른 가족구성원

간의 상호작용이나 대화의 부적응적 패턴이 조현병의 원인이 된다고 본다. 예를 들어, 아동기 발병 조현병(정신분열증)을 가진 젊은이와 그의 가족 구성원들 간의 의사소통이나 상호작용은 순조롭지 못하고 때론 심각할 정도로 갈등적이다(한국청소년개발원, 2006; Dumas & Nilsen, 2005). 또한 부모의 적대감, 비판, 정서적인 과잉개입 등이 아동 및 청소년들의 조현병(정신분열증)과 관련이 있는 것으로 나타났다(Valone, Goldstein, & Norton, 1984). 그러나 이에 관한 연구들은 대부분 횡단적 분석을 기초로 한 것이기 때문에 이에 관한 인과적 연관에 대한 결론을 내리기는 어려운 상태이다.

3. 정서장애의 심리상담

정서장애를 가진 청소년을 치료하는 방법은 정서장애 청소년에 대한 상담심리와 그를 둘러싼 환경적 변화를 고려하여야 한다.

1) 정서장애 심리상담

심리상담을 통해 상실감을 해소시키는 것이다. 상담자는 정서장애를 가진 청소년들을 진정으로 염려하고 그에게 관심을 가지고 도움을 주려는 강한 의지를 가지고 있어야만 상실감을 해소할 수 있다. 즉, 상담자는 내담자에게 중요하고 믿을 수 있는 사람이 되어야 하는데 내담자와의 세심하고 따뜻하고 배려적인 관계정립은 다른 사람으로부터 거부당할 것 같은 내담자들의 두려움을 감소시키고 상담의 효과를 증가시킨다. 예를 들면, 우울증을 가진 청소년들에게 자신이 상실감을 경험하였던 실제 사건과 유사한 환경에 노출시켜 이를 극복할 수 있도록 도움을 주는 것은 우울장애를 치료하는 데 매우 효과적이다. 대인관계 상담과 문제해결 상담은 우울증상을 감소시키고 사회적이고 대인관계에서 발생하는 문제를 효과적으로 해결하는 데 도움을 주기 때문에 심각한 우울증 상담에 효과적이다.

상담자는 정서장애를 가진 청소년들을 진정으로 염려하고 그에게 관심을 가지고 도움을 주려는 강한 의지를 가지고 있어야만 상실감을 해소할 수 있다.

둘째, 상담을 통해 증상을 최소화하는 것이다. 우울증을 가진 청소년에게 그들이 가지고 있는 긍정적인 정서적 경험을 이야기할 수 있는 기회를 많이 만들어 이들의 우울한 기분 상태를 호전시킬 수 있는 분위기를 조성한다. 또한 인지적 개념화를 통해 정서장애를 가지고 있는 내담자들이 가지고 있는 부정적 태도를 개선하도록 할 수 있다.

조현병(정신분열증)을 가진 청소년들의 현실감각을 증가시키기 위한 프로그램에서도 특정 사건이나 환경의 실제 모습과 내담자가 생각하는 것과의 차이를 확인하고 내담자에게 인식시키기 위해 내담자와 토의하는 프로그램을 많이 이용한다. 이러한 기법은 정서장애를 가지고 있는 청소년들이 자신이 실제 생활에서 극복할 수 없는 장애 때문에 고통을 받고 있다는 잘못된 생각을 인식하는 데 도움이 된다.

> 조현병(정신분열증)을 가진 청소년들의 현실감각을 증가시키기 위한 프로그램에서도 특정 사건이나 환경의 실제 모습과 내담자가 생각하는 것과의 차이를 확인하고 내담자에게 인식시키기 위해 내담자와 토의하는 프로그램을 많이 이용한다.

우울증 청소년의 경우 감소된 에너지 수준에 대해서도 내담자를 다시 움직이게 하는 방법을 찾아야 하는데 이를 위해 우선 상담자는 내담자가 과거에 어떤 것을 좋아하였으며 어떤 상황에서 성공적 경험을 하였고, 내담자가 가지고 있는 재능은 무엇인지 파악하여 그들에게 아주 경미하게 남아 있는 욕구를 활성화시킬 수 있다. 지역사회의 서비스 프로그램이나 운동 프로그램에 참여하는 것도 내담자의 외로움과 우울한 기분을 감소시킨다.

정서장애로 부적응 행동이나 문제행동을 하는 청소년들에게 부정적 경험에 근거한 대인기피 현상과 대인관계에서 발생할 수 있는 부정적 기대를 극복시켜 주는 사회기술 훈련은 매우 중요하다. 내담자의 문제행동이 자신에게 부정적이고 문제행동에 대한 대가로 지불해야 할 개인적 손실이 크다는 것을 내담자들에게 인식시켜 내담자 스스로 긍정적인 행동을 하도록 동기화시켜야 한다.

2) 정서장애의 환경적 변화

정서장애를 가진 청소년들을 효과적으로 상담하기 위해서는 이들 환경에 대한 변화가 이루어져야 한다. 내담자들이 경험하는 좌절과 실망을 감소시키는 환경적 변화는 내담자가 느끼는 스트레스를 감소시키고 만족스러운 경험을 증가시켜 내담자의 자존심과 활동을 증가시킬 수 있다.

첫째, 가정과 부모의 변화를 생각해 볼 수 있다. 부모들을 대상으로 자녀의 증상과 자녀들이 어떻게 자신의 감정을 표현하며 왜 이러한 행동을 하는지를 알려주어 자녀에 대한 부모의 부정적 감정을 감소시키고 자녀들을 보다 잘 이해하고 보다 많은 애정과 관심을 갖게 함으로써 긍정적이고 지원적인 가정환경을 만들 수 있다.

둘째, 학교와 지역사회의 변화이다. 청소년들의 생활에 영향을 미치는 교사와 지역사회의 또 다른 성인들과의 협조 역시 우울증 등 정서장애를 가진 청소년들의 좌절 경험을 최소화하고 이들에게 더 많은 보상기회를 제공하기 때문에 효과적이다.

연습문제

01 청소년기의 심리적 부적응 진단기준을 말해보고 이를 적용할 때의 문제점을 서술하시오.

02 청소년기의 심리적 부적응인 불안장애와 우울장애를 설명하고 이와 관련하여 실제적으로 발생한 청소년들의 사건들을 예를 들어보시오.

03 청소년기의 반항장애와 품행장애의 진단기준에 대하여 서술하시오.

04 청소년기의 조현병(정신분열병)에 영향을 미치는 세 가지에 대하여 설명하시오.

05 청소년기의 정서장애 심리상담에 대하여 서술하시오.

06 청소년기에 정신건강이 급격하게 나빠지고 있다는 보도가 언론을 통해서 보고되고 있다. 이에 청소년들의 정신건강에 대해서 전수조사를 하겠다고 한다.
이것이 효과적인지에 대한 자신의 생각을 논하시오.

제6장

청소년기의 사회환경 1 - 가정, 학교

1. 청소년기의 가정환경

1) 현대사회와 가족의 변화

현대사회는 지속적인 사회, 경제, 기술의 발전과 빠르게 변화하고 있으며, 이는 가족의 변화에도 많은 영향을 미치고 있다. 산업화가 진행됨에 따라 전통적인 대가족에서 핵가족으로의 전환이 이루어지고 있으며, 한부모가족, 다문화가족, 입양가족, 소년소녀가정 등 다양하고 새로운 형태의 가족이 증가하고 있다. 현대사회의 변화는 가족 형태뿐 아니라 가족 기능의 변화로 이어지고 있다. 다양한 가족의 기능 중 일부를 사회에서 담당하게 되면서 전통적인 가족의 기능보다 약화되거나 축소되고 있다.

산업화가 진행됨에 따라 전통적인 대가족에서 핵가족으로의 전환이 이루어지고 있으며, 한부모가족, 다문화가족, 입양가족, 소년소녀가정 등 다양하고 새로운 형태의 가족이 증가하고 있다.

가족의 규모가 점차 축소되고 있는데 평균 가족원의 수를 보면, 1960년에 5.7명이었으나, 1990년에는 3.8명으로 줄어들었고 2023년에는 2.2명 수준에 이르고 있다. 이러한 현상의 주된 원인은 핵가족화 현상과 함께 단독가구의 증가, 저출산 증가 등에 있다. 출산율의 저하는 출산 및 양육에 따른 부담 때문에 출산을 기피하는 경향이 증가한 데서 비롯된다.

세계 출산율은 2023년 2.3명으로 1970년 4.83명에 비해 감소하였고, 2023년 합계 출산율은 아프리카가 4.2명으로 가장 높았고, 오세아니아 2.4명, 아시아 · 태평양 2.3명, 아메리카 2.2명, 유럽 1.6명의 순으로 나타났다. 우리나라의 출산율은 2001년 1.3명, 2005년 1.08명, 2023년 0.65명으로 OECD 회원국 38개국 중 가장 낮은 수치이며, 심각한 저출산 현상이 나타나고 있다. 이는 노인인구 비율의 증가와 인구 감소로 인한 국력 쇠퇴를 걱정하는 지경에 이르고 있다(통계청, 2022).

가족의 변화의 원인 중 하나는 여성의 경제활동 증가를 들 수 있다. 특히 기혼여성의 취업률이 증가하였는데, 1980년에 40%였던 것이 2023년에는 60.0%로 나타나 큰 폭으로 증가하였다. 이에 따라 영 · 유아와 보호대상 노인 및 장애인을 가정에서 전적으로 돌볼 수 없는 상황이 증가하고 있으며, 이에 따른 가정에서 갈등도 증가하고 있다. 1980년에 5.7%에 불과하던 이혼율이 1990년에 11.1%, 1998년에 33.7%, 2001년에 42.2%, 2023년에 42.0%로 지속적으로 증가하며 2012년부터 2021년까지 월별 평균 이혼건수는 7월과 10월이 가장 많은 반면, 2월이 가장 적었다(통계청, 2023).

이혼은 당사자들은 물론 자녀들에게도 심각한 정서적 타격을 주고, 경제적인 어려움과 가사, 자녀양육의 어려움 등 많은 어려움의 원인이 된다.

또한 통계청(2023)에 의하면, 시도별 이혼 구성비는 경기 26.7%, 서울 14.1%, 경남 7% 순으로 높은 것으로 나타났다. 이처럼 이혼은 당사자들은 물론 자녀들에게도 심각한 정서적 타격을 주고, 경제적인 어려움과 가사, 자녀양육의 어려움 등 많은 어려움의 원인이 된다. 이로 인한 정서장애, 학업부진, 비행 등의 문제가 청소년들에게 일어나는 경우가 많다. 이러한 구조적인 변화 이외에도 배우자 학대, 아동학대, 노인과 장애인에 대한 학대 등 여러 가지 기능적인 문제와 병리 현상 등이 발생하고 있다.

급속한 기술문명의 발전과 함께 과거에 비해 경제적으로 풍요로운 현대사회는 개인주의적이고 다원적인 가치를 추구하는 사회로, 가족과 같이 친밀한 관계를 맺는 집단에 긍정적이면서도 부정적인 영향을 미친다. 사회를 개인과 개인이 맺는 관계에 긍정적·부정적 영향을 미치는 모든 요인의 총칭으로서 사회적 환경의 의미로 간주할 때, 이러한 사회적 환경의 여러 요인의 영향을 받으면서 가족이 변화한다고 할 수 있다(Olson & DeFrain, 2006).

이선영 등(2009)은 현대사회의 특징을 다음과 같이 설명하고 있다.

첫째, 현대사회는 개개인에게 스트레스가 많은 생활을 강요한다. 현대사회에서는 나날이 진화되는 기술의 발전과 물질주의적 가치관이 결합되고 개인은 그러한 가치관을 추구하는 생활을 하는 가운데 개인생활이나 직장 및 가족 생활의 모든 영역에서 많은 스트레스를 경험한다. 그러한 스트레스의 결과로 개인은 정신적인 안녕감을 갖기가 어렵고 개인 간의 애정과 친밀감의 유대를 형성하는 데 어려움을 겪는다. 즉, 바쁘고 경쟁적인 현대 생활은 각 개인에게 자기 자신과 중요한 타인들을 위한 시간을 부족하게 만든다.

둘째, 현대사회에서는 여성의 경제활동 참여가 과거에 비해 증가하였다. 맞벌이가족의 증가는 가정 밖에서의 보육시설의 증가로 이어졌다. 이는 과거 가족이 담당했던 자녀 양육과 보호 기능이 약화된 것으로 부모가 직접적으로 자녀를 양육하는 기회와 기간이 줄어들었음을 의미한다.

셋째, 빠르게 변화하고 경쟁적인 현대사회에서는 과거에 비해 개인적인 행복과 사생활을 더욱 중시하고 개인적이고 친밀한 관계에서 위안을 찾으려는 경향이 강하게 나타난다. 그 결과 부부간의 유대와 친밀감이 약한 부부는 가족관계의 불안정을 초래하여 이혼 가능성이 높아지고 있다.

넷째, 현대사회는 과거에 비해 개인적인 욕구충족을 강조한다. 특히 성적 욕구의 표출이나 충족을 억제했던 과거와 달리, 개인적인 성적 욕구를 표현하고 충족하는 것에 대해 관대하고 허용적인 특징을 보인다. 개인주의와 물질주의 그리고 소비주의적인 현대사회의 특징상 성적 욕구의 표현은 개인적인 욕구충족을 우선시하는 가치관과 성적 표현을 이용하여 상품 판매를 하고자 하는 대중매체를 통해 확산되는 경향이 있다. 이러한 성적 욕구의 표현이나 충족을 정당시하거나 과도하게 과장하는 사회적 분위기는 부부나 가족 같은 친밀한 관계에까지 영향을 미친다.

성적 욕구의 표출이나 충족을 억제했던 과거와 달리, 개인적인 성적 욕구를 표현하고 충족하는 것에 대해 관대하고 허용적인 특징을 보인다.

가령 결혼생활에서 부부의 성적 만족이 차지하는 중요성의 정도, 아동이나 청소년, 여성을 대상으로 한 성범죄, 그리고 부부의 외도문제 등이 증가하는 것은 성적 표현이나 성적 욕구충족을 과도하게 강조하는 사회적 분위기의 영향을 받은 것이라 할 수 있다.

다섯째, 현대사회는 과거에 비해 산업기술이 발전하고 경제적으로 풍요로워졌지만 어느 사회에서나 나타나는 사회발전의 혜택을 누리지 못하는 사회계층의 문제가 여전히 존재하며, 이는 곧 그러한 계층에 속하는 개인이나 가족의 문제와 연결된다. 그러므로 빈곤계층에 속하는 가족이나 사회에 적응하지 못하는 개인의 심리적·사회적 소외문제로 인해 사회적 범죄의 발생이 증가할 수 있다. 이러한 사회적 환경은 가족 내에서도 가정폭력, 아동이나 노인 학대, 방임 등의 가족문제를 낳을 수 있다.

여섯째, 정보화 사회로 대변되는 현대사회의 사회적 환경은 인터넷이나 휴대폰 사용을 통해 시공간을 초월하여 자유롭게 타인과 소통할 수 있다는 점에서 친밀한 개인적 관계나 가족관계를 강화시키는 긍정적인 영향을 미치기도 한다. 그러나 인터넷이나 휴대폰이 개인 시간과 사이버 공간을 소유하는 전유물로서 사용된다면 정작 가족이 아닌 타인들과 소통하면서 만족을 느끼고, 가족과의 대화나 관계는 단절되어 고립과 소외를 초래하며, 가족 내 세대 차이에 따른 세대갈등이 심화되는 등 가족관계에 부작용을 가져올 수 있다.

일곱째, 여성의 사회경제적 활동이 활발해지는 현대사회에서는 남성이 가족 부양을 위해 일하고 여성이 가정을 전담하는 식의 엄격하게 구분된 남녀의 성역할은 더 이상 의미를 갖지 못한다. 또한 현대사회는 여성의 경제활동 참여에 따른 남녀의 권력상 평등을 강조하는 양성평등적인 가치관을 지향하고 있다. 이러한 사회적 환경은 부부나 가족 관계에서도 남녀의 성역할 구분을 재정의하고 민주적이고 평등한 관계를 지향하는 방향으로의 변화를 유도한다.

현대사회는 여성의 경제활동 참여에 따른 남녀의 권력상 평등을 강조하는 양성평등적인 가치관을 지향하고 있다.

여덟째, 현대사회는 세계 각국의 경제가 서로 밀접한 영향을 주고받는 세계경제의 틀 속에서 유기적인 관련을 맺고 있으므로 세계의 경제 상황은 바로 개개인의 결혼과 가족관계에 직접적으로 영향을 줄 수 있다. 가령 환율위기나 고유가와 같은 세계경제 상황은 곧바로 가족의 경제 상황 악화를 초래하여 결혼의 지연이나 저출산, 생활고에 따른 가족위기의 증가를 가져올 수 있다.

이상과 같이 가족관계에 영향을 미칠 수 있는 현대사회의 환경들을 고려할 때 가족의 변화를 요구하는 도전적인 사회적 상황 속에서도 현대와 미래의 가족은 계속해서 중요한 집단으로 자리할 것으로 예상된다. 왜냐하면 사회의 요구에 따라 가족이 변화할 수는 있지만 인간이 가족에 대해 갖는 기대와 의존성은 근본적으로 변하지 않기 때문이다. 그러나 현대사회에서 개인이 가족 내에서 만족감과 안정감을 느끼기 위해서는 가족이 경제적으로 안정되고 정서적인 만족과 위안을 제공해야 하며, 가족 간의 유대감을 느낄 수 있는 민주적이고 평등한 가족으로 변화되어야 하는 과제를 해결해야만 한다.

2) 청소년기 가정환경의 변화

자녀가 아동에서 청소년으로 성숙됨에 따라 청소년 자녀와 가족구성원과의 관계도 커다란 변화를 겪는다. 이러한 변화는 청소년기에 나타나는 생물학적 · 인지적 · 정서적 변화에 기인한다. 예를 들어, 청소년은 그들이 아동기의 어린 자녀였을 때보다 부모에게 덜 의존적이고, 부모의 가치나 의견에 대해 덜 복종적이 된다. 따라서 아동과 부모의 관계가 주로 부모의 일방적 지시적 관계라면, 청소년 자녀와 부모의 관계는 대화와 협상의 관계로 변화된다(Kaplan, 2004; Maccoby, 1993).

일반적으로 자녀가 청소년기에 도달해 자신의 정체성 확립을 위한 위기를 맞을 즈음, 그 부모는 생산성과 침체의 위기를 맞는 중년의 발달과업을 겪게 된다. Olson 등의 연구에 따르면 가족의 생활주기상 청소년기 자녀를 둔 시기의 스트레스 수준이 가장 높고 위기에 가장 취약한 것으로 보고되고 있다(김진숙 외, 1999). 청소년기 자녀의 성장과 변화는 그동안 유지되어 오던 가족체계와 응집성을 위협하며 변화를 요구하는 긴장을 불러일으키게 된다. 특히 지배적인 양육방식을 고수하며 살아왔던 부모는 부모-자녀 관계에서 유지되어 오던 규칙과 역할이 더 이상 통하지 않는다는 사실을 받아들이지만 재조정은 힘들어진다.

가정환경의 변화와 관련하여 최근 들어 주목할 만한 사항은 이혼이나 별거 등으로 인한 가족구조의 변화다.

가정환경의 변화와 관련하여 최근 들어 주목할 만한 사항은 이혼이나 별거 등으로 인한 가족구조의 변화다. 특히, 부모의 이혼은 청소년 자녀에게 많은 영향을 미친다. 그러나 그 영향은 모든 아이들에게 동일하게 나타나지 않으며, 자녀의 발달단계에 따라서도 다른 효과를 나타낸다는 점에서 복잡한 양상을 띠고 있다(Sim & Vuchinich, 1996). 자녀 가운데도 어떤 아이는 다른 아이보다 이혼으로 인해 더 많은 스트레스를 받을 수 있고, 또한 발달단계의 후기까지도 이혼의 효과가 명확하게 나타나지 않는 경우도 있다.

https://www.aladin.co.kr/shop/wproduct.aspx?ItemId=299693804

청소년 자녀는 아동기 자녀에 비해 인지능력이 발달하여 부모와의 갈등과 이혼의 복잡성을 잘 이해할 수 있다. 청소년은 어린 아동보다 부모에게 덜 의존적이며, 가족 외의 다른 사람들에게 정서적 지지를 찾을 수 있기 때문이다. 그러나 불안정한 가정의 청소년들은 안정적인 가정의 자녀보다 이혼이나 부부간의 갈등에 대해 더 많은 스트레스를 경험할 뿐만 아니라 생활의 붕괴를 겪기도 한다(Barber & Eccles, 1992). 이들 청소년들은 정상적인 청소년기 발달을 방해받을 뿐만 아니라 학업적 · 정서적 · 반사회적 문제행동을 자주 나타낸다(Frost & Pakiz, 1990). 부모의 이혼을 경험한 어떤 청소년들(특히, 여자 청소년)은 자기 역시 부모와 동일한 운명을 가질 것이라고 믿으며, 이로 인하여 새로운 관계형성을 두려워하는 특징을 보인다(Wallerstein & Corbin, 1989). 그리고 일반적으로 부부간의 갈등과 아버지의 부재에 대해 아들이 딸보다 더 부정적인 영향을 받는다(한상철, 2009).

청소년에게 가장 많은 스트레스 요인은 이혼 그 자체가 아니라 부모들 간의 잦은 불화와 적대감의 표현이라는 것이다.

한편 Long과 Forehand(1987)에 따르면, 부모의 이혼이 자녀에게 반드시 부정적인 결과만을 초래하는 것은 아니다. 청소년에게 가장 많은 스트레스 요인은 이혼 그 자체가 아니라 부모들 간의 잦은 불화와 적대감의 표현이라는 것이다. 청소년들의 학교 부적응과 문제행동은 부모의 이혼이나 가족구조의 문제에서 비롯되기보다 부모의 갈등에 대한 청소년의 지각 때문이라고 할 수 있다(한상철, 2009).

3) 청소년기의 부모-자녀 관계

자녀들의 원만한 인성 형성과 대인관계 발달에 가장 중요한 요인은 부모와 자녀들 사이에 이루어지는 건전한 인간관계라 할 수 있다. 부모-자녀 관계는 부모와 자녀 사이에 존재하는 복잡한 상호작용을 일으키게 하는 것으로, 이것이 곧 가정의 분위기, 가정의 집단성격을 결정하는 요인이 된다.

부모로부터 독립하고 정서적 의존에서 벗어나고자 하는 청소년이 부모와 갖는 관계는 아동기 때 가졌던 부모와의 관계와는 다르다. 청소년의 급속한 신체적 성장은 부모의 체벌이나 통제를 어렵게 만들며, 그 결과 부모의 권위는 도전을 받게 되고, 지금까지의 부모-자녀 관계를 수정해야 하는 상황을 초래한다. 또한 형식적·조작적 사고가 가능한 청소년은 부모가 설정한 규칙이나 가치관에 대해 논리적 모순을 발견하고 의문을 제기한다.

청소년은 부모에 대해 다음과 같은 기대를 한다.

첫째, 부모의 관심과 도움이다. 청소년은 부모가 많은 관심을 보이고 충분한 시간을 함께 보내며, 필요할 때는 기꺼이 자신을 돕고 지원하려 할 때 부모가 자신을 돌보고 있다고 느낀다(최명구·김누리, 2009; Amato, 1990; Gecas & Seff, 1990; Northman, 1985). 긍정적인 부모 지지는 부모, 형제자매와의 가까운 관계, 높은 자기존중감, 학업적 성공, 적절한 도덕적 발달과 관계가 있다. 부모 지지의 결여는 정반대의 영향을 줄 수 있는데, 낮은 자기존중감, 낮은 학업성적, 충동적 행동, 빈약한 사회적응, 일탈적이고 반사회적 행동이나 비행 등과 관계가 있다(최명구·김누리, 2009; Peterson & Rollins, 1987). 한편, 어떤 부모는 지나치게 친구 역할을 하려 든다. 청소년들은 자신의 친구와 시간을 보내고 싶어 하지, 자신의 부모와 단짝 친구가 되고 싶은 것은 아니다. 즉, 어른으로서의 관심과 도움을 주기를 바라는 것이지 어른이 마치 청소년처럼 행동하길 바라는 것은 아니다.

F: father(아버지), A: and(그리고)
M: mother(어머니), I: i(나)
L: love(사랑), Y: you(당신)
출처: 장성화(2021).

둘째, 경청과 공감적 이해이다. 공감이란 타인의 생각, 태도, 느낌을 동일시할 수 있는 능력을 말한다. 그것은 타인에 대한 정서적 민감성이고, 타인의 경험과 그것에 연관된 정서를 타인과 대리적으로 공유하는 것이다. 부모-자녀 간의 의사소통은 청소년기 동안 다소 저하되는데 청소년들은 어렸을 때보다 부모와 상호작용하는 시간을 덜 갖는다고 보고되었다. 청소년들은 부모에게 자신에 관한 정보를 덜 제공하기 때문에 대화가 더 힘들어진다(최명구·김누리, 2009). 이러한 의사소통 부족 현상은 많은 부모

공감이란 타인의 생각, 태도, 느낌을 동일시할 수 있는 능력을 말한다. 그것은 타인에 대한 정서적 민감성이고, 타인의 경험과 그것에 연관된 정서를 타인과 대리적으로 공유하는 것이다.

가 청소년들의 생각을 경청하거나 의견을 수용하지 않고 그들의 느낌과 관점을 이해하려고 노력하지도 않기 때문일 것이다. 청소년들은 부모가 그들에게 일방적으로 통보하는 식이 아니라 함께 대화를 나눌 수 있기를 원한다. 청소년들은 기본적으로 공감적인 이해와 경청하는 태도로 자신의 자녀도 대화할 만한 가치가 있는 훌륭한 점을 갖고 있다고 생각하는 부모를 원한다고 말한다.

긍정적인 가족감정이란 정서적인 따뜻함, 애정, 사랑, 그리고 민감성 등의 특징을 가지는 관계를 말한다.

셋째, 사랑과 긍정적 가족감정이다. 가족감정이란 가족구성원들 사이에 존재하는 정서나 느낌을 말한다. 긍정적인 가족감정이란 정서적인 따뜻함, 애정, 사랑, 그리고 민감성 등의 특징을 가지는 관계를 말한다. 가족구성원들은 서로에게 중요한 존재고 상대방의 느낌과 요구에 민감하게 반응한다. 부정적 가족감정이란 정서적인 차가움, 거부, 그리고 적대감 등이다. 이럴 경우 가족구성원들은 서로 사랑하는 것 같지 않으며 심지어 서로 좋아하는 것 같지도 않다. 청소년은 사랑을 많이 받아야 하며, 그와 동시에 부모가 주는 실제적인 애정표현 역시 꼭 필요하다(Barber & Thomas, 1986). 그러나 때로는 부모 자신이 애정표현을 잘 하지 않는 가정에서 성장했을 수 있기 때문에 자신의 자녀를 껴안아 주거나 손을 잡거나 키스해 주는 일이 거의 없는 경우도 있다. 부모의 애정표현을 제대로 받지 못한 청소년은 성장하여 애정에 굶주려서 애정의 욕구가 지나친 사람으로 성장할 수도 있고, 반대로 그들 자신이 냉담해져서 자신의 배우자나 자녀에게 스스로 거리를 두고 애정표현 하기를 힘들어하는 사람이 될 수도 있다. 청소년들은 내적 지지(격려, 이해, 자녀의 존재를 기뻐하기, 신뢰, 사랑)와 외적 지지(포옹과 키스, 외식이나 영화관람, 특별한 선물 같은 지지의 외형적 표현), 둘 다가 필요하다고 강조한다. 특히 내적 지지와 친밀감 같은 부모의 지지는 청소년의 삶의 만족도와 긍정적인 상관관계가 있다(Young, Miller, Norton, & Hill, 1995).

넷째, 수용과 승인이다. 사랑의 중요한 요소 중 하나는 무조건적인 수용이다. 청소년들에게 사랑을 보여주는 한 가지 방법은 그들의 단점을 비롯한 모든 것을 있는 그대로 받아들여 주고 이해해 주는 것이다. 자신이 가치 있는 사람이고 받아들여지고 있으며, 부모가 자신을 좋아하고 있다는 것을 청소년이 느낄 수 있도록 해야 한다. 또한 청소년은 부모가 자신의 개성을 받아들이고 친밀하게 느끼며 형제간의 개인차에 대해서도 관대하기를 바란다. 부모는 자녀를 어떤 고유한 특성을 지닌 한 인간으로 바라보는 객관성을 충분히 유지하면서 그들을 승인하고 있음을 보여주기 위해서 각고의 노력을 기울여야 한다.

다섯째, 신뢰감이다. 자녀를 믿지 못하는 부모들이 흔히 하는 일 중 하나는 자녀들의 편지를 뜯어보고 일기를 훔쳐보거나 전화를 엿듣는 것인데, 청소년들은 부모의 이런 행동을 가장 싫어한다. 어떤 부모는 다른 부모에 비해 자신의 자녀를 믿는 것에 더 많은 어려움을 갖기도 한다. 이런 부모는 자신의 공포나 불안, 죄의식을 자녀에게 투사하는 경향이 있다. 공포가 많은 부모는 보통 그들 자신이 성장기에 많은 어려움을 가지고 있었던 불안정한 사람이다. 청소년들은 불신임당할 만한 근거를 자신들이 먼저 어른들에게 제공하지 않는 한, 부모가 자신을 믿어 주어야 한다고 생각한다.

여섯째, 분리-개별화와 자율성이다. 모든 청소년의 공통된 목표 중 하나는 자율적인 성인으로 인정받는 것이다. 이것은 부모-청소년 연대가 변형되지만 유지되는 기간 동안에 분리-개별화라는 새로운 단계를 통해서 성취될 수 있다. 이 단계에서 청소년은 부모와의 연대감을 동시에 추구하기도 한다. 즉, 청소년은 부모와의 의사소통, 애정, 신뢰를 지속시킴과 동시에 부모와의 분화된 관계를 추구하게 되는 것이다(최명구 · 김누리, 2009; Quintana & Lapsley, 1990). 예를 들어, 개별성을 경험하고 싶어서 새로운 관심, 가치관, 목표를 발달시킬 때, 부모와는 다른 관점을 발달시킬 수도 있다. 그럼에도 불구하고, 청소년은 여전히 자신들이 가정의 일부라고 생각하며, 부모와의 서로에 대한 정서적 헌신을 계속 기대하게 된다. 개별화는 인간발달의 근본원리로 이는 개인이 자신을 이해하고 타인과의 관계에서 정체성을 확립하기 위해 부단히 노력하는 것을 포함한다. 아동기에서 성인기로 넘어갈 때, 청소년은 성인의 역할과 책임을 떠맡기에 적절한 수준

개별화는 인간발달의 근본원리로 이는 개인이 자신을 이해하고 타인과의 관계에서 정체성을 확립하기 위해 부단히 노력하는 것을 포함한다.

의 자율성과 정체감을 확립할 필요가 있다. 자율성에는 타인의 지도를 받기 위해 지나치게 의존하지 않으면서 혼자 힘으로 충분히 살아갈 수 있을 만큼 독립적이고 자유로운 것을 의미하는 행위적 자율성과 부모와 연결된 어린아이 같은 정서적 연대에서 벗어나는 것을 의미하는 정서적 자율성이 있다. 청소년기 동안에는 행위적 자율성도 증가한다. 하지만 옷을 고르거나 친구를 선택하는 일 등에서는 행위적 자율성을 바라지만, 교육적 계획을 세우는 일 같은 분야에서는 부모의 지도를 따르고자 한다. 청소년은 서서히 행위적 자율성을 배우기를 원하며, 부모들 역시 단계적으로 자신들에게 그것을 허용해 주기를 바란다. 청소년기 동안의 정서적 자율성으로의 이행은 행위적 자율성으로의 이행만큼 극적이지는 않다. 정서적 자율성의 습득 여부는 주로 부모의 행동에 달려 있다. 불행한 결혼생활을 하는 부모는 때로는 자신의 정서적 만족을 위해 자녀에게 눈을 돌리고 지나치게 의존하게 함으로써 자녀로 하여금 과잉의존을 장려하기도 한다.

4) 부모-청소년 자녀와의 갈등

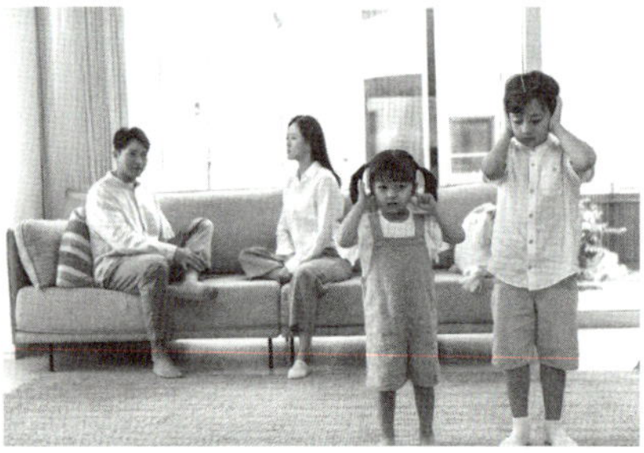

부모의 자녀 양육방식은 자녀의 성격 형성과 삶에 큰 영향을 미치는 것으로 알려져 있다. 부모의 양육방식은 애정, 통제 및 합리성의 정도에 따라 다양한 형태로 표현되며, 부모와 자녀의 인간적 관계를 좌우하고, 몇 가지 특성을 나타내는 연속선상의 개념으로 이해할 수 있다. 즉, 수용-거부, 자율-통제, 보호-방임 등의 양극을 연결하는 다차원 공간의 연속선상에 위치하는 것으로 생각할 수 있다. 이와 같이 다양한 요인들이 복합적으로 조합되는 양육방식에 따라 자녀들의 성격이나 생활태도가 크게 달라진다고 하겠다. 지배적인 부모는 소극적인 자녀를 양산하고, 간섭이 심한 부모는 자녀를 의존적으로 만든다. 부모의 과잉보호는 자녀를 강박적으로 만들고, 복종을 강요하는 부모는 공격적인 자녀로 만든다. 무시하는 부모 밑에서는 정서적으로 불안한 자녀가 되고,

잔혹하고 냉정한 부모는 엉뚱한 짓을 감행하는 자녀로 만들게 된다. 가장 바람직한 부모는 민주적인 부모이며 이러한 부모 밑에서는 자주성, 독립성과 책임감을 가진 자녀가 양산될 수 있다(김형태, 1997).

가장 바람직한 부모는 민주적인 부모이며 이러한 부모 밑에서는 자주성, 독립성과 책임감을 가진 자녀가 양산될 수 있다.

청소년문제와 관련하여 살펴보면 권위주의적이고 통제적인 부모의 자녀가 문제행동을 유발한 가능성이 크고, 무정하고 혹독하거나 강압적인 부모의 자녀는 공격적이거나 대인관계에 문제가 있는 경향이 크다고 한다. 이밖에도 부모가 범죄나 일탈행동을 보이거나 폭력적인 분위기에서 성장한 자녀들은 일탈행동에 관여하거나 폭력을 행사할 가능성이 큰 것으로 알려져 있다.

흔히 부모-자녀 간에는 소위 세대 차이라는 커다란 장벽이 있어서, 자녀의 가치와 태도가 청소년기 동안 부모로부터 점차 더 멀어지게 된다고 생각한다. 그러나 대부분의 경우 세대 차이는 고정관념에 불과하다. 예를 들어, 대부분의 청소년 자녀와 부모들은 열심히 일하는 것과 성취, 직업적 야망의 가치에 대한 신념, 종교적, 정치적 신념도 유사하다(최명구 · 김누리, 2009; Grecas & Seff, 1990).

자녀의 초기 청소년기는 부모-청소년 갈등이 자녀가 아동기일 때의 갈등 수준을 넘어서 확대되는 시기이다. 이러한 갈등의 증가는 청소년과 부모의 성숙을 포함하는데, 사춘기 자녀의 생물학적 변화, 인지적 변화, 독립과 정체성을 중심으로 한 사회적 변화, 기대위배, 중기 성인기를 경험하는 부모의 신체적 · 인지적 · 사회적 변화 등에 기인한다. 부모-청소년 갈등은 초기 청소년기를 벗어나 후기 청소년기에 이르면 감소한다(Laursen, Coy, & Collins, 1998). 비록 부모와의 갈등이 초기 청소년기에 증가한다고 하더라고 이러한 갈등이 오래가거나 심각한 것은 아니며, 청소년의 외향적 모습, 친구의 선택 또는 학업과 집안일의 무관심과 같은 비교적 주변적인 내용들이 주류를 이룬다. 물론 정도가 심한 갈등도 존재하나 약물이나 비행과 같은 심각한 문제를 포함하는 갈등은 드물다.

Judith Smetana(1997)는 부모-청소년 자녀 갈등이 청소년의 변화하는 사회인지 능력을 고려함으로써 보다 잘 이해될 수 있다고 생각했다. 즉, 부모-청소년 자녀 갈등은 다양한 논쟁점을 이야기할 때, 부모와 청소년 자녀가 다른 접근을 취하는 것에서 비롯된다는 것을 발견하였다. 예를 들어, 자녀의 옷 입는 방식을 마음에 들어 하지 않는 부모의 경우 청소년 자녀는 그 문제를 종종 개인적인 것으로 정의하고 자율성을 가지려는 욕구 속에서, 잔소리하는 부모를 청소년 자신의 권리와 선택을 침해하는 것으로 생각한다. 반면 부모들은 대개 이런 문제를 보다 넓은 의미로 정의하는데, 즉 부모는 갈등의 주제가 되는 문제를 사회적 · 관습적 · 전통적인 관점에서 봄으로써 청소년의 행동을 규제하고 감시할 책임을 갖고 있다고 느낀다.

5) 부모와 청소년 자녀 간의 의사소통

의사소통에서 더욱 중요한 것은 태도요인으로서, 상대방에 대한 신뢰, 감정이입, 자신의 생각이나 감정을 자유롭게 표현할 수 있는 분위기, 다른 사람의 생각이나 느낌을 진지하게 듣는 자세 등이 있다.

의사소통은 정보의 언어적 교환 이상의 것을 의미한다. 의사소통에서 더욱 중요한 것은 태도요인으로서, 상대방에 대한 신뢰, 감정이입, 자신의 생각이나 감정을 자유롭게 표현할 수 있는 분위기, 다른 사람의 생각이나 느낌을 진지하게 듣는 자세 등이 있다.

부모-자녀 간의 의사소통은 부모와 자녀 사이의 상호작용에서 감정, 느낌, 태도 등의 메시지를 전달하는 수단으로 상호 간의 공통적 이해를 도모하는 상호 반향적 과정으로 정의할 수 있으며, 이러한 의사소통은 서로 간의 가치전달과 의사전달을 통한 내적 긴장의 완화, 관계 확인에 따른 자신감이나 안정감의 획득에 영향을 미친다. 그러나 전통적인 부모와 자녀의 의사소통 모습은 부모가 자녀의 행동을 수정하려는 일방적인 형태를 보여 왔다. 자녀의 연령이 어린 경우에는 부모와 자녀 간의 의사소통의 문제가 크게 부각되지 않았지만, 자녀가 청소년기에 접어들면서 상호 간의 의사소통은 주요한 관심의 대상이 된다.

가족마다 독특한 의사소통망(communication network)을 갖고 있다. 가장

보편적인 의사소통망은 차륜망(wheel network)이다. 즉, 중심이 되는 인물(주로 어머니)이 가운데 위치하고 그 외 다른 가족원은 모두 수레바퀴의 바퀴통으로서의 역할을 한다. 더 바람직한 유형은 전채널망(all-channel network)으로서 가족구성원 모두가 서로서로 상호작용한다. 이 유형은 시간과 노력이 더 많이 들기는 하지만 가족구성원 모두에게 만족스러운 의사소통망이다. 비효율적인 의사소통은 부정적이고 방어적인 경향이 있다. 이러한 의사소통은 부모의 우월감, 지나친 통제, 독단, 욕하기, 비난 등을 포함한다. 부모들은 자녀를 지나치게 비판하고, 그럼으로써 자녀에게 죄책감을 유발한다. 이 경우 결과적으로 청소년은 낮은 자존감과 고립감을 경험하게 된다(정옥분, 1998).

부모와 자녀 간의 바람직한 의사소통 유형은 어느 한쪽에서만 일방적으로 이루어지는 것이 아니라 수평적으로 함께 주고받는 상호작용이 되어야 한다. 이것을 통해 자녀는 사회화되고 부모와 자녀 간의 세대 차이에서 오는 갈등을 줄이고 원만한 부모-자녀 관계를 이룰 수 있다. 부모와 청소년기 자녀 사이의 관계 변화에 따른 갈등이나 문제해결의 수단으로서 의사소통은 중요한 기능을 하며, 청소년기에는 발달상의 특수성으로 인해 부모와 자녀 간의 의사소통에 대한 관심이 고조되므로, 부모와 청소년기 자녀 사이의 신뢰와 청소년의 바람직한 발달을 위해서는 부모-자녀 간의 의사소통이 중요하다.

부모와 자녀 간의 바람직한 의사소통 유형은 어느 한쪽에서만 일방적으로 이루어지는 것이 아니라 수평적으로 함께 주고받는 상호작용이 되어야 한다.

또한 바람직한 의사소통은 부모와 청소년 자녀 간의 갈등을 감소시킨다. 부모와 청소년 자녀 간에 갈등이 발생하면 부모들이 대화가 아닌 힘을 행사함으로써 갈등을 해결하려고 하므로 대개의 경우 역효과를 가져온다. 갈등을 해결하는 효율적인 접근방법은 가족의 중요한 의사결정에 청소년을 참여시키고, 그들의 의견을 존중해 주고, 합리적이고 일관성 있는 규율을 적용하며, 청소년들이 하는 일에 관심을 보이고 지원해 주는 것이다. 이로써 부모와 청소년 자녀 간의 갈등을 최소화할 수 있다. 청소년은 나이가 들어가면서 부모의 관점을 더 이해하고 문제를 보다 넓은 의미에서 보는 경향이 있다.

6) 청소년과 형제자매 관계

형제자매 관계는 한 개인의 삶 동안 가장 오래 지속되는 관계이며, 인간은 형제자매 관계를 통해서 인간관계의 원형들을 연습하고 시험해 보는 장을 제공받게 된다.

형제들은 같은 세대이므로 학교문제, 친구문제, 성문제 그리고 부모와의 관계에서는 금지된 주제 등에 관한 적절한 조언을 한다.

가족관계에서 형제자매는 매우 독특한 위치에 있다. 형제들은 서로의 친구가 되고 그리고 우애를 나눈다. 형제들은 같은 세대이므로 학교문제, 친구문제, 성문제 그리고 부모와의 관계에서는 금지된 주제 등에 관한 적절한 조언을 한다. 그리고 손위 형제는 동생들의 역할모델 노릇을 하고 때로는 대리부모 역할도 한다.

형제관계는 부모자녀 관계에 비해 상호적이며 보다 평등한 관계이다. 형제간의 상호작용은 또래집단 간의 상호작용과 상당히 유사하며, 빈번한 상호작용이 이루어지고 솔직한 정서표현, 상호 간의 관심과 애착의 증거를 볼 수 있다(Berndt & Bulleit, 1985). 형제관계에서는 상호작용을 통해 서로를 모방하려는 경향이 강하게 나타나며, 특히 동생이 형을 모방하는 정도가 더욱 심하다. 동생에게 있어 손위 형제와의 상호작용은 지적 · 사회적으로 자극적이다. 동생은 자신의 생각이나 상상하는 것에 대해 손위 형제에게 이야기하고 질문을 하게 된다. 동시에 이들은 상호 간에 긍정적인 감정뿐만 아니라 부정적인 감정을 공유하는 모호한 특성을 갖는다. 이들은 서로 경쟁적인 동시에 협동적인 관계를, 서로 싸우면서 서로 돕는 독특한 관계를 형성하고 있다.

형제자매 관계에서 구조적 변인은 한 가족 안의 형제가 가족의 형제 구성에 따라 가지게 되는 지위로 형제수, 연령차, 출생순위, 성(별) 구성을 의미한다. 형제의 구조적 변인에 따른 연구결과를 구체적으로 살펴보면 형제자매가 있는 청소년들이 사회적 능력 중 주도성과 사교성, 대인행동과 활동참여도가 높으며, 사회정서 발달 중 호기심이 더 많은 것으로 나타났다(박영애 · 전귀연, 2009). 형제수에 따라 개인이 지각하는 형제자매 관계는 차이가 있는데, 4명 이상의 형제자매가 2명의 형제자매에 비하여 보다 더 친밀하게 느끼며(남정화, 1998), 부모자녀 관계에서는 형제수가 1명일 경우 형제수가 2명 이상인 집단보다 부모의 정서적 지지가 높았다(양돈규, 2002). 형제수에 따른 아동의 차이를 살펴본 연구는 대체로 외동아이 집단이 두 자녀와 세 자녀 집단 아동보다 대인 적응력(박성연 · 도현심, 1993), 정서지능(정길화, 2001), 주도성과 정서인식 능력(박화윤 · 안라리, 2005)이 낮은 것으로 보고하고 있다.

형제자매 관계는 흔히 경쟁 대상자가 되지만 동시에 양육자, 교사, 친구 등의 역할을 하면서, 청소년 발달과 성인이 되었을 때의 성격과 역할에 지속적인 영향을 미치게 되므로 대단히 중요하다.

최명구 등(2009)은 형제자매의 영향을 다음과 같이 언급하였다. 첫째, 손위 형제자매는 손아래 형제자매의 역할 모델이 되기 쉬우며, 손아래 형제자매의 발달에 강한 영향을 준다. 둘째, 손위 형제자매는 때로 부모와 양육자의 대리인 역할을 한다. 만약 손위 형제자매가 동생을 보살피는 일을 통해서, 자신이 인정받고 존경받을 만하며 쓸모 있는 사람이라고 느끼게 된다면, 이런 자기존중과 유용성의 느낌은 그의 자기가치감에 긍정적인 영향을 준다. 셋째, 손위 형제자매는 때로 서로의 친구가 되어 주므로 서로에게 우정을 제공하고 애정과 의미 있는 관계를 원하는 타인의 욕구에 직면한다. 손위 형제자매는 절친한 친구처럼 행동하고 서로 도와주며 많은 경험을 나눈다.

청소년의 형제자매 관계는 도움, 나눔, 가르침, 싸움, 놀이 등을 포함하고 청소년 형제자매들은 정서적 지지자, 경쟁자 그리고 의사소통의 대상으로서 역할을 할 수 있다(Zukow-Goldring, 2002). 한 연구에 따르면, 청소년기의 긍정적인 형제자매 관계는 정서적 지지감과 학교에 관련된 지지에 기여한다(최명구 · 김누리, 2009; Seginer, 1998).

청소년의 형제자매 관계는 도움, 나눔, 가르침, 싸움, 놀이 등을 포함하고 청소년 형제자매들은 정서적 지지자, 경쟁자 그리고 의사소통의 대상으로서 역할을 할 수 있다.

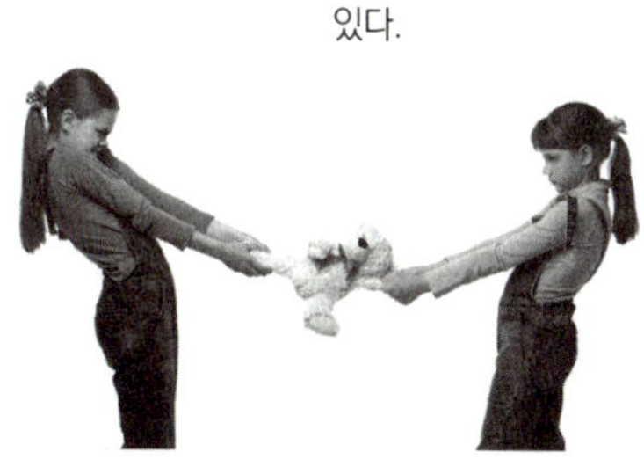

형제관계에는 애정뿐만 아니라 갈등도 있다. 부모, 교사, 친구, 그 누구와의 관계에서보다 형제관계에서 갈등이 많다(Buhrmester & Furman, 1990). 그럼에도 불구하고 대부분의

경우 형제간의 우애는 갈등을 능가한다.

형제자매가 6세 이상 차이가 나면, 마치 외동아이처럼 자라는 경향이 있으나, 6세 이하의 차이가 난다면 부모에 대한 권한과 세력 면에서 우위에 서려고 서로 위협하기 때문에 경쟁이 보다 표면화되고, 갈등이 심각해지는 경향이 있다. 형제자매가 말하는 가장 흔한 열 가지 갈등의 원인은 놀리기, 소유물 문제, 가정에서의 의무, 가사일 분담, 별명 부르기, 남의 옷 입기, 사생활 침해, 부모의 차별대우, 친구들 앞에서 망신 주기, 특권에 대한 갈등 등이었다. 청소년기 초기보다 후기에 접어들면, 청소년이 성숙하면서 자신의 형제자매를 더 조용하고 이성적인 방식으로 대하게 되므로 갈등적인 관계가 더 다정하고 협동적인 관계로 전환된다(최명구 · 김누리, 2009). 위와 같이 형제자매 관계는 매우 친밀하면서 동시에 갈등적이기 때문에 모순적이다.

청소년기 형제자매 갈등은 아동기에 비해서는 더 낮다. 아동기 형제자매 관계는 접촉의 기회가 많고 동시에 이들이 동일한 대상이나 물건에 대한 경쟁적 입장에 서기 때문에 갈등이 많고 만족스럽지 못한 것으로 보인다. 그러나 청소년기에 형제자매 관계는 더 동등한 관계가 된다. 청소년기에 형제자매 갈등이 감소하는 것은 청소년기에 함께 놀고 서로에게 이야기하는 시간의 양이 급격히 줄어드는 것에 부분적으로 기인한다. 또한 이 시기에 형제자매 관계의 힘에 기본적인 전환이 일어난다는 것을 반영한다. 아동기에는 손위 형제자매가 종종 양육자의 역할을 담당하는 파워의 불균형이 있고, 이러한 불균형으로 한 형제가 다른 형제에게 자신의 요구에 순종하기를 강요할 때 갈등을 낳게 된다. 어린 형제가 나이가 들어 그 성숙 정도가 손위 형제자매를 따라잡게 되면 힘의 불균형이 감소한다. 형제자매 관계가 청소년기를 거치면서 변화될 때, 대부분은 서로에게 보다 평등한 방식으로 관계 맺는 법을 학습하고 그렇게 되면서 아동기보다는 많은 부분을 해결하게 된다(최명구 · 김누리, 2009).

출생순위도 성격형성에 영향을 미친다.

출생순위도 성격형성에 영향을 미친다. 첫째 아이는 다른 형제자매보다 성인 지향적이고, 다른 사람에게 도움이 되고, 동조적이고, 자기통제적이고, 덜 공격적이라고 기술되어 왔다. 첫째 아이에 대한 부모의 요구와 높은 기대 수준은 이들이 보다 높은 학문적 · 전문적 성취를 실현하는 결과를 낳게 할 수 있다(Furman & Lanthier, 2002). 둘째는 출생 후 손위 형제의 존재로 인해 무력감과 좌절감을 느끼게 된다. 자신보다 우월한 형의 존재는 경쟁심을 유발하여 그 결과 보다 사교적이며 손위 형제와는 다른 특성을 보임으로써 자신의 위치를 확보하려 한다. 또한 동생이 출생할 경우, 맏이와 막내에게 자신의 권리를 빼앗기는 느낌을 받게 되어 불공평함을 경험하기도 한다. 막내는 불리한 위치에서 출생하지만 폭군이 될 수도 있다. 애교를 부리거나, 귀엽고, 약하고, 겁 많게 보임으로써 자신의 위치를 이용하여 모든 가족구성원에게 자기를 시중들도록 요구할 수 있다. 어수룩하게 보이거나 드러내놓고 반항함으로써 자신의 위치를 확보할 수 있다. 그 결과 막내는 독자적으로 무엇을 할 수 있는 기회가 적어 미성숙한 성격 특성을 보이는 경향이 있다.

또한 출생순위는 형제자매 관계에서 서로에게 일정한 역할을 담당한다. 손위 형제들은 형제자매 관계의 상호작용에서 늘 지배적인 역할을 취하고, 부모가 동생을 편애한다고 화난 감정을 보고한다. 외동아이는 일반적으로 의존적이고, 자아통제가 부족하고 자기중심적인 행동을 보이는 것과 같이 바람직하지 않은 특성을 가진 '버릇없는 아이'라고 생각한다. 그러나 연구들에 따르면 외동아이는 보다 긍정적인 모습을 가진 것으로 밝혀지는데, 이들은 대가족 출신의 외동아이나 첫째 이후에 태어난 아이에 비해 성취 지향적이고 바람직한 성격 특성을 가지는 것으로 나타났다.

출생순위에 따라 차이가 없는 것으로 나타난 변인은 친구관계, 또래 간 사회성, 부모의 정서적 지지, 공격성이었으며, 사회적 능력, 성격, 친사회적 행동, 친구 간 갈등해결전략 사용에는 출생순위에 따라 차이가 있음을 밝히고 있다(박영애 · 전귀연, 2009).

출생순위에 따라 차이가 없는 것으로 나타난 변인은 친구관계, 또래 간 사회성, 부모의 정서적 지지, 공격성이었으며, 사회적 능력, 성격, 친사회적 행동, 친구 간 갈등해결전략 사용에는 출생순위에 따라 차이가 있음을 밝히고 있다.

출생순위에 따른 형제자매 관계의 특성과 관련한 또 다른 연구들을 살펴보면, 맏이는 막내보다 갈등과 상대적 지위 권력을, 막내는 맏이보다 경쟁의식과 부모의 편애를 높게 지각하고 있었다(이재연 · 이완정, 2006). 출생순위에 따라 첫째와 둘째 간에 형제 상호작용(기현주 · 김희진, 2004)과 갈등 시 갈등해결전략과 반응(박소라, 2001), 아동이 지각하는 다른 형제의 권력기반(정현숙, 1983)에 차이가 있었다.

출생순위 효과가 청소년 행동의 강력한 예언 요인은 될 수 있지만, 그동안의 연구들은 출생순위를 지나치게 강조해 왔다. 청소년 행동에 영향을 주는 모든 요인들을 고려하면, 출생순위 그 자체는 청소년 행동을 예측하는 데 제한적이다. 형제자매 관계만 봐도 출생순위에서뿐 아니라 형제의 수, 형제들의 연령, 형제들의 연령범위, 형제자매의 성 등 고려해야 할 요소가 너무 다양하다. 비록 출생순위 자체가 청소년 행동을 설명하는 데 좋은 지표는 못 된다 할지라도 청소년기의 가족 환경에 중요한 차원임은 분명하다.

7) 청소년과 조부모와의 관계

조부모와 함께 사는 가정에서는 손자녀가 핵가족의 경우와는 다른 경험을 하게 된다. 조부모는 부모보다 자녀양육에 관한 경험이 많으므로, 손자녀에게 정서적 안정감을 제공해 줄 수 있고, 손자녀에 대한 직접적인 의무감이나 책임감이 없기 때문에 순수하게 애정적인 관계에서 유대감을 형성할 수 있다.

일반적으로 부모는 자녀에 대한 지나친 기대와 교육에 대한 책임감 때문에 훈육 시 잔소리가 많아지고 감정적이 되기 쉽다. 반면, 조부모는 연륜에 의한 지식과 지혜, 사랑과 관용으로 손자녀를 소중하게 여기고 손자녀의 생각과 요구를 귀담아들을 여유가 있다(McMillan, 1990; Strom & Strom, 1990).

최명구와 김누리(2009)는 조부모와의 관계가 청소년에게 미치는 긍정적 역할을 다음과 같이 제시하였다. 첫째, 조부모는 청소년의 삶에 연속성의 느낌을 복구시킨다. 조부모는 현재와 과거를 연결하고, 가족문화와 가족의 뿌리를 전달하는 핵심적 역할을 하므로 청소년의 정체감 탐구에 긍정적인 영향을 줄 수 있다. 둘째, 조부모는 청소년에게 부모에 관한 정보를 줄 수 있기 때문에 부모-청소년 관계에 긍정적인 영향을 준다. 청소년 역시 부모와 갈등할 때 절친한 친구로서, 중재자로서 조부모에게 의지한다. 셋째, 조부모는 청소년이 노화를 이해하고 노인을 받아들이는 데에 중요한 역할을 한다. 자신의 조부모를 자주 만나며 좋은 관계를 맺고 있는 청소년은 노년에 대한 긍정적인 태도를 가질 가능성이 높다.

오늘날의 한 자녀만 있는 핵가족 형태 가정의 아이들은 낯가림이 심한데, 이것은 친척이나 이웃과의 접촉이 과거처럼 빈번하지 않아 오직 부모하고만 애착이 형성되기 때문이다. 그러나 조부모와 함께 사는 아이들은 보다 폭넓은 인간관계로 인하여 애착형성이 다양하게 이루어지고 사회성도 발달한다. 조부모는 부모보다 자녀양육에 관한 경험이 많아 실제 양육에 있어서도 부모보다 능숙하고, 바쁜 부모 대신 손자녀에게 정서적인 안정감을 제공해 줄 수 있으며, 놀이친구로서의 역할도 한다. 이와 같이 조부모와 함께 사는 청소년들은 조부모와의 관계를 통해 여러 가지 긍정적인 도움을 받을 수 있다(정옥분, 2006).

조부모 역시 손자녀를 통해 자신의 존재가치를 확인할 수 있다. 노화로 인해 사회와 가정에서 한발 물러선 조부모들에게 있어 손자녀를 돌보는 일은 상실감을 극복할 수 있는 하나의 계기가 된다. 하지만 모든 조부모들이 손자녀 양육에 긍정적인 반응을 나타내는 것은 아니다. 자녀 세대의 기대와 달리 이제 '손자 보기가 유일한 낙'이라고 생각하는 노인은 거의 없다. 특히 가사노동과 육아에 매달려 젊은 시절을 보낸 50~60대 여자 노인들은 노년에 얻은 자유를 포기하고 싶어 하지 않는다. 그들은 손자녀와 잠깐씩 즐거운 시간을 보내기를 원할 뿐 자신의 여가생활을 위해 손자녀 양육을 전적으로 책임지기를 원하지 않는다(정옥분, 2006).

청소년 초기에는 조부모와 마찰을 빚을 수도 있다. 어떤 조부모는 가정에서 손주들을 양육하고 지도하는 역할을 적극적으로 떠맡고는 손자녀에게 잔소리하고 통제하려 드는 등 부모의 의사에 반해서 지나치게 간섭한다. 또 어떤 조부모는 과잉보호하거나 응석을 받아주면서 부모의 반대편에 서서 청소년의 편을 들면서 부모의 훈육을 암암리에 방해한다. 두 가지 경우 모두, 가정의 긴장을 초래하고, 구성원 모두에게 부정적으로 작용하며, 청소년의 반항심과 도전의식을 자극한다. 간섭이 아닌 적절한 정도의 양육에 도움을 제공하는 것이 바람직한 조부모의 역할이라 할 수 있다. 청소년이 성장하면서 점차적으로 전보다 더 상냥하게 조부모를 받아들일 수 있게 되고, 조부모도 어렸을 때처럼 그들을 휘두르려고 하지 않게 되면서 세대 간의 갈등은 줄어들게 된다.

손자녀가 지각한 조모와의 심리적 친밀도에 관한 연구(서동인 · 유영주, 1991)에 따르면 우리나라의 조모역할은 훈계자 역할, 물질적 제공자 역할, 대리모 역할, 가계역사의 전수자 역할, 손자녀 후원자 역할, 생활간섭자 역할인 것으로 나타났다. 이상의 역할 중에서 손자녀의 발달과업과 관련된, 삶의 기본이 되는 철학이나 형제간의 우애와 예절 등에 관한 교육적 역할에 특히 초점을 두고 있는 것으로 나타났다. 그리고 외조모가 손자녀 후원자 역할, 훈계자 역할, 대리모 역할, 물질적 제공자 역할을 많이 하는 것으로 손자녀가 지각할수록, 또 손자녀의 생활을 간섭하지 않는 것으로 지각할수록 손자녀의 외조모에 대한 심리적 친밀도가 높아지는 경향을 보여주었다.

외조모가 손자녀 후원자 역할, 훈계자 역할, 대리모 역할, 물질적 제공자 역할을 많이 하는 것으로 손자녀가 지각할수록, 또 손자녀의 생활을 간섭하지 않는 것으로 지각할수록 손자녀의 외조모에 대한 심리적 친밀도가 높아지는 경향을 보여주었다.

8) 가족구조의 변화

급변하는 현대 사회에서 주요한 사회변화 중 하나는 가족구조의 변화라 할 수 있다. 가족구조의 변화는 다양한 형태의 가족을 형성하게 되었다. 다양한 유형의 가정은 청소년에게 많은 영향을 미치게 된다. 이혼율의 증가로 많은 청소년이 편모 또는 편부가정에서 생활하며, 부모의 재혼으로 인해 계부모와 함께 살기도 한다. 그리고 맞벌이 부부의 증가로 학교에서 돌아오면 아무도 없는 빈집에 있게 되는 청소년들이 많아졌다.

(1) 이혼가정의 자녀

최근 우리나라를 포함한 많은 국가에서 이혼율이 증가하고 있다. 이혼을 하는 부부들 중 많은 경우 아동이나 청소년 자녀가 있다. 부모의 이혼은 청소년 발달에 영향을 미치게 되는데, 특히 여러 가지 부정적 정서를 경험하게 한다. 부모의 이혼 후 어머니와 함께 사는 남아의 경우 남성모델의 부재로 고통을 당하고 결과적으로 학교에서는 적응을 잘하지 못하고 비행을 저지르는 경우가 많다(Hetherington, Anderson, & Hagan, 1991). 여아의 경우 어머니의 존재와 지원 때문에 부모의 이혼에 적응을 잘하는 편이지만 항상 그런 것은 아니다. 어머니와 갈등이 있는 경우 학교에서는 공부를 잘하지 못하고(McCombs & Forehand, 1989), 남아보다 부모의 이혼 후 훨씬 더 오랫동안 분노를 경험한다. 이 분노는 주로 아버지에게로 향한 분노다. 남아, 여아 모두 어머니가 이혼을 청구하였더라도 어머니보다 아버지를 더 많이 원망한다고 하였다. 즉, 아버지에 대한 분노는 딸의 경우 특히 더 심하다(Kaufmann, 1987). 하지만 어떤 경우 부모의 이혼이 자녀에게 반드시 부정적인 결과만을 갖는 것은 아닐 수도 있다. Long과 Forehand(1987)는 청소년에게 가장 스트레스를 주는 것은 이혼 그 자체가 아니라 부모들 간에 잦은 적대감의 표현이라고 하였다(최명구 · 김누리, 2009).

이혼이 청소년에게 미치는 영향은 간단하게 대답할 수 있는 문제는 아니다. 왜냐하면 모든 아이들이 이혼에 대해 다르게 반응하며, 이혼이나 재혼 시 청소년의 발달단계에 따라 다르게 나타나기 때문이다(최명구 · 김누리, 2009). 청소년은 아동에 비해 인지적 능력이 우세하므로 부모와의 갈등과 이혼의 복잡성을 아동보다 잘 이해할 수 있다. 이들은 어린 아동에 비해 부모에게 덜 의존하며 가족 외의 집단에서 정서적 지지를 찾을 수도 있다. 과거에 비해 이혼이 빈번하게 나타나고 이를 경험하는 아동 · 청소년이 많아짐에 따라 이혼이 자연스러울 수도 있고 그 부정적 효과가 크지 않다고 볼 수 있다. 그렇지만 이혼으로 인한 가족관계의 붕괴는 청소년들에게 적응문제를 증가시키기 때문에 부정적이라 할 수 있다.

우리나라의 아동과 청소년을 대상으로 하여 부모의 이혼에 따른 자녀들의 적응을 알아본 연구(정현숙, 1983)에 따르면, 이혼 이후 기간이 길수록, 스스로 다양한 문제해결 방식을 많이 이용할수록, 양육부모의 재혼여부나 성에 관계없이 친권부모와 긍정적인 대화를 통한 상호작용을 많이 하고 부정적인 상호작용이 적을수록 비친권부모와 접촉을 많이 할수록 자녀들은 부모의 이혼 후의 생활에 잘 적응하는 것으로 나타났다.

(2) 한부모가정의 자녀

한부모는 한부모가 된 배경, 곧 한부모가족이 된 직접적인 원인, 한부모가족이 된 후에 변화된 주위환경 등에 따라 개별적인 문제에 직면하게 된다. 즉, 한부모가족의 원인이 사별인가, 실종인가, 이혼인가 등에 따라 다르며 부자가족인가, 모자가족인가에 따라 다르다. 또한 가정의 경제적 수준, 가사와 육아의 조력자 유무, 홀로 된 부 또는 모의 취업유무와 그 가능성, 가족의 크기, 자녀의 연령, 주위의 이해 등에 따라 다르다(이경희, 2000).

편모가족의 절반 이상이 절대 빈곤수준 이하의 생활을 하며 때로는 자녀들이 경제적 책임을 지고 일을 해야 하는 경우가 있다. 그러나 자녀들이 가족의 의사결정에 적극적으로 참여하고, 독립심이 증가된다는 긍정적인 측면도 있다.

편모가족의 가장 큰 어려움은 경제적 곤란이다. 편모가족의 절반 이상이 절대 빈곤수준 이하의 생활을 하며 때로는 자녀들이 경제적 책임을 지고 일을 해야 하는 경우가 있다. 그러나 자녀들이 가족의 의사결정에 적극적으로 참여하고, 독립심이 증가된다는 긍정적인 측면도 있다(Hetherington, Anderson, & Hagan, 1991). 그리고 여성이 직업을 갖는 것에 대해 긍정적인 태도를 갖게 되고 가정에서 보다 융통성 있는 성역할을 한다. 특히 딸들은 어머니를 경제적, 사회적 독립을 성취한 긍정적인 역할모델로 보지만 아들의 경우는 딸보다 적응을 잘하지 못하고 반사회적 행동을 하기 쉽다(Bank, Forgatch, Patterson, & Fetrow, 1993). 편모가정만큼은 아니지만 편부가정도 점점 증가하는 추세에 있다. 편부가족의 어려움은 아버지가 자녀를 돌보고, 집안일을 해야 하며, 직장일까지 병행해야 하는 데서 오는 부담이 가장 크다는 점이다. 그러나 편부가족 중 어머니가 집을 나간 경우 아버지는 버림받았다는 생각에 자신감을 잃고, 혼자서 자식을 키우는 데서 스트레스를 받는 것으로 보인다.

(3) 재혼가정의 자녀

이혼율이 증가하면서 재혼가정이 늘고 있다. 재혼가정은 자녀가 있는 이혼부부가 재혼을 함으로써 새로운 형태의 가정을 이루는 가정을 의미한다. 우리나라는 계모가족이 계부가족에 비해 많은 편이다. 재혼가족은 양쪽의 부계, 모계 친척뿐만 아니라 전 배우자, 전 인척 및 헤어진 부모를 포함하는 연관된 사람들이 너무 많아 친가족보다 훨씬 무거운 부담을 안고 있다. 재혼가족은 아이들과 어른 모두가 경험한 죽음이나 이혼의 결과로 인한 상실로부터 오는 스트레스를 극복해야 하는데, 그러한 스트레스는 믿고 사랑하는 것을 두려워하게 만든다. 이전의 친부모와의 유대, 혹은 헤어진 부모나 죽은 부모에 대한 충성심이 계부모와의 유대를 형성하는 데 방해가 될 수 있다. 그리고 아동기의 자녀를 둔 아버지가 아이를 한 번도 가져보지 않은 여성과 결혼한 경우 인생경험의 차이에서 오는 어려움이 크다(Visher & Visher, 1989). 특히 사춘기 자녀가 있는 경우에는 자녀가 사춘기에 해결해야 할 과제와 재혼가족에 대한 적응이 겹치기 때문에 더욱 큰 어려움에 당면하게 된다. 적응문제가 해결되지 않을 경우, 음주, 약물남용, 비행, 성문제 등 부모의 이혼에서 경험하는 것과 비슷한 부정적 반응이 나타난다. 그리고 재혼가족은 자녀들은 유기, 신체적 학대, 성적 학대의 희생물이 되기 쉽다(정옥분, 2006).

재혼가족은 아이들과 어른 모두가 경험한 죽음이나 이혼의 결과로 인한 상실로부터 오는 스트레스를 극복해야 하는데, 그러한 스트레스는 믿고 사랑하는 것을 두려워하게 만든다.

이상과 같은 문제들은 부모와 계부모가 다음과 같이 적절히 준비를 한다면 감소될 수 있다(정옥분, 2006; Atwater, 1996; Visher & Visher, 1989). 첫째, 앞으로 계부모가 될 사람이 어떤 사람인지 알 기회를 사전에 충분히 갖는다. 둘째, 현실적인 기대를 갖는다. 재혼가족의 구성원은 원래의 친가족과는 다르다는 것을 인정해야 한다. 계부모와의 친밀한 관계를 강요하지 말고 시간적 여유를 가지고 자연히 이루어지도록 기다린다. 셋째, 자녀들의 감정을 이해한다. 어른들이 새로운 인생을 함께 설계하며 행복해하는 그 때에 자녀들은 불안하고, 상처받고, 화가 난다는 것을 이해해야 한다. 넷째, 생모나 생부와 비교되는 것은 불가피한 일이므로, 계부모는 자신의 새로운 역할이 도전받을 것을 각오해야 한다. 끝으로, 재혼가족의 구성원은 다른 모든 가족과 마찬가지로 가족이 제대로 기능하도록 그 구성원이 각자 노력할 때 성공적이라는 사실을 명심해야 한다.

2. 청소년과 학교환경

1) 학교환경

학교는 제도적으로는 제2차적 이익사회이지만, 동료교사 관계나 친구 집단은 제1차적 공동사회적 요소를 갖는다. 학교는 각각 다른 성장과정과 배경, 그리고 능력, 성격, 잠재력 등을 지닌 학생들이 최적의 발달을 이룰 수 있도록 도와주는 역할을 수행하므로 그 기능이 다양하고 복잡하다(허혜경 · 김혜수, 2010).

학교의 기능을 살펴보면 다음과 같다.

사회화 기능을 수행하기 위해 학교는 학생 개인의 행동규범은 물론 집단이나 단체 내에서의 행동규범을 제시하고 지도하고, 학생들에게 지식과 기술을 가르침으로써 개인적 기능과 대인관계 기술을 획득하도록 도와준다.

첫째, 학교는 사회화 기능을 수행한다. 사회화 기능을 수행하기 위해 학교는 학생 개인의 행동규범은 물론 집단이나 단체 내에서의 행동규범을 제시하고 지도하고, 학생들에게 지식과 기술을 가르침으로써 개인적 기능과 대인관계 기술을 획득하도록 도와준다. 학교는 문화적 가치, 신념 및 전통을 전달함으로써 사회화 기능을 수행한다. 학생을 평가하여 그 결과를 바탕으로 차후 학습방향을 설정하고, 교육과정에 반영하여 교육의 질적 및 양적 개선을 위한 기초자료로 활용하는 것도 사회화 기능에 해당된다.

둘째, 학교는 학생들의 진로를 설계하는 기능을 수행한다. 그러므로 학생들이 일과 직업세계에 관심을 갖도록 도모하고, 각자의 미래 직업을 탐색하거나 직업 생애를 설계할 수 있도록 직업교육을 제공해야 한다. 마지막으로 학교는 학생들에게 성공체험의 기회를 제공하는 장이어야 한다. 그러므로 학생들의 학습 속도나 이전의 성취와 상관없이 모든 학생들이 성공 경험을 할 수 있도록 지원해야 한다. 이를 위해 학생들의 요구를 반영한 교육 프로그램이 구성되어야 할 것이다.

Hamburg(1992)는 이를 위해 다음의 세 가지 방법을 제시하였다(허혜경 · 김혜수, 2010). 먼저 학생들의 다양한 능력에 따라 수준별 집단을 구성하고 또래 간 협동학습이나 상급생이 하급생을 개별 지도하는 것과 같은 교수 전략을 활용하는 방법, 학생들의 심화학습이 가능하도록 학습계획을 융통성 있게 운영하는 방법, 방과 후 학습, 여름이나 주말의 특별학습, 교사의 개별 지도 및 학부모 참여지도 등 다양한 학습기회를 제공하는 방법 등이다.

청소년들에게 있어서 학교는 가정만큼이나 영향력 있는 기관이다. 특히 현대사회에서는 가정의 교육적 기능이 약화됨에 따라 상대적으로 학교의 역할이 점차 중요해지고 있다.

많은 학생들이 초등학교를 떠나 중학교에 진학하면서 자신의 학업능력을 지각하게 됨에 따라 자신감 상실, 학업동기 감소, 학업성취 저하 등과 같이 학업적으로 당황하거나 슬럼프에 빠지는 경향이 있다(정영숙 · 신민섭 · 이승연, 2009; Roeser & Eccles, 1998; Roeser, Eccles, & Freedman-Doan, 1999). 일반적으로 중 · 고등학교는 초등학교에 비해 규모가 크고, 과목수와 과목별 담당교사의 수가 증가하며, 교사들은 학생의 이름을 다 알기 어려울 정도로 학생의 효과적인 관리 및 감독이 어려우며, 비개인적이며, 학업의 비중이 높아지는 경향이 있다. 따라서 청소년기에는 사춘기와 함께 중학교에서의 적응 자체가 청소년들에게 중요한 발달과제 중 하나다.

청소년들이 많은 시간을 보내는 학교환경은 청소년들에게 상당한 영향을 미치게 되므로 바람직한 학교환경을 조성하도록 하여야 할 것이다. 많은 교육학자들은 바람직한 학교환경 조성을 위한 조건들을 연구하여 왔다. Jackson과 Davis(2000)는 대규모의 전문가 집단의 연구에 기초하여 성공적인 중 · 고등학교의 특징을 제시하였다(정영숙 · 신민섭 · 이승연, 2009). 교사들은 청소년들의 전문적인 발달 기회뿐 아니라 이 연령대와의 상호작용을 위해 특별한 훈련이 필요하다. 또 교과과정은 엄격해야 하며, 학습기대는 높아야 하고 학생들이 자신의 삶과 관련이 있다고 인식되도록 제공되어야 한다. 학교는 친절하고 지지적인 분위기를 지녀야 하며 학생들은 교사, 또래와 함께 학교사회를 공유한다고 느낄 수 있어야 하고 자신의 의견과 생각이 존중받는다고 느껴야 한다. 학교는 학업적으로 우수하든 무능하든 간에 모든 학생들의 성공을 위해 노력해야 하고, 학생들이 좋은 건강습관을 형성할 수 있도록 격려해야 한다. 또한 학교는 지역사회의 일부가 되어야 하며, 회사나 지역사회 기관 등과 상호작용해야 하고 학부모들은 학교에 참여해야 한다.

학교는 친절하고 지지적인 분위기를 지녀야 하며 학생들은 교사, 또래와 함께 학교사회를 공유한다고 느낄 수 있어야 하고 자신의 의견과 생각이 존중받는다고 느껴야 한다.

학교환경의 질을 논함에 있어서 흔히 준거가 되는 것은 학교와 학급의 크기이다. 학생의 수가 1,000명이 넘는 과대 학교는 학생들을 효율적으로 통제하지 못하는 경향이 있다. 학생수가 많은 학교에서는 학생들이 학교에 대한 소속감을 덜 느끼고, 자신의 행동에 대한 책임감이 적어 무단결석이나 반사회적 행동 등 행동문제가 많이 나타난다. 학교의 크기와 학업성취도 간에는 직접적인 연관이 없었지만, 학급의 크기가 클수록 성취도가 감소하였는데 학급당 학생수가 15명 이하일 때 학업성취도가 가장 높은 것으로 나타났다(정옥분, 2006). 현 우리나라의 중·고등학교 학급당 학생수는 32명 정도로, 과거 1990년대 후반에 50여 명이었던 것에 비해 많이 줄어든 것이 사실이지만 2023년 기준 여전히 전국의 초·중·고 학급의 18.1%가 과밀학급으로 나타났다. 이러한 과대 학교 현상은 교육과정 운영에 어려움을 주고, 교사 역시 부담을 갖게 되어 학생 지도에 소홀하게 되며, 학생의 안전지도가 미흡하여 많은 안전사고를 유발한다(서정화, 1986).

학교환경에서 학생들에게 가장 큰 영향력을 행사하는 사람은 교사이며, 이 영향력은 때로는 많은 학생의 진로를 좌우하거나 일생에 있어서 지속될 정도로 강력하다.

학교환경에서 학생들에게 가장 큰 영향력을 행사하는 사람은 교사이며, 이 영향력은 때로는 많은 학생의 진로를 좌우하거나 일생에 있어서 지속될 정도로 강력하다. 교사는 청소년들의 품성을 격려하고 잠재력을 발휘하도록 북돋운다. 교사의 관심과 격려는 학생들이 발전하게 되는 긍정적인 동기가 되어 학업 수행과 재능을 계발시킨다. 또한 학생들에게 교사는 그들의 사회화 과정에서 매우 중요한 영향을 미치는 사람 중의 하나이다.

Erikson(1968)은 훌륭한 교사는 청소년들에게 자율성과 근면성을 갖도록 만든다고 믿는다. 훌륭한 교사는 청소년이 가진 각각의 특수한 재능을 알아보고 격려할 줄 알고 청소년으로 하여금 자기 자신에 대해 기분 좋게 느낄 수 있는 상황을 설정할 줄 안다. 심리학자와 교육자들은 훌륭한 교사의 특성으로 위엄과 열의가 있고, 공정하고, 적응력이 있으며, 따뜻하고, 융통성이 있으며, 학생들의 개인차를 잘 이해하는 것 등을 열거하였다(Jussim & Eccles, 1992).

많은 연구들에 의해 학생들은 자신감이 있고, 관대하며, 정서적으로 안정되고, 친절하고, 따뜻하고, 신뢰할 수 있으며, 학생들로 하여금 열등감을 느끼지 않게 만드는 교사를 선호하는 것으로 나타났다. 또한 학생들은 그들의 발달과업을 이해해 주며, 많은 관심을 가지고 그들의 문제에 대해 진지하게 이해해 주는 교사, 권위적이지 않으며 친구처럼 어울릴 수 있고, 합리적이며 상황에 따라 자연스럽게 권위를 행사하는 교사를 선호하는 것으로 확인되었다(최명구 · 김누리, 2009).

2) 학교교육

청소년의 삶에 있어서 학교교육이 차지하는 비중은 매우 높다고 할 수 있다. 특히 학교교육에 대한 사회적 관심과 열기가 상대적으로 높은 우리나라의 경우, 청소년들의 전체 삶 중에서 직접적으로 학교교육에 소비하는 시간의 비중이 매우 클 뿐만 아니라, 학교 밖에서 펼쳐지는 활동들 역시 그 대부분이 직 · 간접적으로 학교교육 과정과 관련된다. 따라서 청소년에 대한 논의는 필연적으로 학교교육과 관련하여 논의될 수밖에 없을 것이다.

현대사회에 들어서면서 사회화 과정에서 가정의 역할이 감소되고 있는 반면 학교와 다른 사회제도 및 기관의 역할은 점점 증대되고 있다. 특히 학교는 가정에 버금가는 아주 중요한 역할을 담당하고 있다. 학교는 사회의 축적된 지식과 기술을 가르치며 사회의 존속과 유지에 불가결한 가치와 규범을 전수한다. 학교에서의 사회화는 공식적인 교과 과정뿐만 아니라 교사 또는 또래와의 상호작용과 같은 '숨은 교육과정'을 통해서도 이루어진다. 타인을 파악하고 대응하며 자신을 표현하고 반응을 유도하는 것을 통해 대인관계 기술을 익히고, 각종 규칙과 예의범절을 지키는 행동을 통해 상호협력과 타협 등 사회생활에 필요한 능력을 배우기도 한다. 학교생활의 비중이 커지는 만큼 학교가 청소년의 성장에 미치는 긍정적인 영향과 함께 부정적인 영향도 증가하고 있다.

학교생활의 비중이 커지는 만큼 학교가 청소년의 성장에 미치는 긍정적인 영향과 함께 부정적인 영향도 증가하고 있다.

오늘날 학교교육의 대중화와 고등교육의 기회 확대, 그리고 입시와 취업을 위한 경쟁적 교육풍토 등은 청소년기의 학생들을 학교라는 울타리 속에 가두어 두고 그들에게 오직 한 가지 목표, 즉 학업성취의 향상만을 강요하고 있는 실정이다. 아무리 교육의 인간화와 민주화를 강조하여도 현실적인 학교교육은 학생의 학업성취에 의해 그 성패가 판가름 나게 되어 있다. 즉, 높은 학업성취도와 대학진학률을 기록한 학교들은 상위학교로 인정받고 그렇지 못한 학교들은 낙오되거나 교육을 게을리한 것으로 오인받게 된다. 이것은 비단 학교만의 성패가 아니라 학생들의 인생의 성패를 결정하는 요인이 되고 있다. 학교성적이 우수한 학생은 성공자이고 모범생이며 성실자로 인정되지만, 성적이 부진한 학생들은 실패자이고 불량자이며 불성실자로 낙인찍히게 된다(한상철, 2009).

학교교육의 문제점에 대해 살펴보면 학교와 교원 및 학생수가 폭발적으로 증가하였으나 교육의 질에서는 거의 향상이 없다는 점이다. 이 밖에 교육내용의 사회적 부적합성, 입시지옥과 교육의 수단화, 사회정의 실현 및 사회문제에 대한 교육의 소극성 등 문제점을 보여 왔다(한준상, 1989). 학교교육의 문제점을 살펴보면 다음과 같다.

첫째, 전인교육과 자아실현이라는 이상과는 달리 학교교육이 수단화, 도시화, 비인간화하고 있다는 것이다. 학력 위주의 사회에서 일류학교에 대한 집착은 학교교육을 성적 위주의 입시준비 수단으로 전락시켰다. 기계적인 암기 위주의 교육방법이 보편화되고 친구 간에 협력보다는 경쟁이 앞서고, 성적을 위해서는 수단방법을 가리지 않고 부정행위도 불사하는 상황이 되었다. 학교교육이 입시 위주로 파행하고 있는 동시에 좋은 성적을 얻기 위한 과외 및 학원수강의 과열 현상이 계속되고 있다. 부모들의 지나친 기대와 욕심, 경쟁심도 여기에 일조하여 청소년들은 자유롭게 놀 수 있는 여가시간이 없고 공부에 대한 압력에 눌려 사는 것이 일반적이다. 청소년들은 공부는 학원에서 배우기 때문에 학교 수업시간을 소홀히 하며, 학교는 내신성적을 부여하는 것 외에 별로 하는 일이 없다고 말하는 상황에 이르렀다.

청소년들은 공부는 학원에서 배우기 때문에 학교 수업시간을 소홀히 하며, 학교는 내신성적을 부여하는 것 외에 별로 하는 일이 없다고 말하는 상황에 이르렀다.

둘째, 학원 등 사교육비의 부담이 크기 때문에 부모의 경제력과 학력이 낮을수록 자녀를 교육시킬 수 있는 능력이 제한되고 있으며 따라서 교육에 있어서 계층과 지역에 따른 불평등이 깊어지고 있다. 저소득층 지역과 농어촌 지역의 자녀교육 기회가 부족한 실정이다. 특히 교육기관과 시설, 교사 또는 강사, 관련 정보 등에 있어서 서울 등 대도시 편중 현상은 지역 간 격차를 심화시키고 있다.

셋째, 입학, 진급, 졸업, 교사, 재정, 교육내용 등 학교교육 체계가 철저히 국가의 법률과 지침에 따라야 하고, 학교의 설립, 운영부터가 정부의 인가를 받도록 되어 있다. 이와 같이 교육이 중앙집권화 됨에 따라 다양하고 융통성 있는 교육이 실시되지 못하고 있다. 교육제도가 폐쇄적이고 경직되어 있을 뿐만 아니라, 학교 내의 운영도 권위주의적이고 경직되어 있다. 이러한 점은 교장과 일반교사의 관계는 물론 교사와 학생 간의 관계에서도 문제가 되고 있는 부분이다. 학생들이 학칙에 대해 불만을 가지고 있는 경우가 많고, 징계에 관해서도 여전히 학생이 배제되고 비민주적으로 운영되는 경향이 있다.

넷째, 교사의 학생지도력이 약화되어 있으며, 교사에 대한 존경심과 신뢰감이 상실되어 가고 있다. 중·고등학교 학생들은 선생님이 자신들을 이해해 주지 않는다고 생각하며 고민이 있을 때 상의하고 싶은 선생님이 없다고 생각하는 경향이 있다. 이런 현상의 원인으로는 과밀학급의 문제, 교사 업무의 과중, 권위주의적인 자세, 교사의 사회경제적 지위 저하, 교권의 약화 등을 들 수 있다.

다섯째, 열악한 교육환경을 들 수 있다. 교육이 국가의 백년대계라고 하면서도 교육에 대한 국가의 투자가 미흡하여 학교시설 및 설비가 노후되고 열악한 편이다. 학교 밖 환경도 좋은 편은 아니어서 학교 주변의 차량 통행이나 공장으로 인한 소음이나 유해물의 방출, 유흥업소와 러브호텔 등 각종 퇴폐향락업소의 침투, 불량청소년에의 무방비 노출, 학교폭력 등으로 인하여 청소년의 전인성장을 뒷받침하지 못하고 있는 실정이다.

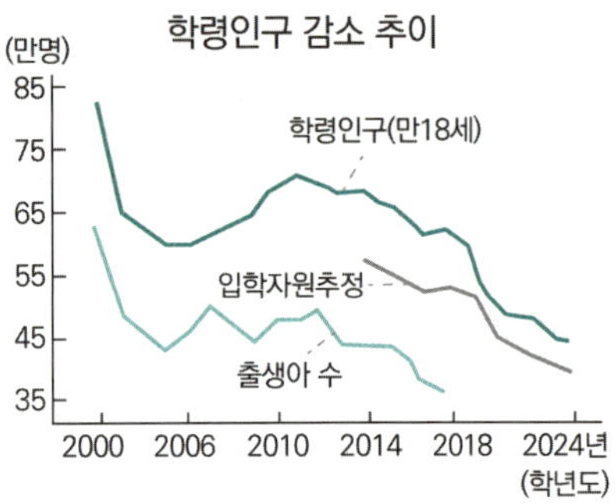

자료: 교육부

최근에는 학령인구의 감소와 대학정원의 증가로 대학정원이 진학연령의 인구보다 더 많은 상황이 되어 가고 있다. 이에 따라 극심한 대학입시 경쟁은 다소 완화되고 대학에서 학생을 유치하는 시대가 되었다. 그러나 일류학교를 향한 경쟁은 지속되고 있다. 이와 함께 수요자 중심의 교육, 다양한 학제 및 평생교육의 발전 등 교육제도의 변화가 일어나고 있다. 특히 창의성 교육을 강조하고 있으며, 7차 교육과정에서는 학생선택 중심 교육과정과 수준별 교육과정의 도입, 재량활동을 통한 자기주도적 학습능력의 신장을 꾀하고 있다. 따라서 이전의 강의 중심, 공급자 중심의 교육에서 체험활동을 강조하고 학생 중심의 교육으로 변화가 일어나고 있다. 이와 함께 교육에도 중앙통제보다는 자율경쟁을 강조하는 방향으로의 전환을 유도하고 있으나 아직까지는 기존의 문제점을 극복하지 못하고 있다.

3) 청소년들의 학업성취

청소년들의 학습에 영향을 미치는 변인은 다양하다. 학습자의 성격이나 동기적 요인, 교사나 수업의 질 등 다양한 요인에 의해 학습자의 학업 수행은 영향을 받는데 학습 변인 중 약 50% 정도는 학습자의 인지적 특성, 25% 정도는 학습자의 정의적 특성, 나머지 25% 정도는 교사가 진행하는 수업의 질이 좌우한다고 보았다(Bloom, 1976).

여기서는 청소년의 학업 수행에 영향을 미치는 변인을 개인적 요인과 외부적 요인으로 분류하고 개인적 요인은 지적 특성, 정의적 특성, 태도적 특성으로, 외부적 요인은 가정의 사회경제적 배경, 부모의 특성, 동년배 집단으로 나누어 볼 수 있다.

(1) 개인적 요인

① 지적 특성

학업성취도에 영향을 주는 지적 특성은 일반 지적 행동, 특정 지적 행동, 준 일반 지적 행동으로 구분된다.

일반 지적 행동은 거의 모든 학과목의 학습에 영향을 줄 수 있다고 상정되는 보편적 지적 능력으로, 대부분 가정과 학교 초기 단계에 형성된다. '지능'과 '언어능력'이 대표적인 예로 개인의 지능과 언어능력은 8세 이전에 80% 이상이 결정되며 학업성적과 상관관계가 높은 것으로 알려져 있다. 일반 지적 행동 중 모든 교과목에 가장 보편적으로 영향을 미치는 변인인 지능은 일반적인 지적 능력으로 대개 표준화 검사를 통해서 측정된다. 개인의 지능과 학업 수행 간에 상관이 있으나 우수한 지능이 반드시 높은 학업성취도를 나타내는 것은 아니므로 가정의 사회경제적 배경, 부모와 교사 및 동년배의 영향, 자아존중감, 성취동기, 성역할 기대, 불안통제 등 다양한 변인들이 함께 고려되어야 한다. 이러한 사실을 종합해 볼 때 지능이 학업성취도에 미치는 영향은 그렇게 큰 편은 아니며 직접적이기보다는 간접적이라 할 수 있으므로 학교현장에서는 개인의 지능지수에 절대적 의미를 부여하기보다 참고자료로 활용하는 것이 바람직하다.

개인의 지능과 학업 수행 간에 상관이 있으나 우수한 지능이 반드시 높은 학업성취도를 나타내는 것은 아니므로 가정의 사회경제적 배경, 부모와 교사 및 동년배의 영향, 자아존중감, 성취동기, 성역할 기대, 불안통제 등 다양한 변인들이 함께 고려되어야 한다.

특정 지적 행동은 학습과제와 밀접하게 관련된 선행학습 능력으로, 대개 같거나 유사한 교과목에서의 선행학습 정도 및 성적을 그대로 특정 행동의 지표로 사용할 수 있으며 보통 일반 지적 행동보다 학업성적과의 상관이 훨씬 높게 나타난다. 또한 특정 지적 행동은 학업 수행에 대한 영향력이 더 클 뿐만 아니라 적은 시간과 노력으로 쉽게 변화 또는 개선될 수 있는 변인이라는 점에서 교육적 효용성이 높다. 특정 지적 행동으로는 선행학습을 들 수 있는데 특히 학습 위계가 뚜렷한 교과학습에서 선행학습의 영향력은 상당하므로 학습과제가 계열화된 것이라면 교사는 우선적으로 학생들의 선행학습 정도를 확인하고, 부족할 경우에는 보충하거나 교정하여 시발행동을 동등하게 만드는 것이 중요하다.

이를 위해 일반적으로 표준화 학력검사를 사용하며, 이보다 더욱 구체적이고 세부적인 정도를 수집하기 위해서는 교사 스스로 제작한 진단평가를 활용할 수 있다. 학생들의 학습결손은 교과에 대한 흥미 상실과 학업성적 저하 및 특정 교과목의 학습을 포기하도록 하는 원인이 될 뿐만 아니라, 나아가 학습에서의 실패가 부정적 자아개념과 같은 심리적 부적응과 문제행동을 유발하는데, 즉 열등감 형성, 대인관계 위축은 물론 비합리적 신념 및 태도 확산 등으로 사회적 문제를 초래한다.

준 일반 지적 행동은 일반 지적 행동과 특정 지적 행동의 중간 정도에 해당하는 능력이다.

준 일반 지적 행동은 일반 지적 행동과 특정 지적 행동의 중간 정도에 해당하는 능력이다. 지능만큼 일반적이지도 않으며 특정 교과에 관련된 능력도 아니지만, 대부분의 교과학습에 영향을 주는 능력으로 '독해력'과 '수학능력'이 대표적인 예이다. 학업성적과의 상관관계를 보면 일반 지적 행동과 특정 지적 행동의 중간 정도인 것으로 나타났다.

이 외에도 추상적 사고와 논리적 분석능력 역시 학업성취도와 밀접한 관련이 있는 것으로 밝혀지고 있다. 즉, 형식적 사고와 교과목 성적 간에는 의미 있는 상관이 있으며, 특히 그 과목에 관한 사전지식이 없는 학생들 간에도 형식적 조작 사고능력이 높을수록 성적이 높은 것으로 나타났다. 또 지능이 높을수록 형식적 조작 사고가 높게 나타났으며, 지능보다도 형식적 조작 사고능력이 학업성취도에 미치는 영향이 더 큰 것으로 보인다(허혜경 · 김혜수, 2010).

② 정의적 특성

정의적 특성은 지적 특성보다 학업 수행에 때로는 더 큰 영향을 미치기도 하지만 지적 특성보다 정의하기가 더 어려운 복합 개념이다. 정의적 행동도 지적 행동과 마찬가지로 그것이 학습과제에 얼마나 직접적으로 관련되어 있느냐에 따라 일반 정의적 행동, 준 일반 정의적 행동, 그리고 특정

정의적 행동으로 구분한다. 즉, 일반 정의적 행동보다 특정 정의적 행동이 청소년들의 학업성적에 보다 더 영향을 주는 중요한 변인이다. 정의적 행동과 학업성적과의 상관성을 시기별로 살펴보면, 학습이 진행되는 초기에는 그다지 높지 않다가, 학습이 진행되거나 학년이 높아짐에 따라 상승하는 현상을 보인다. 따라서 정의적 행동이 부정적이라면 그것이 고착되기 전에 긍정적 방향으로 변화시키는 체계적인 노력이 필요하다. 정의적 특성을 흔히 동기라는 용어로 총칭하지만, Bloom(1976)은 "흥미, 태도, 자아관의 복합체"라 하였다. 동기는 어떤 행동을 유발하고 그 행동을 지속하도록 하는 유기체의 내부적 특성이다.

학습동기는 효과적인 학습을 위한 필요조건인 동시에 바람직한 학습의 성과이기도 하다. 학습동기가 높은 학생은 높은 성취동기와 긍정적인 자아개념을 갖는다. 성취동기란 외적 보상이 없는데도 불구하고 새롭고 도전적이며 다소 어려운 과제를 잘 해결하고자 하는 개인적 동기를 말한다. 성취동기가 높은 사람은 일의 과정 자체를 즐기는 과업 지향적 동기, 어느 정도 어려운 과제를 해결하려는 적절한 모험심, 자기 책임감, 자신감, 결과를 알고 싶어 하는 성향 및 미래지향성과 함께 정력적이며 혁신적인 활동력을 갖는 것이 특징이다. 성취동기와 학업성취 간의 특징적 관계를 살펴보면 성취동기가 지능보다 학업성취를 더 많이 설명해 주고 있으며, 성취동기 수준은 학습과제의 양과 질의 수행 정도와 관련성이 높다. 또한 성취동기는 과제 지속력과 정적 상관관계를 보이고 성취동기가 높은 학생은 자신의 실패를 외재적 요인보다는 내재적 요인으로 귀인하는 경향이 높게 나타났다(허혜경 · 김혜수, 2010). 자아개념도 정의적 특성 중의 하나인데 자아개념이란 신체적 특징, 개인적 기술, 특성, 가치관, 희망, 역할, 사회적 신분을 포함한 '나'에 대한 지각 또는 평가를 의미한다. 학생들이 자신을 어떻게 바라보느냐에 따라 학업성취 수준이 달라진다. 또 다른 정의적 특성의 예는 감성지능(EQ)으로 인간의 감정적 능력, 즉 자신의 감정을 조절하는 능력을 일컫는다. 인간이 스스로 감정을 일으켜 그 감정에 휩싸이는 것을 통제할 수는 없지만 감정의 지속시간은 통제할 수 있다. 자신의 감정

성취동기란 외적 보상이 없는데도 불구하고 새롭고 도전적이며 다소 어려운 과제를 잘 해결하고자 하는 개인적 동기를 말한다.

을 적절하게 조절하는 사람은 그렇지 못한 사람보다 학습효과가 높고, 스트레스에 대응할 수 있으며 자기주장이 분명하고, 좌절 상황에서 포기하지 않으며 새로운 해결책을 제시하는 것으로 나타났다. 감성지능 계발을 위한 방안들은 자신의 감정 알기, 자신의 감정 다루기, 스스로 동기화하기, 타인의 감정을 알아차리기, 대인관계 능력 배양하기 등이다.

감성지능 계발을 위한 방안들은 자신의 감정 알기, 자신의 감정 다루기, 스스로 동기화하기, 타인의 감정을 알아차리기, 대인관계 능력 배양하기 등이다.

③ 태도적 특성

청소년들의 학업 수행 능력은 학습 습관이나 태도와도 관련이 있으므로 학업성취도를 높이기 위해서는 학습관 및 태도의 결함 여부를 진단하고 교정할 필요가 있다. 학습에서의 성공과 실패는 개인의 사고과정의 차이와 관련이 있으므로, 교과에 대한 능력도 중요하나 공부하는 방법이나 문제해결 방법, 사고과정 등이 적절한지 점검할 필요가 있다.

(2) 외부적 요인

① 가정의 사회경제적 배경

일반적으로 가정의 사회경제적 지위는 청소년기 자녀의 학업성취 수준과 상관관계가 있다. 예를 들면, 중상류층 가정의 경우 청소년 자녀의 학구적 지향을 격려하고, 사회에서의 성취와 성공을 중요시한다(허혜경 · 김혜수, 2010). 반면 낮은 사회경제적 지위가 학생들의 학업성취에 부정적인 영향을 주는 것으로 나타났는데(정영숙 · 신민섭 · 이승연, 2009), 그 이유를 보면 다음과 같다. 먼저 낮은 사회경제적 계층의 학생들은 학업 수행에 대해 긍정적인 부모의 모델과 영향이 부족하고, 교사들도 사회경제적 배경이 낮은 학생들보다 높은 학생들에게 기대와 보상을 더 많이 제공할 가능성이 있으므로 학업 수행뿐 아니라 또래의 인정을 부가적으로 받게 되어 선망의 대상이 되기 쉽다. 또 낮은 사회경제적 계층 학생들은 중류계층 학생들보다 언어능력이 저조하기 때문에 이미 초등학교 수준부터 학습결손을 지니고 있는 경우가 많고, 교육적 포부 수준도 낮은 경향이 있다.

② 부모의 특성

성공과 성취에 높은 가치를 두고 자녀의 정서적 독립을 격려하는 부모의 자녀들은 높은 학업성취와 포부 수준을 갖는다. 즉, 학교에서 성공적인 학생들은 부모로부터 사회적 지원과 격려를 받는다(Paulson, 1994). 이들은 부모의 훈육이 지나치게 엄하거나 제한적이지 않은 것은 물론 부모들이 그들을 이해하고 신뢰한다. 특히 청소년 자녀에게 따뜻하고 수용적인 가정환경을 조성해 주고, 여가를 함께 공유하며, 정서적 지원을 제공할 수 있는 부모들은 자녀가 학교에서 겪을 불안 유발적 경험들을 완충해 주는 역할을 한다. 아울러 부모가 독서를 생활화하고, 도서관이나 문화행사에 자녀를 동반하며, 대학 진학을 격려할 때 자녀의 학문적 성취를 지향할 수 있다. 청소년 자녀의 학업 수행을 성공으로 이끄는 양육방식으로 권위적인 부모 또는 민주적인 부모를 들 수 있는데, 이들은 독재적인 부모보다 학교생활과 학업을 중요하게 여겼으며, 자녀교육이나 학교의 자원봉사활동 등에 더 많이 참여하였고, 교사와의 면담시간을 충분히 가졌으며, 자녀의 과제를 돕거나 대화를 위해 많은 시간을 투자하는 것으로 나타났다(Spera, 2005).

청소년 자녀에게 따뜻하고 수용적인 가정환경을 조성해 주고, 여가를 함께 공유하며, 정서적 지원을 제공할 수 있는 부모들은 자녀가 학교에서 겪을 불안 유발적 경험들을 완충해 주는 역할을 한다.

③ 동년배 집단

동년배 집단은 청소년들과 학교에서 상호작용을 하며 학업 수행에 영향력을 행사한다. 청소년들은 또래관계의 질에 따라 성취동기, 학교생활 참여도, 소속감, 문화 반영도 등이 좌우된다. 학교에는 나름대로 독특한 문화를 갖는 동년배 집단들이 존재한다. Cohen(1983)은 고등학생들 사이의 동년배 집단이 세 개의 하위문화를 갖는 집단으로 구분됨을 발견하였는데 재미추구 하위문화, 학구적 하위문화, 비행청소년 하위문화가 그것이다. 재미추구 하위문화 집단은 학업 수행을 거부하지는 않지만 체육활동이나 과외활동을 더 중요시한다.

이 집단의 대다수 학생이 대학에 진학하지만 학문적 성공이나 지적 영역의 확장을 위한 것은 아니다. 학구적 하위문화 집단은 학업을 중요시하고 지적 성취를 위해 노력한다. 이 집단의 학생들은 그들의 지적 욕구를 충족시키기 위해 대학에 진학하고 학문적 성공을 지향한다. 이와 대조적으로 비행청소년 하위문화 집단은 교칙과 사회적 규범에 반항하는 청소년들로 구성되며, 이들은 학업 수행이나 대학진학에 관심이 없다. 비행청소년이나 일탈된 청소년을 제외하고 모두가 대학에 진학하기를 원하지만 모든 학생들이 지적 성취를 위해 노력하는 것은 아니며 소위 학구적 하위문화 집단에 속하는 학생들만이 대학진학 이후에도 그들의 지적 욕구를 충족시키기 위해 열심히 노력한다.

정영숙, 신민섭과 이승연(2009)에 의하면, 또래집단과 긍정적인 관계를 형성하는 청소년들의 경우 학업성취도가 높고, 학교활동 참여도가 높으며, 소속감이 강하여 바람직한 학교생활을 영위하는 것으로 보고하였다. 이는 기존 학교체제에 반항하는 비행 하위문화 집단이나 교육을 거부하는 또래집단의 문화를 받아들인 청소년의 경우 학교를 중도탈락하거나 진로에 부정적인 영향을 미치는 것으로 나타났다.

연습문제

01 청소년기의 현대사회와 가족의 변화가 청소년기에 미치는 영향에 대하여 서술하시오.

02 청소년기의 부모-청소년 자녀와의 갈등을 설명하고 각각의 양육방식으로 인해 청소년 자녀의 성격 및 문제 행동에 대하여 서술하시오.

03 청소년들의 형제자매 관계의 특장과 출생순위에 따른 성격형성에 대하여 서술하시오.

04 청소년기의 가족구조의 변화에 해당되는 세 가지 내용을 설명하시오.

05 청소년기의 학교교육의 문제점과 이에 대한 해결방안에 대하여 서술하시오.

06 청소년기의 학업성취에 미치는 다양한 변인들에 대하여 설명한 후 이 중 가장 큰 영향력이 될 수 있는 변인에 대하여 서술하시오.

제7장

청소년기의 사회환경 2 - 또래, 문화

1. 청소년기의 또래집단

1) 또래집단의 이해

'또래'란 비슷한 연령 또는 비슷한 성숙 수준에 있는 아동이나 청소년을 의미하며 '동년배', '친구'라는 용어가 혼용되고 있다. 또래집단은 사회성 발달은 물론 성격, 인지, 도덕성 발달에 큰 영향을 미친다.

또래집단은 아동이나 청소년 발달에 모두 중요한 영향을 미치지만, 청소년기 또래집단은 아동기 또래집단과는 다소 차이가 있다. 청소년들은 연령이 증가하면서 아동들보다 좀 더 구조화되고 통합된 또래집단을 형성하며, 친구들과 점차 수평적이고 평등한 상호작용이 증가한다. 청소년들에게 부모와 함께 또래집단이 영향력 있는 요인이 됨에 따라 친구들을 중요시하게 되고, 또 참된 우정을 통해 인간관계를 넓혀 간다.

인간의 발달과정에서 아동기에 접어들면서부터는 비슷한 나이의 친구들과 어울리는 시간이 많아진다. 특히 학교에 다니면서부터는 친구들과 접촉하는 시간이 많아져서 또래집단은 중요한 준거집단이 되고 정보교환의 중요한 통로가 된다. 또래집단은 가족이나 학교와 달리 근본적으로 사교적인 목적으로 존재한다. 즉, 어떤 공식화된 목표가 있는 것이 아니고 상호작용을 통해 우정으로 결속되는 집단이다. 또한 상하관계보다는 대등한 관계가 중심이 된다. 대부분의 청소년은 그들의 가족과 함께 지내는 것보다 또래친구들과 함께 지내는 것을 더 선호한다. 청소년은 아동보다 부모의 통제를 더 많이 느끼고, 이에 저항하기 시작하며, 평등한 부모-자녀 관계를 원한다. 이에 비해 또래관계는 부모-자녀 관계보다 훨씬 더 평등하다. 친구들은 부모보다 덜 위압적이고 덜 비판적이고 잔소리를 하지 않으며, 자신이 원하는 것을 기꺼이 준다. 청소년기가 되면서 가족과의 접촉빈도가 줄어들지만 그렇다고 해서 가족에 대한 친밀감이 감소되거나 가족관

청소년기가 되면서 가족과의 접촉빈도가 줄어들지만 그렇다고 해서 가족에 대한 친밀감이 감소되거나 가족관계의 질이 저하되는 것은 아니다.

계의 질이 저하되는 것은 아니다. 비록 또래가 현재의 활동이나 여가생활에 큰 영향을 주기는 하지만, 교육이나 진로 등과 같은 미래 지향적인 영역에서는 여전히 부모의 영향이 크게 나타난다(한상철, 2009).

자신이 친구들에게 어떻게 보이는가 하는 것은 청소년들의 삶에서 매우 중요하다. 어떤 청소년들은 친구들의 집단에 속하기 위해 무슨 일이든지 한다. 왜냐하면 따돌림당하는 것을 피하기 위해서이다. 청소년들에게 따돌림이란 스트레스와 좌절 그리고 슬픔을 의미하기 때문이다. 정상적인 사회성 발달을 위해 청소년들에게는 좋은 교우관계가 필수적이다. 사회적 고립은 청소년 비행에서 음주문제, 우울증에 이르기까지 여러 가지 문제행동 및 부적응과 연관되어 있다(Hops, Davis, Alpert, & Longoria, 1997). 한 연구(Ryan & Patrick, 1996)에서는 좋은 교우관계가 사회적 적응과 정적인 관계가 있는 것으로 나타났다. 아동 · 청소년기의 교우관계는 그 이후의 발달과도 연관이 있는데, 아동기에 교우관계가 원만하지 못하면 청소년 후기에 학교를 중퇴하고, 비행청소년이 되는 경향이 있으며(Roff, Sells, & Golden, 1972), 청소년기의 좋은 교우관계는 중년기의 정신건강과 정적인 상관이 있는 것으로 나타났다(Hightower, 1990).

친구들의 영향은 긍정적인 측면도 있고 부정적인 측면도 있다. Piaget(1932)와 Sullivan(1953)은 아동과 청소년이 인간관계에서 '상호성'을 배우는 것은 친구와의 상호작용을 통해서라고 강조하였다. 아동들은 친구와 의견이 서로 맞지 않을 때에 해결하는 과정을 통해서 정의와 공평성의 원리를 배운다. 청소년들은 친한 몇 사람과의 친밀한 교우관계를 통해서 상대방의 욕구에 민감하고 능숙한 파트너가 되는 것을 배우게 되는데, 이러한 기술은 나중에 이성교제와 부부관계의 기초를 마련하는 데 도움이 된다고 하였다(정옥분, 2006 재인용). 반면 친구들이 아동 · 청소년에게 미치는 부정적인 영향도 적지 않다. 또래는 청소년들에게 술과 약물, 문제행동들을 소개하기도 하고, 또래에 의해 거부되고 무시당하는 것은 청소년을 외롭게 만들고 적개심을 불러일으키며 나아가서 그러한 거부와 무시는 정신건강을 해치고 범죄행위와도 연관이 있다.

아동들은 친구와 의견이 서로 맞지 않을 때에 해결하는 과정을 통해서 정의와 공평성의 원리를 배운다.

비행친구와의 접촉은 청소년 비행의 가장 강력한 단일 예측요인이다. 비행친구와 어울리다 보면 문제해결 상황에서 긍정적인 방법보다는 부정적인 방법을 학습할 기회가 더 많아지기 때문이라고 해석할 수 있다. 그러나 청소년기의 반사회적 행동의 원인을 일탈 또래의 영향으로만 간주하는 것은 잘못된 일이다. 대부분의 연구자는 가족요인이 청소년들의 대인관계 스타일이나 가치를 결정하는 데 더 많은 영향을 미칠 것이라고 추정하며, 부모들이 반사회적 행동 특징을 공유하고 있다는 주장도 제기되고 있다(한상철, 2009; Cummings, 1994; Fergusson & Horwood, 1996; Johnson & O'Leary, 1987; Patterson, 1986). 그리고 Marcus(1996)는 일탈 청소년들은 친구관계가 더욱 갈등적이고 공격적이며, 낮은 애착관계를 형성하고 있고, 갈등회복 능력이 부족하며, 인지적 왜곡이 있는 것으로 나타났다.

또래집단은 청소년들의 자아존중감을 형성하는 데 결정적인 영향을 미친다. 청소년기에는 부모나 선생님들보다도 또래의 인정을 받고, 그 집단에 수용되는 것이 더 중요하다. 또한 친구들과 동질성을 유지하고 인정받는 것이 중요하므로 친구들로부터 인정받지 못하고 수용되지 못할 경우 따돌림을 당할 수도 있는 치명적인 문제가 발생하게 된다.

또래집단은 청소년들의 자아존중감을 형성하는 데 결정적인 영향을 미친다.

또래집단은 일반적으로 비공식적인 집단이지만 경우에 따라서는 조직적인 특성을 갖는 수도 있는데, 이러한 집단이 반사회적 성격을 가지게 되면 불량집단화하며 청소년 문제행동을 학습하고 반복하는 데 중요한 통로가 된다(김준호, 1992). 비행화된 또래집단에서 반사회적 행동을 요구받을 때 또래압력 때문에 하지 않을 수 없게 된다. 또한 비행집단에서 자유롭게 탈퇴할 수도 없게 되는 것이 일반적이다.

청소년기의 또래집단은 획일적인 집단이 아니라 목표, 가치, 흥미, 관심, 도덕률 등 여러 측면에서 서로 다른 양상을 보이고 있다. Brown과 Trujillo (1988)는 청소년기의 또래집단 유형을 성적이 높은 집단, 약물복용집단, 소외집단, 동일취미집단 등 11개로 구분하고 청소년들이 이들 각 또래집단 가운데 어느 집단에 소속되느냐에 따라 행동에 큰 차이가 있음을 발견하였다. 예를 들면, 약물복용집단은 다른 집단에 비해 부모와의 유대관계가 약하고 또래집단에의 동조경향이 높으며, 교육적 열망이 낮았다.

Kandel(1986)은 청소년의 우정이 형성, 지속, 해체되어 가는 과정을 선택과정과 사회화 과정으로 나누어 설명하고 있다. 우정의 선택과정에는 흥미, 성격, 신체적 특성, 태도, 가치, 행동 등의 유사성이 가장 큰 요인으로 작용한다. 그리고 사회화 과정이란 친구 간의 빈번한 상호작용의 결과로 이러한 유사성이 더욱 강화되는 현상을 뜻한다. 그는 미국 청소년들을 대상으로 우정관계의 발달과정을 종단적으로 분석한 결과, 우정 선택과정의 유사성 요인을 그 중요성에 따라 약물복용, 교육적 포부 수준, 가벼운 비행 참여, 정치적 태도의 순으로 열거하였다. 이들 특성이 유사할 때 교우관계가 형성되고 지속되며, 또한 사회화 과정을 통해 강화하게 된다. 친구 간의 유사성은 선택과 사회화 과정뿐만 아니라 우정관계가 끝나는 해체단계에서도 중요한 역할을 한다. 즉, 교우관계 형성 시에 유사했던 행동 양상의 유사성이 낮아지면 관계가 불안해짐과 동시에 마침내 우정이 해체된다.

또래관계는 청소년들의 자아개념과 자아정체감의 발달, 사회적 성취와 사회적 기술의 획득, 갈등해결 능력, 장래 직업적 성취, 가족생활, 성역할 확립 등에도 긍정적인 영향을 미친다.

또래관계는 청소년들의 자아개념과 자아정체감의 발달, 사회적 성취와 사회적 기술의 획득, 갈등해결 능력, 장래 직업적 성취, 가족생활, 성역할 확립 등에도 긍정적인 영향을 미친다.

청소년들의 또래집단은 소비와 여가활동에도 중요한 영향력을 미친다. 자기들끼리 취미, 패션, 은어, 가치를 공유하고 여가활동을 같이 하며 나름대로 독특한 하위문화를 형성하기도 한다. 성지식 등 부모나 학교에서 가르치지 않는 정보를 습득하고 교환하는 중요한 통로가 되기도 한다. 또한 서로의 고민과 문제를 나누고 상담하기도 하므로 청소년들에게 가장 강한 소속감을 갖는 집단이 된다. 이러한 특성을 살려 또래상담을 청소년 문제의 해결을 위해 활용하기도 한다. 그러나 대부분의 성인은 청소년들의 또래관계를 긍정적인 시각으로 보지 않는다. 친구들과 어울려 다니면서 나쁜 행동을 습득하고 비행이나 일탈행동을 일삼는다는 것이다. 청소년들이 부모와의 관계보다 또래관계를 통해 비관습적이고 비윤리적인 행동을 더 많이 습득한다는 것은 사실이지만 또래관계를 통해 세상을 살아가는 방법과 사회를 이해할 수 있는 능력을 배우며, 보다 큰 안목을 키워 나가고 있음을 인정해야 할 것이다.

2) 또래집단의 기능

청소년들은 정서적 및 인지적으로 성숙함에 따라 타인과의 관계에서 신의, 친밀감, 공감적 이해 등을 더 많이 기대하게 된다(Berndt & Perry, 1990). 청소년기가 되면 친구는 단순히 같이 놀 대상에 머무는 것이 아니라 심리적으로 서로 유사하고, 양립할 수 있으며, 개인적인 비밀을 반드시 지켜주어야 하고, 어려운 상황에서 서로에게 도움이 되어야 한다고 생각한다. 장휘숙(1999)은 청소년기 친구들의 다양한 기능에 대해 다음과 같이 언급하였다(허혜경 · 김혜수, 2010).

첫째, 심리적 지원과 안정감의 제공이다. 청소년은 또래관계에서 자신을 노출하고 타인과 가깝고 신뢰할 수 있는 관계를 맺음으로써 심리적인 지원과 안정감을 제공받는다. 청소년들은 부모로부터 독립하기를 원하는 동시에 부모를 대신해서 자신을 지원해 줄 다른 대상을 필요로 하는데, 또래집단은 부모 대신 청소년들을 지원해 주며, 친구들도 자신과 비슷한 느낌과 갈등을 공유한다는 것을 인식함으로써 정서적 지지를 얻을 수 있다.

또래관계는 지지, 격려, 피드백을 제공해 줌으로써 청소년들이 스스로 유능하고, 매력적이며 가치 있는 사람이라고 느낄 수 있도록 돕는다.

둘째, 동료의식이다. 또래관계는 청소년들에게 시간을 함께 할애하고 공동의 활동을 하는 친구를 갖게 해준다. 즉, 또래관계는 시간과 자원, 도움을 제공하는 관계로 청소년은 친구와 여가시간을 함께 보내고, 과제나 문제를 해결할 뿐 아니라 오락을 할 수 있는 기회를 제공한다.

셋째, 자아지지 및 자아존중감의 근원으로서의 기능이다. 또래관계는 지지, 격려, 피드백을 제공해 줌으로써 청소년들이 스스로 유능하고, 매력적이며 가치 있는 사람이라고 느낄 수 있도록 돕는다. 청소년들은 친구들로부터 자신의 능력과 가치를 평가받으며, 자신을 표현하는 방법과 기술을 습득함으로써 자아지지를 획득하고 자아존중감을 발달시킨다. 또한 친구는 대부분 자신의 있는 그대로의 모습을 지지해 주고, 자신의 선택도 지지해 주므로, 청소년들의 경우 친구를 통해 자아를 지지받고 자아존중감을 증진시킨다(정영숙 · 신민섭 · 이승연, 2009).

넷째, 모델링과 행동표준의 근원으로서의 기능이다. 청소년들은 친구들의 행동을 비교하거나 관찰하고 때로는 모방하기도 하며, 이를 자신의 행동을 위한 준거로 삼는다. 동년배 집단은 청소년들의 의사결정에 영향을 주어 행동 모델의 기능을 수행한다. 특히 청소년기 동안 부모-자녀 관계에 갈등이 있거나 부모가 부재 시에 동년배 집단의 영향력은 더욱 증가한다.

다섯째, 기능은 역할 수행의 기회와 피드백의 제공이다. 집단활동의 참여와 구성원들 간의 자유로운 토론은 청소년들에게 서로 다른 역할 수행의 기회를 제공하고, 성인기에 필요한 기술을 연습할 수 있도록 돕는다.

아울러 청소년 자신의 생각이나 감정 또는 행동이 다른 사람에게 어떠한 영향을 미칠지에 대한 피드백을 제공한다. 마지막으로 정보교환 기능을 들 수 있다. 또래집단은 구성원에게 흥미 있거나 유용한 정보를 교환하는 역할을 한다. 특히 청소년들은 인터넷 관련 정보, 청소년문화, 이성교제, 게임, 연예 정보 등을 동년배 집단을 통하여 교환한다. 이 외에도 또래집단은 청소년들이 서로를 비교함으로써 자신의 위치를 알 수 있게 한다.

3) 또래집단과 우정

친밀감에 대한 욕구는 단짝친구 내에서 채워지고 친구가 상대방의 욕구에 민감하고 상호만족을 추구하는 것에 기인하며, 단짝친구 관계를 통해 정보적 지지 및 정서적 지지와 충고를 받으면서 서로를 돕고 지원한다.

청소년기는 활동, 영향, 지지의 원천으로서 우정관계의 역할이 극적으로 증가하는 때라고 할 수 있다. Sullivan(1953)에 따르면, 우정관계의 발달적 특성은 청소년 초기 단짝친구 관계의 발달로부터 시작되며, 이 시기에는 친밀한 대인관계적 적응이 중요한 과업이 된다. 친밀감에 대한 욕구는 단짝친구 내에서 채워지고 친구가 상대방의 욕구에 민감하고 상호만족을 추구하는 것에 기인하며, 단짝친구 관계를 통해 정보적 지지 및 정서적 지지와 충고를 받으면서 서로를 돕고 지원한다. 또한 서로의 자존감을 증진시키며 정체감 형성에도 기여하게 된다.

우정의 의미와 질은 청소년기 동안 지속적으로 변화한다. 청소년 초기의 피상적이고 활동 중심이던 우정관계에서 청소년 후기의 친밀하고 보다 정서적인 상호관계로 우정은 전개되어 간다.

청소년기 초기, 중기, 후기의 우정의 특징을 보면 다음과 같다.

첫째, 청소년 초기(10~13세)의 우정은 개인적인 특성보다는 태도나 행동, 관심 분야의 유사성에 기초한다. 이때의 우정은 보다 피상적이고 활동 중심으로 동성의 친구가 대부분이다. 자기노출이나 친구에 대한 신의가 막 나타나기 시작한다(Berndt, Hawkins, & Hoyle, 1986). 초기 청소년기의 단짝 친구는 시간의 경과에 따라 점차 자기노출과 개인정보의 공유 및 높은 평등성과 상호 호혜성을 특징으로 하는 보다 친밀하고 상호적인 광범위한 우정관계로 대체되며, 바로 이 시점부터 청소년기 동안의 우정관계는 더욱 심도 깊어지고 부모와의 관계를 보완하게 된다(최명구 · 김누리, 2009; Kimmel & Weinner, 1985).

둘째, 청소년 중기(14~16세)의 우정은 정서적으로 강렬하고 관계중심적이다. 청소년들은 이제 친구의 개인적인 특성을 고려하는데, 특히 신뢰할 수 있고 비밀을 털어놓을 수 있는 친구를 찾게 된다. 이때의 친구는 자기 자신을 상대방에게 노출시키고, 남의 소문을 이야기하고, 비밀을 서로 나눈다. 이때의 우정은 뜨거워졌다 차가워졌다 하는 갑작스러운 변화를 겪으며, 친구와 헤어지는 것, 배신당하는 것에 상당히 민감하다. 이때는 특히 친구가 뒤에서 자기 욕을 할까 봐 걱정하고, 자기 비밀을 남에게 이야기할까 봐 두려워한다(Frankel, 1990). 그리고 우정에 금이 갔을 때 큰 상처를 입는다. 이 무렵 이성교제가 시작되지만 여전히 동성친구가 이성친구보다 더 중요하다.

셋째, 청소년 후기(10대 후반~20대 초반)의 우정은 상호성과 친밀감이 특징이며 보다 안정된 관계가 된다. 이성친구가 보다 보편적이지만 동성친구를 대신한다기보다 보완적인 것이다. 이때에는 신뢰감, 상호노출, 의리를 포함하는 친밀감이 증대한다. 결과적으로 친구들은 서로 많이 나누고 주는 관계가 된다. 청소년들은 일상적인 관심사에 대해 부모보다 친구와 의논하고 지원을 받는다(Youniss & Smollar, 1986). 이 시기에는 친구와의 사귐에서 많은 경험을 쌓기 때문에 친구에게서 무엇을 기대해야 하는지에 대해 보다 아량이 넓어지고 그들이 자신과는 다르다는 점을 인정하므로 이때의 우정은 성인들의 우정처럼 정서적으로 친밀하고 안정된다.

우정이 남성, 여성 모두에게 다 중요하지만 우정의 의미는 다르다. 즉, 여성들의 우정에는 정서적 친밀감과 신뢰감이 중요한 역할을 한다(Buhmester & Furman, 1987). 여성들은 동성친구와의 관계에서뿐만 아니라 이성친구와의 관계에서도 높은 수준의 친밀감을 형성한다. 여성들은 자신의 감정을 이야기하고 나눔으로써 친밀감이 형성된다. 여성들의 우정에서 강렬한 감정과 친밀감의 강조로 인해 여성들은 친구관계에서 긴장, 질투, 갈등을 경험한다. 이러한 긴장과 갈등은 친구로부터 거부와 배신에 대한 두려움에서 나온다(Miller, Bersoff, & Harwood, 1990). 그래서 여성이 남성보다 더 작은 규모의 배타적인 우정망을 형성한다(정옥분, 2006 재인용).

반면 남성은 운동경기를 함께하거나 관람하는 등 같은 활동을 함으로써 친밀감을 형성한다. 여성보다 자신에 대한 노출이 적고 자신의 감정을 이야기하고 나누는 것도 덜하다. 남자아이들은 어려서부터 자기감정을 노출하는 것이 남자답지 못한 것으로 배워 왔다(정옥분, 2006). 남성의 우정에서 친밀감은 성역할 정체감과 관련이 있는 것으로 나타났는데, 즉 남성적인 남자는 동성친구와의 교우관계에서 친밀감이 별로 없었지만 양성적인 남자는 여자와 마찬가지로 높은 수준의 친밀감을 형성하였다(Jones & Dembo, 1989).

4) 청소년기의 이성관계

청소년들에게 있어서 주요 발달적 과제는 그들만의 독특한 정체성을 확립하는 것, 이성과의 만남 관계를 통해서 친밀감을 발달시키는 것, 그리고 새로운 성적 욕망 및 충동을 조절하는 것이다.

청소년들에게 있어서 주요 발달적 과제는 그들만의 독특한 정체성을 확립하는 것, 이성과의 만남 관계를 통해서 친밀감을 발달시키는 것, 그리고 새로운 성적 욕망 및 충동을 조절하는 것이다. 이러한 세 가지 발달과제는 청소년들의 사회적 관계, 즉 부모-자녀 관계, 동성 또래관계 및 이성관계를 통해 해결 가능하며, 특히 이성관계는 청소년들의 세계에서 사회적 유능성과 사회인지 능력의 발달을 촉진해 주는 가장 중심적인 요인이라고 할 수 있다(한상철, 2009).

사춘기 이전이나 청소년 초기에는 일반적으로 친구관계나 친밀한 친구관계가 동성의 구성원들로 제한되는 경향이 있다. 이런 양상들은 문화적으로 강요되기도 하지만 청소년기부터 다양화되고 변화되며 급격히 변화하는 청소년들 자신들의 요구를 상당한 정도로 반영하고 있다. 동성친구들과 의사교환을 하고 관찰함으로써 급격한 신체적·심리적 변화의 시기에 자기 자신과 상대방이 다르거나 또한 특별하게 다르지 않다는 것을 쉽게 발견하게 된다.

이 시기가 지나면서 청소년들은 성적 욕망 및 충동이 증가되고 그들의 사회적 관계망 속에 이성을 포함시키게 되면서 이성과의 접촉이 급격히 증가되어 간다. 이성관계는 넓은 의미의 사회관계 및 또래관계의 한 유형으로서 청소년기의 사회적 조직망의 확대와 함께 복잡하고 다양한 변화를 겪게 된다.

성숙이 계속되면서 청소년들은 다른 사람에게 더 많은 주의를 하기 시작한다. 초기의 성적 적대감과 분쇄는 쇠퇴하고 성적 관심이 증가한다. 그럼에도 불구하고 그들의 초기단계에서는 이성적 관계가 여전히 사춘기 이전의 많은 특징을 반영한다. 자아선입관은 강하고 이성친구와의 깊은 감정적 몰입은 드물며 이성 상호관계에서는 보통 피상적이고 의도적인 특징이 나타난다. 이런 시기에 이성과의 집단활동은 흔하며 현재 사귀고 있는 동성친구들과의 안전을 제공하는 데 중요한 기능을 수행할지도 모른다. 이성 집단활동들을 통해 이성친구와의 사귀는 방식과 이성친구와의 데이트 관계는 자신이 준비되기 전에는 혼자서 대처해서는 안 될 것이라는 확신을 하게 될 것이다.

하지만 점차 이성과의 경험은 이성 개개인과의 친밀성, 자신감, 관계를 맺는 능력을 증진시켜 준다. 동시에 증가된 성숙-자아도취적 자아선입관

의 감소, 확실한 자아감, 다른 사람과 관계하는 능력-은 그런 관계들을 더욱 성숙시키고 성적 매력에 열중할 뿐만 아니라 서로의 믿음과 신뢰감, 취미의 공유, 그 자신의 사람과 같이 다른 사람의 복지에 대해서도 관심을 갖게 될 가능성을 높여준다.

이성관계는 우정관계, 성적인 연애관계로 나누어서 생각해 볼 수 있으나, 우정과 애정 간의 구분을 명백하게 한 연구는 찾아보기 어렵다. 우정은 친밀성, 정서적 지지, 감정적 결속이 존재하며, 연애관계에는 열정, 신체적 매력, 질투가 존재하는 것으로 보인다.

권이종 등(2010)은 이성관계가 청소년의 발달에 주는 영향을 다음과 같이 제시하였다.

첫째, 이성 친구관계는 자신의 애착 인물집단을 확장시킴으로써 정서적 욕구를 충족시키는 데 유용한 가치가 있다. 연애 파트너는 정서적 지지, 안정, 보호의 차원을 제공해 줄 수 있다. 또한 일탈적인 또래친구와의 관계에서 파생되는 부정적인 효과를 완충해 주는 역할을 한다.

둘째, 이성관계는 청소년들에게 성적 정체감과 성역할 형성에 중요한 영향을 준다. 청소년 초기에는 또래집단 내에서 전통적인 성역할 고정관념을 확증하려는 욕구가 크지만, 청소년 중기와 후기에 이르게 되면 이성과의 상호작용에 필요한 기능과 자신감을 획득할 필요성이 커진다. 이성과의 의미 있는 관계를 발달시키고 새로운 성정체성과 성역할을 획득해 나갈 수 있게 된다.

셋째, 이성관계로의 사회적 관계망의 확대는 청소년의 정신건강과 적응에 긍정적인 영향을 미친다. 여성 청소년의 경우 편안함을 주는 이성관계는 자기존중감의 향상과 연관된다. 이에 비해 남성의 경우 이성친구의 수가 자신의 이성관계적 유능성과 사회적 유능성과 관련되어 있다. 특징적인 점은 남성의 경우 이성관계의 양적 측면이 유능성과 연관되어 있고, 여자의 경우 이성관계의 질적인 측면이 유능성과 연관되어 있다는 점이다.

넷째, 이성관계가 우정관계에서 연애관계로 발전하게 되는 경우 청소년 초기나 중기의 경우 대부분 성적 욕망이나 호기심 충족이 주요 목적인 것으로 나타나고 있다. 하지만 청소년 후기나 성인 전기의 단계로 가면 애착과 보호, 친화 등이 중요하게 되면서 질적인 차이가 생기게 된다. 그리고 연애관계는 관계성의 변화를 변화시키기도 하는데, 의사결정이나 여가활동, 주제결정 등에 있어서 동성친구보다는 이성친구를 최우선적으로 고려하게 된다.

다섯째, 이성관계 가운데, 특히 연애관계의 시작은 여자 청소년들의 동성 또는 또래관계에 부정적인 결과를 초래한다는 연구들이 있다. 예를 들면, 여성 청소년의 경우 연애관계가 동성 간의 우정을 와해시키는 효과를 지닌다는 것과(Berndt et al., 1986), 이성관계가 연애관계로 전개됨에 따라 여자 청소년들의 경우 절친한 동성친구의 유용성이 점차 사라지는데, 그들의 여가시간을 동성친구보다 연애 파트너에게 더 많이 투자하고 연애 파트너에게 우선권을 주게 되는 것에서 유용성 상실의 증거를 찾을 수 있다는 것(한상철, 2009; Zimmer-Gembeck, 1999) 등이다.

이성관계에서 무엇보다 중요한 것은 친밀감을 형성할 수 있는 능력이다. 친밀감이란 사람들이 서로 평등한 토대 위에서 이성뿐만 아니라 자신과도 감정적으로 소통할 수 있는 것을 말한다. 남성들은 친밀감 형성에서 문제가 있다든가, 남성은 사랑할 수 없다든가 하는 식으로 보는 관점도 있다. 물론 많은 남성이 그러하지만, 남성들은 신뢰감을 공유하는 사람이나 약자에게 사랑과 보살핌을 제공하는 데는 뛰어나다는 점도 함께 고려할 필요가 있다(권이종 · 김천기 · 이상오, 2010).

이성관계에서 무엇보다 중요한 것은 친밀감을 형성할 수 있는 능력이다. 친밀감이란 사람들이 서로 평등한 토대 위에서 이성뿐만 아니라 자신과도 감정적으로 소통할 수 있는 것을 말한다.

2. 청소년과 문화

1) 청소년문화의 개념

인간은 환경에 적응하는 방법으로 문화를 창조하여 온 문화적 동물로서 문화 없이는 생존할 수 없다. 문화란 기본적으로는 우리들의 삶의 전체를 집약한 것으로서 삶을 전체적으로 볼 수 있는 통찰력이나 의식 · 태도 등을 의미한다(권이종 · 김천기 · 이상오, 2010).

한 사회 내의 문화는 물질 · 비물질 문화, 상부 · 하부구조 문화, 보편 · 특수문화로 구분될 수 있으며, 특히 연령, 계층, 직업, 지역, 이념 등에 따라 많은 특유한 하위문화가 형성될 수 있다.

청소년문화는 청소년기에 있는 젊은 세대들이 그들 나름대로 행동방식과 생활양식을 모태로 하여 형성한 독특한 문화로서 전체 사회문화나 주도(주류)문화에 대하여 하나의 부분을 이루기 때문에 부분문화 또는 하위문화를 형성한다. 또한 청소년 하위문화는 청소년들에게 특이하게 존재한다고 생각되는 가치관 및 태도 등을 의미하는 것으로서 외부적으로 관찰할 수 있는 언어 · 복장 · 행동 등의 외부적인 문화가 있는가 하면 정신세계의 방향을 제시해 주는 이념적이고 이상적인 문화가 있다(권이종 · 김천기 · 이상오, 2010).

기성세대는 청소년기를 여전히 성인세대에 종속적이거나 과도기적인 존재로 바라보고 있으며, 보호와 육성의 대상으로 파악하고 있기 때문에, 청소년문화도 이러한 시각에서 그 성격이 규정되었던 측면이 있다. 동시에 청소년문화를 새로운 변화의 돌파구로 바라보는 시각도 공존한다. 기존의 논의에서 규정되는 청소년문화의 성격을 제시하면 다음과 같다(김신일, 1992; 박진규, 2002; 한국청소년개발원, 2006).

첫째, 청소년문화를 미숙한 문화로 보는 입장이다. 즉, 성인들의 입장에서 청소년들의 문화를 아직 미숙하고 모자란 것으로 보는 관점으로 이는 청소년기를 성인기로서의 성장 과정 중 과도기 혹은 준비기로 바라봄으로써 청소년문화도 덜 성숙한 문화로 간주하는 것이다.

청소년들은 공부나 일을 하기보다는 놀기를 좋아하고 사회적 규범을 깨뜨리는 것에서 쾌감을 느끼고, 규범적 질서에 따르지 않음으로써 청소년문화의 정체성을 찾는다고 본다.

둘째, 청소년문화를 비행문화로 보는 입장이다. 이 입장도 성인들의 입장에서 청소년들의 삶이 규범에서 벗어나, 문제아의 소행을 지향한다고 보는 관점이다. 청소년들은 공부나 일을 하기보다는 놀기를 좋아하고 사회적 규범을 깨뜨리는 것에서 쾌감을 느끼고, 규범적 질서에 따르지 않음으로써 청소년문화의 정체성을 찾는다고 본다. 청소년문화가 성인 만화나 음란물, 술이나 담배, 이성교제 등을 즐기고 비행문화적 성격을 띤다고 보며, 이런 입장에서 청소년들은 항상 부모나 교사 또는 성인들의 감독하에 있어야 한다고 믿는다.

셋째, 청소년문화를 하위문화로 보는 입장이다. 이는 청소년들이 사회 전체를 구성하는 한 하위집단으로서 그들의 문화도 전체 문화 가운데 하나의 문화를 이룬다는 입장이다. 한국사회의 하위집단은 지역, 계층, 연령, 직업, 성별 등 다양한 범주로 구분될 수 있는데, 청소년집단은 그중 연령 범주에 의한 하위집단을 형성한다고 할 수 있다. 아동, 청소년, 성인, 노인 등 연령에 따른 하위집단의 하나로서 청소년문화를 바라보는 것이다.

넷째, 청소년문화를 대항문화 혹은 반(反)문화로 보는 입장이다. 기성세대의 문화를 주류문화라고 한다면 청소년들은 기성세대의 문화를 거부하고 자신들의 새로운 문화를 대안으로 내세우면서 개혁과 변화를 요구한다. 새로운 세대가 기성세대에게 비판을 가하고 반항하는 것은 그들이 미숙하거나 반항적인 성향을 띠어서 그렇다기보다는 기성세대와는 다른 경험을 해 왔고, 그들과 다른 인생관과 역사관을 가지고 있어서 부모세대와는 다른 삶의 방식을 추구하기 때문이라고 본다.

다섯째, 청소년문화를 새로운 문화로 보는 입장이다. 세대가 바뀜에 따라 사회의 문화도 바뀌어 가는데, 이러한 문화변동의 선구적 역할을 하는 것이 바로 청소년문화라고 할 수 있다. 새로운 기기나 매체를 다루는 데 기성세대에 비해 더 유연하고, 새로운 스타일의 유행문화를 이끌어 내기도 한다. 이러한 면에서 청소년문화는 한 사회의 생동적 발전을 위해 매우 중요한 활력소 역할을 한다.

최윤진(1990/2)이 제시한 청소년들의 가치관, 의식, 생활양식 속에서 현대 청소년문화의 보편적 특성은 다음과 같다(권이종 · 김천기 · 이상오, 2010).

첫째, 개인주의적 성향이다. 인생관이나 직업관에서 집합주의나 사회 중심의 가치관이 약화되어 가면서 개인 중심적 가치가 점점 증가하고 있다. 인생의 목표를 집단이나 사회에 기여하는 것에서 찾기보다는 자신의 인생을 즐겁고 보람 있게 사는 것에 두는 청소년들이 점점 증가하고 있다. 직업에 대해서도 생계유지의 수단이라기보다는 개인의 발전과 자아실현의 장으로 간주하여 그에 맞는 직업을 선택하기도 한다. 특히 학교사회에서도 개인주의 성향을 많이 찾아볼 수 있는데, 일본과 OECD 여러 나라, 그리고 한국 학생들도 학교에 가는 것을 매우 싫어하는 경향이 증가하고 있다. 이러한 점을 개인주의적 성향이라고 말할 수 있을 것이다.

사회적 지위상승이나 목적달성을 중요시하거나 미래지향적인 가치관, 생활양식을 추구하는 것보다는 현실 중심의 가치로 변화하고 있다.

둘째, 현실주의적 성향이다. 사회적 지위상승이나 목적달성을 중요시하거나 미래지향적인 가치관, 생활양식을 추구하는 것보다는 현실 중심의 가치로 변화하고 있다. 예를 들면, 기성세대가 강조하고 있는 근검절약, 인내, 성실 등의 과거적인 가치는 퇴색해 가고 현재의 삶과 즐거움을 추구하는 성향이 강해지고 있다. 이러한 특징은 청소년들의 직업관, 여가관, 인생관 등 모든 분야에서 나타나고 있다. 예를 들면, 보수가 높아도 3D직종은 기피하는 현상이라든가, 직업선택 면에서 자율적 권한의 부여와 여가조건 등이 점차 많이 고려되고 있다. 특히 주5일제 근무와 수업 등으로 다양한 취미활동, 특히 동아리활동에 대한 관심이 많아지고 있다.

셋째, 자기표현주의이다. 과거의 절대적 빈곤사회에서 결핍가치지향은 어느 정도 충족된 오늘날에는 차별동기에 대한 가치성향, 개별적 취향, 개성에 따른 욕구충족의 다양화 등 모든 면에서 개별화의 특성을 나타내고 있다. 예를 들면, 직업 선택에서 남녀 구분이 점점 적어지고 파격적인 의상착용, 메이크업, 헤어스타일 등의 개성 있는 연출 등을 통해서 자기표현이나 욕구방식을 과감하게 표현하고 있다. 마지막으로 영상세대로서의 특성이다. 인터넷과 TV 등 영상매체의 홍수 속에서 자라고 있는 요즘 청소년들은 과거에 비해서 매우 창의적이고 감수성이 풍부한 특징을 가지고 자라고 있다. 길게 생각하거나 어려운 환경을 싫어하고 재미있고 즉각적인 반응을 추구한다. 이러한 점을 나타내고 있는 것이 10대들의 은어와 축약형 언어들, 패스트푸드 선호, 이성교제의 양상 등이다. 특히 최근에는 컴퓨터 통신문화의 발달로 가상공간에서 이루어지는 새로운 생활양식이

하루가 다르게 변해 가고 있다.

청소년문화의 대표적 유형인 대중매체와 사이버문화에 대해 알아보기로 한다.

2) 대중매체와 청소년

(1) 대중매체의 정의와 기능

대중매체는 매스미디어(mass media)를 의미하는 용어로, 이것은 불특정 한 다수 사회성원들 간의 의사소통을 진작시키는 매체를 뜻한다. 매스미디어는 3단계로 발전해 왔다.

| 대중매체는 매스미디어를 의미하는 용어로, 이것은 불특정한 다수 사회성원들 간의 의사소통을 진작시키는 매체를 뜻한다.

첫째, 송신자가 갖고 있는 신체적 조건을 활용한 직접적 의사소통의 단계로 대면적 방법에 의한 만남과 언어를 통한 대화는 의사소통의 당사자들이 얼굴 표정까지 관찰하면서 의사소통을 하기 때문에 정적이며 감정적인 내용까지 전달할 수 있다는 장점을 가지고 있다.

둘째, 인쇄물을 활용하는 간접적 의사소통의 단계로 인쇄물이 유지되는 한 그 효과가 존속된다는 장점을 가지고 있다.

셋째, 송신자와 수신자 사이의 의사소통에 필름, 라디오, 텔레비전 등의 기계를 활용하는 단계로 다수의 대상에게 차별 없이 동시에 접근할 수 있다는 장점을 가지고 있다. 매스미디어는 두 번째, 세 번째 단계에서의 의사소통을 돕는 매체를 말한다.

신문, 방송, 출판, 광고, 영화, 음반과 같은 대중매체들의 공통적인 특징을 보면 대규모의 자본을 필요로 하고, 대량 복제의 테크놀로지를 전제로 하며, 이러한 미디어들을 통해 생산되는 커뮤니케이션 산물들은 모두 상품적 가치를 지니고 유통되며 한 사람의 힘으로 제작하기 어렵고 이러한 미디어들의 대상은 불특정 다수라는 점이다. 대중매체는 다양한 많은 사람들에게 신속하고 효과적으로 메시지를 전달하는 조직화된 수단으로 대중매체가 가지고 있는 신속성, 동시성, 대중성, 효과성 등의 특징은 매체 환경의 급격한 변화와 발전을 초래하고 많은 사람들에게 문화전파의 기능

| 대중매체는 다양한 많은 사람들에게 신속하고 효과적으로 메시지를 전달하는 조직화된 수단으로 대중매체가 가지고 있는 신속성, 동시성, 대중성, 효과성 등의 특징은 매체 환경의 급격한 변화와 발전을 초래하고 많은 사람들에게 문화전파의 기능과 앎의 권리를 신장시켰다는 장점을 가지고 있다.

과 삶의 권리를 신장시켰다는 장점을 가지고 있다.

대중매체의 기능을 구체적으로 살펴보면 다음과 같다.

첫째, 문화를 전승하며 보급시키는 기능을 한다. 사회의 각 집단은 그 집단이 처한 자연환경 속에서 저마다의 삶의 형태를 개발하고 발전시킨다. 또한 집단과 집단이 서로 상호작용하므로 또 다른 삶의 형태를 이루어 내기도 한다. 한 집단 내에서 혹은 집단 간에 만들어진 독특한 삶의 형태는 대중매체를 통해 세대 간에 그리고 지역 간에 전승되고 보급된다.

둘째, 새로운 문화를 창출하는 기능을 수행한다. 즉, 대중매체는 대중문화를 창출·보급함으로써 경제적·시간적 여유 속에서 새로운 삶의 양태를 지향하는 일반 대중의 욕구를 채워 주고 있다.

셋째, 문화를 통합시키는 기능을 수행한다. 대중매체의 문화적 동질화·획일화의 기능은 문화계층의 차이를 없애고 사회적 불평등을 어느 정도 해소시켜 주며, 사회적 결속력의 증대와 사회통합의 증진에 크게 기여한다. 그러나 개인적 측면에서 보면 사회 성원의 주체적 자기 결정을 어렵게 만든다. 즉, 대중매체는 대중의 무의식적 세계를 조정하는 마술적 힘을 갖고 있기 때문에 대중의 정상적이고 합리적인 사고를 저해할 수도 있다.

넷째, 문화를 간접적으로 체험케 하는 기능을 수행한다. 대중매체, 특히 텔레비전은 인간이 직접 경험할 수 없는 여러 생활양식을 간접적으로 경험할 수 있게 하고 다른 사회상황에 있는 가치들을 수용자에게 제공한다 (노용오, 2005).

대중매체의 확산은 정보전달과 문화전파 등 많은 이익을 가져다주었지만 상업성 또는 권력성과 결부되면서 발생하는 문제 또한 적지 않다.

최창섭(1993)은 이러한 문제점을 다음과 같이 정리하였다.

첫째, 대중매체는 수용자의 자세를 획일화시킨다. 대중매체는 개인과 대중을 위해 존재한다고 하지만 그 근본적인 존재의 이유는 공통성을 창조하기 위한 것이다. 결국 획일화된 제도의 양산을 초래하게 되며 획일화된 제도에 적응하지 못하는 사람은 결국 도태되어 사회적으로 낙오자가 되고 만다. 이러한 점에서 대중매체는 모든 사람들에게 동일한 생각과 행동을 하게 하는 인도자로서의 역할을 담당하게 된다.

둘째, 대중매체는 실제와 다른 허구의 세계를 보여준다. 대중매체는 현실세계와는 거리가 먼 이야기 혹은 사실과는 전혀 다른 왜곡된 이야기를 우리에게 전달하기도 하고, 프로그램 제작에 관여하고 있는 사람들의 편견과 의도가 전달 내용과 방법에 반영되기도 한다.

셋째, 대중매체는 엄청난 양의 정보를 보급한다. 현대사회를 정보의 시대라고 말할 정도로 현대인들이 접해야 할 정보는 매우 많다. 그러나 다양하고 복잡한 정보를 자기 것으로 수용하여 이를 소화하고 이용할 수 있는 개인의 능력에는 한계가 있다. 정보수용을 위한 절대시간과 처리능력의 부족은 현대인들의 가장 큰 고민거리이며, 두려움과 스트레스를 가중시키는 원인이 되고 있으며 특히 청소년들에게 커다란 부담과 억압을 줄 것이다.

넷째, 대중매체는 현대인들을 편향적 언어 청취자로 만든다. 각종 대중매체는 현대인들에게 이미 구두적인 언어보다는 청각적인 언어에 더 잘 적응하도록 만들고 있다. 이러한 현상은 대중매체를 통한 일방적 의사전달 과정에서 개인 간의 내적 감정이나 사상을 주고받는 인간적인 대화나 만남의 장이 거의 사라져 가고 있다는 데서 심각한 문제가 아닐 수 없다. 현대사회의 특징이라고까지 말해지고 있는 인간성 상실, 대화단절 등의 원인이 바로 대중매체의 편향적 언어 때문이라고 해도 과언이 아닐 것이다.

다섯째, 대중매체는 중독성을 가지고 있다. 각종 대중매체는 인간의 이성을 마비시킬 수 있는 환상의 세계를 창출하고 있다. 메시지는 환상의 차원에서 가장 효과적으로 전달되는데, 대표적인 환상의 세계는 드라마, 공상만화, 스포츠 등을 들 수 있다. 일반적으로 어떤 특정한 대상물을 10분 이상 계속해서 보기는 힘들다고 하지만 TV는 시청자의 시선을 끌기 위해 계속해서 화면전환을 하고, 이러한 기법에 의해 1시간 이상 수 시간을 TV에 몰입하도록 만든다.

2~3초에 한 번씩 바뀌는 빠른 화면전환은 연속적인 긴장을 조장하기 때문에 피로와 스트레스를 고조시키게 된다. 이와 같은 TV의 중독성은 육체적 긴장뿐만 아니라 올바른 사고방식과 가치판단을 해치게 만든다.

여섯째, 대중매체는 특정 가치관과 물질만능 현상을 조장한다. 어떤 TV 프로그램에서는 도덕과 윤리를 강조하는 반면 다른 프로그램에서는 수단과 방법을 가리지 않고 성공하는 주인공을 미화하기도 한다. 한편으로는 소비절약을 호소하는 대중매체가 다른 한편으로는 광고를 통해 물건을 사도록 소비행위를 자극·조장하기도 한다. 결과적으로 대중매체로 인한 인간 가치관의 전도가 물질적이고 외형적인 면으로 치우치게 되면서 비인간화의 문제를 야기한다. 흉악해진 청소년 범죄, 사회 전반에 만연된 물질만능주의, 쾌락주의 등은 바로 인간의 비인간화가 만들어 낸 무서운 결과들이라 할 수 있을 것이다. 이와 관련하여 청소년이나 아동의 공격성향이나 폭력행위 등에도 대중매체의 영향력이 큰 것으로 보고되고 있다.

대중매체로 인한 인간 가치관의 전도가 물질적이고 외형적인 면으로 치우치게 되면서 비인간화의 문제를 야기한다.

(2) 청소년문제에 대한 대중매체의 영향

오늘날 청소년문제의 심각성은 더 이상의 논의가 필요하지 않을 만큼 보편화되어 있으며, 이에 대한 사회의 인식도 비교적 높은 편이라고 할 수 있다. 그러나 청소년문제의 심각성에도 이에 대한 효과적인 해결책은 마련되어 있지 않다. 청소년문제는 사회의 총체적인 변화와 개선 없이는 영원히 해결되지 않을 것이라는 점을 인식해야 할 것이다. 사회 총체를 개선하고 변화시키는 데 가장 중요하고 광범위한 역할을 행사할 수 있는 주체가 다름 아닌 대중매체라는 사실은 누구나 공감할 것이다. 그러나 현실적으로 대중매체는 앞서 밝혔듯이 순기능보다 역기능과 문제점을 더 많이 내포하고 있으며, 그 자체의 구조적인 조정과 개선 없이는 아무런 역할도 기대할 수 없는 지경에 처해 있다. 경쟁적인 상업주의와 향락주의, 가치관 전도를 조장하는 프로그램, 인기에 편승한 운영 등은 건전한 청소년문화를 창조하여 청소년 비행을 비롯한 여러 가지 문제행동을 예방하고 해결하기보다는 청소년의 성적·공격적 호기심을 자극하고, 그들의 모방심리를 강화하며, 환상적 세계에 대한 동경심을 촉진하는 등의 역할을 더 충실하게 하고 있는 것이다.

대중매체가 청소년문제의 강력한 원인일 것으로 가정하는 것에 대해 최창섭(1993)은 다음과 같은 근거를 제시하고 있다.

첫째, 현대사회의 청소년 비행의 특성, 원인, 정도에 관한 대부분의 정보가 대중매체를 통해 유포되고 있으며 그러한 비행을 뉴스로 다룸으로써 비행에 관한 수용자의 주의력, 공포감, 참여감, 혹은 기대감을 조장할 수 있다. 이것은 비행문제를 더 이상 사회적 가치규범이나 윤리적인 문제로 보기보다 일정의 게임거리나 흥밋거리로 보게 만들며, 비행에 관한 무감각 현상을 야기할 수 있다.

둘째, 대중매체는 청소년 비행에 대한 잘못된 보도와 정보를 제시하여 비행에 대한 가치기준을 저하시키고 비행행위의 현실을 왜곡할 뿐만 아니라 나아가 비행행위를 합법적인 것으로 또 폭력이나 악에 대한 자의적 수용태도를 증대시키기도 한다. 그리고 비행행위가 발생한 상황과 비행과정을 묘사함으로써 수용자들에게 동일 상황에서 동일한 과정의 비행을 유발하도록 조장할 수 있다. 이것은 비행행위를 합리화하거나 정당화하는 수단을 제공한다.

셋째, 대중매체 중에서도 특히 텔레비전은 교육수준과 무관하게 전 연령층에 쉽게 수용될 수 있다는 특성과 함께 프로그램 내용의 많은 부분이 폭력이나 그와 유사한 내용으로 이루어지고 있어 비행행위를 유발할 위험이 다른 매체보다 크다. 청소년 문제행동의 경우 청소년의 발달적 장애와 부정적인 사회 문화적 요인에서 비롯되지만, 대중매체 환경 또한 강력한 영향 요인으로 작용하고 있는 것이다.

대중매체와 청소년 비행과의 관계를 살펴보면 대중매체가 청소년 비행의 직접적인 원인으로 해석할 수는 없지만, 간접적 혹은 잠재적인 영향 요인으로 작용할 수 있다. 즉, 동일한 내용이라도 일반 청소년은 오락적 수단, 시간소비적 수단으로 이용하는 데 반해 비행집단은 자신의 범죄행위를 합리화하거나 보강하는 방법으로 이용한다. 또 비행청소년이나 비행행

대중매체와 청소년 비행과의 관계를 살펴보면 대중매체가 청소년 비행의 직접적인 원인으로 해석할 수는 없지만, 간접적 혹은 잠재적인 영향 요인으로 작용할 수 있다.

위를 호의적으로 보는 청소년들에게 현실과 지나치게 괴리되거나 이상적인 내용은 그들의 비행행위를 유발하고 동기화시키는 계기가 되는 것이다. 그들은 나쁜 내용은 물론 좋은 내용에 대해서도 자신의 행위를 합리화, 정당화하는 데 이용한다. 한편 결손가정의 청소년들은 폭력적 장면이나 호화로운 가정환경 장면에 대해 이를 비행과 관련지어 생각하려는 경향이 높았다. 이것은 대중매체와 더불어 가정환경이 비행의 동기 변인으로 작용하고 있음을 시사한다. 청소년 비행을 유발하는 대중매체에는 텔레비전 등의 전자매체 외에 혼자서 은밀히 보고 생각할 수 있는 도색잡지나 저속한 종류의 잡지, 성인만화 등도 포함되어 있다. 이것은 각종 저속한 잡지나 성인만화의 구독률이 비행청소년집단에게서 높다는 사실을 통해 추론해 볼 수 있는 내용이다.

(3) 대중매체 환경의 개선방안

대중매체의 내용이 비행행위 유발의 직접적 원인이라든가 방아쇠적 역할을 한다고 단정할 수는 없지만, 가정환경과 사회적 환경 등과 더불어 복합적으로 상호작용하면서 비행행위를 합리화시키고 정당화시키는 데 크게 작용할 수 있음을 앞서 살펴보았다. 특히 비행청소년들에게는 대중매체의 내용이 그들의 비행행위 수행에 이용되거나 잠재적 가능성을 증대시킬 수 있음을 알 수 있다. 이러한 연구결과는 청소년문제와 관련된 사회적 문제를 대중매체 환경 문제로 구체화하도록 하였으며, 대중매체 환경 및 문화의 개선이 청소년문제 해결의 대안이 될 수 있다.

최창섭(1993)은 대중매체 환경의 개선방안을 다음과 같이 제시하였다.

첫째, 대중매체는 청소년들이 자신의 가치관을 명료화하고 확립할 수 있도록 도와야 한다. 이를 위해 대중매체가 청소년들에게 성인사회의 부정적 가치를 모방하도록 조장하거나 미화시키는 일이 없도록 하고 청소년들의 자율적 가치선택과 가치의 내면화 과정을 도와야 한다. 또한 청소년들에게 환상과 착각을 줄 수 있는 드라마, 가요, 쇼, 코미디 프로그램 등에서 가치를 배제하거나 다양한 가치를 균등하게 내포하도록 편성해야 할 것이다. 대중매체는 가치전달이 목적이 아니라 정보, 메시지를 전달하기 위한 것임을 명심해야 한다.

대중매체는 청소년들의 독특한 정서와 사고, 생활양식과 태도 등을 인정하고 그들의 세상을 존중하는 태도를 취해야 한다.

둘째, 대중매체는 청소년들의 독특한 정서와 사고, 생활양식과 태도 등을 인정하고 그들의 세상을 존중하는 태도를 취해야 한다. 청소년문화를 창조하고 발전시킬 수 있는 원동력이 되며, 청소년들에게 건전한 문화공간과 문화활동의 기회를 제공해야 한다. 청소년의 비행행동이나 탈선을 무조건 비판하거나 문제화하기보다 그 원인을 정확하게 진단하고 문제의 대안을 제시하는 건전한 태도를 보여야 한다.

셋째, 대중매체의 성격과 역할, 기능 등에 대한 지속적인 교육을 실시하고 더불어 올바른 시청방법이나 매체의 사용방법에 대해서도 체계적인 교육을 해주어야 한다. 대중매체의 영향권 속에서도 올바른 가치관과 생활태도를 확립하고 다양한 매체를 자신의 삶에 적절히 이용할 수 있는 능력과 기술을 익히도록 해주어야 한다. 매체교육은 전파매체를 중심으로 한 시청각에 부적응하는 사람들에게 적응법과 이용법을 지도함으로써 무비판적이고 수동적인 수용자의 의식을 능동적으로 전환하도록 지도하는 것을 말한다. 이러한 교육을 통해 수용자의 자질을 높이게 되면 이에 따라 매스미디어도 점진적으로 하나의 목표만을 제시하는 편협성에서 탈피하여 다양하고 폭넓은 내용을 통한 프로그램의 질적 향상을 위해 노력하게 될 것이다.

대중매체는 청소년의 가치관이 '인간화'라는 맥락에서 주체-자주의식, 창조-발전의식, 질서-협동의식을 바탕으로 한 전인적, 도덕적 인간상으로 정립되도록 노력해야 한다. 또한 청소년들의 독특한 정서와 그들만의 문화를 개발, 발전시킴으로써 건전한 청소년문화를 구축하고 널리 보급해야 한다. 여기에 덧붙여 청소년들로 하여금 전통문화에 대한 이해와 의식을 고양할 수 있는 방안을 다각적으로 모색해야 할 것이다.

3) 청소년과 사이버문화

청소년 사이버문화에 대한 연구는 인터넷 중독, 온라인게임 중독으로 대표되는 사이버 중독 등 일탈적 문화의 측면에서 이루어진 연구들이 대부분이다. 그러나 청소년 사이버문화는 단순히 일탈적 문화 측면에서만 다루어질 수 없는 중요한 내용들을 함축하고 있다. 그것은 가상 노마드 문화로 가장 잘 표현될 수 있다. 여기에서는 사이버 노마드 문화에 대해 중점적으로 살펴보고자 한다(권이종 · 김천기 · 이상오, 2010).

(1) 노마디즘

청소년 사이버문화 현상을 이해하는 데 가장 핵심적인 용어는 '노마디즘'이라 할 수 있다. 노마디즘은 현재를 살고 있는 사람들의 문화를 지칭하는 중요한 키워드로 부각되고 있다. 노마디즘은 오늘날 사이버문화뿐만 아니라 정보화사회 문명을 나타내는 키워드이기도 하다. 노마디즘으로 유목민의 가치가 부각되고 있다는 것은 머물러 있는 것에서 움직이는 것으로, 고정된 자아에서 다양한 자아로, 행동방식, 정책, 세계관, 문화 등이 변해 가고 있음을 의미한다. 노마디즘은 기존의 특정한 가치와 삶의 방식에 얽매이지 않고 끊임없이 자기를 부정하면서 새로운 자신을 창조해 가는 일체의 방식을 의미한다. 버려진 불모지를 새로운 생성의 땅으로 바꿔나가는 것, 철학 · 문학 · 정신분석 · 수학 · 경제학 등 학문분야를 넘나들며 새로운 삶을 탐구하는 사유의 여행을 뜻하기도 한다. 이 개념에서는 고정된 중심에서 탈피하여 이동하는 것이 강조되고 있는데, 이때 '이동'이란 물리적 이동만을 의미하는 것이 아니라 기존영역을 횡단하여 새로운 가치를 창조하는 정신적 이동을 함께 의미한다.

노마디즘은 기존의 특정한 가치와 삶의 방식에 얽매이지 않고 끊임없이 자기를 부정하면서 새로운 자신을 창조해 가는 일체의 방식을 의미한다.

노마디즘이 본격적으로 등장하게 된 것은 프랑스의 사회학자 아탈리(Attali)에 의해서였다. 아탈리는 『21세기 사전』(1999)에서 노마드를 '특정한 삶의 방식에 매달리지 않고 끊임없이 삶을 탐구하고 창조해 온 인류의 보편적 가치'로 '디지털 시대 현대인의 새로운 생존전략'으로 확대 조명하고 있다. 그의 또 다른 저서 『호모 노마드: 유목하는 인간』에서는 정착민과 유목민의 오랜 대립을 깨뜨릴 신유목민의 탄생을 예견하며 이를 위해 우선 정주형(定住型) 위주의 사유에서 유목민적 시각으로 인류문화를 새롭게 정의해야 한다고 주장한다.

이러한 입장들의 연장에서 아탈리는 신유목민이 지향해야 할 미래의 인간형으로 '트랜스휴먼'이라는 개념을 제시한다. 즉, 트랜스휴먼의 세계는 통신기술의 발달로 인해 노마디즘과 정착성이 하나로 집중됨으로써 탄생될 수 있는 것이다. 네트워크 간의 상호 소통으로 인해 앞으로 전 지구는 국경 없는 단일체가 되고, 더 이상 넘어갈 국경이 사라지게 되면 유목민들이 아닌 이동형과 정주형을 혼합한 신인류, 트랜스휴먼이 탄생하게 되는 것이며, 실제로 현재 통신기술은 유목성과 정착성을 하나로 집중시킴으로써 트랜스 휴머니티의 탄생에 공헌하고 있다.

트랜스휴먼은 "발견과도 같은 뿌리 내리기를 경험하고, 휴식과도 같은 여행을 경험하며, 노마드로서 정착하고 정착민으로서 이동하고, 움직이지 않고도 떠돌아다니고 움직이면서도 명상할 수 있는 방법을 제공할 것"이라고 아탈리는 말한다. 다양한 문화, 종교가 섞일 수 있으며, 동시에 여러 부족에 소속될 권리가 존재하는 것이 트랜스휴먼의 세계이다. 이러한 세계는 다름 아닌 인류 공동의 이익을 위한 보편적 민주주의의 세계이며, 이것이 안정될 경우 모든 사람들이 서로 우애하는 유토피아를 누리게 될 것이라고 아탈리는 전망한다(권이종 · 김천기 · 이상오, 2010). 과거 아날로그적 유목민과는 달리 새롭게 정의된 현대사회에서의 디지털 노마드에 대한 인식은 이처럼 긍정적인 편이다.

(2) 사이버 노마디즘 문화의 특성

사이버 노마디즘 문화의 특성을 권이종, 김천기, 이상오(2010)는 다음과 같이 제시하고 있다.

첫째, 접속과 소통의 문화이다. 가상 노마드는 인터넷으로 구현된 가상공간에서 자신만의 일시적인 휴식처, 은신처를 찾아서 자유롭게 이동하는 이들을 말한다. 이들은 일시적인 휴식처에서 어느 정도 만족한 후 그곳에 오래 머물러 있기보다는 또 다른 휴식처를 찾아서 끊임없이 이동한다. 그렇기 때문에 이들이 서로 맺고 있는 관계는 과거 공동체 안에서 형성되었던 밀도 깊은 관계라기보다는 밀도가 비교적 낮은 약한 관계이다. 가상 노마드에게 가장 중요한 것은 일시적이지만 감정적으로 융합되어 있는 '연결' 혹은 '접속'이다. 현대사회에서 가상 노마드들의 연결과 접속의 힘은 인터넷을 통해서 나온다.

최근 청소년들에게 인기를 끌고 있는 SNS 사이버 공간에서 자신의 정체성과 관심사, 개인적인 취향을 공유하여 다른 노마드들과 접속할 수 있는 손쉬운 수단이다. 우리나라 청소년의 경우 입시 스트레스와 여가시간, 놀이공간의 부족은 그들을 점점 사이버 공간으로 유도하며, 이들은 게임에서부터 채팅, 온라인 공동체 활동, SNS, 개인 블로그 등 사이버 공간에서 현실세계에서 벌이고 있는 만큼의 활동을 하고 있다. 이들은 개인적인 페이스북, 인스타그램에서 깔끔하게 정돈된 사진과 창의적인 에세이, 미술작품, 시, 작곡 또는 개인적인 취향 등으로 구성된 자신의 이상적 자아와 감성을 보여줄 수 있다. 비록 그것이 사실이든 이상적으로 재구성되었든 간에 사람들은 사이버 공간 속에 자신이 원하는 모습이 담긴 자서전적인 세부 정보들을 채워 넣고, 자신과 감성코드가 맞는 사람들과 접속하고 어울린다. 가상 노마드는 밀도 있는 일대일의 관계보다는 얕고 약하지만, 감정적 융합의 정도는 높은 관계를 맺으면서 살아간다. 그러한 관계를 가능하게 하는 가장 큰 이유는 서로 무언가를 공유하는 그들의 습성 때문이다.

둘째, 다양한 정체성 표현의 문화이다. 때로 가상 노마드들은 치열한 현실세계에서 맛보지 못한 강한 감정적 유대감을 지속시키기 위해 자신이 속한 가상집단에서 본래의 자아가 아닌 사이버 공간상의 '대리자아'를 형성하기도 한다. 이러한 특징은 특히 또래집단과의 강한 유대감을 중시하는 청소년 세대에게서 두드러지게 나타난다. 사이버 공간에서 이들은 언어, 숫자, 동영상과 같은 무한 변형(편집)의 디지털 도구들을 사용해 자신이 원하는 대로 외양을 바꾸고, 자기개방, 자기표현, 이미지 관리의 과정을 통해 자신의 모습을 조형 · 수정 · 변화시키며, 새로운 자아상을 정립한다. 가상공간을 또 다른 생활공간으로 경험하는 청소년 세대에게 있어, '복수퍼스낼리티'는 정체성 형성이라는 전통적인 발달과업을 다른 관점으로 보게 하였다.

현실공간에서 고정적이고 안정적인 모습으로 자신을 나타내는 정체성 발달과업이 가상공간에서는 다양한 모습의 자기를 타인과 공유하는 가변적이면서도 공동체적 방식으로 변화시키기 때문이다. 신체적 특징에 의존하는 현실세계의 정체성과는 달리 가상세계에서는 정체성이 고정되어 있지 않으며, 타자에 대한 판단 역시 참여자의 자기서술 정보에 전적으로 의존한다.

현실공간에서 고정적이고 안정적인 모습으로 자신을 나타내는 정체성 발달과업이 가상공간에서는 다양한 모습의 자기를 타인과 공유하는 가변적이면서도 공동체적 방식으로 변화시키기 때문이다.

셋째, 참여 노마드 문화이다. 모바일기기를 통해 사회참여를 하는 참여 노마드 문화를 만들어 내고 있는 주요 주체는 '2.0세대'의 청소년들이다. 이들은 자발적으로 모이며, 수평적 네트워크를 구성하고 쌍방향 의사소통을 이용하여 사회문제에 함께 동참하는 참여세대로 일컬어진다. 그러나 동시에 언제든지 헤어질 수 있는 특성을 지니며, 이합집산이 다양하고 빠르다(조정관, 2005). 2000년 이후 인터넷이 중요한 정치참여의 수단으로 등장하면서 사회는 많은 변화를 겪었다. 인터넷은 시간과 공간의 제약을 허물고, 좀 더 개인적이고 자유로운 커뮤니케이션을 가능하게 한다. 특히 가부장적이고 입시지옥이라는 환경 속에서 커뮤니케이션의 제약이 큰 우리나라 청소년들은 스마트폰의 개인성과 비밀성, 상호작용성 및 즉시성에 높은 호감을 보이며 쉽게 몰입하는 경향이 있다(김교정 · 서상현, 2006). 즉, 인터넷은 청소년을 비롯해 우리 사회에서 소외된 시민들에게 실제 생활에서는 낼 수 없는 목소리를 낼 수 있게 하고 정치적 표현을 하게 하며(Bae Young, 2006), 상호작용과 연대를 통해 문화 공동체를 형성할 수 있게 한다. 따라서 이러한 스마트폰 및 인터넷의 발달은 자연스럽게 사회운동을 확장시켰고, 이에 따라 운동방식이나 조직형태도 급격히 변화되었다(홍일표, 2005).

인터넷 및 스마트폰의 대중화로 온라인 서명운동이나 캠페인, 사이버

시위, 배너 달기, 토론방 등 인터넷 공간에서의 독자적 운동방식이 출현했다. 노마드적 흐름을 보여주는 이런 현상의 보다 근본적이고 극적인 징표는 지난 2000년 총선 시민연대의 낙선운동, 2002 월드컵 당시 세계적 화제를 부른 '붉은 악마', 2002년 미 장갑차에 희생당한 여중생 추모집회, 2002년 노사모의 활약, 2004년 노무현 대통령 탄핵반대 촛불집회, 2008년 미국산 쇠고기반대 촛불집회로까지 이어진 일련의 사회적 사건이다. 특히 2008년 미국산 쇠고기 수입반대 촛불문화제를 이끌어 낸 청소년들의 적극적인 참여는 참여 노마드적 성격을 뚜렷하게 나타낸다. 대통령 탄핵 등 촛불문화제 때 수많은 군중이 그토록 빠르게 모일 수 있었던 것은 현장에 나와 있던, 혹은 현장의 소식을 접한 청소년을 비롯한 젊은 세대들이 스마트폰 영상 등의 정보를 획득하였기 때문이다. 이에 댓글 달기를 통해서 집회 참여를 독려했기 때문이다. 노마드들의 움직임과 이동을 이끌어 내는 것은 SNS에 글을 올린 다수의 익명 선동가들이다. 이들은 어떠한 이해관계도 얽히지 않고 모르는 사람들과도 쉽게 어울리며, 같은 이슈를 공유하고 공감대를 형성하여 참여하는 것 자체에서 의미를 찾는다. 이들에게 인터넷이란 단순한 정보제공의 수단이 아니라 권력과 지배적 문화에서 주변화되어 있던 청소년과 같은 약자에게 그들의 목소리와 정치적 의견을 공유할 수 있는 새로운 대화공간이다. 인터넷이 기존의 주류 언론과 달리 청소년 등 사회적 약자에게 '자기표현과 자기강화의 장'의 역할을 하고 있는 것이다(이창호 · 정의철, 2008).

(3) 노마디즘 교육의 의의

노마디즘적 청소년문화는 세계화와 맞물려 소통을 중시하며 다양한 문화를 수용하는 자세로 새로운 질서와 문화를 창조하는 긍정적인 에너지의 역할을 하고 있다. 그들은 이전 세대들과는 달리 휴대폰과 노트북, 디지털 카메라와 같은 휴대용 노마딕 기기를 갖춘 디지털 노마드로서, 언제 어디서든 인터넷으로 가상의 사람들과 접속해 생활하는 가상 노마드로서, 직업적 구속 없이 언제든지 자신이 원하는 일을 하고 자유와 행복을 지향하는 잡(job) 노마드로서, 이밖에 적극적인 사회참여 노마드, 패션 노마드로서의 다양한 역할을 수행하고 있다.

이처럼 현대 청소년들은 세계관과 문화의 역동적인 변화의 핵에 위치하여 대부분 문화의 장을 주도하는 새로운 계층으로 급부상하고 있다. 오늘날 심각한 사회문제는 우리 청소년의 삶을 거의 지배하고 있는 학교문화가 새로운 문화의 주축으로 우뚝 선 청소년 세대들의 이념과 모순되며 이론적, 실천적으로 설득력을 잃어가고 있다는 사실이다. 즉, 노마드로서의 삶을 살아가기 시작한 '21세기 청소년들'을 가르치는 '21세기 교사'로 함께 호흡을 맞추어 살아가기 위해서는 그들의 독특한 문화적 특성을 이해하고, 그들 문화에 이미 녹아 있는 노마디즘이라는 철학적 사유의 특징을 살피는 적극적인 노력이 필요하다.

송혜린(2009)은 노마디즘 교육의 의의를 다음과 같이 언급하였다.

첫째, 교육은 차이의 반복이다. 교육은 리좀적(rhizomatic) 접속을 통해서 차이를 생성하는 활동이며, 개개인의 차이를 근거로 하여 새로운 차이와 다양성을 가져오려는 적극적인 노력이다. 이것은 외적 모방이 아니라 소통으로 인해 자신의 내면에 있는 욕망을 일깨울 때, 즉 질적 변화를 느낄 때 비로소 가능해진다.

둘째, 교육은 감응을 통해 이루어져야 한다. 교육이 능동적 자아의 언어적 표상활동에 초점을 맞출 때 외적 모방으로부터 벗어날 수 없으며, 타자와의 감응을 통해서 자신을 변용할 수 있는 신체, 감응능력을 최대화한 기관 없는 신체를 만드는 것을 지향할 필요가 있다. 즉, 이것은 청소년이 가지고 있는 잠재적 에너지를 그 어떤 것보다 중요시 여긴다는 뜻이며 잠재성의 차원을 주목한다는 것은 어떤 현실적인 것도 고정될 수 없고 끊임없는 변화상태에 있음을 인정하고, 세상 모든 것과 소통할 수 있는 역량을 키워나간다는 것을 의미한다.

셋째, 교육은 횡단적 소통이다. 지금까지 교육은 교사, 학습자, 교육과정 또는 교육자료라는 개별요소와 측면에서 사유되었으며, 이를 맺고 있는 관계의 측면은 소홀히 해왔다. 이미 정착민적인 사유는 우리가 알아차

노마디즘은 관계의 측면에서 교육을 고찰하여 교사와 학습자, 학습자와 학습자, 학습자와 교육자료 사이의 수평적이고 자유로운 접속과 연대가 보장되는 교육적 공동체를 가꾸어 나가도록 인식의 틀을 전환할 수 있는 기회를 제공한다.

리지 못할 만큼 인식의 틀을 고착화시켜 삶을 코드화하고 영토화했으며 이는 교육현장에서도 경쟁의 원리로 적용되어 타자를 단순히 경쟁에서 이겨야 할 대상으로 만들어 참된 소통을 방해했다. 노마디즘은 관계의 측면에서 교육을 고찰하여 교사와 학습자, 학습자와 학습자, 학습자와 교육자료 사이의 수평적이고 자유로운 접속과 연대가 보장되는 교육적 공동체를 가꾸어 나가도록 인식의 틀을 전환할 수 있는 기회를 제공한다. 교육은 타자와의 만남, 접속이며 소통할 수 있는 관계를 만들어 나가는 것이고, 그것을 통해 개개인의 차이들이 긍정되고 단독성이 존중되어 새로운 탈주선이 생성되는 것이다. 노마디즘은 이러한 교육의 원리를 존중하며 편견, 고정관념, 계급, 성별, 학연, 지연의 틀을 뛰어넘어 진정한 소통을 중시한다.

넷째, 교육은 미학적 활동이다. 타자와의 접속을 통해서 자기 존재의 지평을 확장시켜 나가는 예술적인 삶이고 예술적인 존재방식이다. 유목적 주체는 예술작품을 만들듯이 자기 자신을 끊임없이 해체하고 또 새롭게 구성하는 미학적 주체이고 자신의 도덕을 스스로 만들어 가는 윤리적 주체이다. 미래의 교육은 자기 자신을 미학적으로 실현할 수 있는 창조적 활동으로 구성될 필요가 있다.

교육의 핵심은 성장이며, 그것은 청소년들이 직접 창조하는 힘을 경험함으로써 자신의 다양한 가능성들을 일깨우는 것이다. 노마디즘은 교육을 관계로 접근하고 차이와 소통을 낳는 교육적 관계가 어떠해야 하는지를 보여준다는 점에서 가치가 있다. 어떤 초월적인 규정에도 얽매이지 않는 자유로운 삶의 가능성을 보여준다는 점에서 노마디즘은 미래적이며, 그 안에서 우리는 새로운 삶의 형식과 교육의 방향을 전망해 볼 수 있는 비전을 발견할 수 있다. 노마디즘이라는 광범위한 사유의 체계를 가장 민감하게 받아들이고 있는 청소년에게 투영시켜 어떻게 교육에 담아낼 것인가에 대한 고민이 앞으로 다방면에서 계속되어야 할 것이다.

연습문제

01 청소년기의 또래관계가 미치는 긍정적 측면과 부정적 측면에 대하여 서술하시오.

02 청소년기의 이성관계에 대한 영향력을 설명한 후 바람직한 이성관계에 대하여 서술하시오.

03 청소년기의 청소년문화를 바라보는 시각들을 설명한 후 자신의 생각을 서술하시오.

04 청소년기의 대중매체가 청소년들에게 미치는 영향력을 설명한 후 올바른 대중매체의 대안을 서술하시오.

05 청소년기의 사이버 노마디즘 문화의 특성에 대한 긍정적 측면과 부정적 측면에 대하여 서술하시오.

제8장

청소년기의 상담이론 1 -
정신분석, 인간중심, 행동주의

1. 정신분석 상담이론

정신분석 상담이론은 Sigmund Freud에 의해 연구되기 시작했으며, 이후 Adler, Jung, Rank 등에 의해 수정 · 보완되어 오다가 1940년대 이후에 Sullivan 등이 정신분석 상담을 대폭 수정함으로써 신프로이트학파를 형성하게 되었다. Freud의 정신분석이론은 인간의 성격발달에 관한 본성이론을 제시하였으며 오늘날 상담과 심리치료의 기초가 되고 있다. Freud는 인간의 과거, 특히 초기 아동기인 0세부터 5세까지 어떤 경험을 하였느냐에 따라 성격이 형성되며, 인간의 마음은 대부분 의식할 수 없는 무의식에 있고, 이 무의식에 의해 인간의 행동이 동기화된다고 하였다. 정신분석 상담은 인간의 마음과 행동이 어렸을 때의 경험에 의해 크게 좌우되며 또한 무의식에 의해 강하게 영향을 받고 있다는 관점을 가지고 있으며, 인간의 마음과 행동이 어떻게 무의식에 지배되고 있는지에 대해 구체적으로 살펴보고자 한다.

1) 인간관

(1) 인간관

Freud는 인간을 생물학적 존재로 보는 당시의 시대정신을 반영하여 정신분석을 개발하였다. 그에 따르면 인간은 삶의 본능인 리비도(libido)를 타고났다. 이러한 본능은 만족이나 쾌락을 추구한다. 그리고 쾌락을 추구하는 본능의 욕구는 사회현실과 마찰을 빚는다. 인간은 내적 욕구와 외적 욕구 간에 끊임없는 갈등을 한다(노안영, 2005). 인간관은 비합리적이고 결정론적인 존재로 본다. Freud는 인간의 행동은 기본적인 무의식적 동기와 생물학적 욕구 및 충동, 그리고 생후 5년간의 생활경험에 의해 결정된다고 보았다. 이러한 인간의 행동은 기본적인 생물학적 충동과 본능을 만족시키려는 욕망에 의해 동기화된다.

Freud는 인간의 행동은 기본적인 무의식적 동기와 생물학적 욕구 및 충동, 그리고 생후 5년간의 생활경험에 의해 결정된다고 보았다.

정신결정론적 관점에서 보면 사람들이 겪는 심리적 문제는 내부에 존재하는 어떤 정신적 원인이 작용한 결과이다. 따라서 인간은 현재의 자신의 행위를 결정하는 주체적 존재라기보다는 과거 어린 시절, 즉 출생 후 5세까지의 경험에 의해서 결정되는 존재로 보고 있다. 인간은 무의식 속에 있는 어린 시절의 심리성적인 사건들에 의하여 지배되는 결정론적 존재로 보았다.

(2) 의식수준

Freud는 인간의 의식수준을 의식, 전의식, 무의식의 세 가지 차원으로 구분하였다. 마음을 빙산에 비유하여 빙산의 꼭대기는 의식, 물을 통해 볼 수 있는 물에 잠긴 부분은 전의식, 빙산의 대부분을 차지하는 가장 큰 부분은 볼 수 없는 무의식으로 설명하고 있다(김영봉 외, 2011).

① 의식

의식은 개인이 주의를 기울이는 순간, 즉 각성하고 있을 때 알아차릴 수 있는 정신영역으로 자아가 여기에 속한다. 우리가 다른 사람의 이야기를 듣고 이해하며, 사물을 보고 지각하고 반응하는 것은 다른 사람의 이야기를 의식하고 사물을 의식하기 때문에 가능한 것이다.

② 전의식

전의식은 흔히 '이용 가능한 기억'이라고 불리며, 의식의 부분은 아니지만 조금만 노력하면 의식 속으로 떠올릴 수 있는 생각이나 감정을 포함하고 있다. 노력하거나 자극을 받아서 연상되고 기억될 수 있는 정신세계로 자아영역이 여기에 속한다. 즉, 자극이 있거나 의식하기 위하여 노력한 결과 의식되는 정신세계를 말한다. 전의식은 정신세계에서 의식과 무의식의 영역을 연결해 준다.

③ 무의식

평소에는 전혀 자각하지 못하는 정신영역으로 원초아와 초자아가 여기에 속한다. 무의식은 마음 깊은 곳에 감춰져 있어 의식되지는 않지만 인간의 행동, 감정, 정신을 지배하는 부분으로 우리의 심적 내용의 대부분을 차지한다. 무의식은 지각할 수 없으며 용납될 수 없는 감정이나 생각, 충동들이 억압되어 있다. 무의식의 과정은 신경증적 증후와 행동의 근원이다.

무의식은 마음 깊은 곳에 감춰져 있어 의식되지는 않지만 인간의 행동, 감정, 정신을 지배하는 부분으로 우리의 심적 내용의 대부분을 차지한다.

(3) 성격구조

Freud는 성격구조를 원초아(id), 자아(ego), 초자아(superego) 세 가지로 설명했다. 원초아는 생물학적 구성요소, 자아는 심리적 구성요소, 그리고 초자아는 사회적 구성으로 구분된다. 즉, 세 가지의 성격구조 중 어느 한 부분이 통제력을 더 많이 가지고 있느냐에 따라 인간의 행동특성은 결정된다고 주장한다.

① 원초아

원초아는 생득적인 것으로 기본적인 생물학적 반사 및 충동, 본능을 포함하고 있다. 여기서 자아와 초자아가 분화되어 나오며, 쾌락의 원리에 의해 지배된다. 원초아는 식욕, 성욕, 수면욕 등과 같은 본능적 욕구를 즉각적으로 충족시키기 위해 외부의 현실이나 도덕을 고려하지 않은 채 비논리적이고 맹목적으로 작용한다. 원초아에는 욕망실현을 위한 사고능력은 없으나 다른 욕망 충족을 소망하고 그것을 위해 움직일 뿐이다. 이러한 과정은 무의식적으로 이루어진다.

② 자아

자아는 현실세계에 입각하여 적절한 환경조건이 마련될 때까지 원초아의 욕구충족과 긴장의 방출을 유보시키며 현실적이고 합당한 방법으로 만족을 얻을 수 있는 방안을 모색하고 계획한다. 자아는 원초아의 요구와 현실, 그리고 초자아의 요구들을 조절하는 기능을 수행한다. 즉, 원초아가 맹목적으로 욕구충족을 꾀하는 데 비해 자아는 주관적 욕구와 외부의 현

자아는 원초아의 요구와 현실, 그리고 초자아의 요구들을 조절하는 기능을 수행한다.

실을 구별할 줄 아는 현실검증능력을 가지고 있다.

③ 초자아

초자아는 주로 부모나 사회환경의 영향을 받아 인생 초반기에 오이디푸스 콤플렉스나 엘렉트라 콤플렉스를 겪으면서 형성된 것이다. 초자아는 현실보다는 이상을 대표하며 쾌락보다는 도덕이나 완벽원리에 의해서 추구된다. 그리고 본능의 충동을 억제하고 자아가 현실적인 목표 대신에 이상적인 목표를 갖고 완전성을 위해 정진한다. 원초아는 유전의 영향을 받았으며, 초자아는 의존적인 어린 시절에 부모나 의미 있는 다른 사람들에 의해 영향을 받아 형성되었다.

(4) 성격의 역동성

Freud는 인간 유기체를 복잡한 에너지 체계로 보고 정신적 에너지를 가정했다. 정신적 에너지는 신체적 에너지로 변환될 수 있는데, 삶의 본능과 죽음의 본능이라는 두 종류의 에너지를 본능이란 개념으로 설명한다.

① 삶의 본능(eros)

삶의 본능은 생명을 유지하는 것을 목적으로 하며 타인과의 사랑과 자손 번식을 의미한다. 생식본능과 성본능이 개체의 보존과 종족번식의 목적에 관계하는 본능으로 그 승화된 모습이 건설적 행위나 이타적 행위이다. Freud는 초기이론에서 삶의 본능을 리비도(Libido: 성적 원동력)라는 개념으로 불렀으며, 점차 리비도를 삶의 본능 전체를 의미하는 것으로 보았다. 이 리비도가 집중적으로 모이는 곳이 성감대이다.

② 죽음의 본능(thanatos)

죽음의 본능을 태어나기 전의 상태로 돌아가는 것으로 보았다. 그의 삶의 본능에 비해 죽음의 본능은 드러나 보이지 않지만, 그 기능은 항상 작동하고 있다. 인간에게는 원래의 궁극적인 상태로 돌아가려는 본능적 충동이 있다. 즉, 자기 파괴의 충동을 가지고 있으며 죽음의 본능이 내부가 아닌 외부적으로 표출되면 공격성이 나타난다. 공격성은 자기 파괴적 본능이 외부의 타인에게 돌려진 것이다.

(5) 불안

불안은 원인에 대한 명확한 대상 없이 두려움을 느끼는 것이다. 불안은 심리적인 에너지를 통제할 수 없을 때 발생하는 것으로 원초아와 자아 그리고 초자아 간의 갈등으로 인해 불안이 야기되는 것으로 보았다. 이러한 불안에는 신경증적 불안, 현실적 불안, 도덕적 불안으로 구분된다(김춘경, 외 2010; 장성화 외, 2011; 조경덕 외, 2012; 천성문 외, 2006).

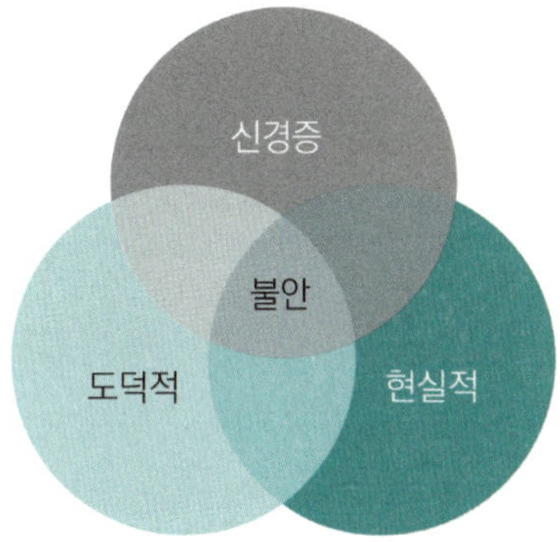

① 신경증적 불안

신경증적 불안은 불안을 느껴야 할 이유가 없는데도 불구하고 자아가 본능적 충동을 통제하지 못해 불상사가 생길 것이라는 위협을 느껴서 불안에 사로잡히는 것을 의미한다. 신경증적 불안은 현실을 고려하여 작동하는 자아와 본능에 의해 작동되는 원초아 간의 갈등에서 비롯되는 불안이다. 신경증적 불안은 원초아 속에 포함하고 있는 억압된 욕구나 충동(특히 성적 충동과 공격적 충동)들을 자아가 적절하게 조절할 수 없어서 벌을 받게 될 어떤 일을 저지르게 되지나 않을까 하는 불안이다.

신경증적 불안은 불안을 느껴야 할 이유가 없는데도 불구하고 자아가 본능적 충동을 통제하지 못해 불상사가 생길 것이라는 위협을 느껴서 불안에 사로잡히는 것을 의미한다.

② 현실적 불안

현실적 불안은 자아가 외부세계의 현실을 지각하여 두려움을 느끼는 불안이다. 현실적 불안은 불안의 원인이 외부에 있다고 해서 객관적 불안이라고도 하며, 기본적으로 공포와 유사한 특징이 있다.

③ 도덕적 불안

원초아와 초자아 간의 갈등에서 비롯된 불안으로 자신의 양심에 대한 두려움이다. 도덕적 불안은 도덕적 기준에 위배되는 일을 하거나 죄의식을 느끼고 불안을 경험하는 도덕적 불안을 말한다. 만약 도덕적 원칙에 위배되는 본능적 충동을 표현하도록 동기화되면, 초자아는 수치심과 죄의식을 느끼게 되는데, 죄의식이 심할 경우 자신의 죄를 속죄받기 위해 고의적으로 처벌받을 행동을 저지르기도 한다.

(6) 방어기제

이성적이고 직접적인 방법으로 불안을 통제할 수 없을 때, 즉 불안하거나 붕괴의 위기에 처한 자아를 보호하기 위해 인간이 무의식적으로 사용하는 사고 및 행동수단을 방어기제라고 한다. 이러한 충동과 갈등이 점차 증대되고 억압되면 자아를 보호하기 위하여 정서적 장애나 신경증 같은 질환으로 발전하거나 상징적 대상에 대한 공격적 행동 등이 나타나게 된다. 이렇듯 당면하는 장애나 정신적 갈등이 항상 합리적이고 현실적으로 타당하게 해결되는 것이 아니다. 비현실적 방법으로 자아를 보호하는 것을 방어기제(defence mechanism)라고 한다. 방어기제에 대한 내용은 다음과 같다(강진령, 2009; 김영봉 외, 2011; 윤순임 외, 1998).

① 억압

억압은 의식하기에는 현실이 너무나 고통스럽고 충격적이어서, 무의식 속으로 억눌러 버리는 것을 의미한다. 억압은 다른 방어기제나 신경증적 증상의 기초가 된다. 반면 의식적으로 생각과 느낌을 눌러 버리는 것은 억제이다.

② 억제

억제는 마음속으로 상황을 판단해서 욕구의 표출을 참는 의식적인 행동이다. 억압은 무의식적으로 나타나는 데 반해 억제는 의식적인 행동이다. 즉, 의도적으로 위협적이거나 불안을 야기하는 상황이나 사건을 무의식의 영역으로 배제하는 것을 말한다. 실연당한 사람이 과거의 기억을 잊으려고 머리를 흔들거나 다른 생각을 의도적으로 하여 무의식의 세계로 밀어 내는 것이다.

③ 반동형성

반동형성은 받아들일 수 없는 충동이나 욕구로부터 벗어나기 위해 그와는 정반대되는 행동을 나타냄으로써 금지된 욕구나 충동의 표출로 갖게 될 불안으로부터 자신을 보호하려는 것이다. '미운 자식 떡 하나 더 준다'는 속담의 상황이다. 실제로 자기를 확대하는 대상인데도, 그 대상을 좋아하는 것처럼 보이는 행동이 그 예이다.

반동형성은 받아들일 수 없는 충동이나 욕구로부터 벗어나기 위해 그와는 정반대되는 행동을 나타냄으로써 금지된 욕구나 충동의 표출로 갖게 될 불안으로부터 자신을 보호하려는 것이다.

④ 투사

투사는 스스로 받아들일 수 없는 충동이나 태도 등을 무의식적으로 타인이나 환경의 탓으로 돌리는 것이다. 자신의 결전을 타인이나 환경의 탓으로 돌려 비난함으로써 자신의 결함이나 약점 때문에 갖게 되는 위협이나 불안으로부터 자아를 보호하려는 것이다. 예를 들어, 내가 시어머니를 미워하는 것이 아니라 시어머니가 나를 미워한다고 생각하는 것이다.

투사는 스스로 받아들일 수 없는 충동이나 태도 등을 무의식적으로 타인이나 환경의 탓으로 돌리는 것이다.

합리화는 용납하기 어려운 충동이나 현실에 더 이상 실망을 느끼지 않으려고 그럴듯한 구실을 붙이는 것을 말한다.

⑤ 합리화

합리화는 용납하기 어려운 충동이나 현실에 더 이상 실망을 느끼지 않으려고 그럴듯한 구실을 붙이는 것을 말한다. 합리화에는 신포도형 합리화와 달콤한 레몬형 합리화가 있다. 신포도형 합리화는 이솝우화의 여우와 신포도 이야기를 들 수 있다. 달콤한 레몬형 합리화는 시골로 좌천된 공무원이 자신의 좌천을 정당화하기 위해 시골의 전원생활은 도심과 달리 아주 공기가 맑아 심신의 건강에 좋을 것이라고 생각하는 것을 말한다.

⑥ 부인

부인은 힘든 현실의 외상적 상황을 무시함으로써 고통을 주는 사실이나 경험을 인정하지 않고 부정해 버리는 것이다. 너무 고통스럽고 힘든 사건이 일어났을 때 현실에서 그런 일이 일어나지 않았다고 생각한다. 부인은 자신을 스트레스로부터 방어하는 데 사용되어 현실과 일상생활에서 직면하는 문제들을 가로막는다. 예를 들면, 사랑하는 사람의 죽음이나 애인의 배신 같은 사실을 믿지 못하는 것이다.

⑦ 승화

승화는 억압된 충동이나 욕구의 발산 방향을 사회적으로 인정되거나 가치 있는 쪽으로 옮겨 실현함으로써 그 충동이나 욕구를 충족시키는 방어기제이다. 용납할 수 없는 공격성이나 성적 충동을 사회적으로 인정받을 수 있는 방향으로 표현하는 것이다. 이를테면 공격성이 강한 사람이 축구를 한다든가, 억누를 수 없는 분노를 소설로 표현하여 소설가가 되는 것이다.

⑧ 치환

치환 혹은 전위는 자신의 본능적 충동을 위협적인 대상이 아닌 보다 안전한 대상에게로 이동시켜서 발산하는 방어기제이다. 이는 원래의 대상 혹은 사람에게 심리적 에너지를 향하기 어려울 때 다른 사람에게로 향하게 하는 것이다. '꿩 대신 닭'이라는 속담이 잘 표현하고 있다. '한강에서 빰 맞고 종로에서 화풀이한다'는 속담에 맞는 상황으로 예를 들면, 엄마에게 꾸중을 들은 아이가 애매한 동생이나 개한테 화풀이하는 것, 출근길에 아내와 다투어 화가 난 남편이 직장에서 자기보다 아랫사람에게 화풀이하는 것이다.

⑨ 퇴행

퇴행은 현재의 심리적 갈등으로 좌절을 경험하게 되면 이를 피하기 위해 이전의 발달단계로 되돌아가는 것을 의미한다. 심각한 스트레스나 극단적인 곤경에 직면할 때 미성숙하고 부적절한 행동에 매달림으로써 불안에 대처하려고 한다. 즉, 잠재적 위험이나 실패를 내포하는 상황 속에 뛰어들었을 때 겪는 어려움을 피하기 위해 초기 발달단계나 양식으로 후퇴

하는 것이다. 예를 들어, 동생이 태어났을 때 대소변을 가리지 못하거나 우유병을 달라고 칭얼거리는 것이다.

⑩ 동일시

동일시는 자기보다 우월하다고 생각되는 다른 사람의 성격, 태도, 가치 그리고 행동을 무의식적으로 자신의 것으로 채택하는 것이다. 자신의 무능력이나 나약함을 회피하는 것이며, 자기가치감을 고양시키고 자기실패감으로부터 자신을 보호하기도 한다. 또한 자신의 욕구나 갈등을 대리적으로 해결할 수 있게 하는 작용을 하기도 한다.

⑪ 보상

보상은 자신의 부족한 부분을 감추기 위해 약점을 지각하지 않거나 혹은 어떤 긍정적인 특성을 발전시키는 것이다. 자신의 성격, 지능, 외모 등과 같은 이미지의 결점을 메우려는 무의식적인 노력을 말한다. 즉, 심리적으로 어떤 약점이나 제한점이 있는 사람이 이를 보상받기 위하여 다른 어떤 것에 몰두하는 경우를 들 수 있다. '작은 고추가 맵다'는 속담이 이에 해당한다. 예를 들면, 몸이 허약한 아이가 태권도 운동선수가 되거나 말더듬는 사람이 웅변가가 되는 것이다.

(7) 발달단계

Freud는 인간의 성격은 구강기, 항문기, 남근기, 잠복기, 성기기의 5단계로 분류하고 있다. 이러한 심리성적 발달단계에 의해 개인의 성격은 출생 이후부터 약 5세까지 해당되는 유아기 동안의 경험들에 의해 그 기본 구조가 형성되며 그 후 정교화 과정을 거치면서 발달해 가는 것이다. 발달단계마다 자신의 욕구가 충족되어야 하며, 그렇지 못한 경우 다음 단계로 이행하기 어려운 고착 현상이 나타날 수 있다(박영진 외, 2012).

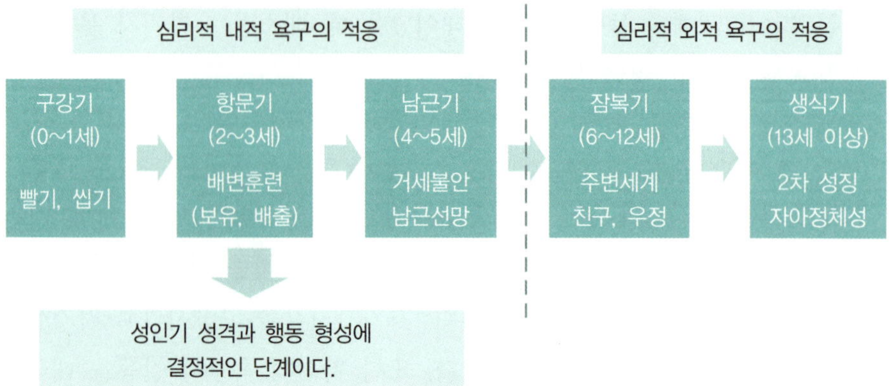

① 구강기(oral stage, 0~1.5세경)

출생 때부터 1.5세까지를 말한다. 이때의 주된 성감대는 구강이며, 성격의 세 체계 중 원초아(id)가 발달하는 시기이다. 이때 즐거움을 느끼기 위해 빨기, 깨물기, 삼키기 등 입술도 움직인다. 특히, 유아는 구강을 통하여 엄마 젖을 포함한 모든 사물을 빠는 데에서 성적 욕구를 충족하며, 자신에게 만족과 쾌감을 주는 인물이나 대상에 대하여 애착관계를 형성한다. 구강기는 초기(oral passive)와 후기(oral active)로 나누어진다. 초기는 생후 6개월까지이며 이는 주로 빠는 데 쾌감을 느끼는 때이고, 후기는 이가 나기 시작한 후로 깨무는 데서 쾌감을 느낀다. 모유에 의한 수유가 유아의 신체적·심리적 발달에 긍정적인 영향을 주는데, 유아로 하여금 어머니의 따뜻한 피부와의 접촉을 통하여 안정감과 포근함을 느끼게 하는 데 도움을 준다. 만일 구강기에 강압적인 인공수유를 하거나 수유시간을 너무 엄격히 통제하게 되면, 욕구불만을 느끼게 되고 먹기를 거부하는 구강기적 분노를 보이기도 한다.

유아는 구강을 통하여 엄마 젖을 포함한 모든 사물을 빠는 데에서 성적 욕구를 충족하며, 자신에게 만족과 쾌감을 주는 인물이나 대상에 대하여 애착관계를 형성한다.

② 항문기(anal stage, 1.5~3세경)

1.5세에서 3세까지를 말하는데, 이 시기에는 원초아와 자아가 발달한다. 배설물을 보유하거나 배출하는 데에서 만족이나 쾌감을 얻기 때문에 이때 대소변 가리기 훈련이 이루어지면 유아는 처음으로 그의 본능적 충동을 외부로부터 통제받는 경험을 하게 된다. 이 시기에 배설에 탐닉하게 되면

난폭한 성격을 띠게 되고, 배설을 지나치게 억압당하면 인색하거나 결벽증 성격을 가질 수도 있다. 따라서 자율적인 배변훈련이 필요하다. 이러한 배변훈련(toilet training)에 의하여 배변 보유의 경험을 갖는데, 너무 엄하면 유아는 이에 대한 보복으로 고의로 더럽게 배변하는 행동을 한다. 이런 아이가 성인이 되면 권위에 대한 불만이나 보복의 수단으로 불결, 무책임, 무질서, 낭비의 행위를 하게 된다. 또한 배변훈련은 지나친 결벽성이나 인색한 성격이 형성되기도 한다. 항문기 때 대소변 가리기 훈련은 매우 중요한 의미를 가지고 있다. 부모가 대소변 가리기 훈련을 적절하게 해주면 유아는 스스로 자신의 의지와 노력을 통하여 무엇인가를 잘할 수 있다는 생각을 갖게 되어, 생산성과 창의성을 발달시킬 수 있다.

③ **남근기(phallic stage, 3~4세경)**

성감대가 성기로 옮겨간다. 성기 자위행위가 생기고 출산이나 성에 관한 질문을 많이 한다. 특히 가족 로맨스가 생긴다. 즉, 남아의 경우 어머니에게는 애정을 느끼면서 아버지를 적대하는 오이디푸스 콤플렉스(Oedipus complex)가 나타난다. 이때 남아는 아버지를 경쟁자로 인식하여 느끼는 거세불안(castration)을 감소하기 위해 어머니에 대한 성적 욕망과 아버지에 대한 적대감을 억압하며 어머니의 인정을 얻고, 아버지를 동일시하여 성역할 정체감을 형성한다. 여아의 경우에는 엘렉트라 콤플렉스(Electra complex)가 나타나는데, 아버지에게 성적 애착을 갖고 남근선망(penis envy)을 갖게 된다. 남근기의 고착 현상은 남아의 경우 과시적이고 공격적이 되며, 여아의 경우에는 겉으로 순진하고 결백해 보이지만 유혹적이고 경박한 여성이 된다. 또 동일시에 실패하면 동성애나 이성부모를 동일시하기도 한다. 그리하여 동성애자나 여성스러운 남자아이 또는 남자 같은 여자아이 형태가 나타나기도 한다.

남아의 경우 어머니에게는 애정을 느끼면서 아버지를 적대하는 오이디푸스 콤플렉스가 나타난다.

④ **잠복기(latent stage, 5~12세경)**

5세경에서 12세까지이며, 신체적 영역에서 성에 대한 흥미가 작아지고 사회성의 발달이 현저하게 나타나는 시기이다. Freud에 의하면 이 시기의 아동은 앞에 있었던 세 단계의 욕구를 거의 잊게 되며, 위험한 충동이나 환상이 잠재되어 버리기 때문에 비교적 조용한 시기를 보내게 된다. 원초아, 자아, 초자아에 의해서 지배가 되는 이 시기는 스포츠 놀이, 게임, 지적활동을 통하여 여러 가지 사회적으로 받아들일 만한 일에 에너지를 쏟을 수 있을 정도로 자유롭다.

⑤ 생식기(genital stage, 12세 이후)

12세 이후부터 사춘기에 해당한다. 이 시기에는 성적 에너지가 다시 분출된다. 이성에 대한 관심을 가지고 성숙한 사랑을 하고자 하며, 자신의 신체에서 성적 쾌감을 추구하는 자기애착적 경향을 보인다. 또한 이성과의 성적 접촉을 통해 성적 쾌감을 얻으려고 하는데, 초기에는 에너지가 동성 친구에게 향하지만 시간이 지날수록 이성관계, 구애, 결혼, 직업 등으로 관심이 옮겨간다.

2) 상담목표

정신분석적 상담의 목표는 무의식을 의식화함으로써 개인의 성격구조를 수정하고, 행동이 보다 현실적으로 되고 본능적 충동에 따르지 않도록 자아를 보다 강화시키는 것이다.

정신분석적 상담의 목표는 무의식을 의식화함으로써 개인의 성격구조를 수정하고, 행동이 보다 현실적으로 되고 본능적 충동에 따르지 않도록 자아를 보다 강화시키는 것이다. Freud는 이를 '진정 사랑할 수 있고, 일할 수 있는 사람'이란 의미로 '잘 적응하는 개인'으로 정의하였다. 이러한 정신분석의 목표는 원인이 되는 무의식적 갈등을 해소함으로써 심리적 증상을 치유하는 데에만 그치는 것은 아니다. 어린 시절의 경험이 무의식적 수준에서 억압되어 있고 그것이 여러 행동을 제어하기 때문에 결국 내담자가 가지고 있는 무의식적 동기를 각성시켜 의식 수준에서 행동할 수 있는 성격으로 재구성하는 것이다. 그렇게 함으로써 다른 사람을 사랑할 수 있고 열심히 일할 수 있는 잘 적응하는 사람이 될 수 있다는 것이다(김남순, 2001; 김청자 외, 2009).

3) 상담과정

정신분석 상담은 내적 갈등을 해결하여 성격을 재구조화하는 데 주요 목표가 있으며, 전통적 방법으로 자유연상법을 사용한다. 내담자를 긴 의자에 눕게 하고 마음에 떠오르는 대로 말한다. 상담자는 의자 뒤쪽에 숨어서 내담자의 말을 듣고 무비판적 방식으로 반응한다. 그리고 정신분석 상담은 시작단계, 전이단계, 훈습단계, 전이해소의 4단계로 이루어진다(김영봉 외, 2011; 김청자 외, 2009; Arlow, 1973/1993).

시작 → 전이 → 훈습 → 전이

(1) 상담 시작단계

초기면접에서는 내담자의 과거 생활사보다는 현재의 경험, 대인관계, 감정 등에 관심을 가지고 현재의 대인관계나 상황이 어떤 의미를 지니고 있는지에 대하여 함께 논의해 보는 것이 중요하다. 이 단계는 두 부분으로 구성된다. 먼저 2~3번의 면접을 통해 내담자의 문제가 결정되며, 이것이 정신분석방법에 적절한가에 대한 결정이 이루어진다. 분석상황의 구조가 설명되고 상담자와 내담자의 역할과 책임 한계를 이해시킨다. 다음에는 자유연상을 통해 내담자의 무의식적 갈등의 내면적 역동에 대해 상담자가 점차 이해하게 된다.

(2) 전이의 발달

전이란 내담자가 상담자에게 중요 타인과 연합되어 있는 생각이나 감정을 투사하는 것을 의미한다. 내담자는 과거 그의 생활에서 의미 있는 사람에게 가졌던 감정을 상담자에게 투사한다. 즉, 상담자가 거울 역할을 함으로써 내담자는 상담자에 대해 전이를 발달시킨다. 상담자에게 전이되어 나타난 감정을 통해 현재 생활에 나타나는 감정에 영향을 미치는 무의식이 드러난다. 전이를 분석함으로써 과거의 관계와 경험이 현재 관계의 문

상담자에게 전이되어 나타난 감정을 통해 현재 생활에 나타나는 감정에 영향을 미치는 무의식이 드러난다.

제를 어떻게 일으키는지를 통찰할 수 있다.

(3) 전이의 훈습

전이를 다루어 나가는 것, 즉 훈습은 내담자가 과거와 현재의 경험 사이의 유사점들을 탐구하는 것이다. 전이에 대한 훈습을 통해 의미 있는 문제들을 다시 떠올리고, 지금까지보다 더 깊은 수준에서 자신의 무의식적 심리역동에 대한 통찰이 일어나며 심화되는 과정이다. 이때 상담자는 내담자의 행동을 지지해 주고 강화해 주는 것이 필요하다. 이렇게 내담자의 통찰이 이루어지고 갈등이 해소되면 현실적 적응생활이 가능해진다.

(4) 전이의 해결

상담자와 내담자의 활동이 종결되는 단계이다. 상담 종결에 대한 내담자의 저항을 다루거나 내담자가 독립적으로 기능하도록 준비시켜 준다. 종결은 상담자나 내담자가 각각 제기할 수 있으며, 상담자에 대한 내담자의 신경증적인 애착도 해결되어야 한다. 또한 내담자가 일방적으로 상담을 종결할 경우에는 최소한 한 번 더 만나보는 노력을 하는 것도 좋다. 일시적인 저항일 수도 있기 때문이다. 이러한 상담과정의 핵심적인 내용을 살펴보면 다음과 같다(이장호, 1995).

첫째, 내담자가 갈등이나 부정적 감정 등 심리적으로 불편한 것을 말한다.

둘째, 내담자가 신경증적 증세를 보인다.

셋째, 자유연상, 꿈의 분석, 최면술 등을 통해 신경증적 갈등을 탐색한다.

넷째, 내담자가 한 말에서 갈등의 핵심을 추리한다.

다섯째, 전이 현상에서 내담자의 갈등이 표면화되도록 한다.

여섯째, 내담자의 저항을 해석한다.

일곱째, 해석에 대한 내담자의 반응을 격려한다.

여덟째, 신경증이 감소한다.

아홉째, 부정적 감정이 해소되고 정신 에너지가 해방된다.

열째, 자신의 문제에 대하여 통찰이 생긴다.

4) 상담기법

정신분석학적 상담에서 많이 사용하고 있는 기법인 전이, 자유연상, 꿈의 분석, 저항, 훈습, 해석 등에 대하여 살펴보기로 한다(김영봉 외, 2011; 김충기 · 강봉규, 2001; 이현림, 2008).

(1) 전이

전이란 내담자가 상담 상황에 대해 가지고 있는 일종의 왜곡으로, 과거에 중요한 사람에게 느꼈던 감정을 현재의 상담자에게 느끼는 것을 의미한다. 즉, 과거에 주요한 타인에게 경험했던 감정, 욕망, 기대 등을 현재의 상담자에게 옮기는 것이다. 정신분석 상담과정에서는 이러한 전이를 어떻게 이해하고 다루느냐에 따라 성공 여부가 결정된다. 전이가 발생하면 상담자는 전이에 대하여 해석을 하여 전이 감정을 해소시켜 준다. 그렇게 되면 내담자는 과거의 영향으로부터 벗어난다면 정서적으로 성숙한 인간이 될 수 있다.

(2) 자유연상법

자유연상은 내담자로 하여금 의식적으로 생각하지 않고 마음에 떠오르는 대로 이야기하도록 한다. 자유연상은 내담자로 하여금 무엇이든 머리에 떠오르는 생각을 솔직하게 즉시 말하도록 하는 방법이다. 이 과정을 통해 정서적 문제에 대한 무의식적 동기나 원인이 되는 단서를 찾을 수 있다. 즉, 내담자가 자유연상을 하는 동안 연상의 계열이나 흐름을 살펴서 무의식 속에 억압되어 있는 주요 재료를 찾아내고 그것을 내담자에게 설명해 줌으로써 스스로 무의식의 세계를 이해하도록 한다. 이는 과거의 경험을 억압하고 있더라도 모든 소재를 억압하지 못하고 부분적으로는 의식

자유연상은 내담자로 하여금 무엇이든 머리에 떠오르는 생각을 솔직하게 즉시 말하도록 하는 방법이다.

으로 떠오르며 충동만 억압되는 원리를 이용한다.

(3) 꿈의 분석

꿈의 분석은 자유연상과 마찬가지로 내담자의 무의식 세계에 접근할 수 있는 하나의 방법이다. Freud는 꿈을 무의식으로 가는 왕도로 보고, 꿈의 분석을 통해 무의식적으로 억압된 욕구를 찾아내고 문제에 대한 통찰력을 얻을 수 있다. 잠자는 동안 내담자의 방어기제가 약화되어 억압된 욕망과 감정들이 표출되기 쉽다. 내담자는 꿈에 대해 말함으로써 꿈의 요소에 대해 자유연상을 하며, 새로운 느낌으로 회상하도록 격려받게 된다. 꿈은 억압된 내용이기 때문에 꿈속이더라도 사실 그대로 나타나지 않는다. 그래서 꿈을 분석할 때는 꿈의 내용보다 꿈에 상징적으로 나타나 있는 동기와 갈등에 초점을 둔다.

(4) 저항

저항이란 상담과정에서 자신의 갈등을 의식화하기 싫어서 반대되거나 억압된 행동을 하는 것으로 상담의 발전을 저해하고 내담자의 무의식적 표출을 방해하게 된다. 상담 약속시간을 어긴다거나 특정한 생각이나 감정 등을 털어놓지 않는 행동 등도 저항의 모습이다. 상담자는 이러한 저항을 지적하되, 인내를 가지고 수용하고 관심을 가지고 다루어야 한다.

(5) 훈습

훈습은 내담자가 상담과정에서 느낀 통찰을 현실생활에 실제로 적용해서 내담자에게 변화가 일어나는 것이다. 상담은 자신의 무의식적 갈등 내용에 대한 통찰이 이루어져서 실생활에서도 자신의 사고와 행동을 수정하고 적용 방법을 실행해 나가는 과정이다. 따라서 최종목표는 통찰을 현실생활에 적용해 봄으로써 갈등에 대해서 과거보다 효과적으로 순응하게 되거나 그것을 근본적으로 해결하려는 노력에 대하여 적절한 강화를 해 주어야 한다.

(6) 해석

해석은 자유연상이나 꿈의 분석, 저항, 전이 등에서 나타난 내담자의 행동의 의미를 지적하고 설명한다. 이렇게 함으로써 내담자는 지적으로 인지하거나 통찰을 얻게 된다. 따라서 해석은 의식의 표면적 내용부터 점차 내담자가 받아들일 수 있는 수준까지 상담의 진전 정도에 따라 심층적으로 해나간다. 해석을 할 때에는 몇 가지 원칙을 지키는 것이 필요하다. 첫째, 해석하려는 내용이 내담자의 의식수준에 가까이 왔을 때 한다. 둘째, 내담자가 소화해 낼 수 있는 정도까지만 해석한다. 셋째, 무의식적 감정이나 해석하기에 앞서 저항과 방어를 먼저 해석한다.

해석은 의식의 표면적 내용부터 점차 내담자가 받아들일 수 있는 수준까지 상담의 진전 정도에 따라 심층적으로 해나간다. 해석을 할 때에는 몇 가지 원칙을 지키는 것이 필요하다.

2. 인간중심 상담이론

인간중심 상담은 1930~1940년대에 미국 심리학자 Carl Rogers에 의해 발전된 상담이론이다. Rogers는 정신분석 상담이 인간의 본능적 욕구를 지나치게 강조하면서 상담자가 진단적이고 해석적이며, 지시적인 태도를 취하는 것에 반대하였다. 또한 행동주의상담은 인간의 행동을 자극에 대한 반응으로 지나치게 단순화한 측면을 비판하였다. 그래서 1970년대 비지시적 상담과 내담자 중심 상담으로 불리는 인간중심 상담을 창안하였다. 상담자는 지시적 상담을 통해 내담자의 문제를 해결해 주는 것이 아니라, 내담자가 자신의 내부에 갖추어진 문제해결 능력을 활용하여 비간섭적인 분위기를 형성함으로써 내담자가 스스로 성장하도록 동기화할 수 있는 비지시적 상담을 지향한다.

내담자가 자신의 내부에 갖추어진 문제해결 능력을 활용하여 비간섭적인 분위기를 형성함으로써 내담자가 스스로 성장하도록 동기화할 수 있는 비지시적 상담을 지향한다.

1) 인간관

Rogers는 인간의 삶은 자신이 통제할 수 없는 어떤 힘에 의해 조종당하는 삶이 아니라 개인의 자유로운 능동적 선택의 결과로 보았다. 인간은 선천적으로 타고난 성장 가능성이 있으며, 이를 실현해 나가는 과정에서 자신의 인생 목표와 행동 방향을 스스로 결정하고, 그에 대한 책임을 수용하는 자유로운 존재로서 자신을 조절하고 통제하는 능력이 있는 존재로 보았다(천성문 외, 2006). 또한 모든 인간은 독특한 존재로서 자신의 잠재력을 충분히 발휘할 수 있는 능력을 충분히 가지고 있다고 보았다. 이러한 경향은 출생부터 갖고 태어나는데 이를 '자아실현의 경향'이라고 한다.

인간은 이러한 자기실현화 경향을 토대로 계속 성장해 나간다. 인간중심 상담에서 인간이 자기실현의 경향을 발휘하기 위해 항상 노력하고 도전하고 어려움을 극복하며, 진정한 한 사람으로 성숙해 간다고 보고, 상담자는 이러한 유기체의 경향성을 발휘할 수 있도록 촉진적 환경을 제공하는 데 역점을 두고 있다. 상담자는 일치성, 무조건 수용, 공감적 이해가 내담자에게 잘 전달되면, 내담자의 방어가 약화되어 내담자가 자신과 자신의 세계를 더 개방적으로 보게 되어 결국 합리적인 방법으로 행동하게 된다(김춘경 외, 2010).

상담자는 일치성, 무조건 수용, 공감적 이해가 내담자에게 잘 전달되면, 내담자의 방어가 약화되어 내담자가 자신과 자신의 세계를 더 개방적으로 보게 되어 결국 합리적인 방법으로 행동하게 된다.

2) 상담특징

인간중심 상담의 특징 일곱 가지를 살펴보면 다음과 같다(이현림, 2008).

첫째, 상담자 중심이 아니라 내담자 중심의 상담이다. 즉, 문제해결을 위한 최종적인 선택을 내담자에게 부여한다.

둘째, 내담자의 문제를 중요시하기보다는 개인 그 자체를 중요시한다.

셋째, 지적인 면보다는 정의적인 면을 더 강조한다.

넷째, 공감이 기본이 되며, 따라서 상담자는 내담자가 느끼고 있는 것을 느끼는 것이 아니라 내담자의 마음상태를 이해하여야 하므로 라포는 필수조건이 된다.

다섯째, 내담자가 상담자보다 문제와 문제의 해결방법을 더 잘 알 수 있다고 보며 각종 심리검사, 기록, 사례사들도 필요한 것이기는 하지만 때로는 문제해결에 방해요소로 작용한다고 본다.

여섯째, 개인의 과거 경험보다는 현재 상태를 중요시한다.

일곱째, 진단을 중요시하지 않고 배제한다.

3) 상담목표

인간중심 상담에서 상담의 목표는 내담자의 자기개념과 유기체적 경험 간의 불일치를 제거하고 그가 느끼는 자아에 대한 위협과 그것을 방어하려는 방어기제를 해체함으로써 충분히 기능하는 사람이 되도록 돕는다. 또한 그 결과를 자아 혹은 자아개념과 경험 간의 일치 정도를 높일 수 있도록 도움으로써 충분히 제 기능을 다하는 사람이 되도록 하는 것이다. 이렇게 함으로써 능력과 개성을 최대한 발휘하는 자아실현을 촉진하게 된다.

능력과 개성을 최대한 발휘하는 자아실현을 촉진하게 된다.

인간중심 상담에서 말하는 효과적 상담의 필요충분조건은 여섯 가지로 분류한다(George & Cristiani, 1995).

첫째, 상담자와 내담자가 심리적으로 접촉하도록 한다. 이것은 타인과의 경험이 서로 다르다는 것을 인식한다는 것을 의미하며, 상담자가 내담자에게 일방적으로 반응하는 것이 아니라 상호작용한다는 것을 의미한다.

둘째, 불안을 최소한으로 줄인다. 내담자는 자아개념과 경험이 불일치하고 마음에 상처를 입었기 때문에 불안을 느낀다. 이러한 불일치에 대하여 불안하면 할수록 상담의 효과는 기대하기 어렵다.

셋째, 상담자는 내담자와의 관계에서 진실하고 말과 행동이 일치하도록 한다. 이는 내담자가 털어놓는 감정을 인식할 수 있고 정직해질 수 있다.

넷째, 무조건적으로 내담자를 존중한다. 내담자가 경험하는 모든 것을 수용하는 것은 인간중심 상담의 요체이다. 무조건적으로 존중한다는 것은 상담자의 가치와 내담자의 가치가 다르더라도 내담자를 존중한다는 것을 말한다.

다섯째, 상담자는 내담자의 내적 참조 체제에 대하여 공감적으로 이해한다. 타인이 내적으로 경험하는 것을 완전히 이해하지는 못하지만, 내담자의 내적 참조 체제를 비교적 정확하게 이해하여야 한다.

여섯째, 최소한 상담자가 자신을 무조건 존중해 주고 공감적으로 이해해 주고 있는 것으로 내담자가 지각하도록 해준다. 즉, 내담자가 자신이 수용되고, 이해받고 있다고 지각할 수 있을 만큼 의사소통이 잘 될 때에만 수용과 이해는 가치가 있다.

4) 상담과정

Rogers가 상담과 심리치료에서 상담과정을 12단계로 구분한 것은 다음과 같다(김영봉 외, 2007).

첫째, 1단계는 내담자는 도움을 받기 위하여 상담소를 방문한다.

내담자는 도움을 받기 위하여 상담자를 찾은 것이다. 이런 의미에서 스스로 책임 있는 행동을 개시한 것이다. 따라서 내담자의 최초 표현이 다소 타의에 의해서 왔다고 할 수도 있지만, 이러한 표현을 자신의 의도에서 찾게 되었다는 것을 변환시키려는 노력이 필요하다. 처음에는 내담자 자신의 문제에 대해 책임지려 하지 않지만 내담자의 최초의 표현을 인정하면서, 예를 들어, '타의에 의해서 상담을 하게 되었지만 자신도 방문의 필요성을 느끼게 되었군'과 같은 유도를 통하여 자신의 문제를 인정하고 그 문제에 대한 자신의 책임을 확신시키는 것이다.

둘째, 2단계는 상담이라는 상황을 분명히 한다.

상담을 통한 문제해결은 1회적이거나 짧은 시간 동안에 해결되는 것이 아니라 많은 시간과 노력에 의해서 가능하다는 것을 인식시켜야 한다. 약속시간을 정확히 지킨다든지, 상담과정은 진지해야 한다든지, 상담은 상담자와 내담자의 협력으로 가능하다든지 등의 상담의 기본 정의를 분명히 인식시킬 필요가 있다. 또한 상담에 소요되는 시간, 장소, 상담비, 상담에 요구되는 내담자의 태도나 자료 등에 대해서도 명확히 해야 한다.

셋째, 3단계에서 상담자는 내담자가 자신의 문제에 대해 자유롭게 표현하도록 한다.

내담자는 문제의 성격에 따라서 격양된 목소리, 흐느낌, 불안과 초조의 상태, 죄책감 등을 나타낼 수 있다. 상담자는 이러한 내담자의 표현을 제지하기보다는 내담자가 직면하고 있는 문제의 양상을 정확히 파악하기 위해서 호의적이고 감정이입적이며, 수용적이고 허용적인 태도를 취해야 한다. 상담자는 이와 같은 태도를 취함으로써 내담자의 심층적 상태를 정확히 파악할 수 있는 것이다.

넷째, 4단계에서 상담자는 표출되는 부정적 감정표현을 수용하고 인정하며 그것을 정리해 주어야 한다.

상담자는 내담자의 문제에 따른 감정적 표현을 있는 그대로 받아들이면서 그러한 표현을 하는 이유들을 정리해 줄 수 있어야 한다. '그 사람이 정말로 미웠겠군', '그 일을 혼자만 알고 있기란 정말 힘들었겠군', '마음이 퍽 상했겠군', '그것을 참기가 정말로 힘들었겠군' 등의 대답으로 내담자의 부정적 감정표현들을 인정하면서 정리할 필요가 있다. 이렇게 내담자의 감정을 인정하고 그 감정의 이유를 정리하는 것은 차후 문제해결의 실마리로 작용될 수 있다. 이 과정에서 내담자가 표현하지 않은 감정을 상담자가 앞질러 말해서는 안 된다.

상담자는 내담자의 문제에 따른 감정적 표현을 있는 그대로 받아들이면서 그러한 표현을 하는 이유들을 정리해 줄 수 있어야 한다.

다섯째, 5단계는 부정적 감정을 완전히 표현할 수 있게 된 후에는 성격성장에 보탬이 되는 어느 정도의 긍정적 감정이 나타나기 시작한다는 것을 알아야 한다.

내담자의 부정적 감정을 인정하고 수용하는 만큼 내담자는 그와 상반되는 긍정적 감정의 가치를 느낄 수 있다. 따라서 상담자는 '미워하는 마음보다는 사랑하는 마음을 가지면 좋을 텐데', '마음을 터놓고 지냈으면 좋을 텐데', '항상 편안한 마음을 가졌으면 좋을 텐데' 같은 긍정적 감정을 대치시켜 줌으로써 내담자로 하여금 긍정적 감정의 가치를 수용하고 표현하도록 유도해야 한다.

여섯째, 6단계에서 상담자는 내담자의 부정적 감정을 받아들인 것과 마찬가지로 긍정적 감정을 인정하고 받아들인다.

상담자는 내담자의 부정적 감정과 긍정적 감정에 대한 구별적인 수용을 해서는 안 되고, 두 감정 모두를 받아들여야 한다. 내담자의 부정적 감정은 나름대로 이유가 있고, 긍정적 감정의 표현도 나름대로 이유가 있기 때문이다. 이렇게 두 감정을 모두 인정해야 하는 이유는 내담자 자신이 부정적 감정을 가질 수밖에 없었다는 사실을 인정하게 되어 결과적으로 긍정적 감정을 가지고 싶다는 것도 자연적으로 유도되어 표현될 수 있기 때문이다.

일곱째, 7단계는 부정적 감정과 긍정적 감정을 경험하면 자기이해와 자기수용, 즉 통찰이 나타난다.

내담자는 감정으로 인해 바르게 볼 수 없었던 현실이나 진실을 볼 수 있게 된다. 통찰을 통해서 새로운 차원의 의미를 알게 되는 것이다.

내담자는 감정으로 인해 바르게 볼 수 없었던 현실이나 진실을 볼 수 있게 된다. 통찰을 통해서 새로운 차원의 의미를 알게 되는 것이다. 즉, 내담자는 감정이 제거되고 현실을 통찰할 수 있게 된다. 지금까지 부정적 감정의 결과가 반복적인 상황을 초래할 뿐이었다는 것을 알게 되고, 오히려 긍정적 감정의 표현을 통해서 새로운 차원에서의 자신을 발견하게 된다. 비로소 자신에게서도 긍정적 감정의 표현이 부족했다는 것을 인정하고, 자신의 문제 원인이 타인과 외부의 상황에만 있는 것이 아니라 자기 자신 내의 긍정적인 감정의 부족에 있었다는 것을 깨닫게 된다.

여덟째, 8단계는 통찰과 뒤섞여 여러 가지 의사결정을 할 수 있는 실마리가 선명하게 보인다.

문제의 핵심을 보게 되면 내담자는 여러 가지 해결의 실마리를 찾게 된다. 문제해결 방법은 유일한 하나의 방법으로만이 아니라 다양한 방법이 있을 수 있다. 따라서 이 정도의 과정에서도 문제해결의 갈림길을 인정하고 내담자가 느끼는 아직까지의 불안과 주저함도 인정하며 좀 더 시간을 갖고 다양한 해결방안들을 경험하거나 찾아보자는 격려도 필요하다.

아홉째, 9단계는 이제 내담자는 서서히 긍정적 행동을 보이기 시작한다.

이 단계에 이르러 비로소 내담자에게 행동의 변화가 나타나기 시작한다. 이제는 내담자가 스스로 무엇을 해야겠다는 언어적 또는 비언어적 표현을 나타내기 시작한다. 물론 이 단계의 시초에는 아직 행동으로 옮기기에는 어려움이 있지만, 이 단계의 말쯤에는 이제는 친구의 초청에 응하는 행동을 보이기도 하고, 친구와의 만남에서도 만족을 느끼기도 한다. 이때 상담자는 보람을 느끼며 이를 계기로 상담자는 내담자를 격려하고 계속적인 행동의 변화를 유도해야 한다.

열째, 10단계는 보다 깊은 통찰과 성장이 이루어지는 단계이다.

일단 내담자가 상당한 정도로 통찰을 달성하고, 아직은 완성적인 긍정적 행동을 수월하게 보이지는 않지만 긍정적인 태도를 취하기 시작했다는 것은 커다란 성장이 온 것이다. 이제는 좀 더 통찰이 잘 일어날 뿐만 아니라 자신의 언동을 더 깊이 보면서 완전하고 정확한 자기이해를 할 수 있게 된다.

열한째, 11단계는 내담자가 보다 적극적인 긍정적 행동을 취하는 단계이다.

이 단계에서 상담자와 내담자의 상호적 유대가 가장 긴밀해진다. 또한 내담자는 상담자에게 자신의 생각이나 표현을 부담 없이 하며 상담과정에 대한 두려움이나 불안이 거의 보이지 않는다. 따라서 내담자는 자신의 요구와 필요, 그리고 자신의 행동적 결정을 제시하곤 한다.

> 내담자는 상담자에게 자신의 생각이나 표현을 부담 없이 하며 상담과정에 대한 두려움이나 불안이 거의 보이지 않는다. 따라서 내담자는 자신의 요구와 필요, 그리고 자신의 행동적 결정을 제시하곤 한다.

열두째, 12단계는 마지막 단계에 오면 내담자는 비로소 이제는 더 이상 상담자의 도움을 받을 필요성을 덜 느끼고, 자신의 문제와 그 해결의 실마리를 찾고 자신의 노력에 정진할 것을 내심 다짐하는 단계에 이르렀기 때문에 이제는 상담을 종결해도 된다는 생각을 하게 된다. 앞서의 단계로부터 최종적인 단계에 이르면서 자연적으로 상담의 종결을 맛보게 된다. 이제는 오히려 상담의 여운을 남기면서도 홀가분한 마음으로 상담을 종결하는 데 기꺼이 동의하며 상담의 고마움을 느끼게 된다.

이러한 단계에 따라 상담을 전개할 때 반드시 염두에 두어야 할 것은 전 과정을 가식 없이 내담자의 문제를 사실 그대로 수용하고 다룰 수 있을 때 상담자와 내담자 모두가 통찰을 기초로 변화를 가져올 수 있는 것이다.

5) 상담기법

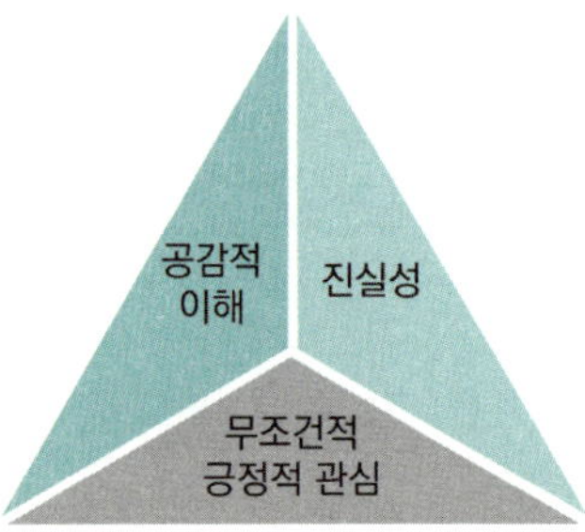

인간중심 상담은 상담자의 존재양식과 태도를 중요시하고 있으며, 상담자의 역할을 내담자의 변화를 촉구하는 도구로 인식한다. 상담자와 내담자 사이에 신뢰관계가 형성되면 촉진적 관계로 발전할 수 있다. 즉, 내담자에게 도움이 되는 것은 인지적이거나 지적인 것이 아닌 관계성의 변화와 성숙을 통한 자기능력 계발과 발견에 있는 것이다. 따라서 내담자 중심 구조 속에서 '상담기법'이란 진실성(genuineness), 무조건적 긍정적 관심(unconditional positive regard) 및 공감적 이해(empathic understanding)를 보여주고 전달하는 것이며, 내담자와 생각하고, 느끼고 탐색하여 내적 준거체제를 발전시키는 것이다.

(1) 진실성

진실성은 상담자가 내담자와의 관계에서 나타내는 반응이 순간순간 그가 내적으로 경험하는 자신의 감정이나 태도를 있는 그대로 솔직하게 인정하고, 경우에 따라서는 솔직하게 표현하는 태도를 말하며 상담자에게 있어 가장 중요한 태도라 할 수 있다. 이와 같은 일치성을 유지하기 위해 상담자는 높은 수준의 자각, 자기수용, 자기신뢰를 갖는 게 필요하다. 또한 상담자는 경험하는 유기체로서 내담자와 인간 대 인간의 만남이 되도록 개방적으로 직면해야 한다. 상담관계에서 일치성을 유지하며 솔선수범하여 일관되게 실제적이 되려고 하는 상담자의 자세는 내담자를 신뢰하게 만든다. 결과적으로 상담자의 일치성 태도는 내담자로 하여금 개방적 자기탐색을 촉진하여 그가 지금-여기에서 경험하는 감정을 자각하도록 한다.

(2) 무조건적 긍정적 관심

무조건적 긍정적 관심이란 상담관계에서 상담자가 내담자를 구별하거나 비교하거나 선택하는 과정으로 평가 및 판단하지 않고, 내담자가 나타내는 어떤 감정이나 행동특성을 있는 그대로 수용하여 소중히 여기고, 존중하는 상담자의 태도를 말한다. Rogers는 내담자가 어떤 상태에 놓여 있는 존재이든 간에 무조건적이고, 긍정적이고, 수용적인 태도를 경험하고 있을 때, 치료적 변화가 일어날 가능성이 더욱 커진다는 주장이다. 즉, 내담자는 상담자로부터 이해받고 수용받고 있음을 느낄 때 자신의 감정을 더 잘 탐색할 수 있게 되고, 자신과 관련된 갈등과 혼란스러운 감정을 더 잘 수용하게 된다.

무조건적 긍정적 관심이란 상담관계에서 상담자가 내담자를 구별하거나 비교하거나 선택하는 과정으로 평가 및 판단하지 않고, 내담자가 나타내는 어떤 감정이나 행동특성을 있는 그대로 수용하여 소중히 여기고, 존중하는 상담자의 태도를 말한다.

(3) 공감적 이해

공감적 이해를 위해 상담자는 먼저 내담자의 경험을 민감하게 느끼고 이해해야 한다. 그런 다음 그 경험에 대해 이해하는 것에만 그치지 않고 자신의 이해와 느낌을 표현해야 한다. 진정한 공감은 상담자가 내담자가 느끼는 감정에 대해 정확히 이해하고 그것을 내담자에게 전달하는 것을 의미한다. 즉, 내담자로 하여금 있는 그대로 자신에게 더욱더 가깝게 접근해 갈 수 있도록 격려하고, 보다 깊이 있게 그리고 강한 경험을 할 수 있도록 도와주어 내담자 자신 내에 존재하는 자아와 유기체적 경험 간의 불일치성을 인지하고 해결하도록 한다.

3. 행동주의 상담이론

행동주의 상담이론은 인간의 모든 행동을 학습된 것으로 파악한다. 그러므로 지속적인 환경의 특성을 알면 행동을 예견할 수 있고, 나아가 통제도 가능하다고 본다. Skinner는 상담을 내담자의 바람직한 행동은 증가시키고 바람직하지 못한 행동은 약화 또는 감소시킴으로써 내담자의 적응력을 높여주는 재학습 과정으로 보았다. 이 이론은 Stanford대학의 Krumboltz와 Thorsen, Arizona 주립대학의 Michael과 Meyerson, Califormia

대학 Santa Barbara의 Hosford 등의 심리학자들에 의해 발전되어 왔다. 그리고 Pavlov(1960)와 Hull(1943) 등의 고전적 조건화 또는 반응적 조건화, Skinner(1953)의 조작적 조건화 이론 및 최근의 인지적 행동치료 등이 있다. Kazdin(1978)은 행동수정을 '개인적, 사회적 문제를 해결하고 인간 기능을 증대시키기 위해 심리학의 기본적 욕구와 이론을 적용하는 것'이라고 정의하였다.

1) 인간관

행동주의 상담학은 환경에 반응하는 수동적이며 기계론적이고 결정론적인 입장을 취하고 있다. 인간은 외부 자극에 단순히 반응하는 중립수동적 존재이며 인간의 행동은 유전과 환경의 상호작용의 소산이다. 인간의 행동을 설명하기 위해 내적인 면보다 외적으로 드러나는 행동 자체를 중요시한다. 그리고 모든 행동은 학습의 결과이며, 학습된 모든 행동은 교정될 수 있다는 가정을 한다. 따라서 상담자는 관찰 가능한 인간의 행동에 초점을 두고, 새로운 학습을 통해 행동을 변화시키려고 하며 상담, 결과 또한 외적 행동에 의거하여 평가하게 된다. 따라서 행동주의 상담학은 비교적 일관성 있는 인간의 행동에는 관심이 적다.

행동주의에서는 인간의 행동을 학습의 원리에 의해 생겨나기도 하고 없어지기도 한다. 바람직한 행동과 바람직하지 못한 행동은 모두 같은 학습의 원리에 의해 학습된다.

바람직한 행동과 바람직하지 못한 행동은 모두 같은 학습의 원리에 의해 학습된다.

행동주의 상담은 다음과 같은 여섯 가지의 명제에 기초를 둔다.

첫째, 대부분의 인간행동은 학습된 것이므로 수정이 가능하다.

둘째, 특정한 환경의 변화는 개인의 행동을 적절하게 변화시키는 데 도움이 될 수 있다. 상담의 절차란 환경을 변화시킴으로써 내담자들의 행동을 변화시키는 것이다.

셋째, 강화와 사회모방 등과 같은 사회학습의 원리가 상담방법으로 이용된다.

넷째, 상담의 효율성과 상담의 결과는 상담 장면 밖에서 비추어진 내담자들의 구체적 행동의 변화로 평가된다.

다섯째, 상담의 방법은 정적이거나 고정된 것, 사전에 결정된 것이 아니라, 각 내담자의 특수한 문제를 해결하기 위해서 각기 독특하게 고안될 수 있다.

2) 상담목표

행동주의 상담에 있어서 상담이란 학습과정에서 조력하는 것이며, 상담자의 역할은 내담자가 적응적인 행동을 학습하여 내담자 자신이 스스로 문제를 해결할 수 있도록 한다. 기본적으로 부적응 행동을 제거하고 바람직한 새로운 행동을 강화시켜 유지하도록 하는 것이 행동주의 상담의 주요 목표이다. 내담자의 구체적 문제에 따라 달라질 수 있으나 행동주의 상담의 목표단계 여섯 가지는 다음과 같다(Kuehnel & Liberman, 1986).

기본적으로 부적응 행동을 제거하고 바람직한 새로운 행동을 강화시켜 유지하도록 하는 것이 행동주의 상담의 주요 목표이다.

첫째, 부적응이나 문제가 되는 행동을 찾아낸다.

둘째, 내담자의 장점과 강점을 찾아낸다.

셋째, 문제행동이 일어나는 맥락에 대한 정보를 찾아낸다. 이는 문제행동의 선행 상황과 제 행동의 결과를 구체화한다.

넷째, 발견된 문제행동을 측정하기 위한 방안을 만든다. 기저선은 목표행동의 빈도 평가로 하며, 이것을 상담 효과의 참조준거로 사용한다.

다섯째, 상담동기와 행동 변화를 유지시켜 줄 사람, 활동, 물건을 알아내기 위하여 내담자의 잠재적 강화 요인을 조사한다.

여섯째, 상담목표를 공식화한다. 내담자와 상담자는 문제를 해결할 수 있는 대안적 행동을 공동으로 찾는다.

이와 같은 상담목표는 상담자와 내담자 간의 바람직한 관계(신뢰)를 구체화하고 그것을 달성하는 수단으로써 내담자와 상담자가 서로 협의하여 공동 작업을 하는 것이다.

3) 상담과정

상담과정에서 상담자의 주요한 관심은 내담자의 행동을 분석해서 문제를 정의하고 구체적 목표를 설정하여 달성하는 데 있다. 따라서 상담자는 내담자의 개개인에게 적합한 개별 목표를 가지므로 일률적으로 제시하기는 어려우나, 부적응 행동을 제거하고 바람직한 새로운 행동을 학습시키는 상담과정을 제시하면 다음과 같다.

첫째, 내담자의 변화시킬 행동을 밝혀내고, 이를 행동용어로 서술한다.

상담자와 내담자는 변화시킬 행동적 목표를 설정하여 서술한다. 이 행동목표는 측정 가능한 것이어야 하며, 상담회기 중 성취 가능해야 하고, 바람직하고 긍정적인 것이어야 한다.

상담자와 내담자는 변화시킬 행동적 목표를 설정하여 서술한다. 이 행동목표는 측정 가능한 것이어야 하며, 상담회기 중 성취 가능해야 하고, 바람직하고 긍정적인 것이어야 한다.

둘째, 내담자가 원하는 목표행동의 기초선을 정한다.

상담자가 개입하기 전에 문제행동의 빈도를 확인하여 상담의 출발점으로 삼는 것이다. 이것은 문제행동의 빈도를 미리 알아 변화 정도를 확인하기 위한 것이다.

셋째, 내담자가 목표행동이 일어날 수 있도록 상황을 조정한다.

목표가 설정되고 문제행동의 구체적인 내용이 확인되면 바람직한 행동이 나타날 수 있도록 환경을 조성한다. 즉, 문제행동이 나타날 수 있는 환경을 피하고 목표로 하는 행동이 나타날 수 있는 환경을 제공하며, 목표로 하는 행동이 나타날 때는 이를 강화한다.

넷째, 내담자에게 강화가 될 수 있는 자극과 사건들을 확인한다.

내담자에 따라 효과를 나타내는 강화물이 다를 수 있으므로 내담자에게 적합한 자극과 사건들을 확인해야 한다. 강화가 될 수 있는 자극은 내담자의 행동을 관찰하여 찾을 수도 있으나 내담자에게 직접 강화 자극 목록을 보여주고 선택하게 할 수도 있다.

다섯째, 내담자가 원하는 바람직한 목표행동이나 그 행동에 접근하는 행동을 강화한다.

원하는 목표행동이 나타나면 그 행동이 만족할 만한 수준에 이를 때까지 즉각적이고 일관성 있게 강화할 필요가 있다.

여섯째, 내담자가 목표행동으로의 변화를 기록함으로써 치료절차의 효과를 평가한다.

목표로 하는 행동을 강화하면서 문제행동의 감소와 바람직한 행동의 증가를 기록한다. 결국 기록된 행동의 변화는 기초선에 비추어 변화의 정도를 확인하고 목표 도달 여부를 평가하게 된다.

일곱째, 상담을 종결한다.

상담자는 내담자가 적응적인 행동을 학습하여 내담자 스스로 문제를 해결할 수 있다고 느껴질 때 종결한다.

4) 상담기법

행동주의 상담에서 Pavlov의 고전적 조건형성, Wolpe의 상호제지, Skinner의 조작적 조건형성, Bandura의 사회학습이론에 근거하고 있다. 상담기술은 두 가지 이상을 결합하여 사용하기도 하며 상담자, 내담자, 상담목표가 각각 다르기 때문에 이를 고려해야 한다. 따라서 상담자는 내담자가 자신의 문제를 구체적으로 정의하도록 돕고 상담과정을 통제하며, 전 과정을 진행하는 책임을 진다. 이 과정에서 행동주의 내에서도 고전적 조건형성에 기초한 기법(주장훈련, 이완훈련, 체계적 둔감법 등), 조작적 조건화와 행동수정이론에 기초한 기법(행동계약법, 혐오요법, 모방학습 등) 같은 여러 기법들이 사용된다. 행동주의에서 사용되는 상담기법을 몇 가지로 분류하면 다음과 같다(강갑원, 2008; 김영봉 외, 2011; 이현림, 2008; 천성문 외, 2006).

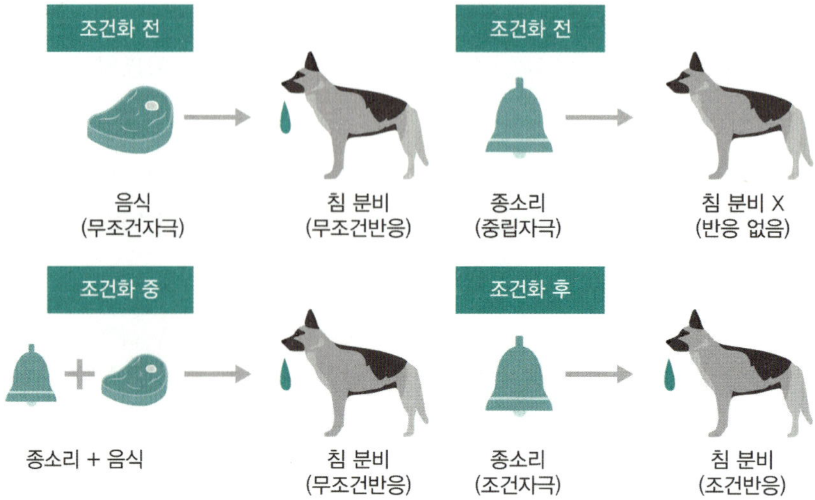

무조건 자극	본능적으로 정서적-생리적 반응을 일으키게 하는 자극 예) 개에게 주는 음식
무조건 반응	무조건 자극으로 인해 일어나는 본능적 반응 예) 침을 흘리고 있는 개
중성자극	특정 반응이 일어나지 못하는 자극 예) 학습 전의 종소리
조건 자극	무조건 자극과 중성 자극의 결합으로 조건 형성이 된 후 정서적-생리적 반응을 일으키는 자극 예) 학습 후의 종소리
조건 반응 (=조건반사)	조건 자극에 의해 유도되는 학습된 반응 예) 종소리를 듣고 침을 흘리는 개

(1) 내적 행동 변화를 촉진하기 위한 기법

① 이완훈련(relaxation training)

이완훈련은 여러 종류의 불안, 특히 무생물에 대한 불안을 제거하는 데 가장 적합한 방법이다. 내담자의 근육을 이완시키도록 내담자를 훈련하는 것이다. 체계적으로 근육을 이완하면 우리 몸의 근육구조의 긴장이 이완된다. 이는 근육상태의 이완이 긴장을 일으키는 불안과 양립될 수 없다는 데 기초한다. 즉, 근육이 이완된 상태에서는 정신적 긴장이 일어날 수 없다는 가정이다. 이 기법은 긴장이나 스트레스가 심한 내담자에게 주로 적용되며, 체계적 둔감법과 함께 사용되는 경우가 많다. 또한 이 훈련은 오른손으로부터 시작하여 왼손, 양쪽 손, 양쪽 팔, 머리, 어깨, 턱, 혀, 이마,

긴장이나 스트레스가 심한 내담자에게 주로 적용되며, 체계적 둔감법과 함께 사용되는 경우가 많다.

배, 양 다리 순으로 각 부분에 힘을 주었다가 빼는 방식으로 근육을 이완시킨다. 이러한 동작을 함으로써 불안을 일으키는 장면을 상상하더라도 불안을 느끼지 않을 때까지 계속한다.

② 체계적 둔감법(systematic desensitization)

체계적 둔감법은 내담자가 불안을 느끼는 상황을 조사하여 가장 낮은 불안을 유발하는 상황부터 가장 큰 불안을 나타내는 상황까지 위계표를 만들어 한 단계씩 적응시켜 해결해 나가는 방법이다. 체계적 둔감법은 세 가지 단계로 되어 있다. 1단계는 근육의 긴장이완 훈련을 하고, 2단계는 내담자에게 불안을 일으키는 자극상황을 모두 열거하도록 한 후, 가장 심하게 불안을 느끼게 하고 제일 높은 곳에 두고 가장 낮은 불안을 느끼는 자극상황을 제일 밑으로 하여 불안을 느끼는 정도에 따라 불안의 위계를 작성한다. 3단계는 근육긴장을 이완하도록 한 후, 가장 약한 불안을 야기하는 상황에서부터 차례로 상상하도록 하여 불안유발 자극을 제시한 후, 근육이완에 의해서 불안을 제거하도록 한다. 이러한 과정을 통해 불안을 유발하는 사태에 대해 이완된 반응을 하도록 조건 형성시키는 것이다. 긴장과 이완의 역조건 형성 과정을 통해 부적절한 반응을 보다 새롭고 적절한 반응으로 대체시키는 기법이다. 불합리한 공포를 제거하는 데 자주 활용된다.

③ 정서적 심상법(emotive imagery)

정서적 심상법은 상호 제지의 변형으로 공포나 불안을 제거하는 체계적 둔감법에서 나온 기법이다. 이는 내담자에게 긍지, 애정, 미래의 꿈, 동일화, 상대방의 실패에 대한 상상과 이미지를 갖는 것으로 현재의 불안, 고통, 공포를 잊거나 완화시켜 주는 것이다. 즉, 실제 장면이나 행동에 대한 느낌을 마음속으로 생생하게 상상해 보도록 하여 불안에 대처하도록 한다. 예컨대, 누군가가 자기를 항상 돕고 있다는 상상을 하도록 한 뒤, 실제 불안상황에서 누군가 자기를 항상 돕고 있다는 사실을 상기하며 그 불안상황을 극복하게 하는 것이다. 예를 들어, 빅터 프랭클이 아우슈비츠 수용

| 내담자에게 긍지, 애정, 미래의 꿈, 동일화, 상대방의 실패에 대한 상상과 이미지를 갖는 것으로 현재의 불안, 고통, 공포를 잊거나 완화시켜 주는 것이다.

소에서 강제노동을 하거나 경험한 것을 전쟁이 끝난 후에 책을 집필하면서 그 당시의 회상을 하는 장면 등의 힘들었던 시절을 견디어 내는 것을 의미한다.

④ **사고정지법**(thoughts stopping)

사고정지법은 내담자가 원하지 않는 생각을 억제하기 위한 방법이다. 상담자는 내담자에게 원하지 않는 생각을 떠올리고 집중한 뒤, '그만'이라고 소리치도록 연습시킨다. 이렇게 원하지 않는 생각이 날 때마다 항상 방해를 받으면 결국 그러한 생각이 사라진다는 것이다. 부정적인 사고나 심상을 제거하고 자기 패배적인 사고와 심상을 통제하도록 도와주기 위해 사용하는 기법이다. 따라서 사고정지는 내담자들이 자신의 마음을 혼란하게 하는 사고를 다룰 수 있게 해준다. 그리고 인지적인 왜곡을 제거하도록 도와주기 위하여 많이 사용된다.

⑤ **인지적 모델링**(covert modeling & cognitive modeling)

인지적 모델링은 내담자 자신이 과제 수행을 직접 역할연기로 해보거나 독백을 사용하기도 한다. 상담자는 먼저 적절한 목표행동의 시범을 보이면서 무엇을 해야 하고 왜 해야 하며 올바르게 그 행동을 수행하기 위해서 어떻게 느껴야 하는지 단계적으로 설명한다. 내담자는 상담자의 지시를 들으며 목표행동을 실시해 본다. 다음에는 목표행동을 말로 반복한다. 더 작은 소리로 중얼거리며 반복하다가 나중에는 마음으로 되뇌면서 그 행동을 연습한다. Meichenbaum과 Cameron(1973)은 자기교수적 훈련기법이 수반된 인지적 모델링을 다섯 가지로 설명하고 있다. 첫째, 상담자는 모델이 되어 우선 자기 자신에게 큰 목소리로 이야기하면서 과제를 수행한다. 둘째, 내담자는 상담자가 자신을 큰 목소리로 지도하는 동안 상담자가 모델로서 제시한 것과 동일한 과제를 수행한다. 셋째, 내담자는 자기 자신을 큰 목소리로 지도하면서 동일한 과제를 다시 수행하도록 지도받는다. 넷째, 내담자는 지도 사항을 속이면서 과제를 수행한다. 다섯째, 내담자는 자기 자신을 내현적으로 지도하면서 과제를 수행한다.

⑥ **인지적 재구조화법**(cognitive restructuring)

인지적 재구조화는 부정적이고 자기 패배적인 내담자의 사고를 좀 더 현실적이고 긍정적으로 만드는 체계적인 방법이다. 우선 자신의 인지를 확인하고 자신의 부정적인 사고 때문에 일어나는 부정적 영향을 이해하도록 하여 적절한 사고로 대치하게 만든다. 이것은 자기 패배적 행동이 비합리적인 사고나 자기 패배적 진술로부터 나온다고 보고, 이러한 진술이 기초하고 있는 그 사람의 인지 또는 관점을 변화시키면 행동도 달라질 수 있다는 가정에 근거를 둔 방법이다.

인지적 재구조화는 부정적이고 자기 패배적인 내담자의 사고를 좀 더 현실적이고 긍정적으로 만드는 체계적인 방법이다.

Cormier와 Cormier(1998)는 내담자에게 인지적 재구조화를 적용시킬 때 상담자가 지켜야 할 여섯 가지를 다음과 같이 제시하였다. 첫째, 이론적 근거가 목적과 절차에 대하여 구체적으로 소개한다. 둘째, 문제 상황에 대한 내담자의 사고를 확인한다. 셋째, 대응적인 사고를 소개하고 연습한다. 넷째, 자기 패배적인 사고를 대응적인 사고로 변화시킨다. 다섯째, 긍정적(강화)인 자기 진술을 소개하고 연습한다. 여섯째, 과제와 추후지도를 한다. 따라서 내담자가 인지적 재구조화의 과정을 이해하고, 자기 자신이 변화하기를 원하는 행동계획에 적극적인 자세를 취하게 하는 것은 매우 중요한 일이다.

(2) 외적 행동 변화를 촉진하기 위한 기법

① **행동계약**(behavior contraction)

행동계약은 상담자와 내담자가 정해진 기간 내에 각자가 해야 할 행동을 분명하게 정해 놓은 후 그 내용에 구체적인 반응이나 목표를 달성하겠다고 계약을 체결하는 방법이다. 행동계약법을 효과적으로 사용하기 위해서는 계약 이행에 따른 보상의 크기, 보상시기와 목적 달성의 기준, 계약 미이행 시 받게 될 벌 등을 합의하여 계약서에 명시해야 한다. Homme (1969)은 효과적인 행동계약을 여섯 가지로 설명하였다. 첫째, 계약된 보상은 정해진 행동이 나타난 즉시 주어져야 한다. 둘째, 계약을 맺을 때는 보상의 기회를 자주 가질 수 있도록 계약조건을 설정한다. 셋째, 약속된 보상과 바람직한 행동 사이에는 균형이 이루어져야 한다. 넷째, 계약내용이 명확해야 한다. 다섯째, 계약은 개별적일 때 더욱 효과적이다. 여섯째, 내담자가 한 계약은 정해진 시간 내에 충분히 실행 가능하여야 한다.

② 모델링(modeling)

모델링이란 타인의 행동을 관찰함으로써 학습이 이루어지는 것을 의미한다. 모델링은 내담자가 적절한 행동을 하도록 가르칠 수 있으며, 내담자에게 가능한 행동대안을 시범적으로 보여주는 것이다. 이러한 시범은 사람이 직접 보일 수도 있고, 상담하는 동안에 영화, 비디오, 녹음된 테이프 등의 매체가 사용될 수 있다. 모델링은 내적 모델링과 인지적 모델링의 두 가지로 구분된다. 첫째, 내적 모델링은 상담자가 내담자에게 상상해야 할 것을 말해 주는 것이다. 내담자는 보통 녹음기의 지시에 따라 행동을 하고 있는 모델을 상상하는 것이다. 둘째, 인지적 모델링은 내담자가 수동적이고 내적 관찰자가 아니라 자신이 과제를 수행하는 것을 직접 역할연기를 한다. 따라서 상담자는 내담자에게 적절한 목표행동의 시범을 보인다. 그리고 무엇을 해야 하며, 왜 해야 하며, 그것을 올바르게 수행하기 위하여 어떻게 느껴야 하는지에 단계적으로 설명과 행동시범을 보인다.

③ 역할연기(role playing)

역할연기는 일상생활 속에서 수행하지 못하거나 수행하기 어려운 역할 때문에 부적응 행동을 보이는 내담자에게 실제 장면이나 극적 장면에서 특정 인물의 역할을 경험시키고 시연시킴으로써 이상행동을 적응행동으로 바꾸는 방법이다.

④ **주장훈련**(assertive training)

주장훈련법은 자기 자신의 주장을 쓰는 방법으로서 자기가 하고 싶은 대로 해보게 하는 훈련이다. 특히 대인관계에서 오는 불안을 제거하는 데 많이 이용된다. 보통 내담자가 일상적으로 경험하는 수동적이거나 공격적인 행동을 주장적인 행동으로 역할연기를 하거나 모델링하는 것으로 이루어진다.

⑤ **행동시연**(behavior rehearsal)

행동시연은 내담자가 자신이 하고 싶은 행동을 하지 못할 때 그 행동에 대한 연기를 해보게 함으로써 하고 싶은 행동을 할 수 있도록 하는 기법이다. 이는 상담자의 행동시연을 보고 반복 연습하여 일반화된 반응으로 발전시키는 방법이다. 모델링은 상담자가 여러 대안을 시범으로 보여주는 것이지만 행동시연에서는 이미 바람직한 것으로 결정된 행동을 반복해서 시연한다. 경우에 따라 행동과제를 내어 주어 연습하도록 할 수도 있고, 혼자서 거울을 보면서 연습을 할 수도 있다.

행동시연은 내담자가 자신이 하고 싶은 행동을 하지 못할 때 그 행동에 대한 연기를 해보게 함으로써 하고 싶은 행동을 할 수 있도록 하는 기법이다.

⑥ **혐오치료**(aversion therapy)

바람직하지 않은 행동이 제거될 때까지 바람직하지 않은 행동과 혐오적인 자극을 연관시키는 방법이다. 예를 들어, 알코올중독자의 경우 구토제가 든 술을 줌으로써 마실 때마다 구토를 하게 해 술을 멀리하게 만든다.

⑦ **포화**(satiation)

바람직하지 않은 강화물을 과도하게 제공해 그 효과를 상실하게 만드는 방법이다. 예를 들어, 오락에 몰두하는 아동에게 매일 강제적으로 오락실에 가도록 요구하면 일정 기간 후에는 싫증이 나서 오히려 가지 않게 해달라고 요청하게 된다.

⑧ **홍수법**(flooding)

홍수법은 불안이나 공포를 치료할 때 많이 사용하는 기법이며, 치료하는 방법은 내파법과 유사하다. 내담자가 말한 불안을 느끼는 장면에 불안을 일으키는 요소를 추가하여 그것을 상상하거나 또는 심상의 형태로 노출됨으로써 아무 일도 일어나지 않는다는 사실을 경험하게 한다. 그럼으로써 자신의 공포가 불합리하다는 사실을 깨닫게 하는 방법이다. 예를 들어, 동물에 대한 공포를 갖고 있는 유아의 경우 교사가 유아와 함께 동물을 반복해서 만져보고 아무런 일이 없으면 동물에 대한 유아의 공포감이 줄어들게 된다. 이와 유사한 방법이 과민성 제거법(implosive therapy)인데, 이는 내담자에게 강화 없이 한 가지 자극을 계속 주면 그 자극이 유발하는 반응은 약화될 것이라는 원리를 이용한다. 즉, 잔소리가 심한 어머니의 잔소리를 녹음한 후 여러 번 반복해서 들으면 자신의 행동에 대한 거부감이 생기게 되고 잔소리에 대한 반응이 무뎌지게 된다.

잔소리가 심한 어머니의 잔소리를 녹음한 후 여러 번 반복해서 들으면 자신의 행동에 대한 거부감이 생기게 되고 잔소리에 대한 반응이 무뎌지게 된다.

⑨ 토큰강화법(token economy)

토큰강화법은 어떤 행동을 강화할 때 음식이나 빵과 같은 1차 강화인을 사용하지 않고 토큰이라는 2차 강화인을 사용하여 강화하는 방법이다. 행동주의적 기법 중에 광범위하게 사용되고 있는 기법의 하나인 상표제도는 토큰경제라고도 하는데, Skinner의 강화원리를 포함하여 조건형성의 원리를 적용시킨 것으로 직접적으로 강화인자를 쓰는 대신 후에 내담자가 원하는 다양한 물건과 교환할 수 있는 상표를 보상으로 제공하는 것이다. 즉, 바람직한 행동을 했을 때 종이나 특정한 상징물로 만든 토큰을 강화물로 주고, 이 토큰으로 나중에 어떤 특권이나 가치 있는 물건과 교환할 수 있도록 하는 체계적인 기법이다.

⑩ 바이오피드백(biofeedback)

내담자의 생리적 활동에 대한 정보를 제공해 주고, 동시에 스스로 생리적 활동을 통제하도록 하는 방법이다. 혈압, 두통, 심장박동, 전기피부반응 등에 대한 정보제공을 하고 이를 스스로 통제하도록 한다.

연습문제

01 정신분석 상담이론의 인간관, 의식구조, 성격구조에 대하여 서술하시오.

02 정신분석 상담이론의 방어기제 11가지에 대하여 서술하시오.

03 정신분석 상담이론의 상담기법에 대하여 서술하시오.

04 인간중심 상담이론의 인간관과 상담목표에 대하여 서술하시오.

05 인간중심 상담이론의 상담기법에 대하여 서술하시오.

06 행동주의 상담이론의 인간관과 상담목표에 대하여 서술하시오.

07 행동주의 상담이론의 상담기법에 대하여 서술하시오.

제9장

청소년기의 상담이론 2 - 합리적 · 정서적 · 행동적, 교류분석, 현실주의

1. 합리적 · 정서적 · 행동적 상담이론

Albert Ellis에 의해 제시된 합리적 · 정서적 · 행동적 상담(Rational Emotive Behavior Therapy, REBT)은 내담자의 사고과정을 교정하여 비합리적인 사고를 합리적인 사고로 대치시킴으로써 정신건강을 유지하도록 돕고자 하였다. Ellis는 처음에 합리적 상담(Rational therapy, 1955)으로 명명하였지만 합리적 · 정서적 상담(Rational-emotive therapy, 1962)으로 개명하였다. 최근에는 정서적 못지않게 행동을 중시하여 다시 합리적 · 정서적 · 행동적 상담으로 개명하였다.

1) 인간관

(1) 인간관

REBT는 인간이 합리적이고 올바른 사고를 할 수 있고, 비합리적이고 왜곡된 사고를 할 수도 있다는 가정에 기초를 두고 있다. Ellis(1973)에 인간은 어떤 양육을 받았는지, 어떤 특성의 사회에서 자랐는지에 관계없이 인지적 왜곡을 하고, 자기 자신의 목적을 좌절시키며, 과민반응하며, 과잉일반화하며, 객관적인 자극이 전혀 없는데도 불안하고 공격적이며, 그 속에서 빠져나오지 못하는 생물학적 · 문화적 영향을 많이 받는다.

Ellis가 설명하는 REBT의 인간관은 다음과 같다(이형득, 1994; Ellis & Dryden, 1987).

첫째, 인간은 외부의 어떤 조건보다도 스스로 불안과 혼란인 정서적 혼란을 일으킨다.

둘째, 인간은 사실을 왜곡하고 불필요한 정서적 혼란을 일으키는 생물학적 · 문화적 경향성을 가지고 있다.

셋째, 인간은 자신의 인지, 정서 그리고 행동의 과정을 바꿀 수 있는 능력이 있고, 자신이 늘 사용하던 형태와 다른 형태의 반응을 선택할 수 있다.

넷째, 인간은 스스로 혼란시키는 신념을 만들 뿐만 아니라, 자신이 지금 혼란과 불안을 느낀다는 것 자체에 대해서조차 혼란과 불안을 계속 느낀다.

(2) 상담의 기본원리

REBT에서 주장하는 여섯 가지의 기본원리는 다음과 같다(김영봉 외, 2011; 이현림, 2008).

첫째, 인지는 인간의 정서를 결정하는 가장 중요한 요소이다. 즉, 우리가 생각하는 것을 느낀다는 의미이다. 다른 사람들이 우리의 기분을 좋게 또는 나쁘게 만드는 것이 아니라 우리 스스로 인지적으로 그렇게 만든다. 그러므로 과거나 현재의 외적인 사건이 직접적으로 정서와 관련이 있는 것이 아니다. 오히려 인간의 내적인 사건, 특히 이러한 지각에 대한 평가가 인간의 정서적 반응에 대해 더욱 직접적이고 강한 영향을 주는 원천이다.

역기능적 정서상태 및 정신병리의 많은 부분은 역기능적 사고과정의 결과이다. 이러한 역기능적 사고는 과정, 지나친 일반화나 단순화, 잘못된 추론, 그리고 절대적 사고 등으로 나타난다.

둘째, 역기능적 사고는 정서장애의 중요한 결정요인이다. 역기능적 정서상태 및 정신병리의 많은 부분은 역기능적 사고과정의 결과이다. 이러한 역기능적 사고는 과정, 지나친 일반화나 단순화, 잘못된 추론, 그리고 절대적 사고 등으로 나타난다.

셋째, 정서적 문제를 해결하기 위해서는 사고를 분석하는 데서 시작하는 것이 가장 효과적이다. 만약 우리가 지닌 고통이 불합리한 사고와 산물이라면 그 고통을 가장 잘 극복하는 사고를 변화시키는 것이다.

넷째, 유전적이고 환경적 영향을 포함하는 다양한 요인들은 불합리한 사고나 정신병리를 일으키는 원인이 된다. Ellis에 의하면 인간은 선천적으로 불합리하게 생각하는 경향이 있지만 환경의 영향을 받아 비합리적으로 사고할 수도 있다고 한다.

다섯째, 다른 상담이론들과 마찬가지로 REBT도 행동에 대한 과거의 영향보다는 현재에 초점을 둔다.

여섯째, 반드시 이루어진다고 생각하지는 않지만 신념은 변화한다고 믿는다. 특히 불합리한 신념은 적극적이고 계속적인 노력에 의해 변화될 수 있다.

(3) 비합리적 신념의 유형

Ellis는 인간의 정서적 장애가 자신에 대한 타인의 생각에 과도하게 민감하거나 타인이 자신을 좋게 볼 경우에만 자신을 긍정적으로 수용하는 비합리적인 신념에서 비롯된다고 본다. Ellis(1962/1987)의 열한 가지 비합리적 신념을 보면 다음과 같다.

① 나는 내가 만나는 모든 사람에게 사랑이나 인정을 받아야 한다고 생각한다.

② 나는 완벽할 정도로 유능하고 합리적이며 가치 있고, 성공한 사람으로 인식되어야 한다.

③ 어떤 사람들은 나쁘고 사악하고 악랄하기 때문에 비난과 벌을 받아야 한다.

④ 내가 원하는 대로 일이 되지 않는 것은 내 인생에서 큰 실패를 의미한다.

⑤ 불행은 내가 통제할 수 없는 상황에 의해 발생한다.

⑥ 위험하거나 두려운 일들이 내게 일어나 큰 해를 끼칠 것이 항상 걱정된다.

⑦ 어떤 난관이나 책임은 부딪혀 해결하려 하기보다 피하는 것이 더 쉽다.

⑧ 나는 다른 사람들에게 어느 정도는 의존해야 하며 나를 돌봐줄 수 있는 사람들이 주위에 있어야 한다.

⑨ 과거의 영향은 결코 사라지지 않고, 과거의 경험과 사건들은 현재 나의 행동을 결정한다.

⑩ 나는 다른 사람들의 문제나 고통을 나 자신의 일처럼 아파해야 한다.

⑪ 모든 문제에는 완벽한 해결책이 있으므로 그 해결책을 찾아야 한다. 그렇지 않으면 결국 큰 혼란이 생길 것이다.

Ellis는 인간은 생물적으로 비합리적 사고를 지닐 수 있는 경향이 있으며, 선택하는 능력을 연습하는 것과 비합리적 사고를 바꾸기 위해 노력하는 생물학적 경향성이 있다. 비합리적 신념들 자체보다는 비합리적 신념이 가지고 있는 특성을 중심으로 비합리적 신념을 규정하는 네 가지 비합리적 신념의 요소는 다음과 같다.

① 당위성이다. 자신의 바람이나 선호에 대해 강한 요구와 경직된 사고로 '반드시 ~해야 한다'는 선택적 용어를 사용한다. 당위성에는 자신에 대한 당위, 타인에 대한 당위, 세상에 대한 당위가 있다.

② 과장성이다. 사건에 대해서 극단적으로 과장적이며 부정적 평가를 하는 재앙화라고 한다. '~하면 끔직하다', 또는 '~하면 큰일이다'라고 표현되는 사고나 용어이다.

③ 자기비하이다. 자신이나 타인을 모두 포함하여 인간에 일반화된 평가나 자기 파괴적 평가로 '~한 것을 보면 나는 무가치한 사람이다', 혹은 '나의 부모가 나를 사랑하지 않는다면 나는 무가치한 사람이다'라고 생각한다.

④ 부족한 인내심이다. 희망이나 요구하는 것이 주어지지 않았을 때, 인내하지 못하여 그 상황을 못 견디거나 그 어떤 행복감도 느끼지 못하는 경향이 있다. 즉, 좌절되는 상황을 견디지 못하는 경우를 말한다.

2) 상담목표

내담자의 자기 파괴적이고 비합리적인 사고를 극소화시켜 내담자가 보다 합리적이고 현실적이며 관대한 신념과 인생관을 갖게 함으로써 더욱 융통성 있고 생산적인 삶을 살아가도록 돕는 것이다.

REBT의 목표는 내담자로 하여금 정서적 장애를 최소화하고, 자기 패배적인 행동을 감소시키고, 사고과정에서 나타나는 비합리적 사고를 수정하여 합리적 사고로 바꾸는 것이다. 내담자의 자기 파괴적이고 비합리적인 사고를 극소화시켜 내담자가 보다 합리적이고 현실적이며 관대한 신념과 인생관을 갖게 함으로써 더욱 융통성 있고 생산적인 삶을 살아가도록 돕는 것이다.

3) 상담과정

Ellis는 내담자의 비합리적 신념을 합리적 신념으로 대치시키는 과정을 ABCDE 모형으로 설명하고 있다(그림 9-1 참조).

A(Activating Event)는 선행사건을 의미하며, B(Belief System)는 신념체제나 사고체제를 의미하며, C(Consequence)는 정서적 · 행동적 결과를 의미하며, D(Dispute)는 내담자의 비합리적 신념에 대한 논박을 통한 개입을 의미한다. 정서적 · 행동적 결과(C)는 선행사건(A) 때문에 유발되는 것이 아닌 신념체제(B) 때문에 유발되며, 신념체제를 이루는 사고가 합리적 · 비합리적 사고에 따라 결과가 적절하거나 적절하지 못한 정서적 · 행동적 결과로 나타난다.

A는 선행사건을 의미하며, B는 신념체제나 사고체제를 의미하며, C는 정서적·행동적 결과를 의미하며, D는 내담자의 비합리적 신념에 대한 논박을 통한 개입을 의미한다.

① 선행사건(A): 개인에게 정서적 혼란을 야기하는 어떤 사건이나 행동을 의미한다.

② 신념체제(B): 어떤 사건이나 행위 등과 같은 환경적 자극에 대해서 개인 내적인 신념이나 사고방식을 의미한다.

③ 결과(C): 자신의 신념체제를 통해 해석된 결과로써 느끼게 되는 정서적 · 인지적 · 행동적 결과를 말한다.

④ 논박(D): 불안이나 공포와 같은 정서적 결과는 내담자가 가지고 있는 비합리적인 신념체제 때문이다. 상담자는 내담자가 가지고 있는 사고에 대해서 논리성, 실용성, 현실성에 비추어 반박하는 것이며, 내담자의 비합리적 신념을 합리적 신념으로 수정하기 위한 방법이다.

⑤ 효과(E): 비합리적 신념을 논박하거나 직면한 결과를 의미하며, 논박을 통하여 내담자는 자기 수용적인 태도와 긍정적인 감정을 느끼게 된다. 따라서 인간은 자신의 정서반응이나 장애를 일으키는 비합리적 생각을 어떻게 바꾸는지 그 방법을 내담자에게 제시하는 것이 REBT의 핵심이다.

A. 활동유발 사실

성환과 현덕은 수업시간에 서로 이야기를 하다가 선생님의 질문을 받고 그에 대해 엉뚱한 답변을 했다. 그래서 친구들은 큰 소리로 웃었고 두 사람은 선생님에게 꾸중을 들었다.

B. 활동유발 사실에 대한 생각

성환 → (rB) 합리적 생각

1. 수업 중에 친구와 이야기하지 않는 것이 바람직하다.
2. 내가 수업을 방해한 것 같다.
3. 선생님이 나를 못마땅하게 여겼을 것 같다.

현덕 → (iB) 비합리적 생각

1. 절대로 선생님께 꾸중을 들어서는 안 된다.
2. 선생님의 질문에 대해서는 반드시 정확한 대답을 해야만 한다.
3. 친구들은 틀림없이 나를 바보라고 할 것이다.

C. 활동유발 사실에 대한 생각의 결과

(deC) 적절한 정서적 결과

- 부끄럽다.
- 미안하다.
- 기분이 나쁘다.

(deC) 적절한 행동적 결과

- 수업시간에 좀 더 열심히 듣는다.
- 다음에는 자신있게 대답한다.

(ueC) 부적절한 정서적 결과

- 선생님이 싫다.
- 우울하다.
- 웃는 친구들이 밉다.

(ueC) 부적절한 행동적 결과

- 그 선생님을 만나면 피한다.
- 그 과목 공부를 소홀히 한다.
- 친구들과 어울리기를 피한다.

D. 비합리적 생각에 대한 논박(의문문으로 진술)

1. 친구들 중에는 선생님의 꾸중을 듣는 친구도 많은데, 나만이 절대로 꾸중을 들어서는 안 된다는 이유가 있는가?
2. 학생으로서 선생님의 질문에 늘 정확한 대답을 할 수 있는 사람이 있는가?
3. 대답 한 번 잘못했다고 바보가 된다면, 이 세상에 바보 아닐 사람이 있겠는가?

E. 비합리적 생각에 대한 논박의 결과로 나타난 효과

(eE) 인지적 효과 (효과적 생각과 유사함)

1. 선생님께 꾸중을 듣지 않는 것이 좋지만 꾸중은 나에게 도움이 되기도 한다.
2. 인간은 실수를 할 수도 있다. 그래서 늘 정확한 대답을 할 수만은 없다.
3. 친구들이 나의 엉뚱한 대답에 대해 웃는 것이 나를 바보로 보고 웃는 것은 아니다.

⇄ (eE) 정서적 효과 (적절한 정서)

- 선생님께 죄송스럽기는 하나 선생님을 싫어하지는 않는다.
- 조금 기분이 불쾌하나 우울해지지는 않는다.
- 부끄럽기는 하나 친구들이 미워지지는 않는다.

⇄ (hE) 행동적 효과 (적절한 행동)

- 다음 수업시간부터는 수업 중에 친구와 이야기하지 않는다.
- 더 열심히 수업을 듣는다.
- 다음 발표를 잘 하기 위해 예습, 복습을 한다.

그림 9-1 ABCDE 모형

출처: 이현림(2008). p. 123.

4) 상담기법

REBT에서는 비합리적 신념을 최소화하고 합리적인 신념으로 대치시키기 위해 인지적 기법, 정서적 · 환기적 기법, 행동적 기법을 사용한다(이현림, 2008; 천성문 외, 2006).

(1) 인지적 기법

① 암시 및 자기방어의 최소화

내담자는 자신이나 타인 또는 세계에 관하여 자신에게 자기 패배적인 진술을 거듭하는 심각한 부정적 사고를 지닐 수 있다. 상담자가 내담자에게 부정적인 사고를 긍정적인 사고로 대체하는 방법을 보여줌으로써 내담자도 개선될 수 있음을 암시한다. 또한 내담자가 자신의 잘못 때문에 무시나 경멸을 당할 이유가 없다는 것을 보여줌으로써 자기방어를 최소화시킨다.

② 인지적 과제

REBT에서 상담자는 내담자에게 자신의 문제 목록표를 만들고, 절대적인 신념을 밝히며 이러한 신념에 대하여 논박하게 한다. 그리고 내면화된 비합리적인 자기언어인 '반드시 ~을 해야 한다', '반드시 ~이어야 한다', '절대로 ~해서는 안 된다' 같은 신념체제를 줄이기 위한 과제를 하는 방법이다.

③ 비합리적 신념에 논박하기 및 대안 제시

REBT의 가장 일반적인 인지적 기법은 상담자가 적극적으로 내담자의 비합리적 신념을 논박하는 것이다. 상담자는 내담자에게 그가 장애를 겪는 것은 어떤 사건이나 상황 때문이 아니라 그런 상황이나 사건을 자각하는 방법과 그런 것들을 반복해서 자기진술하기 때문이다. 이처럼 논박을 통하여 내담자는 '반드시 ~을 해야 한다', '반드시 ~이어야 한다', '절대로 ~해서는 안 된다'를 극복해야 하는데 이런 비합리적 신념에 더 이상 집착

REBT의 가장 일반적인 인지적 기법은 상담자가 적극적으로 내담자의 비합리적 신념을 논박하는 것이다.

하지 않게 되거나 최소한 이런 것들을 제거하는 데 있다. 또한 내담자가 스스로 대안을 찾도록 격려한다. 내담자가 생각하는 이상의 선택이 가능하도록 모든 가능한 대안의 파악을 돕는다.

④ 기분 전환하기 및 유추의 기법

이완훈련, 요가, 운동처럼 신체적 기법을 통한 방법도 내담자가 자기 패배적인 생각이나 행동 대신 다른 일에 전념할 수 있기 때문에 필요할 수 있다. 상담자는 장기적으로 몰두할 관심거리를 가질 수 있도록 도와준다. 또한 내담자가 자신의 특성을 이해하여 잘못된 습관의 단점을 깨닫도록 하는 것으로 자신의 잘못된 습관이 어떤 행동특성 때문에 나타나는지 유추하도록 한다.

⑤ 언어 바꾸기

REBT에서는 부정확한 언어가 왜곡된 사고를 일으키는 원인 중의 하나라고 주장한다. 상담자들은 사고는 언어를 조성하고 언어는 사고를 조성한다고 보기 때문에 내담자들의 언어 패턴에 특별한 주의를 기울인다. 다시 말해 언어가 사고를 만들고, 사고가 언어를 조형하기 때문이다. 예를 들어, 절대적인 표현인 '반드시 ~해야 한다'를 절대적인 표현이 아닌 '~하고 싶다'로 대치하여 말하는 법을 학습한다.

(2) 정서적 기법

① 합리적 정서 상상

REBT 상담자들은 부정적 정서 상상과 긍정적 정서 상상의 두 가지 방법을 사용한다. 부정적 정서 상상은 먼저 어떤 상황에서 늘 느껴 온 부적절한 정서를 느끼고 있는 자신을 상상하도록 한다. 그리고 부적절한 정서를 행동을 변화시키겠다는 결단과 같은 적절한 정서로 대치시키는 자신을 생생하게 떠올리도록 한다. 긍정적 정서 상상은 내담자가 불쾌한 장면을 상상하고 자기감정의 기초가 된 신념들에 집중하도록 한 뒤, 비합리적 사고를 포기하고 합리적 사고로 대체했을 때 자신에게 어떤 느낌이 드는지에 초점을 둔다.

② 역할연기

REBT에서 역할연기는 정서적 · 행동적 구성요소가 모두 포함되어 있다. 내담자에게 그의 비합리적인 신념이 무엇인가를 보여주고, 그것이 대인관계에서 어떤 영향을 미치는가를 깨닫게 하기 위하여 역할연기를 활용한다. 예를 들어, 어떤 여성이 입학이 허가되지 않을 것 같아서 대학에 입학원서를 내는 것을 포기한다고 하자. 입학하고 싶어 하는 학교에서 받아주지 않을 것 같다는 바로 그 생각이 '나는 어리석다'는 느낌을 불러일으킨다. 그녀는 대학의 학장과 면담하는 역할놀이를 하게 된다. 이때 그녀의 불안이 비합리적 신념에서 나온다는 것에 주의하게 하고 그녀가 입학허가를 받지 못한다면 자신이 어리석고 무능한 것이라는 비합리적 신념에 도전하도록 할 수 있다.

내담자에게 그의 비합리적인 신념이 무엇인가를 보여주고, 그것이 대인관계에서 어떤 영향을 미치는가를 깨닫게 하기 위하여 역할연기를 활용한다.

③ 유머의 사용

REBT 상담자들에게 가장 인기 있는 상담기법 중 하나이다. 생활사건에 대하여 너무 진지하게 생각하고 이해나 유머감을 잃기 때문에 정서적 혼란이 생긴다고 보고, 비합리적인 생각에 대해 과장되는 표현을 하거나 합리적이고 유머러스한 언어를 이용한다. 이는 내담자의 경직되고 과장된 사고가 문제 상황으로 갈 때 이를 해결하기 위한 수단으로 유머 사용을 강조한다.

④ 감정적 언어 사용

REBT 상담자는 자주 감정적인 단어, 구절 및 문장을 구사하여 내담자가 상담자에게 이것을 사용할 수 있도록 한다. Ellis는 내담자의 신념을 변화시키도록 유도할 때 강한 언어가 영향력을 미치기도 한다고 주장한다.

⑤ 수치심 제거 연습

Ellis는 정서장애의 중요한 핵심 중 하나가 수치심 혹은 자기비난이라고 보았다. 상담자는 내담자에게 그들이 부끄럽게 느끼는 행동을 하도록 과제를 준다. 이 과정은 타인이 내담자가 생각하는 만큼 남의 일에 관심이 없다는 것과 다른 사람의 비난에 지나치게 영향받을 필요가 없다는 사실을 깨닫게 하기 위해 사용된다.

(3) 행동적 기법

① 강화와 벌점

REBT에서는 행동적 기법을 사용하여 비합리적 신념을 변화시키려고 한다. 바람직한 행동을 증가시키기 위해 강화기법을 사용한다. 사람이 과제를 성취했을 때는 자신을 보상하는 것이 유용하다. 예를 들어, 부끄러움 타는 사람이 판매원과 긴 대화를 했을 때 좋아하는 잡지를 읽음으로써 자신을 보상할 수 있다. 과제에 실패한 사람은 계산서를 지불한다.

② 과제부과

내담자가 실제 생활에서 모험을 하고 새로운 경험을 함으로써 비기능적인 습관을 버리고 특정한 활동에 관한 비합리적 신념을 줄이는 과제를 부과한다. 과제부과에는 처음에는 난이도가 쉬운 것부터 시작하여 단계적으로 점점 높아지는 체계적이고 점진적인 과제들을 포함한다.

③ 자극통제

문제행동을 일으키는 자극을 통제함으로써 역기능적 행동을 방지하기 위한 것이다. 내담자에게 특정 자극을 어떻게 통제하는지 보여줌으로써 문제행동의 발생을 줄이게 할 수 있다.

2. 교류분석 상담이론

교류분석(transactional analysis)은 Eric Bern에 의해서 창시되었다. 이 이론은 인간의 행동 이면에 숨겨져서 그 행동에 동기를 부여하는 배경들과 그 배경이 나타내는 과정을 분석하는 것이다. 교류분석에 기본이 되는 것은 각자 자기 내면에 있는 세 가지 자아, 즉 어버이자아, 어른자아, 어린이자아 중에서 어느 한 가지의 자아상태로 의사소통을 하고 있는가를 분석하고 이해하는 데 효과적인 상담이론이다. 따라서 교류분석은 자신의 성격과 대인관계 양식을 도식화하여 간단하게 진단하고 평가할 수 있으며, 자신을 어떻게 변화시킬 것인가에 대해 도움을 준다. 처음에는 집단치료의 한 방법으로 시작되었으나 최근에는 심리치료와 상담뿐만 아니라 학교, 기업, 경영 등에서 사용되고 있다.

1) 인간관

(1) 인간관

교류분석은 인간을 긍정적으로 보고 결정론적인 입장을 반대한다. 인간은 자기의 환경조건과 아동기의 조건을 개선할 수 있는 능력이 있으며, 또한 자신이 내린 과거의 결정을 이해하고 이에 대하여 다시 결정을 내릴 수 있는 능력이 있다는 것을 전제로 하고 있다(노안영, 2005). 즉, 교류분석에서 인간은 자신의 행동유형에서 벗어난 새로운 목표와 행동을 선택할 능력을 갖고 있다고 가정한다. 따라서 교류분석의 인간관은 반결정론적 철학적 관점에서 다음과 같이 설명하고 있다(이형득, 1984; Corey, 1986; Ellis, 1987).

> 인간은 자기의 환경조건과 아동기의 조건을 개선할 수 있는 능력이 있으며, 또한 자신이 내린 과거의 결정을 이해하고 이에 대하여 다시 결정을 내릴 수 있는 능력이 있다는 것을 전제로 하고 있다.

첫째, 인간은 자율적 존재이다. 인간은 현실세계에 대한 인식, 게임을 하지 않고도 정서를 표현할 수 있는 자발성, 다른 사람과 사랑을 나누는 친밀성을 가질 수 있는 존재이다.

둘째, 인간은 자유로운 존재이다. 인간은 다른 무엇에 의해 결정되지 않는 존재이다. 사회의 영향에서 완전히 벗어날 수 있다는 것도 아니지만, 그렇다고 완전히 사회나 어릴 때 경험에 의해 결정되는 것도 아니다. 완전한 자유는 아니라 하더라도 인간은 많은 자유를 가진 존재이다.

셋째, 인간은 선택할 수 있는 존재이다. 인간이 자율적이고 자유롭다는 것은 여러 대안 중에서 선택하고 결정할 수 있다는 것을 의미한다. 인간이 자유로우며, 선택하고 결정할 수 있다고는 하지만 인간이 다른 사람을 포함한 사회적 영향을 받고 있음도 인정한다.

넷째, 인간은 어린 시절 부모와 같이 의미 있는 사람의 기대나 욕구의 영향을 받는다. 그러나 어린 시절에 선택한 대로 살아가는 것이 아니라 그것이 적절하지 않으면 다시 대안을 선택하여 살아갈 수 있는 존재이다.

다섯째, 인간은 책임질 수 있는 존재이다. 인간이 자신을 결정할 수 있고, 자율적일 수 있다는 것은 자기 자신에게 책임을 질 수 있는 존재라는 의미이다. 이러한 교류분석의 인간관은 인간의 자율적, 자유, 선택, 기대나 욕구, 책임 등을 강조하고 있다.

(2) 자아상태

교류분석은 '능동적이고, 역동적이며, 관찰 가능한 세 가지 자아상태 - 어버이(Parent), 어른(Adult), 어린이(Child) - 가 각 개인 내에 존재하면서 작동한다'에 대한 초기의 신념들을 바탕으로 아동기부터 인생각본(life-script: 계획)이 구성되어 있다. P, A, C의 세 가지 자아상태 중 어린이자아가 가장 먼저 발달한다. 태어나면서부터 자신의 쾌, 불쾌를 중심으로 만족하고 유쾌한 경험에 감각적으로 반응을 보이면서 어린이의 자아상태가 발달한다. 다음으로 부모의 자아상태가 발달한다. 부모의 행동과 습관을 모방함으로써 인격을 형성하게 된다. 마지막으로 발달하는 것이 어른(성인)의 자아상태이다. 교류분석은 이 세 가지 중 어느 하나가 상황에 따라 한 개인의 행동을 지배한다고 보고 있다. 교류분석에 의하면, 사람은 하나의 자아상태로부터 다른 자아상태로 끊임없이 변화한다는 것이다. 그리고 그들의 행동은 항상 그 순간의 자아상태와 관련되어 있다는 것이다(김영봉 외, 2011;

태어나면서부터 자신의 쾌, 불쾌를 중심으로 만족하고 유쾌한 경험에 감각적으로 반응을 보이면서 어린이의 자아상태가 발달한다.

장성화 외, 2012).

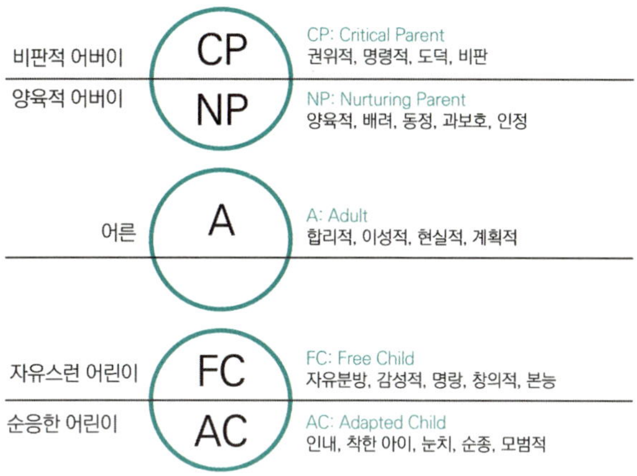

① 어버이자아(P)

Freud의 초자아에 해당하며 주로 부모나 형제 혹은 정서적으로 중요한 사람들의 행동이나 태도의 영향에 의해서 형성된다. 즉, 아이가 부모가 말하고 행동하는 것을 보고 듣고 모방하고 학습하여 아이 마음속의 테이프에 내용이 기록되어 내면화된 결과이다. 어버이자아는 비판적 그리고 보호적 행동특성을 나타내도록 개인의 내부에 작용한다. 구체적으로 부모자아상태는 어릴 때 부모를 포함한 의미 있는 연장자들의 말이나 행동을 무비판적으로 받아들여 내면화시킨 것이다. 기능상으로 비판적 어버이자아(Critical Parent, CP)와 양육적 어버이자아(Nurturing Parent, NP)로 구분된다.

첫째, 비판적 어버이자아는 부모의 윤리, 도덕, 가치 판단 기준이 그대로 아이에게 내면화한 부분으로서 비판적, 편견적, 봉건적, 비난적, 징벌적 특징이 있다. 그리고 비판적 어버이자아가 강한 사람은 명령이나 지시 등 자신의 가치관을 강요하는 지배적 언행을 보인다. 예를 들어, "아빠 친구 오셨네, 인사해야지 혹은 여자애가 이렇게 늦은 밤에 돌아다니면 안 된다"는 언어 형태를 가지고 있다. 둘째, 양육적 어버이자아는 어머니자아라고도 부른다. 이것은 부모가 자녀를 사랑하고 돌보는 등 자녀를 양육하는 말

"아빠 친구 오셨네, 인사해야지 혹은 여자애가 이렇게 늦은 밤에 돌아다니면 안 된다"는 언어 형태를 가지고 있다.

이나 행동이 내면화한 부분으로서 동정, 보호, 양육, 배려의 특징이 있다. 양육적 어버이자아가 너무 강하면 상대의 독립심이나 자신감을 빼앗는 간섭을 할 수 있다. 예를 들어, "힘들어 보이는데 와서 음료수 한잔 하고 하지", "너무 무리하지 말고 좀 쉬었다 하세요"의 언어 형태를 가지고 있다.

"힘들어 보이는데 와서 음료수 한잔 하고 하지", "너무 무리하지 말고 좀 쉬었다 하세요"의 언어 형태를 가지고 있다.

② 어른자아(A)

어른자아는 Freud의 자아(ego)처럼 행위에 관한 정보를 수집하고 자료를 처리하고 현실적인 가능성을 추정하는 기능을 한다. 즉, 어른자아는 생후 10개월경부터 자신에 대한 자각과 독창적 사고가 가능해지고 혼자서도 어떤 일을 해낼 수 있다는 능력감이 생기면서부터 점진적으로 발달한다. 또한 과거의 묵은 경험이 자료들로 구성되어 있는 어버이자아나 어린이자아의 자료들을 현실에 맞게 타당화시키는 기능적 작용을 한다. 어른자아는 어버이자아와 어린이자아의 자료들을 검토하여 어버이자아에 의한 편견과 독선 그리고 어린이자아에 근거하는 현실적으로 부적절하고, 유아적인 부적응적 행동을 방지할 수 있게 하는 기능을 한다. 김규수와 류태보(2001)의 언어 형태를 살펴보면, "상대의 진의가 무엇인지 좀 더 자세히 확인해 보자", "외식하는 돈으로 찬거리 사서 집에서 해 먹으면 싸고 위생적이지요"의 언어 형태를 가지고 있다.

"상대의 진의가 무엇인지 좀 더 자세히 확인해 보자", "외식하는 돈으로 찬거리 사서 집에서 해 먹으면 싸고 위생적이지요"의 언어 형태를 가지고 있다.

③ 어린이자아(C)

Freud의 원초아(id)에 해당하는 어린이자아는 감정, 충동 그리고 자연발생적인 행동들로 구성된다. 이 상태는 어린이에게서 자연스럽게 일어나는 모든 충동을 포함하며, 또한 초기 경험의 기억을 포함한다. 천진하고 자연스럽고, 자유로운 행동특성 및 충동과 직관적인 행동특성이며, 다른 한편으로는 쾌, 불쾌 및 공포의 두려움 같은 감정적인 행동특성을 보이게 작용한다. 구체적으로 어린이자아 상태는 생득적으로 일어나는 모든 충동과 감정 그리고 5세 이전에 경험한 외적 상황에 대한 반응양식이 내면화된 것이며, 자유로운 어린이자아(Free Child, FC)와 순응하는 어린이자아(Adapted Child, AC)로 나눈다. 첫째, 자유로운 어린이는 부모나 어른들의 반응에 구애받지 않고 자신의 욕구를 자연스럽게 나타내는 자아로서 본능적, 적극적, 창조적, 직관적, 자발적, 행동적, 탐구적 특징이 있다(이성태, 1991; 이현림, 2008). 예를 들어, "야, 여름인데, 수영장으로 놀러 가자", "나 이거는 싫고 저거 사 주세요"의 언어 형태이다. 둘째, 순응하는 어린이는 부모나 권위자의 관심을 얻기 위하여 이들의 요청에 부응하고 기능을 한다. 이는 자아는 대인관계를 원만하게 이끌어 가는 것 같으나 사실은 항상 자신을 억제하고 있기 때문에 내부적으로 여러 가지 문제가 있을 수 있다. 예를 들어, "죄송하지만, 이 보고서를 잘 쓰지도 못했고 너무 늦었습니다", "말씀하신 대로 따르겠습니다"의 언어 형태이다.

> "야, 여름인데, 수영장으로 놀러 가자", "나 이거는 싫고 저거 사 주세요"의 언어 형태이다.

> "죄송하지만, 이 보고서를 잘 쓰지도 못했고 너무 늦었습니다", "말씀하신 대로 따르겠습니다"의 언어 형태이다.

④ 혼합(오염)과 배타(배척)

자아기능에 장애를 주는 대표적인 것으로 어버이자아나 어린이자아가 어른자아의 기능에 영향을 미치는 혼합과 어버이자아, 어른자아, 어린이자아의 경계가 지나치게 경직되어서 심적 에너지의 이동이 거의 불가능한 상태인 배타가 있다(김청자 외, 2004). 혼합은 지속적으로 부적응 행동을 나타내게 되는 경우, 그 개인의 자아상태들(P-A-C) 간의 경계선이 지나치게 이완되거나 혹은 지나치게 경직화된 경우로서 어른자아의 경계를 어버이자아가 침식한 혼합상태를 편견이라고 하고, 어린이자아가 어른자아를 침식한 경우의 혼합상태를 망상이라 한다. 또한 어른자아가 어버이자아와 어린이자아 둘 모두로부터 침범당한 경우를 이중 혼합이라 한다(김영봉 외, 2011).

2) 상담목표

교류분석의 상담 목적은 내담자가 자신의 삶의 방향에 대한 새로운 결정을 내리는 것을 돕는 것이다. 개인은 그의 삶의 위치에서 초기 결정을 따름으로써 자신의 자유를 스스로 어떻게 제한했는가를 자각하며 윤택하고 결정성 있는 삶의 방식을 선택하는 것이다(김충기 외, 2001).

> 개인은 그의 삶의 위치에서 초기 결정을 따름으로써 자신의 자유를 스스로 어떻게 제한했는가를 자각하며 윤택하고 결정성 있는 삶의 방식을 선택하는 것이다.

교류분석의 구체적인 상담목표를 제시하면 다음과 같다(이현림, 2008; Gibson & Mitchell, 1986).

첫째, 혼합 없이 어른자아가 정상적으로 기능할 수 있도록 한다.

둘째, 배타적 감정 없이 상황에 따라 P(어버이자아), A(어른자아), C(어린이자아)가 적절히 기능할 수 있도록 한다.

셋째, 부모의 금지령에 따라 내린 초기결단을 각성시켜 게임에서 벗어나게 한다.

넷째, 초기결단 및 이에 근거한 생활각본을 새로운 결단에 근거한 자기긍정-타인긍정의 생활각본으로 바꾸게 한다. 결국 교류분석의 궁극적인 목표는 내담자가 부적절한 자아상태나 행동(생활각본)에서 벗어나 자기긍정으로 나아가면서 생산적인 행동으로 변화할 수 있도록 돕는 것이다.

3) 상담과정

교류분석의 상담과정은 상담자와 내담자의 관계형성을 위한 계약으로 이루어진다. 그리고 교류분석 상담의 핵심은 구조분석, 교류분석, 게임분석, 각본분석이다. 여기에 자신을 새롭게 하기 위한 재결단 등이 포함된다(장성화 외, 2012; 천성문 외, 2006).

(1) 상담계약

상담과정에서 상담자와 내담자 사이에 준수해야 할 사항과 구체적인 상담목표에 대하여 합의한 내용을 진술하는 것이다. 계약 내용은 내담자 간의 관계성을 명시하거나 내담자가 획득하거나 의도하는 목적을 구체적으로 진술한 것을 포함하며, 내담자로 하여금 스스로 변화하도록 책임감을 요구한다.

(2) 구조분석

구조분석은 자아상태의 인지구조와 특성을 개인이 이해하는 데 도움을 주도록 설계되어 있다. 즉, 자신의 어버이자아, 어른자아, 어린이자아의 내용이나 기능을 이해하는 방법이라 할 수 있다. 구조분석은 내담자가 난처하거나 느끼는 것을 해결할 수 있도록 한다. 또 내담자가 자기행동의 기초가 되는 자아상태를 파악하도록 한다. 따라서 구조분석의 핵심적인 내용은 내담자의 행동특징, 갈등과 관련된 내적 대화 또는 자아기능 그래프 등을 기초로 내담자의 자아상태에 혼합이나 배타 현상이 있는지 등을 분석하고 확인하는 것이다.

구조분석은 내담자가 난처하거나 느끼는 것을 해결할 수 있도록 한다. 또 내담자가 자기행동의 기초가 되는 자아상태를 파악하도록 한다.

(3) 의사교류분석

내담자가 다른 사람과의 의사교류 과정에서 어떤 형태의 의사교류를 하고 있는지를 분석함으로써 의사소통이나 인간관계의 과정에서 문제점이 무엇인지를 확인하여 문제해결을 돕고자 하는 것이다. 의사교류는 두 사람 사이에서 이루어지는데 이때 각자의 P, A, C 중 어느 상태에서 기능하느냐에 따라 상보적 의사교류, 교차적 의사교류, 암시적 의사교류가 있다. 둘 사이에 이루어지는 교류교환은 교류적 자극(S: transactional stimulus)과 교류적 반응(R: transactional response)을 통해 이루어진다.

그림 9-2 대화의 도식

① 상보적 의사교류

상보적 의사교류는 보완적 의사교류라고도 하며, 발신된 메시지나 자극이 예상하고 기대했던 응답이나 반응을 듣는 교류형식이다.

상보적 의사교류는 보완적 의사교류라고도 하며, 발신된 메시지나 자극이 예상하고 기대했던 응답이나 반응을 듣는 교류형식이다. 이 교류는 당신의 어떤 자아 상태가 상대방의 어떤 자아 상태에 보낸 자극에 따라 원하는 반응을 하는 것이다. 즉, 당신의 세 가지 자아상태와 상대방의 세 가지 자아상태가 서로의 욕구를 충족시키는 평행선을 이루는 교류다. 보완적 교류는 인정이나 어루만짐이 서로에게 보완적이기 때문에 반응이 계속된다. Bern은 PP, PA, PC, AP, AA, AC, CP, CA, CC 사이의 아홉 가지 상보적 교류가 가능하다고 하였다.

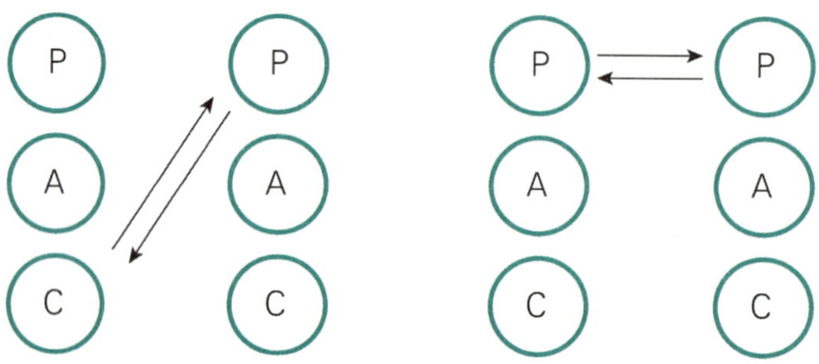

어머니: 말 안 들으면 나쁜 아이야.
자 녀: 네, 알아요.

남편: 장인, 장모님 어디로 여행 가셨니?
아내: 영국으로 가셨지요.

② 교차적 의사교류

상보적 의사교류와 반대로 어떤 반응을 기대하여 시작한 교류에 대하여 예상 밖의 반응이 되돌아오는 경우를 말하는 것으로, 인간관계에서 고통의 근원이 된다. 상대방이 원하는 욕구가 무시되거나 잘못 이해되어 나타나는 반응의 교류다. 대화는 상대방의 욕구가 무엇인가를 파악한 후 이루어진다. 상대방의 욕구는 무시하고 엉뚱한 반응을 하면 대화가 중단된다. 상대방이 정보를 제공하는 대화는 지속된다. 당신의 직장상사가 권위적인 태도로 당신의 어린이자아 상태에 대화를 걸어오면 그 상황에 맞게 그의 태도를 파악하여 반응하는 것이 필요하다.

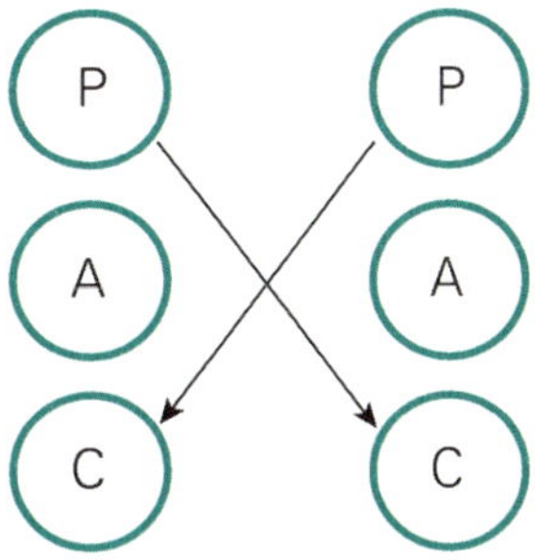

남편: 아이 교육을 어떻게 한 거야?
아내: 당신은 뭘 잘했어요?

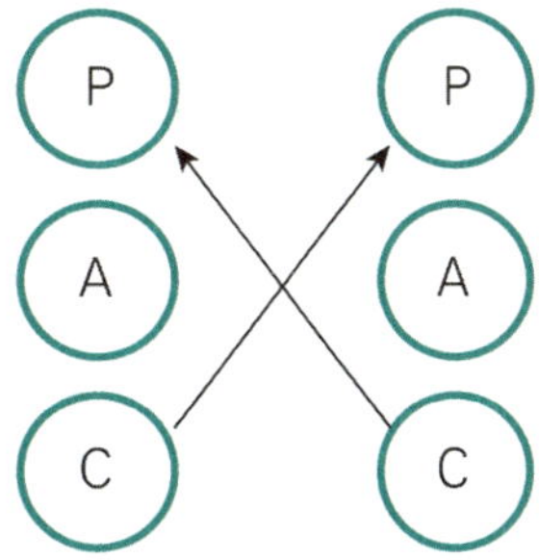

친구A: 나 리포트 좀 도와주라.
친구B: 나부터 먼저 도와주라.

③ 암시적 의사교류

암시적 의사교류는 저의적 의사교류라고도 하며, 이차원적인 의사교류 교환으로서 하나의 자극을 가지고 두 가지 사실을 동시에 이중적인 메시지가 전달되는 교류이다. 예를 들어, 당신의 언어적 메시지인 말의 내용과 비언어적 메시지인 음성이나 얼굴 표정이 다른 경우이다. 사회적으로 수용되는 의사소통의 이면에 심리적인 의도가 깔려 있는 교류로 대화하는 사람이 이중적 메시지를 보내는 경우다.

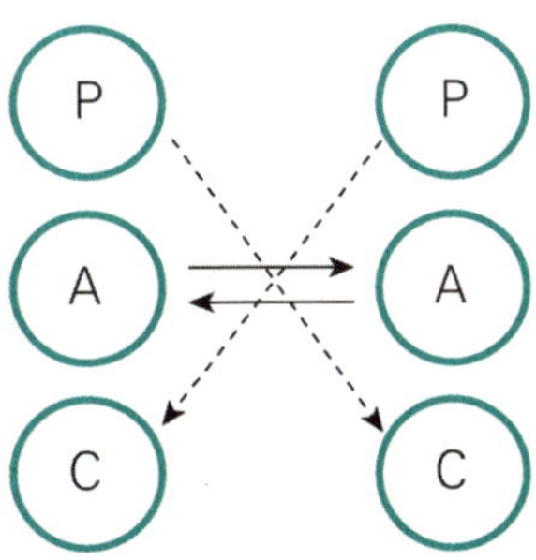

친구A: C가 장학금 받았대.(너도 공부 좀 해라.)
친구B: 좋겠다.(커닝 열심히 했군.)

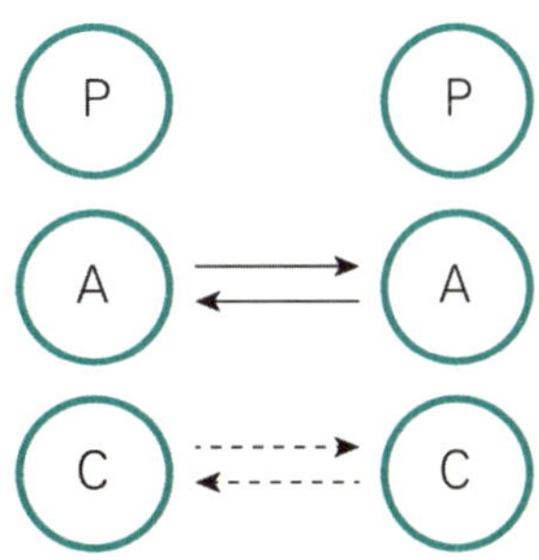

남편: 옷이 참 멋지다.(돈이 남아돌았군.)
아내: 고마워요.(좋은 옷 좀 한번 사주자.)

(4) 게임분석(game analysis)

게임분석은 암시적 의사교류를 구체적인 게임의 종류 및 만성 부정감정 유형과 관련시켜 분석하는 것이다. 게임은 숨겨져 있는 동기를 가진 세련된 보상행동으로서 일련의 암시적 혹은 이중적 의사교류이다. 따라서 게임은 숨겨진 동기를 가진 암시적 의사교류를 통해 의사교류에 관여하는 두 사람 모두 또는 적어도 한 사람에게 불쾌한 감정을 유발하는 의사교류의 형태이다. 이때의 게임은 친밀감을 저해하도록 고안된 것이며, 게임 후에 경험하는 불쾌하고 쓰라린 감정을 라켓(racket: 만성 부정감정)이라 한다.

(5) 생활각본 분석(script analysis)

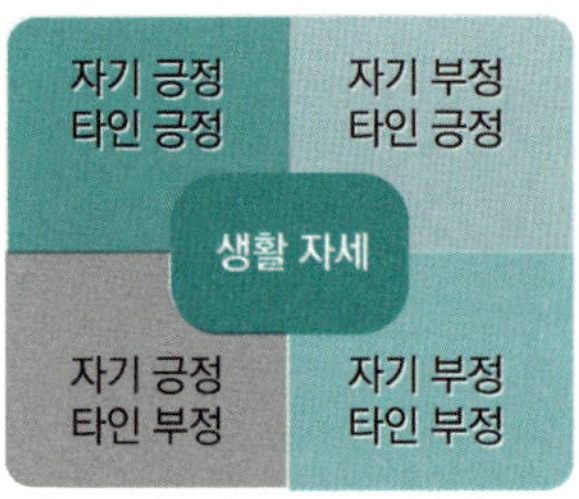

생활각본은 어린 시절의 신체적 욕구와 심리적 차질을 경험하면서 고정된 결단에 근거한 삶의 계획이다. 생활계획은 어린 시절에 결정되며 인간은 거의 무의식 수준에서 이 각본에 따라 살아간다. 생활각본의 형성은 어린 시절의 인정자극을 포함한 각종 활동과 부모의 허용, 금지령, 초기결단, 생활자세 같은 자세의 욕구에 의해 결정되며 삶의 입장이 되어 매사를 동일한 방식으로 해결하려고 한다. 이러한 생활각본의 입장을 Harris(1973)는 다음의 네 가지로 제시한다.

생활각본은 어린 시절의 신체적 욕구와 심리적 차질을 경험하면서 고정된 결단에 근거한 삶의 계획이다.

① 자기부정-타인긍정(I'm Not OK-You're OK)

나는 Not-OK, 너는 OK의 인생관을 갖고 있는 사람들은 자신은 사랑받을 가치가 없는 사람으로 여기며 그래서 침울과 낙담을 벗 삼아 살아간다. 자신의 가치를 매우 낮게 평가하기 때문에 비굴해지며 감정적으로, 육체적으로 남과 함께 있기를 두려워한다. 아기였을 때에 충분한 사랑을 받지 못하거나, 벌을 많이 받았던 사람들은 성장해 나가면서 자신을 가치 없는 무익한 존재라고 결정한다. 이런 부모에게서 자라나는 유아들은 대개 "패자각본"을 갖게 되어 부모가 자기와 함께 있어 준다 하더라도 자신은 사랑받을 만한 가치가 없고 함께 할 자격도 없다는 결단을 하게 된다. 이들은 타인의 도움 없이는 살아갈 수 없을 것이라는 좌절감을 경험하며, 자신감이 없고 문제나 책임을 회피한다. 열등감과 죄의식에 사로잡혀 무력감을 느끼게 되고 심할 경우 자살할 수도 있다.

② 자기부정-타인부정(I'm Not OK-You're Not OK)

이 생활자세는 생후 1세 전후부터 나타나는 자세로 자신도 열등하지만 타인들도 부족하고 불완전할 뿐만 아니라 나쁘기까지 하다고 생각하는 태도이다. 즉, 나도 Not-OK, 너도 Not-OK의 인생관을 가진 사람들은 인생은 허무의 연속일 뿐이며 자신도 남도 결코 사랑받지 못할 인간에 불과하다고 생각한다. 즉, 부모로부터 이해받지 못하고 있다는 감정, 내부지향적이기도 하고 또한 외부지향적이기도 한 양면에서의 분노 그리고 죄책감, 불신감, 대인공포, 원한과 자신 및 타인에 대한 부정적 감정들을 특징으로 하고 있다. 이러한 사람들은 삶 자체에도 의미를 발견하지 못하며 세상에서도 가치 있는 것을 찾지 못하여 파괴적이며 절망적인 인생관을 갖고 산다.

네 가지 생활자세 중에서 가장 바람직하지 않은 자세로 이런 자세를 가진 사람들은 삶의 의미를 상실하고 정신분열 증세를 보이거나 자살 및 타살 충동을 느끼는 삶을 살아간다.

③ 자기긍정-타인부정(I'm OK-You're Not OK)

나는 OK, 너는 Not-OK의 인생관을 갖는 사람들은 오만하며, 과대망상적이다. 그들은 자신에게서 잘못을 발견하지 못하고 타인에게서만 잘못을 발견한다. 그러므로 일이 잘못되면 항상 타인을 비판하고 불평한다. 그들은 타인에게서 Not-OK를 찾는 사람이므로 친구를 잘 사귀지 못하며 항상 타인에게 비판적인 충고를 주려고 애쓴다. 현대의 젊은이들은 이러한 인생관을 많이 갖고 있어 타인을 비판함으로써 자기 자신에 대한 불만의 출구로 삼는다. 이러한 부모에게서 자라는 유아들은 자신이 희생당하거나, 박해받는다고 느끼는 자세로 다른 사람들을 희생시키고 박해하기 쉽다. 성장한 후에 그들은 자신들이 불행하게 된 이유를 다른 사람에게 돌리고 비난하기 쉽다. 생활자세는 2~3세경의 아이들의 경험을 통해 알 수 있다.

이런 자세를 가진 사람은 자신의 실수를 남에게 전가시키고 불평하고 비평하는 사람들의 자세이다. 이 자세가 계속 심화되면 지배감과 우월감에 차게 되어 양심부재가 되기 쉬울 뿐만 아니라 타인에 대한 불신, 비난, 증오, 살인과 같은 행동 특징을 보인다.

④ 자기긍정-타인긍정(I'm OK-You're OK)

▎나도 OK, 너도 OK의 인생관을 갖는 사람들은 정신적으로 낙관적이고 건전한 인생관을 가지며 자유롭게 대인관계를 맺을 수 있고 또한 환경에 잘 적응할 수 있다.

나도 OK, 너도 OK의 인생관을 갖는 사람들은 정신적으로 낙관적이고 건전한 인생관을 가지며 자유롭게 대인관계를 맺을 수 있고 또한 환경에 잘 적응할 수 있다. 그들은 자신을 받아들임으로써 자신을 있는 그대로 표현하며 현실적인 목표를 세우며 그 목표를 위하여 긍정적인 자세로 살아간다. 그들은 또한 타인을 받아들이기 때문에 인간관계가 원만하며 관용성이 있고 열려 있다. 그들은 일반적으로 타인에게 완전을 요구하지 않으며 있는 그대로 용납한다. 이러한 심리적 자세를 가진 부모에게서 자라나는 유아들은 승자(winner)적 각본을 갖게 되어 자신과 부모를 사랑하게 되고 함께 잘 지내며, 성장한 후에도 다른 사람과 더불어 잘 지낼 줄 알게 된다.

Harris(1973)는 자기부정-타인긍정, 자기부정-타인부정, 자기긍정-타인부정의 세 가지 입장이 부정적 · 병리적 생활자세라고 보았다. 이 세 가지 자세들은 생의 초기에 형성되어 온 것으로 무의식적인 데 비해 자기긍정-타인긍정의 자세는 가장 마지막에 형성되는 자세로 의식적이다. 인간이 각본에 따라 산다는 것은 자발성의 부족을 의미한다. 각본분석은 문제행동과 관련된 각본을 찾아내 이에 정확한 정보와 활력을 불어넣고 재결단을 내리도록 함으로써 자율적인 삶을 영위하도록 하는 데 목적이 있다.

▎각본분석은 문제행동과 관련된 각본을 찾아내 이에 정확한 정보와 활력을 불어넣고 재결단을 내리도록 함으로써 자율적인 삶을 영위하도록 하는 데 목적이 있다.

(6) 재결단

재결단은 네 가지 분석을 통해서 어른자아를 강화시키고, 생활각본에서 벗어나게 하는 치료의 마지막 단계이다. 즉, 내담자가 생활각본을 변화시키는 것을 말한다. 내담자는 재결단을 통해 새로운 각본을 형성하고, 자율적인 인간으로 변화될 수 있다. 정상적인 자아를 회복하고 자기긍정-타인 긍정의 긍정적인 생활자세를 취하게 되는 것이다.

4) 상담기법

(1) 상담분위기 조성기법

① 허용

내담자들은 부모에 의한 많은 금지령에 의해서 행동을 하고 있다. 따라서 상담자는 무엇보다도 상담장면에서 내담자로 하여금 부정적인 금지와 명령의 굴레에서 벗어나서 허용적인 분위기를 느낄 수 있도록 해야 한다. 즉, 허용적 분위기는 내담자가 긍정적인 생활자세와 생활각본의 선택하는 데 있어서 도움이 주워야 한다.

② 보호

상담자는 내담자와의 허용적인 분위기에서 내담자의 부모에 의한 금지와 명령을 따르지 않고 어버이자아, 어른자아, 어린이자아를 이용하게 된다 하더라도 처음에는 두려움과 위협을 느낀다. 이대 상담자는 상담과정은 안전한 환경임을 내담자로 하여금 경험할 수 있도록 해야 한다.

③ 잠재능력

상담자가 임상과정에서 적절한 상담기술을 사용하는 능력을 의미한다. 이는 상담자의 잠재능력의 정도는 자아상태, 의사교류, 게임진단, 각본, 집단과정에서 적재적소의 기술과 활용할 수 있는 능력과 밀접한 관련성이 있다. 따라서 상담자는 내담자를 변화시킬 수 있는 상담기술을 소유해야 한다.

(2) 조작기법

① 질문

내담자는 어른자아를 사용하는 데 어려움을 가지고 있다. 내담자의 행

질문은 상담기법 중 하나인 직면과 유사한 기능을 하며, 강압적으로 느낄 수 있는 측면이 있으므로 신중하게 접근해야 한다.

동에서 어른자아의 기능을 못한다고 인식하면 내담자가 어른자아로 반응할 때까지 내담자에게 지속적인 질문을 한다. 이때 질문은 상담기법 중 하나인 직면과 유사한 기능을 하며, 강압적으로 느낄 수 있는 측면이 있으므로 신중하게 접근해야 한다.

② 특별 세부반응

내담자가 자신의 특별한 행동의 원인에 대해서 어떤 반응을 했을 때, 상담자가 반응에 민감하게 동의함으로써 내담자로 하여금 그 반응을 보다 분명하게 해주기 위한 기법이다. 세 가지 자아상태의 기능을 완전히 이해할 수 있도록 돕는 데 이용한다.

③ 직면

내담자가 상담과정에서 언어적·비언어적으로 일관성이 없거나 모순을 발견할 때 상담자가 지적해 주는 기법이다.

내담자가 상담과정에서 언어적 · 비언어적으로 일관성이 없거나 모순을 발견할 때 상담자가 지적해 주는 기법이다. 이 과정에서 어른자아의 오염을 자유롭게 해 줄 수 있는데, 상담자는 앞 단계의 질문과 특별세부반응의 기술을 통하여 유도되고 구체화된 정보들을 활용하여 내담자의 부정적인 생활자세에 대해 각성시키고, 여기에서 벗어날 수 있도록 도와준다.

④ 설명

내담자가 현실을 잘 직면하지 못할 때 효과적인 기법으로 어른자아 대 어른자아의 입장에서 내담자를 학습시키는 기법이다. 상담자는 내담자가 현재 그렇게 행동하고 있는 이유에 대해 이야기하는 것으로 내담자가 현실을 잘 직시하지 못할 때 효과적이다.

⑤ 예시

직면기술의 긍정적인 효과를 강화시킬 목적으로 직면이 이루어진 다음 일화 또는 비교 등의 방법을 이용하여 내담자의 긴장을 풀고 필요한 것을 가르쳐 주는 방법이다. 또한 내담자의 어른자아뿐만 아니라 어린이자아의 수준에서 이해될 수 있어야 하며, 유머와 생동감을 필요로 한다.

⑥ 확립

직면에 의해 사라졌던 내담자의 행동이 원래의 행동으로 재발될 수 있다. 이때 상담자가 내담자에게 아직까지 내담자가 그러한 행동을 실제로 포기하게 된 것이 아니고, 그러한 행동에서 벗어나기 위해서는 더 열심히 노력해야 한다는 사실을 지적해 주는 기법이다.

⑦ 해석

상담자가 내담자의 행동이면의 이유를 내담자가 볼 수 있도록 도와주는 것으로, 정신분석의 해석 과정과 비슷하다. 이것이 성공적으로 이루어지기 위해서는 해석의 과정이 상담자의 어른자아와 내담자의 어른자아 간의 의사거래가 되어야 한다.

⑧ 구체적 종결

내담자가 인정자극을 얻기 위하여 더 이상 연극을 하지 않고 정상적으로 행동할 수 있음을 설명해 주는 것이다. 내담자의 생활자세를 성인 대 성인의 입장에서 명료화할 때 사용하는 기법이다.

3. 현실주의 상담이론

현실주의 상담은 1960년대 중반 이후 미국의 상담자들에게 급속히 인기를 얻으면서 정신과의사인 William Glasser에 의해 이론이 정립되었다. 우리 모두가 성장할 수 있는 힘을 가지고 있으며, 이러한 힘이 우리의 환경을 통제하면서 자신의 욕구를 충족시키고 성공적인 정체감을 발전시킬 수 있다는 가정에서 출발한다. 따라서 현실주의는 내담자의 현재행동에 초점을 맞추고 있으며, 자신의 행동선택에 스스로 책임을 지도록 하는 것이 상담의 목표이다.

1) 인간관

(1) 인간관

인간을 긍정적 관점에서 본 Glasser는 반결정론적 입장을 지니고 있다. 행동주의에서 주장하는 것처럼 환경적 자극에 대해 수동적으로 반응하는 존재로서의 결정론을 반대하고, 인간은 자신의 행동과 정서에 대해 스스로 책임감을 가져야 한다고 주장한다. 또한 정신분석이론에서 주장하는 것처럼 인간이 무의식적인 힘이나 본능에 의해 동기화되기보다는 의식 수준에서 작용한다(김춘경 외, 2010; Glasser & Zunin, 1979).

> 정신분석이론에서 주장하는 것처럼 인간이 무의식적인 힘이나 본능에 의해 동기화되기보다는 의식 수준에서 작용한다.

현실주의 상담이론의 인간관을 제시하면 다음과 같다(김형태 2006; 이형득, 1994; Glasser & Zunin, 1979). 첫째, 인간은 자신의 건강을 증진시키고 자신을 성장시키려는 힘을 가지고 있다. 즉, 인간은 힘이 있기 때문에 인간의 행동변화도 가능하다. 둘째, 인간은 자기결정이 가능하다. 이는 인간이 성장하려는 힘을 가졌다는 데 근거함으로써, 인간은 유전이나 환경, 혹은 과거에 의해서 결정되기보다는 오히려 자기 자신에 의해서 결정된다. 셋째, 인간은 자신이나 환경을 통제할 수 있는 존재이다. 인간이 자기통제를 결정할 수 있는 것은 자신과 자신의 환경을 어느 선까지 통제할 수 있기 때문이다. 넷째, 인간은 자신의 행동을 포함한 자신에 대하여 책임질 수 있는 존재다. 자신의 행동, 생각, 환경 등의 여건에 대해서도 스스로 통제해 나갈 수 있다는 것을 의미한다. 다섯째, 인간은 성공적인 정체감을 발전시킬 수 있는 존재이다. 즉, 인간은 성공적인 정체감을 통해 자신이 하는 일에 만족감, 즐거움을 느낀다. 여섯째, 인간은 기본적 욕구를 충족시키려는 존재이다. 이는 다섯 가지 욕구로 사랑과 소속, 힘과 성취, 자유, 즐거움 그리고 생존의 욕구로 구분된다.

> 인간이 자기통제를 결정할 수 있는 것은 자신과 자신의 환경을 어느 선까지 통제할 수 있기 때문이다.

(2) 선택이론

Glasser의 선택이론은 살아 있는 모든 유기체가 어떻게 행동하고 있는가를 설명해 주는 이론이다. 중요한 점은 우리에게 무슨 일이 일어났고 현재 무엇을 하고 있든 삶의 모든 것은 선택한 것이며 그 선택에는 책임이 있다는 사실이다. 그러나 무책임한 행동에 책임을 진다고 할 때에 반드시 가족이나 친구에 의해 벌을 받거나 거부당하는 것을 의미하는 것이 아니라 내담자가 보다 책임 있는 선택도 할 수 있음을 말한다. 그리고 우리가 통제할 수 있는 것은 자신뿐이라는 점을 강조한다. 주위에서 일어나는 갖가지 사건들을 통제하는 것 역시 우리 자신을 통제함으로써 가능하다고 보는 입장이다. 이러한 선택이론에서는 인간이 행동하는 모든 것, 즉 좋은 것과 나쁜 것, 즐거운 것과 불쾌한 것, 정상적인 것과 비정상적인 것 등은 인간이 태어날 때부터 가지고 있는 기본적인 욕구를 충족하기 위한 선택이라고 보고 있다. 즉, 인간은 항상 생존, 사랑과 소속, 힘, 자유, 즐거움 등 다섯 가지 욕구를 충족하기 위해서 행동하면서 삶을 영위한다는 것이다. 선택이론에서 이러한 욕구는 자신의 행동변화를 통해서만 충족시킬 수 있다. 따라서 우리가 책임지는 행동을 효과적으로 선택하는 것을 배운다면, 우리의 욕구를 충족시키는 동시에 다른 사람들의 욕구충족 기회를 방해하지 않으면서 자신들의 삶을 효과적으로 통제할 수 있다는 것이다(김영봉 외, 2011).

우리가 책임지는 행동을 효과적으로 선택하는 것을 배운다면, 우리의 욕구를 충족시키는 동시에 다른 사람들의 욕구충족 기회를 방해하지 않으면서 자신들의 삶을 효과적으로 통제할 수 있다는 것이다.

Glasser가 소개한 선택이론의 기본원리를 제시하면 다음과 같다(노안영, 2005).

첫째, 우리의 행동을 통제할 수 있는 사람은 우리 자신이다. 누구도 우리에게 우리가 원하지 않는 것을 하게 할 수 없다. 처벌이나 강요로 위협받게 될 때, 우리의 수행능력은 오히려 감소한다.

둘째, 우리는 타인으로부터 모든 정보를 얻을 수 있다. 그러나 우리가 얻은 정보를 어떻게 활용할 것인가는 우리의 선택이다.

셋째, 지속되는 모든 심리적 문제의 근원은 관계에 관한 문제다. 고통, 피로, 만성적 질병과 같은 많은 문제들의 부분적 원인은 인간관계에 관련되어 있다.

넷째, 관계문제는 항상 개인이 현재 영위하는 삶의 일부분이며, 우리가 할 수 있는 것은 결국 행동이다. 즉, 우리의 행동은 행동하기, 생각하기,

느끼기, 생물학적 반응으로 구성된다.

다섯째, 우리의 행동은 기본적인 생존, 사랑과 소속, 힘, 자유, 즐거움에 의해 움직인다.

여섯째, 모든 전체행동은 동사, 부정사, 동명사로 표현되고, 선택할 수 있다. 하지만 우리가 직접적으로 통제할 수 있는 부분은 단지 행동하기, 생각하기다. 우리는 행동하기와 생각하기를 선택함으로써 간접적으로 느끼기와 생물학적 반응을 통제할 수 있다.

일곱째, 우리는 각자의 질적 세계 안에 있는 사진첩을 만족시킴으로써 이러한 기본욕구를 충족할 수 있다.

(3) 기본욕구

모든 인간의 행동은 대뇌피질 부위에 해당되는 신뇌에 의해 유발되는 생존, 사랑과 소속, 힘, 즐거움, 자유 욕구에 대해 살펴보고자 한다(Glasser & Zunin, 1979).

① 생존에 대한 욕구(survival need)

인간의 가장 기본적인 욕구로서 생존의 욕구를 통한 자기 확장을 하고자 하는 속성을 의미한다. 이 욕구는 우리 뇌의 가장 오래된 부분으로서, 척수 바로 위에 위치한 구뇌로부터 생성된 것으로 구조가 작으며 호흡과 소화, 땀 흘리는 것, 혈압 조절 등 신체구조를 움직이고 건강하게 유지하도록 하는 중요한 과업을 수행한다. 다만 신뢰의 도움을 받아 더욱 효과적으로 작동한다.

② 사랑과 소속의 욕구(love & belonging need)

인간은 소속감 욕구를 충족시키고자 한다. 소속감의 유사어는 사랑, 우정, 돌봄, 관심, 참여 등이다. 이것은 인간이 사회적 동물로서 가정, 학교, 직장, 사회에 소속되어 다른 사람과의 관계를 유지하면서 사랑을 주고받고자 하는 인간의 속성을 말한다(노안영, 2005). 이는 서로 경쟁하지 않고 서로 협조하며 함께 일하는 데 대한 생래적 결과이다. 일반적인 소속욕구의 예는 자신의 가족을 형성하기를 원하여 결혼하고 싶어 하거나 친구를 사귀고 싶어 하는 것이 있다.

③ 힘에 대한 욕구(power need)

인간만이 지니고 있는 독특한 욕구로 경쟁하고, 성취하고, 중요한 존재이고 싶어 하는 욕구이다. 자기가치감, 성취감, 중요성과 관련이 있으며, 힘에 대한 욕구에 매력을 느끼며, 다른 욕구와 직접적인 갈등을 경험하게 된다. 즉, 경쟁하고 성취하고 중요한 존재이고 싶어 하는 속성이다. 힘은 지식을 받아들여 우리 인생의 질과 다른 사람들의 인생의 질을 높이기 위해 사용하는 데 대한 생래적인 보상이다.

④ 즐거움에 대한 욕구(fun need)

인간은 즐거움의 욕구를 충족시키기를 원한다. 즐거움의 유사어는 흥미, 기쁨, 웃음 등이다. 이것은 인간이 새로운 것을 배우고 놀이를 통해 즐거움을 추구하고자 하는 속성이다. 인간은 다른 동물과 다르게 즐거움에 대한 욕구가 충족되면 웃는다. 이 욕구의 충족을 위해 때로는 생명의 위험도 감수하면서 자신의 생활방식을 과감히 바꾸기도 한다. 생명을 걸고 암벽을 타거나 자동차 경주를 하는 등 위험한 활동을 택하는 것이 좋은 예다. Glasser는 즐거움에 대한 욕구충족 활동의 유형은 놀이와 학습이라고 하였다. 이 배움은 사람들에게 생존의 특혜를 주고, 이 욕구는 우리들의 유전자 속에 자리 잡게 된 것이다.

⑤ 자유에 대한 욕구(freedom need)

인간은 자유에 대한 욕구를 충족시키기를 원한다. 자유의 유사어는 선택, 독립, 자율성 등이다. 이것은 인간이 이동하고 선택하는 것을 마음대로 하고 싶어 하는 속성이다. 그러나 자신의 자유욕구를 충족해 나가는 데 있어서 다른 사람의 자유를 침해하지 않도록 타협하고 절충해 나가는 자세가 중요하다. 또한 우리가 어떤 일을 원하는가를 선택하는 데 통제력을 지님으로써 얻는 내면적인 만족이다.

2) 상담목표

현실주의 상담목표는 내담자가 무엇을 의식하고 있는가에 주안점을 두며, 좀 더 효율적으로 살아가는 방법을 익혀, 개인이 성공적인 정체감을 형성하도록 돕는 것이다.

현실주의 상담목표는 내담자가 무엇을 의식하고 있는가에 주안점을 두며, 좀 더 효율적으로 살아가는 방법을 익혀, 개인이 성공적인 정체감을 형성하도록 돕는 것이다. 즉, 현실적으로 자신의 욕구충족 방법을 배우도록 만드는 것이다. 즉, 현실주의의 목표는 내담자가 성취하려고 노력하는 바를 성취할 수 있도록 상담자가 내담자를 돕는 것이다. 김충기와 강봉규(2001)의 구체적인 목표 여덟 가지는 다음과 같다.

첫째, 개인적 자율성을 갖도록 한다. 이 자율성은 내담자가 자신의 성숙이나 자신이 추구하는 인간상을 실현하는 능력이다. 내담자가 자신이 노력하는 바를 성공적으로 수행하기 위해 모든 문제에 대해 계속 상담자를 찾아가 상담할 수는 없다. 따라서 구체적인 문제해결과 더불어 문제해결의 원리나 방법은 물론 자신이 추구하는 바를 실현할 수 있는 능력을 길러서 자신의 문제를 해결하는 데 도움이 된다.

자율성이란 자신의 판단에 따라 결정하고 행동하는 것이기 때문에 자율성을 갖기 위해서는 자기결정이 가능해야 한다.

둘째, 자기결정을 할 수 있도록 한다. 자율성이란 자신의 판단에 따라 결정하고 행동하는 것이기 때문에 자율성을 갖기 위해서는 자기결정이 가능해야 한다. 여기에는 스스로 옳고 그름을 판단할 수 있는 능력을 가져야 함도 포함된다.

셋째, 장·단기간에 걸쳐 내담자가 자신의 인생목표를 설정할 수 있도록 한다. 단기목표로는 금연, 금주와 같은 것이 되겠고, 졸업 후의 진로와 같은 것은 장기목표가 된다.

넷째, 내담자가 성공적 정체감을 가지도록 한다.

다섯째, 내담자가 책임감을 갖도록 한다. 자신의 행동과 욕구충족을 포함하여 자신의 모든 것에 대해 책임질 수 있도록 한다.

여섯째, 내담자가 자신의 주위 환경을 통제할 수 있도록 한다.

일곱째, 자신의 각성수준을 높이도록 한다. 내담자가 순간순간 자신이 어떻게 행동하고, 느끼고 생각하고 신체적 활동을 하고 있는지를 각성토록 하는 것이다. 특히 자신의 욕구나 원하는 것과 관련지어 각성토록 한다.

여덟째, 내담자가 긍정적으로 행동하고, 느끼고, 생각하고, 신체적 활동을 할 수 있도록 한다. 즉, 내담자가 자신의 욕구충족에 도움 되게 행동하고, 느끼고, 생각하고 신체적 활동을 하도록 한다.

3) 상담과정

현실주의 상담과정은 W-D-E-P(Wants, Doing, Evaluation, Plan)로 다음과 같다(천성문 외, 2006; Glasser, 1992).

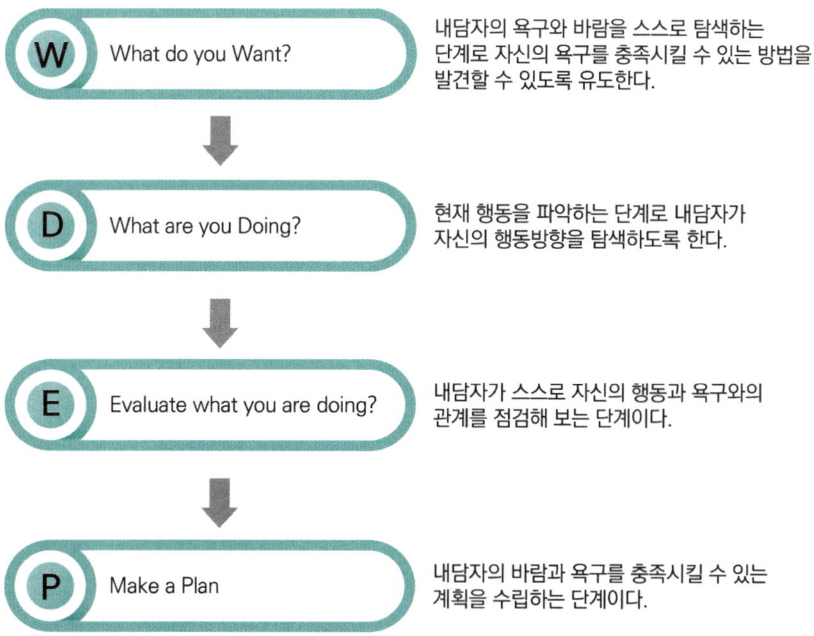

(1) 욕구(wants)

상담자는 내담자가 원하는 것을 탐색하기 위해 '당신이 정말로 원하는 것은 무엇입니까?'라는 질문을 통해 내담자가 스스로 원하는 것, 가지고 있는 것, 얻지 못하고 있는 것을 질문한다. 상담자의 질문을 통해서 내담자는 자신의 욕구를 만족시킬 수 있는 방법을 인식하고 정의하며, 세련되게 만든다. 상담자가 다음과 같은 질문을 할 수 있다.

- 내담자가 무엇을 원하는지 질문하기
- 당신이 지금 무엇을 원하십니까?
- 상담자가 당신을 위해 무엇을 할 수 있는지 생각해 보았습니까?
- 사람들이 당신에게 원하는 것이 무엇이라고 생각하는가?
- 당신이 원하는 것을 전부 할 수 있다면 당신은 무엇을 하겠습니까?

(2) 현재 행동에 초점 맞추기(doing)

현재 행동에 초점을 두는 것은 내담자 자신의 행동에 대해 의식적인 통제를 할 수 있고 선택할 수 있으며, 삶을 변화시킬 수 있다는 사실을 가르쳐 주기 때문이다.

상담과정 초기에 내담자가 상담의 전반적인 방향이 어디로 가는지 탐색하도록 도와주는 것이다. 상담자는 계속해서 내담자의 감정보다는 행동에 초점을 두며, 과거보다는 현재에 초점을 두는 것을 강조한다. 현재 행동에 초점을 두는 것은 내담자 자신의 행동에 대해 의식적인 통제를 할 수 있고 선택할 수 있으며, 삶을 변화시킬 수 있다는 사실을 가르쳐 주기 때문이다. 그래서 '지금'이란 현재의 행동에 초점을 두고 변화시키려는 것이다.

- 바람과 지각의 분리(보는 시각의 관점 인식)
- 당신은 지금 무엇을 하고 있습니까?
- 지난주에 실제로 당신은 무엇을 했습니까?
- 당신이 하고 싶다고 말한 것을 왜 하지 못했나요.
- 지금 당신의 삶을 어떻게 보고 있나요.

(3) 내담자로 하여금 자신의 행동을 평가하도록 하기(evaluation)

내담자로 하여금 자신의 현재 행동에 대해 평가하도록 하는 과정이다. 이때 상담자는 내담자의 현재 행동이 자신의 욕구충족에 도움이 되는지(긍정적) 혹은 방해가 되는지(부정적)를 포함한다. 상담자는 질문을 통해 내담자가 자신의 행동을 평가하도록 도와야 한다.

- 당신의 행동이 당신에게 도움이 됩니까? 해가 됩니까?
- 당신이 지금 하고 있는 것은 원하는 것을 얻는 데 도움이 됩니까?

- 당신이 행동하고 있는 것이 규칙에 어긋납니까?
- 당신이 원하는 것은 현실적이거나 실현 가능한 것입니까?
- 당신에게 도움이 됩니까?

(4) 계획과 활동(plan)

상담의 마무리 단계로서 내담자가 자신의 실패 행동을 성공적인 것으로 바꾸도록 구체적인 방법을 확립하게 하는 것이다. 내담자가 자신의 행동에 대해 평가를 내렸다면 상담자는 행동변화를 위한 계획을 세우도록 도와준다. 대부분의 상담기간은 계획을 세우고 그 계획이 어떻게 작용하는지 검토하는 것으로 이루어져 있다. 이때 내담자의 진정한 바람과 욕구를 충족시킬 수 있는 긍정적 행동계획을 수립하도록 한다(김영봉 외, 2011; Wubbolding, 1991).

- 현실적이고 실행 가능한 계획
- 적극적인 행동에 관한 계획
- 즉시성, 즉 행동시행을 즉시 할 수 있도록 한 계획
- 과정 중심의 활동 포함
- 상담자로부터의 피드백
- 실행과정을 기록하게 하여 실천 가능성을 높이기

4) 상담기법

현실주의 상담은 내담자와 상담자 사이에 합리적인 대화를 강조하는 학습의 과정이다. 내담자는 상담자의 많은 질문에 대해 대답하는 가운데 자신의 현재 행동을 인식하고, 이에 대해 가치판단을 내리며, 변화를 위한 계획을 세워 이를 꼭 실천하게 하는 것이 상담기법이다. 이러한 현실주의 상담기법은 다음과 같다.

현실주의 상담은 내담자와 상담자 사이에 합리적인 대화를 강조하는 학습의 과정이다.

첫째, 유머 사용이다.

내담자의 욕구충족과 관련된 비현실적인 내담자의 행동, 생각, 느낌, 신

체활동을 내담자가 스스로 인식하도록 하는 것이 상담의 중요한 과정이 때문에 내담자가 긴장되기 쉽다. 그 때문에 상담자는 때에 따라 적절한 유머를 사용하여 내담자의 긴장감을 풀어주는 것이 좋다. 또한 유머는 효과적이려면 시기적절하게 사용하는 것이 중요하다.

둘째, 역설적 기법이다.

역설적 기법은 언어충격기법을 의미한다. 예를 들어, 잠을 잘 수 없다고 불평하는 내담자에게는 계속 깨어 있으라고 한다. 실수하는 것을 죽도록 무서워하는 내담자에게 일부러 실수하라고 말한다. 상담자의 지시를 따르고 증상을 유지하게 되면, 내담자는 그 증상에 대해 통제하고 있는 것이 되며, 따라서 더 이상 무력한 것은 아니다. 만약 내담자가 지시에 저항하여 증상을 그만두게 되면, 행동은 단순히 통제만 된 것이 아니라 없어져 버린다. 이러한 역설적 기법은 우울, 불면증, 공포, 불안장애 등을 잘 표현하는 기법이다. 반면 위기상황은 자살, 살인, 폭력, 약물남용, 과음 등의 상황에서는 권장할 수 없다고 나타났다. 이러한 상황에서 역설적 기법은 치료적 효과를 내지 못하고 역효과적이며, 무책임한 짓이 될 수도 있다.

역설적 기법은 언어충격기법을 의미한다. 예를 들어, 잠을 잘 수 없다고 불평하는 내담자에게는 계속 깨어 있으라고 한다. 실수하는 것을 죽도록 무서워하는 내담자에게 일부러 실수하라고 말한다.

셋째, 직면하기이다.

현실상담에서는 내담자의 책임감을 강조하고 변명을 허용하지 않기 때문에 곧장 맞대결이 필수적이고 효과적인 전략이 되는 것은 당연한 일이다. 처벌적이면서, 조력적인 방식으로 내담자에게 곧장 맞대결하려면 인간으로서 내담자의 가치와 잠재 가능성은 공격하지 않으면서, 변명이나 무책임한 행동을 무색하게 만드는 기술과 주의집중 및 배려가 요구된다. 또한 상담자는 바람의 달성과는 불일치한 행동을 하는 내담자를 조력하는 데 있어 직면하기를 통해 선택한 행동에 대해 책임을 지도록 한다.

연습문제

01 합리적, 정서적, 행동적 상담이론의 인간관과 비합리적 신념의 유형에 대하여 서술하시오.

02 합리적, 정서적, 행동적 상담이론의 상담과정에 대하여 서술하시오.

03 합리적, 정서적, 행동적 상담이론의 상담기법에 대하여 서술하시오.

04 교류분석 상담이론의 인간관과 자아상태에 대하여 서술하시오.

05 교류분석 상담이론의 상담과정에 대하여 서술하시오.

06 교류분석 상담이론의 상담기법에 대하여 서술하시오.

07 현실주의 상담이론의 인간관과 선택이론에 대하여 서술하시오.

08 현실주의 상담이론의 상담목표에 대하여 서술하시오.

09 현실주의 상담이론의 상담기법에 대하여 서술하시오.

제10장

청소년기의 개별상담

1. 청소년 개별상담의 개념 및 성격

1) 청소년 개별상담

인생의 과도기에 놓여 있는 청소년들은 자신의 갑작스러운 신체적, 정신적 변화에 적응하며, 새로운 미래를 준비하는 데 많은 힘을 기울이고 있다. 더구나 빠른 속도로 변해 가는 현대사회 속에서 청소년들이 겪는 가치관의 혼란과 갈등은 나날이 심각해져 가고 있다. 이러한 청소년들을 이해하고 그들을 적절히 돕는 일은 청소년 개인을 위해서뿐만 아니라 가정의 안정과 우리 사회의 미래를 위해서도 아주 중요한 일이다.

청소년 개별상담은 '도움을 필요로 하는 청소년과 전문적 훈련을 받은 상담자와의 개별적인 관계를 통해 자신과 주변 환경에 대한 이해를 촉진함으로써 적응과 발달을 가져오는 조력활동'이라고 정의할 수 있다(홍봉선 · 남미애, 2000). 청소년 개별상담이 추구해야 할 목표는 청소년의 행동변화의 촉진, 적응 기술의 증진, 의사결정 기술의 함양, 인간관계의 개선, 잠재력의 개발, 자아정체감 확립과 긍정적 자아개념의 형성 등이다.

청소년 개별상담은 '도움을 필요로 하는 청소년과 전문적 훈련을 받은 상담자와의 개별적인 관계를 통해 자신과 주변 환경에 대한 이해를 촉진함으로써 적응과 발달을 가져오는 조력활동'이라고 정의할 수 있다.

먼저 청소년 개별상담의 필요성을 살펴보면 다음과 같이 요약해 볼 수 있다.

첫째, 청소년들은 미성숙한 단계에 있기 때문에 적절한 도움을 받을 필요가 있다.

둘째, 청소년들은 감정의 변화가 심하기 때문에 감정을 순화시킬 창구가 필요하다.

셋째, 청소년들은 자신의 미래를 준비해야 하는 시기이기 때문에 많은 정보를 필요로 한다.

넷째, 청소년들은 유혹에 쉽게 빠지기 때문에 자신을 지킬 수 있는 정신적 힘을 기르도록 도움을 줄 필요가 있다.

다섯째, 청소년들의 문제는 한 가정의 행·불행을 좌우하는 중대한 문제이므로 건전한 가정 유지를 위해서 꼭 해결될 필요가 있다.

여섯째, 청소년 시기에 정신적 어려움을 극복하지 못하면 한 성인으로서의 삶을 제대로 살아갈 수 없기 때문에 특히 청소년상담은 중요하고 필요하다.

2) 청소년 개별상담의 기법

일반적으로 상담은 면담을 통해 이루어지며, 면담은 청소년과 상담자 간의 의사 및 감정의 소통 과정이라 할 수 있다. 이를 통해 상담자는 청소년의 문제를 정확히 이해하고, 청소년으로 하여금 자신의 문제를 해결하도록 효과적으로 도와주어야 한다. 따라서 적절하고 유용한 면담기법을 활용해야 한다. 기본적인 상담기법에는 다음과 같은 기법들이 있다.

(1) 탐색적 질문

청소년을 이해하는 데 필요한 정보를 얻거나 청소년의 사고, 감정, 행동을 구체적으로 이해하고 말하는 내용을 분명히 하기 위한 질문이다. 이를 통해 청소년 스스로가 자기를 더 이해하도록 하는 목적도 있다. 폐쇄적 질문보다는 개방형 질문, 직접적 질문보다는 간접적 질문이 더 바람직하다.

(2) 반영

말하는 사람이 전달하고자 하는 내용을 그 사람이 재음미할 수 있도록, 말의 의미를 되돌려 비추어 주는 기술이다. 말하는 사람의 감정까지 파악하여 반영시키는 것이 필요하다.

말하는 사람이 전달하고자 하는 내용을 그 사람이 재음미할 수 있도록, 말의 의미를 되돌려 비추어 주는 기술이다. 말하는 사람의 감정까지 파악하여 반영시키는 것이 필요하다.

(3) 바꾸어 말하기(재진술)

상대방의 이야기를 자기의 표현양식으로 바꾸어 말해 주는 것이다. 이것은 말의 내용에 중점을 두는 것으로, 상대방을 이해하고 있음을 전달하고, 대화를 요약하며 정리하는 목적이 있다.

(4) 명료화

말의 불분명한 측면을 분명하게 밝히는 것으로, 청소년이 말한 의미를 재확인하기보다 부각시키는 것이다.

(5) 지지하기

청소년이 어려운 상황에 있거나, 새로운 시도를 하거나 할 때, 용기를 북돋우기 위해 지지하는 말을 한다.

(6) 침묵

침묵을 적절하게 사용하는 것이 좋다. 청소년들은 할 이야기가 없거나, 다음에 할 이야기를 생각하거나, 저항하거나 할 때 침묵을 사용한다. 침묵의 의미를 잘 이해하여야 한다. 침묵을 통해 청소년으로 하여금 자신의 문제를 통찰하도록 도울 수 있다.

(7) 충고 및 조언하기

일반적으로 상담에서 충고나 조언은 금해야 하는 것으로 생각되어 왔다. 그러나 신속히 의사결정을 해야 하거나, 심한 위기적 상황에서나, 부모나 가족을 면담하는 경우 등에는 조언이나 충고를 적절히 사용하여 도움을 얻을 수 있다.

(8) 직면

청소년의 말과 행동, 행동과 행동, 말과 말 사이가 일치하지 않을 때 이를 사실대로 지적하여 청소년이 자신을 각성하도록 도와주는 기술이다. 그러나 직면 기법은 청소년과 상담자 사이에 충분한 신뢰와 공감대가 형성되어 받아들일 준비가 되어 있을 때 사용하는 것이 바람직하다.

(9) 요약

산만하게 펼쳐지고 있는 생각과 감정을 한 방향으로 모으고, 이야기를 정리할 때 요약을 사용할 수 있다.

(10) 해석하기

청소년이 피하고 있거나, 깨닫지 못하는 어떤 점을 직면하도록 돕기 위해 해석을 활용할 수 있다.

청소년의 말에 주의를 집중하여 적극적으로 듣는 기술이 필요하다. 대화 내용과 함께 비언어적인 메시지를 모두 파악하여 의미를 정확히 이해할 수 있어야 한다.

(11) 경청하기

청소년의 말에 주의를 집중하여 적극적으로 듣는 기술이 필요하다. 대화 내용과 함께 비언어적인 메시지를 모두 파악하여 의미를 정확히 이해할 수 있어야 한다.

3) 청소년 개별상담의 개입과정과 전략

청소년 개별상담의 개입과정은 시작단계, 사정단계, 개입단계, 종결단계의 4단계로 구분하여 진행될 수 있다.

(1) 청소년 개별상담의 개입과정

① 시작단계

가. 목표

- 인테이크: 문제를 가진 사람이 전문적 도움을 얻기 위해 상담센터에 찾아왔을 때 상담자가 그의 문제와 욕구를 확인하여 다른 기관에로의 의뢰 등을 결정한다.
- 참여유도: 인간의 보편적인 감정인 변화의 두려움으로 인해 초기 저항에 적절히 대응하여 참여 동기를 고취시키는 것은 청소년으로 하여금 문제해결의 주체자로 느끼게 할 뿐 아니라 긍정적인 자아존중감을 갖

게 하여 치료적 의미가 있다.

나. 과제

- 문제확인: 청소년이 놓여 있는 체계에 대한 심층적 분석보다는 현재 명백하게 드러나는 문제를 확인하여 청소년의 신뢰감을 높여주어 관계형성에 긍정적으로 기여한다.
- 의뢰: 청소년의 문제가 기관의 목적과 기능에 부합되지 않을 때 다른 기관으로 보내는 것이다. 적절한 의뢰를 위해 상담자는 다른 기관의 정책과 지원, 지역사회의 여타 자원에 대해 잘 파악하고 있어야 한다.
- 관계형성: 상담자와 청소년의 좋은 관계를 성립하기 위해 청소년으로 하여금 두려움을 없애고 상담자를 신뢰하고 좋은 관계를 유지하기 위해 공감적 이해, 진실성, 청소년에 대한 존중적 태도 등이 필요하다.
- 개입활동 계약의 성립: 상담자와 청소년의 관계에 있어 원조관계(helping relationship)를 형성하기 위해서 개입활동 계약(working contract)이 필요하다. 기관의 서비스와 청소년의 공통분모를 찾아내는 것으로 원조에 대한 청소년의 의구심, 불신, 두려움 등을 해소함으로써 원조관계 형성에 효과적이고 청소년의 참여를 유도하는 데 효과적이다.

② 사정단계

가. 목표

첫째, 자료 수집 및 사정이다. 자료 수집과 사정이란 상담자가 청소년의 문제에 개입하기 위해 그의 상황에 대한 사실을 수집, 관찰하여 이를 기초로 그에 대한 이해를 하는 과정이다.

둘째, 계획이다. 자료 수집과 청소년의 문제와 상황에 대한 일차적 사정이 끝나면 문제 해결을 위한 사전준비가 완료된 것이며, 이 다음 단계로써 실질적인 문제해결 과정의 시작인 계획 단계가 이어진다.

나. 과제

첫째, 문제규정이다. 문제의 규정에 있어서는 청소년의 해결되지 않은 욕구파악, 욕구를 충족시키는 데 장애가 되는 요인, 문제의 심각성, 지속기간, 변화의 가능성 정도 등을 고려해야 한다.

둘째, 청소년의 자원에 대한 사정이다. 청소년의 교육 정도와 취업 경험, 문제해결 능력과 의사결정 능력, 개인적 자질과 성격, 물리적 · 재정적 자원 소유, 문제해결에 대한 동기와 의지 등을 고려해야 한다.

셋째, 환경적 측면에 대한 사정이다.

넷째, 개입목표 설명 및 계약 성립이다. 효과적인 개입의 관건은 구체적이며 선명한 목표 설정에 달려 있다. 바람직한 목표가 설정되기 위해서는 누가, 무엇을, 어느 정도, 어떤 조건에서, 언제 등의 내용이 구체적으로 밝혀져야 한다.

③ 개입단계

가. 목표

상담자는 설정된 목표를 구체적인 하위목표나 과제로 세분화시켜 실행해야 하며 이러한 활동의 효과 여부를 설정된 목표에 비추어 계속적으로 평가하여야 한다.

첫째, 계획 실행과 진전과정에 대한 모니터링이다. 상담자는 설정된 목표를 구체적인 하위목표나 과제로 세분화시켜 실행해야 하며 이러한 활동의 효과 여부를 설정된 목표에 비추어 계속적으로 평가하여야 한다. 개입활동의 타당성, 정확성, 효율성에 대한 평가를 바탕으로 개입의 수정과 지속성이 결정된다.

둘째, 변화의 지속이다. 상담자는 개입으로 야기된 변화가 고정되고 지속화되기 위해 도와주어야 한다.

나. 과제

첫째, 개입방법의 선택이다. 청소년의 욕구, 기관 특성, 문제 상황의 성격, 상담자의 능력에 따라 매우 다양하게 선택될 수 있다.

둘째, 개입 실행이다. 상담자는 개입활동의 성격에 따라 상담자, 조정자, 조력자, 교사, 중재자, 대변자 등의 역할을 수행하게 된다.

④ 종결단계

가. 목표

첫째, 개입활동에 대한 최종평가이다. 청소년과 합의해서 세운 개입목표가 어느 정도 달성되었는지 다양한 측면에서 고려해야 한다.

둘째, 종결이다. 청소년에게 긍정적인 성과를 얻게 한 다음에 종결에 대한 반응을 긍정적으로 처리하고 지금까지 변화된 부분이 지속될 수 있도록 강화해야 한다.

나. 과제

첫째, 적합한 평가방법 설정이다.

둘째, 종결 시기의 결정이다. 종결은 일방적인 종결, 계획적인 종결, 재촉된 종결 등으로 분류해 볼 수 있는데, 가장 원만한 종결 시기는 문제해결 정도를 고려해 청소년과 합의해서 결정하는 것이다.

셋째, 정서적 반응의 상호해결이다. 부정적 감정들을 해결하고 긍정적 감정들을 유지한 상태에서 돕는 관계를 끝내 그가 당면한 문제를 해결하고 극복할 수 있도록 청소년을 강화시키도록 한다.

넷째, 획득된 이득의 강화이다.

다섯째, 필요한 경우에는 다른 기관에 청소년을 의뢰한다.

(2) 청소년 개별상담의 개입전략

청소년 개별상담의 개입전략을 아홉 가지 측면에서 살펴보면 다음과 같다.

① 열심히 경청한다.

청소년의 모든 행동에는 이유와 목적이 있다. 상담자는 이해가 되지 않고 생각의 차이가 다소 있더라도 말을 가로막지 말고 끝까지 이야기를 들어준다. 열심히, 진지하게 경청한다면 그 자체가 훌륭한 상담이다. 자유로운 자기표출이 가능하도록 따듯한 분위기와 감정표현을 귀담아듣고 그의 감정표현을 중단시키지 말고 개방적이고 솔직하게 의사소통하도록 한다. 그 자체가 중요한 지지가 된다.

② 공감하고 긍정적인 관심을 말로 표현한다.

③ 청소년이 현재 당면한 문제가 무엇이며 현재 감정이 어떠한가를 알아본다.

똑같은 상황이라 하더라도 사람마다 문제를 받아들이는 태도나 느낌을 다를 수 있다.

④ 지금까지의 어떤 노력을 해 왔고 무엇을 원하는지에 대해 이야기한다.

상담자는 청소년이 지금까지 한 노력에 대해 지지하는 것이 필요하다. 청소년을 인정하고 도와주려 하고 있다는 느낌을 갖게 함으로써 상담자를 신뢰하고 자기를 개방하게 하는 지름길이다.

⑤ 청소년과 함께 공동의 목표를 정한다.

청소년이 상담자의 도움을 원하는지를 알아보고 상담자는 어떤 단계까지 도움을 줄 것인가를 결정하고 이를 토대로 청소년과 함께 공동의 목표를 정한다.

⑥ 목표를 달성할 수 있는 다양한 대안을 탐색하고 결정한다.

⑦ 청소년에게 도움을 줄 유용한 자원을 탐색한다.

지역사회에 있는 다양한 자원과 연결하여 도움을 줄 자원이 있는지 탐색한다.

⑧ 상담과정은 긍정적이고 희망적이어야 한다.

부정적인 면을 강조하기보다는 긍정적이고 강한 면을 강조하여 실망하거나 포기하지 말고 여유와 인내를 가져야 한다.

⑨ 적절한 곳에 의뢰하는 것도 중요한 원조이다.

상담자는 모든 문제를 해결할 수 없으므로, 자신의 한계를 잘 알아야 하며 지역사회 자원에 대한 정확한 정보가 필요하다.

상담자는 모든 문제를 해결할 수 없으므로, 자신의 한계를 잘 알아야 하며 지역사회 자원에 대한 정확한 정보가 필요하다.

(3) 문제 유형별 상담사례 및 상담방법

① 가정문제

건강한 가정에서는 건강한 자녀들이 성장하게 되지만 건강하지 못한 가정에서 건강한 자녀가 성장하기를 기대하기는 어렵다. 마음에 큰 상처를 입고, 무거운 짐을 지고 살아가는 학생들을 보면 대부분 가정에서 어려움을 겪고 있다.

학생들이 주로 호소하는 가정문제에는 ㉠ 부모님의 불화, ㉡ 부모님의 이혼, ㉢ 부모님과의 갈등, ㉣ 결손가정에서의 어려움, ㉤ 가정의 경제적 어려움, ㉥ 형제간의 갈등 등이 있다. 그런데 학생들이 겪고 있는 가정문제는 복합적으로 나타날 때가 많다. 가정문제 때문에 찾아온 내담자를 만나게 되면 우선적으로 파악해야 할 부분이 바로 가족관계이다. 부모님이 살아 계신지, 부모님의 사이가 어떠한지, 형제는 몇 명이나 있는지, 그중 내담자는 몇째인지 등을 미리 알게 되면 내담자의 문제를 이해하고, 해결책을 찾아가는 데 참고가 될 수 있다.

② 친구문제

학생들은 친구문제 때문에 고민하는 일이 많다. ㉠ 친구에게 집착하는 경우, ㉡ 친했던 친구와 다툰 경우, ㉢ 친구가 없는 경우, ㉣ 친구들이 괴롭히는 경우, ㉤ 자신을 좋아하는 친구가 많아서 고민하는 경우 등이 있다. '친구 따라 강남 간다'는 말이 있듯이 이 시기에 학생들은 친구 때문에 웃고, 친구 때문에 울며, 친구 때문에 살맛이 났다가 친구 때문에 살맛을 잃기도 한다. 친구관계가 원만하면 아무리 어려운 일이 있어도 잘 견디며 생활하지만 친구관계가 나빠지면 모든 생활에 의욕을 잃는다. 그러므로 학생의 친구관계를 파악하여 문제가 있는 경우 해결책을 모색하는 것이 더 큰 문제를 사전에 예방하는 지름길이 될 것이다.

| 친구관계가 원만하면 아무리 어려운 일이 있어도 잘 견디며 생활하지만 친구관계가 나빠지면 모든 생활에 의욕을 잃는다. 그러므로 학생의 친구관계를 파악하여 문제가 있는 경우 해결책을 모색하는 것이 더 큰 문제를 사전에 예방하는 지름길이 될 것이다.

③ 학업성적문제

실제로 상담을 하다 보면 청소년 시기에 있는 학생들이 가장 많이 호소하는 고민은 바로 성적에 따른 고민인 것 같다. 공부를 잘하는 학생이건, 중간이건, 못하는 학생이건 할 것 없이 모두 성적 때문에 고민한다. 학생이 성적 때문에 고민할 경우 학생의 성적을 정확하게 파악할 필요가 있다. 그리고 언제부터 성적이 저조해지기 시작했는지, 또는 잘한 적이 한 번도 없었는지, 성적이 떨어지게 된 원인이 무엇인지, 열심히 공부를 한 것인지, 아니면 공부를 소홀히 한 것인지, 공부를 더할 여지가 남아 있는지, 최선을 다했기 때문에 더할 여지가 없는지, 공부하는 방법은 어떠한지, 잡념의 정도는, 시험을 볼 때 공부한 만큼 실력 발휘를 하는지, 아니면 못하는지, 못하는 이유가 어디 있는지 등을 꼼꼼하게 체크해 보는 것이 필요하다. 그런 다음에 공부를 더 잘하고 싶은데 그러지 못하는 이유를 함께 탐색해 보고 이를 극복하고 공부를 더 잘할 수 있는 방법들을 실천할 수 있는 구체적인 계획을 함께 세우고, 상담자가 그 실천 정도를 수시로 점검해 주는 것이 좋겠다.

④ 성격문제

학생들은 자신들의 성격 때문에 고민하고 성격을 고치고 싶어 한다. 특히 학생들에게 나타나는 성격장애에는 ㉠ 반사회적 성격장애, ㉡ 회피적 성격장애, ㉢ 의존적 성격장애 등이 있다. 성격장애는 그 정도가 약하게 나타나는 경우도 있고, 심하게 나타나는 경우도 있다. 물론 정도에 따라 상담에 필요한 시간과 효과가 달라진다. 상담초기에 그 장애정도를 정확하게 파악하면 상담계획을 세우고 상담하는 데 도움이 된다.

⑤ 진로문제

학생들은 불투명한 자신들의 미래 때문에 많은 고민을 한다. 그리고 어떤 미래를 꿈꾸며 어떻게 준비해 가야 하는지에 대해서도 막막해하는 경우가 많다. 이렇게 자신의 진로를 걱정하며 찾아오는 학생들을 위해서는 우선 진로를 정하지 못하였다 하여도 차츰 자신에 대해 알아가면서 찾을 수 있으니 너무 걱정하지 말고 열심히 자신에 대해 탐색할 수 있도록 격려해 주는 것이 필요하다. 자신이 무슨 일을 할 때 즐거운지(흥미), 무슨 일을 할 때 힘든 줄 모르고 하게 되는지(적성), 어떤 일이 자신의 성격과 맞는지(성격), 무슨 일을 할 때 뿌듯한지(가치관) 등을 생각해 보게 된다. 그리고 다양한 직업의 종류를 각종 자료를 통해 찾아보고, 그 중에 특히 매력이 느껴지는 직업에 대해 더 조사해 보고, 관련 직종에서 일하는 사람들을 찾아가 보게 하는 방법들을 소개해 준다. 최근에는 인터넷을 통해 다양한 정보를 얻을 수 있는 기회가 많으므로 이를 활용하여 진로를 찾아가는 데 도움을 줄 수 있다.

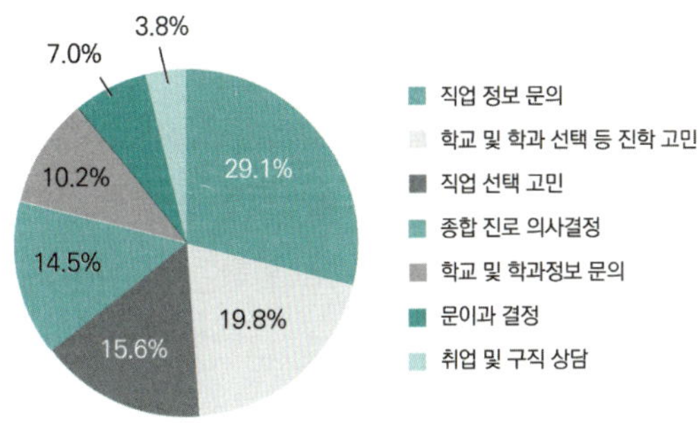

http://www.edujin.co.kr/news/articleView.html?idxno=6600

⑥ 기타문제

앞서 서술된 문제 이외에도 청소년들이 고민하는 문제에는 여러 가지가 있다. 이성교제로 인한 문제, 성문제, 흡연문제, 도벽문제, 자살충동 등 다양하다. 학생들이 가지고 오는 각종 문제에 접했을 때 상담자는 문제의 원인을 찾아 근본적인 해결책을 모색해야 할 때도 있고, 또는 지금 당장 나타나는 결과에 초점을 맞추고 이를 해결하기 위해 노력해야 할 때도 있다. 그때마다 상담자가 상황을 정확하게 파악하고, 신중하게 대처해야만 더 큰 문제를 사전에 예방할 수 있고, 청소년들을 위기로부터 구해 낼 수 있을 것이다. 그러기 위해서는 평소 동료 상담자들과 청소년들에게 일어날 수 있는 문제들에 대한 경험을 서로 나누고, 그 해결책을 함께 의논하는 것이 좋을 것이다. 또한 상담 사례를 많이 접해 보는 것도 큰 도움이 될 수 있으므로 상담사례집을 많이 읽어보거나 공개사례발표, 슈퍼비전 등을 활용하는 것이 유익할 것이다.

2. 청소년상담자

상담자는 청소년상담을 위해 상담의 기본적인 이론과 많은 지식을 학습하고 이해하고 있어야 한다. 이러한 지식이 없다면 상담을 할 수 있는 자격조차 주어지지 않을 만큼 중요하다. 하지만 그러한 지식으로만 청소년들의 문제를 진단하려 하는 것이 아니라 직감을 가지고 내담자가 진정으로 원하는 것이 무엇인지, 내담자가 문제를 해결할 수 있는 어떠한 능력을 가지고 있는지 알아낼 수 있어야 한다.

상담자는 청소년이 표현하고 있는 방식인 말에서 문제를 알아내기도 하지만 그것이 아닌 침묵과 한숨, 표정에서 청소년의 감정을 파악해 낼 수 있어야 한다.

상담자는 내담자가 표현하고 있는 방식인 말에서 문제를 알아내기도 하지만 그것이 아닌 침묵과 한숨, 표정에서 내담자의 감정을 파악해 낼 수 있어야 한다.

① 청소년기 특성을 잘 알고 있어야 한다.

상담자는 우선 청소년기 특성을 잘 알고 있어야 한다.

"아우~아는 것 하나도 없으면서...", "모르면 가만히 계세요". 청소년 아이들의 특성을 제대로 알지 못하고 아이들을 만났다가는 이런 말을 듣기 쉬울지도 모른다. 적을 알아야 이길 수 있다는 말이 있듯이 상대방을 알아야 그에 맞게 대처할 수 있고, 또 일어날 수 있는 모든 가능성에 대해 미리 준비하여 그러한 일들이 일어났을 때 어려움 없이 매끄럽게 상담을 진행할 수 있다. 청소년기에서 '질풍노도의 시기'라고 표현되는 사춘기에 대해서는 잘 알아두어야 한다. 2차 성징이 나타나 몸은 어른이 다 되었는데 행동은 억제받고 있다. 아이들이 어떠한 면에서 갈등과 고민을 가지고 있는지에 대해 알아야 한다. 성에 대해 상상할 수 없을 만큼 많은 생각을 하고 있는 청소년들을 성상담하기 위해 성에 대한 지식을 학습하고 아이들이 황당하고 당황스러운 질문을 했을 때는 난처해하지 말고 상담을 할 수 있어야 한다.

② 자기 자신의 생각과 감정에 일치하는 행동을 할 수 있어야 한다.

상담자는 자기 자신의 생각과 감정에 일치하는 행동을 할 수 있어야 한다. 상담자는 꾸밈이나 가식이 없는 진실한 인간으로 내담자와의 관계를 형성해야 한다. 자기 자신의 생각과 감정에 정직하고 성실한 사람일 때 내담자도 상담자를 신뢰하고 솔직하고 정직한 태도로 대하게 된다. 상담자는 부정적인 감정, 즉 실망, 분노, 좌절을 느낄 경우에도 그것을 숨기고 위장하는 것보다는 그 감정을 건설적으로 표현할 수 있어야 한다. 반대로 긍정적인 감정, 즉 희망, 기쁨, 사랑도 있는 그대로 자각하고 표현할 수 있는 사람이라야 한다. 내담자는 이러한 상담자의 모습에서 자신도 자신의 감정을 건설적으로 표현할 수 있는 능력을 배우고 기를 수 있게 된다.

③ 서로 신뢰로운 관계를 맺을 수 있도록 해야 한다.

내담자들과의 관계에서는 서로 신뢰로운 관계를 맺을 수 있도록 해야 한다. 그러기 위해서는 우선 권력적인 태도가 있는 권위 있는 태도를 보여야 한다. 권력적인 태도란 내담자에게 원하는 것을 강제로 하도록 하는 것이고 내담자가 그러한 인상을 받는 것이다. 권위 있는 태도는 내담자가 '아... 제시하는 대로 하는 것이 좋을 거야. 말을 잘 들어봐야지.'라고 생각할 수 있게 하는 태도이다. 상담자는 내담자가 후자로 생각할 수 있도록 해야 한다. 권위 있는 태도와 동시에 온화하고 따뜻한 마음 역시 필요하다. 부드럽고 따뜻함이 강함을 이길 수 있다. 내담자와 관계를 형성하기 위해서는 적절한 의사소통의 기술을 학습하고 그것들을 몸에 익히고 있어야 한다. 내담자가 편안하게 자신을 표현할 수 있도록 격려하고 인정하고, 수용해 주는 것이 필요하다. 내담자가 처음 상담자를 어렵게 찾아왔을 때는 내담자를 비판하거나 심판하는 태도를 가지고 그런 마음을 드러내는 것보다는 아무런 편견, 선입견 없이 내담자를 대해야 한다. 내담자가 진정한 자기를 표현할 때는 있는 그대로의 내담자를 받아들인다. 상담자는 내담자를 따스하고 안정되게 받아주어 내담자가 방어할 필요 없이 상담자에게 있는 그대로 맡길 수 있을 수 있게 되고 이때 상담자와 내담자 사이에 긍정적인 관계가 형성될 수 있다.

내담자가 처음 상담자를 어렵게 찾아왔을 때는 내담자를 비판하거나 심판하는 태도를 가지고 그런 마음을 드러내는 것보다는 아무런 편견, 선입견 없이 내담자를 대해야 한다.

④ 훈계보다는 내담자의 말에 귀 기울이는 것이 중요하다.

훈계보다는 내담자의 말에 귀 기울이는 것이 중요하다. 귀로 듣는 것이 아니라 내담자의 진정한 마음을 들을 수 있는 마음으로 된 귀가 필요하다. 청소년과의 대화에서 실패하는 원인은 훈계와 질책으로 아이들을 대하는 것이 큰 이유라고 할 수 있다. 아이들은 자신이 진정으로 바라는 것이 무엇인지, 자신이 어떻게 생각하고 있는지는 표현하지 못하고 죄인 취급만을 받게 되는 경우가 허다하다. 내담자와의 대화에서는 어떠한 해결책을 주고 그대로 하도록 강요하기보다 우선 내담자의 말을 경청해야 한다. 내담자들은 흔히 자신의 생각과 감정을 정해진 시간 내내 혼자 얘기만 하고서도 나아진 것 같다며 기뻐서 돌아가기도 한다. 내담자의 말에 경청하는 것만으로 반은 상담을 성공적으로 진행하는 것이다. 내담자는 자신의 문제를 털어놓으면서 스스로 그 문제를 어떻게 해결해야 할지 실마리를 잡게 되고, 해결하게 된다.

⑤ 내담자에게 문제를 스스로 해결할 수 있는 능력이 충분히 있음을 깨닫고 자신감을 가질 수 있도록 돕는다.

상담자는 내담자에게 문제를 스스로 해결할 수 있는 능력이 충분히 있음을 깨닫고 자신감을 가질 수 있도록 돕는 역할로 충분하다. 이때 내담자가 어떻게 하는 것이 옳은 것인지 알지 못하고 결정하는 것에 어려움을 겪는다면 상담자는 상담자가 생각하는 여러 가지 대안을 내놓고 내담자에게 권하는 것도 좋다. 강요하기보다는 내담자가 조금이라도 더 바라는 방향으로 결정할 수 있도록 도와줘야 한다.

⑥ 내담자의 입장에서 이해하고 공감할 수 있어야 한다.

내담자의 생각을 그 사람의 입장에서 그의 언어로 표현해 주고 설명해 줌으로써 다른 사람에게 이해받는 경험을 갖게 되며 그는 사랑받고 지지받고 있다고 느낀다.

상담자는 경청하면서 내담자의 입장에서 이해하고 공감할 수 있어야 한다. 내담자의 생각을 그 사람의 입장에서 그의 언어로 표현해 주고 설명해 줌으로써 다른 사람에게 이해받는 경험을 갖게 되며 그는 사랑받고 지지받고 있다고 느낀다. 사랑과 지지는 인간존재로써 살아가는 것과 성장하는 것의 기본적 조건이다. 특히 청소년기에는 무의식적 충동이 다시 일어나서 갈등과 혼란을 많이 경험하므로 상담자는 직접적으로 침범하지 말고 옆에서 있어 주고 기다려 주며 경험을 받아주고 담아주며 지지하여 실제 사랑의 경험을 하도록 해줘야 한다.

⑦ 비난과 꾸중을 하기보다는 칭찬과 격려를 하는 것이 필요하다.

잘못을 저지르거나 문제행동이 있는 아이, 정서적으로 어려움을 겪고 있는 내담자에게 "넌 왜 그 모양이니?", "너는 항상 그런 것 같구나", "너 정말 문제가 많구나"라며 핀잔과 비난을 하게 되면, 내담자의 자아존중감은 낮아지게 된다. 칭찬은 바람직한 행동을 했을 때 제공하는 긍정적인 보상으로서, 그 행동에 대한 빈도를 높여 준다. 그렇다고 바람직하지 못한 행동을 그냥 눈감아 주라는 것은 아니다. 비난과 꾸중 대신 적절한 대안을 제시하여 그 방향으로 노력할 수 있도록 격려해 주면 된다고 생각한다. 내담자의 강점을 찾아 칭찬해 주면 자신감과 긍정적 자아개념을 가진 인간으로 성장할 수 있다. 칭찬할 때는 요령이 필요하다. 각각의 행위 자체를 칭찬(해설적 칭찬)해야지, 그 사람의 성격적 특성을 평가하는 것(평가적 칭찬)은 바람직하지 않다.

예를 들면, 시험을 잘 보아서 성적이 좋은 아이에게 "너는 참 똑똑한 아이구나", "너는 항상 뭐든지 열심히 하는구나"라고 칭찬을 하기보다는 "참 잘했다. 네가 성적이 좋아서 어머니가 얼마나 기뻐하시겠니?"라고 선행 사실에 국한해서 칭찬하는 것이 좋다. 그래야 "내가 남을 기쁘게 한 것에 대해 선생님이 좋아하시는구나" 하고 만족을 느끼고, 앞으로도 좋은 일을 하려고 분발하게 된다. 상담할 때마다 꾸중과 비난을 하게 되면 내담자는 처음부터 방어태세를 갖추고 자기만의 세계로 물러가 버린다. 잘못을 꾸짖는 것이 내담자의 행동을 변화시키는 유일한 길은 아니다. 비난은 바람직하지 못한 행동을 일시적으로 제지하는 효과는 있지만, 장기적으로는 부정적인 영향을 주기가 쉬우며, 때로 그 행동을 부추기는 부작용을 낳기도 한다.

상담할 때마다 꾸중과 비난을 하게 되면 내담자는 처음부터 방어태세를 갖추고 자기만의 세계로 물러가 버린다. 잘못을 꾸짖는 것이 내담자의 행동을 변화시키는 유일한 길은 아니다.

⑧ 억제보다 허용을 하는 것이 중요하다.

청소년들에게는 '하지 마', '침 뱉지 마라', '결석하지 마라', '지각하지 마라', '떠들지 마라', '휴지 버리지 마라' 등 대부분 금지하는 내용이다. 청소년들은 호기심이 많으며 항상 삶에 의욕을 가지고 있다. 하지만 어른들은 아이를 미숙한 존재로 보고 불안해하면서 문제를 일으키지 못하도록 아이들의 행동을 통제하려고 한다. 지나친 통제는 아이들의 불만을 가중시키고 반항심을 키우기만 할 것이다. 내담자가 긍정적인 방향으로 갈 수 있도록 방향을 제시하고, 하고 싶어 하는 일은 과감히 허용하는 것이 좋다. 아이가 실패하는 것을 두려워하지 말고 하고 싶은 일은 도전해 보도록 한다.

이렇게 청소년상담자의 적절하고 올바른 자세에 대하여 살펴보았다. 무엇보다 상담자는 내담자를 한 인간으로 존중하고 독립된 인격체로 보는 것이 필요하다. 강제로 생각과 행동이 변화하도록 하는 것이 아니라 내담자가 자신의 문제에 대해 이해하고 그 문제를 스스로 해결할 수 있는 능력이 있다는 것, 그 능력을 이끌어 내 해결할 수 있는 자신감을 가지도록 하는 것, 문제해결을 위한 결정이 어렵다면 그에 대한 적절한 대안을 제시해 주는 것이 중요하다.

3. 청소년상담자의 자질

상담자의 자질은 전문적 자질과 인간적 자질로 나누어 볼 수 있다. 이러한 자질 외에 특히 청소년을 대상으로 하는 상담에서 청소년의 특성과 발달과제에 대한 깊은 지식과 이해가 필요하다. 예측하기 어렵고 권위에 대해 안정된 관계를 맺기 힘든 특성으로 인하여 상담을 극단적이고 파괴적인 방향으로 몰고 가거나 부정적 역전이를 쉽게 유발하기도 한다. 그러므로 상담자로서는 수용성과 인간적 성숙이 중요한 조건이 된다.

1) 전문적 자질

전문적 자질이란 상담자가 상담분야의 이론을 체계적으로 학습하고 훈련하여 자기 자신의 이론적 위치를 다지는 것을 말한다. 상담자에게 있어서 전문적 자질을 향상시키는 길은 먼저 상담에 관한 자신의 이론적 틀을 개발하는 것이다. 만약 상담에 관한 아무런 기반도 없이 상담에 임하는 상담자가 있다면 그는 전문가일 수 없으며, 오히려 내담자에게 상처를 입히는 결과를 초래할 수 있기 때문이다.

전문적 자질이란 상담자가 상담분야의 이론을 체계적으로 학습하고 훈련하여 자기 자신의 이론적 위치를 다지는 것을 말한다.

개인적 상담이론의 개발을 위한 방법이나 절차에 관해서는 학자에 따라 약간씩 견해를 달리하고 있으나 이들의 생각을 종합해 보면 다음과 같다.

① 인간의 본성과 그 속에 내재된 여러 가지 경향성이 있다.
② 성격의 구조와 발달 또는 발달 과정이다.
③ 상담의 궁극적 목적과 이에 따른 여러 가지 구체적 목표이다.
④ 상담의 진행과정과 효과적인 여러 전략 및 기술이다.
⑤ 상담자가 상담 중에 감당해야 할 바람직한 역할에 관한 자신의 관점을 확립해야 한다.

위와 같은 과정을 거쳐 체계화된 이론적 틀을 다양한 상담의 실제에 적용해 봄으로써 피드백을 받아야 한다. 뿐만 아니라 전문가의 지도 아래 끊임없는 실습, 실험 및 연구를 통하여 그 이론을 수정하고 보완함으로써 실제적 능력을 터득해야 할 것이다. 이러한 의미에서 훈련을 통한 실제 상담 능력의 터득이 상담자의 전문적 자질에 필수적인 요건이 된다.

2) 인간적 자질

상담에 관한 이론적 지식과 실제적 기술만 지녔다고 하여 상담자의 자질을 모두 갖춘 것은 아니다. 효과적인 상담관계의 발전에는 상담자의 사람됨이 크게 작용하기 때문에 상담자들은 바람직한 인간적 자질을 갖추어야 한다.

효과적인 상담관계의 발전에는 상담자의 사람됨이 크게 작용하기 때문에 상담자들은 바람직한 인간적 자질을 갖추어야 한다.

Belkin은 상담자의 인간적 자질을 자기이해, 타인이해 및 타인과의 관계발전의 세 가지 범주로 나누었다. ① 자기이해: 안정감, 신뢰성, 용기, ② 타인이해: 너그러움, 비판단적 태도, 민감성, 공감력, 객관성, ③ 타인과의 관계발전: 진실성, 비지배성, 경청력, 무조건적 긍정적 관심 등을 각각 하위 내용으로 들고 있다.

이형득(1979)은 상담자의 인간적 자질을 ① 인간에 대한 선의와 관심, ② 자신에 대한 각성, ③ 용기, ④ 창조적 태도, ⑤ 끈기, ⑥ 유머감으로 요약하고 있다.

(1) 인간에 대한 선의와 관심

상담자는 사람을 존경하고 신뢰하며, 그 나름으로의 가치를 인정해 줄 수 있어야 한다. 내담자들 중에는 존경하거나 신뢰하기 힘들 것 같아 보이는 사람도 적지 않다. 그러나 최소한 그들에게 적절한 관심을 기울여 줌으로써 그들과 정서적 관계를 발전시켜 나가야 한다. 그러므로 크게 상심하거나 절망에 빠진 내담자일수록 상담자의 온정과 관심은 더욱더 필요한 것이다.

(2) 자신에 대한 각성

상담자는 자기 자신의 목표, 정체, 동기, 요구, 가치관, 느낌, 장점과 단점 등에 대하여 객관적으로 지각하고 있어야 한다. 자신이 누구이며 무엇을 어떻게 하고 있는가에 대하여 인식하지 못하는 상담자는 내담자를 도울 수 없다. 때문에 상담자는 항상 새로운 삶의 경험과 여러 가지 삶의 방식에 대하여 개방적인 태도를 가짐으로써 자신에 대한 각성을 촉진시켜야 한다.

(3) 용기

상담자는 실수나 실패의 가능성에도 불구하고 새로운 행동을 모험적으로 시도해 보는 용기 있는 사람이어야 한다. 때로는 옳은지 그른지 확실치 않은 일이라도 신념과 육감대로 감행해 볼 수 있어야 한다. 이와 같은 모험적 태도는 부당한 취급을 당하는 사람들을 옹호하는 역할도 감당해야 하기 때문이다. 또한 상담자는 실수했거나 실패했을 때, 그리고 자신의 지각이나 육감이 부정확하다고 판명되었을 때 그것을 솔직히 인정하고 수정할 수 있는 용기도 가져야 한다.

(4) 창조적 태도

창조적 태도란 모든 일에 주도적인 입장을 취하는 태도를 의미한다. 상담자는 항상 참신한 정신과 태도로 내담자를 상대해야 한다. 끊임없이 새롭고 효과적인 방법을 고안하기 위하여 기존의 방법에 의문을 제기하고, 가능한 한 새로운 경험에 개방적이 되도록 힘써야 할 것이다. 내담자의 부정적인 반응에 지나치게 민감할 필요가 없으며 어떠한 반응에도 한 차원 높은 입장에서 이를 수용한 후 생산적으로 이끌 수 있는 능력을 길러야 한다.

창조적 태도란 모든 일에 주도적인 입장을 취하는 태도를 의미한다. 상담자는 항상 참신한 정신과 태도로 내담자를 상대해야 한다.

(5) 끈기

상담활동은 보람되고 즐거울 수도 있으나, 때로는 힘이 들고 고달프기도 하다. 상담이 잘 진행될 때는 힘이 나지만, 내담자가 반항적이 되거나 도중에 상담을 중단해 버릴 때 쉽사리 사기가 저하되기 쉽다. 그러므로 상담자는 이와 같은 어려움을 능히 극복할 수 있는 심신의 힘을 길러야 한다.

(6) 유머감

상담은 엄숙하고 힘든 경험이기도 하지만, 다른 한편 유머적 차원을 필요로 한다. 상담자는 상담관계에서 단순히 고조된 긴장을 해소하기 위해서 가끔 웃음과 유머를 활용해야 한다. 장시간 심각한 문제를 다룬 후에 유머를 통하여 심신의 이완을 도모하는 것은 진정한 의미의 치료에 도움을 준다.

이상과 같이 상담자의 자질에 대하여 살펴보았다. 상담에 있어서 상담자의 자질은 매우 중요한 위치를 차지하며 상담의 성공과 실패에 큰 영향을 줄 수 있다. 그러므로 바람직한 상담자가 되기를 바라는 사람은 이를 위하여 전문적 능력과 인간적 자질을 준비해야 할 것이다. 현대는 청소년 상담이 매우 필요한 시기이며 그 영역은 더욱 확장되어 가고 있으므로 상담자가 갖추어야 할 전문적 자질과 인간적 자질을 갖추어 청소년상담에 임하는 것이 필요하다.

4. 청소년상담자의 자세

청소년문제라고 해서 그 자체에만 초점을 맞추기보다는 아동기의 발달을 검토하여 현재 청소년에서 나타나는 자아정체성의 혼란이나 긍정적 인간관계 형성의 어려움에 대해 이를 정립하는 데 대한 방향의식을 제시할 수 있어야 한다. 다른 사람들의 견해에 대해 눈을 돌릴 수 있도록(perspective taking) 도와주는 기술이 필요하다. 청소년상담자는 아동들을 대상으로 할 때처럼 조언을 주로 하는 교육적, 권위주의적 접근도 지양해야 하며, 동시에 성인에서와 같이 지나친 내담자 중심의 수동적, 허용적, 비지시적 접근 방법을 사용해서도 안 된다. 예를 들어, 면담 중 침묵이 너무 길게 유지되는 경우 이것이 관계수립이나 상담진행에 방해를 줄 수 있다고 판단되면 상담자가 적극적으로 깰 수 있다. 청소년상담자는 성인상담자에 비해 조금 더 능동적이고 면담 중에 특정한 주제에 초점을 맞출 수 있고, 상담자의 견해도 보다 명확히 하는 것이 좋다. 단, 초점을 맞추는 주제는 상담과정상 청소년의 발달과제와 관련 있는 것이어야 한다.

면담 중 침묵이 너무 길게 유지되는 경우 이것이 관계수립이나 상담진행에 방해를 줄 수 있다고 판단되면 상담자가 적극적으로 깰 수 있다.

열린 마음 → 넓은 수용 → 비밀보장 원칙 → 모델로서 역할

(1) 열린 마음

상담자로서는 청소년은 상담 초기에 상담자를 쉽게 믿지 못하고 자신을 드러내는 데 시간과 노력이 필요함을 알고 있어야 한다. 상담자이기 전에 하나의 인간으로서, 상담자와 내담자 관계 이전에 실제적 인간관계가 존재함을 인정하고, 자신의 경험과 감정을 드러낼 수 있어야 한다.

(2) 넓은 수용 능력

청소년 폭력과 범죄 관련 문제를 다루는 상담자로서는 지나치게 옳고 그름을 판단하는 자세를 견지해서는 안 된다. 아무리 비도덕적인 문제를 접할 때도 이해하고 공감할 수 있는 한 그렇게 해야 하며, 무엇이 문제인지 함께 찾아보자는 자세로 임하는 것이 필요하다.

(3) 비밀보장 원칙

비밀보장(confidentiality)은 아무리 강조해도 지나치지 않는 중요한 상담자의 자세이다. 청소년상담에서 신뢰의 구축은 상담의 시작이자 끝이다. 만일 부모에게 면담 내용을 알리고자 할 때는 허락을 받는 태도를 취하여야 한다. 그럼으로써 청소년으로 하여금 상담자는 부모와 다른, 부모 입장을 대변하는 사람이 아닌, 자신을 객관적으로 볼 수 있고 도와줄 수 있는 사람으로 인식되어야 한다.

비밀보장은 아무리 강조해도 지나치지 않는 중요한 상담자의 자세이다.

(4) 모델로서의 역할

청소년을 대상으로 하는 상담에서 가장 중요한 치료요소는 특정한 기술의 사용이나 약물 사용이 아니라 청소년 자신이 상담자와의 관계를 통하여 발달 과정 동안 부족했거나 경험하지 못했던 부분을 경험하는 것(corrective developmental experience)이라고 할 수 있다(한국청소년상담원, 2006). 청소년이 안고 있는 문제에 대해 상담자 자신도 실제로 상당히 심각하게 인식하고 있음을 표현해 줄 필요가 있으며, 동시에 그러한 문제를 해결함에 있어서 전문적인 지식과 경험을 갖고 있음을 적절하게 보여줌으로써 청소년으로 하여금 확신을 갖도록 해야 한다. 청소년은 상담자를 이상화시키거나 자신이 추구하고자 하는 모델로 삼기도 하는데, 그럴수록 상담자는 말과 행동에서 신중함을 요하는 동시에 이를 상담적으로 이용할 수 있어야 한다. 청소년의 왕성한 지적 욕구와 주지화를 적절히 이용할 수 있고, 토론을 요구하는 것을 반갑게 여길 수 있어야 한다. 상담 효과를 높이기 위해서 판단과 결정을 요하는 문제에서는 가능한 청소년 자신의 생각을 물어보는 것을 습관화하는 것이 좋다.

(5) 자기 발전을 위한 노력

이와 같은 상담자의 자세는 첫 면담에서부터 드러나고, 요구되는 것이지만 여러 번 반복되는 면담을 통해서 청소년이 확신을 갖게 된다. 청소년을 대상으로 하는 상담 경험이 많다고 청소년 전문가라고 주장하는 것은 곤란하다. 특히 청소년을 대할 때 반복해서 어려움이 있거나 부담스러운 경우에는 상담자 자신이 지도감독을 받는 등 자신을 돌아볼 필요가 있다. 동시에 청소년 정신건강에 대한 전문적인 지식과 공부가 필요하다.

청소년상담자가 갖추어야 할 아홉 가지 상담기법은 다음과 같다.

(1) 반영

내담자의 느낌을 반영한다는 것은 내담자의 말에서 표현된 기본적인 태도, 주요 감정의 내용을 상담자가 다른 참신한 말로 부연해 주는 시도라고 볼 수 있다. 이것은 내담자의 자기 이해를 도와줄 뿐만 아니라. 내담자로 하여금 자기가 이해받고 있다는 인식을 주게 된다.

그런데 내담자가 한 말을 그대로 다시 반복하는 식으로 반영을 해주면 내담자는 자기의 말이 어딘가 잘못되지는 않았나 하고 생각하게 되거나 상담자의 그러한 반복에 지겨움을 느끼기 쉽다. 그래서 가능한 한 충분히 다른 말을 사용하여, 관심을 가지고 이해하고자 한다는 태도를 보여야 한다.

내담자가 한 말을 그대로 다시 반복하는 식으로 반영을 해주면 내담자는 자기의 말이 어딘가 잘못되지는 않았나 하고 생각하게 되거나 상담자의 그러한 반복에 지겨움을 느끼기 쉽다.

(2) 수용

수용이란 '으음'이나 '계속하십시오'와 같이 짧은 문구로 표현되는 상담자의 반응을 말한다. 이런 반응은 내담자에게 주의를 기울이고 있으며 내담자의 말을 받아들이고 있다는 상담자의 태도를 나타내는 것이다.

이러한 수용의 기법은 상담의 초기단계에서 많이 사용되지만, 내담자가 자신을 깊이 탐색하고 의미 있는 자료를 고통스럽게 진술하는 상담의 중반기에서도 사용되는 경우가 있다. 수용을 통해 생각이나 대화의 중간을 연결해 줌으로써 대화나 의논이 부드럽게 되어 간다는 느낌을 갖게 해주는 것이다.

수용의 기법은 상담의 초기단계에서 많이 사용되지만, 내담자가 자신을 깊이 탐색하고 의미 있는 자료를 고통스럽게 진술하는 상담의 중반기에서도 사용되는 경우가 있다.

수용의 요소에는 네 가지가 있다.

첫째, 주로 내담자에게 시선을 주는 주목행동이다.

둘째, 상담자의 안면 표정과 고개를 끄덕이는 행동이다. 상담자는 자신의 얼굴에 진실한 관심을 나타내야 한다. 예민한 내담자는 상담자의 관심이 위선인지 아닌지 금방 알아차릴 수 있다.

셋째, 상담자의 어조와 억양이다. 내담자는 상담자의 어조와 억양을 통해 자신의 이야기를 받아들이고 있는지 알게 된다.

넷째, 말의 속도이다. 너무 빨리 말한다면 무관심하다는 인상을 주게 될 것이다. 또는 상담자가 거드름을 피우는 목소리로 이야기한다면, 감수성이 둔하다는 인상을 내담자에게 주거나 상담을 자기 마음대로 이끌고 통제한다는 인상을 줄 수도 있다. 내담자는 상담자의 조그만 행동단서에도 예민하다는 것을 잊지 말아야 한다.

(3) 격려/칭찬하기

내담자는 자신의 문제에 의해서 의욕을 상실하거나, 객관적인 사고가 원활히 되지 않는 경우가 대부분이다.

그러므로 내담자의 이야기를 잘 경청한 후 내담자를 격려하고 내담자의 작은 장점이라도 찾아내어 칭찬을 해주는 것이 매우 필요하다. 모든 것에 자신감이 결여되고 의지가 상실된 경우 상담자의 격려와 칭찬을 내담자의 마음을 편안하게 해주고 용기를 가질 수 있게 한다. 하지만 상담자가 진정이 아닌 거짓의 칭찬을 한다면 오히려 거부감을 주게 되므로 유의한다.

모든 것에 자신감이 결여되고 의지가 상실된 경우 상담자의 격려와 칭찬을 내담자의 마음을 편안하게 해주고 용기를 가질 수 있게 한다.

(4) 구조화

상담과정의 본질, 제한 조건 및 방향에 대하여 상담자가 정의를 내려주는 것이다. 즉, 내담자에게 상담과정의 바람직한 체계와 방향을 알려주는 것이다. 이러한 의미에서 상담이 하나의 여행이라면, 구조화는 그 여행의 방향을 알리는 노선표시에 비유될 수 있다.

상담의 구조화에는 두 가지 종류가 있다.

첫째, 암시적인 구조화이다.

이미 알려진 상담자의 역할과 내담자가 처해 있는 상황이 자동적으로 상담관계에 어떤 구조를 가하게 되는 것이다.

둘째, 정규적인 구조화이다.

내담자에게 상담과정에 대해 의도적으로 설명하고 제약을 가하는 것이다.

상담에서는 내담자가 자유롭게 자신의 행동과 결정을 하는 것이 원칙이지만, 선택방향을 제시하는 어느 정도의 참조 체제가 필요한 것이다.

(5) 바꾸어 말하기

내담자가 말하는 것을 상담자가 바꾸어 말해 주는 것은 상담에 여러 가지 도움을 준다. 바꾸어 말해 줌으로써 내담자의 입장을 이해하려고 상담자가 노력하고 있음을 알려주게 된다.

그리고 내담자가 한 말을 간략하게 반복함으로써 내담자의 생각을 구체화시키며, 내담자가 말한 바를 상담자가 제대로 이해하고 있는지를 확인해 볼 수 있다. 혼란된 내용을 명료화, 요약해 주며 간략하게 함으로써 이야기의 주제를 부각시킬 수 있다.

내담자가 한 말을 간략하게 반복함으로써 내담자의 생각을 구체화시키며, 내담자가 말한 바를 상담자가 제대로 이해하고 있는지를 확인해 볼 수 있다.

(6) 경청

상담자가 내담자 말을 경청한다는 것은 간단하고 쉬운 일이 아니다. 먼저 상담자의 경청행동의 구성 요소를 알아보도록 하자.

시선을 통한 상담자와 내담자의 접촉-다른 사람을 주목하는 것은 그에게 관심을 가지고 있음을 알리는 효과적인 방법이다. 상담자는 내담자에게 진지한 관심을 가지고 자연스럽게 눈길을 보내면 된다. 상담자는 내담자와 어느 정도의 거리를 두는 것이 좋은가를 고려할 필요가 있다. 어떤 내담자는 너무 가까이에서 시선을 받으면 불편해하는 경우가 있다. 그러므로 내담자가 시선을 받을 때 불편해하거나 긴장하는지를 살펴야 한다.

일반적으로 상담자는 이완된 자세로 내담자 쪽으로 약간 몸을 기울이는 것이 좋다. 상담자의 자세가 이완되지 않고 긴장된 경우는 내담자를 주목하지 못하고 상담자 자신을 더 의식하게 될 수 있다. 또한 상담자의 긴장은 내담자에게도 긴장을 유발할 가능성이 크다.

상담자는 언어적 표현뿐 아니라 몸짓을 통하여 내담자에게 많은 뜻을 전달한다. 만일 상담자가 손을 거칠게 흔들거나 팔짱을 낀다면 내담자에게 거만하게 비칠 수 있다. 상담자는 자신의 자세와 몸짓이 어떤 의미를 전달하는지 주목하고 이것이 자신이 의도한 것인지를 분명히 파악해야 한다.

상담자의 언어행동은 내담자의 진술의 흐름에 따라야 한다. 경청을 함으로써, 빗나간 질문을 하거나 내담자의 뜻과는 다른 방향으로 대화를 이끌지 않게 된다. 이와 같이 효과적인 경청은 상담을 성공적으로 이끄는 주요 요인이 된다.

(7) 요약

내담자의 말을 요약하기 위해서는 말의 내용, 말할 때의 감정, 그가 한 말의 목적, 시기, 효과에 대해서 주의를 기울여야 한다.

요약은 여러 생각과 감정을 매회 상담이 끝날 무렵 하나로 묶어 정리하는 것이다. 요약의 주요 목적은 내담자에게 미처 의식하지 못한 면을 학습시키고 문제해결의 과정을 밝히며 자신의 생각과 느낌을 탐색하도록 돕는 것이다. 또한 매회 상담을 자연스럽게 해결책을 강구하게 한다. 이와 함께 내담자의 말을 요약하여 줌으로써 그의 말에 주목하고 그를 이해하고 있음을 확신시킨다.

요약은 여러 생각과 감정을 매회 상담이 끝날 무렵 하나로 묶어 정리하는 것이다. 요약의 주요 목적은 내담자에게 미처 의식하지 못한 면을 학습시키고 문제해결의 과정을 밝히며 자신의 생각과 느낌을 탐색하도록 돕는 것이다.

요약은 상담자에게도 유용한 것으로 내담자가 한 말의 전체적인 면을 올바로 지각하고 있는가를 검토하게 한다.

(8) 명료화

내담자의 말 중에서 모호한 점을 내담자가 확실히 알도록 해주는 것이다. 비판한다는 인상을 주지 않기 위해서는 내담자의 말을 잘 이해하지 못했음을 밝히면서 의미를 명확히 해주도록 요청하는 것이 바람직하다.

(9) 해석

내담자로 하여금 자기의 문제를 새로운 각도에서 이해하도록 그의 생활 경험과 행동의 의미를 설명하는 것이다.

청소년상담자가 청소년상담에서 유의해야 할 점은 다음과 같다.

① 청소년들의 감정과 행동을 이해하기 위해 평소 그들과 많은 대화를

나눈다.

② 내담 학생이 어떤 이야기든 꺼내 놓을 수 있도록 허용적이고, 수용적인 태도를 보인다.

③ 상담한 내용은 절대 비밀을 보장해야 하며 문제 해결을 위해 필요할 경우에는 사전에 내담 학생의 양해를 구한 후 다른 사람들(학부형, 담임, 친구들)의 도움을 받는다.

상담한 내용은 절대 비밀을 보장해야 하며 문제 해결을 위해 필요할 경우에는 사전에 내담 학생의 양해를 구한 후 다른 사람들의 도움을 받는다.

④ 상담을 할 때는 상담 초기에 왜 상담하러 왔는지, 언제부터 그런 문제가 시작되었는지를 명확히 한 후 함께 문제를 해결하는 방법을 찾아가는 것이 효율적이다.

⑤ 상담자가 감당하기 어려운 내용일 때에는 내담 학생에게 자신의 입장을 솔직하게 이야기하고 적절한 다른 상담자와 연결해 주는 것이 학생을 바로 돕는 길이다.

⑥ 상담자가 내담 학생의 문제를 완벽하게 해결해 줄 수 없음을 스스로 인식하고 상담에 임하되, 자신 없는 태도를 노골적으로 보일 경우에는 역효과를 가져올 수 있음을 알아야 한다.

⑦ 학부모가 자녀문제로 상담을 원할 때는 자녀에게 상담의 초점을 맞추어서는 안 되며, 자녀문제로 고민하고 있는 학부형의 입장에 초점을 맞추고 문제를 해결해 가야 혼란이 없다.

⑧ 대체적으로 청소년문제의 근본적인 원인은 가정에 뿌리를 두고 있을 가능성이 많으므로 가족성원들의 심리적인 구조를 파악하는 것이 상담에 도움을 준다.

⑨ 지속적인 상담이 어려울 경우에는 청소년을 지속적으로 대하고 도와줄 수 있는 가정이나 학교에 도움을 청하는 것도 한 방법이다.

⑩ 상담 자체가 상당한 스트레스가 될 수 있으므로 상담자는 상담을 통해 자신이 받은 스트레스를 해소하는 적절한 방법을 찾아 마음의 평정이 유지될 수 있도록 노력해야 한다.

연습문제

01 청소년기의 개별상담 기법에 대하여 서술하시오.

02 청소년기의 개별상담의 개인과정과 전략에서 사정단계에 대하여 서술하시오.

03 청소년기의 개별상담의 개입단계의 목표와 과제에 대하여 서술하시오.

04 청소년상담자의 전문적 자질에 대하여 서술하시오.

05 청소년상담자의 인간적 자질에 대해여 서술하시오.

06 청소년상담자의 자세에 대하여 논하시오.

제11장

청소년기의 진로상담

1. 진로상담이란

진로상담은 Davis가 1898년부터 1907년까지 디트로이트의 센트럴 고등학교에서 11학년 학생들을 위한 상담자로 봉사하였고, 주된 봉사는 교육상담 및 직업상담을 실시하였다. 후에 이 학교의 교장이 된 Davis는 모든 7학년들에게 영어수업에 대한 직업흥미에 관해 주간보고서를 작성하였던 것이 초기 진로상담 프로그램이었다. 1905년에 Parsons는 이주민과 직업을 구하는 젊은이들을 위한 교육프로그램을 제공할 목적으로 시민서비스센터를 설립한 결실로 인하여 1908년 1월 보스턴 직업국이 생겨났다(Parsons, 1909).

우리나라는 1970년대 경제발전과 농경사회에서 도시산업사회로의 변천으로 산업인력의 수급을 위한 직업교육이 강화됨으로써 진로교육의 필요성도 높아지게 되었다. 1981년 이정근의 『진로지도와 진로상담』이라는 책이 출간되어 우리나라 처음으로 진로지도와 진로상담에 관한 체계적 개관을 소개하고, 1990년대에는 진로지도 및 진로상담에 관한 활동이 더욱 발전하게 되었다. 1993년에 김충기를 중심으로 한국진로교육학회가 창설되고, 1995년에는 진로판단 권고제에 관한 특집호를 발간하였다. 그리고 한국진로상담학회는 1995년에 설립된 학회로 진로상담 교육활동과 학술대회를 통해 진로상담에 앞장서 나아가고 있다. 이는 중등학교 중심의 진로교육의 한계를 벗어나서 보다 체계적이며 전문적인 진로상담의 학문적 접근을 시도하였다(김영봉 외, 2011; 안창규, 1996).

1) 진로상담의 개념

진로(career)의 어원은 '수레가 다니는 길을 따라간다(to roll along on wheels)'는 뜻을 가진 'carro'에서 유래된 것이다. 진로는 여러 가지 의미로 다양하게 사용되고 있는데, 사전에서는 '한 개인의 생애의 전 과정'이라고 정의하고 있다. 즉, 진로란 생애 · 경력 · 직업 등으로 해석이 되지만, 일반

진로란 생애 · 경력 · 직업 등으로 해석이 되지만, 일반적으로 개인의 장래·미래에 대한 전망 등으로 인식된다.

적으로 개인의 장래 · 미래에 대한 전망 등으로 인식된다. 또한 진로란 생애 직업발달과 그 과정내용을 가리키는 포괄적인 용어이다.

학자들이 주장한 진로상담의 개념을 살펴보면, Hoyt(1974)는 진로란 인간이 일생을 통하여 하는 일을 총칭하는 말로서, 그것은 삶의 중핵이며 인간이 목표를 이루는 길이라고 정의하고 있다. 진로는 임금을 받는 직업에만 국한되지 않으며, 유년기에서 시작하여 나이가 들어 직장에서 은퇴한 후에도 계속되는 모든 활동을 포함한다. Hansen과 Keierleber(1978)는 진로란 역할 통합에 영향을 주는 상호관계적인 현상으로서 개인이 자신의 가족, 일, 교육과 관련되는 선택을 할 때 그 개인을 도와주는 모든 행위를 뜻하는 개념이다. 또한 Raynor와 Entin(1982)은 진로란 지각적 개념과 행동적 개념 모두 포함하는 것이며, 한 개인이 가지는 사회적 환경, 즉 미래에 대한 계획, 과거의 성공과 실패 그리고 현재의 적성 혹은 재능으로서 자기 자신을 어떻게 보느냐로 정의하고 있다. 결국 진로상담이란 진로지도를 효율적으로 이끌기 위한 방편으로 개인이 지니고 있는 잠재가능성을 인식 · 탐색하고 개발시켜 그가 원하는 진학 · 직업을 선택하고 이에 잘 적응하도록 함으로써, 선택한 진학 · 직업에서 만족하고 능률을 향상시켜 행복감을 느끼며 지낼 수 있도록 하는 것이다.

진로상담과 진로교육의 이론과 실제를 현실적응에 필요한 실천적 활동으로 내담자의 정의적 성숙과 진로발달의 과정을 도와주는 체계적인 활동이다. Super(1951)는 진로상담이란 '일의 세계에서 적절히 융화된 자신의 역할상과 자아상을 발전시키고 수용하여 그를 현실에 검토해 보고, 검토한 자체를 자신에 만족하고 사회에 이익이 되는 현실로 전환하도록 개인을 도와주는 과정'(Crites, 1981)이라고 정의하고 있다. 미국진로발달협회(National Career Development Association, NCDA)에서는 '진로상담이란 내담자가 가장 적절한 진로결정을 하기 위해 자신과 환경의 이해를 종합하고 응용하도록 돕는 목적을 가진 상담자와 내담자 사이의 개인과 또는 개인과 소집단의 관계'라고 정의하였다.

'진로상담이란 내담자가 가장 적절한 진로결정을 하기 위해 자신과 환경의 이해를 종합하고 응용하도록 돕는 목적을 가진 상담자와 내담자 사이의 개인과 또는 개인과 소집단의 관계'라고 정의하였다.

김충기(1995)는 진로상담을 '내담자로 하여금 장래 또는 미래의 불확실한 진로를 개척하기 위하여 치밀한 방법과 계획을 세워 여러 가지 생애문제, 즉 교육, 직업, 가정, 신체, 사회, 이성, 성격, 도덕, 종교적인 문제를 현명하게 선택하고 적응하는 방법이라고 주장한다. 장성화 등(2011)은 진로상담은 학생들이 바람직한 진로를 선택할 수 있도록 교과활동을 통한 진로상담과 교육, 진로탐색을 결정하고 돕는 데 역점을 두는 것으로 정의하였다. 진로발달 과정을 통하여 자기이해와 자신의 잠재력을 발견할 수 있도록 전문가인 상담자와의 원만한 인간관계 속에서 내담자가 합리적인 진로탐색과 진로결정을 할 수 있는 계기를 마련해 주는 적극적인 상담의 종합적인 과정이다'라고 정의하였다. 이러한 내용을 종합적으로 살펴보면, 진로상담은 '진로'라는 말이 의미하듯이 한순간의 진학학교나 직업의 선택만을 위한 활동이 아니라 과거, 현재, 미래를 총괄하는 연속적인 과정이며, 개인의 진로 계획 및 준비, 직업준비와 선택, 진로문제의 해결과 적응을 단계적으로 도와주는 과정이다.

진로와 관련하여 다양한 용어들이 있는데 진로, 직업, 진로발달, 진로교육, 진로지도 및 진로상담에 대해 살펴보면 다음과 같다(김영봉 외 2011; 조봉환 · 임경희, 2007).

① 진로(career)

사전적 의미의 진로는 한 개인의 전 과정이지만 학자에 따라서 다양한 정의를 내리고 있다. 이재창(2005)은 진로란 개인이 일생을 통해서 갖게 되는 일의 개념으로 볼 수 있으며, 진로교육은 개인의 진로선택, 적응, 발달에 초점을 둔 계획된 교육적 경험과 일의 세계에 대한 준비를 의미한다고 하였다.

진로란 개인이 일생을 통해서 갖게 되는 일의 개념으로 볼 수 있으며, 진로교육은 개인의 진로선택, 적응, 발달에 초점을 둔 계획된 교육적 경험과 일의 세계에 대한 준비를 의미한다.

② 직업(vocation)

직업은 구체적인 직무나 직업 활동을 의미하는 것으로, 매일 매주 매월 주기적으로 행하고 있는 경우, 또는 명확한 주기를 갖지 않더라도 계속하고 있으며 현재 하는 일에 대하여 의사와 능력을 가지고 행하는 것을 의미한다(김봉환 외, 2006).

③ **진로발달**(career development)

진로발달은 각 개인이 자기가 설정한 진로목표에 접근해 가고 그 목표를 달성해 가는 과정을 지칭하는 것으로 사용하였다(김봉환 외, 2006).

④ **진로교육**(career education)

진로교육은 학교체제 내에서 일과 직업세계가 중심이 되는 의도적, 계획적, 체계적인 교육을 통해서 학생이 장차 미래의 직업세계에 종사할 진로를 인식, 탐색하여 이를 합리적으로 선택, 준비, 결정할 수 있는 적합한 능력을 길러 주는 종합적인 교육활동을 말한다(김충기, 1998).

⑤ **진로지도**(career guidance)

진로지도는 개인의 진로발달을 자극시키고 촉진시키기 위해서 상담자에 의해서 수행되는 전문화된 활동을 의미한다. 이러한 활동은 주로 진로계획, 의사결정, 적응 등에 관한 조력을 포함한다. 특히 학교장면에서는 진로계획, 의사결정, 적응기술 발달, 진로정보, 자기이해 등을 제공하는 능동적인 교육과정의 개입을 통해서 개인의 전 생애의 진로준비를 조력하는 지속적인 발달과정이다(이재창, 2005).

⑥ **진로상담**(career counseling)

진로상담은 개인의 진로발달을 촉진시키거나 진로계획, 진로 직업의 선택과 결정, 실천, 직업적응, 진로변경 등의 과정을 돕기 위한 활동을 의미한다(김봉환 외, 2006).

2) 진로상담의 필요성 및 목표

진로상담의 궁극적인 목적은 진로상담을 통하여 한 개인이 일생에 걸쳐서 직업과 관련된 일련의 행동과정을 나타내는 것이라고 볼 수 있다.

진로상담의 궁극적인 목적은 진로상담을 통하여 한 개인이 일생에 걸쳐서 직업과 관련된 일련의 행동과정을 나타내는 것이라고 볼 수 있다. 즉, 개인적으로는 자아실현하고 국가적으로 인력의 효율적인 활용으로 국가발전에 기여하는 것이다. 그러므로 진로상담은 학생들이 자신의 특성을 충분히 고려하여 합리적인 의사결정을 할 수 있도록 도와주는 데 있다.

(1) 진로상담의 필요성

① 개인적 측면

개인적 측면에서 진로상담의 필요성을 다음과 같이 제시하고 있다(이현림, 2007).

첫째, 학교교육이 학생들에게 일과 직업세계에 관련된 자아인식 능력을 길러주지 못하고 있기 때문이다.

둘째, 산업사회의 급격한 발전추세에 따라 복잡 다양한 일과 직업의 종류 및 본질에 대한 객관적 이해가 필요한 데 비하여 학교교육이 적절한 대책이나 역할을 하지 못하고 있기 때문이다.

셋째, 학생들에게 일과 직업에 대한 올바른 가치관이나 태도에 대한 교육이 요구되기 때문이다.

넷째, 학생들이 인생의 목표설정과 진로 선택에 있어서 유연성과 다양성이 결여되어 있다.

다섯째, 학교교육에서 교과 위주의 주입식 교육과 대학입시를 겨냥한 학력 위주의 교육은 학생들의 적성, 흥미, 능력, 인성을 무시한 채 점수 따기 경쟁에 혈안이 되어 소신을 가지고 자기의 생애목표를 달성하려는 데 큰 장애요인이 되고 있다.

여섯째, 개인의 가정여건과 능력을 고려하지 않고 고학력 선호에 집착하여 개인적으로 많은 손해를 보고 있으므로 자신의 능력에 알맞은 바람직한 진로선택이 요구된다.

② 국가 · 사회적 측면

국가 · 사회적 측면에서 진로상담의 필요성은 다음과 같다.

첫째, 진로지도가 학교에서 실시됨으로써 국가와 사회발전에 필요한 다양한 인력의 균형 있는 계발을 유도하는 데 기여한다.

둘째, 과열과외 및 재수생 누적에 대한 문제해결의 방편이 될 수 있다.

셋째, 청소년 실업문제를 해결하기 위한 방안이 될 수 있다.

넷째, 국민들의 직업수행에 있어서 생산성과 적응이 긍정적으로 고양될 수 있다.

다섯째, 적재적소에 알맞은 인재를 양성함으로써 건전한 직업인이 될 것이며, 개인·사회적 요구를 충족시켜 줄 수 있다.

각자가 타고난 재능을 유감없이 발휘하여 선택한 직업에 만족하고 보람과 긍지를 느끼며, 행복한 인생을 누리면서 자아실현에 이를 수 있다.

여섯째, 각자가 타고난 재능을 유감없이 발휘하여 선택한 직업에 만족하고 보람과 긍지를 느끼며, 행복한 인생을 누리면서 자아실현에 이를 수 있다.

일곱째, 바람직한 가치관 및 직업윤리관 형성을 통하여 장래의 원만한 직업생활과 성공적인 자아상을 정립하여, 인생을 즐기며 복지사회 건설에 이바지할 수 있다.

(2) 진로상담의 목표

진로상담의 필요성에 따라 진로상담의 목표를 제시하면 다음과 같다(김헌수·이난·장순정, 2009; 이정근, 1988; 지용근 외, 2009).

첫째, 진로상담은 자아개념을 구체화한다. 일반적으로 자아개념이란 한 개인이 자신의 능력, 인간특성, 적성, 흥미, 대인관계, 외모 등에 대하여 갖는 이미지로서 대부분의 경우 자신의 이미지를 비현실적으로 지각하는 경우가 많다. 따라서 진로상담을 통하여 정확하고 현실적인 자신의 이미지를 형성하도록 도와주어야 한다.

둘째, 진로상담은 직업 세계에 대한 이해: 일의 종류, 직업세계의 구조, 직업세계의 특성, 변화하는 직업의 요구조건과 필요한 기술, 고용기회 및 경향, 피고용자와 고용자와의 관계 등에 대하여 이해시켜야 한다.

셋째, 진로상담은 진로계획에 대한 책임감: 인간은 자신의 진로를 스스로 계획하고 추구하는 권리와 의무가 있음을 인식시켜 준다. 이러한 인식을 굳히기 위해서는 주기적으로 진로상담을 실시해야 하나, 자신의 앞날을 스스로 계획함으로써 그만큼 선택의 자유가 보장되고 아울러 선택의 폭이 확장되어야 한다.

넷째, 진로상담은 의사결정능력을 함양: 자신의 진로를 현명하게 계획하고 이를 추진하기 위해서는 상황을 정확히 판단하고 최선의 것을 선택할 수 있는 수준 높은 의사결정 능력이 요구된다. 의사결정 능력을 신장시켜 주기 위해서는 의사결정 시 고려해야 할 요소, 결정의 우선순위, 필요한 정보 등을 제공하고 연습하도록 도움을 주어야 한다.

진로상담은 의사결정능력을 함양: 자신의 진로를 현명하게 계획하고 이를 추진하기 위해서는 상황을 정확히 판단하고 최선의 것을 선택할 수 있는 수준 높은 의사결정 능력이 요구된다.

다섯째, 진로상담은 협동적인 사회행동을 함양: 일이란 대부분의 경우 다른 사람과 함께하기 마련이므로, 이들과 협동적인 관계가 유지되어야 일의 효율성이 증가한다. 따라서 진로상담 과정에서도 협동적인 사회행동의 중요성을 강조하고 이러한 능력이 신장되도록 각종 교육을 통하여 지도한다.

여섯째, 진로상담은 직업에 대한 바람직한 태도를 함양: 직업에 대한 태도는 상담을 통하여 올바르게 형성되어야 하며, 진로상담에서는 이 세상에 존재하는 합법적인 일은 모두 가치가 있는 것이며, 그것으로부터 우리가 혜택을 받고 있다는 점을 강조하여 일에 대한 긍정적인 태도가 필요하다.

2. 진로발달이론

진로발달이론은 학자들에 따라 다양한 근거에 의해서 개발되었으며 다양하게 분류되고 있다. Herr와 Cramer(1984)는 특성 · 요인이론, 의사결정이론, 사회이론, 심리이론, 발달이론으로, George와 Cristiani(1995)는 특성요인이론, 구조이론, 발달이론, 의사결정이론으로, Gibson과 Mitchell(1999)은 과정이론, 발달이론, 성격이론, 사회학적 이론으로 분류하기도 한다. 김봉환, 김병석, 정철영(2006)은 크게 진로선택이론과 진로발달이론으로 구분하고 진로선택이론에 특성 · 요인이론, 욕구이론, 사회학습이론, 직업적응이론, 사회학적 이론 등을, 진로발달이론에는 Ginzberg와 Super, Tiedeman과 O'Hara, 그리고 Tuckman의 발달이론과 직업포부 발달이론을 들고 있다(이재창, 2005).

1) 진로선택이론

(1) 특성·요인이론

특성·요인이론의 진로상담은 개인차 심리학에 그 배경을 두고 인간행동의 개인차에 대한 측정과 확인에 초점을 두고 있다.

특성 · 요인이론의 진로상담은 개인차 심리학에 그 배경을 두고 인간행동의 개인차에 대한 측정과 확인에 초점을 두고 있다. 즉, 개인은 각자 독특한 심리적 특성을 가지고 있기 때문에 각기 자기에게 맞는 특수한 직업유형에 잘 적응할 수 있으며, 직업에 대한 적응은 개인의 특성과 직업에서 요구하는 것들 사이의 조화 정도에 달려 있다(Crites, 1969). 그리고 특성요인은 개인차의 연구에서 시작하여 검사나 심리측정과 더불어 시작되었다고 할 수 있으며, Parsons(1909)는 현명한 직업선택에 관련되는 세 가지 요인을 다음과 같이 설명하고 있다. 첫째, 자신에 대한 명확한 이해, 즉 자신의 적성, 능력, 흥미, 포부, 환경 등에 대한 이해, 둘째, 여러 직업에 따른 자격요건, 장점과 단점, 보수, 보상, 기회, 장래전망에 대한 지식, 셋째, 위의 첫째, 둘째 간의 합리적 연결, 즉 내담자 자신의 직업요인에 관한 자료와 직업에 관한 자료를 중심으로 진로상담을 통해 내담자가 진로를 현명하게 선택하게 도와주는 조력자 역할을 한다.

Klein과 Wiener's(1977)는 특성 · 요인이론을 다음과 같이 분류한다.

첫째, 각 개인은 독특한 특성들을 가지고 있다. 이러한 특성은 신뢰감과 타당하게 특정될 수 있다. 둘째, 직업은 직장인이 성공적으로 일을 수행하기 위하여 특정한 특성을 소유해야 한다. 셋째, 직업의 선택은 직선적인 과정이며, 매칭이 가능하다. 넷째, 개인의 특성과 직업의 요구사항과 매칭이 잘 이루어질수록 성공할 가능성이 크다.

(2) 욕구이론

Roe(1956)는 욕구와 직업선택 행동의 관계에 초점을 두고 직업을 분류하는 새로운 체계를 개발하였는데, 각 직업에서 요구하는 곤란도와 책무성을 고려하여 직업을 서비스직, 비즈니스직, 단체직, 기술직, 옥외활동직, 과학직, 일반문화직, 예술직 등의 여덟 가지의 직업군으로 나누었다. 또한 각 직업군의 책임능력기술의 정도를 기준으로 하여 전문적이며 관리적인 Ⅰ직업군, 전문적이며 관리적인 Ⅱ직업군, 준 전문적인 소규모의 사업단계, 숙련직 단계, 반숙련직 단계, 비숙련직 단계 등의 여섯 가지로 분류한다(김계현 외, 2009).

Roe의 욕구이론은 초기 부모와 자녀 간의 관계에서 기인한다는 사실을 이론화하고 연구하였다. 즉, 부모가 자녀를 대하는 양육방식이 자녀의 심리적 욕구와 상호작용하여 직업선택이 이루어질 수 있음을 가정하고, 내담자의 초기 경험은 가정환경에 의해 주로 영향을 받으며 특히 부모와의 관계에 의해 영향을 받는 것으로 나타났다(김봉환 외, 2006).

① 자녀에 대한 감정적 집중

첫째, 과잉보호적 분위기이다. 이는 부모가 자식을 특별히 소중히 여기고 지나친 보호를 하려 하며, 자식도 부모에게 의존하기를 기대한다.

둘째, 과잉요구적 분위기이다. 이는 자식이 부모의 요구에 부합되고 성취를 한 경우에는 부모는 자녀를 사랑하고 귀히 여긴다.

② 자녀 회피

첫째, 무시적 분위기이다. 자녀와의 접촉 및 자녀에 대한 부모로서의 책임을 회피하려는 경향이 있으며, 자녀의 욕구충족을 위해서 별로 노력하지 않는다. 자녀에 대한 관심이 적으나 감정적으로 거부하지는 않는다.

둘째, 거부적 분위기이다. 자녀의 행복을 전적으로 무시하고 자녀들의 신체적·심리적 요구를 충족시켜 주려는 노력을 거의 하지 않는다.

③ **자녀 수용**

첫째, 무관심한 분위기이다. 부모가 자식을 수용하기는 하나 부모-자녀 관계가 별로 밀착되어 있지 않다. 그러나 자녀들의 요구나 욕구에 대해서는 비교적 민감하다.

둘째, 애정적 분위기이다. 무관심한 분위기와 유사하나 그보다는 부모-자녀 관계가 더 튼튼하며, 부모는 자녀가 어떠한 것을 요구하든 들어주려고 노력하며 무관심한 분위기에 비하여 자녀에게 더욱 사려 깊은 격려를 한다.

직업군의 선택은 부모-자녀의 관계 속에서 형성된 개인의 욕구 구조에 의해서 결정되며, 욕구 구조는 유전적 특성과 함께 어렸을 때 경험하는 좌절과 만족에 의해 형성된다.

직업군의 선택은 부모-자녀의 관계 속에서 형성된 개인의 욕구 구조에 의해서 결정되며, 욕구 구조는 유전적 특성과 함께 어렸을 때 경험하는 좌절과 만족에 의해 형성된다. 예를 들어, 따뜻한 부모-자녀의 관계에서 성장한 사람은 사람들과의 접촉을 통해서 필요나 욕구를 만족시키는 독특한 욕구충족 방식을 배우게 되는데, 이것이 결국 인간지향적인 성격을 형성하게 하여 나아가서는 직업선택에 반영된다. 그 결과 그들은 인간지향적인 직업(서비스직, 비즈니스직, 단체직, 문화직, 예술직)을 선택한다는 것이다. 반면에 차가운 부모-자녀의 관계에서 성장한 사람은 부모나 주위 사람의 도움을 청하지 않고(청해도 대부분 들어주지 않으므로) 사람과의 접촉이 개입되지 않는 다른 수단을 통해서 해결하는 방법을 터득하게 된다. 그 결과 그들은 자연스럽게 비인간지향적인 직업(기술직, 옥외활동직, 과학직)을 선택하게 된다는 것이다(김계현 외, 2009).

(3) 인성이론

Holland(1992)의 인성이론은 개인유형, 환경유형, 개인과 환경과의 상호작용에 대한 몇 가지 기본가정을 제시한다. 이 가정에 근거하여 인성이론을 여섯 가지 성격유형을 살펴보면 다음과 같다(지용근 외, 2009).

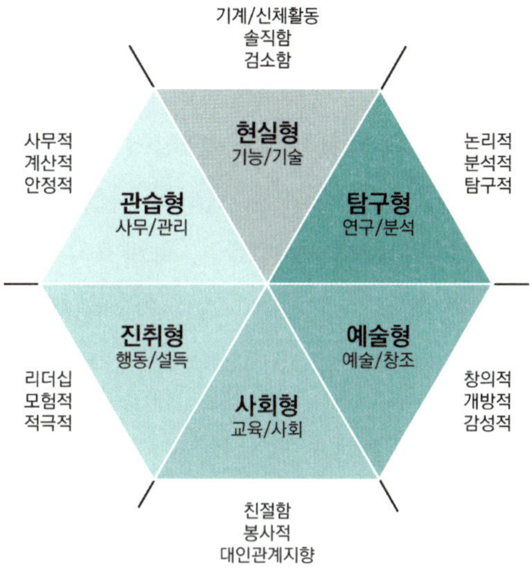

① **실제적**(realistic: R)

성격 특징은 남성적이고, 솔직하고, 성실하며, 검소하고, 지구력이 있고, 신체적으로 건강하며, 소박하고, 말이 적으며, 고집이 있고, 직선적이며, 단순하다. 직업활동 선호는 분명하고, 질서정연하고, 체계적인 대상 · 연장 · 기계 · 동물들의 조작을 주로 하는 활동이나 신체적 기술들을 사용하는 활동이며, 교육적 · 치료적 활동은 좋아하지 않는다. 대표적인 직업은 기술자, 자동기계 및 항공기 조종사, 정비사, 농부, 엔지니어, 전기, 기계기사, 운동선수 등이다.

② **탐구적**(investigative: I)

성격 특징은 탐구심이 많고, 논리적, 분석적, 합리적이며, 정확하고, 지적 호기심이 많으며, 비판적, 내성적이고, 수줍음을 잘 타며, 신중하다. 직업활동 선호는 관찰적, 상징적, 체계적이며, 물리적 · 생물학적 · 전문화적 현상의 창의적인 탐구를 수반하는 활동이며, 사회적이고 반복적인 활동에는 관심이 부족한 면이 있다. 대표적인 직업은 과학자, 생물학자, 화학자, 물리학자, 인류학자, 지질학자, 의료기술자, 의사 등이다.

③ **예술적**(artistic: A)

성격 특징은 상상력이 풍부하고, 감수성이 강하며, 자유분방하며, 개방적이다. 감정이 풍부하고, 독창적이고, 개성이 강하고, 협동적이지 않다. 직업활동 선호는 예술적 창조와 표현, 변화와 다양성, 모호하고, 자유롭고, 상징적인 활동들을 좋아하지만, 명쾌하고, 체계적이고, 틀에 박힌 것, 구조화된 활동에는 흥미가 없다. 대표적인 직업은 예술가, 작곡가, 음악가, 무대감독, 작가, 배우, 소설가, 무용가, 미술가, 디자이너 등이다.

④ **사회적**(social: S)

성격 특징은 사람들을 좋아하며, 어울리기 좋아하고, 친절하고, 이해심이 많으며, 남을 잘 도와주고, 봉사적이며, 감정적이고, 이상주의적이다.

성격 특징은 사람들을 좋아하며, 어울리기 좋아하고, 친절하고, 이해심이 많으며, 남을 잘 도와주고, 봉사적이며, 감정적이고, 이상주의적이다. 직업활동 선호는 타인의 문제를 듣고, 이해하고, 도와주고, 치료해 주고, 봉사하는 활동에 흥미를 보이지만 기계, 도구, 물질과 함께 하는 명쾌하고, 질서정연하고, 체계적인 활동에는 흥미가 없다. 대표적인 직업은 사회복지사, 교육자, 간호사, 유치원 교사, 종교지도자, 상담자, 임상치료가, 언어치료사 등이다.

⑤ **설득적**(enterprising: E)

성격 특징은 지배적이고 통솔력과 지도력이 있으며, 말을 잘하고, 설득적이며, 경쟁적이며, 야심적이며, 외향적이고, 낙관적이고, 열성적이다. 직업활동 선호는 조직의 목적과 경제적 이익을 얻기 위해 타인을 선도, 계획, 통제, 관리하는 일과 그 결과로 얻어지는 위신, 인정, 권위를 얻는 활동을 좋아하지만 관찰적, 상징적, 체계적 활동에는 흥미가 없다. 대표적인 직업은 기업경영인, 정치가, 판사, 영업사원, 상품구매인, 보험회사원, 판매원, 관리자, 연출가 등이다.

⑥ **관습적**(conventional: C)

성격 특징은 정확하고, 빈틈이 없고, 조심성이 있으며, 세밀하고, 계획성이 있으며, 변화를 좋아하지 않으며, 완고하고, 책임감이 강하다. 직업활동 선호는 정해진 원칙과 계획에 따라 자료들을 기록, 정리, 조직하는 일을 좋아하며 체계적인 작업환경에서 사무적, 계산적 능력을 발휘하는 활동을 좋아한다. 대표적인 직업은 공인회계사, 경제분석가, 은행원, 세무사, 경리사원, 컴퓨터프로그래머, 감사원, 안전관리사, 사서, 법무사이다.

Holland의 인성이론 유형들인 E(설득적)와 S(사회적), R(실재적)과 I(탐구적)는 매우 높은 상관관계를 나타내는 것으로 일관성이 매우 높다. 그러나 서로 대각선상에 있는 유형인 I(탐구적)와 E(설득적), A(예술적)와 C(관습적)는 매우 낮은 상관관계를 나타내는 것으로 일관성이 매우 낮다.

(4) 사회학습이론

Krumboltz(1979)의 사회학습이론(강화이론, 고전적 행동주의 이론, 인지적 정보처리이론)은 Bandura(1977)의 사회학습이론을 진로의사결정체제에 대한 이론으로 적용, 설명하는 이론이다. 이러한 사회학습이론을 기초로 개인의 성격과 행동은 그의 독특한 학습경험에 의해서 가장 잘 설명할 수 있다고 가정하고, 진로의사결정에 영향을 미치는 요인들의 상호작용을 밝히고 있다.

Krumboltz와 Thoresen은 각 개인이 타고난 능력과 특수능력, 환경조건과 사건, 학습경험, 과제접근기술의 4요소가 진로선택 과정에 영향을 주는 요인으로 보았다.

Krumboltz와 Thoresen(1964)은 각 개인이 타고난 능력과 특수능력, 환경조건과 사건, 학습경험, 과제접근기술의 4요소가 진로선택 과정에 영향을 주는 요인으로 보았다.

첫째, 타고난 능력과 특수능력은 교육적이거나 직업적 선호나 기술을 제한하는 유전적인 자질을 말한다. 타고난 능력과 특수한 능력으로는 인종, 성별, 신체적인 모습과 특징, 지능, 음악적 재능, 예술적 재능, 근육의 기능 등이 포함된다.

둘째, 환경조건과 사건은 각 개인이 통제할 수 없는 요인이지만 진로선택에 영향을 주는 요소이다. 각 개인의 환경에서 특정한 사건과 상황이 기술개발, 활동, 진로선호에 영향을 미친다는 것이다.

셋째, 학습경험은 개인이 과거에 학습한 경험은 현재 또는 미래의 교육적, 직업적 의사결정에 영향을 미친다는 것이다.

과제접근기술은 개인이 환경을 이해하고, 이에 대처하고 미래를 예견하는 능력이나 경향이다. 당면한 여러 가지 문제들을 다루는 기술을 말하기도 한다.

넷째, 과제접근기술은 개인이 환경을 이해하고, 이에 대처하고 미래를 예견하는 능력이나 경향이다. 당면한 여러 가지 문제들을 다루는 기술을 말하기도 한다.

2) 진로발달이론

(1) Ginzberg(1951)의 진로발달이론

직업선택이란 단일 결정이 아니라 장기간에 걸쳐서 이루어지는 일련의 결정이며, 직업선택 과정에서 나중에 이루어지는 결정은 그 이전의 결정의 영향을 받게 된다. 따라서 직업선택 발달의 과정을 6세에서 10세까지의 기간, 11세에서 17세까지의 기간, 그리고 청소년기로 나누어 각각의 단계를 환상기, 잠정기, 현실기로 구분된다.

직업선택 발달의 과정을 6세에서 10세까지의 기간, 11세에서 17세까지의 기간, 그리고 청소년기로 나누어 각각의 단계를 환상기, 잠정기, 현실기로 구분된다.

① **환상기(fantasy period, 6~10세)**

환상기는 일 지향적이고, 활동들이 초기의 선호하는 바를 반영한다.

이 단계에서는 현실여건, 자신의 능력이나 가능성을 고려하지 않고, 독단적으로 특정 직업을 택해서 그 직업에서 하는 일을 놀이를 통해서 습득한다. 이 단계의 어린이들은 현실적인 장애를 의식하지 못하기 때문에 자기가 원하는 것은 무엇이든지 다 할 수 있다고 믿는다.

② **잠정기(tentative period, 11~17세)**

잠정기는 자신의 흥미나 취미에 따라 직업선택을 하려는 경향을 갖는다.

첫째, 흥미단계(interest stage)는 대략 11~12세가 이 단계에 속하며 이 연령층의 어린이들은 자신의 흥미에 입각해서 직업을 선택하려는 경향이 있다.

둘째, 능력단계(capacity stage)는 대략 12~14세에 속하는 단계로 자신이 흥미를 느끼는 분야에서 성공을 거둘 수 있는 능력을 지니고 있나 시험해 보기 시작한다.

셋째, 가치단계(value stage)는 15~16세에 해당하며, 이 시기에 와서는 직업을 선택할 때 고려해야 하는 다양한 요인들을 인식하게 된다. 따라서 자신이 좋아하는 직업에 관련된 모든 정보를 알아보려고 하며, 자신의 가치관 및 생애목표에 부합한 직업을 선택한다.

넷째, 전환단계(transition stage)는 17~18세 전후가 되는데, 이때부터는 점차 주관적인 요소에서 현실적인 외적 요인들로 관심을 돌리게 된다.

③ 현실기(realistic period, 18~22세)

이 단계에서는 자신의 흥미, 능력, 가치, 기회뿐만 아니라 직업의 요구조건, 교육기회, 개인적 요인 등과 같은 현실 요인을 고려하고 타협해서 결정에 도달하게 된다. 현실적 직업선택 단계는 정서적 불안정, 개인적 문제, 재정적인 풍족함 등의 원인 때문에 늦어지기도 한다.

첫째, 탐색단계(exploration stage)는 두세 가지의 가능성 있는 직업선택으로 좁혀진다. 그러나 이 시기에는 자신의 개인적 욕구와 능력 등을 고려하여 현명한 선택을 하고자 한다. 또한 자신의 직업선택을 위해 필요하다고 판단되는 교육이나 경험을 쌓으려고 노력하는 단계다.

둘째, 구체화 단계(crystallization stage)는 특수한 직업분야가 생긴다. 개인은 자신의 직업목표를 정하고, 자신의 결정에 관련된 내적·외적 요소를 종합할 수 있는 단계다.

셋째, 특수화 단계(specification stage)는 자신이 한 결정을 더욱 구체화시키고, 더욱 세밀한 계획을 세우는 단계다.

Super는 개인이 자신의 속성과 직업에서 요구하는 속성을 고려하여 연결하는 고리를 자아개념이라고 하여 진로발달에서 가장 중요한 부분은 자아개념이론이다.

(2) Super의 발달이론

Super(1976)는 개인이 자신의 속성과 직업에서 요구하는 속성을 고려하여 연결하는 고리를 자아개념이라고 하여 진로발달에서 가장 중요한 부분은 자아개념이론이다. 즉, 개인의 발달단계를 통한 성장은 능력과 흥미의 성숙과정을 촉진시키거나 자아개념의 발달을 도와줌으로써 지도될 수 있다. 따라서 생애발달에 따른 Super의 진로발달단계를 특징을 살펴보면 다음과 같다(김영봉 외, 2011; 이재창, 2005).

① 성장기(growth stage, 0~14세)

이 단계는 자아개념과 관련된 능력, 태도, 흥미, 욕구의 발달단계이다. 아동은 가정이나 학교에서 주요 인물과 동일시함으로써 자아개념이 발달한다. 성장기의 하위단계는 세 가지로 구분된다. 첫째, 환상기(fantasy substage)는 아동의 욕구가 지배적이며 역할수행이 중시된다. 둘째, 흥미기(interest substage)는 진로목표와 내용을 결정하는 데 아동의 흥미가 중시된다. 셋째, 능력기(capacity substage)는 진로선택 시 능력을 강조하며 직업에서의 훈련조건을 중요시한다.

② 탐색기(exploration stage, 15~34세)

이 단계는 직업선이 구체적이지만 확정적이지 않은 상태를 의미한다. 즉, 학교, 여가활동, 파트타임제 일을 통해서 자기검증, 역할수행, 직업적 탐색을 한다. 탐색기의 하위단계는 세 가지로 구분된다. 첫째, 잠정기(tentative substage)는 개인은 자신의 욕구, 흥미, 능력, 가치와 취업기회 등을 고려하기 시작한다. 둘째, 전환기(transition substage)는 개인이 장래 직업세계로 들어갈 때 필요한 교육이나 훈련을 받으며 자신의 자아개념을 확립하려고 한다. 셋째, 시행기(trial substage)는 자신에게 적합한 직업을 선택하여 종사하기 시작한다.

③ 확립기(establishment stage, 25~44세)

일에 대한 경험을 통하여 자신에게 적합한 직업분야를 발견하고 그 분야에서 영구적인 위치를 확보하려고 노력한다. 확립기의 하위단계는 두 가지로 구분된다. 첫째, 시행기(trial substage)는 자신에게 적합한 일을 발견할 때까지 변화를 시도한다. 둘째, 안정기(stabilization substage)는 개인의 진로유형이 안정되는 시기로서 개인은 그의 직업세계에서 안정과 소속감, 지위 등을 얻게 된다.

④ 유지기(maintenance stage, 45~64세)

직업세계에서 확고한 위치와 지위가 상승함으로써 계속적인 적응의 단계이다. 안정된 속에서 비교적 만족스러운 삶을 살아간다.

⑤ 은퇴기(disengagement stage, 65세 이후)

정신적, 육체적으로 그 기능이 쇠퇴함에 따라 직업활동에 변화가 오고 급기야 중단하게 된다. 새로운 역할을 개발해야 한다.

(3) 의사결정이론

Tiedeman과 O'Hara(1963)는 직업발달이란 직업 자아정체감을 형성해 나가는 계속적 과정이라고 한다. 직업 자아정체감이란 개인이 자신의 제반 특성을 정확히 파악하고 자신의 자아를 실현시킬 수 있는 일이 과연 무엇인가에 대한 자기 나름대로의 인식 또는 생각을 말하며 직업 자아정체감은 의사결정을 되풀이하는 과정에서 성숙해질 수 있다. 의사결정은 개인이 어떤 문제에 직면하여 의사결정의 필요성을 느낄 때가 되어야 비로소 시작된다(김영봉 외, 2011). 이러한 의사결정이론은 잠정적인 결정을 내리는 단계인 예상기와 잠정적 결정을 실천에 옮기는 실천기인 두 가지로 구분된다.

직업 자아정체감이란 개인이 자신의 제반 특성을 정확히 파악하고 자신의 자아를 실현시킬 수 있는 일이 과연 무엇인가에 대한 자기 나름대로의 인식 또는 생각을 말하며 직업 자아정체감은 의사결정을 되풀이하는 과정에서 성숙해질 수 있다.

① 예상기(anticipation period)

첫째, 탐색기(exploration period): 자신이 저항할 수 있는 목적들을 전부 고려해 보고 각 대안의 목적을 자신이 과연 밀고 나갈 만한 능력과 여건을 갖추고 있는지 자신을 예비 평가해 본다.

둘째, 구체화기(crystallization period): 자기가 나아갈 수 있는 여러 개의 방향 및 각 방향을 취했을 때 나타날 수 있는 결과를 충분히 고려하고 또한 자기의 가치관이나 목적 및 실용성에 비추어 적합한 어느 하나를 밀고 나갈 준비를 한다.

셋째, 선택기(choice period): 구체화 과정에 뒤이어 어느 하나를 선택하게 된다. 즉, 이 단계에서 행해지는 선택의 적절성 유무는 선택에 이르는 구체화 과정의 적합성 여부에 의해 좌우된다.

넷째, 명료화기(clarification period): 의사결정에 대한 강한 확신을 하는 단계로서 선택을 더욱 신중히 분석, 검토해 보고 미흡한 점이나 의심스러운 사항이 있을 때는 이를 명확히 하는 작업을 한다.

② 실천기(implementation period)

첫째, 적응기(induction period): 새로운 상황, 예를 들면 학교나 직장에 들어가서 인정과 승인을 받기 위한 노력을 개시한다. 그래서 새로운 집단이나 조직의 요구 또는 풍토에 적응하기 위해 자신의 일면을 수정하거나 아예 버리기도 한다.

둘째, 개혁기(reformation period): 수용적이던 이전 단계에서와 달리 자신의 역할에 대해 강경한 태도를 보이기 시작한다. 일단 새 집단 내에서 인정을 받게 되면 주위 동료나 다른 사람들이 자기와 관점을 같이 할 것이라 믿고 자신의 의견이나 주장을 행사하려 하게 되는 것이다.

셋째, 통합기(integration period): 이 단계에 접어들면 집단의 요구와 개인의 요구 간에 균형이 이루어지게 된다. 개인은 집단에 소속된 일원으로서 자신에 대한 새로운 자아개념을 형성하게 된다. 그러나 이것은 고정적인 것이 아니라 일종의 역동적 평형상태다.

(4) 직업포부이론

Gottfredson(1981)은 Super와 마찬가지로 발달적 단계를 다루면서 사람이 어떻게 특정의 직업에 매력을 느끼게 되는가를 살펴보았다. 개인의 직업포부는 진로자아개념과 직업에 따라 직업에 대한 이미지를 비교하고 그 일치성의 정도를 결정하는 반복적인 과정을 통해 형성되는 것으로 자아와 일 사이의 관계에 대한 규준을 습득하고 직업에 대한 선호도가 분화된다. 따라서 직업포부이론에서는 직업과 관련된 개인의 발달을 아래와 같이 4단계로 구분하고 있다.

개인의 직업포부는 진로자아개념과 직업에 따라 직업에 대한 이미지를 비교하고 그 일치성의 정도를 결정하는 반복적인 과정을 통해 형성되는 것으로 자아와 일 사이의 관계에 대한 규준을 습득하고 직업에 대한 선호도가 분화된다.

첫째, 힘과 크기 지향성 혹은 서열획득 단계(orientation to size and power, 3~5세)이다.

이 시기는 Piaget의 인지발달단계인 감각운동기와 전조작기에 해당하는 단계로 자기중심적인 사고, 크기와 힘의 지향, 직관적 사고, 신체적 크기에 의해 자신과 성인을 구분하고, '좋다 - 나쁘다'의 이분법적 사고를 하는 특징을 가지고 있다. 즉, 사고과정이 구체화되며, 어른이 된다는 것의 의미를 알게 된다.

둘째, 성역할 지향 및 획득 단계(orientation to sex role, 6~8세)이다.

인지적 특성은 사물이나 사태를 이분법적으로 지각하고 모든 것을 좋은 것과 나쁜 것으로 분류하는 것이다. 이 시기는 Piaget의 인지발달단계인 구체적 조작기에 해당하는 단계로 직업을 여성적 직업과 남성적 직업으로 이분화하며, 직업에 대한 성역할 유형화가 이루어져 자신의 성에 적합하다고 생각하는 직업을 선택하는 경향이 나타난다. 즉, 자아개념이 성(gender)의 발달에 의해서 영향을 받게 된다.

셋째, 사회적 가치획득 단계(orientation to social valuation, 9~13세)이다.

타인의 사회적 평가에 민감해지고 사회적 계층 및 능력과 같은 보다 추상적인 자아개념이 사회적 행동과 기대의 중요한 결정요인이 된다. 낮은 사회적 지위를 갖는 직업은 직업선호 목록에서 제외시킨다. 사회계층의 차이, 개인의 능력차이, 직업에 대한 사회적 지위나 명성의 차이를 인식하고, 자신의 사회 · 경제적 수준에 알맞은 직업을 선호하며, 직업에는 보상적인 측면과 필요한 교육수준의 정도가 다르다는 것을 인식하기 시작한다. 즉, 사회계층에 대한 개념이 생기면서 자아를 인식하게 되고, 일의 수준에 대한 이해를 확장시킨다.

넷째, 내적 · 고유한 자아 획득 단계(orientation of the internal, unique self, 14세경)이다.

내성적인 사고를 통하여 자아개념을 확립하면서 남들과 차별화되는 자신의 독특성에 관심을 가진다. 자신의 흥미, 능력, 가치 등의 내적이고 고유한 자신의 특성들을 보다 중요한 규준으로 삼아 자신의 직업선택 범위를 축소시켜 나간다. Piaget의 인지발달단계인 형식적 조작기에 해당하는 단계로 동료집단의 평가와 일반적인 사회의 기대나 가치에 민감한 반응을 보인다. 자신의 내적 · 외적 요인을 고려한 직업대안을 선택하고, 직업포부를 현실화 · 구체화시킨다. 즉, 자아개념과 사회계층의 맥락에서 직업포부가 더욱 발달하게 된다.

3. 진로상담의 방법과 과정

상담은 내담자와 만나기 시작하여 종결될 때까지 여러 번(보통 5회기~20회기)의 면접을 거치는 하나의 심리적인 도움의 과정이다. 상담의 과정은 대개 문제제시 및 상담의 필요성에 대한 인식, 촉진적 관계의 형성, 목표설정, 내담자의 자각 및 합리적 사고의 촉진, 행동계획, 그리고 상담결과의 평가 등을 중심으로 하고 있다(이장호, 1984).

1) 진로상담의 방법

진로상담이 쉽게 이루어지기 위해서 여러 가지 진로 정보들을 쉽게 활용할 수 있어야 한다. 따라서 청소년대화의 광장(김병석 외 1997)의 조사연구에서 나타난 현직교사와 상담자들이 제안한 진로상담의 방법을 제시한 열한 가지는 다음과 같다.

첫째, 초등학교 때부터 다양한 현장 경험의 기회를 제공하여 자질과 흥미에 맞는 진로선택의 폭을 넓혀주어야 한다.

둘째, 현재 그 직업에 종사하는 사람을 만나거나 직접 그 직업의 일을 체험한다.

셋째, 직업의 준비과정으로서 재학 시 그 직업을 얻기 위한 기능 습득을 할 수 있는 산학협동을 구축한다.

넷째, 진로탐색 및 진로준비를 위한 교육과정을 운영한다.

다섯째, 청소년 진로문제를 체계적으로 구분한다.

여섯째, 컴퓨터를 이용한 진로정보 탐색을 한다.

일곱째, 진로탐색 워크숍, 세미나, 강연회 혹은 집단을 통해 진로지도를 한다.

여덟째, 진로정보에 대한 데이터베이스를 구축하고, 다양한 정보 자료의 비치 및 다양한 정보 제공원에 대한 정보를 구축한다.

아홉째, 인터넷을 통해 자신이 원하는 정보를 쉽게 제공한다.

열째, CD롬 등의 매체로 직업목록 사전을 마련한다.

열한째, 일선 중 · 고등학교에서도 특강이나 집단상담을 통해 진로와 관련된 프로그램을 마련한다.

효과적인 진로상담을 하기 위한 진로정보와 교육과정, 산학협동체제와 같은 진로지원체계를 갖추는 일로 요약될 수 있다(김봉환 외, 2006). 따라서 성공적인 진로상담을 위해서는 각종 진로정보자료를 활용하는 것이 필수적이며, 기업체 현장방문 혹은 기업체의 신입사원 충원활동을 학교에서 개최하는 일 등 현장과 밀접한 관계를 맺는 일이 필수적이다. 또한 진로문제의 유형에 따른 진로상담의 과정과 방법이 표준화되어 있다. 표준화된 방법과 정보 및 자료가 한자리에 있기 때문에 문제의 평가에서 진로의사결정이 이루어져야 한다. 이는 각종 진로검사가 컴퓨터에 수록되어 있어서 내담자들은 간단한 접수면접을 한 후 내담자에 알맞은 검사를 컴퓨터 모니터 앞에서 스스로 해보고 해석이 담긴 결과지를 인쇄할 수 있다. 이것을 가지고 다시 진로상담을 계속하여 진로의사결정에 필요한 정보는 인터넷이나 구비된 자료를 열람하게 한다. 그리고 합리적인 진로지도를 위해서는 교과 내용이 진로의식의 성숙, 진로의사결정, 진로의 탐색과 시도를

성공적인 진로상담을 위해서는 각종 진로정보자료를 활용하는 것이 필수적이며, 기업체 현장방문 혹은 기업체의 신입사원 충원활동을 학교에서 개최하는 일 등 현장과 밀접한 관계를 맺는 일이 필수적이다.

허용하는 여러 가지 경험으로 구성되어 있어야 할 것이다.

2) 진로상담의 과정

(1) 문제의 제시 및 상담의 필요성

상담의 시작단계에서는 신뢰감을 형성하고 수용적이고 온화한 태도로서 내담자에게 깊은 관심을 나타내는 것이 필요하다.

상담의 시작단계에서는 신뢰감을 형성하고 수용적이고 온화한 태도로서 내담자에게 깊은 관심을 나타내는 것이 필요하다. 먼저 내담자에게 자신의 고민, 문제, 찾아온 이유를 말하도록 한다. 일반적으로 상담과정은 네 가지 중요한 목적을 지닌다. 첫째, 내담자에게 자신에 관한 정보를 제공해 주고, 그 정보를 정확히 해석할 수 있도록 도와주는 데 있다. 둘째, 내담자가 자신의 성장·발달에 필요한 환경과 관계자들의 요소와 필수조건을 발견하도록 도와준다. 셋째, 내담자가 자신의 이해를 증진시키고 환경을 변화시킴으로써 환경에 잘 적응하도록 도우며, 그러한 변경은 고려하여야 할 가장 바람직한 요소들을 제공해 주는 것이다. 넷째, 내담자 자신의 갈등과 관심을 해결하기 위하여 성장하는 학생들의 능력으로부터 야기되는 내담자 편에 독립성을 증가시키는 목표를 고정시키는 데 있다.

대화는 필요치 않은 장해물에 의하여 괴로움을 받지 말아야 하는 복잡한 상호관계의 형성을 말한다. 대화의 정상적 발전을 저해하는 많은 요소들은 비교적 쉽게 제거되어야 한다. 이러한 장해요소들은 신체적이거나 심리적인 성격이겠지만, 주의 깊은 준비로서 장애적인 영향을 제거할 수 있게 된다. 이러한 준비의 과정이나 양상은 언제나 대화를 전개할 환경 또는 장면을 마련함으로써 가능하다.

첫째, 상담자가 관심을 가져야 할 조건은 상담자가 상담의 주체로서 유능한 인성적 특성을 지니고 있어야 한다는 것이다. 그것은 상담자 자신이 경험에 개방적이고 수용적일 것, 자신의 가치와 신념을 알고 있을 것, 다른 사람과의 온정적이고 깊은 관계를 발전시켜 나갈 수 있을 것, 실제 있는 그대로 다른 사람을 볼 수 있도록 허용적일 것, 자신의 행동에 대한 개인적 책임을 수용할 것, 현실적인 포부수준을 발전시켜 나갈 것 등이다.

둘째, 상담의 객체인 내담자의 객관적 이해를 위한 활동의 전개이다. 학생 이해를 위한 방법은 관찰, 질문지조사, 면접, 표준화검사, 평정법, 투사법, 사회측정법, 사례연구, 자서전, 누가기록 등의 방법을 동원하여 학생을 정확히 파악하는 일이다.

셋째, 상담 환경조건의 구비이다. 환경이란 상담을 효과 있게 이룰 수 있는 시설과 재료와 행·재정적 지원으로 상담실, 각종 정보자료, 진로정보센터, 표준화검사 자료, 부대시설의 구비이다. 또한 상담자와 내담자가 편안하게 아무런 부담이나 억압, 의기소침이 없이 자유스러운 분위기 조성에 있다. 춥고 지나치게 어둡거나 밝은 장소, 지나친 장식물로 치장한 환경들은 피하여야 한다. 내담자와 상담자가 사용하여야 할 테이블이나 의자 등도 심리적인 장애를 갖지 않도록 포근하고 안락한 분위기가 제공되어야 하며, 상담을 저해할 투명한 유리나 시끄러운 환경은 피하여야 한다.

(2) 촉진적 관계의 형성

촉진적 단계에서는 솔직하고 신뢰로운 관계를 형성하는 것이다. 상담자와 내담자와의 순조로운 대화관계를 원만히 유지하기 위해서는 흔히 라포의 형성이 이루어져야 한다. 즉, 대화의 촉진적 관계로서 서로 믿고 의지하는 관계, 친화감이 있어야 한다. 상담의 효과에 대한 긍정적인 기대를 갖게 하는 요인이 바로 내담자가 상담자에게서 느끼는 전문적 숙련성, 매력, 신뢰성 등이다. 그러므로 상담의 촉진적 관계를 유지하려면 상담자의 공감적 이해, 성실한 자세, 내담자에 대한 수용적 존중 및 적극적인 경청 등이 요구된다.

상담의 촉진적 관계를 유지하려면 상담자의 공감적 이해, 성실한 자세, 내담자에 대한 수용적 존중 및 적극적인 경청 등이 요구된다.

(3) 목표설정과 구조화

목표설정 단계에서는 상담과정의 목적과 골격을 분명히 한다.

구조화(structuring)란 상담과정의 본질과 제한조건 및 목적에 대하여 상담자가 정의를 내려주는 것이다. 즉, 상담과정의 바람직한 체계와 방향을 알려주는 것이다. 상담의 구조화에는 암시적인 구조화와 정규적인 구조화

상담의 구조화에는 암시적인 구조화와 정규적인 구조화가 있는데, 내담자가 처해 있는 상황이 자동적으로 어떤 구조를 가하게 되는 것은 내담자에게 상담과정에 대하여 의도적으로 설명하고 제약을 가하는 것이다.

가 있는데, 내담자가 처해 있는 상황이 자동적으로 어떤 구조를 가하게 되는 것은 내담자에게 상담과정에 대하여 의도적으로 설명하고 제약을 가하는 것이다.

구조화는 상담의 효과를 높이기 위하여 상담의 기본성격, 상담자 및 내담자의 역할관계, 바람직한 태도 등을 설명하고 인식시켜 주는 작업이다. 구조화에 포함되는 사항은 ① 상담의 성질, ② 상담자의 역할과 책임, ③ 상담의 목표, ④ 시간과 공간적인 제한 등이다.

구조화의 일반원칙은 ① 상담자와 내담자가 서로 편안하도록 최소한의 불안을 줄여주어야 하고, ② 적절한 시점에서 이루어지되 절대로 내담자를 처벌하는 식이 되어서는 안 되며, ③ 면담시간과 약속 및 내담자의 행동규범에 관하여는 구체적으로 정해져야 한다.

(4) 문제해결의 노력

문제해결 단계에서는 내담자의 감정표현을 촉진하고 제시된 문제를 다시 구체적으로 정의한다. 문제의 성질을 명확하게 이해하고, 어떤 방법과 절차를 이용할 것인가를 결정하여야 한다.

문제해결의 노력은 다음과 같다.

① 문제에 대하여 정확히 정의하고

② 문제해결을 위한 방향과 가능한 방안을 정하고

③ 관련된 정보수집을 하며

④ 관련된 정보를 중심으로 대처방안을 의논한다.

⑤ 검사와 심리진단자료를 참고로 바람직한 행동절차 및 의사소통의 실제계획을 수립하고

⑥ 계획된 것을 실제생활에서 실천하며

⑦ 실천된 결과를 평가하고 행동계획을 수정 · 보완한다.

내담자가 상담의 목표에 도달하기 위하여 필요한 자기이해와 합리적 생각을 갖출 때까지 상담에 적극 참여하도록 한다.

(5) 자각과 합리적 사고의 촉진

내담자가 상담의 목표에 도달하기 위하여 필요한 자기이해와 합리적 생

각을 갖출 때까지 상담에 적극 참여하도록 한다. 아울러 심리적 부담과 저항을 잘 조절하여야 한다.

(6) 실천행동의 계획

내담자의 구체적인 행동절차를 협의하고 세부적인 행동계획을 작성하는 것이다. 예를 들면, 배우자의 선택, 직장에서의 인간관계, 교우관계 등이다. 이러한 갈등에 대처하는 방안을 구체적으로 논의한 후 판단기준을 확인하여 실제 행동과정을 계획한다.

(7) 실천결과의 평가 및 추후지도

종결단계는 주로 내담자와 상담자의 협의하에 이루어지며, 대화가 끝났을 때 일어난다. 이 단계는 종결로서 대화의 성과를 측정하는 것이다. 대화를 하려면, 미리 준비단계로서 상담을 할 수 있는 여건을 잘 준비하고 내담자와의 관계형성을 잘 이룬 다음에 핵심적인 문제를 가지고 친절히 면담을 전개한다. 면담의 결과 부정적인 감정이 긍정적인 태도변화를 이룰 때까지 계속하여 경청하며 수용하고, 공감하면서 문제를 이해하고 진전사항을 점검하여 상담의 목표에서 제시한 바와 같이 태도의 변화를 가져오게 하며 정신건강의 증진을 가져오도록 한다.

면담의 결과 부정적인 감정이 긍정적인 태도변화를 이룰 때까지 계속하여 경청하며 수용하고, 공감하면서 문제를 이해하고 진전사항을 점검하여 상담의 목표에서 제시한 바와 같이 태도의 변화를 가져오게 하며 정신건강의 증진을 가져오도록 한다.

4. 진로상담의 조건

학교교육을 통해서 중요하게 준비될 수 있는 것이 진로지도와 진로상담이다. 한 개인의 일생을 방향지어 주는 것은 단지 한 사람만의 삶은 아니다. 왜냐하면 한 사람을 구성하고 있는 주변 인물들과의 상호작용을 통해서 개인과 사회와 국가의 발전을 도모할 수 있기 때문이다. 따라서 학교에서 이루어지는 진로지도와 진로상담은 한 개인에서 출발하여 국가의 발전과 안전을 위한 총체적인 지도라고 할 수 있다(김영봉 외, 2011).

1) 진로상담의 내용과 원리

진로상담의 내용은 크게 두 영역으로 구분되는데, 일반적인 내용으로는 직업적 역할과 자아인식, 일의 세계에 대한 인식, 일에 대한 적극적이고 긍정적인 태도 함양, 의사결정 능력의 함양, 원만한 인간관계 기술 습득, 일과 직업의 경제적 측면 이해, 교육과 일의 세계와의 관계 인식, 가정 · 학교 · 지역사회에서의 연계체제 수립, 계속교육의 강조가 있다. 다음으로 발달단계에 따른 내용으로는 진로인식단계, 진로탐색단계, 진로준비단계가 있다(김청자 · 정진선, 2004; 이현림, 2007).

개인이 아동 초기부터 진로에 관한 정보를 점진적으로 축적해 왔다면 진로결정에 적지 않은 영향을 주었으리라는 기대에서 진로상담의 출발점이다. 진로상담의 방법은 자신의 환경과 자신에 대해 관찰하고 해석하고 평가하는 방법을 지도함과 동시에 올바른 진로정보를 선택할 수 있도록 돕는 것이다.

진로상담의 일반적인 여섯 가지는 자기이해, 직업세계 이해, 미래사회 이해, 진로계획 수립, 진로지도, 추후지도 등으로 구분하며 그 내용은 다음과 같다.

(1) 진로상담의 일반적 단계

첫째, 자기이해이다.

- 장기적 목표 및 단기적 목표설정에 관한 활동
- 자기분석법을 통한 자기이해활동
- 검사법 등을 이용한 객관적 자기판단의 자료 획득에 대한 준비활동
- 자신을 통찰할 수 있게 돕기 위한 활동

둘째, 직업세계를 이해한다.

- 실제 직업생활을 관찰하는 활동
- 개발적 경험을 얻는 활동
- 직업인과의 면담을 통한 활동

- 다양한 직업인에 대한 역할연기를 통해 미리 다양한 직업을 접해 보는 활동
- 자료나 일반 대중매체를 통해 성공한 직업인의 모습을 수집 · 분석하는 활동
- 각종 통계에 의한 직업세계의 현황파악 등의 간접적인 경험을 얻는 활동

셋째, 미래사회 이해이다.

- 미래학자들이 제시한 미래사회를 미루어 예측하는 활동
- 선진국의 직업세계에 대한 현상을 고찰하는 활동
- 국가에서 제시한 인력수급 및 향후 국가발전계획 탐색에 관한 활동
- 기술혁신과 기술의 가속화에 따른 영향 등에 관한 분석을 통합하는 활동

넷째, 진로계획 수립이다.

- 현재의 위치와 희망하는 위치를 명료화하는 활동
- 자신에 대한 이해, 직업세계 및 미래사회에 대한 분석을 통합하는 활동
- 구체적인 진로계획을 수립하는 활동

다섯째, 진로지도이다.

- 내담자 특성에 관한 정보 수집활동
- 직업세계에 대한 정보 제공활동
- 노동시장에 대한 직업정보 제공활동
- 대안탐색
- 개인정보와 사실적 자료의 통합활동
- 의사결정 과정

여섯째, 추후지도이다.

- 직업적응에 관한 활동
- 전직 및 진로에 관한 활동
- 생애설계

(2) 진로상담에 대한 내용

Zunker(1988)는 진로상담에 대한 내용을 중학생과 고등학생을 분류하였으며, 중학생 시기는 진로탐색단계에 해당되고, 고등학생 시기는 진로준비단계로 제시하였다.

중학생의 진로탐색단계에 해당되는 내용은 첫째, 의사결정 및 문제해결 기술 증진, 둘째, 자아개념과 교육 · 직업목표와의 연계, 셋째, 개인의 장점과 능력 파악 및 활용, 넷째, 직업탐색 등의 활동은 중학교 시기에 이루어져야 할 내용으로 제시하였다. 즉, 자기 자신과 직업에 대한 탐색이 이루어지는 기회가 주어져야 할 것이다.

고등학생의 진로준비단계에 해당되는 내용은 첫째, 의사결정 기술과 문제해결력의 심화, 둘째, 직업세계에 대한 구체적인 지식 구비, 셋째, 직업윤리 및 타인들과 일하는 방법과 기술 등에 대한 학습, 넷째, 개인의 역할에 대한 이해, 다섯째, 개인의 생활양식, 여가활동 등과 일과의 연계방법 학습, 여섯째, 취업에 대비한 구체적인 취업활동 등을 주요 내용으로 제시하고 있다. 그러므로 고등학교에서의 진로상담은 자신의 능력, 적성, 흥미, 경제적 여건, 직업포부 등을 고려하여 자신의 진로를 선택하고 개척해 나갈 수 있는 탐색과 준비를 할 수 있는 기회를 제공해 주는 것이 바람직하다. 이처럼 중 · 고등학생들의 진로탐색 및 진로준비단계가 효과적으로 이루어지기 위해서는 일반상담의 기본원리 여섯 가지가 적용되어야 한다(김청자 · 정진선, 2010).

> 고등학교에서의 진로상담은 자신의 능력, 적성, 흥미, 경제적 여건, 직업포부 등을 고려하여 자신의 진로를 선택하고 개척해 나갈 수 있는 탐색과 준비를 할 수 있는 기회를 제공해 주는 것이 바람직하다.

① 상담자의 내담자에 대한 신뢰 및 공감적 이해가 필요하다.
② 최종 선택은 내담자 스스로 결정하도록 유도해야 한다.
③ 만성적 진로 미결정자를 조기 발견하여 의사결정을 돕는다.
④ 내담자로 하여금 합리적인 의사결정 기법을 획득하도록 유도하여야 한다.
⑤ 상담자는 효과적인 진로관련 정보제공을 위해 직업세계에 관해 숙지하여야 한다.
⑥ 내담자의 결정수준에 따른 상담자의 차별적인 진단과 처치 등이다.

(3) 진로상담의 원리

진로상담의 원리는 아래에 제시된 다섯 가지로 구분된다(김영봉 외, 2011; 이철웅, 2006).

첫째, 개인차와 직업의 차이성 원리이다. 인간은 지능, 성격, 신체 기능, 학습능력, 기능, 흥미, 그리고 발전 가능성인 잠재적 능력과 특성이 각기 다르다. 또한 직업도 셀 수 없을 정도로 다양하여, 직업의 다양성만큼 직업에 적합한 자질과 필요기능도 다양하다. 이와 같이 개인차가 있고 직업에서 요구하는 자질과 기능의 차이가 있기 때문에 진로상담 또한 다양성을 띠지 않으면 안 된다.

둘째, 직업적 적응성과 직업적 발달성 원리이다.

개인과 직업은 각기 차이점이 있기 때문에 개인과 직업의 관계를 생각하면 어떤 인간이 어떤 직업에 적합한가 또는 어떤 목적에 적응하기 어려운 것인가 하는 것이 문제가 된다. 특히 직업에의 적응성은 특정 직업에 대한 것이 아니라 상당히 폭넓은 직업군, 혹은 여러 가지 직업에의 적응성이 되어야 한다. 또한 개인의 적응성은 결코 항구적이거나 고정적인 것이 아니라 점차로 변화하고 발달하는 것이다. 따라서 개인의 직업적 발달에 있어서 특수한 심신의 변화, 교육과 훈련, 흥미의 변화, 직업관의 형성, 그리고 직업경험이 축적되어 감에 따라 변화되어 간다.

직업에의 적응성은 특정 직업에 대한 것이 아니라 상당히 폭넓은 직업군, 혹은 여러 가지 직업에의 적응성이 되어야 한다.

셋째, 직업의 발전성 원리이다.

직업은 아주 다양하며 또 시대의 흐름에 따라 변동한다. 인간사회는 변화가 그 바탕이며, 이와 더불어 문화의 발전, 그중에서도 경제활동의 변화가 가장 현저하다. 한편 여러 가지 발견과 발명은 직업에 많은 영향을 주어 새로운 직업의 창출과 특정 직업의 감소를 가져왔다. 특히 자동화와 기술혁신은 산업현장의 혁신을 가져오고 있는 실정이다. 이에 따라 학교에서의 진로상담은 새로운 시대에 부응하고 보다 미래지향적인 교육이 되어야 한다.

넷째, 직업선택 자유의 원리이다.

과거 봉건사회에서의 직업은 사회 계급적으로 고정되어 있었으나 오늘날 민주사회의 원칙으로 직업선택의 자유가 보장되어 있다. 따라서 인간의 개인차와 직업의 다양성이 있기 때문에 이를 선택하는 개인에게 보다 많은 교육을 요구하게 되며, 사회적 측면에서는 사회구조의 다양성을 고려하여 다양한 진로상담이 방향을 제시해 주어야 한다.

다섯째, 개성 발휘를 위한 지원의 원리이다.

민주사회의 교육은 학생의 보편성을 존중하고 또한 차이성을 중시한다. 개성이라는 것은 개인이 갖는 보편성과 차이성을 종합시킨 의미이다. 또 교육은 학생이 민주사회의 일원으로서 필요한 일반적 능력과 자질을 육성함과 동시에 학생 개개인의 독특한 자질을 신장시키는 데 최대의 목적이 있는 것이다.

이와 같이 개인의 보편성과 독특성을 포함한 개성을 장래 직업활동과 관련짓고 신장·발달시키고 직업현장에서 개인의 개성을 충분히 발휘할 수 있도록 지원하여 주어야 한다.

연습문제

01 청소년기의 진로상담 필요성 및 목표에 대하여 서술하시오.

02 청소년기의 진로발달이론 중 진로선택이론에 대하여 서술하시오.

03 청소년기의 진로발달이론 중 긴즈버그와 수퍼의 진로발달에 대하여 서술하시오.

04 청소년기의 진로상담의 과정에 대하여 서술하시오.

05 청소년기의 진로상담의 원리 다섯 가지에 대하여 서술하시오.

제12장

청소년기의 집단상담

1. 집단상담의 개념

집단상담이란 생활과정상의 여러 문제를 해결하고 보다 바람직한 성장 발달을 위하여, 전문적으로 훈련된 상담자와 집단구성원의 역동적인 상호교류를 통해 각자의 감정, 태도, 생각 및 행동양식 등을 탐색 · 이해하고 보다 성숙된 수준으로 향상시키는 과정이다(이장호 외, 1992). 따라서 집단상담은 치료적 목적뿐 아니라 예방적이고 교육적인 목적을 가지며, 의식적인 사고, 감정, 행동을 강조하는 대인과정과 문제해결 방법과 전략이 포함된다(Corey, 1994).

집단상담은 치료적 목적뿐 아니라 예방적이고 교육적인 목적을 가지며, 의식적인 사고, 감정, 행동을 강조하는 대인과정과 문제해결 방법과 전략이 포함된다.

집단상담에서는 전문적 훈련을 받은 상담자가 집단구성원 6~12명의 내담자들과 대인관계를 맺는다. 집단상담은 내담자들의 병리적 문제보다는 주로 발달의 문제를 다루거나 생활과제의 문제를 다룬다. 즉, 대인관계에 관련된 태도, 정서, 의사결정과 가치문제 등에 초점이 맞추어진다. 집단상담의 일차적 목표는 개인으로 하여금 자기이해와 대인관계의 능력을 향상시키고 생활환경에 보다 건전하게 적응할 수 있도록 하는 것이다. 이 목표를 달성하기 위하여 정서적인 차원에서의 개인의 문제가 먼저 다루어진다(이장호, 2005).

최근 학교장면에서는 물론이고 기업체 등에서도 집단상담을 매우 중요하게 여기고 진행하는 경우가 많다. 집단상담이란 용어가 널리 알려지고 실제 상황에서 다양하게 정의되고 있는데도 학자에 따라 용어가 각기 다르게 쓰이고 있다. 집단상담에 관한 몇몇 학자들의 의견을 살펴보면, Mahler(1969)는 집단상담은 자기이해와 자기수용을 보다 효과적으로 하기 위해 집단의 상호작용을 적용하는 과정이다. Bates와 Johnson(1972)은 집단상담은 6~12명의 학생들이 집단지도성 훈련을 받은 한 전문가의 지도 아래 교육적 · 직업적 · 사회적 · 개인적 가치 등에 관한 그들 상호 간의 의미 있는 대화(multi-dialogue)를 나누는 과정이다. Hansen, Warner와 Smith(1980)는 집단상담이란 "태도와 행동을 변화시키려는 의도에서 그들 스스로와 그들의 환경을 탐색·조사하는 한 사람의 상담자와 두 사람 이상의 구성원들이 관련되는 대인 간의 과정"이라고 정의하고 있다. Gazda (1978)는 집단상담은 일반적으로 같은 목적을 가진 사람들이 미리 조정된 시간에 함께 모여서 예방이나 어려움에 대한 치료, 나아가 개인적인 성장 혹은 질의 향상을 위해 개인들 사이의 모임에서 역동적인 상호작용이라고 한다.

이형득 등(2006)은 집단상담은 비교적 적은 수의 정상인들이 한두 사람의 전문가의 지도 아래 집단 혹은 상호관계성의 역할을 토대로 신뢰할 만한 수용적인 분위기 속에서 개인의 태도와 행동의 변화 혹은 한층 높은 수준의 개인적 성장 및 인간관계 능력의 발달을 위해 노력하는 역동적인 대인관계의 과정이라고 정의하였다. 천성문 등(2006)은 집단상담이란 심리적 문제가 심각하지 않은 사람들이 모여 집단을 형성하고 그들이 전문적인 상담자와 함께 서로를 신뢰하고 허용적인 분위기 속에서 자기이해와 수용 및 개방을 촉진하는 상호작용을 함으로써 개인의 태도와 행동을 변화시키고 문제를 해결하며 나아가 잠재능력의 개발을 돕는 활동이라고 정의하였다. 따라서 집단상담은 상대방을 진심으로 이해하고 염려하며 수용하고 후원하는 깊은 상호관계 속에서 허용적이며, 현실에 기초를 둔 상담 기능, 의식적 사고와 행위에 초점을 둔 역동적인 대인관계의 과정을 의미한다.

> 집단상담은 상대방을 진심으로 이해하고 염려하며 수용하고 후원하는 깊은 상호관계 속에서 허용적이며, 현실에 기초를 둔 상담 기능, 의식적 사고와 행위에 초점을 둔 역동적인 대인관계의 과정을 의미한다.

집단상담의 과정은 네 가지로 제시한다(천성문 외, 2006).

첫째, 집단상담은 정신병적인 치료보다 성숙(장)과 적응에 목적을 두며, 정상적인 범위에서 일탈하지 않은 대상자를 중심으로 진행된다.

둘째, 집단상담 지도자는 일반적인 상담이론과 아울러 집단상담에 대한 폭넓은 지식과 자질을 갖춘 전문적인 훈련을 받은 자를 중심으로 진행된다.

셋째, 집단상담의 분위기는 구성원들 간의 무조건적인 수용과 공감할 수 있는 분위기를 중심으로 진행된다.

넷째, 집단상담은 집단구성원이 상호작용하는 역동적인 대인관계를 중심으로 진행된다.

2. 집단상담과 개인상담의 비교

개인상담은 상담자를 상대로 진행하는 상담활동을 말하며, 집단상담은 한 사람이나 그 이상의 상담자가 여러 명의 내담자를 상대로 진행하는 상담활동을 말한다. 집단상담에서는 개인상담과는 달리 참여자들이 다른 사람들로부터 도움을 받을 수 있을 뿐만 아니라 참여자 자신이 다른 사람들을 도와주는 경험을 할 수 있다. 집단의 분위기가 이해적이고 상호 수용적일수록 이렇게 도움을 주고받는 호혜관계가 잘 이루어질 것이다. 집단상담의 상담자는 개인상담 장면에서보다 더욱 복잡한 과제를 수행해야 한다. 집단상담의 지도자는 집단원 개개인의 말과 행동에 세심한 관심을 두고 적절히 반응해야 할 뿐만 아니라 한 사람의 집단원이 다른 집단원들과 집단 전체에 어떤 영향을 주고 있는가를 유의해서 관찰해야 한다. 즉, 현재 진행되고 있는 대화의 내용과 의미를 파악하는 동시에 집단원들 간의 상호관계의 역동에 민감해야 하는 것이 집단지도자의 주요한 과제이다.

집단상담에서는 개인상담과는 달리 참여자들이 다른 사람들로부터 도움을 받을 수 있을 뿐만 아니라 참여자 자신이 다른 사람들을 도와주는 경험을 할 수 있다.

1) 집단상담과 개인상담이 필요한 경우

집단상담이 필요한 경우와 개인상담이 필요한 경우를 구분해서 살펴보면 다음과 같다. 먼저 집단상담이 필요한 경우를 요약하면 다음과 같은 경우를 들 수 있다(윤관현 외, 2006; 조경덕 외, 2012).

① 여러 사람들을 보다 잘 이해하고, 다른 사람이 자기를 어떻게 보는가를 알아야 할 것으로 판단되는 내담자이다.

② 특히 자기와 성격, 생활배경 등이 다른 사람들에 대한 배려와 존중을 습득해야 할 것으로 판단되는 내담자이다.

③ 다른 사람과의 대화를 포함한 사회적 기술의 습득이 필요한 내담자이다.

④ 다른 사람과의 유대감, 소속감 및 협동심의 향상이 필요한 내담자이다.

⑤ 자기의 관심사나 문제에 관해 다른 사람의 반응, 조언이 필요한 내담자이다.
⑥ 동료나 타인의 이해와 지지가 도움이 되리라고 판단되는 내담자이다.
⑦ 자기 문제에 관한 검토, 분석을 기피하거나 유보하기를 원하고, 자기 노출에 관해 필요 이상의 위협을 느끼는 내담자이다.

개인상담이 필요한 경우는 다음과 같다.
① 가지고 있는 문제가 위급하고, 원인과 해결 방법이 복잡하다고 판단되는 내담자이다.
② 자신과 관련 인물들의 신상을 보호할 필요가 있는 내담자이다.
③ 자아 개념 또는 사적인 내면세계와 관련해서 심리검사 결과를 해석해 주는 내담자이다.
④ 집단에서 공개적으로 발언하는 것에 대해 심한 불안, 공포가 있는 내담자이다.
⑤ 다른 집단원들로부터 수용될 수 없을 정도로 대인관계 행동이나 태도가 부적절한 내담자이다.
⑥ 자기 자신에 대한 탐색, 통찰력이 극히 제한되어 있는 내담자이다.
⑦ 폭행이나 '비정상적'인 성적 행동을 취할 가능성이 보이는 내담자이다.

2) 집단상담과 개인상담의 유사점과 차이점

집단상담과 개인상담에서 공통적으로 갖추어야 할 기본적인 조건은 유사점과 차이점으로 구분된다(이시용 외, 2003).

먼저, 집단상담과 개인상담의 유사점은 다음과 같다.
① 집단상담이나 개인상담 모두 내담자로 하여금 자기관리, 인격의 조화로운 통합상태, 생활문제 해결 등을 달성하도록 도와주며, 자기이

해를 촉진한다는 점이다.

② 내담자들의 자기공개, 자기수용을 촉진하기 위해 모두 이해적이고 허용적인 상담분위기의 조성과 유지를 강조한다는 점과 내담자 스스로 선택한 일에 책임을 인정하는 면에서도 유사하다.

③ 상담의 기법 면에서 유사한 것이 많다. 내담자로 하여금 자기의 감정과 태도 등을 자각·검토하도록 유도하기 위하여 상담자의 여러 기법이 활용된다는 면에서 보면 집단상담이나 개인상담은 근본적으로 동일하다. 내담자의 감정을 명료화하고 반영하고 해석하는 상담자의 역할 면에서 똑같다고 할 수 있다.

④ 내담자들의 개인적 자질과 개성을 발휘하도록 하기 위해 집단상담이나 개인상담 모두 내담자의 사적인 정보의 비밀을 보장하고 있다.

내담자들의 개인적 자질과 개성을 발휘하도록 하기 위해 집단상담이나 개인상담 모두 내담자의 사적인 정보의 비밀을 보장하고 있다.

또한 집단상담과 개인상담의 차이점은 다음과 같다.

① 개인상담에 비해 집단상담은 타인을 대하는 바람직한 태도나 행동반응을 즉각적으로 시도하고 확인할 수 있으며 타인과의 친밀감에 관한 경험을 가질 수 있다.

② 집단상담에서는 개인상담과는 달리 참여자들이 다른 사람들로부터 도움을 받을 수 있을 뿐만 아니라 참여자 자신이 다른 사람을 도와주는 경험을 가질 수 있다.

③ 집단상담의 상담자는 개인상담에서보다 복잡한 과제를 짊어진다. 집단상담의 상담자는 집단원의 감정을 이해하고 집단원 스스로 자신을 지각할 수 있도록 유도해야 할 뿐만 아니라 한 집단원의 발언이 다른 집단원과 상담집단 전체에 어떤 영향을 미치는지를 유심히 관찰해야 한다.

3. 집단지도, 집단상담, 집단치료의 비교

집단지도, 집단상담, 그리고 집단치료는 모두 집단상황을 이용하는 것이고 집단과정을 활용하는 방법들이다. 집단상담의 성격을 분명히 하기 위해서 집단지도, 집단상담, 집단치료의 차이점을 보면 다음과 같다.

1) 집단지도(group guidance)

집단지도는 학교장면에서 학생들을 대상으로 하며, 지도자(교사)는 집단의 관리, 방향, 활동, 조직에 대한 책임을 지며 교육적 · 직업적 · 사회적 지도와 여가활동, 성격문제와 관련된 프로그램, 심리교육, 직업알선, 이성교제 등에 관한 정보를 제공하여 예후지도도 함께하여야 한다(김충기, 2001). 학생들의 바람직하고 건전한 학습 및 생활태도를 촉진하기 위해 필요한 정보와 자료를 제공하고 새로운 문제에 대한 대처방안을 전달하는 데 역점을 두는 예방적인 접근방식이라고 할 수 있다. 이것은 미리 계획되고 특정한 주제에 초점을 맞추고 있으며, 참여자 모두가 공통적인 목표를 향하고 있다. 지도방법으로는 강의, 토론, 공개좌담 및 심포지엄, 극화법 등이 있다.

2) 집단상담(group counseling)

집단상담은 한 사람의 상담자가 동시에 6~12명의 내담자들을 상대로 내담자가 개인의 관심사, 대인관계, 사고 및 행동양식의 변화를 가져오도록 하는 집단적 접근방법이다.

집단상담은 한 사람의 상담자가 동시에 6~12명의 내담자들을 상대로 내담자가 개인의 관심사, 대인관계, 사고 및 행동양식의 변화를 가져오도록 하는 집단적 접근방법이다. 그 본질로 보아 집단지도와 집단치료의 중간에 속하는 것이라 할 수 있다. 집단지도에서는 토의되는 주제에 초점이 주어지는 반면, 집단상담에서는 참가자 개인에게 초점이 맞추어진다. 집단상담에서는 의식적인 감지를 토대로 하는 감정과 욕구가 강조되며, 학교와 같은 비의료기관에서 실시되는 문제 지향적인 것이다. 집단치료에 비하면 짧은 기간이 소요된다.

3) 집단치료(group therapy)

집단치료는 임상치료적인 원리에 의해 성격이상, 정신신경증, 정서적 장애나 심리적 갈등이 있는 내담자 또는 환자들이 정상적인 생활을 할 수 있도록 전문적으로 도와주는 것이다. 집단치료와 집단상담은 인간의 심리적인 문제의 해결을 돕는 과정이라는 점에서 유사하다. 집단치료가 임상적으로 비정상적인 내담자(환자)를 대상으로 하는 반면에 집단상담은 비교적 정상적인 내담자 집단을 대상으로 한다. 집단상담은 개개인의 행동변화에 초점을 두며 집단치료는 무의식적 동기에 더욱 관심을 기울인다. 집단치료는 정서적인 관여의 정도가 가장 깊고 집단지도나 집단상담에 비해 가장 긴 시간이 소요된다. 병원 같은 전문기관, 의료기관에서 자주 활용되는 활동이며 치료를 하는 사람은 임상심리학자나 정신의학자 같은 전문가들이다.

집단치료는 임상치료적인 원리에 의해 성격이상, 정신신경증, 정서적 장애나 심리적 갈등이 있는 내담자 또는 환자들이 정상적인 생활을 할 수 있도록 전문적으로 도와주는 것이다.

이장호(2005)는 집단치료란 한 사람의 상담자(치료자)가 동시에 4~5명 이상의 내담자(환자)들을 대상으로 심리적 갈등을 명료화하여 문제행동을 수정하는 일련의 집단면접이라고 정의한다. 집단상담에서는 더 심한 장애를 가진 사람을 대상으로 하며 보다 깊은 성격상의 문제를 다룬다.

앞에서 언급한 집단상담에 해당하는 집단지도와 집단치료는 중복되는 목표와 기술을 지니고 있어 포괄적으로는 동일하게 사용되기도 하고 약간 차이가 있는 것으로 간주하기도 한다. 집단지도, 집단상담, 집단치료의 차이를 비교하면 **표 12-1**과 같다.

표 12-1 집단지도, 집단상담, 집단치료의 차이

구분	집단지도	집단상담	집단치료
접근방법	예방적 접근	예방 및 성장 접근	교정적 접근
대상	정보 및 방향 제시가 필요한 집단	비교적 정상적인 내담자 집단	임상적으로 비정상적인 내담자
초점	토의되는 주제	참여자 개인의 발달적 문제	참여자의 증세 완화

구분	집단지도	집단상담	집단치료
상담자 역할	집단의 구조, 활동, 내용에 권위적인 책임	안내자 혹은 민주적인 촉진자	정상적인 생활을 위한 전문가의 도움
집단목적	주로 교육적이고 직업적인 지식습득	현재의 문제와 관련한 성숙지향적 행동변화	무의식적 동기를 주로 탐색 및 해석하여 정서적 장애 치료

출처: 고영인(2005).

4. 집단상담의 목표

집단상담은 집단구성원 모두가 자신에 대한 새로운 이해와 통찰을 경험하고 자신의 적응력을 높이기 위해 상호 협력하는 과정이라고 할 수 있다. 집단구성원들은 정서적인 압력이나 위압감을 받지 않는 상황에서 마음의 부담을 갖지 않고 개인적인 문제를 서로 충분히 비판하고 토의할 수 있어야 한다. 이때 구성원들은 집단의 리더도 되어 보고 집단에 반항하는 대항자의 역할을 수행하게 된다. 따라서 내담자들은 자기감정을 자유롭게 표현할 수 있을 뿐만 아니라 동정과 비판을 주고받으면서 정서적 긴장을 해소하고 마음의 평정을 찾는다. 그 결과 개인은 자기 자신과 남을 이해하게 되고 자기의 문제를 통찰하여 문제해결로 나아가게 된다. 이러한 집단상담의 목표는 특수한 인간관계 경험을 통해 내담자의 일상생활 적응력을 향상시키는 데 있다. 집단상담을 통해 내담자는 자신의 욕구를 스스로 인지하여 그것을 집단 속에서 충족시키는 방법을 배우게 되고 자기와 다른 사람의 문제를 이해함으로써 문제해결 능력을 기르게 되며 자신은 물론 다른 사람의 문제해결을 도와주는 방식도 배우게 된다.

집단상담을 통해 내담자는 자신의 욕구를 스스로 인지하여 그것을 집단 속에서 충족시키는 방법을 배우게 되고 자기와 다른 사람의 문제를 이해함으로써 문제해결 능력을 기르게 되며 자신은 물론 다른 사람의 문제해결을 도와주는 방식도 배우게 된다.

집단상담의 목표는 학자에 따라 다양하게 제시되고 있다. 이혜성(1980)은 집단상담의 목적을 각자가 가지고 있는 잠재력을 키워가는 것이라며 자기긍정, 자기결정, 자기동기, 타인에 대한 이해의 확대 같은 구체적인 목적을 제시하고 있다. 이장호(2005)는 집단상담의 일차적 목표를 개인으로 하여금 자기이해를 시키고, 대인관계 능력을 향상시키고, 보다 건강하게 적응할 수 있도록 환경을 조성하는 것이라고 하였다.

강봉규(1999)는 집단상담의 일반적인 목표를 자신과 타인을 신뢰하는 법을 배우는 것, 자기수용을 증대하고 자신의 완전무결을 요구하지 않는 것을 배우는 것이라고 하였다. 즉, 자신에게 어떤 양극성을 인식하고 수용하는 것, 친밀하게 되는 것에 대한 공포를 감소하고 가까워지고 싶은 사람을 맞아들이는 것을 배우는 것, 단순히 다른 사람의 기대에 맞추려는 데서 탈피해서 자신의 기준에 의해서 결정하는 것이다. 그리고 다른 사람을 배려하고 관심을 가지고 정직하고 솔직하게 직면하는 방법을 배우는 것, 다른 사람들도 고난을 당하고 있다는 것을 인식하는 것, 다른 사람에게 베푸는 방법을 배우는 것, 다른 사람의 욕구나 감정에 대해서 더 민감해지는 것으로 제시하였다.

Gazda(1989)가 제시하고 있는 집단상담의 구체적인 목표는 다음과 같다. 첫째, 학생의 중대한 발달적 요구를 충족시켜 줄 수 있다. 둘째, 학생의 동일성 추구과정을 조력할 수 있게 관계를 수립한다. 셋째, 자신에 대한 이해와 보다 효율적인 생활과 행동의 기회를 제공한다. 넷째, 학생으로 하여금 자신의 감정과 태도, 그리고 자신과 세계에 대한 개념을 점검할 수 있는 기회를 제공한다. 다섯째, 학생들이 자신의 지각으로 타인과 함께 이야기하는 방법을 익히고, 점진적으로 행동에 대한 책임을 받아들여서 자신에 대해 생각하도록 한다. 여섯째, 자기 자신 및 다른 사람들의 행동에 대하여 단순한 표면적 관찰만으로는 만족하지 않는 태도를 배우게 한다. 일곱째, 다른 성원들의 견해가 자신과 일치하지 않아도 그들의 의견과 권리를 존중하도록 도와준다.

윤관현 등(2006)은 집단상담의 목표를 다음의 다섯 가지로 제시하였다. 첫째, 자기에 대한 이해를 증가시키고 개인적 성장에의 자신감을 갖도록 한다. 둘째, 개인 및 사회생활 면에서의 발달과제를 해결해 나아가는 데 필요한 사회적 기술과 대인관계 능력을 발전시킨다, 셋째, 자기통제 문제해결 및 의사결정의 능력을 개발하고 이러한 능력을 직장 또는 학교, 가정 등의 다른 사회적 장면에서도 발휘할 수 있게 한다, 넷째, 타인과의 대화에서 공감적 경청자가 되는 동시에 자기가 생각하고 믿는 바를 정확하게 표현할 수 있는 의사소통 능력을 향상시킨다. 다섯째, 각자가 자신에게 필요한 구체적인 행동목표를 설정하게 하고 그의 생산적인 실천과정을 촉진시킨다.

이러한 정의들을 종합하면, 집단상담의 목표는 개인(내담자)으로 하여금 자기 자신에 대한 이해와 자기관리 능력의 향상을 통한 인격적 성장 및 집단생활 능력과 대인관계 능력을 향상시키고 당면한 문제를 해결하고 보다 현명한 선택과 적응을 할 수 있는 능력을 기르려는 것이라고 볼 수 있다.

5. 집단상담의 형태

1) 지도집단(guidance group)

지도집단은 정의적 · 심리적 문제를 집단으로 토의하는 것이다. 이러한 지도집단은 교육적 · 직업적 · 사회적 정보 같은 학생의 개인적 요구나 관심사에 적절한 정보를 제공한다. 지도집단은 학교장면, 특히 교실 상황에서 이루어진다. 집단의 크기는 6~12명이지만, 반으로 집단을 형성할 때는 12~25명까지로 하는 경우도 있다. 다른 집단과 구별되는 특징은 비교적 구조화되어 있고 논의될 주제가 일반적으로 집단지도자(상담자)에 의해 선정된다. 그리고 심리적 문제를 상담하기보다는 문제에 대하여 예방하는 데 목적을 두고 있다.

상담집단은 지도집단과 대조적으로 주제나 문제보다는 개인에게 초점을 둔다. 이러한 상담집단은 개인적·교육적·직업적·사회적 문제에 초점을 맞추고 상담적인 목표 외에도 예방과 교육적인 목표를 설정하여 상담을 실시한다.

2) 상담집단(counseling group)

상담집단은 지도집단과 대조적으로 주제나 문제보다는 개인에게 초점을 둔다(Mahler, 1969). 이러한 상담집단은 개인적 · 교육적 · 직업적 · 사회적 문제에 초점을 맞추고 상담적인 목표 외에도 예방과 교육적인 목표를 설정하여 상담을 실시한다. 집단의 크기는 6~12명의 소규모이며 덜 구조화되어 있다. 상담자의 역할은 내담자들의 가족관계, 대인관계, 자아개념, 개인적 · 사회적 · 교육적 등과 관련된 개인적 문제를 다룰 수 있도록 분위기를 만들어 내는 것이다.

3) 치료집단(therapy group)

치료집단은 치료적 목적으로 사용된 최초의 집단으로 제2차 세계대전 중에 급격히 증가되는 정신질환과 개인치료를 담당할 전문가의 부족으로 발달하게 되었다(이현림 외, 2007; 한상철 외, 2012). 이러한 유형은 첫째, 구성원들의 심각한 우울, 분노, 불안, 공포, 심리 · 신체적 증상을 동반한 문제를 안고 있다. 둘째, 문제의 심각성으로 구성원들이 스스로 문제를 해결하기 어려워하는 경향이 있다. 셋째, 치료기간이 상담집단에 비해 장기적이다. 넷째, 발달적 혹은 예방적 접근보다는 의학적 모델에 가깝다. 다섯째, 무의식적 요소와 성격 재구성에 초점을 맞춘다. 여섯째, 초기 경험으로의 퇴행을 유도하거나 무의식적 역동을 다룬다. 일곱째, 감정정화가 일어나도록 정신적 외상 상황을 재경험할 수 있는 분위기를 유도한다. 집단의 크기는 5~8명 정도로 구성된다. 다른 상담집단보다 상담기간은 장기간 소요되며, 지도자도 다른 집단상담보다 더 많은 훈련을 받고 전문적인 기술이 필요하다.

4) 참만남집단(encounter group)

참만남집단, 감수성 훈련집단, 개인성장집단 등은 개인의 자아의식을 확장하고 개인의 잠재력을 발전시키는 데 초점을 둔 인간 잠재력 개발운동의 일부이다. 이들 집단들은 치료집단과는 반대의 연속선상에 있으며 전적으로 이질적인 사람들을 대상으로 하고 있다.

참만남집단, 감수성 훈련집단, 개인성장집단 등은 개인의 자아의식을 확장하고 개인의 잠재력을 발전시키는 데 초점을 둔 인간 잠재력 개발운동의 일부이다.

참만남집단은 경험 과정을 통해서 개인의 심리적 성장, 개인과 개인 사이의 의사소통 및 대인관계 상황에서 인간관계에 대한 재고 및 발전과 개선을 촉진할 것을 강조하는 집단이다(Corey & Corey, 2006). 참만남집단의 목적은 건강하고 잘 기능하고 있는 사람에게 자아인식과 대인관계에서 자신의 잠재력을 탐색하고 실현할 기회를 제공하는 것이다. 그리고 참만남집단은 참여자들에게 주로 신뢰, 개방, 공유, 모험적인 행동으로 길러지는 집중적이고 개인적이며 친밀한 경험을 제공한다. 신체접촉이나 감각, 지각 경험 같은 비언어적인 활동이 친밀감을 촉진하기 위해서 사용된다. 참만남집단은 지도자가 구조화된 경험으로 참여자들을 지도함으로써 구조화시킬 수 있다.

참만남집단의 크기는 8~30명 정도이며, 1~10일간 지속되며 보통 8~10시간 정도의 시간이 필요하다. 특히, 산업, 종교, 교육, 의료기관의 회의실, 숙박 형태의 수련활동 프로그램으로 바람직한 대인관계의 체험학습 및 정서순화에 목적이 있다.

참만남집단의 크기는 8~30명 정도이며, 1~10일간 지속되며 보통 8~10시간 정도의 시간이 필요하다. 특히, 산업, 종교, 교육, 의료기관의 회의실, 숙박 형태의 수련활동 프로그램으로 바람직한 대인관계의 체험학습 및 정서순화에 목적이 있다.

5) T집단(training group)

T집단은 훈련집단의 약자로 초기에 기업체에서 작업집단의 효율성과 능률성을 증진시키기 위해 집단기능의 과정을 연구하는 방법으로 사용되었다(Foreman, 1967). T집단은 집단 내에서 집단구성원의 역할을 강조하고 일정한 시간에 집단 내에서 각 성원 간의 관계에 초점을 둔다. 그리고 다른 집단들과는 대조적으로 T집단은 과업 지향적이고 집단의 기능에 관심을 두어 참여자들이 더 훌륭한 성원이 되도록 교육시키는 데 관심을 둔다.

T집단의 학습목적은 개개의 집단에 따라 다르나 대체로 다음과 같은 네 가지 공통점이 있다(Hansen, Warner, & Smith, 1980).

첫째, 학습하는 방법에 대한 이해이다.

둘째, 자기이해력의 증진이다.

셋째, 집단기능에 대한 통찰력의 증진과 효과적인 집단원의 역할이다.

넷째, 구체적인 행동기술, 즉 커뮤니케이션 및 피드백 기술이다.

6. 집단상담의 장점과 단점

집단상담을 통해 체험하게 되는 궁극적인 목적은 관계 속에서 욕구충족을 원활히 하면서 원만한 대인관계를 맺을 수 있도록 한다. 따라서 집단상담의 장·단점은 다음과 같다(김형태, 2003; 김청자 외, 2006; 이시용 외, 2003).

1) 집단상담의 장점

개인상담과는 달리 동시에 여러 명의 참여자를 대상으로 하기 때문에 집단상담은 개인상담에 비해 경제력과 시간절약에 효과가 있다. 이러한 집단상담은 학교, 직장, 교회, 교정, 복지기관 등에서 많은 사람들에게 서비스를 제공하는 경우에 적합하다.

- 집단상담은 안전한 분위기 속에서 내담자들이 자신들의 관심사를 나눌 수 있고, 타인을 통하여 새로운 행동을 연습해 볼 수 있다.
- 동료집단에서 성원 상호 간에 부담 없이 자유스럽게 자신들의 문제를 내어놓고 취급하므로 효과적이다.
- 집단구성원들 간의 상호 관심사나 감정들을 터놓고 대화할 수 있기 때문에 소속감과 동료의식을 발전시킬 수 있다.
- 자기만 문제를 가지고 있는 것이 아니라는 인식을 하면서 자신이나 타인을 더 이해하고 수용하려는 마음을 갖는다.
- 집단상담은 구성원들 간에 경청, 수용, 지지, 대립, 해석 등의 상담자의 역할을 하기 때문에 개인적으로 발전된다.
- 집단의 각 구성원들은 제 문제의 논의과정에서 현실을 직시하고 동일시하여 자신의 문제를 의식하고 해결하려는 의욕을 갖는다. 따라서 개인적 성숙은 물론 친밀한 대인관계를 형성한다.
- 지나치게 방어적·폐쇄적·의존적 성향의 내담자들과 문제행동을 일으키는 특정인에게 쉽게 상담을 할 수 있게 한다.

자기만 문제를 가지고 있는 것이 아니라는 인식을 하면서 자신이나 타인을 더 이해하고 수용하려는 마음을 갖는다.

2) 집단상담의 단점

집단상담은 모든 사람에게 바람직하고 누구에게나 적합한 방법이 아니다. 집단상담은 망상적 성격장애자처럼 의심이 많거나 지나치게 적대감정에 사로잡힌 사람, 심한 정서적 장애로 인해 대인관계의 형성이나 집단생활이 곤란한 정신병자인 사람들은 그 대상으로 적합하지 않다.

집단상담은 망상적 성격장애자처럼 의심이 많거나 지나치게 적대감정에 사로잡힌 사람, 심한 정서적 장애로 인해 대인관계의 형성이나 집단생활이 곤란한 정신병자인 사람들은 그 대상으로 적합하지 않다.

- 집단상담은 개인상담보다 더 복잡하기 때문에 효과적인 집단상담은 전문가의 수준과 기술을 요구한다.
- 집단상담은 어떤 사람에게는 적절하지 않거나 효과가 없을 수 있다.
- 집단상담의 경험을 통해 지금까지 개인생활의 리듬을 상실하고 가치관의 변화로 현실 부적응을 일으키는 사람도 있을 수 있다.
- 도움이 필요한 특정 성원에게 개별적인 주의가 어렵다.
- 특정의 성원들은 규범을 지키려는 집단의 압력 때문에 자신의 개성을 상실할 수도 있다.

7. 집단상담의 계획

집단과정이 효과적으로 진행되기 위해서 고려해야 할 요소들이 있다. 집단이 어떤 목적을 가지고 구성되는가를 분명히 알아야 하며, 그 목적에 따라 상담자는 안내와 설명, 접수면접, 집단구성원의 선정, 집단의 장소, 집단의 크기, 모임의 시간 및 횟수 등 집단의 형성 과정에 세심한 주의를 기울여야 한다.

1) 집단상담의 설명

설명과정에서 상담자는 집단상담 장면에서 무엇이 일어날 것인지를 명시하고 집단 참여의 이점을 말한다. 상담자는 상담장면이 토의 혹은 동료와의 사적인 대화와 다른 점을 명확하게 전달해야 한다. 상담자는 이전 집단에서 다루어진 내담자 문제의 구체적인 예를 들 수도 있고, 이전의 참여자가 자신의 경험을 직접 기술하게 할 수도 있다. 참여 후보자에게 비밀보장, 모임의 빈도와 길이, 출석 요구사항 같은 과정에 관해 질문할 기회를 준다. 설명을 한 후에 상담자는 지원할 사람에게 선발면접 계획을 공고한다.

Ohlsen(1977)은 설명은 집단상담 지원자에게 두 가지의 목적을 가지고 있다고 보았다. 첫째, 내담자로 하여금 집단 내에서 그들의 책임을 받아들이게 하고, 상담자는 내담자 자신의 문제를 개방적으로 정직하게 논의할 것을 기대한다고 강조한다. 둘째, 집단상담이 가지고 있는 매력을 높여준다.

2) 접수면접

집단형성에서 중요한 절차인 접수면접은 내담자를 선발하는 과정이다. 집단상담의 역동성이 미치는 영향이 매우 크므로 내담자의 선발은 집단의 결과에 크게 영향을 미친다. 접수면접 동안에 상담자는 참여 후보자가 집단상담에서 논의해야 할 구체적인 문제나 관심사를 공개적으로 논의할 수 있도록 도와주는 것이다.

Mahler(1969)는 접수면접의 주요 기능을 예비 내담자가 문제를 공개적으로 논의할 수 있도록 도와주는 것이다. 접수면접 후 상담자는 집단을 구성하고 구조화한다. 상담자는 연령 · 성 · 성격의 분포, 집단의 크기, 모임의 길이 · 빈도 · 횟수 · 개방적 집단으로 할 것인가, 폐쇄적 집단으로 할 것인가 등을 고려해야 한다.

3) 집단구성원 선정

집단원을 선정하는 데 있어서는 성별, 연령, 과거의 배경, 성격 차이 등을 고려해야 한다. 집단은 비슷한 사람끼리 모여서 이루어지기도 하고 아주 다양한 특성을 가진 사람들로 이루어지기도 한다. 비슷한 특성을 가진

비슷한 특성을 가진 사람들이 모인 집단을 동질집단이라 하고, 서로 다른 특성을 가진 사람들이 모인 집단을 이질집단이라고 한다.

사람들이 모인 집단을 동질집단이라 하고, 서로 다른 특성을 가진 사람들이 모인 집단을 이질집단이라고 한다(조경덕 외, 2012).

집단상담에서 효과를 얻을 수 있는 사람들을 선정하는 일반적 지침은 다음과 같다. 즉, 내담자는 반드시 도움받기를 원해야 하고, 자기의 관심사나 문제를 기꺼이 말해야 하며, 집단 분위기에 적응할 수 있어야 한다. 집단상담에 대한 자발성과 동기가 적절하게 갖추어진 사람이 적당하다. 또한 집단에 참여하고자 하는 사람들의 개인적 배경이나 성격, 적응 수준에 주의를 기울여야 한다. 지나치게 공격적이거나 적대적인 사람 혹은 지나치게 수줍은 사람은 집단에서 제 기능을 발휘하기 어렵다. 지도자가 구성하고자 하는 집단의 목적과 기능을 고려해 적합한 집단원들을 선정하기 위해 가능한 한 사전 면담을 실시하는 것이 바람직하다. 지도자가 집단을 구성하기 전에 예비집단원들을 개별적으로 만나 이들의 동기 수준이나 집단에 대한 기대, 그리고 성격이나 적응 수준 등에 대해 파악하는 것이 중요하다.

4) 집단상담의 장소 및 크기

집단상담의 장소는 너무 크지 않으면서 심리적 안정감을 줄 수 있으면 친밀감 형성에 도움 되며, 집단과정에 적극적으로 몰입하는 데 외부의 방해를 받지 않는 편한 곳이 좋다. 집단 초기에는 집단원의 어색함과 불안감을 덜어줄 수 있도록 서로 얼굴을 볼 수 있는 원형으로 앉는 것이 효과적이다.

상담 집단의 크기를 결정하기 위해 집단의 목표와 집단원들에게 기대하는 몰입 정도를 고려해야 한다. 대체로 6~12명의 집단원이 바람직한 것으로 여겨지고 있다. 집단의 크기가 너무 작으면 집단원들의 상호 교류 및 행동의 범위가 좁아진다. 이것은 집단 안에서의 역동이 충분히 활용될 수 없음을 의미한다. 그리고 침묵한다든지, 일시적으로 집단 과정에서 빠져나온다든지 하는 자유로움이 박탈되는 등 집단원들 각자가 받는 압력이 너무 커지므로 오히려 비효율적이다.

이와 반대로 집단의 크기가 너무 커지면 집단원들의 일부는 전적으로 참여할 수 없게 되고 지도자가 집단원들 개개인에게 충분한 주의를 기울이지 못하게 된다. 그리고 집단구성원 간의 친밀한 관계를 유지할 수 없다. 집단의 인원이 8명을 넘을 경우 공동지도자가 한 명 더 필요하다. 반대로 인원이 너무 적으면 내담자들의 상호관계나 행동의 범위가 좁아지고 집단원 개개인에게 미치는 압력이 커져서 오히려 비효율적일 수 있다.

5) 모임의 시간과 횟수

집단상담의 적절한 시간의 양은 집단원들의 연령이나 모임의 종류, 크기 및 모임의 빈도에 따라 달라진다. 그러나 한 회기의 길이는 참여자들이 상호 간에 의사소통할 수 있도록 하는 분위기 조성과 그 회기의 주요 작업이 충분히 이루어질 수 있도록 조성되어야 한다. 또한 참여자들의 집중 능력이 고려되어야 한다. 청소년의 경우에는 1시간 내지 1시간 반 정도가 좋으나, 아동의 경우는 20~40분 정도가 적당하다. 학교 장면에서는 학교의 수업시간의 길이와 일치하게 하는 것이 보통이다. 그리고 학교에서 집단상담을 실시하는 경우에는 한 학기를 단위로 하는 것이 좋다. 일반적으로 집단상담의 전체 지속 횟수나 기간은 최소한 8～10회 정도로 하는 것이 바람직하다. 아동이나 청소년의 경우에는 단기간으로 5～6회로 진행되는 것이 일반적이다.

한 회기의 길이는 참여자들이 상호 간에 의사소통할 수 있도록 하는 분위기 조성과 그 회기의 주요 작업이 충분히 이루어질 수 있도록 조성되어야 한다.

6) 개방집단과 폐쇄집단

집단의 목표에 따라 개방집단과 폐쇄집단으로 운영할 수 있다(김청자 외, 2006). 폐쇄집단은 시작할 때 참여한 구성원들만으로 끝까지 진행하고 새로운 구성원을 받아들이지 않는다. 그러나 개방집단은 상담이 진행되는 동안 아무 때나 새로운 구성원을 받아들인다. 그래서 개방집단의 경우에는 집단 내의 의사소통이나 신뢰, 수용, 지지 등에서 문제가 발생할 수 있

폐쇄집단은 시작할 때 참여한 구성원들만으로 끝까지 진행하고 새로운 구성원을 받아들이지 않는다. 그러나 개방집단은 상담이 진행되는 동안 아무 때나 새로운 구성원을 받아들인다.

으며 집단 응집력이 약해질 수 있으므로 집단상담자는 이 점을 고려하여 집단을 구성해야 한다. 하지만 집단구성원들이 처음 그대로 유지되는 것이 아니기 때문에 중도에 탈락하더라도 적절한 인원을 유지할 수 있다는 장점이 있다. 장기집단의 경우에 유용할 수 있으며, 개인의 문제해결이 이루어져서 집단에서 탈퇴했을 경우 새로운 구성원으로 교체되는 경우도 유용하다고 할 수 있다.

7) 집단경험 보고서

집단경험 보고서는 매 회기가 끝난 후 각 집단원이 그날의 집단경험에 대해 일기를 써서 다음 모임 때 제출하게 하면 많은 효과가 있다. 집단경험이 끝난 직후에 쓰는 것이 내담자의 느낌이나 생각을 있는 그대로 담을 수 있어서 효과적이다. 일기의 내용은 우선 그날 활동의 사실적인 내용에 대해 간단히 기술한다(김영봉 외, 2011).

집단경험이 시작되기 전, 경험 중, 경험이 끝난 후 현재까지의 과정을 통해 일어났거나 일어나고 있는 일에 대한 자신의 느낌을 적는다.

집단경험이 시작되기 전, 경험 중, 경험이 끝난 후 현재까지의 과정을 통해 일어났거나 일어나고 있는 일에 대한 자신의 느낌을 적는다. 그리고 그날의 집단경험을 통해 얻은 지적인 학습이나 자신 및 타인에 대해 새롭게 깨닫고 학습한 것을 적는다. 제출된 보고서는 집단상담자가 격려, 강화, 명료화, 반영 혹은 맞닥뜨림 등의 기술을 사용하여 그 집단원의 행동변화와 성장 및 발달에 도움이 될 피드백을 기록하여 되돌려준다.

8. 집단상담의 과정

집단지도자는 집단과정의 단계에 익숙해야 하고 지도하는 집단의 단계를 정확하게 파악하고 있어야 한다. 집단상담의 과정은 Mahler(1969)가 제시한 참여단계, 과도기적 단계, 작업단계, 종결단계의 4단계로 구분하고 있다(김영봉 외, 2011; 김청자 외, 2006; 이장호, 2005; 이현림 외, 2007).

1) 참여단계

상담자는 내담자가 집단에 참여하는 목적을 명료화시켜 준다. 그리고 집단구성원과 지도자가 친숙해지는 과정을 시작한다. 처음에는 자신에 관한 구체적인 정보나 개인적인 자료를 나누는 형태를 취할 수 있고, 비형식적인 수준에서는 집단구성원은 각자의 대인관계의 유형을 관찰하고 다른 참여자와 지도자의 신뢰성을 평가한다. 참여단계에서의 중요한 과정은 참여자 간의 신뢰와 수용의 관계를 발전시키며 집단활동은 각자의 생각과 감정을 탐색하는 데 초점을 맞추어야 한다. 이 단계에서부터 문제해결을 시작하는 것은 부적합하다. 그러므로 구성원들은 자유로이 각자의 의견과 느낌을 나누도록 격려한다. 상담자는 이 단계에서 내담자 각자가 자신의 감정을 갖고 있으며, 스스로 무엇을 해야 하는지를 결정해야 하고, 상황 자체보다는 상황에 대해 어떻게 생각하고 행동하느냐를 탐색하는 것이 중요하다. 참여단계의 과업은 집단에 따라서 한 번의 모임으로 성취될 수도 있고, 경우에 따라서는 5~6번의 모임이 필요하기도 하다.

2) 과도적 단계

과도적 단계는 참여단계에서 생산적인 작업단계로 넘어가는 과정을 의미하며, 과도적 단계의 주된 목표는 집단지도자가 구성원들에게 얼마나 수용적이고 신뢰로운 태도를 보이며, 성공여부는 상담자의 태도와 기술을 어떻게 발휘하느냐에 달려 있다. 이 단계의 주요 과제는 집단원들이 집단에 참여하는 과정에서 일어나는 망설임, 저항, 방어 등을 자각하고 정리하도록 도와주는 것이다. 따라서 집단지도자가 기술을 효과적으로 사용할 문제를 살펴보면 다음과 같다(한상철 외, 2012).

첫째, 의존성의 문제이다. 집단원들은 집단지도자에게 의존성을 나타내는데 집단을 주도하고, 지시하고, 충고하고, 평가해 주기를 원한다. 즉, 상호작용 시 집단지도자를 향하여 말함으로써 그로부터 시인과 수용을 바란다(Yalom, 1975).

둘째, 저항의 문제이다. 집단지도자가 주도적인 역할을 담당했던 참여단계에서 지도성의 책임을 집단구성원들에게 이양하는 과도적 단계에서는 다음에 이어질 작업단계를 준비하기 위하여 상호작용의 초점이 개인이야기로 옮겨짐에 따라 구성원은 불안 및 두려움을 느끼거나 자신을 드러내는 사실을 두려워한다.

셋째, 갈등의 문제이다. Rogers(1970)는 저항이 어느 정도 처리되고 구성원들이 집단에 참여하기 시작하면, 처음으로 나타나는 여기-지금의 상호작용은 집단지도자 혹은 집단구성원들에게 부정적인 감정을 하게 된다.

넷째, 갈등의 단계를 극복하고 구성원은 점차 응집성이 생긴다. 이는 부정적인 감정이 극복되고 협력적인 집단 분위기가 형성되며, 구성원 간의 신뢰감을 경험함으로써 집단에 매력을 느껴 '나(I)'가 아닌 '우리(We)'라는 의식을 갖게 된다.

모든 단계에서 집단지도자와 구성원들 간의 존경심과 신뢰감이 형성되면 응집성이 생기게 된다. 이러한 응집성은 작업단계로 넘어가기 위한 준비단계에 불과하기 때문에 아직은 생산적이지 못하므로 집단지도자는 응집성을 바탕으로 작업단계를 잘 진행하여야 한다.

3) 작업단계

집단이 작업단계에 들어서면 집단원들은 불안감이나 저항이 줄어들고 응집력이 생기며 집단을 신뢰하면서 자기의 마음을 솔직하게 공개하기 시작한다.

상담의 가장 핵심적 단계로서 집단상담 과정의 대부분을 차지한다. 집단이 작업단계에 들어서면 집단원들은 불안감이나 저항이 줄어들고 응집력이 생기며 집단을 신뢰하면서 자기의 마음을 솔직하게 공개하기 시작한다. 이때 상담자는 구성원들이 대인관계를 분석하고 문제를 다루는 데 자신감으로 얻을 수 있도록 도와주는 촉진자의 역할을 한다.

작업단계는 사기와 소속감으로 특징지을 수 있다. 집단구성원들이 마음의 문을 열고 집단이 그들의 문제를 정리하는 장소로 사용하기 시작하면서 자신의 바람직하지 못한 행동을 변화시키는 데 초점을 두게 된다. 이 단계에서는 지도자와 집단구성원 간의 상호작용은 감소하고 구성원들 간의 상호작용이 증가한다. 집단지도자들은 참여자들 간의 상호작용을 관찰자와 촉진자로서 활동할 기회를 갖게 된다. 이를 위해 거치는 과정은 다음과 같다.

첫째, 자기노출을 촉진한다. 이는 높은 사기와 분명한 소속감을 바탕으로 마음의 문을 열고 자신의 문제를 노출하기 시작하지만, 아직 준비가 되지 않은 구성원에게는 강요해서는 안 된다.

둘째, 감정의 정화를 촉진한다. 집단지도자는 마음속에 남아 있는 감정을 충분히 정화할 수 있도록 촉진하여야 한다. 즉, 부정적인 감정을 정화하는 자체가 치료하는 과정이다(Wheeler et al., 1992; Yalom, 1995).

셋째, 부정적인 행동을 탐색, 이해, 수용하도록 촉진한다. 습관적으로 지속되어 온 부정적인 행동을 수정하기는 쉽지 않다. 이는 집단지도자가 구성원들과 함께 효과적인 피드백(feedback, 환류)을 하거나 맞닥뜨림을 하게 하여 자신의 부정적인 행동을 탐색, 이해, 수용하도록 돕는다.

넷째, 긍정적인 행동을 탐색, 선택, 학습하도록 촉진한다. 자신의 부정적인 행동을 스스로 깨닫게 한 후 긍정적인 행동을 선정하여 효과적으로 취급하는 것이 핵심적인 과정이다. 즉, 스스로 브레인스토밍 기법을 활용하여 긍정적인 행동을 선정하도록 돕는다.

4) 종결단계

집단상담의 과정에 속하는 참여단계, 과도적 단계, 작업단계가 성공적으로 진행되면 상담자는 종결을 준비해야 한다. 그리고 구성원들은 집단 속에서 상호작용의 경험을 통해 자신의 향상된 점을 평가하고 미래에 대하여 목표를 세우도록 촉진된다.

종결단계가 적절히 다루어지지 못하면 집단원들은 학습한 것을 활용하는 데 지장을 받고 집단상담 자체에 대한 부정적 감정을 가지고 떠날 가능성이 크다. 이 단계에서는 집단상담자는 집단원이 학습결과를 잘 정리하여 이를 실천하겠다는 의지와 희망을 갖도록 해야 한다. 종결단계에 대하

종결단계가 적절히 다루어지지 못하면 집단원들은 학습한 것을 활용하는 데 지장을 받고 집단상담 자체에 대한 부정적 감정을 가지고 떠날 가능성이 크다.

여 Corey(1995)가 설명한 집단지도자의 역할은 다음과 같다.

첫째, 집단의 발달과정을 요약하고 자신에게 의미 있었던 경험을 서로 공유한다.

둘째, 집단구성원 각자의 성장과 변화를 평가해 보기 위해 구체적으로 집단에서 경험한 내용을 대하여 발표한다.

셋째, 이별에 대한 구성원들의 아쉬운 느낌을 공유하도록 도움을 준다.

넷째, 피드백(feedback)을 통해 긍정적인 느낌, 자신감, 희망을 지니고 집단을 떠날 수 있도록 돕는다.

다섯째, 집단상담을 통해 집단구성원이 이룩한 성과와 개인이 성취한 긍정적인 행동에 대해 서로 격려하고 미래에 대하여 지속적인 자기성장을 상기시키기 위해서 작별인사를 끝으로 집단을 마무리한다.

종결과정에서 나타나는 이별 감정의 취급, 집단경험의 개관과 요약, 집단원의 성장 및 변화의 평가, 미해결 과제의 취급, 피드백 주고받기, 작별인사, 지속적 성장 또는 문제해결을 위한 계획, 추수집단의 모임 결정 등을 다루게 된다.

종결단계를 어떤 면에서는 하나의 출발로 보고 집단과정에서 배운 것을 미래의 생활에 어떻게 적용할 것인가를 생각하며 행동방향에 대해 주의를 기울이도록 상기시킨다(이현림 외, 2007). 자신을 사랑할 수 있고 문제 상황들에 융통성 있게 대처하며 자신의 가치를 신뢰하고 이를 추구할 수 있을 때 집단상담을 종결한다.

9. 집단상담 기술

집단상담은 집단을 상대하는 것이므로 상담자의 역할이 더 다양하고 복잡하다. 상담자는 집단 분위기, 집단역동의 관찰, 복잡한 상호작용의 파악, 개인감정에 대한 공감 등을 다룰 수 있어야 한다. 상담자가 활용할 수 있는 집단상담 기술은 다음과 같다.

1) 관심 기울이기

관심 기울이기는 의사소통할 때 내담자에게 관심을 나타내며 전하고자 하는 메시지를 경청하는 자세다. 상담자는 내담자와 대화할 때 부드러운 시선을 하며, 몸짓과 밝은 표정을 지어 내가 당신의 이야기에 관심이 있다는 태도나 행동하는 등의 반응을 보이는 것이다.

2) 경청하기

경청을 통해 의사소통의 내용은 언어적 · 비언어적 메시지를 선택적으로 주목하는 것이며, 내담자가 자신의 다루고자 하는 문제에 대해서 탐색하도록 돕는다. 효과적인 경청은 내담자가 자신의 생각과 감정을 자유롭게 표현하는 과정을 통해서 자신의 경험에 의해서 터득된 방식으로 문제를 탐색한다. 그리고 내담자의 몸짓, 표정, 음성에서 섬세한 변화를 알아차리고, 그 바탕에 깔려 있는 감정까지 파악하는 것이다.

3) 지각확인

지각확인은 상담자가 내담자의 감정을 지각하고 있다는 것을 확인하는 것이다. 지각확인 과정에서 상담자는 지각된 내담자의 감정을 정확하게 나타내어 자신이 지각한 내용을 내담자에게 정확하게 물어야 한다.

4) 피드백

피드백은 집단상담의 중요한 목적 중 하나로 타인의 관점에서 어떻게 내담자가 반응하고 있는가에 대해 학습할 기회를 제공하는 것이다. 이러한 목적을 위해 상담자는 내담자에게 피드백을 제공한다. 또 내담자 서로가 타인의 행동에 대한 자신의 반응을 솔직하게 이야기할 수 있어야 한다.

피드백은 집단상담의 중요한 목적 중 하나로 타인의 관점에서 어떻게 내담자가 반응하고 있는가에 대해 학습할 기회를 제공하는 것이다. 이러한 목적을 위해 상담자는 내담자에게 피드백을 제공한다.

5) 연결 짓기

연결 짓기는 한 내담자의 문제나 진술을 다른 내담자와 연결하는 방식이다. 이러한 연결은 상담자는 집단원의 이야기를 서로 연결 짓는 방식으로 집단원 간에 의사소통하도록 돕는 것이다.

6) 개방적 유도

개방적인 유도나 질문을 통해 내담자의 감정을 구체적으로 표현하게 하고 감정을 구체적으로 표현하게 하고 이러한 감정의 근원을 밝히도록 한다.

개방적인 유도나 질문을 통해 내담자의 감정을 구체적으로 표현하게 하고 감정을 구체적으로 표현하게 하고 이러한 감정의 근원을 밝히도록 한다. 이 기술은 상담자로 하여금 사건이나 경험을 '지금-여기'에 초점을 맞추며, '왜'라는 질문보다는 '무엇' 혹은 '어떻게'를 묻는 질문이 더 유용하다.

7) 직면

직면은 내담자의 행동이 집단의 기능을 방해하거나 말과 행동이 일치하지 않을 때 사용하는 상담기술이다. 자신을 돌아보고 각성하게 하는 기술로 주의를 기울여 잘 사용하면 불일치를 직면할 수 있고 집단의 기능을 방해하는 행동을 직면할 수 있다.

8) 행동제한

행동제한은 상담자가 내담자의 바람직하지 못한 행동을 제한한다는 의미이다. 이때 상담자는 내담자의 인격 자체를 비난하거나 공격하지 않으면서 그의 비생산적인 행동만을 제한할 수 있다.

9) 해석

해석은 내담자들의 행동, 사고, 감정에 대해 설명하는 것으로, 무의식적 동기나 갈등을 의식화할 수 있도록 돕는 것을 의미한다. 즉, 내담자 자신은 모르고 있거나 인정하기를 거부하는 명확한 모순에 대해 알게 하고 받아들이게 하려는 기술이다.

10) 자기노출

자기노출은 상담자가 솔직하게 자신의 생각, 경험, 느낌을 드러내는 것이다. 상담자의 자기노출은 내담자로 하여금 자신이 다른 내담자와 다르지 않은 하나의 인간 존재라고 보고 더 깊이 있는 자기탐색을 하게 만든다.

11) 촉진하기

촉진하기는 내담자가 자신의 감정을 솔직하게 표현하고 내담자 간에 적극적인 상호작용이 일어나도록 하는 것이다. 즉, 내담자의 기대와 감정을 개방적으로 표현하도록 격려하고, 자신과 자신의 감정에 초점을 두도록 가르친다. 또한 구성원들끼리 직접적으로 순수하게 이야기하도록 하기 위해 안전한 분위기를 만들며, 모험을 격려하고 새로운 행동을 시도하는 구성원을 지지한다.

연습문제

01 청소년기의 집단상담에 대하여 서술하시오.

02 청소년기의 집단지도, 집단상담, 집단치료에 대하여 서술하시오.

03 청소년기의 집단상담 목표에 대하여 서술하시오.

04 청소년기의 집단상담 형태에 대하여 서술하시오.

05 청소년기의 집단상담의 장단점에 대하여 서술하시오.

06 청소년기의 집단상담 과정에 대하여 서술하시오.

제13장

청소년기의 사이버상담

현대사회에서 이제는 더 이상 '사이버'라는 단어가 낯설지 않게 되었다. 수년 전부터 사이버 시대가 도래할 것이라는 예측은 우리 사회 여러 분야에서 예고되어 왔다. 아직 완전한 사이버 시대가 도래한 것은 아니지만 지난 수년간 진행되어 온 변화를 볼 때 이미 사이버 시대에 접어들어 생활하고 있다.

이러한 시대와 사회적 변화를 고려할 때 소위 '사이버상담'이라는 분야도 보다 체계적인 개념 정립과 현실적 측면, 그리고 향후 방향을 짚어 볼 필요가 있다. 지금도 컴퓨터 및 스마트 기기, 사이버 분야에 왠지 거부감을 갖고 있는 많은 전문가들이 있다. 하지만 의학과 같은 실용적, 응용적 학문의 궁극적 존재 이유는 대중들에게 실제적인 도움을 주는 것이라고 볼 수 있으므로 전문가 개인도 그 흐름에 맞출 수 있는 자세가 필요하고, 이것은 일종의 책임이라고 볼 수 있다.

사이버상담이란 도움이 필요한 사람인 내담자의 문제를 해결하고 생각, 감정, 행동 측면의 인간적 성장을 위해 사이버 공간에서 수행되는 상담으로 인터넷이나 스마트 기기 영역을 망라하는 온라인을 매개로 한 사이버 공간에서 수행되는 전 상담영역을 의미한다.

사이버상담이란 도움이 필요한 사람인 내담자의 문제를 해결하고 생각, 감정, 행동 측면의 인간적 성장을 위해 사이버 공간에서 수행되는 상담으로 인터넷이나 스마트 기기 영역을 망라하는 온라인을 매개로 한 사이버 공간에서 수행되는 전 상담영역을 의미한다.

1. 사이버상담

1) 외국의 사이버상담

선진국의 경우에도 인터넷이 상용화되기 시작한 시점은 그리 오래되지 않았다. 그러므로 지금까지 이를 주제로 한 연구나 자료가 부족한 실정이며, 최근 몇 년 전부터 관심을 갖게 되었다. 1997년 APA에서 한 정신과의사는 전자우편을 이용한 경계성 인격장애 환자의 상담정신치료 경험을 발표한 예가 있는데, 그는 이것을 하나의 새로운 시도라고 표현한 바 있다.

원격의학(telemedicine)의 경우에는 이보다 조금 더 역사가 길어서 현재는 국가 간 의학 정보를 공유하는 것은 물론 치료 차원에까지 컴퓨터와 네트워크 시스템이 이용되고 있다. 특히 넓은 면적이나 오지를 포함하고 있는 나라에서는 이의 발전이 두드러져 현재 활발히 사용되고 있다. 거리를 초월하여 간단한 동시간 동영상을 주고받는 것은 물론 원격시술도 가능한 상황이다.

소아청소년 정신과의 경우 일례로, 미시간 대학과 대만의 타이베이 대학 간 동화상을 전송하는 시스템이 갖추어져 있다. 즉, 타이베이 대학에서 자폐장애가 의심되는 환아의 모습을 미시간 대학으로 전송하면 그곳에서 그 분야를 주 전공으로 하는 스태프진과 수련의들이 함께 보면서 평가와 진단을 할 수 있는 것이다. 물론 이와 같은 시도는 시간과 비용을 절약하는 효과는 물론 신속하게 전문가로부터의 피드백을 받을 수 있다는 것이 큰 장점이 된다.

2) 국내의 사이버상담

현재 국내에서는 인터넷의 보급과 스마트폰이 급속화되면서 다양한 프로그램이 운영되고 있거나 개발 중이다. 원격 시스템의 발전과 COVID 19 이후 사이버상으로 이루어지는 다양한 활동들은 일상생활에서 많은 부분이 컴퓨터를 매개체로 이루어지고 있다고 해도 과언이 아니다. 상담 분야에서도 사이버 환경을 활용하여 다양한 접근이 이루어지고 있다. 그 종류도 청소년을 주 대상으로 하는 경우 건강상담, 심리상담, 고민상담, 교육상담, 스마트폰 상담, 폭력상담 등 매우 다양하다. 상담자들은 보통 심리학, 교육학, 의학, 사회학, 종교학 등의 전공 배경을 갖고 있다.

대상은 누구나 가능하지만 사이버상담의 특성상 아동과 청소년, 그리고 그 부모와 교사에게 보다 의미가 크다고 할 수 있다. 아동과 청소년의 차이점은 아동의 경우 거의 대부분 부모가 상담을 해 오는 주체가 되지만 청소년의 경우에는 청소년 자신이 직접 상담을 요청해 올 수 있다는 것이다. 국내에서 청소년을 대상으로 하는 사이버상담은 대학병원 정신과, 대학의 청소년 관련 학과, 청소년 관련 단체, 기업이나 단체와의 제휴, 개인 및 학회 홈페이지 등에서 이루어지고 있다. 임상의학의 여러 과 중에서 특히 상담과 관련이 깊은 정신과의 경우에는 세부 전공, 또는 특수 주제별로 활발하게 상담이 이루어지고 있는 실정이다.

2. 사이버상담의 유형

1) 채팅상담(Chat-Room Counseling)

채팅은 통신망으로 연결된 컴퓨터에서 문자메시지를 교환하면서 상호간에 대화하는 것을 말한다. 채팅상담은 채팅방식을 이용하여 상담자와 내담자가 대화를 나누면서 내담자의 문제해결과 성장을 조력하는 과정이다.

2) 영상상담(Video Counseling)

기술적인 발전으로 이제는 음성과 영상을 별 불편 없이 인터넷에서 주고받을 수 있게 되어 사이버상담에서도 주로 문자채팅에 의존하던 의사소통의 방법이 이제는 얼굴을 보면서 보통 일상 대화하듯이 상담하는 것이 가능하게 되었다.

3) 이메일상담(E-mail Counseling)

이메일을 통해 내담자는 자신의 고민사항을 상담자에게 전달하고 상담자는 그에 대한 공감이나 해결책 등을 내담자에게 답신으로 전달함으로써 상담이 이루어진다.

이메일은 electronic mail의 약어로서, 한 명의 사람이 컴퓨터 통신망을 이용하여 다른 한 명 또는 여러 명의 사람에게 정보를 전달하는 시스템이다. 이메일을 통해 내담자는 자신의 고민사항을 상담자에게 전달하고 상담자는 그에 대한 공감이나 해결책 등을 내담자에게 답신으로 전달함으로써 상담이 이루어진다. 다른 사람에게 내용이 공개되는 것을 꺼리는 내담자가 비밀이 보장되는 상황에서 이용할 수 있는 상담형식이다. 상담자와 내담자의 일대일 관계에서 깊은 내용의 상담이 이루어질 수 있으며 한 회로 끝나는 것이 아니라 몇 회에 걸쳐서 상담이 이루어질 수도 있다. 이메일상담은 편지를 주고받는다는 면에서 기존의 서신상담과 유사하지만 전달속도가 빠르고 편리하다는 점에 있어서 보다 이용이 편리하다.

4) 게시판상담(Bulletin Counseling)

게시판상담은 사이버상담실의 홈페이지 메뉴에 게시판을 개설하여 내담자가 자신의 고민을 게시판에 올려놓으면 상담자뿐 아니라 다른 제3자도 그 고민에 대한 답을 해 줄 수 있는 공유할 수 있는 상담 형태이다. 이메일 형식과 유사하면서도 이메일의 내용은 특정 내담자와 상담자 간에 주고받는 비밀상담 형식인 반면, 게시판상담의 내용은 다수에게 공개된다는 점이 차이가 있다.

5) 데이터베이스를 이용한 상담(Database Counseling)

데이터베이스는 하나의 조직 안에서 다수의 사용자가 공동으로 사용하기 위하여 통합되고 저장된 운영자료의 집합을 말한다. 인간의 문제를 이해하고 해석하고 해결해 나가는 데 도움을 줄 수 있는 여러 가지 자료들을 서버에 저장해 놓고 일반에게 공개하는 것을 데이터베이스를 이용한 상담이라고 한다. 문자자료이든 영상자료이든 상담 관련 정보를 저장해 놓고 이용자들이 필요한 때 언제든지 와서 읽고 볼 수 있는 형태로 운영되고 있다.

6) 모바일 앱을 이용한 상담(Mobile app Counseling)

최근 들어 스마트폰, 태블릿 등 여러 가지 모바일을 사용하여 정보를 전달하는 모바일 앱 사용은 급증하는 추세에 있다. 모바일 앱 구축이 가능한 특정한 업무나 일을 이용하는 자들에게 널리 보급되고 있으며, 정보자료를 모바일로 전환하는 기술이 발달함에 따라서 사용자들의 다양한 욕구를 충족시키기 위한 모바일 앱 사용은 점점 보편화되고 있다. 사이버상담에서도 동영상이나 모바일 자료를 이용하여 더욱 재미있고 생생하게 꾸밀 수 있고, 정서 순화를 도울 수 있는 시청각 앱 자료를 활용할 수 있다.

최근 들어 스마트폰, 태블릿 등 여러 가지 모바일을 사용하여 정보를 전달하는 모바일 앱 사용은 급증하는 추세에 있다.

3. 사이버상담의 특성

사이버, 즉 가상현실이라는 개념은 넓은 의미를 갖는 용어이다. 사이버상담의 경우에는 직접 상담자와 내담자가 대면하지 않는 상태에서 의견을 주고받는 상황을 지칭하므로 그 의미가 한정적이다. 특히 내담자와의 공감을 중요시하는 정신과 의사의 경우 초기에는 이러한 분위기가 익숙지 않으며, 불편함이나 거부감을 느끼는 경우가 많다. 무언가 인간적, 실제적, 정서적 측면이 간과되어 있는 것처럼 여겨진다. 이러한 경험은 오히려 자연스러운 것이다. 하지만 차츰 사이버 분위기에 익숙해지고 그 특성을 이해하게 되면서 저항감은 줄어들기도 한다.

1) 컴퓨터 및 모바일 앱을 이용한 상담

사이버상담의 가장 두드러진 외형적 특징으로 상담자와 내담자가 실제로 만나서 상담이 이루어지는 것이 아니라 컴퓨터 및 모바일 앱을 매개로 하여 의사소통한다는 점이다.

사이버상담의 가장 두드러진 외형적 특징으로 상담자와 내담자가 실제로 만나서 상담이 이루어지는 것이 아니라 컴퓨터 및 모바일 앱을 매개로 하여 의사소통한다는 점이다.

2) 시간적 제약 극복

사이버상담의 경우 실시간으로 이루어지는 채팅상담을 제외하면, 어느 시간대에나 내담자가 상담실을 이용할 수 있는데, 즉 사이트에 올려놓은 상담사례나 문제해결에 도움을 받을 수 있는 다양한 자료, 음악 파일, 동영상 등은 상담자가 근무하지 않는 시간에도 내담자에게 개방될 수 있다.

3) 공간적 제약 극복

대면상담에서는 주로 내담자가 상담실을 방문해야 한다. 이때 내담자는 상담을 받기 위해 상담실까지 가는 물리적인 거리를 고려해야 하고 상담자는 상담을 하기 위한 물리적인 시설을 갖추고 있어야 한다. 그러나 사이버상담은 이러한 공간과 시간적인 고려사항이 문제가 되지 않는다. 이로 인해 상담실과 멀리 떨어진 곳에 살고 있는 내담자도 사이버상담을 받을 수 있다.

4) 문자 중심의 의사소통

사이버상담은 주로 문자를 통해 상담이 이루어진다. 내담자의 감정, 사고, 행동이 문자를 통해 상담자에게 전달되고, 내담자에게 보내는 상담자의 배려, 경청, 이해, 설명 등의 메시지가 문자를 통해 전달된다. 문자만으로 정서적인 표현이 어려운 상황에서는 대안으로 문자를 조합한 이모티콘(emoticon)이 쓰이기도 한다(예: ^^(눈웃음), TT(울음, 우는 모습), -.-(화난 얼굴), --;;(민망함, 긁적거림) 등). 이러한 이모티콘의 활용은 상담 시 정서적인 교류에 요긴하게 활용된다.

5) 익명성

대면상담의 경우, 내담자가 상담을 받기 위해서는 상담신청서에 자신의 인적사항을 기록하게 되어 있다. 사이버상담에서 내담자는 익명성을 유지할 수 있다. 이름뿐 아니라 자신에 대한 정보(모습, 실명, 연령, 신분, 성별, 학력 등)의 일부 또는 전부를 감추거나 바꿀 수 있다. 따라서 상담자는 내담자에 관한 최소한의 정보를 가지고 상담을 하게 된다.

4. 사이버상담의 장점

사이버상담의 경우에는 직접적인 상담에 비해 몇 가지 장점을 갖고 있다.

첫째, 이용의 편이성이다. 상담을 받는 과정이 너무 편한 것이 반드시 좋지 않을 수 있다는 의견도 있을 수 있지만 의료소비자 입장에서는 중요한 요인이다. 특히 소아와 청소년을 자녀로 둔 부모의 경우, 부모 모두 직장을 갖고 있는 경우에는 병원을 방문하고 싶어도 실제로 시간을 내기 어려운 경우도 많다. 여러 병원의 소아청소년 정신과에서는 예약제를 도입하고 있는데, 이러한 제도가 오히려 부모에게는 부담을 주어 방문 포기로 연결되는 경우가 적지 않다. 이 경우 집이나 직장에서 사이버상담을 할 수 있다는 것이 큰 장점이 될 수 있다.

둘째, 청소년 자신의 상담에 대한 동기가 부족한 경우에도 어느 정도 도움을 줄 수 있다. 일반적으로 성인에 비해 소아와 청소년은 상담에 대한 동기가 떨어진다. 이러한 경우에는 부모나 교사가 먼저 청소년문제를 상담할 수도 있다. 부모나 교사가 먼저 이해하고 청소년을 설득하는 것도 기대할 수 있다.

셋째, 병원, 상담센터에 대한 편견의 존재이다. 이전보다 인식이 상당히 좋아지고 그 폭이 넓어진 것은 사실이지만 여전히 자녀를 데리고 병원, 상담센터를 방문한다는 사실이 부모를 주저하게 만드는 요인으로 작용하고 있다. 즉, 문턱이 높다고 할 수 있다. 사이버상담은 이러한 부분에서도 좋은 방향으로 작용할 수 있다.

넷째, 익명성의 보장이 장점이 될 수 있다. 특히 청소년 자신이 직접 문

익명성의 보장이 장점이 될 수 있다. 특히 청소년 자신이 직접 문제를 호소하고 도움을 받고자 하는 경우에는 상담자를 대면하는 것 자체가 부담을 줄 수 있다.

제를 호소하고 도움을 받고자 하는 경우에는 상담자를 대면하는 것 자체가 부담을 줄 수 있다. 성(性) 문제는 물론 부모가 무관심하거나 비협조적인 경우에 청소년 자신이 스스로 병원을 방문하기 쉽지 않다. 이러한 경우에도 사이버상담이 보다 편안한 환경을 제공할 수 있다.

5. 사이버상담의 구성

1) 사이버상담의 유형

개인 차원에서 홈페이지를 개설하고 전자우편을 통한 상담을 할 수 있지만 여러 측면에서 효율적이지 못하다. 개인이 하는 경우에는 크게 두 가지 점에서 한계를 극복하기 어렵다. 첫째, 기술 부재로 인한 문제이다. 아무래도 인터넷을 중심으로 컴퓨터를 이용하다 보면, 예기치 못한 사고가 발생하며 보다 효율적인 상담의 기본 요소라고 할 수 있는 신속성, 비밀보장, 대중성 등에서 한계를 가질 수밖에 없다. 둘째, 경제적인 문제로, 홈페이지를 유지하고 개선하는 것은 물론, 사이트의 홍보에도 경비를 필요로 한다. 인터넷을 사용하는 데 필요한 경비도 있다. 상담에 대한 비용을 내담자에게 부담시키는 것도 신중한 검토가 필요하고 고려할 점들이 많다.

2) 사이버상담의 상담자

사이버상담에서 상담 팀은 여러 전문가로 구성될 수 있다. 같은 분야의 전문가들로만 이루어질 수 있고, 서로 전공을 달리 하는 상담 전문가들로 구성될 수도 있다. 어느 쪽이든 장단점이 있다. 후자의 경우 장점은 내담자 입장에서 같은 상담이라도 자신의 문제와 보다 잘 맞는다고 생각되는 전문가를 선택할 수 있으며, 상담자들 사이에서도 상호 간 자문과 협조를 구할 수 있다는 점이다. 단점은 같은 문제에 대해서도 보는 시각이 다를 경우 조언이나 권고에서도 차이가 발생하여 자칫하면 내담자에게 혼란을

단점은 같은 문제에 대해서도 보는 시각이 다를 경우 조언이나 권고에서도 차이가 발생하여 자칫하면 내담자에게 혼란을 줄 수 있으며, 상담자들 사이에서도 분열이 발생할 수 있다는 점이다.

줄 수 있으며, 상담자들 사이에서도 분열이 발생할 수 있다는 점이다.

3) 사이버상담의 기술지원

사이버상담에서 기술지원 팀은 대개 컴퓨터 관련 학문을 전공한 전문가들로 이루어진다. 기술지원 팀의 기술적 협조가 사실상 사이버상담의 원활성을 좌우한다고 할 수 있다. 내담자가 보기에 얼마나 보기 좋게 사이트를 만들고, 얼마나 편리하게 접근할 수 있는가 하는 것은 컴퓨터 프로그래머와 디자이너에게 달려 있는 것이다. 최근 급격히 발달하고 있는 컴퓨터, 인터넷의 여러 기능 특성을 파악하여 내담자는 물론 상담자들에게 쾌적한 상담 환경을 마련해 주는 일도 기술지원 팀의 역할이다. 예를 들어, 상담 중에 어떤 애로사항이 발생하게 되면 상담자는 즉시 기술지원 팀에 연락을 취하고 가능한 신속하게 문제해결 서비스를 받을 수 있어야 한다. 기술지원 팀의 상담자를 대상으로 하는 인터넷 사용, 모바일 앱 전반에 대한 기초교육도 매우 가치 있는 방안이다.

4) 사이버상담의 운영

사이버상담에서 운영 팀은 사실상 상담자와 기술을 지원하고 조정하는 역할을 한다. 상담 업무 관련자들에게 일방적인 봉사와 희생만을 강요할 수 없으므로 어떤 식의 보상을 제공해야 할지 결정해야 한다. 그러기 위해서는 업무 관련자들로부터 피드백을 받아야 한다. 또한 운영 전반에 걸쳐 결정해야 할 일이 많다. 운영 주체가 국가인지 개인인지, 공기업인지 사기업인지 등에 따라 다르겠지만 자본 조달, 비용 지출, 이익 창출 등 경영 차원에서의 전문성이 요구된다.

6. 사이버상담의 단계 및 기법

1) 관계 맺기

(1) 내담자 맞아들이기

(이메일상담) 상담메일의 첫 부분에서는 내담자에 대한 환영의 마음을 표현하고 성의 있게 상담 글을 읽어보았으며, 정성껏 상담답신을 쓰고 있다는 마음을 표현해야 한다.

(채팅상담) 채팅상담은 상담이 운영되는 시간이라면 언제든지 내담자가 원할 때 즉시적으로 이용할 수 있는 장점이 있으므로 상담을 하고 싶을 때 바로 상담실에 들어와 채팅을 통한 실시간 상담을 받을 수 있다는 점에서 대면상담과 유사한 환경이라 할 수 있다.

(2) 내담자와 보조 맞추기

(이메일상담) 첫째, 내담자에게 관심 기울이기
둘째, 잘 듣기
셋째, 공감적으로 이해하기

(채팅상담) 채팅상담에서의 '내담자와 보조 맞추기'는 채팅상담의 특징을 활용하여 경청이나 공감반응 등을 나타내야 한다. 채팅상담에서는 내담자와 상담자의 상호작용은 가능하나 그러한 상호작용이 문자로만 이루어진다는 제한이 있으므로 문자를 효과적으로 이용함으로써 내담자의 문제에 관심을 보이고 또한 이해하고 있음을 나타내야 한다.

(3) 상담 구조화하기

(이메일상담) 이메일상담은 상호적이 아니라 일방적이며, 단회로 끝나기 쉽다는 사이버상담의 특징에 의해 대면상담과 같은 상담 구조화가 쉽지 않다. 내담자는 일방적으로 자신의 고민거리를 털어놓은 상담편지를 보내고 상담자는 그러한 내담자의 욕구에 따라서 상담 답글을 보내야 하기 때문이다. 그러나 날로 상담에 대한 욕구가 증가하고 있는 지금, 이제

는 이메일상담에서도 진정한 상담이라는 것이 무엇인지, 어떻게 자신의 문제를 드러내야 효과적인 도움을 받을 수 있는지에 대해서 내담자에게 안내해 줄 필요가 있다.

(채팅상담) 채팅상담에서의 구조화 문제는 상담 시작 때 내담자에게 채팅상담의 방법이나 특징 등을 간단하게 알려줌으로써 다루어 줄 수 있다. 내담자의 경우 채팅상담을 어떻게 해야 하는지, 상담시간은 얼마나 걸리는지 또한 자신이 이야기한 내용이 어떻게 보관되는지에 대해 궁금함을 가지고 있다. 이러한 내담자가 잘 알지 못하는 사항에 대해 상담초기에 구조화를 통해 안내하는 것이 필요하다.

2) 변화전략 세우기

(1) 문제진단과 내담자 평가

(이메일상담) 이메일상담에서는 내담자의 상담편지를 신중하게 읽고 내담자를 잘 이해하기 위해, 내담자의 문제를 해결하는 데 도움이 될 만한 점을 짚어내어, 내담자에게 미래과제로 제공하는 과정이 필요하게 된다. 즉, 내담자가 스스로 생각해 보거나 주위 정보원을 활용해서 자신을 평가해 볼 수 있도록 도와주는 작업이다.

(채팅상담) 채팅상담에서 문제진단과 내담자 평가가 가능하기 위해서는 우선적으로 내담자의 호소 문제가 채팅상담에서 다룰 수 있는 문제인지를 파악한다.

(2) 사례개념화

(이메일상담) 상담자의 상담목표와 계획을 세우는 데에도 도움을 줄 수 있지만 내담자가 스스로의 문제를 정리하고 객관적인 눈으로 바라볼 수 있도록 도와주는 방법도 되므로, 빠뜨리지 말아야 할 단계이다.

(채팅상담) 채팅상담과 같은 단회상담 환경에서 내담자를 이해하고 문제를 해결하기 위해서는 내담자와 상담자 간에 문제에 대한 합의된 목표가 있어야 한다.

(3) 목표설정

(이메일상담)	내담자가 보낸 정보를 기반으로 상담자가 일방적으로 상담목표를 정한다. 물론 상담편지를 꼼꼼히 분석하여 내담자의 기대가 무엇인지를 파악해 내야 적절한 상담목표를 설정할 수 있다.
(채팅상담)	채팅상담에서는 내담자의 호소 문제를 토대로 하여 상담자와 내담자가 합의된 목표를 세우는 것이 가능하지만 단회성을 특징으로 하기 때문에 상담목표에 따른 상담과정을 지속적으로 다룰 수 있다는 보장을 하기 어렵다.

(4) 상담계획 수립

(이메일상담)	이메일상담은 단회성이라는 큰 특징 때문에 상담계획을 세우는 일이 드물다. 하지만 내담자의 문제가 단회상담으로 해결되기가 힘들다고 판단될 때에는 상담형식상 대면상담이나 전화상담을 권유할 수도 있고 이메일상담을 하더라고 몇 회에 걸쳐서 장기상담을 계획할 수도 있기 때문에 어떤 방법이 내담자를 위한 최선의 길인지를 생각해 볼 필요가 있다.
(채팅상담)	사이버상담에서는 단회상담에 적합한 상담계획이 필요하며 문제의 심각성 정도에 따라 대면상담으로 의뢰하기 위한 초기접수상담의 역할로도 생각해 볼 수 있다.

3) 변화촉진

① 인지적 변화의 촉진: 내담자의 문제 객관화 및 시각 다양화에 변화를 촉진한다.

② 관계적 변화의 촉진: 내담자의 관계적 행동특성을 상상하여 변화를 촉진한다.

③ 행동적 변화의 촉진: 내담자 스스로 대안행동을 연습하도록 과제변화를 유지한다.

4) 변화의 유지

(1) 모방학습의 활용

(이메일상담) 이메일상담에서도 행동적 변화의 촉진과제를 주면서 모델링의 방법을 교육시킬 수 있다.

(채팅상담) 채팅상담도 메일이나 게시판상담과 동일한 내용의 모방학습을 활용하게 된다. 그리고 채팅상담의 특성상 내담자에게 이러한 활동을 어떻게 선택할지를 직접 의논할 수 있으며 또한 선택한 방법이 지속되고 효과적이기 위해 내담자가 가능한 최선의 선택을 할 수 있도록 상담자의 보다 능동적인 개입이 가능하다.

(2) 조건화의 활용

(이메일상담 및 채팅상담) 사이버상담에서는 내담자 주위의 사람들과 함께 작업하기가 힘들기 때문에 내담자 스스로 자신의 행동을 점검하고 그 행동을 강화하기 위한 강화계획을 세우고, 실천할 수 있도록 힘을 북돋워 주는 일을 하게 된다.

(3) 변화저해 요인의 탐색과 대응전략 수립

(이메일상담 및 채팅상담) 단회로 끝나는 사이버상담에서도 당면한 문제에 대한 해결책만을 제시하는 것에서 끝마친다면 내담자는 그 해결책을 시도하는 데 있어서 또 수많은 어려움에 부딪히게 될 것이다.

5) 종결기

(이메일상담)	이메일상담에서는 일상적으로 단회의 답신을 통해 상담을 종결하므로 내담자가 상담 지속이나 종결에 대해서 어떤 생각이나 감정을 가지고 있는지를 파악하기가 어렵기 때문에, 주로 추후상담이 언제나 가능함을 알려주고 심리적인 지원을 하는 경우가 많다.
(채팅상담)	채팅상담에서의 종결은 상담 시작 시 구조화 과정에서 내담자와 합의한 정해진 시간 안에 그리고 호소한 문제가 어느 정도 다루어졌는지의 여부를 통해 종결 시점을 내담자와 합의하여 정할 수 있다.

7. 사이버상담의 한계 및 유의점

사이버상담의 경우는 장점도 중요하지만 그 한계를 분명히 하는 것과 유의할 점을 알고 있는 것이 더욱 중요하다. 이것이 하나의 새로운 패러다임이 될 수도 있지만, 한편으로는 기존 치료체계에 대한 도전이나 방해물로 인식될 수도 있다.

1) 효과

(1) 풍부하고 용이한 정보획득

사이버상담의 가장 큰 장점으로는 내담자가 자신의 문제해결에 도움이 되는 풍부한 자료를 용이하게 찾아볼 수 있다는 데 있다. 현재 개설되어 운영되는 국내 청소년상담 사이트로 확인된 곳만 해도 100여 개 이상이다.

(2) 신속한 상담관계 형성

사이버상담에서는 대면상담에서보다 관계형성에 시간과 노력을 덜 기울이고도 기본적인 상담관계가 쉽게 맺어질 수 있으며 상대방의 표정이나 모습과 같은 정보가 주어지지 않으므로 문자로 표현된 내용에 더 초점을 맞추어 상담을 하게 된다.

(3) 감정정화 기능

사이버상담은 익명적인 특성이 있어서 상대방이나 주위환경의 방해를 받지 않고, 자신의 감정과 생각을 있는 그대로 바로 표현할 수 있는 장이 될 수 있으며, 따라서 사이버상담을 통해 내담자가 가지고 있는 부정적인 정서를 쉽게 다루는 것이 가능하다.

(4) 내담자의 자발적 참여

사이버상담에서는 내담자가 익명으로 문자를 통해서 상담에 응하기 때문에 대면상담에서 만나는 내담자보다 상담과정에서 더 많은 통제력과 주도성을 갖게 되어 상담동기가 높다고 볼 수 있으며, 상담에 임하는 내담자의 동기가 높은 것은 사이버상담의 큰 장점으로 볼 수 있다.

사이버상담에서는 내담자가 익명으로 문자를 통해서 상담에 응하기 때문에 대면상담에서 만나는 내담자보다 상담과정에서 더 많은 통제력과 주도성을 갖게 되어 상담동기가 높다고 볼 수 있으며, 상담에 임하는 내담자의 동기가 높은 것은 사이버상담의 큰 장점으로 볼 수 있다.

(5) 시간적 · 공간적 제약을 극복한 용이한 상담방법

사이버상담의 가장 큰 장점이라면 언제, 어디서나 상담 받기가 용이하다는 점이다. 사소한 고민거리라도 간단히 이메일로 상담자에게 적어 보내면 빠르면 24시간 내에 전문가의 답신을 들을 수 있게 된다. 또한 영상 및 문자채팅 상담을 통해 즉시적으로 자신의 어려움을 상담자와 함께 상호적으로 대화를 할 수 있다.

(6) 채팅상담을 통해 내담자가 도움 받은 측면

① 관계형성
② 정보획득
③ 감정정리
④ 자기이해

2) 한계 및 문제점

(1) 전산 기반의 불안정성

사이버상담실의 기반이 웹상에서 구현된다는 특징이 있다 보니 이를 뒷받침해 주는 전산시스템이 불안정할 경우 사이트가 열리지 않거나 느리게 작동하여 오류가 발생하게 된다. 이럴 때 이용자 입장에서는 사이트에 접속도 안 되고 이용 자체가 불가능하게 되어 많은 불편이 따른다.

(2) 의사소통의 제약

사이버상담을 할 때는 컴퓨터의 자판을 이용하여 문자로 의사소통한다. 물론 근래 들어 영상이나 음성기능도 첨가하는 등 의사소통의 채널이 다양화되고 있지만 주로 이루어지는 기본적 의사소통이 문자라는 점에서는 다양한 채널(언어 및 비언어적)을 이용한 대면상담에 비해 의사소통에 제약이 많다고 할 수 있다.

(3) 응급상담 시 적극적 대처의 어려움

사이버상담을 할 경우 상담자는 내담자가 심각한 문제에 처해 있어도 즉시적인 개입이 어렵다는 제한점을 가지고 있다.

사이버상담을 할 경우 상담자는 내담자가 심각한 문제에 처해 있어도 즉시적인 개입이 어렵다는 제한점을 가지고 있다. 즉, 응급상담이 발생하더라고 내담자에 대한 정보를 갖고 있지 못해 상담자로서 도움을 줄 수 없는 한계에 부딪친다.

(4) 신뢰문제

사이버상담에서는 상대방에 대한 신뢰구축이 글로 표현된 내용에 의존할 수밖에 없다는 점에서 신뢰감 형성이 취약할 수 있다. 따라서 다양한 채널(음성상담, 영상상담, 전화상담, 오프라인 상담 등)을 이용하여 보다 신뢰를 바탕으로 한 효과적인 상담이 되려는 노력이 필요하다고 할 수 있다.

(5) 대화예절의 파괴

서로가 누구인지 모르는 상황에서 가명을 사용하는 익명적인 상황에서는 의사소통 시 몰개성화라는 심리상태가 나타난다고 한다. 사이버상담에서의 몰개성화는 내담자가 상담에 적합한 예절과 언어 사용을 무시하고 상담내용과 관련 없는 성과 관련한 노골적인 표현이나 질문을 한다든지, 상담자에게 개인적인 사항을 물어본다든지 등 지켜야 할 사항을 무시하는 것이라 할 수 있다.

사이버상담에서의 몰개성화는 내담자가 상담에 적합한 예절과 언어 사용을 무시하고 상담내용과 관련 없는 성과 관련한 노골적인 표현이나 질문을 한다든지, 상담자에게 개인적인 사항을 물어본다든지 등 지켜야 할 사항을 무시하는 것이라 할 수 있다.

우선 사이버상담은 기존의 치료나 상담과 비교될 수 없는 것이고, 그 대체제가 될 수 없음을 분명히 하는 것이 중요하다. 아무리 내담자에 대한 정보를 많이 알고 있어도 직접 한번 본 상담자의 판단이 더욱 중요한 것처럼 사이버상담은 공유되는 정보의 양은 물론, 비언어적 메시지의 전달 및 파악, 공감 등에 있어서 비교될 수 없을 만큼 제한을 받는다. 특히 정신과 면담이나 정신치료는 상담자의 직감이 중요시되는 만큼 사이버상담에서는 이러한 부분의 부족으로 상담은 물론 진단평가에서도 오진이 보다 많이 발생할 수 있다. 내담자와의 의사소통에서도 전자우편을 사용하는 경우에는 일방적인 상담내용을 보고 답을 주는 식이다. 동시간 상호의사전달(채팅) 방식은 상담자가 자유롭게 시간을 활용할 수 없다는 것이 큰 부담으로 작용하므로 현재로서는 어렵다. 이러한 점에서 주고받는 정보의 양과 질, 정확도가 상당히 떨어지는 것이 사이버상담이다.

사이버상담을 통해 보내진 답에 대해서 어느 범위까지 책임을 지게 되는가는 앞으로 규명되어야 할 부분이다. 하지만 모든 상담에서와 마찬가지로 상담자 자신을 방어할 수 있는 점들을 강구해야 한다. 특히 직접 면담이나 상담과 다른 점은 이 경우에는 상담자의 동의 없이 상담자의 의견을 문자화, 출력화할 수 있다는 사실이다. 즉, 상담자가 보낸 내용이 치료자에게 손해를 끼치는 방향으로 사용될 수도 있다. 그러므로 답을 작성하는 입장에서는 가장 주의해야 할 점이다.

사이버상담을 통해 보내진 답에 대해서 어느 범위까지 책임을 지게 되는가는 앞으로 규명되어야 할 부분이다.

기존의 상담을 받고 있는 내담자들과의 상담에서는 소견에 대한 의견이나 평을 조심해야 한다. 만일 다른 정신과 의사에게 상담을 받고 있는 경우에는 직접 내담자를 대면하여 진찰하고 상담하는 의사의 소견이 가장 중요함을 알려주는 것이 좋다. 내담자가 상담자들에 대해 시도할 수 있는 의식적, 무의식적 분리(splitting)에 휘말리는 우를 범해서는 안 된다. 원칙적으로 병원을 방문하여 전문의의 진료를 받는 것이 좋지만, 여러 여건상 그럴 수 없는 경우가 많다. 아직 소아청소년 정신과 전문의가 넓게 퍼져 있지 못하고, 과에 대한 편견이나 부담도 여전히 존재하고 있다. 무엇보다 아직 그 정도가 직접 진료실을 방문할 정도로 심각하지 않지만 그냥 지내기에는 부담스러운 경우들이 많다. 이러한 경우에는 인터넷 및 모바일 앱 통한 상담도 하나의 훌륭한 대안으로, 기존의 교육과 전문상담에 대해 보조적 역할을 할 수 있다. 청소년폭력예방재단의 '지킴넷(www.jikim.net)'은 주로 청소년폭력, 학교폭력을 중심으로 청소년들의 관심을 끌 수 있는 다양한 콘텐츠를 갖고 있다. 청소년 정신과 전문의들이 직접 상담하는 청소년 정신건강 및 학교 정신건강 차원에서 활발한 인터넷 사이트는 '스쿨클리닉(school.healthkorea.net)'으로 선생님, 부모님, 학생들의 상담 및 정보교환하는 Wee센터 모바일 앱이 활발하다. 반드시 학교생활뿐만 아니라 스트레스, 성격문제, 대인관계, 집중력 문제, 가정문제 등에 대해 광범위하게 상담할 수 있는 '건강샘(www.healthkorea.net)'도 추천할 만한 사이트이다. 특히 건강샘은 신체건강에 대해서도 임상 각 과의 전문의들과 일대일 개별상담을 받을 수 있는 사이트이다. 이외에도 교육학, 심리학, 상담학 전공 전문가들이 활동하는 여성가족부의 '청소년사이버상담센터(www.cyber1388.kr)'도 청소년에게 도움을 줄 수 있는 사이트이다.

> 청소년 정신과 전문의들이 직접 상담하는 청소년 정신건강 및 학교 정신건강 차원에서 활발한 인터넷 사이트는 '스쿨클리닉'으로 선생님, 부모님, 학생들의 상담 및 정보교환하는 Wee센터 모바일 앱이 활발하다.

연습문제

01 청소년기의 사이버상담의 특성에 대하여 서술하시오.

02 청소년기의 사이버상담의 유형에 대하여 서술하시오.

03 청소년기의 사이버상담의 장점에 대하여 서술하시오.

04 청소년기의 사이버상담의 단계와 기법에 대하여 서술하시오.

05 청소년기의 사이버상담의 한계점에 대하여 서술하시오.

제14장

청소년기의 상담 실제

청소년상담은 일반 성인들의 상담과는 달리 청소년들만이 가지는 독특한 양상이 존재한다. 물론 청소년상담이 성인상담 이론에 근거하더라도 말이다. 과거에는 청소년을 단순히 '작은 성인'이라 하여 청소년들만의 독특성을 고려하지 않았지만, 최근에는 청소년의 발달단계, 환경, 또래관계, 가정 등 성인상담과는 차별화된 접근을 시도하고 있다. 왜냐하면 청소년들은 신체적으로는 호르몬 및 신체상의 변화를 포함하는 급격한 신체적 성숙이 이뤄지는 시기로, 한 사람이 신체적, 생리적으로 남자 혹은 여자로서의 특성을 갖추는 시기이다. 이러한 신체적 변화는 청소년들에게 혼란을 야기할 수 있으며 흔히 사춘기로 표현된다.

청소년들은 성적 발달을 경험하게 되는데, 성적 발달은 여자 혹은 남자로서 생식기능을 갖추게 되는 것이 그 핵심이다. 흔히 제2차 성징으로 불리며 남성에게는 안드로겐, 여성에게는 에스트로겐이라는 호르몬이 이 시기에 급격히 증가하게 된다. 이러한 변화는 청소년들의 다양한 심리적인 변화를 가져오는데, 이러한 변화는 청소년들에게 안정된 변화가 아닌 주로 불안정된 변화가 대부분이다. 흔히 이 시기에 있는 청소년들이 심리가 불안정하고, 화를 잘 내고, 극단적인 행동 양상을 보이고, 우울한 기분에 자주 빠지는 등의 양상을 보이는 이유가 이러한 변화 때문이다.

이 시기에 있는 청소년들이 심리가 불안정하고, 화를 잘 내고, 극단적인 행동 양상을 보이고, 우울한 기분에 자주 빠지는 등의 양상을 보이는 이유가 이러한 변화 때문이다.

이러한 불안정한 변화로 인해 많은 청소년이 다양한 문제로 인해 갈등하고 혼란해하고 있어, 이 시기에 적당한 심리상담은 청소년들의 심리안정과 올바른 변화에 많은 도움을 줄 수 있을 것이다.

최근 들어 학교장면에서 일어나는 폭력과 왕따 그리고 다양한 성적인 문제들 또한 불안정한 청소년들이 일으킬 수 있는 문제행동으로 본다면 심리상담의 역할은 점점 더 중요한 위치를 차지하게 될 것으로 보인다. 이는 각 교육청이나 교육지원청별로 Wee Center라는 전문상담기관을 확대 및 확충하여 각 학교단위별로 Wee Class를 두어 청소년들을 전문적으로

상담하고 있다.

청소년들은 성인과는 다른 별개의 인격체를 가진 독립체이다. 따라서 청소년들을 위한 상담은 청소년들의 특징을 이해하고 접근해야 할 문제이다. 이 장에서는 이러한 청소년들의 상담을 현장에서 직접적으로 적용할 수 있는 실제에 대해서 다루고자 한다.

1. 상담의 초기단계

상담의 초기단계는 접수면접부터 상담목표와 계획을 세우는 과정까지를 말하며, 내담자와 상담자의 친밀감 형성에 결정적이고 중요한 역할을 한다. 사실 상담이 제대로 이루어지기 위해서는 내담자의 문제확인과 목표설정 등이 제대로 이루어져야 하며, 이것은 향후 상담이 성공적으로 이루어질 것인지, 아님 실패로 끝날 것인지를 결정하는 요인이기도 하다.

1) 접수면접

내담자가 상담실을 방문하면 제일 먼저 이루어지는 것이 접수면접이다.

내담자가 상담실을 방문하면 제일 먼저 이루어지는 것이 접수면접이다. 우리는 새로운 사람을 만나면 가장 먼저 확인하는 것이 대부분 첫인상일 것이다. 첫인상은 상대방에게 나의 이미지를 어떻게 만들어 줄 것인가를 결정하는 매우 중요한 것이다. 이처럼 상담에서도 첫인상이 바로 접수면접이다. 대학의 많은 상담센터, Wee Center, 사설 상담기관 등 많은 상담기관에서 내담자에 대한 잠정적인 진단이 접수면접에서 이루어지고 있다.

상담자는 접수면접 시 내담자의 다음과 같은 상황을 파악해야 한다.

첫째, 내담자의 성별, 생년월일, 주소 또는 연락처, 상담경험, 약물경험 등 내담자에 대한 기본적인 정보를 파악해야 한다.

둘째, 내담자의 복장, 말투, 표정, 억양, 태도, 자주 사용하는 언어 등 외모 및 행동을 파악해야 한다. 특히 청소년들은 자신의 내적 상태를 외부로 표현하기 때문에 외모 및 행동을 파악하면 일정 부분 내면적인 부분을 파악할 수 있다.

셋째, 상담을 받으러 온 이유, 목적, 배경, 어떤 도움을 받기를 원하는지에 대한 것 등 주요 호소 문제에 대해 파악해야 한다.

넷째, 학교 친구관계, 가족관계, 이성관계 등 내담자를 둘러싸고 있는 인간관계를 파악해야 한다. 이러한 인간관계는 내담자에게 지지체계를 형성해 줄 수도 있고, 스트레스원으로 작용할 수도 있다.

이 밖에도 기능상태, 스트레스원 등에 대한 파악도 이루어져야 한다. 이러한 접수면접을 하는 동안 주의할 점은 접수면접이 상담자와 내담자 간에 신뢰가 형성되기도 전에 이루어지는 과정이기 때문에 내담자가 수동적으로 임할 수 있고, 정보에 대한 신뢰도를 담보할 수 없다는 것이다. 따라서 접수면접을 하는 동안 상담자는 내담자가 편한 상태에서 접수면접을 할 수 있도록 최선을 다해야 할 것이다. 특히 청소년들은 능동적으로 상담실을 찾기보다는 수동적(주로 부모님이나 교사에 의해서)으로 상담실을 찾는 사례가 많기 때문에 더욱더 위축되어 있고 수동적이라는 점을 명심해야 한다.

청소년들은 능동적으로 상담실을 찾기보다는 수동적으로 상담실을 찾는 사례가 많기 때문에 더욱 더 위축되어 있고 수동적이라는 점을 명심해야 한다.

상담접수면접지

- 본 질문은 여러분의 상담에 도움이 되고자 실시합니다.
- 모든 기록은 비밀로 철저히 보장됩니다.
- 본 질문에 대답을 원치 않는 부분에는 "원치 않음"이라고 쓸 수 있습니다.
- 정확한 답은 본 상담에 매우 도움이 됩니다.

1. 일반 배경

이름 : ______________ (남/여) ______ 출생연월일 : ______________

주소 : ______________________________

전화번호 : (집) ________ /(회사) ________ /(H · P) ________ /(E-mail)_____

어떻게 상담을 받게 되셨습니까? □ 자진해서 □ 어느 분의 소개로

____

2. 지금 나타난 문제나 증상의 서술

- 현재의 문제나 증상을 직접 써주세요.

____

____

- 지금의 문제로 인하여 당신이 얼마나 마음이 상하는지 표시하여 주십시오.

① 마음이 약간 상하다 □ ② 마음이 좀 상하다 □
③ 마음이 많이 상하다 □ ④ 마음이 매우 상하다 □
⑤ 마음이 완전히 상하다 □

- 문제해결에 도움이 되는 것을 발견한 적이 있습니까?

____

____

- 당신은 이전에 상담 · 치료를 받아보거나 전문적인 도움을 받아 보신 적이 있습니까? 만일 있으시다면 그 날짜와 기간, 결과, 약 복용여부를 적어주십시오.

____

____

3. 당신의 출생한 가족에 대해 써 주세요.

- 출생연월일 :
- 출생지 :
- 아버지가 현재 갖고 있거나 갖고 있었던 것(해당되는 모든 항목에 표시)

□ 음주문제 □ 신체질환 □ 우울증 □ 폭력
□ 외도 □ 애정문제 □ 친척 간의 갈등
□ 정신질환 □ 도박 □ 직업문제 □ 기타 ___________

• 어머니가 현재 갖고 있거나 갖고 있었던 것(해당되는 모든 항목에 표시)

□ 음주문제 □ 신체질환 □ 우울증 □ 폭력
□ 외도 □ 애정문제 □ 친척 간의 갈등
□ 정신질환 □ 도박 □ 직업문제 □ 기타 ___________

• 다른 가족원 중에서 아래와 같은 문제를 가졌거나 가진 적이 있습니까?

□ 술 □ 신체질환 □ 우울증 □ 정신질환 □ 음주문제
□ 신체질환 □ 우울증 □ 폭력 □ 외도 □ 애정문제
□ 친척 간의 갈등 □ 정신질환 □ 도박 □ 직업문제

4. 나의 생활사

신장 : _______________ 체중 : _______________

당신이 현재 갖고 있거나 경험한 적이 있는 곳에 ○표 하세요.
(해당되는 모든 칸에 표시하십시오.)

□ 고혈압 □ 폭력 □ 술문제
□ 약물문제 □ 신체질환 □ 성문제
□ 도박 □ 애정문제 □ 직장문제
□ 대인관계 □ 기타

2) 상담의 구조화

상담의 구조화란 상담자와 내담자가 상담목표를 성취하기 위해, 상담과정의 본질, 제한조건과 방향에 대하여 서로 합의하는 과정을 말한다. 즉, 상담자가 내담자에게 상담의 과정이 어떠한지, 절차가 어떠한지, 상담시간이 어떠한지, 비용이 어떠한지 등에 대해서 알려주는 것이다. 이러한 구조화를 통해 내담자는 상담관계가 합리적인 계획을 가지고 있다는 점을 알게 되어 상담자에 대한 의존을 최소화하고, 상담과정과 목표가 혼란에 빠지지 않게 할 수 있다.

상담의 구조화란 상담자와 내담자가 상담목표를 성취하기 위해, 상담과정의 본질, 제한조건과 방향에 대하여 서로 합의하는 과정을 말한다.

3) 진단과 평가

내담자에 대한 진단과 평가는 내담자의 문제를 확인하고 사정하는 작업

http://mcinstitute.co.kr/?product=driver-%ec%84%b1%ea%b2%a9%ec%97%85%eb%ac%b4%ec%9c%a0%ed%98%95%ea%b2%80%ec%82%ac-%ec%98%a8%eb%9d%bc%ec%9d%b8-b%ed%98%95

이다. 사실 평가는 검사되고 측정된 값에 가치를 부여하는 과정 내지 의사 결정 단계이다. 따라서 내담자를 진단하고 평가한다는 것은 내담자의 문제를 객관적으로 확인하고 결정하는 것이다. 물론 평가에는 가치를 부여하여 내담자의 성장과 문제해결에 도움이 될 수 있는 내 · 외적 자원을 찾는 과정도 포함이 된다.

평가의 예시

1. 평가방법

▸ 심리검사 실시[문장 완성 검사]
▸ 내담자 면접

2. 평가내용 및 결과 요약

▸ 문장 완성검사

부모, 가족, 친구에 대한 것은 대체로 긍정적인 반면 대인관계에 대한 불안한 면이 엿보인다. 특히 과거에 아버지의 강압에 대해서 매우 힘들어했고, 현재 대인관계가 자신이 없음을 보여 주었다. 소망과 현실은 다른 사람들이 자신이 바라는 대로 따라주며 그 과정에서 자신이 인정을 받고 싶어 했다.
이러한 결과로 미루어 볼 때, ○○은 타인이 자신의 말과 생각대로 변화되어 주기를 바라고, 그것이 곧 자신이 인정받고 존재할 가치가 있다고 생각한다고 볼 수 있다.

▸ 내담자 면접

내담자는 접수면접에서 중요한 관심이 다른 사람이 자기를 어떻게 생각하는 것인가라고 표현하였다. 그리고 현재는 그런 자신감이 많이 떨어져 불안하고 우울한 상태임을 보여 주었다.

4) 사례개념화

상담자는 사례개념화를 통해 내담자의 문제에 대한 성격과 원인을 정확하게 파악할 수 있으며, 보다 효과적인 상담 전략과 개입을 할 수 있게 된다.

사례개념화는 상담자가 행동관찰, 심리검사, 접수면접 등을 통해 얻어진 내담자의 정보를 통합하고 명료화하는 과정이다. 상담자는 사례개념화를 통해 내담자의 문제에 대한 성격과 원인을 정확하게 파악할 수 있으며, 보다 효과적인 상담 전략과 개입을 할 수 있게 된다.

사례개념화 예시

- 내담자는 인생초기에 어머니와 사랑과 소속의 욕구를 충족시켜야 함에도 불구하고 그리 바람직한 욕구충족을 경험하지 못하였다. 그것은 지속적으로 누적되었고 가족 갈등 속에서 중요한 발달시기를 보냈다. 이것은 지능과 신체적 발달, 그리고 도덕성 발달, 정서적 발달, 언어적 발달 등 전반에 걸쳐서 훼손을 받아 왔다.
- 아버지 또한 자신과 아내와의 갈등으로 내담자를 적절히 성장시키고 발달시키기 위한 교육적 시도가 부족하였다고 볼 수 있다. 그리고 부부간의 폭력적인 행동으로 부정적인 모습을 내면화시키는 데 오히려 기여하였다고 보인다.
- 이러한 가정에서 양육을 받은 내담자는 기본적인 사랑과 소속의 욕구, 힘의 욕구, 자유의 욕구, 즐거움의 욕구 등 심리적인 욕구 전반에 걸쳐 지속적으로 충족되지 못하는 결과를 가져왔다. 여기서 더 나아가 내담자의 식사를 제때에 챙겨주지 않은 것은 생존의 욕구까지도 충족시키지 못하게 되는 내담자의 큰 고통으로 이어졌다.
- 내담자는 부모와 좋은 관계를 가지고 가정을 지키고자 하는 강한 바람이 있다. 다행스럽게도 형과 할머니, 고모는 내담자에게 주요 지지 자원이 되어 내담자가 곁길로 간 것을 깊이 돌이켜 돌아올 수 있었다고 보인다. 또 현재 어울리는 친구들이 본격적으로 비행으로 빠진 아이들이 아니다.
- 무엇보다도 담임교사와 편안하고 좋은 관계를 형성한 것은 내담자에게 학업이 뒤떨어짐에도 불구하고 등교하게 하는 주요 요인으로 작용하는 것으로 보인다. 더욱이 부모와 형제 앞에 떳떳해지고 싶어서 공부 잘하는 것을 최대의 과제로 삼고 있는 점이 긍정적인 결과로 이어지게 될 것 같다.
- 보호관찰관과의 좋은 관계, 그리고 본 상담자와의 관계 등도 보호요인으로 작용한다.

5) 목표 설정

초기단계에서 상담자는 구체적 영역에 대한 내담자의 자기탐색을 도우며 내담자가 도달하고자 하는 목표를 규명하도록 돕는다. 목표 설정은 상담의 방향을 제시하므로 매우 중요하다. 따라서 상담자는 반드시 내담자와 목표에 대해서 합의해야 한다. 이 과정에 주의해야 할 것은 목표는 상담자가 일방적으로 결정하는 것이 되어서는 안 된다는 것이다. 특히 청소년들은 수동적인 부분이 강하기 때문에 상담자가 목표를 정하게 되면 자칫 청소년들이 목표에 대해 무신경해질 수 있기 때문에 목표는 내담자와 함께 정해야 하며 오히려 내담자가 목표를 설정하는 데 있어 적극적으로 다가설 수 있도록 해야 한다.

상담의 목표는 구체적이고 명확해야 한다. 목표가 구체적이거나 명확하지 않고 모호하게 설정되면, 그런 목표를 상담에서 달성했는지의 여부를 판가름할 수 있는 기준이 명확하지 않다. 또한 목표는 현실적이어야 한다는 것이다. 현실적이고 달성 가능하지 않은 목표는 내담자에게 또 다른 좌절을 줄 수밖에 없다.

상담의 목표는 구체적이고 명확해야 한다. 목표가 구체적이거나 명확하지 않고 모호하게 설정되면, 그런 목표를 상담에서 달성했는지의 여부를 판가름할 수 있는 기준이 명확하지 않다.

상담의 목표 예시1 (행동수정)

1) 비합리적 신념(핵심 신념)을 알고, 수정할 수 있으며, 수정된 상태를 유지할 수 있다.
2) 수정된 핵심 신념을 행동으로 옮길 수 있다.

상담의 목표 예시2 (현실치료)

1) 내가 남을 변화시키는 것은 어렵다는 것을 알게 한다.
   → 사람들은 자극에 대해서 반응하는 인간이 아닌 그 자극을 선택할 수 있는 인간임을 알게 한다.
2) 선택에 대해서 알게 한다.
   → 사람들이 하는 모든 행동이나 생각의 대부분은 그 사람이 선택한 것이다.

6) 상담계획

상담계획은 문제 진단 및 내담자 평가, 사례개념화, 상담목표 등을 토대로 개입방법과 상담기간 등을 포함한 상담전략에 대한 계획을 세우는 작업이다.

상담계획의 예시

1) 주 1회 1시간 약 8회기 상담
2) 기법: 현실치료
3) 전략
   - 이 이론을 적용하여 욕구를 충족시키는 바람직한 방법을 학습하도록 한다.
   - 내담자의 바람(Want)을 탐색하여 그것을 계획을 세우고 실행한다.
   - 책임감 형성: 과제이행과 자신을 사랑하는 사람의 기대에 맞게 행동함으로써 바르게 사랑을 주고받을 수 있고 책임감 있는 사람으로 행동하는 법을 배운다.
   - 선택이론: 욕구를 충족시키는 바람직한 방법을 학습한다.

2. 상담의 중기단계

상담의 초기단계가 상담자와 내담자 간에 관계를 형성하고, 상담의 목표를 정하고 사례를 구조화하여 상담의 계획을 세우는 과정이라면, 중기단계는 목표를 달성하기 위해 상담자와 내담자가 실제로 교류하고 촉진하는 단계이다. 따라서 이 단계에서는 상담자의 다양한 실제 상담 기법들이 사용되어야 하며 목표달성을 위해 부단히 노력해야 하는 과정이다. 이 장에서는 청소년을 위한 대표적인 상담 기술인 공감, 경청, 직면, 수용 등에 대해서 알아보고자 한다.

1) 공감

공감은 상담자가 내담자의 입장이 되어 그의 주관적인 세계를 이해하기 위해 노력하는 과정을 말한다. 즉, 내담자의 감정의 바다에 상담자가 '풍덩' 하고 들어가는 것이다. 여기서 중요한 것은 상담자가 내담자의 입장이 되는 것이다. 필자가 상담과정에서 겪은 이야기를 예를 들어 보겠다. 필자가 집단상담을 진행하고 있을 때였다. 중년의 여성 한 분이 자신의 현재 심정을 개방했다. 개방 내용은 대략 이런 것이었다.

"요즘 제가 경제 사정이 너무 안 좋습니다. 원래 70평에 살았는데 40평으로 집을 줄이고 차도 국산 대형차로 바꾸었습니다. 요즘 너무 힘이 듭니다."

그러자 주위에 있던 집단원들이 수군대기 시작하는 것이다.

'나는 30평형에 사는데....'

'나는 차도 없는데........'

그러자 그런 고백을 했던 중년의 여성은 다음부터 말문을 닫아 버렸다.

20평형에 사는 사람이 볼 때에는 70평에 사나 40평에 사나 큰 집에 사는 것이기에 힘들다는 것은 이해하기 힘들고 공감하기가 쉽지 않다. 그러나 우리가 그 중년 여성의 입장이 되어 보자. 70평형에서 40평형으로 줄어든 집에 사는 그 여성의 입장이 되어 보자. 그러면 이해하기가 조금은 쉬워질 것이다.

20평형에 사는 사람이 볼 때에는 70평에 사나 40평에 사나 큰 집에 사는 것이기에 힘들다는 것은 이해하기 힘들고 공감하기가 쉽지 않다. 그러나 우리가 그 중년 여성의 입장이 되어 보자. 70평형에서 40평형으로 줄어든 집에 사는 그 여성의 입장이 되어 보자. 그러면 이해하기가 조금은 쉬워질 것이다.

이렇듯 공감은 일차적으로 상대방의 입장에서 상대방의 이야기를 이해하고 그 감정에 묻어가야 하는 것이다. 그렇기에 공감은 결코 쉬운 과정이 아니다. 공감을 잘 못 이해하면 동정이 되어 버리기도 한다. 공감이 동정이 되지 않기 위해서는 그 사람의 감정을 충분히 이해하되, 문제해결을 위한 열쇠는 가지고 있어야 한다.

공감의 예

내담자: 저는 아들에게 할 만큼 다 했다고 생각해요. 먹을 거 안 먹고, 입을 거 안 입고 아들을 위해 최선을 다했어요. 그런데 아들은 지금 와서 저를 찬밥 취급해요. 오히려 그런 내 행동들에 질렸다고..... 어떻게 그렇게 이야기할 수 있지요? 내가 누굴 위해 이렇게 살았는데..... 지금까지 내가 누굴 위해 이렇게 개처럼 살았는데.....

상담자: (내담자의 어깨를 토닥거리며) 지금까지 아들을 위해 살아오신 어머니의 그런 삶들이 참 대단하다는 생각이 드네요. 아들이 그런 어머니의 마음을 몰라주어서 참 속상하시겠어요.

2) 적극적 경청

경청은 상대방의 이야기를 듣는 것이다. 경청은 상담에서 매우 중요하고도 기본적인 기술 중 하나이다. 청소년들을 대상으로 상담하기 가장 싫어하는 사람이 누구냐고 물어보면 교사와 부모가 1위와 2위를 다툰다. 이유는 간단하다. 교사와 부모들은 자신들의 말을 1분 이상 들어주지 않는다는 것이다. 대부분의 교사와 부모들은 "나도 너와 같은 시기를 겪었다. 그러니까 너도 조금만 참아라" 이렇게 말해 버린다.

그러나 많은 내담자는 특히 청소년들은 누군가가 자신에게 해답을 주기를 바라는 것이 아니라 자기 말을 들어 주기를 원한다. 우리도 그런 경험이 있을 것이다. 속상하고 답답한 마음에 누군가에게 정신없이 말을 하면 굉장히 편하고 시원해지는 느낌을 받을 것이다. 이것이 경청의 힘이다. 잘 들어 주기만 하면 많은 문제가 자연적으로 치유될 수 있다. 구로야나기 테츠코가 쓴 『창가의 토토』라는 책이 있다. 여기서 토토라는 초등학교 1학년 아이가 나오는데, 토토는 산만한 행동으로 학교에서 퇴학 처분을 받고 도모에 학원이라는 대안학교를 가게 된다. 엄마 손에 이끌려 도모에 학원으로 간 첫날 토토는 교장선생님과 면담을 하게 되는데, 그 첫 만남에서 토토는 자신의 이야기를 일방적으로 2시간 이상 하게 되고 교장선생님은 그런 토토의 시작도 끝도 없는 허무맹랑한 이야기를 2시간 이상이나 그저 묵묵히 들어 주었다. 이 일로 인해 토토는 그 학교에 정착하게 되고 후에 일본에서 가장 영향력 있는 방송인이 되는데, 그가 바로 구로야나기 테츠코이다. 이처럼 경청은 내담자의 마음을 열고 스스로 자신의 문제를 인식하게 하는 강력한 힘이 있다. 다음은 경청이 요구하는 경청의 요소들이다.

첫째, 시선의 처리이다. 시선은 내담자의 눈을 보는 것이 좋은데, 장시간 너무 뚫어지게 보면 부담을 느낄 수 있으므로 간헐적으로 눈을 보는 것이 좋다. 절대 먼 산을 보거나 다른 물체를 보는 행동을 해서는 안 된다.

시선은 내담자의 눈을 보는 것이 좋은데, 장시간 너무 뚫어지게 보면 부담을 느낄 수 있으므로 간헐적으로 눈을 보는 것이 좋다.

둘째, 적절한 추임새를 사용하는 것이다. 상담자는 내담자의 말 중간중간에 '음'이나 '그렇구나' 등과 같은 추임새를 사용함으로써 경청하고 있음을 알려준다.

셋째, 고개 등을 끄덕이며 반응해 주기이다. 이러한 행동들은 내담자로 하여금 상담자가 자신의 이야기를 듣고 있음을 알게 하는 효과를 가져온다.

넷째, 몸을 내담자 방향으로 숙이기이다. 내담자를 향해 상체를 조금만 숙여주어도 내담자로 하여금 상담자가 자신의 이야기를 관심 있게 듣고 있구나 하는 생각을 들게 한다.

반영적 경청

경청하는 가장 효율적인 기술이다. 내가 하고 싶은 말을 하지 않고 다만 내담자가 말한 메시지를 반영해 주거나 다시 내담자의 말을 확인하는 종류의 언어적 반응이다. 이것을 반영적 경청이라고 한다. 이것은 상담자가 내담자에게 들은 것을 다시 확인함으로써 내담자의 말을 이해하고 있고 또 내담자의 말을 경청하였음을 적극적으로 나타내 준다.

반영적 경청의 보기

내담자: 사람이 죽으면 어떻게 되는 건가요?
상담자: 사람이 죽으면 어떻게 되는가에 대해 궁금한 모양이지?

내담자: 성적이 많이 떨어졌어요.
상담자: 성적이 많이 떨어져 걱정이구나.

3) 질문

상담자가 질문을 사용하는 목적은 내담자의 자기개방과 내담자의 상황을 더 명확하게 이해하기 위함이다. 즉, 내담자의 통찰을 촉진하거나 아님 내담자로 하여금 상담에 필요한 정보를 얻기 위해 질문을 사용한다. 질문의 유형에는 다음과 같이 두 가지의 유형이 있다.

첫째, 개방형 질문이다. 개방형 질문은 포괄적으로 대답할 수 있는, 즉 내담자의 관점, 의견, 생각 그리고 감정까지도 끌어낼 수 있도록 하는 질문의 형태이다. 따라서 일반적으로 내담자로부터 특정한 정보를 빨리 얻고자 할 때를 제외하고는 개방형 질문을 주로 사용하는 것이 좋다.

둘째, 폐쇄형 질문이다. 폐쇄형 질문은 구체적인 답변을 유도하는 질문의 형태로서 돌아오는 답변 또한 짧은 것이 특징이다. 주로 '예'나 '아니요'의 대답이 나온다. 장점은 상담자가 시간을 절약해서 내담자로부터 정확하고 구체적인 정보를 끌어내는 데 유용하게 사용될 수 있다.

질문의 예시

1. 폐쇄형 질문
밥은 먹었니? / 너를 힘들게 하는 친구가 있니? / 집에 엄마 계시니?

2. 개방형 질문
친구에 대해서 어떻게 생각하니? / 부모님에 대한 생각을 말해 주겠니?

4) 수용

수용이란 내담자의 가치관이나 행동 등을 있는 모습 그대로 무비판적으로 받아들이는 것을 의미한다. 이것은 상담자가 내담자의 있는 모습 그대로를 인정하는 것을 의미하며, 나아가 내담자 자신의 문제를 해결할 힘이 스스로에 있음을 인정하는 것이다. 상담자가 내담자를 대할 때에 그가 자신의 문제를 스스로 해결할 수 있는 능력을 가지고 있다고 믿지 못한다면 그를 도울 수가 없다. 따라서 내담자의 독특한 개성과 자질을 이해함에 따라 그를 존중하는 마음이 상담자에게 생기게 된다. 내담자가 삶의 어려 측면에서 노력하고 있는 모습을 발견하게 될 때 그를 존중하는 마음이 증가하게 되는 것이다. 효과적으로 관심을 기울이고 내담자의 능력에 대해 믿음을 표현함으로써 상담자는 내담자에 대한 존중을 나타낼 수 있다. 물론 상담을 하다 보면 상담자의 의견이 다른 내담자를 만나게 된다. 이럴

수용이란 내담자의 가치관이나 행동 등을 있는 모습 그대로 무비판적으로 받아들이는 것을 의미한다. 이것은 상담자가 내담자의 있는 모습 그대로를 인정하는 것을 의미하며, 나아가 내담자 자신의 문제를 해결할 힘이 스스로에 있음을 인정하는 것이다.

때 상담자는 내담자의 의견에 동의하지 않을 수 있다. 하지만 이는 내담자를 거부하는 것과는 구별된다. 상담자는 내담자의 의견에는 동의하지 않을 수 있지만 내담자를 하나의 인격체로서 존중을 표현해야 한다. 물론 덮어놓고 받아들이라는 것은 아니다. 반대의견을 전달할 경우에라도 내담자를 인격적으로 수용하고 있다는 것을 전달해야 한다. 반대의견의 표현과 인격적 거부가 서로 다르다는 점을 내담자에게 깨닫게 하는 것은 그 자체가 내담자의 성장을 촉진하는 것이다.

수용의 예

내담자: 부모님이 저한테 너무 많은 기대를 하고 계세요. 관심도 많으시고 너무 잘 해주시니깐 오히려 부담이 돼요.
상담자: 부모님이 공연한 참견을 많이 해 신경이 많이 쓰이는군요.

5) 직면

직면은 내담자가 모르고 있거나 인정하기를 거부하는 생각과 느낌에 대해 주목하도록 하며 때로는 상담자가 내담자를 보고 느낀 점 중에서 어떤 모순점이나 의혹이 있을 때 그것을 내담자에게 되물어 주는 것이다. 예를 들면, 내담자가 모르고 있는 과거와 현재의 연관성, 행동과 감정 간의 유사점 및 차이점을 지적하고 그것에 주목하도록 하는 것으로 내담자의 변화와 성장을 증진시킬 수도 있는 반면, 내담자에게 심리적인 위협과 상처를 줄 수도 있다.

직면의 예시

내담자: 이쯤에서 상담을 그만두고 싶어요. 시간도 없고, 상담 오기도 불편하고 그래서 이쯤에서 상담을 그만두고 싶어요.
상담자: 혹시 상담을 통해서 본인의 진짜 모습이 드러나는 것이 두려워서 상담을 그만 두고자 하는 것은 아닌가요?

6) 즉시성

즉시성은 지금-여기 입장에서 상담자가 내담자에게 반응하는 것이다. 즉, 즉시성이란 상담자가 내담자와의 관계에서 상담자 자신에 대하여, 내담자에 대하여, 그리고 치료적 관계에 대하여 즉각적인 감정을 표현하는 것이다. 그러므로 즉각적인 반응은 그 순간에 상담자의 관계에 대한 내적 경험에 대해 내담자에게 피드백을 제공하는 의사소통 기술이다. 따라서 즉시성이란 내담자의 반응에 대해 상담자가 현재 솔직한 자신의 감정을 있는 그대로 표현하는 것이다. 청소년들은 즉각적인 반응에 대해서 매우 익숙해져 있기 때문에 이러한 즉각적인 반응은 청소년들의 특성에도 부합되는 기술 중 하나이다. 다만 즉시성은 직설적인 화법으로 올 가능성이 있기 때문에 상담자와 내담자의 신뢰관계가 어느 정도 형성된 후에 사용하는 것이 좋을 듯하다.

즉시성은 지금-여기 입장에서 상담자가 내담자에게 반응하는 것이다. 즉, 즉시성이란 상담자가 내담자와의 관계에서 상담자 자신에 대하여, 내담자에 대하여, 그리고 치료적 관계에 대하여 즉각적인 감정을 표현하는 것이다.

즉시성의 예시

상담자: 그 부분에 대해서는(내담자가 말을 가로채며)
내담자: 그 부분은 저도 이해하고 있는 부분이에요.
상담자: 네가 자주 나의 말을 끊고 말을 하니까 내가 화가 난단다.

7) 자기노출

자기노출은 상담자가 상담과정에서 자신의 행동, 생각, 감정을 내담자에게 드러내는 것으로서, 일반적으로 내담자의 좀 더 깊은 자기개방을 유도하기 위해 사용된다.

자기노출은 상담자가 상담과정에서 자신의 행동, 생각, 감정을 내담자에게 드러내는 것으로서, 일반적으로 내담자의 좀 더 깊은 자기개방을 유도하기 위해 사용된다. 특히 청소년은 대부분 자발적으로 상담실을 찾아오는 경우보다는 교사나 학부모에 의해 강제적으로 상담실로 오는 경우가 대부분이다. 필자의 경험으로 보아도 약 90% 이상은 강제적으로 상담을 오는 경우였다. 이런 청소년들의 특징은 자기개방을 하지 않는다는 것이다. 상담에서 내담자가 자기개방을 하지 않을 경우 상담이 성공적으로 진행되기가 어렵다. 따라서 상담자는 의도적으로 상담자 자신의 내면의 모습을 청소년들에게 개방함으로써 청소년들의 개방을 유도할 수 있다. 상담자가 자기노출을 할 때 유의할 것은 내담자의 관점, 사고방식, 행동에 직면한다는 점이다.

3. 상담의 종결

상담의 종결은 첫 면접만큼이나 중요하다. 흔히 상담에 대한 종결은 상담은 내담자가 처음에 가져왔던 문제가 해결되고 장래의 생활에서 그와 비슷한 문제가 발생하더라도 처리할 자신이 생겼을 때 자연스럽게 종결되는 것이 일반적이나, 드문 경우 내담자가 일방적으로 상담에 대해 종결을 요구하여 종결되는 경우와 상담자가 내담자의 문제해결에 자신이 없어 다른 상담자에게 이양되는 경우에도 상담은 종결된다.

종결의 시기에 대해서는 정해진 규정이 없고, 다만 너무 이른 시간에 종결을 할 경우 내담자가 상담을 통해 획득할 수 있는 안정감에 문제가 발생할 수 있고, 종결하지 않을 경우에는 내담자의 상담자 의존 현상이 심해질 수 있다. 특히 청소년들은 상담자를 의존할 확률이 상당히 높다. 따라서 상담자는 상담의 종결 시기를 정할 때 신중하게 결정할 필요가 있다.

1) 상담에 대한 종결 시기 결정

상담에 대한 종결 시기를 평가할 때 고려해야 하는 가장 중요한 것은 초기단계에서 합의한 상담목표의 성취이다. 만약 상담의 목표가 성취되었거나 만족할 만큼의 성취 수준에 도달하였다면 상담을 종결해야 할 시점이라고 할 수 있다. 목표에 대한 성취 평가는 다양한 심리검사 혹은 질문을 통해 가능하다. 다음으로 상담 초기 장면에서 논의하였던 상담기간이 초과했을 경우에도 상담의 종결을 생각해야 한다. 예를 들어, 1주일에 1회 50분씩 10회기 상담을 합의하였다면 8~9회기쯤에서 상담의 종결에 대해 다루어야 한다. 만약 상담자와 내담자가 합의하여 상담을 더 연장하고자 할 때에는 합의하에 연장할 수도 있다. 그리고 내담자의 종결 의사가 있을 때에도 상담 종결에 대해 생각해야 한다. 일반적으로 상담 종결은 상담자가 목표달성 여부를 확인한 후 제안하지만, 내담자가 종결을 제안해 올 경우도 있다. 이 경우 우선 내담자가 종결을 제안하는 수준인지, 아니면 이미 마음속으로 종결을 정해 놓고 상담자에게 통고하는 수준인지에 따라 차이가 있을 것이다. 이외에도 내담자의 이사 등으로 인한 환경 변화, 상담자의 개인적인 사정 등으로 인해서도 상담 종결이나 상담 의뢰를 고려해야 한다.

2) 종결여부 합의

상담에 대한 종결은 상담자가 일방적으로 결정하여 내담자에게 통보할 수 있는 것이 아니다. 상담에 대한 종결은 반드시 논의되어야 할 문제이다. 따라서 상담자는 상담의 종결에 대해서 고려하고 생각하는 부분을 내담자와 반드시 논의하고 합의해야 한다. 상담 종결에 대한 내담자의 의사를 확인하는 방법은 직접 상담의 종결에 대해서 물어보는 방법도 있고, 내담자가 상담에 임하는 태도를 탐색하여 결정할 수도 있다. 종결을 합의하면 내담자들은 곧바로 상담이 종결될 것으로 생각하는 경향이 있기 때문에 상담자는 내담자와 함께 종결과제를 점검하는 시간을 가짐으로써 내담

상담 종결에 대한 내담자의 의사를 확인하는 방법은 직접 상담의 종결에 대해서 물어보는 방법도 있고, 내담자가 상담에 임하는 태도를 탐색하여 결정할 수도 있다.

자가 종결 작업에 적극적으로 참여하도록 동기를 높일 필요가 있다.

3) 상담 마무리

상담 종결의 초점은 내담자에게 일어난 변화가 상담이 끝난 후 일상생활 장면에서도 안정적으로 일어나도록 하는 것이다. 이를 위해서 상담자가 해야 할 일은 내담자의 상담자에 대한 의존도를 낮추는 것과 내담자에게 일어난 긍정적인 변화에 대해 강화하는 것이다. 즉, 내담자 스스로 문제를 해결해 나갈 수 있도록 하는 것이다.

4. 청소년상담자의 자격

청소년상담은 현재 각 지역의 청소년상담복지센터와 교육청 산하의 Wee Center, Wee Class 그리고 복지관 및 민간 상담기관 등에서 이루어지고 있다. 청소년상담을 하는 상담자의 자격기준은 상담을 하는 기관에 따라 다르게 요구되는데, 주로 국가에서 인증하는 청소년상담사나 학회 및 민간단체에서 인증하는 상담심리사 같은 자격증을 요구하고 있다. 국가에서 발급하는 청소년상담사 자격증은 국가에서 요구하는 시험을 통과한 사람들이 일정 기간 연수를 받게 되면 발급하고 있으며, 주로 국가가 운영하는 청소년 상담기관에 배치되어 상담을 담당하고 있다(p. 52 참고).

자격제도 취득 절차

청소년상담사 시험공고	• 자격검정일 최소 2개월 전에 공고
⬇	
원서교부 및 접수	• 인터넷 교부 및 접수(www.q-net.or.kr) • 신규응시자 및 재응시자 전원 응시원서 작성 필수
⬇	
필기시험	• 과목당 객관식 30문제
⬇	
서류심사	필기시험 합격자 대상 서류심사 실시 신규응시자 ① 졸업증명서 ② 상담관련학과 증빙서류(해당자에 한함) ③ 상담실무경력 증빙서류(해당자에 한함) 필기/면접시험 재응시자 ※ 2010년도 서류심사 합격자, 2011년도 필기시험 합격자에 한하여 응시자격 증빙서류 제출 면제
⬇	
면접시험	• 개별면접 또는 집단면접
⬇	
자격검정 합격자 발표	
⬇	
자격연수	• 자격검정에 합격한 자에 한하여 본원에서 실시하는 100시간 연수 • 연수비 일부 본인 부담
⬇	
자격증 교부	• 자격검정시험에 합격하고 연수를 수료한 자 • 본인 또는 대리인(위임장 지참)이 직접 수령

그림 14-1 ●●●▶ 청소년상담사 취득 절차

5. 청소년상담의 실제 사례

• 인적사항
이름: 김○○ (남)
학교: ○○중학교 2학년
주소: ○○시 ○○번지 (주택지에 소재한 개인 주택)

Ⅰ. 주호소 문제

1. 절도와 방화

ㅇㅇ은 중학교 1학년 재학 중 여러 차례 절도와 방화를 저지른 결과, 보호관찰소의 보호를 받고 있는 현재 2학년 학생이다. 특히 방화로 인하여 월 2회, 반드시 관찰관과 면담을 해야 할 의무가 있는 특별관리를 받고 있다. 본 상담자와의 연결은 본 상담자가 관찰관에게 'case 사례로 사용하며 보고할 것'임을 밝히고 내담자 의뢰를 부탁하여 관찰소에서 이루어졌다.

2. 부모와의 관계

친모와 아버지는 4학년 때 이혼하였으며 현재의 계모는 6학년 때 들어왔다. 계모는 딸 하나를 데리고 와서 ㅇㅇ은 막내에서 중간으로 가정 내에서 위치 변화가 생겼다. 계모를 상당히 좋아하고 있으나 그러한 ㅇㅇ의 마음을 계모가 느끼지는 못하는 상태로서 ㅇㅇ의 표현이 적절하였다고 볼 수는 없다.

계모는 유순한 성격으로 허용적인 태도를 지니고 교육하고 있는데, ㅇㅇ은 이러한 점을 매우 좋아하고 있다. 또한 계모가 들어와서 가정이 안정된 것을 고맙게 여긴다. ㅇㅇ은 지금과 같은 가정구조가 깨어지지 않기를 바라고 현재의 부모가 자신에게 사랑과 관심을 보여주기를 갈망하고 있다. 그러나 계모의 딸과 TV 시청 문제와 컴퓨터 사용 문제 등으로 자주 다투고 있으며 자신이 오빠이기 때문에 주로 야단을 맞게 되니 불만이 있다.

3. 심리적 문제의 발단

친모는 어릴 때부터 보신탕집을 운영하면서 가정을 보살피지 않고 잦은 외박을 하는 문제로 인하여 갈등을 빚어 오다가 이혼한 이후에 가끔 전화가 온다고 한다. 성격이 매우 과격했던 것으로 세 들어 사는 사람이 진술하였고 ○○이 지각하는 친모는 무섭고 싫은 사람이었다. 보살핌과 사랑을 받지 못했던 성장과정은 대부분의 시간을 혼자 보내면서 ○○을 외로움에 시달리게 하였으며 누군가의 사랑과 관심을 원하고 있었다.

친모의 무관심과 방치, 그리고 아버지의 친모와의 갈등문제 등은 ○○을 심리적으로 배려할 여유를 주지 못하였으며 ○○은 중요한 성장 시기를 방치된 채로 자라났다. 아버지는 아주 적은 용돈을 준 것으로 계모가 지각하였고 자신이 온 후에는 좀 더 잘 주고 있다고 하였다. 초등학교 시절, 식사에 대한 정상적인 해결을 하지 못하고 주로 간식으로 해결하며 한참 자랄 나이에 있는 ○○의 간식 위주 식생활은 용돈이 많이 필요하게 되었다. 그리고 지금의 범죄행위의 발단 또한 친구들에게 간식을 사주고 싶고 또 게임을 시켜 주고 싶어서였다. 친구들이 사준 간식과 시켜 준 게임 등이 무척 부담스럽고 꼭 갚아주고 싶었다고 할 정도로 친구들로부터의 지지를 필요로 하였다.

4. 가정 교육적 요소

많은 시간을 비디오 시청과 컴퓨터 게임하는 것으로 보냈다. 가족의 사랑 속에 배웠어야 했던 교육적인 발달과제들은 비디오 시청과 컴퓨터 게임의 내용을 직접적으로 모델링되고 내면화되어 ○○이 자신의 절도를 숨기기 위한 의도로 비디오 내용과 똑같이 모방하는 모방범죄로 발전하여 방화범죄까지 추가해서 저질렀다. 지금과 같은 절도행위가 드러나기 전인 초등학교 때부터 도벽이 있어서 아버지에게 ○○은 심한 매를 맞기도 하였으나 지금은 허용적인 타이름 위주의 교육을 받고 있다.

5. 학업적 문제

학업성적은 최하위였으나 ○○이 지각하는 초등학교의 성적은 그래도 '지금보다는 더 잘하였다'는 것이다. 현재 42명 중에 40등을 하고 있으며 이것을 ○○은 가장 안타깝게 생각하고 있다. ○○이 방화를 저지른 이후에 만난 2학년 담임선생님은 매우 잘 대해 주고 있으며 ○○이 좋아하고 있다. 이러한 이유로 학교 출석을 잘 하고 있다. 수준별로 반을 옮겨서 수업 받는 것에 대해 몹시 부끄럽게 여긴다.

6. 행동적 문제

산만해 보이고 매우 겁이 많고 쫓기는 듯 여유가 없고 무기력해 보인다. 자신의 행동에 대한 통제가 적절히 이루어지지 않고 있으며 스스로 자신에 대한 신뢰를 상실하여 그 내면에는 또 절도와 방화를 할까 두려워하고 있었으며 한 달에 2~3번 정도의 유혹을 느낀다고 하였다. 그러나 절대로 '그 짓'은 하지 않겠다는 굳센 의지도 표출하였다.

7. 의학적 문제

분류심사원에서 실시한 각종 심리검사와 본 상담자가 실시한 심리검사의 결과에서 의학적 소견과 정신과적 소견은 발견되지 않았으나 신체가 작고 왜소하며 지능은 경계선적 지능인 71~84(김계현, 1997)보다 조금 높은 91로서 정상의 범주에 들어간다. 언어발달이 비정상적이라고는 할 수 없으나, 정상적인 정서 관련 의사소통을 하는 데는 지장이 있을 정도로 소극적인 태도를 지녔다.

8. 대처방식

심리적인 지지와 물질을 통한 관심을 필요로 했던 ㅇㅇ은 부적절한 방법으로 사회의 가치에 반하는 범죄를 저지름으로써 자신의 욕구를 충족시켜 왔다. 즉, 자신이 원하는 것을 얻기 위한 합당한 책임감을 기르지 못하고 정당한 노력 없이 대가를 얻는 가장 파괴적인 범죄를 선택하였다. 똑같은 방식으로, 공부를 잘하고 싶지만 아무것도 하지 않으면서 저절로 얻고자 하는 비합리적인 바람이 강하게 있다.

Ⅱ. 배경정보

1. 가정환경

형을 제일 좋아하고 자신이 분류심사원에 수용되어 있을 때, 형과 할머니, 고모가 면회 와서 형이 몹시 울었던 이야기를 하며 ㅇㅇ도 울었다. 그리고 아버지와 계모도 와서 울고 갔으며 자신도 마음이 아프고 가족들의 사랑을 확인하면서 뉘우쳤다고 하였다.

학업성적에 대해 많은 근심과 더불어 좋은 성적을 가지려는 이유는, 그것만이 자신이 달라진 것을 부모님께 보일 유일한 통로이기 때문이라고 하였다. 자신의 진로 또는 장래 희망과 관련한 걱정이 아니라고 말함.

2. 발달사

▸ 아동기 초기(4-5세): 직장에 종사하는 아버지 외에 친모가 주 양육자인 점을

감안한다면 친모의 특성이 과격하고 폭력적(○○의 보고)이며 힘이 장사(7년 세 들어 살던 이웃의 보고)였던 점과 이후 각종 기록에서 보고된 초등학교 시기의 방치를 미루어 짐작할 때, 이 시기에도 ○○의 성장에 어느 정도 영향을 미친 것으로 추정할 수 있겠다.

인간의 관계추구가 초기의 경험에 형성한 관점과 신뢰, 이미지에 의해 타인과 관계한다고 본다. 인생초기의 친모와의 관계에서 형성된 내면화 과정이 매우 중요하고 인생초기에 문제 가능성이 발달하는 특성을 보면 부적응적인 공격행동의 형성과 무관하지 않을 것이다. '어떤 말을 할지 모르겠다'고 자주 말하는 것은 언어발달과 확산이 크게 이루어질 시기에 적절히 발달했다고 보기 어렵다. 계모도 아이들이 말을 하지 않고 자주 삐치므로 힘들다고 보고하였다.

- 아동기 중기(6-11세): 초등학교 시기로서 이 시기에 주로 방치되었음이 보고되고 있다. 이 시기는 자기이해의 폭을 넓히고 내적인 통제 소재가 발달하는데 부모의 비양육적인 태도는 ○○의 자아발달에 부정적인 영향을 미치어 자기통제가 어려운, 즉 충동조절에 이상이 있다고 볼 수 있다. 특히 자기비판적이며 열등감에 휩싸이는 모습이 지금까지의 자신감 결여와 비현실적인 기대로 이어지고 있다. 바로 이 시기에 부모의 이혼을 경험하였다. 친모의 과격한 행동은 더 이상 이어지지 않았으나 더욱 방임적인 결과가 되어 무절제한 생활이 되었다. 또한 부모의 이혼이나 부재가 범죄행동과 관련성을 가지는데, 특히 여섯 살이나 일곱 살경 가정에 이상이 있고 또 부모의 사망이나 이혼보다 가정의 불화가 더 범죄와 관련이 있다는 주장(홍성열, 2000)으로 미루어 ○○의 가정환경은 이러한 점과 깊은 관계가 있다고 추정할 수도 있겠다.
- 청소년 초기(12-15세): 발달 속도에서 개인차가 심하게 있지만 가장 급속도로 발달되는 시기에 계모를 맞이하여 안정을 취하게 된다. 이때의 신체 호르몬의 변화는 혼돈을 경험하면서 죄책감을 갖게 되는데 또래의 지지가 필요하다. 바로 이 시기에 또래에게 인정받고 싶은 욕구가 돈을 훔치게 하였다.

○○은 가정에서의 소속감 확인이 필요하였고 그동안 자신이 주인공이 되는 삶을 갖지 못하였는데 새로이 꾸며진 가정은 계모와 그 딸의 존재의 부각이 자연스럽게 예상된다. 더구나 계모는 이 집안의 조건보다 더 나은 위치여서 ○○의 가족은 모두 새 가정을 위해 노력하고 있다. 따라서 ○○은 자신의 급변하는 정서를 표출하기 어려웠을 수도 있다. 그리고 자연스럽게 가족의 자신에 대한 무관심을 상담자에게 호소하는 것으로 드러내는 것이

라 볼 수 있다. 그래도 동생이 오빠라고 부를 때와 어머니가 생긴 점은 매우 좋다고 보고하였다.

- 자아정체감을 형성하고 자신의 역할을 인식하며 도덕성을 발달시키는 데 있어 부모와의 관계가 매우 중요한데 ○○의 사회화의 최초 담당자로서의 역할부재로 지금과 같은 어려움에 처해진 것이다. 특히 가정에서 초기에 사회적으로 용인된 방식으로 행동하는 방법을 배우지 못한 아이들의 경우 사회에서도 그렇게 행동할 가능성이 크다. 아동기 초반에 일탈행동을 보이는 사람은 그 이후의 삶에서도 그렇게 살아갈 가능성이 크다고 본다. 그러나 비행의 지속여부는 일탈행동에 대한 가족의 반응양식에 달려 있다. 잘못된 반응은 강화될 수 있다(홍성열, 2000). ○○의 가족들의 반응과 보호관찰소의 보호조치는 ○○의 일탈된 행동을 근절시키는 데 기여한다고 볼 수 있다.

Ⅲ. 인상 및 행동관찰

- 기록지에 의하면 신장 153㎝ / 체중 43㎏ / 건강상태 보통 / 정신과적 소견 없음
- 옷차림은 비교적 단정하고 머리는 보통이나 어두운 표정에 자신이 없고 불안한 모습이다. 또래에 비해 작고 마른 체구이다.
- 말할 때의 특징은 얼굴을 숙이고 시선은 아래로 향하여 매우 짧은 단답식의 말만 한다. 개방식 질문에 무슨 말을 하여야 할지 모르겠다고 하면서 사고과정을 회피 내지는 어려워한다. 가끔 자신이 지지받고 인정받는 내용일 때 고개를 쳐들고 밝게 반응한다.
- 상담초기에 ○○은 샤프펜슬과 지우개를 만지작거리고 불안해하며 손을 잠시도 가만히 두지 못하였다. 이야기의 내용이 비교적 안전하여 웃음이 터져 나오는 상황에서도 마찬가지였다. 그러나 상담자와의 좋은 관계를 위하여 스스로 테이블의 끝으로 밀어 놓기도 하였다.
  밝게 웃을 때는 귀엽고 선하고 착한 인상이 풍긴다.
- 본 상담자와의 상담이 계획되어 있다는 안내를 관찰관에게 통보 받으며, 그냥 관찰관님에게만 열심히 지도 받아 착해지겠다고 부탁했던 것으로 보아 상담 받기를 원치 않는다는 표현을 분명히 하였다. 이 말을 전해 들은 본 상담자는 처음에 들어가면서 내담자일 것으로 짐작되는 아이에게 웃음과

간단한 인사를 하였던 것이 두려움을 경감시키고 이제는 상담을 적극적으로 기다리게 되었다. 관계형성이 된 것이다.

- 2회 상담 때, 약속은 3시였으나 1시도 못 되어 와서 길가에 나와 상담자를 기다리고 있다가 상담자를 보자 매우 반겼다. 그리고 상담에 대한 기대를 하고 있었다. 즉, 상담 받기를 원하며 자신이 좋아지고 싶다고 하였다.

Ⅳ. 평가

1. 평가방법

- 심리검사 실시〔표준성격진단표-해석하지 않음. 문장완성검사-어린이용. HTP 검사〕
- 내담자 면접. 계모 면접.

2. 평가내용 및 결과 요약

- 문장완성검사

부모, 가족, 친구에 대한 것은 대체로 긍정적인 반면 대인관계에 대한 불안한 면이 엿보인다. 특히 과거에 대한 후회가 많은 것은 공부와 관련한 것이다. 그리고 미래에 대해서는 자신이 저지른 행동에 대한 반성과 공부와 관련한 것이다. 소망과 현실 역시 공부에 관한 것과 물질(컴퓨터 2번, 자전거, 음식)과 관련된 것이고 두려움과 죄책감에 휩싸여 있다.

이러한 결과로 미루어 볼 때, ○○은 물질에 대한 유혹을 느끼고 그에 따른 죄책감을 가지고 있는데, 부모와 가족의 기대에 부응하고자 하는 의지, 즉 의식세계에서의 도덕심이 억제 작용을 하는 것을 드러낸다. 도덕적인 면이 강조된 점은 검사에서 잘 보이려는 바람이 표출된 듯하다. 특이하게도 공부를 잘하고자 하는 강력한 바람(Want)이 표출되고 있다.

- 내담자 면접

내담자는 접수면접에서 중요한 관심이 성적을 올리는 일이며 가정의 화목을 이루지 못하는 것이 가슴 아프며 게임을 너무 즐기는 문제에 대해 걱정하고 이러한 부분에서 좋아지기를 간절히 원하고 있다. 대화상대를 선생님으로 꼽은 것은 내담자의 대화상대가 매우 빈약한 것을 드러낸다.

▸ HTP검사 - 매우 방어적인 것 같다.

사람: 외부세계와의 가장 기본적인 기관으로 얼굴 영역에서 눈동자와 귀의 생략은 대인관계에서 마찰이 있었고 이 문제를 회피하고자 하며 환경과의 부적절한 접촉을 나타낸다. 입은 관능적 만족의 원천으로 전부 웃는 표현은 자신의 잘 먹고 즐겁게 살고 싶은 표현과 같다고 볼 수 있다. 털의 강조는 자애적, 동성애적 경향을 표현. 긴 목은 본능적 욕구를 과도하게 통제하여 도덕적이고 경직된 모습과 이 부위의 신체적 증상을 표현. 팔이 신체에서 뻗어 있는 것은 밖으로 향한 공격성을 표현.

집: 흔들리고 덧칠된 선은 자신 없고 불안정함을 표현하였고 특히 외부로 향한 문에서 덧칠한 선이 많이 나타난 점은 환경과의 직접적인 접촉에 불안감을 표현한 듯하다.

나무: 강한 기본욕구를 만족시킬 수 없어 좌절감 경험-강한 줄기에 비해 작은 윗부분.

▸ 계모 면접

1) ○○이 지각하는 친모와의 관계는 매우 안 좋은 것으로 이미 가정을 돌보지 않은 지가 오래된 상태이고 방치된 사실을 발견하게 됨(친모에게 오는 전화를 아줌마라 부르며 끊음).
2) ○○의 원하는 것을 말하고 가족끼리의 의사소통에 ○○이 조금만 다르게 좋은 행동을 하여도, 특히 공부할 때 칭찬을 아끼지 말아줄 것을 요청함.
3) ○○이 계모를 매우 좋아하고 있음을 밝히고 계모의 수고에 대한 고마움을 표시함.
4) 계모의 딸이 독립하겠다는 말을 하는 등, 계모가 재혼한 상태를 만족하게 여기지 않으므로 ○○에게 이것이 불안감으로 작용하는 것을 알게 됨.

Ⅴ. 사례개념화

▸ 내담자는 인생초기에 어머니와 사랑과 소속의 욕구를 충족시켜야 함에도 불구하고 그리 바람직한 욕구충족을 경험하지 못하였다. 그것은 지속적으로 누적되었고 가족 갈등 속에서 중요한 발달시기를 보냈다. 이것은 지능과 신체적 발달 그리고 도덕성 발달, 정서적 발달, 언어적 발달 등 전반에 걸쳐서 훼손을 받아 왔다.

- 아버지 또한 자신과 아내와의 갈등으로 내담자를 적절히 성장시키고 발달시키기 위한 교육적 시도가 부족하였다고 볼 수 있다. 그리고 부부간의 폭력적인 행동으로 부정적인 모습을 내면화시키는 데 오히려 기여하였다고 보인다.
- 이러한 가정에서 양육을 받은 내담자는 기본적인 사랑과 소속의 욕구, 힘의 욕구, 자유의 욕구, 즐거움의 욕구 등 심리적인 욕구 전반에 걸쳐 지속적으로 충족되지 못하는 결과를 가져왔다. 여기서 더 나아가 내담자의 식사를 제때에 챙겨주지 않은 것은 생존의 욕구까지도 충족시키지 못하게 되는 내담자의 큰 고통으로 이어졌다.
- 욕구부족의 고통은 욕구를 충족시키고자 하는 새로운 시도로 창의적인 행동을 하게 되는데 그것이 바로 절도와 방화라는 범죄행위를 하게 되었다.
- 절도와 방화는 돈을 얻어서 자신이 먹고 싶은 것을 마음껏 사 먹게 하여 생존의 욕구와 즐거움의 욕구, 자유의 욕구, 그리고 친구들에게 사주게 되니 사랑과 소속의 욕구까지도 충족시킬 수 있었다. 거기다 더 나아가 힘의 욕구까지도 충족되는 것이다. 이러한 결과는 성적이 좋지 않아 겪는 아픔도 잠시 잊을 수 있었다.
- 방화는 발달초기의 중요한 시기에 가정교육 부재와 무분별한 비디오 시청의 부작용으로 도덕심이 훼손되어 절도 증거 말살을 위한 시도로 행해졌다. 방화심리는 범죄의 증거를 감추고 수사를 다른 곳으로 돌리기 위해 범행현장에 불을 지르는데 이때 방화 자체의 스릴감이나 자극, 흥분, 쾌감이 2차적인 원인이 되기도 한다. 많은 경우에 방화는 억압된 분노와 공격성의 표출로 인해 나타난다. 대체로 젊은 층에 한정되는데 이들은 정서적 만족감을 얻게 된다. 방화범의 경우에 불이 내부의 심리적 긴장을 완화하게 된다(범죄클리닉-에스원). 내담자는 상담 중에 두려운 것으로 '불을 지를까 봐'를 들었다. 방화가 이미 조직된 행동으로 자리 잡은 것을 말해 준다.
- 가정에서 사회적으로 용인된 방식으로 행동하는 방법을 배우지 못한 아이는 사회에서도 그렇게 행동하게 될 것이다. 이때 가정의 반응 양식에 따라 일탈행동의 결말을 가져올 수도 있다(범죄심리학-범죄이론12의 발전범죄학의 이론적 주장).

비행성향은 자기통제가 부족한 기질적 요인과 깊은 연관이 있고 타인으로부터 승인이나 인정을 받는 느낌을 갖지 못한다(Gluek 부부의 로르샤흐 테스트에 의한 연구).

- 부적절한 행동을 선택하여 욕구만족을 시키는 행위는 자신이 사랑을 유지하고 싶은 대상과 관계가 더욱 멀어지게 되고 법의 보호를 받게 되는 결과

로 이어졌다.

- 어린 나이에 친모의 가정에 대한 무관심은 내담자를 고립시켰고 이혼으로 인한 친모의 부재가 약 3년 이어지면서 외로움을 느꼈다. 사랑과 보호와 관심 속에 성장할 시기에 가정이 불화하고 어머니는 항상 가게에 있었으며 단기간이라 볼 수 없는 기간 동안 가정이 방치되었다고 볼 수 있다. 그러한 영향이 막내인 내담자에게 고스란히 미쳐서 가장 중요한 대상과의 사랑의 상실이 있었다. 그러나 다행히도 계모가 좋은 분이어서 그동안 충족시키지 못했던 사랑을 채우고자 하였으나 부족한 용돈과 인터넷 게임에 대한 유혹은 충동적인 범죄행위로 나타나게 되었다.
- 그간의 가정교육 부재 요소가 내담자의 사건으로 인해 온 가족과 친척의 관심을 불러일으켰으며 제대로 보살피지 못한 데 대한 죄책감까지 유발하여 내담자를 보살피는 데 총력을 다하고 있다. 본 상담자와 상담 중에 "왜 이리 늦느냐"는 아버지의 전화가 걸려 왔다. 내담자는 자신의 중요성이 새삼 부각되어 사랑받는 존재임을 스스로 확인하는 기회가 되었고 범죄와의 결별에 대한 굳센 의지를 다지게 되는 기회가 되었다. 본래 성격이 유순하고 착하다.
- 내담자는 부모와 좋은 관계를 가지고 가정을 지키고자 하는 강한 바람이 있다. 다행스럽게도 형과 할머니, 고모는 내담자에게 주요 지지 자원이 되어 내담자가 곁길로 간 것을 깊이 돌이켜 돌아올 수 있었다고 보인다. 또 현재 어울리는 친구들이 본격적으로 비행으로 빠진 아이들이 아니다.
- 무엇보다도 담임교사와 편안하고 좋은 관계를 형성한 것은 내담자에게 학업이 뒤떨어짐에도 불구하고 등교하게 하는 주요 요인으로 작용하는 것으로 보인다. 더욱이 부모와 형제 앞에 떳떳해지고 싶어서 공부 잘하는 것을 최대의 과제로 삼고 있는 점이 긍정적인 결과로 이어지게 될 것 같다.
- 보호관찰관과의 좋은 관계, 그리고 본 상담자와의 관계 등도 보호요인으로 작용한다.

Ⅵ. 상담목표 및 계획

1. 상담목표

1) 학업 성적 올리기 (이번 학기에 등수 8등 올리기)
   → 성적을 올림으로써 부모와 좋은 관계(사랑과 소속의 욕구)를 형성한다.

2) 훔치고 싶을 때 할머니와 고모, 형의 얼굴을 빨리 떠올리고 유혹을 떨칠 수 있다.
   → Quality World 안에 있는 부정적인 그림인 '절도'의 사진을 사랑하는 사람인 '할머니, 고모'의 긍정적인 사진으로 대체하여 긍정적 행동을 한다.

2. 상담계획

1) 주 1회 1시간 약 8회기 상담
2) 기법: 현실요법
3) 전략

- 이 이론을 적용하여 욕구를 충족시키는 바람직한 방법을 학습하도록 한다. 내담자는 사랑과 소속의 욕구(Love and Belonging Need)를 충족시키는 것을 최대의 과제로 삼고 있으며 그것을 이루기 위해 성적을 올리는 방법을 선택하였다. 여기서 부모와 사랑과 소속의 욕구를 충족시키기 위한 계획을 성적 올리기로 세워 실행함으로써 욕구를 충족시키면 고통이 제거된다.
- 내담자의 바람(Want)을 탐색하여 그것을 계획을 세우고 실행한다. 일주일에 세 번, 수학 수업이 있었던 날, 1시간 동안 수학공부하기로 하였다. 이 수준별 수학에서 배운 내용은 쉽기 때문에 내담자는 어려움이 별로 없고 그런 기회를 통하여 공부에 적응하도록 계획하였다. 또 공부하는 행동은 내담자 자신에게 자신감과 가능성을 심어줄 것이다.
- 책임감 형성: 과제이행과 자신을 사랑하는 사람의 기대에 맞게 행동함으로써 바르게 사랑을 주고받을 수 있고 책임감 있는 사람으로 행동하는 법을 배운다.
- 선택이론: 욕구를 충족시키는 바람직한 방법을 학습한다. 따라서 상담 받는 동안뿐 아닌 인생 모든 장면에서도 더 나은 선택을 할 수 있게 한다.
- 자신의 바람을 이루어 잘 기능하는 인간이 됨으로써 욕구를 충족시키지 못한 결과의 행동인 파괴적 행동을 하지 않도록 한다.
- 상담은 심리검사 실시한 날을 빼고 약 6회 정도로 내담자와 합의하여 계획하고 내담자도 최선을 다하여 노력할 것을 약속하였다. 상담회기 중에서 녹음과정이 있을 것을 밝히고 협조를 부탁하였다. 그 목적과 사용, 그리고 비밀보장에 대하여 말하고 내담자는 그러한 과정에서 협조할 것을 약속하였다.

연습문제

01 청소년기 상담의 초기단계인 접수면접에 대하여 서술하시오.

02 청소년기 상담의 중기단계인 적극적 경청에 대하여 서술하시오.

03 청소년기 상담의 종결이 중요한 이유에 대하여 서술하시오.

Appendix
부록

1. 청소년 기본법
2. 청소년상담사 윤리강령

1. 청소년 기본법

[시행 2024. 3. 26.] [법률 제20420호, 2024. 3. 26., 일부개정]

제1장 총칙

제1조(목적) 이 법은 청소년의 권리 및 책임과 가정·사회·국가·지방자치단체의 청소년에 대한 책임을 정하고 청소년정책에 관한 기본적인 사항을 규정함을 목적으로 한다. 〈개정 2015. 2. 3.〉

[전문개정 2014. 3. 24.]

제2조(기본이념) ① 이 법은 청소년이 사회구성원으로서 정당한 대우와 권익을 보장받음과 아울러 스스로 생각하고 자유롭게 활동할 수 있도록 하며 보다 나은 삶을 누리고 유해한 환경으로부터 보호될 수 있도록 함으로써 국가와 사회가 필요로 하는 건전한 민주시민으로 자랄 수 있도록 하는 것을 기본이념으로 한다.

② 제1항의 기본이념을 구현하기 위한 장기적·종합적 청소년정책을 추진할 때에는 다음 각 호의 사항을 그 추진 방향으로 한다. 〈개정 2015. 2. 3.〉

1. 청소년의 참여 보장
2. 창의성과 자율성을 바탕으로 한 청소년의 능동적 삶의 실현
3. 청소년의 성장 여건과 사회 환경의 개선
4. 민주·복지·통일조국에 대비하는 청소년의 자질 향상

[전문개정 2014. 3. 24.]

제3조(정의) 이 법에서 사용하는 용어의 뜻은 다음과 같다.

1. "청소년"이란 9세 이상 24세 이하인 사람을 말한다. 다만, 다른 법률에서 청소년에 대한 적용을 다르게 할 필요가 있는 경우에는 따로 정할 수 있다.
2. "청소년육성"이란 청소년활동을 지원하고 청소년의 복지를 증진하며 근로 청소년을 보호하는 한편, 사회 여건과 환경을 청소년에게 유익하도록 개선하고 청소년을 보호하여 청소년에 대한 교육을 보완함으로써 청소년의 균형 있는 성장을 돕는 것을 말한다.
3. "청소년활동"이란 청소년의 균형 있는 성장을 위하여 필요한 활동과 이러한 활동을 소재로 하는 수련활동·교류활동·문화활동 등 다양한 형태의 활동을 말한다.
4. "청소년복지"란 청소년이 정상적인 삶을 누릴 수 있는 기본적인 여건을 조성하고 조화롭게 성장·발달할 수 있도록 제공되는 사회적·경제적 지원을 말한다.
5. "청소년보호"란 청소년의 건전한 성장에 유해한 물질·물건·장소·행위 등 각종 청소년 유해 환경을 규제하거나 청소년의 접촉 또는 접근을 제한하는 것을 말한다.
6. "청소년시설"이란 청소년활동·청소년복지 및 청소년보호에 제공되는 시설을 말한다.
7. "청소년지도자"란 다음 각 목의 사람을 말한다.
   가. 제21조에 따른 청소년지도사
   나. 제22조에 따른 청소년상담사
   다. 청소년시설, 청소년단체 및 청소년 관련 기관에서 청소년육성에 필요한 업무에 종사하는 사람
8. "청소년단체"란 청소년육성을 주된 목적으로 설립된 법인이나 대통령령으로 정하는 단체를 말한다.

[전문개정 2014. 3. 24.]

제4조(다른 법률과의 관계) ① 이 법은 청소년육성에 관하여 다른 법률보다 우선하여 적용한다.

② 청소년육성에 관한 법률을 제정하거나 개정할 때에는 이 법의 취지에 맞도록 하여야 한다.
[전문개정 2014. 3. 24.]

제5조(청소년의 권리와 책임) ① 청소년의 기본적 인권은 청소년활동 · 청소년복지 · 청소년보호 등 청소년육성의 모든 영역에서 존중되어야 한다.

② 청소년은 인종 · 종교 · 성별 · 나이 · 학력 · 신체조건 등에 따른 어떠한 종류의 차별도 받지 아니한다.

③ 청소년은 외부적 영향에 구애받지 아니하면서 자기 의사를 자유롭게 밝히고 스스로 결정할 권리를 가진다.

④ 청소년은 안전하고 쾌적한 환경에서 자기발전을 추구하고 정신적 · 신체적 건강을 해치거나 해칠 우려가 있는 모든 형태의 환경으로부터 보호받을 권리를 가진다.

⑤ 청소년은 자신의 능력을 개발하고 건전한 가치관을 확립하며 가정 · 사회 및 국가의 구성원으로서의 책임을 다하도록 노력하여야 한다.
[전문개정 2014. 3. 24.]

제5조의2(청소년의 자치권 확대) ① 청소년은 사회의 정당한 구성원으로서 본인과 관련된 의사결정에 참여할 권리를 가진다.

② 국가 및 지방자치단체는 청소년이 원활하게 관련 정보에 접근하고 그 의사를 밝힐 수 있도록 청소년 관련 정책에 대한 자문 · 심의 등의 절차에 청소년을 참여시키거나 그 의견을 수렴하여야 하며, 청소년 관련 정책의 심의 · 협의 · 조정 등을 위한 위원회 · 협의회 등에 청소년을 포함하여 구성 · 운영할 수 있다. 〈개정 2017. 12. 12.〉

③ 국가 및 지방자치단체는 청소년과 관련된 정책 수립 절차에 청소년의 참여 또는 의견 수렴을 보장하는 조치를 하여야 한다.

④ 국가 및 지방자치단체는 청소년 관련 정책의 수립과 시행과정에 청소년의 의견을 수렴하고 참여를 촉진하기 위하여 청소년으로 구성되는 청소년참여위원회를 운영하여야 한다. 〈신설 2017. 12. 12.〉

⑤ 국가 및 지방자치단체는 제4항에 따른 청소년참여위원회에서 제안된 내용이 청소년 관련 정책의 수립 및 시행과정에 반영될 수 있도록 적극 노력하여야 한다. 〈신설 2017. 12. 12.〉

⑥ 제4항에 따른 청소년참여위원회의 구성과 운영에 필요한 사항은 대통령령으로 정한다. 〈신설 2017. 12. 12.〉
[전문개정 2014. 3. 24.]

제6조(가정의 책임) ① 가정은 청소년육성에 관하여 1차적 책임이 있음을 인식하여야 하며, 따뜻한 사랑과 관심을 통하여 청소년이 개성과 자질을 바탕으로 자기발전을 실현하고 국가와 사회의 구성원으로서의 책임을 다하는 다음 세대로 성장할 수 있도록 노력하여야 한다.

② 가정은 학교 및 청소년 관련 기관 등에서 실시하는 교육프로그램에 청소년과 함께 참여하는 등 청소년을 바르게 육성하기 위하여 적극적으로 노력하여야 한다.

③ 가정은 정보통신망을 이용한 유해매체물 접촉을 차단하는 등 청소년 유해환경으로부터 청소년을 보호하기 위하여 필요한 노력을 하여야 한다.

④ 가정의 무관심 · 방치 · 억압 또는 폭력 등이 원인이 되어 청소년이 가출하거나 비행(非行)을 저지르는 경우 친권자 또는 친권자를 대신하여 청소년을 보호하는 자는 보호의무의 책임을 진다.
[전문개정 2014. 3. 24.]

제7조(사회의 책임) ① 모든 국민은 청소년이 일상생활에서 즐겁게 활동하고 더불어 사는 기쁨을 누리도록 도와주어야 한다.

② 모든 국민은 청소년의 사고와 행동양식의 특성을 인식하고 사랑과 대화를 통하여 청소년

을 이해하고 지도하여야 하며, 청소년의 비행을 바로잡는 등 그 선도에 최선을 다하여야 한다.

③ 모든 국민은 청소년을 대상으로 하거나 청소년이 쉽게 접할 수 있는 장소에서 청소년의 정신적 · 신체적 건강에 해를 끼치는 행위를 하여서는 아니 되며, 청소년에게 유해한 환경을 정화하고 유익한 환경이 조성되도록 노력하여야 한다.

④ 모든 국민은 경제적 · 사회적 · 문화적 · 정신적으로 어려운 상태에 있는 청소년들에게 특별한 관심을 가지고 이들이 보다 나은 삶을 누릴 수 있도록 노력하여야 한다.

[전문개정 2014. 3. 24.]

제8조(국가 및 지방자치단체의 책임) ① 국가 및 지방자치단체는 청소년육성에 필요한 법적 · 제도적 장치를 마련하여 시행하여야 한다.

② 국가 및 지방자치단체는 근로 청소년을 특별히 보호하고 근로가 청소년의 균형 있는 성장과 발전에 도움이 되도록 필요한 시책을 마련하여야 한다.

③ 국가 및 지방자치단체는 청소년에 대한 가정과 사회의 책임 수행에 필요한 여건을 조성하여야 한다.

④ 국가 및 지방자치단체는 이 법에 따른 업무 수행에 필요한 재원을 안정적으로 확보하기 위한 시책을 수립 · 실시하여야 한다.

[전문개정 2014. 3. 24.]

제8조의2(교육 및 홍보 등) ① 국가 및 지방자치단체는 이 법 및 「아동의 권리에 관한 협약」에서 규정한 청소년의 권리와 관련된 내용을 널리 홍보하고 교육하여야 한다.

② 국가 및 지방자치단체는 근로 청소년의 권익보호를 위하여 「근로기준법」 등에서 정하는 근로 청소년의 권리 등에 필요한 교육 및 상담을 청소년에게 실시하여야 하며, 청소년 근로권익 보호정책을 적극적으로 홍보하여야 한다. 〈신설 2016. 3. 2.〉

③ 청소년 관련 기관과 청소년단체는 청소년을 대상으로 청소년의 권리에 관한 교육적 조치를 시행하여야 한다. 〈개정 2016. 3. 2.〉

[본조신설 2012. 2. 1.]

[제목개정 2016. 3. 2.]

제2장 청소년정책의 총괄·조정 〈개정 2014. 3. 24., 2015. 2. 3.〉

제9조(청소년정책의 총괄·조정) 청소년정책은 여성가족부장관이 관계 행정기관의 장과 협의하여 총괄 · 조정한다. 〈개정 2015. 2. 3.〉

[전문개정 2014. 3. 24.]

[제목개정 2015. 2. 3.]

제10조(청소년정책위원회) ① 청소년정책에 관한 주요 사항을 심의 · 조정하기 위하여 여성가족부에 청소년정책위원회를 둔다.

② 청소년정책위원회는 다음 각 호의 사항을 심의 · 조정한다.

1. 제13조제1항에 따른 청소년육성에 관한 기본계획의 수립에 관한 사항
2. 청소년정책의 분야별 주요 시책에 관한 사항
3. 청소년정책의 제도개선에 관한 사항
4. 청소년정책의 분석 · 평가에 관한 사항
5. 둘 이상의 행정기관에 관련되는 청소년정책의 조정에 관한 사항
6. 그 밖에 청소년정책의 수립 · 시행에 필요한 사항으로서 대통령령으로 정하는 사항

③ 청소년정책위원회는 위원장 1명을 포함하여 30명 이내의 위원으로 구성한다. 이 경우 제4항제15호 및 제16호에 따라 위촉되는 위원이 각각 전체 위원의 5분의 1 이상이어야 한다.

〈개정 2018. 12. 18.〉

④ 위원장은 여성가족부장관이 되고, 위원은 다음 각 호의 사람이 된다. 이 경우 복수 차관이 있는 기관은 해당 기관의 장이 지명하는 차관으로 한다. 〈개정 2017. 7. 26., 2018. 12. 18.〉

1. 기획재정부차관
2. 교육부차관
3. 과학기술정보통신부차관
4. 통일부차관
5. 법무부차관
6. 행정안전부차관
7. 문화체육관광부차관
8. 산업통상자원부차관
9. 보건복지부차관
10. 고용노동부차관
11. 중소벤처기업부차관
12. 방송통신위원회부위원장
13. 경찰청장
14. 그 밖에 대통령령으로 정하는 관계 중앙행정기관의 차관 또는 차관급 공무원
15. 청소년정책에 관하여 학식과 경험이 풍부한 사람 중에서 여성가족부장관이 위촉하는 사람
16. 청소년정책과 관련된 활동실적 등이 풍부한 청소년 중에서 여성가족부장관이 위촉하는 청소년

⑤ 제4항제15호 및 제16호에 따른 위원의 임기는 2년으로 한다. 〈개정 2018. 12. 18.〉

⑥ 청소년정책위원회에서 심의·조정할 사항을 미리 검토하거나 위임된 사항을 처리하는 등 청소년정책위원회의 운영을 지원하기 위하여 청소년정책위원회에 청소년정책실무위원회를 둔다.

⑦ 제1항부터 제6항까지에서 규정한 사항 외에 청소년정책위원회 및 청소년정책실무위원회의 구성, 운영 및 위촉기준 등에 필요한 사항은 대통령령으로 정한다. 〈개정 2018. 12. 18.〉

[전문개정 2015. 2. 3.]

제11조(지방청소년육성위원회의 설치) ① 청소년육성에 관한 지방자치단체의 주요 시책을 심의하기 위하여 특별시장·광역시장·특별자치시장·도지사·특별자치도지사(이하 "시·도지사"라 한다) 및 시장·군수·구청장(자치구의 구청장을 말한다. 이하 같다)의 소속으로 지방청소년육성위원회를 둔다.

② 지방청소년육성위원회의 구성·조직 및 운영 등에 필요한 사항은 조례로 정한다.

[전문개정 2014. 3. 24.]

제12조(청소년특별회의의 개최) ① 국가는 범정부적 차원의 청소년정책과제의 설정·추진 및 점검을 위하여 청소년 분야의 전문가와 청소년이 참여하는 청소년특별회의를 해마다 개최하여야 한다. 〈개정 2015. 2. 3.〉

② 청소년특별회의의 참석대상·운영방법 등 세부적인 사항은 대통령령으로 정한다.

[전문개정 2014. 3. 24.]

제13조(청소년육성에 관한 기본계획의 수립) ① 여성가족부장관은 관계 중앙행정기관의 장과 협의한 후 제10조에 따른 청소년정책위원회의 심의를 거쳐 청소년육성에 관한 기본계획(이하 "기본계획"이라 한다)을 5년마다 수립하여야 한다. 〈개정 2015. 2. 3.〉

② 기본계획에는 다음 각 호의 사항이 포함되어야 한다.

1. 이전의 기본계획에 관한 분석·평가
2. 청소년육성에 관한 기본방향
3. 청소년육성에 관한 추진목표
4. 청소년육성에 관한 기능의 조정
5. 청소년육성의 분야별 주요 시책

6. 청소년육성에 필요한 재원의 조달방법
7. 그 밖에 청소년육성을 위하여 특히 필요하다고 인정되는 사항

③ 여성가족부장관은 기본계획을 수립한 때에는 지체 없이 이를 국회 소관 상임위원회에 보고하여야 한다. 〈신설 2020. 5. 19.〉

[전문개정 2014. 3. 24.]

제14조(연도별 시행계획의 수립 등) ① 여성가족부장관 및 관계 중앙행정기관의 장과 지방자치단체의 장은 기본계획에 따라 연도별 시행계획(이하 "시행계획"이라 한다)을 수립·시행하여야 한다.

② 관계 중앙행정기관의 장과 지방자치단체의 장은 다음 연도 시행계획 및 전년도 시행계획에 따른 추진실적을 대통령령으로 정하는 바에 따라 매년 여성가족부장관에게 제출하여야 한다.

③ 여성가족부장관은 전년도 시행계획에 따른 추진실적을 분석·평가하고, 그 결과를 관계 중앙행정기관의 장과 지방자치단체의 장에게 통보한다.

④ 여성가족부장관 및 관계 중앙행정기관의 장과 지방자치단체의 장은 제3항에 따른 분석·평가 결과를 다음 연도 시행계획에 반영하여야 한다.

⑤ 여성가족부장관은 제3항에 따른 추진실적의 분석·평가를 위하여 필요한 경우에는 국공립연구기관 또는 「정부출연연구기관 등의 설립·운영 및 육성에 관한 법률」에 따른 정부출연연구기관을 청소년정책 분석·평가에 관한 전문지원기관으로 지정하여 분석·평가 업무를 지원하게 할 수 있다.

⑥ 시행계획의 수립, 추진실적의 분석·평가 및 제5항에 따른 전문지원기관의 지정 등에 필요한 사항은 대통령령으로 정한다.

[전문개정 2015. 2. 3.]

제15조(계획 수립의 협조) ① 여성가족부장관 및 관계 중앙행정기관의 장과 지방자치단체의 장은 기본계획 및 시행계획을 수립·시행하기 위하여 필요한 때에는 관련 기관·법인 및 단체의 장에게 협조를 요청할 수 있다. 〈개정 2015. 2. 3.〉

② 제1항에 따른 협조 요청을 받은 자는 특별한 사정이 없으면 협조하여야 한다.

[전문개정 2014. 3. 24.]

제15조의2(실태조사) ① 여성가족부장관은 기본계획 등 효율적인 청소년정책을 수립하기 위하여 3년마다 청소년의 의식·태도·생활 등에 관한 실태조사를 실시하고 그 결과를 공표하여야 한다.

② 여성가족부장관은 제1항에 따른 실태조사에 필요한 경우에는 관계 중앙행정기관의 장, 지방자치단체의 장 또는 「공공기관의 운영에 관한 법률」에 따른 공공기관의 장, 그 밖의 관련 법인·단체의 장에게 필요한 자료 제출 또는 의견 진술을 요청할 수 있다. 이 경우 요청을 받은 자는 정당한 사유가 없으면 이에 협조하여야 한다.

③ 제1항에 따른 실태조사의 대상, 방법, 절차 및 결과공표 등에 필요한 사항은 여성가족부령으로 정한다.

[본조신설 2022. 12. 27.]

제16조(청소년의 달) 청소년의 능동적이고 자주적인 주인의식을 드높이고 모든 국민이 청소년육성에 참여하는 분위기를 조성하기 위하여 매년 5월을 청소년의 달로 한다.

[전문개정 2014. 3. 24.]

제3장 삭제 <2008. 2. 29.>

제16조의2 삭제 <2008. 2. 29.>
제16조의3 삭제 <2008. 2. 29.>
제16조의4 삭제 <2008. 2. 29.>
제16조의5 삭제 <2008. 2. 29.>
제16조의6 삭제 <2008. 2. 29.>
제16조의7 삭제 <2008. 2. 29.>
제16조의8 삭제 <2008. 2. 29.>

제4장 청소년시설

제17조(청소년시설의 종류) 청소년활동에 제공되는 시설, 청소년복지에 제공되는 시설, 청소년보호에 제공되는 시설에 관한 사항은 따로 법률로 정한다.

[전문개정 2014. 3. 24.]

제18조(청소년시설의 설치·운영) ① 국가 및 지방자치단체는 청소년시설을 설치·운영하여야 한다.

② 국가 및 지방자치단체 외의 자는 따로 법률에서 정하는 바에 따라 청소년시설을 설치·운영할 수 있다.

③ 국가 및 지방자치단체는 제1항에 따라 설치한 청소년시설을 청소년단체에 위탁하여 운영할 수 있다.

[전문개정 2014. 3. 24.]

제19조(청소년시설의 지도·감독) 국가 및 지방자치단체는 청소년시설의 적합성·공공성·안전성에 대한 국민의 신뢰를 확보하고, 그 설치와 운영을 지원하기 위하여 필요한 지도·감독을 할 수 있다.

제5장 청소년지도자

제20조(청소년지도자의 양성) ① 국가 및 지방자치단체는 청소년지도자의 양성과 자질 향상을 위하여 필요한 시책을 마련하여야 한다.

② 제1항에 따른 청소년지도자의 양성과 자질 향상을 위한 연수 등에 관한 기본방향과 내용은 대통령령으로 정한다.

[전문개정 2014. 3. 24.]

제21조(청소년지도사) ① 여성가족부장관은 청소년지도사 자격검정에 합격하고 청소년지도사 연수기관에서 실시하는 연수과정을 마친 사람에게 청소년지도사의 자격을 부여한다.

② 누구든지 제1항에 따라 발급받은 자격증을 다른 사람에게 빌려주거나 빌려서는 아니 되며, 이를 알선하여서도 아니 된다. <신설 2020. 5. 19.>

③ 여성가족부장관은 청소년지도사 자격검정에 합격한 사람의 연수를 위하여 필요한 경우에는 대통령령으로 정하는 바에 따라 청소년지도사 연수기관을 지정할 수 있다. <개정 2020. 5. 19.>

④ 다음 각 호의 어느 하나에 해당하는 사람은 청소년지도사가 될 수 없다. <개정 2015. 6. 22., 2020. 5. 19.>

1. 미성년자, 피성년후견인 또는 피한정후견인
2. 파산선고를 받고 복권되지 아니한 사람
3. 금고 이상의 형을 선고받고 그 집행이 끝나거나 집행을 받지 아니하기로 확정된 후 3년이 지나지 아니한 사람
4. 금고 이상의 형을 선고받고 그 집행유예의 기간이 끝나지 아니한 사람

4의2. 제3호 및 제4호에도 불구하고 다음 각 목의 어느 하나에 해당하는 죄를 저지른 사

람으로서 형 또는 치료감호를 선고받고 확정된 후 그 형 또는 치료감호의 전부 또는 일부의 집행이 끝나거나(집행이 끝난 것으로 보는 경우를 포함한다) 집행이 유예 · 면제된 날부터 10년이 지나지 아니한 사람

가. 「아동복지법」 제71조제1항의 죄

나. 「성폭력범죄의 처벌 등에 관한 특례법」 제2조의 성폭력범죄

다. 「아동 · 청소년의 성보호에 관한 법률」 제2조제2호의 아동 · 청소년대상 성범죄

5. 법원의 판결 또는 법률에 따라 자격이 상실되거나 정지된 사람

⑤ 청소년지도사 자격검정의 최종 합격 발표일을 기준으로 제4항 각 호의 어느 하나에 해당하는 사람은 청소년지도사 자격검정에 응시할 수 없다. 〈신설 2020. 5. 19.〉

⑥ 여성가족부장관은 제1항에 따른 자격검정을 대통령령으로 정하는 바에 따라 청소년단체 또는 「한국산업인력공단법」에 따른 한국산업인력공단에 위탁할 수 있다. 〈신설 2015. 2. 3., 2020. 5. 19.〉

⑦ 제1항에 따른 청소년지도사의 등급, 자격검정, 연수 및 자격증 발급 절차 등에 필요한 사항은 대통령령으로 정한다. 〈개정 2015. 2. 3., 2020. 5. 19.〉

[전문개정 2014. 3. 24.]

제21조의2(청소년지도사 자격의 취소) ① 여성가족부장관은 청소년지도사가 다음 각 호의 어느 하나에 해당하는 경우에는 그 자격을 취소하여야 한다. 〈개정 2015. 6. 22., 2020. 5. 19.〉

1. 제21조제4항의 결격사유에 해당하게 된 경우
2. 거짓이나 그 밖의 부정한 방법으로 자격을 취득한 경우
3. 자격증을 다른 사람에게 빌려주거나 양도한 경우

② 여성가족부장관은 제1항에 따라 자격을 취소하려면 청문을 하여야 한다. 〈신설 2020. 5. 19.〉

[전문개정 2014. 3. 24.]

제21조의3(부정행위자에 대한 제재) 여성가족부장관은 청소년지도사 자격검정에서 부정행위를 한 사람에 대하여는 그 자격검정을 정지시키거나 무효로 하고, 그 처분을 받은 날부터 3년간 자격검정 응시자격을 정지한다.

[본조신설 2015. 6. 22.]

제22조(청소년상담사) ① 여성가족부장관은 청소년상담사 자격검정에 합격하고 청소년상담사 연수기관에서 실시하는 연수과정을 마친 사람에게 청소년상담사의 자격을 부여한다.

② 제1항에 따른 청소년상담사의 자격검정, 연수 및 결격사유 등에 관하여는 제21조제2항부터 제7항까지, 제21조의2 및 제21조의3을 준용한다. 〈개정 2015. 2. 3., 2015. 6. 22., 2020. 5. 19.〉

[전문개정 2014. 3. 24.]

제23조(청소년지도사·청소년상담사의 배치 등) ① 청소년시설과 청소년단체는 대통령령으로 정하는 바에 따라 청소년육성을 담당하는 청소년지도사나 청소년상담사를 배치하여야 한다.

② 국가 및 지방자치단체는 제1항에 따라 청소년단체나 청소년시설에 배치된 청소년지도사와 청소년상담사에게 예산의 범위에서 그 활동비의 전부 또는 일부를 보조할 수 있다.

③ 국가와 지방자치단체는 제1항에 따른 청소년지도사 및 청소년상담사의 보수가 제25조에 따른 청소년육성 전담공무원의 보수 수준에 도달하도록 노력하여야 한다. 〈신설 2015. 2. 3.〉

[전문개정 2014. 3. 24.]

제24조(청소년지도사·청소년상담사의 채용 등) ① 「교육기본법」 제9조에 따른 학교(이하 "학교"라 한다)는 청소년육성에 관련되는 업무를 수행할 때에 필요하면 청소년지도사나 청소년

상담사를 채용할 수 있다.

② 국가 및 지방자치단체는 제1항에 따라 채용된 청소년지도사나 청소년상담사의 보수 등 채용에 필요한 경비의 전부 또는 일부를 보조할 수 있다.

[전문개정 2014. 3. 24.]

제24조의2(청소년지도사·청소년상담사의 보수교육) ① 청소년시설, 청소년단체 및 학교 등에서 각각 그 업무에 종사하는 청소년지도사와 청소년상담사는 자질 향상을 위하여 정기적으로 보수교육을 받아야 한다.

② 청소년시설, 청소년단체 및 학교 등을 운영하는 자는 해당 시설, 단체 및 학교 등에 종사하는 청소년지도사와 청소년상담사에 대하여 제1항에 따른 보수교육을 이유로 불리한 처우를 하여서는 아니 된다.

③ 여성가족부장관은 제1항에 따른 보수교육을 여성가족부령으로 정하는 바에 따라 관계 기관 또는 단체에 위탁할 수 있다.

④ 제1항에 따른 보수교육의 대상 · 기간 · 내용 · 방법 및 절차와 제3항에 따른 위탁 등에 필요한 사항은 여성가족부령으로 정한다.

[전문개정 2014. 3. 24.]

제25조(청소년육성 전담공무원) ① 특별시 · 광역시 · 특별자치시 · 도 · 특별자치도(이하 "시 · 도"라 한다), 시 · 군 · 구(자치구를 말한다. 이하 같다) 및 읍 · 면 · 동 또는 제26조에 따른 청소년육성 전담기구에 청소년육성 전담공무원을 둘 수 있다.

② 제1항에 따른 청소년육성 전담공무원은 청소년지도사 또는 청소년상담사의 자격을 가진 사람으로 한다.

③ 청소년육성 전담공무원은 관할구역의 청소년과 청소년지도자 등에 대하여 그 실태를 파악하고 필요한 지도를 하여야 한다.

④ 관계 행정기관, 청소년단체 및 청소년시설의 설치 · 운영자는 청소년육성 전담공무원의 업무 수행에 협조하여야 한다.

⑤ 제1항에 따른 청소년육성 전담공무원의 임용 등에 필요한 사항은 조례로 정한다.

[전문개정 2014. 3. 24.]

제26조(청소년육성 전담기구의 설치) ① 청소년육성에 관한 업무를 효율적으로 운영하기 위하여 시 · 도 및 시 · 군 · 구에 청소년육성에 관한 업무를 전담하는 기구를 따로 설치할 수 있다.

② 제1항에 따른 청소년육성 전담기구의 사무 범위, 조직 등에 필요한 사항은 조례로 정한다.

[전문개정 2014. 3. 24.]

제27조(청소년지도위원) ① 특별자치시장 · 특별자치도지사 · 시장 · 군수 · 구청장은 청소년육성을 담당하게 하기 위하여 청소년지도위원을 위촉하여야 한다.

② 제21조제4항 각 호의 어느 하나에 해당하는 사람은 청소년지도위원이 될 수 없다. 〈신설 2020. 5. 19.〉

③ 청소년지도위원이 제21조제4항 각 호의 어느 하나에 해당하게 되는 경우 위원 자격을 상실한다. 〈신설 2020. 5. 19.〉

④ 제1항에 따른 청소년지도위원의 자격 · 위촉절차 등에 필요한 사항은 조례로 정한다. 〈개정 2020. 5. 19.〉

[전문개정 2014. 3. 24.]

제6장 청소년단체

제28조(청소년단체의 역할) ① 청소년단체는 다음 각 호의 역할을 수행하기 위하여 최선의 노

력을 하여야 한다.

1. 학교교육과 서로 보완할 수 있는 청소년활동을 통한 청소년의 기량과 품성 함양
2. 청소년복지 증진을 통한 청소년의 삶의 질 향상
3. 유해환경으로부터 청소년을 보호하기 위한 청소년보호 업무 수행

② 청소년단체는 제1항에 따른 역할을 수행할 때에 청소년의 의견을 적극 반영하여야 한다.

[전문개정 2014. 3. 24.]

제28조의2(청소년단체 임원의 결격사유) ① 청소년단체의 임원은 여성가족부장관으로부터 설립 허가를 받은 법인의 임원과 「비영리민간단체지원법」에 따라 등록된 비영리민간단체의 대표자, 관리인 또는 그 밖에 회칙으로 정한 임원으로 한다.

② 다음 각 호의 어느 하나에 해당하는 사람은 청소년단체의 임원이 될 수 없다. 〈개정 2015. 6. 22., 2020. 5. 19., 2024. 3. 26.〉

1. 제21조제4항 각 호(제4호의2는 제외한다)의 어느 하나에 해당하는 사람
2. 삭제 〈2015. 6. 22.〉
3. 제1호 및 제2호에도 불구하고 「아동복지법」 제71조, 「보조금 관리에 관한 법률」 제40조부터 제42조까지 또는 「형법」 제28장 · 제40장(제360조는 제외한다)의 죄를 범하거나 이 법을 위반하여 다음 각 목의 어느 하나에 해당하는 사람
   가. 징역형을 선고받고 그 집행이 끝나거나(집행이 끝난 것으로 보는 경우를 포함한다) 집행이 면제된 날부터 7년이 지나지 아니한 사람
   나. 금고 이상의 형의 집행유예를 선고받고 그 형이 확정된 후 7년이 지나지 아니한 사람
   다. 100만원 이상의 벌금형(집행유예를 포함한다)을 선고받고 그 형이 확정된 후 5년이 지나지 아니한 사람
4. 제1호부터 제3호까지의 규정에도 불구하고 「성폭력범죄의 처벌 등에 관한 특례법」 제2조(제1항제1호는 제외한다)의 성폭력범죄 또는 「아동 · 청소년의 성보호에 관한 법률」 제2조제2호의 아동 · 청소년대상 성범죄를 저지른 사람으로서 형 또는 치료감호를 선고받고 확정된 후 그 형 또는 치료감호의 전부 또는 일부의 집행이 끝나거나(집행이 끝난 것으로 보는 경우를 포함한다) 집행이 유예 · 면제된 날부터 10년이 지나지 아니한 사람

③ 임원이 제2항 각 호의 어느 하나에 해당하게 되었을 때에는 그 자격을 상실한다.

[전문개정 2014. 3. 24.]

제28조의3(벌금형의 분리 선고) 「형법」 제38조에도 불구하고 청소년단체의 임원에게 제28조의2제2항제3호에서 정한 죄와 다른 죄의 경합범(競合犯)에 대하여 벌금형을 선고하는 경우에는 이를 분리하여 선고하여야 한다.

[본조신설 2018. 4. 17.]

제29조(청소년단체에 대한 지원 등) ① 국가 및 지방자치단체는 청소년단체의 조직과 활동에 필요한 행정적인 지원을 할 수 있으며, 예산의 범위에서 그 운영 · 활동 등에 필요한 경비의 일부를 보조할 수 있다.

② 학교 및 「평생교육법」 제2조제2호의 평생교육기관은 청소년단체의 청소년활동에 필요한 지원과 협력을 할 수 있다.

③ 개인 · 법인 또는 단체는 청소년단체의 시설과 운영을 지원하기 위하여 금전이나 그 밖의 재산을 출연할 수 있다.

④ 제1항에 따른 지원 및 보조의 범위 등에 필요한 사항은 대통령령으로 정한다.

[전문개정 2014. 3. 24.]

제30조(수익사업) ① 청소년단체는 정관에서 정하는 바에 따라 청소년육성과 관련한 수익사업을 할 수 있다.
② 제1항에 따른 수익사업의 범위, 수익금의 사용 등에 필요한 사항은 대통령령으로 정한다.
[전문개정 2014. 3. 24.]
제31조 삭제 〈2010. 5. 17.〉
제32조 삭제 〈2010. 5. 17.〉
제33조 삭제 〈2010. 5. 17.〉
제34조 삭제 〈2010. 5. 17.〉
제35조 삭제 〈2010. 5. 17.〉
제36조 삭제 〈2010. 5. 17.〉
제37조 삭제 〈2010. 5. 17.〉
제38조 삭제 〈2010. 5. 17.〉
제39조 삭제 〈2010. 5. 17.〉
제40조(한국청소년단체협의회) ① 청소년단체는 청소년육성을 위한 다음 각 호의 활동을 하기 위하여 여성가족부장관의 인가를 받아 한국청소년단체협의회를 설립할 수 있다.
1. 회원단체의 사업과 활동에 대한 협조 · 지원
2. 청소년지도자의 연수와 권익 증진
3. 청소년 관련 분야의 국제기구활동
4. 외국 청소년단체와의 교류 및 지원
5. 남 · 북청소년 및 해외교포청소년과의 교류 · 지원
6. 청소년활동에 관한 조사 · 연구 · 지원
7. 청소년 관련 도서 출판 및 정보 지원
8. 청소년육성을 위한 홍보 및 실천 운동
9. 제41조에 따른 지방청소년단체협의회에 대한 협조 및 지원
10. 그 밖에 청소년육성을 위하여 필요한 사업
② 한국청소년단체협의회는 법인으로 한다.
③ 한국청소년단체협의회는 주된 사무소의 소재지에서 설립등기를 함으로써 성립한다.
④ 한국청소년단체협의회에 관하여 이 법에 규정된 것을 제외하고는 「민법」 중 사단법인에 관한 규정을 준용한다.
⑤ 국가는 한국청소년단체협의회의 운영과 활동에 필요한 경비를 지원할 수 있다.
⑥ 한국청소년단체협의회는 설립 목적에 지장이 없는 범위에서 수익사업을 할 수 있으며, 발생한 수익은 한국청소년단체협의회의 운영 또는 한국청소년단체협의회의 시설 운영 외의 목적에 사용할 수 없다.
⑦ 개인 · 법인 또는 단체는 한국청소년단체협의회의 운영과 사업 등을 지원하기 위하여 금전이나 그 밖의 재산을 출연하거나 기부할 수 있다.
⑧ 한국청소년단체협의회는 제1항에 따른 활동의 일부를 정관에서 정하는 바에 따라 회원단체에 위탁할 수 있다.
[전문개정 2014. 3. 24.]
제41조(지방청소년단체협의회) ① 특정지역을 활동 범위로 하는 청소년단체는 청소년육성을 위하여 그 지역을 관할하는 시 · 도의 조례로 정하는 바에 따라 시 · 도지사의 인가를 받아 지방청소년단체협의회를 설립할 수 있다.
② 지방자치단체는 예산의 범위에서 해당 지방청소년단체협의회의 운영경비의 전부 또는 일부를 지원할 수 있다.
[전문개정 2014. 3. 24.]
제42조 삭제 〈2012. 2. 1.〉
제42조의2 삭제 〈2012. 2. 1.〉
제42조의3 삭제 〈2012. 2. 1.〉
제42조의4 삭제 〈2012. 2. 1.〉
제42조의5 삭제 〈2012. 2. 1.〉
제43조 삭제 〈2012. 2. 1.〉

제44조 삭제 〈2012. 2. 1.〉
제45조 삭제 〈2010. 5. 17.〉
제46조 삭제 〈2012. 2. 1.〉
제46조의2 삭제 〈2012. 2. 1.〉

제7장 청소년활동 및 청소년복지 등 〈개정 2014. 3. 24.〉

제47조(청소년활동의 지원) ① 국가 및 지방자치단체는 청소년활동을 지원하여야 한다.
② 제1항에 따른 청소년활동의 지원에 관한 사항은 따로 법률로 정한다.
[전문개정 2014. 3. 24.]

제48조(학교교육 등과의 연계) ① 국가 및 지방자치단체는 청소년활동과 학교교육 · 평생교육을 연계하여 교육적 효과를 높일 수 있도록 하는 시책을 수립 · 시행하여야 한다.
② 여성가족부장관이 제1항에 따른 시책을 수립할 때에는 미리 관계 기관과 협의하여야 하며, 전문가의 의견을 들어야 한다.
③ 제2항에 따른 협의를 요청받은 관계 기관은 특별한 사유가 없으면 이에 따라야 한다.
[전문개정 2014. 3. 24.]

제48조의2(청소년 방과 후 활동의 지원) ① 국가 및 지방자치단체는 학교의 정규교육으로 보호할 수 없는 시간 동안 청소년의 전인적(全人的) 성장 · 발달을 지원하기 위하여 다양한 교육 및 활동 프로그램 등을 제공하는 종합적인 지원 방안을 마련하여야 한다.
② 제1항의 종합적인 지원 방안 마련에 필요한 사항은 대통령령으로 정한다.
[전문개정 2014. 3. 24.]

제49조(청소년복지의 향상) ① 국가는 청소년들의 의식 · 태도 · 생활 등에 관한 사항을 정기적으로 조사하고, 이를 개선하기 위하여 청소년의 복지향상 정책을 수립 · 시행하여야 한다.
② 국가 및 지방자치단체는 기초생활 보장, 직업재활훈련, 청소년활동 지원 등의 시책을 추진할 때에는 정신적 · 신체적 · 경제적 · 사회적으로 특별한 지원이 필요한 청소년을 우선적으로 배려하여야 한다.
③ 국가 및 지방자치단체는 청소년의 삶의 질을 향상하기 위하여 구체적인 시책을 마련하여야 한다.
④ 제1항부터 제3항까지의 규정에 관하여는 따로 법률로 정한다.
[전문개정 2014. 3. 24.]

제50조 삭제 〈2012. 2. 1.〉

제51조(청소년 유익환경의 조성) ① 국가 및 지방자치단체는 청소년이 정보화 능력을 키울 수 있는 환경을 조성하기 위하여 노력하여야 한다.
② 국가 및 지방자치단체는 청소년에게 유익한 매체물의 제작 · 보급 등을 장려하여야 하며 매체물의 제작 · 보급 등을 하는 자에게 그 제작 · 보급 등에 관한 경비 등을 지원할 수 있다.
③ 국가 및 지방자치단체는 주택단지의 청소년시설 배치 등 청소년을 위한 사회환경과 자연환경을 조성하기 위하여 노력하여야 한다.
[전문개정 2014. 3. 24.]

제52조(청소년 유해환경의 규제) ① 국가 및 지방자치단체는 청소년에게 유해한 매체물과 약물 등이 유통되지 아니하도록 하여야 한다.
② 국가 및 지방자치단체는 청소년이 유해한 업소에 출입하거나 고용되지 아니하도록 하여야 한다.
③ 국가 및 지방자치단체는 폭력 · 학대 · 성매매 등 유해한 행위로부터 청소년을 보호 · 구제하여야 한다.
④ 제1항부터 제3항까지의 규정에 따른 청소년에게 유해한 매체물 · 약물 · 업소 · 행위 등의

규제에 관하여는 따로 법률로 정한다.
[전문개정 2014. 3. 24.]

제52조의2(근로 청소년의 보호를 위한 신고의무) ① 누구든지 청소년의 근로와 관련하여 「근로기준법」, 「최저임금법」 등 노동 관계 법령의 위반 사실을 알게 된 경우에는 그 사실을 고용노동부장관이나 「근로기준법」 제101조에 따른 근로감독관에게 신고할 수 있다.

② 다음 각 호의 어느 하나에 해당하는 사람은 그 직무를 수행하면서 청소년의 근로와 관련하여 「근로기준법」, 「최저임금법」 등 노동 관계 법령의 위반 사실을 알게 된 경우에는 그 사실을 고용노동부장관이나 「근로기준법」 제101조에 따른 근로감독관에게 신고하여야 한다.

1. 「청소년복지 지원법」 제12조제2항에 따른 상담전화, 같은 법 제22조에 따른 한국청소년상담복지개발원, 같은 법 제29조에 따른 청소년상담복지센터, 같은 법 제30조에 따른 이주배경청소년지원센터 및 같은 법 제31조에 따른 청소년복지시설의 장과 그 종사자
2. 「학교 밖 청소년 지원에 관한 법률」 제12조에 따른 학교 밖 청소년 지원센터의 장과 그 종사자
3. 「아동복지법」 제50조에 따른 아동복지시설의 장과 그 종사자

③ 누구든지 제1항 및 제2항에 따른 신고인의 인적 사항 또는 신고인임을 미루어 알 수 있는 사실을 다른 사람에게 알려주거나 공개 또는 보도하여서는 아니 된다.
[본조신설 2016. 12. 20.]

제52조의3(청소년 근로권익 보호 지원) 국가나 지방자치단체는 근로청소년의 부당처우에 대한 해결을 돕는 등 청소년의 근로권익 보호를 위한 사업을 실시하거나 지원할 수 있다.
[본조신설 2020. 5. 19.]

제8장 청소년육성기금

제53조(기금의 설치 등) ① 청소년육성에 필요한 재원을 확보하기 위하여 청소년육성기금(이하 "기금"이라 한다)을 설치한다.

② 기금은 여성가족부장관이 관리 · 운용한다.

③ 여성가족부장관은 기금의 관리 · 운용에 관한 사무의 전부 또는 일부를 다음 각 호의 기관 중에서 선정하여 위탁할 수 있다.

1. 제40조에 따른 한국청소년단체협의회
2. 「청소년활동 진흥법」 제6조에 따른 한국청소년활동진흥원
3. 「정부출연연구기관 등의 설립 · 운영 및 육성에 관한 법률」에 따라 설립된 한국청소년정책연구원
4. 「국민체육진흥법」 제36조에 따른 서울올림픽기념국민체육진흥공단

④ 기금의 관리 · 운용에 필요한 사항은 대통령령으로 정한다.
[전문개정 2014. 3. 24.]

제54조(기금의 조성) ① 기금은 다음 각 호의 재원으로 조성한다. 〈개정 2014. 12. 23.〉

1. 정부의 출연금
2. 「국민체육진흥법」 제22조제4항제1호 및 「경륜 · 경정법」 제18조제1항제1호에 따른 출연금
3. 개인 · 법인 또는 단체가 출연하는 금전 · 물품이나 그 밖의 재산
4. 기금의 운용으로 생기는 수익금
5. 그 밖에 대통령령으로 정하는 수입금

② 제1항제3호에 따라 출연하는 자는 용도를 지정하여 출연할 수 있다. 다만, 특정단체 또는

개인에 대한 지원을 용도로 지정할 수 없다.
[전문개정 2014. 3. 24.]

제55조(기금의 사용 등) ① 기금은 다음 각 호의 사업에 사용한다. 〈개정 2015. 2. 3.〉

1. 청소년활동의 지원
2. 청소년시설의 설치와 운영을 위한 지원
3. 청소년지도자의 양성을 위한 지원
4. 청소년단체의 운영과 활동을 위한 지원
5. 청소년복지 증진을 위한 지원
6. 청소년보호를 위한 지원
7. 청소년정책의 수행 과정에 관한 과학적 연구의 지원
8. 기금 조성 사업을 위한 지원
9. 그 밖에 청소년육성을 위하여 대통령령으로 정하는 사업

② 국가나 지방자치단체는 제53조제2항 및 제3항에 따른 기금의 관리기관(이하 "기금관리기관"이라 한다)의 기금 조성을 지원하기 위하여 기금관리기관에 국유 또는 공유의 시설·물품이나 그 밖의 재산을 그 용도나 목적에 지장을 주지 아니하는 범위에서 무상으로 사용·수익하게 하거나 대부할 수 있다.

③ 기금관리기관은 청소년육성 또는 기금의 조성을 위하여 기금의 일부 또는 기금관리기관의 시설·물품 등 재산의 일부를 청소년단체의 기본재산에 출연하거나 출자할 수 있다.

④ 기금관리기관은 기금 조성의 전망을 고려하여 기금 사용을 조절함으로써 궁극적으로 청소년육성을 위한 재원 확보에 기여할 수 있는 장기계획을 수립하여 시행하여야 한다.

[전문개정 2014. 3. 24.]

제56조(지방청소년육성기금의 조성) ① 시·도지사는 관할구역의 청소년활동 지원 등 청소년육성을 위한 사업 지원에 필요한 재원을 확보하기 위하여 지방청소년육성기금을 설치할 수 있다.

② 제1항에 따른 지방청소년육성기금의 조성·용도 등에 필요한 사항은 조례로 정한다.

[전문개정 2014. 3. 24.]

제9장 보칙

제57조(국유·공유 재산의 대부 등) ① 국가나 지방자치단체는 청소년시설의 설치, 청소년단체의 육성을 위하여 필요한 경우에는 「국유재산법」 또는 「공유재산 및 물품 관리법」에도 불구하고 그 용도에 지장을 주지 아니하는 범위에서 청소년시설이나 청소년단체에 국유·공유 재산을 무상으로 대부하거나 사용·수익하게 할 수 있다.

② 제1항에 따른 국유·공유 재산의 대부·사용·수익의 내용 및 조건에 관하여는 해당 재산을 사용·수익하려는 자와 해당 재산의 관리청 또는 지방자치단체의 장 사이의 계약에 따른다.

[전문개정 2014. 3. 24.]

제58조(조세 감면 등) ① 국가는 다음 각 호의 기관과 그 기관에서 운영하는 청소년시설에 대하여 「조세특례제한법」에서 정하는 바에 따라 조세를 감면할 수 있고, 「부가가치세법」에서 정하는 바에 따라 부가가치세를 감면할 수 있다.

1. 제40조에 따른 한국청소년단체협의회
2. 제41조에 따른 지방청소년단체협의회
3. 「청소년복지 지원법」 제22조에 따른 한국청소년상담복지개발원
4. 「청소년복지 지원법」 제29조에 따른 청소년상담복지센터

5. 「청소년복지 지원법」 제30조에 따른 이주배경청소년지원센터
6. 「정부출연연구기관 등의 설립 · 운영 및 육성에 관한 법률」에 따라 설립된 한국청소년정책연구원
7. 그 밖의 청소년단체

② 국가는 다음 각 호의 재산 등에 대해서는 「조세특례제한법」에서 정하는 바에 따라 소득계산의 특례를 적용할 수 있다.
1. 제1항 각 호의 기관과 그 기관에서 운영하는 청소년시설에 출연되거나 기부된 재산
2. 제54조에 따라 기금에 출연된 금전이나 그 밖의 재산

③ 국가는 제1항 각 호의 기관과 그 기관에서 운영하는 청소년시설에서 청소년활동에 사용하기 위하여 수입하는 다음 각 호의 어느 하나에 해당하는 용품 등에 대해서는 「관세법」에서 정하는 바에 따라 관세를 감면할 수 있다.
1. 실험 · 실습 · 시청각 기자재와 그 밖에 필요한 용품
2. 고도의 정밀성 등으로 수입이 불가피한 청소년 시설 · 설비

[전문개정 2014. 3. 24.]

제59조(감독 등) ① 국가 및 지방자치단체는 청소년육성을 위하여 필요하면 다음 각 호의 기관에 대하여 업무 · 회계 및 재산에 관한 사항을 보고하게 하거나 소속 공무원으로 하여금 그 장부 · 서류나 그 밖의 물건을 검사하게 할 수 있다.
1. 청소년시설
2. 제40조에 따른 한국청소년단체협의회
3. 제41조에 따른 지방청소년단체협의회
4. 그 밖의 청소년단체

② 제1항에 따라 검사를 하는 공무원은 그 권한을 표시하는 증표를 지니고 이를 관계인에게 보여주어야 한다.

[전문개정 2014. 3. 24.]

제60조(포상) 정부는 청소년육성에 관하여 현저한 공로가 있거나 다른 청소년에게 모범이 되는 자에게 포상을 할 수 있다.

[전문개정 2014. 3. 24.]

제61조(유사명칭의 사용금지) 이 법에 따른 한국청소년단체협의회가 아닌 자는 한국청소년단체협의회 또는 이와 유사한 명칭을 사용하지 못한다.

[전문개정 2014. 3. 24.]

제62조(수수료 등) ① 다음 각 호의 어느 하나에 해당하는 사람은 여성가족부령으로 정하는 바에 따라 수수료를 내야 한다.
1. 청소년지도사 자격검정에 응시하거나 연수과정을 이수하는 사람
2. 청소년상담사 자격검정에 응시하거나 연수과정을 이수하는 사람

② 청소년시설을 설치 · 운영하는 자 및 위탁운영을 하는 단체는 청소년시설을 이용하는 자로부터 이용료를 받을 수 있다.

[전문개정 2014. 3. 24.]

제63조(권한의 위임·위탁) 여성가족부장관은 이 법에 따른 권한의 일부를 대통령령으로 정하는 바에 따라 시 · 도지사에게 위임하거나 청소년단체에 위탁할 수 있다.

[전문개정 2014. 3. 24.]

제63조의2(벌칙 적용에서 공무원 의제) 제21조제6항(제22조제2항에서 준용하는 경우를 포함한다)에 따라 위탁받은 자격검정 업무에 종사하는 사람은 「형법」 제129조부터 제132조까지의 규정을 적용할 때에는 공무원으로 본다. 〈개정 2020. 5. 19.〉

[본조신설 2015. 2. 3.]

제10장 벌칙

제64조(벌칙) 제30조에 따라 정관에서 정하는 사업 외의 수익사업을 한 자는 2년 이하의 징역 또는 2천만원 이하의 벌금에 처한다.
[전문개정 2014. 3. 24.]

제64조의2(벌칙) 다음 각 호의 어느 하나에 해당하는 자는 1년 이하의 징역 또는 1천만원 이하의 벌금에 처한다. 〈개정 2020. 5. 19.〉

1. 제21조제2항(제22조제2항에서 준용하는 경우를 포함한다)을 위반하여 자격증을 빌려주거나 빌린 사람 또는 이를 알선한 사람
2. 제52조의2제3항을 위반하여 신고인의 인적 사항 또는 신고인임을 미루어 알 수 있는 사실을 다른 사람에게 알려주거나 공개 또는 보도한 자

[본조신설 2016. 12. 20.]

제65조(양벌규정) 법인의 대표자나 법인 또는 개인의 대리인, 사용인, 그 밖의 종업원이 그 법인 또는 개인의 업무에 관하여 제64조의 위반행위를 하면 그 행위자를 벌하는 외에 그 법인 또는 개인에게도 해당 조문의 벌금형을 과(科)한다. 다만, 법인 또는 개인이 그 위반행위를 방지하기 위하여 해당 업무에 관하여 상당한 주의와 감독을 게을리하지 아니한 경우에는 그러하지 아니하다.
[전문개정 2010. 5. 17.]

제66조(과태료) ① 다음 각 호의 어느 하나에 해당하는 자에게는 500만원 이하의 과태료를 부과한다.

1. 제59조제1항에 따른 보고를 하지 아니하거나 검사를 거부·방해 또는 기피한 자
2. 제61조를 위반한 자

② 제24조의2제1항 및 제2항을 위반한 자에게는 100만원 이하의 과태료를 부과한다.
③ 제1항과 제2항에 따른 과태료는 대통령령으로 정하는 바에 따라 여성가족부장관 또는 지방자치단체의 장이 부과·징수한다.
[전문개정 2014. 3. 24.]

부칙 〈제20420호, 2024. 3. 26.〉

제1조(시행일) 이 법은 공포한 날부터 시행한다.
제2조(청소년단체 임원의 결격사유에 관한 적용례) 제28조의2제2항제3호의 개정규정은 이 법 시행 전에 벌금형의 집행유예를 선고받고 그 형이 확정된 사람에 대하여도 적용한다.

2. 청소년상담사 윤리강령

https://www.youthcounselor.or.kr:446/new/sub01_6.html

- 서문 -

청소년상담사는 청소년의 인지, 정서, 행동, 발달을 조력하는 유일한 상담전문 국가자격증이다. 청소년상담사는 항상 청소년과 그 주변인들에게 인간으로서의 존엄성을 높이고자 노력하고, 청소년이 스스로 결정할 수 있도록 도와주며, 청소년의 아픔과 슬픔에 대해 청소년상담사로서의 책임을 다한다. 청소년상담사는 청소년이 사랑하는 가족, 이웃과 더불어 행복하게 살아갈 수 있도록 지원하기 위해 다음과 같이 윤리규정을 숙지하고 준수할 것을 다짐한다.

가. 제정 목적

1. 청소년상담사의 책임과 의무를 분명하게 제시하여 내담자를 보호한다.
2. 청소년상담사가 직무 중에 발생하는 문제를 처리할 수 있는 기준을 제공한다.
3. 활동이 전문직으로서의 상담의 기능 및 목적에 저촉되지 않도록 기준을 제공한다.
4. 청소년상담사의 활동이 지역사회의 도덕적 기대에 부합하도록 준거를 제공한다.
5. 대한민국 청소년들의 건강 · 성장을 책임지는 전문가로서의 청소년상담사를 보호하는 기준을 제공한다.

나. 청소년상담사로서의 전문적 자세

1. 전문가로서의 책임

가) 청소년상담사는 청소년 기본법에 따라 청소년의 권리와 책임을 다 할 수 있게 지원해야 한다.

나) 청소년상담사는 자기의 능력 및 기법의 한계를 인식하고, 전문적 기준에 위배되는 활동을 하지 않도록 한다.

다) 청소년상담사는 검증되지 않고 훈련 받지 않은 상담기법의 오 · 남용을 하지 않도록 유의한다.

라) 청소년상담사는 청소년과 관련된 정책, 규칙, 법규에 대해 정통해야 하고 청소년내담자를 보호하며 청소년내담자가 최선의 발달을 이루도록 노력해야 한다.

2. 품위유지 의무

가) 청소년상담사는 전문상담자로서 품위를 손상하는 행위를 하지 않는다.

나) 청소년상담사는 현행법을 우선적으로 준수하되, 윤리강령이 보다 엄격한 기준을 설정하고 있다면, 윤리강령을 따른다.

다) 청소년상담사는 상담적 배임행위(내담자 유기, 동의를 받지 않은 사례 활용 등)를 하지 않는다.

3. 보수교육 및 전문성 함양

가) 청소년상담사는 자신의 전문성을 유지 · 향상시키기 위해 법적으로 정해진 보수교육에 반드시 참여한다.

나) 청소년상담사는 다양한 사람들을 상담함에 있어 상담에 필요한 이론적 지식과 전문적 상담 및 연구능력을 향상시키기 위해 교육, 자문, 훈련 등 지속적인 노력을 기울여야 한다.

다. 내담자의 복지

1. 내담자의 권리와 보호

가) 청소년상담사는 내담자의 복지를 증진하고 존엄성을 존중하는 것에 최우선 가치를 둔다.

나) 청소년상담사는 내담자가 상담 계획에 참여할 권리, 상담을 거부하거나 개입방식의 변경을 거부할 권리, 거부에 따른 결과를 고지 받을 권리, 자신의 상담 관련 자료를 복사 또는 열람할 수 있는 권리 등을 보장해주어야 한다. 단, 기록물에 대한 복사 및 열람이 내담자에게 해악을 끼친다고 판단될 경우 내담자의 기록물 복사 및 열람을 제한할 수 있다.

다) 청소년상담사는 외부 지원이 적합하거나 필요할 때 의뢰를 요청할 수 있으며 이를 청소년내담자 및 보호자(만 14세 미만 내담 청소년의 경우)에게 알리고 서비스를 받을 수 있도록 노력한다.

라) 청소년상담사는 자신의 질병, 죽음, 이동, 퇴직 등으로 인하여 상담을 중단해야 하는 경우 이에 대한 적절한 조치를 취해야 한다.

마) 청소년상담사는 청소년내담자에게 무력, 정신적 압력 등을 사용하지 않는다.

2. 사전 동의

가) 청소년상담사는 상담을 시작할 때 내담자가 충분한 설명을 듣고 선택할 수 있도록 적절한 정보를 제공해야 하고, 상담자와 내담자 모두의 권리와 책임에 대해 알려줄 의무가 있다.

나) 청소년상담사는 내담자에게 상담 과정의 녹음과 녹화 여부, 사례지도 및 교육에 활용할 가능성에 대해 설명하고, 내담자에게 동의 또는 거부할 권리가 있음을 알려야 한다.

다) 청소년상담사는 내담자가 만 14세 미만의 청소년인 경우, 보호자 또는 법정대리인의 상담 활동에 대한 사전 동의를 구해야 한다.

라) 청소년상담사는 내담자에게 상담의 목표와 한계, 상담료 지불 방법 등을 명확히 알려야 한다.

3. 다양성 존중

가) 청소년상담사는 모든 인간의 기본적인 권리, 존엄성, 가치를 존중하며 성별, 장애, 나이, 성적 지향, 사회적 신분, 외모, 인종, 가족형태, 종교 등을 이유로 내담자를 차별하지 않는다.

나) 청소년상담사는 내담자의 다양한 문화적 배경을 이해하고, 청소년상담사 자신의 고유한 문화적 정체성이 상담과정에 영향을 주지 않도록 노력해야 한다.
다) 청소년상담사는 자신의 개인적 가치, 태도, 신념, 행위를 자각하고 내담자에게 자신의 가치를 강요하지 않는다.

라. 상담관계

1. 다중관계

가) 청소년상담사는 법적, 도덕적 한계를 벗어난 다중 관계를 맺지 않는다.
나) 청소년상담사는 내담자와 연애 관계 및 기타 사적인 관계를 맺지 않는다.
다) 청소년상담사는 내담자와 상담 비용을 제외한 어떠한 금전적, 물질적 거래 관계도 맺지 않는다.
라) 청소년상담사는 내담자와 상담 이외의 다른 관계가 있거나, 의도하지 않게 다중관계가 시작된 경우에는 적절한 조치를 취해야 한다.

2. 부모/보호자와의 관계

가) 청소년상담사는 부모(보호자)의 권리와 책임을 존중하고, 청소년내담자의 건강한 성장을 위해 부모(보호자)에게 상담자의 역할에 대해 설명하여 협력적인 관계를 성립하도록 노력한다.
나) 청소년상담사는 내담자의 성장과 복지에 필요하다고 판단되는 경우, 내담자의 동의하에 부모(보호자)에게 내담자에 관한 최소한의 정보를 제공한다.

3. 성적 관계

가) 청소년상담사는 내담자 및 내담자의 가족, 중요한 타인에게 자신의 지위를 이용하여 성적 접촉 및 성적 관계를 가져서는 안 된다.
나) 청소년상담사는 이전에 연애 관계 또는 성적인 관계를 가졌던 사람을 내담자로 받아들이지 않는다.

마. 비밀보장

1. 사생활과 비밀보장의 의무

가) 청소년상담사는 내담자와 부모(보호자)의 사생활과 비밀보장에 대한 권리를 최대한 존중해야 한다.
나) 청소년상담사는 상담기관에 소속된 모든 구성원과 관계자 · 슈퍼바이저 · 주변인들에게도 내담자의 사생활과 비밀이 보호되도록 주지시켜야 한다.
다) 청소년상담사는 청소년내담자 상담 시 사전에 상담에 대한 내담자의 동의를 받고 상담 과정에 부모나 보호자가 참여할 수 있으며, 비밀보장의 한계에 따라 정보를 제공할 수 있음을 알린다.
라) 청소년상담사는 청소년내담자 상담 시, 상담 의뢰자(교사, 경찰 등)에게 내담자 및 보

호자(만 14세 미만 내담 청소년의 경우)의 동의하에 정보를 제공할 수 있다.

마) 청소년상담사는 비밀보장의 의미와 한계에 대하여 청소년내담자의 발달단계에 적합한 용어로 알기 쉽게 설명해주어야 한다.

바) 청소년상담사는 강의, 저술, 동료자문, 대중매체 인터뷰, 사적 대화 등의 상황에서 내담자의 신원확인이 가능한 정보나 비밀 정보를 공개하지 않는다.

2. 기록 및 보관

가) 청소년상담사는 내담자에게 전문적인 서비스를 제공하기 위해 상담 내용을 기록하고 보관한다.

나) 기록의 보관은 공공기관이나 교육기관 등은 각 기관에서 정한 기록 보관 연한을 따르고, 이에 해당하지 아니한 경우에는 3년 이내 보관을 원칙으로 한다.

다) 청소년상담사는 기록 및 녹음에 관해 내담자의 사전 동의를 구한다.

라) 청소년상담사는 면접기록, 심리검사자료, 편지, 녹음 및 동영상 파일, 기타 기록 등 상담과 관련된 기록을 보관하고 처리하는 데 있어서 비밀을 준수해야 한다.

마) 청소년상담사는 원칙적으로 내담자 및 보호자(만 14세 미만 내담 청소년의 경우)의 동의 없이 상담의 기록을 제3자나 기관에 공개하지 않는다.

바) 청소년상담사는 내담자와 보호자가 상담 기록의 삭제를 요청할 경우 법적, 윤리적 문제가 없는 한 삭제하여야 한다. 상담 기록을 삭제하지 못할 경우 타당한 이유를 내담자와 보호자에게 설명해 주어야 한다.

사) 청소년상담사는 퇴직, 이직 등의 이유로 상담을 중단하게 될 경우 기록과 자료를 적절한 절차에 따라 기관이나 전문가에게 양도한다.

아) 전자기기 및 매체를 활용하여 상담관련 정보를 기록·관리하는 경우, 기록의 유출 또는 분실 가능성에 대해 경각심과 주의 의무를 가져야 하며 내담자의 정보보호를 위해 적극적인 노력을 해야 한다.

자) 내담자의 기록이 전산 시스템으로 관리되는 경우, 접근 권한을 명확히 설정하여 내담자의 신상이 공개되지 않도록 조치를 취한다.

3. 상담 외 목적을 위한 내담자 정보의 사용

가) 청소년상담사는 자신의 사례에 대해 보다 나은 전문적 상담을 위해 내담자 및 보호자(만 14세 미만 내담 청소년의 경우)의 동의를 구한 후 내담자에 대해 사실적이고 객관적인 정보만을 사용하여 동료나 슈퍼바이저에게 자문을 받을 수 있다.

나) 청소년상담사는 교육이나 연구 또는 출판을 목적으로 상담 관련 자료를 사용할 때에는 내담자 및 보호자(만 14세 미만 내담 청소년의 경우)의 동의를 구해야 하며, 신상정보 삭제와 같은 적절한 조치를 취하여 내담자에게 피해를 주지 않도록 한다.

4. 비밀보장의 한계

가) 청소년상담사는 상담 시 비밀보장의 1차적 의무를 내담자의 보호에 두지만 비밀보장의 한계가 있는 경우 청소년의 부모(보호자) 및 관계기관에 공개할 수 있다.

나) 비밀보장의 한계가 있는 경우는 다음과 같다.

1) 청소년상담사는 내담자의 생명이나 사회의 안전을 위협하는 경우 비밀을 공개하여 그러한 위험의 목표가 되는 사람을 보호하기 위한 합당한 조치 등 안전을 확보한다.
2) 청소년상담사는 법적으로 정보의 공개가 요구되는 경우 내담자에게 그 사실을 알리고 최소한의 정보만을 제공한다.
3) 청소년상담사는 내담자에게 감염성이 있는 치명적인 질병이 있을 경우 관련 기관에 신고하고, 그 질병에 노출되어 있는 제3자에게 정보를 공개할 수 있다.

다) 청소년상담사는 아동학대, 청소년 성범죄, 성매매, 학교폭력, 노동관계 법령 위반 등 관련 법령에 의해 신고의무자로 규정된 경우 해당 기관에 관련 사실을 신고해야 한다.

바. 심리평가

1. 심리검사의 실시

가) 청소년상담사는 심리검사를 실시하고 해석할 수 있는 능력을 배양해야 한다.
나) 청소년상담사는 심리검사 실시 전에 내담자 및 보호자(만 14세 미만 내담 청소년의 경우)에게 사전 동의를 받아야 한다.
다) 청소년상담사는 검사 도구를 선택, 실시, 해석함에 있어서 모든 전문가적 기준을 고려하여 사용한다.
라) 청소년상담사는 내담자에게 적절한 심리검사를 선택해야 하며 검사의 타당도와 신뢰도, 제한점 등을 고려한다.
마) 청소년상담사는 다문화 배경을 가진 내담자를 위한 검사 선택 시 내담자의 사회문화적 맥락을 신중히 고려해야 한다.

2. 심리검사의 해석

가) 청소년상담사는 심리검사 해석에 있어 성별, 나이, 장애, 성적 지향, 인종, 종교, 문화 등의 영향을 고려하여 검사 결과를 해석한다.
나) 청소년상담사는 청소년이 이해할 수 있도록 심리검사의 목적, 성격, 결과에 대한 설명을 제공한다.
다) 청소년상담사는 심리검사 결과를 다른 이들이 오용하거나 외부에 유출하지 않도록 하여야 한다.

사. 슈퍼비전

1. 슈퍼바이저의 역할과 책임

가) 슈퍼바이저는 사례지도 방법과 기법들에 대한 교육과 훈련을 지속적으로 받음으로써 사례지도 역량을 향상시키기 위해 노력한다.
나) 슈퍼바이저는 전자 매체를 통하여 전송되는 모든 사례지도 자료의 비밀 보장을 위해서 주의하고, 필요한 조치를 취한다.
다) 슈퍼바이저는 사례지도를 시작하기 전에, 진행 과정에 대해 충분히 설명한 후 동의를

받음으로써 슈퍼바이지의 적극적 참여를 독려할 책임이 있다.

라) 슈퍼바이저는 슈퍼바이지에게 전문가적 · 윤리적 규준과 법적 책임을 숙지시킨다.

마) 슈퍼바이저는 지속적 평가를 통해 슈퍼바이지의 한계를 파악하고, 그가 자신의 한계를 인식하고 보완할 수 있도록 돕는다.

2. 슈퍼바이저와 슈퍼바이지의 관계

가) 슈퍼바이저는 슈퍼바이지와 상호 존중하며 윤리적, 전문적, 개인적 그리고 사회적 관계를 명료하게 정의하고 유지한다.

나) 슈퍼바이저와 슈퍼바이지는 성적 혹은 연애 관계, 그 외에 사적인 이익관계를 갖지 않는다.

다) 슈퍼바이저와 슈퍼바이지는 상호간에 성희롱 또는 성추행을 해서는 안 된다.

라) 슈퍼바이저는 가족, 친구, 동료 등 상대방에 대한 객관성을 유지하기 힘든 사람과 슈퍼비전 관계를 맺지 않는다.

아. 청소년 사이버상담

1. 사이버상담에서의 정보 관리

가) 운영 특성상, 한 명의 내담자가 여러 명의 사이버상담자를 만나게 되는 경우 상담자들 간에 정보를 공유할 수 있음을 내담자에게 알린다.

나) 사이버상담 운영기관에서는 이용자가 다른 사람의 신분을 도용하지 않도록 절차를 마련해야 한다.

2. 사이버상담에서의 책임

가) 사이버상담자는 만약에 있을지 모르는 위기개입 등의 상황을 대비하기 위해서 내담자의 신분을 확인할 방법을 가지고 있어야 한다.

나) 사이버상담이 내담자에게 부적절하다고 간주될 경우, 상담자는 대면상담 연계 등 이에 적합한 서비스 연계를 하여야 한다.

자. 지역사회 참여 및 제도 개선에 대한 책임

1. 지역사회를 돕는 전문가 역할

가) 청소년상담사는 경제적 이득이 없는 경우에도 청소년의 최선의 유익을 위하여 지역사회의 기관, 조직 및 개인과 협력하고 사회공익을 위해 전문적 활동에 헌신함으로써 사회에 공헌하도록 한다.

나) 청소년상담사는 내담자가 다른 정신건강 전문가와 상담을 받고 있음을 알게 되면, 내담자의 동의하에 그 전문가와 긍정적이고 협력적인 관계를 맺도록 노력한다.

2. 제도 개선 노력

가) 청소년상담사는 청소년 및 복지관련 법령, 정책 등의 적용과 개선을 위해 노력한다.

나) 청소년상담사는 자문을 요청한 내담자나 기관의 문제 혹은 잠재된 사회문제를 규명하고 해결하는 데 도움을 준다.

차. 상담기관 설립 및 운영

1. 상담기관 운영자의 역할

가) 청소년 상담기관을 운영하고자 할 경우, 운영자로서의 전문성 및 역량을 갖추도록 노력해야 한다.
나) 상담기관 운영자는 직원이나 학생, 수련생, 동료 등을 교육, 감독하거나 평가 시에 착취하는 관계를 가져서는 안 된다.
다) 상담기관 운영자는 자신과 현재 종사하고 있는 직원의 전문적 역량 향상에 책임이 있다.
라) 상담비용은 내담자의 재정 상태 등을 고려하여 합리적으로 책정한다.
마) 상담기관 운영자는 직원 채용 시 자격 있는 사람을 채용해야 한다.

2. 상담기관 종사자의 역할

가) 청소년상담사는 자신이 종사하는 기관의 목적과 운영방침을 따라야 하며, 기관의 성장 발전을 위해 노력해야 한다.
나) 청소년상담사는 고용기관에 손해를 끼칠 수 있는 상황이나 기관의 효율성에 제한을 줄 수 있는 상황에 대해 미리 알려주어야 한다.

카. 연구 및 출판

1. 연구 활동

가) 청소년상담사는 청소년문제 해결을 위해 윤리적 기준에 따라 과학적인 방법으로 연구를 계획하고 수행한다.
나) 청소년상담사는 연구 대상자를 심리적, 신체적, 사회적 불편이나 위험으로부터 보호하여야 한다.
다) 청소년상담사는 연구 참여자들에게 연구의 본질, 결과 및 결론에 대한 정보를 제공하는 것이 과학적 가치와 인간적 가치를 손상키시지 않는 한, 연구 참여자들이 이에 대한 정보를 얻을 수 있는 기회를 제공한다.

2. 출판 활동

가) 청소년상담사는 연구 결과를 출판할 경우에 자료를 위조하거나 결과를 왜곡해서는 안 된다.
나) 청소년상담사는 투고논문, 학술발표원고, 연구계획서를 심사할 경우 제출자와 제출내용에 대해 비밀을 유지하고 저자의 저작권을 존중한다.

타. 자격취소

1. 청소년상담사는 청소년기본법 제21조의2(자격의 취소)에 해당하는 경우 자격이 취소된다.

가) 청소년기본법 제21조의 결격사유에 해당하게 된 경우
  ① 미성년자, 피성년후견인 또는 피한정후견인
  ② 파산선고를 받고 복권되지 아니한 사람
  ③ 금고 이상의 형을 선고받고 그 집행이 끝나거나 집행을 받지 아니하기로 확정된 후 3년이 지나지 아니한 사람
  ④ 금고 이상의 형을 선고받고 그 집행유예의 기간이 끝나지 아니한 사람
  ⑤ 3호 및 4호에도 불구하고 다음 각 목의 어느 하나에 해당하는 죄를 저지른 사람으로서 형 또는 치료감호를 선고받고 확정된 후 그 형 또는 치료감호의 전부 또는 일부의 집행이 끝나거나(집행이 끝난 것으로 보는 경우를 포함한다) 집행이 유예·면제된 날부터 10년이 지나지 아니한 사람
    ㉠ 「아동복지법」 제71조제1항의 죄
    ㉡ 「성폭력범죄의 처벌 등에 관한 특례법」 제2조의 성폭력범죄
    ㉢ 「아동·청소년의 성보호에 관한 법률」 제2조제2호의 아동·청소년대상 성범죄
  ⑥ 법원의 판결 또는 법률에 따라 자격이 상실되거나 정지된 사람

나) 거짓이나 그 밖의 부정한 방법으로 자격을 취득한 경우

다) 자격증을 다른 사람에게 빌려주거나 양도한 경우

파. 청소년상담사 윤리강령 제·개정 및 해석

1. 한국청소년상담복지개발원은 청소년상담사 윤리강령 교육·보급을 위해 노력해야 한다.
2. 한국청소년상담복지개발원은 청소년상담사 대상 의견 수렴 및 전문가 토론회, 자격검정위원회의 보고 등 자문을 통해 청소년상담사 윤리강령 개정안을 수립한 후 청소년상담사 윤리강령을 개정할 수 있다.
3. 윤리강령과 관련하여 의견이 있거나 공문 등을 통해 윤리적 판단을 요청할 경우, 한국청소년상담복지개발원에서 전문적 해석을 제공할 수 있다.

부칙

1. (시행일) 이 강령은 공표한 날부터 시행한다.

참고문헌 Reference

강갑원(2008). **알기 쉬운 상담이론과 실제**. 서울: 교육과학사.
강문희(1991). **아동과 청소년을 위한 위기상담**. 서울: 교문사.
강문희, 박경, 강혜련, 김혜련(2011). **가족상담 및 심리치료**. 서울: 신정.
강문희, 손승아, 안경숙, 김승경(2008). **아동상담**. 경기: 교문사.
강봉규(1999). **상담이론과 실제**. 서울: 교육출판사.
강진령(2009). **집단상담의 실제**. 서울: 학지사.
고영인(2005). **상담연습 워크북**. 서울: 문음사.
구종회(1995). 근로청소년의 복지향상을 위한 사회 심리적 특성 연구. **한국사회복지, 2**, 273-319.
권이종 외(2007). **청소년이해론**. 서울: 교육과학사.
권이종, 김천기, 이상오(2010). **청소년문화론**. 경기: 공동체.
기현주, 김희진(2004). 어머니의 형제대우, 형제 상호작용 그리고 또래 유능성의 관계. **유아교육연구, 24**(4), 5-32.
김경신 외(2007). **청소년복지론**. 서울: 청목출판사.
김계현 외(2009). **학교상담과 생활지도**. 서울: 학지사.
김계현(1997). **상담심리학**. 서울: 학지사.
김교정, 서상현(2006). 청소년 인터넷 중독성향에 영향을 미치는 심리적, 환경변인의 경로모형 연구. **한국청소년연구, 17**(1), 149-179.
김규수 외(2001). **교류분석치료**. 서울: 형설출판사.
김남순(2001). **상담심리학의 이해**. 서울: 교육과학사.
김병석 외(1997). **청소년문제론**. 서울: 청소년대화의광장.
김봉환 외(2006). **학교진로상담**. 서울: 학지사.
김신일(1992). **청소년문화의 의미와 성격**. 서울: 한국청소년개발원.
김애순(2005). **청년기 갈등과 자기이해**. 서울: 시그마프레스.
김애순, 윤진(1997). **청년기 갈등과 자기이해**. 서울: 중앙적성출판사.
김영봉 외(2007). **교육시밀학**. 경기: 서현사.
김영봉 외(2011). **생활지도와 상담**. 경기: 서현사.
김은정, 김향구, 황순택 공역(2000). **이상심리학**. 서울: 학지사.
김제한(1998). **발달심리학**. 서울: 양서원.
김종일 외(2007). **사회문제론**. 서울: 청목출판사.
김준호(1992). 중퇴생들의 범죄화 과정에 관한 연구. 한국형사정책연구원 편. 청소년범죄의 원인과 대책. 서울: 한국형사정책연구원.
김진숙 외(1998). **청소년의 심리이해와 상담**. 소태산사상연구원.
김진숙 외(1998). **청소년의 심리이해와 상담**. 영산원불교대학교 출판국.
김진숙, 이명우, 송수민(1999). 1999년도 상담경향 분석연구. 한국청소년상담원.
김창남(1998). **대중문화의 이해**. 한울아카데미.
김청자 외(2004). **상담의 이론과 실제**. 서울: 동문사.
김청자 외(2006). **상담의 이론과 실제**. 서울: 동문사.
김청자 외(2009). **상담의 이론과 실제**. 서울: 동문사.
김청자 외(2010). **생활지도와 상담**. 서울: 태영출판사.

김춘경 외(2010). **상담의 이론과 실제**. 서울: 학지사.
김춘경, 이수연, 최웅용(2011). **청소년상담**. 서울: 학지사.
김충기 외(2001). **현대상담이론과 실제**. 서울: 교육과학사.
김충기 외(2002). **교육학개론**. 서울: 동문사.
김충기(1995). **미래사회의 진로교육**. 경기: 양서원.
김충기(1998). **생활지도, 상담, 진로지도**. 서울: 교육과학사.
김충기(2001). **생활지도와 상담**. 경기: 한국학술정보.
김헌수 외(2009). **생활지도**. 서울: 태영출판사.
김현철 외(2009). **이팔청춘 꽃띠는 어떻게 청소년이 되었나?**. 서울: 인물과 사상사.
김형태(1997). **상담이론 알아보기**. 대전: 한남대학교 출판부.
김형태(2003). **상담의 이론과 실제**. 서울: 동문사.
김형태(2006). **상담의 이론과 실제**. 서울: 동문사.
김혜원, 이해경(2003). **함께 배우는 성-청소년을 위한 성교육 활동 지침서**. 서울: 학지사.
나길님(2000). 청소년상담현장에서의 상담기법 활성화 방안에 관한 연구: 사회사업가와 Counsellor를 중심으로. 강남대학교 대학원 석사학위논문.
남정화(1998). 형제자매관계의 특성과 대인관계성향 간의 관계 연구. 서울여자대학교 대학원 석사학위논문.
노안영(2005). **상담심리학의 이론과 실제**. 서울: 학지사.
노용오(2005). **청소년문화론**. 주상.
노혁(2007). **청소년복지론**. 서울: 교육과학사.
민성길(1999). **최신 정신의학**(제4개정판). 서울: 일조각.
박경애, 김혜원, 주영아(2010). **청소년 심리 및 상담**. 경기: 공동체.
박병기, 추병완(1996). **윤리학과 도덕교육 1**. 경기: 인간사랑.
박성수(1998). **생활지도**. 경기: 정민사.
박성수, 박재황, 황순길, 오익수(1993). 청소년상담정책연구. 청소년 대화의 광장.
박성연, 도현심(1993). 성, 형제수, 출생순위 및 형제성 구성에 따른 아동의 사회성. **아동학회지, 14**(2) 35-47.
박소라(2001). 형제갈등의 해결과정과 어머니의 역할. 이화여자대학교 대학원 석사학위청구논문.
박영애, 전귀연(2009). 형제관계. **아동학회지, 30**(6), 1226-1688.
박영진, 장성화(2012). **최신교육학의 이해**. 서울: 동문사.
박영진, 장성화(2021). **최신교육학의 이해**. 서울: 동문사.
박재황, 남상인, 김창대, 김택호(1993). 청소년상담교육과정개발연구. 청소년 대화의 광장.
박지현, 최태산(2008). 청소년의 신체 이미지가 자존감에 미치는 영향. **한국놀이치료학회지, 11**(1), 117-129.
박진규(2002). **청소년문화**. 서울: 학지사.
박화윤, 안라리(2005). 유아의 형제관계의 질과 또래 유능성 및 정서능력 간의 관계. **유아교육연구, 25**(1), 91-108.
방은령(2001). **청소년의 개념 및 발달특성**. **현대청소년복지론**. 경기: 양서원.
백지숙, 김혜원, 김영순, 방은령, 임형택(2011). **청소년상담**. 서울: 신정.
백지숙, 김혜원, 김영순, 방은령, 임형택, 주영아(2009). **청소년상담**. 서울: 신정.
서동인, 유영주(1991). 손자녀가 지각한 조모와의 심리적 친밀도. **아동학회지, 12**(2), 154-172.
서봉연(1992). 청소년기의 자아정체감의 발달. 윤진 외 9인. **청소년심리학**. 서울: 한국청소년연구원.

서봉연, 이순형(1983). **발달심리학: 아동발달**. 서울: 중앙적성출판사.
서정화(1986). 교원보수제도의 개선방향. 한국교육개발원.
송혜린(2009). 청소년의 노마디즘적 문화연구. 전북대학교 교육대학원 석사학위논문.
안창규(1996). **진로 및 적성탐색검사의 해석과 활용**. 서울: 가이던스.
양돈규(2002). 청소년의 형제 변인에 따른 지각된 정서적 지지. **청소년복지연구**, 4(2), 67-87.
여성가족부(2022). 청소년 백서. 여성가족부(https://www.mogef.go.kr)
오윤선(2006). **청소년의 이해와 상담**. 예영 B&P.
원호택(1997). **이상심리학**. 서울: 학지사.
윤관현 외(2006). **집단상담 원리와 실제**. 서울: 법문사.
윤순임 외(2011). **현대상담 및 심리치료의 이론과 실제**. 서울: 중앙적성출판사.
이경희(2000). **아동발달과 부모교육**. 서울: 교문사.
이명자, 문병상(2000). 청년기의 발달특성. **발육발달**, 8(1), 97-107.
이명화(1998). 음란매체 접촉에 따른 성 갈등에 성태도와 지식이 미치는 영향. 한양대학교 교육대학원 석사학위논문.
이선영, 임춘희(2009). **건강가정론**. 서울: 학지사.
이성진(1996). 청소년상담 발전의 방향과 과제. 제3회 청소년상담학세미나 자료집.
이성태(1991). 이해중심 TA와 재경험중심 TA 프로그램이 자율성과 생활자세에 미치는 효과. 계명대학교 대학원 박사학위논문.
이시용 외(2003). **초등학교 생활지도와 상담**. 서울: 교육과학사.
이영덕, 정원식(1978). **교육과학신서**. 서울: 코리안테스팅센터.
이옥형(2006). **청년심리학**. 서울: 집문당.
이용교(2004). **디지털 청소년복지**. 경기: 인간과 복지.
이장호 외(1992). **집단상담의 원리와 실제**. 서울: 법문사.
이장호 외(2005). **상담심리학의 기초**. 서울: 학지사.
이장호(1984). **상담심리학입문**. 서울: 박영사.
이장호(1995). **상담심리학**. 서울: 박영사.
이장호(2005). **상담심리학**. 서울: 박영사.
이재연, 이완정(2006). 출생순위와 형제간 성별 구성에 따른 형제관계의 질과 부모애착 및 또래애착. **한국보육지원학회지**, 2(2), 129-146.
이재창(2005). **생활지도와 상담**. 서울: 문음사.
이정근(1998). **진로지도의 실제**. 서울: 성원사.
이창호, 정의철(2008). 청소년 대상 인터넷 중독 예방 PR 캠페인효과 연구: 수용자 반응을 중심으로. **미래청소년학회지**, 5(3), 131-153.
이철웅(2006). **교육상담과 생활지도 연구**. 서울: 교육과학사.
이현(2009). **앵두의 우연한 현실**. 서울: 사계절.
이현림 외(2007). **집단상담의 이론과 실제**. 경기: 양서원.
이현림(2007). **진로상담**. 경기: 양서원.
이현림(2008). **상담이론과 실제**. 경기: 양서원.
이형득 외(2006). **집단상담**. 서울: 중앙적성출판사.
이형득(1979). **집단상담의 실제**. 서울: 중앙적성연구소.
이형득(1984). **상담의 이론적 접근**. 서울: 형설출판사.
이형득(1994). **상담이론**. 서울: 교육과학사.
이혜성(1980). **완전한 카운슬러**. 서울: 이화여자대학교 출판부.

이혜원(2008). **청소년 권리와 청소년 복지**. 경기: 한울아카데미.
이혜원, 이봉주, 김혜래, 오승환, 정익중(2008). **청소년 권리와 청소년복지**. 경기: 한울아카데미.
임승권(1988). **정신위생**. 서울: 양서원.
임영식, 한상철, 김혜원, 설인자, 조아미(2003). **청소년문제행동의 심리학적 접근**. 서울: 학지사.
장성화(2021). **대인관계와 의사소통**. 서울: 동문사.
장성화 외(2011). **상담의 이론과 실제**. 경기: 정민사.
장성화 외(2012). **상담의 이론과 실제**. 경기: 정민사.
장성화, 구승신, 정옥희, 이주연, 신성철, 정희정(2012). **청소년 심리 및 상담**. 서울: 정민사.
장성화, 김순자, 윤향숙, 박지현, 황윤미(2022). **상담의 이론과 실제**. 서울: 동문사.
장성화, 성경주(2020). **교양으로 읽는 심리학개론**. 서울: 동문사.
장일순(2007). **청소년사회학**. 서울: 학문사.
장휘숙(1999). **청소년 심리학**. 서울: 학지사.
전남련, 이재선, 정명희, 김치건, 김현명(2011). **사회복지실천기술론**. 오래.
전영주, 이숙현(2000). 청소년 자살구상과 관련 변인 분석. **청소년학연구**, 7(1), 221- 246.
전재일 외(1997). **지역사회복지론**. 서울: 학지사.
정길화(2001). 가족구성 형태 및 형제자매 수와 정서지능과의 관계. 창원대학교 대학원 석사학위청구논문.
정명숙, 손영숙, 양혜영, 정현희 공역(2000). **아동기행동장애**. 서울: 시그마프레스.
정영숙, 신민섭, 이승연(2009). **청소년심리학**(제12판). 서울: 시그마프레스.
정옥분(1998). **청년발달의 이해**. 서울: 학지사.
정옥분(2005). **청년심리학**. 서울: 학지사.
정옥분(2006). **청년심리학**. 서울: 학지사.
정현숙(1983) 형제구성에 따른 권력기반과 권력 상호작용에 관한 연구 연세대학교 대학원 석사학위논문.
정현숙(1993). 부모의 이혼에 따른 자녀들의 적응. **아동학회지** 14(1), 59-75.
정현희(1997). 청소년의 가족응집력과 부모로부터의 독립. 학생생활연구, 동의대학교 학생생활연구소.
조경덕 외(2012). **상담심리학**. 경기: 정민사.
조붕환 외(2007). **교사를 위한 생활지도와 학교상담**. 서울: 아카데미프레스.
조성연 외(2008). **청소년복지론**. 서울: 창지사.
조성진, 전홍진, 김무진, 김장규, 김선욱, 류인균, 조명제(2001). 한국 일 도시지역 청소년의 우울증상 유병률과 관련요인에 대한 연구. **신경정신의학**, 40(4), 627-639.
조정관(2005). 정보화, 세계화와 신유목적 민주주의. 서울: 정보통신정책연구원.
지용근 외(2009). **진로상담의 이해**. 서울: 동문사.
진 루엔 양(2008). **진과 대니**. 이청채 옮김. 서울: 비아북.
천성문 외(2006). **상담심리학의 이론과 실제**. 서울: 학지사.
청소년상담원(2007). 문제유형별 상담 실적.
최경숙(2000). **발달심리학**. 서울: 교문사.
최명구, 김누리(2009). **청소년의 이해**. 서울: 학지사.
최옥채 외(2011). **인간행동과 사회환경**(제4판). 경기: 양서원.
최윤진(1990). **청소년심리학**. 한국청소년정책연구원.
최창섭(1993). 대중매체와 청소년. 한국청소년개발원(편). **청소년문화론**. 서울: 서원.
통계청(2022). 2021년 장래인구추계를반영한 세계와 한국의 인구현황 및 전망. 통계청 보도자료(2022.9.5.).
통계청(2023). 2022년 혼인 및 이혼 통계. 통계청 보도자료(2023.3.16.).
한국심성교육개발원(1996). **상담학개론**. 서울: 한국심성교육개발원.
한국청소년개발원(2004). **청소년상담론**. 서울: 교육과학사.
한국청소년개발원(2005). **청소년복지론**. 서울: 교육과학사.
한국청소년개발원(2006). **청소년문화론**. 서울: 교육과학사.
한국청소년상담복지개발원 홈페이지. https://www.kyci.or.kr/userSite/index.asp
한국청소년상담사 홈페이지. http://www.youthcounselor.or.kr
한국청소년상담원 홈페이지. http://www.kyci.or.kr
한국청소년상담원(2006). 위기 청소년 지원을 위한 청소년 상담의 역할과 비전. 홍강의 역. 한국청소년상담원.
한국청소년정책연구원 편(2007). **청소년학개론**. 서울: 교육과학사.
한덕웅(2001). **인간은 어떤 과정을 거쳐서 발달하는가?** 한덕웅 외 편. **인간의 마음과 행동**. 서울: 박영사.
한미화(2009. 11. 02). 청소년이여 날자 날아보자꾸나. 한겨레21.
한상철 외(2012). **청소년 심리학**. 경기: 정민사.
한상철(1998). **청소년학개론**. 서울: 중앙적성출판사.
한상철(2004). **청소년학: 청소년이해와 지도**. 서울: 학지사.
한상철(2008). **청소년학: 청소년이해와 지도**(2판). 서울: 학지사.
한상철(2009). **청소년학. 청소년이해와 지도**. 서울: 학지사.
한상철, 이형득(1995). **인간이해와 교육**. 서울: 중앙적성출판사.
한상철, 임영식(2000). **청소년심리의 이해**. 서울: 학문사.
한상철, 임영식(2004). **청소년심리의 이해**. 서울: 학지사.
한준상(1989). **청소년문제와 학교교육**. 서울: 연세대학교 출판부.
허묘연(2007). **청소년 이해론**. 서울: 현학사.
허혜경, 김혜수(2010). **청년발달**. 서울: 학지사.
현명선, 남경아, 공성숙(2001). 청소년의 성적 발달과 신체상, 문제행동 및 우울과의 관계 연구: 경기도 지역의 중학생을 중심으로. **정신간호학회지, 10**(4), 533-547.
홍강의(1993). 청소년상담의 이론적 경향 고찰: 치료적 관점. **청소년상담연구**, 1(1), 41-55.
홍봉선, 남미애(2000). **청소년복지론**. 경기: 양서원.
홍봉선, 남미애(2007). **청소년복지론**. 경기: 공동체.
홍성열(2000). **범죄심리학**. 서울: 학지사.
홍일표(2005). 인터넷과 시민운동. 이종구, 조형제, 정준영 외 지음. **정보사회의 이해**(pp, 287-309). 서울: 미래 M & B.

Adams, G. R., Gullotta, T. P., & Markstrom-Adams, C. A. (1994). *Adolescent life experiences* (3rd ed.). Pacific Grove, CA: Books/Cole.
Amato, M. (1990). Assessment of neonatal jaundice in low birth weight infants comparing transcutaneous, capillary and arterial bilirubin levels. *European journal of pediatrics, 150*(1), 59-61.
Arlow, J. A. (1979). Psychoanalysis. In R. Corsini (Ed.), *Current psychotherapies* (2nd ed.).
Arlow, J. A. (1993) Discussion: A Clinician's Comments On Empirical Studies Of Psychoanalysis. Journal of the American Psychoanalytic Association 41:143-152.

Atwater, M. M. (1996). Social constructivism: Infusion into the multicultural science education research agenda. *Journal of Research in Science Teaching, 33*, 821-837.

Bae, Y. (2006). A study on the internet use and social capital on the academic performance. *Development and Society, 35*(1), 107-123.

Bandura, A. (1977). *Social learning theory*. Englewood Cliffs, NJ: Prentice Hall.

Bandura, A. (1986). *Social learning theory*. Englewood Cliffs, NJ: Prentice Hall.

Bank, L., Forgatch, M., Patterson, G., & Fetrow, R. (1993). Parenting practices of single mothers: Mediators of negative contextual factors. *Journal of marriage and the family, 55*(2), 371-384.

Barber, B. K., & Thomas, D. L. (1986). Dimensions of Fathers' and Mothers' Supportive Behavior: The Case for Physical Affection. *Journal of Marriage and Family, 48*, 783-794.

Barber, B. L., & Eccles, J. S. (1992). "Long-term Influence of Divorce and Single Parenting on Adolescent Family- and Work-related Values, Behaviors, and Aspirations". *Psychological Bulletin, 111*(1), 108-126.

Barber, K., & Thomas, K. (1996). *Mind and self and society*. Chicago University Press.

Barrett, L. F., & Russell, J. A. (1998). Independence and bipolarity in the structure of current affect. *Journal of Personality and Social Psychology, 74*(4), 967-984.

Bates, M. M., & Johnson, C. D. (1972). *Group Leadership: A manual for group counseling leaders*. Danver, Colorado: Love Publishing Co.

Berndt, T. J., & Bulleit, T. N. (1985). Effects of sibling relationships on preschoolers behavior at home and at school. *Developmental Psychology, 21*, 761-767.

Berndt, T. J., & Perry, T. B. (1990). Distinctive features and effects of early adolescent friendship. In R. Montemayor, G. R. Adams, & T. P. Gullotta (Eds.), *From childhood to adolescence: A transitional period?* Newbury park, CA: Sage.

Berndt, T. J., Hawkins, J. A., & Hoyle, S. G. (1986). Change in friendship during a school year: Effects on children's and adolescents' impressions of friendship and sharing with friends. *Child Development, 57*, 1284-1297.

Berzonsky, M. D. (1997). Identity development, control theory, and self-regulation: An individual differences perspective. *Journal of Adolescent Research, 12*, 347-353.

Berzonsky, M. D., & Kuk, L. (2000). Identity status, identify processing style, and the transition to university. *Journal of Adolescent Research, 15*, 81-98.

Block, J. H. (1978). Another look at sex "differentiation auon in the socialization behaviors of mothers and fathers. In InT J. cL. Sherman & F. Denmark (Eds.), *Psychology of women: Future directions of research*. New York: Psychological Dimensions.

Bloom, B. S. (1976). *Human characteristics and school learning*. New York: McGraw-Hill.

Brammer, L. M. (1969). *Therapeutic psychology: Fundamentals of counseling and psychotherapy*. Englewood Cliffs, N.J.: Prentice-Hall, Inc.

Brown, B. B., & Trujillo, C. M. (1988). *Adolescent's perceptions of peer group stereotypes*. Cited in Muuss, R., Theories of adolescents. New York: McGraw-Hall, Inc.

Buhrmester, D., & Furman, W. (1987). The development of companionship and intimacy. *Child Development, 58*(4), 1101-1113.

Buhrmester, D., & Furman, W. (1990). Perceptions of sibling relationships during middle childhood and adolescence. *Child Development, 61*(5), 1387-1398.

Cheek, D. B. (1968). *Human growth: body composition, cell growth, energy and intelligence*. Philadelphia: Lea & Febiger.

Cohen, J. (1983). Commentary: The relationship between friendship selection and peer influence. In J. Epstein & N. Karweit (Eds.), *Friends in school: Patterns of selection and influence in secondary schools*. New York: Academy Press, pp. 163-174.

Coleman, J. C., & Hendry L. B. (1999). *The nature of adolescence* (3rd Edition). Routledge, New York.

Corey, G. (1986). *Theory and practice of counseling and psychotheraphy*. Monterey, Calif: Brook/Cole.

Corey, G. (1994). *Group counseling* (4nd ed.). Moneerey, Calif: Brooks/Cole.

Corey, G. (1995). *Group counseling* (4nd ed.). Monterey, Calif: Brooks/Cole.

Corey, M. S., & Corey, G. (2006). *Group: Process and practice* (7th ed.). Pacifie Grove. CA: Brookls/Cole.

Cormier, W. H., & Cormier, L. S. (1985). *Interviewing strategies for helpers* (2nd ed.). Monterey, CA: Brooks/Cole.

Cormier, W. H., & Cormier, L. S. (1998). *Interviewing strategies for helpers: Fundamental skill and cognitive behavior interventions* (4th ed.). Pacific Grove, CA: Brooks/Cole.

Crites, J O. (1969). *Vocational psychology*. New York: McGraw-Hill Book Co.

Crites, J. O. (1950). *Career counseling: Models, methods and materials*. New York: McGraw-hill Book Co.

Crites, J. O. (1981). *Career counseling: Models, methods and materials*. Scarboro, Ont., McGraw-Hill Book Co.

Cummings, E. M. (1994). *Children and marital conflict: The impact of family dispute and resolution*. New York: Guilford.

Demos, G. D., & Grant, B. (1973). Individual psychotherapy with the nonvocal patient: A unique application of communication devices. *Rehabilitation Psychology, 32*, 93-97.

Dumas, J. E., & Nilsen, W. J. (2005). *Abnormal child and adolescent psychology* (Y. S. Lim, H. Kim, I. J. Seol, A. Cho, & S. C. Han, Trans.). Seoul: Sigma Press. (Original work published 2003)

Eaves, L. J., Heath, A. C., & Martin, N. G. (1997). Comparing the biological and cultural inheritance of stature and conservatism in the kinships of monozygotic and dizygotic twins. In Cioninger, C. R. (ed.), *Proceedings of 1994 APPA Conference* (in press).

Eaves, L. J., Silberg, J. L., Meyer, J. M., Maes, H. H., Simonoff, E., Pickles, A., Rutter, M., Neale, M. C., Reynolds, C. A., Erickson, M.T., Heath, A.C., Lober, R., Petterson, A. C., Saringiahi, P. A., & Kennedy, R. E. (1991). Adolescent depression: Why more girls? *Journal of Youth and Adolescence, 20*, 247-271.

Elkind, D. (1975). Recent research on cognitive development in adolescence. In S. E. Dragastin & G. H. Elder, Jr. (Eds.), *Adolescence in the life cycle*. New York: Wiley.

Elkind, D. (1978). *The child's reality: Three developmental themes*. Hillsdale, NJ: Erlbaum.

Elkind, D., & Bower, R. (1979). Imaginary audience behavior in children and adolescents. *Developmental Psychology, 15*, 38-44.

Ellis, A. (1962). *Reason and emotion in psychotherapy*. New York, NY: Lyle Stuart & Citadel

Books.

Ellis, A. (1973). *Humanistic psychotherapy: The rational emotive approach*. New York: The Julian Press, Inc.

Ellis, A. (1987). The evolution of rational emotive therapy(RET) and cognitive behavior therapy(CBT). In J. K. Zeig (Ed.), *The evolution of psychotherapy*. New York: Brunner/Mazel.

Ellis, A., & Dryden, W. (1987). *The practice of rational-emotive therapy*. New York: Springer.

Faiman, C., & Winter, J. S. D. (1974). Gonadotropins and sex hormone patterns in puberty: Clinical data. In M. M. Grumbach, G. D. Grave, & F. E. Mayer (Eds.), *Control of the onset of puberty*. New York: Wiley.

Fergusson, D. M., & Horwood, L. J. (1996). The role of adolescent peer affiliations in the continuity between childhood behavioral adjustment and juvenile offending. *Journal of Abnormal Child Psychology, 24*, 205-221.

Foreman, M. (1967). T-Group: Their implications for counselor supervision and preparation. *Counselor education and supervision, 7*, 48-53.

Frankel, K. A. (1990). Gilr's perception of peer relationship support and stress. *Journal of Early Adolescence, 10*, 69-88.

Frost, A. K., & Pakiz, B. (1990). The effects of marital disruption on adolescents: Time as a dynamic. *American Journal of Orthopsychiatry, 60*(4), 544-555.

Furman, S., & Lanthier. S. (2002). *Human endocrinology: An interactive test*. New York: Elsevier Science.

Furman, W., & Lanthier, R. (2002). Parenting siblings. In M. H. Bornstein (Ed.), *Handbook of parenting: Children and parenting* (2nd ed., pp. 165-188). Lawrence Erlbaum Associates Publishers.

Gazda, G. M. (1978). *Group counseling: A development approach*. Boston: Allyn & Bacon.

Gazda, G. M. (1989). *Group counseling*. Boston: Allyn & Bacon.

Gecas, V., & Seff, M. A. (1990). Social Class and Self-Esteem: Psychological Centrality, Compensation, and the Relative Effects of Work and Home. *Social Psychology Quarterly, 53*(2), 165-173.

George, R. H., & Cristiani, T. S. (1995). *Counseling theory and practice* (4th ed.). Boston, MA: Allyn and Bacon.

George, R. L, & Cristiani, T. S. (1995). *Theory, methods, and processes of counseling and Psychotherapy*. Englewood Cliffs, NJ: Prentice-Hall.

Gibson, R. L., & Mitchell, M. H. (1986). *Introduction to counseling and guidance* (2nd ed.). New York: Macmilan Publishing.

Gibson, R. L., & Mitchell, M. H. (1999). *Introduction to counseling & guidance*. New Jersey: Prentiice-Hall.

Ginzberg, E. (1951). *Occupational choice: An approach to a general theory*. NY: Columbia University.

Glasser, W. (1992). *The quality school: Managing students without coercion*. New York: HarperCollins.

Glasser, W. (1998). *Choice theory: A new psychology of personal freedom*. New York: HarperCollins.

Glasser, W., & Zunin, L. M. (1979). Reality therapy. In R. Corsini (Ed.), *Current psychotherapies* (2nd ed., pp. 302-339). Itasca, IL: F.E. Peacock.

Gottesman, I. I. (1991). *Schizophrenia genesis: The origins of madness*. New York: W. H. Freeman.

Gottfredson, L. (1981). Circumscription and compromise: A developmental theory of occupational aspirations (Monograph). *Journal of Counseling Psychology, 28*, 545-579.

Grecas, V., & Seff, M. A. (1990). Social class and self-esteem: Psychological centrality, compensation, and the relative effects of work and home. *Social Psychology Quarterly, 53*, 165-173.

Grotevant, H. D., & Cooper. C. R. (1985). Patterns of Interaction in Family Relationships and the Development of Identify Exploration in Adolescence. *Child Development, 56*, 415-428.

Guy, J. D. (1987). *The personal life of the psychotherapist*. New York: Wiley.

Hansen, J. C., Warner, R. W., & Smith, E. J. (1980). *Group counseling theory and process*. Boston: Houghton Mufflin Company.

Hansen, L. S., & Keierleber, D. L. (1978). Born free: A collaborative consultation model for career development and sex role stereotyping. *Personal and Guidance Journal, 56*(7), 395-399.

Harris, T. A. (1973). *I'm OK - You're OK*. New York: Avon Books.

Herr, E. L., & Cramer, S, H. (1984). *Career guidance and counseling through the life span; Systematic approaches* (2nd ed.). Boston: Little, Brown.

Hetherington, E. M., Anderson, E. R., & Hagan, M. S. (1991). Divorce: effects of on adolescents. In R. M. Lerner, A. C. Peterson, & J. Brooks-Gunn (Eds.), *Encyclopedia of adolescence* (Vol.1). New York: Garland.

Hightower, E. (1990). Adolescent interpersonal and familial precursors of positive mental health at midlife. *Journal of Youth and Adolescence, 19*, 257-275.

Hill, J. (1983). Early adolescence: A framework. *Journal of Early Adolescence, 3*, 1-21.

Hinshaw, S. P., & Lathey, B. B.,& Hart, E. L. (1993). Issues of taxonomy and comorbidity in the development of conduct disorder. *Development and Psychopathology, 5*, 31-49.

Holland, J. I. (1992). *Making vocational choice a theory of vocational personalities and work environments*. Odessa, FL: Psychological Assessment Resources.

Homme, L. (1969). How to use contingency contracting in the classroom. Champaign, Illinois: Research Press.

Hops, H., Davis, B., Alpert, A., & Longoria, N. (1997, April). Adolescent peer relations and depressive symptomatology. Paper presented at the meeting of the Society for Research in Child Development, washington, D. C.

Hoyt, K. B. (1974). An introduction to career education. Policy paper of the U. S. Office of Education. Washington, DC: Department of Health and Welfare.

Hull, C. L. (1943). *Principles of behavior: An introduction to behavior theory*. New York: Appleton-Century.

Hurlock, E. B. (1981). *Child development*. New Jersey: McGraw-Hill.

Jackson, A. W., & Davis, G. A. (2000). Turning points 2000: Educating adolescents in the 21st century. New York, NY: Teachers College Press.

Jacobsen, L. L., & Rapoport, J. L. (1998). Research update: Childhood-onset schizophrenia:

Implication of clinical and neurobiological research. *Journal of Child Psychology and Psychiatry, 39*, 101-113.

Johnson, P. L., & O'Leary, K. D. (1987). Parental behavior patterns and conduct disorders in girls. *Journal of Abnormal Child Psychology*, *15*, 573-581.

Jones, G., & Dembo, M. (1989). Age and sex role difference in intimate friendships during childhood and adolescence. *Merrill-Palmer Quarterly, 35*, 445-462.

Jussim, L., & Eccles, J. S. (1992). Teacher expectations: II. Construction and reflection of student achievement. *Journal of Personality and Social Psychology, 63*(6), 947-961.

Kandel, D. B.(1986). Processes of peer influences in adolescence. In R. K. Silbereiwen et al., (Eds.). *Development as action in context*. Berlin: Springer-Verlag.

Kaplan, S. L. (2004). *Adolescence*. Houghton Mifflin Company.

Kashani, J. H., Beck, N. C., Hoeper, E. W., Fallahi, C., Corcoran, C. M., McAllister, J. A., & Reid, J. C. (1987). Psychiatric disorders in a community sample of adolescents. *American Journal of Psychiatry, 144*(5), 584-589.

Kaufmann, K. (1987). Parental separation and divorce during the college years. Unpublished doctoral dissertation, Harvard University.

Kazdin, A. E. (1978). History of behavior modification: Experimental foundations of contemporary research. (xi ed.) Baltimore, MD, University Park Press. 39.

Keating, D. P. (1980). Thinking processes in adolescence. In J. Adelson(Ed.), *Handbook of adolescent) pxsychology*. New York: Wiley.

Kendler, K. S., Neale, M. C., Kessler, R. C., Health, A. C., & Eaves, L. J. (1992). The genetic epidemiology of phobia in women: The interrelationship of agoraphobia social phobia, situational phobia, and simple phobia. *Archives of General Psychiatry, 49*(4), 273-281.

Kety, 1988. Genetics factors in suicide. In A. Roy (Ed.), *Suicide*. Baltimore, MD: Williams & Wilkins.

Kimmel, D. C., & Weiner, I. B. (1985). *Adolescence: A Developmental Transition*. Hillsdale, NJ: Lawrence Erlbaum.

Kimmel, D. C., & Weiner, I. B. (1995). *Adolescence: A developmental transition*. New York: Wiley & Sons Inc.

King, R. A., & Noshpitz, J. D. (1991). *Pathways of growth: Essentials of child psychiatry*. Vol.2. New York: John Wiley & Sons.

Klein, K. L., & Wiener, Y. (1977). Interest congruency as a moderator of the relationship between job tenure and job satisfaction and mental health. *Journal of Vocational Behavior, 10*, 91-98.

Krumboltz, J. D. (1979). A Social Learning Theory of Career Decision Making. In A. M. Mitchell, G. B. Jones, and Krumboltz, J. D. (Eds.), *Social learning and career decision making*. Cranston, RI: Carroll Press.

Krumboltz, J. D., & Thoresen, C. E. (1964). The effects of behavioral counseling in group and individual settings on information-seeking behavior. *Journal of Counseling Psychology, 11*, 324-333.

Kuehnel, T. G., & Liberman, R. P. (1986). Dissemination and adoption of innovative psychosocial interventions. *Journal of Consulting b Clinical Psychology, 54*, 111-118.

Lahey, B. B., Loeber, R., Quay, H. C., Frick, P. J., Grimm, J. (1992). Oppositional defiant and conduct disorders: issues to be resolved for DSM-IV. *Journal of the American of Child and Adolescent Psychiatry 31*, 539-546.

Last, C. G., Hersen, M., Kazdin, A., Orvaschel, H., & Perrin, S. (1991). Anxiety disorders in children and their families. *Archives of General Psychiatry, 48*(10), 928-934.

Lathy, B., Loeber, R., Green, S. & M., Keenan, K. (1995). Which boys will fare worse? Early predictors of the onset of conduct disorder in a six-year longitudinal study. *Journal of the American Academy of Child and Adolescent Psychiatry, 34*, 499-509.

Laursen, B., Coy, K., & Collins, J. (1998). Does parent-child conflict peak at mid-adolescence? Paper presented at the meeting of the Society for Research on Adolescence. San Diego.

Loeber, R., Green, S. M., Lahey, B. B., Frick, P. J., & McBurnett, K. (2000). Findings on disruptive behavior disorders from the first decade of the Developmental Trends Study. *Clinical Child and Family Psychology Review, 3*(1), 37-60.

Maccoby, E. E. (1993). Trends and issues in the study of gender role development. Paper presented at the biennial meeting of the Society for Research in Child Development, New Orleans.

MacFarlane, J., Allen, L., & Honzik, M. (1954). A developmental study of the behavior problems of normal children between twenty-one months and fourteen years. Berkeley: University of California Press.

Mahler, C. A. (1969). *Group counseling in schools*. Boston: Houghton Mifflin.

Malina, R. M., & Bouchard, C. (1991). *Growth, maturation, and physical activity*. Champaign, II: Human Kinetics Books.

Marcia, J. E. (1980). Identity in adolescence. In J. Adelson (Ed.), *Handbook of adolescent psychology*. New York: Wiley.

Marcus, R. F. (1996). The Friendships of Delinquents. *Adolescence, 31*(121), 145-158.

McCombs, A., & Forehand, R. (1989, winter). Adolescent school performance following parental divorce: Are there family factors that can enhance success? *Adolescence, 24*(96), 871-880.

McMillan, L. (1990). Grandchildren, chocolate and flowers. *Australian Journal of Ageing, 9*(4), 13-17.

Meichenbaum, D., & Cameron, R. (1973). Training schizophrenics to talk to themselves: A means of developing attentional controls. *Behavior Therapy, 4*, 515-534. Itasca, IL: F. Peacock.

Miller, J. G., Bersoff, D. M., & Harwood, R. L. (1990). Perceptions of social responsibilities in India and the United States: Moral imperatives or personal decision? *Journal of Personality and Social Psychology, 58*, 33-47.

Moffitt, T. E. (1993). Adolescence-limited and life-course-persistent antisocial behavior: A developmental taxonomy. *Psychological Review, 100*(4), 674-701.

Mullis, R. L., & Markstrom, C. A. (1986). An analysis of the imaginary audience scale. *Journal of Early Adolescence, 6*, 305-316.

Munro, G., & Adams, G. R. (1977). Ego identity formulation in college students and working youth. *Developmental Psychology, 13*(57), 523-524.

Northman, J. E. (1985). The emergence of an appreciation for help during childhood and adolescence. *Adolescence, 20*(80), 775-81.

Nottelmann, E. D., & Jensen, P. S. (1995a). Bipolar affective disorder in children and adolescents: Introduction. *Journal of the American Academy of child and Adolescent Psychiatry, 34*, 705-708.

Ohlsen, M. M. (1977). *Group counseling in the school*. Boston: Houghton Mifflin.

Olson, D. H., & DeFrain, J. (2006). *Marriage and family-intimacy, diversity and strengths*. McGrow-hill Company.

Paikoff, R. L., & Brooks-Gunn, J. (1990). Association between pubertal hormones and behavioral and affective expression. In C. S. Holmes (Ed.), *Psychoneuroendocrinology: Brain, behavior; and hormonal interaction* (pp.205-226). New York: Spring-Verlag.

Papalia, D. E., Olds, S. W., & Feldman, R. F. (1989). *Human development*. New York : McGraw-Hill.

Parsons, F. (1909). *Choosing a vocation*. Boston: Houghton Mifflin-Hill.

Parsons, T., & Shils, E. A. (1962). *Toward a general theory of action*. NY: Harper & Row.

Patterson, G. R. (1986). Performance models for aggressive boys. *American psychologist*, *41*(4), 432-444.

Paulson, S. E. (1994). Relations of parenting style and parental involvement with ninth grade student's achievement. *Journal of Early Adolescence, 2*, 250-267.

Paulson, S. E. (1994). Relations of parenting style and parental involvement with ninth-grade students' achievement. *The Journal of Early Adolescence, 14*(2), 250-267.

Pavlov, I. (1960). *Conditioned reflexes*. Transtated by G. V. Anrep. New York: Dover.

Pelham, W. E., Gangy, E., Greenslade, K., Milich, R. (1992). Teacher ratings of DSM-III-R symptoms for the disruptive behavior disorders. *Journal of the American Academy of child and Adolescent Psychiatry, 31*, 210-128.

Pelham, W. E., Gangy, E., Greenslade, K., Milich, R. (1992). Teacher ratings of DSM-III-R symptoms for the disruptive behavior disorders. *Journal of the American Academy of child and Adolescent Psychiatry, 31*, 210-128.

Peskin, H., & Livson, M. (1972). Pre-and postpubertal personality and adult psychological functioning. *Seminars in Psychology Ioday, January*, 45-46.

Petersen, A. C., & Crockett, L. (1985) Pubertal timing and grade effects on adjustment. *Journal of Youth and Adolescence, 14*, 191-206.

Peterson, G. W., & Rollins, B. C. (1987). Parent-Child Socialization. 471-507 in Handbook of Marriage and the Family, edited by M. B. Sussman and S. K. Steinmetz. New York: Plenum.

Petterson, A. C., Saringiahi, P. A., & Kennedy, R. E. (1991). Adolescent depression: Why more girls? *Journal of Youth and Adolescence, 20*, 247-271.

Piaget, J. (1932). *The moral judgement of the child*. New York: Free Press.

Piaget, J. (1980). *Recent studies in genetic epistemology*. Cashiers Poundation Archives, Jean.

Pietrofesa, J. J., Leonard, G. E., & Van Hoose, W. (1980). *The authentic counselor*. 완전한 카운슬러. 이혜성 역. 서울: 이화여자대학교 출판부.

Quintana, S. M., & Lapsley, D. K. (1990). Rapprochement in late adolescent separation-individuation: A structural equations approach. *Journal of Adolescence, 13*, 371-385.

Raynor, J., & Entin, E. (1982). *Motivation career striving, and aging*. New York: Hemisphere.

Rey J. M., Plapp, J. M. (1990). Quality of perceived parenting in oppositional and conduct disordered adolescents. *J Am Acad Child Adolesc Psychiatry 29*(3), 382-385.

Roe, A. (1956). *The psychology of occupations*. New York: John Wiley.

Roeser, R. W., & Eccles, J. S. (1998). Adolescents' perceptions of middle school: Relation to longitudinal changes in academic and psychological adjustment. *Journal of Research on Adolescence, 88*, 123-158.

Roeser, R. W., Eccles, J. S., & Freedman-Doan, C. (1999). Academic and emotional functioning in middle adolescence: Patterns, progressions, and routes from childhood. *Journal of Adolescent Research*, 14, 135-174.

Roff, M., Sells, S. B., & Golden, M. W. (1972). Social adjustment and personality development in children. Minneapolis: University of Minnesota Press.

Rogers, C. R. (1952). Client-centered psychotherapy. *Scientific American, 187*, 66-74.

Rogers, C. R. (1961). *On becoming a person*. Boston: Houghton Mifflin.

Rogers, C. R. (1970). *Carl Rogers on group*. New York: Harper & Row.

Rutter, M., Macdonald, H., Le Couteur, A., Harrington, R., Bolton, P., & Bailey, A. (1990). Genetic factors in child psychiatric disorders: II. Empirical findings. *Journal of child Psychology and Psychiatry, 31*, 39-83.

Ryan, A. M., & Patrick, H. (1996, March) Positive peer relationships and psychosocial adjustment during adolescence. Paper presented at the meeting of the Society for Research on Adolescence, Boston.

Schwarz, J. A. J., Gladstone, T. R. G., & Kaslow, N. J. (1998). Depressive disorders. In T. H. Ollendick & M.Hersen (Eds.), *Handbook of child psychopathology* (3rd ed.). New York: Plenum Press.

Seginer, R. (1998). Adolescents' perceptions of relationships with older sibling in the context of other close relationships. *Journal of Research on Adolescence, 8*(3), 287-308.

Seligman, M. E. P. (1974). Depression and learned helplessness. In R. J. Friedman & M. M. Katz. (Eds.), *The psychology of depression: Contemporary theory and research*. Washington, DC: V. H. Winston.

Shertzer, B., & Stone, S. C. (1968). *Fundamentals of counseling*. Boston: Houghton Mifflin.

Shertzer, B., & Stone, S. C. (1980). *Fundamentals of counseling* (3nd ed.). Boston: Houghton Mifflin.

Sim, H. O., & Vuchinich, S. (1996). The declining effects of family stressors on antisocial behavior from childhood to adolescence and early adulthood. *Journal of Family Issues, 17*(3), 408-427.

Singer, D. G., & Revenson, T. A. (2004). Piaget 입문서 아이들은 어떻게 생각할까? 정성훈, 김상헌 옮김. 도서출판 하나의학사.

Skinner, B. F. (1953). *Science of human behavior*. N. Y.: Macmillan.

Smetana, J. (1997). *Children and stress*. Newbury Park, CA: Sage.

Spera, C. (2005). A review of the relationship among parenting practices, parenting styles, and adolescent school achievement. *Educational Psychology Review, 17*, 125-146.

Steinberg, L. (1999). *Adolescence* (5th ed). Boston: McGraw-Hill.

Stephen, J., E., Fraser, E., & Marcia, J. E. (1992). Moratorium achievement, (Mama) cyeles in life span identity development: value orientations and reasoning systems' correlates. *Journal of Adolescence, 15*(3), 283-300.

Strom, R., & Strom, S. (1990). Raising expectations for grandparents: A three generational study. *International Journal of Aging and Human Development, 31*(3), 161-167.

Sullivan, H. S. (1953). *The interpersonal theory of psychiatry*. New York: Norton.

Super, D. E. (1951). Vocational adjustment: Implementing a self-concept. *Occupation, 30*, 88-92.

Super, D. E. (1976). *Career education and the meaning of work*. Washington, DC: Office of Education.

Svertzer, B., & Stone, S. C. (1968). *Fundamentals of counseling*. Boston: Houghton Mifflin Company.

Swedo, S. E., Rapoport, J. L., Cheslow, D. L., Leonard, H. L. Ayoub, E. L., Hosier, D. M., & Wald, E. R. (1989). High prevalence of obsessive-compulsive symptoms in patients with Sydenham's Chorea. *American Journal of Psychiatry, 146*, 246-249.

Thomas, A., Chess, S., Birch, H. G., Hertzig, M. E., & Korn, S. (1963). Behavioral individuality in early childhood. University Press.

Tiedeman, D. V., & O'Hara, R. P. (1963). *Career development: Choice and adjustment*. NY: College Entrance Examination Board.

Torgersen, S., Onstard, S., Skre, I., Edvardsen, J., & Kringlen, E. (1993). "True" schizotypal personality disorder: A study of co-twins and relatives of schizophrenic probands. *American Journal of Psychiatry, 150*, 1661-1667.

Truett, K. R., & Hewitt, J. K. (1997). Genetics and developmental psychology: The main effects of genes and environment on behavioral problems in the Virginia Twin Study of Adolescent Behavioral Developments. *Journal of Child Psychology and Psychiatry, 38*, 965-980.

Valone, K., Goldstein, M. J., & Norton, J. P. (1984). Paternal expressed and psychophysiological reactivity in an adolescent sample at risk for schizophrenia spectrum disorder. *Journal of Abnormal Psychology, 93*, 448-457.

Visher, E. B., & Visher, J. S. (1989). Parenting coalitions after remarriage: Dynamics and therapeutic guidelines. *Family Relations, 38*, 65-70.

Wallerstein, J. S., & Corbin, S. B. (1989). Daughters of divorce: Report from a ten-year follow-up. *American Journal of Orthopsychiatry, 59*, 593-604.

Wheeler, I., et al. (1992). Participants perception of therapeutic factory in group for incest survivors. *The Journal for Specialists in Group Work, 17*(2), 89-25.

Wicks-Nelson, R., & Israel, A. C. (2003). *Behavior disorders of childhood* (5th ed.). Prentice Hall/Pearson Education.

Williamson, E. G., & Forley, J. D. (1949). *Counseling* (3rd ed.). Boston: Houghton Mifflin.

Wills, T. A., Vaccaro, D., McNamara, G., & Hirky, A. E. (1996). Escalated substance use: A longitudinal grouping analysis from early to middle adolescence. *Journal of Abnormal Psychology, 105*(2), 166-180.

Wubbolding, R. (1991). *Understanding reality therapy*. New York: HarperCollins.

Yalom, I. D. (1975). *The theory and practice of group psychotherapy* (2nd ed.). New York: Basic Books.

Young, M. H., Miller, B. C., Norton, M. C., & Hill, E. J. (1995). *Adolescence*. Chicago University Press.

Young, M. H., Miller, B. C., Norton, M. C., & Hill, E. J. (1995). The effect of parental supportive behaviors on life satisfaction of adolescent offspring. *J. Marriage Family 57*, 813-822.

Youniss, J., & Smollar J. (1986). Adolescents' relations with mothers, fathers, and friends. Chicago: University of Chicago Press.

Zimmer-Gembeck, M. J. (1999). Stability, change and individual differences in involvement with friends and romantic partners among adolescent females. *Journal of Youth and Adolescence, 28*(4), 419-438.

Zukow-Goldring, P. (2002). Sibling caregiving. In M. H. Bornstein (Ed.), *Handbook of parenting: Being and becoming a parent* (2nd ed., pp. 253-286). Lawrence Erlbaum Associates Publishers.

Zunker, V. G. (1988). *Career counseling: Applied concepts of life planning*. New Jersey. Prentice-Hall.

A U T H O R

저자소개

장성화(張星化)

건국대학교 동 대학원 박사
현) 공군사관학교 심리리더십학과 교수
한국상담심리교육복지학회 학회장
한국상담학회 군경소방분과 부회장
한국청소년상담학회 학회장
저서: 상담이론과 실제 외 20편
논문: 한국판 자살생각 척도 타당화 연구 외 70편

이주연(李周姸)

숙명여자대학교 대학원 박사
현) 세계사이버대학 상담심리학과 교수
한국상담심리교육복지학회 총무이사
대한아동복지학회 이사
한국유아교육보육복지학회 이사
저서: 상담이론과 실제 외 8편
논문: 코로나19 팬데믹에서 대학생의 취업불안이 정신건강에 미치는 영향-회복탄력성의 조절효과 외 70편

지명원(池冥愿)

동국대학교 대학원 박사
현) 중부대학교 인문사회학부 교수
한국상담심리교육복지학회 이사
사회복지사 1급
저서: 청소년 심리 및 상담 외 5편
논문: 청소년의 온라인 여가활동 부정경험이 우울감에 미치는 영향 외 45편

장혁란(張赫蘭)

대구대학교 대학원 박사
현) 포항대학교 사회복지과 교수
한국상담심리교육복지학회 부회장
한국상담학회 1급
저서: 심리상담의 행정실무 외 2편
논문: 인지적 정서조절전략 기반 외상 후 성장프로그램 효과성 연구 외 5편

청소년 심리 및 상담

초판 1쇄 인쇄 / 2025년 3월 1일
초판 1쇄 발행 / 2025년 3월 4일

•

공저자 / 장성화 · 이주연 · 지명원 · 장혁란
발행인 / 이 중 수
발행처 / **동 문 사**

•

서울특별시 서대문구 홍제원 1길 12
(홍제동 137-8)
Tel: 02)736-3718(대), 736-3710, 3720
Fax: 02)736-3719
등록번호: 1974.04.27. 제9-17호
가격: 26,000원

•

ISBN: 979-11-6328-590-8(93180)
E-mail: dong736@naver.com
www.dongmunsa.com

다문화사회 교수방법론

다문화사회 교수방법론

안진숙 저

동문사

머리말

현대사회는 교통 · 통신의 발달에 기인한 인적 · 물적 이동이 활발해지고, 문화적 교류의 확대, 세계화 및 정보화를 통한 사회 · 경제적 통합 등 글로벌한 국제환경의 급격한 변화에 직면하고 있다. 이로 인해 다양한 문화의 결합에 따른 발전과 갈등, 사회경제구조의 변화에 따른 인구 이동 등과 같은 큰 변화가 일어났다. 세계화로 인해 국가 간 장벽이 낮아지면서 서비스와 상품의 교류가 증가해 왔을 뿐 아니라 인간의 이주 역시 가속화되고 있다. 세계는 사람 · 재화 · 자본 등이 국경을 넘어서 역동적으로 이동하게 되면서 하나의 거대한 지구공동체 문화권으로 변화하고 있으며, 다문화사회로 진입하게 되었다.

다문화사회란 일반적으로 동일한 문화와 혈통을 추구하는 단일문화에 다른 문화들이 유입되어 다양한 문화가 공존하는 상태를 의미한다. 다문화사회는 국민으로서 누릴 수 있는 사회, 정치, 경제, 문화적 권리를 보장받고 행사하는 데 있어서 인종 · 민족 · 종교에 따른 차별이 허용되지 않는 사회이며, 외부에서 국내로 유입된 소수 이주민들의 정체성과 문화적 다양성을 한국 사회가 정식으로 존중하고 인정하는 것을 의미한다. 따라서 민족 · 인종 · 국적 등이 다른 사람들이 서로의 문화 차이를 인정하고 대등한 관계를 구축하면서 사회의 구성원으로서 더불어 살아가는 다문화사회로 만들기 위해서는 사회 구성원들의 다문화에 대한 인식에 큰 변화가 요구된다.

우리 사회는 세계화라는 급격한 변화를 경험하면서 글로벌한 세계의 다양한 문화와 사고를 수용하고 있으며, 다양한 배경을 지닌 이주민의 증가로 인한 다문화사회에 대한 인식의 전환을 요구받고 있다. 특히 최근 급속도로 다문화사회로 진입하면서 오랫동안 순혈주의, 단일민족국가라는 문화적 인식의 틀 안에 머물러 있던 한국인들에게 다문화에 대한 이해를 바탕으로 문화적 차이를 수용하고 사회적 공존을 추구해야 한다는 인식이 요구되고 있다.

현재 우리가 마주한 다문화사회는 다양한 삶의 가치들이 존중받고, 모든 사회 구성원이 각자의 문화적, 사회적 배경에 의해서 차별받지 않는 사회라는 의미가 내포되어 있다. 다문화사회라는 사회 · 문화적 변화에 대응하기 위해서는 다문화에 대한 긍정적인 인식의 전환과 수용적 태도의 확장을 위한 새로운 교육이 요구

되고 있다. 따라서 다문화사회와 세계화를 대비하기 위한 교육은 문화적 다양성에 대한 수용과 이해가 선행되어야 한다.

다문화교육이란 각 문화의 특성을 이해하고 문화의 관계성을 중시하며 서로 교류를 통해 의사소통함으로써 새로운 창의성을 추구하는 것이다. 다문화교육은 다양한 문화적 특성들이 상호 의사소통하고 교류함으로써 새로운 문화적 통합이 완성되어 가는 과정이다. 따라서 우리 사회는 다문화교육을 통해 다양한 집단과 의사소통하여 상호작용하는 방법을 가르치는 교육을 추진해야 하며, 각기 다른 인종, 성별, 계층, 문화 등을 존중하고 이해하도록 유도함으로써 삶을 긍정적으로 변화시켜 다문화사회에서 공동의 목표를 지향해 함께 삶을 영위하면서 의사소통하는 태도, 지식, 기술을 가질 수 있도록 준비해야 한다. 또한 다문화사회에서 요구하는 열린 사고를 가진 인간, 다양한 사람들과 그들이 가진 문화와 함께 공존하면서 서로 이해하고 존중하면서 상호작용을 통해 새로운 문화를 창조하는 다문화적 가치를 가진 인간을 완성해야 한다. 이를 위해 다문화사회 내 기회의 불균등을 야기할 수 있는 편견과 차별을 없애고, 문화적 다원주의를 통해 다원화된 민주주의를 실천할 수 있도록 하는 것이 다문화교육의 목적이다.

본 책은 다문화사회로의 변화를 수용하고 실천하기 위한 다문화교육의 중요성을 강조하면서 이를 효과적이며 실질적으로 교육할 수 있는 교육적 철학과 지식, 구체적인 다문화교육 실천 방안들을 제시하는 것에 중점을 두고 완성하였다.

첫째, 다문화와 다문화사회, 다문화교육의 철학, 다문화 관련 개념에 대한 이론적인 접근을 통해 다문화교육에 대한 실체적인 현상에 대한 이해를 최대화할 수 있도록 접근하였다. 다문화에 대한 기본적인 지식과 이론들을 학습하고, 이를 다문화교육에 적용시키기 위한 이론적 근간을 제공하고자 하였다.

둘째, 다문화교육을 위한 실체적인 접근을 위해 현재 한국 내에서 진행되고 있는 다양한 다문화 현장과 추진 중인 교육에 대한 소개를 담고 있다. 한국 다문화교육의 실체적인 내용과 운영에 대한 소개를 통해 향후 다문화교육의 주역으로 활동할 예비 교사들에 대한 지침서로서의 역할을 하고자 하였다.

머리말

셋째, 다문화교육 프로그램의 실체적인 운영과 관련하여 다양한 현장별 교수법에 기반한 교육 적용 방법과 실제 사례 소개를 진행하였다. 개별화수업, 설명식 · 문답식 수업, 문화예술수업, 스토리텔링수업, 토의 · 토론 수업, 협동학습, 매체 활용 수업, 탐구수업, 프로젝트수업 등 실제 활용되고 있는 다양한 교수방법의 특징과 실천 방안들을 학습하고, 현장의 실제 사례를 통해 해당 교수법이 어떻게 적용되고 진행되는지 소개하고 있다.

본 책은 학문적 관점에서 학습자들에게 다문화교육에 대한 이론적 학습을 위한 지침서로서의 역할뿐만 아니라 실제 다문화교육 현장에서 교육을 실천하는 교사들에게 실질적인 교육적 방안들을 제시하는 것을 목표로 한다. 이를 통해 현장에서 보다 나은 다문화교육의 실천이 이루어질 수 있도록 도움을 주는 교육적 역할을 다하고자 한다.

본 책의 출간을 위해 수많은 학자와 연구자들의 다양한 이론과 논문, 학술자료, 통계자료, 기사 등을 활용하였고, 다양한 현장에서 진행된 다문화교육의 사례들을 분석하고 검토하면서 많은 도움을 받았다. 우리 사회의 공존을 위한 연구와 실천을 위해 애써주신 선행 연구자분과 다문화교육 실천가들께 무한한 존경과 감사를 드린다. 본 책을 통해 정리된 다문화교육 관련 내용들과 실천 방안들이 실제 정책과 교육에서 충실하게 반영되고 활용되어 새로운 다문화사회로의 변화를 위한 작은 도움이라도 되었으면 하는 바람이다.

2024년 8월

저자 안진숙

CONTENTS

차 례

CONTENTS

차 례

01

CHAPTER

다문화와 다문화사회

1. 문화의 이해
2. 단일문화와 다문화의 개념
3. 문화에 대한 접근 태도
4. 다문화주의와 문화 다원주의
5. 다문화사회의 이해
6. 한국 다문화사회의 이해

1. 문화의 이해

1) 문화의 개념

문화의 사전적 의미는 한 사회에서 개인이나 집단이 자연을 변화시켜 온 물질적 · 정신적 과정의 산물이다. 하지만 문화에 대한 담론이나 맥락에 따라 다양한 의미를 지니고 있다. '문화(culture)'라는 단어는 '밭을 경작하다'라는 뜻의 라틴어 'cultus'가 어원이다. 문화는 인간이 자연을 이용하는 과정 중에서 만들어 낸 행위 양식뿐만 아니라 산물을 포함하고 인간의 모든 생활양식을 포괄하는 개념으로 본다. 자연이 필연적 · 객관적으로 생겨나 존재하는 것이라면, 자연을 대상으로 목적의식을 갖고 행하여 변화시키거나 새롭게 창조한 모든 인간 활동 과정과 산물을 '문화'라 할 수 있다. 문화는 한 사회의 구성원들의 후천적으로 학습된 공통적인 생활양식과 사회의 구성원들의 생활양식 자체이며, 자연 발생적이거나 선천적으로 타고난 특성과 생물학적 본능에 의해 발생한 행위나 사고라기보다 후천적으로 학습하고 발전시킨 문명화된 인간의 생활양식을 의미한다고 본다.

문화는 물질 문화와 비물질 문화로 구분할 수 있다. 물질 문화란 기술적인 요소로서 인간이 환경에 적응하고 기본적인 욕구를 충족시키기 위해서 물질을 활용, 가공하고 도구의 제작 및 기술 개발과 활용을 포함한다. 비물질 문화는 제도적인 요소와 관념적인 요소로 구분되는데, '제도적인 요소'는 규범 문화를 뜻하며 사회 구성원들의 행위를 규제하거나 관계를 규정하는 규범이나 원리, 사회 질서를 유지하고 전체로서의 사회를 운영하게 하는 제도와 습관을 포함한다. 정치제도, 경제제도, 법제도, 가족제도, 혼인제도, 친족제도, 교육제도 등 사회 구성원들에게 행동의 기준을 제시하는 역할을 한다. '관념적 요소'는 상징 문화를 의미하며 인간에게 삶의 방향을 제시하고 풍요로운 정신적인 삶을 위한 지식과 가치 및 태도를 포함한다. 철학, 문학, 신화, 종교, 예술, 윤리, 신앙 등 인간이 자신이나 자연, 사회 등에 대해 지닌 관념적인 것을 의미하며, 환경적인 제약을 극복하기 위해 필요한 용기와 의욕을 고취하고 인간이 살아가야 할 궁극적인 목표나 행위에 방향성을 제시하는 기능을 수행한다.

문화는 크게 네 가지 개념으로 해석되기도 한다. 교양으로서 문화는 인간의 사고와

표현의 정수를 뜻하며 이는 최상의 지적 · 미적 산물을 감상하고 판별할 수 있는 능력을 의미한다. 진보로서의 문화는 진화론적 패러다임에서 사회의 정신적, 물질적인 발전 상태를 의미하지만 문화는 정신적인 발전 상태를, 문명은 물질적 발전 상태로 보는 경향이 있다. 또한 서구의 관점에서는 문화를 우열로 나누는 제국주의적 시각으로 왜곡되기도 한다. 정신적 · 지적 · 예술적 관점의 문화는 인간이 만들어 낸 창조적인 정신적 산물을 의미하는 것으로 물질적 세계관과 차별화된 배타적인 영역으로 정의한다. 상징체계, 생활양식의 문화는 상징체계를 통해서 사회를 경험하고 인식하고 습득하며, 타인과의 상호작용과 의사소통을 통해 그 상징체계가 반영하고 있는 사회 질서와 규범, 생활양식을 따르게 된다는 것을 말한다. 따라서 문화를 상호작용과 의사소통 또는 그것의 기반이 되는 상징체계라고 할 때 단순히 정신적인 작용의 산물이 아니라 한 사회의 관습, 전통, 가치, 규범, 제도 등을 포괄하는 총체적 생활양식을 의미하게 되는 것이다.

문화의 기능은 본질적으로 사회의 재생산에 있다. 문화는 선천적으로 타고나는 것이 아니라 후천적으로 교육되고 습득되는 것이다. 사회 구성원들을 사회체제에 편입시키면서 사회를 재생산한다는 점에서 문화가 이데올로기와 밀접한 관계가 있음을 의미한다. 다양한 문화적 기제들이 사회 구성원들을 주어진 문화에 순응하게 함으로써 기존 사회 체제를 유지하고 재생산하는 기능을 한다. 하지만 역사의 발전 과정은 주어진 문화를 거부하고 새로운 것을 추구하려는 사람들이 존재하고, 그들이 억압과 징벌을 극복하는 과정에서 문화 또한 변화한다. 문화의 변화는 끊임없는 균열과 새로운 창조를 일으키며 그만큼 사회도 변화하는 것이다.

여러 학자들의 이론과 연구에서 문화의 정의를 살펴보면, Tylor(1871)는 '문화는 신앙, 지식, 예술, 관습, 법률 등 인간이 사회 구성원으로서 습득한 능력과 습관의 총체'라고 정의하였다. Linton(1936)은 '사회적 유산'으로 정의하였고, Rohner(1984)는 문화를 '인간의 집단이나 확인가능하고 구분된 집단에 의해 유지되며, 한 세대에서 다음 세대로 전달되는 대등하고 현재 학습된 의미의 전체성'이라고 정의하고 있다. Triandis(1972)는 문화를 '도구처럼 문화의 객관적인 측면과 대비된 단어인 즉, 공유하고 있는 태도와 신념, 규준, 규칙, 가치와 같은 주관적인 측면'으로 정의하였고, Jahoda(1984)는 문화는 '의미와 규칙뿐만 아니라 행동까지 포함하는 기술적 용어'라고 정의하였다. Matsumoto와 Juang(2004)은 '문화란 행동, 태도, 신념, 가치, 규준을 포함하는 생존 보장을 위해 집단

에 의해 형성되며, 집단 내의 각 특정 단위에 의해 다르게 가지고 있지만 집단이 함께 공유하고 있으며, 세대 간에 전달되고 있으며, 상대적으로 안정적이지만 시간이 지남에 따라 변화할 수 있는 잠재력을 가진 명시적이며 암시적인 규칙의 역동적 체제'라고 정의하고 있다. Jary와 Jary(1991)는 문화를 언어, 종교, 사상, 법, 의례나 도덕 등의 규범 및 가치관 등과 같은 개념들을 포괄하는 사회 전반의 생활양식이라 정의하고 있다.

유네스코에서는 2001년 유네스코 문화다양성(Cultural Diversity) 선언을 통해 문화를 한 사회와 집단의 성격을 나타내는 정신적, 지적, 물질적, 감성적 특성의 총체이며, 또한 문화는 예술이나 문자와 같은 형식뿐 아니라 함께 사는 방법으로써 생활양식, 인간의 기본권, 전통과 신앙, 가치 등을 포함하는 포괄적인 개념으로 정의하였다.

대한민국 문화기본법 제3조에서는 문화를 문화예술, 생활양식, 공동체적 삶의 방식, 가치 체계, 전통 및 신념 등을 포함하는 사회나 사회의 구성원이 가진 고유한 정신적 · 물질적 · 지적 · 감성적 특성의 총체로 정의하고 있다.

문화를 여덟 가지 범주를 나누어 제시하면 다음 <표 1－1>과 같다(Matsumoto & Juang, 2004).

표 1–1 문화의 범주

일반적 특성	개인 활동과 가족 활동
음식과 옷	지역사회와 정부
주택과 기술	복지, 종교, 과학
경제와 교통	성과 생활 주기

출처: 이근매 외(2014)

2) 문화의 특징

(1) 공유성

한 사회의 구성원들은 다른 사회 구성원들과 구별되는 그들만의 고유하고 독특한 문화를 공유한다. 공통된 사고방식과 행동방식을 지녔으며, 그중 언어, 음식, 의복 등이 대표적 사례이다.

예를 들면 명절에 성묘를 위해 대규모 인구이동이 일어나는 현상이다. 이처럼 공유성은 예측할 수 있게 해준다. 프랑스인과 인사할 때는 볼에 뽀뽀할 것이라고 생각하지

만 한국인과 인사할 때는 허리를 굽혀 인사할 것이라고 예측하는 것이 그 예라 할 수 있겠다.

따라서 한 사회 내 지역 또는 개인의 차이에 따라 다르게 나타날 수도 있지만 큰 테두리 내에서 공유되는 문화가 존재한다는 것을 알 수 있다. 이처럼 문화에는 공유의 속성이 있기에 같은 문화권 내 구성원들 간에 상호 소통과 예측이 가능하다.

(2) 학습성

문화는 선천적인 것이 아니라 후천적으로 습득하는 특징이 있다. 한 사회의 구성원들 사이에서 공유되는 문화라고 해도 인간이라는 본성적인 측면보다는 후천적인 학습에 의해 습득되는 경우가 많다. 예를 들면 젓가락을 사용하는 방법, 연필을 잡는 방법 모두 후천적으로 익히는 문화이다. 일란성 쌍둥이라도 각각 다른 사회에서 성장하면 서로 다른 생활양식을 갖게 되는 것도 학습성의 예이다.

(3) 축적성

학습을 통해서 쌓인 지식과 경험을 공유하는 것은 인간뿐만 아니라 동물에게도 찾아볼 수 있다. 그러나 학습을 통해 얻어진 결과물들이 세대와 시간 및 공간을 넘어 축적되고 전파되면서 발전 · 계승되는 과정이 없이 한정된 시간과 공간 안에서 유지된다는 점에서 이것을 문화라고 부를 수 없다. 문화는 전 세대로부터 물려받아 다음 세대로 전달되는 과정에서 새로운 기술과 지식이 축적되며 내용이 풍부해지고 더욱 발전하는 특징을 지니는데 이를 축적성이라고 한다.

(4) 변동성

문화는 불변하고 고정적인 것이 아니라 시대에 따라 얼마든지 변화 가능하다. 다양한 경험 및 학습이 축적되고 전수된 문화라도 새로운 발견이나 발명, 가치관 · 신념, 법규의 변화 같은 내부적인 혁신과 타문화와의 접촉을 통한 외부적인 자극 등으로 변화하고 발전하며, 일부는 사라지기도 하고 수정되기도 한다. 문화가 형성되고 한 사회에 안착한 후에도 그 문화가 영원히 지속할 것이라는 보장을 할 수 없다. 이를 문화의 변동성이라고 한다.

(5) 전체성

문화는 정신적, 물질적, 제도적 차원의 다양한 요소들을 포함한다. 의식주, 언어, 종교, 예절, 도덕, 지식, 예술, 정치, 경제 등 매우 많은 문화 요소들이 독립적으로 존재하는 것 같아 보이지만 각각의 요소들은 서로 밀접하게 상호 영향을 준다. 예를 들어 인터넷의 발달로 쇼핑과 근무방식, 학교 수업운영의 원격교육 도입 등과 같이 그 사회의 생활양식에 변화를 가져오게 한다. 이처럼 문화의 전체성은 각각의 요소들이 합쳐져 하나의 문화를 형성하는 특징을 지닌 것이다.

3) 문화를 이해하는 관점

문화를 이해하는 관점은 크게 세 가지가 있다. 첫째, 총체론적 관점은 인간의 생활양식인 문화는 가족, 정치, 법률 등 다양한 영역이 연결되어 있으므로 문화 현상을 이해하기 위해서 그 사회의 전체적인 맥락에서 다른 문화 요소들과의 상호 연관성을 파악하여 폭넓게 이해해야 한다. 둘째, 상대론적 관점은 문화를 이해하고 다양성을 존중하는 것에 주안점을 둔다. 한 사회의 문화를 이해하기 위해서 그 사회의 특수한 환경과 상황, 역사적 맥락을 고려해야 한다. 그 사회 구성원들의 입장에서 문화를 봐야 하며 어떤 절대적 기준으로 평가를 해서는 안 된다는 관점이다. 이와 같은 관점은 타문화에 대한 편견과 선입견을 없애야 올바로 문화를 이해할 수 있기 때문이다. 마지막으로 비교론적 관점은 한 사회의 문화가 지닌 특수성과 보편성을 타문화와 비교하여 파악하려는 태도이다. 이것은 문화가 보편성과 특수성을 동시에 지니고 있음을 전제로 하며, 이를 통해 자신이 속한 문화의 특징을 이해할 수 있고 문화에 대한 객관적인 이해가 가능하다.

2. 단일문화와 다문화의 개념

단일문화주의는 한 국가나 민족이 하나의 문화를 가지며 특정 문화권 내에서 동질적인 문화를 추구하고 순응하는 것을 의미한다. 민족이나 국가가 강력한 동질성을 가지

고 있음을 전제로 단일민족주의, 순혈주의, 자민족중심주의 등의 특징을 보여준다. 전통적인 단일문화의 개념은 크게 세 가지의 특징을 지니고 있다.

첫째, 사회적 동질화이다. 한 사회는 동일한 문화를 학습하고 축적된 산물을 공유함으로써 동질성을 유지하려고 한다. 둘째, 인종적·민족적 기반이다. 문화는 민족과 인종에 따라 구분되는 특성을 가지고 있다. 특정한 민족문화로서 해당 민족만의 특성을 구체적으로 대표한다. 셋째, 상호 문화적 경계의 설정이다. 다른 공동체, 인종, 민족 등 외부에 대하여 분리주의적인 측면에서 특정한 민족의 문화는 타문화와 구별되는 경계를 설정한다. 그러므로 전통개념으로 볼 때 문화는 삶의 형태 모든 것에 대한 포괄적인 개념이며 동시에 역사적인 동질성을 기반으로 하여 타문화 공동체와는 독립적인 형태를 지닌다(최성환, 2008). 단일문화주의는 높은 수준의 동질성을 바탕에 두고 있으므로 한 국가나 민족이 하나의 문화만을 가진다는 전제가 있지만 현실적으로 현대사회에서 소수민족의 공동체를 제외하고는 이러한 사례는 거의 찾아보기 어렵다. 오히려 문화적 우월성을 강조하거나, 소수문화와 타문화를 인정하지 않고 주류문화에 통합시킬 수 있다는 부분은 문화다양성의 관점에서는 부정적인 면이 될 수 있다.

'다문화'라는 용어는 1957년에 스위스에서 사용되기 시작하였으며 1960년대 후반 캐나다에서 대중화되었다. 이후 미국, 호주, 뉴질랜드 등과 같이 이민자가 많이 거주하는 영어권 국가에서 확산되었다. 다문화주의의 사전적 정의는 '학교·기업·이웃·도시 또는 국가와 같은 조직적 수준에서 인종의 다양성과 운용상의 이유를 위하여 하나의 특정 장소의 인구학적 구성에 적용되는 다양한 인종 문화의 수용'이다(한국다문화교육연구학회, 2014).

'다문화(Multiculture)'라는 개념은 기존 사회의 단일문화와 대비되는 용어로서 기본적으로 다수의 또는 다양한 문화가 공존하는 사회를 말한다. 단일문화에 여러 다른 문화들이 통합되면서 한 사회 안에 각각의 집단들이 가진 문화가 혼재하는 상태를 이른다. 협의의 개념으로써 다문화는 자유민주주의에 대한 광범위한 지지 및 합의가 내포되어 있다는 전제하에 다양한 문화적 주체자들에게 각자의 삶에 대한 권리의 제도적 보장을 의미한다. 광의의 개념으로써 문화는 성별, 연령, 국적, 문화적 배경, 인종, 체류자격, 계층적인 귀속감 등과는 상관없이 인간으로서 보편적 가치를 누리고 향유하는 것을 말한다.

다문화에 관한 개념은 먼저 문화가 '사회 구성원의 일반적인 모든 생활양식'으로 규

정될 때 개인과 개인, 집단과 집단의 생활양식에서 나타나는 차이를 모두 포함한다. 하지만 다문화가 소수집단 공동체의 고유 관습처럼 일종의 특수한 생활양식으로써 규정되면 이는 사회 내의 기존 다수집단과 특정한 소수집단 간의 문화적 차이를 의미한다.

다문화는 국제화의 시대 흐름 속에서 타문화가 서로 접촉을 통해 상호 영향을 주며 역동적으로 형성되어 왔다. 이러한 다양한 문화의 밀접한 관계로 인해 발생하는 여러 형태의 문제를 조화롭게 해결하기 위해 '다문화' 또는 '다문화주의'라는 용어가 생기게 되었다(장영희, 1997).

다문화란 서로 다른 각각의 문화를 연결하고 조화롭게 적용하기 위한 사회적 필요성에 의해 생긴 개념이다. 문화는 인류의 삶을 결정짓는 중요한 요소로서 집단, 사회, 민족, 인종에 따라 각각 독특하고 고유한 형태로 나타난다. 이러한 특징을 지닌 각각의 문화들이 조화롭게 이루어진 상태가 다문화이며, 현대사회로 변모하면서 대부분의 나라가 다문화를 공유하는 사회가 되었다고 할 수 있다(김홍운, 김두정, 2007; 이수미, 1999).

3. 문화에 대한 접근 태도

1) 자기민족중심주의

자기민족중심주의(ethnocentrism)는 자신의 문화가 타문화보다 우월하다고 생각하고 자신의 문화를 기준으로 타문화를 판단하고 평가하는 것을 말한다. 자기 민족이나 문화, 역사만을 우수한 것이라고 주장하고 대신에 타문화 및 인종, 종교 등을 비하하고 배척한다면 이를 자기민족중심주의 태도라고 말할 수 있다. 보통 자기민족중심주의는 상대적으로 전통 지향적이며 동질적이며 고립된 사회에서 쉽게 찾아볼 수 있다. 이런 사회의 사람들은 타문화와의 접촉이나 경험이 별로 없기 때문에 타문화가 지닌 문화의 독창성과 효용성, 문화의 형성 맥락을 이해하지 못하는 경우가 많다. 자기민족중심주의는 타문화의 독특성과 다양성을 인정하지 않는다는 측면에서 다양한 문화를 인정하는 문화적 상대주의와 반대되는 입장이다.

2) 문화 사대주의

문화 사대주의는 자신의 문화를 경시하고 다른 문화를 무조건적으로 추종하며 동경하는 태도를 말한다. 특정한 외래문화를 숭상하고, 자신의 문화를 포함한 다른 문화들은 상대적으로 열등하다고 인식하고 행동하는 것이다. 문화 사대주의는 다른 사회의 문화 요소를 수용하는 데 도움이 된다는 긍정적인 측면이 있기는 하지만 자신의 문화 가치를 제대로 인정하기 않기 때문에 자신의 문화가 가진 고유성과 주체성을 발전시키는 데 어려움이 있다. 또한 무비판적으로 외래문화를 숭상하여 문화적으로 종속되는 결과를 초래할 수도 있다.

문화 사대주의는 다른 사회의 문화를 우월하게 여겨 숭상하고 그것을 기준으로 다른 문화를 판단하려고 하기 때문에 문화의 우열을 가릴 수 있다고 보는 문화 절대주의적 태도의 하나이다.

3) 문화 상대주의

각 문화는 그 문화가 형성된 사회의 문화적 맥락으로 이해해야 한다는 태도나 믿음을 문화 상대주의(cultural relativism)라고 한다. 문화 상대주의 관점은 사람들이 자신의 문화를 기준으로 이질적인 타문화에 대해 이 세상 어떤 문화도 처음부터 좋거나 나쁘다고 말할 수 없고, 윤리적 판단을 유보하게 한다. 또한 비상식적이거나 익숙하지 않은 문화적 관행에 관해서도 관용과 존경을 가질 것을 제안한다. 보통 사람들은 다른 사회의 관습이나 가치, 규범, 행동을 자신이 속한 문화를 기준으로 평가한다. 평가에는 감정을 동반하기도 하면서 좋고 나쁨 또는 옳고 그름의 도덕적 의미까지 포함하고 있다. 이런 판단을 하는 행위를 제지하고 타문화에 관한 포용과 존중을 강조하는 태도가 문화 상대주의이다.

문화 상대주의는 문화의 독특한 환경과 사회적, 역사적 맥락에서 이해해야 하며, 인간의 인식과 가치관은 문화에 따라서 다르고 다양하다고 보는 견해이다. 문화 상대주의의 등장 배경에는 서구 중심의 문화 이해 태도에 대한 비판적 반성이 깔려 있다.

문화 상대주의의 입장에 따르면 문화에는 어떠한 중심도 없으며 어떠한 보편적 기준도 존재하지 않는다. 또한 각각의 문화는 특수성과 독자성을 가지고 있어 여러 개별

문화 사이에서 가치의 우열은 없다고 보는 것이다. 그러므로 각 집단의 특정한 문화를 이해하기 위해 관찰자의 관점이 아닌 문화의 구성원의 관점에서 그들의 문화적 맥락에서 이해해야 하며, 정형화된 설명적·이론적 틀로 볼 것이 아니라 공감적 태도로 보아야 한다는 것이다.

이러한 문화 상대주의의 태도는 서구 중심의 문화관에서 벗어나 다양한 문화를 이해하는 데 기여하는 측면이 있다. 그러나 다문화를 문화 상대주의적 입장에서 이해할 경우에 각 문화의 고유한 특수성과 독자적 가치는 인정될 수 있지만 문화의 갈등이나 충돌이 일어날 경우에 문화 상대주의는 문화 간 갈등을 조정할 근거를 충분히 제시할 수 없다는 비판이 제기될 수 있다.

4. 다문화주의와 문화 다원주의

1) 다문화주의의 개념

다문화주의(multiculturalism)는 문화다양성을 수용하고 인정하는 이념으로 1970년대 이후 서구 선진국에서 주로 사회통합이나 국민통합의 목적을 가지고 사용되는 개념이다. 주로 서구 국가들에서 인종정책으로 채택되었던 동화주의와 문화 상대주의에 대한 대안으로 다문화주의가 등장했다. 다문화주의는 일반적으로 한 사회 내 여러 인종집단들의 문화를 단일한 문화로 동화시키지 않고 서로 인정하고 존중하면서 공존하는 데 그 목적이 있는 이념체계이다(윤인진, 2008). 또한 다문화주의는 이민자들을 기존 사회 및 정치 공동체로 통합하고, 주류사회에서 배제되었던 소수자 집단들을 국가와 사회에서 인정하고 보호해 주는 권리를 확대하는 것을 지향하는 철학, 이념, 정책 및 사회적 운동들을 지칭한다(Mitchell, 2004).

다문화주의는 사회문화적 다양성을 보호하고 인종, 민족, 국적에 따른 차별과 배제 없이 모든 개인이 공평하게 기회에 접근할 수 있도록 보장하는 정부의 정책과 실행 과정으로 정의할 수 있다(Tropper, 1999). 이러한 정책기제로서의 다문화주의는 다문화주의 이념과 그러한 이념을 실현하기 위한 정책과 실천까지 포괄하여 문화적 다수집단이 소

수집단을 동등한 가치를 가진 집단으로 인정하는 인정의 정치(politics of recognition)적인 맥락에서 이해할 수 있다(Taylor, 1994).

다문화주의를 연구하는 학자들은 다음 세 가지 측면을 강조하고 있다. 인구학적 다양성, 다양성의 가치를 존중하고 인정하는 사회 이념(김혜순, 2007; 류시조, 2010; 정상기, 2009), 소수자의 권리를 보장하기 위한 정부의 정책과 프로그램의 존재이다(원숙연, 2008; 윤인진, 2008a; Kymlicka, 1995, 2004; Tropper, 1999). 학자들은 다문화주의를 정의할 때 현상과 이념에 그치지 않고 정책이라는 국가의 실천적인 개입이 수반되는 차원에서 다문화주의를 정의하고 있다(박진경, 2012). 따라서 다문화주의란 과거에는 지리적으로 확연히 구분되었던 여러 민족이 점점 더 같은 장소에서 살아가는 일이 많아졌다는 것을 의미하는 단어이며, 다양성의 가치를 존중하고 소수집단들의 고유한 문화를 조화롭게 공존시키고자 하는 사회적 이념이며, 이러한 이념을 실질적으로 가능하도록 하는 프로그램과 정책을 지칭하는 개념이다.

2) 다문화사회 이론

다문화사회 이론은 용광로 이론, 모자이크 이론, 샐러드그릇 이론으로 구분하여 설명하고 있다. 이는 다시 다문화주의를 중심으로 동화주의, 통합주의, 다문화주의와 결합하는 방식으로 이해할 수 있다.

동화주의는 추상적 범위 하에 다문화만을 이해하는 수준에서 문화적인 동질화를 추구한다. 기본적으로 용광로이론은 동화주의의 관점에서 다문화정책을 실시하는 것이다. 한 국가의 주류집단인 다수 민족이나 인종의 문화와 소수인종 및 민족의 문화를 용광로에 모두 녹여서 새로운 문화를 만들어 사회를 통합하려는 정책이다. 용광로 이론은 동화주의의 관점에서 다문화정책을 추진하기 때문에 사실상 소수인종과 민족이 자신의 언어, 관습, 종교 등을 포기하고 그 사회의 주류집단의 문화에 동화되도록 강요하여 소수인종과 민족의 문화와 인권이 침해되고 주류집단과 소수인종 및 민족 사이에 갈등을 심화시킬 수 있다.

모자이크 이론은 통합주의와 다문화주의의 관점에서 다문화정책을 추진한다. 주류집단의 문화뿐만 아니라 소수민족과 인종이 자신의 문화를 유지하도록 허용하여 다양한 소수집단의 문화가 공존하는 것을 인정하는 정책이다. 모자이크 이론에서는 소수인

종과 민족의 문화를 허용하기에 문화의 다양성이 충분히 보장되는 것처럼 보이지만, 다수의 인종과 민족이 누리는 문화를 주류집단의 문화로 인정한 상태에서 부수적으로 소수인종과 민족의 문화를 허용한다. 결국 소수인종과 민족의 문화는 주류집단의 문화에서 소외되어 주변문화로 전락하게 되는 문제를 안고 있다.

샐러드그릇 이론은 다문화주의에 기반을 두고 다문화정책을 추진한다. 이는 다문화주의에 따라서 주류집단의 문화와 소수집단의 문화를 동등한 가치를 가진 것으로 인정함으로써 그 문화적 다양성과 정체성을 인정하고 보존하는 정책을 의미한다. 샐러드그릇 이론은 여러 민족, 인종, 집단의 문화를 녹여서 새로운 문화를 만드는 것도 아니며, 단순히 여러 인종, 민족, 집단의 문화를 나열해 놓은 것도 아니다. 여러 민족, 인종, 집단의 문화를 결합하지만 각 집단의 정체성과 고유성을 유지하면서 전체 사회의 통합을 유지하는 정책을 지향한다. 이에 다문화정책은 문화의 다양성을 중요한 가치로 인정하고, 여러 인종, 민족, 집단의 문화적 다양성이 동등하게 공존할 수 있도록 소수인종과 민족을 적극적으로 지원하는 것에 초점을 맞춘다.

3) 문화 다원주의

문화 다원주의(cultural pluralism)는 한 사회 내에서 다양한 민족과 인종이 똑같은 지위를 갖고 자신들의 고유한 문화와 정체성을 유지해야 한다는 입장을 말한다. 또한 공존과 타문화에 대한 존중을 전체 문화를 특징짓는 주요한 가치로 삼고 있다. 다양한 문화가 공존하면서 서로 다른 문화를 인정하고 수용한다는 점에서 문화 다원주의는 다문화주의, 모자이크 모형, 샐러드그릇 모형과 유사한 개념으로 사용된다.

다문화주의와 문화 다원주의(cultural pluralism)는 다양성을 인정하고 사회통합을 추구한다는 측면에서는 같지만 전제 조건과 실현 방법이 다르다.

문화 다원주의는 주류(core)가 존재한다는 것을 전제하에 문화의 다양성 및 다원성을 인정한다. 이에 대한 다문화주의적 관점은 주류(core)의 존재를 인정하지 않으며, 다양한 문화가 평등하게 인정되어야 한다고 보는 것이다. 다문화주의는 모든 구성원이 동등한 자격을 가졌다는 것을 전제로 하는 것에 비해 문화 다원주의는 주류문화를 형성하는 지배사회를 인정하고 문화적 다양성을 수용하는 것이다.

5. 다문화사회의 이해

1) 다문화사회의 개념

다문화사회는 사전적 의미로 다양한 또는 다수의 문화가 함께 공존하는 사회를 의미한다. 현대사회에서 하나의 문화만이 존재하는 것은 불가능하다. 다문화사회의 의미는 문화의 수(數)에 의미를 두는 것이 아니라 한 사회 내에서 다양한 문화의 공존형식에 관해 다루어야 하며 이해해야 한다(이용재, 2010). 다문화란 여러 유형의 익숙하지 않은 문화와 주변문화를 제도권 안으로 수용하면서 형성된 문화를 의미하며 다문화사회의 형성은 다문화주의라는 철학적 배경에 의한 것이며 그 철학적 배경은 현대사회의 경제적, 정치적 변화에 의해 형성되었다(Storey, 1996).

다문화사회란 일반적으로 동일한 문화와 혈통을 추구하는 단일문화에 다른 문화들이 유입되어 다양한 문화가 공존하는 상태를 말한다. 국제적으로 인적, 물적 교류가 활발해지고 다양한 문화와 민족 및 인종과 접촉 빈도가 증가하면서 다문화사회로 진입하게 된다. 다문화사회의 구성원은 외국인 근로자, 결혼이민자 등 체류외국인과 국제이주자를 포함하며 더욱 다양해지고 있다. 다문화사회는 국민으로서 누릴 수 있는 사회, 정치, 경제, 문화적 권리를 보장받고 행사하는 데 있어 인종 · 민족 · 종교에 따른 차별이 허용되지 않는 사회이며(김혜순, 2007; 임동진, 2011). 다문화사회의 개념을 더욱 확장시켜 정의하면 협의의 다문화사회는 여성결혼이민자의 증가에 따라 변화하는 한국사회의 문화 지형을 의미하고, 중의의 다문화사회는 외부에서 국내로 유입된 소수 이주민들의 정체성과 문화적 다양성을 한국 사회가 정식으로 존중하고 인정하는 것을 의미하며, 광의의 다문화사회는 다문화의 본질을 한 국가사회에 공존하는 다양한 소수자의 문화 세력의 표출을 그 사회 자체의 문화적 특성으로 이해하는 것이다(임동진, 2011; 전영평, 2008).

다문화사회는 문화의 다양성이 전제된 사회로서 특정한 문화가 지배문화가 되어 다른 문화들을 열등하다고 인식하는 것이 아니라, 이질적 문화 그 자체를 하나의 문화로 인정하고 서로 다른 문화들이 상호 의존하면서 조화롭게 공존하는 사회로 정의된다(정상기, 2009). 또한 시민으로서 누릴 수 있는 사회적 · 문화적 · 정치적 · 경제적 권리를 각

자가 향유하며, 인간으로서 문화, 언어, 인종, 종교 등에 의해 차별받지 않으며 평등하게 살 수 있는 통합된 공동체 사회를 의미한다(김학태, 2015). 따라서 다문화사회는 다민족으로 구성된 사회 또는 다른 지역에서 이주한 인종에 의해서 이루어진 다인종사회라고 설명하며, 대부분 국가나 집단들이 이러한 범주에 포함되기에 우리 대다수가 다문화사회에 살고 있다고 하였다(김수진, 2018; 김태환, 2015; Kymlicka, 1995).

다문화사회는 문화적 배경이 다양한 사람들이 함께 집단을 이루고 그 사회를 구성하고 있다. 문화적인 차이는 크게 볼 때 인종적 · 민족적 차이에 존재하기도 하지만 미시적으로 같은 인종이나 민족이라도 성별이나, 지역 그리고 성장 배경 등에서도 차이가 있을 수 있다. 따라서 다문화사회는 여러 하위문화집단으로 나눌 수 있으며, 이들의 이질적 문화가 각 사회의 중요한 특징을 만들고 있는 사회이다(김홍운, 김두정, 2007). 이러한 사회는 각각의 하위문화집단마다 자기 문화 중심의 사고방식이 존재하고 있고, 이는 서로 다른 문화와의 의사소통에 있어 장애물로 작용하여 갈등의 원인으로 적용되기도 한다(조기제, 2004).

인구 통계학적으로 한 나라의 총인구 가운데 체류 외국인이 차지하는 비중이 5% 이상일 때 다문화사회라고 본다. 다문화사회는 국민 또는 시민으로서 누릴 수 있는 사회 · 문화 · 경제 · 정치적 권리를 보장받고 향유하는 데 있어 개인의 인종과 민족으로 인해 차별을 받지 않는 사회라고 할 수 있다. 이러한 개념 규정 아래에서 이주 배경을 가진 사람들은 인종이나 민족, 국적에 상관없이 인권을 보호받고 문화적 향유권을 누리고, 사회의 전 영역에서 최대한 차별적인 요소를 배제할 수 있기 때문이다. 따라서 다문화사회를 민족 · 인종 · 국적 등이 다른 사람들이 서로의 문화 차이를 인정하고 대등한 관계를 구축하면서 사회의 구성원으로서 더불어 살아가는 사회로 본다.

현대는 세계문화의 시대로 규정할 수 있고 문화다양성이 세계 문화의 가치이며, 동시에 개별 문화의 정체성에 관한 요구가 강해져 획일적으로 변화하는 것이 아니며 각 문화의 고유성을 바탕으로 한 세계문화의 다양성을 바탕으로 발전하는 것이라고 본다(우현정, 1998). 비슷한 관점으로 다문화주의에 관해 다양한 민족집단의 정체성이 어떠한 모습으로 유지되는가에 대해 동화(assimilation), 분쟁(conflict), 다원화(pluralism)의 개념을 적용하는 것이라고 보았다. 20세기 후반 서구 철학인 포스트모더니즘의 핵심적인 사상으로 나타난 다원주의는 1960년대 프랑스 철학자들을 중심으로 논의되었다. 이에 다문화사회의 이론적 바탕은 포스트모더니즘에 있고, 결국 다문화사회란 다양한 가치관의 공

존을 의미한다. 다문화사회를 사회갈등 중심으로 바라보는 시각에서 다문화사회는 한 사회에서 다른 사회로의 이주의 결과이며 인종·국적·종교 등에 의해 발생되는 사회적 갈등에 주목하고 있는 반면 철학적인 시각에서는 포스트모더니즘에 기초한 다원주의를 기반으로 하는 다양한 가치관의 공존을 의미한다. 따라서 기존 정착민과 이주민과의 문화적 갈등에 의해 발생하고 있는 사회갈등보다 다양한 가치관의 대립으로 발생할 수 있는 사회갈등에 더 주목한다(김욱동, 1998). 이용일(2007)은 다문화사회는 주류사회와 이민자 사회들, 또는 다양한 문화 공동체가 서로의 문화와 가치를 존중하면서 평화롭게 사는 사회가 아닌 서로의 문화적, 경제적 외연과 영향력을 확대하기 위해서 갈등하고 경쟁하는 사회로 규정하였다.

다문화사회에서 발생하는 사회갈등의 양상에 따라서 다문화사회의 형태를 두 가지로 분류할 수 있다(김남국, 2005). 첫째, 프랑스, 영국, 독일과 같이 비교적 동질적 문화를 가졌던 국민국가들이 노동과 자본의 세계화에 따라 이주노동자와 타문화, 새로운 종교를 수용하고 더불어 다문화사회의 도전에 직면하고 있는 형태이다. 둘째, 미국과 캐나다와 같이 건국 초기 시기부터 다양한 문화와 인종으로 구성된 이민자의 나라 형태이다. 상대적으로 이 국가들은 다문화사회의 도전에는 익숙하지만 여전히 사회통합의 문제는 심각한 문제로 남아 있다. 이와 같이 다문화사회는 다각적으로 규정하는 것이 가능하다. 하지만 다문화사회를 문화 간의 갈등의 시각이거나 문화의 공존형식의 시각이든지 간에 다문화사회는 문화 중심의 시각을 가지고 있다. 이에 인간 행동이 사회적인 맥락 위에 위치한다는 점에서 문화적인 행위라고 한다면, 다문화사회는 자기와 타자의 관계가 성립되는 좁은 곳에서부터 존재하는 것이며 결국은 인간이 서로 만나는 모든 것이 다문화적이라고 할 수 있다. 다문화사회란 특정한 경제적 및 정치적 상황에서 다양한 민족과 인종이 혼합되는 단순한 사회의 한 형태를 뜻하는 것이 아니라 이질적 문화와 민족의 공존으로 인해 발생한 고통과 갈등의 과정을 거치며 서로의 타자성을 인정하고, 그 안에서 자신이 확장되는 경험을 통한 역동적인 변화가 발생하고 변화와 통합, 수용과 조화가 이루어지는 사회를 말하는 것이어야 한다.

2) 다문화사회의 형성

오늘날 교통·통신의 발달과 세계의 단일경제화, 세계화 및 정보화를 통한 글로벌

국제환경이 급격하게 변화하고 사회문화적인 교류가 증대되었다. 이로 인해 다양한 문화의 결합과 인구 증가 및 사회구조의 변화에 따른 경제적인 측면의 인구이동 등과 같은 큰 변화가 일어났다. 세계화로 인해 국가 간 장벽이 낮아지면서 서비스와 상품의 교류가 증가해 왔을 뿐 아니라 인간의 이주 역시 가속화되고 있다(박채복, 2007). 세계는 국가 간의 인적·물적 교류를 증대시키면서 다양한 다문화사회를 경험하게 되었다. 서구사회의 저출산과 고령화 현상은 노동력 부족을 초래하고, 새로운 이주노동력의 필요성은 제3세계로부터 다수의 이민 수용정책을 펼치게 하였다. 이에 불법체류 이주노동자, 난민의 대거 유입이라는 문제도 발생하였다. 1900년대 인권운동의 영향으로 소수인종, 민족집단과 내국인과의 권리의식이 증진되었고, 냉전이 끝난 이후 지정학적으로 안정이 확대되고 국가나 민족 간의 교류 및 소수집단에 대한 통제와 억압이 불필요해지면서 다양한 문화가 교류하고 공존할 수 있는 토대가 마련되었고, 자유민주주의의 확산과 경제적인 관점에서 상호 인적 교류의 필요성이 확대되면서 다문화사회가 등장하였다.

세계는 교통과 통신수단의 발달로 인해 사람·재화·자본 등이 국경을 넘어서 역동적으로 이동하고 있다. 이러한 현상은 지구공동체를 하나의 거대한 문화권으로 만들어냈다. 경제 분야도 신자유주의 체제에 따라 국가단위의 분업이 일어났으며, 초국적 기업과 정부차원의 대규모 무역거래가 이루어지고 있다. 이러한 배경으로 인해 자본가 엘리트 계층과 일자리를 찾는 노동자 계층의 국제적 이주가 증가하게 되었다. 지구공동체에는 세계화 흐름의 당연한 결과로 다문화사회가 확산되기 시작하였다. 다문화사회는 전문가의 연구나 학자 또는 이론적인 주장으로 나타난 현상이 아니라 인간이 국경을 넘어 이동하는 현실에 합리적인 대응을 위해 다문화사회가 확산되었다. 인간의 이동은 과거에도 늘 있어 왔지만, 현대 기술력의 발달이 이동의 속도와 정도를 가속화하고 다문화사회를 확대시켰다(김수진, 2018). 다문화사회의 형성 과정은 자유주의 사상과 매우 밀접한 관련이 있다. 자유주의는 다문화주의 수용의 사상적인 기반이라고 할 수 있다. 자유주의는 자유를 인간의 천부적인 권리로서 천명하고 사회 구성원 모두에게 절대적으로 보장되는 사상이다. 모든 정치사상의 기초이며 휴머니즘의 정점으로 인식되는 자유주의 사상은 근본적으로 다원주의의 성향을 지니고 있으며, 이는 다문화주의와 밀접하게 연관되어 있다(김선규, 2015). 자유주의 사상의 관점으로부터 인간은 누구나 자유롭게 이동할 수 있다는 권리가 도출되었고, 경제 활동, 종교 활동, 때로는 생존

을 위하여 인류가 이동을 하면서 세계의 문명은 발전해 왔다. 오늘날 이주민들의 국제이동도 이러한 세계 인류사의 한 과정이며, 오랜 과거부터 지속적으로 이루어져 왔던 현상이다(김수진, 2018).

다문화사회의 발생을 구체적으로 살펴보면 크게 세 가지 유형으로 구분한다. 첫째, 이주노동으로 의한 다인종사회로의 진입이다. 대표적으로 독일은 부족한 노동력을 확보하기 위해 1960년대 스페인, 포르투갈 등의 출신 노동자들을 방문노동자 형식으로 초청하면서 다인종사회로 진입하였다. 둘째, 이민에 의한 다인종사회로의 진입이다. 미국, 캐나다, 호주는 부족한 노동력을 보완하기 위해 전 세계로부터 영구적 이민의 확대정책을 폈고, 그 결과 다인종사회로 변화하였다. 셋째, 구식민지와 포스트 식민주의 상황에 의한 다인종사회로의 진입이다. 영국, 프랑스 등이 대표적인 예로 많은 유럽의 국가는 구식민지 국가 출신들이 이들 국가로 유입되면서 다인종사회로 변화되었다(지종화 외, 2009; 홍기원 외, 2006).

오늘날 국제교류의 증가 및 국가 간의 빈부격차와 임금격차가 커지면서 국가 간 양극화 현상이 생겨나고 있다. 이는 많은 사람들이 좋은 직업과 좀 더 나은 삶을 찾아서 부유한 국가로 이동하게 만들고 있다. 이주자 유입 국가는 노동인력이 필요로 하고 이주자는 취업 등을 원하기 때문에 결국 외국인 인력이 필요한 국가의 수요와 맞아떨어진 것이다(김판준, 2013).

많은 국가가 다인종·다문화사회로 변화하는 현실이 일반적인 점을 고려할 때 이제는 지구촌의 시대라고 말할 수 있다. 과거에는 가족이나 집단이 전쟁이나 내전을 피해 인접 국가로 대거 이동하는 경우가 많았지만 지금은 직업, 삶의 질 향상, 개성적 차원의 이유로 이동하는 경우가 많다. 이들은 자신의 전문성을 활용하여 직업을 선택하고 변경하면서 희망하는 국가로 이동한다. 이들의 기술과 노하우를 비롯한 문화가치가 유입국으로 이전되어 다문화 환경을 조성하는 동시에 유능한 해외 인재의 영입으로 국가 혹은 기업의 경쟁력을 제고시킨다. 따라서 다문화사회는 국가발전과 공동체의 번영을 촉진하고 다양성을 제공한다고 볼 수 있다(김판준, 2013). 한국 사회 역시 다문화사회로 진입하고 있고, 체류외국인 증가에 따른 정치·경제·사회적 변동에 대한 논의가 폭넓게 제기되고 있다.

3) 다문화사회의 특징

(1) 다양성과 특수성

근대사회에서는 대부분 국가와 민족은 사회 구성원들이 특정한 영토 안에서 동일한 언어와 문화 안에서 동질적인 삶을 추구하는 경향이 강하였다. 국가의 구성원들은 국민으로서의 정체성을 지니고 문화나 경제 측면에서 효과적인 정치구조를 구축하기 위해서는 국가와 민족의 일치가 바람직하다는 가치관을 갖게 되었다. 하지만 다문화사회는 동질성과 단일성에 변수로 등장하게 되었고 이민자의 유입과 함께 토착민의 분화 등으로 다양성과 특수성이 발생하였다.

(2) 다문화사회의 욕구 충돌과 집단 간 갈등

다양한 언어, 민족, 인종, 종교, 계층을 가진 집단들이 공존하는 다문화사회에서는 집단 간의 욕구 충돌로 인해 갈등이 발생한다. 특히 이주민의 유입으로 다문화현상이 표출되는 사회에서 기존 집단과 새로운 유입집단 사이에서 갈등 양상이 나타날 수 있다. 다문화사회에서 생길 수 있는 욕구 충돌의 네 가지 유형(김남국, 2005)은 첫째, 사회적인 주류인 기존 시민들의 입장에서 측면에서 새로운 이주자들에 의해 발생하는 노동시장의 경쟁 심화, 일상생활에서 겪는 충격이나 전통문화에 미치는 영향을 우려한다. 그리고 새로운 이주자들이 선택한 새로운 사회의 규칙, 생활양식, 관습 등을 존중하고 적응해 나갈 것을 기대하는 보존의 욕구를 지니고 있다. 동시에 새로운 이주자들이 잘 정착하기를 바라고 도우려는 인간적인 노력과 정서·심리적 유대감을 통해 이민자들이 주류사회에 잘 녹아들기를 바라는 동화 욕구를 지니고 있다. 둘째, 이주자들도 두 가지 욕구를 가지고 있는데 우선 이주자들이 주류사회로부터 자신들의 문화나 인종에 상관없이, 주류사회의 시민들과 같은 자격을 갖는 보편적 개인으로서 자신들만의 능력으로 평가받기 원한다. 따라서 새로운 사회 내의 주류집단에 참여하고 성취하기를 바라는 동화 욕구를 갖고 있다. 반면에 이들은 새로운 사회 내에서도 소수집단의 한 구성원으로서 자신들의 문화정체성을 인정받고, 자신들의 문화와 전통을 유지하려는 보존 욕구를 가지고 있다. 이러한 욕구들은 다음 <표 1-2>와 같이 요약할 수 있다.

표 1-2 다문화사회의 욕구 충돌 네 가지 유형

구분	주류사회 시민	새로운 이주자
동화 욕구	이주자들에게 정서·심리적 유대감과 주류사회에 빠르게 적응 및 동화하도록 정착을 도우려는 인간적 동정과 노력을 보임	주류사회 시민으로부터 자신들의 인종과 문화에 상관없이 한 개인으로서 인정받기를 원하며, 주류집단에 참여하며 성취하기를 원함
보존 욕구	이주자들이 선택한 새로운 주류사회의 생활양식, 관습, 규칙을 존중하고 적응해 나갈 것을 기대	소수집단의 일원으로서 자신들의 문화와 정체성을 인정받기를 원하며, 자신들만의 문화와 전통을 유지하고자 함

출처: 강휘원(2006)

(3) 유입집단에 대한 고정관념

다문화사회에서 기존 집단은 새로운 유입집단에 대해 고정관념을 가지고 있다. 이런 고정관념은 유입집단에 대한 왜곡된 인식을 바탕으로 '문제화', '신비화'를 통해 실제와는 다르게 이해하고 타자화하려는 모습이 보인다. 다문화사회에서의 고정관념은 새로운 유입집단의 이주자 개인 또는 전체에 대한 문화 및 인종 갈등의 원인을 제공하기도 하며 제도적, 의식적 차별로 이어질 가능성이 크다.

6. 한국 다문화사회의 이해

1) 한국 다문화사회의 형성

한국의 다문화사회 변화는 거시적인 관점에서 국제적인 요인과 국내적인 요인으로 살펴볼 수 있다. 먼저 국제적인 요인은 21세기의 특징과 관련하여 인구이동과 관계가 있다. 과거 산업화 시대에는 농촌에서 도시로의 인구이동이었다면, 현재는 한 국가에서 다른 국가로의 이동으로 국경을 넘나드는 양상을 보인다. 이는 20세기 말 동구 공산권의 몰락으로 인해 나타난 신자유주의적 경제 질서의 영향이기도 하다. 또한 자본의 이동에 따라 경제 부국으로 노동력이 이동하는 현상이 심화되고 있다.

과학기술의 놀라운 발전이 가져온 교통·통신의 발달 등으로 인한 세계화의 추세도 인구이동과 깊은 관련이 있다. 세계는 점차 일일생활권으로 좁아졌으며 미지의 장소들

에 관한 정보도 쉽게 얻을 수 있는 정보홍수의 시대가 되었다. 세계가 하나의 공동체로서 새롭게 구성되는 현상과 밀접한 관계가 있다. 국제사회는 현대로 넘어오면서 세계공동체(global community)로 이행되면서 공간(지역)에 기초한 국가의 의미가 점차 축소되는 반면, 정보와 미디어를 중심으로 하는 관계가 전면에 부상되면서 세계 전체가 하나의 공동체로 나아가고 있다(김왕근, 1999). 이렇듯 국가는 폐쇄된 단위에서 개방된 단위로 변화하며 국가와 국가 간 상호 경쟁과 상호 협력의 방안을 동시에 모색하고자 한다. 이러한 현상들이 세계 인구의 이동을 더욱 촉진시켰다.

이러한 거대한 세계 흐름과 관련하여 생기는 다문화사회로의 변화들 가운데 국내적인 요인은 크게 다섯 가지로 구분할 수 있다. 첫째, 한국의 급속한 경제 성장이다. 특히 동남아시아의 노동자들에게 '코리안 드림(Korean dream)'으로 외국인 노동자가 증가하게 된 계기가 되었다. 이는 한국의 노동자들이 3D(Dirty, Difficult, Dangerous) 업종을 기피하는 현상과 관련이 있는데, 국내 노동자들의 교육수준 향상과 고임금 문제, 단지 빈곤 해결을 위한 문제가 아닌 삶의 질을 향상하기 위해 노동을 하는 의식의 전환 등과 같은 복합적인 요인을 포함한다. 둘째, 저출산 문제와 고령화 사회에 대한 국가적인 위기상황과 연관이 있다. 현재 한국 사회는 결혼 적령기 남녀의 독신인구가 점차 증가하고, 출산율의 급격한 감소로 인하여 국가적 위기 상황에 봉착했다. 한국은 출산율이 전 세계적으로 최하위권인 상황에서 정부는 해외동포를 포용하고 이들의 출입국은 물론, 방문취업과 귀화를 받아들이는 등의 정책을 펴고 있다. 셋째, 오랫동안 남아 선호사상으로 인하여 생긴 남·녀 성비의 불균형 문제와 관련이 있다. 특히 결혼 적령기를 놓친 농촌 총각들과 도시의 가난한 청년들이 결혼을 못하는 현상이 지속적으로 증가하게 되었다. 그러나 그 이면에는 여성의 높은 교육수준과 사회진출, 경제활동 등으로 인하여 농촌을 기피하고, 독신을 즐기는 사람들이 점차 증가한 사회의 변화도 하나의 원인이 되었다. 국내의 남성들이 결혼할 신부를 얻지 못하는 사회문제로 대두되어 이를 위한 문제해결의 방안으로 결혼이민자를 받아들이는 정책을 실시하였다. 넷째, 국가의 경쟁력 강화를 위하여 외국인의 활발한 투자환경을 조성하고 우수인재를 유치하기 위한 노력과도 관련이 있다. 전문 인력을 위해 가족초청, 가족 경제활동 범위, 체류기간 등에 우대혜택을 제공하고, 유학생 등의 유치를 확대하기 위한 장학제도, 취업, 정주 인프라 구축 등의 정책적 지원을 강화하고 있다. 다섯째, '86아시안 게임과 '88올림픽, '02월드컵의 성공적인 개최 등을 통해서 국가적 위상이 높아지고, 최근 세계적인 한류열풍도

주요한 역할을 했다. 한류(韓流)는 한마디로 '전세계적으로 한국 대중문화가 유행하는 현상 또는 그와 유사한 종류'의 넓은 의미를 갖고 있는데, 이로 인해 세계인들에게 한국이 동경의 대상이 되었다.

2) 한국 다문화사회의 특징

(1) 민족주의의 강조

한국은 역사적으로 민족의 화합과 자긍심을 고취하고자 하는 의도로 단일민족국가와 한 핏줄이라는 순혈주의를 강조하였다. 한국에서는 민족주의는 국가와 국민의 정체성에 입각하여 인식하는 불변적인 요소라고 생각하고 있지만, 서구에서는 민족주의(nationalism)를 근대의 자본주의 발전과정에서 발생한 역사적 산물로 인식하고 있다. 특히 현대 민족주의는 유럽 왕조의 독재주의에 대한 반발에서 시작된 것으로 보며(Leone, 1993), 일련의 역사와 상징이 축적되어 민족이라는 상상의 공동체를 구현했다고 본다(Edensor, 2008). 한국의 민족주의는 가부장적이며 배타적인 성격을 가지고 있는데 법률적인 차원에서 속지주의와 속인주의의 차이와 비슷하다. 속인주의를 강조하는 한국인의 인식구조는 강한 공동체 의식과 동질적 정체성을 강조하는 반면에, 이질적 집단에 대한 거부감과 배제성을 갖고 있다는 것도 사실이다.

표 1-3 속인주의와 속지주의

구분	속인주의	속지주의
의미	자국영역의 내외를 불문하고 국적을 기준으로 하여 모든 자국민에 대해 법을 적용하는 원칙	자국민과 타국민을 불문하고 자국영역을 기준으로 하여 그 영역 내에 있는 모든 사람에 대하여 법을 적용하는 원칙
국적	• 태어난 장소에 상관없이 부모국적에 따라 결정 • 국적자의 자녀, 배우자 등 인적 관계를 기준으로 국적 허용	• 태어난 장소에 따라 국적이 결정 • 국적자가 아니더라도 자국 내 출생자의 국적 취득 허용
적용국가	한국, 독일, 일본, 대부분의 서구 국가	프랑스, 미국

출처: 임형백(2009)

속인주의에서 나타나는 순혈주의와 단일민족에 관한 한국인들의 인식은 단기간에 다문화를 수용하기 어렵다는 문제점이 내재되어 있다.

(2) 다문화사회의 진입 유형

한국은 여러 사회 역사적 특성으로 인해 이민에 대해 호의적인 국가가 아니었다. 한국은 민족주의와 속인주의의 성격이 강한 편이며 아직도 '단기 노동력의 유입'과 '정주 허용금지 원칙'을 고수하고 있다. 이민자들의 유입을 위해서 사회통합을 포함한 다양한 이민문제를 다루는 정책보다는 단지 잠시 머물다 돌아가는 외국인들을 위한 외국인 정책에 비중을 두고 있다. 한국보다 더 빨리 다인종사회로 진입한 국가들의 유형을 분류해 보면 서구 국가들은 다인종사회로 진입하지만 한국의 다문화사회 진입의 유형은 <표 1-4>에서 나타난 유형에 해당되지 않는다.

표 1-4 인구의 국제이동의 원인을 기준으로 살펴본 다인종사회로의 진입 유형

유형	예	비고
이주노동 (contract worker)에 의해 다인종사회로 진입	독일 (사회통합적 다문화주의)	• 1960년대 스페인, 그리스, 터키, 포르투갈 출신의 노동자를 방문노동자(Gastarbeiter) 형식으로 초청 • 1973년 방문노동자 정책을 포기했지만, 가족 초청 등의 형식에 의해 독일에 거주하는 소수인종집단은 지속적으로 증가하여 4백여만 명에 이름
이민(immigration)에 의해 다인종사회로 진입	미국 (다원적 다문화주의), 캐나다, 호주	• 부족한 노동력을 메우기 위해 전 세계로부터 다양한 인종의 영구이민을 확대 • 캐나다는 영국문화에의 동화를 강요하다, 프랑스계의 퀘벡(Quebec) 분리주의 등장 이후 '이중문화주의' 입장 견지 • 호주도 1973년 백호주의(White Australia Policy)의 포기 이후, 비유럽이민자들이 급증하고, 특히 1988년과 1989년에는 전체 인구증가의 54.4%를 이민인구가 차지
구식민지와의 포스트 식민주의 상황에 의해 다인종사회로 진입	영국, 프랑스 (사회통합적 다문화주의)	• 구식민지 국가 출신들이 이주 • 프랑스 이민자의 대부분은 무슬림이며 이민자의 22%가 알제리 출신 • 영국은 개방정책(open door policy)을 펴오다 1962년 이후 이민을 엄격히 제한하지만, 다양한 형태의 이민으로 현재 영국 인구의 7.85%가 인종적 소수집단

출처: 임형백 외(2009)

서구사회는 자국에게 이익이 되는 사람들 가운데 일정 정도의 자격을 지닌 사람을 수용하여 정주를 허용하며, 가족 단위의 대규모 이민이 이루어지지만 한국은 단일민족의 동질성에 새로운 집단이 이주해 오면서 다문화사회가 진행되고 있다. '정주허용금지 원칙'에 의해 대규모 이민이 아닌 단기거주 노동자와 결혼이민자를 통해 다문화사

회가 진행된다는 측면에서 서구 국가의 다문화사회 진입과 차이가 있다.

최근 한국 사회에 외국인근로자와 결혼이민자가 빠르게 증가하면서 이들의 존재와 규모는 우리 사회에 다문화사회에 대한 관심을 불러일으켰다. 실제로 정책 의제 선정과 채택 단계에서도 이들을 중심으로 논의하는 것에 배타적·전략적 사고를 한다.

3) 체류 외국인 증가와 다문화사회

다문화사회는 국가 간 자본과 자원의 이동뿐만 아니라 인력 이동도 자연스럽게 증가한다. 한국 사회는 다른 국가와 다르게 결혼이민자와 단순노무에 종사하는 저숙련 노동자의 유입으로 인해 이민자가 증가해 왔다. 한국 사회에는 이들에 대한 차별과 편견이 여전히 존재하지만 이들이 한국 사회에 기여한 바를 과소평가할 수는 없다. 외국인근로자는 모두가 꺼리는 3D 산업에 종사함으로써 중소기업의 노동력 부족 문제를 해소하고, 결혼이주여성은 고령화·저출산으로 인구 구조에도 변화가 생기는 시기에 결혼과 출산을 통해 사회적인 안정성에 기여하고 있기 때문이다.

다문화사회의 장점으로는 사회가 다원화되면서 서로 다른 문화가 접목해서 시너지 효과를 창출할 수 있다는 점이다. 문화적 다양성을 글로벌 경쟁력 및 자산으로 끌어올릴 때 다문화사회의 장점은 더욱 극대화되며, 외국인들의 언어와 문화가 새로운 국가 경쟁력을 위한 동력으로 활용될 수 있다. 이민으로 인하여 노동력의 공급이 증가하면 국내산업의 인력난 해소와 자본수익률 제고로 국내총생산이 증가하고, 해외이주 노동 인력의 유입으로 인하여 새로운 일자리가 창출되고 경제 규모가 확대된다. 이민을 통한 인구의 증가는 조세기반을 확대하여 내수를 촉진시켜 경제의 충격을 완화하는 역할을 수행한다. 또한 주류사회에 통합하기를 원하는 이주민이 증가할수록 사회의 개방성과 다양성, 개인의 창의성이 증진된다.

그러나 다문화사회는 긍정적인 기대효과도 있지만 새로 유입되는 구성원과 기존 구성원 간 잠재적인 갈등이 표출될 수 있다는 문제를 안고 있다. 저소득층, 비숙련 노동자들의 이민으로 인하여 기존 저소득층 노동자의 임금을 감소시키고 이들을 중심으로 한 이민을 반대하는 정치적인 갈등이 대두될 수 있다. 이주민이 사회 적응에 실패하여 빈곤층으로 전락할 경우 사회복지서비스에 의존할 확률이 높아지고 재정지출의 증가가 예상된다. 다양한 인종의 유입으로 인해 언어, 문화 종교적인 갈등으로 사

회통합의 비용이 증가하고, 이민 2세들의 교육 및 취업기회의 제한 등으로 사회적 계층이동에 제약을 받으면서 실업률과 범죄율의 증가 등과 같은 사회적 문제를 야기할 수 있다.

사회통합을 위협하는 사건이 발생하면 외국인 범죄에 대한 두려움이 커질 수 있으며, 외국인이 많이 사는 지역은 슬럼화가 될 수 있다. 특히 경제 침체기에 외국인 근로자 수가 크게 증가함에 따라 일자리 경쟁도 치열해지고, 반다문화 정서도 커지고 있는 양상이다.

한국 사회는 외국인의 증가에 따른 시대 변화에 맞춰 다른 문화를 이해하고 수용하려는 개방성을 갖추고 공존하는 법을 배우는 것이 필요하다. 또한 문화적 다양성의 인정으로 끝나는 것이 아니라 구체적으로 다양한 이주자들의 강점을 끌어내 주는 구체적인 정책들이 필요하다. 다문화에 대한 반감을 완화하고 우리 사회가 지속 가능할 수 있도록 결혼이민자, 외국인 동포, 이주노동자 등을 포용할 수 있는 균형 잡힌 정책을 마련해야 한다.

02
CHAPTER

다문화사회와 다문화교육

1. 다문화교육의 등장 배경
2. 다문화교육의 개념
3. 다문화교육의 목적과 목표
4. 다문화교육의 접근방법
5. 다문화교육의 다양한 차원
6. 다문화교육의 필요성
7. 다문화교육의 실천
8. 다문화교육의 방향
9. 다문화교육과 상호문화교육

1. 다문화교육의 등장 배경

역사적으로 현 시대만큼 다양한 인종, 민족, 문화, 종교, 언어 집단들이 한 국가 내에서 또는 국경을 넘어 빠른 속도로 이동한 적은 없다. 이러한 변화는 이주민과 정주민 사이에 시민권, 인권, 민주주의 그리고 교육에 대한 복잡하고 어려운 문제를 야기했다. 기존 사회는 동화주의 이데올로기에 의해 지배되어 민족국가로서 기존의 국가정체성과 주류집단의 문화적 지배력을 유지하는 것을 목표로 했다. 하지만 전통적 문화는 불평등, 민족 · 인종의식, 집단 선호주의, 민족적 계층화를 기반으로 하고 있기 때문에 기존의 이분법적 태도로 인한 문화 갈등이 야기되고, 민주주의 이상과 가치관에 부합되지 않는 소외와 차별이 발생하는 것이 불가피하다고 본다. 따라서 국경을 넘나드는 이주에 따라 한 사회의 구성원들을 한 민족국가 테두리 내에서 교육시켜야 한다는 기존 관념은 세계의 변화와 발전으로 인해 퇴색되고 세계 공동체 속 세계시민으로 교육시켜야 한다는 새로운 주장이 강조되고 있다.

다인종사회, 또는 다민족사회와 다르게 현재 우리가 마주한 다문화사회는 다양한 삶의 가치들이 존중받고, 모든 사회 구성원이 각자의 문화적, 사회적 배경에 의해서 차별받지 않는 사회라는 의미가 내포되어 있다(이민경, 2008). 다문화사회로의 사회 · 문화적 변화는 다문화에 대한 우리의 인식을 근본적으로 변화시키는 교육을 요구하고 있고, 문화 갈등을 해소하고 다문화사회에 적응하기 위한 준비를 다문화교육에서부터 시작해야 한다는 점을 명확히 하고 있다. 따라서 세계화 시대를 준비하는 교육은 문화적 다양성에 대한 수용과 이해가 선행되어야 한다.

다문화교육은 다민족 국가 내 민족 간의 갈등을 해소하고 공존하기 위한 교육에서부터 시작되었다(Gay, 1992; Randall et al, 1992). Banks(1992)는 다문화교육이란 학교 교육에 대한 개혁운동의 일환으로 학교 혹은 다른 교육기관을 변화시키고자 노력하여 모든 성별, 인종, 사회계층, 그리고 문화적인 집단 등이 교육에 있어서 균등한 기회를 가질 수 있도록 하는 개혁운동으로서 평등한 교육을 받는 것이라고 하였다.

초기단계의 다문화교육은 시민권리운동과 더불어 발전했다. 민주주의와 사회정의를 촉진하기 위해 소외집단의 인권을 향상시키고 민주적 태도와 가치관 형성을 위해 심도 있는 구조적인 변화를 위한 도구로써 다문화교육을 강조하게 되었다. 다문화교육은 변

화하는 세계와 사회 속에서 차이와 차별을 인식하고 이를 다문화교육의 테두리 안에 수용하고자 하는 시도를 진행 중이다.

2. 다문화교육의 개념

1) 학문적 차원의 다문화교육

다문화교육과 관련된 다양한 용어들이 사용되고 있는데 그 예로는 다문화교육(multicultural education), 문화 간 교육(intercultural education), 다문화적인 교육(education that is multicultural), 다민족 교육(multiethnic education) 등이 있다(김아영, 2006). 다양한 학자들의 다문화교육에 대한 개념을 정리해 보면 다음 <표 2-1>과 같다.

표 2-1 다문화교육에 대한 다양한 개념

학자	다문화교육의 개념
Banks (1999)	• 모든 유아의 평등을 강조하는 교육 • 다문화교육은 생각이고 교육적 개혁운동이며 과정임 • 다문화교육의 목적은 교육제도를 개선하여 남아나 여아, 장애아, 다양한 문화와 인종에 속한 모든 유아가 학교에서 학문적인 성취를 이루는 데 평등한 기회를 부여받음을 의미함
Bennett 외 (1995)	• 문화적 다원주의 입장에서 다문화교육을 조망 • 민주주의 가치와 믿음에 기초한 교수 · 학습 방법, 다양한 문화세계와 상호 독립된 세계에서 문화적 다원주의를 조성함 • 다문화교육은 평등주의 운동, 다양한 교육과정 접근, 다문화주의 실현과정, 편견과 차별에 대한 저항을 포함함
Suleiman (2004)	• 학습자의 학문적, 사회적, 언어적 욕구와 연결할 수 있는 다양한 학습환경을 조성하는 다학문적 교육 프로그램 • 학습자인 유아가 자신의 배경과 우리 사회의 다양한 집단의 문화적 배경에 대해 깊이 이해하도록 함
김영옥 외 (2008)	• 다양한 인종, 성, 언어, 계층 등을 이해하고 존중하여 삶을 긍정적으로 변화시킴으로써 다양한 문화의 세계에서 공동의 목표를 지향하며 의사소통할 수 있는 지식, 태도, 기술을 준비하는 교육

조순옥 외 (2010)	• 다양한 문화, 민족, 성, 사회적 계층의 배경을 가진 학습자가 공평한 교육기회를 가질 수 있도록 교육과정의 변화를 시도하는 총체적 노력 • 인종, 윤리, 언어, 종교, 정치, 고용, 사회계층, 경험, 정신적·육체적 능력성, 기호, 연령 등에 의해 다르게 나타나는 인간행동에 대한 이해
양옥승 (2008)	• 인종, 민족, 지역, 계층 간의 불평등 문제를 해소하고 공동체로서 국가의 응집력과 결속력을 도모하는 교육 • 공동선에 대한 가치관과 다문화 시대에 적응할 수 있는 능력을 배양하고 다양성의 가치를 존중하는 편견 없는 시민의식을 형성하기 위한 교육
장인실 (2006)	• 인종뿐만 아니라 다양한 문화집단에 속해 있는 서로 다른 사람들의 상호이해와 평등관계를 중시함 • 민족, 사회적 지위, 성별, 종교, 이념 등과 같이 서로 다른 집단의 문화를 동등하게 가치 있는 것으로 인식 • 학습자가 다른 문화에 대한 편견을 줄이고 다양한 문화를 올바로 이해하도록 지식, 태도, 가치교육을 제공

출처: 김정원 외(2013)

대다수의 학자들은 다문화교육을 다양한 문화 간의 공유성과 차이성을 모두 수용하고 존중하도록 하는 교육으로 인식하며, 다양한 문화, 역사, 생태가 공존하고 있는 사회에 속한 개인이 각자의 정체성을 확립하면서도 타인에 대한 이해와 존중에 필요한 지식 · 기술 · 태도 등을 습득함으로써 상호 공존할 수 있는 역량을 키울 수 있도록 지원하기 위한 교육활동이라 정의한다(김혜리, 2013).

2) 다문화교육 대상별 교육 유형

첫째, 소수자 공동체 교육, 소수자 적응교육, 소수자 정체성 교육을 들 수 있다. 현재 한국 사회 다문화교육의 핵심은 다문화가정의 구성원들, 국제결혼이민자와 다문화 자녀들을 대상으로 한 교육이다. 이들을 위해서 시행되는 대표적인 교육 프로그램들은 소수자 적응교육으로는 한국문화 적응교육, 공교육 입학 확대 및 시 · 도교육청 주관의 외국인 자녀 입학상담센터 운영, 한국어교육, 직업교육, 결혼이민자 가족지원 등이 있다. 소수자 공동체 교육 및 정체성 교육으로는 결혼이민자를 위한 한국문화 교육, 사회통합프로그램 등이 있고, 다문화가정 자녀들을 위한 다문화가정 지원 프로그램과 중도입국청소년들을 위한 한국어학급, 이중언어 교육 지원 등과 같은 교육 프로그램 운영 등이 있다. 그러나 아직은 소수자를 대상으로 하는 교육이 대부분 한국 사회 적응을 위한 교육으로 제한되어 있다는 한계점이 있다.

둘째, 다수자를 대상으로 하는 소수자 이해 교육을 들 수 있다. 다수자라는 개념은 기존의 내부 구성원들을 의미한다. 다문화교육은 다수자들의 포용과 이해가 바탕이 되어야 효과적으로 실현될 수 있기 때문에 소수자에 비해 비교적 많은 경험과 권리들을 가지고 있는 기존 내부 구성원들에게 다문화에 대한 이해를 돕는 교육을 실시하고 있다. 대부분의 다문화교육은 소수자 적응 교육에 초점을 맞추어 진행되고 있지만 다수자를 위한 국제 이해 교육이 실시되고 있다.

소수자 적응교육은 동화주의자(assimilationist) 관점을 바탕으로 소수자 공동체 교육, 소수자 정체성 교육으로 세분화되며, 다수자 대상의 소수자 이해 교육은 다문화주의자(multiculturalist)의 관점이 전제된 다문화 이해 교육 혹은 국제 이해 교육으로 정의될 수 있다.

3) 다문화교육의 범주

(1) 다문화 이해 교육

다문화 이해 교육은 문화적 차이의 인지와 이해를 바탕으로 하여 서로 다른 문화적인 배경을 지닌 사람들의 의사소통과 상호이해를 도모하기 위한 목적으로 하는 교육이다. 문화적 상대주의는 그 기본적인 인식의 기반이다. 다양한 문화와 사고방식이 존재하는 것은 당연하고 자연스러운 것으로 간주하고 서로 다른 문화로 인한 행동의 차이나 사고방식의 차이를 수용하고 이해할 것을 강조하고 있다.

(2) 국제 이해 교육(세계화교육)

국제 이해 교육은 글로벌 경쟁의 시대에 알맞은 인재를 양성하고 변화하는 국제교류에 발맞추어 세계를 이해하고 관련 지식을 증가시키고자 하는 교육으로 정의된다. 국제화, 세계화의 흐름을 타고 시작된 교육의 글로벌화는 지구촌 시대의 무한 경쟁에 대비하는 국제적인 경쟁력을 갖추기 위해서 국제적, 국가적 차원의 요구와 이러한 국제적인 변화에 부응하는 인재양성을 목표로 한다.

(3) 반편견, 시민교육

사회통합과 공존의 의미에서 보면 서로 다른 사람과 문화가 더불어 함께 살아가기 위한 방법과 태도를 배우는 교육을 의미한다. 인종, 성별, 계층, 문화 등 다양한 차이에 대한 편견을 해소하고 다름을 인정하고 수용하는 태도를 바탕으로 차별을 해소하는 것을 중요시한다. 넓은 의미에서 시민교육의 범주에 있으며 다문화주의의 사회적 수용을 위한 교육적 실천이라고 볼 수 있다.

4) 다문화교육의 구분

다문화교육은 소수자 집단에게 주류의 문화를 일방적으로 강제하려는 동화주의에 대한 비판에서 비롯된 다문화주의를 지향하는 교육(박선웅 외, 2010)이자 인종이나 민족의 개념을 넘어 평등을 향한 교육철학이며, 이를 실현하기 위한 교육 방법이다(장인실, 2003). 따라서 여러 가지 문화적 배경과 환경을 가진 학습자들로 하여금 다양한 교육적 요구에 적합한 교육을 위한 개념 · 관점 · 틀 · 기준을 제시하는 것이며, 인종, 계층, 종교, 성별, 직업 등에서 비롯된 각 사회 집단들마다 고유한 문화적 특성의 다양성을 인정하며, 주류 혹은 비주류집단들의 문화를 동등한 가치에 입각해 존중하는 교육으로 정의할 수 있다(김선미, 2000).

미국교사교육공인협회(National Council for Accreditation of Teacher Education, NCATE)는 다음의 두 가지 개념으로 다문화교육을 정의하였다. 첫째, 다문화교육의 핵심목표는 각 개인이 다양한 문화들 속에서 정치적, 경제적, 사회적인 생활을 경험하고 그 과정 속에서 다양성을 자각하고 존중하는 데 있다. 둘째, 교육과정에서 다양한 인종, 문화집단, 종교, 사회, 경제 간의 상호영향의 중요성을 인식하는 데 의의가 있다(김선미, 2000). 양영자(2008)는 한국적 다문화교육의 개념과 범주를 소수자 공동체 교육, 소수자 정체성 교육, 다수자 대상의 소수자 이해 교육으로 분류하였다. 이를 통해 교육은 문화적 정체성을 명확히 하고 이중문화주의, 다문화주의와 함께 성찰적 민족주의를 실현하는 것이어야 한다고 보았다. 특히나 한국의 분단 그리고 다문화 상황을 고려한다면 다문화주의와 성찰적 민족주의를 더욱 강조해야 한다고 했다. 이와 같은 내용을 Banks의 모델과 비교하여 양영자(2008)는 다음과 같이 <표 2-2>로 정리하였다.

표 2-2 한국 다문화교육의 개념화 모델

시간 \ 유형	한국 다문화교육 유형	관점	Banks의 다문화 교육과정 개혁 모델	Banks의 정체성 유형화 단계
단기	소수자 적응 교육	동화주의자	주류 중심 모델	문화 심리적 포로기
	소수자 정체성 교육			
	소수자 공동체 교육		문화 첨가적 모델	문화적 고립기
중기	다수자 대상의 소수자 이해 교육	다문화주의자	다문화 모델	문화적 정체성 명확화
				이중문화주의
				다문화주의와 성찰적 민족주의
장기	모두를 위한 교육	문화 다원주의자	전 지구적 모델	세계화와 국제적 능력, 세계시민주의
	다문화교육과 국제 이해 교육의 연대			

출처: 양영자(2008)

3. 다문화교육의 목적과 목표

1) 다문화교육의 목적

다문화교육은 다양한 집단과 의사소통하여 상호작용하는 방법을 가르치는 교육이며, 각기 다른 인종, 성별, 계층, 문화 등을 존중하고 이해하도록 유도함으로써 삶을 긍정적으로 변화시켜 다문화사회에서 공동의 목표를 지향해 함께 삶을 영위하면서 의사소통하는 태도, 지식, 기술을 가질 수 있도록 준비하는 교육이다(김영옥 외, 2010).

다문화교육이란 각 문화의 특성을 이해하고 문화의 관계성을 중시하며 서로 교류를 통해 의사소통함으로써 새로운 창의성을 추구한다. 따라서 다문화교육은 다양한 문화적 특성들이 상호 의사소통하고 교류함으로써 새로운 문화적 통합이 완성되어 가는 과정이기도 한다.

문화를 습득하는 사회화 과정에서 전통문화를 접함으로써 우리 사회의 신념, 행동양식, 가치를 터득하고 민족문화 및 한국문화에 대한 정체감을 형성하게 된다. 이를 바탕

으로 문화의 다양성을 받아들이고 세계 공동체 속에서 문화적 통합을 수행할 수 있도록 하는 것이 중요하다.

다문화사회에서는 요구하는 열린 사고를 가진 인간, 다양한 사람들과 그들이 가진 문화와 함께 공존하면서 서로 이해하고 존중하면서 상호작용을 통해 새로운 문화를 창조하는 다문화적 가치를 가진 인간을 요구한다. 이를 위해 다문화사회 내 기회의 불균등을 야기할 수 있는 편견과 차별을 없애고, 문화적 다원주의를 통해 다원화된 민주주의를 실천할 수 있도록 하는 것이 다문화교육의 목적이다.

2) 다문화교육의 목표

다문화교육의 주된 목표는 모든 학습자가 민족적 및 언어적으로 다양한 세계에서 기능하는 데 필요한 지식, 태도 및 기술을 습득하도록 교육하는 것이다. 다문화교육은 다양한 집단의 학습자들의 교육 평등을 실현하고 학습자들로 하여금 통합적인 국가, 시민 문화 내에서 비판적이고 자기성찰을 하는 시민으로서 참여하도록 교육하는 것이다. 또한 개개인이 서로 존중하는 진정한 의미의 자유를 누릴 능력을 길러주는 것이 다문화교육의 목표로 보았다(Derman-Sparks & The A.B.C. Task Force, 1989).

다문화교육의 목표를 다섯 가지로 세분화하면 다음과 같다(Kendall, 1983).

첫째, 다른 문화와 그 가치뿐만 아니라 자신이 속한 문화와 그 가치를 존중할 수 있도록 학습자들을 가르친다. 둘째, 다인종적 · 다문화적 사회에서 성공적으로 살아갈 수 있게끔 모든 학습자들의 능력과 태도를 기른다. 셋째, 인종주의 등에 의해 많은 영향을 받은 유색 인종들의 학습자가 긍정적인 자아개념을 갖도록 한다. 넷째, 인간으로서의 공통성과 문화적 다양성을 긍정적으로 경험하게끔 한다. 다섯째, 공동체의 독특한 부분으로 함께 일하는 다문화의 사람들을 경험할 수 있도록 돕는다. 즉 궁극적인 목표는 다문화적인 공동체 사회에서의 반응력 신장을 위한 것으로 볼 수 있다.

다문화교육의 목표를 여덟 가지로 세분화하면 다음과 같다(Ramsey, 1987).

첫째, 인종, 계층, 문화, 개인의 정체성, 성별의 차이에 대한 긍정적인 사고의 발달과 다른 집단에 대한 교류를 인식하고 인정하게 한다. 둘째, 학습자들이 다른 집단사람들과의 관련성, 자신의 정체성, 감정이입에 있어서 좀 더 큰 사회의 일부로 자신을 바라볼 수 있도록 한다. 셋째, 다른 사람이 살고 있는 다양한 방식의 삶의 모습에 대한 존경심과 진정한 가치를 인정하고 이해할 수 있도록 한다. 넷째, 학습자의 초기 사회적 관계에서 타인에 대한 흥미, 개방, 협력하고자 하는 욕구, 다른 사람을 기꺼이 포함시키려고 하는 의지를 가질 수 있게 한다. 다섯째, 현 사회에 대한 실제적인 인식, 자기 가족과 이웃에 대한 확장된 개념, 사회에 대한 책임감을 발달시키도록 한다. 여섯째, 학습자 스스로가 사회 환경 속에서 자발적이며 비판적인 분석을 할 수 있도록 하고 또한 활동할 힘을 부여한다. 일곱째, 문화 지향성, 언어적인 배경에 대한 대응 방식, 개인적인 스타일을 보다 큰 사회의 주도적이며 완벽한 참여자가 되기 위해 필요한 교육적, 사회적 능력을 발달시키도록 한다. 여덟째, 학교와 가족 간의 효율적이고 상호보완적인 관계를 촉진시킬 수 있도록 한다. 궁극적으로는 주류문화 속에서 성장하는 학습자에게 다양한 문화와 생활방식이 존재한다는 것을 이해시키고, 반대로 비주류문화에서 성장하고 있는 학습자에게는 자신의 문화를 인정하고 존중할 수 있도록 하는 교육이 이루어져야 한다(하숙현, 2000).

다문화교육을 위한 학습 목표를 보다 구체적으로 제시하면 다음과 같다(Kenehan & Smith, 1948). 타 지역 출신의 서로 다른 다양한 사람들과의 융합에 의해서 나타난 결과인 제도, 전통에 대한 지식, 문화, 다양한 행동양식에 대한 인식, 사람들이 지속적으로 유지하기 때문에 발생한 경험과 이로 인해 갖게 된 정체성 이해, 다양한 집단의 구성원 사이에서 발생하는 기회의 불평등이 나타나게 된 조건과 이에 대한 관심, 개인과 집단들의 제도, 전통, 문화들을 존중하는 태도 등이다. 이러한 목표와 관련 정의로부터 도출된 다문화 개념의 상위 요소들은 성별, 종족, 인종, 전통, 다양성, 정체성, 교육개혁운동, 문화특성, 평등, 사회계층, 문화집단, 교육동등성, 타인존중, 타문화존중, 불평등, 융합문화, 제도 등이다(김용신, 2008).

한국의 다문화교육을 위한 교육목표로서 세 가지를 정리하면(양옥승, 1997), 첫째, 자신 그리고 한국문화에 대한 정체성을 가진다. 둘째, 자신의 문화가 아닌 다양한 문화에 관심을 가지며, 다른 사람과 더불어 생활하고 의사소통하는 태도와 기초능력을 기른다.

셋째, 문제를 창의적으로 해결할 수 있는 기초능력을 기르는 것이다.

다문화교육은 불평등한 사회를 개혁하며 민주주의적인 이념을 인간사회에 실현할 수 있는 수단으로 각 개인의 다양성이 인정된 상태에서 모두가 평등하고 동등하게 사회에 참여하고 그 사회 내에서 기능을 할 수 있게 하는 열린사회를 궁극적 목표로 두고 있다. 이 점에서 다문화교육은 그 자체로도 '지속적인 과정(continue process)'이라고 할 수 있으며, 완성된 기획이 아닌 계속해서 개혁되어야 할 속성을 지닌다고 해석할 수 있다(양영자, 2008).

Banks(2008)는 학교 교육에서의 다문화교육의 목표를 여섯 가지로 제시하고 있다.

첫째, 개인들이 다양한 문화의 관점을 통해 자신의 문화를 인식하게 함으로써 자기이해를 증진토록 하는 것이다. 다문화교육은 지식과 이해를 바탕으로 각 문화에 대한 존중을 강조한다. 둘째, 학생들에게 민족적, 문화적, 언어적 대안들(alternatives)을 가르치는 것이다. 지금까지 미국과 서구 국가들의 학교 교육과정은 주류집단 중심의 역사와 문화에 초점을 맞추어 왔다. 하지만 다문화사회의 변화에 적응할 수 있는 합리적인 대안을 제시하는 것이 필요하다. 셋째, 모든 학생이 자문화, 주류문화, 타문화가 공존하는 다문화사회가 요구하는 기능과 지식, 태도를 습득하도록 지원한다. 넷째, 소수인종 · 민족 · 집단이 그들의 인종적, 신체적, 문화적 특성 때문에 겪게 되는 고통과 차별을 감소시키는 데 있다. 소수민들이 자신들의 정체성을 긍정적으로 받아들이도록 하고 주류사회가 이를 긍정적으로 받아들일 수 있도록 하는 것이 중요하다. 다섯째, 학생들이 전지구적(global)이고 평평한(flat) 테크놀로지 세계에 속해 생존하는 데 필요한 읽기, 쓰기, 그리고 수리적 능력을 습득하도록 돕는 것이다. 다문화적 자료와 정보는 다문화사회를 살아갈 학생들에게 의미 있고 그들의 학습 의욕을 고취시킨다는 것이다. 여섯째, 학생들이 자신들의 문화 공동체, 국가적 시민 공동체, 지역문화, 전 지구적 공동체에서 각자의 역할을 하는 데 필요한 지식, 기능, 태도를 다양한 인종, 문화, 언어, 종교집단의 학생들이 습득하도록 지원하는 것이다. 학생들을 대상으로 새로운 시민성 교육의 개념을 정립하고, 비판적인 시민성 교육을 실시하여 진정한 교육적 평등을 누릴 수 있도록 하는 것이 중요하다.

한국 사회에 들어오는 이주민들은 다양하고 이질적인 인종적, 문화적, 언어적, 종교적 배경을 가지고 있기 때문에 한국 주류사회에 적응하는 것에 어려움을 호소하고 있고 다문화가정 자녀들도 한국 사회에서 성장하면서 다양한 정체성 문제들을 겪게 된다.

따라서 다문화 교육목표들은 일반 시민들과 다문화가족 구성원 전체를 대상으로 한 시민교육과 학교 교육에 동시에 적용 가능하다. 다문화교육은 모든 학습자들에게 다양한 문화적인 배경과 생활방식에 대한 사회적, 문화적인 인식을 제고하고 계발하도록 지원하며 역량 강화를 장려하는 포용적인 환경을 만들어 주는 것이며 이에 필요한 환경을 제공해 주는 것이 핵심 목표라고 볼 수 있다. 다문화 교육적 환경을 제공하는 방법에는 교육 정책적 차원의 배려뿐만 아니라 다양한 교과목의 개발 및 교육 내용을 폭넓게 포함하여 확장하는 과제도 포함되어 있다.

4. 다문화교육의 접근방법

다문화교육에 접근하는 방법도 학자마다 각각 다른데 그 내용을 살펴보면, Banks(1991)는 다음의 네 가지로 다문화교육에 대한 접근방법을 제시하고 있다.

첫째, 기여적 접근법(contributions approach)이란 현존하는 교육과정에서 소수종족 집단과 관련된 민족적 영웅, 기념일, 공휴일 등을 주제로 우연히 잡은 날에 교육과정을 반영하여 접근한다. 예를 들어 민족적인 사건이나 혹은 기념과 관련된 특별한 날, 주, 달을 설정하여 이에 맞추어 교육한다. 이는 교육과정 속에서 소수종족 집단의 내용을 상대적으로 빠르고 쉽게 반영할 수 있으며, 또한 종족집단의 영웅들을 주류집단의 영웅과 비교적 동일하게 교육과정에 소개할 수 있기 때문에 교사와 교육자들이 많이 사용하고 있는 방법이다.

둘째, 부가적 접근법(additive approach)이란 교육과정에는 변화를 주지 않고 선택된 문화적 주제가 포함되는 것이다. 민족적 개념이나 주제, 요소, 실생활적인 관점 등을 기존의 교육과정 속에 더하는 것을 특징으로 한다. 부가적 접근법은 실질적인 교육과정을 개정하거나 전문 인력의 동원이 필요한 교육과정의 구조적 변경을 하지 않고도 소수문화집단의 내용을 가르칠 수 있다는 점과 기존 교육과정 구조 안에서도 실행될 수 있다는 장점을 가지고 있다.

셋째, 변환적 접근법(transform the curriculum approach)이란 교육과정의 기본 목표, 본질, 구조가 다양한 종족, 인종, 문화의 관점으로부터 도출된 개념, 쟁점, 문제, 주제, 사건들

을 학습자들이 인식할 수 있도록 변화시킨 접근법이다. 학습자들은 다양한 문화집단들과 인종들이 사회와 문화 형성 과정에서 나타난 복합적인 방식들을 이해할 수 있게 되며, 혹은 인종에 대한 편견을 감소시키고 종족, 소수인종, 종교집단들이 그들 문화와 그들의 관점이 반영된 교육과정을 학습하도록 지원하고, 사회와 문화의 본질과 발전에 대해 균형 있는 관점을 형성시켜 주며 비교적 약자의 위치에 속해 있는 소수인종, 종족, 문화들을 격려하는 효과를 지닌다.

넷째, 사회행동적 접근법(social approach)이란 학습자들이 주요한 사회문제와 이에 대한 쟁점을 인식하며, 자료 수집을 하고, 쟁점에 관한 가치를 명료화하며, 의사결정을 하고, 이에 대한 쟁점이나 문제들을 해결하기 위해 성찰적으로 행동을 수행하기 위한 접근법이다. 이것은 자료수집기능, 사회행동, 가치분석, 사고력 등을 향상시키며, 정치적 효능감을 개발시키고, 집단 내에서 실제로 행동할 수 있는 능력을 향상시킨다는 장점이 있다.

실제 수업 적합성을 가진 혼합 접근법(Banks & Banks, 1993)은 상기 네 가지 다문화 내용 통합 수준에 대한 접근법들을 실제 교육과정 운영 상황에서 혼합하여 적용하는 접근법이다. 기여적 접근으로 시작해서 지적인 도전을 통하여 점차 부가적 접근, 변환적 접근, 사회행동적 접근으로 변화하며 접근해 나가는 형태를 취한다고 볼 수 있다. 이주민들을 위한 이주민 권리 운동 영웅에 대한 탐구를 시작으로 해서 이주민 권리에 대한 개념으로, 더 나아가 그들의 이주민 권리 운동에 대한 기여도 조사와 소수집단 권익 실현 운동의 가능성 탐구와 실천으로 이행해 나가는 것을 수업전략의 예로 들 수 있을 것이다. 이는 실질적인 적용 가능성을 확보할 수 있고, 소수문화집단에 대한 치우치지 않는 관점을 형성할 수 있다는 점에서 장점을 가지고 있다(김용신, 2008).

또 다른 다문화교육 접근방법으로 다섯 가지 방법을 제시할 수 있다(Banks & Banks, 1993).

첫째, 문화의 특수성과 문화적 차이에 대한 교수방법(teaching the exceptional and the culturally different approach)은 이후의 직업에 대비하여 습득하는 것을 의미한다. 그리고 세계 각국 간의 차이(능력, 성, 경제수준의 차이)에 중점을 둔다.

둘째, 인간관계 접근(human relations approach)은 전 세계가 점차 하나로 되어간다는 개념 아래 모든 인류가 조화롭게 살아가도록 한다는 데 목적이 있다. 학습자들은 성, 계층, 인종, 민족에 상관없이 서로가 서로를 존중해야 함을 배우며 학습자들로 하여금 공동체감과 사회에 존재하는 다양성을 이해하여 자신과 타인에 대한 긍정적인 감정을 갖

도록 하는 것이다.

셋째, 특정한 단일집단을 연구하는 접근(single-group studies)은 한 집단에 대한 연구를 그 집단의 미래에 대한 구성을 위해 역사적인 측면, 성취, 능력 등을 연구하는 것이며 학교 지식을 가장 본질적인 것으로 보고 있다. 따라서 그 집단의 역사적인 관점과 세계관 등에 관심을 두며 교육과정에서 한 집단의 역사와 문화에 대한 과정을 일관되게 구성하게 된다.

넷째, 다문화 교육적 접근(multicultural approach)은 문화적 다원론의 가치와 중요성을 위해 '문화적 민주주의'로의 접근을 통해 차별과 편견을 줄이고 기회의 평등과 사회적 정의를 위해 학교를 다양성과 평등에 따라 재구성하기 위한 노력이다. 다양성을 반영한 학제 구성을 추진하는 것이 필요하다.

다섯째, 다문화적, 사회개혁적 접근(multicultural and social reconstructionist)은 다문화교육이 학습자들의 경험을 확장시키는 것에서 교육이 그치는 것이 아닌 전체 사회로 그 결과가 확산되어 그 사회를 재건하고자 하는 노력으로 학습 결과를 사회로 확대시키고자 노력하는 것이다(김혜연, 1997).

5. 다문화교육의 다양한 차원

Banks(2004)는 교육자들과 학자들의 다문화교육의 이론, 실제 그리고 연구의 개념화를 돕기 위해 다문화교육의 다섯 가지 차원, 즉 교과내용의 통합, 지식구성의 과정, 편견의 감소, 공평한 교육, 권한을 부여 받은 학교문화와 사회구조를 제안하였다. 개념적으로 각 차원 간 분명한 차이가 있지만, 실제에서는 차원 간 밀접한 관계가 있으며 중복되기도 한다. 다문화교육의 다양한 차원은 [그림 2-1]과 같다.

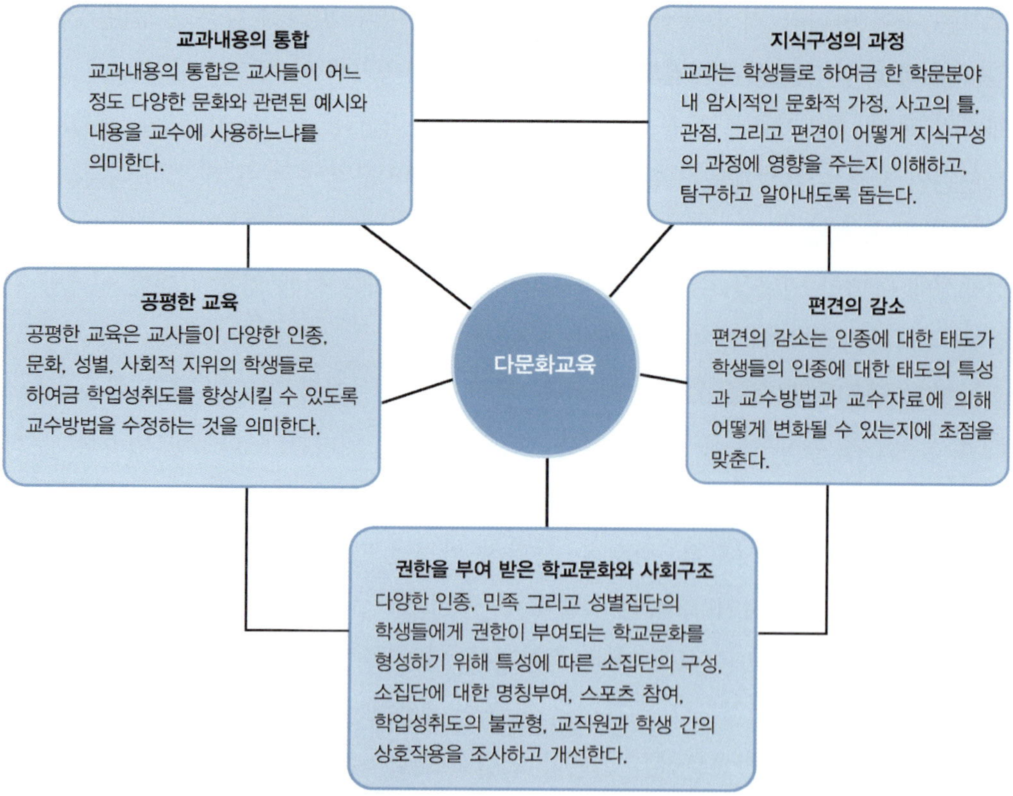

그림 2-1 다문화교육의 다양한 차원

출처: Banks(2016)

교과내용의 통합은 교사들이 특정 분야나 교과목의 원칙, 개념, 이론을 설명할 때 다양한 문화와 집단과 관련된 예시와 내용의 사용 여부를 의미한다. 교과내용의 통합이 제대로 적용되면 각 분야나 교과목에 다문화 내용을 포함시키는 것이 논리적이고 자연스러워진다. 사회, 언어, 음악 등의 과목은 개념, 주제, 원칙 등을 설명할 때 다문화 내용을 포함시킬 기회가 충분하지만 수학·과학 등의 경우 다문화 내용을 포함시키기 어렵다.

지식구성의 과정은 학습자들로 하여금 암시적인 문화적 가정(cultural assumptions), 사고의 틀과 관점, 연구자들과 교과서 집필자들의 편견 등이 지식구성의 과정에 미치는 영향을 이해하고, 탐구하고 알아내도록 교사가 돕는 교육활동을 의미한다. 다문화교육은 다문화 관련 내용을 학교 교육과정에 포함시키는 것뿐만 아니라, 학교지식의 구조와 구성을 변화시키는 것이다. 또한 학습자들로 하여금 타인이 생산한 지식의 소비에만

그치는 것이 아니라 지식 생산자가 되도록 돕는 것이다. 따라서 다문화교육은 제도화된 교육과정의 기준을 재개념화하고 발전시키는 것을 추구하며, 학교지식을 구성하는 개념의 관점, 틀, 기준선 등을 재구성하기 위해 노력한다.

편견의 감소는 학습자들이 인종에 대해 올바른 인식을 갖도록 돕기 위한 다문화교육의 차원이다. 학습자들로 하여금 학교 교육의 구성과 주류집단의 태도와 신념이 민족 정체성에 어떠한 영향을 주는지를 이해하도록 돕고, 이를 통해 인종에 대한 이해와 편견을 극복하는 교육의 방향성을 제시하는 것이다.

공평한 교육은 교사들이 다양한 인종, 문화, 성별, 사회적 지위를 가진 학습자들의 학업 성취도가 향상되도록 교수방법을 수정하는 것을 의미한다. 다양한 민족적 · 문화적 집단의 학습 특성에 적합한 교수법과 접근을 적용하는 것이며, 다양한 문화와 집단의 학습자들이 처한 사회적 · 경제적 · 문화적 환경에 따른 격차나 문제점을 해소하기 위한 교육을 실시한 것이다. 특히 인종적 · 민족적으로 소외된 집단의 학습자들의 문화 정체성, 의사소통 방식, 사회적 기대, 문화지식, 기존의 경험, 사고의 틀, 행동양식 등을 이용하여 그들에게 적절하고 효과적인 학습을 제공하는 것이다.

권한을 부여 받은 학교문화는 다양한 집단의 학습자들이 평등을 경험할 수 있도록 학교의 문화와 사회적 구조를 재구성하는 것이다. 학교 내의 집단 간에 질적으로 향상된 관계를 만들기 위해 학교의 목표, 기준, 문화적 관행 등에 반영된 문화차이에 대한 상호 간 존중을 바탕으로 관계를 형성한다. 또한 다문화교육의 개혁을 위해 교사들에게 공동으로 계획을 세우고 가르칠 수 있는 기회를 제공하고, 교사, 부모 그리고 교직원들이 학교관리와 교육에 대한 책임을 공유하는 민주주의의 구조를 촉진한다.

6. 다문화교육의 필요성

1) Banks의 다문화교육의 필요성

Banks(1984)는 민족의 정체성을 여섯 단계로 서술하였다[1]. 그중에서 5단계와 6단계를

1) 1단계 : 심리적으로 속박된 민족성, 2단계 : 폐쇄적인 민족성, 3단계 : 민족성을 명료화하는 단계, 4단계 : 이중민족성, 5단계 : 다민족성, 6단계 : 세계화와 세계화역량

통해 다문화교육의 필요성과 목적을 설명하였다. 5단계에서 언급했던 다민족성은 보다 풍성한 삶을 영위할 수 있도록 돕기 때문에 사적인 문제들 혹은 공적인 문제들을 보다 창의적이며 고차적으로 해결할 수 있게 도와준다고 했다. 또한 6단계에서 말한 세계화와 세계화 역량 단계의 사람은 자기 자신의 정체성을 명백하게 반영하며 긍정적인 국가적, 세계적, 민족적 정체성을 가지므로, 다른 문화뿐만 아니라 자국문화에 관련된 역할을 하는 데 필요한 지식, 태도, 능력, 기술 등을 형성하게 된다고 하였다. 이 단계에 이른 사람들은 국가적, 세계적, 민족적 정체성과 이해, 행동, 헌신들 사이에서 균형을 유지하게 된다. 이들은 보편적인 민족적 가치와 인류의 원칙을 내면화하고 실천하기 위해 요구되는 능력, 역량, 헌신하고자 하는 태도를 기르는 것을 목표로 한다(Bennett, 2007).

Banks(1984)는 민족들이 사회 · 문화적 환경에서 민족문화의 상징, 제도, 가치를 이해하며 존중하고 공유할 수 있는 다민족적 관점과 정서는 삶을 풍요롭게 만들며, 자신의 정체성을 반영할 수 있게 된다고 하였다. 또한 그들은 민족적 가치와 인류의 원칙을 내면화하였다. 그 과정에서 이러한 가치에 따라 행동하는 데 필요한 역량, 능력, 헌신하려는 태도를 기르고자 하는 것이라고 언급함으로써 다문화교육의 필요성과 목적을 제시하였다.

2) 학교 다문화교육의 필요성

문화의 편견을 극복하고 차별을 해소하는 다문화교육이 성공하기 위해서는 학교 교육의 역할이 중요하다. 교육에 대한 소외를 막고 다양한 인종, 문화, 민족의 포용과 이해를 통해 한국 사회의 역량을 키우기 위해서는 학교 내에서 교사, 학부모, 교육 관련 종사자들이 서로 협력함으로써 학교 다문화교육의 활동 폭을 확대해 나가야 한다.

3) 학생 대상 다문화교육의 필요성

문화 간 감수성은 교육과 훈련을 통해 발달할 수 있다. 따라서 청소년기에 이질적인 문화를 가진 사람들과 함께하는 체험은 그들의 문화 감수성 발달에 큰 영향을 끼친다. 문화 간 감수성 발달과 문화체험활동 간의 감수성 발달은 문화 간 차이를 인정하며, 그 차이는 개인의 정체성을 풍부하게 하고 나아가 다문화사회에서 요구하는 다문화적

정체성의 확립에 도움이 된다. 따라서 이 시기에 학생들에게 다문화교육을 하는 것이 적절하며 또한 반드시 필요한 과정이다. 그리고 이 시기에 타문화와 다양한 접촉을 가진 학생일수록 편견이 감소하는 것으로 나타난다.

다문화체험을 하는 과정 속에서 청소년들은 발달 과정에서 큰 문화적 충격을 경험하게 될 가능성도 있다. Adler(1988)에 의하면 다문화사회가 요구하고 있는 인간상을 다문화인(Multicultural Person)이라고 하였다. 여기서 다문화인이란 문화 간 감수성의 발달 과정 중 마지막 단계인 통합단계에 있는 인간상을 말한다. 이러한 다문화인은 자기 자신과 관계를 맺고 있는 혹은 맺게 될 다양한 경험들을 재구성하고 정체성을 계속해서 변화시키며 여러 문화를 수용하게 된다. 불안정한 정체성을 가진 청소년들은 문화 간 감수성 발달 과정에서 정체성의 혼란을 겪게 되고, 집중력 부족뿐만 아니라 심리적인 불안정과 자존감의 결여 등으로 문화충격을 경험할 가능성이 높게 나타난다. 따라서 자기정체성을 확립하는 과정을 통해 문화 간 감수성을 발달시켜 나갈 수 있도록 해야 한다.

4) 학부모 대상 다문화교육의 필요성

다문화교육은 비다문화가정과 다문화가정 모두에게 요구되는 과정이다. 두 구성원은 모두가 함께 살아가고 있는 한국 사회의 일원이기 때문이다. 그러므로 비다문화가정의 학부모들에게는 다문화 이해 교육을 통해 비다문화가정의 자녀와 다문화가정의 자녀가 함께 어울리는 것을 자연스럽게 받아들일 수 있도록 해야 한다. 한편으로 다문화가정의 학부모들에게는 정주국인 한국의 문화 이해 교육을 통해 자녀로 하여금 한국 사회에 올바르게 적응하도록 지도할 수 있게 해야 한다. 또한 다문화가정의 한국인 배우자는 외국인 배우자가 한국 적응을 잘 할 수 있도록 도울 뿐만 아니라 배우자의 나라의 언어를 익히고 문화를 이해하여 부부간 갈등 상황을 줄이고 화합할 수 있도록 해야 한다.

5) 교사 대상 다문화교육의 필요성

교육은 결국 교사의 질에 의존하는 것이기 때문에 다문화교육에 있어서 교사의 다문화에 대한 이해와 지식 습득 및 인식의 변화가 반드시 먼저 이루어져야 한다. 다문화사

회는 학교 교육과 교육과정에 의해 지속적인 영향을 받을 것이기 때문에 교사 혹은 예비교사 대상 다문화교육이 반드시 필요하다. 다문화교육은 어떠한 특정교사, 특정교과가 별도로 맡아 해야 하는 것이 아니다. 그리고 어떠한 수업에 특별히 국한되는 것이 아니라 모든 교과와 학교활동의 전 과정에서 이루어져야 하고, 그 과정은 모든 교사가 공통적으로 해야 하는 것이다. 따라서 다문화교육은 다문화가정의 학생뿐만 아니라 비다문화 학생 모두의 정체성을 확립시키고 상호 문화의 존중과 이해를 통한 공존교육이 되어야 한다.

다문화교사로의 준비를 위해서는 다문화교육에 대한 목적의식과 의의를 가지고 다문화교육에 대한 풍부한 지식은 물론 다문화교육에 대한 신념을 갖추어야 한다. 또한 교사는 교수법 습득은 물론이고 교사 자신이 다원화되는 사회에서의 아동발달을 돕는 중요한 변인임을 반드시 인식해야 한다. 또한 다문화와 관련된 교육활동에 긍정적인 태도로 참여함으로써 그 과정에서 문화의 다양성과 차이점을 배우고 인정하며 다문화가정의 자녀들과 능동적이고 적극적인 의사소통을 할 수 있어야 한다. 이렇게 준비된 교사는 잠재적 교육과정으로서 인간적인 애정을 보이며, 문화적, 인종적 배경에 차이를 두지 않고 학생들을 공평하게 대해야 한다. 그리고 다문화교육 연구의 기틀을 마련해야 하고 다문화교육에 대한 프로그램과 자료를 개발해야 한다. 또한 다문화학생의 생활지도 및 학습지도와 여가시간 활용 등을 지도해야 하며, 다문화가정 학생들이 지나치게 부각되어 거부감이나 역차별 감정이 발생되지 않도록 유념하여 지도해야 한다. 그리고 학생 및 학교 구성원의 상호 간 문화적 가치를 존중하고 이해하는 태도와 능력을 기를 수 있도록 돕는 일을 중요시해야 하며 정규 교육활동 및 방과 후 활동에 함께할 친구를 배려해 주어야 한다. 또한 교사는 각 학생들의 개별성, 다양성, 독특성을 존중하고 인정해 주는 역할을 해야 한다. 이와 같은 요인들은 한국 다문화 교사의 교육이 필요하다는 것과 앞으로 나아가야 할 방향을 알려준다. 따라서 정책적인 지원과 더불어 다문화교사 교육과정에 대한 중·장기적인 계획을 수립하여 다문화교육 프로그램에 대한 전문적인 지식과 방법을 습득하는 것이 요구된다. 다문화 시대의 급변하고 있는 교육환경에서 교사 혹은 예비교사들은 변화를 적극적이고 능동적으로 받아들일 수 있는 미래 지향적 사고를 가져야 한다.

7. 다문화교육의 실천

1) 다문화교육의 교수 · 학습 원리

다문화교육의 교수·학습 원리는 다음과 같다.

첫째, 다문화교육은 인간이 중심이 되어야 하고 인권존중이나 생명존중과 관련된 교육활동으로 제공될 수 있다.

둘째, 다문화교육은 감성교육, 인성교육에서 다루고 있는 긍정적인 자아개념, 타인정서 이해, 존중, 배려, 감정이입 등의 내용이 포함되며, 세계 이해 교육, 평화교육, 반편견교육 등과 연계하여 접근하는 것이 바람직하다.

셋째, 다문화교육의 동질성과 다양성을 파악하기 위해 타문화 소재에서 연관된 주제를 찾거나 혹은 같은 주제를 각기 다른 측면으로 연계할 수 있다.

넷째, 다문화교육은 성, 언어, 연령, 능력, 장소, 인종, 장애, 직업, 사상, 시간 등을 포함한 다양한 교육활동으로 제공하는 것이 바람직하다.

다섯째, 다문화교육은 학교 교육과정의 여러 수준 또는 영역으로 통합할 수 있다.

여섯째, 다문화교육은 교육 현장에서 적용되는 토의하기, 추론하기, 모델링, 자기표현, 문제해결 등의 다양한 교수·학습 방법이 사용될 수 있다.

일곱째, 다문화교육은 그림책, 사진, 놀잇감, 예술품, 생활소품 등의 다양한 자료와 자원들을 활용할 수 있다.

여덟째, 다문화교육은 생활경험으로부터 상상력을 동원한 포괄적 경험으로서 확장될 수 있다.

아홉째, 다문화교육은 세계의 관심사 혹은 인류공동의 목표를 적극적으로 추구하는 교육활동을 제공하는 것이 바람직하다.

2) 다문화교육의 내용

다문화교육의 내용에 대해서는 학자마다 서로 다른 다양한 의견을 제시하고 있다. 다문화교육은 통합과 문화의 다양성을 전제로 하여 간문화적 상호작용 속에서 다양성

이 인정되는 공존을 추구한다.

Banks(2003)의 경우 다문화교육 내용을 다양한 학문적 영역에서 도출한 후, 이를 상위와 하위 개념으로 구분하여 제시한다. 즉 먼저 상위 개념으로는 첫째, 문화, 민족성 그리고 관련 개념, 둘째, 간문화적 의사소통과 관련 개념, 셋째, 권력과 관련 개념, 넷째, 사회와 관련 개념, 다섯째, 민족집단의 이동을 제시하고 있고, 이들을 다시 각각 여러 개의 하위 개념으로 구별하고 있다. 이는 <표 2-3>과 같다.

표 2-3 Banks의 다문화교육 내용 요소

상위 개념	하위 개념
문화, 민족성 그리고 관련 개념	문화, 민족집단, 소수민족집단, 민족성의 단계, 민족다양성, 문화동화, 문화변용, 지역문화
사회화와 관련 개념	사회화, 편견, 차별, 인종, 인종차별주의, 자민족중심주의, 가치
간문화적 의사소통과 관련 개념	의사소통, 간문화적 의사소통, 지각, 역사적 편견
권력과 관련 개념	권력, 사회적 항의와 저항
민족집단 이동	이주, 이민

출처: 서강식, 장원순(2010)

그 외 다른 학자들이 제시하고 있는 개념 요소들을 정리하여 나타내면 다음 <표 2-4>와 같다(김영옥, 2002).

표 2-4 다문화교육 내용에 대한 다양한 견해

학자와 기관	다문화교육 내용
Klein & Chen	다문화, 주류, 소문화, 인종, 민족성, 사회경제적 지위, 종교, 연령, 언어, 지리적 지역, 무능력, 고정관념
Banks & Banks	성, 인종, 민족성, 언어, 사회적 계층, 종교, 예외성
Melendez, Beck & Fletcher	국적, 종족/인종성, 종교, 사회계층, 언어, 성, 예외성, 연령
교육부	문화, 다양성, 평등성, 협력
채정란	문화, 협력, 편견, 정체성, 형성, 평등성, 다양성
Tiedt & Tiedt	문화, 사회적 지위, 인종, 정체성, 종족, 집단의 이름
양옥승	정체성, 다양성 문제해결력
Robles de Melendez & Ostertag	문화, 민족과 인종, 편견과 불평등, 협력
Hall & Rhomberg	능력, 나이, 외모, 믿음, 계층, 문화, 가족구성, 성, 인종, 성적 지향(반편견적 접근)

Banks	인과관계, 수정, 충돌, 힘, 협동, 사회적 조절, 문화적 변화, 전통, 다양성, 가치, 상호의존
Derman-Sparks & A. B. C. Task Force	문화, 민족과 인종, 편견과 불평등, 협력

출처: 서강식, 장원순(2010)

다문화교육의 구체적 내용 요소에 대해서는 문화, 협력, 반편견, 정체성, 평등성, 다양성으로 구분할 수 있으며 다음 <표 2-5>와 같다.

표 2-5 다문화교육 내용 요소

하위범주	범주 설명
문화	• 문화 간 유사점과 차이점의 특징 알기 • 다양한 문화에 대한 이해 및 존중심 기르기 • 문화 간 긍정적 태도 발달시키기
협력	• 다양한 사람들과 상호작용 능력 증진 • 다양한 사람들과 협동 능력 증진
반편견	• 선입견, 편견, 고정관념에 비판적 사고 형성 • 문제 상황에 대처 능력 기르기
정체성 형성	• 긍정적 자아 개념 기르기 • 자아 정체감 및 집단 정체감 형성
평등성	• 국가, 민족, 성, 능력, 계층에 대한 긍정적 태도 갖기 • 인간이 평등하다는 가치 형성
다양성	• 다양한 개인과 집단의 존재 인정 • 다양성 존중하는 마음 갖기

출처: 구정화 외(2009)

첫째, 문화 부분은 문화적 차이에 대한 지식, 존중과 이해의 태도를 함양하는 것을 강조하고 있다. 또한 문화 일반에 대한 이해를 제시할 수 있을 것이다. 문화의 속성과 특징을 배우는 과정에서 자연스럽게 문화의 차이에 대한 존중과 이해의 태도가 나타날 것이다.

둘째, 협력 부분은 대인기능 및 의사소통과 깊은 관계가 있다. 조화와 공존으로 이어지는 의미에서 비슷한 집단 내에서는 의사소통이 별다른 어려움 없이 이루어질 수 있으나, 다문화사회의 경우 이질적인 집단으로 구성되므로 이러한 기능은 필수적으로 요청된다.

셋째, 반편견 부분은 존중의 태도, 문제해결 능력, 고정관념에 대한 비판적 접근 등

을 강조한다. 이 부분에서는 고정관념이 어떻게 형성되었는지, 그리고 그것이 과연 근거가 있는지에 대한 사실 탐구와 더불어 사람들의 가치관이 그곳에 미친 영향을 파악해 보는 가치 탐구의 과정으로 활용할 수 있다.

넷째, 정체성 부분은 집단에 대한 자부심과 소속감, 자아 개념 형성을 강조한다. 자기 자신에 대한 긍정적이고 건강한 정체성을 형성한 사람들은 타인의 정체성에 대해서도 기꺼이 존중하게 된다. 특히 이 경우에는 배타적이고 유일한 정체성이 아니라 소속된 집단과 향유하는 문화의 다양성과 발맞춘 다중 정체성으로 연결지으려는 노력이 중요하다.

다섯째, 평등성 부분은 민주적 가치로서의 평등에 대해 믿음을 가지고 이해하려는 노력을 강조한다. 여기에서는 인간이 평등하다는 사실의 근거가 된 법적, 제도적 장치들과 역사적 맥락을 함께 살펴볼 수 있다. 궁극적으로는 국적, 종교, 언어, 외모 등과 같은 요인이 아니라 우리 모두가 인간이라는 사실에서 평등함의 원천적인 근거가 도출된다는 것을 이해하고 지지해야 한다.

여섯째, 다양성 부분은 차이를 현상으로 인정하고 존중하는 태도를 강조한다. 여기서는 그저 다양성과 문화적인 차이로만 국한하는 것이 아닌 개인적인 요인, 자연적인 요인 등으로 인해 타인들과 구별되는 특성을 지닌 자들과 집단의 다양성을 모두 존중하는 것을 목표로 한다. 이것은 다문화의 범주를 보다 넓히는 내용 요소로 기능할 수 있다.

8. 다문화교육의 방향

1) 전 국민 대상 다문화교육 필요

다문화교육은 다문화사회의 문제를 해결하는 열쇠로서 역할을 할 것이다. 그러므로 다문화교육을 다문화 구성원이나 이주민으로 한정시켜서는 안 된다. 다문화교육은 모든 국민을 대상으로 진행되어야 하며, 상호 이해 교육을 바탕으로 지역사회와 연계시킬 수 있는 보다 적합하고 효율적인 다문화교육 방법을 모색하여 지역사회와의 통합을 이루는 것이 바람직하다.

다문화가정 자녀에 대한 교육지원정책들이 효과적으로 이루어지기 위해서는 이들을 평등한 사회적 주체로 인정하고 이들과 상호 의사소통하려는 사회 구성원들의 개방성이 필요하다. 다문화·다인종사회에 대비해 학생들을 비롯 교사, 학부모 그리고 일선 경찰을 비롯한 정부기관과 사법기관의 담당자 등 국민 모두의 인식 변화를 위한 다문화교육도 반드시 추진되어야 할 것이다. 또한 이와 같은 사회의 요구에 부응하기 위해 다양하고 구체적인 다문화 교육과정이 마련되어야 한다(서종남, 2010).

2) 개방된 다문화교육으로의 전환

오늘날 세계 여러 나라에서 다문화교육이 주요한 교육개혁의 과제로 대두되었다. 이에 따라 배타적 동화주의 교육에서 벗어나 다문화교육으로 교육의 방향을 전환하고 있다. 현재 한국 다문화사회에서 결혼이민자가정, 북한이탈주민가정, 이주근로자가정의 자녀들은 한국의 교육 현장과 한국 사회에서 매우 주요한 구성원으로 자리 잡았다. 비록 지금은 이들이 소수에 불과하나 그 수는 점차 증가하며, 학교에 진학하는 비율이 높아지고 있는 실정이다. 한국정부가 입안하여 추진하고 있는 여러 정책들을 비롯해 많은 관련 부처들이 다문화교육 지원정책을 펴고 있음에도 불구하고 여전히 다문화교육에 대한 준비가 부족한 실정이다. 그러므로 개방된 다문화주의 교육으로의 전환이 요구된다.

3) 다양성과 통합성 간의 균형 있는 다문화교육 필요

다양성을 지니며 존중하는 현대 민주주의 국가는 통합성과 다양성 간의 균형유지가 매우 중요한 요소이다. 이와 같이 국가의 다양한 그룹이 민주주의 이념 아래 통합되어야 국가 역시 소수그룹의 권리를 보호할 수 있으며 그들의 사회참여를 보장해 줄 수 있을 것이다(Banks, 2009).

이러한 면에서 한국 사회의 사회통합은 이민자와 정주민 모두의 노력이 필요하다. 이민자와의 차이만을 강조하거나 편견의 시선과 차별의 태도를 버리고, 이들이 지닌 문화적 다양성에 주목하는 열린 사고와 실천을 통해서 진정한 의미의 사회통합을 추구해야 한다.

4) 다문화교육 프로그램의 개발 및 확대

특정 다문화 구성원을 대상으로 하거나 이벤트성 및 일회성 다문화 행사가 아닌 교육 프로그램에 대한 개발과 확대도 필요하다. 또한 다문화가족 및 국제결혼 예비부부의 교육도 요구된다. 현재 법무부는 조기적응교육을 통해 한국 사회 적응을 위한 부부교육을 실시하고 있다. 다문화가정의 학부모들 중에는 한국의 역사나 문화 교육에 대한 필요성에 공감하고 있는 사례가 많다. 자녀들의 학습 지도 시 특히 이러한 문제가 더 부각되고 있다. 다문화를 이해할 수 있는 다양한 교육 프로그램들 이외에 한국 적응에 필요로 하는 이주민 대상의 교육이 확대·세분화되는 것이 요구된다.

또한 한국도 각 학교마다 다문화 보조교사 및 다문화상담 전담교사를 양성하고 배정하여 다문화 교재의 교수·학습 방법 및 다문화 생활지도를 추진해야 할 것이다. 뿐만 아니라 가정에서도 자녀의 생활지도를 담당하는 학부모와 교사들에게도 다문화 이해교육을 적극적으로 실시해야 한다. 급변하는 다문화 시대의 교육환경에서 예비교사와 교사들이 변화를 적극적으로 받아들여야 하며, 미래 지향적 사고를 가져야 한다. 특히 다문화교육 프로그램에 관한 전문적인 지식과 교수방법의 습득이 요구된다.

5) 동등한 교육기회 보장

한국의 이주근로자가정 자녀들 중에서도 미등록근로자 가정의 자녀는 학교에 가는 것조차 쉽지 않다. 제도와 법은 이들도 학교 교육을 받는 것이 가능하도록 되어 있으나, 실상 이를 보장받지 못하는 이들이 있다.

또한 이주근로자가정 자녀의 방과 후 생활에는 부모의 경제력이 영향력을 미친다. 부모가 미등록근로자로 체류신분이 불안정하고 일자리도 얻지 못하는 경우에는 자녀들이 그대로 방치되는 사례가 많다. 특히 학교를 다니지 않는 학령기 청소년의 경우에는 여러 가지 유해한 사회 환경에 보호를 받지 못하고 위험에 노출되고 있다. 그러므로 이들에 대한 제도적 차원에서의 교육기회를 제공하는 것이 한국 사회의 미래를 위해서도 반드시 필요한 과제이다.

최근 증가하고 있는 중도입국청소년들에 대해 한국어학급 확대를 통해 정규 교육과정으로 진입을 돕는 제도가 실행되고 있다. 하지만 지역적으로 이용이 힘들거나 제도의 안내가 미흡한 실정으로 이에 대한 보완이 필요하다.

6) 국가의 통합을 저해하지 않는 한 다양성 인정

다문화 시대를 살아갈 학생들을 위해서는 국가의 통합을 저해하지 않는 한 다양성을 포용하는 기본적인 품성을 가질 수 있는 교육과정을 마련해야 한다. 다양한 민족, 인종 집단이 국내로 유입되면서 인구 구성뿐만 아니라 문화적 측면에서의 다양성이 역시 증가하고 있다. 그러므로 교육 역시 각 개인의 문화를 존중함과 동시에 다른 다양한 문화들 간의 공존 방법을 찾는 방향으로 나아가야 할 것이다. 또한 이주배경가정 자녀들을 대상으로 우리 사회를 구성하는 일원으로서의 자아정체성 확립을 도와야 하며, 비다문화가정의 자녀들을 대상으로는 다문화에 대한 이해를 넓혀 문화적 편견을 극복할 수 있도록 해야 한다. 모든 학생들에게 문화적 다양성의 가치를 인식할 수 있도록 학교에서 가르치는 것이 바람직하다.

7) 통합적 교육지원 체제구축을 위한 연계망 강화

한국의 경우 다문화교육지원 사업을 비롯하여 농산어촌지원 사업, 방과 후 교육사업, 북한이탈주민 관련 사업과 취약계층 복지를 위한 교육복지 투자 우선지역 사업 등의 관련 사업들이 있으나 현재 따로 운영되고 있다. 다문화가족을 위한 교육 역시 자녀와 부모 각각을 대상으로 별개로 운영되며 지역 내에 관련 있는 단체 및 교육기관과의 연계 협력도 미흡하다. 따라서 선진 우수사례들과 국제기구 등을 참고하여 유관기관 간, 교육 대상 그리고 유사정책 간의 서로 긴밀한 연계를 비롯하여 협력 운영되는 방안들을 탐색하고 실천하여 효과를 발휘하는 것이 바람직하다(교육부, 2023; 이재분 외, 2009).

9. 다문화교육과 상호문화교육

1) 다문화주의와 상호문화주의

다문화사회의 핵심적인 패러다임은 다문화주의다. 한국의 경우 초기 다문화 관련 인식과 정책이 동화주의적 입장이었지만 동화주의의 한계를 경험하면서 그 대안으로서 다문화주의와 상호문화주의가 주목을 받게 되었다. 다문화주의와 상호문화주의를 비교하면 다음과 같다.

다문화주의를 상호문화주의의 전 단계로 보고, 다문화사회가 다문화주의에서 상호문화주의로 이행되어야 한다고 본다. 동화주의가 갖는 한계를 극복하고 다양성, 평등성을 강조하는 다문화주의가 강조된 것처럼 다문화주의가 내포하는 문화 간 경계와 잠재적 무간섭을 해결하기 위한 대안으로 상호문화주의를 제시하고 있다. 기본적으로 다문화주의는 다양한 가치들을 반영하고 수용하는 이념을 말한다. 각자의 권리를 보장하고 문화 상대주의를 최대한 인정하며 공적인 영역에서 문화 간 차이를 인정하고 표출할 수 있는 환경을 조성하는 것이다. 하지만 소수들을 집단으로 범주화하며, 경계와 배제를 내포하는 위험이 있으며, 문화적인 변인을 지나치게 강조하여 문화적 다양성에서 발생하는 갈등을 소홀히 다룬다는 한계가 지적되었다. 다문화주의가 차이의 인정과 재분배의 정치에 방점을 두었지만 다문화 시대의 다문화 공존을 이루는 데는 취약했기 때문에 상호문화주의는 문화 간 상호 소통과 공공성에 중점을 두면서 다문화주의가 해결하지 못한 문제를 상호문화성에 기초하여 해결할 수 있다고 보았다.

다문화가 한 사회 내 다양한 문화들이 공존하거나 병존하는 사회구조의 현상을 가리키는 용어라면, 상호문화는 서로 다른 문화적 배경을 지닌 사회 구성원들이 상호 관계 속에서 쌍방향적이고, 역동적인 문화교류와 대화를 하는 것으로 정의된다. 따라서 다문화주의는 서로 다른 문화에 대한 편견 없는 이해와 존중, 차이의 인정을 의미하며, 상호문화주의는 문화 간 만남 속에서 문화 상호 간의 대화와 교류를 강조한다. 다문화주의는 같은 지리적 공간 안의 둘 이상의 복수문화가 공존 또는 병존하는 현상을 가리켜 정태적인 문화의 경계를 전제로 한다면 상호문화주의는 같은 지리적 공간 내의 둘 이상의 복수문화가 서로 접촉하여 경계를 허물고 상호접촉, 상호작용, 상호대화, 상호융합

을 통해서 새로운 혼종문화를 탄생시키는 역동적인 과정이라는 점에 초점을 맞춘다.

다문화주의가 문화적 다양성과 타자성을 다루는 데 있어서 암묵적인 방치와 무간섭으로 일관하거나 비주류문화권 구성원들의 지역적인 분리와 사회적인 주변화라는 한계에 노출시키는 반면, 상호문화주의는 주류사회 구성원과 비주류사회 구성원 간의 상호접촉, 상호대화, 상호작용을 통해서 공통의 문화적 기반을 마련하는 데 중점을 두는 것이다.

표 2-6 다문화정책과 상호문화정책 비교

구분	다문화정책	상호문화정책
소수집단조직	역량 강화의 주체로 간주하고 정부 예산 지원	통합의 주체로 간주하고 정부 예산 지원
노동시장	차별금지정책: 직업훈련과 고용에서 소수집단 우대조치	차별금지정책: 상호문화 능력과 언어 능력의 강조
주거	차별금지임대정책: 공공지원주택을 이용할 수 있는 우대조치	차별금지임대정책: 인종구성비의 모니터링을 통해 인종적 주거 혼합을 장려
교육	다양한 문화적 배경을 가진 사회 구성원이 다니는 학교를 대상으로 특별 지원, 소수민족의 언어교육, 종교교육, 문화교육을 지원	주류사회의 언어와 소수민족의 언어를 교육, 주류사회의 문화와 소수민족의 문화를 교육, 모든 사회 구성원을 대상으로 상호문화 능력 함양, 특정 소수집단의 공간적 분리 금지
치안	사회복지사로서의 경찰, 인종차별 금지조치를 적극적으로 시행	인종 간 갈등을 관리하는 주체로서의 경찰
대중홍보	문화다양성을 찬양하는 축제, 지역을 브랜드화 하는 캠페인 전개	상호문화적 상생을 강조하는 캠페인 전개
도시개발	소수민족 집단거주지와 민족 커뮤니티 리더십 인정, 재생구역의 조성, 모스크의 첨탑 등과 같은 소수민족집단의 상징물 허용	여러 민족들이 혼합된 거주지와 공적 공간의 조성 장려, 지방 공무원과 NGO의 갈등 관리 능력
거버넌스와 시민권	지역사회 리더십, 지역자산의 배분을 위한 자문단 구성 시 민족별 구성 비율 배려	교차문화적 리더십 함양을 장려, 교차문화 관련 협회와 자문기구의 구성을 장려, 문화 혼종성을 인정, 공간 사용의 상징성보다는 기능성을 강조

출처: 박종대(2017)

상호문화주의란 사회 내에 존재하는 다문화적인 사실에 대한 인정을 넘어서 상이한 문화들 사이의 대화와 상호작용을 강조하는 교류의 철학이다. 유네스코에서 채택된 <문화적 표현의 다양성과 보호의 증진 협약>에서는 '다양한 문화의 존재와 문화 간의

공평한 상호작용 그리고 대화와 상호존중을 통한 문화적 표현의 공유 가능성'으로 정의된다. 상호문화주의는 지속적으로 변화한다는 유동인 속성을 가지며, 그 과정에서 다른 문화와 서로 간섭하여 주류문화와 비주류문화가 상호작용을 하게 된다고 보았다. 따라서 다문화주의와 상호문화주의 각각의 가치를 인정하되, 다문화사회를 위한 대안으로 상호문화주의가 더 적합하다고 보는 것이 일반적이다.

2) 다문화교육의 두 가지 관점

(1) 자유주의적 다문화교육

소수 문화집단의 정체성과 권리를 보호하기 위해 등장한 다문화주의 담론을 주도해온 것은 자유주의적 다문화주의이다. 자유주의적 다문화교육은 인간의 차이를 존중하며, 소수집단의 정체성을 인정하고, 다양한 소수집단의 권익을 보호하기 위한 교육을 의미한다.

교육적 맥락에서 자유주의적 다문화교육은 학교개혁을 통해 인종, 민족, 사회적 지위, 언어에 따른 소수집단 구성원들에게 특별한 교육적 정책을 제공하여, 교육 평등의 실현을 중시한다(Banks, 2008). 자유주의적 다문화교육은 차이의 영역을 강조하고 소수자의 권리를 옹호한다. 소수자에게 교육적인 혜택을 제공하고, 소수자의 문화에 대해서 이해하는 교육과정을 편성한다. 그러나 자유주의적 다문화교육은 주류문화 교육의 우위 속에서 소수 문화 교육을 '관용' 혹은 '혜택'의 차원에서 부분적으로 허용한다는 한계를 지닌다. 자유주의적 다문화교육은 자유라는 주류문화의 가치 속에서 문화적 다양성을 추구하고 소수문화의 구성원들을 문화적 다양성을 지키기 위해 배려해야 할 대상으로 간주하면서 소수문화의 주체성을 강조하지 못하고 오히려 주류문화와 더욱더 분리시키는 결과를 가져왔다. 이러한 관점에서 자유주의적 다문화교육은 몇 가지 한계를 내포하고 있다.

첫째, 자유주의적 다문화교육은 소수문화를 관용의 정신으로 배려해야 하는 대상으로 본다. 주류문화의 입장에서 소수문화는 반드시 필요한 것은 아니지만 사회를 더 윤택하게 하고 다양한 구성원의 욕구를 충족시키고 자유를 확장시키기 위해 필요한 것이다. 하지만 소수문화가 주류문화의 가치, 자유와 민주주의의 가치를 위협하게 되면, 주류문화는 언제든지 소수문화를 배제하거나 무시할 수 있다는 것을 의미한다.

둘째, 자유주의적 다문화교육은 소수문화 형성의 역사적·사회적 맥락을 고려하지 않고, 소수문화 구성원들의 불평등 원인을 단순히 문화적인 것으로 본다. 그러나 소수문화 구성원들이 불평등을 경험하는 이유는 문화에 한정되지 않으며, 경제적 빈곤, 제한된 인적자원, 사회구조상 낮은 신분으로 인해 고통을 당하기도 한다. 사회구조적인 문제를 간과하고 문제의 원인을 문화적인 것으로만 보는 한계가 있다.

셋째, 자유주의적 다문화교육은 소수문화 구성원들의 사회적 역할과 주체성을 인정하지 않고, 소수문화 구성원들의 사회적 일탈을 방치하는 경향이 있다. 소수문화 구성원들은 자신의 문화를 지키려는 의식은 강하지만 사회 속에서 자신들의 역할을 인식하지 못하는 경우가 많고, 무조건적인 배려와 관용을 사회에 요구하는 경우 주류문화와의 갈등을 촉발할 수 있다.

(2) 비판적 다문화교육

비판적 다문화주의는 소수문화를 인정의 대상이자 배려의 대상으로 보는 자유주의적 다문화교육의 한계를 극복하고 소수문화의 구성원들을 의식화하여 사회를 개선하는 능동적인 주체로 간주한다.

비판적 다문화교육은 불평등을 개선하지 못하는 자유주의적 다문화교육의 한계를 지적하면서 비판이론을 통해 소수문화 구성원들이 겪는 불평등을 개선하고자 하였다. 주류문화의 관용에 의지하여 소수문화에 대한 배려를 주장하는 자유주의적 다문화교육과 달리 비판적 다문화교육은 차이의 문제와 차이를 발생시키는 권력에 관심을 가지고 불평등 해소를 위한 성찰과 실질적인 변화를 추구한다. 비판적 다문화교육은 소수문화의 발생 배경과 구조적인 문제를 역사적·사회적 맥락을 비판적으로 접근하는 교육을 통해 구성원들이 구조적 불평등을 인식하게 하고 스스로의 성찰과 사회적 참여를 통해 불평등 문제를 개선하도록 독려하는 교육이다. 그러나 다양한 소수집단을 인정하고 문화적 차이를 강조하는 과정에서 사회 공통의 문화적 가치를 찾는 것에 대해 소홀히 한 경향이 있고, 극단적인 소수집단의 출현으로 인한 갈등을 야기할 수 있다는 한계를 가진다. 비판적 다문화교육은 자유주의적 다문화교육이 가지고 있는 한계를 극복하지만 불평등의 측면에서 소수문화의 해방을 주장하면서 갈등을 일으킬 수 있는 위험을 가지고 있다. 비판적 다문화교육은 차이를 강조하면서 작은 집단과의 관계를 선호하는

과정에서 국가차원의 연합을 어렵게 하는 측면이 있고, 불가피하게 극단적인 소수집단의 존재를 양산해 낸다. 주류문화를 식민지배의 연장선 혹은 억압기제로 인식하면서 부정의 문제를 해결하기 위한 소수문화의 저항이 거세질수록 주류문화 내에서 다문화주의에 대한 반감이 생겨 사회적 갈등이 심화될 가능성이 있다.

3) 상호문화교육의 등장

상호문화주의는 소수문화와 주류문화의 갈등을 완화하고, 균형적이고 실질적인 다문화주의를 제시한다. 상호문화주의는 주류문화의 보편적 가치인 자유의 관점에서 소수문화에 접근하기보다는 주류문화와 소수문화를 동등하게 보고 소통을 통해 보편적 가치를 재탐색하고 추구해 나간다.

자유주의적 다문화주의와 비판적 다문화주의가 차이를 강조하며 소수문화 공동체의 구성원들을 주류문화와 분리시킨다면, 상호문화주의는 상호접촉과 대화 혹은 상호작용을 장려하여 공통의 문화적 기반을 마련하는 데 초점을 맞춘다. 상호문화주의는 문화의 동적 특성인 소통을 통해 보편적 가치를 찾고 공통적인 문화 기반을 만들기 때문에 소수문화의 정체성과 권리를 보장하는 것과 국가의 문화적 동질성을 유지하는 것을 동시에 추구할 수 있다.

상호문화교육은 자유 혹은 불평등이라는 주류문화의 가치 속에서 소수문화를 해석하기보다 주류문화와 소수문화를 동등한 관계로 보고 소통을 통해 공통의 문화적 가치를 찾는 것에 주안점을 둔다. 상호문화교육은 다양한 문화가 존재하고 이러한 문화 간에는 차이가 있지만 동시에 중첩의 영역이 있기 때문에 대화와 소통을 통해 차이를 발견하고 자신의 문화를 비판적으로 성찰하는 교육을 하고자 한다. 상호문화교육은 소통을 통해 공통의 가치를 찾고 문화를 변화시키는 능력을 기르는 것을 다문화교육의 목표로 여긴다.

상호문화교육은 이론적인 측면에서는 '인정의 영역'에 머물러 있던 자유주의적 다문화교육과 비판적 다문화교육을 '소통의 영역'으로 전환시켰다는 점에서 정당성을 지닌다. 상호문화교육은 소통을 통해 문화의 개별성과 보편성은 통합되고 공통의 가치를 형성하면서 개인들은 새로운 문화 창조력을 가지게 된다. 상호문화교육은 문화적 공동체와 차이를 강조하는 과정에서 개인이 배제될 수 있는 위험에서 벗어나기 위해 개인

에 강조점을 두면서 다문화교육의 상황에서 문화의 주변부에 위치하는 개인이 소외되는 것을 방지하기도 한다.

교육 실천적 측면에서 상호문화교육은 이질적인 문화에 대한 수용과 인식이 부족하고 다문화시민들을 이등시민으로 간주하거나 혹은 보충교육의 대상으로 여기는 상황에서 소수문화와의 능동적인 소통을 통해 소수문화의 가치를 재발견하고 공통의 가치를 재탐색하게 한다는 점을 강조한다. 상호문화교육은 소수문화의 구성원들을 소통의 장으로 불러오는 과정에서 지역사회에 존재하는 그들에 대한 편견을 극복하게 하고 소수문화 구성원들이 가진 다양한 개인적 능력들이 발현될 수 있는 기회를 제공하고 새로운 정체성을 부여하는 교육, 교육의 본질에 충실하면서 교육의 역사·사회적 맥락을 계승하고 소수문화 구성원들의 권리와 목소리를 옹호할 수 있는 교육이라고 할 수 있다.

4) 상호문화교육의 이해와 추진 방향

상호문화주의와 교육의 결합은 이미 1970년대 이후 프랑스와 독일에서부터 이루어졌다. 다만 당시의 상호문화교육은 프랑스, 독일 등과 같은 유럽 선진국에서 이주배경 학생의 교육문제 가운데 특히 언어교육문제를 해결하기 위해 진행한 일종의 '특수교육'이었다. 이후 사람들은 이러한 교육이 이주배경 학생들을 범주화하고 소외감을 가중시킨다는 점을 지적했고, 이러한 비판 속에서 상호문화교육은 1970년대 후반에 이르러 학생 모두에게 문화적 다양성을 가르치는 '일반교육'으로 발전했다. 이러한 변화는 프랑스와 독일 모두에서 나타난 공통적 변화였다.

이후 상호문화교육은 유럽평의회, 유네스코, 유럽연합과 같은 국제기구들을 통해 확산되기 시작하였다. 이때 상호문화교육은 단순히 교육적인 선택이 아니라 사회의 지향점으로 인식되었으며, 이후 상호문화교육은 다양한 정의 속에서 실천되었다.

유네스코는 소극적 공존을 넘어 다양한 문화집단들 간의 이해와 존중, 대화를 통해서 다문화사회의 구성원으로서 함께 살아가게 할 발전적이고 지속적인 방법을 찾아내게 하는 교육으로서 상호문화교육을 정의하였다.

이를 바탕으로 상호문화교육을 위한 기본 원칙을 정리하면 다음과 같다.

첫째, 각자의 인간성을 바탕으로 타인을 온전한 주체로 인정한다는 것을 의미한다.

둘째, 자기 자신과 자기 고유의 문화를 아는 것이다. 자신이 자기 문화의 산물임을 인지하고, 자기가 여러 개의 정체성을 지닌 복수적 존재임을 인정하는 과정이다. 셋째, 차이에 대해 개방적인 태도를 가지는 것이다. 넷째, 차이를 받아들이는 것이다. 개방성을 바탕으로 나와 타인을 연관 지어 이해하는 것을 의미한다. 다섯째, 자신의 판단을 잠정적으로 유보하는 것이다. 먼저 타인의 말을 경청하고 타인을 이해하려고 노력하는 감정이입 능력을 중요시한다. 여섯째, 자기 자신을 분석하고 비판하는 것이다. 일곱째, 협상과 합의를 위해 노력하는 것이다.

상호문화주의는 다문화사회 구성원들 간의 상호작용과 교류를 전제로 한다. 따라서 상호문화주의를 표방하기 위해서는 다문화사회 구성원들이 서로 문화를 교류하고 소통할 수 있는 여건이 우선적으로 준비되어야 한다. 다문화사회 구성원들 모두가 교육의 장으로 들어와야 하며, 상호문화교육은 주류문화의 습득이나 타문화 체험이 아닌 다양한 문화적인 경험 및 구성원들 간 상호작용 능력 신장을 목표로 하는 것이다. 구성원 각자의 인간성 인정을 통해서 타인을 온전한 주체로 인정할 수 있는 교육, 자기 자신과 자기 고유의 문화를 이해하고 그를 바탕으로 하여 자기 자신에 대한 비판적 사고를 기를 수 있는 교육, 타인과의 차이를 이해하고 소통할 수 있는 교육이 필요한 것이다.

상호문화교육은 다문화에 대한 인식을 수정해야 한다는 관점에서 다문화 인식 제고를 위한 교육과정을 개선하여 상호문화주의적 입장에서 실시하는 것을 목표로 한다. 다수와 소수, 주류와 비주류, 집단 간의 경계를 허물고 서로의 문화를 경험하고 소통하고, 교류하며 타문화와의 관계를 형성할 수 있도록 도와주는 것이다. 따라서 사회 전체적으로 다문화에 대한 보다 열린 사고를 가지고 다문화와 관련한 시민들의 자발적인 움직임을 독려하고, 상호문화주의에 관한 이해를 높이는 과정을 우선시해야 한다. 다문화사회에 관한 가이드라인을 제시하되, 그 안에서 생겨나는 다양한 노력들을 인정하고 그것이 실현가능하도록 제도적인 장치를 마련할 필요가 있다. 시민사회의 자발적 참여를 통하여 다문화에 대한 편견과 무지, 고정관념에서 벗어나 그들이 지닌 장점과 특수성을 발견하고 조화시켜 나가는 상호문화주의를 지향해야 한다.

03
CHAPTER

다문화 관련 개념과 다문화교육

1. 다문화 역량
2. 다문화 교수 역량
3. 문화정체성
4. 문화 간 감수성
5. 문화다양성
6. 세계시민성과 세계시민교육

1. 다문화 역량

1) 문화적 역량의 개념

국제화, 세계화의 추세로 인해 다인종, 다문화사회로의 변화가 전 세계적으로 진행되는 상황에서 다문화 역량의 확보는 필수적이라 할 수 있다. 다문화적 가치관이 다양한 인종과 문화가 평화롭게 공존할 수 있도록 존중해 주는 사고방식이라고 볼 때 개인적 편견, 선입견, 고정관념 등을 인정하고, 문화적 규범, 태도, 신념을 알아가며, 다양성을 가치 있게 여기며, 자신의 문화와 다른 문화에 대한 타인과 지식 및 경험을 공유하고, 문화적 집단의 신념과 태도가 자신과 타인에게 어떻게 영향을 미치는지를 알고, 문화 간의 협상을 할 수 있는 기술을 습득하는 것은 다문화 역량을 발휘하는 데 기여할 것이다(김민경, 2010).

문화적 역량은 다른 문화적 특성을 이해하고, 편견 없이 다른 문화의 사람들과 적절하고 효과적인 상호작용을 하는 능력으로(손현미 외, 2014), 특히 다문화 상황에서 사회기관이나 시스템, 전문가들이 함께 협력하여 효과적으로 서비스를 제공하거나 작업을 할 수 있도록 하는 일련의 일관된 행동과 태도, 정책, 구조를 의미한다(Cross et al, 1989). 또한 전문가들이 다문화 구성원들에게 서비스를 제공함에 있어서 효과적으로 이를 수행하기 위해 발전시켜야 하는 지식과 기술로 정의할 수 있다(Lum, 1999).

문화적 역량은 효과적인 의사소통 능력과 문화적 다름에 대한 인식을 갖추고 이를 실행할 수 있는 능력을 의미한다. 이를 구체적으로 구분하면 첫째, 자기 자신의 문화적 세계관에 대한 인식, 둘째, 다양한 문화적 활동과 세계관에 관한 지식, 셋째, 문화 간 교류하는 기술(cross-culture skill)로 이뤄진다고 볼 수 있다(김민경, 2010).

문화적 역량은 개인적 역량의 차원과 구조적 차원의 역량으로 나눌 수 있다(김정연, 2014). 개인적 역량은 다른 문화에 대한 민감성과 역량을 지니고 실천하는 데 필요한 기술과 지식을 익히는 과정이자 다양한 민족과 일하기 위해 전문가가 지녀야 할 지식과 기술을 갖는 능력으로 볼 수 있다(Rothman, 2008). 구조적 차원의 입장에서는 인종차별과 빈곤, 계급화, 편견, 억압 등을 경험하는 소수집단의 욕구에 부합하는 서비스를 제공하는 능력으로 규정하며, 문화적 역량이 기관이나 조직, 서비스 전달체계 등의 전반적인 차원을 포함하고 있다고 강조하고 있다(김연희, 2007).

2) 다문화 역량의 개념

다문화 역량은 1980년대 말부터 인종적 다양성이 고도화된 서구사회에서 문화적 차이에 대한 이해와 공감 능력으로 논의되어 왔다(심익섭 외, 2015). 다문화 역량이 기초하는 문화적 차이 또는 다양성은 인종, 성별, 장애 등에 따른 가시적 다양성과 종교, 이념, 교육수준 등을 기초로 한 비가시적 다양성으로 구분된다(노충래, 김정화, 2011).

다문화 역량이란 주류문화와 차별성을 갖는 소수집단의 독특한 욕구를 이해하고 이에 반응하는 능력을 의미하며, 동시에 다른 문화를 가지고 있는 사람들의 욕구에 반응할 수 있는 일을 수행할 수 있는 능력을 의미한다(Betancourt et al, 2003). 또한 다문화 역량은 다양한 문화에 내재해 있는 특수성을 인정함으로써 소수문화가 가지고 있는 부정적 시각 자체로부터의 전환을 의미하는 문화적 강점 관점으로 이해되기도 한다(Lum, 2004).

다문화 역량은 일반적으로 문화적 차이에 대해 정서적으로 이해하고 공감하는 능력(한현우, 이병준, 2011)이며, 다양한 문화적 배경의 사람들과 효과적인 상호작용을 가능하게 하는 역량이며, 열린 마음으로 이해하기 위한 기술과 태도를 포함하는 능력이다(이병준 외, 2009). 따라서 다문화 역량은 다문화 현장에서 다양한 인종집단의 문화와 가치체계를 인정하고 이해하며, 개방적인 태도로 적절한 서비스를 제공할 수 있는 전문적인 능력(원숙연, 문정희, 2016)이자, 자기 자신의 문화적 배경에 대해 인식하고, 자신이 가진 가치와 편견을 인식하는 것을 통해 타문화를 존중할 수 있는 능력으로 정의할 수 있다(박근수, 신희정, 2012).

3) 다문화 역량의 구성요소

다문화 역량은 다차원인 개념으로 다문화 인식, 다문화 지식, 다문화 기술로 구성되고 다음 <표 3-1>과 같이 정리할 수 있다.

표 3-1 다문화 역량의 구성요소 및 개념

구분	정서: 다문화 인식	인지: 다문화 지식	행동: 다문화 기술
Sue et al. (1982)	• 자신의 고유한 가정, 가치, 편견에 대한 인식	• 다양한 문화적 배경을 지닌 클라이언트의 세계관에 대한 이해와 관련 지식의 습득	• 적절한 개입기술과 전략

Sue et al. (1992)	• 인종 · 민족적 소수집단에 대한 태도와 신념 • 편견, 고정관념의 점검 • 다문화주의에 대한 긍정적 성향 형성	• 타문화집단의 세계관의 이해와 구체적인 지식의 습득	• 소수집단에 대한 개입기술과 전략
McPhatter (1997)	• 자문화와 타문화의 장 · 단점을 포용하고 단일문화적 세계관에서 다문화적 세계관으로 재정립	• 다른 학문분야, 비주류 작업을 포함하여 광범위한 자원과 정보를 창의적으로 활용하는 것	• 지속적 · 체계적으로 기술을 습득하는 것 • 타문화 언어 · 방언의 이해를 위한 의사소통 능력
Campinha-Bacote (1999)	• 가치, 신념, 생활방식, 관습, 문화에 적합한 문제해결전략에 민감해지는 것	• 다른 문화의 다양한 세계관을 고려하는 교육적 기반을 추구하고 획득하는 과정	• 적절한 문제해결을 위한 클라이언트의 문화정보를 수집하는 능력
Lum (1999)	• 자신의 민족성에 대한 인식	• 다양한 문화적 관습에 대한 지식	• 문화적으로 다양한 클라이언트를 대상으로 기술 개발
Suh (2004)	• 타문화에 대한 문화적 편견과 차이 수용 • 자신의 문화적 배경에 대한 깊은 탐색	• 다른 문화를 이해하기 위해 사용되는 교육적 기반 • 다른 언어의 습득 • 역사적, 정치적, 경제적 요인에 대한 학습	• 타문화 간 의사소통기술
Weaver (2005)	• 문화적 다양성 인식 • 타문화의 가치 · 경험 인식	• 다양한 문화에 대한 정확한 지식 • 타문화의 역사, 전통, 가치체계, 세계관, 가족체계, 예술적 표현 등에 대한 심층적 이해를 위한 지식	• 이해관계자와의 협력 • 지역사회 문제해결 참여에 필요한 기술

출처: 원숙연, 문정희(2016)

다문화 인식(Multicultural awareness)은 문화적 다양성에 대한 이해와 자신의 가치와 신념이 다른 문화권에 속하는 사람들에게 미치는 영향에 대한 민감성이다(McPhatter, 1997). 다문화 지식(Multicultural knowledge)은 다른 문화를 이해하기 위한 지적 기반을 마련하는 것이다(Campinha-Bacote, 1999). 다른 문화의 세계관에 대한 이해, 다른 언어의 습득, 다른 나라의 역사적, 정치적, 경제적 요인에 대한 학습 등이 포함된다. 마지막으로 다문화 기술(Multicultural skill)은 다문화적 의사소통기술과 다문화 실천을 위해 다른 이해관계자와 협력하고 지역사회 문제해결에 참여하는 데 필요한 기술을 의미한다(Weaver, 2005). 이처럼 다문화 인식, 다문화 지식, 다문화 기술은 상호 연계되어 작용한다.

다문화 역량의 세 요소 간의 관계는 [그림 3－1]과 같다. 인지적 차원인 다문화 인식은 일종의 '고양된 의식(enlightened consciousness)'으로 지식과 기술을 연계하는 중심역할

을 하며, 다문화 지식은 근거(증거)에 기반하며(grounded knowledge base), 다문화 기술은 경험적으로 축적되고 지속적으로 학습 가능한 것(cumulative skill-proficiency)으로 규정된다(민무숙 외, 2009).

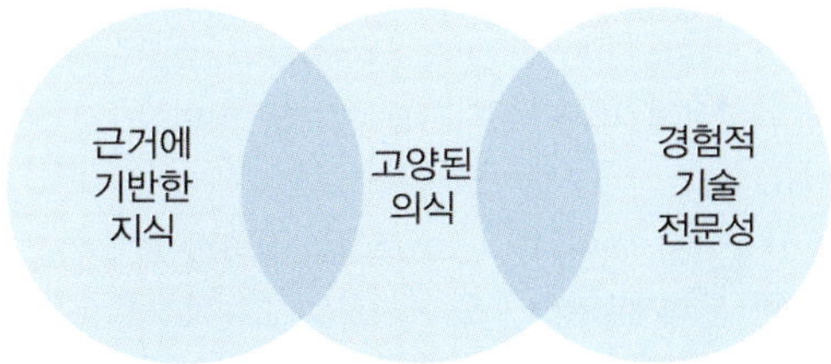

그림 3-1 다문화 역량의 구성요소

출처: 원숙연, 문정희(2016)

2. 다문화 교수 역량

1) 교수 역량

교수 역량은 교수 목적별로 분류될 수 있으며, 교수의 목적은 지식의 전달이고 수업을 통하여 학습자의 학습 과정을 향상시키는 데 있다(Prosser & Trigwell, 1999). 교육 현장에서 다문화교육을 실현하기 위해서 가장 중요한 것은 교사의 교수 역량이다. 교수 역량은 가르침이 일어나는 맥락에서 형성되는 복잡한 활동과 관련되며, 교육훈련을 통하여 개발되고, 개선될 수 있는 지식, 기술, 태도의 집합체를 의미한다(노혜란, 최미나, 2004). 또한 교수와 학습자 사이에서 이루어지는 수업의 전 과정과 이 과정에서 수행되어야 할 학습환경 및 자원관리 등 교수활동을 안정성 있게 수행하고 교수 상황의 변화에 대응할 수 있게 하는 지식, 기술, 태도에 관한 모든 능력을 의미한다(김종우, 이용환, 2009). 또한 교수 역량은 전반적인 수업활동을 안정적이고 역동적으로 전개하기 위해 갖추어야 할 지식, 기술, 태도에 관한 모든 역량이며(김정환, 이계연, 2005), 교과교육을 성공적으로 수행하기 위해 필요한 지식, 기술, 태도의 총체라고 정의된다(Smith & Simpson, 1995).

이를 종합하면 교수 역량은 학습자의 학습활동을 돕기 위해 교사가 교수활동을 안정

성 있게 수행하고 복잡한 학습 상황에 적절히 대응할 수 있도록 갖추어야 할 지식, 기술, 태도 등에 관한 전문적 능력이라 볼 수 있다(이기용, 이건남, 2013).

2) 다문화 교수 역량

다문화 역량과 교수 역량이 결합된 다문화 교수 역량은 다양한 문화적 배경을 가진 사람들을 가르치는 능력이며, 그들과 상호작용하기 위한 인식, 지식, 기술, 태도 등을 포함하는 능력으로 규정할 수 있다(Vassallo, 2012). 다문화 교수 역량을 구분하면 다음 [그림 3-2]와 같다.

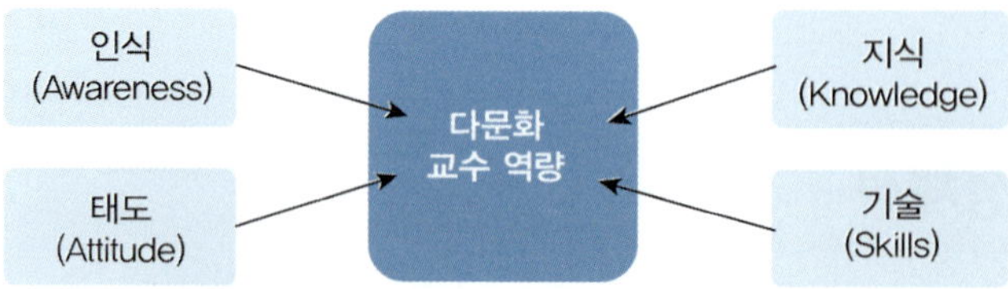

그림 3-2 다문화 교수 역량의 구성요소

출처: 이기용, 이건남(2013)

다문화 교수 역량을 구체적으로 다문화 지식, 다문화 기술, 다문화 태도로 구분하면 그 구체적인 내용은 다음과 같다.

첫째, 다문화 지식은 서로 다르다는 것에 대한 존중을 포함하며, 다양한 집단에 대한 특정한 지식의 축적과 내면화는 환경의 다양한 부분을 형성함을 의미한다(Sue et al, 1982). 다문화 지식의 하위 내용으로는 다양한 문화적 배경 관련 지식, 인종차별 관련 지식, 다양한 문화 학습자들에 대한 행동 방식의 차이 관련 지식, 다양한 언어의 차이 관련 지식 등이다.

둘째, 다문화 기술은 다양한 집단과 함께 문화적으로 민감한 상호작용에 초점을 두는 일련의 행동들이다(Sue & Sue, 1990). 다문화 기술의 하위 내용으로는 다양한 문화적 배경의 이해 방법, 교육과정 내 다문화교육의 중요성, 특정문화 관련 지식과 경험이 학습자의 성취기대에 미치는 영향, 다문화 학습자들에 대한 인식 방법, 다문화교육의 다양한 방법, 문화적 다양성 이해 기술, 문화적 차이 공유 관련 기회 제공 방법, 다양한 의사소통 방식, 다양한 문화적 배경의 학습 방법, 문화적 차이 관련 이해 방법, 학습자

의 기대치에 영향을 미치는 문화 이해 방법 등이다.

셋째, 다문화 태도는 무엇에 대한 한 개인의 좋아함과 싫어함의 정도를 대신하는 가상적인 구조이며, 이러한 다문화 태도는 사람, 장소, 물건, 사건에 대한 긍정적이거나 부정적인 관점이라 볼 수 있다(Vassallo, 2012). 다문화 태도의 하위 내용은 인종적 편견 해소를 위한 적극적인 행동, 문화적 배경 차이를 고려한 다양한 교수방법 활용, 자문화에 대한 자부심을 갖도록 하기 위한 안내, 다른 문화 학습자들에 대한 즉시 확인, 다문화가정 학습자 특성 및 발달의 이해, 다문화가정 학부모 특성 이해, 인종적 문제의 대응 관련 도움 제공, 다문화가정 학습자에 대한 언어 다양성 이해, 다양한 문화적 집단의 지도 능력 등이다.

3. 문화정체성

1) 문화정체성의 개념

문화정체성은 한 사회 속에서 오랜 시간 동안 다양한 환경적 요소들의 영향을 받으며 형성되는데 공통된 경험과 습성, 언어, 종교와 같은 문화적 속성을 공유하고 있는 집단의 주관적 느낌과 가치를 의미한다.

문화정체성(cultural identity)이 한 사회의 구성원이 자신의 문화에 대해 갖는 일체감이라면 이중문화 정체성(bi-cultural identity)은 두 문화 사이에서 이주민이 가지고 있는 이주 사회의 생활방식이나 가치에 적응하는 동안 그들의 원문화를 유지하려고 하는 독자성으로 정의할 수 있다(Dong et al, 2006).

문화정체성에 영향을 주는 요인은 개인적 요인과 사회적 요인으로 구분할 수 있다. 개인적 요인으로는 개인의 연령과 성, 종교, 직업 등이 있고, 사회적 요인은 역사, 문화적 전통, 계층, 가치관, 사회의 산업화 정도 등을 들 수 있다. 정체성은 본래의 타고난 것이 아니라 개인이 속해 있는 여러 가지 하위문화의 집단 안에 포함되는 사회적, 심리적인 동일시 과정을 통해 정체성이 완성된다(Hall, 1992).

2) 문화정체성 이론

Banks(2006)에 따르면 개인은 성(gender)과 인종, 지역과 성적 지향, 언어 등 다양한 문화적 집단에 소속되는데, 자신이 속해 있는 문화적 집단과의 연관 속에서 개인의 주관적인 자아 개념인 문화정체성을 완성하게 된다.

다양한 하위집단에 속한 개인이 다문화 혹은 이중문화 상황을 경험하면서 형성되는 문화정체성 발달 이론을 여섯 단계로 구분하면 다음과 같다.

첫째, 문화 심리적 속박(cultural psychological captivity) 단계로 개인은 제도화되어 있는 사회 안에서 자신의 문화집단에 대하여 부정적인 신념을 갖고 있어 자기부정, 낮은 수준의 자존감을 나타낸다. 또한 타문화집단과의 접촉을 피하려 한다. 특히 주류집단에 의해 역사적으로 차별을 경험한 소수집단 구성원들이 문화적, 심리적 속박을 경험하는 성향이 강하다.

둘째, 문화적 캡슐화(cultural encapsulation) 단계로 개인은 자신이 속한 문화 공동체 내에서만 참여하려는 강한 성향이 나타나며, 자신이 속한 문화집단이 타집단에 비해서 우월하다는 믿음을 갖고 있다.

셋째, 문화정체성 명료화(cultural identity clarification) 단계이다. 개인은 자신이 속해 있는 문화집단에 대해 긍정적인 태도를 나타내며, 외부 문화집단에 대해서도 좀 더 긍정적인 반응과 자기수용을 배우게 되며 나아가 자신의 문화집단이 가지고 있는 긍정적 · 부정적인 속성 모두를 수용하고 이해하는 모습을 보인다.

넷째, 이중 문화주의(bi-culturalism) 단계로 개인은 자신의 문화 공동체뿐만 아니라 타문화 공동체에 성공적으로 참여하는 데 필요한 건전한 문화정체감과 심리 특성, 기능을 수용하게 되어 두 문화 안에서도 효과적인 역할 수행이 가능해진다.

다섯째, 다문화주의 및 성찰적 국가주의(multiculturalism and reflective nationalism) 단계이다. 개인은 정의와 인간 존엄의 측면에서 국가적 이상, 신념, 가치 등에 대해 반성적으로 생각하고 이에 헌신한다. 특히 한 국가 내에 존재하는 여러 하위문화들의 가치와 제도, 상징을 이해하고 인정하며 공유하는 다문화적 관점과 감정을 수용하게 된다.

여섯째, 글로벌주의와 글로벌 소양(globalism and global competency) 단계이다. 개인은 인류의 보편적 · 윤리적 원리와 가치를 내면화하여 국가 내에 하위문화뿐만 아니라 세계 여러 나라의 다양한 문화들에 대해서 반성적이면서도 긍정적으로 이해하는 문화정체

성을 갖게 된다.

문화정체성 발달이론은 개인이 속한 집단 문화와 외집단 문화 사이에서 일어나는 문화 차이에 대한 반응과 인지에 대한 이해를 돕고, 가치 지향적 신념과 태도의 형성에 대한 유용한 정보를 제공하고 있다.

3) 글로벌 · 다문화 시대의 정체성 교육

(1) 정체성 교육의 이해

근대 국가의 등장 이후 학교 교육의 중요한 기능 중 하나는 학생들에게 개인적 · 집단적 정체성을 길러주는 것이었다(김왕근, 1999; 서태열, 2004; 설규주, 2004; Gaudelli, 2001; Ong, 1999). 학교 교육은 교과 지식의 전달뿐만 아니라 학생들에게 자신에 대한 이해와 정체성에 대한 인식에 대한 일종의 공유된 믿음과 신념 체계를 갖게 하는 것을 목표로 했다. 근대적인 정체성 교육은 집단적 정체성의 측면에서 이항대립적 구도에 토대를 두어 '우리'와 '그들'을 서로 다른 믿음과 문화를 가진 이질적 집단으로 정의하고, '우리'는 긍정적인 속성을 가진 집단으로 동일화되는 반면 '그들'은 부정적 속성을 가진 집단으로 타자화되는 경향이 있는 것이다(김선미, 2003; 박철희, 2007; 주재홍, 2007; Hong & Halvorsen, 2010; McCarthy & Dimitriads, 2000).

하지만 최근 들어 글로벌한 다문화적 변화가 급속히 진행되면서 차이와 대립에 토대를 두어왔던 지금까지의 정체성 교육은 새로운 전기를 맞고 있다(김왕근, 1999; 설규주, 2004; 추병완, 2009). 한 사회 내에 인종적 · 문화적 · 언어적 다양성이 증가하면서 정체성에 대한 새로운 접근이 요구되었고. '우리'와 '그들'을 나누던 전통적 경계들도 모호해지고 있다.

우리 사회는 정치와 경제의 글로벌화가 진행되는 것과 더불어 다문화사회의 출현이라는 큰 변화를 맞이하고 있다. 다문화 인구의 급속한 증가는 자라나는 세대들이 인종적 · 문화적 배경이 다양한 사람들과 함께 일하고 살아가야 하는 공존의 가능성이 증가했다는 것을 의미하며, 다문화적 소양의 중요성 역시 더욱 커지고 있는 것이다(장인실, 유영식, 2010; Sleeter & Grant, 2003; Suárez-Orozco, 2005).

이러한 우리 사회의 변화는 정체성 교육에도 새로운 변화를 요구하고 있다. 지금까지의 정체성 교육이 단일민족과 단일문화를 강조하는 것을 통해 집단적 단결과 일체감

을 부여해 왔다면 앞으로는 글로벌 · 다문화 시대가 요구하는 새로운 정체성 교육의 방향을 재설정하고 이를 위한 교육 내용과 방법을 재정립할 필요성이 있다.

(2) 글로벌 · 다문화 시대에 적합한 정체성 교육의 기본 방향

글로벌 교육의 내용 영역은 관점의 다양성, 국제적 현안에 대한 이해, 간문화적 이해, 국제 체제에 대한 이해, 선택과 결과에 대한 이해 등의 다섯 가지를 제시하고 있으며(Hanvey, 1976), 국내의 경우에도 정체성 교육에 대한 새로운 방향에 대한 고민을 통해 글로벌 · 다문화 시대에 적합한 교육의 내용 영역을 구안하려는 시도들도 활발히 이루어져 왔으며, 문화, 협력, 반편견, 평등성, 다양성 등을 다문화교육의 주요 내용 영역으로 제시하고 있다(정정희, 2006).

[그림 3-3]은 글로벌 · 다문화사회의 정체성을 개발하기 위해서는 개인적 · 지역적 정체성, 국가 · 사회적 정체성, 글로벌 정체성이 서로 상호 영향을 주고받으며, 다방향적인 흐름을 나타낸다는 점을 보여주고 있다(Nussbaum, 1997).

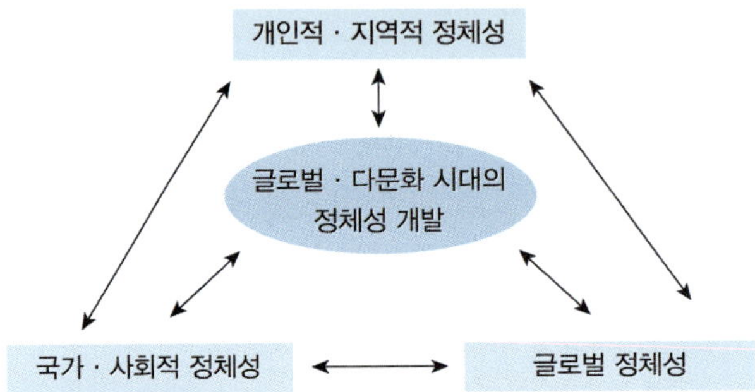

그림 3-3 글로벌 · 다문화사회의 정체성 개발

출처: 홍원표(2011)

글로벌 시대의 정체성 교육은 폐쇄적이고 배타적인 정체성에서 벗어나 자기애, 민족애, 세계애를 조화시킬 수 있는 보다 유연하고 탄력적인 정체성을 갖출 것을 요구하며, '다중 시민성'(권효숙, 2003; 김왕근, 1999), '열린 민족'(이진영, 2001), '혼종적 정체성'(서태열, 2004)과 같은 용어를 통해 정체성 교육의 새로운 방향을 강조해 왔다. 따라서 글로벌 · 다문화 시대에 적합한 정체성 교육의 기본 방향을 다음과 같이 설정하였다.

첫째, 글로벌 · 다문화 시대의 정체성 교육은 미래 사회의 구성원들에게 건전한 개인

적 · 지역적 정체성을 길러주는 것이다. 구성원들이 건강하고 건전한 자아 정체성을 함양하고 자신에 대한 명확한 이해와 미래의 방향성을 설정하는 동시에, 자신이 속해 있는 지역사회에 대한 이해와 소속감을 길러주는 것이 필요하다. 많은 국가들은 건전한 개인적 정체성의 함양을 정체성 교육의 출발점으로 보고 있다(Curriculum Corporation, 2008; New Zealand Ministry of Education, 2007).

둘째, 글로벌 · 다문화 시대의 정체성 교육은 미래 사회의 구성원들이 건전한 국가적 정체성을 바탕으로 다문화에 따른 사회적 변화를 수용할 수 있는 태도와 가치를 갖추는 한편, 우리 사회의 정체성에 대한 자존감을 가질 수 있도록 지원해야 한다. 글로벌 · 다문화사회를 대비한 정체성 교육이 국가정체성 교육과 모순되는 것이 아니며, 우리 사회에 대한 올바른 이해와 국가적 소속감을 부여하는 것이 국제사회의 일원이 되기 위한 선제적 요건이라는 점을 강조한다. 글로벌 · 다문화 시대의 정체성 교육은 전통문화에 대한 이해뿐만 아니라 우리 사회가 추구하는 정치 · 경제 · 사회 · 문화적 가치를 기반으로 국제사회에서 우리나라의 역할에 부합되는 정체성을 갖출 수 있도록 해야 한다.

셋째, 글로벌 · 다문화 시대의 정체성 교육은 미래 사회 구성원들이 세계의 문화적 다양성을 수용하고 국제적 시각과 참여의식을 갖추어 글로벌한 정체성을 갖도록 도와주는 것이다. 글로벌 사회는 국수적이고 배타적인 태도와 가치를 극복할 것을 요구하고 있기 때문에 미래 사회 구성원들을 위한 정체성 교육의 내용과 방향성은 세계적 문제에 대한 관심과 책임, 참여의식를 길러주는 것이 핵심이다. 따라서 글로벌 · 다문화 시대의 정체성 교육은 지구촌의 다양한 인종과 문화, 국제사회의 정치 · 경제 질서에 대한 이해를 바탕으로 세계시민의식을 갖고 있는 학습자를 길러 낼 수 있어야 한다(문미숙, 박창언, 2009; 박남수 외, 2007).

4) 다문화 정체성 교육 내용

다문화 정체성을 함양하기 위한 다문화교육의 내용은 다음과 같다.

첫째, 문화적 보편성과 다양성을 인식하도록 해야 한다. 문화적 다양성을 개별 설명하기보다 문화 기저에 깔려 있는 다양성 · 차이점 · 유사점을 발견하게 하고, 정의 · 평등 · 문화 · 민족 등과 같은 보편적 개념을 이해하는 교육이 필요하다.

둘째, Erikson의 인간발달 과정에 따르면 학령기 아동은 객관적 자아가 형성되는 시기를 경험한다. 이 시기의 긍정적 다문화 정체성 교육의 중요성을 인지하고 이 시기의 아동에 대한 객관적이고도 밀도 있는 관찰을 통해 다문화 정체성의 발달 단계를 확인 후 그에 맞는 교육을 시키는 것이 바람직하다.

셋째, 학습자들의 눈높이에 맞추어 집중과 몰입을 유도하도록 학습 자체의 흥미도를 높여 자발적 참여를 통한 인식의 개선과 확장이 이루어지도록 해야 한다.

다문화 정체성의 형성은 문화적 다양성에 대해 이해하는 능력과 존중하는 태도, 실천하는 능력으로 구성된다. 이를 다문화 정체성 교육의 실제를 정리하면 다음 <표 3-2>와 같다(박순철, 2011).

표 3-2 다문화 정체성 교육의 실제

포괄적 측면	내용	
인지적 측면	자문화에 대한 성찰적 이해 능력의 향상	• 이야기로 표현되는 나 • 공감을 통한 반성적 사고
	타문화에 대한 성찰적 이해 능력의 향상	• 다문화적 가치가 반영된 규율 • 교육과정을 통한 다문화적 가치 인식
정의적 측면	자문화에 대한 존중적 태도의 형성	• 긍정적이고 도덕적인 자아
	타문화에 대한 선택적 존중 태도의 형성	• 온정적 배려의 교실 공동체 • 타자로서 자기 자신을 규정
	다문화교육의 보편적 가치 존중 태도의 형성	• 직업에 대한 존중
행동적 측면	타인에 대한 선택적 존중 태도의 실천 능력 향상	• 민주적인 분위기의 교실 • 구성주의적 협동학습
	다문화적 문제나 갈등 상황에 대한 대처 및 참여 능력 향상	• 다문화 상담을 통한 행동수정 • 갈등 해결 방법 찾기

출처: 박순철(2011)

다문화 정체성 교육은 이주배경 학습자들에게는 바람직한 다문화 정체성 형성에 도움을 주고, 모든 학습자들에게는 다문화에 대한 편견을 해소하는 것에 도움을 준다. '존중', '공감'과 '평등'이라는 다문화교육의 핵심적인 가치를 바탕으로 타인과 타문화를 이해하고 수용하며 공존을 추구하도록 하는 것이 다문화 정체성 교육의 핵심이며 '모두를 위한 교육'이라는 점을 명확히 해야 한다.

4. 문화 간 감수성

1) 문화 간 감수성의 개념

다문화사회에서 문화 간 의사소통 능력은 '문화 간 인지 능력', '문화 간 감수성', '문화 간 기민성'의 세 가지 요소로 구성된다(김영순 외, 2013). 개인의 문화 간 역량을 문화 간 의사소통 능력이라고 볼 때 인지적 영역인 문화 간 인지 능력, 정서적 영역인 문화 간 감수성, 행동적 영역인 문화 간 기민성으로 구성되었다고 보았다.

개인이 타문화와의 차이를 인식하는 것을 문화 간 감수성으로 정의하며 문화적 맥락의 차이 속에서 자신의 행동을 변화시키는 능력인 문화 간 역량의 강화를 강조했다(Bhawuk & Brislin, 1992). Bennett(2009)은 문화 간 역량 개발이 다문화교육의 중요한 목표 중 하나임을 강조했다. 다문화교육을 통해 자신의 문화에 대한 성찰을 바탕으로 다양한 문화와의 공존을 추구하기 위한 문화 간 역량의 개발을 중요시했다.

다문화사회에서 문화 간 역량을 향상시키기 위해 문화 간 감수성을 갖추어야 한다고 했으며(Spitzberg, 1991), 다양한 문화적 환경 속에서 개인의 행동을 결정하기 위해 문화적 차이를 인식하고, 음미하며, 용인하고, 수용하는 민감성을 문화 간 감수성으로 보았다(Chen, 1997). 이를 통해 자신과 서로 다른 문화집단과의 문화 간 의사소통이 가능하다고 했다. 문화 간 감수성(Intercultural sensitivity)은 '문화적 상호작용 속에서 문화적 차이에 대한 이해와 인식 및 그 차이에 적합하고 효과적인 행동에 관한 긍정적인 감정을 만들어 낼 수 있는 능력'으로 정의되며, 문화적 상호작용의 정서적 부분을 강조하였다(Chen, 1997). 문화 간 감수성을 갖춘 개인은 다른 문화를 이해는 과정에서 문화 간의 차이를 긍정적 감정과 존중하는 태도로 받아들이며, 다른 문화를 이해하는 과정에서 자신이 가진 문화에 대한 인식과 행동을 적절히 변화시키고 수용할 수 있는 상호문화 역량(intercultural competence)을 갖추게 된다. 문화 간 감수성은 인지된 문화적 차이와 그 차이에 필요한 행동적 변화들을 긍정적인 감정으로 받아들이려는 정서적 특성으로, 문화적 차이를 인식하고 이해하는 인지적인 특성과 함께 상호문화 역량을 위한 필수조건이다(Chen, 1997).

문화 간 감수성을 갖추기 위한 요소로 자아존중감(self-esteem), 자기조절(self-monitoring),

개방성(open-mindedness), 공감 능력(empathy), 상호작용 참여(interaction involvement), 무편견(non-judgment)을 제시하였는데(Chen, 1997), 문화 간 감수성이 높은 사람은 일반적으로 높은 자아존중감을 보이며, 문화적 상호작용 시 자신의 행동이 적합한지에 민감하고, 타문화에 개방적이고, 상대방의 입장을 잘 이해하며 적절히 대처하고, 다른 문화를 갖고 있는 이들을 쉽게 판단하지 않고 잘 경청하고 이해하려는 태도를 가지고 있다. 따라서 다문화교육의 궁극적인 목표는 모든 사회 구성원들이 상호문화 역량 증진을 위한 중요 요소인 문화 간 감수성을 높이는 것이어야 한다(김옥순, 2008; 박하나, 2015).

김영순 외(2013)는 문화 간 감수성을 단순히 문화지식의 습득만으로는 얻을 수 없다고 보고, 타문화에 대한 개방적인 태도를 바탕으로 학습이 아니라 직접 경험을 통해 고정관념을 벗어나는 깨달음과 성찰의 과정에서 획득할 수 있다고 보았다. 문화 간 감수성을 통해 높은 자아존중감을 가질 수 있고, 타인과의 의사소통에서 개방적이고 참여적인 상호작용을 할 수 있다. 따라서 다문화사회를 살아가는 필수적인 능력인 문화 간 감수성을 갖추기 위해 다문화적 상황에 노출되는 경험과 관련 체험활동 등의 교육과 훈련이 요구된다고 보았다. 결국 다문화 감수성은 정적 개념이 아닌 다문화적 개념과 교육을 통해 역동적으로 변화될 수 있다고 보았다(김영순 외, 2013).

Bennett(1993)은 문화 간 감수성 발달 모델(Developmental Model of Intercultural Sensitivity, DMIS)에서 자민족 중심주의에서 민족 상대주의로의 이행 단계를 6단계로 세분화하여 정리하면서 문화의 차이에 대한 부정－방어－최소화－수용－적응－통합으로 볼 수 있다고 했다(김옥순, 전성민, 2009).

개인의 문화 간 감수성은 6단계에 걸쳐 발달된다는 문화 간 감수성 발달 이론에서는 문화 간 차이의 존재를 인지하는 것으로부터 시작해 문화 차이가 자신의 정체성에 위협적인 존재가 아니라 오히려 자신의 정체성을 풍부하게 만든다고 보고 이를 통해 다문화사회에서 요구되는 다문화적 정체성을 확립하게 된다고 본다. 이 과정에서 자신의 문화 간 감수성 발달 단계를 인지하고 그에 해당하는 적절한 훈련을 통해 다음 단계로의 성장이 가능하다고 보았다.

자민족 중심주의는 자신의 문화가 현실 인식에서 가장 중심적인 것으로 생각하고 문화 차이를 회피하는 것을 말한다. 부정 단계에서는 문화의 차이를 인정하지 않고 자신의 문화만을 진정한 문화로 인식하고 타문화를 회피하려고 한다. 방어 단계에서는 다른 문화들 간의 구분은 가능하나 자신의 문화를 우월하게 인식하며 타문화를 부정적으

로 평가한다. 최소화 단계에서는 드러나는 문화적 차이를 인정하면서 근본적으로 자신의 문화와 유사하다고 받아들인다. 자신의 문화와 세계관을 보편적인 것으로 생각한다.

민족 상대주의는 문화 차이를 인정하고 타문화의 관점에서 자신의 문화를 경험하고 해석한다. 수용 단계에서는 문화적 차이를 인식하고 인정하며 문화 상대주의적 관점에서 타문화를 해석한다. 타문화가 자문화와 다르지만 동등하게 현실 속에 존재하는 것을 인정한다. 적응 단계에서는 타문화의 관점에서 세상을 바라보며 문화 간 교류를 위한 소통을 통해 공감하고 자신의 사고와 행동 코드를 전환할 수 있다. 통합 단계에서는 자신의 문화적 정체성을 특정한 한 문화에 고정하지 않고 자아의 개념과 경험을 다른 문화적 세계관으로 이동하여 확장하려고 한다. 이때 문화적 혼동을 경험하기도 하고 주변적 존재가 되기도 한다.

2) 자아존중감과 문화 간 감수성과의 관계

자아존중감은 자신에 대한 긍정적인 태도와 스스로를 가치 있고 존경받을 수 있는 존재로 느끼는 것을 뜻한다(Rosenberg, 1965). 일반적으로 높은 자아존중감은 효과적인 스트레스 대처법과 상관이 있으며 긍정적인 감정과 높은 동기부여를 보이는 반면, 낮은 자아존중감은 우울증, 불안증, 낮은 동기부여 등과 같은 정서적·행동적 문제를 일으키기 쉽다고 보고되었다(Creemers et al, 2012; Frank & De Raedt, 2007; Martyn-Nemeth et al, 2008; Rosenberg & Owens, 2001). 다문화가정 자녀의 경우 자아존중감이 높을수록 주류사회에 더 잘 적응하며(김경란, 2006), 다문화가정 자녀들을 대상으로 자아존중감 증진 프로그램을 실시한 결과 자아존중감이 향상되고 이는 학교생활 적응의 향상으로 이어졌다(김미선, 2009).

자아존중감은 다른 문화에 대한 인식과 태도에 중요한 영향을 미친다. Banks(1984)는 긍정적 자아 정체감이나 자아존중감이 있어야 타인을 존중하고 긍정적으로 바라볼 수 있다고 보았고, Bennett(2011)은 긍정적 자아 발달이 이루어져야 다른 인종에 대해 관용적인 인식과 태도를 보인다고 하였다. 따라서 개인의 자아존중감이 문화 간 감수성에 유의미한 영향을 주며, 자아존중감이 높은 사람일수록 스트레스를 적게 받고 독립적인 성향을 보이면서 새로운 문화에 대해 열린 태도를 보이게 된다.

수준 높은 외국어 능력, 충분한 다문화 관련 미디어 경험, 좋은 형식적 다문화교육이 갖추어졌더라도 학습자의 긍정적인 자아존중감이 없이는 부정적인 다문화 인식이 형

성될 수 있다(최성보 외, 2011). 자아존중감은 다문화 인식에 긍정적인 영향을 미쳐 타민족에 대해 더 관용적이고 긍정적인 태도를 보이고(장진경 외, 2015), 다문화적 관계 형성, 다문화적 인식, 다문화적 개방성과 공감 등과 관련이 있다(장은화, 어주경, 2013). 따라서 자아존중감은 다문화인식에 영향을 미치는 중요한 내적 요인이며, 문화 간 감수성에도 직접적인 영향을 미친다.

3) 문화정체성과 자아존중감 및 문화 간 감수성과의 관계

자아존중감이 개인적 정체성에 영향을 미치는 요인이라면, 문화 간 감수성에 영향을 미치는 중요 요인은 사회 구성원의 사회적 정체성이다. 사회적 정체성은 개인이 속한 집단에 관하여 그 집단과 그 집단에 속한 나에 대해 느끼는 감정과 생각을 의미한다(Tajfel, 1982). 사회정체성은 특정 국가에 대한 소속감에 초점을 맞추는 국가정체성(이미림, 박춘숙, 2014; 최영은, 남상문, 2014), 개인이 소속된 민족집단의 구성원으로서의 민족정체성(서한나, 안현의, 2010; Phinney, 2003), 개인이 속한 문화에 대한 인식과 공유에 기반한 문화정체성 등이 있다(이현주, 2010).

오랜 기간 단일민족 및 단일문화권에서 성장한 한국인에게는 자신의 사회적 정체성 인식 수준에 의해 새롭게 접하는 문화에 관한 태도에 영향을 미치게 된다. 혈통을 중시하는 단일민족에 대한 자부심이 강할수록 다양한 문화와 인종을 수용하는 데 부정적인 영향을 주고(이미림, 박춘숙, 2014; 인태정, 2009), 또한 다른 인종과 민족들에 대하여 편향적인 태도가 나타나게 된다(임성택, 2008).

Bennett(2011)은 타 인종 · 민족에 대한 긍정적인 수용은 자신의 인종 · 민족에 대한 건전한 정체성에서 시작된다고 보았다. 민족정체성의 발달 유형을 제시한 Banks(1984)는 같은 민족 그룹 안에서도 개인마다 발달 단계가 다르다고 보았고, 자신의 민족정체성을 긍정적으로 인식하는 사람만이 타 민족을 긍정적으로 받아들일 수 있다고 보았다. Bennett(2011) 역시 편견 방지를 위해서는 자신에 대한 긍정적 인식이 필수적이며, 자신에 자부심을 가지지 못한 사람은 자부심을 가진 사람보다 타인에 대한 편견을 가지고 있을 가능성이 더 높다고 보았다. 따라서 주류 한국인들에게 민족적 정체성에 대한 긍정적인 인지와 수용은 다양한 민족과 문화를 이해하고 수용하기 위한 중요한 시작점이 된다. 자신의 문화에 대한 문화정체성도 다른 문화에 대한 개인의 태도에 영향을 미친다.

자신의 문화를 잘 이해하고 긍정적으로 바라보는 개인은 타문화에 대해서도 긍정적으로 받아들일 수 있다(박용규, 2011). 따라서 올바른 문화적 인식과 문화정체성은 세계화를 대처하는 중요한 방식이 되며 주류 구성원들에 대한 문화정체성 이해와 교육은 문화 간 감수성을 높이기 위해 매우 중요하다(박용규, 2011).

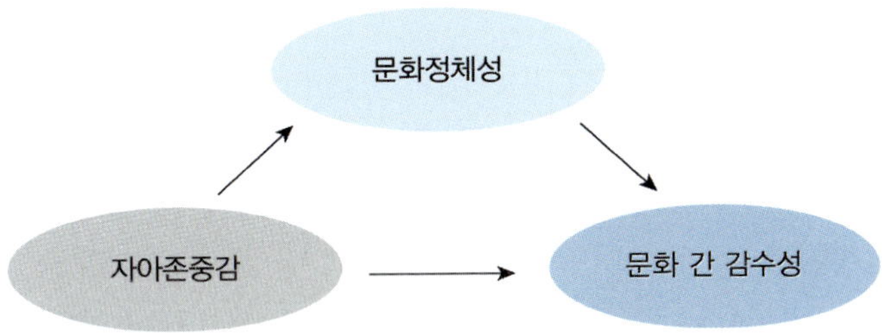

그림 3-4 자아존중감, 문화정체성, 문화 간 감수성의 관계

출처: 김수영, 테레사편(2016)

4) 문화 간 감수성과 다문화 교육과정

문화 간 감수성의 발달을 위한 다문화 교육과정 재구성의 방향을 제시하는 Sleeter와 Grant(2003)의 다문화교육 개념, 다문화 교육과정의 개혁적 접근방법을 제시하는 Banks(2004)의 다문화교육 모델, 포괄적 다문화교육을 위한 내용과 방법을 제시하는 Bennett(2009)의 다문화 교육과정 의사결정 모델, 그리고 다양한 문화에 대한 개인의 유능성을 문화 간 감수성의 발달단계별로 제시한 Bennett(1993)의 문화 간 감수성 발달모델(DMIS)은 개념상 상호 간의 관련을 맺고 있다.

Bennett(2009)이 제시한 다문화교육의 여섯 가지 목적은 다문화적 역량을 발달시키기 위한 가장 효과적인 방법으로 제시된 것인데, 이러한 다문화적 역량의 발달은 문화 간 감수성 발달 단계의 측정을 통해 설명될 수 있다. 문화 간 감수성 발달 단계의 변화는 다문화적 역량의 발달을 위한 다문화교육의 목적과 결합하여 설명될 수 있다. 다양한 역사적 관점을 발달(목적1)시키고, 문화 간의 의식을 강화(목적2)하며, 타문화와의 접촉상황에서 효과적으로 의사소통하는 능력을 기름(목적3)으로써 개인은 타문화 혹은 문화 차이를 '수용'하고, '적응'(목적4)하는 단계에 도달할 수 있다는 것을 알 수 있다. 또한 사회현상에 대하여 보다 비판적으로 바라보고(목적5), 행동할 수 있는 능력을 기르는 것(목적6)은 다양한 문화와 이들 문화의 관계를 거시적 관점에서 바라보는 '통합' 단계에

도달할 수 있도록 한다.

반대로 문화 간 감수성이 '부정', '방어', '최소화' 단계에 있다는 것은 다문화교육의 목적을 달성하지 못했음을 의미하며, '수용', '적응' 단계에 있다는 것은 다문화교육의 일차적 목적인 타문화와 문화 차이에 대한 이해를 달성했음을 의미한다. 특히 개인이 '통합' 단계에 도달했다면 이는 다문화사회 정의교육을 포함한 보다 포괄적인 다문화교육의 목적을 달성한 것으로 볼 수 있다.

개인이 자문화중심주의를 극복하고 문화 상대주의를 획득하기 위해서는 전환적 또는 사회행동적 접근을 통한 기존 교육과정의 재구조화가 필수적임을 알 수 있다. 다른 나라의 문화에 대한 정보를 얻거나, 이들 문화에 대한 이해를 넓힐 수 있으나 주류의 관점에 대한 비판과 해석이 병행되지 않으면 자문화와 타문화를 다양한 입장에서 바라볼 수 있는 데 한계가 있다. 그러므로 주류 구성원들이 주류의 입장에서 벗어나 문화상대주의적 관점으로 문화차이를 인식하고, 타문화와 효과적으로 의사소통하고, 문화다양성을 보존하기 위한 행동가로서의 역할을 획득하도록 돕기 위해서는 기존 교육과정의 재구조화가 반드시 필요하다.

5. 문화다양성

1) 문화다양성의 의미

문화다양성(Cultural diversity)은 집단과 사회의 문화가 표현되는 다양한 방식을 말한다(유네스코, 2005). 문화다양성은 각 집단의 문화가 고루 반영된 문화 구성을 통해 다양한 집단성과 계층성이 보장되어야 한다는 것으로, 각 집단의 문화가 왜곡됨이 없이 드러나 문화를 구성해야 한다는 문화의 주체성과 주권성을 말하는 것이다(문화체육관광부, 2017).

문화다양성이란 서로 다른 문화가 폭넓게 존재한다는 현상을 의미하는 용어로 성, 인종, 연령, 종교, 장애, 사회 계층 등의 인간의 문화적 다양성을 긍정적인 가치로 인식하는 것이며(설규주, 2013), 언어나 의상, 사회, 전통 등 문화적 가치와 실체의 형성 방법, 주변과의 상호작용, 도덕과 종교에 대한 관념 등 사람들 간에 존재하는 문화적 차이를

의미한다(박윤경, 2008; 유네스코한국위원회, 2008). 또한 인류사회에 서로 다른 문화가 존재하는 현상 자체를 지칭하는 개념인 동시에 다양한 인종과 민족의 문화적 차이를 인정하고 공존하는 가운데 서로 발전해야 한다는 가치를 포함한다(천정웅 외, 2015).

따라서 문화다양성은 각 집단 사이의 문화적 차이를 이해하고 인식하기 위한 개념으로 다양한 사람들이 형성하는 가치와 신념체계, 경험, 세계관, 대화방식을 공유하는 것을 의미하며, 다양한 문화가 존재한다는 의미로 문화의 다양성을 인정하고 차이를 존중하는 핵심가치라고 할 수 있으며, 다문화사회의 사회통합에 중요한 요소로 사회발전에 기여한다고 할 수 있다(이수진, 2019).

유네스코에서는 2005년 문화적 표현의 다양성 보호와 증진 협약(Convention on the Protection and Promotion of the Diversity of Cultural Expression)을 통해 문화다양성을 인류의 본질적인 특성으로 강조했다. 문화다양성은 인류 공동의 유산이기 때문에 모두의 이익을 위하여 소중히 간직되고 보존되어야 한다는 점을 강조하였으며, 문화다양성이 선택의 폭을 넓히고 인간의 능력과 가치를 육성해 주는 풍요롭고 다양한 세계를 창조하기 때문에 국가·민족·공동체의 지속 가능한 개발을 위한 원천으로 정의하였다.

문화다양성을 정의할 때 문화는 시간과 공간을 넘어서 다양한 양식을 가지며, 다양성은 인류를 구성하는 개인과 사회의 정체성과 문화적 표현의 독특성과 다원성에서 구현된다고 본다. 문화다양성은 생각의 자유로운 흐름으로 강조하고, 문화 간 지속적인 교류와 상호작용을 통하여 육성되며, 사회 안에서 문화적 표현을 풍요롭게 하는 매체의 다양성과 함께 사상, 표현, 정보의 자유를 중요시한다. 또한 전통적 문화 표현을 포함한 문화적 표현의 다양성이 정체 구성원들로 하여금 생각과 가치를 표현하고 남들과 공유할 수 있게 하는 중요한 요인임을 인정하고, 언어의 다양성이 문화다양성의 기본 요소임을 상기하고, 교육을 통해 문화적 표현의 보호와 증진이라는 기본적인 역할을 하며, 전통적 문화 표현을 창조, 보급 및 배포하고, 문화적 표현들을 활용하여 그들 자신의 개발을 위하여 이용하도록 돕고, 소수자와 토착민에 속하는 사람들에게 있어서 문화 생명력의 중요성을 강조하였으며, 지속 가능한 성장을 위한 전통문화의 중요성을 인정하고 적절한 보호와 증진의 필요성을 강조하였다.

문화적 표현을 육성하고 새롭게 하며, 전반적인 사회 진보를 목적으로 문화 개발에 관련된 사람들의 역할을 강화시켜 주는 문화적 상호작용과 창의성의 중요한 역할을 강조하고, 문화적 창조 활동에 관련된 사람들을 뒷받침하는 데 있어서 지적재산권의 중

요성을 인정하며, 정체성, 가치 및 의미를 전달하는 문화 활동, 상품 및 서비스는 경제적 속성과 문화적 속성을 함께 지니므로 단순한 상업적 가치로 취급되지 아니하여야 함을 확인하였다.

정보통신기술의 급속한 개발로 촉진된 세계화의 과정이 문화 간 상호작용의 강화를 위한 전례 없는 여건을 제공하는 한편 부국과 빈국 사이의 불균형을 야기한다는 점에서 문화다양성에 대한 도전이 된다는 것에 주목하고, 문화다양성에 대한 존중을 보장하고, 말과 영상에 의한 생각의 자유로운 흐름을 증진하고자 하였다.

유네스코에서 강조하는 '문화다양성' 개념은 시기별로 구체적인 강조점이 조금씩 변화되었다.

첫째, 2차 대전 종결 후 유엔이 창설된 직후에는 교육과 지식을 강조하였다. 교육과 지식을 통해서 사람들 간의 의심과 불신을 없애고 도덕적이고 인본적인 연대를 통해서 평화를 이루어야 한다는 것을 강조하였다.

둘째, 탈식민지화로부터 1966년 국제적 문화협력 원칙이 천명되던 시기에는 국제적으로 신규 독립 국가들이 생겨나면서 문화다양성 개념은 문화정체성 차원에서 개별 국가의 존재성과 독립성을 정당화하는 근거가 되었다. 개별 국가와 민족집단은 자신들만의 고유한 특징을 가지고 있으며, 이것이 인류문화의 공동재산이자 국가 간의 차별화된 가치의 원천임을 강조하였다.

셋째, 1970~1980년대에는 문화개념이 정책 결정 과정에서의 영향력을 가진 것으로 인식되면서 국가적 발전의 개념과 연결되었다. 문화정책이 강조되고, 이를 추진하기 위한 행정적, 제도적, 재정적 차원의 논의와 함께 개인의 '문화권'이 강조되었다.

넷째, 인권과 다문화사회 개념이 등장한 1990년대부터 현재까지 이어지는 시기에서는 문화와 민주주의가 연결되었다. 다문화적 상황 속에 있는 개인들이나 집단들, 두 개 이상의 문화 속에 살고 있는 이주민 인권과 민주주의적 관점에서 문화다양성을 수용하는 변화가 나타났다. 또한 세계적 관점의 문화적 다양성에 대한 지역 간이나 국가 간의 갈등뿐만 아니라 한 국가 내의 문화다양성의 문제도 부각되었다. 특히 소수자의 권리, 다양한 문화적 공동체의 공존, 도시화의 급속한 진전 등의 문제들이 강조되면서 새로운 문화적 경향과 욕구에 대응해야 하는 필요성이 제기되었다.

2) 문화다양성의 분류와 내용

문화다양성은 모든 사회 구성원들의 다양한 문화적 표현을 수용하고, 문화 간 융합을 통해 새로운 문화 창조에 이바지하는 것을 목적으로 한다(김면, 2017). 문화적 차이를 만드는 주요 요인에는 국적, 민족, 성별, 세대, 성적 지향 같은 사회문화적 범주와 전통, 종교, 혼인, 소득, 지역, 예술취향과 같은 다양한 소수자의 특성으로 구분된다. 이를 구분하면 <표 3−3>과 같다.

표 3-3 문화다양성 분류체계(Dimensions of Cultural Diversity) 및 내용 구성

구분	분류영역	내용 구성
기본 영역 (1차적 범주)	민족 (Ethnicity: Race)	한국 사회에 이주한 타민족, 타인종 집단으로 외국인근로자, 외국인 유학생, 귀화자 및 결혼 이주자 등
	국적 (Nationality)	국내 이주한 집단으로 타국적 소비자로, 외국인 외 외국적 동포, 북한에서 이탈한 북한이탈주민 포함
	성별 (Gender)	성별에 따라 집단별로 공유되고, 창조되는 문화
	장애 (Disability)	신체 기능에 장애가 있거나 정신 활동에 결함이 있어 일상생활을 하기 어려운 사람
	성적지향 (Sexual Orientation)	일반적으로 통용되는 성적 정체성이 다른 집단으로, 동성애자, 트랜스젠더, 젠더퀴어 등 포함
	세대 (Age)	연령에 따라 세대별로 형성하는 집단문화로, 아동문화, 청소년문화, 노인문화 등
환경 영역 (2차적 범주)	종교 (Religion)	다양한 신앙, 교리 및 영적 생활을 수행하는 집단들로, 불교, 기독교, 이슬람교, 원불교 등 포함
	소득 (Income)	가계의 경제활동을 통하여 상대적 소득수준의 격차와 분포에 따라 형성된 생활문화 양식
	혼인 (Martial Status)	남녀 간 혼인을 이루거나 결혼을 하지 않고 독립가구를 이루는 등 다양한 가족형태를 보임
	전통 (Tradition)	과거로부터 현재까지 전해 내려오는 민족의 고유문화
	지역 (Geographic Location)	각 지역이 가진 특색 있는 고유성을 가진 문화
	예술취향 (Arts)	기존 문화예술 장르 및 주류예술을 벗어나 다양한 예술형태와 취향을 표현하며, 순수문화, 대안문화, 독립문화, 인디문화 등 포함

출처: 김면(2017)

6. 세계시민성과 세계시민교육

1) 세계시민성의 의미

세계화는 국제사회에서 국가 간의 상호작용이 증가하면서 상호 의존성이 증가되어 세계가 단일 체제로 전환되는 것을 의미한다(김영순, 2017). 세계화가 가속되면서 민족국가의 경계가 약화되고 다문화의 공존과 전 지구적 사회 통합이 진행되고 있다. 따라서 세계화는 '국경 없는 세계'를 기반으로 사회 구성원들이 변화하는 세계의 다양한 현상과 문제에 대해 상호작용하며 이루어지게 된다. 이러한 세계화의 추세로 인해 세계 속의 개인들은 세계시민으로서의 역량, 즉 세계시민성을 요구받고 있다.

세계화 시대 속 세계시민이라는 용어를 이해하는 것에서 세계시민성을 정의하는 것이 필요하다. 시민(citizen)은 지역과 국가를 초월해 인류역사를 통해 발전한 보편적인 개념이라고 할 수 있다. 시민 이전에는 '신민' 또는 '국민'이라는 용어가 우선되었다. 신민(subject)은 절대 군주 체제 하에서 지배를 받아 온 신하라는 의미였고, 국민(nation)은 근대 국가를 전제로 한 구성원을 의미한다. 반면에 시민은 사회적 주체인 동시에 가치 있는 삶을 추구하기 위해 공동체 구성을 위해 노력하고 자신의 결정에 책임지는 존재를 의미한다. 또한 개개인이 가져야 하는 행동 성향을 의미한다(한경구 외, 2015). 시민은 고대 그리스에서는 공동체가 보장하는 모든 권리를 누리는 구성원을 의미했으며, 역사적으로 오랜 기간 동안 성별, 계층, 신분 등의 제약을 바탕으로 일부 특권계급만의 자격으로 제한되었다. 근대 국가 이후 국가에 대한 시민의 저항과 참여로 획득된 정치·경제·사회적 권리를 제도화해 특정 국가 소속 모든 구성원에 부여된 기본권으로 개념이 확대되었다. 근대 사회의 시민권이 국가와 국민 간의 긴장관계 속에 규정된 권리라면 현대사회에서는 민주주의 사회의 구성원으로서 소양과 자질을 갖추고, 역할과 책무를 실천하며, 공동체의 문제해결에 적극적으로 참여하는 주체로서의 시민의 개념이 정의되고 있다(유네스코 아시아태평양 국제 이해 교육원, 2015). 따라서 시민성(citizenship)은 사회와 개인의 상호작용을 통해 형성되며 민주주의 사회의 구성원으로서 시민 소양을 갖추고, 민주정치 과정에 참여할 수 있는 지식과 기능의 총체로 본다(한경구 외, 2015).

개별 국가의 집합체로 보았던 과거의 세계관에서 통합된 하나의 세계로 상호 연계되

며 시민성은 국가 차원을 넘어 세계적 차원으로 진화되고 있다. 이전의 시민성이 '국민'에서 시작된 '국가 시민성'으로 제한되었다면 현재는 하나의 국가를 위한 시민의식이 아닌 '세계'라는 사회의 주체이며 세계 공동체를 위해 노력하는 세계시민의 의미를 강조하고 있다(강문지, 2018). 세계시민(global citizen) 또는 세계시민성(global citizenship)의 개념은 다음 <표 3-4>와 같다(박지현, 2018).

표 3-4 세계시민과 세계시민성의 개념

구분	저자(단체)	개념 정의
국제 기구	유네스코 (2014)	더 광범위한 전체 공동체와 전체 인류에 소속감을 느끼고, 지역 · 국가 · 세계에 대한 열려 있는 시각을 견지하며, 보편적 가치에 기초한 다양성 및 다원성을 존중함에 따라 자신과 타인, 그리고 환경을 포괄적으로 이해하고 행동하는 것
비정부 기구	OXFAM (2015)	더 넓은 세계에 대해 알고 세계시민으로서 자기 역할을 이해하는 사람, 다양성을 존중하고 가치 있게 여기는 사람, 세계가 어떻게 작동하고 있는지를 이해하는 사람, 사회 정의에 열정적으로 헌신하는 사람, 지역 수준부터 글로벌 수준까지 다양한 수준의 공동체에 참여하는 사람, 더 평등하고 지속 가능한 세상을 만들기 위해 다른 사람과 협업하는 사람, 자신의 행동에 책임을 지는 사람
	월드비전 (2015)	국적을 넘어 가장 넓은 공동체인 지구마을의 구성원으로서 정체성을 지님, 다양성 존중, 변화하는 세상에 대한 정확한 인지, 세계적 문제에 대한 책임감을 지니고 동참하며 실천할 수 있는 지식 · 기술 · 가치와 태도를 보유한 자
학계	엄정민 (2016)	전 세계를 하나의 공동체로 인식하고, 스스로를 그 공동체의 구성원으로 인식하면서, 그 공동체 구성원으로서의 권리와 함께 평등하고 조화로우며 지속 가능한 사회를 만들기 위한 구성원으로서의 책무를 인지하는 것과 이를 실천하려는 태도 및 실행력
	송민경 (2014)	인류 및 세계 간의 상호 의존성을 인식하고, 글로벌 이슈와 문화에 대한 복합적인 문제를 이해하는 동기, 태도, 역량을 갖춘 것
	정지현 외 (2015)	문화다양성을 존중하면서 국가 발전에 기여할 수 있는 국가정체성을 지닌 시민 역량과 더불어 국가를 초월한 사회의 다원적 가치를 이해하고 세계와 소통이 가능한 세계시민역량을 함께 보유한 사람
	Hicks (2003)	글로벌 공동체의 시민으로 살아가거나 이를 느끼는 것
	Wierenga (2013)	인류의 삶이 국가적 경계를 넘어 지구적으로 상호 연결되어 있음을 인지하는 것
	Guo (2014)	인간성, 지구, 집단 결정의 영향력에 대한 광범한 이해를 바탕으로 한 인식과 행동을 할 수 있는 시민

출처: 안진숙(2019)

2) 세계시민교육의 목적 및 핵심역량

세계시민교육은 세계시민성(또는 세계시민의식)을 바탕으로 한다. 세계시민성의 개념은 세계시민주의(Cosmopolitanism), 지구시민의식(Planetary Citizenship) 등과 동일한 의미를 지니고 있으며, 법적 지위를 수반하지 않으면서 세계 차원에서 연대감, 집단 정체성, 소통능력과 인류 공동 번영의 가치를 지지하는 공통점을 지닌다(한경구 외, 2015). 유네스코가 발간한 『글로벌시민교육: 21세기 새로운 인재 기르기(Global Citizenship Education: Preparing Learners for the Challenges of the 21st Century)』는 세계시민교육을 '더 정의롭고, 평화로우며, 관용적이고, 포용적이며, 안전하고, 지속 가능한 세상을 만드는 데 앞장설 수 있도록 필요한 학습자의 지식과 기술, 가치와 태도를 계발'하는 것을 목표로 삼는 교육 패러다임으로 정의하고 있다(유네스코, 2014). 특히 세계시민교육은 인권교육, 반편견교육, 지속가능발전교육, 국제 이해 교육, 문화 간 이해 교육 등을 모두 포괄하는 상위의 개념으로 이해할 수 있다.

<표 3-5>는 전통적 시민교육과 세계시민교육의 주요 차이점을 대조하고 있다.

표 3-5 전통적 시민교육과 세계시민교육의 비교

전통적 시민교육	세계시민교육
학습자는 수동적인 수용자	학습자는 능동적인 교육의 주체
기존의 사회 가치·규범의 전수	변혁적인 교육
지식·내용 이해 중심의 교육	과정·문제해결 중심의 교육
국가가 정한 학교 지식의 습득 강조	실제 세계에서의 행동 및 참여 강조
시민성에 대한 간접적인 교수·학습	시민성의 반성적 실천 중심의 교수·학습
단기적·공식적 교육과정 위주의 교육	평생교육적·다면적 형태의 교육

출처: 조대훈(2016)

첫째, 세계시민교육은 학습자를 능동적 교육 주체로 인정하는 교육이다. 학습자가 세계적 문제와 국지적 문제에 대해 동등한 관심을 바탕으로 적극적인 역할이 가능한 능력을 함양하는 것이며, 보다 공정하고 관용적이며 지속 가능한 세상을 만드는 것에 주목하고 있다.

둘째, 세계시민교육은 기존 사회에 대한 변혁을 추구하는 교육이다. 세계시민교육은 기성세대의 가치 체계와 규범을 학습자에게 일방적으로 전달하던 전통적 시민교육과

차별화되며, 자신의 권리와 의무를 인식하는 기회를 제공함으로써 세상을 변화시켜 나가고자 한다.

셋째, 세계시민교육은 과정 중심적이고 문제해결 중심적인 교육이다. 단순한 학교지식 습득 위주의 교육을 넘어 필수 지식을 바탕으로 주어진 문제의 창의적 해결을 추구하는 과정 중심 교육을 강조한다.

넷째, 세계시민교육은 참여 중심적이고 실천 지향적인 교육이다. 세계시민교육은 시민성에 대해 배움의 단계를 넘어 실천을 요구하는 교육이다.

다섯째, 세계시민교육은 평생교육적인 접근이 요구되며, 학교의 공식적 교육과정과 시민사회의 교육과정 모두를 통해 진행되어야 하는 교육이다.

세계시민교육에서 학습자가 체득해야 하는 핵심역량은 다음 <표 3-6>과 같다.

표 3-6 세계시민교육 핵심역량

- 보편적인 핵심가치(예 평화, 인권, 다양성, 정의, 민주주의, 관용)에 대한 이해와 존중
- 지구촌 이슈와 경향에 대한 지식 및 이해
- 비판적 · 창의적 · 혁신적 사고, 문제해결 및 의사결정에 필요한 인지적 기능
- 감정이입, 공감 능력, 상이한 관점들에 대한 열린 태도
- (나 또는 우리와 다른) 배경과 태생을 지닌 사람들과 네트워킹을 하고 상호작용하는 데 필요한 의사소통 능력과 적성과 같은 비인지적 · 정서적 기능
- 적극적인 참여 및 행동 능력

출처: 조대훈(2016)

세계시민교육을 교육적 관점에서 접근하면 Andreotti와 Pashby(2013)가 제시한 틀을 중심으로 세계시민교육을 <표 3-7>과 같이 여행자적 관점, 국가주의적 관점, 인도주의적 관점, 비판적 · 변혁적 관점의 네 가지로 구분할 수 있다.

표 3-7 세계시민교육의 네 가지 관점

구분	여행자적 관점	국가주의적 관점	인도주의적 관점	비판적 · 변혁적 관점
문제 의식	• 다른 나라의 사회, 문화 관련 지식의 부족	• 세계화 시대에서 생존을 위한 국가경쟁력 강화	• 빈곤문제 • 개발 역량 및 기술 부족 문제	• 구조적, 체계적인 차별과 불평등 • 부정부패
핵심 가치	• 다양성 • 상호이해의 정신	• 국가경쟁력 강화 • 수월성 • 리더십	• 인류애 • 조화 • 개발 • 관용	• 정의 • 배려 • 다원성 • 책임감

교육 목적	• 문화적 다양성의 이해와 존중	• 글로벌 경쟁력 강화	• 타인을 배려하고 인류 공영에 기여할 이타적 시민의 역량을 증진함	• 자국 및 타국의 문화와 사회체제에 존재하는 편견, 불평등, 권력 관계에 대해 비판적 성찰을 수행할 수 있는 역량을 함양함

출처: 조대훈(2016)

대부분의 시민교육에서는 네 가지 관점이 서로 결합되어 교육과정 및 교수·학습활동을 구성한다고 볼 수 있고, 각 사회의 현실, 교육적 특성, 개별 교사의 주관적·교육적 관점의 차이로 인해 조정될 수 있다.

3) 세계시민교육과 다문화교육

다문화, 세계화 시대에는 세계시민으로서의 역할 수행을 위해 간문화적 능력을 강조하면서 이를 함양하고 신장시키기 위한 교육의 역할을 중요시한다(허영식, 2012). 차이와 다름을 인정하고 더불어 살아가는 삶을 강조하는 간문화적 능력을 향상시키는 것을 통해 상호 공존과 상호 협력의 세계를 만들 수 있다고 보았다. 따라서 세계시민성은 다문화의 관점에서 문화적 다양성을 존중하고 문화 간 소통을 강조하며, 문화의 상호작용을 통해 문화의 다양성과 전통문화 존중과 같은 문화 간 이해를 강조하며 시민으로서의 참여와 노력에 관심을 보였다(양성실, 2013).

세계시민성을 갖추기 위한 교육은 다문화교육과 근접한 개념이면서도 차이점도 존재한다. 다문화교육은 인종, 민족, 언어, 종교, 성, 계층, 장애 등 다양한 차이로 인해 개인과 집단이 차별받지 않도록 하며, 단순히 문화 간 이해 증진 교육을 넘어 평등, 다양성, 정의를 핵심가치로 수용하며 '사회변화'를 촉구하는 교육이다. 반면 세계시민교육은 국가 차원을 넘어 전 지구적 문제해결을 위해 세계 전체의 연대와 협력을 강조하며, 세계인이 지구 차원의 이슈를 이해하고 참여하는 역량을 키워 비판적 사고력과 참여 능력을 함양시키는 교육이다(김진희, 허영식, 2013). 따라서 다문화교육은 소수집단이나 개인이 주류사회 속에서 차별과 소외를 받지 않도록 하는 지식과 내용 중심의 '사회변혁적' 교육을 통해 변화를 유도한다. 반면 세계시민교육은 세계를 하나의 단위로 인식하고 세계 전체가 다양한 문화 및 사람들의 상호 의존성을 수용하여 '보편적 인류 공

영'을 목표로 하는 가치지향적 교육이자 그 실천적 역량을 키우는 것을 중요시한다는 점에서 차이점을 가진다. 하지만 다문화교육의 핵심적 가치가 문화다양성의 인정과 인간 존엄성, 보편적 인권에 대한 존중이라는 점을 고려하면 한 국가 차원에서 다양한 문화의 공존을 이해하고 인정하는 것을 국가 단위를 초월하여 세계 수준으로 확장시키는 것이 세계시민교육이 지향하는 바와 같은 의미로 해석될 수 있다. 따라서 다문화교육과 세계시민교육은 글로벌 시대를 살아가는 세계시민이 주체적으로 사고하고 참여하여 사회 전체의 공존과 번영을 추구한다는 공통점을 발견할 수 있다(김진희, 2012).

CHAPTER 04

다문화 교수 · 학습의 이해

1. 교수 · 학습의 이해
2. 교수 · 학습 자료의 이해
3. 다문화 교수 · 학습 방법의 이해
4. 다문화 교수 · 학습 방법의 유형
5. 다문화교육을 위한 교수 · 학습 관련 변인

1. 교수 · 학습의 이해

1) 교수 · 학습의 개념

일반적으로 교수·학습은 가르치고 배우는 행위를 일컫는 용어지만, 교육적으로 교수와 학습 간의 관계를 규명하기는 쉽지 않다. 교수는 크게 teaching과 instruction이라는 용어로 구분된다. 영어권에서도 두 용어에 대한 정의의 구분은 명확하지 않다. 그럼에도 불구하고 최근의 연구에서는 대체적으로 교수를 'instruction'으로 사용하면서 수업(teaching)을 포함한 개념으로 보고 있다.

교수는 '가르쳐 주는 것'을 의미하는 것으로 교사가 설정된 교육목표를 달성하기 위한 실행 행위이고, 학습은 학습자를 대상으로 한 '교수의 결과로 나타나는 새로운 행동의 변화'로 본다(박숙희, 염명숙, 2002). 교수와 수업의 용어를 세분화하면 두 용어 모두 교육의 핵심 활동으로서 '가르치고 배우는 현상과 과정을 의미하지만, 교수는 좀 더 넓고 일반적인 경우로 정의되고 수업은 협의의 특수한 작업으로 구분하여 사용되기도 한다(교육학대백과사전). 교수는 수업에 비해 포괄적인 것으로서 보고 수업의 설계, 개발, 실행, 관리, 평가를 포함한다. 따라서 수업은 교수의 일부분으로서 설계, 개발, 실행, 관리, 평가 중에서 주로 실행에 중점을 둔 개념이며, 실행 측면에서 학습이 이루어진다고 본다.

교수는 개인으로 하여금 특정한 조건 하에서 또는 특정한 사태에 대한 반응으로서, 특정한 행동을 나타내도록 학습하게 하거나 또는 그 특정 행동에 참여할 수 있도록 개인을 둘러싼 환경을 계획적으로 조작하는 과정이다(Corey, 1971). 학습은 주어진 환경 속에서 계속적인 경험으로 일어나는 행동의 변화를 말하며, 행동의 변화는 타고난 반응 경향, 성숙 또는 피로나 약물에 의한 일시적 상태의 변화로는 설명될 수 없다(Bower & Hilgard, 1981). 교수의 개념 안에 수업이 포함될 수 있고, 수업은 학습의 핵심 활동이라 할 수 있다. 또한 교수 항목 중 설계, 개발, 관리, 평가도 수업에 반영되어 학습 결과로 이어진다고 본다. 따라서 학습효과의 극대화를 위해서는 수업이 효과적이어야 하며, 수업 자체뿐만 아니라 수업의 준비에서 평가까지의 전체 과정이 매우 중요하다는 점을 강조할 수 있다.

2) 교수 · 학습의 개념 모형

교수 · 학습은 매우 많은 요인들이 복잡하게 상호 연관되어 결정된다. 기본적으로는 교수 · 학습을 구성하는 요인은 학생, 교사, 교육과정으로 구분되며, 구성 요인 중 강조하는 것에 따라 보다 구체적으로 세분화된다. Frazee와 Rudnitski(1995)는 교육을 교수 · 학습을 중심으로 한 통합적인 모형으로 구성하였고, 학생, 교사, 교육과정 간의 상호작용으로 설명하고 있다. 또한 교수 · 학습의 세 가지 기본 요인을 둘러싼 학교 체제 외의 사회 환경과의 관계를 중요시하고 있다.

Frazee와 Rudnitski(1995)의 모형은 교수 · 학습의 구성요소에 대한 교육적 접근의 체계화를 위한 중요한 틀을 제공하고 있다. 다문화교육의 교수 · 학습 지원 방안을 체계적으로 모색하면 다음 [그림 4－1]과 같이 재구조화할 수 있다.

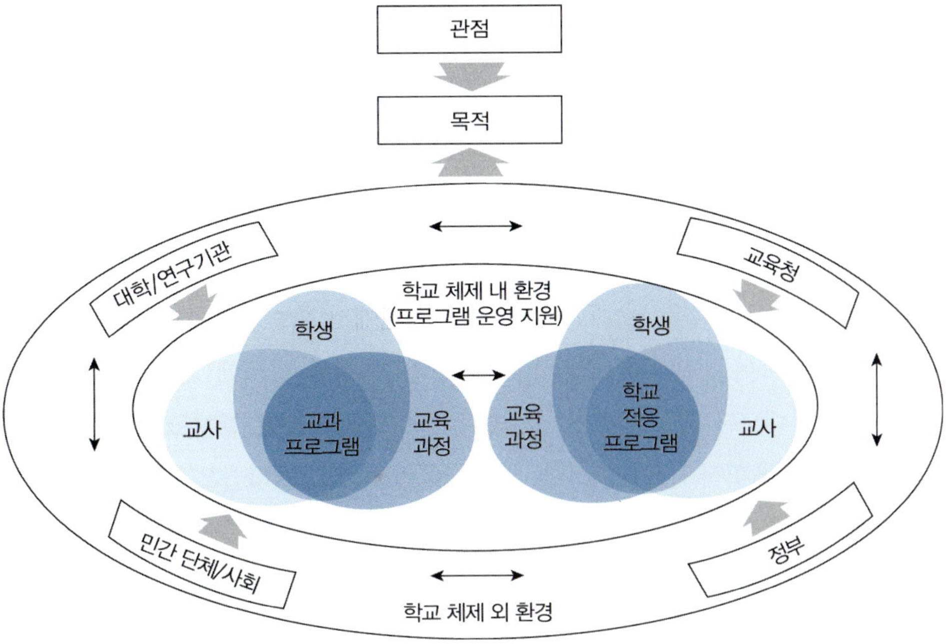

그림 4－1 다문화교육의 교수 · 학습 자원 체제의 개념적 모형

[그림 4－1]은 다문화교육에 대한 사회적 관점을 설정하고, 교수 · 학습에서 추구하는 목적을 구체화한 후 다문화교육의 교수 · 학습을 실천적으로 설계하기 위한 구성요소 간의 관계와 외부적 환경과의 관계를 통해 다문화교육을 완성하는 모델을 제시하고 있다.

3) 교수 · 학습의 유형

교사, 학습자, 내용은 교수 · 학습의 3요소다. 가장 바람직한 교수 · 학습은 이 3요소가 적절하게 조화와 균형을 이룰 때 완성된다. 교수 · 학습의 과정에서 그 주체가 어느 쪽이 되느냐에 따라 교수법의 유형은 크게 다음 세 가지로 나눌 수가 있다.

교사 중심형 교수법의 특징은 교수 · 학습의 과정과 활동이 교사를 중심으로 하여 이루어진다. 교사는 교육의 전문가로서 교육 내용을 선정하고 교육 방법을 채택하는 권한을 가진다. 교사는 권위자이자 전문가의 역할을 수행하며 주체적이고 능동적인 존재인 반면, 학습자는 근본적으로 능동적인 참여자가 아니라 교사의 지시에 순응하고 적응하기만 하는 미성숙하고 비주체적이며 수동적인 존재로 본다. 따라서 기본적으로 교수법은 교사가 일방적으로 주도하는 강의가 주가 되며, 주입식 방식을 취하게 된다. 교사 중심형 교수법은 가장 전통적 방식이고 아직도 가장 많은 영향력을 가지고 있다.

학습자 중심 교수법은 교수 · 학습 과정의 중심이 학습자에게 있다는 점이다. 교수 · 학습 과정에서 학습자의 욕구 · 흥미 · 능력이 중시되며, 학습자의 지적 성장을 촉진하고, 학습자의 흥미에 부합되는 것이 중요하다. 교사는 안내자 또는 조력자로서의 역할을 수행하며, 학습자는 주체적이며 능동적인 참여자가 되며, 교육 목적, 내용, 방법은 학습자들의 조건에 따라 변경될 수 있다. 교수 · 학습 내용 선택, 교수 · 학습 방법 · 절차 등은 교사와 학습자 간의 상호 협력적 계획에 의해 정해질 수 있으며, 학습자들의 자발적 참여가 교수 · 학습 과정의 필수 핵심 요소이다.

내용 중심형 교수법은 교육 내용을 중심으로 교수 · 학습활동이 전개된다. 내용 중심형 교수법은 교과내용의 구조가 경직되게 규정되어 있어서, 교사나 학습자의 욕구 · 관심 · 조건에 의해 수정되거나 조정될 수 없다. 교사는 주어진 교육 내용을 전문적으로 체계화해서 전달하는 역할을 수행하고, 학습자는 교사에 의해 전달되는 교육 내용을 수동적으로 수용하고 내면화한다. 교과내용은 학문적 체제로 구성되고 조직되며, 사전에 기획된 고정적 학습계획에 따라 교수 · 학습이 진행되기 때문에 교사와 학습자 간의 상호작용은 교과내용의 허용 범위 내로 한정된다. 따라서 교수 · 학습의 분위기는 매우 형식적이고 대체로 교사가 교육 내용을 강의하는 형식을 취한다.

4) 교수 · 학습의 조건과 원리

교수 · 학습은 다양한 조건에 따라 그 효과가 달라질 수 있다.

첫째, 준비도이다. 준비도는 특정 교육목표에 관련된 학습자의 기존 능력의 정도를 의미하는 개념이며, 성숙성, 지능, 경험 등이 포함된다. 학습자가 새로운 학습 경험을 갖기 위해서는 충분히 성숙되어야 하고, 필요한 지능을 지니고 있어야 하며, 그에 관련된 사전 경험을 갖고 있어야 한다. 교수는 학습자의 준비성을 미리 확인하고, 관찰을 통해 적절한 학습 경험을 준비하였을 때 효과가 발생한다.

둘째, 개인차이다. 같은 학습범위 내에서도 개인차에 따라 학습 속도가 다를 수 있다. 따라서 교사는 다양한 측면에서 학습자 간에 어떤 개인차가 있는지를 유심히 관찰한 후, 개인차에 근거하여 학습 과제의 양, 수준, 속도를 적절히 조정할 필요가 있다.

셋째, 학습 동기이다. 학습 동기란 학습자가 스스로 배우려는 의욕을 의미하며, 개인에 따라 차이가 상당히 크다. 따라서 교사는 개인별로 적절한 동기유발 방법을 연구해야 하고, 이를 학습에 적용해야만 기대하는 학습효과를 거둘 수 있다.

넷째, 전이효과이다. 전이란 선행학습의 효과가 후행학습에 영향을 미치는 현상, 또는 한 영역의 학습효과가 타 영역의 학습에 영향을 미치는 현상을 의미하며, 교사는 전이효과를 극대화해 학습의 효과를 높이는 것이 중요하다. 전이를 가능하게 하는 요인으로는 선행학습과 후행학습의 유사성, 선행학습의 성취 수준, 선행학습과 후행학습의 시간 간격, 학습자의 학습 태도, 학습자의 지능 등이 있다.

교수 · 학습 조건을 고려하여 교수 · 학습의 원리를 제시하면 다음과 같다.

첫째, 자발성의 원리는 학습자가 자율적, 능동적으로 학습에 참여하도록 해야 한다는 원리이다. 타율적이고 수동적인 학습활동보다는 주체적이고 적극적인 학습활동이 더 효과적이다. 따라서 교사는 학습자에게 기존 지식이나 기능의 일방적 주입보다 학습자의 자발적, 자주적인 학습 참여 풍토를 조성해야 한다.

둘째, 개별화의 원리는 학습활동에서 개인차를 존중해야 한다는 원리이다. 효율적인 학습을 위해서는 가능한 한 학습 지도를 개별화하고, 교사 1인당 학습자 인원, 교실 크기 등과 같은 개별화의 필요 제반 조건을 완벽하게 구비해야 한다. 일반적으로 개별화는 가장 효과적인 학습 지도 방법이고, 교육 현장에서 교사 1인당 학습자 수를 줄이기 위한 투자를 강조하는 것도 개별화의 장점을 활용하기 위함이다.

셋째, 사회화의 원리는 교육을 통해 학습자들을 소속된 사회의 유능한 구성원으로 육성하자는 원리이다. 학습자들을 유능한 사회 구성원으로 성장시키기 위해서는 그들의 학습 내용을 가능한 한 현실사회에 밀접하게 관련시켜 교육해야 한다. 동시에 공동학습에 기반한 우호적이고 협력적인 학습을 진행하여 민주사회가 요구하는 공동체의식을 길러주는 것이 필요하다.

넷째, 통합성의 원리는 학습자들이 지적, 정서적, 신체적, 사회적인 측면에서 조화와 균형을 이룬 인간이 되도록 교육한다는 원리이다. 인지적, 정의적, 신체적, 기술적 영역을 전체적으로 통합하고 조화시키는 학습이 되도록 해야 한다는 원리이므로 전인교육과 밀접하게 관련되어 있다.

다섯째, 목적의 원리는 교육 목적 또는 목표가 명확할 때 보다 수월하게 적극적인 학습과 효율적인 교수가 가능하다는 원리이며, 목적의식이 분명할 때 교수 · 학습의 효과가 극대화될 수 있다는 원리이다. 최대한 학습 목표를 학습자와 협의 후 결정하고, 교사의 설정 목표를 학습자 스스로 자신의 목표로 인식하고 내면화할 수 있게 유도하여야만 목적의 원리가 달성될 수 있다.

2. 교수 · 학습 자료의 이해

1) 교수 · 학습 자료의 개념

교수 · 학습 자료(instructional and learning materials)는 교사와 학습자 간의 효과적인 교수 · 학습활동을 지원하는 모든 종류의 교육용 자료를 의미한다. 교수 · 학습 자료는 교육목표 혹은 수업 목표를 효과적인 방법으로 달성할 수 있도록 활용하는 모든 교육용 자료를 의미하는 것으로 좁은 의미의 교수매체의 개념과 유사하다(한정선 외, 2008; Heinch, 2001).

교사에게 교수 · 학습 자료는 수업의 목표를 효과적으로 달성하기 위한 학습의 안내 역할을 하면서 수업의 질적 수준을 유지하도록 해주는 도구이다(서경혜 외, 2011). 학습자에게는 수업 내용의 이해를 도와주는 자료로서 인지적인 이해를 가능하게 해주고 학습한 내용의 복습을 도와주고 새로운 내용에 대한 자극을 준다(방인자, 2016).

2) 교수 · 학습 자료의 종류

교수 · 학습 자료는 다양하게 분류되고 있으나 전통적으로 Hoban 외(1937)와 Dale(1969)의 분류법이 가장 많이 사용된다. Hoban 외는 [그림 4-2]와 같이 시청각 자료가 추상적인 것에서부터 구체적인 것으로 세분화된다는 것을 제시하였다. 견학이 가장 구체적 사실을 전달하는 수단이고, 언어를 가장 추상적인 매체로 본다. 또한 사실과 가까운 매체의 경우 더 정확한 내용을 전달하며, 추상적인 매체일 경우 이해도가 낮아진다고 본다.

Dale은 [그림 4-3]의 '경험의 원추' 모형을 제시하면서 Hoban 외의 모형을 더욱 확장시켰다. 학습 경험을 구체적인 것에서부터 추상적인 것으로 세분화하여 분류하였다. 특히 Dale의 분류는 구체와 추상에 대한 분류를 다시 행동적 단계, 영상적 단계, 상징-추상적 단계로 구분하여 더욱 상세한 분류를 제시했다.

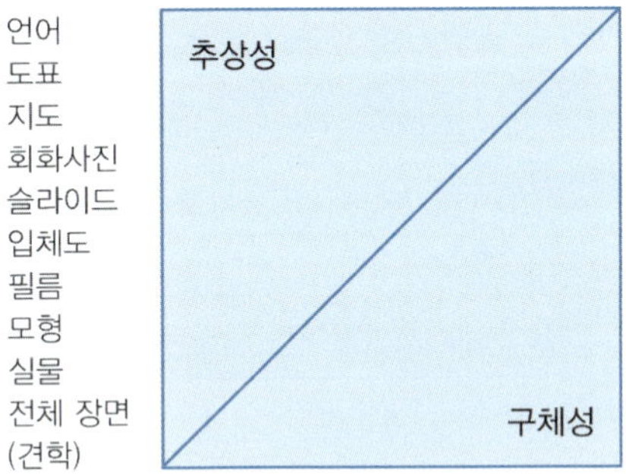

그림 4-2 Hoban 외의 매체 분류도

출처: 이수정 외(2009)

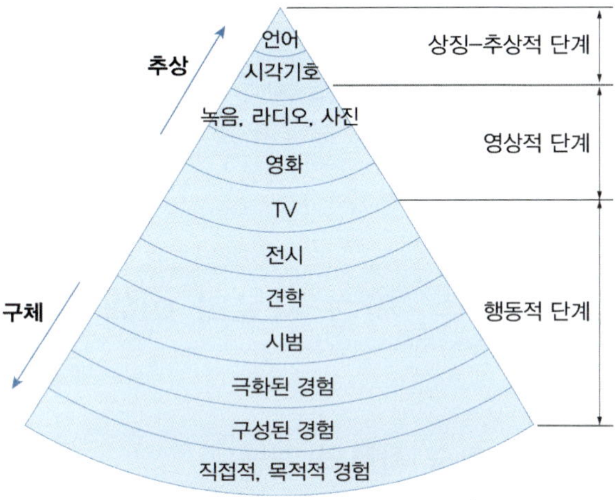

그림 4-3 Dale의 경험의 원추

출처: 이수정 외(2009)

Hoban 외와 Dale의 매체 분류는 교육 내용의 특성에 따라 학습자들에게 가장 적합한 학습 경험을 결정하기 위한 중요한 기초 결정 요소가 될 수 있다. 예를 들면 역사적 시대 구분에 따라 다양한 궁전의 모습을 관찰하기 위해서는 궁전에 대한 시각적 상징이나 언어적 설명보다 구체적인 사진이나 동영상을 통한 비교가 더욱 효과적인 이해를 제공할 것이다. 그러나 궁전에 사용된 재질과 구체적인 양식과 건축법의 차이를 학습하기 위해서는 견학을 통한 직접 관찰이 더 효과적일 것이다.

학습 경험의 추상성이나 구체성을 기준으로 하는 분류뿐만 아니라 매체 자체의 특성에 기반한 분류도 많이 사용되고 있다. 특히 최근에는 컴퓨터의 활용까지 고려한 교수매체 기준을 제공하고 있으며, 크게 시각 매체, 청각 매체, 시청각 매체, 상호작용 매체로 구분할 수 있다. 시각 매체는 사진, 그래픽 등 시각적 방법으로 내용을 전달하며 다시 투사 매체와 비투사 매체로 나눌 수 있다. 투사 매체는 주로 전기, 빛을 사용하는 슬라이드, OHP가 있으며, 다양한 기능을 활용해 확대나 자세한 관찰이 가능하다. 비투사 매체는 실물, 사진, 모형, 그림 등이 있다. 청각 매체에는 녹음자료, 전화, 라디오, CD 등이 있으며, 시청각 매체는 시청각을 동시에 제공하는 영화, 비디오, 내레이션과 함께 제공되는 슬라이드 등이 속한다. 상호작용 매체는 최근 컴퓨터의 상호작용 기능을 강조한 것을 말하며, 상호작용 비디오, 컴퓨터 보조 수업(CAI), 쌍방향 TV 등이 있다.

데이터 속성에 따른 분류는 매체와 매체 간의 전달 자료를 기준으로 아날로그 형태, 디지털 형태로 구분된다. 디지털 매체는 컴퓨터 기반의 활용에 해당하는 모든 자료를 뜻한다. 디지털 형태가 아날로그 형태에 비해 가공성, 재활용, 보존 용이성 면에서 더 우월한 측면이 있다.

3) 교수 · 학습 자료의 속성과 선정 기준

교수 · 학습 자료가 가지고 있는 특정한 수업전략을 다룰 수 있는 능력을 결정하는 속성들을 <표 4-1>과 같이 구분한다.

표 4-1 교수 · 학습 자료의 종류와 속성

자료 종류	수업전략을 다룰 수 있는 능력을 결정하는 속성
문자	• 많은 양의 정보를 전달하고 쉬운 검토의 수단을 제공하기에 좋다. • 뛰어난 독서 기술을 가지고 추상적 표현과 추상적인 아이디어를 비교하고 다루며, 논쟁을 잘하는 능력을 가진 학습자에게 적합하다.
그래픽	• 오디오를 지원 및 향상시키고 더 구체적인 표현을 제공한다. • 짧은 부분으로 나눠진 오디오 내레이션은 환경적인 소리와 음악과 같은 다양한 소리를 표현하여 학습을 향상시킬 수 있다.
비디오, 필름, 애니메이션	• 절차적, 대인 관계적 기술을 가르치고 구체적인 예시를 전달하는 데 좋다. • 필요로 하는 복잡한 실세계 시뮬레이션을 표현할 때, 구체적으로 보여줌으로써 학습 목표를 지원하는 데 유용하다. • 적절하거나 부적절한 행동에 대한 모델링을 하기 위한 실제적 인간 행동을 나타내기를 원할 때 유용하다.

출처: 송상호 외(2007)

교육공학에서는 수업을 실행하고 평가하는 과정에 있어서 교수·학습 자료를 가장 효과적이고 효율적으로 활용하는 것을 중요시한다. 교수·학습 자료의 선택은 교수·학습의 완수에 매우 중요한 단계로 규정하고 <표 4-2>와 같이 이 단계에서 도움을 줄 수 있는 교수·학습 자료 선정 체크리스트(Media Selection Checklist)를 활용할 수 있으며, 이를 통해 선정 기준 마련을 위해 내용 요인, 교수자 및 학습자 요인, 매체 요인 등을 도출해 낼 수 있다(Newby 외, 2006).

표 4-2 교수·학습 자료 선정 체크리스트(Media Selection Checklist)

교수·학습 자료 선정 기준 시 고려 사항	
① 학습자가 실제 구체물을 보거나 만질 수 있다.	⑭ 자료를 쉽게 변형시킬 수 있다.
② 교수·학습 자료를 교실에서 옮길 수 있다.	⑮ 사용자가 속도를 조절할 수 있으며 장면을 재생할 수도 있다.
③ 수업 후 참고자료, 가이드, 작업을 돕는 자료로 활용될 수 있다.	⑯ 영어를 읽거나 이해하는 데 어려움을 겪는 학습자에게 적절하다.
④ 여러 참석자가 동시에 반응을 할 수 있다.	⑰ 정확한 소리를 만들어 낼 수 있다.
⑤ 쉽게 삭제나 수정이 된다.	⑱ 교사나 학습자가 쉽게 사용할 수 있다.
⑥ 경제적인 비용이 적게 든다.	⑲ 우수한 질, 사실적인 질을 보여줄 수 있다(색깔, 그래픽, 예시, 시각).
⑦ 수업 시간에 핵심용어를 그리거나 쓸 수 있다.	⑳ 개별적, 독립적으로 사용할 수 있다.
⑧ 25명 이하의 소그룹에 적합하다.	㉑ 움직임을 보여줄 수 있다.
⑨ 준비하는 것을 도울 수 있는 안내서를 활용할 수 있다.	㉒ 실제적인 장면을 관찰 가능하게 해준다.
⑩ 안내서에 의해서 더 진보된 자료를 준비할 수 있다.	㉓ 학습환경을 발견하도록 한다.
⑪ 수업 윤곽이나 핵심사항을 보여줄 수 있다.	㉔ 그룹의 토론 활동을 통한 문제해결을 가능하게 한다.
⑫ 휴대가 간편하다.	㉕ 개인적 사회적 태도를 형성하게 한다.
⑬ 상업적으로 준비된 시각자료를 제공할 수 있다.	

출처: 이수정 외(2009) 재구성

4) 교수·학습 자료 선정 모형

교수·학습 자료 선정 기준을 검토한 결과 [그림 4-4]와 같이 교육과정 요인, 학습자 요인, 학습환경 요인, 매체 요인, 교수자 요인 등 다섯 가지 영역이 도출되며, 각각의 요인에 속한 20개 항목으로 구성된 교수·학습 자료 선정 기준을 제안할 수 있다.

Dale (1969)	• 학습자들의 사고력과 창조력 배양 • 전달하고자 하는 아이디어의 표현 정도 • 학습 내용에 도움이 되는 정로	• 학습자의 연령, 지능, 경험 등 개인적 특성에의 적합성		• 매체의 물리적 상태 • 효과적인 사용을 위한 안내서의 존재 • 매체 이용에 드는 시간과 비용, 노력에 상응하는 가치 여부	
윤승금 (2004)	• 학습 목표 • 학습 영역 • 학습 전략	• 학습자의 연령, 지적 능력의 적합성		• 매체 속성 (적절성/복잡성 수준(어휘, 내용 제시 속도/비용/가용성/기술적 질))	• 교수자의 특성
Newby 외 (2006)	• 학습 전략 전개에 도움이 되는 정도 (토론 활동, 사회적 태도 형성)	• 학습자 연령, 지적 능력의 적합성	• 학습환경 (규모)	• 활용 매뉴얼 유무, 수정가능 여부, 경제성, 디자인의 질, 휴대유무, 사용 편의성	• 교수자의 특성
Briggs & Wager (1981)	• 교수 상황 특성 (동기유발/참여유도/목표제시/피드백 제공/선수학습 회상/자극제시/학습안내/수행평가/기억강화)	• 학습자 특성 (감각, 시각 또는 청각/반응, 학습 속도 반응, 개별 학습)	• 학습환경 (학습 규모)	• 요구 과제 특성 (동작, 시간, 순서, 조절/반복/맥락 조성/감성개발) • 재료 특성 (구입 가능성 및 시간, 비용/재활용성) • 전달 특성(작동 단순성, 장비 이용성, 통제가능성-동작, 정지, 속도, 소리, 주의집중 효과)	
Gerlach & Ely (1980)	• 행동 카테고리 (식별/명칭/설명/순서/작성/태도/운동기능)			• 선택 기준 (적절성/난이도/경제성/이용가능성/질적 양호성)	
Reiser & Gagne (1983)	• 학습 목표 • 내용 영역 (정보, 기능, 태도, 동작)	• 읽기 능력 정도 • 과업 수행 능력 정도	• 환경에서의 사용 가능성 여부	• 제작 가능성/비용, 실용성, 기존 프로그램 적합성, 조작 가능성, 참신성, 피드백	• 교수자의 특성
영역	Ⅰ. 교육과정 요인	Ⅱ. 학습자 요인	Ⅲ. 교수·학습 환경 요인	Ⅳ. 매체 요인	Ⅴ. 교수자 요인
선정 항목	A. 교수·학습 목표 B. 교수·학습 내용 C. 교수·학습 방법 D. 교수·학습 평가	E. 일반 발달 특성 F. 학습자 출발점 G. 관심, 흥미 H. 요구, 수준	I. 물리적 환경 J. 사회적 환경 K. 심리적 환경	L. 윤리성 M. 적합성 N. 창의성 O. 유용성 P. 디자인 적절성 Q. 이용 편리성 R. 신뢰성	S. 교사의 교과 전문성 T. 교사의 활용 능력

그림 4-4 교수·학습 자료 선정 기준 비교·분석

출처: 이수정 외(2009)

교수 · 학습 자료 선정 기준에 따라 선정된 교수 · 학습 자료 선정 모형은 [그림 4-5]와 같다.

대표 학자	교수 · 학습 매체 또는 자료 선정 절차의 단계				
Gerlach & Ely (1980)	학습 내용 선택 학습 목표의 상세화	학습 조건 형성	학습 목표에 적합한 매체 선택	기준에 따라 재선택	목표 달성 가능성 검토
Kemp & Smellie (1989)	• 학습 요구 분석 • 주제와 과제 선택 • 학습자 특성 검토 • 교과내용(과제) 분석 • 학습 목표 진술 • 사전 평가	교수 · 학습 방법 선택	자원 (미디어 포함) 선택	실행을 위한 지원 서비스 구비	학습 및 프로그램 산출을 위한 평가
Moore & Keardley	교수 · 학습 자료 속성 확인	교수 · 학습 능력 확인	매체를 선호/배제하는 학습환경 특성 확인	실행 가능성에 영향을 주는 요인 확인	
Heinch 외 (2002)	학습자 분석 목표 진술	교수 · 학습 방법, 매체, 자료 선정		교수 · 학습 자료 활용 → 학습자 참여의 유도	평가와 수정
윤승금 (2004)	목표 진술 목표가 속한 영역 설정	영역별 적절한 전략 선택	적절한 매체 선정		
교수 · 학습 자료 선정 절차의 재조직	(학습 내용, 학습자 특성 분석 등) 교수 · 학습 목표 설정	교수 · 학습 방법 선정	교수 · 학습 자료 선정	교수 · 학습 자료 활용	평가와 수정

그림 4-5 교수 · 학습 자료 선정 모형 및 체제 비교 · 분석

출처: 이수정 외(2009)

각 단계별 교수 · 학습 과정과 교수 · 학습 자료 선정의 관계를 정리하면 다음과 같다(이수정 외, 2009).

첫째, 교수 · 학습 목표 설정 단계(1단계)는 교육목표, 교육 내용, 교수 · 학습 방법 및 자료 선정의 지침을 준비하는 단계로 교사가 전체적인 교수 · 학습활동 설계 및 확인 · 점검하는 준거를 제공하는 단계이다. 학습 목표, 학습 내용 등을 고려한 교수 · 학습 자료 선정을 위한 사전 탐색을 한다.

둘째, 교수 · 학습 방법 선정 과정(2단계)은 교육목표를 성공적으로 달성하기 위한 교수 · 학습 방법을 선정하는 단계로 학습자에게 교육 내용의 효과적 전달을 위한 수단으로써의 교수 · 학습 자료 선정의 기초를 마련한다. 또한 교수 · 학습 방법 및 자료 선정은 학습자, 교사, 교육환경에 따라서 결정될 수 있다.

셋째, 교수 · 학습 자료 선정 단계(3단계)는 학습 내용과 학습 목표의 실행을 위한 제공 환경을 파악하여 가장 효과적인 교수 · 학습 자료를 선정하는 단계이다. 다만 교수 · 학습 자료 선정의 실제에서는 개념적인 절차와 다르게 2, 3단계가 독립적이기보다 상호작용을 하면서 진행된다.

넷째, 교수 · 학습 자료 활용 단계(4단계)는 이전 단계에서 선정한 교수 · 학습 자료를 실제 활용하는 단계이다. 학습 과정에서 교사의 일방적인 학습 내용 전달이 아니라 학습자의 능동적 참여로 더욱 효과적인 학습이 이루어지므로 최적의 학습환경 형성을 위해 교수 · 학습 자료의 개별 특성을 고려한 활용이 중요하다.

다섯째, 평가와 수정 단계(5단계)는 교수 · 학습활동이 끝나면 전체적인 측면에서 교수 · 학습활동에 대한 효과를 평가하는 단계이다. 평가를 통해 어떤 교수 · 학습 방법과 교수 · 학습 자료를 사용하는 것이 효과적이었는지 피드백을 통한 새로운 목표 설정 단계와 계획 수립에 반영될 수 있도록 한다.

5) 교수 · 학습 자료의 효과

수업에 교수 · 학습 자료를 활용하는 효과는 다음과 같다(이수정 외, 2009).

첫째, 제한된 수업 시간 동안 구체적이고 폭넓은 정보를 제공할 수 있다. 정해진 수업 목표를 달성하기 위해 교사가 제한된 수업 시간 동안 전달하는 수업 내용과 학습자들의 학습활동 간에는 상당한 차이가 생길 수 있다. 따라서 교과별 학습 목표 달성과

정해진 분량의 수업 내용을 전달하기 위해서는 학습자 수준, 사전 지식, 교사의 수업 전략에 따라 교수·학습 자료 활용 전략이 달라질 수 있으며, 적절한 교수·학습 자료는 제한된 수업 시간 활용을 극대화할 수 있는 방안이 된다.

둘째, 학습자의 수준차를 줄여줄 수 있다. 수업 중에 교사가 설명하는 수업 내용에 대한 이해는 학습자의 수준에 따라 달라진다. 시청각 자료를 포함한 멀티미디어 자료는 지식 수준이나 언어 이해력의 수준 차이를 보이는 학습자들도 쉽게 이해할 수 있기 때문에 적극적인 활용이 요구된다.

셋째, 방대한 양의 지식을 효과적으로 전달하는 것이 가능하다. 학습자의 인지영역 발달은 작은 지식에서 시작해 나선형의 모양을 갖추면서 결국 통합된 형태의 지식으로 완성되어 간다. 따라서 교수자는 학습자 개인의 제한된 지식과 언어를 극복시키기 위한 도구로써 복합적인 교수·학습 자료를 적절히 활용함으로써 학습자들에게 보다 다양하고 수준 높은 지식을 분명하고 구체적으로 의미를 전달하는 것이 가능하다.

넷째, 학습자의 기억 구조를 활성화하도록 도울 수 있다. 새로운 지식이나 정보가 인지구조에 남아 있기 위해서는 충분한 자극과 반복이 요구된다. 새로운 지식이나 정보가 일단 학습자의 인지구조 안에 남아 있게 하고, 관련 지식과 통합되어 또 다른 지식으로 전이되도록 하기 위해서는 청각보다는 시각, 단일 감각보다는 복합 감각을 활용한 정보가 효과적이다. 교수·학습 자료는 인지 자극 효과와 학습 내용의 반복을 통한 연습에 큰 도움이 된다는 점에서 적극 활용하는 것이 필요하다.

다섯째, 학습자의 흥미 유발, 학습 동기 강화에 효과적이다. 모든 학습자들은 흥미 있는 수업을 선호하기 때문에 관심이 높아지면 흥미가 유발되고, 집중하다 보면 학습 효과가 상승하면서 학습 동기가 높아지게 된다. 딱딱하고 지루한 수업 내용에서 탈피하여 흥미를 유발하는 수업을 통해 학습자의 지적 호기심을 자극하는 촉매 역할을 하는 적절한 교수·학습 자료를 제공하는 것이 학습 동기 강화에 도움이 된다.

6) 교수 · 학습 자료의 효과적 활용 방향

교수·학습 자료는 수업 목표 달성에 효과적이어야 하며, 제한된 수업 시간 안에 체계적으로 설계된 수업 내용을 학습자들에게 전달할 때 수업 내용 전달, 수업활동 촉진에 큰 도움이 된다. 교수·학습 자료의 효과적인 활용은 수업 전략과 연계되어야 가능

하며, 교수 · 학습 자료의 효과적 활용 방향은 다음과 같다(이수정 외, 2009).

첫째, 교과과정 안에 교수 · 학습 자료의 활용 전략과 전술이 포함되어 있어야 한다. 교수 · 학습 자료를 수업에 적절히 활용하기 위해서는 수업 목표, 수업 내용과 연계 전략이 요구되며, 전체 수업주제를 포괄할 수 있도록 넓은 안목에서 수업 내용 및 활동과 교수 · 학습 자료를 연계하는 것이 필요하다.

둘째, 교사와 학습자 모두 교수 · 학습 자료를 활용할 수 있는 기본 능력이 요구된다. 교수 · 학습 자료를 선택하고 사용하는 교사뿐만 아니라, 모든 학습자가 정보를 수집, 조작, 창조할 수 있는 기본 능력을 갖고 있어야 학습활동과 과제물을 원활히 진행할 수 있다. 교사는 수업에 즉각적이고 지속적으로 교수 · 학습 자료의 활용이 가능하도록 전문적인 기술과 테크닉이 뒷받침되어야 하며, 통합 능력 강화가 필요하다.

3. 다문화 교수 · 학습 방법의 이해

1) 다문화 교수 · 학습에서의 다문화교육 목표

다문화 교수 · 학습을 진행할 때 달성할 수 있는 다문화교육 목표는 다음과 같다(오은순 외, 2007).

첫째, 학습자들이 다문화교육을 통해 다양한 문화에 대한 이해와 다양성의 존중을 배울 수 있도록 한다. 학습자들에게 다문화사회로 변화하는 우리 사회의 모습을 이해할 수 있도록 다문화적 인식 변화를 위한 배경지식을 제공해야 한다.

둘째, 학습자들에게 문화적 다양성과 차이를 인식시키고, 다양한 문화적 가치를 수용할 수 있도록 한다. 또한 다른 문화에 대해 호기심과 열린 태도를 바탕으로 다문화를 이해하고, 관용하고 수용할 수 있도록 한다.

셋째, 다른 문화에 대한 이해와 열린 태도에 기반하여 타인과 타문화를 배려하고 존중하는 자세를 통해 새로운 문화의 재창조를 위한 역량을 배양한다.

넷째, 학습자 개개인이 자국 문화에 대한 정체성 확립을 위한 교육을 진행한다. 원주민은 자국 문화에 대한 정체성, 이주민은 자신의 모국 문화에 대한 정체성을 확립할

수 있도록 교육한다.

다섯째, 다양한 문화적 배경의 사람들과의 관계를 하나의 공동체로 인식하는 인식의 전환을 통해 세계시민으로서의 자질과 능력을 갖추도록 교육한다. 다양한 사람들과 상호의존적 관계 속에서 작게는 사회적 관계, 크게는 지구공동체 속에서 민주주의와 문화다양성에 대한 인식을 확장하고, 세계시민으로서의 역량을 갖추는 것에 다문화교육의 목표를 둔다.

여섯째, 문화적 갈등과 충돌을 평화적으로 해결하고 협력할 수 있는 태도를 함양시킨다.

일곱째, 다문화교육을 통해 인권 존중과 사회정의감을 향상시킨다. 다양한 사회적 구조 속에서 불평등, 무시, 편견, 부정의 등 사회적 문제를 인식하고, 자유와 평등에 기반한 사회정의감을 통해 책임감 있는 시민으로 성장할 수 있도록 교육한다.

다문화교육을 위한 다양한 연구에서 나타난 교수·학습의 목표를 종합하면 다음 <표 4-3>과 같다.

표 4-3 다문화 교수 · 학습에서의 다문화교육 목표

구분	지식	기능	태도
정체성	• 우리 사회의 다양한 문화에 대한 지식 • 문화적 맥락에서 활동하는 문화적 존재로서의 자신과 타인 이해하기	• 한국문화와 자(타)문화에 대한 감수성 • 우리 전통문화와 세계 문화의 조화로운 발전 방안 인식	• 자문화에 대한 자부심과 긍정적 태도 함양
다양성	• 타문화에 대한 이해 • 다문화사회 이해 • 다문화적 사회 현실을 이해하기 위한 지식 제공 • 국가와 세계의 다양성 인식 • 문화적인 다양성 • 문화적 상대성과 다양성	• 다양한 사회 속에서 살아가는 방법 이해 • 인종, 민족, 성, 문화, 능력집단 간의 효과적인 사회적 행위와 상호작용 기술 인식 • 비판적 사고력 함양	• 타문화에 대한 존중과 수용 태도 • 타문화에 대한 관용 • 타문화에 대한 호기심, 흥미, 관심 • 다양한 문화의 가치 인식 및 수용 • 타문화 존중과 관용의 정신 함양 • 타문화에 대한 편견 불식 • 타문화 교류 및 인적 접촉을 위한 바람직한 태도

평등/정의	• 인권, 평화, 화합, 평등, 정의의 필요성 인식 • 다양한 맥락 속에서 불평등을 인식하는 방법 • 차별, 왜곡, 편견, 고정관념 이해하기 • 차별을 없애기 위한 방법 이해 • 인권 존중과 이를 달성하는 방법 이해	• 문화 간 갈등과 충돌 해결방안 모색 • 불평등, 불의, 인종주의, 편견을 인지하는 능력 개발 • 일상생활 속의 편견적, 차별적인 메커니즘에 대해 의문을 제기하고 바꿀 수 있는 능력 • 한 사회 내의 타문화에 대한 편견과 인권침해 방지 • 다문화 가정 자녀들에 대한 편견과 차별 해소 • 존중, 대등한 관계 형성 • 문화적 편견 해소 • 평등 사회 도모	• 배려윤리 • 타인의 권리 존중 • 일상생활 속의 편견적, 차별적인 메커니즘에 대해 의문을 제기하고 바꿀 수 있는 관심 고양 • 평등과 정의의 가치에 대한 재확인 • 타문화 이해와 정의, 평등의 이념 교육 • 우리 사회 소수자의 인권을 존중하는 태도 • 인권 보호를 위한 실천 의지
시민성	• 민주주의 원리 터득 • 보편적 가치와 원칙 이해	• 국제화 시대에 대비 • 시민성 • 사회 정의를 위해 일할 의무와 권리를 가진 책임감 있는 시민으로서의 행동 • 민주적인 시민의 자질과 능력 • 사고력, 문제해결력 • 학문적 기능 발달 • 집단의식이 가치, 태도, 행동 결정에 도움을 주는 방식 이해하기	• 국제사회에 기여하고 함께 살아가는 마음 함양 • 타인과 타인의 문화에 대한 존중, 더불어 살아가는 열린 태도 • 함께 살기 위한 새로운 능력과 상대주의적 태도의 발견 • 평화적으로 협력하는 태도 • 공동체 의식 및 연대감 • 함께 살기 위한 새로운 능력과 상대주의적 태도의 발전
문화 창조성	• 우리 전통 문화와 타문화의 느낌의 차이 이해 • 새로운 문화에 대한 경험과 지식 • 다양한 문화의 특성과 역동성의 이해	• 새로운 문화를 재창조할 수 있는 창의력 • 미래 사회를 위한 새 문화 창조 • 희망적인 미래 창조 • 세계인과 더불어 살아가는 문화 창달을 위한 방안 모색	• 다양한 문화에 대한 흥미와 관심 • 문화 교류를 위한 실천 의지 • 다양한 문화의 조화로운 발전과 수용 태도

출처: 오은순 외(2008)

2) 내용

다문화 교수 · 학습의 목표를 달성하기 위해 교과수업에서 다루어져야 할 내용은 매우 다양하다. 특별히 다문화 수업을 위한 특정한 내용뿐만 아니라 일반적인 문화 관련 내용에 포함된다면 모두 수업에 활용할 수 있다. 다문화 교수 · 학습을 위해 제안된 내용들을 정리하면 다음과 같다(오은순 외, 2007).

첫째, 다문화적 이해의 확장을 위해 가능하면 자신의 문화 외에 타문화에 대한 학습

을 우선시하여 수업 내용으로 구성한다. 예를 들면 학습자들의 출신 국가뿐 아니라 세계 각국의 역사, 전통 의상, 나라별 인사말을 학습할 수 있다. 또한 다양한 국가의 음식, 전통 민속용품을 구해 살펴보는 등 타국의 문화에 접할 수 있는 기회를 제공한다.

둘째, 자신의 문화를 이해할 수 있는 내용을 포함한다. 원주민이든 이주민이든 각자 자신의 국가 혹은 민족문화를 학습하고 체험하게 함으로써 문화정체성을 확립하고, 타문화와의 차이를 인식하는 과정에서 자기 문화에 대한 자긍심을 가질 수 있도록 한다.

셋째, NGO, 환경, 국제평화 등 국제이해를 위한 주제들을 활용한다. 이러한 주제를 중심으로 각국의 문화를 상호 관련지어 이해하는 기회를 제공할 수 있으며, 문화다양성에 대한 이해와 세계시민의 자질을 함양시킨다.

3) 방법

다문화교육의 교수·학습 방법은 과정 중심적인 교육이어야 하고, 단편적인 소재나 활동보다는 포괄적이며 통합적인 방법이어야 하며, 고정화되고 정형화된 문화에 대한 접근방식은 지양되어야 한다(신영민, 2005; 장영희, 1997). 다문화와 관련된 내용이 각 교과 과목에서 개별적으로 다루어질 때 자연스럽게 다문화교육이 이루어질 수도 있으나, 가능하면 교육 내용이 통합될 수 있는 범교과적 접근이 바람직하며, 다문화교육만을 위한 정규 교과 신설도 필요하다(박정문, 2006). 또한 다문화교육의 수업은 과목의 구분 없이 설명 위주의 직접 교수보다는 학교행사 등의 다양한 특별 프로그램으로 추진되는 것이 효과적이다.

다문화교육의 교수·학습에서 중요한 접근방법 중 하나는 다양한 경로를 통한 외국인과의 접촉 기회를 제공하는 것이다. '유네스코 협동학교', '세계시민교육'과 같은 교내 다문화교육 프로그램뿐만 아니라 정부와 민간단체에서 추진되는 다양한 다문화 행사나 문화 교류 프로그램 참여 등을 통해 다양한 원어민과의 접촉과 문화 교류 기회를 확대하는 것이 좋다.

다문화교육이나 다문화 행사와 활동을 위한 교수·학습 방법은 수업 목표나 내용에 따라 매우 다양하게 적용될 수 있다. 원주민과 이주민의 협력을 통한 공동 목표 달성을 위해서는 협동학습(Cooper & Slavin, 2001), 다양한 주제에 기반하여 타문화를 탐구할 수 있도록 하는 주제 중심 학습(Shlievert, 2004), 다양한 문화를 새로운 관점에서 접근해 보

거나 문화에 대한 오해, 선입견, 편견 등을 해소하기 위한 방안을 찾아보는 경험을 위한 역할극(박정문, 2006) 등의 예를 들 수 있다.

4. 다문화 교수 · 학습 방법의 유형

1) Banks의 다문화 교수 · 학습 방법

다문화교육협의체(Multicultural Education Consensus Panel)가 제시한 12개의 교수 · 학습에 관한 원칙은 다음과 같다(서종남, 2012).

원칙 1. 교사연수 프로그램들은 미국 사회 내 민족집단들이 지니고 있는 복잡한 특성 및 인종, 민족, 언어, 사회계층 등이 상호작용하며, 학생의 행동에 영향을 미치는 양상에 대해 이해할 수 있도록 해야 한다.

원칙 2. 학교는 모든 학생들에게 동등한 학습 기회 및 상위 기준을 충족할 수 있는 기회를 보장해야 한다.

원칙 3. 교육과정은 지식이 사회적으로 구성되며, 탐구자가 속한 사회적 · 정치적 · 경제적 맥락뿐만 아니라 개인적 경험도 반영한다는 사실을 학생들이 이해하도록 해야 한다.

원칙 4. 학교는 학생들의 학업 성취를 향상시키고 긍정적인 인종 간 관계를 함양시켜 주는 교외활동 및 교육과정 활동에 참여할 수 있는 기회를 모든 학생들에게 제공해야 한다.

원칙 5. 학교는 집단 간 관계를 개선하기 위해 중요한 인종 간 모임을 형성해 주어야 한다.

원칙 6. 학생들은 인종 관계 및 민족 관계에 부정적인 영향을 미치는 고정관념 및 다른 편견들에 대해 알아야 한다.

원칙 7. 학생들은 거의 모든 문화집단들이 공유하고 있는 가치들에 대해 배워야 한다(예: 정의, 평등, 자유, 평화, 동정, 박애 등).

원칙 8. 학생들이 다른 인종, 민족, 문화, 언어 집단 출신의 학생들과 더불어 효과적으로 상호작용을 하는 데 필요한 사회적 기능을 획득할 수 있도록 도와야 한다.

원칙 9. 학교는 다양한 인종, 민족, 문화, 언어 집단 출신의 학생들에게 공포나 불안을 해소할 수 있도록 고안된 상황 속에서 상호작용할 수 있는 기회를 제공해야 한다.

원칙 10. 의사결정 권한이 폭넓게 공유되도록 학교가 조직되어야 한다. 또한 학생들을 배려하는 환경을 조성하기 위해 학교 공동체의 구성원들이 협력하는 기능과 품성을 배울 수 있도록 해야 한다.

원칙 11. 지도자는 모든 공립학교가 학교 위치와 관계없이 공평한 재정적 지원을 받을 수 있

도록 보장하는 방안을 개발해야 한다.
원칙 12. 세계화와 민족주의는 공존하면서도 갈등과 마찰의 관계에 있다.

향후 다문화 교수·학습 방법에 다양성과 통합성이 균형을 이룰 수 있도록 토론이나 발표, 포트폴리오, 체험 중심 방법 등을 체계적으로 개발하려는 노력이 필요하다는 점을 강조하고 있다.

2) Bennett의 다문화 교수·학습 방법

다문화 교수·학습 방법의 목표는 학습자들이 자신의 노력을 최상으로 발휘할 기회를 제공하고, 잠재력을 최대한 발휘하여 목표를 달성하도록 하기 위하여 지지적이고 비경쟁적이며, 공동체적인 학습환경을 만들고 제공하는 데 있다(이기용, 2018). 다문화 교수·학습 방법을 협동학습, 다문화적 관점의 교수법으로 구분하여 제시하면 다음과 같다(Bennett, 2007).

협동학습은 전통적인 학급의 경쟁적이고 인센티브 위주의 구조 및 개인 위주의 구조와는 다른 방법의 교수법이며, 학습자의 학업 성취와 학습자들과의 관계 개선, 평균이나 평균 이하의 학습자 모두에게 효과적인 학습 방법이다(이기용, 2018). 또한 협동학습은 집단 간 긍정적 접촉의 촉진, 학업 성취의 향상, 인종 간의 우호적인 태도 증진에 효과적이다.

다문화적 관점의 교수법은 학습자들이 잠재능력을 계발하고 창의력을 발휘할 수 있는 교실환경과 다양성 있는 교육과정을 마련하고, 학습자들의 문화 간 역량을 향상시키고 편견이 없는 비판적 사고를 향상시키는 것에 중점을 둔다(서종남, 2012).

3) UNESCO의 다문화 교수·학습 방법

UNESCO의 문화 간 교육 지침서에 제시된 다문화 교수·학습 방법은 다음과 같다.

원칙1 : 문화적 접근성과 상응성을 갖춘 모두를 위한 양질의 교육 관련 조항에 의거하여 학습자들의 문화적 정체성을 존중
- 재래식 교수법들을 종합하거나 이야기하기, 드라마, 시, 노래 등 전통적 형태의 전달 수단을 이용하여 학습자의 문화에 알맞게 구성
- 실제적·참여적이며, 주변 환경에 맞는 학습 테크닉에 바탕을 둔 교수법으로, 여기

에는 문화기관과의 합작에 따른 제반 활동, 현장이나 유적지 등에 대한 연구여행과 방문, 기타 학습자가 속한 지역의 사회 · 문화 · 경제적 필요와 연관된 각종 생산적인 활동 등이 포함

원칙2 : 적극적이고 완전한 사회참여 실현에 필요한 문화적 지식, 갖추어야 할 정신자세 및 기술을 학습자 개개인 모두에게 제공
첫째, 평등하고 공평한 교육기회를 보장하는 것
둘째, 다문화교육 실현을 위해서 커리큘럼과 교수 및 학습 자료를 활용하는 것
셋째, 문화적으로 적합한 교수방법을 활용하는 것
넷째, 적절한 언어교육

원칙3 : 모든 학습자들로 하여금 각 개인 간, 인종적 · 사회적 · 문화적 · 종교적 집단 간 그리고 국가 간의 이해와 존중, 화합에 기여할 수 있도록 문화적 지식과 정신 자세, 기술 등을 교육

- 적절한 교수 및 학습 방법을 활용하는 것
- 문화의 장벽을 넘어 타인과 소통하고 협동하며 서로 나누는 기술을 습득하는 것
- 외국어 교육과 학습 및 언어교육에서의 문화적 요소를 강화하는 것

5. 다문화교육을 위한 교수 · 학습 관련 변인

교육은 많은 교수 · 학습 변인들이 상호작용 과정에서 서로 영향을 주고받게 된다. 따라서 교육과정 전 과정에서 다양한 변인들을 고려해 최적화하는 것이 중요하다. 따라서 다문화교육의 결과에 영향을 미칠 수 있는 교수 · 학습의 다양한 변인들도 확인하고 검토하는 것이 중요하다.

Banks(2004)는 공정한 교육을 위해 교사가 학습자의 인종, 문화, 종교, 사회적 계층 등을 고려할 것을 요구하였다. 교사는 다양한 사회적 집단으로부터 온 학습자들의 학업 성취를 촉진하기 위한 지도 방법을 다양하게 적절히 구성하여 활용할 것을 제안하였고, 교수 · 학습을 위한 학교 문화와 사회구조의 중요성도 강조하였다. 다양성 변수로 사회계층, 민족정체성, 인종 집단, 언어, 장애와 비장애, 종교, 성적 기호를 제시하고, 이들은 복잡한 양상으로 상호작용하고 있으며 상호작용성과 상호관련성이 매우 높음

을 지적하였다(Banks, 2008). 따라서 한 개인 내에서도 성, 민족, 계급 등이 상호작용하면서 인식이나 행동에 영향을 미칠 수 있다는 점을 인식하고 교육과정에서 이를 고려해야 한다는 점을 강조한다.

Gollnick과 Chinn(2011)은 다원주의 사회에서 문화정체성은 지속적으로 상호 영향을 주고받는 여러 사회 집단 구성원들에 기초를 두고 발달한다고 가정했으며, 집단 관계 속에서 발달하는 문화정체성은 주류집단과의 상호작용과 집단 간 권력 관계에 의해 영향을 받는다고 본다. 구체적으로는 민족, 인종, 계층 및 사회경제적 지위, 성과 성적 지향, 특수성(장애 및 영재), 언어, 종교, 지형, 연령이 문화와 관련이 있는 것으로 제시하였다(Gollnick & Chinn, 2011).

Bennett(2007)은 다문화 학습자를 포함한 모든 학습자들에게 기대되는 학업 성취를 달성할 수 있도록 성, 계층, 민족, 개인의 특별한 요구(특수교육)를 고려하고, 교수·학습 차원의 접근으로 통합교육, 수준별 수업을 활용할 것을 제안하였다.

교수·학습 관련 변인은 일반적으로 학습자, 교사, 교육과정, 환경으로 구분된다(Frazee & Rudnitski, 1995). 다문화교육을 위한 교수·학습의 경우 고려해야 할 변인들은 학습의 주체가 되는 학습자 변인, 교육 내용인 교육과정 변인, 간접으로 영향을 미칠 수 있는 환경 변인으로 구분할 수 있다.

이를 정리하면 <표 4-4>와 같다.

표 4-4 다문화교육 수행을 위한 교수·학습 관련 변인

변인	영역	하위 요소
학습자 변인	학습자의 일반적인 요인	인종, 문화, 계층, 민족, 언어, 종교, 특수성(장애나 영재성 등), 성적 지향, 지역, 연령(학령), 발달 단계, 능력(학업 성취도 등) 등
	이주민 학습자의 적응 수준	언어 유창성, 자아개념, 자아 정체성, 교육관계, 사제관계 등
	이주민 학습자의 어려움	부모의 국적, 가족 분리, 선택의 주체 여부, 준비 및 지원, 가족의 역동성, 이주 형태, 생활환경의 변화, 문화적 고립, 사전 경험, 정체성, 사회경제적 지위, 가정 내 권력 변화, 학교와 가정의 문화적 갈등 등
	이주민 학습자의 강점	주도성, 공동체의식, 문화적 의식, 적응력, 교육에 대한 존중감, 대가족, 근면성, 시민성 등
교육과정 변인	인종, 문화, 계층, 민족, 언어, 종교 등	
환경 변인	학교문화, 사회구조, 주류문화, 소수문화, 거주지역 문화	

출처: 오은순 외(2008)

05
CHAPTER

다문화 교육과정

1. 다문화 교육과정의 이해
2. 다문화 교육과정 모델
3. 다문화 교육과정의 평가

1. 다문화 교육과정의 이해

1) 교육과정의 개념

교육과정(curriculum)의 어원은 라틴어 동사 쿠레레(currere)에서 온 것이며, 경주로에서 달린다는 의미이다. 이는 출발과 도착이 존재하는 달려가는 길(走路, course)이란 뜻도 포함한다. 좁게는 교육활동의 소재나 학습자의 성장·발달을 위해 이수하는 교과목들의 목록을 의미한다. 초기 교육과정은 학교에서 가르치는 데 사용한 '교과목' 목록이었으며, 실제 교과목은 학습 내용, 활동, 학습 경험을 사전에 선정, 조직하고 학교요람이나 수업 시간표에 반영했다. 최근에는 정태적 교과목이나 교수·학습계획이라는 좁은 의미를 넘어 교육목표를 달성하기 위해 요구되는 계획–실행–성과 평가–개선이라는 '교육의 과정(過程)'으로 의미가 확장되었다.

교육과정의 기본적인 질문은 '교수자와 학습자가 교육을 목적으로 만났을 경우 무엇을 가르치고 배울 것인가?'이다. 이 질문에는 '왜' 가르치고 배우는가와 관련된 교육목표, '어떻게' 가르치고 배울 것인가와 관련된 교수·학습과 수업, '제대로' 가르치고 배울 것인가와 관련된 교육성과 평가 및 개선이 통합적으로 포함된다. 교육과정은 교육목표 달성의 수단이자, 교수·학습의 계획과 준비이며, 교육평가의 대상이다.

교육과정은 크게 네 가지 의미로 요약된다.

첫째, 좁은 의미로서의 교육과정은 문서화된 교육과정을 의미하며, 교육과정이라는 명칭을 사용하는 교육과정 책자로 보는 것이다. 교육과정을 교과 목록이나 교과별·학년별 교수 내용 체계로 제한적으로 보는 수준에서 교육과정을 파악하는 것이다.

둘째, 교육과정은 학교와 같은 교육기관에서 교육계획에 의해 정해진 교과목을 가르치는 것을 의미하며, 교육과정과 교육 내용을 동일시하는 의미로 사용된다. 교육과정은 학습자 입장에서는 학습 내용, 교수자 입장에서는 교수 내용에 해당한다.

셋째, 교육과정은 학습 경험, 특히 학생들의 학교생활 경험 중 주로 의도적으로 계획된 경험을 교육과정으로 보는 것을 의미한다.

넷째, 교육과정은 수업 과정에서 도달해야 하는 의도되고 계획된 학습 결과를 의미한다.

교육과정은 다양한 학문적 개념과 연구를 통해 다양하게 정의되고 있다. 1963년에 개정된 대한민국의 교육과정에서는 '교육과정은 곧 학생들이 학교의 지도 아래 경험하는 모든 학습활동의 총화를 의미한다'라고 정의하였다. 또한 교육과정은 학교에서 전개되는 모든 학습의 기회를 포괄적으로 말하는 것으로 정의하고(Saylor & Alexander, 1974), 예정된 성과를 거둘 수 있도록 학생들의 학습을 이끌어 가는 학교의 모든 노력에 관한 계획으로 보았다(Inlow, 1966). 따라서 이를 요약하면 교육과정은 교육기관에서 교육목표 달성을 위해 다양한 교육활동의 기준을 체계적으로 선정해 조직한 문서이며, 이에 대한 실행 과정 및 성취 결과를 포함한 일련의 계획으로 정의할 수 있다.

2) 다문화 교육과정의 개념

다문화 교육과정은 교수·학습에서 다문화와 관련하여 '무엇을', '어떻게' 가르칠 것인지에 대한 과정을 규정한 것이다. 교육과정에서 세분화된 다문화 교육과정의 특징은 다음과 같다(이기용, 2018).

첫째, 다문화교육에서 교육과정은 다문화교육을 실현하기 위한 핵심적 요소이며, 상호 교호적 관계이다.

둘째, 다문화 교육과정은 교사의 가치관, 다문화교육 목표, 학교 현장의 교육 배경 등과 밀접한 관계가 있으며, 학습자들이 가지고 있는 지식, 다양한 가치관 및 견해, 문화적 스타일 등과도 밀접하게 관련되어 있다.

셋째, 다문화 교육과정은 특정 과목이나 제한된 교육 시간에 한정되어 진행되는 것을 지양하고, 공식적인 모든 교과뿐만 아니라 잠재적인 교육 및 활동과도 연계되어 추진되어야 한다.

넷째, 다문화 교육과정은 모든 학습자들을 대상으로 행해진다는 전제 아래 교육과정의 개혁을 통한 보편적이고 체계화된 교육으로 진행되어야 한다.

다섯째, 다문화 교육과정은 다문화적 요소의 선정과 교육 대상을 고려한 통합된 교육과정이 마련되어야 하며, 새로운 다문화 교육과정 개발과 더불어 기존의 교육과정에서 다문화적 요소를 찾아내어 적용 및 발전시키는 것이 필요하다.

3) 다문화 교육과정의 세 가지 관점

다문화 교육과정은 보수적 관점의 동화주의, 진보적 관점의 다원주의, 급진적 관점의 비판주의로 구분할 수 있으며, 다문화 교육과정의 세 가지 관점은 각각 독특한 장점과 함께 한계점도 지니고 있다(정은아, 2019).

보수적 관점의 다문화 교육과정은 다문화 구성원들이 보편적 주류문화에 잘 적응할 수 있도록 지원하는 것을 중요시한다. 하지만 다문화 배경의 소수자에게 다수자의 문화로 동화시키기 위한 교육을 한다는 점에서 엄밀하게는 다문화 교육과정으로 인정하기 어렵다. 보수적 다문화 교육자들은 다문화 자체에 대한 이해와 존중을 기반으로 한 교육보다 다문화 배경의 소수자를 주류문화에 빨리 적응하도록 하는 동화주의적 관점에 기반한 교육과정을 강조하고, 다문화 배경의 소수자에 대한 배려를 강조한다.

진보적 관점의 다문화 교육과정은 상호 문화를 이해하고 차이를 존중하면서 다양한 문화의 조화로운 공존을 강조한다. 다문화사회는 마치 샐러드나 오케스트라와 같은 사례처럼 다양한 요소들이 함께 공존함으로써 더 큰 장점을 갖는다고 보는 관점이다. 진보적 관점의 다문화 교육과정의 장점은 문화다양성을 수용한다는 점이지만, 현실의 불평등한 권력 관계를 제대로 인식하지 못하고 있다는 점을 지적할 수 있다. 소수집단이나 소수자 문화에 대한 차별의 원인이 현 사회의 권력 체제와 밀접하게 관련되어 있음에도 불구하고 이 문제를 초래하는 권력체제에 대한 깊이 있는 이해와 비판적 분석의 부재라는 한계를 가지고 있다.

급진적 관점에서의 다문화 교육과정은 문화집단 간의 차별을 조장하는 힘의 작동 방식을 확인하고, 불합리를 정당화하고 유지하려고 하는 권력체제를 해체 혹은 변혁시키려는 정치적 투쟁의 필요성을 중요시한다. 급진적 관점에서의 다문화 교육과정은 주류집단과 비주류집단 간의 문화 차이를 이해하는 것을 넘어 사회구조적인 불평등의 원인에 대한 심층적인 분석을 통해 차별과 불합리를 극복하는 과정에서 투쟁과 행동을 강조한다. 급진적 관점에서의 다문화 교육과정은 학습자들로 하여금 소수집단을 위한 변혁적 활동에 참여할 것을 강조하나 현실적으로 학습자들이 사회적 불평등 해결이나 차별 요소 제거를 위한 정치 활동 수행이 결코 쉽지 않다는 한계가 있다.

다문화 교육과정의 구성과 관련하여 참고할 수 있는 또 다른 접근법으로는 Sleeter와 Grant(2003)의 다문화교육에 대한 다섯 가지 구분이다(조영달, 윤희원, 2008).

첫째, 예외적이고 문화적 타자에 대한 교수(teaching the exceptional and the culturally different)는 가장 전통적인 동화주의적인 접근법이다. 이 접근법은 전통적 교육과정에서 낮은 성취 수준의 학습자들을 대상으로 특별한 프로그램을 제공하는 것이다. 전통적인 교육과정에 해당되지만 그 속에 다른 문화권 학습자들의 경험을 포함시키며, 결핍 이론에 근거한 보상 교육의 성격을 띤다.

둘째, 인간관계 접근법(human relations)은 전통적인 교육적 가정들에 기반하되 서로 다른 집단 간의 협력과 조화를 목표로 하며, 편견 감소, 다양성 인정, 긍정적 자아개념 형성을 중시한다. 이를 통해 다양한 집단 간의 존중, 승인, 관용, 개인과 집단 간의 상호 의존성에 대한 이해, 자기 존중감 등을 강조한다.

셋째, 단일집단 연구(single group studies)는 민족, 젠더, 사회계층, 기타 예외성 등에 의해 규정된 특정 집단을 이해하는 것에 중점을 둔다. 교육과정에서 특정 집단의 문화적 특성, 역사적 경험에 대한 지식을 제공하는 것을 강조하여 특정 집단의 관점을 이해하고, 특정 집단이 구조적인 불평등에 의해 어떻게 억압받고 있는지를 인식하게 하여 사회 변화에 참여하도록 격려하는 것을 강조한다.

넷째, 다문화교육(multicultural education)은 개인과 집단 간의 차이들에 대한 존중, 모든 구성원에 대한 평등한 기회, 사회 내 다양한 집단 간에 평등한 권한 부여에 대한 필요성을 강조하여 문화적 다원주의를 증진시키는 것을 중요시한다. 앞의 세 가지 접근법들과의 차별점은 디문화 교육과정 내에서 다양한 집단들을 동시에 다루며, 전체 교육과정을 개혁하는 것을 통해 모든 학습자가 다문화교육의 수혜자가 되도록 한다는 점이다.

다섯째, 다문화적이고 사회구성주의적인 교육(education that is multicultural and social reconstructionist)은 문화적 다원주의의 증진, 구조적 불평등 개선을 추구하기 위해 학습자들의 비판적 사고 능력 강화와 참여 능력 증진을 강조한다. 현대의 다문화적 이슈와 다양한 집단들의 구조적 불평등에 대한 정보를 제공하는 것을 통해 자기 성찰과 억압에 대한 분석을 실천하고, 대안적 삶에 대한 이해를 통해 역사적이고 현재적인 삶의 경험들을 중요시한다.

4) 다문화 교육과정의 구성요소

한국 사회는 다문화에 대한 인식 부족, 일회성 프로그램의 진행으로 인해 실질적인 다문화교육이 이루어지지 않았기 때문에 체계적이고 실질적인 다문화교육의 실천을 위해 지금까지와는 다른 교육적 방향의 모색이 요구된다. 따라서 다문화교육의 내실 있는 운영을 위해서는 체계적인 교육과정 편성이 필요하며, 교육목표, 교육 내용, 교수·학습 방법이 다문화교육에 맞도록 변화되어야 한다. 지속적이고 체계적인 다문화교육을 위한 다문화 교육과정 개발을 위해 교육 목적, 교육 방향, 교육 내용, 교육 방법이 결정되어야 한다. 다문화 교육과정을 구성하고 있는 요소들인 목표, 내용, 방법, 평가, 지원으로 세분화하여 정리하면 다음과 같다(민용성, 최화숙, 2009).

(1) 목표 측면

다문화사회에서 요구하는 교육과정 구성요소 중 첫 번째 고려 사항은 목표 측면이다. 교육과정 목표가 추구하는 방향에 의해 교육과정 개발 방향은 여러 가지 유형으로 세분화될 수 있다. Banks는 다문화교육의 목표를 다음과 같은 여섯 가지를 제시하고 있다(Banks, 1994). 첫째, 사회 구성원들이 다른 문화의 관점으로 자기 문화를 바라보게 함으로써 자기 문화에 대한 이해를 증진시키는 것이다. 둘째, 학습자들에게 민족적·문화적·언어적 대안들을 가르치는 것이다. 셋째, 모든 학습자들이 다양한 문화가 공존하는 다문화사회에서 요구하는 지식, 기술, 태도를 습득하도록 교육한다. 넷째, 소수집단이 그들의 신체적·인종적·문화적 특성으로 인해 겪는 고통과 차별을 감소시킨다. 다섯째, 학습자들이 글로벌한 사회, 테크놀로지 세계에서 살아가는 데 필요로 하는 학습능력을 습득하도록 돕는 것이다. 여섯째, 다문화교육은 학습자들이 자신이 속한 국가적 민족 공동체, 문화 공동체, 전 지구적 공동체에서 세계시민으로서의 역할을 하는 데 필요한 지식, 기능, 태도를 습득하도록 돕는 것이다.

다문화 교육과정은 이러한 다문화 교육목표를 달성하기 위한 차원에서 구성되어야 하며, 교육 현장의 전반적인 환경과 정책을 고려하여 학습자들이 함께 참여하고 이해할 수 있도록 해야 한다.

(2) 내용 측면

다문화 교육과정의 구성요소 중 두 번째로 고려해야 할 요소는 목표 달성을 위한 다양한 내용 구성 측면이다. 다문화 교육 내용과 범주 및 하위 요소를 정리하면 <표 5-1>과 같다(설규주, 2009).

표 5-1 다문화 교육 내용과 범주 및 하위 요소

내용	범주	하위 요소
지식 측면	문화 일반 이해	문화의 의미와 의의
		문화의 특징과 속성
	다양한 문화 현상 이해	세계화, 다원화
		세계 공동체
		세계의 다양한 문화
	한국의 문화적, 사회적 상황 이해	한국문화의 특징
		한국 사회의 변화
기능 측면	의사소통 기능	한국어와 글
		모국어와 글
		의사소통
	다문화현상 조사 및 해석 기능	다문화현상 조사
		다문화현상 해석
	대인 및 집단 기능	민주적 절차 준수
		의사결정
		갈등해결
		협력
가치·태도 측면	정체성 확립 및 상호존중	자아정체성
		자문화 의식
	다름에 대한 인정과 존중	이질적 외모 존중
		타문화 인정 및 존중
		사회적 소수자 인식 및 존중
	민주적 공동체 지향	민주적 가치 존중
		참여의식 제고
		다양성과 통합 사이의 균형

출처: 설규주(2009), 다문화교육을 위한 초등 교수 학습 과정 재구성.

<표 5-1>에서 다문화교육을 위한 교육과정 구성 내용은 지식, 기능, 가치 · 태도 등 세 가지로 구분할 수 있다. 지식 측면은 문화 일반, 다양한 문화 현상, 한국의 문화적 · 사회적 상황으로 범주를 나누어 각각에 대한 이해를 위한 하위 요소로 구성된다. 기능 측면은 의사소통, 다문화 현장 조사 및 해석, 대인 및 집단 기능으로 구분되며, 가치 · 태도 측면은 정체성 확립 및 상호 존중, 다름에 대한 인정과 존중, 민주적 공동체 지향 등으로 각각 구분하여 하위 요소를 구성한다. 다문화 교육 내용 범주의 구분에 근거해 다문화 교육과정을 구성하는 하위 요소들은 타당하고 다양성 있는 내용으로 구성되어야 하며, 어느 한쪽에 치우치지 않고 문화집단 간의 총체적 관점이 포함돼야 한다. 총체적 관점을 포함한 교과내용 구성은 각 교과뿐만 아니라 교과 외 활동을 위한 내용 구성의 기반이 된다.

(3) 교수 · 학습 방법 측면

다문화교육을 위한 교육과정 개발 방향에서 세 번째로 고려해야 할 사항은 교수 · 학습 방법 측면이다. 교수 · 학습 방법 측면에서는 다양성, 지속적 기회, 통합적 방법 등을 특징으로 한다.

첫째, 다양성은 교과 및 교과 외 활동에서 활용 가능한 교수 · 학습 방법이 고정된 것이 아니라 다문화적 학습 양식과 특성을 수용하는 범위 내에서 다양한 교수 · 학습 방법을 활용한다는 것이다. 특히 다문화사회에서는 학습자의 수준과 요구가 더욱 다양하다는 점을 고려하여 기존의 방법보다 다양화된 교수 · 학습 방법을 활용해야 한다.

둘째, 지속적 기회는 실생활과 관련된 다양한 기회의 지속적 제공을 의미한다. 특히 지속적 기회는 소수집단 학습자들 스스로에게 소속감과 자신감을 꾸준히 개발할 수 있는 기회를 제공하는 점에서 중요하다.

셋째, 통합적 방법은 단편적 내용이나 활동을 통한 방법보다는 통합적이고 포괄적인 교수 · 학습에 대한 접근방법을 실천하는 것이다. 학습자들은 통합적 접근방법을 통해서 의사 결정 기술이나 사회적 참여 기술, 사회적 효능감 등을 향상시킬 수 있는 기회를 얻게 된다.

문화는 고정불변이 아니라는 것을 감안할 때 다문화사회를 위한 다문화 교육과정의 교수 · 학습 방법 측면도 다변적이라는 점을 강조할 수 있다. 따라서 교수 · 학습 방법도

고정된 것이 아닌 다변적이라는 것을 인식하고, 결과 중심이 아니라 과정 중심으로 추진되어야 한다는 인식이 반드시 필요하다.

(4) 평가 측면

다문화 교육과정의 개발 방향에서 네 번째로 고려되어야 할 요소는 평가 측면이다. 평가에서는 목표, 내용, 교수·학습 방법 등과 연계되어 추진된 교수·학습에 대해 일관되고 체계적인 평가가 추진되어야 하며, 교과별 평가, 교과 외 활동 평가 등을 모두 포함한다. 교과에 따라 수준별 평가도 필요하며, 교과 외 활동에서는 자기평가, 담당교사의 관찰평가 등도 활용될 수 있다. 또한 다문화사회로의 변화에 대응하기 위해 다문화 교육과정을 평가하기 위한 개별 교육기관 단위별로 평가 준거가 개발될 필요성이 있다.

(5) 인적 · 물적 지원 측면

다문화 교육과정의 개발 방향을 체계적인 틀로 만들어 줄 수 있는 부분으로 제도적인 지원 측면이다. 이 부분은 크게 교사를 포함한 인적 지원과 물적 지원으로 나누어 생각해 볼 수 있다. 교사를 포함한 인적 지원 측면에서 고려해야 할 사항은 교사를 지원해 주는 다양한 교수 자료 개발을 지속적으로 해 주어야 한다는 것이다. 학습 도우미 활용이나 보조교사 활용, 각종의 교사 연수 프로그램 운영 등을 들 수 있다. 또한 지역사회 자원을 활용한 문화 프로그램, 다문화가정 학생을 고려한 경제적 지원, 전문 지원 상담 프로그램 운영, 다문화교육 관련 홈페이지 운영 등을 들 수 있다.

5) 다문화교육을 위한 교육과정 개발 방향

다문화사회에 대응하는 다문화 교육과정 개발 방향은 다음과 같이 정리한다(민용성, 최화숙, 2009).

첫째, 다문화 교육과정은 무엇보다 사회 구성원들의 정체성 확립, 문화적 다양성을 추구하는 방향으로 교수·학습의 목표를 설정해야 한다.

둘째, 이러한 목표를 실현하기 위해서는 다양한 포괄적인 교수·학습 내용을 선정해

야 하며, 소수인종 · 문화집단의 총체적 관점이 포함되어야 한다.

셋째, 선정된 교수 · 학습 내용의 효율적 제공을 위해서는 교과 및 교과 외 활동을 통해 지속적인 다양한 교수 · 학습 기회를 제공하되 통합적 방법을 활용해야 한다.

넷째, 목표, 내용, 방법, 평가에 대한 구성과 실천이 일관적이고 체계적으로 이루어져야 하고, 이러한 과정들은 구성원 간의 긍정적인 상호작용과 이해라는 측면에서 제도적 지원(인적 · 물적 지원)이 함께 제공되어야만 다문화사회에 대응하는 다문화 교육과정의 개발을 위한 바람직한 토대를 제공할 수 있다는 것이다.

다문화교육은 문화의 다양성과 차이점을 인정하고 평등과 사회적 통합의 방향으로 나아가야 한다. 하지만 현재 우리나라의 많은 다문화 교육 현장에서 실시되는 다문화교육은 소수민을 위한 언어교육과 문화 체험 등을 주로 실시함으로써 자칫 소수민의 문화정체성을 상실하게 할 수도 있다. 이러한 문제점을 극복하기 위해서는 소외되는 학습자 없이 모두 함께 참여할 수 있는 다문화교육을 실시해야 한다. 다문화사회에 대응하기 위해서는 모두 함께 참여할 수 있는 다문화교육이 바탕이 되는 학교 교육과정의 개발이 전제되어야 할 것이다. 이러한 탐색 과정을 통해 얻은 다문화 교육과정 개발 방향의 시사점은 다음과 같다(민용성, 최화숙, 2009).

첫째, 다문화사회를 위한 다문화 교육과정은 일부 소수 구성원만을 위한 것이 아니라 모든 학습자를 대상으로 하는 교육과정으로 개발되어야 한다.

둘째, 다문화사회를 위한 다문화 교육과정은 교육과정의 목표, 내용, 방법, 평가, 인적 · 물적 지원의 전체 요소의 통합을 기반으로 하여 구체적이고 효과적인 다문화교육을 실천하기 위한 체제와 방향을 구성하고 개발해야 한다.

셋째, 다문화사회를 위한 다문화 교육과정이 제시하는 내용 구성은 즉흥적인 필요에 따라 구성되는 단기적인 프로그램의 제공이 아니라 체계적인 틀을 갖춘 방향에서 장기적 관점에서 개발되어야 한다.

2. 다문화 교육과정 모델

1) Lynch 모델

영국의 교육학자 Lynch(1983)는 [그림 5-1]과 같이 다문화 교육과정 설계를 위한 개념을 제시하고 있다.

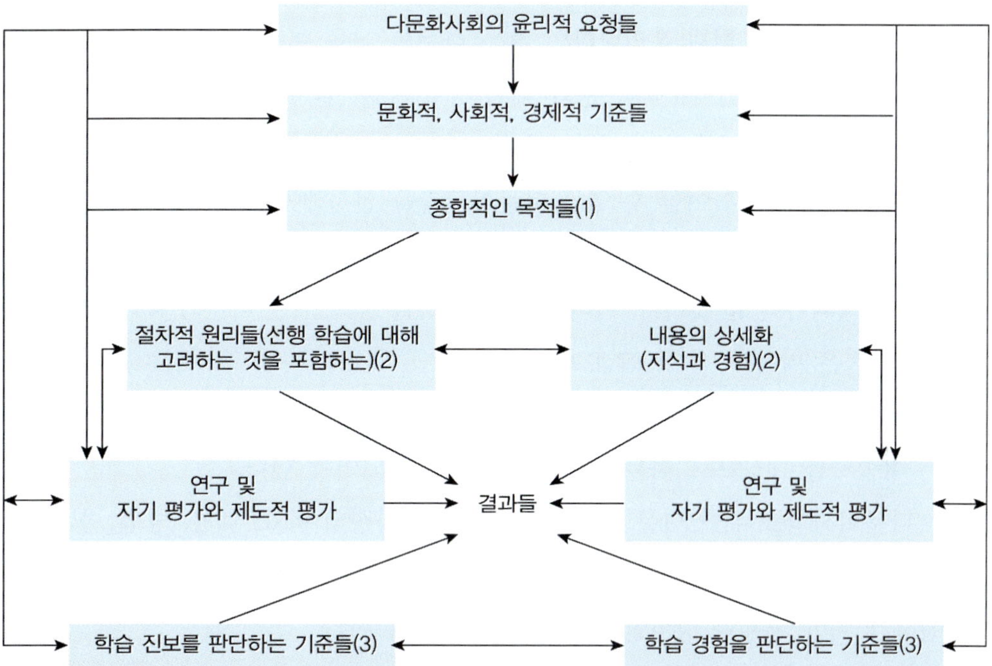

(1) 학교와 교사는 절차들을 적용하고(혹은) 새로운 내용을 더함으로써 그 과정을 계속적으로 모니터링하고 수정한다.
(2) 이것들은 전체 교육과정 목표들과 다문화교육주의를 안내하고 확보하기 위한 패러다임 목표들을 포함한다.
(3) 이것들은 판단에 대한 학생들과 교사들의 평가를 포함한다.

그림 5-1 다문화 교육과정 구성을 위한 절차의 원칙들

출처: 조영달, 윤희원(2008)

Lynch는 다문화 교육과정을 위한 내용 선정의 기준으로 첫째, 교육과정의 과부하 가능성, 둘째, 모든 문화에 대해 동일하게 가치가 있거나 용인될 수 있다는 것은 아니라는 점, 셋째, 문화는 기능적이어야 하고, 적응성이 있어야 한다는 점, 넷째, 사회적 유

대를 확보할 수 있기 위해 충분한 공통 기반의 확보가 가능해야 한다는 점 등을 제시하였다(조영달, 윤희원, 2008). 다문화 교육과정 선정 과정에 필요한 요소들은 문화적, 사회적, 윤리적 기준에 적합해야 하며, 객관성, 합리성, 보편성에 의해 조정되어야 한다. 또한 다문화 교육과정 내용 선정에 있어 국가적, 지역적, 국지적 차원을 균형 있게 고려해야 하며, 시대상이 반영된 사회적 요구와 지역적, 문화적 다양성 간의 조화를 고려할 수 있어야 한다. Lynch는 민주 사회의 이상에 합당한 기준 적용을 통해 다문화 교육과정의 내용 선정 과정이 일방적이지 않아야 하며, 상호작용적인 대화의 과정이어야 함을 강조했다. 다문화 교육과정의 내용은 연령, 성, 종교, 민족, 인종, 사회적 계급, 직업, 언어 등과 같은 한 사회의 문화적 다양성을 고려함과 동시에 사회적 공통 기반에 해당하는 핵심 가치를 강조하고 강화하는 것이 중요하다.

다문화 교육과정의 내용은 다문화사회의 특성을 반영해 한 사회의 공통성과 다양성과 관련된 핵심적인 공통 학습 경험을 포함하고 있어야 하며, 동시에 문화적 다양성과 관련된 요인들이 사회적 요소와 상호작용하여 만들어 내는 특수한 필요에 부합할 수 있어야 한다. 따라서 다문화 교육과정은 실행되는 국가적인, 지역적, 제도적 차원의 정치적 맥락을 고려하는 것이 중요하며, 다문화 교육과정에서 다양한 방법과 전략이 존재함을 인정하고 실천하는 것이 필요하다.

교육과정의 구성 관점에서 다문화적인 교과내용은 다문화적인 방식으로 교수하는 것이 중요하다. 문화적 배경의 차이를 인정하고 언어적, 사회적 배경의 차이, 상이한 인지구조 등을 고려해야 한다. 이는 교수자들이 가지고 있는 사회적, 문화적 편견이나 인지구조 차이를 배제한 동기화에 대한 기대를 비판적으로 검토하는 것을 포함한다. 이런 과정에서 사회적, 문화적, 심리적 요소들을 고려하고 민감하게 해석해야 한다. 다문화 교육과정의 내용은 교육기관과 교사들에 의해 그들의 구체적인 환경에 비추어 검토하고 수정되어야 하며, 그 과정에 교사들과 학습자들이 함께 참여해야 한다. 또한 다문화 교육과정의 내용이 더 넓은 사회적 정당성을 확보하려면 지역 공동체의 참여 또한 반드시 필요하다.

2) Bennett의 다문화 교육과정 개발 모델

Bennett(2001)은 다문화 교육과정 개발과 관련된 일련의 절차에 대한 포괄적인 다문

화 교육과정의 개념 모델(Concept Model of Comprehensive Multicultural Curriculum)을 제시한다. 이를 정리하면 [그림 5-2]와 같다(조영달, 윤희원, 2008).

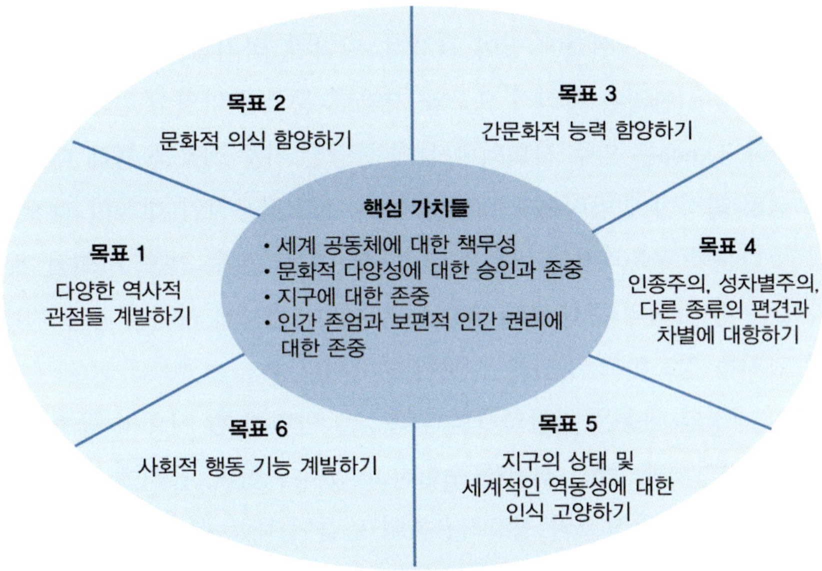

그림 5-2 포괄적인 다문화 교육과정에 대한 개념적 모델

출처: 조영달, 윤희원(2008)

(1) 다양한 역사적 관점에 대한 이해(Understanding Multiple Historical Perspectives)

많은 사람들이 자신이 속한 국가나 사회 이외의 지리적, 인종적, 문화적 거리가 먼 국가들과 우리 사회 내의 소수자들의 역사에 대해서 무관심하거나 무지하다. 다문화 교육과정의 핵심 목적에는 다양한 역사적 관점의 이해를 기반으로 서구 중심적인 편견을 교정하는 것이 포함된다. 역사를 다양한 국가들의 관점에서 재해석해야 하며, 다수자와 소수자의 관점들을 포함하여 통합적으로 해석되어야 한다.

(2) 문화적 의식의 계발(Developing Cultural Consciousness)

문화적 의식은 인간 개개인이 소유한 세계관에 대한 인식 혹은 지각에 해당하며, 개별 인간들의 사고와 실천의 다양성과 인식의 차이를 인지하는 것을 포함한다. 각각의 세계관은 보편적이지 않으며, 개별의 국가, 인종 집단 구성원에 따라서 차이가 있다.

(3) 간문화적 능력 함양(Developing Intercultural Competence)

간문화적 능력은 자신의 문화권 사람들과 타문화권 사람들의 의도적 의사소통(언어, 몸짓, 상징), 무의식적 단서(신체 언어 등), 관습들을 해석할 수 있는 능력을 의미하며, 특히 의사소통과 공감을 중요시한다. 간문화적 능력의 개발은 다른 문화적 배경의 사람들이 서로의 행동과 인식에서 드러나는 문화적으로 조건화된 전제들에 대해 자기 인식을 계발하는 것에 해당한다.

(4) 인종주의, 성차별, 그리고 모든 종류의 편견과 차별과 투쟁(Combating Racism, Sexism, and All Forms of Prejudice and Discrimination)

인종주의, 성차별주의, 편견과 차별에 대항하여 투쟁하는 것은 자신과 다른 인종적, 성적, 문화적 배경을 가진 사람들에 대해 열등하다고 보는 잘못된 인식과 편견에 기반한 부정적인 행동, 인식, 태도들을 줄여가는 것을 의미한다. 편견에 기반한 스테레오타이핑을 제거하는 것을 강조하며, 반인종주의적이고 반성차별주의적인 인식과 행동을 계발하여 편견과 차별과의 투쟁에서 승리하는 것을 중요시한다.

(5) 지구의 상태와 세계적인 역동성에 대한 인식 고양(Raising Awareness of the State of the Planet and Global Dynamics)

지구의 상태와 세계적인 역동성에 대한 인식의 고양은 현실에 기반한 세계의 경향들, 조건들, 전개들에 대한 지식을 획득하는 것을 말한다. 세계가 상호 연결된 거대한 생태계라는 인식에 기반하여 함께 공존하고 상호 영향을 미치는 존재로 인식하는 사고의 확장을 의미한다.

(6) 사회적 행동 기능 계발(Developing Social Action Skills)

사회적 행동 기능은 지구의 미래와 인류의 안녕에 위협이 되는 중요한 문제들을 해결하기 위해 요구되는 지식, 태도, 행동을 의미하며, 전 지구적인 사고와 지역적인 행동을 강조된다. 사회적 행동 기능은 지구와 인류를 위한 참여적 사고와 행위를 촉진시킬 수 있는 개인적이고 정치적인 효능감, 지구적 책무성을 계발하고 실천하는 것에 중

점을 둔다. 특히 사회적 구성원 모두에게 민주적인 과정을 통한 변혁의 주체가 될 것을 강조한다.

위에서 제시된 다문화 교육과정의 목표들은 상호 중첩적이면서 상호 보완적이다. 하지만 실제 다문화 교육과정의 구성 시 모든 목표를 동일하게 강조할 수는 없다는 점을 인식해야 하며, 학습자, 교과, 지역사회의 현실을 고려하여 특정한 한 목표에 집중하는 것이 효과적일 수 있다. 그럼에도 모든 목표들은 상호 연결된 요소로 보고 교육과정 속에 유기적인 연관이 될 수 있도록 고려해야 한다.

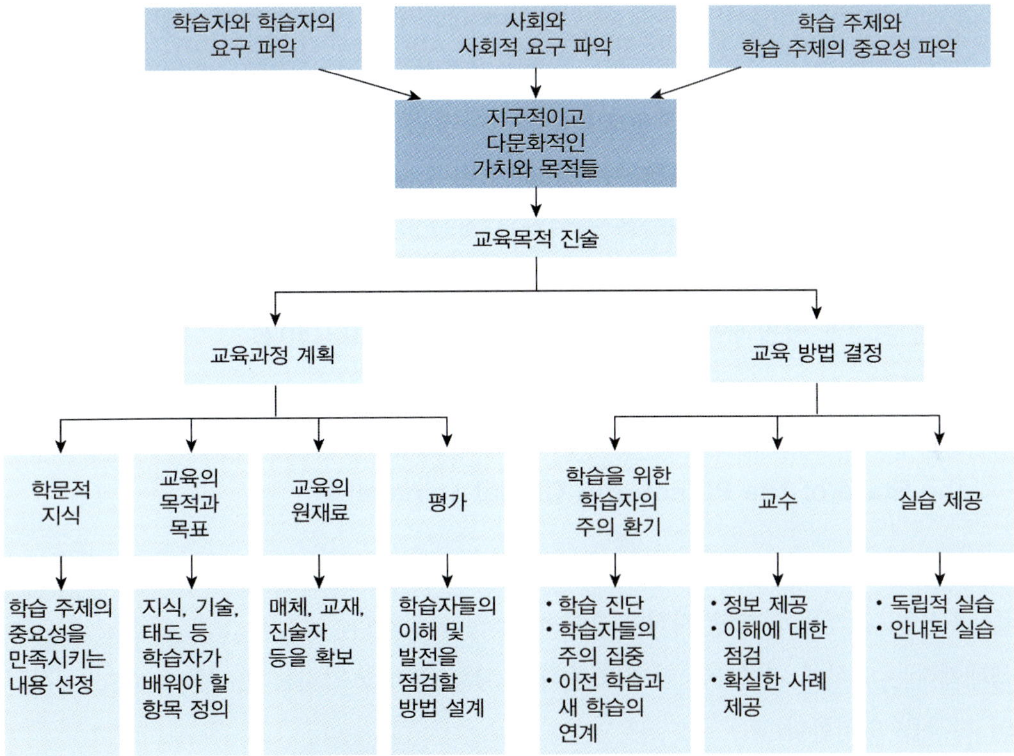

그림 5-3 다문화 교육과정 개발 절차

출처: 허은제(2019)

Bennett(2001)은 [그림 5-3]을 통해 다문화 교육과정 설계의 요소와 과정을 제시하고 있다. Bennett은 일반적인 교육과정 이론에 근거해 하나의 교육과정 설계 시 학습자, 사회, 교과라는 세 가지 요소를 고려하여야 한다고 보았으며, 이 중 한 가지 요소만 고려할 때 포괄적이고 균형적인 접근이 어렵다고 보았다. 또한 다문화 교육과정의 설계

시 추가적으로 고려해야 할 점은 다문화적 교육과정의 내용은 이데올로기적 함의를 갖고 있으므로 핵심 가치와 관련된 내용이 명료해야 한다는 점이다. 이를 통해 학습자, 사회, 교과 요소들을 반영하여 교육 목적을 결정하는 인지적 필터 역할을 수행하는 것이 가능하다.

이 과정을 통해 교육 목적이 도출되면 교육과정의 계획, 교수방법의 결정이 진행된다. Bennett은 효과적인 다문화 수업은 효과적인 수업을 위한 일반적인 요소들과 동일한 요소들을 포함한다고 보았다. 교수 계획은 학습자 특성, 교과 특성, 사회적 필요를 고려해 결정돼야 하며, 효과적인 교수 전략 수립을 위해 일반적 교수 원리들을 적용해야 한다.

3) Banks의 다문화 교육과정 모델

Banks(2008)는 다문화 교육과정 개발에 적용할 수 있는 세 가지 모델을 제시하였으며, 개념적 다문화 교육과정, 사회과학과 가치탐구기술, 가치탐구로 구분된다.

(1) 개념적 다문화 교육과정

Banks가 제시하는 개념적인 다문화 교육과정의 개발 절차는 다음과 같다(조영달, 윤희원, 2008).

첫째, 교육과정을 조직하기 위한 핵심 개념들을 선정한다. 개념의 선정 과정에서는 다음의 기준들을 고려해야 한다.

① 개념은 많은 양과 넓은 범위의 정보와 자료들을 조직하기 위해서 충분히 강력해야 한다.
② 개념은 광범위한 학문과 주제 영역에서 유래한 정보들을 조직하고 분류하는 것에 활용될 수 있어야 한다.
③ 개념 선정에는 연령, 인지적·도덕적 발달 수준, 인종적·민족적 배경과 같은 학습자의 발달 단계를 고려하여야 한다. 초등학생의 경우 편견이나 차별이란 개념을 사용하는 것이 인종주의(racism)보다 더 적절하다고 볼 수 있다.

핵심적인 개념의 선정 과정에는 각 개념의 중요성, 타당성, 지속성, 균형, 인종적·문화적 적절성 등이 고려돼야 한다.

둘째, 선택된 개념들과 관련된 핵심적이고 보편적인 일반화를 확정한다.

셋째, 선택된 개념들과 관련된 중간 수준의 일반화를 확정한다.

넷째, 각각의 교과 영역에서 핵심 개념의 교수 시 낮은 수준의 일반화를 확정한다.

다섯째, 개념과 일반화를 가르치기 위한 전략과 활동들을 구안한다.

이 과정을 통해 선정된 개념들과 일반화들은 저학년에서 고학년으로 올라가는 과정에서 깊이와 복잡성이 심화되는 나선형 교육과정 원리를 적용하여 교수하는 것이 바람직하다.

(2) 사회과학과 가치탐구 기술

학습자들이 사실, 개념, 일반화를 학습하는 것은 필수적이며 우선적이다. 하지만 정보 수집과 평가 과정, 개별 지식에 관한 주관적 인식의 배경에 관련된 가정이나 편견의 확인 절차, 지식 구성 과정에 대한 능력 계발도 매우 중요하다. 따라서 다문화 교육과정의 중요한 목표 중에 하나인 학습자의 탐구와 사고 기능을 길러주기 위해서는 탐구 질문과 문제 생성, 가설 설정, 개념화, 자료 수집과 분석, 일반화와 결론 도출이 포함돼야 한다.

Banks의 사회과학적 탐구는 <의심 혹은 관심 → 문제 형성 → 가설의 형성 → 용어와 개념에 대한 정의 → 자료 수집 → 자료의 평가와 분석 → 가설의 실험: 일반화와 이론의 도출>의 단계로 구성된다. 제시된 탐구의 단계들은 실제 순차적으로 일어나지 않고 순환적인 특성을 보인다.

(3) 가치 탐구

다문화 교육과정은 지식과 기능 목표가 매우 중요하지만, 학습자들의 도덕적 선택과 성찰을 위해 필요한 기능 계발이 필수적이다. 다문화교육은 학습자의 편견이나 차별을 감소시키고자 하는 목표를 가지고 있기 때문에 가치 교육을 중요시하며, 학습자들에게 자신들이 가진 가치를 비판적으로 검토 후에 교정의 기회를 제공해야 한다. 학습자들을 위한 탐구의 과정으로 Banks는 다음과 같은 가치 탐구 절차를 제시하고 있다(조영달, 윤희원, 2008).

① 가치 문제를 정의하고 인식하기
② 가치 관련 행동을 묘사하기
③ 행동을 통해 드러나는 가치들을 명명하기
④ 묘사되는 행동에서 가치 갈등을 정의하기
⑤ 분석되는 가치들의 가능한 결과들에 대한 가설 세우기
⑥ 관찰된 행동을 통해 드러나는 가치들에 대한 대안적인 가치들을 명명하기
⑦ 분석되는 가치들의 가능한 결과들에 대한 가설 세우기
⑧ 선호되는 가치를 선언하기(선택하기)
⑨ 가치 선택의 이유, 원천, 가능한 결과들에 대해서 진술하기(정당화하기, 가설 세우기, 예견하기)

4) Gay의 통합된 다문화 기본 기술 모형

Gay(1979)는 일반교육과 다문화 교육과정 간의 상호 관계를 설명하기 위해 통합된 다문화 기본 기술(Integrative Multicultural Basic Skills, IMBS) 모형을 제시했다. IMBS 모형은 상호 역동적이며 상호 보완적인 세 개의 동심원으로 구성되어 있다. 첫 번째 원은 교육과정 결정의 중심(core)을 의미하며, 문해, 문제해결, 비판적 사고, 과목의 구체적 내용과 기법 등 학교에서 일상적으로 가르치는 보편적 성격의 일반적인 기본 기술에 해당한다. 두 번째 원은 교사들이 교육과정을 구성할 때 필수적인 활동(activities)을 의미하며, 수업 내용과 자료 선택하기, 학습자의 요구 진단하기, 학습자 활동과 교수 행동 확인하기, 수행 평가 도구와 기법 선택하기 등에 해당한다. 세 번째 원은 다문화 자원(multicultural resource)으로 여타 두 가지 동심원을 둘러싸고 있으며, 다문화 자원이 모든 학습자 대상 교육과정을 설계하는 일과 관련된 계획과 모든 수행을 위한 실질적 결정에 생태학적인 환경과 참조를 위한 지침을 제공하는 것을 의미한다.

[그림 5-4]에 나타난 세 개의 원들 간의 관계를 문화다원론적 관점에서 이해하면 문해 내용(중심)이 다문화적 요소를 가지고 있으며, 문해를 학습시키기 위해서는 다양한 학습자의 요구에 적합한 교수방법(활동)을 선택해 지도해야 하기 때문에 다문화 자원은 자연스럽게 두 개의 원과 맞물리게 작동하게 된다. 이들 간의 관계를 도표로 나타내면 다음 [그림 5-4]와 같다.

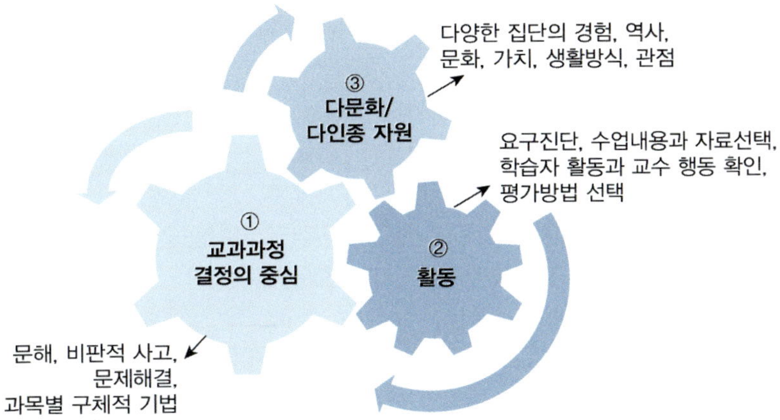

그림 5-4 Gay의 통합된 다문화 기본 기능 모형(IMBS)

출처: 허은제(2019)

3. 다문화 교육과정의 평가

다문화 교육과정의 평가도구는 6개의 상위영역, 16개의 중위영역과 51개의 평가요소로 구성된다(이륜, 장경원, 2016). 이를 정리하면 <표 5-2>와 같다.

표 5-2 다문화 교육과정 평가도구 개발

영역		평가요소	평가요소 세부 내용
시스템	인적	담당교사 배정	학교의 다문화교육을 담당하는 업무담당자가 배정되어 있다.
		강사 확보	다문화교육과 관련하여 강사(상담, 이중언어, 다문화교육 등)가 확보되어 있다.
	물리적	예산 편성	다문화교육과 관련된 학교 예산이 편성되어 있다.
		운영 매뉴얼 구축	다문화교육을 위한 학교 운영 매뉴얼이 구축되어 있다.
		내용 게시	학교 게시판, 복도 등에 다문화교육과 관련된 내용이 게시되어 있다.
	지역 연계	공동협의체 구축	다문화교육 관련 기관과 공동의 협의체(MOU 등)가 구축되어 있다.
		학교협의체 구축	다문화교육을 위한 학교 간 연계 협의체가 구축되어 있다.

교육내용 방법 및 평가	교육과정	편성	다문화교육을 위한 교육과정 시수가 확보되어 있다.
		재구성	다문화교육을 위한 교육과정 재구성이 이루어지고 있다.
		요구반영	학교 교육과정에 다문화교육을 위한(다문화가정 학생과 학부모의 요구, 교사의 요구 등) 요구가 반영되어 있다.
		개별화 교육과정	다문화가정 학생을 위한 개별화 교육과정이 있다.
	수업 내용	내용 포함	인종·문화와 관련하여 고정관념·편견·차별의 해소를 위한 수업이 이루어지고 있다.
		내용점검	인종적·문화적 편견과 관련된 교육 내용이 있는지 점검(수업안, 활동지, 텍스트 등)하고 있다.
		문화반영	이주배경가정 모국의 민족음식, 명절, 의상, 위인 등 문화가 반영되어 있다.
	교수·학습 방법	개별 처방식 수업	다문화가정 학생 개개인에 맞는 개별 처방식 수업이 이루어지고 있다.
		수업참여	다문화가정 학부모가 참여하는 수업(협력학습 등)이 이루어지고 있다.
		학습 전략	다문화가정 학생과 비다문화 학생이 서로 협력하고 수업에 적극 참여할 수 있는 교수·학습 수업 유형이 이루어지고 있다.
	교육자료	자료 개발	학교 특성에 맞는 다문화교육 자료를 개발하고 있다.
		자료 활용	다문화교육을 위해 다양한 교육 자료를 활용하고 있다.
	학생 평가	학업 성취도	다문화가정 학생의 학업 성취도를 파악하고 있다.
다문화 역량	연수	관리자	관리자(교장·교감)를 대상으로 다문화교육 연수를 시행하고 있고, 다양한 연수(직무연수, 교외연수 등)에 참여하고 있다.
		교사	교사를 대상으로 다문화교육 연수를 시행하고 있고, 다양한 연수(직무연수, 교외연수 등)에 참여하고 있다.
		교직원	교직원(행정직 등)을 대상으로 다문화교육 연수를 시행하고 있고, 다양한 연수(직무연수, 교외연수 등)에 참여하고 있다.
	학교문화	관리자의 전문성	학교의 관리자(교장-교감)가 다문화교육에 전문성(직무연수 이수, 학위 등)을 갖추고 있다.
		긍정적 태도	학교의 구성원들이 다문화교육에 긍정적인 태도를 갖추고 있다.
		문화 수용	학교의 구성원들이 다문화가정의 문화를 수용하고 있다(예: 히잡 허용 등).
다문화	인식 개선	다문화 이해 교육	비다문화 학생과 학부모를 대상으로 다문화 이해 교육을 실시하고 있다.
		학생 통합교육	비다문화 학생과 다문화가정 학생이 함께 참여하는 프로그램을 운영하고 있다.
		학부모 통합교육	비다문화 학부모와 다문화가정 학부모가 함께 참여하는 프로그램을 운영하고 있다.

출처: 이륜, 장경원(2016)

다문화 교육과정 평가도구를 구성하는 6개 상위영역은 다문화교육이 완수되기 위해서 몇 가지 프로그램의 운영만으로 이루어지는 것이 아니라 학교 차원의 변화를 요구한다는 것을 의미한다. 인적, 물적, 지역사회를 기반으로 한 시스템을 갖추고, 교육과정, 교육 프로그램 개발 및 운영, 개별화·맞춤형 지원을 바탕으로 다문화교육의 추진, 지속적인 모니터링과 피드백이 이루어져야 한다는 것을 의미한다. 이는 다문화교육이 지향하는 교육 평등, 다양성 인식, 문화 창조를 포함하는 것이며, 다문화교육을 위한 개혁 시 거시적·미시적 차원에서 어떻게 변화해야 하는지를 제시한다. 따라서 다문화 교육과정 평가도구는 다문화교육의 중요성을 감안할 때 교육 현장의 자발적 변화를 위한 변혁적 도구, 국가 차원의 교육정책을 수립, 실행을 위한 실천적 도구로 활용될 수 있다.

다문화교육 평가도구는 학교 차원에서 형식적인 점검표가 아닌 다문화교육의 운영 방향의 기준으로 활용되어야 하며, 외부가 주체가 되는 다문화교육 컨설팅이 아니라 교육 현장 내부의 자발적인 컨설팅의 도구로 활용되도록 해야 한다. 이를 통해 교육 현장에서 자가 컨설팅을 통해 다문화교육과 관련된 문제에 대해 보다 근본적인 수준의 문제 파악 후 스스로 해결책을 도출할 기회를 제공하여 학교를 능동적으로 바꿀 수 있는 동력을 확보한다.

국가 차원에서 다문화 교육과정 평가도구는 다양한 정책 및 교원 역량 개발을 위한 기본 자료로 활용할 수 있으며, 평가도구를 통해 다문화교육의 실천을 위해 제도화해야 할 내용들과 교육 현장 평가 요소에 포함해야 할 항목 등을 세부적으로 구성할 수 있다. 교육 현장 경영자와 교사들을 대상으로 한 역량 개발 직무연수 등을 구성할 때 다문화 교육 현장을 위한 실천적 역량 개발에 도움이 되는 프로그램을 운영할 수 있다.

다문화 교육과정 평가도구는 교육 현장과 국가 차원에서 다문화교육의 기준 마련과 정책 수립에 활용할 수 있다. 또한 다문화교육 평가도구는 다음과 같은 용도로 활용될 수 있다.

첫째, 다문화 교육과정 평가지표는 교육 현장 운영의 가이드라인을 제공한다. 교육 현장에서 다문화교육 관련 업무를 담당할 때 활동 추진과 관련한 어려움에 직면할 때 다문화교육의 방향과 방법에 대한 기준을 제공하여 연간계획 및 로드맵을 등을 작성할 수 있도록 돕고, 학교, 학생, 학부모를 통합하는 유기적인 교육체제를 구축할 수 있도록 한다.

둘째, 다문화교육센터, 가족센터(다문화가족지원센터) 등 학교 외부의 다문화 관련 기관

의 다문화교육 사업 및 지원 추진을 위한 가이드라인을 제공한다. 또한 교육 현장과 지역사회의 다문화 자원과의 연계를 통한 다문화교육의 시너지 효과 달성, 공동협의체 구축을 위한 근거 자료로 활용될 수 있다.

셋째, 평가도구의 활용 시 전체 영역의 통합적 활용도 가능하지만 개별적인 평가요소를 활용하여 다문화교육 현장 점검에 활용할 수 있다. 영역별 분리 적용, 우선순위에 근거한 적용, 시간 계획에 따른 적용 등 상황에 맞는 재구성을 통해 활용하는 것도 가능하다.

넷째, 다문화 교육과정 평가지표는 다문화교육의 일반화에도 기여할 것이다. 다문화 사회로의 변화, 다문화 구성원 증가로 인한 다문화교육 수요의 증가에 대비한 다문화 교육 강화의 근거가 될 수 있다.

다문화 교육과정의 평가를 위해 Banks의 '다문화학교 평가지표', '다문화교육 프로그램 평가지표', '다문화 학습 자료 평가지표'를 활용할 수 있다(이진욱, 2013). 세 가지 평가지표는 '교육 현장'에서부터 '학습 자료'까지 평가 대상과 범위를 구분하여 다문화 교육 평가를 위한 세부 항목을 제시하였다.

'다문화학교 평가지표'는 학교 분위기와 태도, 정책 등 다문화교육 전반과 관련된 포괄적 질문, '다문화교육 프로그램 평가지표'는 다문화 교육과정과 관련된 질문, '다문화 학습 자료 평가지표'는 소수집단의 문화와 역사 등을 다루는 내용 통합 차원, 주류 집단의 시각으로부터 벗어나 다양한 관점에서 문제를 다루는 것과 관련된 지식 구성 과정 차원의 문항으로 구성되어 있다.

Banks의 평가지표들은 미국을 기준으로 작성된 바 이를 한국의 교육 현장, 교육프로그램, 교육기관, 교사, 학습자에 따라 상황에 맞게 재구성하여 활용하는 것이 요구된다.

표 5-3 다문화학교 평가지표

순	기준 문항
1	학교정책은 미국 사회의 민족적, 문화적, 성적 다양성을 반영하고 있는가?
2	전반적인 학교문화(잠재적 교육과정을 포함하여)가 다민족적이고 다문화적인가?
3	학교가 선호하는 학습양식은 학생들의 학습양식을 반영하고 있는가?
4	학교는 학생들과 더 넓은 사회에서 구사되는 언어와 방언을 반영하고 인정하는가?
5	학교 활동, 프로그램, 계획수립에 다양한 민족적, 문화적 배경을 지닌 부모들을 참여시키는가?
6	학교 상담 프로그램은 미국 사회의 다양성을 반영하는가?
7	학교가 사용하는 평가과정은 다문화적인가? 민족적으로 볼 때 공정한가?
8	수업 자료의 민족적, 문화적, 성적 편향을 평가하고 있는가?

9	공식교육과정과 학습 과정은 다민족적이고 다문화적인가? 다양한 민족적, 문화적 관점에서 사건과 상황, 개념을 바라보도록 하는가?
10	학교의 교수양식과 동기부여 시스템은 학생의 민족적, 문화적 다양성을 반영하는가?
11	모든 직원의 태도, 믿음, 행동이 민족적으로나 인종적으로 사려 깊은가?
12	체계적이고 포괄적이며 지속적인 다문화 직원 훈련 프로그램을 필수과정으로 실시하고 있는가?
13	학교 직원들이 다민족적이고 다문화적인가?
14	학교의 전반적인 분위기가 인종적, 민족적, 문화적, 언어적 차이에 긍정적으로 대응하는가?
15	학교의 모임이나 휴일이 미국 사회의 민족적, 문화적 다양성을 반영하는가?
16	학교의 점심 식단은 미국의 다양한 민족집단의 음식을 고려하여 계획되는가?
17	게시판, 체육시간, 음악 그리고 그 외 게시물이나 활동이 민족적, 문화적 다양성을 반영하는가?

출처: 이진욱(2013)

표 5-4 다문화교육 프로그램 평가지표

순	기준 문항
1	문화적 다양성이 학교 환경 전반에 널리 퍼져 있는가?
2	학교의 정책과 절차가 다양한 문화집단 학생들의 긍정적 상호작용을 이끄는가?
3	학교의 교직원(교장, 교사, 상담가, 보조교사 등)이 다민족·다인종적으로 구성되어 있는가?
4	학교는 다문화 교직원의 프로그램 개발 참여에 체계적, 포괄적, 위임적, 지속적인가?
5	교육과정은 다문화가정 학생의 학습 특징을 반영하고 있는가?
6	교육과정은 학생의 자아정체성을 향상시키는 데 지속적으로 기회를 제공하는가?
7	교육과정은 학생들의 민족·문화집단의 총체적 경험을 이해하는 데 도움을 주는가?
8	교육과정은 학생이 사회현실과 이상 사이의 갈등을 확인하고 이해하는 데 도움을 주는가?
9	교육과정은 미국 사회의 민족적 대안과 선택을 탐구하고 명료화하는가?
10	교육과정은 민족적·문화적 다양성을 인정하는 가치, 태도, 행동을 촉진하는가?
11	교육과정은 학생에게 시민성을 위한 의사결정능력, 사회참여기술, 정치적 효능감을 발달시키는 데 도움을 주는가?
12	교육과정은 학생이 다문화적인 대인관계에서 효과적으로 상호작용하는 데 필요한 기술을 습득하도록 돕는가?
13	다문화 교육과정은 범위와 계열, 민족과 문화집단에 관한 전체적인 안목을 제공함에 있어 포괄적이며 학교 교육과정의 일부로서 필수적인가?
14	교육과정은 다양한 민족·인종 구성원의 문화, 역사적 경험, 사회 현실, 실제 처한 상황에 대한 학습을 지속적으로 포함시키는가?
15	다양한 학문 분야가 교육과정을 구성하고 시행하는 데 사용되고 있는가?
16	교육과정은 인종, 민족, 문화집단들을 비교할 수 있는 접근법을 사용하는가?
17	교육과정은 학생이 다문화적 관점으로 행사, 상황, 분쟁상황을 이해하도록 하는가?
18	교육과정은 다인종사회로서의 미국의 발전에 대해 개념화, 서술하고 있는가?
19	학교는 학생이 다양한 문화권이 가진 미적 경험에 참여할 수 있는 기회를 제공하는가?

20	교육과정은 학생이 적어도 두 가지 이상의 언어를 읽고 쓸 수 있도록 기회를 제공하는가?
21	교육과정은 지역사회 자원을 최대한 활용하는가?
22	평가과정은 학생의 민족적, 문화적 특성을 반영하는가?
23	학교는 다문화 관련 평가에 있어 지속적이며 체계적인 평가목표와 방법, 평가도구를 사용하는가?

출처: 이진욱(2013)

표 5-5 다문화 학습 자료 평가지표

순	기준 문항
1	미국의 생활과 미국 사회 내 존재하는 다양성을 반영하도록 다양한 인종, 민족, 그리고 문화집단을 포함하는가?
2	인종, 민족, 그리고 문화집단들 내에 존재하는 폭넓은 다양성을 보여주는가?(예를 들면 민족집단 간에 존재하는 사회계층, 종교, 이데올로기, 언어의 다양성)
3	다양한 인종과 민족집단의 여성들이 맡은 역할, 경험, 그들의 도전과 기여를 보여주는가?
4	다양한 인종과 민족 출신 여성의 관점에서 미국의 역사와 사회를 바라볼 수 있도록 돕는가?
5	미국 사회의 방언과 언어, 언어적 소수집단의 문제, 그리고 언어적 다양성이 미국 사회에 기여한 바를 설명하는가?
6	인종집단과 민족집단의 역사와 경험을 별도로 할애된 부분이나 내용상자, 참고 인물란에 국한시키는 것이 아니라 미국 발달에 관한 주류 역사 속에 통합시키는가?
7	미국의 예외주의 및 미국이 북미 전체를 지배해야 한다는 확고한 사명을 지니고 있다는 사고방식에 도전하고 있는가?
8	미국 역사에서 희생당해 온 집단들의 관점에서 미국의 역사적 발전을 바라보도록 돕는가?
9	미국의 인종, 민족, 문화집단의 경험을 알려주고 설명하기 위해 일차적인 자료를 활용하는가?
10	미국에서 사회계층이 수행하는 강력한 역할과 계층이 시민의 삶의 기회를 결정하는 데 얼마나 중요한 요인이 되는지 이해하도록 돕는가?
11	미국 사회에서 일어난 문화접변은 쌍방향적인 과정임을 이해하도록 돕는가?
12	모든 시민을 위한 기회평등이라는 미국의 희망이 여전히 어느 정도 불완전한지 이해하도록 돕는가?
13	수학과 과학의 경우 해당 분야의 과정, 관점, 그리고 문제들이 어떻게 문화에 기초하고 있는지 그리고 어떤 영향을 받았는지 이해하도록 돕는가?
14	수학 및 과학이 인종, 민족, 성, 문화집단들에 대한 지식의 형성에 어떤 영향을 미쳤는지 이해하도록 돕는가?
15	다양한 문화 출신의 개인 혹은 집단이 과학 지식과 수학 지식의 발전에 기여하였는지 이해하도록 돕는가?
16	편견, 차별, 제도화된 인종주의와 성차별주의, 사회계층처럼 미국 내 인종, 민족, 문화집단들의 문화와 역사를 이해하는 데 반드시 필요한 개념을 습득할 수 있도록 하는가?
17	할렘 르네상스, 노예무역 경로였던 중앙항로, 일본계 미국인 수용소, 과달루페 히달고 조약, 눈물의 여로 등과 같이 미국의 소수집단의 경험을 이해하는 데 필수인 주요 역사적, 문화적 사안들에 대해 알 수 있게 해주는가?

출처: 이진욱(2013)

06
CHAPTER

다문화교육 프로그램

1. 다문화교육 프로그램의 이해
2. 다문화교육 프로그램의 개발
3. 다문화교육 프로그램의 구성
4. 다문화교육 프로그램의 실행
5. 다문화교육 프로그램의 실제 1 - 구성 · 운영
6. 다문화교육 프로그램의 실제 2 - 교과 연계

1. 다문화교육 프로그램의 이해

1) 다문화교육 프로그램의 목적

21세기는 세계화, 지구화, 글로벌화로 모든 공동체와 개인의 삶에 많은 변화가 생겼으며, 20세기와는 근본적으로 다른 사회이다. 노동과 자본, 인력의 이동이 자유롭고, 인터넷을 통한 실시간 정보 공유로 다른 문화권의 사람들과 일상적으로 소통하고, 다른 세계에서 일어나는 일들도 공간의 제약 없이 접할 수 있게 되었다. 지역사회의 구성원은 점차 다양해지고 있으며, 정주민과 이주민의 구분이 모호해지고 있다.

현대사회의 급격한 변화로 인해 전통적으로 개인을 규정하였던 국가공동체, 민족공동체의 영향력이 약화되었으며, 개인의 자유와 창의성, 개성이 발휘될 수 있는 가능성이 높아졌다. 하지만 민족적 · 종교적 결합이 공고화되고, 한 사회에서 민족집단별로 폐쇄적인 하위 공동체를 형성하고, 하위 공동체 간에서 서로 소통하지 않는 수평적인 사회(parallel society)를 만들어 내기도 한다. 또한 다양한 문화적 자원의 활용과 접근 가능성의 증가에도 불구하고, 다양한 문화가 생성, 유지, 발전, 확산되기보다는 오히려 초국가적 대자본이 전 세계인의 취향과 기호를 획일화시키는 가능성도 존재하고 있다.

다문화 프로그램의 궁극적인 교육 목적은 개인과 사회의 발전을 위해 요구되는 핵심역량을 갖춘 민주적 세계시민의 육성에 있다. 특히 다문화 역량은 나와 다른 문화적 배경을 지닌 구성원과 원활한 상호작용하는 데 필요한 능력으로서 다른 사람들과 소통하며, 다양성을 존중하고, 지속 가능한 사회를 위해서 공정성을 추구할 수 있는 역량이다.

개인과 사회의 발전에 필요한 다문화 역량을 갖춘 민주적 세계시민 양성을 위해서 다문화교육이 필요하다. 다문화교육을 통해 개인과 집단의 고유성과 다양성을 인식하도록 하며, 그 차이를 수용하고 존중하는 능력을 함양할 수 있고, 나와 다른 사람의 감정을 이해하고, 소통하며, 협력하여 개개인이 문화적으로 다른 사람들과 관계 맺는 능력을 향상시킬 수 있다. 또한 사회에 형성된 고정관념과 편견, 차별을 민감하게 인식하고 이를 개선하려는 활동에 동참할 수 있다. 더 나아가서는 상호의존적 세계에 대한 인식을 강화하고, 지속 가능한 미래를 위한 대안에 대해 고민하고 실천할 수 있는 역량을 키울 수 있다.

2) 다문화교육 프로그램의 교육목표

다문화교육 프로그램의 목표는 크게 여섯 가지로 정리할 수 있다(Banks, 2008).

첫째, 개인에게 타문화의 관점으로 자신의 문화를 인식하게 함으로써 자기 이해 증진을 도모한다.

둘째, 학습자들에게 현실의 다양한 문제를 비판적 시각으로 바라볼 수 있도록 하여 문화적, 민족적, 언어적 대안을 모색하도록 한다.

셋째, 모든 학습자들이 자문화와 타문화, 주류문화와 하위문화가 공존하는 다문화사회를 위해 요구되는 지식, 기능, 태도를 습득한다.

넷째, 소수인종 · 민족집단이 자신들의 신체적, 인종적, 문화적 특성으로 인해 겪는 고통과 차별을 감소시킬 수 있는 실질적인 방안을 모색한다.

다섯째, 학습자들이 세계화 시대의 생존에 필요로 하는 읽기, 쓰기, 수리적 능력 등을 높일 수 있다.

여섯째, 다양한 인종, 문화, 언어, 종교 집단의 학습자들이 자신들의 문화 공동체, 국가적 시민 공동체, 전 지구적 공동체에서 자신만의 존재 가치를 획득하는 데 필요한 지식, 태도, 기능을 습득할 수 있도록 한다.

이를 정의적 영역, 인지적 영역, 행동적 영역의 목표로 구분하면 다음 <표 6-1>과 같다(이향규 외, 2013).

표 6-1 다문화교육 프로그램의 목표

구분	목표
정의적 영역	첫째, 나와 다른 것, 익숙하지 않은 상태에서 긍정적 정서를 유지하는 능력 신장 둘째, 타인의 감정을 느끼고 그 감정을 이해하는 능력 신장 셋째, 문화적 정체성을 넘어서 타문화의 가치를 내면화하거나 진실된 관점을 취하려는 신념과 태도를 견지하는 능력 신장
인지적 영역	첫째, 나와 다른 것, 익숙하지 않은 것에 대한 즉각적 가치 판단을 중지하고 다양한 관점을 이해하는 능력 신장 둘째, 문화적 차이 및 다양성에 대한 인식 능력 신장 셋째, 사회적 고정관념과 편견을 이해하는 능력 신장 넷째, 문화적 민주주의 원리, 사회정의, 공정함과 동등함에 대한 이해
행동적 영역	첫째, 문화적으로 다른 상황에서 적절하게 상호작용하는 능력 신장 둘째, 문화적으로 다른 배경을 가진 집단을 구성원으로 받아들이는 수용적 행동 능력 신장 셋째, 차별적 언어나 행동을 하지 않으며, 차별적 상황에 적극적으로 대처할 수 있는 능력

출처: 이향규 외(2013)

3) 다문화교육 프로그램의 교육 대상

다문화교육 프로그램의 교육 대상은 다수자와 소수자를 포함하는 전체 사회 구성원을 대상으로 한 포괄적인 개념이다. 다수자와 소수자를 구분하여 다수자에게는 '인식개선교육', 소수자에게는 '적응교육'과 '결핍에 대한 지원'으로 구분하여 맞춤형으로 제공하는 것은 다수자와 소수자에 대해 '우리'와 '그들'로 구분하는 것으로 보이며, 소수자를 타자화하려는 것으로 보이는 의도하지 않은 결과를 야기할 수 있다. 따라서 다수자와 소수자가 함께 살아가는 세상에서 사회 구성원 '모두'가 지켜야 할 가치를 전수하는 것이 중요하기 때문에 전체 사회 구성원을 대상으로 한다.

2. 다문화교육 프로그램의 개발

1) 다문화교육 프로그램 구성 원리

(1) 다수자와 소수자를 아우르는 프로그램 구성

다수자와 소수자가 함께 성장할 수 있는 프로그램을 만드는 것이 필요하다. 다문화 감수성은 타자와의 소통 능력이므로 다수자나 소수자가 각자 구분하여 배우는 것이 아니라 상호 간의 상호작용과 상호이해 과정을 통해 경험하고 배우는 것이다. 프로그램 개발 단계에서부터 소수자와 다수자가 함께 활동하는 것을 우선 상정하고 교육 내용을 구성하는 것이 좋다.

(2) 다문화사회에 필요한 핵심역량의 선정과 계발 전략

다문화사회에서 요구되는 '핵심역량'을 선정하고, 핵심역량을 중심으로 교육 프로그램을 계열적으로 조직하는 것이 바람직하다. 지금까지 다문화 관련 교육 프로그램은 일회적이거나 많은 활동이 교육과정상의 계열 없이 제시된 경우가 많았다. 효과적인 교육을 위해서는 중장기적인 계획하에 개별 프로그램들이 전체적이고 근본적인 성장과 변화에 기여하도록 해야 한다.

이를 위해 핵심역량의 선정과 핵심역량 계발을 위한 전체 교육과정의 구성에 대해 보다 구조적인 고민이 요구된다.

(3) 프로그램의 지속적 개발과 발전, 실행을 위한 인프라 확충

다문화교육 프로그램에 대한 지속적 개발과 발전, 실행을 위해서는 해당 프로그램을 기획하고 실천할 수 있는 노하우와 인프라를 확보하는 것이 중요하다. 이를 위한 전문적인 기관과 인력 확보, 장기적인 전망과 사업계획을 실천할 수 있는 전문성과 현장성을 동시에 갖춘 정책 개발과 지속 가능한 자원 확보 및 지원이 요구된다.

2) 다문화교육 프로그램 구성 영역별 내용

다문화교육 프로그램은 구성 영역별로 인지 영역, 사회정서 영역, 문화 창조와 표현 영역, 실천 영역으로 구분하며, 해당 영역별 구체적인 내용은 <표 6-2>와 같다(경기문화재단, 2018).

표 6-2 다문화교육 프로그램 구성 영역별 내용

구분	내용
인지 영역	• 자신이 어떤 문화적 속성을 지니고 있으며 그것이 타인의 문화적 환경과 어떤 공통점 및 차이점을 가지는지 인식 • 개인을 이루는 문화적 속성들을 객관화시켜 봄으로써 자신과 다른 문화적 특성을 가진 사람들을 이해 • 거시 사회적 요소가 문화다양성에 끼치는 영향 인지 • 현대사회에서 다양한 문화를 생산 및 재생산하고 전달하는 미디어의 작용 이해 • 문화다양성 개념과 이를 둘러싼 여러 개념들이 발생한 맥락을 이해
사회정서 영역	• 사회 및 다른 구성원을 바라보는 관점과 태도, 감정의 변화 경험 • 자신과 다른 문화적 배경을 가진 사회 구성원에 대한 공감의 폭 확대 • 문화적 차이에 기인한 편견과 혐오 배격 • 특정 문화적 특성을 잣대 삼아 편협하게 타인을 재단하는 태도 지양 • 개인의 문화적 배경을 있는 그대로 존중하는 자세 함양 • 개인의 문화적 특성이 절대적인 것이 아니며 문화는 상대적인 구성물이라는 인식 내재화
문화 창조와 표현 영역	• 자신이 가지고 있는 문화적 특성에 대해 자신감을 가지고 긍정적인 정체성을 드러냄으로써 창의적 생산 활동에 기여 • 예술 및 문학 영역 등에서의 소비자, 매개자, 해석자, 전달자 모두가 다양한 문화의 표현이 만개하는 창작물의 공유할 수 있는 환경의 조성 • 거대 자본과 주류 미디어에 기초하여 나타나는 창작 활동뿐 아니라 독립적이고 상업 자본에 대한 의존도가 낮은 작품들에 대해서도 존중하는 태도 함양

실천 영역	• 일상적인 실천 및 행동, 언어, 의사소통 영역에서의 변화 • 문화적 차이로 인한 충돌이 발생했을 경우 현실적이고 상호존중에 기반을 둔 해결 방식을 모색하는 자세 함양 • 사회 안에서 다양한 구성원들의 건강한 공존에 필요한 원활한 소통 능력 함양 • 문화적 특성의 차이로 인한 사회적 차별을 배격하는 자세 함양 • 인권 보호와 현황의 문제점 개선을 위한 제도적 장치의 필요성 인식에 기초한 실천 능력 함양

출처: 경기문화재단(2018)

3) 다문화교육 프로그램의 구성 및 내용

다문화교육 프로그램의 개발을 위한 강의 주제와 교육 내용을 소개하면 <표 6-3>과 같다(황성동 외, 2012).

표 6-3 다문화교육 프로그램의 내용

주제		교육 내용
다문화 지식	국제이주와 다문화주의의 철학적 배경	• 다문화사회의 역사적 연원을 이해하고 그에 따른 시대적 과제를 설명 • 다문화주의에 대한 이해를 통해 다문화사회에 직면하게 될 사회문제에 대해 설명
	문화적 다양성과 사회복지	• 다문화사회에서의 문화적 다양성 확대와 다문화 사회복지의 정책적 방향을 설명 • 다문화 사회복지의 개념과 실천의 기본원칙 및 주요 개입기술에 대해 설명
	외국인 출입국관리(법) 및 이주정책	• 한국 사회가 지향해야 할 이주정책과 출입국 관리법에 대한 기초적 이해 도모 • 최근의 이주민 유입증대에 따른 사회정책적 변화에 대해 설명하고 토론
	여성결혼이민자의 특성 및 주요 이슈	• 여성결혼이민자의 문화적응 특성을 이해하고, 다문화가정에서의 가족문제를 설명 • 다문화가정에서 나타나는 주요 이슈와 가족관계 증진을 위한 실천기법에 대해 설명
	이주노동자의 특성 및 주요 이슈	• 이주노동자들이 가지고 있는 주요 인구학적, 심리적, 사회적 특성을 설명 • 이주노동자에게서 나타나는 주요 이슈들에 대한 사회복지적 개입방안을 설명
	북한이탈주민의 특성 및 주요 이슈	• 북한이탈주민의 한국 사회 유입 현황과 정책적 과제를 설명 • 북한이탈주민의 문화 이데올로기 및 가치충돌에 대한 이해를 바탕으로 한 개입방법을 설명
	다문화 아동의 특성과 주요 이슈	• 다문화 아동에 대한 사회복지적 개입방법 논의 • 다문화 아동의 발달과업과 다문화가정 부모의 사회적 역할에 대한 논의

	다문화 청소년의 특성과 주요 이슈	• 다문화가정 청소년의 심리발달과업과 다문화가정 청소년의 문제에 대한 고찰 • 다문화가정 청소년의 건전한 성장과 발달을 원조할 수 있는 교육체계에 대해 설명
	외국의 다문화 접근 사례	• 서구에서 나타난 다문화주의 전개 양상과 주요 이슈별 다문화정책에 대해 설명 • 서구의 경험을 통한 한국적 다문화주의의 방향성 토론
	문화적 다양성에 기반한 사회조사기법	• 문화적 다양성에 기반한 사회조사기법에 대한 이해증진 • 다문화 사회복지 사회조사 시 유의하여야 할 조사윤리적 문제와 조사자로서의 자세 설명
다문화 실천기술	다문화 사회복지 실천 과정 및 모델	• 다문화 사회복지 실천 과정의 주요 모델을 설명하고, 그에 따른 실천적 이슈 고찰 • 다문화 사회복지 실천가로서 가져야 할 문화적 태도에 대해 토론
	다문화가족 지원을 위한 사회서비스 현황	• 다문화가족 지원을 위한 사회서비스의 현황을 소개하고 다문화 사회복지 실천의 방향 제시 • 다문화가족의 생애주기에 부합하는 사회복지사의 개입 방향을 제시
	다문화 프로그램의 개발과 평가	• 다문화교육 프로그램의 구성요소와 실제 사례의 검토를 통한 학습자의 심화학습 도모 • 다문화교육 프로그램의 실무를 워크숍 형태로 실제 진행하면서 학습자의 경험 축적
	다문화상담의 이론과 실제	• 다문화상담에서 필수적으로 요구되는 상담자로서의 자세와 개입기술 연마 • 다문화상담의 개입모델을 중심으로 구체적으로 실천 방법 연습
	이주민의 정신건강 문제와 개입	• 이주민에게서 나타나는 주요 정신건강적 문제에 대한 이해증진 • 이주민의 정신건강 문제를 예방할 수 있는 실천적 개입 방법 설명
사회적 행동	이주민의 인권문제와 개입	• 이주민이 한국 사회에서 경험하게 되는 인권침해 사례 설명 • 한국인이 이주민과 상호 공존하고 소통할 수 있는 방법에 관한 토론
	다문화사회와 사회적 자본	• 사회적 자본에 대한 이론적 이해를 바탕으로 이주민의 사회적 자본 형성 과정에 대해 설명 • 이주민의 사회적 네트워크 형성을 촉진시킬 수 있는 사회행동가로서의 역할 설명
	다문화사회와 시민교육	• 이주민에 대한 시민들의 편견을 줄이기 위한 시민교육의 필요성과 사회복지사의 역할 설명 • 이주민의 사회적 차별 극복을 선도할 수 있는 시민운동의 필요성과 전개 방향 토론
	사회복지사의 문화적 유능성 강화 방안	• 사회복지사의 문화적 역량 변화 과정에 대해 설명하고, 문화적 유능성 강화 방안 설명 • 다문화 사회복지 실천가로 활동하기 위해 필요한 역량 계발을 위해 필요한 노력과 행동 토론
	다문화사회에 따른 한국 사회의 도전과 과제	• 한국적 다문화주의의 개발을 위한 사회복지사의 준비와 도전적 과제에 대해 설명·토론 • 다문화사회를 살아가는 대학생으로서 바람직한 사회적 행동과 소통의 방법을 토론

출처: 황성동 외(2012)

4) 다문화교육 프로그램 개발 시 고려 사항

(1) 학습 주제에 맞는 학습 내용의 선정 필요

다문화교육 프로그램은 학습 주제에 해당하는 학습 내용으로 구성되나, 일부의 경우 학습 내용이 학습 주제와 맞지 않는 경우(다문화 인식 강화가 다양한 문화의 나열로 그치는 경우)도 있다. 따라서 어려운 학습 주제에 대해서는 교육 대상의 발달 단계를 고려한 적절한 학습 내용을 구성하는 것이 중요하다.

(2) 흥미를 넘어 학습자의 변화를 일으키는 프로그램 필요

다문화교육의 실행 과정에서 기존 강의식보다 체험 위주의 다양하고 새로운 학습 방법을 적용하는 것이 학습자들의 흥미를 유발하여 교육집중도를 향상시키고 간접체험의 교육 효과도 높일 수 있다. 체험식 학습 방법이 산만하게 운영될 경우 학습 목표가 제대로 전달되지 못하는 사례 발생하므로 학습 방법의 선택이나 배합 등에 대한 보다 면밀한 효과성 분석과 프로그램 운영 과정에 대한 치밀한 가이드라인의 제시가 필요하다.

(3) 장기적이고 효과적인 교육계획의 필요

다문화교육은 장기적인 교육계획을 요구하며, 이를 뒷받침할 효과적인 커리큘럼과 교육 내용의 전문성 확보, 다양한 교수방법의 활용이 필요하다.

(4) 다문화교육의 핵심가치 선택과 효과적 전달을 위한 기획력

다문화교육 프로그램의 구성적 한계(교육 시간, 주제 선택)를 극복하기 위해서는 해당 교육 구성에서 핵심적 가치 선택과 효과적 전달을 위한 교육 설계가 요구된다.

3. 다문화교육 프로그램의 구성

1) 다문화교육 프로그램 교육 내용

다문화교육 프로그램 영역은 크게 다양성, 관계성, 보편성으로 구분되며, 핵심역량은 인식, 관용, 수용, 공감, 소통, 협력, 반차별, 반편견, 세계시민성으로 세분화된다. 이를 정리하면 <표 6－4>와 같다(이향규 외, 2013).

표 6–4 다문화교육 프로그램 영역

영역	다양성 영역	관계성 영역	보편성 영역
핵심역량	인식	공감	반차별
	관용	소통	반편견
	수용	협력	세계시민성

출처: 이향규 외(2013)

(1) 다양성 영역 : 인식, 관용, 수용

‘다양성’은 ‘내집단의 정체성과 민족주의적 문화의 우수성을 고집하는 수준에서부터 다양한 문화적 가치를 인식하고 수용하며, 외집단의 정체성과 문화가치를 우리와 동등하게 인정하는 수준까지의 분포’로 정의된다(안상수 외, 2012).

다양성 영역에서 인식, 관용, 수용은 각각 중요한 핵심역량이며, 감수성 발달 과정에서 일련의 수직적 위계가 있다. 다양성 영역에서의 최소 교육목표는 다양성을 인식하도록 하는 것이고, 최대 교육목표는 다양한 관점과 가치, 문화적 배경을 존중하며 있는 그대로 수용하도록 하는 것이다(이향규 외, 2013).

이를 구체적으로 정리하면 <표 6 - 5>와 같다.

표 6-5 다문화교육 프로그램의 다양성 영역

인식	• 모든 사람은 문화적 배경, 개성, 취향, 중요하게 여기는 가치, 상황에 반응하는 판단기준이 다를 수 있다는 것을 이해하는 능력 • 모든 사람은 개인마다 다르다는 것을 인식함으로써, 상대방이 나와 똑같이 생각하고 행동하는 것을 전제하거나 기대하지 않음
관용	• 타인이 나와 다를 수 있다는 것을 인식하는 것에 기반하여, 타인이 중요하게 여기는 가치와 개성에 대해 받아들이고 내 기준으로 평가하고 재단하지 않는 태도 • 내 것을 강요하거나 상대방의 기준을 폄하하거나 가치와 신념에 반대하지 않음
수용	• 타인을 있는 그대로 인정하고 존중해 주는 적극적이며 긍정적인 태도 • 다른 문화에 대해 관심을 가지고 배우려고 노력하고, 다른 문화가 가지고 있는 장점을 이해하며, 다양한 문화로부터 좋은 점을 배우려는 태도를 지님

(2) 관계성 영역 : 공감, 소통, 협력

관계성은 다른 인종문화집단과 함께 더 큰 사회에 참여하고 결합하려는 데 대한 선호를 의미한다. 이주민 집단과 가까운 관계를 맺고자 하는 정도와 관련된 것으로, 적극적으로 통합의 관계를 맺고자 하는지에 대한 개념이다(안상수 외, 2012).

관계성 영역에서는 공감의 기반 하에 타인과의 의사소통을 훈련하고, 공통 목표를 위한 협력 역량을 기르는 것이 중요하다. 관계성 영역에서도 최소한의 교육목표는 공감 능력을 기르는 것으로 하고, 최대한의 목표는 공감과 소통의 기반 위에서 협력할 수 있는 능력을 기르는 것이다(이향규 외, 2013).

이를 구체적으로 정리하면 <표 6-6>과 같다.

표 6-6 다문화교육 프로그램의 관계성 영역

공감	• 직접적인 당사자가 아닌 제3자의 입장에 있지만 가해자 또는 피해자의 감정을 타인의 입장에서 합리적으로 이해하고 느끼는 감정 • 다문화적 상황 속에서 타인이 처한 상황에 대한 객관적인 이해를 바탕으로 타인의 입장을 이해할 뿐만 아니라 타인과 동일시하는 마음에서 느끼는 감정
소통	• 자신과 타인 사이의 문화적 차이로 인하여 발생하게 되는 편견, 오해, 고정관념의 근원을 이해하고, 반편견, 반차별적 태도로 서로 다른 문화적 배경을 가진 구성원들이 수평적 관계에서 서로를 이해하고자 노력하는 태도 및 능력 • 다문화적 상황 속에서 나타나는 차이를 의사소통을 통하여 긍정적으로 이해하려는 태도인 동시에 차이를 극복하는 구체적 실천 방법
협력	• 공감과 소통의 기반 위에서 다수자와 소수자가 공통의 목적을 달성하기 위하여 상호 간의 노력을 기울여 협동하는 태도 및 능력 • 다문화적 갈등 상황 속에서 발생하는 문제점을 함께 해결하고자 하는 태도 및 능력

(3) 보편성 : 반차별, 반편견, 세계시민성

보편성은 경제발전 수준이나 문화적 가치의 등급화, 차별화에 근거하지 않고, 외부세계에 대한 다양한 경계를 초월한 상위의 도덕적 규범에 따라 문화적, 인종적, 종교적, 지역적 차이를 관대히 다루며, 모두가 공통된 세계의 구성원임을 받아들일 수 있는 인지, 정서, 행동적 자질이다(안상수 외, 2012).

보편성 영역은 타집단 구성원에 대한 개인이 지닌 선호, 그 집단에 대한 고정관념, 가치 판단, 차별적 언어와 행동을 이해하고, 차별의 언어와 행동에 대한 민감성을 증진시켜 자신과 타인의 차별적 행위에 대해서 각성하고 개선할 수 있도록 한다. 나아가 사회적 차별에 대해 반대하고 '정의'의 실현을 생각하고 실천하는 세계시민성을 갖추도록 하며, 최소 달성 목표는 적어도 차별적인 언어와 행동을 하지 않도록 하는 것이다(이향규 외, 2013).

이를 구체적으로 정리하면 <표 6-7>과 같다.

표 6-7 다문화교육 프로그램의 보편성 영역

반차별	• 어떤 집단에 속해 있다는 이유로 개인을 부당하게 대우하는 모든 종류의 차별적 상황에 대해 민감하고, 언어와 행동에서 차별적 행위를 하지 않는 능력 • 문화적 배경이 다른 구성원들이, 그가 속한 민족적, 인종적 특징으로 인해 그들에게 언어적, 비언어적, 명시적, 암시적으로 차별하지 않도록 하는 능력
반편견	• 평소 자신도 모르게 갖고 있는 생각들 상당수가 사회적으로 구성된 고정관념이나 편견이라는 사실을 깨닫고, 타인에 대한 공정한 관점을 취하려는 노력 • 성, 사회계층, 나이, 장애, 종교, 성적지향, 인종이나 민족, 국적 등에 근거하여 타인에 대한 편견을 형성 • 사회적으로 구성된 편견에 대한 민감성을 높이고, 근거 없이 판단하지 않는 능력, 자신의 고정관념에 대해 성찰적으로 인식하는 능력
세계시민성	• 전 세계의 사람들이 상호 의존하고 있음을 이해하고 존중, 공감, 협력, 반차별의 가치들을 지구적 차원에 적용할 수 있는 능력

2) 다문화교육 프로그램 모델

다문화교육 프로그램 모델은 [그림 6-1]과 같다(이향규 외, 2013).

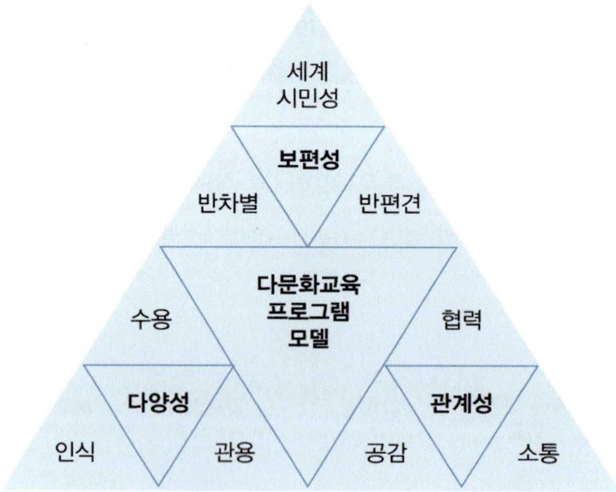

그림 6-1 **다문화교육 프로그램 모델**

출처: 이향규 외(2013)

해당 모델에서 삼각형의 밑면의 양옆에서 균형을 잡는 구성요소는 다양성과 관계성이다. 다양성이 문화적 '차이'와 더불어 개인의 '고유성'을 이해하는 것이라면, 관계성은 인간으로서 공유하는 공통의 정서에 근거하여 타인의 감정을 자신이 이해하고, 그 공감적 이해에 기반하여 소통하고 협력할 수 있는 능력을 의미한다. 다양성이 '차이'에 근거하여 인간 개별의 차이와 고유성을 강조한다면, 관계성은 인간으로서의 공통점을 중요시하여 역지사지의 관점에서 상대방과의 상호작용을 강조한다.

보편성은 편견과 차별에 근거하지 않고 개인을 있는 그대로 존중하는 태도를 추구하는 것이다. 보편성은 다양성에 대한 이해와 인간관계에서의 소통 능력을 기반으로 하고 있다. 편견과 차별이 사회와 개인에게 어떤 결과를 야기하는지를 이해하고 이에 반대하며, 상호의존적인 세계에서 지속 가능한 미래를 만들기 위해서 세계시민으로서 갖추어야 할 보다 높은 역량에 대해 인식하는 것이 필요하다.

3) 다문화교육 프로그램의 구성 체계

다양성, 관계성, 보편성 영역의 핵심역량은 발달 수준별 수직적인 연계를 통해 학습자의 발달 수준을 고려한 적절한 수업이 이루어지도록 해야 한다. 다문화적인 상황에서 다양성에 대해서 인식하고, 차이에 대한 관용적인 태도를 가지며, 궁극적으로 차이

를 수용하고 존중할 수 있도록 수업을 구성한다. 교사가 학습자들의 수준에 맞는 교육 프로그램을 선택하고, 학습자 맞춤형으로 더욱 발전시킬 수 있도록 차시 수업을 계획하고 실행하도록 한다.

각 영역별로 최소 달성 목표 수준을 정한 후 점차 높은 단계의 목표 달성을 추구할 수 있도록 구성한다. 각 영역 및 핵심역량을 발달 단계별로 표현하면 다음 [그림 6−2]와 같다(이향규 외, 2013).

그림 6−2 핵심역량의 단계별 제시와 목표수준의 선정

출처: 이향규 외(2013)

발달 단계별 구성에서 요구되는 내용은 다음과 같다(이향규 외, 2013).

첫째, 모듈(Module) 방식의 독립적 프로그램 구성과 유연한 적용이다. 각 프로그램은 독립적인 모듈 형식으로 구성되어 있어, 교수자가 학습자의 수준과 교육시수 등 상황에 따라 맞춤형으로 재구성할 수 있도록 한다. 수업을 순서대로 진행하는 것이 가장 이상적이지만 교육과정, 학습환경, 학습자 등을 고려해 유연하게 수업을 진행하도록 한다. 학습자의 수준과 필요에 따라 교육 프로그램은 선택이 가능하며, 각 프로그램에는 학습자들의 현 수준에 대한 진단, 교육목표, 핵심가치, 활동 중심의 교육 내용, 교수자 대상 참고자료, 교육 진행 시 유의할 사항 등이 포함된다.

둘째, 각 모듈별 출발점과 목표점에 대한 진술이다. 교사는 학습자들의 수준에 맞는 교육프로그램을 적절하게 선택할 수 있도록 각 모듈마다 모든 학습자들의 출발점 행동을 구체적으로 명시해야 한다. 모듈을 끝내고 나서 기대할 수 있는 학습자들의 변화를 목표점 행동으로 명시한다. 학습자들의 출발점과 목표점을 구체적으로 명료화하는 이유는 학습자들의 수준에 적당한 모듈을 선택하는 데 도움을 주고자 하는 것이며, 교육목표의 구체적 제시를 통해 교사가 모듈의 특징과 의도를 잘 파악하여 촉진자로서의

역할을 할 수 있도록 돕기 위한 것이다.

셋째, 다양한 교육환경에서의 활용 가능이다. 다양한 교육환경에서 사용될 수 있도록 활용 가능성을 고려하여 프로그램을 구성해야 한다. 교실환경에서 할 수 있는 활동과 그 외 다양한 공간에서 할 수 있는 활동을 제시하여 활용 가능성을 높이는 것이 중요하다.

4. 다문화교육 프로그램의 실행

1) 교육 실시 전 고려 사항

다문화교육 프로그램의 교육 실시 전 고려 사항은 다음과 같다.

첫째, 프로그램의 목적이다. 교육 실시에 앞서 프로그램의 목적을 정확히 이해하고, 학습자들에게 필요한 교육인지를 파악한다. 다양한 형태의 가치교육과 유사하거나 연계할 수 있는 경우에는 기존 프로그램에 새로운 프로그램 요소를 가미하여 진행한다.

둘째, 학습 대상자의 선정이다. 교육활동과 교육목표는 기본적으로 동일하더라도 학습자에 따라서 교사가 교육 구성을 변화할 수 있다. 교육과정과 연계하여 다양한 학습자들에게 적절한 교육을 선택하는 것이 중요하다.

셋째, 교육장소이다. 대부분의 활동은 교실 상황에서 이루어지지만 활동성이 요구되어 넓은 공간이 필요한 경우 운동장이나 강당 등에서 진행하는 것이 이상적이다.

넷째, 프로그램 내용 선택이다. 교육기관의 상황, 학습자들의 발달상태에 따라 가능 시간에 필요한 프로그램을 선택해 사용할 수 있도록 각각의 프로그램을 독립적인 모듈 형식으로 선택하고 활용한다. 교사는 영역별 종적(縱的)기준 또는 수준별 횡적(橫的)기준에 따라서 모듈을 선택한다. 영역별 종적 선택은 필요 영역을 정하고 그 영역 내에서 필요한 몇 개의 차시를 발달 수준별로 선택하는 것이며, 수준별 횡적 선택은 최소 달성 목표, 또는 최대 달성 목표를 정하고 그에 따라 프로그램을 선택하는 것이다.

프로그램 선택 시 영역별 종적 선택과 수준별 횡적 선택을 그림으로 나타내면 다음 [그림 6-3]과 같다(이향규 외, 2013).

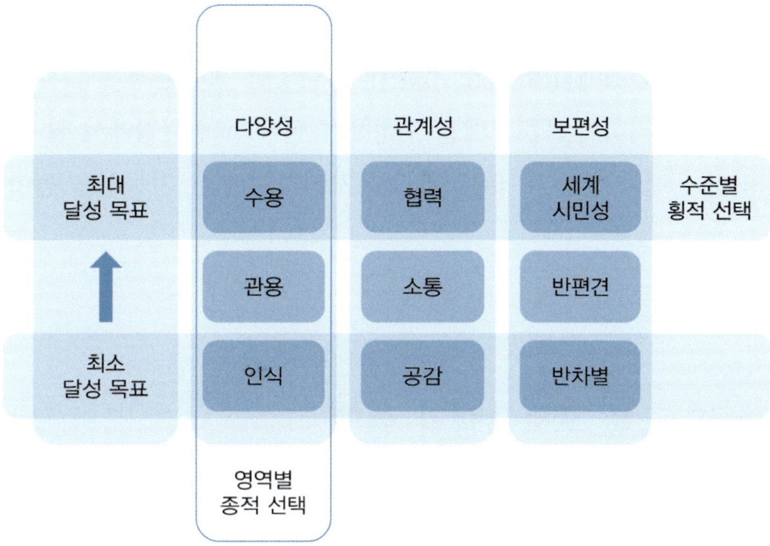

그림 6-3 영역별, 핵심역량 발달 수준별 프로그램 선택방법

출처: 이향규 외(2013)

2) 다문화교육 프로그램 진행 시 유의점

첫째, 교사의 역할이다. 다문화교육 프로그램은 정의적 영역, 인지적 영역, 행동적 영역에서 변화를 목적으로 하기 때문에 교사가 일방적으로 학습자에게 답을 알려주거나 지식을 전달하는 방법을 사용하지 않으며, 반드시 답을 제시해 줄 필요도 없다. 학습자들이 낯선 것, 익숙하지 않은 것, 불편한 것을 경험하게 하면서 옳고 그름, 좋고 싫음을 즉각 판단하지 않도록 유도하는 것이 중요하다. 판단중지 상황에서 상황을 잘 관찰하고, 상대방의 입장에서 한 번 더 생각해 보도록 하는 것, 과거의 유사한 경험을 상기시켜 타인의 경험을 다시 성찰해 보도록 하는 것 등이 필요하다.

둘째, 통합교육 상황 고려이다. 문화적 다수자와 소수자가 함께 참여하는 교육 상황을 전제로 하여 다양한 문화적 환경에서 적절히 의사소통할 수 있는 태도와 가치, 행동 역량을 기르기 위한 교육을 진행한다. 교사는 수업 참여자들 간의 우월이나 피해에 대한 인식이나 전제가 교육 전반에 반영되지 않도록 운영하는 것이 중요하다.

셋째, 안전 고려이다. 신체활동이 진행되는 경우 학습자들의 안전을 각별히 주의하고, 교사가 활동 전에 학습자들이 충분히 안전한지를 확인한 후에 수업을 진행한다.

넷째, 활동의 마무리이다. 활동 중심, 체험 중심 수업을 진행한 이후에는 마무리의

중요성이 강조된다. 활동이 끝난 후에는 각자 해석한 부분을 학습자 간에 함께 나누거나, 잠시 성찰의 시간을 갖고, 교사가 수업의 마무리로 교육활동의 의미를 상기해 주는 방식으로 수업의 목표와 배운 것에 대해서 함께 정리할 수 있는 기회를 제공한다.

5. 다문화교육 프로그램의 실제 1 - 구성 · 운영[1]

1) 프로그램 개요

다문화교육 프로그램의 실제적인 현장 적용의 대표적인 사례로 다문화교육 정책학교와 해당 교육 프로그램이 있다. 다문화교육 정책학교는 다문화교육 활성화를 통해 다양한 문화가 공존하는 성숙한 교육환경 조성을 위한 선도모델 마련, 현장에서의 다문화교육 참여 활성화, 언어발달 · 한국어교육 등 이주배경학생(유아)의 특성을 고려한 맞춤형 지원 제공을 목적으로 운영되고 있다.

다문화교육 정책학교는 종교, 성, 문화, 가족, 장애, 신체적 특성 등 다양한 배경으로 인한 차별이 없도록 편성하여 운영(이주배경 등을 이유로 차별, 배제하는 행동은 인권침해가 될 수 있음)하고 있으며, 각 지역 특성과 학교(유치원) 여건에 따라 교과, 창의적 체험활동, 방과후 학교 등을 통해 자율적으로 다문화교육을 추진하고 있다. 이를 위해 시 · 도교육청은 컨설팅 및 예산 등을 제공하면서 효과적인 운영을 지원하고 있다.

다문화교육 정책학교 유형과 운영 내용은 다음 <표 6-8>과 같다.

표 6-8 다문화교육 정책학교 유형과 운영 내용

유형	운영 내용
유치원	이주배경유아의 언어발달을 통합교육 형태로 지원하고, 전체 유아 및 학부모 대상 다문화교육 운영
초 · 중등	일반 교과수업에 다문화교육 및 세계시민교육 요소를 반영하고, 프로젝트수업 형태로 지속성 있게 다문화교육 실시
한국어학습 (유 · 초 · 중등)	중도입국 · 외국인 학생이 다수 재학할 경우 한국어학급을 설치하여 맞춤형 한국어교육 제공

※ 기존 다문화 유치원, 다문화 중점학교, 예비학교를 2019년부터 '다문화교육 정책학교'로 통합
출처: 교육부(2023)

1) 교육부, 2023, 다문화교육 정책학교 운영 가이드라인 초 · 중등 참조

2) 목적 및 필요성

학교 교육현장에 다양한 이주배경을 가진 학생들이 증가함에 따라 모든 학생이 함께 어울려 지낼 수 있는 학습 및 생활환경 조성이 필요하다. 모든 학생들이 평화롭게 공존할 수 있는 사회를 만들기 위한 사회적 차원의 다문화 인식 제고 및 이주배경학생의 다양한 특성과 요구를 고려한 맞춤형 교육지원이 필요하기 때문에 일반적으로 학교 교육과정과 연계하여 다문화교육 프로그램이 운영되고 있다. 이주배경학생이 우리 사회의 구성원으로 성장할 수 있도록 이주배경학생에게 필요한 맞춤형 교육지원을 실시하고, 이주배경학생 맞춤형 교육지원 프로그램 운영 시에 이주배경학생을 포함한 모든 학생이 참여하는 데 무리가 없다면 가능한 모든 학생이 함께 참여할 수 있는 프로그램으로 운영하는 것을 목적으로 한다.

3) 운영 목표

다문화교육 정책학교의 운영 목표는 다음과 같다.

첫째, 다문화교육을 통해 다문화학생들을 포함한 모든 학생의 다문화 인식 제고 및 실질적 사회통합 기반 마련

둘째, 다문화학생들에 대한 맞춤형 교육 실시를 통해 다문화학생의 글로벌 역량 강화 및 학교적응 지원

셋째, 인적·물적 자원의 활용을 통해 학교 내 모든 구성원의 다문화 감수성 제고

넷째, 학교와 지역사회 간의 자원 연계를 통한 다문화교육 체계 구축 및 통합지원 체계 확립

4) 프로그램 구성·운영

(1) 다문화교육

다문화교육은 평등성, 반편견, 정체성, 다양성, 문화이해, 협력 등 다문화교육 요소에 대한 학습 및 올바른 인식을 통해 학생들의 다문화 감수성 제고를 목적으로 한다. 모든 학생들을 대상으로 교과교육과정, 창의적 체험활동 및 기타 활동 등과 연계한 다문화

교육 프로그램을 기획·운영한다.

교과 연계 프로그램은 교과교육과정 내 다문화교육 요소를 추출하여 다문화교육 프로그램을 기획하고 수업 시간을 통하여 운영한다. 교과 연계 다문화교육 교수·학습 방법 구성 절차는 [그림 6-4]와 같다.

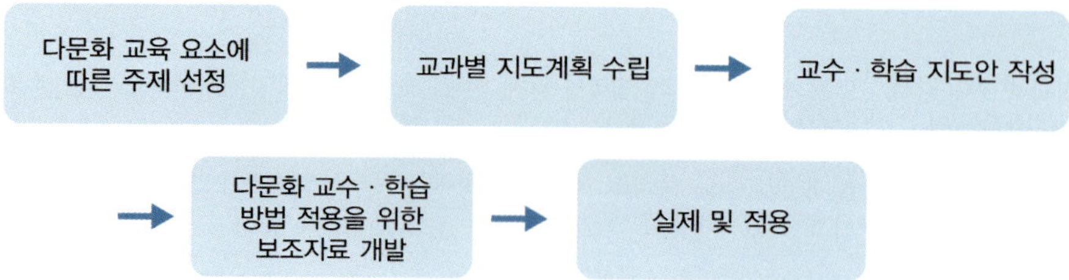

그림 6-4 교과 연계 다문화교육 교수·학습 방법 구성 절차

출처: 교육부(2023)

각 교과내용 중 다문화교육 관련 소재를 연관지어 교과에 대한 흥미를 유발하고, 자연스럽게 다문화 감수성을 증진시킬 수 있는 프로그램을 개발·적용한다. 일반적인 수업 방법 외에도 프로젝트 학습이나 주제 중심 학습, 문제 기반 학습 등 다양한 방법으로 교과 연계 다문화교육이 구현 가능하다.

(2) 창의적 체험활동 연계

창의적 체험활동(자율활동, 동아리 활동, 봉사활동, 진로활동) 시간에 학교 안팎의 다문화교육 자원을 활용하여 다문화교육 프로그램을 기획·운영한다. 다문화 관련 내용들을 학년별로 구분하여 연간 지도 계획을 수립하고, 창의적 체험활동 워크북 제작·활용이 가능하다.

창의적 체험활동의 추진 방향은 다음과 같다.

첫째, 학생들의 요구, 지역사회 자원 및 풍토, 학교 여건 등을 고려한 특색이 있는 프로그램 구성·실시

둘째, 교과에서 다루지 못한 다문화 관련 주제를 다양한 방법과 매체를 활용하여 다각적으로 접근

셋째, 학생들의 자율적이고 자치적인 동아리 활동을 위한 지원으로 창의성과 공동체 의식 함양 도모

넷째, 학생들이 자기주도적으로 다문화 관련 주제를 정하고, 탐구·발표할 수 있도록 자유 탐구 주제를 통한 학습 기회 제공

창의적 체험활동의 예시는 <표 6-9>와 같다.

표 6-9 창의적 체험활동의 예시

구분	내용
다문화교육 전문강사 초청 프로그램	다문화 유관기관의 협조를 통해 인권교육 및 다문화 이해 교육 강사 등을 초청하여 다문화 이해 교육 실시
동아리 활동 지원 프로그램	세계시민 선도 동아리 운영을 통하여 세계시민교육 요소와 관련된 주제들을 선정하고 이와 관련된 주제로 토론 및 문화 체험활동 진행
봉사활동 시간 활용 다문화 프로그램	세계시민교육과 연계한 실천적 활동 프로그램(지구촌 빈곤 학교의 식수 문제를 알아보고, 이와 관련한 기부 체험 참여하기 등)
진로활동 프로그램	희망하는 해외의 산업기관을 선정하여 취업 체험활동을 실시

출처: 교육부(2023)

(3) 기타 활동 연계

다문화교육은 교과뿐만 아니라 학교, 지역사회, 가정과 연계하여 추진하는 것도 가능하다.

첫째, 학교 행사 시 다문화교육과 관련된 체험활동을 함께 운영할 수 있도록 기획한다. 학교 축제행사 시 다문화 부스를 운영하여 놀이나 의상, 음식 등 외국 문화를 체험할 수 있는 기회를 제공한다.

둘째, 지역의 유관기관이나 대학교 등과 협업하여 강사, 멘토를 지원받거나 프로그램을 연계하여 운영한다. 시·도교육청 및 지역교육지원청, 지역다문화교육지원센터와 연계하여 지역에서 추진된 다문화교육지원단이나 지역 전문가 등을 초빙하거나 멘토링 프로그램 구성 시 지역의 대학교에서 대학생 멘토를 지원받을 수 있으며, 체험관이나 박물관, 지역의 랜드마크 등을 활용한 문화 체험을 실시한다.

셋째, 학교에서 실시하는 다문화교육 프로그램에 학부모 참여를 독려한다. 다문화 친화적인 학교 환경 조성과 이를 통한 지역사회의 다문화 친화적 풍토 형성을 위하여 모든 학부모를 대상으로 다문화교육을 실시한다. 또한 다문화가정 학부모로부터 다문화교육을 받음으로써 그들의 입장과 사회적인 시선을 보다 직접적으로 들어볼 수 있는 기회를 제공한다.

6. 다문화교육 프로그램의 실제 2 - 교과 연계[2)]

1) 국어 · 영어 교과와 연계하기

국어 교과는 다양한 문학작품이나 글에서 나타난 다문화 주제를 가지고 다문화교육을 실시한다. 다문화가정이나 다문화사회를 다룬 소설, 시, 수필 등과 연계하고, 작품의 주제가 다문화교육 요소와 관련이 있는 작품을 통해 그들의 심리적 감수성에 공감해 보는 수업을 진행한다. 작품을 재구성하거나 느낀 점을 직접 서술해 보는 과정도 경험한다.

영어 수업은 영어를 학습하고 대화, 작문해 보는 수업을 진행하면서 더불어 교과 안의 다른 나라의 문화와 관련된 내용을 연계하여 수업을 진행한다. 다른 나라의 언어로 자신의 생각을 얘기해 보고 모국어가 아닌 언어를 사용하는 것에 대한 어려움을 직접 느껴보는 과정도 경험한다.

(1) 초등학교 다문화 프로그램

교과	학년	단원	학습 주제	다문화교육 요소
국어	1	4. 바른 자세로 말해요	나와 친구의 장점 찾아 자신 있게 말하기	반편견, 평등성
	2	4. 인물의 마음을 짐작해요	이야기를 듣고 인물에게 하고 싶은 말 쓰기	반편견, 평등성
	3	6. 마음을 담아 글을 써요	읽을 사람을 생각하며 마음을 전하는 글쓰기	반편견
	3	9. 작품 속 인물이 되어	이야기 속에 나타난 차별과 편견에 대해 알아보고, 장면을 정하여 연극하기	반편견, 평등성, 협력
	4	4. 이야기 속 세상	이야기 속 인물, 사건, 배경을 생각하며 낭독극을 하고 차별이 아닌 평등의 마음 지니기	반편견, 평등성, 협력
	4	10. 인물의 마음을 짐작하며 만화 읽기	인물의 마음을 짐작하며 마음 표현하기	반편견
	5	4. 글쓰기의 과정	'다양한 문화 존중'이라는 주제에 관한 영상 제작하기	반편견, 다양성, 협력
	5	5. 함께 연극을 즐겨요	다문화와 관련된 일상생활의 경험을 즉흥 표현하기	반편견, 문화이해, 협력
	6	2. 관용표현을 익혀요	우리나라와 다른 나라의 속담에 대해 알아보기	다양성, 문화이해
	6	4. 주장과 근거를 판단해요	관광객과 외국인노동자의 증가 및 난민 문제에 대해 주장하는 글쓰기	평등성, 반편견, 다양성, 협력

2) 교육부, 2023, 다문화교육 정책학교 운영 가이드라인 초 · 중등, 해당 내용 중 일부 학습 주제를 재구성함

영어	3	1. Hello!	세계의 다양한 인사법 알아보고, 인사법 놀이하기	정체성
	3	2. Special 1	세계의 다양한 인사말과 문화 알아보기	문화이해
	5	2. I like math	세계 여러 나라의 학제에 대하여 알아보기	문화이해

(2) 중학교 다문화 프로그램

교과	학년	단원	학습 주제	다문화교육 요소
국어	1 · 2	5. 문학	동화책 <내가 라면을 먹을 때>를 활용한 독서 수업	다양성, 협력
	1 · 2	3. 개성이 드러난 표현	소설 <이상한 선생님>과 <미스터 방>에 나타난 문화 관점 비판하기	반편견, 정체성
영어	1	1. Follow Your Dreams	다른 나라의 축제	다양성, 문화이해
	1	4. The Beauty of Patterns	What is tessellation?	다양성, 문화이해

(3) 고등학교 다문화 프로그램

교과	학년	단원	학습 주제	다문화교육 요소
국어	1	2. 말과 글의 힘 7. 매듭을 푸는 말과 글	'차별금지법을 제정해야 한다'를 논제로 토론 후 주장하는 글 쓰기	다양성, 평등성, 반편견
	1	6. 문학 너머로 9. 우리 문학의 길을 따라	'하종오' 시인의 작품을 통해 다문화 시 이해 및 창작하기	다양성
	1 · 2	2. 읽기	다문화 동화책 '벌집이 너무 좁아'를 읽고 이를 홍보하는 광고 만들기	반편견, 정체성, 협력
			공정무역을 통해 돌아보는 우리의 생활과 세계 비판적으로 읽기	다양성, 문화이해, 협력
			시(時) 읽기를 통해 다문화사회의 모습 성찰하기	반편견, 다양성, 정체성
	1 · 2	5. 문학	문학 소설 '완득이' 독서퀴즈 대회	평등성, 반편견, 협력
영어	1 · 2 · 3	3. 읽기	영어 동화책 <They all saw a cat>를 읽고 독후활동 하기	반편견, 다양성, 정체성
	1 · 2 · 3	3. 읽기	<Right Up Your Street> 삽화 속 인권 이야기 찾기	평등성, 정체성, 협력

2) 사회 · 역사 교과와 연계하기

사회 교과는 다양한 문화와 연관된 사회 갈등, 사회 구성원의 다양성과 이해관계, 소수집단에 대한 인권, 문화다양성, 문화 상대주의 등 우리 사회의 다문화와 관련된 이슈를 확인 후 해당 영역에 대한 요소를 추출하여 교과 연계 프로그램을 진행한다. 우리 사회가 다문화사회로 진입했음을 배우고 다문화에 대한 이해와 인식 개선이 필요한 이유를 학습한다.

역사 교과는 그 나라의 역사적인 흐름에 따른 문화 형성 과정을 학습하고 이것이 나라마다 어떻게 다른 문화로 형성되어 왔는지를 학습한다.

(1) 초등학교 다문화 프로그램

교과	학년	단원	학습 주제	다문화교육 요소
사회	3	2. 시대마다 다른 삶의 모습	여러 나라의 명절 알아본 후 명절놀이 체험하기	정체성
	3	3. 가족의 형태와 역할 변화	다양한 가족의 모습 속 결혼이민자 가정에 대해 알기	반편견, 평등성, 협력
	4	3. 사회 변화와 문화의 다양성	일상생활에서 나타나는 다양한 문화의 모습 알아보기	문화, 다양성
			일상생활에서 나타나는 편견과 차별 사례를 알고 반편견, 반차별 캠페인 포스터 만들기	반편견, 평등성
			편견과 차별이 없는 사회를 만들기 위한 노력 알아보기	반편견, 평등성
	5	4-4. 여러 나라의 노래	다양한 문화권의 음악을 듣고 부르면서 다양한 문화가 있음을 이해하기	다양성, 문화이해
	6	1. 세계 여러 나라의 자연과 문화	세계 여러 나라 사람들의 생활 모습을 이해하고 존중하기	다양성, 문화이해, 협력
			세계 여행 프로그램을 통해 문화 존중의 태도 가지기	반편견, 문화이해
	6	2. 세계의 다양한 삶의 모습	세계 여러 나라의 다양한 문화를 어떻게 대해야 하는지 알아보기	반편견, 다양성

(2) 중학교 다문화 프로그램

<table>
<tr><th>교과</th><th>학년</th><th>단원</th><th>학습 주제</th><th>다문화교육 요소</th></tr>
<tr><td rowspan="4">사회</td><td rowspan="2">1</td><td rowspan="2">4. 다양한 세계, 다양한 문화</td><td>다양한 세계 문화 지역의 특징 파악하기</td><td>다양성, 문화이해</td></tr>
<tr><td>히잡 착용 금지 사례를 통한 문화 갈등 사례 탐구</td><td>평등성, 반편견, 다양성, 협력</td></tr>
<tr><td>1 · 2</td><td>2. 문화의 이해</td><td>다문화 주제 스토리보드 및 그림책 제작하기</td><td>다양성, 문화이해</td></tr>
<tr><td>1 · 2 · 3</td><td>4. 다양한 세계, 다양한 문화</td><td>각 나라를 대표하는 음식 문화의 특징 소개하기</td><td>반편견, 문화이해</td></tr>
<tr><td rowspan="2">역사</td><td>1 · 2</td><td>8. 세계 대전과 반제 민족운동의 전개</td><td>역사 속 인종 · 민족 차별과 편견에 반대하는 댓글 달기 운동</td><td>평등성, 반편견</td></tr>
<tr><td>1 · 2</td><td>1. 문명의 발생과 동아시아 국가의 성립</td><td>우리 역사에 뿌리내린 외국인 인포그래픽 제작</td><td>다양성, 협력</td></tr>
</table>

(3) 고등학교 다문화 프로그램

<table>
<tr><th>교과</th><th>학년</th><th>단원</th><th>학습 주제</th><th>다문화교육 요소</th></tr>
<tr><td rowspan="7">통합 사회</td><td>1</td><td>2. 자연환경과 인간</td><td>세계의 다양한 기후, 공정여행 팸플릿 제작 프로젝트</td><td>다양성, 문화</td></tr>
<tr><td>1</td><td rowspan="2">4. 인권 보장과 헌법</td><td>문서를 통한 인권의 확장, 인권을 위한 노력</td><td>평등성, 반편견</td></tr>
<tr><td>1 · 2</td><td>외국인 이주노동자 권리 보호 프로젝트</td><td>평등성, 반편견, 정체성</td></tr>
<tr><td>1</td><td>6. 시장경제와 금융</td><td>자원, 자본 교환을 통한 한국수출품 제작 프로젝트</td><td>다양성, 협력, 정체성</td></tr>
<tr><td>1</td><td rowspan="2">7. 문화와 다양성</td><td>문화 상대주의와 보편윤리</td><td>다양성, 문화, 반편견</td></tr>
<tr><td>1 · 2</td><td>문화 경관을 반영한 제품 디자인하기</td><td>다양성, 문화이해</td></tr>
<tr><td>1 · 2</td><td>8. 세계화와 평화</td><td>문화적 차이로 인한 갈등과 해결 방안</td><td>반편견, 문화이해, 협력</td></tr>
</table>

3) 도덕 · 윤리 교과와 연계하기

도덕 · 윤리 교과는 다문화교육 요소와의 연계가 가장 용이한 과목이다. 인권, 평등성, 공존 등 다양한 윤리적 가치와 다문화교육 요소를 연결시켜 수업을 진행하고, 학생들은 함께 사는 사회의 구성원으로서 가져야 할 자세를 배우고 도덕적인 성찰 과정을 경험한다.

(1) 초등학교 다문화 프로그램

교과	학년	단원	학습 주제	다문화교육 요소
도덕	5	5. 갈등을 해결하는 지혜	공감과 경청의 방법으로 난민 문제의 갈등을 해결하는 방법 찾기	평등성, 반편견, 협력
	5	6. 인권을 존중하며 함께 사는 우리	인권의 의미와 인권 존중의 중요성을 알고 인권이 존중되는 학급을 만들기 위해 노력하기	평등성, 반편견, 협력
			생활 속의 인권 문제를 판단하고 해결하기	평등성
			인권침해의 다양한 사례를 알아보고 생활 속에서 인권 존중하는 마음 가지기	평등성, 협력
	6	1. 지구촌의 어려움을 해결하려고 애쓴 분들이 있어요	지구촌의 문제를 알고 해결하기 위해 노력하는 마음 갖기	평등성, 다양성, 협력
		6. 함께 살아가는 지구촌	다양한 나라의 문화와 관련된 도시 표현하기	평등성, 협력
			지구촌 문제 해결 방법 찾기	평등성, 반편견, 정체성, 협력

(2) 중학교 다문화 프로그램

교과	학년	단원	학습 주제	다문화교육 요소
도덕	1	2. 자문화와 타문화를 어떻게 바라볼 것인가?	보편적 규범에 따른 문화 성찰	평등성, 협력
	1 · 2	3. 사회 · 공동체와의 관계	다문화사회 속의 북한이탈주민의 역할 모색하기	정체성, 협력

(3) 고등학교 다문화 프로그램

교과	학년	단원	학습 주제	다문화교육 요소
생활과 윤리	1	2. 친구 · 이웃 관계의 윤리	친구, 이웃 관계의 윤리	평등성, 반편견, 정체성

4) 예 · 체능 교과와 연계하기

예 · 체능 교과는 주로 다른 나라의 음악, 미술, 놀이, 운동 등과 관련된 다양한 문화

를 체험하는 학습을 진행한다. 세계 여러 나라의 문화 체험을 통해 문화적 다양성을 경험하고, 우리나라 문화와 비교해 보거나 각 나라별 문화 생성의 역사적 전통성을 학습한다. 다문화와 관련된 작품 창작이나 재구성 활동도 진행한다.

(1) 초등학교 다문화 프로그램

교과	학년	단원	학습 주제	다문화교육 요소
음악	5	2. 느낌을 담아	다양한 문화권의 음악극을 비교하며 감상하기	다양성, 문화이해
	6	2. 세상을 만나는 음악	세계의 민요를 듣고, 그 나라의 문화적 특징 알아보기	문화이해
미술	3	2. 생활 속 미술	협동의 중요성을 알고, 친구들과 학교 공간을 아름답고 쓰임새 맞게 꾸미기	협력, 평등성
	4	5. 느낌과 생각을 다양하게	여러 나라의 놀이 문화를 이해하고 놀잇감 알아보기	반편견, 협력
	5	2. 색다른 느낌	다양한 나라의 문화와 관련된 도시 표현하기	반편견, 다양성
	5	2. 표현의 날개를 펼치며	문화에 따른 시각 기호의 공통점과 차이점 알기	다양성, 협력
	6	2. 마음을 움직이는 광고	다문화 공익 광고 포스터 만들기	반편견, 협력
	6	6. 함께 살아가는 지구촌	다문화사회에서 일어나는 문화적 갈등 및 평화적으로 해결한 사례 조사하고, 갈등 해결을 위한 올바른 대화 방법 익히기	평등성, 문화이해, 협력
	6	13. 미술, 과거와 현재를 넘나들다	지구 온난화와 기후 난민 이야기	반편견, 다양성
체육	5	4. 표현	세계 여러 나라의 다양한 민속무용 탐색하기	다양성, 문화이해
	6	4. 표현	필리핀의 전통춤인 '티니클링'의 기본 동작 익히기	다양성, 문화이해

(2) 중학교 다문화 프로그램

교과	학년	단원	학습 주제	다문화교육 요소
미술	1 · 2 · 3	2. 표현	다문화 공익광고 포스터 제작하기	정체성, 평등성

5) 수학 · 과학 교과와 연계하기

수학 교과는 도형, 비율 등을 토대로 다양성을 이야기하고, 다문화 관련 통계자료를 분석한다. 과학 교과는 생태계와 관련하여 종과 유전형질의 다양성은 물론 공존, 협력, 보존 등 다양한 요소와 결합하여 교육활동을 진행한다.

(1) 초등학교 다문화 프로그램

교과	학년	단원	학습 주제	다문화교육 요소
수학	5	3. 합동과 대칭	다양한 국가의 국기를 살펴보며 선대칭도형의 성질 알기	다양성, 협력
	5	4. 소수의 곱셈	환율 개념을 사용하여 소수의 곱셈과 관련한 실생활 문제 해결하기	다양성, 문화이해
과학	6	2. 생물과 환경	각 나라별 생태계 환경을 비교하고, 지역에 서식하는 생물의 관련성을 알아본다.	다양성

(2) 중학교 다문화 프로그램

교과	학년	단원	학습 주제	다문화교육 요소
과학	1	기체의 성질/기체의 온도와 부피의 관계	여러 나라의 풍등 문화 속 샤를 법칙 설명하기	정체성, 다양성

(3) 고등학교 다문화 프로그램

교과	학년	단원	학습 주제	다문화교육 요소
수학	1 · 2	2. 기하	선분의 내분점과 외분점을 이용하여 세계 여러 도시의 좌표 구하기	평등성, 협력

6) 기타 · 선택교과와 연계하기

실과, 기술 · 가정 과목은 음식이나 식재료의 다양성, 나라별 식문화, 가족 문화의 다양성 등을 연계하여 수업을 진행한다. 환경 과목은 범지구적 공동체 사회에서 서로 협

력하여 공존하는 방향을 논의한다. 진로 과목은 미래 사회의 진로탐색 과정에서 다문화사회에서 필요한 직업의식 및 직업 체계에 대하여 배울 수 있는 기회를 제공한다. 그 밖의 다양한 과목에서도 다문화교육 요소와 연계하여 수업을 진행한다.

(1) 초등학교 다문화 프로그램

교과	학년	단원	학습 주제	다문화교육 요소
실과	5	1. 나의 가정생활	가족의 의미를 알고 다양한 가족을 이해하기 건강한 가정생활을 위해 역할 분담하기	평등성, 정체성, 협력
	6	5. 간단한 음식 만들기	여러 나라에서 먹는 간식을 만들어 보기	다양성
	6	5. 건강한 식생활의 실천	'밥'을 주제로 동아시아권의 밥을 이용한 음식들을 알아보고 만들어 보기	다양성

교과	학년	단원	학습 주제	세계시민교육 요소
즐거운 생활	2	두근두근 세계여행	세계 여러 나라의 노래와 춤 표현하기	다양성 차원의 정체성, 차이와 다양성의 존중, 참여하고 행동하기
바른 생활	1	여름 나라	에너지를 아낄 수 있는 방법을 알고 실천하기	지역·국가·세계 차원에서 공동체 간의 상호작용과 연계에 영향을 미치는 이슈, 참여하고 행동하기
			에너지를 아껴 써야 하는 이유와 방법 알아보기	지역·국가·세계 차원에서 공동체 간의 상호작용과 연계에 영향을 미치는 이슈, 사람들이 속한 다양한 공동체와 공동체 간의 상호연계 방식, 개인적·집단적으로 취할 수 있는 행동
	2	두근두근 세계여행	다른 나라 문화를 존중해요 차이와 다양성의 존중, 참여하고 행동하기	차이와 다양성의 존중, 참여하고 행동하기
			여러 나라의 인사법을 알아보고 글로벌 인사 놀이하기	차이와 다양성의 존중, 참여하고 행동하기
	2	국기 안에 담긴 세상	세계 여러 나라의 국기 소개하기	다양성 차원의 정체성, 차이와 다양성의 존중, 개인적·집단적으로 취할 수 있는 행동
슬기로운 생활	1	여기는 우리나라	여러 나라의 음식을 알아보고 상차림하기	차이와 다양성의 존중
	2	이런 집 저런 집	우리 가족의 친구가 되어 줄래?	차이와 다양성의 존중, 참여하고 행동하기
			행복한 가족을 위해 필요한 나의 역할 찾아보기	차이와 다양성의 존중, 윤리적으로 책임감 있는 행동

(2) 중학교 다문화 프로그램

교과	학년	단원	학습 주제	다문화교육 요소
기술 · 가정	1 · 2 · 3	5. 기술 활용	다문화사회 공공안내 그림 표지판 제작	평등성, 협력
한문	1	즐거운 명절 이야기	세계의 명절 탐구를 통한 문화의 다양성 이해	다양성, 문화이해, 협력

교과	학년	단원	학습 주제	세계시민교육 요소
진로와 직업	1	2. 일과 직업세계 이해	직업에 대한 편견과 고정관념 극복하기	다양성 차원의 정체성, 참여하고 행동하기
기술 가정	1	2. 가정생활과 안전 3. 자원 관리와 자립	건강과 환경을 생각하는 의복의 관리	지역 · 국가 · 세계 차원에서 공동체 간의 상호작용과 연계에 영향을 미치는 이슈, 윤리적으로 책임감 있는 행동

7) 다문화교육 프로그램과 창의적 체험활동 연계

- 사례1 이중언어 방송반 운영하기 ▶ 동아리 연계
- 사례2 세계시민 선도 동아리 운영하기 ▶ 동아리 연계
- 사례3 동아리 주관 다문화교육 프로젝트 운영하기 ▶ 자율, 동아리 연계
- 사례4 독후활동 대회 개최하기 ▶ 자율 연계
- 사례5 친구와 함께 부채 제작 및 나눔 활동하기 ▶ 자율, 봉사 연계
- 사례6 다문화 일러스트 동아리 운영하기 ▶ 동아리 연계
- 사례7 세계 민속 춤 배우기 ▶ 자율, 봉사 연계
- 사례8 ‘책 속으로’ 동아리 운영하기 ▶ 동아리 연계
- 사례9 다문화 취업캠프 운영하기 ▶ 진로 연계
- 사례10 생태교육 연계 작물 가꾸기 활동하기 ▶ 봉사 연계
- 사례11 원격영상 진로멘토링 프로그램 실시하기 ▶ 진로 연계
- 사례12 찾아오는 진로직업 체험 ▶ 진로 연계

07

CHAPTER

개별화수업

1. 개별화수업의 이해
2. 개별화수업의 이론적 근거
3. 개별화수업의 학습 모형
4. 개별화수업의 실제 – 한국어학급

1. 개별화수업의 이해

1) 개별화수업의 개념

Gusev(2003)는 교육적 측면에서 개별화는 독립적인 삶의 능력, 자기 정체성 보존의 능력, 자기조절의 능력과 같은 개인의 특성 계발을 의미한다고 주장하면서, 교육 과정에서 개별화는 다양한 개인적 특성들의 계발에 관련됨을 강조하였다(김민정 외, 2011). 개별화는 단순히 집단 분할처럼 집단을 개개인으로 나눈다는 의미가 아니라, 개인 간의 차이에서 오는 다양한 특성을 계발한다는 점을 가정하는 것이다. Anderson(1995)은 개별화에 대해 학습자들 사이에 존재하는 개인차를 수업에 순응시키는 것을 통해 전통적이고 획일화된 수업에서 탈피해 학습자들을 사회적, 개인적, 학업적으로 더 높이 향상시키기 위한 교사 또는 학교 관리자 측면에서의 시도로 보았다(황윤한, 2004).

개별화수업(Differentiated Instruction, DI)이란 교사가 학습자들의 준비성, 흥미, 학습 필요 등의 차이를 예상하고 이에 부응하여 학습 내용, 학습 과정, 학습 결과에 대한 다양한 접근을 사전에 계획하고 실천하는 수업을 의미한다(Tomlinson, 2001). 따라서 개별화수업은 학습자들에게 학습 내용의 선정, 학습 방법, 학습 결과물의 개발과 표현에 다양한 선택권을 부여하여 학습자들이 효율적으로 학습할 수 있도록 조력하는 것이다.

Wittich와 Schuller(1973)는 개별화수업을 학습자의 개인차에 따라 각기 다른 교수매체와 기술을 활용하는 것으로 정의하였으며, 개별화수업 프로그램은 개인의 흥미와 욕구를 결정하는 진단 테스트를 기초로 하여 학습자 각자의 특성에 알맞게 고안된 학습 경험들로 구성된다고 보았다(오승택, 1998). 또한 개별화수업은 수업의 초점을 학급성원인 개별 학습자에게 두고, 개별 학습자가 학습 목표에 도달하도록 하기 위해 각 학습자의 필요, 능력, 흥미, 진도 등을 고려해서 타당하고 적절한 수업 방법 및 절차, 교수 자료 선택, 학습 평가 등을 변별적으로 실천하는 수업이라고 본다(김신자, 1995).

Heacox(2012)는 개별화수업에 대해 학습자 개인의 학습 필요, 흥미, 학습 스타일을 반영해 교사가 제공하는 수업 속도, 수준, 방법을 다양화해 학습자 개인의 강점과 흥미를 활용하는 학습자 중심 수업으로 정의했고, Gregory와 Chapman(2013)은 수업의 개별화에 대해 다양한 학습자 요구를 수렴하고 충족시키기 위해 수업 내용, 수행 과제, 수업

전략, 평가 도구 등을 개별화해 전략적인 수업 설계와 목표 설정 기준의 성취를 달성하도록 하는 철학이자 사고방식이라고 주장한다. 따라서 개별화수업은 학습에 대해 서로 다른 신체적, 정신적 특성을 가지고 있는 다양한 학습자들의 개인차를 고려해 개별 학습자의 학습 요구를 최대한 수렴하는 교수·학습 방법이라 정의할 수 있다(홍성우, 2020).

이러한 개별화는 20세기 말 교수·학습에 대한 구성주의적 접근과 다중지능이론과 같은 지능에 관한 다양한 접근이 널리 확산됨과 동시에 수업을 단순히 지식의 전달을 넘어 학습자들의 지식 창출로 보는 인식의 전환이 이루어지면서 더욱 널리 공감되고 있다(황윤한, 조영임, 2005). Tomlinson(1999)은 다음 [그림 7-1]과 같은 개별화수업의 개념도를 제시하고 있다.

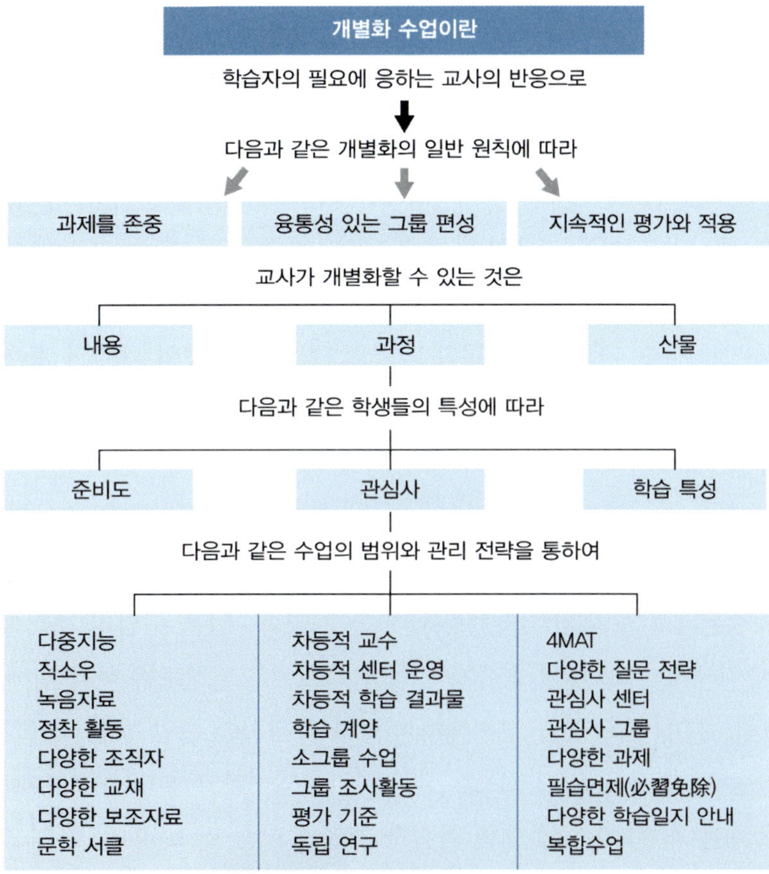

그림 7-1 개별화수업의 개념도

출처: 홍성우(2020)

Tomlinson(2001)은 개별화에 대해 수업이 진행되는 교실에서 학습자들의 다양한 필요와 요구에 대한 교사의 책임감 있는 반응으로 보았다. 또한 효율적인 수업을 위해 교사가 학습자들의 관심사(interest), 학습 필요(needs), 준비성(readiness), 학습 특성(learning profile) 등의 차이를 예상한 후 이에 부응할 수 있도록 학습 내용(contents), 학습환경(learning environment), 학습 과정(process), 학습 결과(product)에 대한 다양한 접근방법을 사전 계획하고 실천하는 교육을 개별화수업이라 정의하였다(이은선, 2007).

다양한 정의를 종합하면 개별화수업은 학습자 개인의 능력, 적성, 개성, 흥미와 관심, 학습 양식 차, 성취 수준차, 진도 차 등을 고려하여 학습자 개개인의 학습 요구를 수용하고, 학습자의 학습 수준과 학습 속도에 맞춘 적절한 수업 방법을 적용하여 개별적인 수업을 전개하는 것이다.

2) 개별화수업의 구분

개별화수업을 크게 세 가지로 구분하여 설명하면 다음과 같다(이은선, 2007).

첫째, IEP개별화(Individualized Education Program)는 특수 교육에서의 1:1 맞춤 교육을 의미하고 특수 장애 학습자들의 필요를 충족시키기 위하여 고안되었다. 학습 목표, 학습 내용, 학습 방법, 학습 평가의 전 과정에서 오직 한 학습자에 초점을 맞추어 설계된 후 실천하는 것을 통해 학습자에게 최적의 교육이 제공될 수 있도록 하는 교육이다.

둘째, IPI개별화(Individualized Paced Instruction)는 행동주의 심리학을 기초로 학습 속도(learning pace)의 차이를 고려하여 학습자들에게 동일한 내용을 동일한 방법으로 가르치되 학습자들의 학습 내용 소화 속도를 감안해 시간차를 고려해 운영하는 개별화이다. 예를 들어 영어 수준별 수업을 진행 시 학습자들이 필수 공통적인 내용을 학습한 후에 개인차를 고려한 보충학습이나 심화학습을 진행하는 것에 해당한다.

셋째, DI개별화(Differentiated Instruction)는 학습자들의 다양성과 개인차를 반영한 개별화수업이다. 학습자들의 다양성, 즉 인지 능력, 관심사, 개성, 학습 양식, 학습 능력, 학습 환경 등의 차이까지 반영하여 학습자들의 개인차를 극복하기 위한 수업 절차이다. 따라서 우리 교육이 추구해야 할 바람직한 개별화수업의 방향으로 DI개별화수업을 제안하고 있다.

3) 개별화수업의 특성

개별화수업의 특성은 무엇보다 학습자 중심이라는 점이며, 학습자 개인에게 주목해 그들의 자율성과 자기 주도성을 강조한다는 점이다. 개별화수업의 특성에 대한 학자들의 견해를 정리해 보면 다음과 같다(Gregory & Chapman, 2013; Heacox, 2012; Lawrence-Brown, 2004; Tomlinson, 2001).

(1) 사전에 철저하게 준비된 수업

교사는 개별화수업을 위해 다양한 학습자가 가진 각자만의 필요를 고려하여 학습 내용 및 학습 방법 선정, 학습 결과의 표현을 위한 다양한 방법을 사전에 철저하게 계획한다. 학습자의 다양한 요구를 반영한 폭넓은 학습 선택권을 고려하여 학습자 개인의 역량에 적합한 학습 방법을 제공할 수 있다.

(2) 양보다 질을 중요시하는 수업

학습자들은 각자 독특하고 다양한 학습 양식, 다중지능에 기반한 개별적인 강점을 가지고 있으므로 동일한 방식으로 같은 내용을 학습하기 어렵다. 개별화수업은 이러한 개인차를 고려해 학습 양을 조절하는 것이 아니라 학습자들의 필요에 부합하도록 학습 방법의 특성을 조절하여 다양한 수업전략을 적용한다.

(3) 평가에 근거하여 이루어지는 수업

개별화수업의 평가는 수업 목표와 관련해 학습자 개인의 독특한 필요를 파악하기 위해 일상적으로 실시되어야 하며, 학습자들의 학업 관찰, 학습자들과의 대화, 수업 중의 토론 등을 통해 빈번하게 평가를 활용한다. 평가 자료들은 학습자 개인의 잠재력과 재능을 최대한 발휘할 수 있도록 하기 위한 수업 구안의 촉매 역할을 한다.

(4) 내용, 과정, 결과에 다양한 접근을 제공하는 수업

개별화수업은 학습자들에게 무엇을 배울 것인지, 어떻게 지식과 정보를 형성할 것인

지, 배운 것을 어떻게 표현하고 증명할 것인지에 관한 다양한 방법을 제공하며, 이러한 접근을 통해 학습자들의 잠재적 성장을 지원한다.

(5) 학습자 중심 수업

개별화수업은 학습자들이 관심을 가지고 참여하고 흥미를 가지는 학습 경험들이 가장 효과적이고 효율적이라는 전제를 바탕으로 실행된다. 또한 기존 지식을 통해 새로운 지식 형성이 가능하다는 것, 모든 학습자들은 각기 다양한 재능과 강점을 가지고 있다는 것을 인정하는 것을 통해 적절하고 도전적인 학습 경험을 제공한다.

(6) 전체학습, 소집단학습, 개별학습이 조화를 이루는 수업

개별화수업의 수업 형태는 전체 집단으로서 학습을 시작한 후 목표 달성을 위해 소집단이나 개별적인 이동을 진행할 수 있고, 학습 내용의 공유, 정리, 복습을 위해 전체 집단으로 다시 모이는 방법을 활용할 수 있다. 수업의 원활한 운영과 성과 달성을 위해 전체학습, 소집단학습, 개별학습이 반복되는 방식이 활용된다.

(7) 유기적이고 역동적인 수업

교사는 개별화수업에서 학습자들의 학습 방법을 지속적으로 관찰해 학습자와 학습 내용 사이에 괴리가 발생하지 않는지 점검할 필요가 있고, 만약 괴리가 발생하면 수업 내용과 방법을 조정하도록 한다. 교사는 학습자가 수업을 따라가지 못하는 경우에 학습자 수준을 고려하여 적합한 수업 내용과 방법을 모색해 적용하도록 한다. 반면 학습 달성도가 높은 학습자의 경우 계속해서 상위 수준의 학습에 도전할 수 있도록 지원한다.

전통적인 교실과 개별화 교실의 차이는 다음 <표 7－1>과 같이 확인할 수 있다.

표 7-1 전통적인 교실과 개별화 교실의 특성 비교

전통적인 교실	개별화 교실
학생들의 차이점들은 숨겨지거나 문제가 되었을 때 다루어짐	학생들의 차이점들이 수업 계획의 기초자료로 연구됨
평가는 '누가 지식을 습득했는가'를 알아보기 위해 주로 수업의 끝에 실시됨	평가는 학습자의 요구에 좀 더 효율적으로 부응하는 수업 방법을 이해하기 위해 지속적으로 실시됨
상대적으로 좁은 의미의 지능관이 지배적임	다양한 형태의 지능들에 초점을 맞춤
우수성에 대한 하나의 정의가 존재함	우수성은 학생들의 개인적인 성장에 의해 정의됨
학생의 흥미가 가끔 다루어짐	학생들에게 흥미 중심의 학습 선택 기회가 자주 주어짐
학습 특성에 따른 선택권이 상대적으로 적게 고려됨	학습 특성에 따른 많은 선택권이 제공됨
일제학습이 지배적임	다양한 수업 방식이 이루어짐
교과서 및 교육과정 안내서 중심의 수업이 이루어짐	학생들의 학습 준비도, 관심사, 학습 특성이 수업을 결정함
학습의 초점은 교재에 주어진 사실적 지식과 기능의 숙달에 맞춰짐	학습의 초점이 주요 개념과 원리의 이해 및 의미 탐구를 위한 주요 기능의 활용에 맞춰짐
단일 선택 과제가 일반적임	다중 선택 과제가 자주 주어짐
비교적 획일적인 시간표를 따름	학생들의 필요에 따라 시간표가 유동적임
단일 교재가 지배적임	다양한 학습 자료가 제공됨
아이디어와 사건들에 대해 단일해석을 추구함	아이디어와 사건들에 대한 다양한 관점이 일상적으로 추구됨
교사의 지시에 따라 학생이 학습함	교사는 학생들이 좀 더 자기 주도적인 학습자가 되도록 학생의 역할을 촉진
교사가 문제들을 직접 해결함	학생들이 다른 학생들과 교사의 도움을 받아 문제들을 해결함
교사는 학급 전체의 학습 목표를 설정함	학생들이 교사와 함께 학급 전체의 학습 목표와 개별적인 학습 목표를 설정함
단일 형태의 평가가 자주 활용됨	다양한 방법으로 평가함

출처: 홍성우(2020)

2. 개별화수업의 이론적 근거

1) Vygotsky 인지발달이론

일반적으로 개별화수업의 심리학적 기초는 Vygotsky의 근접발달영역(Zone of Proximal Development: ZPD)의 개념에 두고 있다. Vygotsky는 근접발달영역을 독자적인 문제 해결에 의해 결정되는 실제적 발달 수준과 성인의 안내나 보다 유능한 또래들과의 협력을 통한 문제 해결에 의해 결정되는 잠재적 발달 수준 사이의 거리이며, 실제적 발달 수준과 잠재적 발달 수준 사이의 영역으로 정의하고 있다(Vygotsky, 1978).

실제적 발달 수준(The actual development level)은 아동의 정신 기능이 완성되어 이미 결과로서 수립된 발달 수준, 즉 타인의 도움 없이 아동 혼자 힘으로 풀 수 있는 문제 해결 수준을 의미하며, 잠재적 발달 수준(The level of potential development)은 교사의 안내나 좀 더 유능한 또래의 협력을 통해 풀 수 있는 문제 해결의 수준을 의미한다(변원일, 2019).

Vygotsky는 수업이 학습자의 실제적 발달 수준을 파악하는 것이 선행되어야 하며, 그 잠재적 발달 수준을 향하여 이루어져야 한다고 주장하였다(허혜경, 1996). 학습자들이 기존에 숙달한 지식이나 기술을 계속 학습한다면 새로운 학습이 발생하지 않을 것이다. 반대로 학습 과제가 학습자들의 현재 수준에서 너무 많이 앞서 있으면 좌절감을 느끼게 되면서 학습이 발생하지 않을 것이다. 우수 · 평균 · 열등한 학습자들이 모두 동일한 내용의 수업 기회를 제공받는 것이 형식적으로는 평등한 수업 기회를 제공하는 것으로 보이나 실질적으로는 불평등한 학습이 이루어진다고 볼 수 있다. 따라서 실질적으로 평등한 수업이 이루어지기 위해서는 학습자들 개인을 고려한 개별화수업이 요구된다.

2) Piaget의 인지발달이론

Piaget는 환경과 인간의 끊임없는 상호작용을 통한 적응 과정을 인간의 인지발달로 보았다. 개인이 환경에 적응하는 과정을 동화(assimilation)와 조절(accommodation)이라는 두 가지 과정의 유기적인 작용으로 보았다. 새로운 자극이 기존 인지구조에 동화될 수 있

을 때는 인지적 조화, 즉 평형 상태로 볼 수 있으나, 새로운 자극이 기존 인지구조와 일치하지 않을 때는 평형 상태가 깨어지게 되면서 새로운 상황에 적합하기 위해 기존 인지구조의 조절을 시도하게 된다.

교사가 학습자들에게 새로운 지식이나 정보를 제공할 경우 학습자들은 기존 인지구조를 활용해 이를 해석한다. 이 경우 기존에 배운 내용(선행학습 내용)을 접하면 인지구조의 변화가 없지만, 다른 내용일 경우에는 인지적 갈등 상태가 나타나며, 새로운 지식이나 정보의 난이도에 따라 다양한 대응 방식이 나타난다.

학습자의 능력에 비해 새로운 지식이나 정보가 너무 어려울 때는 기존 인지구조에 맞춰 해석하거나, 학습을 포기하거나, 정보를 왜곡할 가능성이 높다. 하지만 새로운 지식이나 정보가 도전적인 수준일 경우에는 학습을 시도하면서 그 결과로 인지구조의 변화가 발생하게 되며, 너무 쉬웠을 경우에는 인지구조에 아무런 변화를 주지 못한다. 따라서 학습자들의 흥미와 관심사를 고려한 의미 있는 과제 제시가 중요하며, 학습자들의 능력 수준과 인지구조를 자극하는 도전적 과제의 제시가 중요하다.

3) Ausubel의 선행 조직자 이론

Ausubel은 유의미학습을 위한 선행 조직자(advanced organizers) 이론을 제시했다. 학습자들이 새로운 개념과 원리를 학습할 때 새로운 학습을 위한 선행조직을 형성시키는 것을 통해 유의미한 학습이 발생한다고 보는 것이다.

Ausubel의 선행 조직자 수업 모형은 대체로 세 단계로 나누어진다.

첫 단계에서는 수업 목표를 명확히 하면서 선행 조직자를 제시한다. 수업 목표를 설정하기 전에 학습자에 대한 사전 검사를 실시한 후 수업 초기에 제시하는 선행 조직자를 통해 학습자의 인지구조 내에 수업 내용과 연관된 의미를 부여해 기존에 배운 내용을 기억하고 회상할 수 있도록 돕는다.

두 번째 단계에서는 유의미가를 가진 학습 과제 및 자료를 제시하여 학습자의 인지구조에 연관된 의미를 부여한다. 이를 위해 Ausubel은 점진적 분화의 원리를 제시하였다. 점진적 분화의 원리란 학습 위계상 가장 상층부의 포괄적이고 일반적인 지식을 먼저 학습자에게 제시한 후 점진적으로 상세하고 세부적인 것으로 분화시켜 나가는 것을 의미한다. 먼저 개별의 사실을 제시한 후 고도의 추상화에 도달하게 하는 것보다 가장

추상적인 의미를 먼저 제시한 후 점진적으로 교과 세부 내용을 포섭할 것을 강조하고 있다.

세 번째 단계는 수업의 마무리 단계이며, 수업 시간에 학습한 내용이 학습자의 인지구조에 의미 있게 연관되었다는 전제하에 중요 부분을 강조하며 요점을 정리한다. Ausubel은 이 과정을 인지구조 굳히기라고 하였으며, 지금까지 학습한 지식 내용들이 서로 분리된 채 개별의 사실로 존재하는 것이 아니며, 전후 학습 내용들 간에 서로 밀접한 연관을 맺도록 하는 것을 의미한다(김재춘, 1999).

4) 구성주의 인식론

구성주의는 지식이 객관적으로 실재한다고 믿으며, 교육은 이 실재하는 지식을 학습자에게 전달하는 것으로 보는 전통주의 교육관을 비판하면서 등장한 대안적 교육관이자 새로운 패러다임이다(최용규, 1998). 구성주의는 개인이 어떤 특정 사회 속에 살아가면서 그 사회의 사회적 · 문화적 · 역사적 배경에 영향을 받아 자신의 개인적인 인지적 작용을 통해 주어진 사회 현상을 지속적으로 이해한다고 보면서, 그 결과로 생성되는 것을 지식으로 보았다(이은선, 2007).

구성주의는 개인의 사회적 · 인지적 요소와 역할을 강조하고, 지식의 보편적 · 일반적 성격을 부인하면서 개인에게 타당하고 의미 있고 적합한 것은 모두 지식이라고 보았다. 또한 지식은 개인이 가진 경험과 다양한 환경과의 상호작용 속에서 구성된다고 보았다.

구성주의는 학습자의 지식 구성 과정에 초점을 둔다. 따라서 지식이 교사에게서 학습자에게로 옮겨지는 교수(instruction)가 아니라 학습자 스스로 능동적 활동에 의해 지식이 구성되는 학습(learning)에 중점을 둔다. 이는 전통적 교사 중심 학습보다 학습자 중심 교육을 강조하는 것이다.

5) Gardner의 다중지능이론

개별화수업의 또 다른 이론적 근거에는 다중지능이론이 있다. Gardner(1999)는 다중지능이론이 모든 종류의 교육에 다 적용이 가능하지만 오직 획일적인 교육(uniform

schooling)에는 적용이 어렵다고 보았다. 학습자들 각자가 독특한 학습 특성을 가졌음에도 불구하고 똑같은 주제를 똑같은 방법으로 가르치고 똑같이 평가하는 전통적인 획일화된 교육을 비판했다(황윤한, 2004).

교수 · 학습 과정에 영향을 미치는 지적 변인 중에서 오랫동안 읽기 능력, 추리력, 공간 능력 등의 지적 변인이 중요시되어 왔으나, 다중지능이론에서는 언어, 논리-수학적 능력뿐만 아니라 자기이해 지능, 대인관계 지능, 신체-운동학적 지능, 음악적 지능, 자연탐구 지능 등이 새로운 지적 능력으로 중요시되고 있다.

Gardner는 다양한 지능들이 비교적 독립적인 것으로 보고, 각자 자체의 상징체계를 가지고 있다고 본다. 따라서 학습자들은 공간 지능은 높으나 언어 지능이 낮은 경우, 운동 지능은 발달했지만 예술적 지능은 낮은 경우 등 개인차가 발생한다고 보았다. 또한 다중지능이론에서는 지능이 단일한 것이 아니라 다양한 지적 영역 혹은 앎의 방식으로 세분화되어 있다고 보았다. 각 개인은 이러한 지능의 일부는 다 가지고 있으며, 적어도 어느 한 가지 지능이 특출할 수 있으며, 학습자들은 각자에게 보다 적합한 방식을 통해 외부 세계와 지식 및 정보를 처리하고 이해하는 특성을 나타낸다.

다중지능이론은 단순히 지능에 관한 이론일 뿐만 아니라 교육적 관점에서 학습자들의 지능과 학습 방법과의 순응관계를 나타내며, 학습자들에게 가장 효율적인 학습이 되기 위해서는 그 학습자들이 지니고 있는 높은 지능에 순응하는 학습 방법을 제공해야 한다는 것이다(황윤환, 2004). 이는 학습 방법의 개별화를 통해 학습효과를 높일 수 있음을 보여주며, 학습자가 다양한 지적 능력 중 발달적 우위를 가진 지능을 발견하여 그에 맞게 수업지도 방식, 자료 제시 방식을 차별화해 제공하면 보다 효율적인 개별화 학습이 가능하다는 점을 제시하는 것이다.

3. 개별화수업의 학습 모형

1) 개별화수업의 요소

교사는 학습자들의 관심사(interest), 준비도(readiness), 학습 양식(learning profile) 등에 기

초하여 학습 내용, 학습 방법, 학습 과정, 학습 결과 등을 개별화할 수 있고, 개별화 요소들은 다음과 같다(황윤한, 조영임, 2005; Tomlinson, 1999).

첫째, 학습 내용 개별화는 교사가 학습 내용을 학습자들의 능력에 적합하도록 조절하거나, 학습할 내용을 학습자들이 접근하기 용이하도록 다양한 선택권을 부여하는 것이다. 학습 내용 개별화를 계획하고 실행할 경우에 교사는 학습 자료의 독립성, 복잡성, 속도 등의 측면에서 학습자들이 도전할 만한 수준인지 사전에 검토해야 한다. 또한 학습 내용이 학습자들의 흥미를 유발할 수 있는지, 학습 자료나 아이디어의 이해 방법이 학습자들이 선호하는 학습 방법과 일치하는지 여부를 고려해야 한다. 학습 내용 개별화를 위해 교사들이 활용 가능한 방법들은 다음과 같다(홍성우, 2020).

- 학습자들의 독해 능력 수준에 따른 다양한 독서 자료 활용
- 학습 자료를 녹음(녹화)하여 활용
- 학습자들의 준비도에 따른 어휘목록 활용
- 시청각 자료를 통한 아이디어 제시
- 독서 친구 활용
- 노력형 학습자들을 위한 소집단 활동을 통한 학습 내용 반복 지도
- 속진 학습자들을 위한 소집단 활동을 통한 학습 내용 심화 지도

둘째, 학습 방법 및 과정 개별화는 학습자들이 성취하거나 도달해야 하는 목표와 관련된 학습 내용의 이해와 숙달과 관련하여 학습자들이 한 가지 이상의 다양한 방법들을 자신의 필요, 관심사, 흥미에 의해 선택하고 해결하도록 하는 것을 의미한다. 학습 방법 및 과정 개별화를 위해 다음과 같은 활동을 활용할 수 있다(홍성우, 2020).

- 차등적 학습활동을 활용함으로써 모든 학습자가 같은 내용과 기능을 공부하되, 학습 지원, 도전, 복잡성 등의 측면에서 자신의 수준에 맞게 개별화
- 전체 주제 중에서 자신의 특별 관심 분야에 해당하는 하위 요소를 탐구
- 개인적인 연구 과제 해결 계획을 수립할 수 있도록 격려하여 주어진 학습 시간이나 기타 여분의 시간에 마칠 수 있도록 격려
- 필요한 학습자에 한해 조작적 학습 자료 제공
- 학습자들의 능력에 따라 과제를 완성할 수 있는 충분한 시간을 제공함으로써 노력형 학습자에게는 부가적인 지원을 하고, 속진 학습자에게는 주어진 주제를 심화 학습할 수 있도록 지도

셋째, 학습 결과 개별화는 해당 수업의 학습 내용을 시연하고, 적용하고, 확대하는 과정을 통해 학습 결과물 산출 및 표현 방법의 다양화를 실천하는 것이다. 학습자들이 학습 기간 동안 배운 모든 주요 지식과 기능을 활용하여 학습 결과물을 창출할 수 있도록 해야 한다. 학습 결과 개별화는 다음과 같이 적용될 수 있다(홍성우, 2020).

- 학습한 결과를 표현하는 방법에 대한 선택권을 부여(예: 역할극, 편지 쓰기, 그림으로 표현하기 등)
- 학습자들의 다양한 기능 수준에 부합하는 평가 기준 활용
- 학습 산물에 대해 개별적 또는 소집단 활동을 허용
- 단원이 요구하는 지식과 기능을 포함하고 있는 한 자신 스스로 학습 결과물 과제를 해결하도록 격려

2) 개별화수업의 유형

개별화수업 요소들을 반영해 실제 교육 현장에서 적용할 수 있는 개별화수업의 유형은 다음과 같다(황윤한, 조영임, 2005).

(1) 학습 목표의 세분화 유형

학습 목표의 세분화 유형은 학습자의 인지 및 기능의 수준차가 확연하게 나타나는 교과 또는 영역의 개별화 교수·학습을 위한 유형이다. 이는 학습자의 수준에 적합한 목표를 설정해 이와 관련된 적절한 학습 내용과 학습 방법을 통해 학습하며, 목표 수준을 근거로 한 평가가 이루어지도록 하는 개별화 유형이다. 이 유형에서는 학습 주제와 관련해 2개 이상의 목표를 설정하는 것이 중요하다. 또한 학습 목표는 학습자들의 학습 능력의 수준차를 고려해 세분화되어야 하며, 학습자들이 세분화된 학습 목표 중에서 스스로 자신의 수준에 적합한 학습 문제를 설정하여 학습하는 것이 중요하다. 학습 목표의 세분화를 위한 개별화수업은 [그림 7-2]와 같이 구조화할 수 있다.

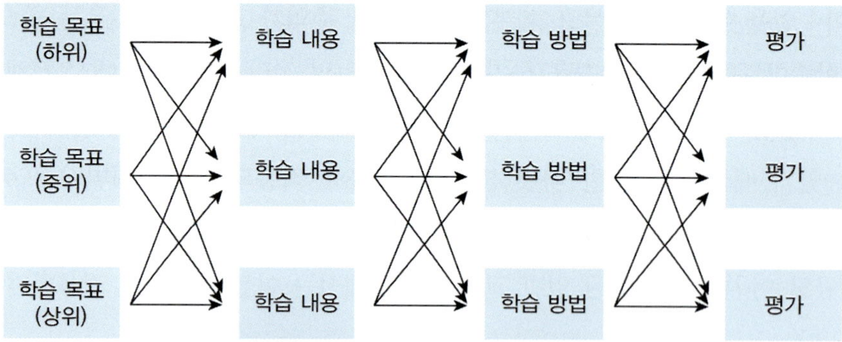

그림 7-2 학습 목표의 세분화 유형

출처: 홍성우(2020)

학습 목표가 세분화된 수업은 학습자들이 동일 주제 내에서 수준차를 고려해 서로 상이한 학습 문제를 설정하고 학습활동이 이루어진 후 수업 후반부에는 학습자들의 수준차를 포괄하기 위한 학습 내용의 정리를 실천해야 한다. 서로 수준차를 고려한 학습을 진행하였더라도 해당 수업의 기본 학습 내용은 명확하게 학습시키는 것이 중요하다. <표 7-2>는 학습 목표가 세분화된 개별화 교수·학습 모형의 예시이다(황윤한, 조영임, 2005).

표 7-2 학습 목표가 세분화된 개별화 교수·학습 모형

단계(과정)		학습활동 내용	활동 형태
학습 방법의 학습	개별화 교수·학습		
문제 파악	학습 문제 설정	• 학습 분위기 조성 • 학습 주제 확인하기 • 진단적 동기유발을 통한 평가하기 • 자기 수준 확인 및 발표하기 • 자신에게 맞는 학습 목표 설정	전체 활동 개별 활동
문제 추구	학습 문제 분석	• 공부할 내용(학습 내용) 확인 • 공부할 방법(학습 방법) 찾기	개별 활동
문제해결	학습활동	• 문제해결 활동하기 • 해결 결과 발표하기	개별 활동
적용·발전	평가 및 심화·보충	• 학습 내용 정리하기 • 평가하기 • 적용·발전시키기	전체 활동
과제 파악	차시 학습 계획	• 차시 예고 • 예습 과제 찾기	전체 활동

출처: 홍성우(2020)

개별화수업을 위한 학습 목표 세분화에 세심한 주의가 요구되는 이유는 학습자들이 상이한 학습 목표를 통한 학습을 하기 때문에 수업의 정리, 평가 단계에서 전체 학습자와 학습 내용을 포괄하는 활동이 이루어지지 않는다면 학습자 간의 수준차를 더 크게 만들 수 있기 때문이다. 또한 자칫하면 특수교육에 적용되는 IEP 개별화 프로그램의 경우처럼 개별 학습자들에게 서로 다른 학습 목표를 제시하는 방식이 적용될 가능성이 높아 대규모 인원으로 구성된 일반 교실의 상황에서는 이를 일반화해 적용하기에 어려울 수 있다.

(2) 학습 내용의 선택화 유형

학습 내용의 선택화 유형은 학습자들이 공통 단일 목표와 관련된 다양한 학습 내용 중에서 자신의 필요, 관심, 흥미를 고려해 학습하고 싶은 내용 혹은 꼭 해야 할 필요가 있는 내용을 선택해 학습하는 유형이다. 학습 내용의 선택은 학습량이 많은 교과 학습 중 학습 목표 달성의 효율성 제고를 위해 자신의 필요, 관심, 흥미에 따라 학습 내용을 선택해 심층적으로 학습하는 것을 의미한다. 학습 내용의 선택화 유형을 구조화하면 다음 [그림 7-3]과 같다(황윤한 외, 2005).

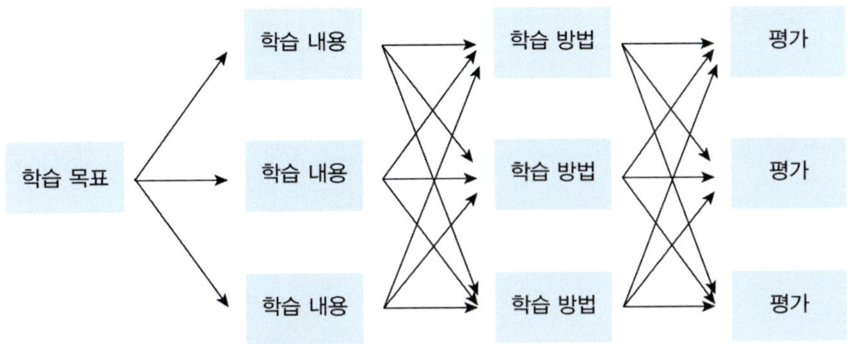

그림 7-3 학습 내용의 선택화 유형

출처: 홍성우(2020)

이 유형에서 중요한 핵심은 학습자와 교사 간의 다양한 상호작용을 통해 학습 내용을 이끌어 내는 것이다. 교사는 학습자들이 성취해야 하는 학습 목표를 미리 충분히 인지시키고, 학습자와 함께 목표 해결을 위한 다양한 학습 내용을 생성하도록 노력해

야 한다. 학습 내용의 선택화에 따른 개별화 교수·학습 모형의 예시는 <표 7−3>과 같다(황윤한 외, 2005).

표 7−3 학습 내용의 선택화에 따른 개별화 교수·학습 모형

단계(과정)		학습활동 내용	활동 형태
학습 방법의 학습	개별화 교수·학습		
문제 파악	학습 문제 설정	• 학습 분위기 조성 • 경험 상기 • 예습적 과제 확인 • 학습 목표 설정	전체 활동
문제 추구	학습 문제 분석	• 공부할 내용(학습 내용) 알아보기 • 공부할 내용 선택하기 • 알맞은 학습 방법 찾기	전체 활동 개별 활동
문제해결	학습활동	• 개별(소집단) 학습활동하기 • 학습 내용 정리하기	개별 활동
적용·발전	평가 및 심화·보충	• 평가하기 • 적용·발전시키기	전체 활동
과제 파악	차시 학습 계획	• 차시 예고 • 예습 과제 찾기	전체 활동

출처: 홍성우(2020)

학습 내용의 선택화에 따른 개별화 교수·학습 모형에서는 학습자의 능력, 학력, 기능 등의 수준차를 고려하지 않고 학습자들이 학습하기에 부담이 되는 많은 양의 학습 내용 중 개인 특성을 고려해 학습하고 싶은 내용을 선택한 후 학습하도록 하는 것이다. 수업에서 학습한 내용을 평가 범위로 해서 시험을 출제하는 단위 학교의 지필평가에 대한 영향력과 공정성 문제를 고려할 시 현실적으로 정규수업에서 활용하기에는 어려움이 있다.

(3) 학습 방법의 다양화 유형

학습 방법의 다양화 유형은 학습자들이 성취하거나 도달해야 할 목표와 관련된 내용의 이해와 숙달을 위해서 자신의 필요, 관심, 흥미에 따라 다양한 방법을 선택하여 해결하는 개별화 교수·학습 유형이다.

이 유형은 학습자의 다양한 지능 선호도 및 학습 방법이나 양식의 선호도에 근거하

여 학습환경 및 표현 방법, 학습의 결과물 등을 함께 고려하는 것이다. 학습자들의 학습 목표나 학습 내용의 완전한 이해 및 숙달을 목표로 한 유형이므로 반드시 학습자들이 인식한 학습 문제나 학습 내용을 정확하게 해결하고 숙달하도록 하기 위해 다양한 학습 방법을 개발하고 적용하는 것을 중요시한다. 이 유형은 다음 [그림 7−4]와 같이 구조화될 수 있다.

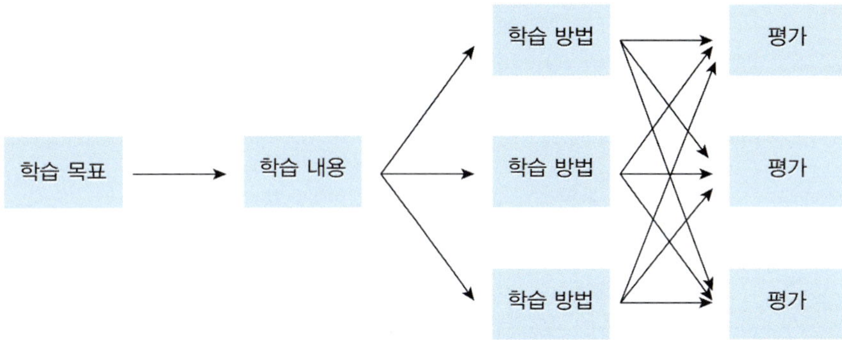

그림 7-4 학습 방법의 다양화 유형

출처: 홍성우(2020)

다양한 학습 방법의 설계를 위해 교사는 미리 각 교과의 특성을 살리며 개별 학습자들의 다양한 개인차 및 지능, 학습 선호도 등을 고려한 학습 방법에 대한 개발, 수집, 안내의 역할에 충실해야 하며, 학습자들도 다양한 학습 방법 중 교과 및 영역의 특성에 따라 자신이 가장 흥미와 관심을 가지고 효율적으로 해결할 수 있는 적절한 학습 방법을 찾아 적용해야 한다. 학습 방법이 다양화된 개별화 교수·학습 모형의 예시는 <표 7−4>와 같다(황윤한 외, 2005).

표 7-4 학습 방법이 다양화된 개별화 교수·학습 모형

단계(과정)		학습활동 내용	활동 형태
학습 방법의 학습	개별화 교수·학습		
문제 파악	학습 문제 설정	• 학습 분위기 조성 • 경험 상기 • 예습 과제 확인 • 학습 목표 설정	전체 활동
문제 추구	학습 문제 분석	• 공부할 내용(학습 내용) 확인 • 학습 방법 구상 • 활용할 자료 결정	전체 활동

문제해결	학습활동	• 해결 방법 결정(개별) • 개별(소집단별) 학습활동 • 개념, 원리 · 법칙을 스스로의 방법으로 표현	개별 활동
적용 · 발전	평가 및 심화 · 보충	• 학습 내용 정리 및 적용 · 발전 방법 찾기 • 주도적인 평가 활동	전체 활동
과제 파악	차시 학습 계획	• 차시 예고 • 예습 과제 찾기	전체 활동

출처: 홍성우(2020)

학습 방법의 다양화는 개인의 성향, 지능, 가치, 태도 등이 서로 다른 학습자들이 그들의 학습에서 완전 학습을 추구하기 위해 학교의 시설 및 여건의 상황을 고려하여 가장 흥미롭거나 자신 있는 학습 방법을 통해 재미있고 의미 있게 학습하게 한다. 이를 통해 학습의 효과를 높일 수 있고, 별다른 학습 목표의 세분화나 학습 내용의 선택에 대한 노력 없이도 시도할 수 있어 실행 가능성이 높다고 할 수 있다.

3) 개별화수업의 원리 및 설계

개별화수업이 효과적으로 이루어질 수 있는 일반적인 원리는 다음과 같다(Tomlinson, 1999; Tomlinson & Allan, 2000).

첫째, 교사들은 모든 학습자들에 대해 '존중하는 활동'을 보장해야 한다. 개별 학습자들의 학습이 모두 동등한 재미와 매력을 가지고 있다고 보며, 동등하게 중요한 지식과 기능에 수업의 초점을 맞추어야 한다. 개별화수업 교실에서는 '따분한 연습'만을 반복하는 집단이나 '너무 쉬운' 학습만을 하는 집단이 있어서는 안 된다. 학습 과제는 학습자들과 교사들 모두가 좋은 학습으로서 인정할 만한 가치 있는 것이어야 한다.

둘째, 융통성 있는 집단의 구성이 이루어져야 한다. 교사들은 수업 시간을 면밀하게 계획하는 것을 통해 모든 학습자들이 등교 시간 동안 다양한 동료들과 함께 학습할 수 있도록 해야 한다. 상황에 따라 다양한 수준의 그룹에서 공부하게 하며, 관심사나 학습 양식을 기준으로 구분하여 동료들과 함께 공부하게도 한다. 소집단 활동이나 전체 집단이 일제 학습을 하는 것도 필요하며, 교사가 학습자들을 다양하게 배정하는 것도 고려할 수 있다. 이러한 융통성 있는 집단 구성을 통해 학습자들이 스스로를 다양한 상황적 관점에서 바라볼 수 있게 하고, 교사들도 학습자들의 학습 상황을 다양한 차원에서

지켜보면서 학습자들의 강점, 약점을 파악하게 도와준다.

개별화수업을 효과적으로 설계하기 위해서는 필수 질문, 내용, 활성화, 지식 습득, 적용과 조절, 평가의 여섯 가지를 고려할 필요가 있다(Gregory & Chapman, 2013).

(1) 필수 질문

개별화수업 전체를 운영하기 위한 필수 질문을 구성해야 한다. 수업 전반의 교육 내용, 학습자의 학습 경험 이후 학습 성취 정도와 학습 활용 여부, 평가 전략을 활용한 데이터 수집과 최종 평가 등 개별화수업의 추진에 필수적인 질문을 구성하는 것이 필요하다.

(2) 내용

지식과 정보, 필수 기능을 포함하는 내용을 확인해야 한다. 내용 분석을 통해 학습 개념, 사실, 원리, 어휘, 절차와 같은 지식과 정보들을 파악하고, 학습자들에게 어려운 개념, 수행이 요구되는 기능에 대해 고민해야 한다.

(3) 활성화

학습자들의 기존 학습 수준을 확인하고, 다음 학습 내용을 결정할 수 있어야 한다. 사전 평가를 통해 학습자들의 기존 학습 상태를 확인하는 과정은 때로는 형식적 혹은 비형식적 방식으로 함께 이루어진다. 정보에 대한 학습의 선수 지식과 경험, 배경, 태도, 선호도를 가장 잘 파악할 수 있는 평가 도구를 선정하여 양질의 학습 기회를 활성화하기 위해서는 수집된 데이터에 대한 해석을 통해 설계를 주도해 나가는 것이 필요하다.

(4) 지식 습득

특정 집단이나 집단의 학습자들에게 지식과 정보를 가장 잘 학습시킬 수 있는 방법을 결정해야 한다. 이 단계는 활용 가능한 자원 중 불필요한 것을 제거한 후 학습자의 요구를 가장 잘 충족시킬 수 있는 자료를 제공하는 것이 중요하다. 특히 양질의 자료에 초점을 두되 한 집단에 잘 적용되는 방식이 다른 집단에도 항상 잘 적용되는 것은 아니라는 점을 명심해야 한다. 또한 학습 전반의 성공 도달에 대한 측정 기준으로 활용할

수 있는 형성평가를 고안하는 것이 중요한데, 이는 이해 또는 기능 수준을 점검한 후 다음 수업 단계에 필요한 데이터를 제공하기 때문이다.

(5) 적용과 조절

학습자들에게 새로운 학습 내용의 이해와 적용을 위해 능동적인 참여 기회와 연습을 제공해야 한다. 학습 집단을 편성, 적합한 수준의 도전 의식을 제공하기 위해 과제 부과 등을 결정해야 한다. 이를 통해 특정 학습자에게 강조되어야 할 지도적 처방을 확정하고, 부족한 기초 영역을 지원할 방안을 결정할 수 있다.

(6) 평가

학습자들이 습득한 내용에 대한 적절한 평가 방안을 마련해야 한다. 학습자들이 숙달한 정보와 필요한 처방, 차후 재학습이 필요한 부분을 파악할 수 있도록 양질의 형성평가 도구, 효과적인 총괄평가와 성적 산출 방식에 대해 고민하고 선정하는 것이 요구된다.

이처럼 개별화수업을 위한 설계는 학습 선호, 다중지능, 개인적 흥미와 같은 학습자들의 다양성을 존중하는 방향으로 추진되어야 한다. 이러한 수업 계획을 바탕으로 개별 학습자의 지식 수준과 경험의 차이를 고려하여 존중하는 방식의 개별화수업을 설계할 수 있다.

4) 개별화수업에서 교사의 역할

개별화수업을 수행하는 교사들은 자신들의 역할에 대해 촉진자(facilitator), 협력자(collaborator), 코치(coach)에 초점을 두고 있다. 학습자들의 개별적인 수준별 역량 내에서 최대한 많은 자율성과 책임감을 부여하고, 학습자들이 현재 수준보다 좀 더 도전할 만한 심화된 내용을 제시한다. 이러한 교사로서의 역할들을 구체적으로 살펴보면 다음과 같다(Tomlinson & McTighe, 2006).

① 학습자를 잘 이해할 수 있는 의도적이고 주기적인 방법을 찾는다.

교사는 다양한 학습자들의 개인차를 고려하기 위해 학습자들과의 소통 기회를 확대해야 한다. 예를 들어 교사와 학습자 간의 대화 일지를 만들거나, 학습자가 토론을 하

거나 과제를 할 경우에 관찰 노트를 작성할 수도 있다. 이러한 방법을 통해 학습자들과의 적극적인 소통을 시도하여 학습자들의 수준, 특성, 흥미, 관심사 등 다양한 측면을 이해하는 동시에 학습자들에게 교사의 관심을 보여주는 것도 가능해진다.

② 수업에서 소집단 활동을 지속적으로 실시한다.

교사는 학습자들이 소집단 활동에 능숙하게 참여하여 서로 협력하고 함께 학습할 수 있도록 조력해야 한다. 소집단 활동 동안 교사는 소수의 기초 학습이 부족한 학습자들에게는 집중적인 학습 지원을 실천하고, 높은 학습 성취 수준의 학습자들의 경우 집단 내 협력을 활용한 학습을 통해 학습 목표에 달성하도록 지도한다. 소집단 활동은 서로 다른 교수적 지원과 처치가 필요한 다양한 수준의 학습자들을 모두 고려할 수 있는 효율적인 교수 · 학습 방법이다.

③ 높은 수준의 목표를 달성할 수 있는 교수법을 적용한다.

상위 수준의 학습자들을 위한 심화 학습 전략을 탐구하고 적용하는 것이 요구된다. 도전적인 학습자들에게 적절한 도전을 제공하는 것은 중요하다. 하지만 교사가 상위 수준의 학습자뿐만 아니라 대다수 학습자에게 복합적인 사고와 창의적인 사고를 키워주고, 다차원적 학습 능력을 증진시킬 수 있도록 다양한 교수법을 설계하여 적용하는 것을 통해 효과를 얻을 수 있다.

④ 학습을 탐구하고 표현하는 여러 가지 방법을 제공한다.

많은 학습자들에게 창의적이며 분석적이고 실천적인 과정을 통해 개념 이해의 기회를 정기적으로 제공하는 것이 효과적이다. 학습자들은 기본적으로 학습 결과에 학습의 핵심을 두지만, 개인의 강점과 흥미가 반영된 다양한 학습 방법을 통해 다양한 결과물을 창출하고 표현하는 과정으로부터 학습효과를 극대화할 수 있다.

⑤ 학습자들의 이해를 점검하기 위해 비형식적인 평가를 꾸준히 활용한다.

학습자들의 이해 수준은 최종 평가를 통해서만 확인하는 것이 아니다. 예를 들어 수업 시간에 학습자들에게 다양한 형식의 질문이나 평가를 자연스럽게 실시하고 이를 통해 학습자 개별의 학습 성취에 대한 정보를 획득할 수 있다. 이러한 과정을 통해 얻은 학습자들의 성취 관련 정보는 차후에 새로운 수업 설계를 위한 추가적인 정보로 활용할 수 있다.

⑥ 다양한 방법을 활용하여 가르친다.

수업 내용의 전달 방법은 고정된 것이 아니다. 예를 들어 수업의 구성에서 전체에서 부분 또는 부분에서 전체로 설명하는 방법을 사용할 수도 있다. 문자와 이미지의 사용, 아이디어의 활용, 직접 예시의 소개 등 다양한 방법으로 개념을 설명할 수 있고, 학습자들의 경험으로부터 도출된 사례, 일화, 비유 등을 활용하는 것도 좋다. 교사가 다양한 방법을 효율적으로 활용함으로써 단일한 방법만을 사용하는 것에 비해 훨씬 더 좋은 성과를 얻을 수 있다.

⑦ 혼자 혹은 친구와 함께 활동하는 것을 허용한다.

학습자에게 수업 활동의 구성에 대한 직접 선택권을 주는 것은 개인이나 협동 활동을 선호하는 모든 학습자들의 학습을 향상시킬 수 있다. 이를 통해 자신만의 학습에 대한 성취를 확대할 수 있다면 권장할 만하다.

⑧ 질 높은 코칭을 위해서 명확한 채점 기준(rubric)을 활용한다.

학습에서 채점 기준은 단순한 '숫자 세기' 정도로 여겨질 수 있다. 채점 기준이 단순한 수치상의 차이만을 나타낸다면 학습자의 활동에 대한 구체적인 정보나 지침을 제공하지 못하게 되고 초인지적 학습의 지원도 어렵게 된다. 따라서 분명한 채점 기준의 제시와 이에 대한 올바른 해석을 제공하는 것을 통해 학습자 스스로가 자신의 학습을 평가하고 개선할 수 있도록 돕는다. 또한 채점 기준을 통해 학습자 개별의 구체적인 성취 목표를 제공하는 것을 통해 성장의 기회를 제공할 수 있다.

⑨ 다양성의 가치를 존중한다.

많은 학교와 교실은 다양성을 억압하는 구조적 한계를 보이거나, 자유로운 사고와 학습을 제한하는 경우가 많다. 따라서 다양한 관점의 질문과 대답이 존재하고, 학습자들의 자유롭고 다양한 의견이 포용될 수 있는 수업을 계획하고 추진해야 한다. 또한 학습자들의 다양한 학습 방법을 인정하고 지원하면서 수업에 적용하는 과정에서 수업의 성과 향상뿐만 아니라 학습자들의 사고를 더욱 확장하여 더 나은 삶을 영위하게 도울 수 있다.

4. 개별화수업의 실제 - 한국어학급[1]

1) 한국어학급의 개념

한국어학급은 한국어능력이 부족한 중도입국·외국인 학생을 위한 한국어, 한국문화 교육 및 학교생활 적응을 지원하는 통합적 교육 프로그램을 제공하는 특별학급이다. 한국어학급은 한국어능력이 부족한 중도입국·외국인 학생 등에 대한 한국어·한국문화 집중 교육을 통해 공교육 진입 및 적응을 지원하기 위해 시작되었다. 공교육에 진입하여 교육기회를 누릴 수 있도록 보장하고, 언어 장벽으로 학습·교우관계에 어려움을 겪지 않도록 한국어교육을 제공하는 것을 목표로 한다.

한국어학급의 운영 목표는 크게 두 가지로 구분된다.

첫째, 한국어 의사소통 능력 신장이다. 중도입국·외국인 학생의 교육기회를 보장하기 위해 한국어 의사소통 능력을 갖출 수 있도록 지원한다.

둘째, 한국어학급에서 공교육을 통한 학교생활 조기 적응 지원이다. 중도입국·외국인 학생들의 특성을 고려하여 효율적이고 체계적인 교육지원을 하고, 한국어와 한국문화를 집중적으로 교육하여 조기 적응 지원한다.

한국어학급의 유형은 크게 직영형과 위탁형으로 구분하고, 일부 시·도교육청에서는 센터형 한국어학급을 운영한다.

시·도교육청이 지정·공모하여 운영하는 직영형은 일반학교 안에 상시적으로 한국어학급을 설치하여 운영하고, 위탁형은 학력인정 대안학교 및 기관 등에 위탁하여 운영한다. 직영형 한국어학급의 경우 한국어교육이 필요한 중도입국·외국인 학생 재학 현황 등을 고려하여 시·도교육청에서 지정하며, 지정 학급수에 따라 관련 예산 및 교원 정원을 추가 배정하는 것이 가능하다. 이를 구분하면 <표 7-5>와 같다.

1) 2023학년도 한국어학급 운영 가이드라인 초·중등 참조

표 7-5 한국어학급의 구분

구분	직영형	위탁형
교육과정	복합(일반교과+한국어, 한국문화)	
학적생성	한국어학급(일반학급)	한국어학급(원적교)
학력인정	인정	인정

* (센터형) 학력인정 기관은 아니나 중도입국·외국인 학생을 위한 교육시설로 인정받아 일부 시·도교육청에서 운영

출처: 교육부(2023)

한국어학급의 운영 대상은 한국어 의사소통 능력이 없거나 현격히 부족한 중도입국 학생 및 외국인학생, 난민 학생들을 대상으로 하고, 국내출생 이주배경학생은 한국어 능력이 부족하여 학교 적응이 어렵다고 판단될 경우에 해당한다.

학생 배치는 한 학급당 10명 내외 구성을 원칙으로 하며, 그 이상의 수가 입급할 경우 학급을 증설한다. 일시적인 인원 증가 등 예외적 상황인 경우 탄력적으로 학급인원 조정이 가능하다.

교육 기간은 직영형의 경우 최대 4학기(학기 중 상시 입급, 환급 가능)이며, 위탁형의 경우는 1년 이내(단, 원적교 학교장의 요청 시 1회 재위탁이 가능하며, 1년 이내라도 원적교로의 복귀가 가능한 학생은 상시 복귀 가능)이다. 학기 중간에 입급하였을 경우, 교육 기간 산정에서 해당 학기 제외가 가능하다.

한국어학급의 수업 내용은 생활 한국어 교육과 학습 한국어 교육으로 구성되며, 초급(1~2단계)에서는 '의사소통 한국어', 중급(3~4단계)에서는 '의사소통 한국어'와 함께 '학습도구 한국어'를 병행 교육하며, 고급(5~6단계)에서는 '교과 적응 한국어'를 집중 교육한다. 이를 구분하면 다음 <표 7-6>과 같다.

표 7-6 한국어학급 수업 내용

구분		생활 한국어 교육	학습 한국어 교육	
		의사소통 한국어	학습 도구 한국어	교과 적응 한국어
언어 기능		듣기 - 말하기 - 읽기 - 쓰기		
언어 재료	주제	일상 기반	일상 및 학업 기반	교과 기반
	의사소통기능	일상 기반	일상 및 학업 기반	교과 기반
	어휘	일상 및 학교생활 어휘	교실 어휘 사고 도구 어휘 범용 지식 어휘	교과별 어휘

	문법	학령적합형 교육 문법	학령적합형 문식력 강화 문법	교과별 특정 문형
	텍스트 유형	구어 중심	구어 및 문어	문어 중심
문화		• 학령적합형 한국문화의 이해와 수용 • 학령적합형 학교생활문화의 이해와 적응		

출처: 교육부(2023)

2) 개별화수업의 활용

(1) 수준별 한국어교육 실시

한국어학급에서 학생들의 시간표를 계획할 때, 한국어능력이 많이 부족한 학생은 오전에는 한국어교육, 오후에는 원적학급에서 통합교육을 실시하도록 시간표를 설계한다. 수준별 한국어 교육과정을 3단계 또는 5단계로 나누고, 한국어능력이 비슷한 학생을 2~4명으로 소그룹을 지어 지도한다. 혹시 그룹화된 교육과정 내에서도 한국어를 따라오지 못하는 학생은 방과 후 보충학습을 통해 한국어를 집중 교육하는 것이 중요하다.

(2) 과제를 부여하고, 복습노트 만들기

개인별 보충 학습지를 부여하여, 부족한 부분에 대한 이해는 과제를 통해 학습하게끔 한다. 학습지 수행을 완전히 개별학습 방법으로 할 경우에는 미비점이 생길 수 있으므로 보충학습 또는 방과 후 과정 시 학생을 담당하는 보조강사(대학생 멘토, 다문화언어강사 등)의 협조를 받아서 진도율을 확인할 수 있도록 해야 한다.

(3) 학생 수준에 맞는 교재 찾기

한국어교육은 표준한국어를 주교재로 하여 학습 능력에 따라 교재를 활용한다. 저학년 학생의 경우 유아를 대상으로 한 한글교재(예 찬찬한글, 읽기자신감, 기적의 한글 학습 등)를 통해 읽기와 쓰기 교육을 실시한다. 학교급의 차이가 있더라도 한국어능력에 맞게 교재를 사용한다.

(4) 한국어능력 진단-보정 시스템으로 평가 실시하기

'한국어능력 진단-보정 시스템'은 한국어능력이 부족한 초·중·고 다문화학생의 한국어 수준 진단을 통해 파악하고 맞춤형 학습 자료를 제공하여 체계적인 한국어교육이 이루어질 수 있도록 지원하는 시스템이다. 중도입국·외국인 학생 편·입학과 동시에 시스템 등록을 통해 상시로 한국어능력을 진단하고, 성취도검사 및 보정학습이 반복 진행되며, 4단계 도달 시 원적학급 복귀와 동시에 척도검사(온/오프라인)를 실시한다. 교사의 판단하에 4단계 수준 미달인 경우에도 원적학급 복귀 여부 결정이 가능하다.

(5) 방과 후 학습으로 기본기 다지기

원적학급 담당교사(또는 교과교사)와 협업하여 교과수업 및 수행평가를 위한 보충지도를 실시한다. 교과수업에서 이해하지 못한 부분이나 중요한 내용을 되짚어 주면서 학습 수준을 향상시킬 뿐 아니라, 원적학급교사와의 관계 형성을 통해 정규교육과정으로의 완전 복급을 사전에 준비할 수 있다.

(6) 주말과 방학을 이용하여 보충과정 운영하기

한국어 및 한국문화 수업으로 결손된 교과(국어, 사회, 역사, 과학 등)에 대해 주말과 방학을 이용하여 수업 보충을 한다. 학년별로 학생들을 모아 담당 교과 선생님들이 한국어 강사와 협업하여 직접 주말과 방학 동안 교과수업 및 수행평가를 위한 보충 지도와 안내를 한다.

3) 개별화수업의 평가

첫째, 한국어학급의 특성상 학습자 개인별 수준 편차, 상이한 입교 시기에 따른 수업 진도의 문제 등으로 인해 개별화수업의 적용이 반드시 필요한 상황이다.

둘째, 수준별 학습을 전제로 기존 정규 프로그램 이외에 다양한 보조 학습이나 외부 지원을 활용한 수업이 진행된다는 점에서 개별화수업의 장점을 최대한 활용하는 것이 바람직하다.

셋째, 학생 개인별 입장에서도 자신의 학습 역량이나 진도에 맞는 수업 커리큘럼이 필요하며, 이를 지원하기 위해서는 현재의 한국어학급에서 수용 가능한 범위(교사 수, 입급 인원, 예산 등)를 넘어선다는 점에서 정부나 교육기관 차원의 새로운 교육 모델 개발이나 지원이 확대되어야 한다.

08
CHAPTER

설명식 · 문답식 수업

1. 설명식수업의 이해
2. 문답식수업의 이해
3. 발문의 이해
4. 설명식 · 문답식 수업의 실제
   – 법무부 이민자 조기적응 프로그램

1. 설명식수업의 이해

1) 설명식수업의 개념

설명식수업은 다양한 수업 형태 중 가장 오랜 역사를 가지고 있으며, 활용범위도 매우 넓다. 오늘날 많은 새로운 수업 방법들이 제안되고 실행되고 있음에도 불구하고 대부분의 수업 방식에서 설명식수업이 사용되고 있다. 이는 현실적 교육 여건이나 전통적 관습 때문이라고 볼 수도 있으나 설명식수업의 이론적 배경이 가지고 있는 장점도 무시할 수 없기 때문이다.

전통적인 칠판 중심의 판서와 교과서를 활용한 설명식수업, 다시 말해 형식주의 교육사조는 역사적으로 가장 오랜 전통을 가지고 있다. 형식주의 교육은 고전을 중시하며, 추상적이고 권위주의적인 교수 · 학습 방법을 전제로 한다. 역사적으로 교육은 학습자의 필요나 동기는 무시하고 주입식 중심의 암기 위주 방법을 강조했을 뿐 아니라 실생활과 유리된 내용을 중심으로 무의미한 암기의 반복이 강조되었다. 형식주의 교육사조는 18세기까지 교육 사상을 지배하면서 아동 중심 또는 학습자 중심의 입장이 전혀 고려되지 않았고, 그들의 생각, 관심, 생활, 경험은 관심 밖이었다. 형식주의 교육사조는 전달식 교육 방법에 의존해 기존 지식, 고전 등을 주입하는 데 집중하는 한계를 보이면서도 오랜 기간 지속되었다.

우리나라도 암기 중심의 교육 방식이 주를 이루면서 과거의 교육적 형태가 전승되고 지속되어 오는 과정에서 오늘날 우리가 표방하고 지향하는 교육적 혁신의 방향성이나 지적 호기심을 자극하는 창조적인 교육의 대안을 제시할 수 없었다.

설명식수업은 학자마다 다양하게 정의되고 있다. Grieve와 Davis(1971)는 교사가 먼저 학습자의 학습 내용인 원리, 법칙, 개념 등을 제시하고, 이를 적용하는 방식의 연역적 계열에 의한 수업으로 정의한다. Shulman(1970)은 안내의 정도를 기준으로 할 때 안내를 최대로 하는 수업으로 보며, 수업에서 주로 교사가 정보를 제공하는 교사 중심 수업으로 정의했다. 또한 설명식수업은 수업을 통해 학습자가 학습해야 할 내용을 우수한 교사의 사려 깊은 제시 방법과 설명을 통해 제공함으로써 학습자들이 다양한 수준의 지적 학습을 할 수 있다는 전제 아래 취해지는 수업 방법이라고 정의할 수 있다(김종서, 이영덕, 1983).

Ausubel은 학습 정도를 촉진시킬 목적으로 학습자 외부에서 학습 과정을 계획적으로 조정하는 것을 수업이라고 정의하면서, 설명식수업이란 학습할 내용을 교사가 거의 최종적인 형태로 제시하는 것이라고 했다(Joyce & Weil, 1992). 수업에서 학습 과제는 상위 개념에서 하위 개념으로 구성되는 위계적 질서를 가지면서 서로 연관을 맺고 있다(김정현, 2005). 따라서 교사가 학습자에게 학습 과제의 최상위 개념인 법칙과 원리를 설명해 준 후, 그와 관련된 하위 원리나 개념들을 순차적으로 학습 안내해 주는 것이 설명식수업이다.

설명식수업은 Ausubel이 말하는 '유의미 수용학습'과 같은 맥락에서 접근하는 개념으로 이른바 주입식수업과는 구별된다. 교사가 중심이 되는 수업, 즉 교사가 권위주의적인 입장에 있고, 학습자들은 수용적 혹은 수동적 입장이라는 점은 설명식수업과 주입식수업이 동일하다. 하지만 주입식수업은 학습자의 능력, 흥미, 의욕, 선행학습 수준에 대한 고려 없이 기계적으로 무의미한 학습을 진행한다는 것에 반해 설명식수업은 학습자의 능력, 특히 선행학습 수준을 고려하여 유의미한 수용학습을 강조한다는 특징을 가지고 있다.

설명식수업과 주입식수업을 동일 개념으로 보고 무조건 비효과적이라고 판단하는 것은 잘못된 것이다. 수업에서 다루어질 학습 과제 중에서는 설명식수업이 더 효과적인 경우가 많다. 설명식수업은 교사가 학습자들에게 학습 목표를 달성할 수 있도록 학습 내용을 '설명'하고 '전달'하는 방식이다. 설명식수업은 교사 중심으로 수업을 이끌어 가는 방식이며, 개념과 지식에 대한 설명이 수업의 중심 내용이 된다. 하지만 설명식수업에 대해 지식 전달과 암기만을 강요하는 '전달주의'로 폄하할 수만은 없다. 제대로 구조화된 설명식수업은 사실, 사건에 해당하는 정보, 이들의 체계적 조직에서 완성된 지식을 단기간에 가르치는 데 효율적이다. 따라서 설명식수업은 선행학습이 갖추어진 학습자에게 유리하며, 만일 선행학습이 부족한 학습자에게는 제시할 학습 과제에 대한 선행 조직자를 제공한 후 수업을 점진적으로 진행하는 것이 효과적이다.

설명식수업의 장점은 단기간에 학습자들에게 효과적인 학습 내용 전달을 가능하게 해 학습 효율성을 높일 수 있다는 점이다. 교사가 효율적인 설명식수업의 진행을 위해서는 풍부한 교과내용 지식, 교수 내용 지식을 갖추고 있어야 한다는 점에서 교사의 철저한 준비가 요구되는 수업이다.

설명식수업의 단점은 자칫하면 교사의 일방적인 설명으로 인해 수업이 교사의 독주로 진행될 수 있다는 점이다. 따라서 설명식수업은 학습자의 학습 의욕을 떨어뜨릴 수

있기 때문에 설명식수업의 단점을 보완하는 대안으로 문답법의 부분적 도입을 고려할 수 있다. 또한 다양한 수업 매체를 보조적으로 활용하거나, 수업 중간에 부분적으로 학습자 활동을 첨가하거나 학습자 참여 유도를 통해 기존 수업의 단조로움을 벗어나게 하여 주위를 환기하는 변화를 줄 필요가 있다.

2) 설명식수업의 특징

첫째, 설명식수업은 교과내용과 지식의 학습에 목적을 두며, 지식 내용의 획득과 이해가 일차적 목표이다. 지식 습득 과정보다 본질적인 지식 습득의 결과를 더 강조한다.

둘째, 설명식수업은 설명된 법칙의 적용과 연습 활동이 주가 된다. 설명식수업의 목적이 구조적, 체계적 지식 습득에 있으므로 학습자가 교재의 설명 내용을 수용하고 이해한 후 습득 지식의 원리를 적용하고 연습하는 활동이 중심이 된다.

셋째, 설명식수업에서 교수 절차와 관련된 기본 원리는 체계성과의 관련성이다. 체계성은 지식 또는 학습 과제가 상위 개념에서 하위 개념으로 이어지는 위계적인 질서를 가지고 있으며 서로 연관성을 가지고 있다는 뜻이다. 이에 따른 과제 제시 절차는 서로 위계적인 연관에 의해 상위 개념부터 단계적으로 제시하는 것이 바람직하다. 또한 학습 과제가 논리적 의미성을 갖추었더라도 학습자의 인지구조 속에서 학습 과제와의 연관성을 가진 관련 정착 관념이 없다면 학습 과제가 무의미해질 수 있다는 점을 고려해야 한다.

3) 선행 조직자와 유의미학습

(1) 선행 조직자

Ausubel은 인간의 인지구조는 일종의 위계 구조를 이루고 있으며, 이 위계 구조상의 최상부에는 가장 포괄적이고 추상적인 개념이 위치하며 그 하부에는 조금씩 덜 포괄적인 하위 개념과 지식들이 연결되어 구성된다고 본다(김호권, 1986). 인지구조의 위계는 가장 일반적이며 추상적이고 포괄적인 개념이 상위를 차지하며, 하위로 내려갈수록 포괄성이 낮은 개념으로 구성되고 가장 아래쪽은 사실적인 지식에 해당한다. 그러므로 유의미한 학습을 위해서는 학습해야 할 새로운 지식이 학습자의 인지구조와 연관을 맺어

인지구조 속에 정착되어야 하고, 적합한 선행 조직자가 제시되어야 한다.

Ausubel은 유의미학습을 위한 효과적인 전략으로 선행 조직자(advance organizer)의 개념을 제시했다. 선행 조직자란 새로운 학습 과제를 제시하기 전에 학습이 잘 진행되도록(학습자의 인지구조 속에 잘 포섭되도록) 학습자에게 제공되는 일반적이며 추상적이고 포괄성이 높은 학습 자료와 정보를 의미한다.

선행 조직자란 일종의 도입자료로서 포괄성, 일반성을 지닌 진술문(umbrella statement)이다. 꼭 진술문의 형태를 취하지 않더라도, 그것이 학습 과제의 개념적 골격(ideational scaffolding)을 제시하는 기능을 갖추면 선행 조직자로 활용될 수 있다. 예컨대 수업 시작과 함께 던지는 하나의 질문도 될 수 있고, 스토리, 영상, 시범 등 여러 형태가 모두 선행 조직자로 활용된다.

선행 조직자는 크게 친숙하지 않은 학습 과제를 설명할 때에 개념적 근거의 제공에 활용되는 설명 조직자와 상대적으로 친숙한 학습 과제를 학습할 때에 기존 개념과의 유사성과 차이점을 확인하고 활용하기 위해 제공되는 비교 조직자가 있다.

설명 조직자는 학습 내용을 포괄하는 개념이나 일반 사례의 방식으로 제시하여 새로운 학습 과제를 이해하고 받아들일 수 있는 맥락을 제공한다. 비교 조직자는 기존 개념과 새로운 개념 간의 유사성과 차이점을 비교하여 파악하는 것을 통해 학습자가 새로운 학습 내용과 연관된 개념을 이해하도록 한다.

Ausubel은 새로운 학습 자료가 유의미한 학습효과가 있으려면 교사의 학습 자료 제시 방법의 유무보다 학습자가 가진 선행 조직자가 더 큰 역할을 한다고 본다. 학습 과제가 논리적 유의미가(실사성과 구속성)를 가지고 있다고 하더라도 학습 과제와 연관된 정착 의미(선행 지식)가 부족하다면 의미 있는 학습이 발생할 수 없다. 또한 학습 과제가 논리적 유의미가와 학습자의 관련 정착 의미를 모두 포함하고 있더라도 학습자의 학습태세(학습 동기)가 부족할 경우 단순히 기계적 학습(이해가 안 된 상황에서 무조건 반복해 암기하는 학습)만 일어나게 되어 유의미학습을 기대할 수 없게 된다(유승우 외, 2017). 따라서 가장 효과적인 선행 조직자는 적절한 사례, 학습자가 기존에 알고 있는 개념, 명제, 용어를 활용해야 한다.

(2) 유의미학습

Ausubel의 학습이론은 인지이론에 근거하여 진행되는 교사 중심의 설명식 학습이론

이다. 학습자는 자기 스스로 지식을 찾는(발견하는) 것이 아니라 학습 과제에 대해 교사의 유의미한 설명을 듣고 그 내용(학습 과제)을 자신의 인지구조(현재 학습자가 사용할 수 있는 지식체계)에 수용(포섭 = subsumption: 현재 인지구조에 있는 지식이 새로운 지식에 접근하여 이를 흡수하는 것)한다(유승우 외, 2017; 이신동 외, 2012). 유의미학습(meaningful learning)은 새로운 학습 내용이 기존의 인지구조와 의미 있게 연결됨으로써 그 안으로 포섭(subsumption)될 때 발생하는 학습을 의미한다(Ausubel, 1963).

유의미한 학습이 되기 위해서는 다음 <표 8－1>, [그림 8－1]과 같은 조건이 충족되어야 한다는 것이다.

표 8-1 유의미학습의 조건 1

학습 과제가 갖추어야 할 조건 (= 학습 과제의 유의미성)	실사성 (substantiveness)	표현하는 방식을 달리해도 제시된 명제(학습 과제)는 변함이 없어야 한다.	논리적 유의미가
	구속성 (nonarbitrariness)	제시된 학습 내용은 임의로 변경할 수 없어야 한다.	
인지구조가 갖추어야 할 조건	관련 정착 지식 (relevant anchoring idea)	학습자가 새로운 학습을 하기 위해 자신의 인지구조 속에 이미 형성되어(가지고) 있는 지식	잠재적 유의미가
학습자가 갖추어야 할 조건	유의미학습태세	학습 동기	심리적 유의미가
학습이란 실사성과 구속성을 가진 새로운 학습 과제를 학습자의 학습 동기로 관련 정착 지식 속으로 포섭하는(연결하는) 활동이다.			

출처: 유승우 외(2017); 이신동 외(2012)

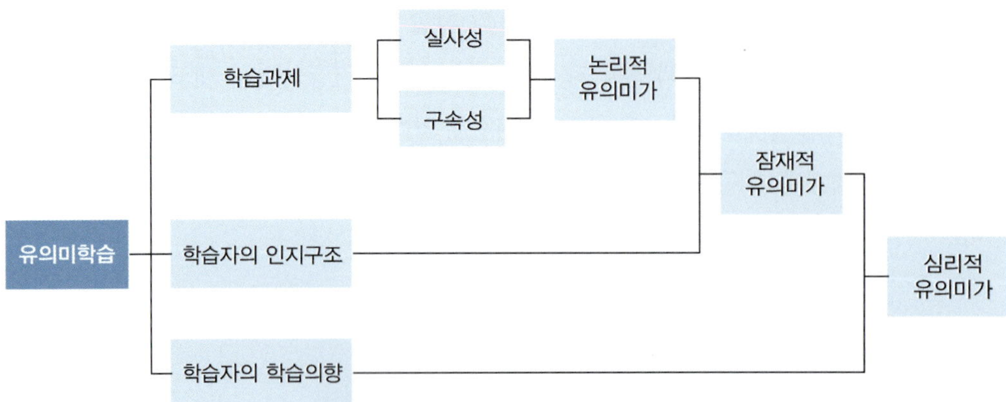

그림 8-1 유의미학습의 조건 2

출처: 조희형, 최경희(2008)

유의미학습을 위한 선행 조건은 다음과 같다(조희형, 최경희, 2008).

첫째, 학습 과제는 '논리적 유의미가'를 요구한다. 학습자들의 학습 과제 중 '실사성'과 '구속성'을 모두 갖춘 학습 과제는 논리적 유의미가(logical meaningfulness)를 갖춘 것으로 본다. 실사성(substantiveness)은 표현방식을 바꿔도 그 의미가 변하지 않는 성질, 구속성(nonarbitrariness)은 임의로 맺어진 관계(사회적으로 약속되어 있는 표현 혹은 기호 등)가 고착되어 시간이 경과해도 그 의미를 바꾸기 어려운 성질을 의미한다.

둘째, 학습자에게는 '학습 과제와 관련된 인지구조'가 사전에 준비되어 있어야 할 것을 요구한다. 논리적 유의미가를 갖는 학습 과제가 학습자에게 제공되어도 사전에 관련 인지구조(사전 지식)를 갖추지 못했다면 유의미학습은 발생하지 못한다. Ausubel은 논리적 유의미가를 가진 학습 과제가 학습자에게 제공되고, 학습 과제와 연결 가능한 개념들이 학습자의 인지구조에 준비되어 있을 때 그 학습 과제는 잠재적 유의미가(potential meaningfulness)를 가진 것으로 보았다. 잠재적 유의미가를 가지고 있다는 뜻은 학습 과제가 학습자의 인지구조에 연결되기에 충분한 잠재적인 가능성이 있다는 의미이다. 예를 들어 양서류라는 동일한 학습 과제에 대해 포유류, 파충류, 어류 등을 기존에 학습한 학습자들에게는 잠재적 유의미가를 기대할 수 있지만, 학습자의 수준이 동물의 구분에 대한 학습 전 단계라면 잠재적 유의미가를 기대할 수 없다. 따라서 교사는 수업 설계를 하기 전에 학습자의 학습 위계 및 경험, 인지구조 등에 대한 사전 고려를 통해 학습 과제를 선정할 필요가 있다.

셋째, 동시에 학습자에게는 '학습 의향'이 준비되어 있어야 한다. 학습 과제가 잠재적 유의미가를 갖추었다고 하더라도 학습자의 학습 의향이 없다면 유의미학습은 발생할 수 없다. 학습자가 학습 과제를 자신의 인지구조에 연결하려는 태도를 '학습 의향(learning set)'이라고 한다. 학습 과제가 잠재적 유의미가를 갖는 상태에서 학습자의 학습 의향이 더해지면 해당 학습 과제는 심리적 유의미가(psychological meaningfulness)를 갖는다.

4) 설명식수업의 교수 · 학습 모형

Ausubel의 선행 조직자 모형은 논리적으로 유의미한 과제나 아이디어가 기존의 인지구조와 관련되어 포섭의 과정을 통해 유의미학습이 일어나도록 설계된 모형이다.

Ausubel(1963)은 설명식수업 절차상의 원리를 다음과 같이 제시하고 있다(유용배, 1992).

첫째, 점진적 분화 원리는 과제 제시 방식이 연속적인 것으로 학습 내용 중 가장 일반적이고 포괄적인 의미를 먼저 제시한 후 점차 세분화된 특수한 의미로 분화하도록 하는 것이다.

둘째, 통합적 조정 원리는 새로운 개념이나 의미는 기존 학습 내용과 일치되고 통합돼야 한다는 것을 의미한다. 교육과정의 계열은 연속된 학습이 기존에 학습된 것과 연관되도록 조직되어야 한다는 것이다.

셋째, 선행학습의 요약 · 정리 원리는 계열적으로 조직된 교과 학습에서 선행학습 내용을 요약 · 정리해 주는 것을 통해 후속학습이 촉진된다는 것이다. 요약 · 정리 방법은 해당 학습의 반복 과정에서 확인, 명료화, 교정, 차등 연습, 복습 방법을 활용한다.

넷째, 선행 조직자 원리이다. 선행 조직자는 새 학습 과제의 도입 시에 제시되며 높은 수준의 일반성, 추상성, 포괄성을 가진 자료이다. 선행 조직자 구성은 본질적으로 수업 과제를 설명하고, 통합하며, 다른 과제와 연관하기에 적절하도록 만들어지는 것이기 때문에 인지구조의 조직 능력을 위한 안정성과 명료성을 증진시켜 준다.

이러한 원리에 따라 설명식수업은 다음과 같은 세 단계를 거치게 된다(김대성, 2005).

계획 단계에서는 학습자의 배경을 통해 수업 목표를 설정 후 제시 형태를 결정한다. 기존에 학습한 학습 자료를 기억하고 회상하는 것을 돕기 위한 과정, 수업의 전 과정을 인지할 수 있도록 하기 위한 과정이다. 계획 단계에서 교사는 설명하고자 하는 목적과 주제를 명확히 진술한 후 논리적으로 발전시키며, 설명량을 조절하여 흥미를 유발한다. 또한 요점을 반복해 제시하고, 강의를 짧게 하면서 유머도 활용하고, 구체적인 예시를 통해 설명하고, 강의 종료 시점에 요약 및 학습자의 이해 수준을 확인하고 질문한다.

실천 단계에서는 교사가 수업 목표의 제시 형태가 결정된 이후 위계적으로 잘 조직된 수업 내용을 다룬다. 실천 단계에서 교사는 학습자를 이해하며 반응을 확인하고, 자신을 학습자의 반응에 적용시킬 수 있도록 한다. 설명은 짧고 흥미롭고 내용이 있도록 구성하고, 지루하지 않게 변화를 주면서도 요점에서 벗어나지 않도록 해야 한다.

평가 단계에서는 학습 내용을 강조하는 것을 통해 개념이나 일반화 과정을 거치며 학습 내용 간의 관계 숙지 정도가 평가의 대상이 되며, 이러한 개념이나 일반화를 이해하는 과정도 평가의 대상에 포함된다.

설명식수업으로 채택한 수업 모형은 Ausubel의 선행 조직자 모형에 기초한 것으로서 Ausubel의 선행 조직자 수업 모형은 <표 8-2>와 같다.

표 8-2 Ausubel의 선행 조직자 수업 모형

단계	활동 내용
선행 조직자의 제시	• 수업 목표를 명확히 한다. • 선행 조직자를 제시한다. • 학습자가 지니고 있는 사전 지식과 경험을 현재 수업 내용과 연결 지을 수 있도록 자극한다. • 학습 의욕을 고취시킨다.
학습 과제 및 자료의 제시	• 학습 과제의 구속성과 실사성을 분명히 한다. • 학습 자료의 논리적 조직을 명확히 한다. • 자료의 제시 • 점진적 분화의 원리 적용
학습자의 인지구조 굳히기	• 적극적 수용 학습의 조장 • 통합조정의 원리 이용하기 • 학습 내용에 대한 비판적 접근 유도하기 • 학습 내용 명료화하기(정리)

출처: 변영계(1999)

이 수업 모형은 학습자들의 탐구활동보다 수용학습을 통해 학습 과제의 정보를 획득하도록 돕는 것이 핵심이다. 이 수업 모형의 핵심은 사전에 치밀하게 조직된 학습 자료와 교사의 체계적인 설명을 통해 학습 내용과 학습할 내용이 연관되어 이해될 때 유의미한 학습이 완성된다는 것이다.

2. 문답식수업의 이해

1) 문답식수업의 개념

문답법은 질문과 대답에 의해 학습활동이 전개되는 형태로 강의법과 함께 오래전부터 사용되어 온 학습 형태의 하나이며, 소크라테스의 산파법이나 플라톤의 대화법과 같은 유형이다. 문답법은 질문과 응답을 계속 반복해 진행해서 학습 목표에 도달하게

하는 방법으로 귀납적 교수방법의 일종이다(박정민, 2008).

문답식수업은 교사의 질문과 학습자의 대답, 학습자의 질문과 교사 또는 학습자들의 대답을 중심으로 수업을 구성하는 교수방법이다. 문답식수업은 대부분 교사 주도의 수업 방법이며, 학습자들의 사고 활동을 자극하기 위한 질문을 핵심 교수 전략으로 사용한다. 질문은 부드러운 수업 분위기 형성 요소이자 학습자들을 집중시키는 수단이며, 교사 주도의 수업에서 간과될 수 있는 학습자와의 상호작용 수단이기도 하다. 특히 질문은 학습자들의 사고 활동을 자극하고 촉진하기 위한 가장 좋은 수단이기 때문에 사고의 실마리를 제공할 수 있는 기초 전략으로 활용하는 것이 효과적이다. 따라서 문답식수업에서는 교사의 학습 주제와 학습 목표에 따라 질문의 유형과 전략을 구분하여 계획하는 것이 바람직하다.

교사의 설명과 이야기로 구성되는 강의식수업에서도 교사는 다양한 형태로 질문을 한다. 그런데 설명식, 이야기식 수업에서는 설명 또는 이야기가 핵심 수업 방식이 되고, 질문이 주의 환기나 인지 여부의 확인을 위해 보조적 방법으로 활용되는 반면에 문답식수업에서는 학습자들의 사고 활동 자극을 위한 질문을 주 전략으로 사용한다.

2) 문답식수업의 장 · 단점

문답식수업의 장 · 단점을 정리하면 다음과 같다.

(1) 장점

첫째, 질문을 통해 학습자의 학습에 자극을 주게 되어 활기 있고 적극적인 학습을 할 수 있다.

둘째, 학습자에게 학습에 대한 흥미와 적극적인 참여 동기를 유발할 수 있다.

셋째, 질문을 통해 학습자에게 스스로 생각하고 문제를 해결할 수 있는 기회를 제공하게 되어 학습자의 주체적인 학습이 가능하다.

넷째, 학습자 스스로 자신만의 답변을 완성하기 때문에 기습득한 학습 내용의 정리와 정착에 효과적이다.

다섯째, 학습한 내용의 문제점을 명백히 확인시켜 주기 때문에 학습성과에 대한 확

인이 분명한 학습활동을 할 수 있다.

여섯째, 교사와 학습자 간의 의사소통이 원활해지게 되면서 학습효과가 향상된다.

(2) 단점

첫째, 학습자들의 학습 능력이 낮을 경우 교사의 설명 시간이 길어지고 질문을 활용한 수업보다 교사 중심으로 진행될 수 있다.

둘째, 질문에 응답을 잘하는 우수한 참여 학습자 중심으로 학습이 진행되어 부진 학습자들에게는 좌절감을 주기 쉽다.

셋째, 학습자들의 응답이 늦어지거나 만족스럽지 않을 때는 학습 전체의 수준이 낮아진다.

3) 문답식수업의 유의사항

문답식수업에서는 학습자의 연령·능력 등을 고려해 적절한 단어의 사용, 애매한 질문과 학습자들을 취조하는 듯한 질문 형태 지양, 질문 사항에 대해 철저한 사전 준비 등이 요구된다. 또한 질문 후에는 학습자들에게 생각할 수 있는 충분한 시간을 부여해야 하며, 질문의 난이도를 적절히 조정하여야 한다.

질문 시 유의사항을 정리하면 다음과 같다.

첫째, 질문은 문제의 정답을 선택하게 하는 방식으로 지나치게 구조화되는 것은 안된다.

둘째, 질문은 학습 내용이나 교재를 비교하고 판단하여 학습자 스스로 답을 찾아 나갈 수 있도록 계획되어야 한다.

셋째, 질문은 간결하고 명확한 형태로 제시되어야 하며, 질문의 목적이 학습자에게 뚜렷하게 전달되어야 한다.

넷째, 질문은 학습자의 지식과 경험의 범위 내에서 제시돼야 하며, 개인차를 고려한 질문을 구성해야 한다.

3. 발문의 이해

1) '발문'의 개념과 교육적 기능

발문이란 교수 · 학습 과정에서 사용하고 있는 질문을 평상시의 질문과 구분하여 일컫는 용어이며, 발문은 교육 효과를 증진시켜 주는 다양한 교수방법들 중에서 가장 중요한 교수방법이다(Callahan & Clarke, 1988). '발문'은 학습자의 사고를 자극하고 유지하며 발전시켜 나가기 위해 문제를 제기하는 것이나, '질문'은 자기가 모르거나 의심나는 것을 상대방에게 알아보거나 일정한 정보의 제공을 기대하면서 물어보는 것이라고 정의한다(현종익, 이학춘, 2002). 일반적인 질문이 일상생활에서 모르는 것을 알고자 할 때 광범위하게 쓰이는 물음을 말한다면, '발문'은 교사가 학습자들의 학습활동을 촉진시키기 위해서 물어보는 문제 제기를 의미하는 것이라고 본다(박병호, 1986). 구체적으로 설명하면 질문은 '~을/를 아는가?'를 묻는 것이며, 발문은 '~에 대해 어떻게 생각하는가?'를 묻는 것이나 사고를 많이 유도하라는 의미에서 구분하는 것으로 질문이 발문으로 연결되는 경우가 많기 때문에 굳이 구분할 필요는 없다(전영준, 2018).

발문은 교수 · 학습 과정에서 주의집중과 동기유발을 위해 필수적인 기법이며, 교사가 학습자의 사고 활동을 촉진시켜 주는 기본적인 방법을 발문이라 규정하였으며(Ascher, 1961), 학습자의 사고를 유발시켜 주는 가장 가치 있는 교수기술의 하나이다(Minnis & Shrable, 1970).

발문은 학습자가 수업의 과정에 적극적으로 참여하도록 유도하며, 교수자가 수업의 진행을 조절하도록 하며 또한 교수자가 학습자를 평가할 수 있게끔 돕는 목적을 지니고 있고(Morgm & Saxton, 1991), 수업 과정의 전반을 조율하는 교수 과정상의 기법이며(Dillon, 1988), 학습자에게 수업의 과정에 참여하도록 동기를 유발시켜 주며 학습자의 수업 준비 상황을 점검하는 기능을 하고, 나아가서 비판적 사고력을 향상시켜 주는 교수방법이다(Cotton, 2001).

발문의 교육적 효과성은 발문이 가진 특정한 수행 기능으로 증명할 수 있다. 교사는 수업 초반부에 발문을 통해 학습자들의 사고를 자극하는 교육목표를 제시해 학습자들이 교육목표에 흥미를 유발하고, 열성적으로 수업에 참여하도록 한다. 또한 발문은 학

습자들에게 이전 학습 내용과 새 학습 내용을 통합하고 연결시켜 주는 역할을 수행하며, 새롭게 배울 학습 내용의 실마리를 제공하거나 학습 내용을 명료화하고 조직화하는 데 도움을 주는 선행 조직자(advance organizer) 혹은 단서(clue)로서의 기능을 수행한다(박성익, 김연경, 2004). 따라서 발문이 학습자의 학업 성취를 완성하게 하는 하나의 수단이자, 학습자들에게 사고 활동의 유발을 위한 문제 제기를 한다는 점에서 일상적인 질문의 목적과 방법과는 구분된다.

이를 종합하면 발문은 교수·학습 과정에서 교사가 학습자들의 인지적 사고 과정을 활성화시켜 주기 위하여 학습 내용과 관련된 단서, 선행 조직자, 목표 등을 의문 형태로 제시해 줌으로써 학습자들의 주의·집중력과 학습 동기 유발을 도모하여 기대하는 학업 성취를 효과적·효율적으로 이루도록 하려는 의도적인 질문이라고 정의할 수 있다(박성익, 김연경, 2004).

2) 발문의 유형

(1) 인지적 사고 능력이 요구되는 수준에 따른 발문의 유형

Bloom(1956)은 인지적 영역의 사고 능력을 지식, 이해력, 적용력, 분석력, 종합력, 평가력의 여섯 가지로 구분했고, 이러한 인지적 목표 체계에 의거해 발문의 성격을 구분하는 방식을 가장 일반적인 발문 분류체계로 규정하였으며, 이후 많은 학자들의 발문 분류체계의 기준이 되었다.

발문은 Bloom의 인지적 목표 분류체계를 바탕으로 교과 학습 목표에 따라 학습자에게 주도적으로 요구되는 사고력 수준을 고려하여 낮은 수준의 발문과 고급 수준의 발문으로 구분한다. 지식, 이해, 적용은 학습자의 주도적 사고력이 발휘될 기회가 적은 낮은 수준의 발문으로, 학습자의 주도적인 자기판단을 필요로 하는 분석, 종합, 평가를 고급 수준의 발문으로 구분한다(Sinatra & Annacone, 1984), 독창성을 요하지 않거나 정답을 요하는 데 중점을 두거나 자료에 입증된 대답을 추구하는 발문 등을 하급 수준의 발문이라 하고, 독창적인 생각을 요구하고 학습자들의 생각과 조사에 기초한 대답을 요구하거나 체계를 분석하고 평가하는 사고 활동을 추구하는 발문을 고급 수준의 발문이라고 한다(Ellis, 1991).

Bloom의 인지적 교육목표체계를 바탕으로 발문이 요구하는 학습자들의 사고 폭에 따라서 수렴적 발문(convergent question)과 확산적 발문(divergent question)으로 나누고, 이들 각각을 다시 하위 수준과 상위 수준으로 나누었는데(Kinsvatter et al, 1988), 이를 도표화하면 다음의 <표 8－3>과 같다.

표 8-3 수렴적 발문과 확산적 발문

수렴적 발문(저급 수준의 인지적 발문)		확산적 발문(고급 수준의 인지적 발문)	
하위 수준	상위 수준	하위 수준	상위 수준
• 지식	• 이해력, 적용력	• 분석력	• 종합력, 평가력

출처: 박성익, 김연경(2004)

수렴적 발문은 학습자들이 기본적인 정보를 알고 있는지를 확인하는 발문으로 정답이 제한되어 있으며, 지식과 이해력 수준의 인지적 사고 능력을 요구하는 저급 수준의 인지적 발문이고, 확산적 발문은 학습자에게 다양한 대답을 이끌어 내기 위한 발문으로 학습자들에게 고도의 사고 능력을 요구하는 고급 수준의 인지적 발문이다(Kinsvatter et al, 1988).

발문은 크게 교수적 발문(instructional question), 관리적 발문(managerial question), 수사적 발문(rhetorical question)으로 분류하고, 이 중 수업에서 핵심적 역할을 하는 교수적 발문을 사고 유형에 따라 폐쇄적 발문(closed question)과 개방적 발문(open question)으로 구분하기도 한다(Blosser, 1973). 폐쇄적 발문은 정답이나 반응이 제한되어 있는 발문이고, 개방적 발문은 정답이나 반응이 제한되어 있지 않고 다양하고 다수인 발문을 말하며, 폐쇄적 발문은 다시 인지 · 기억적 발문과 수렴적 사고 발문, 개방적 발문은 확산적 사고 발문과 평가적 사고 발문으로 나누어진다(박성익, 김연경, 2004).

Blosser의 발문 분류를 도표화하면 다음 <표 8－4>와 같다.

표 8-4 Blosser의 발문 분류

	발문의 종류		내용	예시
교수적 발문	폐쇄적 발문	인지 · 기억적 발문	인식, 기억, 회상 등으로 사실, 공식과 같은 것을 단순하게 회상하도록 요구하는 발문	양서류는 어떤 동물을 의미하나요?
		수렴적 사고 발문	주어지거나 혹은 기억된 자료를 종합하고 적용하거나 연결, 분류, 구별, 결론과 같은 정신적 활동을 자극하려는 발문	사실주의와 자연주의의 차이점과 공통점을 설명하시오.
	개방적 발문	확산적 사고 발문	창의적이고 상상적인 대답을 불러일으키도록 하는 발문	로봇이 상용화되면 미래 사회가 어떻게 달라질까요?
		평가적 사고 발문	판단, 가치 선택이 이루어지게 하며 자신의 반응을 정당화하는 것을 포함하는 방문	테러를 방지하기 위한 전쟁은 정당한 것인가요?

출처: 박성익, 김연경(2004)

(2) 사고 과정에 따른 발문의 유형

학습자들의 사고력 촉진을 돕기 위해서는 인간의 사고방식으로 발문을 해야 하기 때문에 교사의 발문은 학습자들이 거치는 사고 과정에 따라 분류해야 한다. 이러한 관점에서 인지 과정에 따라 발문 유형을 정의적(definitional) 발문, 경험적(empirical) 발문, 평가적(evaluative) 발문, 형이상학적(metaphysical) 발문으로 구분하고 있다(Hyman, 1979). 특히 수업에서는 정의적 발문, 경험적 발문, 평가적 발문의 세 가지 유형이 가장 자주 사용되나 Bloom의 분류처럼 위계적 질서가 있는 것은 아니다. 이러한 Hyman의 발문 분류를 정리하면 다음의 <표 8−5>와 같다.

표 8-5 Hyman의 발문 분류

발문의 종류	내용	예시
정의적 발문	학습자가 어떠한 단어, 용어, 또는 구에 대하여 정의를 내려야 하는 발문	• 기체란 무엇인가? • 오페라가 무엇인지 설명해 보아라.
경험적 발문	학습자가 자신의 감각적 지각에 근거하여 대답하는 발문	• 숨바꼭질을 하는 방법은? • 비 오는 날에 빨래가 쉽게 마르지 않는 이유는 무엇인가?
평가적 발문	학습자 자신의 개인적인 가치 판단을 요구하는 발문	• 「햄릿」이 가장 위대한 비극 작품이라고 당신이 생각하는 이유는 무엇인가? • 중세의 십자군 전쟁은 정당한 전쟁이었는가?
형이상학적 발문	학습자 자신이 가지고 있는 형이상학적 신념이나 신학적 신념을 진술하게 하는 발문	• 신은 존재하는가? • 착한 사람은 천국에 간다는 말은 사실일까?

출처: 박성익, 김연경(2004)

학습자의 사고 유형에 근거한 '인지적 언어 상호작용 분석 모형(cognitive verbal interaction analysis model)'에서는 발문하고 응답하는 과정을 사고 활동의 작용 과정으로 보고, 정보회상적 발문, 추론적 발문, 적용적 발문으로 분류하면서 질문자와 응답자의 상호작용을 염두에 둔 발문의 유형을 분류하였다(Minnis & Shrable, 1970). 이러한 Minnis와 Shrable의 발문 분류를 정리하면 다음의 <표 8－6>과 같다.

표 8-6 Minnis와 Shrable의 발문 분류

발문의 종류	내용	예시
정보회상적 발문	학습했던 내용이나 경험한 사실을 알아보기 위한 것으로 단순한 지식과 사실, 방법과 원리의 재생하기, 열거하기, 계산하기 등에 의한 발문	우리나라 국보 제1호는 무엇인가?
추론적 발문	학습자들이 지식이나 정보 등을 비교, 대조, 구분, 분석, 종합하여 응답하게 하는 발문	온라인 수업과 오프라인 수업의 차이점은 무엇인가?
적용적 발문	학습자들의 확산적 사고를 계발하기 위하여 새로운 사태에 적용, 예언 또는 가설을 설정하도록 하는 발문	전기가 없었다면 인류의 생활은 어떻게 변했을까?

출처: 박성익, 김연경(2004)

발문에 응답하는 학습자의 사고 과정에 따른 발문 분류에서는 추론적 발문, 이해적 발문, 전이적 발문, 가설적 발문, 성찰적 발문으로 구분하며, 단순한 지식의 화상이나 기억을 요구하는 사고 유형을 요구하는 발문이 없다는 점이 특징이다(Wolf, 1987). 이러한 Wolf의 발문 분류 내용을 정리하면 다음 <표 8－7>과 같다.

표 8-7 Wolf의 발문 분류

발문의 종류	내용	예시
추론적 발문	학습자가 어떤 사실이나 현상에 대한 정보나 단서를 추론하도록 하는 발문	고갱의 이 그림을 보고 무엇을 알 수 있나요?
이해적 발문	학습자가 어떤 사실이나 정보를 이해하여 깨우치도록 하는 발문	이 소설에서 작가의 우울한 어조는 소설 전반에 어떤 영향을 주나요?
전이적 발문	학습자가 획득한 지식을 다른 범주로 전이시키는 발문	셰익스피어는 당시의 정치적 스캔들을 어떻게 소설에 투영시켰나요?
가설적 발문	학습자가 어떤 내용을 예측하게끔 하는 발문	만약 나폴레옹이 워털루 전투에서 패배하지 않았다면, 프랑스의 역사는 어떻게 바뀌었을까요?
성찰적 발문	학습자가 획득한 지식이나 정보에 대해 다시금 생각하도록 하는 발문	오늘 배운 '소네트'에 대해 어떻게 생각하나요?

출처: 박성익, 김연경(2004)

(3) 32가지 사고력 질문

① 비교와 대조

- 비교와 대조는 주어진 자료에서 사건, 사상, 개념들을 분리해 내거나 핵심을 뽑는 등의 경험을 제공

한·중·일의 음식 문화의 차이는

② 원인과 결과

- 사회과학에서 말하는 어떤 현상에 대한 설명은 그 현상의 인과관계를 밝히는 것
- 어떤 현상에 대한 원인과 결과에 관한 질문은 학습자가 어떤 행동, 사건, 영향 등의 관계를 이해하고 그 현상을 설명할 수 있을 때 대답이 가능

한류가 전 세계적으로 인기가 높은 이유는

③ 일반화

- 학습자가 일반화를 진술하기 위해서는 사실적인 지식뿐만 아니라, 통계적 지식, 경향을 분석하는 능력 등을 통해 구체적 정보와 분석 능력으로부터 일반적인 원리, 규칙, 의견, 결론 등을 그려내야 함
- 개별적 사실이나 사건과 일반화된 개념을 연상시키도록 구성

한국의 결혼이민자 증가 이유는

④ 연대기(chronology)적 능력

- 사건을 시간적 순서로 이해하는 능력을 통해 어떤 현상의 경향, 순서, 계열 등을 이해

한국 역사에서 국가별 종교의 변화는

⑤ 사실과 의견의 구별

- 사실과 의견을 분리해 내는 능력은 과학적이고 합리적 의사결정을 하는 기초

한글 창제 과정에서 사실과 다른 것은

⑥ 1차 자료와 2차 자료의 구별

- 주어진 자료를 1차 자료와 2차 자료로 분류하는 능력은 정확한 자료를 수집하고 분석하는 능력과 직결

청동기 시대를 확인할 수 있는 1차 자료는

⑦ 자료의 검색

- 학습자가 주어진 문제를 해결하는 데 적합한 정보를 찾는 능력이 요구

국내 중도입국청소년의 현황은

⑧ 자료의 구조

- 학습자는 찾고자 하는 자료가 어떤 사회과학과 관련을 맺고 있는지, 어떤 사회과학의 관점에서 문제를 보고 있는지 등의 분류에 대한 정확한 이해가 필요

국내 난민들의 증가로 인한 문제는

⑨ 이해

- 이해를 묻는 질문은 학습자에게 자료를 제시하고 그 자료를 이해했음을 설명하라는 형태

다음 표에서 확인할 수 있는 기후변화의 문제는

⑩ 설명

- 설명은 제시된 자료에 의해서 나타난 상황을 가장 잘 설명한 것을 찾는 형태
- 학습자는 배운 지식을 이용하여 주어진 자료가 의미하는 바를 먼저 분석하여 만족스러운 답안을 찾아야 함

다음 사진에 나타난 환경 문제의 원인은

⑪ 일반화 유추

- 학습자가 자료의 여러 요소들을 묶어서 일반화하는 능력을 평가하려는 것

다음 표에 나타난 노인인구 관련 자료에서 나타나는 가설은

⑫ 예측

- 학습자로 하여금 자료에 제시된 상황에 근거하여 예측하는 능력을 평가하려는 것

다음 통계에서 나타난 출산율 저하로 인해 예상되는 문제는

⑬ 정의

- 정의는 개념을 규정하는 것

다문화의 개념을 정의하면

⑭ 적용

- 적용은 배운 것을 실제로 투입해 보는 능력

외국의 다문화정책을 한국의 현실에 적용해 본다면

⑮ 평가

- 평가는 학습에 대한 광범한 사고와 판단 활동을 포함

민주주의 선거 제도의 장점에 대한 평가는

⑯ 정교화와 확장

- 정교화와 확장은 사고를 보다 정교하게 다듬고, 확장하는 경험을 주려는 것

이주노동자 수용에 대한 현 정책의 대안을 제시한다면

⑰ 범주화

- 범주화는 주로 개념을 정리할 때 사용하는 능력

한국의 다문화 구성원을 세분화한다면

⑱ 연결 또는 관련시키기

- 개념이나 사건들의 유사성에 기초하여 서로 연결 지어 봄으로써 사고를 확대하는 능력

한국 역사에서 다문화 구성원들의 유입의 배경은

⑲ 의사결정

- 의사결정은 주어진 대안을 비교하여 자신의 입장을 정하는 것

동화주의, 다문화주의, 상호문화주의에 대한 본인의 입장은

⑳ 요약

- 요약은 많은 양의 정보를 핵심만 뽑아서 정리하는 능력

한국문화의 특징을 세 가지로 요약한다면

㉑ 제거

- 수많은 정보 중에 불필요한 정보를 제거하는 것도 매우 중요한 능력

다음 자료 중에 다음 진술을 증명하는 데 필요 없는 것을 제거하라

㉒ 창조

- 창조는 없는 것을 만들거나 있는 자료로 새로운 것을 만들어 내는 능력

다음 자료를 활용해 이주배경 청소년 문제를 해결할 수 있는 대안은

㉓ 종합

- 종합은 두 가지 이상의 대상을 하나로 종합하는 능력

두 사람의 주장을 통합한 결론은

㉔ 관찰

- 관찰은 사실을 정확하게 파악하는 기초적 능력

영화에서 나타난 사형제도에 대해 찬성 입장의 토론자가 주장한 근거는

㉕ 유형화

- 유형화는 주어진 자료에서 공통적인 특징이나 추세를 찾아내는 능력

최신 통계에 나타난 외국인 유학생들의 증가 원인을 두 가지 유형으로 구분하면

㉖ 계획

- 계획은 머릿속에서 구상하는 앞으로의 생각과 활동을 조직하는 것

이주배경 청소년들의 현실적 고민에 대한 조사 계획의 핵심은

㉗ 우선순위 결정

- 대안들이나 해야 할 일들의 경중을 따져 우선순위를 정하는 것도 고급 사고에 속함

여성결혼이민자가 필요로 하는 최우선 지원 정책은

㉘ 문제해결

- 문제해결은 문제에 대한 대안을 제시하는 것으로 최근 가장 강조되고 있는 고급 사고력 중의 하나

한국 사회에서 불법체류외국인 문제의 해결 방안들을 모두 열거해 보라

㉙ 단순화

- 복잡한 문제를 정리하여 단순화시키는 것도 고급 사고력에 속함

현대사회의 문제점을 한 마디로 말하면 무엇이라고 할 수 있는가

㉚ 역할 채택

- 역할 채택은 객관적인 사고를 할 수 있는 중요한 능력

당신이 난민 유입에 찬성 입장이라면 어떤 정책을 추진하겠는가

㉛ 계열화

- 계열화는 어떤 상황이나 활동의 합리적인 단계나 순서를 매길 수 있는 능력

저출산·양극화 문제를 해결하기 위해서 밟아야 할 절차를 제시해 보라

㉜ 대체

- 주어진 자료나 개념과 같은 내용이나 비중을 가진 것을 비교하여 찾을 수 있는 능력

다음 자료를 대체할 수 있는 다른 자료를 제시해 보라

4. 설명식 · 문답식 수업의 실제

1) 법무부 이민자 조기적응 프로그램

이민자 조기적응 프로그램은 대한민국에 장기체류하려는 외국인이 입국 초기단계에서 안정적으로 우리 사회에 정착할 수 있도록 해당 외국인의 사용 언어별로 대한민국의 기초 법 · 제도, 사회적응 정보 등을 제공하는 사회통합 교육이다. 이민자 조기적응 프로그램의 참여대상과 교육 내용은 다음 <표 8-8>과 같다.

표 8-8 이민자 조기적응 프로그램

참여대상	주요 교육 내용	비고
① 결혼이민자(F-6)	• 부부, 가족 간 상호 배려와 이해 • 한국 가정문화와 생활방식 • 성폭력 · 가정폭력 등 예방 및 신고절차	• 공통사항: - 한국생활 필수 정보 - 기초 법 · 제도와 문화 - 출입국 · 체류제도 안내 • 교육시간: 3시간 • 교육비: 무료 • 강의언어: 한국어, 중국어, 베트남어, 영어, 러시아어, 몽골어, 타갈로그어, 일본어, 캄보디아어, 태국어, 불어, 인도네시아어, 네팔어 등 13개 언어
② 외국국적동포(H-2)	• 준법의식, 생활법률 • 체류 · 영주 허가 제도, 국적 취득	
③ 외국인 연예인(E-6-2)	• 근로현장 인권보호, 인권침해 사례 • 성폭력 · 인권침해 대처방법 및 구제절차	
④ 외국인 유학생(D-2)	• 성공적인 유학생활을 위한 조언 • 학교생활정보, 진로개척 및 직업선택	
⑤ 중도입국자녀(F-1-52, F-2-2, F-1-9, F-1-11)	• 학교 교육제도, 상급학교 진학, 직업교육 • 청소년 문화 · 복지시설 안내	
⑥ 외국인 밀집지역 거주자(전체)	• 외국인의 권리와 의무 • 준법의식	

출처: 외교부 이민자 조기적응 프로그램 안내문

2) 법무부 이민자 조기적응 프로그램의 실제 사례 - 결혼이민자 대상

결혼이민자를 대상으로 하는 조기적응 프로그램은 결혼사증(F-6)을 소지하거나 결혼(F-6) 체류자격으로 변경하고자 하는 국민의 외국인 배우자를 대상으로 한다. 결혼사증(F-6)을 소지하고 한국에 입국한 국제결혼안내프로그램 고시국가(중국, 베트남, 필리핀, 캄보디아, 몽골, 우즈베키스탄, 태국) 결혼이민자는 의무적 참여 대상이다. 결혼이민자는 내국인

배우자와 동반 참석을 권장하며, 결혼이민 자격변경신청자는 입국일로부터 2년 이내인 장기체류자가 대상이다. 해당 교육은 3시간으로 구성되며 주요 내용은 다음 <표 8-9>와 같다.

표 8-9 결혼이민자 조기적응 프로그램

차시	과목	내용	비고
1	기초법 · 질서	• 자유민주적 기본질서, 준법의식, 외국인의 권리와 의무 • 생활법률, 경범죄, 쓰레기 분리수거, 성범죄 · 마약사범 · 무면허운전 등 법규 위반사례 • 출입국 · 체류 · 사회통합프로그램 · 국적 등 기초정보	전문강사
2	한국 사회 적응정보	• 안전 등 긴급상황 대처방법, 법률구조공단 등 관련기관 소개 • 교통, 의료, 주거, 전기 · 통신, 은행 등 이용 • 결혼이민자 입국 초기에 겪는 어려움 해소	전문강사 및 멘토
3	가족 간 상호이해	• 부부, 가족 간 상호 배려와 이해 • 한국 가정 문화와 생활방식	특수강사

출처: 이민정책연구원, https://www.mrtc.re.kr/business/02.php

해당 수업은 기초법 · 질서, 한국 사회 적응정보, 가족 간 상호이해 수업으로 구성되어 있으며, 기본적으로 설명식수업으로 진행되어 강의 내용 전달에 중점을 둔다. 수업 전반에 걸친 질문에 대한 답변 제시를 통해 문답식수업 방식도 반영되고 있다.

3) 실제 강의 교안 - 3차시 기준

강의 계획서

강사명			
강의과목	부부상호이해	강의대상	결혼이민자와 배우자
강의목표	결혼이민자 가정의 조기적응을 위한 부부상호이해를 증진할 수 있다.		
진행방식	강의 및 동영상 시청 및 활동		

구분(시간)	교육 주제 및 내용	진행 방법	비고
도입 (5분)	▶한국에 대한 기본적인 이해 • 한국을 상징하는 것에 대해 퀴즈를 풀어본다. • 이민자와 배우자가 서로 소통하면서 정답을 맞힌다. 배우자도 이민 온 배우자의 나라에 대한 기본 이해와 상식이 필요하다는 공감을 한다.	ppt 활용 강의	
전개 (35분)	▶부부의 상호 이해 활동 • 같은 그림을 보고 우리는 어떤 생각을 하는가? 제시된 그림(흑백 사진), 동영상(발레리나 회전)을 보고 각자의 생각을 자유롭게 말한다.	동영상 시청	
	• 결혼에 대한 부부의 인식과 역할 결혼이란 무엇인가? 행복한 결혼생활을 위해 필요한 것은 무엇인가? 질문에 자유롭게 대답을 하는 과정 속에서 진정한 행복을 위해 어떤 노력이 필요한지 이야기 나눈다.	ppt 활용 강의	
	• 배우자의 뇌구조 그리기 서로가 어떤 생각을 갖고 있는지 자국어로 표현하고 멘토의 도움으로 서로 배우자에 대해 어떤 생각을 갖고 있는지 소통한다.	활동지 작성	
	• 건강한 가정생활 결혼에 대한 준비자세는 어떠한가? 결혼이민자가 느끼는 한국생활의 어려움 및 정착기간에 따른 양상 이해하기		
	• 성공적인 부부 의사소통 방법 효과적인 부부 의사소통의 구체적인 방법 안내		
	• 조기적응을 위한 서비스 안내 다문화가족을 위한 다양한 지원 사업 소개 한국어교육, 다문화가족 통합교육, 다문화가족 취업 연계 및 교육, 개인, 가족상담 지원, 방문교육지원, 홍보사업 및 특성화 사업에 대한 소개를 한다.		
마무리 (10분)	▶부부의 사랑에 대한 이해 • 풍선 불기 활동(풍선의 바람처럼 사랑을 서서히 채우는 활동)을 통해 가정의 행복과 사랑을 지키기 위한 노력이 필요하다는 것을 공감한다. • 서로 이해와 사랑을 바탕으로 건강하고 행복한 가정을 위해서 갖추어야 할 마음가짐을 가진다.	풍선 불기 활동	

4) 설명식 · 문답식 활용 수업의 평가

첫째, 전체 수업 과정에서 정보 중심의 전달을 위한 설명식수업과 지식 습득 과정에서 문답식수업을 병행하여 적용해야 한다는 점을 확인할 수 있다.

둘째, 해당 수업 진행 과정에서 실제 참여 대상자인 원주민과 이주민들 간의 사전 지식 격차를 해소하기 위해서는 유의미한 학습을 위한 설명식수업의 선행학습자 활용이 중요하며, 학습자의 발문에 대응하기 위한 교사의 전문역량이 요구된다.

셋째, 학습 내용의 난이도를 감안하여 설명식수업을 위한 다양한 매체 활용이 필수적이며, 문답식수업의 활용 시 학습 참여도를 높이기 위한 발문의 유형을 적절히 활용하는 것이 필요하다.

09
CHAPTER

토의 · 토론 수업

1. 토의 · 토론 수업의 이해
2. 토의 · 토론 수업 모형의 이해
3. 토의 · 토론 수업 모형의 적용
4. 토의 · 토론 수업에서 교사의 역할
5. 토의 · 토론 수업의 실제
   - 교육(누리)과정 연계 다문화교육 수업 도움자료

1. 토의 · 토론 수업의 이해

1) 토의 · 토론의 개념

토의 · 토론의 개념은 크게 토의(discussion)와 토론(debate)으로 구분된다. '토론'은 논의 주제에 대해 서로 다른 주장을 가진 사람들이 논증 또는 검증을 통해 자기 주장을 정당화하고 타인을 설득하기 위한 말하기 · 듣기 활동이다. 논증은 논리적으로 자신이 옳음을 입증하는 것이며, 검증은 경험적 증거를 제시하여 입증하는 것이다. 토론을 찬성 측과 반대 측 간에 서로 자신의 주장을 설득시키려는 것으로만 정의하는 것은 잘못된 것이며, 토론이 수많은 다양한 주장으로 나누어질 수도 있다는 점에서 반드시 서로 찬반의 사람들만 만나는 것만도 아니다.

토의는 논의 주제에 대해 다양한 사람들이 서로 정보와 의견을 교환하면서 해당 주제에 대해 학습하는 과정을 거치며 문제를 해결하는 말하기 · 듣기 활동이다. 토론은 주장하는 사람마다 자신만의 정답을 가지고 자신의 정답이 옳다는 것을 설득하려는 것이라면, 토의는 저마다 자신만의 정답을 주장하고 설득하는 것이 아니라 다양한 사람들이 함께 정답을 만들며 완성해 가는 개념으로 볼 수 있다.

두 사람 이상의 사람이 모여 집단적 사고 과정을 거쳐 해당 문제의 해결을 시도하는 토의 방식을 적용한 수업을 토의 수업으로 보며, 쟁점 논제에 대해 대립하는 두 사람이 규칙에 근거하여 주장, 검증, 반박의 과정을 거치며 이성적이고 합리적인 판단을 내리는 토론 방식을 적용한 수업을 토론 수업이라고 한다. 그러나 토의(discussion)와 토론(debate)은 상호작용의 방식에는 차이가 나지만, 수업 적용 시 두 개념을 엄격히 구분해 적용하기 어렵다. 수업 목표를 달성하기 위한 수단으로 토의와 토론이 사용되기에 이를 엄격히 분리하는 것은 큰 의미가 없으며, 실제로는 토의와 토론이 혼합되는 경우가 많기 때문에 이를 엄격히 구분하지 않고 '토의 · 토론'이라는 용어로 통합적으로 사용하는 경우가 많다.

토의 · 토론 수업의 개념은 <표 9-1>과 같다.

표 9-1 토의 · 토론 수업의 개념

연구자	개념
교육과학기술부 (2011)	• 토의: 두 사람 이상이 모여 집단적 사고 과정을 거쳐 어떤 문제의 해결을 시도하는 논의 방식 • 토론: 쟁점이 되는 논제에 대해 대립하는 두 모둠이 정해진 규칙에 따라 주장하고, 검증, 반박의 과정을 통해 이성적이고 합리적인 판단을 내리려는 방식
곽재호, 이경화 (2017)	• 구성주의적 관점에서 학습자가 주도적이며 적극적으로 참여하고 상호작용하는 수업 형태, 토론과 토의가 모두 포함됨
박주현, 서영진, 이동엽, 강대현 (2015)	• 학습 목표를 달성하기 위해 학습자들 간에 맺는 관계가 협동적인 '학습 목표 구조' 속에서 이루어지는 교수 · 학습법 • 토론학습을 '토의 · 토론 학습'으로 지칭 • 최근 토의(discussion)와 토론(debate)은 상호작용 방식이 다르지만 실제로는 토의와 토론이 혼합되는 경우가 많기 때문에 '토의 · 토론'이라는 용어를 사용
부산광역시교육청 (2017)	• 학급 전체, 모둠 친구들과 서로 의견을 나누고 함께 생각하여 문제를 해결하고 수업 목표를 달성하는 협력수업
정숙화 (2014)	• 토의수업: 특정한 주제에 대하여 공동의 문제를 해결하기 위해 학생들 상호 간의 이해를 깊이 하고 서로의 입장을 존중하면서 비판적인 의견을 교환하고 토의함으로써 협력하여 올바른 결론에 도달하려는 교수 · 학습 방법 • 토론학습: 어떤 주제에 대해 서로 다른 주장을 하는 사람들이 논증과 실증을 통해 규칙에 따라 자기 주장을 정당화하여 다른 사람을 설득하려는 말하기 · 듣기 활동 • 수업 적용 시 두 개념을 엄격히 구분하여 적용하기 어렵고, 수업 목표를 달성하기 위해 수단으로 사용하는 토의와 토론이기 때문에 이를 분리하는 것은 큰 의미가 없음
엄경흠 외 (2005)	• 토론이 궁극적으로 의사결정 과정을 지향한다는 면에서는 넓은 의미에서 토의의 일종으로 볼 수 있으며, 토의 과정에서 토론 과정이 포함되는 경우가 있음

출처: 김은주(2017)

토의 · 토론과 관련된 용어를 구분하면 다음과 같다.

- **회의**: 토의 중 일상적으로 가장 자주 접하게 되는 유형에 해당한다. 토의 유형 중 가장 엄격한 절차와 규정에 의하여 이루어진다.
- **포럼(forum)**: 특정 주제에 대해 관련 전문가들이 서로 함께 토론하거나 아니면 연사 발표와 패널 토의로 이루어지는 형식으로 공개 토론회이다. 주로 공공기관에서 여론 수렴을 위해 자주 사용하는 토의의 방식이다. 상충되는 입장을 가진 전문가들이 한 사람씩 발표한 후, 청중이 공개 질의하는 방식으로 이루어진다. 전문가는 없거나 제한적인 역할만 맡고 처음부터 청중이 참여하며 주도한다.
- **패널 토의(panel discussion)**: 학술적이거나 전문적 주제에 대해 전문가들이 상호 간 토의를 한 후 청중이 질문하는 방식으로 이루어진다. 배심토의라고도 한다.
- **심포지엄(symposium)**: 특정 주제를 놓고 연구 · 토론하기 위한 전문가 모임이다. 하나의 주제를 놓고 2명 이상의 사람들이 각각 다른 각도에서 의견을 표시하는 지상토론회이다. 학술적

인 문제에 대해 각 분야 전문가들이 발표나 강연을 한 다음 청중이 질문하는 형식이다. 특정한 결론을 도출하기보다는 주제에 대한 깊이 있는 이해를 위한 담화의 방식이다.

- **세미나(seminar)**: 대학교나 대학원에서 쓰이는 공동 연구 토의의 방식이다. 대학에서의 토론식수업이나 교육을 위한 세미나로 지식 습득과 교육 목적을 띤 회의로 주로 강사와 참가자 간의 토론이나 강의로 진행된다. 특정 주제에 대해 연구자가 발표하고 참가자와 질의응답 방식으로 자유롭게 의견을 교환하는 방식이다.
- **콜로키움(colloquium)**: 각 모임에서 다른 강사가 다른 주제에 대해서 이끌어가는 세미나나 미팅을 뜻한다. 세미나와 비슷하나 권위 있는 전문가가 다른 사람들의 잘못된 의견을 바로잡아 주는 유형이다. 주로 대학교 수업에서 교수가 학습자들과 강의 내용을 중심으로 나누는 대담의 형식을 떠올리면 될 것이다.
- **컨퍼런스(conference)**: 컨벤션과 유사한데, 과학이나 학계에서 연구자들이 연구 활동과 성과, 공동연구, 연구결과 등을 발표하는 공식적인 회의이다. 본회의, 사교행사, 관광행사를 동반하고 전문적 문제를 토론하기 위한 모임이다.
- **컨벤션(convention)**: 산업단체나 전문협회 등의 연례회의를 의미한다. 한 개의 전문직종에 한해 정보를 전달하는 대규모의 형식이다.
- **워크숍(workshop)**: 전문적인 기술 또는 아이디어를 실험적으로 실시하면서 검토하는 연구회 및 세미나를 뜻한다. 일종의 업무의 연장선상에서 개최되는 것으로 특정 문제가 발생하였을 때 이를 해결하기 위한 결론을 도출하기 위한 행사이다.

출처: 경기도도서관 MAY 2015 news letter 34호
(https://www.library.kr/storage/newsletter/201505/information.html)

2) 토의 · 토론의 필요성

모든 사람이 참여해 민주적 의사결정 과정을 통해 사회문제를 해결하여 나가는 것이 민주주의 사회의 주요 특징이다. 일반적으로 인류가 사용하는 의사결정 방식은 크게 네 가지가 있다.

첫째, 독재적 의사결정이다. 지배자가 일방적인 의사결정을 하며, 피지배자는 이에 순종해야만 하는 의사결정 방식이다. 독재적 의사결정은 지배자가 어떤 사람이고, 어떤 결정을 하느냐에 따라 그 집단의 운명이 좌우되는 위험을 안고 있다. 하지만 지금도 상당수의 가정, 직장, 학교, 사회 등에서 독재적 의사결정은 아직도 여전히 주요한 의사결정 방식으로 사용되고 있다.

둘째, 다수결에 의한 의사결정이다. 민주주의의 근간을 이루는 원칙으로서 다수결의 중요성이 강조되지만 소수의 의견이 무시된다는 점에서 비판을 받기도 한다. 항상 다수가 옳은 것만은 아니며, 역사적으로도 다수에 의한 횡포로 인해 수많은 비극적 결과

들을 경험했기에 이를 보완하려는 시도가 지속되었다.

셋째, 다수결을 보완하기 위한 대안으로 복수선택과 질적 의사결정이 있다. 대안을 복수로 선택한 후 각각의 대안에 대해서도 질적으로 선택이 가능하도록 하는 것이다. 예를 들어 A, B, C, D의 대안이 있을 경우 각각 A(60%), B(30%), C(10%), D(0%)를 지지했다면 전통적 다수결에서는 A에 100%를 주는 것이었으나 복수선택과 질적 의사결정 방식을 통해 세부적으로 나누어진 각각의 의사를 보다 정확히 반영할 수 있다는 장점을 갖고 있다. 하지만 넓은 의미에서 이것도 역시 다수결의 범주에 포함된다고 할 수 있다.

넷째, 만장일치 의사결정이다. 가장 이상적인 의사결정 방식이지만 만장일치가 이루어지기 위해서는 많은 시간과 노력이 요구된다.

독재 이외의 의사결정 방식은 대안의 발굴, 대안의 검토, 대안의 결정을 위해서 수많은 토의 · 토론을 거쳐야 한다. 사회가 민주화될수록 의사결정 과정에서 보다 합리적이고 정확한 의사결정을 하기 위해 토의 · 토론의 절차가 강조된다. 독재적 정치 성향이 강한 나라일수록 토의 · 토론을 터부시하며, 민주주의가 발달한 나라일수록 토의 · 토론이 일반화되어 있다. 한국의 경우에도 토의 · 토론 문화가 미숙하다고 스스로 비판하는 것도 이유가 유교적 전통, 군사정권 하에서 독재적 의사결정 문화 등에 익숙해져 있었던 역사적 과거가 있었기 때문이다. 따라서 한국 사회가 보다 민주화되기 위해서는 학교 교육에서부터 토의 · 토론 문화에 대한 교육을 강조하는 것이 요구된다.

토의 · 토론이 학교 교육에서 강조되는 또 다른 이유는 학습자의 고급 사고력을 향상시킨다는 점에서 매우 적합하기 때문이다. 인간은 타인의 의견에 대한 경청 과정에서 '이해'의 사고, 주어진 상황에 대해 자신의 의견을 발표함으로써 '적용'의 사고, 여러 의견들을 들은 후 그것에 대해 따져보는 '분석'의 사고, 여러 의견들을 하나의 의견으로 모으는 '종합'의 사고, 여러 의견들에 대한 '평가'의 사고를 사용한다(정문성, 2004). 하지만 토의 · 토론은 인원이 많은 학급에서는 교사의 통제가 쉽지 않으며, 학습자들 역시 토의 · 토론에 익숙하지 않거나 권위주의적 정치, 문화적 환경에서 토의 · 토론 자체를 터부시했을 경우에는 토의 · 토론을 강조하는 것에 비해서 실제 교육 현장에서 많이 사용되지 않는 교수 · 학습 방법이기도 하다. 또한 교육 현장에서 토의 · 토론 문화 정착을 강조하고 있지만 구체적 실천 원칙, 방법, 전략 등을 제공하지 못하고 있어서 교사나 학습자들에게 여전히 어렵고 부담스러운 것으로 인식되고 있다.

3) 토의 · 토론 수업의 목적과 구분

토의 · 토론을 활용하는 것은 주어진 문제에 대해 대안을 찾아내고, 의사결정을 하고, 실천으로 해결할 때 여러 사람이 함께 의논하는 것이 정확하고 안전한 방법이기 때문이다. 토의 · 토론을 수업에 활용하는 궁극적인 목적은 학습자에게 주어진 문제를 해결하기 위해 토의 · 토론을 통한 의사결정과 해결 과정을 훈련시키려는 것이다. 토의 · 토론이라는 수단은 특정 내용을 학습하는 데에만 활용할 수도 있고, 아이디어를 만들어 내는 데에 목적을 두는 등 부분적인 활용도 가능하다. 하지만 토의 · 토론 수업은 학습자들에게 많은 활동을 위임하는 것이기 때문에 엄격한 규칙과 절차와 내용을 제공하지 않으면 시간 낭비와 혼란을 줄 수 있기 때문에 충분한 토의 · 토론의 훈련과 수업 준비가 요구된다.

교수 · 학습 상황을 교수자와 학습자의 상호작용 방향을 기준으로 보면 크게 세 가지로 구분된다(정문성 외, 2003).

첫째, 교수자가 학습자에게 일방적인 전달 방식으로 진행하는 강의식수업이다. 둘째, 교수자와 학습자의 상호작용인 교수자의 질문 또는 요구, 학습자의 대답 또는 반응하는 방식으로 진행되는 문답식수업이다. 이를 교사와 학습자의 토의 · 토론식 수업으로도 볼 수도 있다. 셋째, 교수자가 학습자와 학습자 간의 상호작용을 하게 만드는 진행 방식으로 대부분 토의 · 토론식 수업의 경우 이 방식에 해당된다.

참여자 수를 기준으로 분류 시 개별학습(one-alone), 일대일(one-to-one)모형, 일대다(one-to-many)모형, 다대다(many-to-many)모형으로 구분되며, 토의 · 토론 수업은 기본적으로는 일대다모형, 다대다모형을 포함하지만 주로 다대다모형을 의미한다고 보는 것이 타당하다. 따라서 토의 · 토론 수업은 교수 · 학습에서 다대다의 구조를 의미하며, 학습자 간의 상호작용을 강조한 토의 · 토론 모형을 적용한 수업 방법이라고 할 수 있다.

토의 · 토론 수업은 형식과 내용의 기준에 의해 여러 가지로 분류할 수도 있다.

첫째, 토의 · 토론의 '형식'을 기준으로 구분할 경우 크게 모든 학습자가 직접 참여하는 방식과 일부 학습자가 대표로 참여하는 방식으로 분류할 수 있다. 또한 전자는 한 학급 전체가 어떤 주제에 대해 동시에 참여하는 토의 · 토론, 소집단으로 구분해 동시다발적인 토의 · 토론으로 구분할 수 있다. 토의 · 토론 형식과 관련하여 수준에 따른 구분으로 안내 토의(guided discussion)와 반성적 토의(reflective discussion)로 분류하기도 한다.

전자는 학습자들에게 개념과 원리를 이해하도록 돕는 토의, 후자는 개념과 원리를 확장 및 발전시키는 토의라고 정의할 수 있다.

둘째, 토의 · 토론의 '내용'을 기준으로 구분하며 보고를 위한 토의(the debriefing discussion), 설명을 위한 토의(the explanation discussion), 정책에 대한 토의(the policy discussion), 문제해결을 위한 토의(the problem solving discussion), 예측을 위한 토의(the predicting discussion)로 분류하기도 한다. 수업 목적은 대개 학습 내용을 중심으로 구분하므로 교실 수업에 토의 · 토론을 적용하기 위한 분류에서는 내용 중심으로 하는 것이 바람직하다. '보고를 위한 토의'는 정보와 지식의 확인과 공유, '설명을 위한 토의'도 결국은 지식 습득에 중점을 두므로 '지식 습득을 위한 모형'으로 범주화할 수 있다. '정책에 대한 토의', '문제해결을 위한 토의', '예측을 위한 토의'는 모두 '의사결정을 위한 모형'으로 종합하여 범주화할 수 있다.

4) 토의 · 토론 수업의 효과 및 의의

토의 · 토론 수업의 효과 및 의의를 살펴보면 <표 9−2>와 같다(김은주, 2017).

첫째, 고차적 사고력 신장이다. 토의 · 토론 수업은 지식을 강제로 주입하는 것이 아니라, 학습자 개개인의 경험과 사고작용을 최대한 활용하여 자발적으로 지식을 획득하고 융합하는 방법을 배우도록 한다(Brookfield & Preskill, 2005). 탐구 능력, 비판적 사고력, 창의적 문제해결 능력을 신장할 수 있으며, 고차적 사고력 향상에 긍정적 영향을 미친다.

둘째, 합리적인 의사소통 과정이다. 토의 · 토론 과정에서는 일방적으로 자신의 의견을 주장하는 것이 아니라 상대방의 의견을 존중하면서 합리적이고 논리적으로 의견을 나누고 논쟁을 하게 되며, 이때 학습자들은 자신의 견해를 조리 있고 논리 정연하게 말하는 경험을 하게 된다(정숙희, 2014). 이러한 합리적인 의사소통 과정의 체험을 통해 열린 사고 과정, 민주적 의사소통 능력을 신장할 수 있다.

셋째, 학습 태도 면에서 적극적, 자발적 학습활동 참여이다. 토의 · 토론 기반의 수업에서는 교사와 학습자, 학습자와 학습자 간의 상호작용이 지속적으로 이루어지고, 개별 학습자들은 공동 사고 과정에 참여하게 되어서 학습에 몰입하게 된다. 따라서 토의 · 토론 수업은 학습 참여도 향상과 자발적이고 열정적인 학습 태도의 신장에 기여한다.

넷째, 적극적인 참여와 선의의 경쟁 구도 형성이다(정숙희, 2014). 이는 협력적 배움의

습관, 지적 명쾌함을 경험하게 하고(Brookfield & Preskill, 2005), 학습 의욕과 흥미, 학습 동기 측면에 긍정적인 영향을 줄 수 있다(박수환, 2017).

다섯째, 사회적 관계 측면이다. 학습자들은 토의 · 토론 수업을 통해 타인에 대한 배려와 존중, 협력과 참여, 도덕적 판단력 등을 함양할 수 있다. 토의 · 토론 수업의 학습 조직은 교사와 학습자 전체, 학습자와 학습자의 소집단 등으로 구분되며, 이들 학습 조직 간에 꾸준한 상호작용이 진행된다. 토의 · 토론의 협력적 관계는 학습자들의 사회적 관계 형성에 요구되는 판단력을 향상시킬 수 있다.

표 9-2 **토의 · 토론 수업의 효과 및 의의**

연구자	효과 및 의의
박수환 (2017)	• 문제해결 능력, 학습 의욕과 흥미 · 동기부여 · 학습 태도, 의사소통 능력, 수학적 추론 능력 향상
곽재호, 이경화 (2017)	• 창의적 문제해결력(유창성, 융통성, 타당성, 독창성, 정교성) 향상에 도움
구정화 (2007)	• 사고력 영역: 도덕적 판단력, 탐구 능력, 비판적 사고력, 창의성, 문제해결력, 가치탐구력 • 가치영역: 관용, 가치관 • 사회적 영역: 참여, 사회성 • 인지적 기능: 개념형성, 지식이해 • 학습자 중심 수업의 가능성
박삼렬 (2012)	• 비판적 사고력 • 의사소통 능력 • 글쓰기 능력 • 지식 통합 능력 • 비판적 듣기 능력 • 민주적 의사 과정과 절차 존중 소양 • 공동체에 대한 이해와 관심
정선영, 최현정 (2015)	• 토론 능력 중 비판적 사고 능력과 듣기 능력, 문제해결 능력의 문제규정, 대안산출 능력 • 사회적 문제해결 능력
정숙희 (2014)	• 학습 태도 - 자발적이고 열정적인 학습 태도 - 토의와 토론 능력 및 발표력 향상 - 자신감과 자존감 상승 - 사회성 발달 등 • 학습 동기 - 적극적 참여로 학습 동기 유발 - 선의의 경쟁 구도
한승욱 (2011)	• 의사소통 기술 함양, 분석적 종합적인 사고력 향상, 민주적 시민의식과 리더십 형성, 교사-학생 · 학생-학생의 상호작용이 일어나는 수업, 인성교육적 의의, 학생 및 학부모의 도덕적 가치 판단 능력 인식 변화

Brookfield & Preskill (2005)	• 다양한 관점의 경험 • 가설의 확인과 탐색 • 차이에 대한 새로운 이해 • 개인과 지식의 연결 • 민주적 과정을 배우고 태도를 익힘 • 아이디어와 의미의 의사소통 능력 향상 • 종합과 융합 능력을 향상시킴	• 애매하고 복잡한 것에 대한 관용 • 주의 깊고 겸손한 경청 • 지적인 명쾌함 • 학습자의 말과 경험을 존중 • 지식의 공동창조자 • 공감력의 향상 • 변혁하는 능력 향상

출처: 김은주(2017)

5) 토의 · 토론 수업의 어려움 또는 장애 요인

토의 · 토론은 효과적인 교수 · 학습 방법 중 하나이지만 현장에서 적용하기에는 여러 가지 어려움이나 장애 요인이 있다. 준비 단계에서는 토의 · 토론 수업에 대한 교사의 경험 및 노하우 부족, 실행 단계에서는 무임승차를 하거나 무기력한 학습자에 대한 지도 문제, 정리 단계에서는 토의 · 토론 수업 주제와 교과내용을 연계하여 결론 내리기 등에서 어려움이 있다(박주현 외, 2015). 또한 토의 · 토론 수업에서 직면하게 되는 장애 요인을 교사 요인, 학습자 요인, 학교 및 외부 요인으로 구분할 수 있다. 이를 세분화하면 학습자들의 인식, 논리적 사고 능력, 자료 탐색 능력 및 합의도출 능력 부족, 토론 능력 및 참여 준비에 대한 어려움, 교사들의 토의 · 토론 수업의 사전 준비 단계에 대한 부담, 학습 내용 정리와 성적 처리 과정에 필요한 평가에 대한 부담감의 호소 등이 있다(김환진, 2009).

토의 · 토론 수업의 어려움 또는 장애 요인은 <표 9-3>과 같다.

표 9-3 토의 · 토론 수업의 어려움 또는 장애 요인

연구자	어려움 또는 장애 요인
김미선 (2016)	• 수업 준비의 미비, 전공 관련 내용에 대한 심도 있는 토의 · 토론 활동의 부족, 참여의 질적인 문제, 결과 정리
김환진 (2009)	• 사회과 교사들의 토론 수업의 장애 요인: 교사 요인, 학교 및 외부 요인, 학습자 요인으로 구분 • 학습자 요인을 가장 높게 인식, 논리적 사고 능력, 자료 탐색 능력, 합의도출 능력 부족
정숙희 (2014)	• 동료 간의 갈등 발생 해결 과정이 학습에 미치는 부정적 영향 • 조원들의 성향과 학습의지 • 지나친 친밀감으로 인해 학습에 부정적 효과 • 무임승차자, 개별과제에 대한 부담감 등으로 학습 의욕 저하

박주현, 서영진, 이동엽, 강대현 (2015)	※ 토론 · 협력 학습 실행 단계별 어려움 • 토론 · 협력 학습에 대한 교사의 경험 및 노하우의 부족 • 무임승차를 하거나 무기력한 학습자에 대한 지도 • 토론 · 협력 학습 주제와 교과내용 연계하여 결론 내리기
Wade (1994)	• 토의 · 토론 수업의 활성화에 영향을 미치는 요인으로 학습자 요인 강조, 학습자들이 교사와 동료 학습자들에게 자신의 의견이 적절하지 않은 것으로 비칠 것에 대한 두려움이 수업 활성화에 영향을 미치는 것으로 판단
Goodwin (2003)	• 학습자들의 토론수업 경험, 경쟁적 의사소통을 선호하지 않는 성향, 적대적인 성향

출처: 김은주(2017)

2. 토의 · 토론 수업 모형의 이해

1) 토의 · 토론 수업 모형의 개념

일반적인 토의 · 토론 수업의 적용 모델은 준비 단계, 주제 부여 단계, 역할 분담 단계, 모형 적용 단계, 발표 및 평가 단계의 5단계 모델이다(정문성 외, 2003).

첫째, 준비 단계는 수업 계획과 수업 환경을 준비하는 단계이다. 둘째, 주제 부여 단계는 수업 목적에 적합한 토의 · 토론 주제를 부여하는 단계이다. 셋째, 역할 분담 단계는 모든 참여자가 토의 · 토론에 참여하도록 구조화하는 단계이다. 넷째, 모형 적용 단계는 수업 목적에 맞게 다양한 토의 · 토론 모형을 적용하는 단계이다. 다섯째, 발표 및 평가 단계는 토의 · 토론의 결과를 발표 및 평가하는 단계이다.

각 단계를 보다 구체적으로 소개하면 다음 [그림 9－1]과 같다.

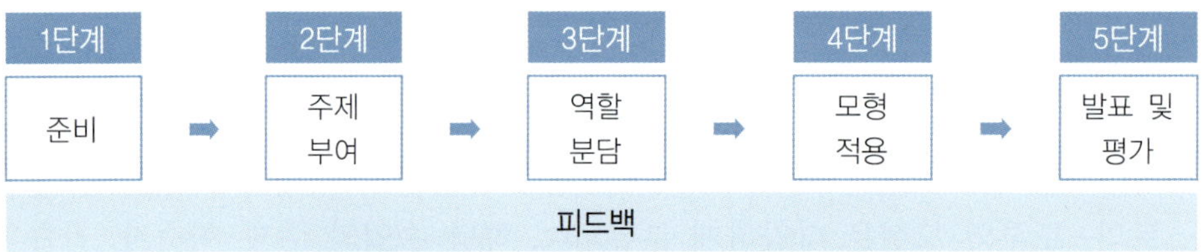

그림 9-1 토의 · 토론 수업의 적용 단계

출처: 정문성 외(2003)

첫째, 준비 단계는 수업 계획과 수업 환경을 준비하는 단계이다. 준비 단계에서는 토의·토론을 하기 위한 기초적 환경을 확인한다. 우선 토의·토론을 수업 전체에 운영할지, 일부에 운영할지를 결정한다. 다음은 토의·토론 집단 규모를 대집단, 소집단 중 어떻게 정할지 결정하고, 집단의 규모도 결정한다. 마지막으로 집단 구성 특성을 이질적 혹은 동질적으로 할 것인지를 결정한다.

둘째, 주제 부여 단계는 수업 목적에 적합한 토의·토론 주제를 부여하는 단계이다. 주제 부여 단계에서 주제는 아이디어 개발, 의사 결정, 쟁점 분석, 지식 습득을 위한 경우에 따라 다양하게 주어진다. 교사는 수업 목적에 따라 해당 과제를 제시하되, 교사가 큰 주제만 제시하고 학습자 스스로가 소주제를 선택할 수도 있다.

셋째, 역할 분담 단계는 모든 참여자가 토의·토론에 참여하도록 구조화하는 단계이다. 역할 분담 단계에서는 모든 학습자가 함께 참여하는 토의·토론이 되도록 구조적으로 참여할 수밖에 없는 역할을 부여하는 것이 바람직하다. 역할은 활동별 혹은 과제 내용별로 줄 수도 있다.

<표 9-4>는 구성원의 역할 부여 사례를 구분하고 있다.

표 9-4 구성원 역할 부여 사례

동작지킴이(Noise Monitor)	조용히 움직이도록 책임진다.
차례지킴이(Turn-Taking Monitor)	구성원이 차례로 활동하도록 책임진다.
기록이(Recorder)	모둠 활동의 기록을 담당한다.
세우미(Encourager)	구성원의 참여를 격려한다.
바로잡음이(Accuracy Coach)	모둠의 활동 중 잘못된 부분을 바로잡는다.
점검이(Checker of Understand)	구성원 모두가 목표를 달성했는지 점검한다.
비판이(Criticizer of Idea)	아이디어를 비판하는 역할을 담당한다.
다름이(Differentiator)	다른 아이디어와 차이를 비교해 준다.

출처: 정문성 외(2003)

넷째, 모형 적용 단계는 수업 목적에 맞게 다양한 토의·토론 모형을 적용하는 단계이다. 토의·토론의 모형은 다양하게 분류되며, 해당 수업의 주제, 학습자, 학습 여건 등을 고려하여 적합한 모형을 검토 후 적용하는 것이 바람직하다.

다섯째, 발표 및 평가 단계는 토의·토론의 결과를 발표 및 평가하는 단계이다. 토의·토론의 결과에 대해 소집단 내에서 마무리하거나, 전체에서 발표하는 것도 가능하다.

소집단 내에서 마무리할 경우 반드시 결과물을 제출하도록 한다. 토의 · 토론 후에는 학습자 스스로 자체 평가를 하는 것을 통해 자신이 배운 것에 대한 평가와 토의 · 토론의 성과를 확인하는 것을 통해 수업 목표를 달성할 수 있기 때문이다. 또한 평가 능력을 기르는 것도 교육의 핵심 목표이다.

토의 · 토론의 평가지는 다음 <표 9－5>와 같다(정문성, 2016).

표 9-5 토의 · 토론 평가표(예시)

전체적 진행에 대한 평가	상	중	하
• 주체가 수업 목적에 적합했는가? • 주제가 정확하게 제시되고 이해되었는가? • 용어들이 정확하게 정의되었는가? • 토의 · 토론자들이 적극적으로 참여하였는가? • 흥미로운 수업이 되었는가? • 중요한 문제들이 다 다루어졌는가? • 시간을 투자한 가치가 있었는가?			

사회자에 대한 평가	상	중	하
• 참여를 극대화시키도록 유도하였는가? • 우왕좌왕하지 않고 토의 · 토론을 잘 끌고 갔는가? • 공평하게 진행하였는가? • 시간 관리를 잘 하였는가? • 중립을 지켰는가? • 중요한 요점들을 필요시 잘 요약하였는가? • 주제에서 벗어나지 않도록 통제를 하였는가?			

토의 · 토론자들에 대한 평가	상	중	하
• 정확하고 알아듣기 쉬운 목소리였는가? • 생각을 잘 정리하여 발표했는가? • 잘 경청하였는가? • 토의 · 토론의 규칙을 잘 지켰는가? • 감정에 치우치지 않았는가? • 상대에 대한 예의를 지켰는가? • 창의성을 발휘했는가? • 정직했는가?			

출처: 정문성(2016)

2) 토의 · 토론 수업의 분류

다양한 토의 · 토론 모형의 목적에 따른 분류는 <표 9-6>과 같다.

표 9-6 토의 · 토론 모형의 목적에 따른 분류

분류	모형
아이디어 개발	브레인스토밍 토의, 브레인라이팅 토의, 돌아가며 발표하기 토의
의사 결정	만장일치 토의 · 토론, 복수선택 및 질적 의사결정 토의, 피라미드 토의 · 토론
쟁점 분석	대립 토의 · 토론, 찬반 협동 토의 · 토론, 신호등 토론
지식 습득	배심 토의 · 토론, 직소우 토의, 둘 가고 둘 남기 토의

출처: 정문성 외(2003)

3. 토의 · 토론 수업 모형의 적용

1) 아이디어 개발

(1) 브레인스토밍(Brainstorming) 토의

브레인스토밍은 Osborn(1963)이 광고 아이디어를 제안하기 위해 고안한 토의 방식이다. 아이디어 발상과 평가를 철저히 분리해 아이디어의 질과 관계없이 자유롭게 최대한 많은 아이디어를 생성시키는 목적으로 한다. 소수의 사람들이 편안하고 자유롭고 우호적인 분위기 속에서 제멋대로 아이디어를 제안하면서 일종의 지적 흥분 상태를 유도하고, 아이디어의 연쇄반응을 이끌어 내어 창의적이고 다양한 아이디어를 만들어 내기 위해 사용한다.

브레인스토밍(Brainstorming) 토의 방법은 다음과 같다.

첫째, 집단(집단 규모는 마이크 없이 서로 소통할 수 있을 정도면 상관은 없으나 가능하다면 20명을 넘지 않는 것이 바람직하다)을 구성한 후 각 집단의 리더와 기록자를 정한다.

둘째, 모두가 보이는 공간에 화이트보드 배치 또는 전지를 붙이고, 소집단일 경우 모두가 볼 수 있게 아이디어를 적을 곳을 마련한다.

셋째, 리더가 주제를 제시하고, 다음과 같은 브레인스토밍의 원칙을 알려준다(정문성, 2004).

- 비판금지: 어떤 제안에 대해서도 평가를 해서는 안 된다.
- 자유분방: 엉뚱하거나 비현실적인 아이디어라 할지라도 모두 환영한다.
- 수량추구: 아이디어는 많으면 많을수록 좋다.
- 결합개선: 타인의 아이디어에 편승하여 새로운 아이디어로 발전시키는 것을 환영한다.

넷째, 기록자는 구성원들의 아이디어가 나오면 모두가 볼 수 있도록 적어나간다.

다섯째, 충분한 아이디어가 나왔다면 휴식을 취한다.

여섯째, 다시 모여서 나온 아이디어들을 분류하고, 최종 아이디어를 결정하고 나면 다음 활동으로 넘어간다.

(2) 브레인라이팅(Brainwriting) 토의

브레인스토밍의 변형 방식으로 주어진 문제에 대하여 학습자가 자신의 의견들을 직접 카드(포스트잇)에 작성해 제출하게 하고, 교수자가 이를 수집한 후 게시판에 부착해 정리하는 의견 발표 또는 아이디어 수집 방법이다. 자신의 생각을 직접 써서 작성해야 하므로 브레인스토밍보다 정리된 아이디어가 나오며, 작성한 카드를 중심으로 활동하게 되어 참여자의 주의 집중력이 유지된다.

브레인라이팅(Brainwriting) 토의 방법은 다음과 같다.

첫째, 4~6명의 소집단을 구성한 후 전지와 포스트잇(1인당 5매 정도)과 펜을 제공한다.

둘째, 교수자가 질문이나 문제를 제공한다.

셋째, 학습자는 포스트잇 한 장마다 한 가지 용어나 의견만 작성한다.

넷째, 학습자가 작성한 포스트잇들을 임의로 붙여 놓은 후 같은 종류로 분류한다.

다섯째, 분류된 포스트잇을 대표할 만한 상위 제목을 구상한 후 적어서 위에 붙인다.

여섯째, 소집단별로 발표한다.

(3) 돌아가며 발표하기(Round Robin) 토의

전체 집단의 의견을 소집단을 활용하여 모으는 토의 방식이다. 돌아가며 발표하기는 브레인스토밍과 비슷하나 좀 더 구조화되어 있어 자연스럽게 전체 의견이 정리되는 특

성을 가진다.

돌아가며 발표하기(Round Robin) 토의 방법은 다음과 같다.

첫째, 4~6명의 소집단을 구성한 후 소집단마다 1장의 종이와 필기구를 준다.

둘째, 소집단 구성원들은 차례대로 1번부터 고유 번호를 갖는다.

셋째, 교수자가 질문이나 문제를 던진다.

넷째, 소집단 구성원은 번호순서에 따라 자신의 아이디어를 소집단 종이에 돌아가면서 한 개씩만 적는다.

다섯째, 구성원이 새로운 아이디어가 없다면 통과해도 된다.

여섯째, 일정 시간이 경과했거나 더 이상 새로운 아이디어가 추가되지 않을 경우 교수자는 중단시킨다.

일곱째, 소집단별 발표를 진행하는데 첫 조의 1번이 자신의 소집단에서 기록된 아이디어를 순서대로 한 개만 발표한다.

여덟째, 다음 2조의 1번이 같은 방식으로 발표하되 다른 조에서 이미 발표된 내용이 있으면 다른 내용을 발표해야 한다.

아홉째, 각 조의 1번이 모두 발표한 후에는 각 조의 2번이 발표한다.

열째, 더 이상 발표 내용이 없는 조는 발표 기회를 다음 조로 넘긴다.

열한째, 이러한 방식으로 모든 아이디어가 발표될 때까지 진행한다.

2) 의사 결정

(1) 만장일치 토의 · 토론

만장일치 토의 · 토론은 Kagan(1994)이 개발한 방식으로 참여자 모두가 찬성해야만 결론이 나는 방식이다. 참여자 개개인이 거부권 행사가 가능한 모형이므로 모두 참여하게 되며, 서로를 설득하는 과정을 통해 의견을 하나로 모으도록 유도한다.

만장일치 토의 · 토론 방법은 다음과 같다.

첫째, 4~6명의 소집단을 구성한 후 리더와 기록자를 결정한다.

둘째, 교수자는 문제와 의사결정지를 제공하는데, 의사결정지는 정답이 있는 문제로 구성해야 하며 정답은 서열로 표현되어야 한다.

셋째, 시간을 정한 뒤 시간 내에 소집단의 의사를 만장일치로 결정하도록 한다.

넷째, 정해진 시간이 완료되면 정답을 발표한다.

다섯째, 소집단별 점수는 정답 순위에서 벗어난 정도(|정답 - 소집단의 답|)를 합한 것이며, 종합 점수가 가장 적은 집단이 이긴다.

(2) 복수선택 및 질적 의사결정 토의

다수결에 의한 의사결정은 다수의 횡포뿐만 아니라 개인 의견이 충분히 반영되지 못한다는 단점이 존재한다. 이를 보완하기 위한 방안으로 대안 중에 다수를 선택한 후 각각에 대해 질적으로 선택할 수 있도록 한 의사결정 모형이다.

복수선택 및 질적 의사결정 토의 방법은 다음과 같다.

첫째, 4~6명의 소집단을 구성한 후 리더와 기록자를 결정한다.

둘째, 교수자는 문제를 제시한 후 소집단별로 대안 8개를 만들도록 하며, 대안의 제시자가 그 이유를 설명하게 한다.

셋째, 대안 8개 중 한 사람이 3개를 선택한 후 각각에 대해 가중치(예를 들면 별 3개, 2개, 1개)를 두게 하여 투표한다.

넷째, 기록자는 이 대안이 받은 별표의 개수를 계산한 후 최종적으로 가장 많이 별표를 획득한 대안을 소집단의 의사로 결정한다.

다섯째, 각 소집단은 자기 집단의 의사결정 내용을 발표한다.

(3) 피라미드(Pyramid) 토의 · 토론

논의 주제에 대해 먼저 1:1로 상대방과 토의 · 토론을 통해 합의를 이루게 한 후 다시 2:2로 확장하여 토의 · 토론을 거치게 하여 합의를 이루어 나가는 방법이며, 결국 전체가 합의를 이루는 방식이다. 각 팀은 리더 한 명과 나머지 참모로 구성하고, 찬성 팀과 반대 팀의 리더는 서로 마주 앉아 토론을 진행하고 나머지 참모들은 리더 뒤에 배석하여 참모 역할로 돕지만 토론에 직접 나설 수는 없다.

피라미드 토의 · 토론 방법은 다음과 같다.

첫째, 교수자가 주제를 준 후 대안 5개를 적게 한다.

둘째, 5개의 대안을 가진 학습자들끼리 짝을 이루어서 서로의 대안 10개를 완성하고, 토의 · 토론을 거쳐 5개의 대안으로 줄여나간다.

셋째, 그 후 각 2명의 집단은 다른 2명의 집단과 모여서 2:2로 토의 · 토론을 진행한다. 이때도 대안 10개를 제시하고 토의 · 토론을 통해 5개로 줄여나간다.

넷째, 이런 식으로 전체가 두 집단으로 나누어진 후 마지막으로 5개의 대안을 만들어 낸다.

3) 쟁점 분석

(1) 대립 토의 · 토론

대립 토의 · 토론은 논의 주제에 대해 찬성과 반대 팀으로 나누어서 팀 내에서는 토의를 하고, 팀 간에는 토론을 해서 배심원이 판결하는 방식의 모형이다. 이때 배심원은 주제 내용보다 팀별 토론의 우위에 초점을 두고 평가한다. 찬성과 반대팀은 서로 적대적 관계 형성의 가능성이 높기 때문에 토론이 과열되지 않도록 주의해야 하며, 상대방에 대한 인격 모독, 규칙 불이행 시에는 감점을 주어야 한다. 배심원은 반드시 판결문을 낭독한 후 승패를 판결해야 한다.

대립 토의 · 토론 방법은 다음과 같다.

첫째, 찬성 팀, 반대 팀, 배심원 팀으로 3개의 소집단을 구성한다. 각 팀은 6명이 넘지 않도록 해야 한다.

둘째, 학습자 수가 많으면 3개의 소집단을 한 묶음으로 구성해서 여러 개 묶음이 동시에 진행되도록 한다.

셋째, 교수자는 다음과 같은 규칙을 제시한다(정문성, 2004).

- 배심원 리더는 작전타임 시간 동안 나머지 배심원들과 의논을 통해 각 팀에 대한 평가를 논의한다.
- 토론 중 상대를 모욕하는 발언과 태도 시에는 배심원 리더가 제재를 가하도록 하고, 배심원의 판결 시 고려하도록 한다.
- 토론 종료 시에 배심원은 반드시 판결문을 낭독한 후 승패를 선포한다.

넷째, 교수자가 주제를 제시한 후 5분간 작전타임을 준다. 이때 각 팀은 리더를 중심으로 주장 내용을 재논의한다.

다섯째, 5분 후 제비뽑기를 통해 먼저 발표할 팀을 결정하고, 그 팀이 3분 동안 발표한다.

여섯째, 이어서 다른 팀이 3분 동안 발표한다.

일곱째, 발표가 끝난 후 또다시 5분간 작전타임을 준다. 이때 각 팀은 리더를 중심으로 앞으로 진행될 질의응답에 대비한 작전을 준비한다.

여덟째, 5분 후 순서를 바꾸어 3분간 질의와 응답을 진행한다.

아홉째, 다시 5분간 작전타임을 준다. 이때 각 팀은 리더를 중심으로 앞으로 진행될 마지막 최후 주장을 논의한다.

열째, 5분 후 순서를 바꾸어 3분간 최후 주장을 번갈아 발표한다.

열한째, 3분 후 배심원 리더가 판결문을 낭독한 후 승자를 결정한다.

(2) 찬반 협동(pro-con cooperative group) 토의 · 토론

Johnson과 Johnson(1994)이 개발한 찬반 협동 토의 · 토론 모형은 논쟁 과정에서 일어나는 심리적이고 논리적인 내용을 중요시한다.

첫째, 개인이 어떤 문제에 직면할 시점의 제한된 경험, 불안정한 정보, 자신의 관점에 근거하여 최초의 가설적인 결론을 내린다.

둘째, 개인이 자신의 견해를 주장하고 그 근거를 제시하는 과정에서 자신의 입장에 대해 이해하게 된다. 하지만 타인의 경험, 정보, 관점에 근거한 다른 결론들을 접하는 과정에서 자신의 주장에 대한 회의를 품게 되고 개념 갈등과 불평형 상태를 경험하게 된다.

셋째, 개념 갈등, 불평형이 가진 불확실성을 해결하기 위해서 보다 새로운 경험, 많은 정보, 적절한 관점에 근거한 정확한 추론을 추구하는 과정에서 확산적 사고를 자극하게 한다.

넷째, 개인은 새로운 지식을 얻는 과정을 통해 새롭고 재개념화하고 재구성화된 결론을 완성하게 된다.

찬반 협동 토의 · 토론 방법은 다음과 같다.

첫째, 소집단(2 + 2 = 4명)을 구성한다.

둘째, 소집단 안에 2명씩으로 미니집단을 구성한다.

셋째, 교수자가 주제를 제시하면 각 소집단은 찬성과 반대의 미니 집단으로 역할을 분담한다.

넷째, 교수자 지시에 따라 3분 동안 각각의 미니 집단은 주어진 역할 입장에서 정당화 근거를 논의한다.

다섯째, 다음 3분 동안 각 미니 집단은 서로 찬성의견과 반대의견을 소집단 내에서 발표한다.

여섯째, 다음 3분 동안 각 미니 집단은 상대의 발표에 대해서 조언을 해준다.

일곱째, 다음 3분간 각 소집단은 미니 집단이 제시한 근거들에 대해 검토 후 소집단의 의견을 결정한다.

여덟째, 전체 앞에서 소집단의 의견을 발표한다.

(3) 신호등(traffic sign) 토론

교수자가 논의 주제를 제시하면 학습자들이 각자 소지하고 있던 파란색(찬성), 노란색(중립), 빨간색(반대) 표지판을 드는 방식으로 자신의 견해를 표현하고, 교수자가 지정하는 학습자가 그 이유를 설명하도록 해서 토론하는 모형이다. 각 주장에 대한 근거를 분석하는 데 유용한 방법이다.

신호등 토론 방법은 다음과 같다.

첫째, 소집단, 대집단 모두 가능하다. 모든 학습자들에게 3개의 표지판을 제공한다.

둘째, 리더가 질문이나 대안을 제시하면 학습자는 모두 표지판을 들어 자신의 견해를 제시한다.

셋째, 리더는 임의의 사람을 지적한 후 그 이유를 듣는다.

4) 지식 습득

(1) 배심(panel) 토의 · 토론 모형

배심 토의 · 토론 모형은 해당 분야의 전문가 혹은 권위자로 구성된 4~6명의 배심원들이 모여서 청중 앞에서 논의 주제에 대한 토의 · 토론을 진행하는 모형이다. 수업에 활용 시 학습자 중 자청한 사람 혹은 교수자가 4~6명의 패널을 지정한 후 이들에게 특정 주제에 대해 토의 · 토론을 준비시킨 후 토의 · 토론을 수행하게 한다. 이때 다른 학습자는 이들의 토의 · 토론을 지켜보도록 하며, 사회자 재량으로 간단한 질문과 의견을

제시할 수 있으나 토의 · 토론에 참여하는 것은 매우 제한된다.

배심(panel) 토의 · 토론 방법은 다음과 같다.

첫째, 패널을 4~6명 정도 선정한 후 정해진 주제에 대해서 토의 · 토론을 준비하게 한다.

둘째, 교수자가 사회를 보거나 다른 사회자를 정해도 된다.

셋째, 교수자는 하부 주제를 순서대로 제시하는 것을 통해 패널의 주장을 유도한다.

넷째, 각 하부 주제의 토의 · 토론 마지막에 학습자들에게 잠시 질문, 의견을 듣는 시간도 갖는다.

다섯째, 토의 · 토론을 마무리할 때 토의 · 토론에서 결정된 의미나 결과를 확인해 준다.

(2) 직소우(Jigsaw) 토의

직소우 토의 모형은 진행 방식이 조각그림 맞추기(Jigsaw puzzle)와 같다고 해서 정해진 이름이다. Aronson 외(1978)가 개발한 직소우 토의 모형은 모집단이 모여 과제를 분담하며, 특정 과제를 분담 받은 전문가들이 따로 전문가 집단으로 모여 토의 · 토론을 통한 학습을 한 후 다시 원래의 모집단으로 복귀해 전문가로서 자신이 맡은 과제 해결의 결과를 동료들에게 가르치는 방식을 적용하여 구조적으로 동료와 토의 · 토론을 하지 않을 수 없게 만든 모형이다.

직소우 토의의 방법은 다음과 같다.

첫째, 소집단(4~6명)을 구성한다.

둘째, 교수자가 소집단 수만큼 나눌 수 있는 과제를 준 후 소집단 안에서 이 과제를 분담한다.

셋째, 한 집단에서 A과제를 맡은 전문가는 다른 집단에서 A를 맡은 전문가와 별도의 소집단을 구성한다. 모집단의 전문가들이 동시에 흩어져서 다른 조의 전문가들과 만나 집단 토의 · 토론을 하게 된다.

넷째, 전문가 집단의 토의 · 토론이 끝난 후 다시 모집단으로 돌아와 토의 · 토론의 결과를 동료들에게 나누어 준다.

(3) 둘 가고 둘 남기 토의

둘 가고 둘 남기 토의 모형은 소집단별로 토의 · 토론을 한 후 그 결과를 전체가 공유하는 것을 목적으로 사용하는 간단한 방식이다. 2명이 소집단에 남아서 다른 소집단에서 온 방문자 2명에게 설명하고 다른 2명은 다른 소집단에 가서 정보를 얻어 오는 방식이며, 소집단 규모에 따라 1명이 가고 3명이 남거나 3명이 가고 1명이 남는 등 여러 가지 방식을 사용할 수 있다(Kagan, 1994). 둘 가고 둘 남기 토의 방법은 다음과 같다.

첫째, 소집단(4~6명)을 구성한다.

둘째, 소집단별로 토의 · 토론을 한 후 그 결과를 기록한다.

셋째, 각 소집단이 4명으로 구성되었을 경우 2명은 그 자리에 남고, 2명은 종이와 펜을 가지고 정해진 방향으로 옆에 있는 다른 소집단을 방문한다.

넷째, 그 소집단에서도 동시에 2명이 다른 소집단으로 갔기 때문에 2자리가 비어 있어 그 자리를 채우게 된다.

다섯째, 자신의 집단에 이웃 집단의 2명이 오게 되면 한 사람은 환영인사를 하고, 나머지 한 사람은 자신의 집단에서 완성된 토의 · 토론 결과에 대해 설명한다. 이때 방문한 2명은 새롭게 얻게 된 정보들을 메모한다.

여섯째, 교수자의 지시에 따라 같은 방향으로 또 한 번 이동한다. 이렇게 몇 차례 이동을 진행하면서 정보를 수집한다.

일곱째, 교수자의 지시에 따라 자신의 소집단으로 복귀해서 새롭게 얻은 정보를 추가해서 소집단의 토의 · 토론 보고서를 완성하여 제출한다.

4. 토의 · 토론 수업에서 교사의 역할

첫째, 관리자(manager)의 역할이다. 교사는 계획에서부터 정리 시까지 토의 · 토론이 잘 진행되도록 관리한다. 특히 학습자들에게 많은 것을 위임한 상황에서 관리가 되지 않으면 통제 불능의 상태가 될 가능성이 높다.

둘째, 안내자(guide)의 역할이다. 교사는 모둠을 결정하고, 토의 · 토론 종류를 결정하여 어떤 지위와 역할, 어떤 절차를 거쳐 진행하는지 충분히 안내한다.

셋째, 제안자(initiator)의 역할이다. 토의 · 토론 주제를 정할 때 수업 목표와 관련이 있어야 하고, 시의적절해야 하고, 학습자들 수준에 적합하며, 학습자들에게 납득이 되는 주제를 선정해야 한다.

넷째, 촉진자(facilitatior)의 역할이다. 학습자들이 토의 · 토론에 적극 참여할 수 있도록 격려하고, 교사가 토의 · 토론을 통제하면서도 학습자들이 자유롭고 자발적으로 활발한 토의 · 토론이 일어나도록 유도한다.

다섯째, 요약정리자(summarizer)의 역할이다. 토의 · 토론의 과정이 끝날 때 학습자들이 매우 혼란해할 경우 교사는 토의 · 토론에서의 논의 핵심과 쟁점들, 결론을 정리해 줄 필요가 있다. 토론의 결론이 학습자들의 성공적인 토의 · 토론 참여의 결과라는 점을 강조하여 학습자들에게 토의 · 토론에 대한 긍정적인 태도를 갖게 해야 한다.

여섯째, 평가자(judge)의 역할이다. 토의 · 토론의 과정과 결과에 대해 냉정하게 평가하되, 잘한 것과 잘못한 것을 분명히 지적하고, 개선 방향도 제시해야 한다.

5. 토의 · 토론 수업의 실제 - 교육(누리)과정 연계 다문화교육 수업 도움자료[1]

1) 교육(누리)과정 연계 다문화교육 수업의 개요

한국 사회는 외국인의 유입 및 다문화가정의 증가로 다양한 이주배경의 학생들이 지속적으로 늘어나고 있다. 이주배경 학생들의 증가는 각급 학교에서 이들의 학교적응 및 학습지원 등을 위한 학교 환경 조성과 모든 학생들의 다문화 감수성 함양을 위한 다문화교육을 요구하고 있다. 다문화교육은 민족, 인종, 언어, 종교 등 다양한 문화적 배경을 가진 집단이 공존하는 다문화사회로의 변화에 능동적으로 대응하기 위해 가져야 할 지식, 기능, 가치 등을 함양하고자 하는 교육으로 규정된다. 모든 학생의 다문화 감수성 함양을 위한 가장 효과적인 방법 중 하나는 학교 교육과정과 연계한 다문화교육이다. 교육부는 이를 위해 다문화교육 과정 및 방법 등을 연구하고, 그 결과를 보급 · 활용하기 위하여 다문화교육 연구학교를 지정 · 운영하고 있다.

1) 교육부(2020). 교육(누리)과정 연계 다문화교육 수업 도움자료 참조

2) 수업 도움자료 구성과 교수 · 학습 방안

「교육(누리)과정 연계 다문화교육 수업 운영 도움자료」는 다문화교육 연구학교의 연차별 연구과제 수행의 결과로 마련된 수업모델을 토대로 개발되었다. 또한 제11회 다문화교육 우수사례 공모전 교육자료 부문 수상작 일부도 활용하였다. 본 도움자료는 2020년 교육(누리)과정 연계 다문화교육 수업 도움자료 중 초등 5~6학년 학교급별 교육과정과 연계한 다문화 이해 교육 및 세계시민교육 주제의 교수 · 학습 과정안을 참고하였다.

다문화교육의 목표에 도달하기 위해 평등성, 반편견, 정체성, 다양성, 문화이해, 협력이라는 내용 요소에 중점을 두었다.

교수 · 학습상의 강조점은 다음과 같다.

첫째, 친숙한 사례를 통해 초등학생의 일상생활과 다문화현상의 관련성이 높다는 점을 제시함으로써 다문화현상에 대한 관심과 흥미를 가질 수 있도록 한다.

둘째, 다문화현상과 관련하여 초등학생 사이에 형성되어 있는 막연하고 부정적인 고정관념이나 선입견 등에 대한 반례와 정확한 정보를 활용하여 그것을 교정할 수 있도록 한다.

셋째, 다문화현상 관련 문제에 대한 해결책을 모색할 때 초등학생의 생활세계 내에서 접근 가능하고 실천 가능한 방안이 우선적으로 다루어질 수 있도록 한다.

교수 · 학습상의 유의점은 다음과 같다.

첫째, 이주배경을 가진 학습자를 차별하지 않고 학습자들이 능동적인 학습 주체로서 자연스럽게 학습에 참여할 수 있도록 동등한 기회를 제공한다.

둘째, 학습자들이 수업 과정에서 내놓는 여러 가지 아이디어나 활동 결과물에 대해 다양성 존중 측면에서 서로 이해하고 인정하는 태도를 취한다.

셋째, 수업 소재나 내용의 일부로 이주 배경을 가진 집단이나 타문화를 가진 집단을 다룰 때 그 집단이 동정심이나 호기심의 대상이 되지 않도록, 타자화되지 않도록 주의한다.

넷째, 다양한 교과, 혹은 비교과와 연계하여 학습하되 단지 교과나 활동의 다양성 확보를 위해 다문화교육 관련 목표나 내용이 훼손되지 않도록 주의한다.

3) 토의 · 토론 수업의 실제 수업계획안

(1) 토의수업

초등 5학년 국어

단원	3. 의견을 조정하며 토의해요(3-4/6)	학년	5
교육과정 성취기준	[6국01-02] 의견을 제시하고 함께 조정하며 토의한다.	교육과정 핵심역량	의사소통 역량
학습 주제	• 다문화 문제 사례 해결 방안 토의하기		
학습 목표	• 다문화 문제 사례에 대한 해결 방안을 토의해 볼 수 있다.		
학습 주안점	• 이 수업은 의견 조정의 필요성과 방법을 알고 토의 활동에 스스로 참여하는 것이 목적이다. 수업을 통해 학생들은 의견을 조정하는 과정에서 겪는 어려움을 근거로 제시하거나 토의 태도를 개선하는 등의 방법으로 해결해 나가는 능력을 배운다. 또한 책, 뉴스, 신문 따위의 매체로부터 선정한 자료의 특성에 따라 읽기 방법이 다름을 발견한다. 토의하며 의견을 조정하고 합리적인 문제해결 방안을 마련하는 과정에서 대인관계에 필요한 올바른 말하기 능력이 요구되는데, 이로써 타인을 배려하며 자신의 의견을 제시하는 능력을 기를 수 있다.		

다문화 교육 요소	평등성	반편견	정체성	다양성	문화이해	협력
				○	○	

학습단계 (분)	교수 · 학습 활동	※ 유의점 ☐ 학습 자료
도입 (5')	◎ 프랑스의 무슬림 식단 논란 뉴스 시청하기 ▪ 영상에서 발생하고 있는 문제 알아보기 ▪ 영상을 시청하며 우리 학교에 이런 문제가 생긴다면 어떻게 해야 할지 생각해 보기 ◎ 학습문제 확인하기 [학습 문제] 다문화 문제 사례에 대한 해결 방안을 토의해 봅시다. ◎ 활동 순서 확인하기 [활동 순서] 1. 의견 및 자료 마련하기 2. 의견 제시 및 결정하기 3. 토의 결과 정리하기	☐뉴스 영상 <출처> KBS뉴스 2015.09.24 - '프랑스, 무슬림 식단 제공 논란' http://mn.kbs.co.kr/news/view.do?ncd=3153457
주제 확인하기 (10')	◎ 토의 주제 분명히 하기 ▪ 무슬림 학생 급식 문제를 어떻게 해결할 수 있을까?	☐태블릿 pc ※ 자신이 찾은 자료(신문 기사, 책 등)를 어떻게 읽었는지 이야기하도록 한다. ※ 의견을 뒷받침할 내용을 기록해 가면서 읽도록 한다.
토의 · 토론 준비하기 (10')	◎ 의견 및 자료 마련하기 ▪ 자료에 따른 읽기 방법 비교하기 ▪ 자료에 따라 읽기 방법이 다른 까닭 생각하기	

	▪ 자료에 따른 읽기 방법을 활용해 의견을 뒷받침하는 내용을 찾아 정리하기 ▪ 책, 신문 기사, 인터넷, 텔레비전, 휴대 전화와 같은 여러 가지 매체에서 자료 찾기 ▪ 찾은 자료와 출처 쓰기 ▪ 알맞은 읽기 방법으로 자료 읽기	
토의·토론 하기 (7')	◎ 의견 제시 및 결정하기 ▪ 의견을 조정하는 절차 확인하기 의견 조정하는 절차 1. 문제 파악하기 2. 의견 실천에 필요한 조건 따지기 3. 결과 예측하기 4. 반응 살펴보기 ▪ 의견 제시하기 ▪ 문제를 해결하려고 마련한 의견을 뒷받침하는 근거와 함께 제시하기 ▪ 주제를 다시 확인하고 해결할 문제를 파악하기 ▪ 의견을 실천하려면 무엇이 필요한지 따지기 ▪ 의견을 실천할 때 어떤 문제가 일어날 수 있는지 생각하기 ▪ 조정한 의견에 대한 참여자들의 생각 들어보기	※ 근거를 설명하는 자료 가운데에서 유익한 정보를 담은 자료를 교실 알림판에 붙인다.
정리 및 평가하기 (3')	◎ 토의 결과 정리하기 ▪ 토의 절차와 결과 되짚기 ▪ 의견 조정 과정에서 사용한 자료 게시판에 붙이기 ◎ 토의 평가하기 ▪ 자기 평가하기 ◎ 문화의 다양성을 인정하며 배움 정리하기 ▪ 새로운 문화가 유입되고 이것이 기존의 문화와 갈등을 벌일 때, 어떻게 해결하는가는 다문화사회를 살아가는 데 매우 중요한 문제가 됨을 인식하기 ▪ 문화를 있는 그대로 존중하는 것과 서로 다른 문화가 갈등하지 않고 융화될 수 있도록 노력하는 것 모두가 필요한 과정이라는 것을 생각하기 ◎ 다음 시간 공부할 내용 알아보기	※ 단원 학습 시작할 때 세운 계획을 잘 실천했는지 수시로 확인하도록 한다.

평가	평가 기준			평가방법
	상	중	하	
	다양한 문화적 차이로 인해 발생하는 갈등을 인지하고 이에 대한 토의 과정에 자료를 마련하여 적극적으로 참여할 수 있다.	다양한 문화적 차이로 인해 발생하는 갈등을 인지하고 이에 대한 토의 과정에 참여할 수 있다.	다양한 문화적 차이로 인해 발생하는 갈등을 인지할 수 있다.	체크리스트 (상호평가, 자기평가)

(2) 토론수업

초등 5학년 **국어**

<table>
<tr><td>단원</td><td colspan="4">6. 타당성을 생각하며 토론해요</td><td>학년</td><td>5</td></tr>
<tr><td>교육과정 성취기준</td><td colspan="4">[6국01-03] 절차와 규칙을 지키고 근거를 제시하며 토론한다.</td><td>교육과정 핵심역량</td><td>의사소통 역량
공동체 역량</td></tr>
<tr><td>학습 주제</td><td colspan="6">• 토론의 절차와 방법을 지켜 난민 문제에 관해 토론하기</td></tr>
<tr><td>학습 목표</td><td colspan="6">• 토론의 절차와 방법을 지켜 난민 문제에 대해 토론할 수 있다.</td></tr>
<tr><td>학습 주안점</td><td colspan="6">• 급변하는 세계화 사회에서 학생들은 많은 사회적 이슈에 노출되어 있다. 이러한 여러 사회적 문제들을 간접적으로만 접하기보다는 보다 적극적으로 사회문제를 생각하고 능동적으로 자신의 의견과 생각을 이야기할 수 있는 의사소통 능력이 미래 사회에서는 꼭 필요하다고 생각한다. 따라서 이번 차시에는 여러 사회 문제들에 관심을 가지고 직접 관련 자료들을 찾아 합리적인 근거들로 이야기할 수 있는 능력(지식정보처리역량, 의사소통역량)을 기르며 이를 통해 사회의 다양성과 편견에 대해 생각해 보는 시간을 갖도록 구성하였다.</td></tr>
<tr><td rowspan="2">다문화 교육 요소</td><td>평등성</td><td>반편견</td><td>정체성</td><td>다양성</td><td>문화이해</td><td>협력</td></tr>
<tr><td></td><td>○</td><td></td><td>○</td><td></td><td>○</td></tr>
<tr><td>학습단계 (분)</td><td colspan="4">교수 · 학습활동</td><td colspan="2">※ 유의점
☐ 학습 자료</td></tr>
<tr><td>주제 확인하기 (5')</td><td colspan="4">◎ 동기유발
■ 난민 문제에 대해 이야기 나누기
- 난민의 처지와 우리가 지원을 해야 하는 이유를 간단히 나눈다.
- 난민 문제를 해결하는 다양한 방법이 있음을 주지하고 난민 문제에 대하여 토론해 볼 것을 안내한다.

◎ 학습문제 확인하기
[학습 문제] 토론의 절차와 방법을 지켜 난민 문제에 대해 토론해 봅시다.</td><td colspan="2">※ 요즘 우리 사회에서 이야기되고 있는 난민 문제에 대한 과제를 주어 미리 알아올 수 있도록 한다.</td></tr>
<tr><td>토론 준비하기 (25')</td><td colspan="4">◎ 활동 1 : 토론 준비하기
■ 찬성편과 반대편으로 나누어 각자의 토론 근거의 타당성을 살펴보고, 토론자들끼리의 토론을 준비하는 시간을 갖도록 한다.
■ 판정단은 토론자들의 토론을 판정할 판정 근거에 대해 의논하여 선정한다.</td><td colspan="2">※ 토론 주제가 다소 학생들에게 어려울 수 있으니 자료를 주어 미리 준비할 수 있도록 한다.
※ 판정단은 판정 근거를 바탕으로 토론을 객관적으로 판단할 수 있도록 한다.</td></tr>
<tr><td>토론하기 (40')</td><td colspan="4">◎ 활동 2 : 토론하기
■ 토의 규칙 안내하기
T. 사회자는 토론 주제 및 토론 규칙을 안내하여 봅시다.</td><td colspan="2"></td></tr>
</table>

	■ 찬성편 주장 펼치기 - 주장을 뒷받침하는 근거를 제시하며 찬성편의 주장을 펼친다. ■ 반대편 주장 펼치기 - 주장을 뒷받침하는 근거를 제시하며 반대편의 주장을 펼친다. ■ 반대편 반론 및 질문하기 - 반대편이 찬성편의 주장과 근거에 대하여 반론을 제기한다. - 찬성편이 이에 대하여 답변하고 반박하여 본다. ■ 찬성편 반론 및 질문하기 - 찬성편이 반대편의 주장과 근거에 대하여 반론을 제기하고 반박한다. - 반대편이 이에 대하여 답변하고 반박하여 봅시다. ■ 반대편 주장 다지기 - 반대편의 주장과 근거를 정리하여 주장을 분명히 한다. ■ 찬성편 주장 다지기 - 찬성편의 주장과 근거를 정리하여 주장을 분명히 한다. ■ 토론 판정하기 - 판정단은 작성한 판정표를 바탕으로 토론의 승패를 판정한다.	
정리하기 (10')	◎ 학습 정리 : 토론 나누기 T. 토론을 하고 난 뒤에 생각이 변화되었거나 더욱 확고해진 경우를 이야기하여 봅시다. - 토론 후에 자신의 생각이 변화되었거나 확고해진 까닭을 들어 포스트잇에 적고 모둠원끼리 의견을 나누어 본다. T. 난민의 인권이 실제 어떠한 상황에 놓여 있는지 동영상을 보고 이야기 나누어 봅시다. - 동영상 관람 후 난민의 인권에 대한 자신의 느낌을 이야기한다. ◎ 차시 예고 T. 다음 시간에는 우리 주변의 문제를 원탁 토론을 통하여 해결하여 보도록 하겠습니다.	※ 모둠끼리 의논하여 답을 적을 수 있도록 한다. □시리아 아동 난민 관련 동영상 <출처> 유니세프 유튜브 https://www.youtube.com/watch?v=_I1LwfC2dNc

평가	평가 기준			평가방법
	상	중	하	
	토론의 논제에 대하여 입장을 일관되게 유지하며 논리적 근거를 제시하며 토론할 수 있다.	토론의 논제에 대하여 입장을 일관되게 유지하며 토론할 수 있다.	토론의 논제에 대하여 자신의 의견을 간단하게 말할 수 있다.	관찰법 자기평가

4) 토의 · 토론 수업의 평가

첫째, 다양한 주제에 대한 이해도를 높이기 위해 토의 · 토론 방식의 접근을 통한 수업의 참여도와 완성도를 확보하는 것이 가능하다.

둘째, 다문화현상에 대한 막연하고 부정적인 고정관념이나 선입견 등에 대한 반례와 정확한 정보를 활용하여 그것을 교정하기 위한 학습 방법으로서 효과적이다.

셋째, 학습자 중심의 학습 설계가 용이하고, 능동적인 학습 주체로서 자연스럽게 학습에 참여할 수 있도록 동등한 기회를 제공한다.

넷째, 학습자들이 수업 과정에서 내놓는 여러 가지 아이디어나 활동 결과물에 대해 다양성 존중 측면에서 서로 이해하고 인정하는 학습 성과를 달성하는 데 유리하다.

다섯째, 다양한 교과, 혹은 비교과와 연계하여 추진하되 교과나 활동의 다양성 확보를 위해 다문화교육 관련 목표나 내용이 훼손되지 않는 선에서 운영한다면 효율적인 수업 방식으로 적합하다.

10
CHAPTER

문화예술 · 스토리텔링 수업

1. 문화예술교육
2. 스토리텔링교육
3. 문화예술 · 스토리텔링 수업 실제
   - 다문화 청소년 스토리텔링교육

1. 문화예술교육

1) 문화예술교육의 개념

한국에서 문화예술교육이 중요한 정책의제로 등장한 것은 2002년 '한국예술경영학회'에서 '문화예술교육진흥법안'을 준비하면서 시작되었다. 2004년 문화관광부와 교육인적자원부가 '문화예술교육 활성화 종합계획'을 정책비전으로 채택하면서 공식적으로 국가적 지원 정책으로 등장했다. 문화예술진흥법에서는 문화예술을 '문학, 미술, 음악, 무용, 연극, 영화, 연예, 국악, 사진, 건축, 어문 및 출판을 말한다.'[1]라고 정의하고 있다.

'문화예술교육지원법'에서는 문화예술, 문화산업, 문화재를 교육 내용이나 교육과정에 활용하는 것[2]을 문화예술교육이라고 정의한다. 문화예술교육의 개념은 최근에 생겨난 복합 명사로서 아직까지 학문적 차원에서보다는 예술교육, 문화교육, 문화예술교육이라고 혼재되어 사용되는 용어이다(김정선 외, 2007; 박은희, 2008; 황연주, 정연희, 2005). 따라서 문화예술교육과 문화교육, 문화예술교육과 예술교육은 서로 지향하는 목표나 내용들이 겹쳐 있음(임학순, 2006)을 알 수 있다. 따라서 이러한 문화예술교육이 지향하는 바는 서로 다른 분야와의 통합교육을 강조하며, 창의적 능력을 키우며, 문화적 · 예술적 차원에서 다양한 사람 또는 다른 세상과 소통하며, 삶을 풍요롭고 질적으로 향상(이동연, 2008; 정갑영, 2000)시키는 것이다. 결과적으로 문화예술교육은 예술교육과 문화교육의 특징과 목표를 모두 포함하고 있는 포괄적인 개념으로 사용될 수 있다.

2000년대부터 문화예술교육을 종전의 지식 중심 교육을 탈피한 대안적인 교육이념으로 제시하면서 사회의 위기와 불평등을 심화시킨 기존 교육시스템의 대안으로 문화예술교육이라는 새로운 교육 패러다임을 제시함으로써 불평등을 극복하고자 하였다(정선재, 2011). 새로운 대안 교육으로 등장한 문화예술교육은 '지식교육, 인성교육, 예체능교육의 균형발달에 이바지하는 새로운 교육체계'로 정의한다(김송아, 2010).

문화교육은 인간 및 사회에 대한 비판적 성찰을 바탕으로 개인과 사회의 소통을 통해 다양한 문화적 가치에 대한 이해를 향상시키는 것을 목표로 한다면, 예술교육은 예

1) 문화예술진흥법 제2조 제1항 제1호
2) 문화예술교육지원법 법률 제7774호 제2조 제1항

술의 본질인 미에 대한 체험과 표현을 통해 예술적 감성을 향상시키는 것을 목표로 한다(한국문화관광정책연구, 2004).

문화교육은 다양한 인종과 민족이 공존하며 살아가야 하는 다문화사회에서 상호이해와 소통에 필수적인 문화적 해득력(Cultural literacy)을 길러주는 교육을 의미한다. 삶의 양식, 즉 다양한 문화의 공존에서 발견되는 가치관, 관습, 의식, 태도 등의 차이를 문화적 다양성의 관점에서 바라보게 하며, 제3세계 이주민, 여성, 장애인, 성소수자 등 사회적 약자에 대한 차별이 존재하는 사회 속에서 함께 더불어 살아가기 위한 지혜와 감수성을 가르치는 교육이라고 볼 수 있다. 예술교육은 음악교육, 미술교육, 연극교육 등 개별 예술 장르들과 관련된 교육을 통칭하는 개념이다. 평생교육의 관점에서 예술을 통해 상상력을 발휘하고 창의력을 계발하며 예술적 감성을 북돋우는 예술교육의 중요성이 강조된다. 예술교육이란 개인이 창조적 예술 활동을 통한 자기 계발과 표현 활동을 통한 감정적 카타르시스를 경험하게 하는 것 외에도 예술의 역사와 개념에 대한 이해와 지식을 갖추게 하는 것을 통해 개인뿐 아니라 사회 전반의 예술적 경험과 인식, 공동체의 창의력, 의사소통 능력을 계발하는 것을 포함하는 것으로 볼 수 있다.

문화교육과 예술교육의 특징을 정리하면 다음 <표 10-1>과 같다.

표 10-1 문화교육과 예술교육의 특징

문화교육	예술교육
• 문화적 감성 함양 • 문화적 리터러시 활성화 • 교육과 문화의 차원에서 문화적 창조성 함양 • 다양한 영역(문화, 예술, 놀이 등)의 통합 • 간문화적(다문화적) 교육 • 삶의 질적 풍요로움 영위	• 미적(미학적)가치 함양 • 창의성 개발 • 삶의 질적/풍요로움 향상 • 다른 세계와의 소통/상호작용의 활성화 • 자발적인 표현활동 • 다른 분야와의 통합교육 • 사고, 지식, 감성의 연합

출처: 김은진(2011)

문화예술교육의 개념은 [그림 10-1]과 같다.

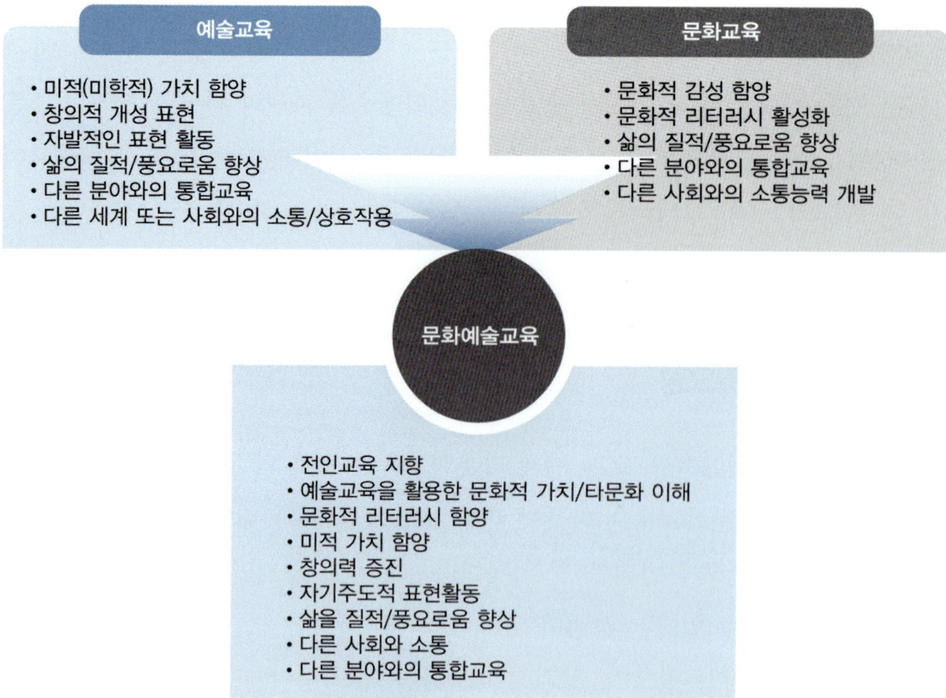

그림 10-1 문화예술교육의 개념

출처: 김은진(2011)

문화교육과 예술교육은 각자 독자적인 영역을 가지고 있으면서 인간의 본질적 가치를 향상시키는 동기를 부여한다는 점에서 서로 유기적인 연관성을 가진다. 문화예술교육은 기존 예술교육이 가진 장르적 한계를 극복하고 문화교육과 예술교육이 가진 개념을 통합하는 것을 전제로 한다(한국문화관광정책연구원, 2004). 문화예술교육은 창의력과 상상력을 가진 인재 양성을 목표로 하며, 기존 학교 교육의 획일화 · 정형화된 프로그램이 아닌 학습자 스스로 참여해 학습 목표를 결정하는 자율적 프로그램이다(정선재, 2011). 문화예술교육은 단순히 예술을 접목한 교육이 아니라 예술을 기반으로 하는 교육을 지향하며, 예술적 완성도가 목적이 아닌 창조적인 창작 활동을 중심으로 사회와 소통하는 것을 핵심으로 한다.

문화예술교육은 예술교육과 문화교육을 병렬적으로 나열하는 교육이 아니라 각 교육이 가지고 있는 교육적 내용과 특징을 통합적으로 활용하여 개인의 문화적 발전과 성숙을 이끌어 내는 역할을 하는 교육이라고 할 수 있다. 문화예술의 단순한 표현기법

적 활용을 넘어 이해와 향유를 통해 자신을 이해하고 사회를 표현하는 상호보완적인 교육을 의미한다. 기존 지식교육 중심의 교육시스템의 한계를 극복하고 지식과 인성의 균형적 발전을 추구하며 예술적 감성을 바탕으로 다문화 감수성을 갖춘 문화 주체로 성장시키는 것을 목표로 한다. 문화예술교육은 문화예술을 자신과 다른 문화와의 소통을 통해 다문화 시각을 갖도록 하는 수단으로 활용하는 것이며(전영은, 2015), 문화예술이 문화 간 감수성과 다문화 리터러시를 통해 다문화를 인식하는 시각을 향상시킨다는 것을 의미한다.

2) 문화예술교육의 필요성

교육 현장에서 다문화교육은 교과 연계 다문화교육과 교과 외 창의적 체험활동으로 구분된다. 교과 연계 다문화교육은 다문화 관련 교과 또는 교과 내의 관련 단원을 통해 진행되고 있으며, 개별 교과 범위를 넘지 못한다는 한계가 있지만 지속적이고 체계적으로 교육이 이루어질 수 있다는 장점이 있다. 교과 외 창의적 체험활동은 다양한 체험활동을 통해서 이루어지고 있으며, 창의적 체험활동 시간 등 비교과 시간에 제한적으로 진행되어 일회적 이벤트성 교육으로 진행될 가능성이 많지만 문화예술을 포함한 다양한 교육 방법과 내용을 활용할 수 있다는 장점이 있다.

최근 다문화교육에서는 문화예술적 접근의 효과성이 강조되고 있으며, 문화예술교육은 미래 사회의 창의적 문화시민 육성, 타인에 대한 이해 및 존중과 소통 능력 배양, 문화다양성과 다문화에 대한 개방적 태도 형성에 효과가 있다는 점이 강조되고 있다(전영은, 2015). 따라서 보편성과 공유성이라는 특성을 가진 문화예술을 활용한 다문화교육의 효과성을 반영하여 실제 다문화교육 현장에서 음악, 시각예술, 사진, 영화, 무용 등 다양한 문화예술교육을 활용한 다문화교육이 적극적으로 도입되어 추진되고 있다.

문화예술교육은 학습 참여자에게 즐거움, 표현력, 우울감 감소, 긍정적 자기상 향상, 자신감, 자기조절 효능감 등을 증진시키고, 사회적 배제와 불평등 개선으로 사회통합을 강화하여 미래 사회가 요구하는 창의적이고 감성적인 인재 양성에 기여할 수 있다는 점에서 한국 사회의 문화다양성을 이해하고 받아들이는 수용 태도 형성을 위해 문화예술을 기반으로 하는 교육의 필요성이 강조되고 있다(박혜진, 2020).

3) 문화예술교육과 다문화사회

현재 한국의 공교육은 사회가 요구하는 규격화된 인재를 키우는 것에 집중되어 있다. 개인의 자율적 선택을 최대한 제한하며 외부의 기준에 의해 결정된 지식체계를 수용할 것을 강요하고 있다. 하지만 최근 미래 사회는 창조적이고 능동적인 인재의 필요성을 인식하게 되면서 기존 교육의 혁신을 요구하고 있다. 개인의 자기주도적인 참여를 통해 창조적 지식의 완성을 중요시하고, 주체적인 문화적 성과의 향유를 통해 자아실현을 완성하는 것을 목표로 한다. 이를 위해서는 개인의 창조적인 경험이 새로운 문화를 완성하기 위한 다양한 표현을 강조한다.

다문화사회에서 이주민들은 사회 · 경제적으로 취약한 상황에 직면한 경우가 많다. 경제적 빈곤과 문화적인 소외가 지속되면 사회적으로 소외받게 된다. 특히 문화적 소외는 건전한 자아의 형성을 방해하고 자존감을 낮추는 요인이 될 수 있다. 문화적 권리를 가진다는 것은 단순한 생존의 가치를 넘어 인권적 차원으로 확대될 수 있고, 주류의 문화자본에서 소외받게 된다면 자신의 문화적 정체성을 상실할 가능성이 높다. 특히 문화는 한 세대에서 다음 세대로 계승된다는 점에서는 이주민의 문화적 소외로부터 발생하는 사회적 · 경제적 불평등은 자녀 세대로 전달된다는 점에서 개선이 요구되고 있다.

다문화사회에서는 문화적 다양성을 수용하는 사회적 전제를 바탕으로 상호이해와 공존을 추구하며, 다문화사회의 정착을 위해 다양한 교육적 방안들이 실천되고 있다. 다문화교육이 추구하는 다섯 가지의 지향점은 다음과 같다(오영수, 김영순, 2004).

첫째, 개별 문화집단의 문화다양성을 인식하고 다양한 문화집단의 문화를 동등하고 평등하게 인지하는 것이다. 둘째, 상이한 문화집단의 문화 속에서 공통적으로 공유되는 문화적 유사성을 발견하는 것이다. 셋째, 개별 문화집단의 문화적 편견을 발견하고 수정 · 삭제하는 것이다. 넷째, 소속 집단의 문화정체성을 이해하고 문화적 자긍심을 가지는 동시에 타집단의 문화가 가진 가치를 존중하고 평등하게 수용하는 태도를 가지는 것이다. 다섯째, 다양한 문화 교류를 통해 상호 문화 존중의 태도를 갖추는 것이다. 이러한 과정을 통해 자신의 문화를 객관적인 시각으로 바라보면서 다문화에 대한 편견을 극복하고, 문화적 유사점과 차이점을 인식하고 다양한 문화를 평등하게 수용할 수 있게 된다.

문화예술교육이 추구하는 다섯 가지의 지향점은 다음과 같다(한국문화관광정책연구원, 2004).

첫째, 창작과 향유를 통한 표현활동 강화이다. 개인의 창조적 예술활동을 통한 자신의 문화적 감성을 표현하고 향유하는 것을 중요시한다. 둘째, 문화적 다양성의 이해이다. 다양한 예술의 이해는 문화적 다양성과 연결되어 개인 문화 역량의 확장을 경험하게 된다. 셋째, 의사소통, 상호 관계의 확장이다. 문화예술은 개인적 영역이자 사회와의 소통 수단으로서 상호 이해와 수용의 표현 수단으로서 중요한 의미가 있다. 넷째, 성찰적 사고 활동의 촉진이다. 예술활동은 내면의 표현을 전제로 하며, 이를 통해 자신의 성장을 위한 사고의 확장을 경험하게 된다. 다섯째, 자기 지향적, 자기 관리적 역량 증대이다. 자신을 표현하는 과정에서 자아실현을 경험하고 자신을 새롭게 인식하는 계기를 제공한다.

문화예술교육이 다문화사회를 위한 교육적 대안으로 제시되고 있는 것은 문화다양성을 인정하고 수용할 수 있도록 하는 교육적 내용 측면과 다문화 구성원들의 문화적 권리를 향상시킨다는 측면에서 필요성과 의미가 강조되고 있기 때문이다. 문화예술교육은 문화다양성을 근간으로 하고 있다. 유네스코의 '문화적 표현의 다양성 보호와 증진협약(Universal Declaration on Cultural Diversity)'은 문화다양성(cultural diversity)을 집단과 사회의 문화가 집단 및 사회의 내부 또는 집단 및 사회 상호 간에 다양한 방식으로 표현되고 전달되는 것으로 본다. 인류의 문화유산이 다양한 문화적 표현 방식을 통해 표현·증대·전승되고, 다양한 형태의 예술적 창조, 생산, 보급, 배포 및 향유를 통해 받아들여지는 것을 의미한다. 문화적 표현의 다양성이 보장되고 활성화되기 위해서는 사회를 구성하는 개인과 집단, 그들의 문화에 대해 동등한 인정과 존중이 전제되어야 한다.

다문화교육과 문화예술교육은 개방적 태도로 문화다양성을 인정하는 문화 다원주의를 기반으로 하여 근대적 문화우월주의를 극복한다는 철학적 배경을 가졌다는 점에서 공통적 지향점을 가진다(최성환, 이진아, 2012). 문화다양성 속에서 공존과 통합을 바탕으로 개성과 발전을 추구하는 철학적 동질성을 가진다. 따라서 문화적 다양성을 경험하기 위해 다양한 문화예술을 통합교육으로 지향하게 된다(차윤경 외, 2011). 문화적 다양성이 문화적 표현으로 구체화되기 위해서는 예술성에 기반한 문화콘텐츠들이 개발되어야 한다. 다문화사회의 통합을 위해서는 문화의 공유가 전제되어야 한다는 점에서 다양한 문화예술에 대한 학습과 경험은 가장 효과적인 수단이다. 다문화사회를 위한 문화예술교육은 다문화 표현의 확장과 학습뿐만 아니라 다양한 문화 수용을 통해 통합을

위한 핵심적인 역할을 수행하게 된다.

문화예술교육 프로그램의 기획을 위한 다섯 가지의 지향점은 다음과 같다(정선재, 2011).

첫째, 문화적 요소로서 창의성을 강조했다. 창의성은 다양한 사고의 기반이며, 개방적 태도의 기본 요소이기 때문이다. 둘째, 사회적 요소로서 문화적 민감성을 강조했다. 다양한 문화에 대한 접근과 수용을 위한 기본적인 요소로서 반드시 요구된다. 셋째, 언어적 요소로서 의사소통을 강조했다. 다양한 문화와의 소통을 위해서는 기본적 언어적 능력을 기반으로 한 의사소통이 중요시된다. 넷째, 환경적 요소로 상호 관계를 강조한다. 주변과의 소통을 위한 다양한 관계 확장의 경험이 중요시된다. 다섯째, 자아적 요소로서 자아존중감을 강조한다. 자아정체성을 확립하기 위한 자기 이해와 자존감의 확립이 요구되기 때문이다.

다양성은 창의성과 공통적으로 창의적 사고의 기초를 형성한다. 창의성은 유창성과 융통성을 넘어 새로운 아이디어를 산출하는 능력이며, 다양한 사고에 기초한 확장에서 형성된다고 보았다. 문화예술교육은 창조적 사고를 바탕으로 하는 개방적인 활동을 추구한다. 다문화교육이 다원화된 사회에서 자신의 정체성을 지키면서 타인의 문화를 편견 없이 수용하는 것을 목표로 하기 때문에 창의력을 바탕으로 한 문화예술교육을 통해 다양한 시각에서 새로운 세상에 대처할 수 있는 능력을 갖출 수 있도록 해야 한다.

문화적 민감성은 다양한 가치가 공존하는 현대사회에서 요구하는 기본적인 능력이다. 문화예술교육은 독자적인 자신만의 예술적 가치를 중요시하면서도 다른 시각에서의 접근과 표현을 수용하는 태도를 강조한다. 또한 문화적 상호작용을 통해 다양한 문화에 대한 수용적 태도를 갖추게 한다는 점에서 중요한 의미가 있다. 문화 간 협상을 통해 자신과 타인의 문화를 연결하는 지식과 태도를 습득할 수 있도록 지원해야 한다.

문화예술교육은 개인이 자신을 표현하는 방식이나 능력을 향상시켜 사회와 소통하도록 지원하는 역할을 한다. 다문화 구성원들이 가진 이중언어적 환경을 고려하여 다양한 표현 방식의 학습환경을 조성하여 소통의 수단과 방법을 확장하는 경험을 제공해야 한다. 이는 개인의 성찰과 반성을 중요시하면서도 외부에 대한 관찰과 소통을 통해서만 완성될 수 있다. 자신이 경험하는 세계에 대한 성찰적 사고를 하기 위해서는 개인의 영역에 제한되지 않고 다수와의 관계 속에서 자신을 확장하는 경험이 필요하다.

4) 문화예술교육의 방향

(1) 전인적인 인격 형성을 위한 문화예술교육

문화예술은 인간의 내면적 본성을 자극하는 자기 계발의 수단으로 활용될 수 있으며, 개인적 가치관이나 삶의 태도, 더불어 생존을 위한 역량으로도 활용될 수 있다는 점에 주목할 수 있다. 문화예술교육은 타인과 문화에 대한 이해와 소통 능력을 신장시키는 것과 창의성 향상을 위한 다양한 활동에 기반하여 인간의 전인적 인격 성장을 목표로 한다. 따라서 문화예술교육을 통해 삶의 질을 높이고 행복한 삶을 추구할 수 있는 기회를 제공해야 하고, 인성의 완성이나 내면적인 완성을 위한 도구로 활용된다는 점에 주목해야 한다.

(2) 주제 중심의 활동

문화예술교육은 표현 기법이나 결과물보다는 정신적인 능력의 향상에 주목해야 한다. 문화예술교육은 사용하는 재료나 표현 방법 위주가 아닌 활동을 통해 다양한 방법을 탐색하는 과정에 주목해야 하며, 효과적인 표현을 통한 정신적 확장과 혁신에 집중하는 주제 중심의 활동으로 통합돼야 한다. 학습자들은 주어진 주제를 학습하기 위해 가장 적절한 표현 재료나 방법을 고민하여 최선의 방안을 강구해야 한다. 또한 하나의 주제를 중심으로 다양한 문화예술의 경험들을 통합하여 문화예술교육이 추구하는 전인적인 인격 성장 및 창의성 발달을 이룰 수 있도록 해야 한다.

(3) 관련 교과 및 예술 분야의 통합적 지도

문화예술교육은 창의성 개발, 소통 능력 향상, 올바른 인성교육이라는 교육과정의 목적과 일치한다. 문화예술교육의 증진을 위해서는 기존 교과활동뿐만 아니라 기타 다양한 창의적 체험활동 등의 새로운 프로그램을 활용한 교육을 통해 기존 교과활동의 틀을 벗어나 새로운 교육대안을 제시하는 것이 요구된다. 따라서 실제로 문화예술교육이 이루어지는 교육 현장에서 교육과정 속의 관련 교과 및 예술 분야의 통합적 운영이 반드시 필요하다.

(4) 체계적인 지도 및 학습

문화예술교육의 성공적인 수행과 성과 달성을 위해서는 실제 프로그램을 적용하고 운영하는 교사의 적극적이고 체계적인 지도 능력이 요구된다. 교사의 개입이 지나치게 되면 학습자의 자유로운 표현과 창의성을 제한한다는 우려를 할 수 있으며, 이를 극복하기 위해서는 적절한 간섭과 지도의 구분이 있어야 한다. 학습자의 활동에 지나친 자유만을 제공하고 개입이 이루어지지 않는다면 바람직한 문화예술교육이라고 할 수 없다. 효과적인 문화예술교육의 성공을 위해서는 문화예술 전반에 대한 풍부한 지식과 경험, 학습자들의 다양한 요구를 수용하고 대응할 수 있는 체계적인 지도 능력을 갖춘 교사가 필요하다. 따라서 교사는 문화예술교육 프로그램의 성공적 수행을 위해 프로그램의 단순한 소개와 진행만이 아니라 프로그램 운영상의 유의점 및 지도 방법의 완벽한 준비, 다양한 실천 방법의 현장 적용을 완성해야 하며, 이를 위한 교사의 전문적 소양 개발과 확보가 필요하다.

(5) 삶 속의 문화예술

문화예술교육은 특정 예술 전문가의 양성이나 사회 일부 계층만의 향유를 위한 것이 아니다. 문화예술교육은 딱딱한 이론 체계나 어려운 주제나 내용이라기보다는 인간의 삶과 밀접하고 친숙한 주제를 기반으로 생활과 접목된 학습 내용을 추진해야만 한다. 또한 문화예술교육은 오랜 시간에 걸쳐 인간의 평생의 삶 속에서 요구되는 역량 개발과 삶의 지혜를 제공하는 것이기에 지속적으로 평생학습의 관점에서 접근되어야 한다. 따라서 사회적 차원에서 문화예술교육에 많은 시간과 노력이 투자되어야 하며, 학습 이외의 일상적인 생활 속에서 꾸준히 실천되도록 해야 한다.

2. 스토리텔링교육

1) 스토리텔링의 개념

'스토리텔링(storytelling)'은 1882년 Caroline Hewins에 의해 처음 소개된 용어로 사전적 해석은 '이야기를 들려주는 활동'으로 정의된다. 스토리텔링은 이야기(story), 멀티미디어적 혹은 구술적 속성(tell), 상호작용성으로서 현재성(ing)이라는 세 가지 개념이 합쳐진 입체적 구술이며, 이야기(story)와 말하기(telling)의 결합을 통한 의사소통으로 정의하고 이야기는 의사(意思), 말하기는 소통(疏通)을 의미한다고 보았다(권우진, 2011). 이야기(story)의 생산 측면이 자신을 중심에 두고 있다면, 말하기(telling)는 타자와의 관계 속에서 존재한다는 점을 강조할 수 있다. 또한 정태적 '스토리(story)'라는 텍스트 중심을 벗어나 동태적 '이야기하기(narrating)'라는 구어적 소통을 의미하고 있다(김광욱, 2008). 따라서 이야기를 들려주는 활동에 주목하여 인간과 사물의 본질을 전달하는 스토리를 창조적으로 전달하는 활동을 스토리텔링으로 정의한다(송정란, 2006).

스토리텔링은 인간의 삶 속에서 발생하는 경험, 기억, 사유가 이야기로 구성되어 있다고 보고, 삶 속에서 발생하는 담화의 형성과 전달이 스토리텔링이라는 과정 속에서 변용, 상호작용한다는 점을 강조할 수 있다(김영순 외, 2018). 또한 스토리텔링은 인간의 감정을 활용한 커뮤니케이션이고, 매체의 영향을 받아 구성되며, 상호작용을 통해 끊임없이 재창조된다고 본다.

Changar와 Harrison(1992)은 다음과 같이 스토리텔링을 정리하였다. 첫째, 스토리텔링은 화자 혼자만의 이야기가 아니라 청자와의 긴밀한 관계 속에서 나타나는 하나의 상호작용이다. 둘째, 스토리텔링은 수동적인 전달이 아니라 상호 간의 창조적 소통 과정에서 완성된다. 셋째, 스토리텔링은 인간의 본질적 의사소통의 형태로서 일상에서부터 인간의 본질까지 평가하고 해석하도록 하는 개인적이고 해설적인 수단으로서 인간에게 유익하다. 넷째, 스토리텔링은 일련의 과정을 통해 내용의 공유 · 해석 · 제안을 거쳐 청자에게 전달하는 매개체로서의 역할을 한다.

스토리텔링은 이야기를 더하고 만들고 들려주고 표현하고 전달하는 모든 행위라고 정의할 수 있다. 스토리텔링은 서사적 구조를 갖춘 이야기로 구성되어 있고 그 내용을

전달하는 것 그 자체를 의미한다. 자기 자신이 직접 경험하거나 본 이야기 또는 타인에게 전해 들은 이야기, 지어낸 이야기를 다른 사람들과 공유하면서 생각과 느낌을 서로 주고받는 소통의 방식이 스토리텔링이다. 스토리텔링은 인문 콘텐츠의 가치를 실현하는 가장 강력한 도구이며, 말 그대로 '이야기를 말하는 것'이 아니라 '이야기를 이야기하는 행위'로 정의하고 있다(김영순 외, 2018).

2) 스토리텔링의 특징과 교육적 가치

스토리텔링의 특징을 세 가지로 정리하면 다음과 같다(최시한, 2015). 첫째, 시간성이다. 이야기가 '사건의 서술'을 의미할 때 '사건'은 인물이 야기하거나 체험한 상태 혹은 상황의 변화를 의미하며 이는 시간을 전제로 한다. 둘째, 연속성과 인과성이다. 이야기 속 사건들의 부분들은 일관적이며 인과적으로 결합되어 하나의 통일된 전체를 구성해야 한다. 이야기 속 변화와 인과성이 확보되지 않는다면 이야기로서 인정될 수 없다. 셋째, 형상성과 그 매체 및 형식의 다양성이다. 스토리텔링은 삶의 모습을 다양한 매체와 형식을 통해 구체적으로 모방과 형상화를 하는 행위와 그 결과로서의 작품 및 담화를 의미한다. 작가는 매체와 관습의 개성적 사용, 사물의 변용과 재구성을 하는 다양한 기법을 통해 사물을 낯설게 함을 통해 독자의 공감과 몰입을 유도하고, 굳어진 반응을 극복하고 새로운 생각과 느낌을 제공한다.

스토리텔링의 교육적 가치에 대해서 Ellis와 Brewster(1991)는 다음과 같이 세 가지로 정리하였다. 첫째, 스토리텔링은 아이들의 상상력을 자극하여 비판적 능력과 감성적 성장을 향상시키는 교육적 기능을 한다. 둘째, 스토리텔링은 다른 문화에 대한 정보를 제공하여 시공간을 초월한 세상을 접하고 지식을 습득하고 이해의 폭을 넓히는 기회를 제공하여 새로운 생각과 경험에 접근하는 사회 · 문화적 기능을 한다. 셋째, 스토리텔링은 언어를 습득함에 있어 언어 기술을 발달시키는 도구로서 학습 의욕을 고취하는 재미와 학습 보조로서의 의미를 가진다. 어휘와 문장의 확장은 좋은 대화 모델이 되며, 의사소통을 위한 언어사용 능력을 확장시키는 언어적 가치를 가진다. 이야기는 동기유발과 재미를 통해 학습에 대한 긍정적인 자세와 학습 열망을 만들고, 상상력 훈련과 창조력의 발달에 목적을 두며, 환상과 상상을 실제 생활과 연결시키는 도구로서의 역할도 한다. 일상을 이해하고 가정과 학교 간의 유대를 설정하는 방법을 제공함으로써

자신감을 부여해 사회적·감성적 발달을 유도하고, 이야기의 다음을 예상하는 법을 스스로 익히게 한다.

스토리텔링의 교육적 가치를 다섯 가지로 정리하면 다음과 같다(조정래, 2013).

첫째, 교훈과 재미를 동시에 경험하게 한다. 둘째, 자신에 대한 이야기를 통해 자신을 되돌아보게 한다. 셋째, 상황을 종합적으로 이해하는 능력을 키워준다. 넷째, 이미지를 수용하는 작용을 통해 세계를 구체화하여 받아들일 수 있다. 다섯째, 공감, 감동, 소통의 터전을 제공함으로써 자신을 객관적으로 인식하게 한다.

결론적으로 스토리텔링은 우리의 삶을 의미 있게 구조화하여 정체성을 확보해 나가는 과정으로 볼 수 있고, 이야기에 담긴 시간성과 공간성을 통해 자신이 인식하는 세계를 타인과 소통하는 수단이라고 할 수 있다. 추상적으로 존재하던 세계를 구체화하고 현실화시키는 과정 속에서 우리의 경험과 사유를 끊임없이 재창조하며 삶의 이야기를 완성하는 것으로 볼 수 있다.

3) 스토리텔링과 문화다양성

최근 문화다양성 정책의 변화를 수용하여 교육적 접근방식도 다양하게 변화하고 있다. 기존의 사회적 소수자에 집중된 다문화교육은 최근 전 사회 구성원 모두를 대상으로 한 문화다양성 교육이 필요하다는 인식의 전환이 이루어지고 있다. 특히 UNESCO는 전 세계의 시민들에게 다양한 문화 속에서 상이한 의미를 발견하고 의사소통하는 리터러시(literacy)를 함양하도록 다양한 전략들을 제공하고 개발하는 것을 문화다양성 교육정책의 핵심이라고 상정하였다(UNESCO, 2010).

UNESCO는 서로 다른 문화를 존중하고 학습하며 세계를 이해하는 방식이 복수적이라는 사실을 관용이나 민주주의와 같은 보편적 가치의 개발과 이해를 통하여 교육정책의 실현 과정에 담아야 함을 강조하였고, 교육정책의 핵심은 타자들을 이해하기 위하여 언어와 문화의 역할을 이해하고 교수·학습의 과정에서 간문화적 대화(intercultural dialogue)를 증진하는 데 있다고 주장한다(UNESCO, 2010). 그러나 우리나라의 경우 문화다양성 정책과 교육이 '다문화주의(multiculturalism)'라는 개념적 틀을 벗어나지 못하고 있으며, 이주민을 주축으로 형성된 소수자 집단의 문화적 권리를 존중하기 위한 문제해결의 출발점으로 국한되어 논의되어 온 측면이 있다(한건수, 한경구, 2011).

이제는 소수자 중심의 다문화교육 정책에서 벗어나서 다수자와 소수자 모두를 위한 교육(education for all)을 추진해야 한다는 사회적 인식과 정책의 변화가 나타나고 있다. 특히 인종적 · 문화적 편견이 강한 한국 사회의 특성상 이러한 무의식적인 인종차별주의를 비판적으로 바라보고, 이를 극복하기 위한 학습자들의 간문화적 체험(intercultural experience)이 강조되고 있다.

Merryfield(2005)는 간문화적 체험을 위해 자신과 타인의 삶과 관련된 문화적 배경과 경험을 이해하도록 돕기 위해 체험적이고 반성적인 글쓰기 작업이 효과적이라고 강조했다. 간문화적 체험에 기반한 반성적인 글쓰기는 소수자와 다수자 모두의 미시적 생활세계로 스며들어야 하며, 실생활에 대한 맥락은 개념적 명료화나 설명보다 스토리를 통해 보다 더 효과적으로 제시될 수 있다. 왜냐하면 사람의 지식과 문화적 가치, 통찰과 개인의 경험은 스토리 형태로 구성되어 재현되기 때문이다(Kim & Hannafin, 2008).

이러한 스토리는 사람이 자신을 표현하고 세상을 이해하는 도구이자 방법이고, 오감각을 표현하는 공감각성과 세상을 인식하고 세상과 소통하는 상호작용성을 가진다(Brunner, 1996; Clandinin & Connelly, 2000). 사람은 스토리를 통하여 과거 · 현재 · 미래를 공유하고 외부 세상에 대한 정보를 얻는다(Brunner, 1996). 스토리텔링은 사회와 문화에 담겨 있는 이야기에 주목하는 특성에 기반하여 사람들의 관심과 재미를 불러일으킬 만한 스토리를 활용하여 메시지를 전달한다. 이야기를 활용한 스토리텔링 교육기법은 동기유발이 용이하고 전이가 가능하며 실생활에 활용 가능한 개념의 이해를 돕고, 스토리텔링은 삶을 더욱 구체적으로 반영해 의미 전달이 포괄적이고 효과적이다(이희경, 2010). 스토리텔링은 행동과 사건의 발생순서에 주목해 이들을 스토리 전개와 결말에 미치는 영향으로 구분하고 자신과 타자의 간문화적 경험을 의미 있게 정리하도록 도와주므로 교육기법으로서 스토리텔링은 문화다양성 학습에서도 유용하게 활용될 수 있을 것이다(정민수, 장성민, 2014).

구성주의적 교육 관점에서도 문화다양성에 대한 학습이 일상 속 경험을 바탕으로 실제적인 학습을 제공한다는 측면에서 간문화적인 실제 맥락을 학습 과정에 적용하는 것은 중요한 동기 부여의 잠재력을 지닌다(Collins et al, 1989). 따라서 스토리텔링교육 프로그램은 문화다양성 측면에서 삶의 다양한 이야기를 단순하고 이해 가능하도록 전달하여 학습자에게 쉽게 전달이 가능한 쉬운 학습을 제공한다는 점에서 다문화교육에 효과적인 학습 방법으로 볼 수 있다.

스토리텔링을 활용한 글쓰기는 고정관념과 편견 등의 부정적 요소를 극복하고 타인과 다른 문화에 대한 존중과 배려를 얻을 수 있게 해준다는 점에서 중요하다. Van Manen(1997)은 글쓰기 경험이 인간의 반성적 사고와 실천 행위를 매개하는 데 효과적인 도구로 보고 있다. 글쓰기는 내재된 것을 표출하고 이끌어 내어 삶의 주변 경험을 객관적으로 보는 인지적 태도를 형성시키고, 궁극적으로 자신을 완성해 나가는 작업으로 볼 수 있으며, 진정한 글쓰기를 통해 삶의 실천적 행위를 이해하고 세계에 대한 경험을 구체화할 수 있다.

스토리텔링을 활용한 글쓰기는 특히 다문화교육을 진행 시 간문화적 체험(cross-cultural experience)을 경험하도록 하는 데 효과적이다. 글쓰기를 통해 다양한 관점의 간문화적 경험을 제공하고 소통을 통해 이를 공유함으로써 문화적 정체성의 계발을 달성할 수 있다. 스토리텔링에 기반한 글쓰기가 다문화 감수성을 향상시키는 데 기여한다는 점에서 교육적 의의가 있다고 볼 수 있다.

다문화교육으로서 스토리텔링은 스토리텔링이 가진 교육적 역할을 다문화에 대한 이해의 도구로 활용하는 것에 중점을 두고 있다. 하지만 단순히 다문화를 이해하는 수준으로서 교육적 역할을 다했다고 할 수 없다. 스토리텔링을 통해 다문화를 표현한다는 것은 내면적 다문화성을 발현하는 기회를 통해 자신의 다문화 정체성을 재인식하는 과정이다. 이러한 글쓰기의 과정에서 자신의 정체성 속에 존재하는 다문화가 가진 다름을 이해하고 타자와의 소통을 준비하게 된다. 자신에게 존재하는 다문화에 대한 재인식뿐만 아니라 이를 타인과의 소통 속에서 어떻게 표현해야 하는지에 대한 고민을 하게 된다. 그 과정 속에서 자아의 다름에 대해 타자와의 소통을 통해 자신이 완성한 스토리텔링에 다문화 수용의 모습을 담아내는 것이다.

스토리텔링을 통해 창조한 이야기 속에는 자신의 다문화 정체성과 문화 간 인식이 담기게 되면서 스스로를 재인식하게 되지만 이를 자신이 속한 공동체 속에서 다문화의 통합과 공존의 도구로 활용하기 위해서는 다문화 리터러시 역량이 요구된다. 다문화 스토리텔링은 문화예술교육으로서의 문화다양성 함양과 자아정체성 확립에 기여한다는 점을 넘어서 다문화라는 자신의 정체성을 표현의 소재로 활용하여 이를 다문화사회의 통합과 공존에 기여하는 역할을 수행하는 것을 목표로 한다. 스토리텔링의 창조성이 개인과 사회의 다문화를 창조적으로 수용하는 도구로서의 역할을 수행하도록 하는 것이다.

자신의 내면적 정체성으로서의 다문화를 공동체 속의 다문화로 수용하기 위해서는 다문화를 읽고 이해하며 수용하는 역량으로서 다문화 리터러시를 갖추어야 하며, 이를 통해서 결과물로서의 스토리텔링을 창조해 내는 통합의 공존의 창조자로서 성장하게 된다는 점에서 다문화 스토리텔링의 의의가 있다. 이를 다문화 스토리텔링교육의 방향으로 보고 도식화하면 [그림 10−2]와 같다.

그림 10−2 다문화 스토리텔링교육의 방향

출처: 안진숙(2019)

[그림 10−2]에서는 다문화 스토리텔링교육의 방향성을 설정하는 과정을 제시하고 있다. 스토리를 읽고 듣는 과정에서 차이의 발견과 다름의 이해를 거쳐 자신의 스토리를 말하는 과정에서의 소통과 공감으로 확장된다. 또한 다문화를 수용하는 실천적 역량인 다문화 리터러시를 통해 새로운 스토리를 창조해 나가는 통합과 공존을 추구하는 것이다.

스토리텔링교육은 학습자들에게 흥미를 유발하는 스토리를 학습의 기저로 활용하기 때문에 집중도와 참여도 측면에서 적합하며, 다양한 관련 지식과 경험들을 기저에 두고 이야기의 생성과 공유를 촉진시킨다는 장점을 가지고 있다. 이야기로 소통하는 과정에서 문화적 차이를 발견하고 이를 활용하여 학습자의 문화적 다양성과 창의성 향상으로 연결시킬 수 있다(권혁일, 2008; 김재춘, 배지현, 2009). 특히 이주민을 대상으로 하는 교육프로그램의 경우 다문화 교육요소가 반영되어야 한다는 점에서 스토리텔링을 활용한 문화교육은 다른 문화 체계 속에 살던 스토리텔러가 다양한 문화를 이해하고 수용하는 것에 보다 효과적이다(김영순, 윤희진, 2010). 또한 목표 문화에 대한 이야기를 정리하는 것보다 목표 문화에 대한 철저한 조사를 통해 나와 목표 문화의 이야기를 만들어 내는 것이 다른 의미체계 속에 살고 있던 스토리텔러가 다른 집단의 문화를 이해하는 데 보다 효과적이다(김영순, 윤희진, 2010). 스토리텔링은 창의력과 상상력을 텍스트화할 수 있는 교육적 도구로 보고, 인간의 사고체계를 유연하고 역동적으로 전환시킬 수 있다는 점에 주목할 수 있다(김영순, 오세경, 2010).

스토리텔링을 활용한 교육프로그램은 의사소통의 수단이자 교육 도구로 책을 활용

하고 있다. 독서를 기반으로 하여 사고의 확장과 내면의 탐색 과정을 거치면서 자신만의 스토리를 완성하는 교육적 목표를 지향한다. 구체적인 글과 그림으로 결과물을 완성하여 목표를 성취하는 과정에서 교육적 성과를 검증하게 된다.

다문화 스토리텔링교육은 통합적인 문화적 정체성을 확립할 수 있도록 하는 교육적 목표 달성을 위해 다음과 같은 전제 요건을 포함해야 한다(안진숙, 2019).

첫째, 스토리텔링에 기반을 둔 교육프로그램은 문화 보편성과 다양성을 인식하는 과정에서 자신만의 문화적 스토리를 구체화하는 경험을 할 수 있도록 해야 한다. 이주민들이 개인의 다문화 경험을 스토리로 발현하는 과정을 통해 문화적 보편성을 확장하는 과정을 거치게 한다.

둘째, Erikson(1982)은 인간발달단계에서 학령기 아동 · 청소년이 객관적 자아의 형성 과정을 거친다고 보았다. 따라서 특히 이주민 청소년들은 사춘기라는 자아 정체감의 혼란의 시기에 자신이 경험하고 있는 다문화 정체성의 혼란을 함께 경험하게 되기 때문에 긍정적인 자아 형성이라는 측면에서 정서적 지원이 필요하다. 스토리텔링교육은 다양한 문화적 스토리를 경험하는 과정에서 자아를 재정립할 수 있는 문화적 역량을 제공한다는 점에서 큰 의미가 있으며, 이를 통해 자아를 재정립할 수 있는 긍정적 경험을 하게 된다.

셋째, 다문화교육의 특성상 참여자들의 자발적이고 적극적인 참여가 필수적이다. 이중 문화적 배경을 가진 이주민들의 다양한 다문화 정체성을 수용하고 발현할 수 있는 프로그램을 구성하고 실행하기 위해서는 그들의 다문화 경험을 구체화하고 문화보편성을 수용할 수 있도록 해야 한다. 따라서 구조화된 학습이 아닌 자발적 참여를 통한 교육 몰입을 유도해야 하며, 스토리를 감상하고 완성하는 즐거움을 제공하는 과정에서 높은 교육적 성취를 달성할 수 있다.

4) 문화다양성 교육에서 스토리텔링의 수업설계원리

스토리텔링에서는 화자와 청자가 매개물을 통해서 만나는 것이 아니라 직접 대면하는 방식을 취하고 있기 때문에 청자의 반응에 의해 화자가 자의로 혹은 청자의 요청에 의해 이야기의 내용과 이야기를 전달하는 방식에 즉각적으로 다양한 변화를 가할 수 있다(정민수, 장성민, 2014). 따라서 문화다양성 교육의 대상을 소수자와 이민자에 두는 것

이 아닌 사회 구성원 전체로 확장할 때 스토리텔링의 이야기 전달체계 및 상호작용성의 특징은 더욱 중요한 의미가 있다.

스토리텔링의 상호작용성에 기반한 특징을 바탕으로 문화다양성 교육에 효과적인 스토리텔링 교육방안을 설계하기 위해서는 문화다양성 교육에 직·간접적으로 활용하기에 적합한 교수·학습의 맥락적인 관점에서 스토리텔링의 다양한 요소를 적용해야 한다. 스토리텔링교육을 위한 여섯 가지 수업설계원리로 구분하면 다음과 같다(정민수, 장성민, 2014).

첫째, 문화다양성의 감정이입과 공감을 활용한 스토리텔링 수업설계원리이다. 감정이입은 이야기 들어가기 단계로 스토리텔링이 사실을 기술하는 것에만 국한되지 않고 청자의 상상력과 정서에도 호소할 수 있는 능력이 있음을 반영하는 것이다. 감정이입이란 학습자의 이해수준을 높이고 학습자를 몰입하는 상황으로 유도하기 위한 전략적 수단으로 자기 자신을 상대방의 위치에 놓아 보는 과정이다(Dymond, 1949). 문화적 감성과 공감을 활용한 스토리텔링의 적용은 소수자와 다수자 모두의 상호작용 프로세스를 강화해 문화다양성의 의사소통적 관계(empathic communication)로 발전시킬 수 있다.

둘째, 문화다양성의 비유나 은유를 활용한 스토리텔링 수업설계원리이다. 독자에게 일정 범위의 상상력을 허용하고 유도하기 위한 비유와 은유와 같은 메타포의 활용은 생각하기 단계이며, 스토리텔링의 의사소통에 관련된 이론적 측면에서 문화적 이해를 돕는 방법론을 제공한다. 청자들의 문화적 인식의 범위와 내용을 고려할 때 가장 좋은 비유나 은유는 그 영역에서 그 나라의 문화적 소산을 활용하는 것이다(Roman & Mass, 1992). 비유나 은유는 개념구조의 생성과 재구조화, 시각화의 단계를 거치게 되며, 비유와 은유를 통해 친숙한 영역으로부터 친숙하지 않은 영역들로 구조들을 전이시키는 과정에서 문화다양성에 대한 새로운 도식이 생성되고 기존 기억들이 재구조화되는 것에 도움을 준다.

셋째, 문화다양성의 인물과 관점을 활용한 스토리텔링 수업설계원리이다. 교수·학습 맥락으로 도입될 수 있는 스토리텔링의 주요 요소 중 하나인 인물, 캐릭터, 관점을 스토리텔링에 적용할 때 가공된 인물 또는 정체성, 페르소나(등장객체, 가면)와 실재이거나 추상객체의 세계관을 작가가 청자에게 이야기를 전달하고 연결할 때 사용한다. 스토리텔링 방법으로 플롯(plot)이 가장 효과적으로 전달하는 수단이며, 독자를 실제 인물로 정서적 동질감을 느끼게 하거나 충격적이고 호소력 있는 메시지를 전달하는 주요

동인이 된다(장상용, 2010). 플롯을 통해 인간의 상상력이 스토리 속의 인물과 동일시되는 과정에서 문화다양성의 적절한 행위의 선택 기회를 제공하는 드라마적 역할을 하도록 도와주고, 학습자가 특정 인격에 대입할 수 있도록 이끌어 준다.

넷째, 문화다양성의 플롯과 극적효과를 활용한 스토리텔링 수업설계원리이다. 문화다양성의 인과성은 목표에 근거한 위계적 사건 회상이 가능하며, 플롯의 극적 요소는 이야기를 만들어 교수·학습 맥락에서 인과적 구조화라는 전략적 전환이 가능하다(Mandler & Johnson, 1977). 플롯은 사건의 연속을 이야기 행위로 전환시켜 주는 것이며, 문화다양성과 관련된 이야기 내 핵심사건의 변화, 내용의 앞과 뒤 연결, 또 다른 발전으로 이어줄 수 있다.

다섯째, 문화다양성의 시간성을 활용한 스토리텔링 수업설계원리이다. 인간의 경험은 일직선상에 펼쳐진 일련의 순간들이라는 객관적 시간 개념에 부합되지 않으며 다층적인 시간 경험이 가능하고 시간에 대한 다층적인 인간 경험의 생산과 재생산에 스토리텔링이 관련되어 있다(Tappan & Packer, 1991). 문화다양성의 학습 내용에서 제공하는 광범위한 현재의 개념에 포함되는 과거와 미래를 모두 현재의 시간으로 인식을 확대하여 시간을 구조화, 조직화하는 것을 통해 인간 경험을 반영하는 언어의 조직 방법에 따라 이를 활용한다.

여섯째, 문화다양성의 심미적 학습 경험과 상호작용을 활용한 스토리텔링 수업설계원리이다. 문화다양성의 관점에서 심미적 경험은 경험의 범주를 의미하며, 이야기의 공유는 특별한 유의미한 경험이 된다. 문화다양성의 학습은 변화의 형식으로 항상 현재의 자신을 출발점으로 삼게 되며, 학습자가 자신으로부터 학습 경험을 시작하지 못하면 그 경험은 진실하거나 미적인 경험이 되지 못한다(Parrish, 2009). 문화다양성의 심미적 경험을 교수·학습 상황 속에서 맥락적으로 경험할 수 있도록 하여 소수자와 다수자의 다문화적 상호작용을 확대할 수 있다.

5) 스토리텔링교육 수업설계 단계

스토리텔링은 화자와 청자의 상호작용을 전제로 하기 때문에 이를 교육프로그램에 적용 시 문화다양성에 대한 즉각적인 상호작용을 통해 변화와 수용을 경험할 수 있다. 이를 바탕으로 구성된 효과적인 스토리텔링교육을 위한 수업설계 3단계는 다음과 같

다(정민수, 장성민, 2014).

제1단계에서는 문화다양성의 핵심개념 및 가치를 인식하는 것이다. 이주민을 대상으로 하는 수업 구성 단계에서는 문화다양성에 대한 이해를 전제로 한다. 자신이 직면한 이중문화적 상황을 인지하는 과정을 경험하면서 개인적 차원의 다문화 정체성이 사회적 차원에서 어떻게 수용되고 있는지에 대한 성찰 과정을 경험하는 수업이 필요하다. 문화적 차이에 대한 인식을 하기 위해 지식적 차원의 교육을 통해 문화적 민감성을 갖추는 것을 목표로 한다. 제1단계에서는 다문화에 대한 인지 차원의 수업을 위해 스토리텔링과 배경지식을 활용한 커리큘럼으로 구성한다. 개인이 경험한 다문화성을 내면적 차원이 아닌 스토리의 구성요소로 활용하기 위한 외부적 발현으로 연결시키는 교육을 구성한다.

첫째, 다문화의 인지이다. 이주민이 가진 다문화 배경을 소개하고 자신이 경험한 다문화를 표현하는 과정을 진행한다. 언어, 문화, 풍습 등 한국 사회와 차별화되는 문화적 차이를 인지하는 과정을 통해 자신이 가진 다문화 정체성에 대한 공감을 유도한다.

둘째, 다문화의 이해이다. 다문화를 분석적 사고를 통해 재인식하는 과정을 통해 사회적 차원에서의 개념을 형성해 나가는 단계가 필요하다. 지식 차원에서의 명확한 사실적 내용을 포함하고, 새로운 문화적 가치로 인식하기 위해 개인적 차원의 개념 재정립이 진행된다.

셋째, 다문화의 수용이다. 다문화라는 새로운 개념의 정립은 자신의 다문화 정체성을 새롭게 완성하는 수용의 단계를 거치게 된다. 차별이나 배제가 아닌 공존을 위한 정체성 형성의 도구로서 다문화를 수용하는 과정을 통해 문화적 다양성을 확립하게 된다.

제2단계에서는 다문화의 주체적 수용자로서 요구되는 사고 확장을 하는 것이다. 제2단계에서는 자신이 경험하고 있는 다문화 인식과 1단계에서 배운 다문화 지식을 결합하여 다문화의 주체적 수용자로서 글로벌한 문화수용성을 갖출 수 있도록 사고를 확장하는 교육을 구성한다.

첫째, 다문화의 배경 확인이다. 자신이 경험한 다문화 배경의 차이점을 구체화하기 위해 경험과 지식을 세분화하는 과정이 필요하다. 일상 속 자신이 경험하는 다문화 정체성과 관련된 다양한 요소들을 수업의 요소로 활용하는 것이 필요하다. 인종, 문화, 언어적 차이를 구체적으로 인식할 수 있는 요소들을 학습 대상에 두고 이와 관련된 수업 진행을 통해 문화적 다양성에 대한 인식을 보편화하는 학습을 확장해 나간다.

둘째, 다문화 정체성 확장이다. 한국인으로서의 정체성을 수용하는 과정에서 다문화 정체성의 공존이 자칫 혼란의 요소로 작용되지 않아야 한다는 측면에서 다문화 배경이 자신의 문화적 토대가 될 수 있다는 확신을 주는 것이 필요하다. 세계시민으로서 문화다양성을 수용하는 것이 글로벌 시대가 요구하는 인식 규범이라는 점을 명확히 전달하는 것이 중요하다. 세계시민으로서의 보편적 인식을 위해 다문화 수용의 사례와 글로벌 문화인재가 되기 위한 준비 과정으로서 다문화를 수용하는 것이 바람직한 것임을 확인시킨다.

제3단계에서는 스토리텔링을 기반으로 한 문화다양성을 표현하는 것이다. 제3단계는 1 · 2단계를 통해 확장된 다문화 인식을 바탕으로 자신의 다문화 정체성에 기반을 둔 스토리텔링을 구상한다. 예술적 표현 기법을 포함한 표현 방법에 대한 고려가 선행되어야 하며, 다문화성을 표현할 수 있는 스토리를 완성하는 교육을 구성한다.

첫째, 스토리의 구성이다. 자신이 경험한 다문화 배경을 바탕으로 경험과 상상이 공존하는 스토리의 자유로운 발현을 유도한다. 다문화성이라는 주제로 인해 소재나 내용이 편협한 확장으로 이어지지 않도록 다양한 상황 제시를 통해 사고의 폭을 확장하고 스토리의 디테일한 구성에도 관심을 가지도록 1 · 2단계 수업에서 제시된 다양한 소재나 경험이 자연스럽게 스토리에 수용될 수 있도록 한다.

둘째, 예술로서의 표현 기법 활용이다. 문화예술교육으로서의 스토리텔링교육에서 완성하고자 하는 글과 그림이 혼합되는 작품의 특성상 언어적 표현과 미적 감각이 함께 조화를 이루어야 한다는 점을 강조한다. 문체의 경우에 있어서 다양한 글의 형식(소설, 기행문, 편지, 동시 등)이 가능하다는 점을 인지시키면서 스토리를 구성하게 하고, 스토리와 결합되는 그림의 표현 방식(표현소재, 화풍, 채색 등)을 함께 고려하도록 한다.

셋째, 협업과 확장이다. 개인적 창작 활동의 한계를 극복하기 위해 공동 창작 과정의 협업을 도입한다. 다문화 경험을 공유하는 구성원들과의 자유로운 의견 교환을 통해 작품 구성 과정에서 자연스러운 협업이 진행되도록 한다. 또한 진행 과정의 문제점이나 한계를 극복하기 위한 최소한의 멘토 지원을 병행한다. 작품에 대한 개입을 최소화하되 작품의 표현을 확장하기 위한 교육적 차원의 참여를 지향한다.

6) 스토리텔링의 교육적 효과

최근 들어 스토리텔링은 아동 및 청소년들을 대상으로 한 학교 교육, 독서교육 등 다양한 교육 분야에서 효과적인 교수·학습 방법으로 관심을 받고 있다. 미국 영어교사 위원회(National Council of Teachers of English)에 따르면 스토리텔링은 음성(voice)과 행위(gesture)를 통해 청자들에게 이야기를 전달하는 것이라고 정의하였고, 스토리텔러(storyteller)들은 스토리텔링에 대해 이야기를 말하는 사람과 이야기를 듣고 상상력을 발휘하는 청자 간의 상호작용의 과정이라고 보고, 스토리텔링은 이야기(story), 청자(listener), 화자(teller)가 존재하고, 청자가 화자의 이야기에 참여하는 활동으로 정의한다(정종기, 2016). 이야기는 특정 대상을 청자로 할 경우 교육적 효과가 크며, 내용은 청자의 흥미를 자극하고 새로운 것을 이해하는 계기를 제공할 때 스토리텔링의 교육적 효과가 크다고 본다.

Ellis 외(1991)는 스토리텔링의 교육적 효과로 다음과 같이 다섯 가지를 강조하고 있다. 첫째, 스토리텔링은 아동의 학습 동기와 흥미 유발을 통해 학습행위에 대한 긍정적인 태도 및 끊임없는 학습욕구를 유발한다. 둘째, 스토리텔링은 아동이 자신을 이야기 속의 등장인물과 동일시하도록 하거나 이야기에 심취하도록 하여 아동의 상상력을 키운다. 셋째, 스토리텔링을 통해 아동이 현실 세계와 이야기 속 상황을 연계할 수 있도록 하며, 스토리를 통해 일상생활의 느낌을 경험하게 하며, 이야기를 통해 배운 지식과 경험을 통해 일상과 학습을 점진적으로 연결하는 매개체로서 활용할 수 있다. 넷째, 스토리텔링은 타인의 희로애락과 같은 감정들을 이해하고 비판하면서, 아동이 자신의 감정을 사회적 관계 속에서 공유할 수 있도록 한다. 다섯째, 스토리텔링은 이야기 속의 주요 어휘에 대한 자연스러운 반복과 노출을 통해 어휘학습에 기여한다.

3. 문화예술 · 스토리텔링 수업 실제 - 다문화 청소년 스토리텔링교육

1) 프로그램의 개요

본 프로그램은 G시 다문화 청소년들을 대상으로 독서와 논술 지도를 통한 어휘력

향상으로 학습 이해력 증가와 학교 적응력을 높이기 위한 취지로 기획되었다. 다문화 청소년들을 대상으로 한 독서논술 프로그램에서 시작되었으나 단순한 지식 전달 차원의 프로그램만으로는 다문화 청소년들에게 문화적 자극을 제공할 요인이 부족하였다. 이를 극복하고자 기획한 스토리텔링 프로그램을 통해 다문화 동화책을 출간하는 것을 목표로 변경 후 진행되었다. 2013년 다문화가정 자녀 교육지원사업의 일환으로 <생각 쑥쑥 꿈도 쑥쑥>이라는 독서논술 프로그램으로 시작하여 2017년까지 5년간 누적 참가인원 70여 명의 장기 프로젝트 활동으로 진행되었다. 초기 2년차 활동 기간은 독서논술교육 중심으로 운영되었으나 2015년부터 3년간 문화예술교육 프로그램으로 전환되어 '다문화, 이야기꽃이 피었습니다' 총 7권의 책을 출간했다.

2) 프로그램의 기획 방향

G시 다문화가족지원센터는 새로운 다문화 청소년 프로그램을 기획하면서 다음과 같은 다문화 구성원들의 요구와 필요성을 반영한 프로그램을 기획하였다.

(1) 결혼이민자 학부모의 요구가 반영된 프로그램

다문화가정 자녀의 언어이해력 부족이 학습부진 및 학교부적응을 초래하여 독서교육에 대한 결혼이민자 학부모의 요구가 높았기 때문에 다문화 청소년 교육지원사업은 결혼이민자 학부모의 자녀교육과 관련된 요구가 반영되어 학습이해력과 어휘력 향상을 목표로 프로그램이 기획되었다.

(2) 독서와 토론수업을 통한 사고력 및 이해력 향상

다문화가정 자녀들을 대상으로 독서논술수업을 진행하여 표현과 이해 능력의 향상과 지식 습득을 목표로 운영하고자 기획되었고, 토론수업을 활용하여 표현 능력을 향상시키는 것에 중점을 두고 추진하였다.

(3) 다문화가정 자녀를 위한 장기 프로그램의 추진

다문화가정 자녀 대상 프로그램은 그동안 대부분 단기 프로그램으로 진행되어 사업

성과의 연계성이 떨어지고 참여도가 낮다는 점을 고려하여 장기적으로 프로그램을 진행하면서 다문화 청소년들의 성장을 지속적으로 지원하고 관리하고자 하는 것을 전제로 추진 계획을 세웠다.

(4) 다문화가정 자녀의 정체성 확립

다문화가정의 자녀들은 가정 내 이중문화의 갈등으로 인한 정체성 혼란을 겪는 경우가 많아 다문화인으로서의 정체성 확립, 자존감의 형성 측면에서 세심한 지원이 요구되는 바 이를 보완할 수 있는 프로그램을 추진하고자 하였다.

3) 구성주의 관점에서의 프로그램 설계

G시 다문화 청소년 스토리텔링교육은 다문화사회의 미래 문화 인재라는 목표를 바탕으로 기획되었다. 기획 단계에 가장 우선시되어 고려되었던 것은 다문화 청소년들에게 내재된 정체성의 혼란, 다문화적 갈등, 학습 측면에서의 결핍을 극복할 수 있는 학습환경을 제공하는 것이었다. 다문화 청소년이라는 현실적 환경에서의 문제점을 극복하는 수업을 구성하되 자율적인 학습 참여의 과정을 통해 새로운 지식과 자기인식의 기회를 가지는 것에 중점을 두었다. 1~2년차의 독서논술 프로그램은 지식적 측면에서의 결핍을 채우는 과정이자 사고력의 확장을 통한 지속적인 지식 탐구의 환경을 제공하는 것을 목표로 하였다. 교수자의 전달이 아닌 학습자의 자발적 참여와 이해의 확대를 목적으로 진행하기 위해 단순한 독서와 문제해결에 집중하는 것이 아니라 토론과 협동 학습을 통한 창조적 지식 형성을 목표로 하였다. 3~5년차는 앞선 교육프로그램에서 달성한 지식의 확장을 개인에서 집단과 세계로의 인식 확대, 문화적 수용능력의 강화, 문화예술적 창조 활동의 경험으로 연결시키는 점에 주목하였다. 동화책의 완성이라는 구체적 목표를 정하고 자신이 경험하고 있는 현실 세계의 환경(다문화가정, 청소년기 등)을 하나의 문학작품으로 구성하는 과정을 통해 유의미한 지식 구성을 완성하는 것에 집중하였다. 지역사회 문화예술가들의 참여와 이중문화 배경을 지닌 다문화 청소년들과의 협동학습을 통해 구성주의 학습환경을 제공하고, 책의 완성이라는 학습 구성 과정에서 다문화 수용성과 문화 감수성 향상이라는 실질적인 학습의 목표를 완성하도록 했다.

4) 실제 프로그램의 적용 및 운영 : 실행 내용을 중심으로

(1) 프로그램의 도입기 1기(2013년)

3단계로 구성된 다양한 주제의 독서를 진행하였으며, 1~2단계 총 27권의 다양한 도서를 읽고 토론을 통해 어휘력과 사고력을 향상, 3단계 글로벌인재 프로젝트를 주제로 글쓰기 활동을 진행하여 생각을 구체적으로 표현할 수 있도록 하였다.

표 10-2 도입기 1기 프로그램

프로그램명	기간	대상	활동내용	참가인원
생각 쑥쑥 꿈도 쑥쑥	2013. 04. 06.~12. 14 (9개월)	초등 고학년 4~6학년	총 30권 독서 독후활동 및 아트북	10명
방학특강	2013. 08. 05.~08. 16 (월, 수, 금)	초등 저학년 1~3학년	총 6권 독서 독후활동 및 학부모 피드백	9명

출처: 안진숙(2019)

(2) 프로그램의 확대기 2기(2014년도)

인문반은 3단계로 구성되어 1단계 도덕과 인권, 2단계 우리가 사는 세상 이야기, 3단계 평화와 공존을 주제로 진행되었고, 기초반은 1단계 생각주머니, 2단계 생각 쑥쑥, 3단계 생각 펼치기의 순으로 독서논술 프로그램이 진행되었다.

표 10-3 확대기 2기 프로그램

프로그램명	기간	대상	활동내용	참가인원
기초반	2014. 05. 31.~12. 06 (8개월)	초등 고학년 3~5학년	기초 독서 활동 프로그램	12명
인문반	2014. 06. 28.~11. 15 (6개월)	초등 고학년 5학년 이상	인문학과 독서	4명

출처: 안진숙(2019)

2013년과 2014년의 교육 프로그램의 목표는 청소년의 건전한 정서 함양과 올바른 언어 형성을 목표로 한 독서논술수업의 진행과 다문화가정 자녀의 사회적 주제에 대한 이해를 바탕으로 깊이 있는 사고 형성 및 소통 능력 배양이다. 또한 독서를 바탕으로 한 지식 함양 및 표현 능력 향상을 통한 다문화사회의 리더로서 성장하기 위한 자기계발 지원 및 교육 모델 제시이다.

(3) 문화예술 프로그램으로의 전환기 3기(2015년)

기존의 독서를 바탕으로 한 지식 함양 및 표현 능력 향상을 통한 논술 능력 향상이라는 교육목표와 더불어 스토리텔링을 통한 문화예술교육으로 전환하여 교육목표 달성을 위한 동화책 창작 활동을 추가로 진행하였다.

표 10-4 전환기 3기 프로그램

프로그램명	기간	대상	활동내용	참가인원
기초반	2015. 04. 04.~9. 5 (6개월)	초등 전 학년	스토리텔링 창작 교육	15명

출처: 안진숙(2019)

다문화 청소년을 위한 독서 프로그램으로 지정 주제에 맞는 도서와 연계한 독서논술 프로그램을 운영하는 동시에 1인 1책 만들기 위한 동화작가, 미술전문가, 출판제작자와 연계하여 프로그램을 진행하였다.

(4) 스토리텔링교육 프로그램의 정착기 4기(2016년도)

논술프로그램과 병행하여 1인 1책 만들기 제작 지원 과정에 고등학생 멘토가 참여하여 함께 하는 다문화 및 성장기 동화 만들기를 진행하였으며, 다양한 외부 전문가 지원을 통한 완성도 극대화, 기존 참여자와 신규 저학년 참여자의 소통과 협업으로 원활하게 진행하였다.

표 10-5 정착기 4기 프로그램

프로그램명	기간	대상	활동내용	참가인원
기초반	2016. 04. 02.~09. 10 (8개월)	초등 전 학년	스토리텔링 창작 교육	15명

출처: 안진숙(2019)

(5) 스토리텔링교육 프로그램의 완성기 5기(2017년도)

5년간 진행한 다문화 스토리텔링 동화책 <다문화, 이야기꽃이 피었습니다> 전 7권이 완간되었으며, 인하대학교 아시아다문화융합연구소와의 MOU 체결을 통해 다문화

청소년 프로그램에 대한 학문적 연구와 지원, 외부 전문가들의 참여를 바탕으로 완성도 높은 프로그램을 추진하였다.

표 10-6 완성기 5기 프로그램

프로그램명	기간	대상	활동내용	참가인원
작가반	2017. 03. 11.~07. 29 (5개월)	초등 전 학년	스토리텔링 창작 교육	15명

출처: 안진숙(2019)

5) G시 다문화 청소년 스토리텔링교육 실행 분석

(1) G시 다문화가정 특성을 고려한 프로그램 개발

교육프로그램의 기획 시점을 기준으로 G시에 거주하는 외국인주민 자녀의 수는 2012년 행안부 자료에 따르면 2,320명이었고, 다문화가정은 대체로 다자녀를 출산하는 특징으로 자녀들의 수가 빠르게 증가하고 있어서 다문화가정 자녀들의 교육에 큰 관심이 필요한 시점이었다. 중고등학교에 재학 중인 다문화가족의 자녀들이 언어이해력 부족으로 인한 학습부진이 문제되고 있어 다문화가정 부모들의 독서논술교육에 대한 요구가 지속적으로 증가되는 상황이었다. 다문화센터가 주관하여 전문적인 독서논술교육 지원사업을 통해 다문화가정에 실질적으로 필요한 교육을 지원하는 측면에서 신규 교육프로그램의 개발을 준비하게 되었다. G시 다문화가정 자녀 교육지원사업 관련해 시청과 한국마사회(G지사)는 학교 밖 교육을, 경기도 G교육지원청은 학교 안 교육을 지원하고 있는 상황이었지만 다양한 사업 주체들과의 연계 속에서 전문적이고 차별화된 교육사업을 추진할 수 있도록 다문화 사업역량을 갖춘 G시 다문화가족지원센터가 다문화 청소년 교육사업을 기획하게 되었다. 다문화 청소년 교육지원사업은 결혼이민자 학부모의 자녀교육과 관련된 요구가 반영되어 학습이해력과 어휘력 향상을 목표로 프로그램이 기획되었고, 그동안 다문화 청소년 대상 교육 프로그램들이 단기적인 사업으로 진행된 경우가 많았던 점을 감안해 프로그램의 장기적인 운영을 통해 프로그램의 완성도를 높이는 것에 주안점을 두었다.

(2) 추진 과정에서의 프로그램의 변화와 성장

2013년 시작된 다문화가정 청소년 교육지원사업은 다문화가정 자녀의 독서와 논술 지도를 통한 어휘력 향상으로 학습 이해력 증가와 학교 적응력을 높이고자 하는 취지로 기획되었다. 다문화 청소년들을 대상으로 하는 독서교육이라는 측면에서 첫 해 가장 중점주제로 선정한 것은 '독서를 통한 자존감 회복'과 '다문화인으로서의 정체성 확립'이었다. 구성주의 학습 설계 관점에서 다문화 청소년이라는 특수성을 감안하여 학습적 측면에서의 교육보다는 개인의 다문화적 인식에 대한 새로운 이해를 돕는 프로그램으로 운영되었다. 2014년 2기 프로그램은 교육과정의 확대를 중심으로 지식 습득, 꿈과 목표 수립, 미래비전 확립 등 독서논술 프로그램의 전문성을 강화하는 것에 집중하였다.

2015년 3기 프로그램은 기존 독서논술 프로그램을 진행하던 과정에서 학습적인 측면을 강조하던 기존 프로그램들의 한계를 넘어 다양한 문화콘텐츠를 직접 생산하는 사회문화적 경험을 제공하는 것을 목표로 독서프로그램과 병행하여 1인 1책 만들기 활동을 진행하게 되었다. 다문화적 감수성과 자기 계발이라는 점에 초점을 맞추어 다문화적인 경험을 바탕으로 한 동화책을 출간하는 것을 목표로 <RAINBOW BOOKS>라는 다문화 청소년 스토리텔링 동화책 전 7권의 출간 목표를 수립하였다. 문화적 다양성과 스토리텔링교육을 통한 문화예술 창작활동으로 책의 완성도를 높이기 위해 멘토의 참여를 통한 창작 지원을 하였고, G시청, 한국마사회(G지사) 등 유관기관과 인하대학교 아시아다문화융합연구소와의 MOU 참여를 통해 협업과 공동 연구 등으로 확대되었다.

6) 문화예술 · 스토리텔링 수업의 기대 효과

다문화 청소년 교육프로그램의 일환으로 스토리텔링교육을 선택한 것에는 프로그램 참여 주체들의 요구와 더불어 문화예술교육으로서 장점이 프로그램의 성과를 높여줄 것이라는 점을 고려했기 때문이다.

첫째, 스토리텔링교육이 언어 발달과 올바른 듣기 · 말하기 · 읽기 · 쓰기 태도 형성에 도움을 줌으로써 프로그램 초기의 독서논술교육이라는 기본 목표 달성에 기여한다는 점에서 적합한 교육프로그램으로 판단되었기 때문에 선택되었다. 둘째, 스토리텔링 기법을 활용한 교육은 기존의 학습 차원의 독서논술교육에서 한 편의 이야기를 만들어

보는 과정을 통해 상상력과 창의력 신장을 신장시키고 다양한 주제나 소재에 대한 접근과 탐구 과정에서 학습을 촉진시키는 결과를 가져왔다. 셋째, 스토리텔링 활동을 수행하는 과정에서 텍스트 속 화자와 자신을 동일시하게 되고, 그 상황에 자신을 적극적으로 투사하여 상상하는 과정을 통해 다문화적 배경에 대한 새로운 이해와 공감의 기회를 가지게 되었다. 특히 다문화가정의 자녀와 부모와의 대화를 통해 다문화 구성원으로서의 자신의 정체성에 대해 새롭게 이해하고 공감하는 계기가 되었다는 점은 의미가 있다. 넷째, 자신만의 이야기를 만들고 전달하는 과정에서 교사, 멘토, 다문화 부모와의 끊임없는 상호작용이 이루어진다는 점은 프로그램에 대한 참여 호응도를 높이고 다양한 의사소통을 통한 자기 계발과 이해를 위한 기회를 제공하기도 했다. 다섯째, 이야기를 완성하는 과정을 통해 자신의 생각이나 가치관을 변화시키는 계기가 되고, 다양한 표현 활동을 통한 책의 완성 과정을 통해 성취감과 자존감을 확립하는 경험의 기회가 되었다.

따라서 다문화 청소년을 대상으로 한 다문화 스토리텔링 수업은 기존 다문화교육 프로그램의 한계를 극복하고 새로운 대안으로 제시할 수 있다는 점에서 추가적인 연구와 프로그램 개발이 필요하다는 점을 확인할 수 있다.

11
CHAPTER

협동학습

1. 협동학습의 이해
2. 협동학습의 구분
3. 협동학습의 과정
4. 협동학습 모형
5. 협동학습의 실제
   – 세계시민성 함양을 위한 중학교 사회과 수업 프로그램

1. 협동학습의 이해

1) 협동학습의 개념

협동(cooperation)은 공통된 목표 달성을 위해 함께 일하는 것을 의미하며, 협동을 전제로 개인은 자신과 소집단 내 다른 구성원들에게 도움이 되는 결과를 위해 노력하기 때문에 협동학습(cooperative learning)은 소집단 내 학습자들이 자신과 다른 구성원들의 학습을 최대화하기 위해 함께 노력하는 '소집단의 교육적 사용'으로 볼 수 있다(Johnson et al, 2006).

협동학습은 학습자와 동료학습자가 사회적 지지를 기반으로 서로 학습하는 방법(Johnson & Johnson, 1990)이며, 학습자들 간의 협동을 통해 학습 목표를 달성하는 학습 방법이다. 협동학습은 둘 이상의 학습자들이 상호작용을 통해 특정한 것을 학습하는 것, 학습자들이 혼자 해결할 수 없는 과제를 협력활동을 통해 수행하는 것 등으로 정의되기도 한다. 학습자들의 협동 양식, 집단구성 방식, 공동 목표 달성 방법 등 여러 요소에 의해 다양하게 정의된다.

협동학습은 과제를 먼저 마친 학습자들이 주변의 학습자를 돕는 것이나 같은 책상에 앉아서 학습하는 것이 아니라, 학습자들이 공동의 업적을 달성하기 위하여 집단의 목표를 나누어 담당한 후 이를 통해 집단의 성적을 높이거나 정해진 규준을 따라 집단 전체에 보상하는 것이라고 정의했다(Johnson & Johnson, 1975). 또한 능력이 이질적인 학습자들이 동일한 목표를 향해 소집단 내에서 상호 협력적인 방법으로 활동하는 수업이라고 정의하였고, '개인을 위한 전체'와 '전체를 위한 개인'의 태도를 강조했다(Slavin, 1987).

협동학습은 학습자들이 공통의 과제를 함께 공부하고 서로 격려하는 수업 방법이고 동료지도(peer tutoring)와 비슷하나, 고정된 강사(tutor)와 학습자(tutee)가 따로 없고, 다루어야 할 정보가 학습자보다는 교사에 의해 주로 제시된다는 점에서 차이가 있다(Slavin, 1995). 또한 학습자들이 사회적 구성원들과 개인적 이해 과정에서 만들어진 지식을 서로 표현하고, 토론하여 이해를 공유하는 사회적 이해 과정을 거쳐 협력적 지식이 생성된다고 보며(Stahl, 2006), 학습자들이 대화로 상호작용을 하면서 시간적 · 공간적 제약을

벗어나 그룹의 목표를 달성할 수 있도록 만들어진 학습 방법이다(Bruffee, 1995). 이러한 협력적 지식 생성에 요구되는 도구 및 매개체는 구성원 간 상호작용을 지원하는 말, 행동 등이 해당되고, 학습 구성원 간의 상호작용 촉진을 위해서 다양한 도구의 중요성을 강조했다(김대권, 2020).

협동학습은 자신과 동료의 학습 성취를 최대화하기 위해 학습 과정에서 협동의 중요성을 강조하며, 소집단 구성원이 모두 협동하여 학습 목표의 효과적 달성을 위해 구조화시킨 수업, 학습자 개인의 목표와 동료들의 목표가 동시에 최대한 성취될 수 있도록 학습자들 간의 상호작용과 역할의 보완성을 활성화시키는 학습 전략으로 정의한다(강홍숙, 2006). 따라서 협동학습이란 학습에 참여하는 학습자들이 개인과 집단의 목표를 최대한 완수할 수 있도록 학습자들의 소통과 상호작용을 바탕으로 협력을 향상시키는 교수·학습 방법의 하나라고 할 수 있으며, 개인이 집단 속 다른 구성원들과 어떻게 관계를 맺고, 그 관계 속에서 발생하는 학습효과를 모두에게 최대치로 올리는지에 초점을 둔다(김대권, 2020).

협동학습은 교실수업에서 과거 교사 중심의 전통적 교수방법이 지나친 경쟁의 조장, 학습 목적을 학습 그 자체가 아닌 시험, 점수와 같은 외적 기준의 충족에 두었다는 지적에 대한 대안적 모형이며, '학습자－학습자 간의 상호작용'에 초점을 둔 수업 방법이다(손병노, 1996). 또한 1960년대 이후 강조된 개별화수업 방법이 학습자들의 학업 성취는 물론 정서적, 사회적 학습에 그다지 효과적이지 못하고 오히려 경쟁주의 조장이나 개인주의를 심화시킨다는 비판적 문제의식에서 출발한 대안적 교실 수업 모형이다(고종선, 2012). 경쟁은 학습자의 각성을 높여주고 도전감을 갖도록 하는 긍정적 역할도 하지만 과도한 경쟁은 흥미나 유능감을 떨어뜨리거나 고차원적 사고보다는 좋은 점수를 받기 위한 전략적 태도를 갖게 하는 단점도 있다(Johnson et al, 2000). 이러한 문제인식 측면에서 경쟁학습에 대한 비판이 증가하였으며, 그 대안적 수업 모델로 협동학습에 대한 관심과 교육 현장의 적용이 증가하였다.

2) 협동학습의 목표와 특징

협동학습은 그룹 안에서 책임감과 리더십을 갖고 동등하게 활동적으로 참여하며, 학습자들 간에 학습적 협동을 기르고 학습적 성취를 높이며 자아개념을 발달시키는 것에

목표를 둔다(McManus & Gettinger, 1996). 학자들이 제시한 협동학습의 특징을 살펴보면 <표 11-1>과 같다.

표 11-1 협동학습의 특징

학자	협동학습의 특징
Cohen (1994)	• 집단과제 • 교사의 책무성 • 집단 구성원과의 상호작용 • 상호 의존성 • 학습자들의 열정
Kagan (1944)	• 동등한 참여 • 개별 책무성 • 동시다발적인 상호작용 • 상호 의존성
Stahl (1994)	• 상호 의존성 • 면대면 상호작용 • 구체적인 학습 목표 제시 • 개별 책무성 • 사회적 상호작용 • 학업성적에 관한 보상 • 학습 내용 제시 • 집단 목표 달성 • 충분한 학습 시간 제공 • 성공을 위한 동등한 기회 제공
Slavin (1995)	• 집단목표 • 개별 책무성 • 과제 전문화 • 집단(team) 경쟁 • 성공을 위한 동등한 기회 제공
Williams (1996)	• 학습 목표 • 사회적 기술 • 개별 책무성 • 상호 의존성 • 평가
Johnson & Johnson (1999)	• 상호 의존성 • 사회적 기술 및 소집단 기술 • 개별 책무성 • 동료들 간의 상호작용 • 집단 구성원의 발달 평가 및 집단 과정에 대한 의사결정
정문성 (2002)	• 개별 책무성 • 구체적 수업 목표 • 모둠경쟁 • 시간의 융통성 • 이질적 모둠구성 • 성공의 균등기회 • 학습자 간 긍정적 상호작용 • 동시다발적 대면적 상호작용

출처: 박수현(2008)

경쟁학습과 비교하여 구성원들과의 협력을 강조하는 협동학습은 상호의존적인 인간관계를 중요시하고, 혼자 살아갈 수 없는 사회를 위한 화합과 공존의 모색을 강조하는 학습 방법을 추구하며, 노력에 대한 책임에서도 개개인이 집단을 위한 개별책무성이 존재하기 때문에 이를 통해 사회적 책무성을 가진 사람으로 성장할 기회를 제공한다(Johnson et al, 2000).

3) 협동학습의 효과

여러 연구에서 종합하여 제시된 협동학습의 효과는 다음과 같다(강홍숙, 2006).

첫째, 수업에 재미가 있고 학습자들의 학습 의욕이 높아진다. 모든 학습자들에게 문

제해결의 기회가 주어지기 때문에 자연스럽게 학습 동기가 높아진다.

둘째, 학습자가 혼자 문제를 해결하는 과정에서 요구되는 시간과 노력이 줄어 학업 성취가 크게 향상된다.

셋째, 함께 하는 문제해결 과정에서 서로에 대한 존중과 이해의 폭이 확대된다.

넷째, 토론을 통해 사고의 깊이와 폭이 강화되어 사회적 기술과 의사소통 기술이 발달한다.

다섯째, 학급 내 인간관계 향상에 도움을 주어 공동체의식 함양이 가능하고, 수업을 통한 긍정적인 자아개념의 형성이 이루어진다.

여섯째, 학습자들의 개인차를 정확히 파악하여 학습자들에게 내재된 다양한 재능의 개발과 격려가 가능하다.

일곱째, 공동 학습을 통해 지도력, 협동심 등 공동체적 자질의 육성, 학습자의 책임감과 자율성 향상이 이루어진다.

협동학습의 효과를 인지적 · 정의적 영역에서 구분하면 다음과 같다.

(1) 인지적 영역의 효과

협동학습이 갖는 인지적 효과는 동기론적 관점, 사회응집 이론적 관점, 인지론적 관점, 연습이론적 관점의 네 가지로 정리된다(정문성, 2002).

첫째, 동기론적 관점에서 모둠 보상은 학습자의 개인 목표 달성이 모둠의 공동 목표 달성에 의존되게 된다는 점에서 학습자는 학습활동에 긍정적인 태도를 형성하게 되고, 학업 성취 동기를 유발하여 효과를 높인다.

둘째, 사회응집 이론적 관점에서 학습자들은 기본적으로 다른 학습자들의 성공을 원하며 이를 고려하는 성향을 가지고 있어서 협동학습의 학업 성취에 기여한다.

셋째, 인지론적 관점에서 모둠 형성과 활동 과정 등에서 이루어지는 자연스러운 상호작용 자체가 학습자들의 지적 능력 향상에 긍정적인 영향을 준다.

넷째, 연습이론적 관점에서 다른 학습자들에게 학습 내용의 반복적인 이야기를 바탕으로 한 상호작용을 통해 연습하고 숙달하는 기회를 가지면서 학업 성취를 높이게 한다.

(2) 정의적 영역의 효과

첫째, 협동학습은 학습자들이 개인의 능력과 상관없이 집단 속에서 어울려 활동하면서 집단의 성공에 기여하는 것을 통해 그들의 자아존중감이 높아지게 되며, 학습자들 간의 인종·문화적 차이를 극복하게 할 뿐만 아니라 사랑·공감·헌신 등의 친사회적 행동을 형성하게 해 보다 긍정적인 교실 문화를 만들어 간다.

둘째, 협동학습이 학습자들의 상호작용을 증진시켜서 심리적 수용 경험을 체험하게 하고, 정확한 관점을 채택하는 능력을 갖게 하여 분명하고 현실적이며 역동적인 협동을 경험하게 한다.

셋째, 심리적인 성공의 경험을 통해 자아존중감과 수용력이 높아지게 되고, 동료 학습자들에 대한 긍정적인 태도를 함양시키게 하며, 보상을 통해 즐겁고 유쾌한 상호 관계와 교실 분위기 형성이 가능하다.

4) 협동학습의 구성요소

협동학습을 구성하는 협동학습의 요소를 요약하면 <표 11-2>와 같다.

표 11-2 협동학습에 필요한 구성요소

학자명	협동학습 구성요소
Johnson & Johnson(1989)과 Johnson, Johnson, Holubec, & Roy(1992)	긍정적인 상호의존, 개인적 책무성, 개인 간 상호교류, 대인관계 및 사회기술, 집단 과정
Slavin(1991)	긍정적인 상호의존, 개인적 책무성
Cohen(1986)	사고기술을 강조하는 개방형 개념과제, 타구성원 참여를 요구하는 집단과제, 주요 주제와 관련한 다중과제, 각 집단 구성원에게 부여된 역할
Rottler & Ogan(1991)	사회적 기술, 개인 간 상호교류, 개인적 책무성, 집단응집, 집단책임, 교사감독, 집단평가
Ormrod(1995)	집단 구성원의 상호 의존성, 집단목표, 소집단의 크기, 개인적 책무성, 교사감독, 집단평가
Sharan(1990)	긍정적 상호작용, 개인 간 상호교류, 개인적 책무성, 소집단 및 대인관계 기술, 집단평가

출처: 김대권(2020)

많은 학자마다 미시적인 차원에서 협동학습의 구성요소에 대한 이견이 있지만 공통적으로 제시되고 있는 조건들을 정리하면 긍정적 상호의존, 개인적 책무성, 면대면 상호작용, 사회적 기술, 집단 평가 등 다섯 가지로 정리할 수 있다(김대권, 2020).

첫째, 긍정적인 상호의존은 집단의 구성원 개개인이 집단 성공을 위해 자신뿐만 아니라 구성원들과 함께 목표를 이루어야 한다는 점에서 서로 돕는 관계라고 할 수 있다. 긍정적 상호 의존성을 강화하기 위해 보상 같은 방법을 활용할 수 있다.

둘째, 개인적 책무성은 과제의 숙달 책임을 개인에게 두는 것이지만, 집단 구성원으로서 개인들의 수행 평가 결과가 개인이 속한 집단과 자신에게 적용될 경우 개인적 책무성이 존재한다. 협동학습에서 집단목표와 개인적 책무성이 구조화되지 않으면, 학습자 개인이 전체 집단의 학습을 혼자 하게 되거나 하위 학습자들이 집단 활동에서 무시 혹은 배제될 수 있는 위험이 있다. 따라서 개인이 집단목표 달성을 위한 개인적 책무성을 인식하고 실천하는 것이 필요하다.

셋째, 면대면 상호작용은 집단 구성원들이 집단 목표 달성을 위해 다른 구성원들의 노력에 대해 격려하고 촉진하는 것이다. 다른 구성원들의 학습에 관여할 경우에 발생하는 인지적 활동과 상호작용에는 학습한 개념의 본질에 대해 논의하기, 구성원에게 지식을 가르쳐주기, 지금 학습하는 내용과 지난 학습 내용을 연결하기, 문제해결 방법 설명하기 등이 있다. 집단 구성원들 간의 대면적 상호작용이 증가하게 되면 동료에 대한 책임감, 사회적인 지지, 상호 간의 논리와 결정에 영향을 미치는 능력, 상호 보상 등이 증가된다.

넷째, 사회적 기술은 집단 내 협동적 노력을 통한 성공을 위해 요구되는 기술이다. 교사는 사회적 기술 훈련이 된 학습자들이 더 많을수록 사회적 기술을 가르치는 것에 대해서 더 많은 주의를 기울여야 하며, 학습자들이 사회적 기술을 사용했을 경우에 개인적 보상을 더 많이 줄수록 협동학습 집단 내 학습자들의 성취도는 향상되는 경향이 있다. 학습자들이 사회적 기술을 더 많이 사용할수록 집단 구성원들 간의 관계는 더욱 긍정적일 수 있다는 점에서 집단 내 효과적 관계를 유지하고 집단 구성원들을 돕기 위해서는 협동학습 구성요소 중 사회적 기술의 사용 여부를 점검하기 위한 시간과 과정이 학습자들에게 주어져야 한다.

다섯째, 집단 평가는 구성원 각자가 공동 목표를 달성하기 위한 노력과 협력 여부에 대한 토론과 평가가 적절히 이루어져야 한다. 집단평가를 통해 집단 목표 달성을 위한

구성원의 기여를 파악하고, 문제의 확인과 해결을 진행하여 목표 성취 달성에 도움을 주고자 하는 것이다.

2. 협동학습의 구분

1) 협동학습과 전통적 소집단학습

협동학습은 학습자 상호 간의 상호작용과 협력으로 학습효과의 증진을 위한 구조화된 소그룹 중심 수업 방법이며, 다문화사회에서 다양성의 공존을 추구하는 일종의 사회화 훈련 과정이라고 할 수 있다(김영순, 최희, 2018). 모둠 중심 학습은 수업 현장에서 일반적인 교수 전략이지만 단순히 모둠 구성 후 학습을 진행한다고 해서 모두 협동학습으로 간주하지는 않는다. 교사가 학습자들을 집단으로 편성한 후 학습하게 하는 전략을 사용하는 전통적인 소집단학습과 협동학습은 질적으로 차이가 있다(곽영순, 2001).

협동학습은 학습자들이 소집단에서 서로 도우며 학습하는 교수법이며, 학습자들은 토의하고 논쟁하며 현재 서로가 가진 지식을 평가하고 이해의 차이를 극복함으로써 학습해야 할 개념을 모두가 완전히 습득하게 될 것이라는 상호 간의 확신을 가지고 활동하는 것이다(Slavin, 1995). 또한 협동학습에서는 이질적인 구성 집단 안에서 모든 학습자들이 성공할 수 있는 동등한 기회를 부여하는데, 개별화된 기준을 적용하는 것을 통해 보상을 받을 수 있게 된다(Johnson & Johnson, 1989). 하지만 전통적 소집단학습은 물리적으로 학습자들을 집단으로 구성했을 뿐 학습 과정 및 방법에 대해 단순 확인 절차를 거친 이후에는 개별학습이 진행되기 때문에 구성원들 간의 상호작용과 대화에 기반한 동료 학습은 중요하지 않게 되며, 학습 결과는 획일적인 기준을 적용해 개별적으로 평가된다. 전통적 소집단학습과 협동학습의 차이를 비교하여 <표 11-3>과 같이 정리할 수 있다.

표 11-3 전통적 소집단학습과 협동학습의 비교

구분	전통적 소집단학습활동	협동학습활동
상호 의존성	없음	있음
개인적 책무성	없음	있음
구성원의 개인적 특성	구성원의 동질성	구성원의 이질성
리더십	1명의 리더	지도력을 공유
책임감	자신에 대해서만 책임	서로에 대한 책임 공유
과제와 관계 지속성	과제에 집중함	과제와 관계성 함께 강조
사회적 기능학습	학습하지 않음	구체적으로 학습
균등한 성공 기회	제공되지 않음	제공됨
학습자의 참여	일부 학습자만 참여	모든 학습자 참여
교사의 관찰과 개입	소극적	적극적
소집단 활동의 성격	활발하지 않음	활발함

출처: 김대권(2014)

2) 협동학습과 협력학습

협동학습은 통상적으로 두 개 이상의 집단이 동일한 학습 목표를 설정한 후 학습 목표 달성을 위해 조력을 주고받는 학습활동을 의미하는 것으로 보지만 모든 집단이 모두 협동집단은 아니며 개개인을 동일한 집단 속에 두고 과제를 해결하도록 하는 것만으로 협동학습이 이루어지는 것은 아니다(Johnson & Johnson, 2000). 따라서 학습자들을 단순히 몇 개의 소집단으로 조직하여 함께 학습하도록 하는 활동이자, 공동과제, 공동목표, 공동보상 등과 같은 구조화된 조건들이 함께 작용되는 학습 형태를 협동학습으로 구분한다(전성연 외, 2010).

협동학습과 협력학습은 모두 개개인이 동등한 입장에서 공동목표를 추구하면서 집단적 사고와 가치를 중요시하며, 집단 내에서 공동 가치 혹은 목표를 달성하기 위해 집단 내 상호작용을 강조하는 공통점을 가지고 있다(강인구, 2003). 두 학습은 함께 과업을 수행하면서 학습자들의 학습을 상호적으로 도와준다는 공통목표를 가지고 있지만, 협동은 공동작업의 산출, 협력은 공동작업의 과정을 강조하는 차이가 있다(Bruffee, 1995).

협동학습(cooperative learning)은 특정한 성취를 얻기 위한 설계와 지도를 강조하는 것

이고, 협력학습(collaborative learning)은 최종 결과물보다는 협력 과정과 사회적으로 구성된 지식, 학습자의 능동성을 강조하는 수업 방법으로 정의된다(Roschelle & Teasley, 1995). 또한 협동학습은 학업 성취도를 높이는 것이 목적이기 때문에 구조화된 수업 방식과 교사의 적극적 개입이 중요하지만, 협력학습은 모든 활동이 학습자 주도적으로 진행되며 풍부한 상호작용과 공동 노력이 수반된다(Olivares, 2008).

협동학습은 협력학습과 비교 시 더 구조화되며, 교실기법 면에서 교사들에게 더 규범적이며, 집단 내에서 협동하는 방법에 대해 학습자들에게 더 지시적이고, 목표 지향적이다(Matthews et al, 1995). 협동학습은 사회적이고 인지적인 기술 발달의 증진을 위해 고도로 규범화되고 조직화된 교실기법이며, 개인 학습자들이 자신의 학습에 대한 책임을 가지게 하는 것과 동시에 집단 내에서 다른 학습자들의 학습을 돕도록 하며, 학습자가 그들에게 도움과 지도를 주는 보다 능력 있는 사람들과 함께 한다(김대권, 2020). 반면 협력학습은 공동체 내에서 학습자들의 사회적 관계에 초점을 두며, 기법과 규범을 지향하는 측면이 덜하고, 학습자들이 이미 소속되어 있는 일반적 지식공동체의 속성과 다른 지식공동체의 일원이 될 수 있도록 도움을 주는 재문화변용(reacculturation) 과정이며, 소집단 활동이 학습자 간의 사회적으로 구조화된 정보교환에 의존한다(김대권, 2020).

협동학습과 협력학습 모두 소집단으로 구성되며 학습자들은 집단의 결과물을 공유하며, 과업완수를 위해 학습자들 간의 대화가 강조된다는 공통점을 가진 반면에 협력학습은 중요한 문제나 의미 있는 프로젝트를 조사하기 위해 학습자들이 함께하는 교수법이다(Palmer et al, 2003). 협력학습은 과제에 대한 공동의 조절(co-regulation), 토의, 토론과 같은 적극적 의사소통을 통해 함께 지식을 구성하는 과정(co-construction)을 강조하는 특징을 보인다(김대권, 2020).

협력학습과 협동학습을 구분하는 또 다른 기준은 과제의 분담이며, 협동학습은 과제를 분담한 후 개별적으로 학습한 뒤에 다시 합하는 방식으로 이루어지는 것이라면 협력학습은 학습 목표 달성을 위해 구성원 모두가 공동으로 노력하는 방식에 가깝다(Dillenbourg, 1999). 하지만 협력학습과 협동학습은 동시에 일어날 수 있고 호환적인 관계로 볼 수도 있으며, 일반적으로는 협력학습보다는 협동학습이라는 용어가 더 많이 사용되고 있다(Brody & Davidson, 1998).

이와 같은 협동학습과 협력학습의 차이를 비교하여 <표 11-4>와 같이 정리할 수 있다.

표 11-4 협동학습과 협력학습의 비교

구분	협동학습	협력학습
공통목표	• 동등한 개개인의 공동목표 추구, 집단적 사고와 가치 중시 • 목표달성을 위한 집단 내 상호작용 강조 • 학습공동체 지향	
개별목표	• 다양한 기술을 통해 인지적, 사회적 기술 향상	• 다른 지식공동체 안에 새롭게 적응
개념	• 구조화된 또래 가르치기	• 탈구조화된 또래 가르치기
접근	• 사회심리학적 접근 • 사회적 상호의존 이론	• 구성주의적 접근 • 구성주의 이론
특징	• 교수 · 학습 모형, 방법론 중심 • 통제적, 체계적	• 교육 철학적 담론 중심 • 자율적
활동	• 교사의 계획에 의함	• 학습자들의 자율적인 결정
과업	• 목표 결과, 성취 달성	• 협력 자세의 과정
과업 순서 및 관계	• 개별적 분배와 성과 중심: 개별적으로 분배받은 과업에 대한 책임감 개별적 하위 학습 과제 할당, 수행 → 공동 학습 목표 달성을 위한 개별적으로 수행한 학습 과제 공유 → 학습 → 목표성취	• 공동 과업과 과정 중심: 좀 더 유능한 학습자와 함께 과업 참여 및 과업에 대한 공동 책임 처음부터 끝까지 공동의 학습 목표 달성을 위해 책임감과 학습 과제 공유 → 공동 문제해결 → 동료 학습자들과 지속적 논의/상호 동기부여/피드백 제공
교사	• 지시적 • 수업 모든 내용 선택, 적용 • 전체 수업 운영 과정 통제, 적극 개입	• 비지시적 • 수업 과정을 관찰 • 최소한의 개입
학습자	• 상대적으로 수동적(교사의 지시에 따라야 함)	• 능동적(학습 과정을 학습자가 선택)
평가	• 최종 학습 단계의 목표달성 정도 측정하여 등급화	• 학습 과정의 상호작용 과정에서 대화, 기록 내용이 평가 대상

출처: 강인구(2003)

3. 협동학습의 과정

협동학습은 그룹에 제공되는 과제 해결을 위해 학습자들이 함께 모여 활동할 기회를 가지게 되고, 그룹의 목적에 대한 이해를 바탕으로 각자의 학습을 지지하고 상호 협조의 필요를 발달시킨다(Gillies & Ashman, 1998). 또한 각자가 다른 학습자들의 학습에 대한 격려, 정보, 자극, 상호 간 도움을 제공한다. 또래들은 종종 교사들보다 또래들이 쉽게 이해할 수 있는 방식으로 설명을 제공하고, 문제의 관련 특징을 학습자들의 입장에 초점을 맞춰 더 잘 알고 있기 때문에 성인의 도움보다 더 효율적인 도움을 주고받게 된다(Webb & Farivar, 1994). 상호작용은 도움을 받는 학습자들에게 이전에 사고해 보지 않았던 주제에 대해 사고하는 새로운 방식을 배울 기회를 제공할 수 있어 이득이 되며, 도움을 주는 학습자들은 다른 학습자들에게 자신의 생각을 정리하고 설명할 때 이전보다 더 자신의 생각과 시각을 보다 더 명확하게 재조직할 수 있기 때문에 이득이 된다. 결국 이러한 과정을 거치는 것이 학습자들의 학습 수행에 긍정적인 효과를 미친다(King, 1999). [그림 11-1]은 이러한 협동학습의 과정을 나타낸 것이다.

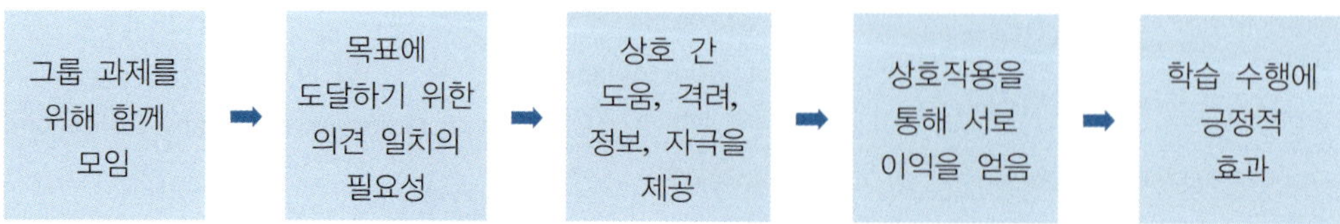

그림 11-1 협동학습이 이루어지는 과정

4. 협동학습 모형

협동학습의 대표적인 모형으로는 STAD 모형, TGT 모형, JigsawⅡ 모형, TAI 모형, GI 모형, LT 모형 등이 있으며, 각 모형은 과제 제시 방법, 소집단 구성 방법, 보상 방법 및 대상, 평가 대상 및 방법 등 다양한 전략과 독특한 구조를 가지고 있다(전은이, 2014).

협동학습은 다양한 방식의 모형들이 있으며, 변형 모형들도 많이 개발 및 보급되고 있다. 교사는 학습 목표, 교수 · 학습 방법, 학습자들의 인지적 · 정의적 특성, 학급문화 등을 고려해 가장 적절한 협동학습 모형을 선정하는 것이 요구되며, 수업에 적용 시에는 학습자들에게 모형의 각 단계별 해야 할 역할 및 과제를 제시하는 등 사전에 협동학습에 요구되는 사회적 기술을 익힐 수 있도록 해야 한다.

협동학습 모형들은 과제 중심, 보상 중심, 교과 중심 등으로 구분할 수 있으며, 가장 많이 사용되는 하위 모형들은 <표 11－5>와 같다.

표 11–5 협동학습 모형의 구분

과제 중심	보상 중심	교과 중심
집단탐구 모형 (Group Investigation, GI)	성취과제 분담학습 모형 (Student Team Achievement Division, STAD)	팀 보조 개별학습 모형 (Team-Assisted Individualization, TAI)
과제분담학습 모형 (Jigsaw)	팀 경쟁학습 모형 (Team-Games-Tournaments, TGT)	

출처: 김대권(2020)

1) 과제 중심 모형

과제 중심 모형은 집단 내 협동을 강조해서 학습 동기를 불러일으키는 유형이며, 가장 많이 사용되는 모형에는 집단탐구 모형(GI 모형)과 과제분담학습 모형(Jigsaw 모형) 등이 있다.

(1) 집단탐구 모형(GI 모형)

GI 모형은 Sharan과 Sharan에 의해 1976년에 개발된 모형으로, 집단조사 학습, (소)집단탐구 모형으로 불리며, 협동학습 모형 중 가장 학습자들의 선택과 자율성이 중시되

는 모형이며, 고차적인 인지기능 획득에 유리하다(전은이, 2014).

학습자들은 스스로 학습 과제를 나누고, 이 중에서 자신들이 하고 싶은 학습 과제를 선택하며, 동일한 주제를 선택한 집단 내에서 토론을 통해 역할을 나누고 정하게 된다. 교사는 전체 학습 주제를 안내하고 학습자의 학습활동을 촉진하고 보조하는 역할을 맡게 된다(박수현, 2008).

Kagan(1994)은 GI 모형의 수업 절차를 6단계로 제시하였다.

1단계는 주제 선정 및 탐구 모둠을 조직한 후 교사가 탐구주제를 제시하고 학습자들이 질문을 통해 주제를 소주제로 나눈다. 개별 학습자들의 흥미에 따라 소주제별로 집단을 구성한다.

2단계는 탐구 계획 수립 단계로 집단 구성원이 모여 소주제 학습의 역할을 분담한다.

3단계는 탐구 실행으로 학습의 필요 정보를 수집하고, 분석하며 평가한다.

4단계는 학습 결과를 바탕으로 하여 발표 보고서를 작성한다.

5단계는 보고서 발표를 진행하는 단계이다.

6단계인 평가에서는 학습자들의 보고서 내용을 중심으로 하여 개인별 또는 집단별 평가가 이루어진다.

집단탐구 모형의 특징에는 탐구, 상호작용, 해석, 내재적 동기 등이 있다(전성연 외, 2010). 집단탐구 모형에서 학습자들은 탐구 공동체가 되어서 자신들의 탐구 과정에 대한 통제권을 갖는다. 토론 과정에서는 충분한 상호작용 기회를 가진 후 지식과 정보를 협동적으로 해석한다. 또한 학습자들은 스스로 학습 주제와 방법을 선택하고 계획하는데 이는 과제에 대한 흥미나 호기심, 만족감을 기반으로 과제를 수행하도록 해서 학습을 내재적으로 동기화하게 한다.

GI 모형은 선택권이 넓어 학습자들의 내적 동기를 유발하고, 고차적인 인지 기능 및 문제해결학습에 큰 효과가 있다는 장점이 있는 반면, 학습의 성공적 시행을 위해서 집단 기술이 미리 습득되어야 한다는 단점이 있다(박수현, 2008).

(2) 과제분담학습 모형(Jigsaw 모형)

Jigsaw 모형에서 직소우라는 명칭은 학습 형태 측면에서 원래 모둠에서 전문가 모둠으로 나누어졌다가 다시 원래 모둠으로 돌아오는 형태가 조각 그림을 맞추는 퍼즐게임

(Jigsaw Puzzle)과 같다는 것에서 유래했다.

1978년 미국 텍사스 대학의 Aronson과 동료들이 JigsawⅠ 모형을 개발한 후, 1980년 Slavin에 의해서 JigsawⅠ 모형의 단점을 보완하여 JigsawⅡ 모형이 개발되었다. 또한 앞선 모형들의 단점을 개선해 더욱 정교화시킨 Jigsaw Ⅲ 모형도 등장했다. Jigsaw 모형은 경쟁이 없는 구조에서 각각의 개인이 정보원이자 학습의 주체자가 되어서 서로 협동하며 상호의존하는 학습의 형태로 정의하며, 학습자들의 학업 성취뿐만 아니라 사회성 형성 등의 정의적 특성 형성에 강조를 두고 있다(류제천, 2009).

수업 절차는 우선 교사가 학습자들을 이질적 구성원들과 함께 수업하도록 소집단을 나눈 후 학습 과제를 구성원 수에 맞게 나누어 특정 내용, 즉 전문 과제를 각 구성원에게 할당한다. 학습자들은 자신이 맡은 전문과제를 해결하기 위해서 각 집단의 동일 전문 과제를 전담하는 구성원들끼리 따로 모여 '전문가 집단'을 형성한다. 이 전문가 집단 내에서 협동학습을 통해 과제 학습을 진행한 후에 제각기 원래 집단으로 복귀해 학습 내용을 다른 구성원들에게 가르친다. 전체 학습이 끝난 후 학습자들은 개별평가를 받는다.

과제분담학습 모형에서 학습자들은 자신이 맡지 않은 과제에 대해 배우고 학습할 수 있는 유일한 방법이 팀 동료의 설명을 듣는 것이기 때문에 학습자 상호 간의 설명에 흥미와 지지를 보이게 되며, 과제 상호 의존성이 높다.

Slavin(1987)은 과제분담학습 모형이 상호 의존성이 낮아서 학습효과가 크지 않다고 보고 보상 구조와 성공기회의 균등을 보완한 JigsawⅡ 모형을 개발하였다. JigsawⅡ 모형에서 모집단은 이질적 집단으로 구성된다. 교사는 학급 전체에게 전체 학습과 분할된 학습 내용을 안내하고, 학습자들은 모집단에서 특정 과제의 역할을 맡아서 이에 해당하는 전문가집단으로 이동하여 집중적으로 학습한다. 전문적으로 학습한 내용들을 다시 모집단에 복귀해 모둠 학습자들에게 가르치고, 모둠 학습자들은 상호 교수를 통해서 배운 내용을 퀴즈로 풀게 된다. 이후 모둠 구성원의 향상도에 근거해 보상을 받게 된다. JigsawⅠ 모형은 분할과제에 대한 안내를 전체적으로 하지 않으며, 평가 및 보상이 집단차원에서 이루어지지 않고 개인별 향상도에 따라 이루어지며, 상호 의존성이 낮아서 학습효과가 크지 않다는 점에서 JigsawⅡ 모형과 차이가 있다. Jigsaw Ⅱ 모형은 개별평가 이외에도 기본 점수, 향상 점수, 모둠 점수 등의 다양한 방법으로 평가받는다.

JigsawⅢ 모형은 JigsawⅡ 모형 단계에서 모집단 상호 교수활동 이후 바로 퀴즈를 풀게 되어서 학습 시간이 적다는 단점을 보완해 퀴즈를 보기 전 모둠별로 일정 학습시간을 제공하는 방식으로 JigsawⅡ 모형과 큰 차이를 보이지 않는다(신은미, 2007).

2) 보상 중심 모형

보상 중심 모형은 집단 간 경쟁을 도입해 학습 동기를 불러일으키는 유형이며 가장 많이 사용되는 모형으로는 성취과제 분담학습 모형(STAD 모형)과 팀 경쟁학습 모형(TGT 모형) 등이 있다.

(1) 성취과제 분담학습 모형(STAD 모형)

STAD 모형은 개인별 성취가 모둠별 학습 이후 얼마나 향상되었는지를 체크한 후 향상점수 합계로 모둠 점수를 구하여 집단별 보상을 실시하는 구조이다. 성취과제 분담학습 모형은 교사의 설명(class presentation), 모둠(teams), 퀴즈(quizzes), 개인 향상 점수(individual improvement scores), 모둠 보상(team recognition) 등의 다섯 가지 요소로 구성된다(전성연 외, 2010). 집단은 이질적 학습자 4~5명으로 구성되며, 집단보상과 개별적 책무성, 성취결과의 균등 분배의 전략을 강조하고 있다. STAD 모형은 4단계로 학습이 진행된다. 먼저 교사의 설명을 통해 수업을 안내한 후 소집단 내에서 역할분담에 따라 모둠학습이 이루어진다. 수업을 마친 뒤 일정 시간 후 개인별 퀴즈를 풀고 향상 점수를 산출한다. 개인별 향상 점수 합계는 소집단 점수가 되며, 소집단 점수로 집단보상이 결정된다. STAD 모형은 많은 인원의 학급에서 적용하기 편하며, 낮은 성취의 학습자에게도 자신의 노력 여부에 따라 집단에 기여할 수 있는 장점이 있다. 또한 향상 점수가 학습자의 학습 동기 유발과 참여의식 향상에 도움을 준다. 성취과제 분담학습 모형은 수업 절차가 비교적 간단해서 모든 과목에 적용 가능한 보편성을 갖고 있지만, 점수 계산에 치우쳐서 외적인 동기만 부각되고 내적인 동기를 놓칠 수 있는 점을 유의해야 한다.

(2) 팀 경쟁학습 모형(TGT 모형)

TGT 모형은 Johns Hopkines 대학의 연구에서 개발된 STL(Student Team Learning) 프로그램 중 하나이며, STAD 모형과 목적과 절차가 유사하다. 하지만 STAD 모형은 개인별 향상도가 집단 성취에 영향을 주는 구조이며, TGT 모형은 자신과 실력이 비슷한 학습자들과 토너먼트 게임에 참여한 후 얻은 결과로 모둠 보상이 이루어진다는 점에서 차이가 있다. STAD 모형은 개인별 향상을 통해 모둠 성취에 기여하는 것이 학습 동기로 작용하지만, TGT 모형은 토너먼트 게임에 대비하는 것으로부터 동기를 얻는다. 학습 단계는 STAD 모형과 같이 4단계로 교사의 설명을 통한 학습 과제 제시, 집단 편성 및 활동 등의 모둠활동, 토너먼트 게임, 모둠 점수의 게시와 보상의 순으로 진행된다. TGT 모형은 채점방식이 보다 공정하며, 같은 수준의 학습자들과 게임을 해서 학업 성취가 낮은 학습자에게도 동기유발이 가능하다는 장점이 있지만, 점수를 계속 관리해야 한다는 점과 토너먼트 문제 제작의 어려움, 개인별 학업 성취 수준이 지나치게 공개된다는 단점이 있다. 교사는 게임에 많은 시간이 소요된다는 점을 감안해 시간 관리에 주의를 기울여야 하며, 성취과제 분담학습 모형과 마찬가지로 학습의 내재적 동기에 대한 측면을 놓치지 않도록 유의해야 한다.

3) 교과 중심 모형

팀 보조 개별학습 모형(TAI 모형)은 1974년 Slavin, Madden, Leavey가 개발했고, 개별학습의 비효율성 문제를 협동학습 장점과 접목시킨 모형이다. TAI 모형은 이질적 집단을 대상으로 한 전통학습을 진행할 때 하위 학습자들의 경우 기초 부족으로 인해 실패 가능성이 높아지는 문제점, 상위 학습자들은 학습 효율성이 떨어진다는 문제점을 극복하기 위해 협동학습과 개별학습의 장점을 결합하였다.

수업절차는 우선 교사가 사전 검사 등을 통해서 학습 능력이 이질적인 구성원들로 소집단을 구성한 후 각 학습자들의 수준에 적합한 개별화되고 내용이 구체적으로 구성된 학습 자료를 제공한다. 학습자들은 소집단 내에서 짝을 정한 후 학습을 시작하고, 필요시에 교사의 도움을 받는다. 교사는 각 집단에서 같은 수준의 학습자들을 모아서 가르치는 시간을 갖는다. 마지막에는 소집단 구성원들의 평균 점수인 집단점수를 계산한 후 집단보상을 한다.

TAI 모형은 학습자의 개별적 성취와 속도에 적합한 개별학습이 가능하며, 동료 학습자들이 서로 격려하며 활발한 상호작용을 한다는 장점이 있지만, 수업 절차와 학습자들에게 부여되는 역할이 복잡해 교사와 학습자들이 이 모형에 익숙해지는 것에 어려움이 있다.

4) 기타 모형

LT 모형(Learning Together)은 1975년 미국 Minesota대학의 Johnson과 Johnson에 의해 개발되었다. 독특한 절차나 역할이 정해져 있지 않고, 이론과 실제 측면에서 협동학습의 일반적인 형태를 가지고 있다. LT 모형은 과제 부여, 결과에 따른 보상 및 평가가 모두 집단별로 이루어지며, 협동이 필요한 과제를 제시한 후 학습자들 간에 긍정적인 상호작용이 발생하도록 하였으며, 개인 성취와 협동적 활동에 대해 협동보상 구조를 사용한다.

다양한 협동학습 모형을 구체적으로 비교 정리하면 다음 <표 11-6>과 같다.

표 11-6 협동학습 모형 비교

모형	STAD	TGT	JigsawⅡ	LT	GI
개발 시기	1978년	1973년	1980년	1975년	1976년
강조 사항	집단보상, 개별책무성, 기회균등		전문가활동	행동점검	학습자의 자율과 선택
모둠별	경쟁	경쟁	경쟁	협동	협동
특징	개별평가 결과중시	모둠별 토너먼트	전문가학습 개별 평가	학습지	집단보고서
집단 구성	이질	이질 게임 시 동질	이질	이질	이질
집단 크기	4명	3명	4~5명	4~5명	2~6명
교사 역할	학습지, 퀴즈 문제 준비	게임 준비	전문가 평가 준비	학습 자료 준비	학습활동 촉진 및 보조
학습자 활동	모둠 내 협동	게임 준비	과제전문화 개별평가 준비	집단연구	소주제 선정 및 역할분담
학습 내용	지식, 이해 기능 습득		지식, 기능 습득	지식, 이해 기능 습득	고차원적인 인지기능
구조화 정도	-	-	높음	중간	낮음

출처: 전은이(2014)

5) 구조 중심 협동학습

구조 중심 협동학습은 Kagan (1994)의 협동학습 이론을 의미한다. 기존 Jigsaw와 같은 협동학습 수업 모형은 대부분 한 차시 이상의 시간이 소요되고, 협동학습에 익숙하지 않은 교사와 학습자들이 협동학습을 실천하는 것이 불가능하다는 등의 활용상의 문제점이 발견되었다. 구조 중심 협동학습은 이러한 문제점을 해결하기 위해서 단 5분만이라도 협동학습 구조를 만들 수 있도록 개발된 쉽고 간단한 모형이다(정문성, 2006).

Kagan이 제시한 '구조'는 교실 내에서 학습자들 간의 사회적 상호작용을 조직화하는 방식이며, 교육과정의 모든 내용, 차시와 무관하게 어떤 학년에서든 여러 차례 반복적으로 사용할 수 있다(김대권, 2014). '구조'(어떻게 가르칠 것인가?)와 '내용'(무엇을 가르칠 것인가?)이라는 두 가지의 중요한 요인들의 상호작용으로 학습활동이 이루어지고, 교사가 내용을 구조에 담게 되면 하나의 학습활동이 이루어지게 되며, 교실 내에서 일어나는 학습활동은 구조와 내용의 조합에 의해 완성되는 것이다(이상우, 2015).

Kagan은 협동학습을 하나의 구조를 적용하는 수업이라고 보는 생각에서 벗어나 수업 자체가 바로 여러 개의 구조로 조직된다는 사실을 발견하였으며, 이러한 발견은 자연스럽게 단일 구조로 이루어진 협동학습 모형들을 보완하기 위해 다양한 하위 구조의 조합으로 이루어진 복합 구조 협동학습 모형의 개발로 이어졌다(김대권, 2020), 이러한 구조들의 조합으로 이루어진 복합 구조 수업이 단일 구조 수업보다 학습 목표 달성에 효과적으로 본다(Kagan, 1994).

구조 중심 협동학습은 대화를 통해 진행되는 협동학습 방법으로서 개인이 공동체에서 협동하는 실천적 방향을 제시하고 있으며, 이미 고안된 구조와 교사가 개작한 구조를 사용해 다양한 주제의 수업활동을 이끌어 나가는 방식이기 때문에 일상에서 마주할 수 있는 협동 상황을 재현하는 데 매우 효과적이다(Kagan & Kagan, 2009). 블록과 같은 각 구조들을 결합해 복합적이고 다양한 대상에 다양한 수업을 진행하며, 수업 일부 시간만 부분적으로 활용할 수도 있다. 구조 중심 협동학습은 학습 목적별로 이미 생성되어 있는 구조를 적용하여 수업 중 일부, 혹은 짧은 시간에도 간편하게 활용할 수 있다(임규연 외, 2015). 또한 학습자가 명확한 역할을 갖고, 간단하게 수업 결과물을 도출하는 성취감을 느낄 수 있어 학습자가 쉽게 참여할 수 있는 교수·학습 방법이다(남창우, 이현응, 2013).

5. 협동학습의 실제 - 세계시민성 함양을 위한 중학교 사회과 수업 프로그램[1]

1) 세계시민성 함양을 위한 중학교 사회과 수업 프로그램의 개요

세계시민성과 협동학습의 가치를 확인하고, 세계시민교육의 효과적인 교육방안 중 하나로 협동학습, 특히 자율적 협동학습(Co-op Co-op) 모형을 제시하여 이를 토대로 중학교 사회과 수업에서 활용 가능한 수업 프로그램을 개발한 것이다. 수업 모형 개발을 위한 수업의 단원은 중학교 사회의 1단원인 『인권과 헌법』으로 선정하였으며, 세계시민성과 세계시민교육의 주요 가치로 다양성 존중, 세계 문제에 대한 관심, 타인과의 협업, 민주적 절차의 존중, 적극적 참여 등을 제시하였다. 협동학습의 특징으로 긍정적인 상호 의존성, 개별적 책무성, 대면적 상호작용, 이질적인 모둠 구성, 구체적인 수업 목표 등이 있다.

2) 수업 도움자료 구성과 교수 · 학습 방안

세계시민성 함양을 위한 중학교 사회과 수업 프로그램에서 나타나는 세계시민성과 협동학습의 가치는 다음 <표 11 - 7>과 같다.

표 11-7 세계시민성과 협동학습의 가치

세계시민성의 가치	협동학습의 요소
다양성 존중	이질적인 모둠 구성
세계문제에 대한 관심	구체적인 수업 목표
타인과의 협업	긍정적인 상호 의존성
민주적 절차의 존중	대면적 상호작용
문제해결력과 의사결정력	개별적 책무성

출처: 최유성, 김영순(2019)

1) 최유성, 김영순(2019), <세계시민성 함양을 위한 중학교 사회과 수업 프로그램 개발 자율적 협동학습(Co-op Co-op) 모형을 적용하여>

세계시민성과 세계시민교육에서 추구하는 가치와 협동학습에서 추구하는 가치가 상당 부분 일맥상통하기 때문에 사회과의 다양한 수업 모형 중에서 협동학습 모형이 세계시민성의 가치를 함양하는 데 좀 더 효과적인 모형으로 선정되어 교수·학습을 구성하였다.

세계시민교육의 목표가 나와 다름을 인정하는 것에서 출발하여, 다양한 사람들과 다양한 생각을 나누고 토의하고 협력함으로써 앞에 놓여 있는 전 지구적인 문제들을 해결해 나가는 것이라고 봤을 때, 자율적 협동학습 모형을 통해 길러지는 다양한 고차사고력이 세계시민교육을 통해 함양되어야 하는 세계시민성과 동일하다는 점을 강조한다.

세계시민성 함양을 위한 중학교 사회과 수업 프로그램은 자율적 협동학습 모형을 채택하였다. 한 학급의 전체 과제를 여러 모둠으로 구성된 학급 전체가 협동해서 해결하는 방법이며, 모둠 속에서의 협동과 모둠과 모둠과의 협동으로 얻은 이익을 학급 전체가 나누게 하는 모형이다. 자율적 협동학습의 과정 속에서 토론 능력, 협업 능력, 비판력, 창의력, 의사결정력, 문제해결력 등 사회과에서 추구하는 다양한 고차사고력을 향상시키는 교수방법이다.

자율적 협동학습 모형의 일반적인 절차는 다음 <표 11-8>과 같다.

표 11-8 자율적 협동학습(Co-op Co-op) 모형의 일반적인 절차

절차	주요 활동
1단계	교사가 수업의 학습 주제를 선택하여 학생들에게 소개
2단계	학생들은 교사가 소개한 주제에 대해 브레인스토밍의 방법을 통해 학급 전체가 토의 및 토론. 이 과정에서 한 주제에 대해 다양한 소주제들을 만듦
3단계	이렇게 만들어진 소주제 중에서 학생들은 스스로 자신이 학습하고자 하는 주제 선택함
4단계	학생들이 선택한 주제를 중심으로 모둠을 편성하고, 모둠별로 효과적인 모둠활동을 위해 유대관계 다짐
5단계	소주제별로 모인 모둠은 모둠 내에서 토의 및 토론을 통해 자신들이 맡은 소주제를 보다 정교한 형태로 구체화
6단계	모둠 구성원들은 정교화된 소주제를 몇 개의 미니주제로 나누고 자신이 원하는 것을 분담
7단계	학생들은 모둠 내에서 자신이 맡은 미니주제에 대해 철저히 학습 및 조사한 후 그 결과를 발표
8단계	모둠별로 전체 학급에서 발표할 보고서 준비
9단계	모둠별로 전체 학급을 대상으로 발표하고 교실 전체가 토의 및 토론
10단계	개인별 또는 모둠별로 평가를 실시하고 학급 전체에 대한 발표 및 보고를 평가한다.

출처: 최유성, 김영순(2019)

3) 협동학습의 실제 수업안

협동학습의 차시별 수업 계획은 다음 <표 11-9>와 같다.

표 11-9 협동학습의 차시별 수업 계획

차시	수업 계획
1차시	• 학습 주제 소개 • 간단한 개념학습 • 소주제 정하기 • 소주제별 모둠 구성 • 소주제 정교화
2차시	• 미니주제 정하기 • 미니주제 발표
미니주제에 대한 개별학습 및 발표 준비	
3차시	• 조사된 미니주제 발표 • 모둠별 학급발표를 위한 논의 • 모둠 보고서 및 발표 준비
모둠 보고서 및 발표 준비	
4차시	• 모둠별 학급발표
5차시	• 피드백 및 평가

출처: 최유성, 김영순(2019)

(1) 1차시 수업

1차시에서는 앞으로 진행하게 될 수업 방식, 일정 및 수업 목표에 대해서 설명하고 앞으로의 활동에 필요한 내용을 간략히 학습한다. 학습 주제를 선정하고, 그 학습 주제와 관련된 소주제를 제시한다. 소주제는 대략 3~4가지를 제시하며 소주제와 관련된 영상을 보여주고 학습자 스스로 탐구하고 싶은 주제를 한 가지씩 정하도록 한다. 동영상은 소주제를 각각 포함하고 있는 2~3분짜리로 준비하여 수업 시간에 상영한다.

개인적으로 정한 주제를 쪽지에 적어 제출하도록 한 후 같은 주제를 선택한 학생들끼리 4~5명씩 모둠을 구성한다. 같은 주제에 대해 다수의 학생들이 집중되게 될 경우 같은 주제의 모둠을 여러 개로 구성하는 방법으로 최대한 인원수가 4~5명을 넘지 않도록 한다.

모둠이 구성되면 모둠별로 모여서 자신들의 소주제를 정교화하는 작업을 실시한다. 자신들이 함께 연구할 소주제의 연구 제목, 각각 맡아야 할 임무 등에 대해 토론하고 업무를 분담하고, 간단한 팀워크 다지기 활동을 통해 한 모둠으로서의 소속감을 높여가는 시간을 갖는다.

(2) 2차시 수업

2차시에서는 브레인스토밍을 통해 개인별로 미니주제를 선정한다. 브레인스토밍의 방법으로는 마인드맵 방법을 활용하고, 모둠별로 소주제를 적은 종이를 서로 돌려가면서 차례대로 그 소주제에 관해서 떠오르는 자신의 생각이나 단어들을 자유롭게 적게 하는 방식을 활용한다. 자신의 차례가 오면 반드시 적게 함으로써 책임감을 갖게 한다.

마인드맵 방식이 끝나면 그것을 토대로 개인별로 미니주제를 정한다. 정해진 미니주제를 모둠별로 정리하여 제출하고, 수업 후에는 자신이 맡은 미니주제에 대해 개별적으로 학습하고 보고서를 작성하고 발표를 준비한다.

(3) 3차시 수업

3차시에서는 각자가 조사한 미니주제에 대한 내용을 학급 전체를 대상으로 하는 것이 아닌 모둠 내에서 발표한다. 미니주제의 모둠 내 발표는 모둠원들과 함께 소주제에 대한 생각들을 모으는 것이 목적이며, 개인별 발표는 5분이고 질의·응답은 1분의 시간으로 한다. 발표의 형식은 따로 없으며 가장 중요한 것은 자신이 탐구한 미니주제를 다른 동료들이 잘 이해할 수 있게 하는 것이다. 미리 발표시간을 제시함으로써 시간 내에 자신의 이야기를 할 수 있는 능력도 향상시키고, 모둠원들이 함께 모여 각자 조사해 온 미니주제를 발표하고 경청하는 것으로 자신들이 앞으로 학급 전체를 대상으로 발표할 소주제에 대해 함께 숙고한다.

미니주제 발표 후에는 모둠 보고서 및 발표를 준비한다. 개인이 조사해서 발표한 미니주제 보고서를 바탕으로 목차를 만들고 중복되는 부분이나 미흡한 부분들을 보완하며, 발표 방법에는 제한을 두지 않고, 자신들의 소그룹의 내용을 잘 전달할 수 있는 방법을 연구한다. 모둠원들은 업무 분장표 등을 만들어서 모든 모둠원이 함께 참여하는 방안을 생각한다.

(4) 4차시 수업

4차시에서는 각 모둠별로 조사하고 연구한 소주제의 내용을 학급 전체에게 발표한다. 수업이 발표 위주로 이어지기 때문에 학생들이 다른 모둠의 발표를 경청하는 자세를 갖도록 하는 것이 가장 중요하다. 교사는 각 모둠의 발표 내용을 미리 확인하여 그

내용에 맞는 학습지나 활동지를 제작하고 모둠별 발표 시 그 학습지 또는 활동지에 모둠별 발표 내용을 요약 · 정리하도록 하여 수행평가를 실시한다. 모둠평가 용지를 제작 · 배부하여 각 모둠의 발표에 대해 학생들이 스스로 평가한다.

(5) 5차시 수업

각 모둠별 발표에 대한 교사의 피드백을 통해 학생들이 발표하거나 조사한 내용 중에서 잘못된 사례라든지 내용을 다시 상기시키고 수정해 주는 작업을 진행한다.

평가의 세분화를 진행한 후 취합하여 최종 평가를 실시한다. 각 모둠의 내용에 대한 형성 평가지를 제작하여 배부한 후 실시하는 지필평가, 각 모둠별로 다른 모둠을 평가하게 한 동료평가, 수업 중에 다른 모둠에 대한 내용을 정리한 학습지 활동을 통한 수행평가, 최초 본 수업을 시작할 때 작성했던 마인드맵 자료, 개인별로 제작한 미니주제 보고서, 그룹별로 제작한 소주제 보고서 등의 자료가 평가 대상이다.

협동을 위한 협동학습 모형에서는 평가가 최종 목표가 아니고 얼마나 학생들이 자신이 모둠에서 맡은 역할을 충실히 해냈는가, 자신이 맡은 미니주제에 대한 연구 및 조사가 얼마나 성실히 이루어졌는가, 모둠 발표 시 함께 적극적으로 동참했는가를 반영하여 평가하는 것이 중요하다. 평가에 대해 학생들이 많은 부담을 느끼지 않도록 하는 것도 중요하며, 교사가 평가할 때는 이런 모든 부분들을 종합적으로 고려하여 평가한다.

4) 자율적 협동학습(Co-op Co-op) 모형의 개선

자율적 협동학습 모형에 대한 피드백에는 협동학습의 가장 큰 단점인 무임승차에 대한 우려와 미니주제 발표와 모둠별 학급발표의 시간 부족이 지적된다.

따라서 자율적 협동학습 모형의 개선을 위해 소그룹 모임 시 의사소통 능력과 협업 능력을 보다 더 효과적으로 함양하기 위해서 교사와 학생 또는 학생 간에 긍정적 유대관계를 형성하고 강화하는 것이 중요하다. 모둠에 대한 긍정적 유대관계를 바탕으로 자발적인 참여를 유도하고, 전체적인 차시별 수업 계획에 있어서 4차시에만 이루어지는 모둠별 학급 발표가 시간적으로 부족하다는 의견을 수렴하여 모둠별 학급 발표를 4차시와 5차시에 걸쳐 진행하는 것으로 수정하는 것이 필요하다. 5차시에 발표하는 모

둠에게 상대적으로 더 많은 준비 시간을 부여하는 문제가 발생할 수 있어서, 교사가 모둠 보고서와 발표에 관한 모든 자료를 4차시에 일괄적으로 제출하게 하고 이를 평가에 반영하는 것이 좋다.

5) 자율적 협동학습(Co-op Co-op) 모형의 평가

자율적 협동학습 모형은 개인이나 모둠의 평가를 중심으로 이루어지는 수업이 아니라 한 과제를 여러 모둠이 함께 협동하고 또한 한 모둠 내에서도 구성원들이 서로 협력하여 문제를 해결하는 것에 초점을 둔다.

협동학습에는 다양한 수업기법이 있는데 평가와 보상 중심의 모형이 아닌 과제 중심, 협업 중심의 자율적 협동학습 모형을 수업 프로그램 개발 모형으로 선택하는 것이 바람직하다.

협동을 강조하는 수업기법이라 할지라도 최종적으로 개별적 보상이나 모둠 보상을 추구하는 모형이라면 세계 시민성의 가치 중 하나인 '타인과의 협업'보다는 개인의 보상과 모둠의 보상에 더 초점이 맞춰져서 협동의 의미가 퇴색될 수 있다. 자율적 협동학습 모형은 과제 중심 모형으로 모둠 내의 협동과 모둠 간의 협동으로 획득되는 이익을 학급 전체가 공유하는 모형이기 때문에 좀 더 세계시민교육과 어울리는 모형으로 볼 수 있다.

12
CHAPTER

매체 활용 수업

1. 교수매체의 이해
2. 교수매체의 유형과 특성
3. 디지털 시대와 정보매체의 이해
4. 교수매체 선정의 이해
5. 교수매체의 활용 모델
6. 인쇄매체 활용 수업의 실제
   - 「그림책으로 배우는 '다름'의 가치」 프로그램
7. 영상매체 활용 수업의 실제
   - 「다문화 꽃이 피었습니다」 프로그램

1. 교수매체의 이해

1) 교수매체의 개념

매체(media)는 라틴어 'medius'에서 유래된 용어로 '어떤 대상 사이의 관계를 연결해 주는 다리'라는 의미를 가지고 있다. 교육공학의 이론적 발달에 따라 매체의 개념에 대한 논의가 진행되면서 매체는 정보의 전달 과정에서 사용되는 모든 형태의 도구라는 의미로 확대되었다.

교수매체(Instructional Media)는 학습 목표를 효과적, 효율적으로 달성하기 위해서 교수자와 학습자, 학습자와 학습자, 학습자와 교육 내용 간의 상호작용을 도와서 학습에 필요한 의사소통이 발생할 수 있도록 도와주는 다양한 형태의 '매개수단'이라고 정의한다(김남진, 김용욱, 2010). 또한 교수매체는 교수 · 학습 과정에서 교사와 학습자 간의 학습 내용의 전달에 사용되는 도구나 수단을 의미한다. 교수매체에 대한 개념은 학자들에 따라 다양하게 정의되고 있지만 크게 협의적 정의와 광의적 정의로 나눌 수 있다.

협의적 정의에서 교수매체는 수업을 목적으로 학습 내용과 학습자들 사이에 사용되는 모든 정보전달 도구를 의미하며, 프린트물, 그림이나 도표, 필름, 텔레비전, 컴퓨터, 심지어 교수자까지도 교수매체에 포함시키고 있다(Heinich, 1989). 또한 교수매체의 개념을 포괄적으로 하드웨어(hardware)와 소프트웨어(software)를 모두 포함시켜 정의하기도 한다(최동근 외, 1999). 비디오, 컴퓨터, OHP 등의 하드웨어와 그 하드웨어를 활용하여 만든 수업 자료(인쇄물, 삽화, 컴퓨터 프로그램 등)를 교수매체의 개념에 포함시키기도 한다. 하지만 교수매체와 수업 자료를 구분해서 수업에서 다양한 하드웨어적 매체의 활용을 위해 만들어진 소프트웨어적인 아이템(카세트테이프, 비디오테이프, 단어 카드, 컴퓨터 프로그램 등)은 매체를 통해 수업 내용을 전달하는 수업 자료로 따로 분류하기도 한다.

광의적 정의에서 교수매체는 수업에서 학습 내용을 보충하는 보조자료를 넘어서 교수 · 학습 과정 중 수업 목표를 달성하기 위해 사용되는 모든 수단, 즉 학습 내용, 학습 환경, 인적자원, 시설, 시청각 기자재 등을 포함한 종합적이고 포괄적인 개념이다(신동철, 1999). 다양한 개념들을 종합한 교수매체의 개념은 교수 · 학습 과정 중 교사와 학습

자, 학습자와 학습자, 학습자와 수업 내용 간을 연결하면서 학습 목표 달성을 위해서 활용되는 모든 자원 및 환경으로 정의될 수 있다.

2) 교수매체의 기능

교수매체는 교수·학습 과정에서 오랫동안 사용되어 왔으며, 활용되는 방안도 다양하다. 초기 교수매체는 단순하게 교사의 수업을 위한 보조자료 역할이었으나 최근 교수매체의 역할은 교사의 보조물이라기보다 학습자를 위한 학습 보조도구로서 인식되며 중요성이 강조되고 있다. 교수매체는 시공간을 초월해서 정보를 전달할 수 있는 장점이 있고, 언어, 기호, 음향 등의 매체가 가진 독특한 상징체계를 통해 다양한 특정 상황에서 효과적으로 정보를 전달하는 것이 가능하다. 다양한 교수매체의 개발과 활용은 교수자와 다수의 학습자 사이에 정보전달을 효과적으로 이루어질 수 있게 한다.

교수매체는 매체의 종류에 관계없이 모든 매체가 보편적으로 갖고 있는 교육적 기능을 기준으로 네 가지로 나눌 수 있다(권성호, 1990).

첫째, 매개적 보조기능은 교수·학습 과정의 매개 수단으로 매체를 사용하는 것이 효율적이며, 교사의 수업에서 매체 사용이 매체 미사용보다 학습효과가 더 큰 것으로 보는 것이다. 교수 상황에서 교수매체 활용은 교사와 학습자 간의 의사소통을 더욱 원활하게 하며, 학습자에게 자연스러운 동기유발을 해서 학습에 적극적으로 참여하는 태도를 갖게 한다. 다만 교사 숙련도나 교수 상황에 따라 그 효과가 달라질 수 있다.

둘째, 정보전달 기능은 교수매체가 가진 여러 장점들을 수업 상황을 고려하여 학습자와 학습 내용에 맞추어 효과적으로 활용할 수 있다는 것이다. 매체 사용을 통해 필요한 정보를 시공간의 제약 없이 신속하고 정확히 전달하는 것이 가능하다.

셋째, 경험 구성 기능은 교수매체가 단순한 매개적 보조기능이나 정보전달 기능을 넘어 매체 기술의 발전을 통해 기능적인 경험을 확대할 수 있도록 돕는 것이다. 새로운 교수매체의 등장은 매체의 학습 경험 기능을 확대할 것으로 보인다.

넷째, 교수 기능은 교수매체의 효과적인 구성과 활용을 통해 학습자의 지적 기능을 개발시키는 것이다. 교수매체는 학습자의 주의집중 향상을 통해 학습 동기를 강화하고, 학습 촉진에 도움을 주어서 지적 기능을 사용하는 활동을 원활하게 한다.

3) 교수매체의 역할

(1) 교수활동의 표준화

교수자 간에는 경험과 지식의 차이가 존재하므로 교수자에 따라 수업의 질이 달라질 수 있다. 그러나 매체의 활용 시에는 동일 형태의 메시지를 전달하는 것이 가능하기 때문에 교수자 간의 개인차로 발생하는 수업 차이를 감소시킬 수 있다.

(2) 교수 · 학습의 효과성 향상

추상적 내용의 수업 시에 실제 사물의 모습이나 소리, 사진, 그림, 도표 등을 활용하면 학습자들의 이해를 향상시키는 데 도움이 된다.

(3) 교수 · 학습의 효율성 향상

교수매체는 다양한 감각기관의 자극을 활용할 수 있고, 보다 다양하고 구체적인 형태의 정보를 단시간 내에 제시할 수 있어서 교사와 학습자 모두에게 효율적으로 시간을 활용할 수 있도록 한다.

(4) 교수 · 학습의 질 제고 및 매력성 향상

시청각 매체의 활용 시 학습자들의 주의와 흥미를 유도할 수 있어서 효과적이다. 수업 주제와 관련된 영상, 사진, OHP, 슬라이드 등을 먼저 보여준 후 수업을 진행할 경우 흥미 유발과 학습자들의 참여도를 향상시킬 수 있다.

(5) 학습자가 필요한 시간에 원하는 장소에서 학습 가능

수업 내용이 비디오, 오디오에 저장되어 있거나, 온라인의 활용 가능한 매체 자료를 활용한다면 학습자는 자신이 원하는 시간과 장소에서 언제든지 스스로 학습을 할 수 있다.

(6) 교수자의 역할 변화

교수매체가 교수자 대신 학습 내용의 일부분을 전달해 주기 때문에 교수자는 수업의 다른 부분에 보다 많은 집중을 할 수 있다. 특히 개별적인 도움을 요청하는 학습자들에게 보다 많은 시간을 할애할 수 있다.

2. 교수매체의 유형과 특성

최근에는 교수매체로 통칭되는 교수 보조자료 및 기기가 다양해지고 있어 교수매체의 분류도 보다 세분화되고 있다. 교수매체의 종류는 다양하나 이를 일반적으로 유형화하면 인쇄매체, 시각매체, 청각매체, 시청각매체, 상호작용매체 등으로 분류한다.

첫째, 인쇄매체이다. 신문, 서적, 잡지 등과 같은 출판물을 의미하며, 대표적인 교수 · 학습 매체이다.

둘째, 시각매체이다. 자료 내용을 주로 시각적인 방법에 의존해 제시하는 매체이다. 투사매체와 비투사매체로 구분되는데 투사매체는 주로 전기나 빛을 활용한 투사방법으로 슬라이드와 OHP 등이 있으며, 비투사매체는 실물, 사진, 모형, 그림 등이 있다.

셋째, 청각매체이다. 청각적 정보를 전달하는 매체로 라디오, 오디오, 녹음기 등에 해당한다. 청각매체는 주로 언어교육에 효과적이다.

넷째, 시청각매체이다. 시청각을 동시에 자극해 정보를 전달한다. TV, VTR, 영화 등에 해당한다. 시각매체와 청각매체가 결합된 방식으로 활용되어 매체효과를 극대화할 수 있다.

다섯째, 상호작용매체이다. 학습자와 매체 간의 상호작용을 강조하는 매체로 컴퓨터를 이용한 컴퓨터 보조수업, 쌍방향 TV, 상호작용 비디오와 멀티미디어 등은 단순히 정보의 제시 수준에서 벗어나 학습자 반응을 감지하고 그에 대한 피드백이나 결과를 제공한다.

이를 구체적으로 분류하면 <표 12-1>과 같다.

표 12-1 교수매체의 종류

<table>
<tr><th colspan="2">분류</th><th>종류</th><th>특징</th></tr>
<tr><td colspan="2">인쇄매체</td><td>서적, 잡지, 신문</td><td>• 가독성과 보전성을 가지며 반복학습이 가능함
• 시간과 장소에 구애받지 않음</td></tr>
<tr><td rowspan="2">시각
매체</td><td>비투사매체</td><td>실물, 모형, 차트, 사진, 그래프, 포스터, 만화</td><td>• 광학적/전기적 투사방법을 사용하지 않음</td></tr>
<tr><td>투사매체</td><td>슬라이드, OHP, 실물화상기</td><td>• 광학적/전기적 투사방법을 사용함</td></tr>
<tr><td colspan="2">청각매체</td><td>라디오, 녹음기, 오디오</td><td>• 청각적인 정보를 전달</td></tr>
<tr><td colspan="2">시청각매체</td><td>VTR, 영화, 텔레비전</td><td>• 시각적 청각적 정보를 동시에 활용함</td></tr>
<tr><td colspan="2">상호작용매체</td><td>컴퓨터, 상호작용 비디오, 멀티미디어, 쌍방향TV</td><td>• 컴퓨터가 기본, 학습자와 상호작용이 가능</td></tr>
</table>

출처: 이해주 외(2009)

교수매체를 정보의 제공 형태에 따라 구분하여 다음 <표 12-2>와 같이 여덟 개의 범주로 분류할 수 있다(Galach & Ely, 1980).

표 12-2 정보 제공 형태에 따른 교수매체 분류

구분	종류 및 의미
실물 (real things)	인물, 사건, 사물, 견학 등
언어표현 (verbal representations)	언어로 표현된 교과서, 자습서 등 인쇄물, 영화, 텔레비전, 슬라이드, 컴퓨터 모니터에 있는 문자 언어, 칠판 및 게시판에 표시하는 문자 등
도식표현 (graphic representations)	차트, 그래프, 지도, 도형, 회화 등
청사진 (still pictures)	흑백, 컬러 사진
동화 (motion pictures)	흑백 및 컬러 영화, 텔레비전, 비디오 등
녹음 (audio recordings)	자기 녹음 테이프, 레코드, 영화의 사운드트랙에 녹음된 음향 등
학습 프로그램 (program)	프로그램 학습을 위한 체계적인 프로그램 교재나 티칭머신, CAI용 학습 프로그램 등
시뮬레이션 (simulation)	모의 훈련 장치에 의한 훈련, 게임 등

출처: 김지선(2016)

교수매체의 종류를 <표 12-3>과 같이 크게 소프트웨어와 기자재로 구분하고, 이를 다시 교과서와 참고서 등의 인쇄물과 칠판과 같은 제시 및 전시물, 비디오와 OHP 같은 시청각매체, 실험실습 및 실험기구와 같은 교과용 기구로 세분화할 수 있다(박영숙, 1996).

표 12-3 교수매체의 유형별 종류

구분	인쇄물	제시 · 전시물	시청각 매체	교과용 기구	컴퓨터
소프트웨어	• 프린트 자료 • 교과서 • 연습장 • 문제집 • 서적 등	• 지점토 • 궤도 • 점토자료 • 그림연극	• 비디오테이프 • 녹음테이프 • 비디오디스크 • 슬라이드필름 • TP(투시물)자료		• 컴퓨터 • 학습도구용 소프트웨어 • 실험계측용 소프트웨어 • 통신용 소프트웨어
기자재	• 복사기 인쇄물	• 표본, 모형 • 전시용구 • 수도형교구 • 흑관	• OHP, VTR • TV, 테이프 • 영사기 • 투영기 • 슬라이드	• 이과 관찰 시험기구 • 가정과 실습기구 • 체육용 기구 • 악기	• 컴퓨터시스템

출처: 김지선(2016)

매체의 등장 시기를 기준으로 구 미디어(old media)와 뉴 미디어(new media)로 구분할 수 있다(오택섭 외, 2005). 구 미디어는 신문, 책, 잡지 등의 문자(인쇄) 매체와 TV, 영화, 라디오, 음반 등의 영상/음향 매체에 해당한다. 반면 비교적 최근에 등장한 인터넷, 위성방송 등의 전자매체는 대체로 뉴 미디어에 속한다. 구 미디어에서 뉴 미디어로의 변화를 정리하면 다음 <표 12-4>와 같다.

표 12-4 미디어의 변화

미디어의 유형	구 미디어 중심	➡	뉴 미디어 중심
정보 전달 방향	일방향		쌍방향
미디어 간 관계	독자성 강조		네트워크 강조
수용자와의 관계 양상	미디어, 수용자 관계		미디어, 수용자 관계 수용자, 수용자 관계 미디어, 미디어 관계

출처: 김지선(2016)

교수매체도 시대의 변화에 따른 테크놀로지의 발달의 결과물인 디지털화된 첨단매체를 중심으로 뉴미디어가 강세를 나타내며 교육의 변화를 주도하고 있다. 하지만 아직도 현재 교육 현장은 역사적으로 지속되어 온 '교과서, 공책 등 인쇄매체 중심의 구미디어적 교수매체'와 미래지향적인 테크놀로지를 반영한 '컴퓨터, 인터넷 등의 뉴미디어적 교수매체'가 공존하는 상황으로 볼 수 있다(설규주, 2008).

3. 디지털 시대와 정보매체의 이해

정보매체(information media)란 인간의 지적 활동 내용을 정보로 전달하기 위한 방법이나 수단의 총칭으로 정보전달매체, 정보전송매체라고도 한다(박재용, 2007). 광의의 의미로는 언어와 몸짓, 이것들의 물리적 표현 형태인 문자나 음성, 화상 · 영상 등도 포함되지만, 협의의 의미로는 종이 외의 테이프 · 레코드 · 필름 등의 시청각매체와 자기테이프, 자기디스크, 광디스크, 마이크로피시 등의 기계가독매체를 가리키며, 도서와 잡지 등의 인쇄물, 회화, 조각, 건축물, 음악, 영화작품 등의 저작물도 정보매체로 볼 수 있다(김종무 외, 2000).

정보매체는 정보와 매체의 합성어이다. 정보란 정보수신자의 지식 습득 방법으로 데이터에 대한 수집, 처리, 가공하는 과정의 결과를 의미한다. 매체는 커뮤니케이션 수단으로 정의되며, 불특정 대중들에게 일반적, 간접적, 공적으로 다양한 정보와 사상을 전달하는 TV, 라디오, 영화와 신문, 잡지 등 전자매체와 인쇄매체로 구분된다. 따라서 정보매체는 정보수신자가 데이터를 수집, 처리, 가공하는 일련의 과정에서 지식습득을 위한 정보전달 수단이라고 정의할 수 있다(박재용, 2007).

정보매체의 특성을 크게 두 가지로 구분하면 다음과 같다(Heinich 외, 1989).

첫째, 정보매체의 기본적 속성이 학습에 있다는 점이다. 학습은 새로운 내용을 습득하는 과정이며, 새로운 정보의 전달은 학습을 야기하게 되고 이때 정보매체를 접한 학습자는 의식적 또는 무의식적으로 새로운 정보를 접하는 과정을 통해 학습이 이루어진다.

둘째, 정보매체의 기본적 목적은 의사소통의 촉진에 있다. 실제로 학습에서의 정보

습득은 교사와 학습자 간의 의사소통을 통하여 이루어지며 이때 의사소통이 어떻게 이루어지느냐에 따라 학습의 효과성과 효율성이 좌우되기 때문이다.

급변하는 교육환경에서 최근 변화된 매체에 대한 기본적인 관점은 전통적 매체와 새로운 디지털 매체가 상호보완적인 긍정적 관계라는 점을 인식하고 공존해야 한다는 점을 강조하고 있다. 특히 최근 과학기술 발전은 교수·학습 매체의 변화를 야기하고 있고, 교수·학습 매체의 변화는 기존 학습 양식과 교육환경에 큰 영향을 미치고 있다.

정보매체는 과학기술의 발전으로 인해 그 형태가 변화되어 왔다. 제1기는 문자의 발명 이후 정보의 기록, 전달, 저장이 가능하게 된 인쇄매체시대이다. 제2기는 시공간을 초월해 음성으로 정보 전달이 가능하게 한 전파매체시대이다. 제3기는 음성 위주의 정보 전달을 넘어 화상정보 전달까지 가능하게 한 텔레비전과 영화의 등장이다. 제4기는 시공간에 상관없이 멀티미디어 정보전달이 가능한 인터넷의 등장이다. 5기는 인터넷을 넘어 현재까지 개발되고 활용된 기존매체의 기능들을 효과적으로 통합해 결합한 유비쿼터스 센서 네트워크(Ubiquitous Sensor Network)의 시대이다. 이는 일상생활 속에서 시공간의 구애 없이 편리하고 자연스럽게 어떤 정보매체를 통해서도 자유롭게 정보의 수집, 처리, 가공, 활용이 가능한 환경이 도래했음을 의미한다.

앞으로의 미래 사회는 정보 원천의 중요성이 더욱 부각되고 있으며, 빠르고 효과적인 의사소통에 대한 의존도가 증가함에 따라 인터넷과 같은 디지털 매체를 활용한 교수·학습이 미래를 좌우하는 핵심이 될 것이라고 예상된다(Karchmer, 2001). 그에 따라 교육 분야에서도 새로운 학습환경에 대한 요구가 증가하고 있으며, 기존 교수·학습 방법에서도 효과적인 학습을 위한 인터넷 활용이 크게 늘고 있다(Lawless et al, 2003). 따라서 현대사회는 과거 산업 사회처럼 개별 주체가 지니고 있는 정보의 양과 획득 능력에만 초점을 두지 않고, 자신이 원하는 정보를 빠르게 찾는 기술과 해당 정보의 가치에 대한 적합성 여부 판단 능력, 이미 습득한 정보와 새로운 정보를 탐색 목적에 맞게 조정하고 재구성하는 능력을 중요시한다.

현대인들은 멀티미디어 환경에 적응하면서 그 어느 세대보다 정보의 수동적 수용자 입장에서 벗어나 다양한 학습 경험과 정보를 적절히 변형하고 재구조화하는 능동적인 입장을 취한다. 이는 학습자들의 '디지털 원주민'이라는 특성을 반영한 결과이며, 멀티미디어적인 교수·학습 매체에 대한 관심을 바탕으로 새로운 학습환경에 대한 흥미와

이를 통한 학습효과에 대한 기대치가 높아지고 있다. 따라서 학습자들은 디지털 매체를 활용한 새로운 교수·학습 환경 및 수업생태계 구성을 요구하고 있다. 이런 관점에서 유비쿼터스 환경 하에서의 정보매체는 정보의 수집, 처리, 가공, 활용, 교류라는 일련의 과정에 가장 효율적인 정보전달수단이라고 볼 수 있다.

4. 교수매체 선정의 이해

1) 교수매체 선정의 교육적 준거

교수 목표와 학습 내용을 효과적인 전달을 위해서는 적합한 매체를 선택해야 한다. 매체 선정 시 고려해야 할 준거는 학습자 특성, 수업 상황, 학습 목표와 내용, 매체 속성과 기능, 수업 장소의 시설 등이 있다.

첫째, 학습자 특성이다. 학습자 연령, 적성, 지적 수준, 태도 등의 특성은 매체 선택에 영향을 미친다. 예를 들어 저연령 학습자에게는 그림이 효과적이지만 고연령 학습자에게는 그래픽이나 표를 활용해 구체적 정보를 제공하는 것이 효과적이다.

둘째, 수업 상황이다. 수업 상황은 수업집단의 형태(소집단 혹은 대집단)와 교수 전략(교사 중심 수업, 학습자 중심 수업, 설명적 수업, 발견적 수업 등) 등과 관련되어 있다. 예를 들어 소집단 개별학습의 경우는 컴퓨터와 같은 개별화매체가 적합하지만, 대집단 설명식수업의 경우는 LCD 프로젝터의 사용이 효과적이다.

셋째, 학습 목표와 내용이다. 학습 목표와 내용에 따라서 매체 선정이 바뀔 수 있다. 예를 들어 학습 목표가 '동물을 구분할 수 있다'라면 다양한 동물의 유형을 보여줄 수 있는 그림이나 표를 사용하는 것이 적합하다. 하지만 '지구온난화와 기상이변의 이해'라는 학습 주제라면 시청각매체의 활용이 더 효과적일 것이다.

넷째, 매체 속성과 기능이다. 수업 상황과 내용에 적합한 매체 선택을 위해서는 매체 속성인 시각, 청각, 움직임, 크기, 색채 등을 고려해야 한다. 예를 들어 세계의 음식을 구별하도록 하는 것이 수업 목표라면 그림이나 사진을 사용하는 것이 적절하겠지만, 특정 지역이나 국가의 문화를 가르치려면 현지 문화를 보여줄 수 있는 영상매체를 선

택하는 것이 바람직하다.

다섯째, 수업 장소의 시설 여부이다. 매체의 효율적 활용을 위한 시설 여부가 매체 선택에 큰 영향을 미치며, 시설이 준비되지 않는다면 매체 사용의 효과를 기대할 수 없으며 좋은 매체라도 기능을 충분히 발휘할 수 없다. 예를 들어 슬라이드 사용을 위해서는 암막이 설치된 어두운 교실이 필요하며, 프로젝터나 OHP의 사용을 위해서는 스크린이 요구된다.

2) 교수매체 선정의 실용적 준거

교수매체의 선정은 매체 자체가 가진 실용적인 요인도 고려되어야 하며, 이를 구체적으로 제시하면 다음과 같다(이해주 외, 2009).

첫째, 매체 적합성의 고려이다. 교수 · 학습의 목표 및 내용, 학습자의 욕구와 특성을 충분히 고려하여 가장 적합한 매체를 결정해야 한다.

둘째, 경제성이다. 경제성은 단순하게 매체 자체의 비용만으로 평가하는 것이 아니라 매체의 준비 및 사용에 투입된 시간과 노력까지 고려해 투입 비용 대비 학습효과에 대한 평가를 감안하는 것이다.

셋째, 활용 가능성이다. 매체 및 자료의 구비 여부, 매체 구입 및 접근의 편의성, 효과적인 조작 가능 여부 등을 고려해야 할 것이다.

다섯째, 매체의 양호성이다. 매체의 내용과 품질상태가 불량한 경우에는 오히려 시간 낭비 및 역기능의 초래 가능성이 있다. 따라서 매체 선정 시 매체의 내용과 품질에 대한 최종적 점검이 필수적이다.

5. 교수매체의 활용 모델

교수매체를 활용함에 있어 일반적으로 적용할 수 있는 모델로 Heinich 외(1996)가 고안한 ASSURE 모형을 들 수 있다. ASSURE 모형은 교육자료나 매체의 선정 시 고려 요소로 학습자 분석(A), 목표 설정과 진술(S), 교육 방법, 매체 및 자료의 선택(S), 매체와 자료의 활용(U), 학습자 참여 촉진(R), 평가와 수정(E)의 6단계를 제시했다. 각 단계의 첫 글자를 딴 ASSURE 모형은 교수·학습 상황에서 교수매체, 교육 프로그램 등의 효과적인 활용에 대한 절차적 방안을 단계적, 체계적으로 제안한 모형이다. ASSURE 모형은 구체적으로 <표 12-5>와 같다.

표 12-5 ASSURE 모형

A	학습자 분석 (Analyze Learners)	첫 번째 단계는 학습자를 분석하는 것이다. 교육자료에 포함될 교육 내용을 구성하고 교육매체를 선택하기 위해서는 먼저 학습자에 대한 이해와 분석이 필요하다. 여기에서는 학습자의 일반적 특성, 선수지식의 정도, 학습양식 등을 파악해야 한다.
S	목표 설정과 진술 (State Objectives)	두 번째 단계는 학습 목표를 설정하고 진술하는 것이다. 교수자가 무엇을 가르치느냐에 관한 것이 아니라 교육 후 학습자가 무엇을 할 수 있는지에 관한 것을 진술해야 한다. 학습자가 획득하게 될 학습 경험과 지식을 위주로 명시해야 한다.
S	교육방법, 매체 및 자료의 선택 (Select Methods, Media and Materials)	세 번째 단계는 교육 방법, 매체, 자료를 선정하는 것이다. 학습자가 현재 상태에 학습을 통해 획득하게 될 결과에 도달할 수 있도록 적합한 방법과 매체, 그리고 자료를 선정하는 단계이다.
U	매체와 자료의 활용 (Utilize Media and Materials)	네 번째 단계는 매체와 자료를 활용하는 것이다. 교육 방법을 전개하기 위해 선택된 매체와 자료를 어떻게 사용할 것인지 계획을 세우는 단계이다. 선택(제작)된 자료는 면밀히 검토하고 적어도 한 번 이상 연습하여 친숙해져야 한다. 또한 자료 제시에 필요한 강의실 환경을 미리 준비해야 한다.
R	학습자 참여 촉진 (Require Learner Participation)	다섯 번째 단계는 효과적인 교육이 전개되도록 학습자의 참여를 유도하고 촉진하는 것이다. 학습자가 적극적인 반응을 보이도록 유도하고, 학습자의 반응에 대해서는 긍정적이고 즉각적인 피드백을 제공하여 반응이 강화될 수 있도록 배려한다.
E	평가와 수정 (Evaluation and Revise)	여섯 번째 단계는 교육 종료 후 학습자의 목표달성 여부, 매체와 교수방법, 교수·학습 과정에 대한 평가를 실시한다. 평가는 교육자료 및 교수매체의 효과적인 활용의 마지막 단계가 아니라 다음 활용을 위한 출발점이다.

출처: 김진화(2006)

ASSURE 모형의 6단계를 구체적으로 제시하면 다음과 같다(이수빈, 2019).

1) 학습자 분석(Analyze Learner)

ASSURE 모형의 첫 번째 단계는 학습자 분석이다. 교수자는 학습자 개개인의 특성을 고려해 교수·학습 매체의 종류 및 사용방법을 결정해야 한다. 학습자 분석은 학습자의 일반적 특성, 학습자의 출발점 행동, 학습자의 양식이라는 3단계로 분류해 분석할 수 있다.

첫째, 일반적 특성 분석은 학습자 개개인의 특성을 학습 전에 분석하는 것이다. 교수자는 학습자의 기초 정보(연령, 성별, 사회적 지위, 학업 성취도 등)와 기타 분석에 필요한 기록들을 열람한 후 특성을 파악할 수 있다. 또한 학습자와의 직접적인 면담이나 학습자를 교수했던 교수자 또는 모둠 활동의 리더와 이야기를 하는 행위들도 일반적 특성의 분석에 해당한다.

둘째, 학습자의 출발점 행동 분석은 새로운 학습 이전에 학습자가 가지고 있는 학습 지식, 기술 및 태도 등을 분석하는 것이다. 부족한 지식 및 태도 역시 분석의 대상에 포함되며, 현재 학습자가 어느 위치에서 학습에 임하는지를 파악하는 것이 주된 내용이다. 이러한 분석은 교수자가 제작한 시험 문항 등을 통하여 공식적인 측정이 가능하다.

셋째, 학습자의 양식 분석은 심리적 특성의 일환으로 학습자 개개인이 처한 학습의 환경을 고려하고 정서적 반응을 분석하는 것이다. 학습자의 양식은 정보처리의 습관, 동기 요소, 지각적 선호 및 강도 등 다양한 변인을 가지고 있다. 따라서 개개인에 따라 상이하게 나타날 수 있다. 특히 주변의 학습환경과 사물에 대한 이해도, 학습자가 보유한 능력과 외부 정보를 수용하는 방식에 따라 다양한 변화가 나타날 수 있다.

2) 목표의 진술(State Objective)

ASSURE 모형의 두 번째 단계인 학습 목표의 설정과 진술은 최대한 자세하게 학습자가 학습 종료 후 무엇을 할 수 있는가를 진술하는 것이다. 특히 이는 교수자보다 학습자가 무엇을 할 수 있느냐에 초점을 맞춘다. 이를 통해 교사는 목표 도달을 위해 적

합한 교육 내용과 교수 · 학습 전략과 매체 선정에 지침으로 활용할 수 있으며, 학습자의 목표 도달 여부를 확인하기 위한 평가 방법, 절차, 방법에 대한 준거를 결정할 수 있으며. 학습환경 제공 및 구성에 도움이 되며, 나아가 목표지향적인 교수 · 학습을 진행할 수 있게 한다.

목표 진술의 원칙은 A-B-C-D의 4개 키워드로 구분할 수 있다.

첫째, Audience(대상)는 학습의 주체가 누구이며, 누구의 능력이 변할 것인지를 진술하는 것을 의미한다.

둘째, Behavior(행동)는 학습 이후 학습자가 갖게 되는 새로운 행동 및 능력을 진술하는 것이며, 이는 관찰이 가능한 행동 동사로 진술되어야 한다는 것을 의미한다.

셋째, Conditions(조건)는 어떤 조건 하에서 관찰 가능한 행동이 야기되는지를 제시하는 것이다.

넷째, Degree(정도)는 학습 목표의 달성 여부를 명확하게 확인할 수 있는 기준 혹은 준거를 제시하는 것이다.

3) 방법, 매체 및 자료의 선정(Select method, media and materials)

ASSURE 모형의 세 번째 단계는 방법 매체 및 자료의 선정이다. 이를 위해서는 첫째, 주어진 학습 과제를 위한 적합한 방법의 결정, 둘째, 방법의 수행을 위한 적합한 매체의 유형 선택, 셋째, 선정된 매체 유형에 가장 적합한 특정 자료를 선택, 수정, 설계, 제작이 요구된다. 수업 방법 및 매체 자료의 선정은 다음 <표 12-6>과 같다.

표 12-6 수업 방법 매체, 자료의 선정

수업 방법 선택	• 학습자 개개인에 맞는 개인 연습 과제 구성
매체 유형 선택	• 활용 가능한 수업매체의 고려 및 학습자의 개성과 추구되는 목표에 따라 다양한 수업 모형 제안
특정자료 취득	• 현재의 수업 자료의 검토, 수정 • 새로운 자료 준비
기존 자료 선택	• 교육청, 학교, 연구소 등 교육 관련 단체 조사
새로운 자료 설계	• 기존 자료에서 찾지 못했을 시 새로운 자료 설계

출처: 이수빈(2019)

교수자는 서로 다른 학습방식을 가진 학습자들에게 적합한 개인 학습이 가능한 과제를 구성하고 제작해야 하며, 학습자의 다양한 성향을 고려해 수업 목표에 적합한 서로 다른 수업 모형들을 고려하고 선정해야 한다. 특히 새로운 자료의 설계 부분에서는 다음 <표 12-7>과 같이 반드시 검토해야 할 요소들이 있다.

표 12-7 새로운 자료 설계 검토 요소

요소	내용
목표	• 교수자가 학습자에게 교육하려는 내용 검토
대상	• 학습자의 사전 지식, 기능 파악 • 개개인의 특성 검토
비용	• 자료의 준비 및 제작에 들어가는 비용 검토
기술적 기능	• 교수자가 자료 제작에 관한 기술력 보유 검토 • 기술 조력을 받을 수 있는지 여부 검토
기자재	• 자료 완성을 위한 기자재 확보 검토
시설	• 자료 활용을 위한 시설, 부지 검토
시간	• 자료 제작에 사용할 시간적 여유 검토

출처: 이수빈(2019)

4) 매체와 자료의 활용(Utilize media and materials)

ASSURE 모형의 네 번째 단계는 매체와 자료의 활용이다. 이 단계는 학습 자료의 사전 검토, 제시 방법 숙달, 학습환경 고려, 학습자에 대한 준비 및 실제 자료의 제시 과정에서의 주의 등으로 이루어진다. 매체와 자료 활용은 다음 <표 12-8>과 같다.

표 12-8 매체와 자료의 활용

요소	내용
자료의 사전점검	• 교수자는 학습자와 교육목표에 적합한 교육자료를 선정하고 검토
제시 방법의 숙달	• 교수자는 실제 수업 이전에 리허설을 통하여 학습 제시에 숙달
환경 조성	• 장소에 따라 학습 자료의 사용에 무리가 없도록 학습환경을 미리 검토하고 조성
학습자 준비시키기	• 동기 부여와 주의 집중은 학습 목표 달성에 도움 • 학습자가 사전 학습을 충분히 진행할 수 있도록 독려하는 것이 중요
자료 제시	• 위의 네 가지 요소의 검토를 통하여 자료를 준비 및 제시

출처: 이수빈(2019)

5) 학습자 참여 촉진(Require learner participation)

ASSURE 모형의 다섯 번째 단계는 학습자 참여 촉진이다. 학습자가 내적 두뇌활동에 중점을 두고 능동적인 정보처리 활동을 기반으로 학습 과정에 참여할 때 효과적인 학습효과가 나타난다. 따라서 교수자는 가장 효과적인 학습환경을 조성하고 학습자에게 제공하여 능동적으로 참여할 수 있는 동기 부여를 제시하는 것이 중요하다.

6) 평가와 수정(Evaluate and Revise)

ASSURE 모형의 마지막 단계는 평가와 수정이다. 평가는 크게 학습자의 학습 목표 달성 평가, 교수매체와 교수방법 평가, 교수 · 학습 과정 평가로 구분한다. 수업 과정 전체에 대한 평가가 이루어져야 하며, 학습 목표와 달성 과제 간의 차이에 대해서는 다음 수업을 위한 계획 수정과 검토가 필요하다. 이를 위해 교수자와 학습자 간의 원활한 의사소통이 강조되며, 상호 의견 교환을 통해 보다 개선된 다음 수업을 계획하는 것이 요구된다.

6. 인쇄매체 활용 수업의 실제 -「그림책으로 배우는 '다름'의 가치」 프로그램

1) 인쇄매체 활용 수업의 개요

「그림책으로 배우는 '다름'의 가치」 프로그램은 P시 중앙도서관에서 진행된 성인 대상 다문화교육 프로그램이다. 다양한 문화권의 사람들이 조화롭게 표현되어 있는 그림책을 통해 서로에 대한 이해와 존중을 생각해 보고 '다름'의 가치에 대해 보다 열린 생각을 갖도록 도움을 주고자 진행하였다. P시 거주 성인 시민을 대상으로 문화다양성에 대한 시민교육의 형태로 추진되었다.

2) 수업 구성 및 교수 · 학습 전략

(1) 프로그램 구성 전략

P시 거주 성인 시민인 다수자들을 위한 소수자 이해 교육의 성격을 가진다는 점을 반영한 교육을 구성하였다. 부모 교육의 관점을 포함하고 있으므로 다양성, 관계성, 보편성을 포괄하는 다문화교육 프로그램의 구성을 강조하였고, 각 프로그램은 회차별로 독립적인 모듈로 구성하되 전체 교육 내용이 일관성을 가질 수 있도록 구성하였다.

(2) 매체 활용 전략

각 프로그램은 그림책을 활용하여 진행하였으며, 수업 참여자들에게 시민으로서의 다수자 대상 소수자 이해 교육의 성격보다 부모로서의 자녀 교육 활용도에 중점을 둔 매체를 선택하여 진행하였다. 자녀 교육의 다양한 영역별 적용 가능한 선정 도서에 대한 설명식 · 문답식 수업이 진행되었으며, 수업 내용을 직접 자녀에게 공유할 수 있는 교재로서의 그림책을 활용하도록 교수 · 학습을 추진하였다.

3) 실제 프로그램의 적용 및 운영

(1) 1차 수업

1차	10월 12일 (목)	[강연 주제 : Start! 그림책] 그림책의 중요성 그림책의 선정과 접근방법	  『춤을 출 거예요』(2015) 『얄미운 사람들에 관한 책』(2004)

그림책의 중요성에 대한 설명 및 그림책의 선정과 접근방법에 대한 정보 제공을 중심으로 하고, 실제 선정 항목에 맞는 책의 소개를 통한 수업을 진행하였다.

(2) 2차 수업

시각적/서사적 스토리텔링의 설명 및 주제 접근을 통한 독서교육의 방법을 소개하고, 독서교육의 다양한 영역별 선정 도서에 대한 수업을 진행하였다.

2차	10월 19일 (목)	[강연 주제 : 그림의 발견] 시각적/서사적 스토리텔링 주제 접근을 통한 자녀 교육	  『곰 사냥을 떠나자』(1994) 『하늘에서 음식이 내린다면』(2004)

(3) 3차 수업

세계화와 다문화 현상에 대한 설명 및 세계에 대한 이해와 다양한 문화에 대한 접근을 위한 정보를 제공하고, 새로운 문화와의 소통에 대한 수업을 진행하였다.

3차	10월 26일 (목)	[강연 주제 : 소통] 다양한 문화적 만남 속에서 발견하는 새로운 소통	  『살색은 다 달라요』(2011) 『온 세상 사람들』(2009)

(4) 4차 수업

문화에 대한 개념 설명 및 문화다양성의 갈등과 수용에 대한 정보를 제공하고, 문화다양성의 공존에 대한 수업을 진행하였다.

4차	11월 2일 (목)	[강연 주제 : 다양성] 문화다양성에 대한 수용과 함께 더불어 살아가는 사회	  『이모의 결혼식』(2009) 『샌드위치 바꿔먹기』(2011)

(5) 5차 수업

세계시민, 평화/공존, 다문화에 대한 개념을 설명하고, 해당 학습 주제에 대한 이해 확대를 위한 수업을 진행하였다.

5차	11월 9일 (목)	[강연 주제 : 평화와 공존] 다양한 문화의 평화와 공존을 통한 세계시민으로 성장	  『평화 책』(2016) 『세계가 만일 100명의 마을이라면』(2006)

4) 인쇄매체 활용 수업의 평가

첫째, 문화다양성의 다양한 학습 요소들에 대한 사전 이해 부족을 해소하고, 수업에 대한 이해도를 높이기 위해서 인쇄매체를 충분히 활용하여 진행하는 것이 수업에 효과적이다.

둘째, 학습 참여자 개인의 문화다양성에 대한 인식을 확대한다는 차원에서 참여와 공감을 통해 변화를 유도하기 위해서는 설명이 아닌 구체적 이해를 위한 수업 보조재로서 인쇄매체가 필수적이다.

셋째, 해당 수업 진행 과정에서 실제 자녀 교육에서 활용할 수 있는 대안적인 교육 지도 방안을 제시하기 위해 구체적인 정보의 활용 도구로서 인쇄매체가 중요한 역할을 한다.

넷째, 시각적인 정보 전달과 인쇄매체가 가진 내용 전달력에 기반하여 시각적/서사적 스토리텔링을 활용한 효과적인 수업 구성에 적합하다.

7. 영상매체 활용 수업의 실제 -「다문화 꽃이 피었습니다」 프로그램

1) 영상매체 활용 수업의 개요

「다문화 꽃이 피었습니다」 프로그램은 P시 도서관에서 진행된 초등학생 대상 다문화교육 프로그램이다. 문화, 역사, 사회, 지리, 문학 등 다양한 문화 이해와 글로벌 미래 비전 제시를 목표로 하고, 인쇄매체, 영상매체, 체험활동과 결합한 융합교육을 진행하였다. P시 거주 초등학생을 대상으로 방과후 수업의 형태로 추진되었다.

2) 수업 구성 및 교수 · 학습 전략

(1) 프로그램 구성 전략

P시 거주 초등학생인 다수자들을 위한 소수자 이해 교육의 성격을 가진다는 점을 반영한 교육을 구성하였다. 설명 중심의 지식 수업이 아니라 체험 중심의 학습을 지향하고, 각 프로그램은 회차별로 독립적인 모듈로 구성하되 전체 교육 내용이 일관성을 가질 수 있도록 구성하였다.

(2) 매체 활용 전략

프로그램 진행 중 관련 영상을 활용하여 진행하였다. 수업에서 요구되는 개념에 대한 이해를 도울 수 있는 최적의 영상 선정을 통해 학습효과를 극대화하고, 영상 자체가 연결 수업의 학습 과제로 활용 가능하도록 구성하였다. 영상은 국가별, 주제별로 고려하여 선정 후 활용하였다.

3) 실제 프로그램의 적용 및 운영[1)]

(1) 그림책의 선정

① 국가별

지역별					
전체보기	 대한민국	 레바논	 르완다	 몽골	 베트남
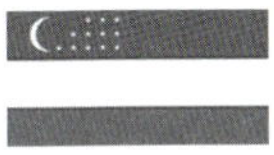 우즈베키스탄	 이란	 인도네시아	 중국	 캄보디아	 태국
 티베트	 팔레스타인	 필리핀			

② 주제별

주제별		
전체보기	공존	다문화이해
세대	인권	장애
젠더	평등	평화

1) 올리볼리 문화다양성 교육 <동화별 교육자료>, www.edu.ollybolly.org

(2) 영상 활용

 봉이 일곱 개인 낙타 #공존, #다문화이해, #평화	 네 형제의 뛰어난 재주 1 #공존, #다문화이해, #평등, #평화
 몽골	 베트남
 마리아 시누콴의 재판 1 #공존, #인권, #평등, #평화	 아홉 개 반의 손가락 1 #공존, #다문화이해, #장애
 필리핀	 티베트

(3) 수업 구성

차이 발견 - 문화수업	편지 쓰기 - 언어수업
옷 만들기 - 창작수업	이야기 그림 - 융합수업

(4) 교수방법을 활용한 수업 구성

① 설명식 · 문답식 수업 구성

각 나라에 대한 정보 소개하기	이야기 줄거리 말하기
주제 관련 질문하기	내용 확인 퀴즈

② 토의 · 토론 수업

주인공의 행동에 대해 의견 제시하기	주제 찬반 토론
문제해결 방법 찾기	<만약에> 토론

③ 스토리텔링수업

이야기 마인드맵	이야기에 맞는 그림 그리기
연극 대본 만들기	미니북 만들기

④ 문화예술수업

무대 의상 만들기	나라별 요리하기
배경 음악 감상	역할극

4) 영상매체 활용 수업의 평가

첫째, 다문화에 대한 이해도를 높이기 위해서 설명보다 영상을 충분히 활용한 수업 구성을 통해 수업 성과를 극대화할 수 있다.

둘째, 해당 수업 진행 과정에서 실제 학습자들의 다문화 이해도를 높이기 위한 대안적인 교육 자료를 활용한다는 측면에서 동화 영상의 활용이 적절하다.

셋째, 학습 참여자들의 개별적인 수준이 차별화되어 있다는 점을 고려하여 동화 내용에 대한 이해를 돕기 위한 보충 설명이 추가되는 것이 바람직하다.

넷째, 학습 참여자 개인의 다문화에 대한 이해를 확대한다는 차원에서 수업에 활용한 영상 자료에서 나오는 질문에 대한 문답식수업을 적절히 활용할 수 있다.

다섯째, 영상 시청을 통한 이해를 활용하여 다양한 응용 수업을 통해 실질적인 수업 성과를 극대화하는 것이 가능하다.

13
CHAPTER

탐구수업 · 프로젝트수업

1. 탐구수업의 이해
2. 탐구수업 모형의 이해
3. 프로젝트수업의 이해
4. 프로젝트수업 모형의 이해
5. 탐구수업 · 프로젝트수업의 실제
   – 유레카 프로그램

1. 탐구수업의 이해

1) 탐구수업의 개념

탐구(探究, inquiry)는 사전적 정의로 진리, 학문 등을 파고들어 깊이 연구한다는 것이며, 지식을 논증하는 것, 의념을 해소하는 것, 문제해결을 목적으로 한 사고 과정이다. Dewey는 '탐구란 어떤 신념 혹은 상정(想定)되어 있는 어떤 지식 형태를 이 신념 혹은 지식 형태를 뒷받침하고 있는 여러 근거에 비추어 적극적이며 끈기 있고 세심하게 고찰하는 것, 또 이 신념 혹은 지식 형태가 지향하는 여러 결론에 대비하여 고찰하는 것'이라 정의하였다(전숙자, 1994). 교육적 측면에서 탐구는 문제해결(problem solving), 발견(discovery), 반성적 사고(reflective thinking) 등과 혼용되어 사용되고 있다.

탐구에 대한 여러 학자들의 정의를 종합하여 보면 탐구란 '탐구 대상이나 영역에 따라 매우 융통성이 큰 개념으로서 주어진 불확실한 문제 상황을 올바르게 인식하고 문제 상황을 해결하기 위해 추리, 관찰, 실험 등을 통해 타당성 있는 일반화된 개념으로 결론을 내리기 위한 논리적 사고방법이나 과정'으로 정의될 수 있다(라계윤, 1999).

탐구수업은 Dewey(1993)의 반성적 사고에 기반한다. Dewey는 반성적 사고(reflective thinking)를 '어떤 신념이나 지식에 근거를 두고 자신의 신념이나 지식을 능동적이고 지속적으로 신중하게 고려하는 것'으로 규정하면서 생각의 연속성으로 보았다(유홍옥, 2005). 또한 의심스러운 상황 혹은 습관이나 과거의 경험에 의해 해결되지 않거나 애매하고 불안정한 상황에서 문제를 해결하기 위해 생각을 계속 연결하면서 보다 나은 결론을 얻게 되는 질적 변화 과정이다(노진호, 1996).

Dewey의 반성적 사고는 인간이 삶의 전반에서 부단히 직면하게 되는 문제 상황들에 대해 적절한 해결책을 모색하고 적응해 나가는 과정에서 성장한 생물학적 진보의 산물로 볼 수 있으며(박영근, 천정미, 2003), 정신 속에서 사고의 문제를 발견하고, 그 문제를 중시하고 그 문제를 연속적으로 사고하는 것이다(Dewey, 1993). 반성적 사고는 당면 문제를 해결하는 도구이자 수단인 동시에 인간이 갈망하는 목적의 달성을 위해 경험을 재조성, 재조직하고 경험의 성장에 방향을 부여하는 핵심 역할을 한다(박영근, 천정미, 2003).

반성적 사고는 '곤란(문제)의 확인, 곤란(문제)의 검토, 해결방안 수립, 제언 및 추리에

기반한 전개, 행위에 의한 가설 검증'의 과정을 거치게 된다. 이러한 과정은 최근 탐구수업의 기본 패턴인 '가설 설정 → 가설 검증(탐구 과정) → 결과 처리 및 해석 → 일반화'라는 과정의 근간이 되었다.

탐구수업은 Dewey의 반성적 사고에 기반한 문제해결 과정에서의 탐구적 사고의 중요성 인식, 19세기 말 자연 과학의 눈부신 발전을 통해 형성된 자연과학적 탐구 방법에 대한 신뢰감, 1960년대의 지식의 구조 형성 과정에서 사회과학적 지식 및 가치에 대한 탐구모형의 개발 등을 기반으로 학습에 적용하고자 하는 학문 중심 교육과정의 등장을 통해 보편화되었다.

Dewey는 전통적인 교과 중심의 교육을 배격하면서 학습자들의 경험을 중시하는 교육의 중요성을 강조했다. 학습자는 항상 새로운 상황에 직면하고 맞부딪히는 과정에서 문제해결을 위해 경험을 재구성하고 환경에 적응하면서 사고의 확장을 통해 문제를 인식하고 해결해 가는 탐구의 과정을 거치게 된다(라계윤, 1999). 사고가 탐구를 촉진시키고, 반성적인 사고 과정을 통해 학습자들이 스스로 경험하게 되는 문제를 해결할 수 있다(Barr et al, 1977).

탐구수업은 수업 과정에서 학습자들이 탐구 경험을 갖게 하는 수업이다. 탐구수업은 지식의 구조를 이루는 기본 개념과 그 관계를 이해하고, 미지의 세계를 탐구하고, 문제해결을 위한 지적인 탐구 방법 및 판단력과 창의력의 배양을 강조한다(심재학, 1984).

탐구수업은 학습자들에게 기존 지식과 기술을 설명하는 방식으로 전수시켜 주기보다 학습자들로 하여금 주어진 상황에서 문제를 인식하고 과학적이고 논리적인 방법으로 주어진 문제를 해결할 수 있는 지적 능력이나 기능의 향상에 초점을 둔 수업 방법의 형태이다(최인규, 이안수, 2008). 고등 정신 기능과 인지 과정을 중시하는 탐구수업은 지식 구조를 이루는 기본 개념과 그 관계의 이해, 미지의 세계 탐구, 문제해결을 위한 지적인 탐구, 판단력과 창의력 배양을 강조하고 있으며, 이에 학습 과정에서 문제해결 과정을 중요시하고 창의력과 사고력을 기르는 데 주안점을 두고 있다(남현주, 1996).

탐구학습과 유사한 개념인 문제해결학습은 인간이 가진 사고 활동에 근거해 주어진 문제를 분석, 파악, 종합해 최상의 해결안을 찾도록 하는 것이며, 문제해결학습의 목적은 단순한 기억의 재생, 이해의 차원을 넘어 새로운 문제해결안을 창출하는 창의적인 사고 능력을 배양하는 데 있다(최경희, 2013). 문제해결학습에서 최우선으로 강조되는 것은 문제해결을 위한 창의성이며, 생각하는 힘을 동원해 학습자들의 힘으로 문제를 풀

어가도록 훈련하는 것이다(김광자, 2000). 탐구 과정을 통해 학습자들은 문제에 대해 관심을 집중하고, 다른 사람과 상호작용하며, 기존 개념들과 태도를 반성하고 재구성해서 결론에 도달하기 위한 행동을 통해 보다 나은 산물을 완성한다(윤기옥 외, 2009).

2) 탐구수업의 특징

탐구수업의 일반적 특징을 요약하면 다음과 같다(황정규, 1984).

첫째, 학습자로 하여금 깊이 있는 탐구를 바탕으로 교과목의 구조 파악, 법칙이나 원리의 발견을 도와준다.

둘째, 기본원리의 조작적 이해와 직관적 사용 이전에는 기본원리의 언어화를 유보한다.

셋째, 정보의 처리 과정, 상호 관계의 파악을 위한 정신적 도식의 적극적 조직 및 재조직의 과정을 학습 과정으로 본다.

넷째, 주어진 것을 뛰어넘는 추리를 강조한다.

탐구학습의 장점은 다음과 같다(한인진, 1987).

첫째, 학습자들이 스스로 자신들의 학습방향을 탐구하고, 학습성과에 대한 책임감을 강조하며, 사회적 의사소통 능력을 향상시킨다.

둘째, 학습자들이 능동적 학습 참여를 통해 긍정적 자아개념을 형성한다.

셋째, 학습자들은 문제해결에 대한 자신의 능력을 확인하고, 성취할 수 있다는 자신감을 가지게 된다.

넷째, 창의성뿐만 아니라 상위수준의 지적 능력(계획, 조직, 판단)을 계발할 수 있다.

다섯째, 기억과 회상에 대한 의존에서 벗어나 지속적으로 학습하는 방법과 태도를 통한 사고의 확장과 학습의 향상을 경험하게 한다.

여섯째, 합리적 · 비판적인 사고의 확장을 통한 새로운 탐구의 사고를 할 수 있는 기회를 제공한다.

일곱째, 학습 내용의 이해를 심화하고 확장하는 데 효과적으로 이용될 수 있다.

반면 탐구학습은 몇 가지 단점을 가지고 있으며, 이는 교사가 수업설계 시에 고려하고 해결해야 한다(박영훈, 2015).

첫째, 탐구학습 지도를 위해서는 많은 시간이 소요된다.

둘째, 단순한 개념을 많이 전달하는 데는 비효율적인 측면이 있다.

셋째, 탐구수업을 준비하는 교사에게 많은 부담을 준다(자료 준비, 학습 지도, 평가 등).

넷째, 신뢰도와 타당도가 높은 탐구수업 전략, 탐구 능력 평가방법의 개발이 어렵다.

2. 탐구수업 모형의 이해

1) 문제해결 과정 및 수업절차

탐구수업은 사고력 신장을 위한 수업 전개에 용이한 교수방법이다. 사고력 배양을 위해서는 학습자들 스스로 사고할 수 있는 능력과 기법의 지도에 관심을 두어야 하며, 교수 · 학습 활동에서는 학습자들의 사고 유형에 따른 다양한 반응이 존중되어야 한다(박성익, 2009). 탐구 중심 학습은 문제해결 과정이라는 공통 특징을 가지고 있다. Tillotson (1970)은 문제해결 과정을 다음 <표 13－1>의 5단계로 제시하였다(최경희, 2013).

표 13-1 Tillotson의 문제해결 과정

단계	특징
문제의 규명	교사는 학습자들이 배워야 할 개념, 숙달해야 할 기능, 잘 계획된 질문으로 학습자를 이끌 촉진 방법에 대해 안다.
문제의 제시	교사는 학습자들이 학습 과제나 구체화된 문제의 윤곽을 잡도록 한 개 또는 그 이상에 초점을 맞추어 질문한다.
문제에 대한 유도 탐구	교사는 학습자들이 문제를 해결하고자 할 때 단서, 피드백, 해결을 가능케 하는 질문 등을 제공해 주며 관찰한다.
최종 해결책 규명 및 정교화	교사는 학습자의 사고를 다듬고 한 가지 이상의 해결책을 찾도록 단서, 피드백, 해결을 가능케 하는 질문 등을 활용한다.
분석, 평가, 논의를 위한 시연	문제에 대한 해결책을 고안하여 과제를 완수하고 나면, 학습자(개인 혹은 그룹으로)는 다른 학습자에게 자신의 해결책을 시연한다. 교사와 다른 학습자는 학습자들의 사고와 움직임에 도움을 줄 수 있는 분석을 한다.

출처: 최경희(2013)

Tillotson의 문제해결 과정은 문제를 해결하기 위한 합리적이고 이상적인 과정을 설명하고 있으며, 과정이나 전략뿐만 아니라 이를 연습할 충분한 기회의 제공을 강조한다. 또한 문제해결을 수업 절차에서는 학습자뿐만 아니라 교사의 역할에 대한 중요성이 강조되어 있다.

다음 <표 13-2>는 탐구수업 모형의 수업 절차를 나타낸 내용이다(최경희, 2013).

표 13-2 탐구수업 모형의 수업 절차

단계	내용
문제 상황 제시, 탐구문제의 설정	교사는 탐구활동을 자극하기에 적절한 상황을 제시하고, 탐구문제를 설정한다.
탐구계획 수립	교사는 학습자들이 자신의 문제를 구성하고 구조화하도록 돕는다. 학습자들은 하위주제들을 나열하고 개인이 책임질 과제를 배당한다.
탐구활동 전개	교사는 학습자들이 효율적으로 탐구활동을 전개해 가고 있는지를 확인한다. 학습자들은 계획안 탐구활동을 전개해 나간다.
탐구결과 정리 및 발표	학습자들은 탐구한 내용을 정리하여 결과를 발표한다.
탐구활동 평가	교사와 학습자들은 일련의 탐구활동을 평가한다.

출처: 최경희(2013)

2) 수업관리

탐구수업 모형은 다른 학습모형에 비해 학습자들이 학습활동에 대한 강한 통제력을 가진다는 특징이 있다.

(1) 수업의 주도성

직접교수모형에서는 교사가 모든 수업을 주도하고자 하나, 탐구수업 모형에서는 교사가 문제를 설정하고 학습자들이 학습을 시작하면 학습자들이 문제에 대한 해답을 찾는 과정과 방법을 결정하는 주체가 된다. 교사는 학습 내용과 학습 절차를 결정하나, 학습 전반의 관리적 측면에 대해서는 학습자들에게 일정 부분을 결정할 수 있도록 허용한다. 교사는 과제에 대한 배정 시간 할당을 결정하며, 학습자들은 배정 시간 내 학습 진도를 결정한다. 교사는 과제 목록과 내용을 결정하고, 인지적 · 정의적 · 심동적 영역의 능력을 발달시키는 단계를 거쳐 보다 복잡한 과제의 해결로 학습을 전개시켜야 한다.

(2) 주요 참여유형

탐구수업 모형에서는 문제해결 과정에서 다양한 참여유형인 개인, 짝, 소그룹, 학급 전체 등으로 다양하게 구성하도록 유도하여 운영할 수 있다.

(3) 과제 제시와 과제 구조

탐구수업 모형에서 과제 제시는 유인물(과제 카드, 단서 카드 등)과 시청각자료를 활용할 수 있으나 거의 대부분 교사의 언어로 제시된다. 문제 설정 후 교사는 학습자들에게 주어진 과제 구조 내에서 진행을 시작하도록 유도한다. 과제 제시에서 교사는 학습자들에게 과제 및 해결해야 할 문제를 이해할 수 있을 만큼의 충분한 정보를 제공해 주어야 하며, 학습자들이 쉽게 해결할 수 있도록 단순한 문제로 구성한다. 탐구수업 모형에서 학습자들이 스스로 문제를 해결하지 못하고 어려워할 경우 교사가 시범을 보여주기도 한다.

3) 수업 요구조건 및 고려사항

(1) 요구조건

탐구수업 모형의 수업을 진행 시에 다음 사항을 점검하는 것이 요구된다(최경희, 2013).

첫째, 일상의 삶과 관련성이 있고, 다양한 자료를 활용해 학습자들에게 자극이 되는 주제를 제시한다.

둘째, 학습자들에게 탐구의 진행 과정과 평가 정보를 정확하게 제시한다.

셋째, 가능한 다양한 자료를 동원해서 학습자들의 흥미를 자극할 수 있는 활동을 도입한다.

넷째, 학습에 제시된 주제에 관한 구체적인 질문을 완성할 수 있도록 격려한다.

다섯째, 각 집단은 현실적인 수업 계획을 세우고, 모든 구성원의 아이디어가 수용될 수 있도록 도와준다.

여섯째, 학습자들의 탐구 기술을 지원하고, 문제가 있을 시 탐구활동의 중단 후 탐구 기술을 훈련할 충분한 기회를 준다.

일곱째, 각 집단이 발견한 주된 학습 아이디어를 구체화하는 것을 도와주고, 발표 계

획을 조정한다.

여덟째, 발표의 평가기준을 제시하고, 발표 후 발표 내용에 대한 토론을 이끈다.

아홉째, 탐구 과정에서 학습자들이 획득한(발견한) 사실이나 개념의 평가 방법을 선택하고, 발견한 것들의 통합 과정을 주의 깊게 살펴본다.

열째, 탐구한 것과 그 결과의 의미에 대해 질문하여 학습자들이 주제에 대해 깊이 이해하도록 한다.

(2) 고려사항

첫째, 상황 제시와 탐구문제 설정이다. 교사는 탐구학습에서 탐구활동의 자극을 위해 적절한 상황을 제시한 후 탐구문제를 설정해야 한다. 탐구 주제는 학습자들의 흥미와 지적 능력에 부합되어야 하고, 학습자들이 많은 질문을 제기할 수 있도록 일반적인 것으로 구성되어야 한다.

둘째, 탐구계획 수립이다. 학습자들의 탐구활동 시작 전 교사는 학습자들이 스스로 판단하고 결정할 수 있도록 격려한다. 교사는 학습자들에게 제안이나 아이디어를 창안할 수 있는 시간적인 여유와 기회를 제공해야 한다. 교사는 탐구결과의 정리 및 제시 방법 등을 전체 학습자들에게 알려주고, 소집단을 구성 후 지도하는 것이 바람직하다. 탐구문제를 설정 후 탐구집단을 조직할 경우 탐구는 개인, 짝, 소그룹, 학급 전체로 진행할 수 있으나 집단 구성 시에는 다양한 재능, 배경, 견해, 기능 등을 가진 학습자들을 하나의 집단으로 구성하는 것이 바람직하다. 또한 미성숙한 학습자와 고립된 학습자가 그룹에서 배제되지 않도록 돕는 것이 중요하다.

셋째, 탐구전개이다. 탐구활동 전개 시 학습자들이 동기화되어 열심히 참여하는지, 구성원 간의 조화를 통해 추진되고 있는지를 확인해 본다. 구성원 간의 인간관계 문제 발생 시 효율적인 타협 방법을 지도한다.

넷째, 탐구활동 정리와 발표, 평가이다. 학습자들은 학습 주제에 대해 탐구하고 질문을 가질 때 소집단활동을 통해 교과내용의 이해뿐만 아니라 협동적인 학습 기능을 익히게 된다. 따라서 교사는 학습자들이 동료들에게 자신의 생각을 제시하도록 하고, 발표된 견해가 존중되는 학급 분위기를 조성하도록 해야 한다. 또한 학습자들은 자신의 생각과 느낌을 질서 있고 예의 바르게 상호 교환할 수 있도록 특별한 지도와 연습을 해야 할 필요가 있다.

4) 탐구수업을 위한 교사의 역할

첫째, 다양한 자료 준비이다. 탐구학습 교수 계획에는 사진, 그림, 지도, 도표, 통계표, 실물, 그 외 많은 자료들이 포함되어야 한다.

둘째, 학습자들과 함께 탐구하는 역할이다. 학습자들이 탐구 발견 과정에서 문제에 직면하면 교사는 최종적이고 절대적인 답변을 제시하지 않으면서도 학습자들과 함께 탐구를 하는 동료로서의 역할을 수행한다.

셋째, 새로운 방법을 안내하는 질문의 제시이다. 교사의 주요 임무가 신중하고 적절한 질문을 통해서 탐구 과정을 유도하는 것뿐만 아니라 문제점을 해결하기 위한 새로운 방법을 안내하는 질문을 제시해야 한다.

넷째, 내적 보상을 위한 노력의 제시이다. 교실에서의 자유로운 의사 표시와 새로운 아이디어를 제시하고 시험하는 것에 대한 보상은 높은 수준의 동기유발을 가져온다는 점에서 교사의 역할이 중요하다.

다섯째, 가치 문제에 있어서의 공평성의 기준이다. 교사는 어떤 가치와 관련한 문제를 제시하고 탐구 과정으로 안내할 때는 뚜렷한 자기의 의견을 밝혀서는 안 되며, 이를 통해 탐구 전 과정에서의 공평성을 확보하는 역할을 해야 한다.

5) 문제해결 과정의 특징 및 탐구 과정의 절차

Dewey는 문제해결의 과정을 제시, 지적 활동, 가설, 논증, 가설의 검증으로 구분하였고, 각 단계의 특징을 살펴보면 다음과 같다(양재길, 1988).

첫째, 제시는 문제 상황에 부딪혔을 경우 즉각적으로 생각하는 잠정적인 답, 혹은 떠오르는 '해야 할 일'을 의미한다.

둘째, 지적 활동은 문제 상황에 직면했을 경우 문제 상황의 실체에 대한 명확한 포착을 위해 단서의 발견과 문제 해석을 통해 정확하게 문제를 이해하는 단계이다.

셋째, 가설은 지적 활동 과정을 거쳐서 만든 잠정적인 해답을 의미하며, 이는 암시보다는 지적인 답이나 확실한 실체로 확인되어야 하는 잠정적인 것이다. 가설은 검증을 위한 자료 수집 활동이나 관찰의 지침이 된다.

넷째, 논증은 가설 설정 이후 가설의 검증에 앞서 검증 결과를 예견하는 것이다. 실제 가설 검증 전에 그 결과의 확실성을 미리 예견해 보면서 가설 검증 과정의 불필요

한 노력을 지양한다.

다섯째, 가설 검증은 사고의 마지막 단계이며, 구체적인 증거에 의해 설정된 가설의 확실성을 검증해 보는 활동이다.

탐구 과정은 다음 [그림 13-1]과 같이 정리하여 도식화할 수 있다(라계윤, 1999).

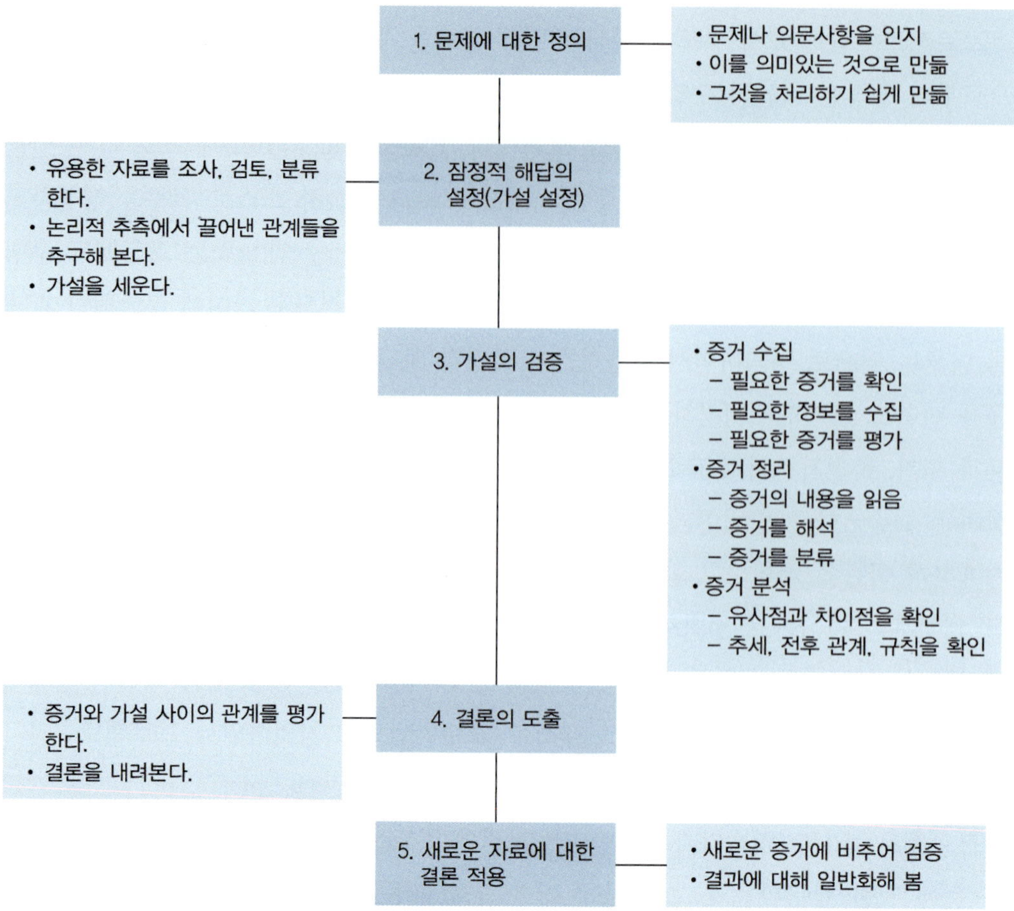

그림 13-1 탐구 과정의 절차

출처: 라계윤(1999)

3. 프로젝트수업의 이해

1) 프로젝트수업의 개념

프로젝트수업은 교사 주도의 지식 전달에 중점을 두고 있는 학교 교육에 대한 비판으로부터 등장한 대안적 수업이며, 학습자의 탐구 과정과 성찰, 문제해결 과정에서 자발성과 능동성을 강조한 교수·학습 모형이다. Blumenfeld 외(1991)는 프로젝트수업을 구성주의적 또는 탐구 중심 교육과정 모형으로 보고 학습자 스스로 질문을 생성하고 학습 결과물을 개발하는 학습 방법이라 정의하였다. Laffey 외(1998)는 프로젝트 수행 과정에서 학습자가 문제해결, 의사결정, 연구활동에 적극적으로 참여해 복합적인 과제를 다루는 것으로 정의하면서 학습자들이 상당한 기간 동안 자율적으로 실제적인 결과물을 만들고 프레젠테이션하는 활동으로 보았다. Moursund(1999)는 실제적인 학습 내용과 평가, 촉진자로서의 교수자의 역할, 목표가 명백한 협력적 학습 과정과 성찰을 포함하는 교수·학습 방법이라고 정의하였다(송지영, 2021). Bell(2010)은 학습자가 질문을 설계하여 학습을 계획하고 연구를 조직하며 학습 전략을 구현하여 실생활에서의 문제를 해결하는 것이라고 정의하였으며(류수진, 2018), Wurdinger 외(2007)는 프로젝트를 설계하고 완성하는 과정에서 문제 확인, 해결 방법 개발, 학습 평가, 학습 성찰의 단계에 따라 교사가 문제해결 과정으로 안내하는 교수방법으로 정의하면서 프로젝트수업이 진행되는 단계와 문제해결수업이 유사함을 제시하였다(오영범, 2017).

프로젝트수업은 '학습자가 학습의 전 과정에 주도성을 가지고 주제, 제재, 문제, 쟁점 등에 관한 탐구활동과 그 결과에 대한 표현 활동을 하며, 그 결과를 만들어 가는 교육과정의 성격이 나타나는 학습'이라고 볼 수 있으며(홍후조, 2002), 많은 학자들이 제시하고 있는 프로젝트수업의 개념에서 학습 방법 측면의 '자기 주도성', 수업 실행 측면의 '삶의 맥락과의 통합', 학습 결과 측면의 '최종 산출물'이라는 세 가지의 공통적인 속성을 발견할 수 있다(오영범, 2017).

학자들의 견해를 종합해 보았을 때 프로젝트수업은 학습자 스스로 연구 주제를 선정하고 연구 진행 과정을 설계하며 결과를 처리하도록 하는 자기주도적인 성격을 지니는 학습으로 정의할 수 있고, 프로젝트수업에서 학습자는 자기주도적 학습이 가능하고 집

단학습을 통해 협업 능력도 향상시킬 수 있다(여상한, 엄우용, 2014). 또한 프로젝트수업은 학습자가 특정 문제를 해결하거나 주어진 주제 하에 성취목표를 달성하기 위해 장기간 자율적으로 문제해결을 위한 계획수립, 과정, 결과산출의 프로세스를 수행하여 결과물을 산출하고 문제해결, 의사결정, 성찰 과정을 통해 고도의 사고 능력을 개발하는 학습 활동이라 할 수 있다(송지영, 2021). 이를 바탕으로 프로젝트수업은 '학습자의 자기주도성을 바탕으로 삶의 맥락과 통합하는 실제적인 내용을 장기간의 학습 수행을 통해 최종 산출물로 구현하는 수업'으로 정의할 수 있다(오영범, 2017).

2) 프로젝트수업과 문제중심수업

과제를 해결한다는 공통점으로 인하여 프로젝트수업과 문제중심수업에 대해 혼동하는 경우가 많다. 프로젝트수업은 결과물에 초점을 둔 반면, 문제중심수업은 학습 과정에 초점을 두고 있다. 둘의 차이점을 다음 <표 13-3>과 같이 제시하였다(송지영, 2021).

표 13-3 프로젝트수업 vs 문제중심수업

프로젝트수업	문제중심수업
과제를 해결하기 위하여 학습자 스스로 계획을 세우고 구체적인 실천을 통하여 결과(물)를 구체적으로 표현하는 교수·학습 방법	학습자들에게 실제적인 문제를 제시하여 학습자들이 제시된 문제를 해결하기 위해 함께 문제를 분석하여 자료 수집 계획을 수립하고 개별학습과 협동학습을 통해 문제의 해결안을 마련하는 과정에서 학습이 이루어지는 교수·학습 방법

출처: 송지영(2021)

3) 프로젝트수업의 목적

프로젝트수업의 목적은 다음과 같다(이경애, 2000).

첫째, 학습자들의 주변 세계에 대한 이해를 향상시키고, 자신의 실생활 속 문제에 대한 대처 능력을 기르기 위한 긍정적인 학습 성향을 기를 수 있다.

둘째, 배운 지식을 프로젝트 활동을 통해 보완하고 강화할 수 있다. 이를 위해 교사들은 학습자들의 다양한 사고와 흥미를 존중하면서 자발적 학습에 몰두할 수 있는 학습환경을 만들어 주어야 한다.

셋째, 지식과 실생활 간의 밀접한 관계를 맺기 위해 학습과 학습자들의 삶이 실제 생활과 분리되지 않도록 연결시킬 수 있다.

넷째, 프로젝트수업을 통해 또래와의 끊임없는 상호작용, 상대방과 협력해 함께 문제를 해결하는 과정을 통해 소속감과 공동체 의식을 키울 수 있다.

Katz와 Chard(1989)가 제시하는 프로젝트수업의 목적은 다음과 같다.

첫째, 학습자들에게 자신이 생활하고 있는 주변 세계가 충분히 연구하고 탐구할 만한 흥미로운 가치가 있는 것임을 알려주는 것이며, 학습자들의 자발적인 참여, 능동적인 활동을 통해 학습 동기를 높여서 학습활동에 몰입할 수 있도록 한다.

둘째, 교사, 학습자, 사회가 협의, 협동, 토론의 과정을 거치며 문제를 해결하는 과정에서 하나의 사회를 경험하게 되면서 소속감과 협동심을 기를 수 있다.

셋째, 교사 스스로 프로젝트수업의 설계와 준비, 프로젝트 탐구 과정에서 발생하는 끊임없는 도전을 통해 성장할 수 있는 기회가 된다.

넷째, 학습자들도 문제해결을 위한 다양한 매체자료를 활용하는 것을 통해 새로운 분야에 대한 도전의식을 가지게 되는 계기가 된다.

4) 프로젝트수업의 특징

여러 학자들은 프로젝트수업의 특성을 크게 다음 네 가지로 구분하였다(류수진, 2018).

첫째, 모든 프로젝트수업의 주체는 학습자인 것을 강조하였다. 프로젝트수업은 주제 설정, 계획부터 평가까지 학습자들이 주도하며 만들어 가는 교육과정이며, 프로젝트수업에서는 학습자가 목적을 가지고 참여하기 때문에 내적 동기화가 지속되며, 학습을 이끌어 갈 수 있으며, 창의성을 고무시켜 프로젝트를 구현하게 만든다(Stoller, 2002).

둘째, 프로젝트수업의 협력성을 강조하였다. 프로젝트수업은 공통적인 주제를 가지고 개인 또는 집단별로 역할을 분담하여 활동함으로써 다른 학습자들 및 교사와의 활발한 상호작용이 나타난다(Fried-Booth, 1987).

셋째, 프로젝트수업에서의 문제는 실제적인 문제들로 이에 대한 해결방안을 주제로 하며, 실제 환경을 소재로 학습자들의 활동을 이끌어 내면 학습에 대한 흥미도가 높아 동기가 유발되어 학습에 몰두할 수 있게 되고, 프로젝트에서 얻은 결과를 실제 상황에 적용하여 학습효과를 높일 수 있다(Stoller, 2002).

넷째, 프로젝트수업에서는 학습자들이 다매체적으로 접근하며, 프로젝트 문제해결을 위해 다양한 매체의 자료를 수집, 분석하게 된다. 학습자들은 새 지식을 더할 뿐만 아니라 기존 지식과 프로젝트 학습 과정에서 얻은 지식을 융합해 새로운 정보를 창출하기도 하고, 다양하고 방대한 정보의 처리 역량을 기를 수 있다(류수진, 2018).

이처럼 프로젝트수업은 학습자 중심으로 협력적인 참여를 중요시하며, 실제적인 문제해결을 위해 다양한 방식으로 정보를 처리하는 특성을 가진다.

구성주의 이론의 측면에서 프로젝트수업의 특징은 다음과 같다(Kradcik et al, 1998).

첫째, 학습자는 실제적 문제를 통해 배우게 되며, 실제적 문제는 학습자의 활동을 이끌어 내면서 개념과 원리를 조직화한다. 따라서 프로젝트수업은 학습자가 문제해결을 위해 연구의 설계 및 수행할 수 있는 실현 가능한 것이어야 하며, 학습자에게 실제 세계와 관련된 흥미롭고 의미 있는 것이어야 한다.

둘째, 프로젝트수업은 학습자에게 결과물을 개발하도록 한다. 결과물은 구체적이고 명확한 형태(리포트나 컴퓨터 파일, 영상 자료 등)로 완성되기 때문에 학습 수행 후 교수자 혹은 학습 동료자, 다른 공동체 구성원들에게 평가받을 수 있다. 따라서 학습자는 자신의 학습을 피드백할 수 있고, 이러한 과정을 통해 지식을 더욱 풍부하게 확장할 수 있게 된다.

셋째, 프로젝트수업에서 교수자, 학습자, 사회 구성원들은 문제해결을 위한 탐구 공동체이다. 프로젝트수업은 학습자뿐만 아니라 프로젝트 내용과 관련된 다양한 사회 구성원과 함께 문제해결을 위해 함께 의논하고 협업할 기회를 제공하며, 학습자의 사고를 확장하고, 이해의 깊이를 강화할 수 있다.

넷째, 프로젝트수업은 인지적 도구를 사용한다. 통신, 하이퍼미디어 등과 같은 인지적 도구의 사용은 학습자의 인지 과정을 확장시키며, 동료 학습자들과의 원활한 상호작용을 촉진해 역동적인 지식 구성을 가능하게 한다.

다섯째, 프로젝트수업은 학습자로 하여금 내적 동기의 유발, 학습에 대한 책임감 향상에 기여한다. 따라서 프로젝트수업의 실제적이고 현실적인 과제의 제시는 학습자로 하여금 학습 동기를 향상시켜서 학습 몰입도를 향상시키고, 협력 활동과 지식 재구성을 통한 산출물을 완성하도록 한다.

5) 프로젝트수업의 장 · 단점

프로젝트수업은 다양한 교육적 효과를 가지고 있다. 프로젝트수업의 장점은 학습자의 흥미에서 출발하여 확실한 동기가 이루어지고, 자신이 스스로 계획하고 실행하므로 자주성과 책임감을 훈련시킬 수 있으며, 끝까지 과제를 수행할 것을 요구하므로 인내심과 끈기를 갖게 된다(정성봉, 2002). 특히 창의성과 탐구심을 중시하므로, 창조적, 연구적 태도를 기르는 데 탁월하고, 협동 정신, 지도 정신, 희생 정신 등 많은 사회적인 덕성을 함양하는 데 도움이 된다(박종선, 2012).

하지만 프로젝트수업을 운영함에 있어 주의해야 할 점이 있다. 수업이 잘 이루어지지 않을 경우 교육적 효과를 기대하기 힘들기 때문에 교사들은 충분한 사전 검토 후 기획하고 실천해야 한다. 사전 고려사항에는 자신의 수업 계획 능력이 부족한 학습자들에게는 시간과 노력의 낭비가 있다는 점, 모둠으로 협력해 학습이 이루어지는 경우가 많은데 일부의 학습자들이 학습을 독점하는 경향이 나타나고, 교과 지식이나 배경지식을 기반으로 프로젝트수업을 진행함에도 불구하고 학습자들의 흥미나 재미로 진행하는 경우가 발생해 체계성이 무너질 때가 있다는 점을 들 수 있다.

프로젝트수업은 학습자들의 자발성과 책임감을 길러주며, 집단 과제를 통하여 협동심을 신장시키고, 교과에서 배운 지식과 기능을 통합하는 경험을 제공하므로 교육기관에서 확산될 가능성이 크며, 다양한 장점을 지니고 있다고 한다(김대현 외, 1999). 반면에 프로젝트수업이 해결해야 할 몇 가지 과제도 있으며, 그것이 단점으로 작용할 수 있다. 예를 들면 수업 진행이 일회성 행사로 끝나는 경우, 수업 진행 시 학부모 및 지역사회의 지지와 지원이 요구되나 충분한 협조를 이끌어 내지 못하는 경우, 학급당 학습자 수가 많을 시에 본래 취지의 프로젝트수업의 목적에 이르지 못한 경우 등을 제시할 수 있다. 그와 더불어 물리적 환경과 관련한 교실 공간 구조의 한계와 프로젝트수업의 통합 과정에 대한 이해력이 부족한 학습자들로 인해 단순한 체험 활동 위주로 끝나는 것도 해당된다. 또한 프로젝트수업은 활동 중심 수업과는 구별되어야 함에도 불구하고 학습자들의 참여와 활동만을 강조하고, 사고 과정을 경시하는 것으로 인해 가장 궁극적인 목적인 학습자들의 삶의 질을 고양시키지 못할 수도 있다는 우려가 있다는 점을 고려해야 한다(박종선, 2012).

6) 프로젝트수업의 교육적 가치

프로젝트수업의 교육적 가치는 다음과 같다(김대현 외, 1999).

첫째, 프로젝트수업은 학습자의 내적 동기를 높임으로써 학습효과를 높이고 다음 학습에 대한 기대감을 갖게 한다.

둘째, 프로젝트수업에서 교사와 학습자들은 끊임없이 선택하며, 과정에 참여하게 되므로 학습에 대한 책임감을 기를 수 있다.

셋째, 프로젝트수업은 학습자의 자발적인 참여를 유도하고, 학습자들이 수업마다 결과물을 통해 성취감을 느낄 수 있어 자존감 향상에도 기여한다.

넷째, 프로젝트수업은 보통 모둠이나 학급 전체로 추진되며 이런 프로젝트수업의 특성은 학습자들에게 과제 해결을 위해 협력할 수밖에 없는 조건을 만들어 준다. 모둠별로 해결을 하기 위해 다른 모둠원들의 의견을 듣고 자신의 의견을 조리 있게 말하는 훈련이 동반되어 협동심과 사회적 기술이 향상된다고 볼 수 있다. 또한 방향이 잘못되거나 더 좋은 방법이 있으면 언제든지 그 방향과 방법을 수정할 수 있다. 이러한 과정을 통해 교사와 동료 모둠원들 간의 대화 기회가 증가하고 이는 자기 생각의 한계를 발견하고 다른 사람의 생각을 경청하고 수용하는 기회가 되어 사고의 유연성이 높아질 수도 있다.

다섯째, 우리 사회와 학교 교육과의 관련성을 인식할 기회가 많아지고 주변의 자원들을 활용해 문제를 해결하는 능력을 길러준다. 프로젝트수업의 주제가 보통 실생활 속에서 일어나는 현상 혹은 일어날 법한 일들을 탐구의 대상으로 삼는 경우가 많고 이를 해결하기 위해서는 주변 자원들을 활용해야 하기 때문이다.

여섯째, 프로젝트수업은 다양한 탐구 능력 향상에 기여한다. 조사, 인터뷰 등 주로 실행하여 탐구하게 되기 때문에 이러한 탐구방법과 태도를 기를 수 있다.

일곱째, 프로젝트수업은 교사들에게 새로운 교수 경험을 줄 수 있다. 교사는 프로젝트수업을 진행하기 위해 교과서 중심 수업의 한계를 극복하고 프로젝트수업에 대한 철저한 준비, 유연한 진행, 학습자에 대해 헌신하는 자세를 지녀야 한다. 이것은 학습자의 학습 잠재력을 확인하고 실제로 끌어낼 수 있는 교사들의 새로운 도전이기도 하다.

여덟째, 프로젝트수업은 학부모와 사회의 관심을 촉구시킨다. 프로젝트수업은 학부모가 참여할 기회를 많이 제공하게 되는데 이를 통해 학교 교육에 대한 관심과 이해를

갖게 되고 가정의 교육자로서 자신의 역할을 인지하고 성찰할 수 있는 기회가 되기도 한다. 이것은 사회도 마찬가지이다. 교육이 학교 안에서만 이뤄진다는 편견을 깨고 지역사회와 인사들의 교육적 관심을 높이는 계기가 될 수도 있다.

4. 프로젝트수업 모형의 이해

프로젝트수업 단계는 프로젝트 준비, 프로젝트 시작, 프로젝트 활동, 프로젝트 정리의 4단계로 나눌 수 있다(송지영, 2021).

프로젝트 준비 단계에서는 프로젝트 주제를 선정하고, 교육과정 분석, 학습자 분석을 통해 수업을 계획한다. 보통 프로젝트 일정표는 수업, 교수자의 제공 활동, 현장체험, 외부 전문가와의 만남, 학습활동 시간 등을 포함하고, 반드시 정기적인 점검 시점이 포함되어야 하며, 형성평가, 비평 및 개선을 위한 시간도 마련해야 한다. 또한 프로젝트의 시작 전에 필요한 모든 자원을 마련해야 하는데 외부 전문가나 기관 등의 협조가 필요한 경우에는 반드시 충분한 시간 여유를 두고 사전 연락을 통해 상대가 미리 일정을 조율해 놓을 수 있도록 해야 한다. 이와 함께 프로젝트수업에 필요한 학습도구, 테크놀로지, 현장체험 일정 등도 준비해야 한다.

프로젝트 시작 단계에서는 학습자들과의 협의를 통해 학습 주제망을 만들고 질문목록을 작성하며 팀을 구성하고 프로젝트 문제해결을 위한 계획을 세운다. 이는 탐구 과정의 시작이자 학습자의 적극적 참여를 이끌어 내는 과정이다. 프로젝트의 시작 단계에서 학습자들은 도입활동을 통해 프로젝트에 대해 관심을 갖게 되고, 프로젝트 주제와 진행 과정에 대한 호기심을 가지게 된다. 도입활동으로 가능한 것은 초청 게스트의 이야기, 영상물이나 영화의 한 장면, 학습자의 동기를 자극하는 읽기 자료, 모의실험이나 활동, 통계 결과 제시, 난해한 문제 제시, 활발한 토론, 노래, 시, 예술작품 제시 등이 있다.

프로젝트의 탐구질문을 제시할 때는 프로젝트, 도입활동, 학습자, 교수자의 판단과 성향 등을 고려해야 한다. 예를 들어 교수자가 먼저 영화를 간단히 소개한 후 영화 속의 의미 있는 장면을 학습자들에게 시청하게 한 후 그 장면에 대해 토론하게 한다. 그

다음에 교수자가 탐구질문을 소개하면서 프로젝트를 시작하면 학습자들은 영화 시청 이후 토론 과정을 거치면서 탐구질문에 대한 맥락을 형성한다. 맥락 형성을 통해 학습자가 해당 주제가 탐구 가치가 있다고 인식하면 주도적으로 학습에 참여하게 된다.

탐구질문의 제시 이후에는 학습자들과 함께 토론 시간을 가져야 하며, 토론을 통해 학습자들이 완벽하게 탐구질문을 이해할 수 있도록 한다. 그 다음에 학습자들 스스로 탐구질문에 대한 잠정적인 답변에 해당하는 아이디어를 생각하도록 한다. 도입활동과 탐구질문 소개를 마친 후에는 주제와 학습자의 역할에 대해 질문하는 시간을 가지도록 하며, 학습자가 알고 있는 것과 알아야 하는 것에 대한 목록을 작성하도록 한다. 이러한 목록은 탐구활동을 잘 정리하게 도와주고, 탐구질문에 대한 답을 찾기 위해 배울 것과 이해해야 할 것을 안내해 주는 역할을 하므로 학습자들에게 매우 유용하다.

도입활동 중이나 탐구질문을 논의하는 과정에서 교수자가 몇 가지 가능한 선택지를 제안할 수도 있으며, 학습자들이 주제에 대해 사전 조사한 후에 어떤 결과물을 만들지에 대해 직접 결정하기도 한다. 또한 교수자는 수준 높은 결과물을 얻기 위해 평가기준과 모범사례를 제시해서 학습자들이 이해할 수 있도록 해야 한다. 결과물의 채점기준은 프로젝트의 수행 도중 학습자들과 함께 구성할 수도 있다.

프로젝트 활동 단계에서는 학습자들의 실질적인 탐구활동이 진행되며, 토의와 협력을 통해 공동으로 과제를 해결하되 가능하다면 학습자 스스로 주어진 자원을 활용하거나 찾아낸 질문에 답할 수 있도록 지원해야 한다. 하지만 필요시에는 교수자가 도움을 줄 수도 있다. 답을 찾은 질문은 목록에서 지워나가는 동시에 학습자들이 프로젝트에 더 깊이 파고들어 더 많은 주제와 과업에 대해 이해하게 되는 과정에서 생겨난 새로운 질문들을 목록에 더하도록 한다. 그리고 프로젝트의 종료 전에 학습자들과 질문 목록을 확인해 보면서 학습자들 스스로 과업을 완수하고 탐구질문에 답하기 위해 필요한 것들을 얻었다는 것을 인식할 수 있도록 한다. 교수자는 프로젝트를 진행하면서 학습자들이 언제 도움을 필요로 하는지, 도움을 받을 준비가 되었는지를 판단해야 하는데, 가장 좋은 시점은 학습자들이 도움을 요청해 올 때이다.

학습자들이 결과물을 만들어 개선해 나가고, 탐구질문에 대한 답을 이끌어 내며 결과물을 공개하기 위한 준비를 하는 과정에서 교수자는 형성평가를 제공해야 한다. 형성평가는 학습자들끼리 서로의 결과물에 대해 비평하는 방법이 있는데 이를 통해 학습자들이 스스로 독립적으로 활동하는 법을 배울 수 있으며, 수업 시간 부족으로 인한

교수자의 부담을 덜어주고, 학습자들이 수준 높은 결과물을 위한 기준을 내면화하여 비판적 사고력, 협업 능력, 의사소통 능력을 증진시킬 수 있다. 또한 자기보고서, 동료 보고서, 교수자 관찰 등을 종합해서 평가를 위한 정보를 수집하는 것을 통해 성공역량(문제해결력, 협업 능력, 자기관리 능력 등)을 평가할 수 있다. 예를 들어 학습자 스스로 팀 구성원으로서 자신이 어떻게 역할하고 있는지 성찰하고, 자신의 소속 팀이 잘하고 있는지 발표해 보도록 하거나, 학습자 스스로 자신이 성공역량을 발휘한 상황을 프로젝트 일지에 기록하거나, 발표나 프로젝트가 끝났을 때 자신의 성공역량 측면에서 성장 여부를 학습자 스스로 반성해 보게 하는 방법도 있다.

프로젝트 정리 단계에서는 결과물에 대한 전시나 발표를 진행한 후에 프로젝트 전반에 대한 성찰과 평가의 기회를 가진다. 프로젝트의 성격에 따라 다양한 방식으로 결과물을 공개할 수 있는데 격식을 갖춘 프레젠테이션을 할 수도 있고, 결과물을 인터넷에 게시하거나 전시회를 개최할 수도 있으며, 문서 형태일 수도 있다. 프레젠테이션이 끝난 후에는 학습자들이 하루나 이틀 정도 그동안의 과정과 성과를 돌아볼 수 있는 시간을 확보해 주어야 한다. 또한 다음 단원이나 프로젝트로 넘어가기 전에 학습자 스스로 성찰의 시간을 갖고 학습한 내용을 복습하게 한다.

프로젝트수업의 4단계 절차는 다음 [그림 13-2]와 같다(송지영, 2021).

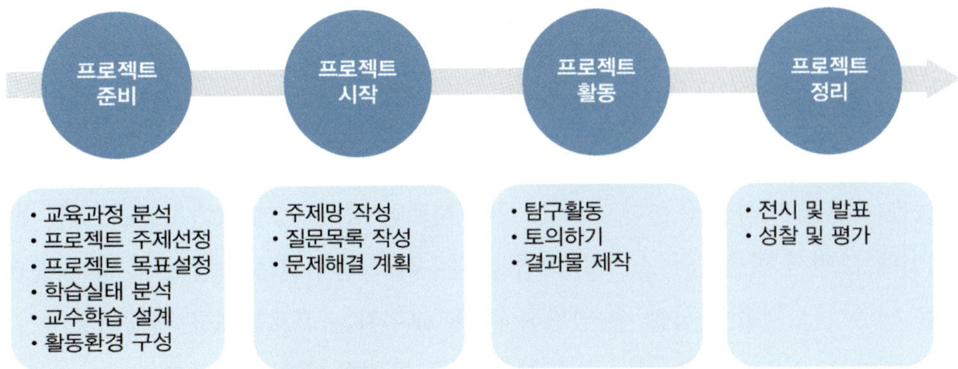

그림 13-2 프로젝트수업의 4단계 절차

출처: 송지영(2021)

이를 보다 세분화하여 프로젝트수업의 구체적인 수행 단계를 나누어 보면 다음 [그림 13-3]과 같다(장인혜, 2017).

프로젝트 준비	주제 설정 및 학습계획서 작성하기	활동 계획하기	탐구 및 표현하기	마무리하기	프로젝트 평가
• 학습 목표 및 주제의 선정 • 교육과정과의 연계성 파악 • 적절한 수업환경 구성 및 자료의 마련	• 주제 결정하기, 학생의 경험 이끌어 내기 • 학생과 함께 주제망 작성하기	• 팀(개인, 모둠, 학급 등) 구성하기 • 질문 목록 결정하기, 학습활동 계획하기 • 자원 확보하고 비치하기	• 조사 및 탐구 실천하기, 문헌 자료 조사하기 • 현장활동, 합의하기, 표현하기	• 문집, 멀티미디어 등	• 토론 및 설문 작성 • 평가와 반성 및 피드백

그림 13-3 프로젝트수업의 수행 단계

출처: 장인혜(2017)

5. 탐구수업 · 프로젝트수업의 실제 - 유레카 프로그램[1]

1) 탐구수업 · 프로젝트수업의 개요

유레카 프로그램은 (사)○○마을에서 개발하여 실행한 다문화 리터러시 교육이다. 국제이주 배경이 없는 다수 고등학생들을 대상으로 다문화교육을 실행하여 다양한 문화와의 긍정적인 접촉을 통해서 감수성을 발달시키고, 개인적 경험으로부터 출발한 자신들의 학습 경험을 사회적 경험 및 초국적 경험으로 발전시킬 수 있게 하는 현장 중심의 다문화 리터러시 교육의 참여를 유도하는 프로그램이다. 소수자 중심의 다문화교육을 넘어 다수 청소년을 대상으로 학교 밖의 다문화 현장에서 실시한 다문화 리터러시 교육의 프로그램 사례이다.

2) 유레카 프로그램의 개발 의도

첫째, 국제이주 배경이 없는 고등학생들은 교육을 통하여 주류사회가 가지고 있는 의식에 대하여 의문을 제기하고 실천적 문화행동을 통해 이민자들이 자신들과 함께 더

1) 정지현 외 2014, <다문화 리터러시 교육을 위한 유레카 프로그램의 교육적 의미>

불어 살아가야 할 사람이라는 것을 인식하게 만드는 것이다.

둘째, 대화와 토론 교육을 추구하여 학습자의 경험과 지식의 언어를 가지고 문제제기식 교육 과정에서 자신이 몰랐던 다문화에 대한 의식을 새롭게 할 수 있고, 타자의 문화에 대한 새로운 의식의 변화를 주문할 뿐 아니라 차별의 대상이 되는 문화가 없음을 일깨워준다.

셋째, 다문화 리터러시 교육은 지배된 다문화 담론의 신화로부터의 탈출을 의미한다. 우리 사회가 가진 다문화에 대한 허상과 반다문화주의적 갈등을 해소하기 위한 대안적 교육모델로서의 역할을 한다.

넷째, 현장 중심의 교육을 추구하여 국제이주 배경이 없는 다수자 고등학생들은 실제 다문화사회 현실과 마주침으로써 다문화사회를 학습자 스스로 파악하게 한다.

다섯째, (사)○○마을의 다문화 현장의 다양한 텍스트는 학생들이 다문화사회에 대한 편견을 극복할 수 있는 동기유발이 가능한 매개로서 역할을 한다.

3) 수업 구성 및 교수 · 학습 전략

(1) 유레카 프로그램 교육과정

유레카 프로그램의 교육과정은 총 7차시로 진행되었다. 매 차시의 프로그램은 각 나라의 게임을 활용하여 동기를 유발한 후에 주제에 부합된 교수자의 강의를 듣고 모둠활동을 진행하였다. 각 모둠의 구성원들과 함께 대화와 토론 과정을 통하여 모둠의 과제를 해결할 수 있는 문제를 제기하면서 본격적인 학습활동을 시작하였다.

모둠의 구성원들은 각자 모둠의 문제를 해결하기 위해 (사)○○마을의 실제적인 다문화 현장의 텍스트를 경험하면서 다문화 리터러시 교육의 학습활동을 수행하였다. 유레카 프로그램 교육과정을 정리하면 <표 13－4>와 같다(정지현 외, 2014).

표 13-4 유레카 프로그램 교육과정

차시 (주제)	프로그램	동기유발	내용구성	다문화 현장 텍스트	다문화 리터러시 교육 학습활동		
					인식 관심	비판적 성찰	행동실천
1차시 (인식)	내가 다문화를 말하다	일본 놀이 (겐다마)	다문화 비평교육	세계지도 마인드맵 갈등나무 자유주제	다문화 사회 이해	이데올로기, 선입관	다문화 표현하기
2차시 (접촉)	마을 스토리를 말하다	중국 놀이 (팔각건 돌리기)	다문화 스토리텔링	이주노동자 결혼이주여성 이민자 상인 이민자 봉사자	타문화 이해	다름과 차이	마을 스토리 표현하기
3차시 (이해)	이민 역사를 공부하다	한국 놀이 (묵, 찌, 빠)	다문화사회 정주와 배제 이해	근대화 이전 일제 강점기 해방 이후 근현대	소수자 이해	초국적 이민자의 삶	공감적 실천
4차시 (뉴스)	오늘은 내가 기자다	필리핀 놀이 (잭스톤)	뉴스 비평 및 실습	보도 기사 설문 기사 영상 기사 인터뷰 기사	뉴스 분석과 제작 이해	기사의 이면	기사로 표현하기
5차시 (사진)	사진에 스토리를 입히다	베트남 놀이 (잠자리)	이미지 비평 및 실습	인물 먹거리 여가 생활 다문화 기호	사진 분석과 제작 이해	사회적 거리감	사진으로 표현하기
6차시 (영상)	영상으로 표현하다	태국 놀이 (물놀이)	영상 비평 및 실습	먹거리 VJ 광고패러디 뮤직 비디오 팀 학습활동 촬영	영상 분석과 제작 이해	타자 이해	영상으로 표현하기
7차시 (문화)	이민자와 함께 만들다	공동체 놀이 (토끼나라, 거북이나라)	문화 체험 및 소통	몽골 문화 필리핀 문화 스리랑카 문화 인도네시아 문화	지구공동체 이해	타자의 가치	문화 공연하기
이론적 실천 (분기 후 별도 차시)	유레카 신문을 만들다				유레카 신문 4호 발행		
	다문화 공동체를 만들다				2014 유레카 한마당		

출처: 정지현 외(2014)

(2) 유레카 프로그램 교육 내용

유레카 프로그램의 교육 내용은 <표 13-5>와 같다(정지현 외, 2014).

표 13-5 유레카 프로그램 교육 내용

• 다문화 비평 교육 기초	• 다문화 스토리텔링
• 다문화사회 정주와 배제 이해	• 뉴스 비평 및 실습
• 이미지 비평 및 실습	• 영상 비평 및 실습
• 문화 체험 및 소통	• 유레카 신문을 만들기
• 유레카 한마당	

4) 실제 프로그램의 적용 및 운영

(1) 유레카 프로그램의 교수 · 학습 지도안

학습 주제	'뉴스 비평 및 실습'을 통해서 보도 태도와 보도 프레임이 수용자에게 미치는 영향에 대해 이해할 수 있다.
학습 개요	보도 태도와 보도 프레임에 대한 이해를 바탕으로 실제적인 미디어 자료를 비평해 보고 제작 활동을 해 봄으로써 제작자의 자세와 수용자와의 관계를 살펴본다.
학습 목표	1. 보도 태도와 보도 프레임을 이해할 수 있다. 2. 실제적인 미디어 자료를 비평할 수 있다. 3. 제작자의 태도와 관점이 수용자에게 미치는 영향에 대해 설명할 수 있다. 4. 다문화 현장을 취재하여 뉴스를 제작할 수 있다.

학습단계		교수 · 학습 활동
도입 10분	인사(1분)	• 인사를 하면서 수업 분위기를 조성한다.
	동기유발 (7분)	• 세계 여러 나라의 전통놀이를 통해 본 차시의 문제제기를 위한 미션지를 선택한다. - 필리핀 전통놀이인 잭스톤을 보여주며 어느 나라의 놀이인지 질문하고 어떻게 하는 놀이인지 추측해 보게 하면서 학습자의 호기심을 자극한다.
	학습 목표 제시(2분)	• 학습 목표를 제시하며 본 차시 프로그램을 안내한다. - 미디어의 실제 자료를 통해 미디어에 내재되어 있는 보도 태도와 보도 프레임이 수용자에게 미치는 영향에 대해 인식하도록 한다.

학습단계		교수 · 학습 활동
전개 1 70분	미디어비평의 이해 (50분)	• 보도 태도 분석에 대한 이해 - 긍정적 태도, 부정적 태도, 중립적 태도 • 보도 프레임 분석에 대한 이해 - 동화 프레임, 통합 프레임, 분리 프레임, 주변화 프레임 • 실제적인 미디어 자료 분석 1 - 공통과제 - 전체 활동을 통하여 미디어 비평에 대한 이론을 바탕으로 하여 전체 모둠이 다함께 공통 자료를 분석해 본다. • 실제적인 미디어 자료 분석 2 - 모둠별 과제 - 모둠활동을 통하여 모둠별 자료를 분석하면서 문제제기를 시작한다.

학습단계		교수 · 학습 활동
전개 1 70분	모둠 활동 (20분)	• 문제제기 - 모둠의 구성원들은 모둠별 과제(보도 기사, 설문 기사, 영상 기사, 인터뷰 기사)에 따라 구체적인 학습활동에 관한 문제제기를 하고 다문화 현장에서의 활동 계획을 토론한다. 모둠의 구성원들은 학습자들 간, 학습자들과 교사 간에 상호 신뢰적인 관계를 형성하고 대화와 토론의 상호작용을 통하여 의사 결정을 한다. • 현장 중심 - 현장활동에 대한 인터뷰 질문을 구성하고 구성원들의 역할을 결정한다. • 학습자 중심 - 학습자들은 학습의 주체자로서 학습의 권한과 책임을 가지고 모든 학습의 과정을 주도한다.

학습단계		교수 · 학습 활동
전개 2 110분	현장 활동 (50분)	• 문제 중심 - 각 모둠의 구성원들은 현장에서 어떤 상황을 취재하여 어떤 태도와 프레임을 가지고 뉴스를 작성할 것인지에 대한 비판적인 사고를 끊임없이 작동하고, 대화와 토론의 상호작용을 통하여 리터러시 교육의 학습활동을 진행한다. • 현장 중심 - 모둠의 구성원들은 계획에 따라 현장에서 인터뷰를 하고 녹음, 사진, 기록 등 뉴스를 작성하기 위한 자료를 수집한다. • 학습자 중심 - 모둠의 구성원들은 모둠의 문제를 해결하기 위하여 각자의 역할을 책임감 있게 수행한다.
	휴식 (10분)	• 미디어 비평의 내용을 정리하고 휴식을 취하면서 모둠활동을 준비한다.

학습단계		교수 · 학습 활동
전개 2 110분	모둠 활동 (30분)	• 문제해결 - 현장에서 수집한 자료를 바탕으로 하여 모둠의 구성원들의 태도와 프레임을 반영하여 문제를 해결한다. 모둠의 구성원들은 모든 구성원들의 관심, 사고, 시각 등의 개별성을 존중하면서 다양한 의견과 학습 경험을 최종적으로 수렴하여 합의를 이끌어 낸다. • 현장 중심 - 현장에서 수집한 자료의 의미를 부각시키면서 스토리텔링을 구성한다. • 학습자 중심 - 교사는 학습자의 동료 학습자 또는 학습의 조력자로서 역할을 수행하고 학습자들은 협동학습을 통해 기사의 최종안을 완성한다.
	발표 · 평가 · 피드백 (20분)	• 전체 활동 과정에 4개 모둠의 발표를 듣고 상호 평가와 피드백을 한다. - 각 모둠은 기사글의 최종안을 발표한다. - 각 모둠의 발표자 한 명이 발표를 하고 모든 학습자들은 경청하면서 발표 내용을 평가한다. - 발표가 끝나면 학습자 간의 질의응답이 이루어지고 교수자의 피드백을 받는다.

<table>
<tr><th colspan="2">학습단계</th><th>교수·학습 활동</th></tr>
<tr><td>전개 3
15분</td><td>성찰일지
(15분)</td><td>• 학습자의 내면의 소리를 학습 과정의 경험을 통하여 반성하고 드러내어 봄으로써 새로운 시각과 깊이를 발견할 수 있는 시간이다.
- 미디어를 비평하고 실제적인 현장의 학습 경험을 되짚어봄으로써 그동안 자신의 생각에 대해 성찰의 시간을 갖게 된다.</td></tr>
<tr><td rowspan="2">정리
5분</td><td>학습 내용
정리(3분)</td><td>• 미디어를 통해 바라본 세상과 실제적인 현장활동을 통해 경험한 세상과의 차이를 이야기하고, 그동안 자신이 바라본 세상에 대해 스테레오타입과 편견이 있었음을 인식하도록 하며 학습 내용을 정리한다.</td></tr>
<tr><td>다음 차시
예고(2분)</td><td>• 교사는 학습자들의 인식을 수정하기 위해서 어떻게 해야 할 것인지에 대해 물음을 제기하면서 다음 차시 프로그램(영상 비평 및 실습)에 대해 간단히 예고한다.</td></tr>
</table>

출처: 정지현 외(2014)

(2) 프로그램 구성 단계별 내용

첫째, 도입 단계이다. 동기유발 게임을 통해서 학습자 간의 서먹서먹한 분위기를 부드럽게 하고 학습활동에 대한 호기심을 자극하는 시간으로 구성하였다. 학습 목표 제시 단계에는 미디어 비평과 실습에 대한 학습 목표를 제시하며 프로그램을 안내하였다.

둘째, 전개 단계이다. 전개 단계는 세 부분으로 구성하였고, 모든 부분에서 문제제기식 교육, 현장 중심 교육, 학습자 중심 교육을 수행하였다.

전개 1단계에서는 미디어 비평의 이론적 기초를 다지고 실제 다문화 관련 자료를 통해서 미디어에 내재되어 있는 보도 태도와 보도 프레임이 수용자에게 미치는 영향에 대해 인식하였고, 모둠활동을 통해서 다문화 현장의 학습활동에 대한 역할 분담과 인터뷰 질문 등을 준비하였다.

전개 2단계에서는 현장에 직접 참여하여 다문화 리터러시 교육의 학습활동을 수행하였다. 모둠활동을 통하여 모둠별 문제에 대한 최종안을 도출하고, 전체 활동을 통하여 4개 모둠의 학습활동 결과를 발표하고, 발표가 끝나면 학습자 간의 질의응답, 상호평가, 교수자의 피드백을 진행하였다.

전개 3단계에서는 학습의 과정과 현장활동의 학습 경험을 통하여 자신의 생각을 드러내는 성찰의 시간을 가졌다. 성찰의 내용은 학습 내용, 학습 방법, 학습 경험, 수업평가에 대해 자율적으로 다양하게 기술하였다.

셋째, 정리 단계이다. 미디어를 통해 바라본 세상은 어떠했으며 실제적으로 현장활

동을 통해 경험한 세상과는 어떠한 차이가 있는지를 이야기하였다. 자신이 바라본 세상에 대한 수정을 위해서는 어떻게 해야 할 것인지에 대해 물음을 제기하면서 학습 내용을 정리하였다.

5) 탐구수업 · 프로젝트수업의 평가

첫째, 개인적 경험 차원의 학습활동 과정에서 다양한 문화와 그 문화를 가진 사람들과의 접촉을 통해 연구참여자들이 차이를 이해하고 불평등을 인식하며 더불어 살아갈 수 있는 능력 함양에 도움이 되었다.

둘째, 구성적 영역의 교육과정과 실행적 영역의 교수 · 학습 방법을 통해 개인적 경험이 의식의 변화를 위한 토대로서 역할을 수행하였다.

셋째, 사회적 경험 차원의 학습활동 과정에서 학습자 간, 학습자와 교사 간, 학습자와 이민자 간 등 타자들과 관계를 맺도록 함으로써 연구참여자들이 상호 의존성을 획득하는 데 도움이 되었다.

넷째, 실제적인 다문화 현장에서의 경험은 개인적 경험이 사회적 경험으로, 나아가 초국적 경험으로 확장되어, 세계시민으로서 초국적 이민자들 간의 공생적 삶을 살아가는 데 요구되는 전 지구적 공동체의식의 변화를 유도하였다.

다섯째, 학습 경험의 지속성과 누적성을 통해 다문화 감수성, 사회적 상호 의존성, 전 지구적 공동체의식을 발달시켜 지속 가능한 다문화사회로 지향해 나갈 수 있는 실천역량 함양 및 의식화를 실현하였다.

참고문헌

강문지(2018). 세계시민교육을 위한 초등 미술과 내용 구성에 관한 연구. 경인교육대학교 교육전문대학원 석사학위논문.

강인구(2003). 협동학습과 협력학습 구조 비교분석. 한국교육문제연구소 논문집, 18, 183-197.

강홍숙(2006). 협동학습의 효과에 관한 메타분석. 목포대학교 대학원 박사학위논문.

강휘원(2006). 한국 다문화사회의 형성 요인과 통합 정책. 국가정책연구, 20(2), 5-34.

경기도도서관(2015). 토의, 토론 구분. 경기도도서관 MAY 2015 news letter 34호.

경기문화재단(2018). 2018년 문화다양성 가치 확산을 위한 교안 개발 및 매개자교육 결과자료집. 경기문화재단.

고종선(2012). 팀 보상 유무에 따른 STAD 협동학습의 효과: 초등학생의 창의성과 학업성취도. 경북대학교 대학원 박사학위논문.

곽영순(2001). 과학교사들이 진단한 과학과 협동학습의 실태. 한국지구과학회지, 22(5), 360-376.

교육부(2020). 교육(누리)과정 연계 다문화교육 수업 도움자료.

교육부(2023). 2023년 다문화교육 지원계획(안).

교육부(2023). 2023학년도 한국어학급 운영 가이드라인 초·중등.

교육부(2023). 다문화교육 정책학교 운영 가이드라인 초·중등.

구정화, 박윤경, 설규주(2009). 다문화교육의 이해. 서울: 동문사.

구정화, 박윤경, 설규주(2010). 다문화교육의 이해와 실천. 서울: 동문사.

권성호(1990). 교육공학원론. 양서원.

권우진(2011). 스토리텔링을 적용한 자기소개 연구. 작문연구, 13, 255-279.

권혁일(2008). 디지털 스토리텔링이 초등학생의 수학 학업성취도 및 태도에 미치는 효과. 교육과학연구, 39(3), 139-170.

권효숙(2003). 아동의 간문화적 경험과 적응교육의 재개념화. 한국초등교육, 14(2), 401-422.

김경란(2006). 다문화가정자녀의 자아정체감과 사회적 지지가 사회적응에 미치는 영향. 국민대학교 행정대학원 석사학위논문.

김광욱(2008). 스토리텔링의 개념. 겨레어문학, 41, 249-274.

김광자(2000). 교수방법의 이해. 서울: 집문당.

김남국(2005). 경계와 시민: 국민국가의 국경통제는 정당한가?. 한국과 국제정치, 21(2), 153-180.

김남진, 김용욱(2010). 특수교육공학. 서울: 학지사.

김대권(2014). 바로 지금 협동학습. 서울: 즐거운 학교.

김대권(2020). 초등학교 교사들의 협동학습 교실 실천에 대한 생태학적 연구. 고려대학교 대학원 박사학위논문.

김대성(2005). 설명식수업과 발견식수업이 학습 과제 유형에 따라 학업성취에 미치는 효과. 한국교원대학교 교육대학원 석사학위논문.

김대현, 왕경순, 이경화, 이은화(1999). **프로젝트 학습의 운영**. 서울: 학지사.

김면(2017). 문화다양성 정책현황 및 발전방안 연구. 한국문화관광연구원.

김미선(2009). 자아존중감 증진 프로그램이 다문화 가정 아동의 자아존중감과 학교생활 적응에 미치는 효과. 숙명여자대학교 교육대학원 석사학위논문.

김민경(2010). 대학생의 다문화 역량에 관한 연구-문화적 인식, 지식, 기술을 중심으로. **한국생활과학회지**, 19(6), 945-965.

김민정, 김재원, 손정우, 한인기(2011). 초등 수학 영재교육에서 개별화 수업의 가능성 탐색. **초등수학교육**, 14(2), 207-218.

김선규(2015). 자유주의적 다문화주의에서 문화와 관용의 문제. **다문화콘텐츠연구**, 18, 225-254.

김선미(2000). 다문화 교육의 개념과 사회과 적용에 따른 문제. **사회과교육**, 4, 63-81.

김선미(2003). 중등 사회과교과서에 나타난 한중일 관계분석: 다문화교육의 관점에서. **사회과교육**, 42(1), 109-127.

김성근(2013). 다문화 사회에서의 사회갈등문제 실태분석 및 효과적인 대응방안 연구. 서울: 한국행정연구원.

김송아(2010). 문화예술교육이 시민문화의식 수준에 미치는 영향에 관한 연구. 서울시립대 대학원 석사학위논문.

김수영, 테레사편(2016). 대학생의 자아존중감과 문화간 감수성과의 관계에서 문화정체성의 매개효과. **학습자중심교과교육연구**, 16(7), 585-607.

김수진(2018). 한국 다문화사회에 관한 고찰: 다문화정책, 사회적 자본 부패 중심으로. **한국부패학회보**, 23(1), 95-120.

김수진(2019). 한국 다문화사회의 사회통합에 관한 연구. 동아대학교 대학원 박사학위논문.

김승호(1996). 발견식수업과 설명식수업의 학업 성취의 전이 효과에 관한 연구. 공주대학교 교육대학원 석사학위논문.

김신자(1995). **개별수업**. 서울: 교육과학사.

김아영(2006). 초등교사의 다문화 인식 실태 조사. 서울교육대학교 교육대학원 석사학위논문.

김연희(2007). 한국사회의 다문화와 사회복지분야의 문화적 역량. **사회복지연구**, 35(4), 117-144.

김영순(2017). **다문화교육의 이론과 이론가들**. 서울: 북코리아.

김영순, 김금희, 전예은(2013). 외국인 대학원생을 지도하는 한국인 교수자의 다문화 감수성에 관한 연구. **인문과학연구**, 37, 461-488.

김영순, 오세경(2010). 지역문화교육을 위한 지명유래 전설의 스토리텔링 사례 연구: 인천 검단 여래마을을 중심으로. **문화예술교육연구**, 5(1), 149-169.

김영순, 오영훈, 한성우, 윤희진, 권도영(2018). **인문 콘텐츠와 인물 스토리텔링**. 경기: 선학사.

김영순, 윤희진(2010). 다문화시민성을 위한 스토리텔링 활용 문화교육 방안. **언어와 문화**, 6(1), 27-46.

김영순, 최희(2018). 교양수업에 참여한 대학생의 협동학습 경험에 관한 연구. 열린교육연구, 26(1), 145-164.

김영옥(2002). 유아 다문화교육 프로그램 모델 개발 연구. 유아교육학논집, 6(2), 5-38.

김영옥, 서현, 박형신, 정상녀, 윤경선, 박미자, 이나영(2010). 유아다문화교육의 이론과 실제. 서울: 학지사.

김영인, 설규주(2008). 시민교육론. 방송대출판부.

김옥순(2008). 해외체류경험과 외국어 사용 능력에 따른 문화간 감수성 수준의 차이(경기지역 대학생을 중심으로). 미래청소년학회지, 5(1), 45-67.

김옥순, 전성민(2009). 초등 교사의 문화간 감수성 조사연구: 경기도를 중심으로. 한국교원교육연구, 26(1), 59-83.

김왕근(1999). 세계화와 다중 시민성 교육의 관계에 관한 연구. 시민교육연구, 28, 45-68.

김용신(2008). 초등사회과 교육과정의 다문화 개념 분석 - 2007개정 교육과정 내용체계의 적용 관점에서. 사회과교육, 47(2), 5-22.

김욱동(1998). 다문화주의의 도전과 응전. 미국학논집, 30(1), 29-49.

김은주(2017). 학생참여형 수업 활성화를 위한 토의·토론 수업 내실화 방안. 부산광역시교육연구정보원.

김은진(2011). 문화예술교육 프로그램에서 음악 테크놀로지 기반 수업(Music Technology-Based Learning)의 학습효과 연구. 경희대학교 대학원 박사학위논문.

김재춘(1999). 수준별 교육과정의 이해. 서울: 교육과학사.

김재춘, 배지현(2009). 의미 생성 활동으로서의 스토리텔링의 교육적 함의. 초등교육연구, 22(1), 61-82.

김정선, 박정유, 연혜경(2008). 초·중등학교 교과 통합형 문화예술교육 모형개발 연구. 조형교육, 32, 1-36.

김정연(2014). 다문화실천가의 몰인종적 태도와 문화적 역량에 관한 연구: 다문화훈련의 조절효과를 중심으로. 한국가족복지학, 45, 4-34.

김정원, 남규, 이정아(2013). 유아 다문화교육 프로그램. 경기: 공동체.

김정현(2005). 학습자의 인지양식에 따라 설명식수업과 문제해결 수업이 학업성취도에 미치는 효과. 전북대학교 교육대학원 석사학위논문.

김정환, 이계연(2005). 수업의 질 개선을 위한 교사 수업능력 자기평가 방략에 관한 논리적 고찰. 교육평가연구, 18(3), 19-38.

김종무, 문성준, 서인환, 이명걸, 정훈, 국립특수교육원(2000). 시각장애학생의 교과지도를 위한 정보매체 활용. 국립특수교육원.

김종서, 이영덕(1983). 교육학 개론. 서울: 한국방송통신대학교출판부.

김종우, 이용환(2009). 전문대학 교수의 교수능력과 수행기준 개발. 농업교육과 인적자원개발, 14(1), 111-138.

김지선(2016). 교사의 교수 매체 활용 실태 및 선택 요인분석. 충북대학교 일반대학원 석사학위논문.

김진화(2006). 평생교육방법 및 실천론. 서현사.
김진희(2012). 호주사회의 국제난민을 둘러싼 다문화담론과 난민 이주민을 위한 교육. *Andragogy Today, 15*(3), 209-237.
김진희, 허영식(2013). 다문화교육과 세계시민교육의 담론과 함의 고찰. 한국교육, 40(3), 155-181.
김태원(2012). 다문화사회의 통합을 위한 패러다임으로서의 유럽상호문화주의에 대한 이론적 탐색. 유럽사회문화, 9, 179-213.
김태환(2015). 다문화사회와 한국 이민정책의 이해. 집사재출판사.
김판준(2013). 다문화사회의 갈등과 기여에 관한 고찰. 현대사회와 다문화, 3(2), 207-237.
김학태(2015). 다문화사회의 사회통합을 위한 법정책 연구: 한국과 EU의 사회통합 모델을 중심으로. 유럽헌법연구, 18, 127-170.
김형민, 이재호(2017). 유럽의 상호문화주의. 시민인문학, 32, 9-39.
김혜리(2013). 다문화가정 아동을 위한 교육정책에 대한 고찰. 동의대학교 대학원 석사학위논문.
김혜순(2007). 한국적 다문화주의의 이론화. 동북아시대위원회 용역과제 07-7. 한국사회학회.
김혜순(2009). 다문화정책의 주요 쟁점과 입법과제. 국회도서관보, 46.
김혜연(1997). 다문화 교육에 대한 일반적인 고찰. 제주관광대학논문집, 3, 220-237.
김호권(1986). 현대교수이론. 서울: 교육출판사.
김홍운, 김두정(2007). 한국 사회의 다문화 현상과 교육적 과제. 인문학 연구, 34(3), 153-176.
김환진(2009). 토론수업의 장애요인에 대한 사회과 교사의 인식. 한국교원대학교 교육대학원 석사학위논문.
남창우, 이현응(2013). 온라인 협동학습환경에서 사회적 실재감, 집단자존감, 집단응집력 및 학업성취 간의 구조적 관계 분석. 교육공학연구, 29(2), 407-434.
남현주(1996). 집단 탐구수업 모형을 적용한 중학교 가정과 교수-학습 과정안 개발. 이화여자대학교 교육대학원 석사학위논문.
노미란, 신지영, 강영미, 한정선, 김민영, 성현주, 조경화(2020). PBL(Project based learning) 기반 교육과정재구성 수업 실천연구. 오창초등학교수업실천연구회.
노진호(1996). Dewey의 교육의 개념에 대한 고찰. 교육학연구, 34(3), 19-33.
노충래, 김정화(2011). 다문화 사회복지 실무자의 문화적 역량 척도개발 및 타당화. 한국사회복지학, 63(2), 207-231.
노혜란, 최미나(2004). 인적자원개발을 위한 교수역량 모델 개발. 직업능력개발연구, 7(2), 1~28.
라계윤(1999). 탐구수업을 위한 학습 자료 이용 실태 조사: 기숙사 고등학교를 중심으로. 이화여자대학교 교육대학원 석사학위논문.
류수진(2018). 프로젝트 학습 기반 수업이 초등학생의 영어 능력과 자기주도적 학습 능력에 미치는 영향. 경인교육대학교 교육전문대학원 석사학위논문.
류시조(2010). 다문화사회와 자유권적 기본권. 헌법학연구, 16, 71-103.
류제천(2009). 소집단 협동학습이 초등학생의 수학성취도와 문제해결력에 미치는 효과. 단국대학교 대학원 박사학위논문.

류태경, 박승곤, 문성호(2017). 청소년지도사의 다문화역량 특성 및 영향요인 분석. **청소년문화포럼**, 50, 31-57.

문미숙, 박창언(2009). 다문화 연구학교 교육과정 재구성 실태 분석. **초등교육연구**, 22(1), 363-386.

문화체육관광부(2017). 2017 문화다양성 정책 연차보고서.

문화체육관광부(2018). 2018 문화다양성 정책 연차보고서.

민무숙, 김이선, 이춘아, 이소영(2009). 다민족 다문화사회로의 이행을 위한 정책패러다임 구축(Ⅲ): 다문화전문인력 양성현황과 정책과제. 한국여성정책연구원.

민용성, 최화숙(2009). 다문화 사회에 대응하는 학교 교육과정 개발 방향 탐색. **학습자중심교과교육연구**, 9(3), 231-258.

민주식, 김지영, 오금환, 김문용, 황미영, 김정아(2009). 교과연계 문화예술교육 통합프로그램 개발 연구. 한국문화예술교육진흥원.

박근수, 신희정(2012). 중·고등학생의 다문화 역량에 영향을 미치는 요인 연구. **한국콘텐츠학회논문지**, 12(10), 307-319.

박남수, 정수권, 서경석(2007). 초등학생들의 세계시민성 육성을 위한 지역사회 연계 세계교육 모형 및 프로그램 개발. **사회과교육연구**, 14(4), 213-240.

박병호(1986). **발문법원론**. 서울: 세광출판.

박선웅, 이민경, 구정화, 박길자(2010). 다문화교육 연구학교의 프로그램에 대한 비판적 분석. **시민교육연구**, 42(2), 29-60.

박성익(2009). **교수 · 학습 방법의 이론과 실제(I)**. 서울: 교육과학사.

박성익, 김연경(2004). 발문의 유형에 따른 학습효과 고찰. **사대논총**, 68, 59-79.

박수현(2008). 학습자의 인지양식에 따라 JigsawⅡ, LT, GI 협동학습이 학업성취에 미치는 영향. 한국교원대학교 대학원 석사학위논문.

박수환(2017). 초등 수학적 토의·토론 수업에서 나타나는 학생 활동의 특징 분석. 부산교육대학교 교육대학원 석사학위논문.

박숙희, 염명숙(2002). **교수 · 학습과 교육공학**. 서울: 학지사.

박순철(2011). 초등학생의 다문화 정체성 함양을 위한 교육 방안 연구. 서울교육대학교 교육대학원 석사학위논문.

박영근, 천정미(2003). John Dewey의 반성적 사고와 창의성 교육. **교육사상연구**, 13, 1-12.

박영숙(1996). 교수-학습지도 다양한 정보매체 활용. 서울교육연구원.

박영훈(2015). 다양한 탐구활동을 통한 학습자의 학습태도와 흥미 신장. **미래교육연구**, 5(2), 27-42.

박용규(2011). 초등영어교육에서의 문화인식 고찰. 호남대학교 대학원 박사학위논문.

박윤경(2008). 다문화교육의 원리와 쟁점들: 교육적 함의. 청주교육대학교 교육대학원 논문집제, 13.

박은희(2008). 문화예술교육으로서 무용교육 전문 인력 양성을 위한 방안 연구. 경희대학교 대학원 박사학위논문.

박재용(2007). 대학생들의 정보매체활용에 따른 학습효율성에 관한 연구. 정보관리학회지, 24(4), 119-132

박정문(2006). 초등학생의 다문화 학습활동에 관한 반성적 실천 연구. 경남대학교 대학원 박사학위논문.

박정민(2008). 소집단 협동학습모형의 적용 방안 연구: 중학교 규칙성과 함수 영역을 중심으로. 아주대학교 교육대학원 석사학위논문.

박종대(2017). 한국 다문화교육정책 사례 및 발전 방안 연구: 상호문화주의를 대안으로. 한국외국어대학교 대학원 박사학위논문.

박종선(2012). 창의·인성 함양을 위한 실과 수업 과정안 개발. 한국교원대학교 대학원 석사학위논문.

박주현, 서영진, 이동엽, 강대현(2015). 창의적 수업을 위한 토론·협력학습 활성화 방안. 한국교육과정평가원 연구보고 RRI 2015-1.

박지현(2018). 스토리텔링을 활용한 세계시민교육프로그램의 개발 및 적용. 서강대학교 교육대학원 석사학위논문.

박진경(2012). 다문화 사회에 대비하는 규제 정비 방안. KIPA 연구보고서 (Vol. 2012-09). 서울: 한국행정연구원.

박채복(2007). 독일의 이주자정책: 사회적 통합과 배제의 딜레마. 한독사회과학논총, 17(1), 293-319.

박철희(2007). 다문화 교육 관점에 기초한 초등 사회·도덕 교과서 내용에 대한 비판적 고찰. 교육 사회학연구, 17(1), 109-129.

박하나(2015). '다문화 감수성' 관련 연구 동향 분석. 다문화교육연구, 8(2), 47-68.

박혜진(2020). 문화예술교육을 통한 문화다양성 인식과 수용의 매커니즘. 한국융합과학학지, 9(3), 107-127.

방인자(2016). 교수·학습 자료 사용 실태에 기반한 교과서 정책평가 연구. 충남대학교 대학원 박사학위논문.

변영계(1999). 교수 · 학습이론의 이해. 서울: 학지사.

변원일(2019). 근접발달영역에서 비계설정 유형의 탐색과 적용. 조선대학교 교육대학원 석사학위논문.

서강식, 장원순(2010). 한국 다문화교육의 내용 체계화. 한국다문화연구원.

서경혜, 최유경, 김수진(2011). 초등 교사들의 온라인상에서의 수업자료 공유에 대한 사례 연구. 초등교육연구, 24(2), 257-284.

서울대학교 교육연구소(1988). 교육학 대백과사전. 서울대학교 교육연구소.

서윤호(2012). 다문화주의와 문화다양성 - 다문화법제의 기본개념 분석. 一鑑法學(Ilkam law review), 23, 283-321.

서종남(2010). 다문화교육: 이론과 실제. 서울: 학지사.

서종남(2012). 다문화교육: 이론과 실제. 서울: 학지사.

서태열(2004). 세계화, 국가 정체성, 그리고 지역정체성과 사회과교육. 사회과교육, 43(4), 5-29.

서한나, 안현의(2010). 한국인 대학생의 민족정체성이 주관적 안녕감 및 자아존중감에 미치는 영향. **상담학연구**, 11(3), 1037-1052.

설규주(2004). 세계시민사회의 대두와 다문화주의적 시민교육의 방향. **사회과교육**, 43(4), 31-54.

설규주(2008). 초등 사회과 수업에서의 교수학습매체 활용실태 분석. **시민교육연구**, 40(3), 29-63.

설규주(2009). 다문화 교육을 위한 초등 교수 학습 과정 재구성. 초중등교사 다문화교육 직무연수 자료집. 서울대학교 중앙다문화교육센터.

설규주(2013). 교과서 속 사회적 소수자에 대한 스테레오타입 연구 - 2009 개정 교육과정에 따른 중학교 사회 교과서를 중심으로. **다문화교육연구**, 6(3), 55-83.

손병노(1996). 사회과 협동학습의 의의와 이론적 토대. **사회과교육**, 29, 163-190.

손현미, 제민지, 이병준(2014). 간호사의 문화적 역량에 대한 통합적 고찰. **문화예술교육연구**, 9(4), 25-47.

송상호, 박인우, 엄우용, 이상수(2007). **수업 설계의 원리**. 서울: 아카데미프레스.

송샘, 이재묵(2018). 다문화사회 이주민의 정치참여 활성화를 위한 민주시민교육. **아태연구**, 25(1), 61-91.

송영호(2009). 한국인의 국민정체성과 다문화 수용성. 고려대학교 대학원 석사학위논문.

송정란(2006). **스토리텔링의 이해와 실제**. 서울: 문학 아카데미.

송지영(2021). **프로젝트학습(Project Learning) 수업 가이드북**. 조선대학교 교수학습지원센터.

신동철(1999). **교사를 위한 교육공학**. 서울: 교육과학사.

신영민(2005). 문화인류학적 접근을 중심으로 한 다문화 미술교육 방안 연구. 한국교원대학교 대학원 석사학위논문.

신은미(2007). JigsawⅢ 모형의 협동학습이 수학 학업성취도와 학습태도에 미치는 영향 - 피타고라스의 정리 단원을 중심으로 -. 고려대학교 대학원 석사학위논문.

신지원(2011). 이민정책의 이론적 기초와 방향성 연구. IOM이민정책연구원.

심익섭, 남영희(2015). 다문화정책 전달체계와 다문화역량이 다문화정책성과에 미치는 영향. **국가정책연구**, 29(1), 53-78.

심재학(1984). 탐구수업과 문제해결과정 및 문제해결성취와의 관계. 고려대학교 교육대학원 석사학위논문.

안상수, 민무숙, 김이선, 이명진, 김금미(2012). 국민 다문화수용성조사연구. 한국여성정책연구원 연구보고 2012-02. 여성가족부

안진숙(2019). 그림동화책 창작 프로그램에 참여한 다문화가정 청소년의 리터러시에 관한 질적 연구. 인하대학교 대학원 박사학위논문.

안진숙(2019). **이민 · 다문화 가족 복지론**. 서울: 동문사.

양성실(2013). 초등 사회과 교육과정에 나타난 다문화교육과 글로벌교육 내용 비교 분석. **글로벌교육연구**, 5(1), 29-53.

양영자(2008). 한국 다문화교육의 개념정립과 교육과정개발 방향 탐색. 이화여자대학교 대학원 박사학위논문.

양옥승(1997). 유아교육과정 연구의 재개념화 Ⅲ: 다문화주의의 적용. **교육연구**, 5, 49-66.

양재길(1988). 사회과 탐구수업의 전제조건 탐색을 통한 수업실제의 분석. 한국교원대학교 대학원 석사학위논문.

양정아(2020). 상호문화주의 교육의 정당화: 한국 다문화교육의 방향 탐색. 성균관대학교 일반대학원 박사학위논문.

여상한, 엄우용(2014). 초등 교육과정과 연계한 프로젝트중심학습 설계 모형 개발. **교육공학연구**, 30(2), 259-283.

오승택(1998). 사회과 개별화 수업의 매력성 조사 연구 - 협동적 선택학습을 중심으로 -. 서울대학교 대학원 석사학위논문.

오영범(2017). 프로젝트 수업 사례를 통한 프로젝트 수업의 의미 탐색. **한국교육**, 44(1), 5-32.

오영수, 김영순(2004). 지식의 사회 문화의 시대. 경북대학교 출판부.

오은순, 강창동, 진의남, 김선혜, 정진웅, 정원영(2007). 다문화 교육을 위한 교수학습 지원 방안 연구(Ⅰ). 한국교육과정평가원.

오은순, 이혜원, 박진용, 김정숙, 백지숙(2008). 다문화 교육을 위한 교수·학습 지원 방안 연구(II). 한국교육과정평가원.

오충훈, 전영준(2019). 플립 러닝(Flipped Learning)과 비주얼씽킹(Visual Thinking) 기법을 활용한 고등학교 한국사 수업 모형 연구. 제주대학교 교육대학원 석사학위논문.

오택섭, 강현두, 최정호(2005). **미디어와 정보사회**. 서울: 나남.

외교부. 이민자 조기적응프로그램 안내문.

우현정(1998). 이문화(異文化) 이해를 위한 미술교육 방안 연구. 한국교원대학교 대학원 석사학위논문.

원숙연(2008). 다문화주의 시대 소수자 정책의 차별적 포섭과 배제: 외국인 대상 정책을 중심으로 한 탐색적 접근. **한국행정학보**, 42, 29-49.

원숙연, 문정희(2016). 다문화 역량의 다차원성과 영향요인: 다문화가족지원센터 종사자를 대상으로. **지방정부연구**, 19(4), 143-165.

위현미, 박은경(2023). 다문화학생을 위한 교수학습 자료의 디지털 큐레이션 적용방안. **한국문헌정보학회지**, 57(2), 5-30.

유네스코 아시아태평양 국제 이해 교육원(2015). 유네스코가 권장하는 세계시민교육 교수학습 길라잡이.

유네스코(2005). 문화적 표현의 다양성 보호와 증진 협약.

유네스코(2014). 글로벌시민교육: 21세기 새로운 인재 기르기(Global Citizenship Education: Preparing Learners for the Challenges of the 21st Century).

유네스코한국위원회(2008). 다문화 정책포럼 '유네스코 문화다양성 관련 국제규범과 한국적 다문화정책의 새로운 과제'.

유승우, 임형택, 권충훈, 이성주, 이순덕, 전희정(2017). **교육방법 및 교육공학**. 경기: 양서원.

유용배(1992). 도덕성 발달 수준에 따른 발견식수업과 설명식수업이 학업성취에 미치는 영향. 한

국교원대학교대학원 석사학위논문.

유홍옥(2005). 반성적 사고에 기초한 유치원 교육실습과 예비교사의 발달적 변화. 중앙대학교 대학원 박사학위논문.

윤기옥, 정문성, 최영환, 강문봉, 노석구(2009). **수업모형**. 서울: 동문사.

윤인진(2008). 다문화 사회의 도전과 우리의 과제. 시대정신, 봄호.

윤인진(2008). 한국적 다문화주의의 전개와 특성 - 국가와 시민사회의 관계를 중심으로. **한국사회학**, 42(2), 72-103.

윤태영, 이은희(2011). 다문화 교육과정에 관한 대학생 인식. **한국생활과학회한국생활과학회지**, 20(1), 273-284.

이경애(2000). 초등 실과교육을 위한 프로젝트 수업모형의 구안 및 효과에 관한 연구. 부산대학교 일반대학원 석사학위논문.

이근매, 조용태, 김용수(2014). **다문화가족 갈등관리의 이론과 실제**. 서울: 시그마프레스.

이기용(2018). **다문화사회 교수방법론**. 경기: 공동체.

이기용, 이건남(2013). 초등학교 교사의 다문화 교수 역량 척도 개발. 실과교육연구, 19(3), 125-142.

이동연(2008). 문화예술교육, 그 이념과 가치, 문화예술교육 4차 포럼: 문화예술교육 평가와 전망. 문화관광부, 한국문화예술교육진흥원.

이륜, 장경원(2016). 학교의 다문화교육 평가도구 개발. **한국교육**, 43(02), 99-125.

이미림, 박춘숙(2014). 대학생의 문화적 민감성에 영향을 미치는 요인에 관한 연구. **사회과학연구**, 23, 203-230.

이민경(2008). 한국사회의 다문화 교육방향성 고찰: 서구사례를 통한 시사점을 중심으로. **교육사회학연구**, 18(2), 83-104.

이민경, 양계민(2011). 다문화 교육 프로그램 효과성 분석을 통한 다문화 교육 방향성 고찰. **현대사회와 다문화**, 1(2), 176-199.

이민정책연구원. 이민자 조기적응프로그램. https://www.mrtc.re.kr/business/02.php.

이병준, 윤갑정, 이에스더, 팽영일, 김성재, 이모영(2009). 문화적 역량의 개념 및 구성요소에 관한 연구. 학술진흥재단.

이상우(2015). (살아 있는) **협동학습: 협동학습 수업의 질적 접근**. 서울: 시그마프레스.

이수미(1999). 미술을 통한 유아의 다문화 교육 프로그램 모형 연구. 덕성여자대학교 대학원 석사학위논문.

이수빈(2019). 플립 러닝(Flipped Learning)을 활용한 기초 화성학 수업이 학업 성취도에 미치는 영향: ASSURE 수업 모형을 기반으로. 경희대학교 대학원 석사학위논문

이수정, 김현미, 김현진, 문대영, 박선미(2009). 교수-학습 자료 선정 기준 개발 연구 - 중학교 사회과, 기술·가정과를 중심으로 -. 한국교육과정평가원.

이수진(2019). 문화다양성에 기반한 유아 다문화교육 프로그램 개발 및 효과. 대구대학교 대학원 박사학위논문.

이숙자(2004). 전통적 설명식수업과 ICT 활용한 수업 - 지도의 비교분석: 제7차 교육과정 고교

과학의 호르몬 단원을 중심으로. 고려대학교 교육대학원 석사학위논문.
이신동, 조형정, 장선영, 정종원(2012). 알기 쉬운 교육방법 및 교육공학. 경기: 양서원.
이용일(2007). 이민과 다문화 사회로의 도전: 독일의 이민자 사회통합과 한국적 함의. 서양사론, 92, 219-254.
이용재(2010). 다문화주의에 대한 이론적 논의. 한국언론정보학회 작은 토론회 3. 한국언론정보학회.
이은선(2007). 사회과 개별화 교수·학습 설계 및 적용. 한국교원대학교 교육대학원 석사학위논문.
이재분, 김혜원, 변종임, 이해영, 노경은(2009). 다문화가족 역량계발을 위한 통합적 교육지원방안 모색. 한국교육개발원.
이정환(2010). 이주자 사회통합 정책교육: Volume IV, 다문화 사회의 시민 교육. IOM 이민정책연구원 이주교육 시리즈 No. 2010-04. IOM이민정책연구원.
이진영(2001). 한국의 민족 정체성과 통일을 위한 '열린 민족' 개념에 관한 연구. 통일연구, 5(1), 211-237.
이진욱(2013). 초등 다문화교육 평가에 관한 연구. 서울교육대학교 교육대학원 석사학위논문.
이해주, 이미나, 노경주, 김진화(2009). 평생교육방법론. 서울: 한국방송통신대학교출판부.
이향규, 양승주, 박성춘, 김옥순, 이슬기, 김진서(2013). 청소년을 위한 다문화 감수성 증진 프로그램 개발 연구. (재)이주배경청소년지원재단
이현주(2010). 국제결혼가정 아동의 문화정체감과 심리사회적 적응에 관한 연구. 숙명여자대학교 대학원 석사학위논문.
이희경(2010). 스토리텔링 기법을 활용한 중학교 금융 교육 수업 구성. 한국교원대학교 대학원 석사학위논문.
인태정(2009). 다문화 사회 지향을 위한 인종의 사회적 거리감과 문화적 다양성 태도 연구: 부산, 울산, 경남 지역 대학생을 중심으로. 국제지역연구, 13(2), 339-370.
임규연, 박하나, 김시원(2015). 협력학습에서 학습자의 자기조절과 협력적 자기조절의 관계: 집단 응집성의 조절효과를 중심. 교육방법연구, 27(2), 211-228.
임동진(2011). 다문화정책 실태분석 및 개선방안 연구. 서울: 한국행정연구원.
임성택(2008). 세계시민교육 관점에서의 외국인에 대한 한국학생들의 고정관념 분석. 교육학연구, 41(4), 275-301.
임학순(2006). 문화예술교육프로그램의 파트너십 구축 요인에 관한 연구: 학교와 지역사회 연계 문화예술교육사업을 중심으로. 기초조형학연구, 7(3), 37-48.
임형백, 이성우, 강동우, 김미영(2009). 한국농촌의 다문화사회의 특징. 농촌 지도와 개발, 16(4), 743-773.
장상용(2010). (전방위 문화 기획자를 위한) 스토리텔링 쓰기: 소설에서 드라마, 만화에서 영화까지. 서울: 해냄.
장영희(1997). 유아를 위한 다문화교육의 개념 및 교수방법에 대한 이론적 고찰. 성신 연구 논문집, 35, 295-314.

장은섭(2014). 디지털 환경에서 매체활용 국어수업에 대한학생과 교사의 인식 연구 - 읽기 수업을 중심으로 -. 청람어문교육, 49, 221-258.

장은화, 어주경(2013). 아동의 자아개념 및 다문화 경험과 다문화 수용성 간의 관계. 한국가족치료학회지, 21(3), 289-305.

장인실(2003). 다문화교육이 한국 교사 교육과정 개혁에 주는 시사점. 교육과정연구, 21(3), 409-431.

장인실, 유영식(2010). 다문화 교육 모형과 교과서에 근거한 다문화 교육과정 개발 방법의 효과성 연구. 초등교육연구, 23(1), 141-161.

장인혜(2017). '배움'과 '협력'의 프로젝트 수업. 서울교육 특별기획 VOL. 229, 겨울호.

장진경, 전종미, 정영혜(2015). 청소년의 자아존중감 및 가족건강성이 다문화 인식에 미치는 영향 연구 - 초등학생의 성별과 학년을 중심으로 -. 한국청소년학회, 22(7), 53-72.

전성연, 최병연, 이흔정, 고영남, 이영미(2010). 협동학습 모형 탐색. 서울: 학지사.

전숙자(1994). 21세기 사회과 교육의 과제. 교과교육연구, 3, 119-159.

전영은(2015). 다문화교육에서 활용되는 문화예술 체험활동에 관한 문화인지론적 연구 – 신체성을 중심으로 -. 인하대학교 일반대학원 박사학위논문.

전영준(2018). 역사교재 연구 및 지도법. 제주대학교 사학과.

전영평(2008). 다문화시대의 소수자운동과 소수자 행정: 담론과 과제. 한국행정학보, 42(3), 9-27.

전유영(2007). 협동학습(Cooperative Learning)에 대한 선행연구 고찰. 한국교육문제연구, 25(2), 125-151.

전은이(2014). 유형별 협동학습이 학습부진학생의 학습행동에 미치는 영향. 한국교원대학교 교육대학원 석사학위논문.

정갑영(2000). 초등생 문화예술교육 프로그램 개발. 한국문화정책개발원.

정문성(2002). 협동학습의 이해와 실천. 서울: 교육과학사.

정문성(2004). 토의·토론 수업의 개념과 수업에의 적용모델에 관한 연구. 열린교육연구, 12(1), 147-168.

정문성(2006). 협동학습의 이해와 실천. 서울: 교육과학사.

정문성(2016). 토의 · 토론수업. 서울: 교육과학사.

정문성, 구정화, 이상은, 백정연(2003). 참여토론식 교육 모델 수립을 위한 연구. 중앙공무원교육원.

정문성, 전영은(2016). 다문화사회 교수방법론. 서울: 교육과학사.

정미경(2010). 다문화사회를 향한 한국기독교 이주민선교의 방향과 과제. 성결대학교 신학전문대학원 박사학위논문.

정민수, 장성민(2014). 스토리텔링 기반 문화다양성 수업전략 탐색. 다문화교육연구, 17(3), 1-26.

정상기(2009). 다문화가족 지원사업의 효과적 운영방안: 다문화가족지원센터를 중심으로. 한국행정학회 학술대회 발표 논문.

정선재(2011). 다문화자녀를 위한 문화예술교육프로그램 기획 연구. 전남대학교 문화전문대학원 석사학위논문.

정성봉(2002). 실과수업방법론. 서울: 교학사

정숙희(2014). Jigsaw 협동학습에 의한 토의·토론수업이 토익학습자에게 미치는 효과 - 학습태도와 학습 동기를 중심으로 -. 열린교육연구, 22(4), 181-206.

정은아(2019). 역량기반 다문화 교육과정의 성격과 과제. 한국교원대학교 대학원 석사학위논문.

정정희(2006). 결혼 이주여성 자녀교육 프로그램 개발과 교육지원 방안. 경북대학교 연구보고서.

정종기(2016). 스토리텔링(Story-telling)기법을 적용한 어린이 도서관 이용교육 수업모형 설계. 한국비블리아학회지, 27(3), 255-271.

정지현, 김영순, 홍정훈(2014). 다문화 리터러시 교육을 위한 유레카 프로그램의 교육적 의미. 한국언어문화학, 11(1), 165-194.

조경자, 안진숙, 조은미(2017). 유아 교사를 위한 다문화교육의 이해. 경기: 정민사.

조기제(2002). 다문화사회에서의 민주시민교육: 심의민주주의 교육의 필요성. 한국민주시민교육학회보, 7, 95-108.

조대훈(2016). 세계시민교육이란무엇인가. 서울교육 특별기획 225(겨울호). 서울특별시교육청연구정보원.

조성근(2012). 소집단 협동학습이 외향형 학습자와 내향형 학습자의 수학적 문제해결력과 자기효능감에 미치는 효과. 강원대학교 대학원 박사학위논문.

조영달, 윤희원(2008), 다문화교육의 이해를 위한 교양 교재 저술. 교육인적자원부.

조정래(2013). 스토리텔링 멘토링. 행복한 미래.

조희형, 최경희(2008). 과학교육의 이론과 실제(2판). 서울: 교육과학사.

주재홍(2007). 세계사 교과서에서 주류 담론의 한계. 교육과정연구, 25(2), 171-195.

지종화, 정명주, 김도경(2009). 한국의 다문화 국가 현상과 새로운 정책모형. 지방정부연구, 13(2), 109-136.

차윤경, 김미영, 김선아(2011). 예술로 배우는 다문화. 서울: 대교출판.

천정웅, 남부현, 김태원, 한승희, 박주현(2015). 현대사회와 문화다양성 이해. 경기: 양서원.

최경희(2013). 탐구수업모형에 기반한 창작무용 수업 사례 연구. 한국무용교육학회, 24(1), 97-119.

최동근, 양용칠, 박인구(1999). 교육방법의 공학적 접근. 서울: 교육과학사

최성보, 임지은, 주현준(2011). 다문화인식에 영향을 미치는 변인간의 구조분석. 한국교원교육연구, 28(4), 305-330.

최성환(2008). 다문화주의의 개념과 전망. 철학탐구, 24, 287-310.

최성환, 이진아(2012). 다문화사회에서의 '한국 전통음악'의 역할: 다문화교육에서 문화예술교육의 위상을 중심으로. 다문화콘텐츠연구, 12, 285-316.

최시한(2015). 스토리텔링, 어떻게 할 것인가. 서울: 문학과 지성사.

최영은, 남상문(2014). 다문화사회화 요인이 국가 정체성에 미치는 영향에 관한 연구. 교육문화연구, 20(4), 241-279.

최용규(1998). 사회과 수준별 교육과정의 이해. 사회과교육, 31, 29-50.

최유성, 김영순(2019). 세계시민성 함양을 위한 중학교 사회과 수업 프로그램 개발: 자율적 협동 학습(Co-op Co-op) 모형을 적용하여. 학습자중심교과교육연구, 19(14), 295-321.

최인규, 이안수(2008). 초등체육 웹기반 탐구수업 실행연구. 한국스포츠교육학회지, 15(2), 133-150.

추병완(2009). 초등 도덕과에서 다문화교육의 실천 방안. 초등도덕교육, 31, 179-198.

하숙현(2000). 다문화 교육에 대한 부모의 인식 및 양육실제 연구조사. 성균관대학교 교육 대학원 석사학위논문.

한건수, 한경구(2011). 다문화주의를 넘어서 문화다양성과 국제 이해 교육으로. 국제 이해 교육 연구, 6(1), 1-33.

한경구, 김종훈, 이규영, 조대훈(2015). SDGs 시대의 세계시민교육 추진방안. 서울: 유네스코 아시아태평양 국제 이해 교육원.

한국다문화교육연구학회(2014). 다문화교육 용어사전. 교육과학사.

한국문화관광정책연구원(2004). 문화예술교육 중장기 발전방안 2장.

한안진(1987). 현대 탐구 과학 교육. 서울: 교육과학사.

한정선, 김영수, 주영주, 강명희, 정재삼, 박성희(2008). 미래사회를 위한 교육방법 및 교육공학. 교육과학사

한현우, 이병준(2011). 다문화역량 측정도구 개발 연구. 문화예술교육연구, 6(2), 63-82.

허영식(2012). 다문화·세계화시대를 위한 세계시민주의의 담론과 함의. 한독사회과학논총, 22(3), 57-86.

허은제(2019). 초등 다문화교육과 민주시민교육의 원리와 내용 비교 연구. 서울교육대학교 교육전문대학원 석사학위논문.

허준영(2017). 국가발전과 통합제고를 위한 이민행정체계 구축방안. 서울: 한국행정연구원.

허혜경(1996). 개별화 수업에 있어서 교사의 역할. 교육과정연구, 14(3), 123-141.

현종익, 이학춘(2002). 교육학 용어사전. 동남기획.

홍기원, 백영경, 노명우, 이재은, 정보원(2006). 다문화정책의 방향과 문화적 지원 방안 연구. 한국문화관광정책연구원.

홍성우(2020). 개별화 수업이 고등학생의 영어 읽기 능력 및 학습자 자율성에 미치는 효과. 공주대학교 대학원 박사학위논문.

홍원표(2011). 글로벌·다문화 시대에 적합한 정체성 교육의 내용영역 구안 및 교과교육과의 연계 방안 탐색. 교육과정평가연구, 14(3), 1-23.

홍후조(2002). 학습의 실제성 증진과 프로젝트 학습: 간접·가상경험과 직접·실제경험의 효과적인 연계 방법으로서 프로젝트 학습. 교육과정연구, 20(1), 155-182.

황성동, 임혁, 윤성호(2012). 다문화교육 프로그램의 효과성 검증. 한국사회복지학, 64(1), 125-150.

황연주, 정연희(2005). 문화예술교육의 미술교육적 논의. 미술교육논총, 19(1), 1-28.

황윤한(2004). 개별화 수업의 본질에 관한 탐구. 초등교육연구, 17(2), 269-300.

황윤한, 조영임(2005). 개별화 수업: 이해와 적용. 서울: 교육과학사.

황정규(1984). 학교학습과 교육평가. 서울: 교육과학사.

Adler, P. (1998). Beyond cultural identity: Reflections on multiculturalism. Basic concepts of intercultural communication, 225-245.

Anderson, L. W. (1995). Individualized instruction. In: L.W. Anderson (Eds.). *Encyclopedia of teaching and teacher education*, 155-161. Oxford: Pergamon.

Andreotti, V., & Pashby, K. (2013). Digital democracy and global citizenship education: Mutually compatible or mutually complicit? *The Educational Forum, 77*(4), 422-437.

Aronson, E., Stephan, C., Sikes, J., Blaney, N., & Snapp, M. (1978). *The Jigsaw Classroom.* Beverly Hills, CA: Sage Publication.

Ashner, M. J. (1961). Asking Questions to Trigger Thinking. *NEA Journal, 50*, 44-46.

Ausubel, D. P. (1963). *The psychology of meaningful verbal learning.* NY: Grune & Stratton.

Banks, J. A. (1984). *Teaching Strategies for Ethnic Studies* (3rd ed.). Boston, MA: Allyn & Bacon, Inc.

Banks, J. A. (1991). The dimensions of multicultural education. *Multicultural Leader, 4*, 5-6.

Banks, J. A. (1994). *An introduction to multicultural education.* Bostion: Allyn and Bacon.

Banks, J. A. (2003). *Teaching strategies for ethnic studies* (6th ed.). Boston: Allyn and Bacon.

Banks, J. A. (2004). *An introduction to multicultural education* (4th ed.). Boston: Pearson Education.

Banks, J. A. (2004). *Handbook of research on multicultural education* (Vol. 2). C. A. M. Banks (Eds.). San Francisco, CA: Jossey-Bass.

Banks, J. A. (2004). Multicultural education - history development, dimensions, and practice. In J. A. Banks & C. A. M Banks (Eds.), *Handbook of research on multicultural education* (2nd ed.), 3-29. JOSSEY_BASS.

Banks, J. A. (2006). *Cultural Diversity and Education: Foundation, Curriculum, and Teaching*. Boston: Pearson Education.

Banks, J. A. (2008). *An Introduction to Multicultural Education* (4th ed.). Pearson Education, Inc.

Banks, J. A. (2008). 다문화교육 입문. (모경환 외 역). 아카데미프레스.

Banks, J. A. (2009). Globalization, multicultural society, and education. Seoul: The Korean Association for Multicultural Education.

Banks, J. A. (2016). 다문화교육의 세계동향. 서울: 시그마프레스.

Banks, J. A., & Banks, C. A. M. (1993). Multicultural education: issues and perspectives.

Barr, R. D., Barth, J. L., & Shermis, S. S. (1977) Defining the Social Studies. National Council for the Social Studies, Arlington.

Bell, S. (2010). Project-based learning for the 21st century: Skill for the future. *The Clearing House, 83*, 39-43.

Bennett, C. I. (2001). *Comprehensive multicultural education: Theory and Practice* (5th ed.). Boston, MA: Pearson Allyn and Bacon.

Bennett, C. I. (2007). *Comprehensive multicultural education: Theory and Practice* (6th ed.). Boston, MA: Pearson Allyn and Bacon.

Bennett, C. I. (2009). *Comprehensive multicultural education: Theory and Practice* (6th ed.). Boston, MA: Pearson Allyn and Bacon.

Bennett, C. I. (2009). 다문화교육 이론과 실제. (김옥순 외 역). 서울: 학지사.

Bennett, C. I. (2011). *Comprehensive Multicultural education: Theory and Practice* (7th ed.). Boston, MA: Pearson Allyn and Bacon.

Bennett, M. J. (1993). Towards ethnorelativism: A developmental model of intercultural sensitivity. Education for the intercultural experience, 21-71. ME: Intercultural Press.

Betancourt, J. R., Green, A. R., Carrillo, J. E., & Ananeh-Firempong, O. (2003). Defining cultural competence: A practical framework for addressing racial/ethnic disparities in health and healthcare. *Public Health Reports, 118*(4), 293.

Bhawuk, D. P., & Brislin, R. (1992). The measurement of intercultural sensitivity using the concepts of individualism and collectivism. *International Journal of Intercultural Relations, 16*(4), 413-436.

Bloom, B. (1956). *Taxonomy of Educational Objectives. Book I: Cognitive Domain.* New York: David Mckay.

Blosser, P. E. (1973). *Handbook of Effective Questioning Techniques*. Worthington Ohio: Education Associates Inc.

Blumenfeld, P. C., Soloway, E., Marx, R. W., Krajcik, J. S., Guzdial, M., & Palincsar, A. (1991). Motivating project-based learning: Sustaining the doing, supporting the learning. *Educational Psychologist, 26*(3-4), 369-398.

Bower, G. H., & Hilgard, E. R. (1981). *Theories of learning* (5th ed). Prentice-Hall, Inc., Englewood Cliffs, New Jersey.

British Department for Education and Skills. (2005). Developing the global dimension in the school curriculum. Britain: DfES.

Brody, C. M., & Davidson, N. (1998). *Professional development for cooperative learning: issues and approaches*. Albany, State University of New York Press.

Brookfield, S., & Preskill, S. (2005). *Discussion as a way of teaching: Tools and techniques for democratic*. LA: Jossey-Bass.

Bruffee, K. A. (1995) Sharing Our Toys: Cooperative Learning versus Collaborative Learning.

Change: The Magazine of Higher Learning, 27, 12-18.

Brunner, J. (1996). *The culture of education*. Cambridge, MA: Harvard University Press. 강현석, 이자현 (역)(2005). 브루너, 교육의 문화. 서울: 교육과학사.

Callahan, J. F., & Clark, L. H. (1988). *Teaching in the middle and secondary schools* (3rd ed.). New York: Macmillan Publishing Company.

Campinha-Bacote, J. (2002). The Process of Cultural Competence in the delivery of Healthcare Services: A Model of Care. *Journal of Transcultural Nursing, 13*(3), 181-184.

Changar, J., & Harrison, A. (1992). *Storytelling activities kit*. NY: The Center for Applied Research in Education.

Chen, G. M. (1997). A review of the concept of intercultural sensitivity. Paper presented at the Biennial Convention of the Pacific and Asian Communication Association, Honolulu, Hawaii.

Clandinin, D. J., & Connelly, F. M. (2000). *Narrative inquiry: Experience and story in qualitative research*. San Francisco, CA: Jossey-Bass Publishers.

Collins, A., Brown, J. S., & Newman, S. E. (1989). Cognitive apprenticeship: Teaching the crafts of reading, writing, and mathematics. In Resnick, L. B. (Eds.), *Knowing, learning, and instruction: Essays in honor of Robert Glaser*, 453-494. Hillsdale, NJ: Lawrence Erlbaum Associates, Inc.

Cooper, R., & Slavin, R. E. (2001), Cooperative learning programs and multicultural education: improving intergroup relations. In F. Salili & R. Hoosain (Eds.), *Multicultural education-issues, policies, and practices*, 15-33. IAP.

Corey, S. M. (1971). *The nature of instruction*. NJ: Prentice-Hall.

Cotton, K. (2001). Classroom questioning. School improvement research series, 3.

Creemers, D. H., Scholte, R. H., Engels, R. C., Prinstein, M. J., & Wiers, R. W. (2012). Implicit and explicit self-esteem as concurrent predictors of suicidal ideation, depressive symptoms, and loneliness. *Journal of Behavior Therapy and Experimental Psychiatry, 43*(1), 638-646.

Cross, T. L., Bazron, B. J., Dennis, K. W., & Issacs, M. R. (1989). *Toward a culturally competent System of care*. Washington DC: Georgetown University Development Center.

Curriculum Corporation. (2008). *Global perspectives: A framework for global education in Australian schools*. Australia: Australian Government.

Dale, E. (1969). *Audiovisual Methods in Teaching* (3rd ed.). New York: Holt, Rinehart & Winston.

Derman-Sparks, L., & The A.B.C. Task Force. (1989). *The Anti-Bias Curriculum: Tools for*

Empowering Young Children. Washington DC: NAEYC.

Dewey, J. (1933). *How We Think: A Restatement of the Relation of Reflective Thinking to the Educative Process*. Boston, MA: D.C. Heath & Co Publishers.

Dillenbourg, P. (1999) *Collaborative Learning: Cognitive and Computational Approaches. Advances in Learning and Instruction Series*. Elsevier Science, Inc., New York, NY.

Dillon, J. T. (1988). *Questioning and teaching: A manual of practice*. Croom Helm London & Sydney.

Dong, Q., Gundlach, D., & Phillips, J. (2006). The impact of bicultural dentity on immigrant socialization through television viewing in the United States. *Intercultural Communication Studies, 15*(2), 63-74.

Dymond, R. F. (1949). A scale for the measurement of empathic ability. *Journal of Consulting Psychology, 13*(2), 127-133.

Edensor, T. (2008). 대중문화와 일상, 그리고 민족 정체성(박성일 역). 서울: 이후.

Ellis, G., & Brewster, J. (1991). *The storytelling handbook: A guide for primary teachers of english*. London: Penguin Books.

Ellis, G., Brewster, J., & Mohammed, S. (1991). *Storytelling Handbook for Primary Teachers*(English Language Teaching). Penguin Books Ltd.

Ellis, A. K. (1991). *Teaching and Learning Elementary Social Studies*. Massachusetts: Allyn & Bacon.

Erikson, E. (1982). *The life cycle completed*. New York: W. W. Norton & Company.

Franck, E., & De Raedt, R. (2007). Self-esteem reconsidered: Unstable self-esteem outperforms level of self-esteem as vulnerability marker for depression. *Behaviour Research and Therapy, 45*(7), 1531-1541.

Frazee, B. N., & Rudnitski, R. A. (1995). *Intergrated Teaching Methods*. NY: International Thomson Publishing Inc.

Fried-Booth, D. (1987). *Project work*. London: Oxford University Press.

Galach, V. S., & Ely, D. P. (1980). *Teaching and media - a systemic approach* (2nd ed.). NY: Prentice-Hall Inc.

Gardner, H. (1999). Intelligence reframed: Multiple intelligences for the 21st century. Basic Books.

Gaudelli, W. (2001). Identity discourse: Problems, presuppositions, and educational practice. *International Journal of Sociology and Social Policy, 21*(3), 60-81.

Gay, G. (1979). On behalf of children: A curriculum design for multicultural education in the elementary school. *Journal of Negro Education, 48*, 324-340,

Gay, G. (1992). The state of multicultural education in the United States. In Adam Moodley,

K (Eds.), *Education in plural societies: International perspectives*. Calgary, Alberta, Canada: Detseling.

Gillies, R. M., & Ashman, A. F. (1998). Behavior and interactions of children in cooperative groups in lower and middle elementary grades. *Journal of Educational Psychology, 90*(4), 746-757.

Gollnick, D.M., & Chinn, P.C. (2011). *Multicultural Education in Pluralistic Society* (9th ed.). International Edition, Pearson, Boston, MA.

Gregory, G. H., & Chapman, C. (2013). *Differentiated instructional strategies: One size doesn't fit all* (3rd ed.). Thousand Oaks, CA: Corwin.

Gregory, G. H., & Chapman, C. (2013). *Differentiated instructional strategies: One size doesn't fit all* (3rd ed.). Thousand Oaks, CA: Corwin.

Grieve, T. D., & Davis, J. K. (1971). The relationships of cognitive style and method of instruction to performance in ninth grade geography. *The Journal of Educational Research, 65*, 37-141.

Gusev, V. A. (2003). *Psihologo-Pedagogichsekie Osnovy Obucheniya Matematike*. Moscow: Verbum-M.

Hall, S. (1992). *Modernity and its Futures*. London: Open University Press.

Hanvey, R. (1976). *An attainable global perspective*. New York: Center for Global Perspective.

Heacox, D. (2012). *Differentiating instruction in the regular classroom: How to reach and teach all learners*. Minneapolis, MN: Free Spirit.

Heinich, R., Molenda, M., Russell, J. D., & Smaldino, S. E. (1996). *Instructional media and technologies for learning* (5th ed.). NJ: Printice-Hall,Inc.

Heinich, R., Molenda, M., Russell, J. D., & Smaldino, S. E. (1998). *Instructional media and technologies for learning* (6th ed.). Upper Saddle River, NJ : PrinceHall.

Heinich, R., Molenda, M., Russell, J. D., & Smaldino, S. E. (2001). *Instructional media and technologies for learning* (7th ed.), Englewood Cliffs, NJ: Prentice Hall.

Hoban, C., Hoban,C., & Zissman, S. (I937). *Visualizing the curriculum*. New York: Dryden.

Hong, W. P., & Halvorsen, A. (2010). Teaching Asia in US secondary school geography and global studies classrooms: Curriculum of Othering. *Journal of Curriculum Studies, 42*(3), 371-393.

Hyman, R. T. (1979). *Strategic Questioning*. New Jersey: Prentice-Hall Inc.

Inlow, G. M. (1966). *The Emergent in Curriculum*. New York, John Wiley.

Jahoda, G. (1984). Do We Need a Concept of Culture?. *Journal of Cross Cultural*

Psychology, 15, 139-151.

Jary, D., & Jary, J. (1991). *The Harper Collins Dictionary Sociology*. New York: Harper Collins Publishers, Ltd.

Johnson, D. W., & Johnson, F. P. (2000). *Joining together: Group theory and group skills* (7th ed.). Boston: Allyn & Bacon.

Johnson, D. W., & Johnson, R. T. (1975). *Learning together and alone: cooperation, competition and individualizeation*. Englewood Cliff, NJ: Prentice-Hall.

Johnson, D. W., & Johnson, R. T. (1989). *Cooperation and Competition: Theory and Research. Edina*. MN: Interaction Book Company.

Johnson, D. W., & Johnson, R. T. (1990). Cooperative Learning and Achievement. In S. Sharan (Eds.), *Cooperative Learning: Theory and Research*, 23-37. New York: Praeger.

Johnson, D. W., & Johnson, R. T. (1994). Pro-Con Cooperative Group Strategy Structuring Academic Controversy within the Social Studies Classroom. In R. J. Stahl (Eds.), *Cooperative Learning in Social Studies: A Handbook for Teachers*. NY: Addison-Wesley Publishing Company, 306-331.

Johnson, D. W., Johnson, R. T., & Smith, K. (2006). *Active learning: Cooperation in the university classroom* (3rd ed.). Edina, MN: Interaction Book Company.

Johnson, D. W., Johnson, R. T., & Stanne, M. B. (2000). *Cooperative learning methods: A meta-analysis*. Minneapolis: University of Minnesota.

Joyce, B., & Weil, M. (1992). *Models of teaching* (4th ed.). Englewood Cliffs, NJ: Prentice-Hall.

Kagan, S. (1994). *Cooperative Learning. San Clemente*. CA: Resources for Teachers, Inc.

Kagan, S., & Kagan, M. (2009). *Kagan cooperative learning*. San Clemente, CA: Kagan Publishing.

Karchmer, R. A. (2001), The journey ahead: Thirteen teachers report how the internet influences literacy and literacy instruction in their K-12 classrooms. *Reading Research Quarterly, 36*(4), 442-466.

Katz, L. G., & Chard, S. C. (1989). *Engaging children's minds: The project approach*. Norwood, NJ: Ablex. (ERIC Document No. ED407074).

Kendall, F. E. (1983). *Diversity in the classroom*. New York and London: Columbia University.

Kenehan, K., & Smith, M. (1948). Culture patterns of the people of Colorado. Unpublished manuscript, Project for Intergroup Education, Western History Archives, Denver Public Library, Denver, Co.

Kim, H., & Hannafin, M. J. (2008). Situated case-based knowledge: An emerging framework for prospective teacher learning. *Teaching and Teacher Education, 24*(7), 1837-1845.

King, A. (1999). Discourse patterns for mediating peer learning. In A. M. O'Donnell & A. King (Eds.), *Cognitive perspectives on peer learning*, 87-115. Lawrence Erlbaum Associates Publishers.

Kinsvatter, R., Wilen, W., & Ishler, M. (1988). *Dynamics of effective teaching*. NewYork: Longman, Inc.

Krajcik, J. S., Blumenfeld, P. C., Marx, R. W., Bass, K. M., Fredricks, J., & Soloway, E. (1998). Inquiry in project-based science classrooms: Initial attempts by middle school students. *The Journal of the Learning Sciences, 7*, 313-350.

Kymlicka, W. (1995). *Multicultural Citizenship: A Liberal Theory of Minority Rights*. New York, NY: Oxford University Press.

Kymlicka, W. (2004). Multucultural States and Intercultural Citizens. *Theory and Research in Education, 1*(2), 147-169.

Laffey, J., Tupper, T., Musser, D., & Wedman, J. (1998). A Computer-Mediated Support System for Project-Based Learning. *Educational Technology Research and Development, 46*(1), March.

Lawless, K. A., Brown, S. W., Mills, R., & Mayall, H. J. (2003). Knowledge, Interest, Recall and Navigation: A Look at Hypertext Processing. *Journal of Literacy Research, 35*(3), 911-934.

Lawrence-Brown, D. (2004). Differentiated instruction: Inclusive strategies for standards based learning that benefit the whole class. *American Secondary Education, 32*(3), 34-62.

Leone, B. (1993). 민족주의(김호성 역). 서울: 인간사랑.

Linton, R. (1936). *The Study of Man: An Introduction*. New York: Appleton-Century.

Lum, D. (1999). *Culturally competent practice: A framework for growth and action*. Pacific Grove, CA: Brooks/Cole.

Lum, D. (2004). The Four Skills of Cultural Diversity Competence: A Process for Understanding and Practice (2nd ed), by Mikel Hogan-Garcia. *Journal of Ethnic and Cultural Diversity in Social Work, 13*(1), 109,

Lynch, J. (1983). *The multicultural curriculum*. London: Batsford Academic & Educational.

Mandler, J. M., & Johnson, N. S. (1977). Remembrance of things parsed: Story structure and recall. *Cognitive Psychology, 9*(1), 111-151.

Martyn-Nemeth, P., Penckofer, S., Gulanick, M., Velsor-Friedrich, B., & Bryant, F. B. (2009). The relationships among self-esteem, stress, coping, eating behavior, and depressive mood in adolescents. *Research in Nursing & Health, 32*(1), 96-109.

Matsumoto, D. & Juang, L. (2004). *Culture and Psychology* (3rd ed). Wadsworth, Thomson Learning, Belmont.

Matthews, R. S., Cooper, J. L., Davidson, N., & Hawkes, P. (1995). Building bridges between cooperative and collaborative learning. *Change, 27*(4), 34-37

McCarthy, C., & Dimitriads, G. (2000). Governmentality and the sociology of education: Media, educational policy and the politics of resentment. *British Journal of Education, 21*(2), 169-185.

McManus, S. M., & Gettinger, M. (1996). Teacher and student evaluations of cooperative learning and observed interactive behaviors. *Journal of Educational Research, 90*, 13-22.

McPhatter, A. R. (1997). Cultural competence in child welfare: What is it? How do we achieve it? What happens without it?. *Child Welfare, 76*(1), 255-278.

Merryfield, M. M. (2005). Moving the center of global education: From imperial world vies that divide the world to double consciousness, contrapuntal pedagogy, hybridity, and cross-cultural competence. In W. B. Stanley (Eds.), *Critical issues in social studies research for the 21st century*, 179-207. Greenwich, NC: Information Age Publishing.

Minnis, D. L., & Shrable, K. (1970). *Teacher's Manual: Improving Questioning Strategies*. CA: San Anselmo.

Mitchell, K. (2004). Geographies of identity: multiculturalism unplugged. *Progress in Human Geography, 28*(5), 641-651.

Morgan, N., & Saxton, J. (1991). *Teaching, questioning, and learning*. New York: Routledge.

Moursund, D. (1999). *Project-based learning using information technology*. Eugene, OR: International Society for Technology in Education.

New Zealand Ministry of Education. (2007). *The New Zealand Curriculum*. New Zealand: Ministry of Education.

Newby, T. J., Stepich, D. A., Lehman, J. D., & Russell, J. D. (2006). *Educational Technology for Teaching and Learning* (3rd ed.). New Jersey: Pearson Merill. Prentice Hall.

Nussbaum, M. (1997). *Cultivating humanity: A classical defense of reform in liberal education*. MA: Harvard University Press.

Olivares, O. J. (2008). *Collaborative vs. cooperative learning: The instructor's role in computer supported collaborative learning*. New York: Routledge.

Ong, A. (1999). *Flexible citizenship: The cultural logics of transnationality*. NC: Duke University Press.

Osborn, A. F. (1963) *Applied imagination: Principles and procedures of creative problem*

solving (3rd ed). New York, NY: Charles Scribner's Sons.

Palmer, G., Peters, R., & Streetman, R. (2003). Cooperative learning. In M. Orey (Eds.), Emerging perspectives on learning, teaching, and technology. Retrieved March 5, 2008, from http://projects.coe.uga.edu/epltt/index.php?title=Cooperative_Learning&printable=yes.

Parrish, P. E. (2009). Design as storytelling. *Tech Trends, 50*(4), 72-82.

Phinney, J. S. (2003). Ethnic identity and acculturation. In K.M. Chun, P.B. Organista, & G. Marín (Eds.), *Acculturation: Advances in Theory, Measurement, and Applied Research*, 63-82. Washington, DC: American Psychological Association.

Prosser, M., & Trigwell, K. (1999). *Understanding learning and teaching: The experience in higher education*. Buckingham: Open university press.

Ramsey, P. G. (1987). Young children's thinking about ethnic differences. In J. Phinney & M. Rotheram (Eds.), *Children's ethnic socialization: Pluralism and development*, 56-72. Beverly Hills, CA: Sage.

Randall, R., Nelson, P., & Aigner, J. (1992). Interface between global education and multicultural education. In Bragaw, D. & Scott, T. (Eds.), *Multicultural education a global approach*, 18-27. New York: The American Forum for Global Education.

Rohner, R. P. (1984). Toward a conception of culture for cross-cultural psychology. *Journal of Cross-Cultural Psychology, 15*, 111-138.

Roman, K., & Mass, J. (1992). *The new how to advertise*. New York, NY: St. Martin's Press.

Roschelle, J., & Teasley, S. D. (1995). *The Construction of Shared Knowledge in Collaborative Problem Solving*. Berlin: Springer-Verlag.

Rosenberg, M. (1965). *Society and the Adolescent Self-Image*. Princeton, NJ: Princeton University Press.

Rosenberg, M., & Owens, T. J. (2001). Low self-esteem people: A collective portrait. In T.J. Owens, S. Stryker, & N. Goodman (Eds.), *Extending self-esteem theory and research: Sociological and psychological currents*, 400-436. Cambridge, UK: Cambridge University Press.

Rothman, J. (2008). *Cutural competence in process and practice: Building bridges*. Boston: Pearson Education Allyn & Bacon.

Saylor, J. G., & Alexander, W. M. (1974). *Planning Curriculum for Schools* (3rd ed). NY: Holt, Rinehart and Winston.

Shlievert, S. (2004). The art of multicultural education. In G. S. Goodman & K. T. Carey (Eds.), *Critical multicultural conversations*, 137-147. HAMPTON PRESS.

Shulman, L. S. (1970). Psychology and mathematics education. In E. G. Begle (Eds.) *Mathematics education, The Sixty-ninth yearbook of the National Society for the*

Study of education, Part Ⅰ. Chicago: University of Chicago Press.

Sinatra, R., & Annacone, D. (1984). Questioning Strategies to Promote Cognitive Inquiry in the Social Studies. *Social Studies, January/February 75*, 18-23.

Slavin, R. E. (1987). Cooperative learning: Where behavioral and humanistic approaches to classroom motivation meet. *The Elementary School Journal, 88*(1), 29-37.

Slavin, R. E. (1995). *Cooperative learning: Theory, research, and practice* (2nd ed.). Boston : Allyn and Bacon.

Sleeter, C. E., & Grant, C. A. (2003). *Making choices for multicultural education: Five approaches to race, class, and gender* (6th ed.). New York: John Wiley & Sons.

Smith, K. S., & Simpson, R. D. (1995). Validating teacher competencies for faculty members in higher education: A national study using the delphi method. *Innovative Higher Education, 19*, 223-234.

Spitzberg, B. H., & Brunner, C. C. (1991). Toward a theoretical integration of context and competence inference research. *Western Journal of Speech Communication, 55*(1), 28-46.

Stahl, G. (2006). *Group cognition: Computer support for building collaborative knowledge*. Boston MA: MIT Press.

Stoller, F. L. (2002). *Project Work: A Means to Promote Language and Content. Methodology in Language Teaching*, 107-119. London: Cambridge Universty Press.

Storey, J. (1996). *Cultural Studies and the Study of Popular Culture: Theories and Methods*. Edinburgh: Edinburgh University Press, Paperback.

Suárez-Orozco, M. M. (2005). Rethinking education in the global era. *Phi Delta Kappan, 87*(3), 209-212.

Sue, D. W., & Sue, D. (1990). *Counselling the culturally different: Theory and practice* (2nd ed). New York: Wiley.

Sue, D. W., Bernier, J. E., Durran, A., Feinberg, L., Pedersen, P., Smith, E. J., & Vasquez-Nuttall, E. (1982). Position paper: Cross-cultural counseling competencies. *The Counseling Psychologist, 10*(2), 45-52.

Tajfel, H. (1982). Social psychology of intergroup relations. *Annual Review of Psychology, 33*(1), 1-39.

Tappan, M., & Packer, M. (1991). *Narrative and storytelling: Implication for understanding moral development*. San Francisco, CA: Jossey-Bass Publishers.

Taylor, C. (1994). *Multiculturalism: Examining the Politics of Recognition*. Princeton, NJ: Princeton University Press.

Thomas, J. W. (2000). *A review of research on project-based learning*. San Rafael, CA: Autodesk Foundation.

Tillotson, J. (1970), Problem-solving, In R .T. Sweeney (Eds.), *Selected readings in movement education*, 130-135, Reading, MA: Addison-Wesley

Tomlinson, C. A. (1999). *The differentiated classroom: Responding to the needs of all learners*. Alexandria, VA: Association for Supervision and Curriculum Development.

Tomlinson, C. A. (2001). *How to Differentiate Instruction in Mixed-Ability Classrooms* (2nd ed.). Upper Saddle River, NJ: Pearson Education.

Tomlinson, C. A., & Allan, S. D. (2000). *Leadership for differentiating schools & classrooms*. Alexandria, VA: Association for Supervision and Curriculum Development.

Tomlinson, C. A., & McTighe, J. (2006). *Integrating differentiated instruction & understanding by design: Connecting content and kids*. Alexandria, VA: ASCD.

Triandis, H. C. (1972). *The analysis of subjective culture*. Oxford, England: Wiley.

Troper, H. (1999). Multiculturalism. Encyclopedia of Canada's Peoples, edited by Paul Robert Magocsci. Toronto: University of Toronto Press, 997-1006.

Tropper, H. (1999). *Theorizing Multiculturalism: A Guide to the Current Debate*. New York, NY: Blackwell.

Tylor, E. B. (1871). Primitive culture: researches into the development of mythology, philosophy, religion, art, and custom, vol 2. Henry Holt and Company.

UNESCO. (2010). *UNESCO world report 2: Investing in cultural diversity and intercultural dialogue*. Paris, France: UNESCO.

Van Manen, M. (1997) *Researching Lived Experience: Human Science for an Action Sensitive Pedagogy* (2nd ed.). Althouse Press, London.

Vassallo, B. (2012). Am I Culturally Competent? A Study on Multicultural Teaching Competencies among School Teachers in Malta. *The Journal Multiculturalism in Education, 8*.

Vygotsky, L. S. (1978). *Mind in society: The development of higher psychological processes*. (Cole, M, John-Steiner, V., Scribner, S., & Souberman, E. (Eds.), Cambridge, MA: Harvard University Press.

Weaver, H. N. (2005). *Explorations in Cultural Competence: Journeys to the Four Directions*. Belmont, CA: Thomson.3

Webb, N. M., & Farivar, S. (1994). Promoting helping behavior in cooperative small groups in middle school mathematics. *American Educational Research Journal, 31*(2), 369-395.

Wittich, W. A., & Schuller, C. F. (1973). *Instructional Technology: Its Nature and Use*. New York: Harper & Row.

Wolf, D. P. (1987). The art of questioning. Academic Connections, winter, 1-7.

Wurdinger, S. D., Haar, J., Hugg, B., & Bezon, J. (2007). A qualitative study using project based learning in a mainstream middle school. *Improving Schools, 10*, 150-161.

교육부 블로그

https://m.blog.naver.com/PostView.nhn?blogId=moeblog&logNo=220394723290&proxyReferer=https:%2F%2Fwww.google.com%2F 문화란 무엇인가?

https://if-blog.tistory.com/6293 문화를 이해하는 태도

저자소개

■ **안진숙**
인하대학교 대학원 다문화학 다문화교육 전공 교육학 박사
인하대학교 대학원 국어교육학과 박사 과정
예명대학원대학교 외국어로서의 한국어교육학 교수
서울교육대학교 교육전문대학원 외래교수

〈저서〉
다문화사회와 리터러시 이해(공저), 한국사회의 다문화현상 이해(공저), 이민·다문화 가족 복지론(공저) 외

다문화사회 교수방법론

초판 1쇄 인쇄 / 2024년 8월 26일
초판 1쇄 발행 / 2024년 8월 30일

저 자 / 안 진 숙
발행인 / 이 중 수
발행처 / **동 문 사**

서울특별시 서대문구 홍제원 1길 12
(홍제동 137-8)
Tel: 02)736-3718(대), 736-3710, 3720
Fax: 02)736-3719
등록번호: 1974.04.27 제9-17호
가격: 25,000원

ISBN: 979-11-6328-604-2(93370)
E-mail: dong736@naver.com
www.dongmunsa.com